탈핵신문

축쇄판

창간준비호(2012년 1월) ~ 16호(2014년 1월)

탈핵신문 축쇄판 발간사

2012년 6월 6일, 탈핵신문이 발기인대회를 통해 공식적으로 창간을 선언한 날입니다.

탈핵신문이 2012년 1월 창간준비호를 시작으로 네 차례에 걸친 창간준비호를 거쳐, 2014년 1월호(16호)까지 약 2년여 시간동안 총 20개의 열매를 맺었습니다.

여타의 기성 언론과 비교한다면 미약하기 짝이 없지만, 아무 것도 가진 것 없이 오로지 탈핵에 대한 열정 하나만으로 시작한 일치고는 나름 대견하다고 스스로 격려하고 싶은 것이 솔직한 심정입니다.

전국에 걸쳐 흩뿌려져 있다시피 한 편집위원과 운영위원이 제대로 한 자리에 모이지도 못하는 여건, 한 번 신문을 발행할 때마다 원고료는 고사하고 인쇄비부터 걱정해야 하는 열악한 재정상황, 각자 현장에서 탈핵을 위해 싸우느라 상근 기자 한 명 마련하지 못하는 사정 등 신문을 발행하지 말아야 할 이유는 차고 넘치는데도 겁 없이 이 일을 시작한 초심은 변함이 없습니다.

처음 창간선언문을 통해 "'핵발전과 방사능'의 진실을 전하고 위험을 경고하는 양심적인 학자와 언론"이 소수인 현실에 "작은 파열구"를 내겠다는 야무진 결심을 품고서, 특별히 현장의 목소리, 차별받는 '을'의 위치에 서도록 강제된 발전소 주변지역주민, 다음 세대의 아이들, 사회적 약자의 눈으로 핵의 문제를 바라보려 애썼습니다.

바로 이즈음에 어쩌면 참으로 다행스럽게도 많은 언론에서 핵발전소의 문제를 다각도로 바라보며 작성한 기사가 늘어났고, 여러 지역과 단체들이 자체적으로 소식지나 유인물 형태로 핵과 관련된 수많은 정보와 소식을 나누기 시작했습니다. 이것은 탈핵을 향해 나아가야할 한반도의 상황을 두고 볼 때, 대단히 고무적인 일이라고 여겨졌습니다.

그러나 이러한 소중한 정보가 시간 순으로 정리되고, 체계적으로 보도되는 것이 아니라 파편적인 사회적 이슈가 된 몇 가지 사안을 중심으로 편중되면서, 한국 탈핵의 역사적 기록으로 남기기에는 부족하거나, 꼭 다루어야함에도 불구하고 빛을 보지 못한 사건들이 있는 것도 사실입니다. 바로 이런 현실에서, 탈핵신문은 각 지역에서 열정적으로 움직이고 있는 주민들과 활동가들의 시선에서 그것을 기록하여 새로운 싸움의 밑거름이 되도록 노력해왔습니다.

물론 탈핵신문은 많은 면에서 부족합니다. 전문적인 기자 한 명 없이, 열악한 재정상황에서 시작한 만큼 그것을 감수해야 했습니다. 그러나 한번 한번 신문을 발행할 때마다 할 수 있는 한 최선을 다해왔고, 이것은 탈핵신문뿐만 아니라 한국의 전체 탈핵운동의 작은 역사라고 생각합니다. 그리고 이번 탈핵신문 축쇄판 첫 번째 권은 그 중간 결과를 갈무리한 것입니다. 이 축쇄판을 일별해본다면 특별히 후쿠시마 핵발전소사고를 기점으로 한반도에서 벌어진 다양한 탈핵운동의 흐름을 읽어낼 수 있을 것이고, 또 그에 따라 다른 싸움을 준비하는 이에게 도움이 되리라고 생각합니다.

탈핵신문은 처음부터 '신문을 위한 신문' 발행을 목표로 삼지 않았습니다. 이미 창간하였기에 그 관성에 따라 무조건 지속되어야 한다고 고집부리지 않기로 하였습니다. 탈핵신문이 전체 탈핵운동의 흐름 속에서 그 필요성을 검증받고 탈핵운동의 일환으로 사용되기를 바랍니다.

그리고 그 결과물을 내놓은 지금, 우리는 아직도 탈핵신문을 통해 운동해가야 할 필요성을 느낍니다. 그리고 탈핵신문이 새롭게 도약하기 위해, 지금까지의 결과물 등을 모아 축쇄판으로 내놓게 되었습니다. 이 축쇄판이 탈핵신문을 평가하는 한 번의 계기가 돼 줄 수 있도록 좋은 의견을 내주시기를 바라며, 앞으로도 당분간 이어질 탈핵신문의 발걸음에 연대하여 주시기를 바랍니다.

탈핵만을 위한 신문, 탈핵운동에 기여하기 위한 도구로서의 신문, 무엇보다도 차별받는 이들과 현장의 목소리에 귀 기울이는 신문으로, 계속 나아갈 것을 다짐하며 이 축쇄판을 내놓습니다.

김준한(신부, 탈핵신문 발행인)

탈핵신문 키워드별 목차

1. 지역별 색인

국내

(연속 좌담회) 한국탈핵운동의 현황과 과제 | **황정화** 118~119
(인터뷰, 이대수 목사) "한일 시민교류 통해, 탈핵공동행동 모색하자" | **윤종호** 129
탈핵을 위한 한·일 시민간의 연대와 모색이 시작됐다! **이대수** 140

강원

(연속좌담회) 강원도 탈핵운동의 현황과 과제 | **황정화** 95
현안지역 반핵대책위, 문재인 후보와 '탈원전 정책협약' | **윤종호** 79
교육청 원자력공모전 후원에, 거센 항의 이어져 … 광주·전북·강원 교육청 뒤늦게 후원철회 | **이지언** 132

삼척

삼척·영덕, "부지선정, 철회하라" | **윤종호** 1
박홍표 공동대표(삼척핵발전소백지화투쟁위), 이제 시민들이 직접 나서야 합니다 | **윤종호** 3
(삼척) 수요미사만 만 1년 넘겨 | **이광우** 4
(삼척) 삼척여고 총동문회도 반핵지지 선언 | **이광우** 13
(삼척) 이이재(새누리당), 김형순(무소속) 유치 찬성 | **이광우** 25
삼척시민들의 반핵의지 꺾이지 않았다 | **이광우** 34
(홍보, 삼척·영덕) 3차 탈핵희망버스타고 시원한 탈핵바캉스 떠나요~ 40
삼척시장 주민소환투표 청구서명 결과 발표 | **윤종호** 45
삼척핵발전소유치에 대한 우리의 입장 | **강원대학교 삼척캠퍼스 삼척핵발전소유치반대 서명교수 일동** 45
삼척시장 주민소환, 탈핵과 민주주의의 기로 | **하승수** 53
삼척시장 주민소환 여부, 10월 31일 판가름 | **윤종호** 67
(인터뷰) 이광우(삼척핵발전소유치백지화투쟁위 기획실장) 주민소환운동 후 시의원 후보로 출마 | **박혜령** 81
(2013년 4월호) 지역소식(삼척, 동해, 영덕, 영광, 부산) | **윤종호** 99
삼척 핵발전소 결사반대 범시민 궐기대회 | **윤종호** 111
(삼척) 삼척시민은 핵발전소를 결코 받아들일 수 없다 | **이광우** 202

동해

(2013년 4월호) 지역소식(삼척, 동해, 영덕, 영광, 부산) | **윤종호** 99
(인터뷰) 핵 없는 세상을 위한 동해시 기독교연대 – 삼척 신규핵발전소, 삼척만의 문제 아니다 | **박혜령** 142

광주·전라도

(연속좌담회) "전라도 탈핵운동의 현황과 과제" | **윤종호** 74~75
영광3호기 안정성 문제, 전남·북 모두 '당사자' | **윤종호** 98
후쿠시마 청소년과 함께한 한·일 청소년 탈핵 캠프 | **오하라 츠나키** 159

(광주·전남) 영광핵발전소는 안녕하십니까? | **박상은** 202

광주
핵 없는 세상 광주·전남 행동 발족 | **박상은** 34
교육청 원자력공모전 후원에, 거센 항의 이어져…광주·전북·강원 교육청 뒤늦게 후원철회 | **이지언** 132

전남·영광
영광핵발전소 – 비상발전기 고장사고 은폐 | **오경미** 34
영광민간환경감시기구 운영위원장, 민간인으로 임명해라! | **오경미** 44
반복되는 영광핵발전소 정지사고 | **오경미** 57
영광핵발전소 153번째 사고, 5호기에서만 17번째 | **오경미** 70
한국 핵발전소 사고 시뮬레이션 발표와 반향 | **박승준** 73
주민동의 없이, 재가동 없다! – 영광품질검증서 위조에, 제어봉 균열까지…주민들 분노 폭발 | **윤종호** 77
(2013년 4월호) 지역소식(삼척, 동해, 영덕, 영광, 부산) | **윤종호** 99

전북·고창
탈핵강연에 이어, 탈핵전북모임도 구성 | **한혁준** 44
탈핵전북모임, 두 번째 강연 | **한혁준** 57
핵 없는 세상을 위한 고창군민행동 출범 | **윤종호** 70
전북 탈핵운동, "대선이 목표가 아니라, 이제 시작…" | **한승우** 82
교육청 원자력공모전 후원에, 거센 항의 이어져…광주·전북·강원 교육청 뒤늦게 후원철회 | **이지언** 132
(전북) 2014년 '핵없는세상'을 향해 다함께 나아가자! | **한승우** 203

대구·경북
(연속 좌담회) "대경, 탈핵운동의 현황과 과제" | **윤종호** 59
대구경북탈핵연대 출범! | **이동원** 57
현안지역 반핵대책위, 문재인 후보와 '탈원전 정책협약' | **윤종호** 79
(대구·경북) 신규핵발전소, 경북핵단지 건설 … 핵폐기물 최종처분장과 직결되는 문제 | **손성문** 203
경북 동해안 총선 후보 공동기자회견 | **이상홍** 23

대구
보수의 심장, 대구에서도 '탈핵' 움직임 | **정수근** 12
대구, '화요시'와 '탈핵희망버스' 등 진행 | **이동원** 46
대구시민행동, 연일 계속되는 탈핵행사 | **이동원** 57

경주
(경주) 방폐물관리공단 이사장 결국 사과 | **이상홍** 4
(경주) 신규건설반대 3주간 1인시위 진행 | **이상홍** 4
"당연히 월성1호기 수명 연장해야…?" | **이상홍** 10
30년 수명 다한, 경주 월성 1호기 수명연장 … 사실은 위험 연장 | **이헌석** 10
조석 차관은? | **이헌석** 10

"안전을 위해, 방폐장 즉시 폐로하라" | **이상홍** 12
'월성1호기 수명연장 중단' 요구 | **이상홍** 12
(경주)이광춘(통합진보당) 적극적인 탈핵입장 | **이상홍** 24
(월성) "IAEA 물러가라" | **이상홍** 33
양남주민 700여명, "월성1호기 수명연장 중단하라" | **이상홍** 33
30년 수명완료, 경주 월성1호기 폐쇄하라! | **이상홍** 46
수명 끝난, "경주 월성 1호기 폐쇄하라" - 양남면 지역주민과 환경단체 한목소리 | **이상홍** 56
'삼중수소 방사능 주민 건강영향평가' 실시 의의와 앞으로의 과제 | **정현걸** 58
30년 수명다한 월성1호기, 수명연장 어려울 듯! | **이상홍** 69
경주 방폐장 붕괴 가능성 제기돼 | **이상홍** 69
월성1호기 역사적인 수명마감! | **이상홍** 80
월성1호기 사고 모의실험 … 72만명 급성, 암 사망 | **이상홍** 88
(2013년 4월호) 행사사건사고(부산, 울산, 경주, 월성, 고리) | **윤종호** 99
스트레스 없는, 원자력안전위원회 스트레스 테스트 | **서형림** 125
월성1호기 '수명연장심사'와 앞뒤 바뀐 '스트레스 테스트' | **이상홍** 154
월성1호기, 스트레스 테스트에 숨겨진 함정 | **이상홍** 166
월성1호기, 낡은 것의 운명은 폐쇄! | **이상홍** 188
신월성, 신고리 1,2호기 제어케이블, 성능시험 결과 '정말 만족'스럽나? | **이상홍** 188

영덕

삼척·영덕, "부지선정, 철회하라" | **윤종호** 1
영덕주민은 핵발전소를 거부합니다! | **박혜령** 2
영덕해맞이공원 경북대종에서, 핵발전소 건설반대의 외침 | **박혜령** 4
무기한 1인 릴레이 시위 시작(영덕) | **박혜령** 4
(영덕) '유치확정' 현수막 모두 철거 | **송호민** 12
반핵운동의 최전선 영덕, 반핵 위해 총선 출마 | **송호민** 12
(영덕)정일순(민주통합당).박혜령(녹색당) 등 유치 반대 | **송호민** 25
영덕 신규핵발전소 주민설명회 날치기 파행 | **송호민** 32
(홍보, 삼척, 영덕) 3차 탈핵희망버스타고 시원한 탈핵바캉스 떠나요~ 40
신규 핵발전소 지정, 영덕 및 포항 대책위 "결사항전하겠다" | **송호민** 67
(2013년 4월호) 지역소식(삼척, 동해, 영덕, 영광, 부산) | **윤종호** 99
(인터뷰) 박혜령 집행위원장(영덕핵발전소유치백지화 투쟁위) - 국가의 결정을 반대하는 것이 엄두가 나지 않지만, 영덕군민들의 걱정은 매우 심각하다 | **윤종호** 192

울진

후쿠시마 오염지도를 한국 울진에 겹쳐 본 지도 19
원천 봉쇄된 1인시위 … 신울진 1·2호기 기공식장에서 | **박혜령** 32

청도

청도군 삼평1리 마을은, '송전철탑을 반대합니다' | **김미화** 50

더러운 '돈'의 논리로부터 우리 땅을 지키는 의로운 싸움 – 청도 송전탑 반대투쟁 | **정수근** 112
(홍보) 탈핵을 기원하는 감?? 그렇다면 삼평리 감!! 182

포항

포항에서 부는 탈핵 바람 | **정침귀** 13
신규 핵발전소 지정, 영덕 및 포항 대책위 "결사항전하겠다" | **송호민** 67

부산·울산·경남

(연속좌담회) "부울경, 반핵운동 현황과 과제" | **윤종호** 42~43
현안지역 반핵대책위, 문재인 후보와 '탈원전 정책협약' | **윤종호** 79

부산·고리

"탈핵 불붙었다. 34년된 고리 1호기 꺼라" | **정수희** 13
고리1호기 폐쇄 농성 돌입 – 사고뭉치 고리1호기, 중고부품사용, 사고은폐, 그 다음은? | **이헌석** 22
(부산)출마 후보 대다수가 고리1호기 폐쇄 찬성 | **정수희** 25
"사천만의 시한폭탄, 고리1호기 폐쇄하라" | **윤종호** 29
부산시조차 "IAEA 발표 미흡, 고리1호기 재가동해서는 안된다" | **윤종호** 30
'고리1호기 재가동 계획' 당장 중단하라! | **이성홍** 41
고리 1호기 폐쇄를 촉구하는, 철야농성 | **정수희** 44
우리 가족 암발병과 선천장애의 책임을 묻는다! | **균도 아빠 이진섭** 51
"이제 부산시민이 고리1호기를 꺼주세요" – 반핵부산시민대책위 (탈핵무한도전캠프) 농성 시작 | **이성홍** 55
부산시민에게 드리는 글 | **반핵부산시민대책위원회** 55
'고리1호기 재가동' 항의와 폐쇄를 촉구하는, 58일간의 농성 | **이성홍** 68
부산 58일간의 농성캠프, 그 이후… | **천현진** 82
(홍보) 탈핵SF마당극 MY NAME IS KORI 넘버원 100
(영화) '잔인한내림' – 부산반핵영화제 폐막작 | **천현진** 143
(2013년 4월호) 지역소식(삼척, 동해, 영덕, 영광, 부산) | **윤종호** 99
(2013년 4월호) 행사사건사고(부산, 울산, 경주, 월성, 고리) | **윤종호** 99
(부산) 응답하라 2013 부산 – 핵 없는 세상을 위한 부산시민 한마당 177
고리1호기 수명연장, 있을 수 없다 | **김광모** 177
(부산) 2014년, 박대통령의 탈핵결단을 촉구한다 | **최수영** 203

울산

91일째 1인 릴레이 시위 중(울산) | **박진영** 4
(울산) 골목 골목 '탈핵' 전파 | **박진영** 13
(울산) 찬핵, 반민주 낙선후보 선정 | **박진영** 24
(울산) 희망은 일상이어야 한다! – 울산탈핵희망텐트를 마치고 | **이선원** 38
울산, 고리1호기 폐쇄 1만인 인증샷… 7월말 5천명 돌파 | **박진영** 44
"2020년까지 화석에너지와 원전의존비율 10%씩 내리겠다" – 탈핵울산시민공동행동, 손학규 후보 초청 간담회 | **박진영** 57

(2013년 4월호) 행사사건사고(부산, 울산, 경주, 월성, 고리) | **윤종호** 99
신고리 3, 4호기 건설 및 가동 전면 재검토해야 한다 | **정수희** 174
(울산) 신고리 5~6호기를 막아야 한다! | **박진영** 202

경남
(창원) 핵없는 세상을 위한 '금요시위' 진행 | **곽빛나** 13
(경남) 밀양송전탑과 고리1호기 수명 재연장을 막아야! | **박종권** 203

밀양
한전의 일방적 공사강행에, 칠순의 농부 분신 | **윤종호** 9
이계삼 사무국장(밀양분신대책위) 탈핵희망버스… 송전탑 싸움의 분수령 | **윤종호** 20
(밀양) 송전탑 문제해결… 총선 후보들 "적극 나서겠다" **이계삼** 24
(인터뷰) 이계삼, "밀양 송전탑 공사를 멈춰라" | **윤종호** 54
밀양 송전탑 투쟁, 이젠 탈핵을 향한 대리전 | **김준한** 112
(홍보) 탈핵희망 문화제, 우리가 밀양이다 144
밀양 송전탑 공사중단, 40일간의 휴전 | **곽빛나** 121
탈핵희망버스, 이제 지역 '만' 의 싸움은 없다 | **이보아** 122
밀양 송전탑 공사중지 이후의 과제 | **하승수** 123
밀양 송전탑 건설관련 전문가협의체 구성 중재안 124
관료주의와 전문가주의를 넘어서자 – 밀양 송전탑 '전문가협의제' 경과보고와 쟁점, 문제의식 | **하승수** 144
밀양, 보상이 아니라 시스템 전환이 필요하다 | **하승수** 145
(인터뷰, 김준한 공동대표) "밀양 송전탑 문제, 독립적인 공론화기구와 TV토론회를 제안한다" | **김준한** 146
(홍보) 긴급! 탈핵희망버스 172
(인터뷰) 김정회 밀양 동화전마을 대책위원장 – "우리는 보상을 바라지 않습니다. 우리는 예전처럼 살고 싶을 뿐입니다" | **박혜령** 173
'우리마을이야기' 와 밀양 | **이계수** 176
(인터뷰) 김영자 밀양 상동면 대책위 총무 – 우리 동네에서 송전탑이 보이지 않는 땅은 한뼘도 없어예 | **박혜령** 186
(홍보) 1월 25일(토)~26일(일) 2차 밀양희망버스로 함께 해요! 197
(인터뷰) 구미현(밀양 상동면 용회마을) – "어르신의 원혼이 이 땅을 떠나지 못하고 있어예. 국가가 죄없고 힘없는 국민한테 이라면 안됩니더." | **구미현** 197~198

합천
국내 원자폭탄 피폭자와 그 자녀들의 인권 실태 | **전은옥** 7
2012 합천 비핵 · 평화대회' 세계 피폭자 증언 현장 | **전은옥** 27
(홍보) 원폭희생자 67주기 추모제 47

수도권·대전

수도권
311시간 연속 시민행동(녹색당) | **윤종호** 4
(홍보) 제2기 탈핵학교 수강생 모집 30

고리를 끊기 위해 고리를 넘어간다 | **안재훈** 45
(홍보) 제2기 탈핵학교 수강생 모집 47
(연속 좌담회) "수도권 탈핵운동의 현황과 과제" | **윤종호** 86~87
(홍보) 탈핵학교 모집 88
(탈핵을 위한 한·일시민간담회) 핵발전소는 전기가 아니라 방사능물질을 만드는 곳 – 전기는 핵발전소가 아니어도 만들수 있다 | **이모니카** 141
두레생협과 함께한 '후쿠시마 리프레시 투어' | **오승현** 160
(홍보) 제6기 탈핵학교 개강 156
(홍보) 제7기 탈핵학교 수강생을 모집합니다~ 207

대전
핵 공단 수준으로 핵시설이 밀집된 '대전', 핵연료 생산시설 2배 증설 계획 철회하라! | **고은아** 155

해외
세계적인 탈핵흐름 18
완공한 핵발전소를 폐기한 나라들 | **이헌석** 35

일본
일본 반핵운동의 현장에서, 핵발전소 폐로하라! | **고노 다이스케** 14
다카하시 유키코(경제산업성 앞 텐트 사무국), 방사능과 오염에 지쳐 버린 사람들 | **고노 다이스케** 14
탈핵을 실천하기 위해, 세계 30개국에서 참가, 요코하마 '탈핵세계회의' 참관기 | **다카노 사토시** 15
한국·일본 핵발전소 현황 18
"오오이핵발전소 재가동을 멈춰라" | **고노 다이스케** 36
일본의 탈핵… 재가동 허용 여부가 관건 | **고노 다이스케** 36
일본 핵발전소 재가동 반대, 20만 항의 시위 | **고노 다이스케** 49
결국 충분했다! 올여름 일본 전력 – 역시 오오이핵발전소 재가동은 필요 없었다 | **고노 다이스케** 60
새롭게 구성되는 원자력규제기구, 또 다시 핵마피아들이 주름잡는가 | **고노 다이스케** 60
핵발전소 사고 책임을 묻는다! – 후쿠시마 고소단, 사고 책임자 33명 형사고발 | **고노 다이스케** 60
새 단계에 들어선 일본탈핵운동… 일본 '잘가라, 핵발전 10만명 시위' 참관기 | **다카노 사토시** 62
일본산 수산물 2468톤 방사능에 오염된 채 유통 | **이상홍** 71
2030년대 탈핵? 일본정부는 의지 없다! | **고노 다이스케** 72
후쿠시마 의료계를 주름잡는 야마시타 슌이치 | **고노 다이스케** 72
12월 16일 일본 총선, 각 정당별 핵발전 정책 | **다카노 사토시** 83
오오이핵발전소 정지문제로, 시험대에 오른 원자력규제위원회 | **고노 다이스케** 85
3.11 후쿠시마 2주기, 일본행사 | **고노 다이스케** 100
(인터뷰) 이대수 목사 – "한일 시민교류 통해, 탈핵공동행동 모색하자" | **윤종호** 129
일본 핵발전소 재가동될까? … 6개 핵발전소 12기 재가동 신청 | **고노 다이스케** 148
도쿄올림픽을 계기로, 제대로 된 핵사고 수습을! | **고노 다이스케** 168
일본 다시 핵발전 '제로' … 하지만, 도쿄전력 등 재가동 신청 | **고노 다이스케** 169
탈핵을 향한 한·일 시민연대는 계속된다! – 탈핵아시아평화를 위한 한일시민 일본서부핵발전소지역 투어 참관기

| **이대수** 181
후쿠시마의 교훈을 살리지 못하는 일본 – 과거로 되돌아가는 일본에너지정책 | **오하라 츠나키** 205

후쿠시마

후쿠시마 현장에서, 사고로부터 10개월, 현지 생협직원에게 묻는다 오오타키 미츠오(아이코프 후쿠시마) | **고노 다이스케** 6
아무도 믿지 않는, 노다총리의 '사고 수습 선언' | **고도 다이스케** 6
아! 핵발전소만 없었다면 … 후쿠시마 방문기 | **김복녀** 15
우노 사에코(자주피난민), 고리핵발전소 사고, 한국은 후쿠시마 전야(후쿠시마 탈출과 피난기록) | **고노 다이스케** 26
쿠로다 세쓰코(핵발전소 필요없는 후쿠시마 여자들) 무엇보다 피난을! | **고노 다이스케** 27
후쿠시마 사고 피해지역의 장애인 | **고노 다이스케** 71
후쿠시마 핵발전소 현장사진 | **오자키 다카시/고노 다이스케** 85
우노다 요코의 후쿠시마소식1 – 끝나지 않은 후쿠시마 사고, 그 곳에서 눈을 돌리지 않기 위해 | **오하라 츠나키** 204

나가사키·히로시마

히로시마·나가사키 핵폭탄 투하 67주년을 맞아, "마루키미술관, 김형률, 한국원폭2세환우" | **박일헌** 61

유럽

유럽은 핵발전소를 폐기하고 있다 | **염광희** 7

독일

독일 탈핵 선언 이후, 1년을 돌아본다 | **염광희** 38
발전차액지원금제도 재도입 시급하다! – 독일의 에너지 자립마을을 다녀와서 | **김영태** 170

기타

(세계의 반핵운동) 인도 쿠단쿨람 핵발전소 가동 강행에 맞선 주민들의 저항 | **이지언** 94
미국 산오노프레 핵발전소 2,3호기 폐로 결정 | **고노 다이스케** 136

2. 사안·주제별 색인

교육

'핵없는 세상을 위한 교사·학생·학부모연대' 창립 | **윤종호** 79
3.11 이후 '원자력안전신화'와 맞서는, 교사와 학교교육 | **이지언** 132
교육청 원자력공모전 후원에, 거센 항의 이어져 … 광주·전북·강원 교육청 뒤늦게 후원철회 | **이지언** 132
교과서를 펴보면, 핵은 안전한 에너지? | **이지언** 133~134
학교급식조례 제정, 방사능 기준치 강화로 이어질까 | **이지언** 164
후쿠시마 사고 후, 일본산 수산물 4327kg 학교 급식 사용 | **이상홍** 165

왜 '방사능급식조례'였을까 | **이보아 · 전선경** 182
'방사능으로부터 안전한 학교급식을 위한 대구경북시민모임' 발족 | **윤종호** 187
방사능으로부터 안전한 학교급식을 위한 대구경북시민모임을 출범하며 | **함원신** 187
서울시교육청 방사능 급식 안전대책, '예산낭비' 논란에 휩싸이다 | **이지언** 208

방사능 · 오염
후쿠시마 사고로 방출된 방사능물질과 인체영향 18
후쿠시마 제1핵발전소에서 새어나온 방사성물질 확산지도 19
후쿠시마 오염지도를 한국 울진에 겹쳐 본 지도 19
후쿠시마 핵사고 오염 및 피해현황 19
(헬렌 캘디콧 강연) 아이의 생존을 정부에 맡기지 마라 - 시민방사능감시센터 발족 | **이지언** 120
도쿄올림픽을 계기로, 제대로 된 핵사고 수습을! | **고노 다이스케** 168
ALARA원칙 | **김익중** 183
다른장면, 방사능측정 | **원자력자료정보실/고노 다이스케** 206

영향 · 건강
핵발전소 주변, 갑상선암 150% 높다 | **김익중** 8
Q&A 엑스레이나 씨티 찍으면 몸에 안 좋나요? | **반핵의사회** 20
Q&A 적은 양의 방사능도 위험한가요? | **반핵의사회** 28
'여성 갑상선 암, 발생률 높다' - 학회 공식 인정 | **김익중** 40
우리 가족 암발병과 선천장애의 책임을 묻는다! | **균도 아빠 이진섭** 51
'삼중수소 방사능 주민 건강영향평가' 실시 의의와 앞으로의 과제 | **정현걸** 58
후쿠시마 의료계를 주름잡는 야마시타 슌이치 | **고노 다이스케** 72

먹거리 · 학교급식
(홍보) 안전한 밥상을 위한 '방사능 핵종분석기' 구입을 후원해주세요! 8
(홍보) 핵종분석기 구입 운영비 추가 모금 20
(홍보) 방사능핵종분석기 모금을 종료하며 28
생협 '표고버섯, 세슘 검출', 방사능기준 마련고심 - 방사능 오염, 먹거리가 불안하다! | **이지언** 52
(홍보) 핵종분석기 구입에 함께해 주세요! 52
한살림 방사능독자기준치 마련, 방사능기준치, 사회적공론화가 필요 | **이지언** 64
일본산 수산물 2468톤 방사능에 오염된 채 유통 | **이상홍** 71
학교급식조례 제정, 방사능 기준치 강화로 이어질까 | **이지언** 164
후쿠시마 사고 후, 일본산 수산물 4327kg 학교 급식 사용 | **이지언** 165
왜 '방사능급식조례'였을까 | **이보아 · 전선경** 182
'방사능으로부터 안전한 학교급식을 위한 대구경북시민모임' 발족 | **윤종호** 187
방사능으로부터 안전한 학교급식을 위한 대구경북시민모임을 출범하며 | **함원신** 187
서울시교육청 방사능 급식 안전대책, '예산낭비' 논란에 휩싸이다 | **이지언** 208

법 · 소송

핵발전소 사고 책임을 묻는다! - 후쿠시마 고소단, 사고 책임자 33명 형사고발 | **고노 다이스케** 60
"탈핵-어떻게 할것인가" - 탈핵기본법, 탈핵로드맵, 탈핵10대 입법과제 제안 | **윤종호** 65
탈핵기본법 서명운동을 제안한다 | **하승수** 76
원폭피해자특별법 제정 추진위 출범 | **전은옥** 87
탈핵기본법 제정을 위해 | **하승수** 104
후쿠시마 사고, 원자로 제조사 책임을 묻는다 | **이대수** 113
세슘검출, 법이 안정성을 보장하는가? - 일동후디스사 산양분유 8천만원 법원배상판결과 환경운동연합의 항소 | **안재훈** 149
한수원 비리 중간발표, 정말 이제 전부일까? | **이헌석** 167

방폐장

방폐물관리공단 이사장 결국 사과(경주) | **이상홍** 4
"안전을 위해, 방폐장 즉시 폐로하라" | **이상홍** 12

사용후핵연료·재처리·공론화

(사용후핵연료1) 사용후 핵연료, 무엇이 문제인가? | **이헌석** 114
'몬주' 가 뭐야? - 일본 원자력규제위원회 '몬주' 운전재개 준비 금지 | **고노 다이스케** 126~127
(사용후핵연료2) 핵폐기물을 둘러싼 굴곡진 역사 | **이헌석** 130
(사용후핵연료 공론화1) 영국의 고준위 핵폐기물 관리정책과 공론화 | **이영희** 136
일본 롯카쇼에서 보는 재처리공장의 위험성 | **고노 다이스케** 138~139
(사용후핵연료 공론화2) 캐나다의 핵폐기물 공론화와 단계적 관리방식 | **이영희** 147
(사용후핵연료3) 부안핵폐기장 건설 반대에서 경주 주민투표까지 | **이헌석** 151
(사용후핵연료 공론화3) 독일의 탈원전 정책은 성공을 거둘 수 있을까? | **강윤재** 156
(사용후핵연료4) 시간만 허비한 이명박 정부의 사용후핵연료 관리정책 그리고 박근혜 정부 | **이헌석** 157
사용후핵연료 공론화위원회 일그러진 출범식 | **이헌석** 184
사용후핵연료 공론화와 탈핵진영의 대응 | **윤기돈** 196
후쿠시마 4호기 핵연료 반출 … 실패하면 인류멸망 위기 | **고노 다이스케** 180
오염수보다 심각한 사용후핵연료 반출 - 사고 수습 현장에서 | **오쿠무라 다케시** 190~191

폐로

완공한 핵발전소를 폐기한 나라들 | **이헌석** 35
미국 산오노프레 핵발전소 2,3호기 폐로 결정 | **고노 다이스케** 136

사고·위험성

핵발전소 방사선 비상계획구역 30km로 확대하라! | **윤종호** 153
핵발전소 노동자들은 어떤 생각을 갖고 있을까? - '원전의 안전한 운영을 위한 개혁 및 규제강화' 국회 토론회(9월24일) 및 관련연구보고서를 기반하여 | **이헌석** 171
(광주 · 전남) 영광핵발전소는 안녕하십니까? | **박상은** 202

체르노빌

(홍보) 체르노빌의 봄 96
체르노빌, 어떻게 아름다울 수 있지? – '체르노빌의 봄' | **정유선** 105
체르노빌로부터의 경고, 첫 번째 | **아사노 겐이치** 101
체르노빌, 이제는 잊혀져가는 이름인가? 체르노빌을 이해하는 5가지 키워드/체르노빌 사고일지/체르노빌에 대한 기본 정보/체르노빌의 교훈을 잊고 있는 우크라이나 | **이헌석** 102~103
(체르노빌의 경고, 두번째) 지금도 희생은 계속된다… 여성과 아동들의 피해 | **아사노 겐이치** 128

후쿠시마

아무도 믿지 않는, 노다총리의 '사고 수습 선언' | **고도 다이스케** 6
아! 핵발전소만 없었다면… 후쿠시마 방문기 | **김복녀** 15
후쿠시마 사고로 방출된 방사능물질과 인체영향 18
후쿠시마 제1핵발전소 원자로 현황 19
후쿠시마 제1핵발전소에서 새어나온 방사성물질 확산지도 19
후쿠시마 오염지도를 한국 울진에 겹쳐 본 지도 19
우노 사에코(자주피난민), 고리핵발전소 사고, 한국은 후쿠시마 전야(후쿠시마 탈출과 피난기록) | **고노 다이스케** 26
쿠로다 세쓰코(핵발전소 필요없는 후쿠시마 여자들) 무엇보다 피난을! | **고노 다이스케** 27
사고는 수습되지 않았다, 일본 국회 후쿠시마사고 조사위원회, 보고서 발표 | **고노 다이스케** 48
후쿠시마 사고 피해지역의 장애인 | **고노 다이스케** 71
후쿠시마 사고 원인, '쓰나미'가 아니라 '지진'이다 | **다카노 사토시** 84
후쿠시마 핵발전소 현장사진 | **오자키 다카시/고노 다이스케** 85
후쿠시마 제1핵발전소 현황 92
후쿠시마 사고로 방출된 방사능물질과 인체영향 93
후쿠시마 사고로 인한 해양오염 93
'전문가'들이 말하지 않은, 핵발전의 진실 | **이지언** 94
후쿠시마 2년, 탈핵의 길은 멀다 | **이정필** 105
일본정부와 도쿄전력, 배상액 줄이려 피난구역 재편 | **고노 다이스케** 106
후쿠시마 사고 이후 돌연사가 늘고 있다? | **고노 다이스케** 106
후쿠시마사고 현장 오염수처리 저장체제 파탄 | **고노 다이스케** 117
(홍보) 후쿠시마 사고 Q&A – 핵발전과 방사능 137, 156
한계에 이른 오염수 처리와 계속되는 대규모 누수 | **고노 다이스케** 158~159
후쿠시마 4호기 핵연료 반출…실패하면 인류멸망 위기 | **고노 다이스케** 180
원자력마피아가 실제상황을 만났을 때, '멜트다운' | **김현우** 189
오염수보다 심각한 사용후핵연료 반출 – 사고 수습 현장에서 | **오쿠무라 다케시** 190~191

고리1호기

"탈핵 불붙었다. 34년 된 고리 1호기 꺼라" | **정수희** 13
"사천만의 시한폭탄, 고리1호기 폐쇄하라" | **윤종호** 29
부산시조차 "IAEA 발표 미흡, 고리1호기 재가동해서는 안된다" | **윤종호** 30
'고리1호기 재가동 계획' 당장 중단하라! | **이성홍** 41

고리 1호기 폐쇄를 촉구하는, 철야농성 | **정수희** 44
울산, 고리1호기 폐쇄 1만인 인증샷…7월말 5천명 돌파 | **박진영** 44
고리를 끊기 위해 고리를 넘어간다 | **안재훈** 45
'고리1호기 재가동' 항의와 폐쇄를 촉구하는, 58일간의 농성 | **이성홍** 68
한국 핵발전소 사고 시뮬레이션 발표와 반향 | **박승준** 73
고리1호기, 최근 무엇이 문제인가 | **천현진** 110
고리1호기 수명연장, 있을 수 없다 | **김광모** 177
(경남) 밀양송전탑과 고리1호기 수명 재연장을 막아야! | **박종권** 203

월성1호기

'월성1호기 수명연장 중단' 요구 | **이상홍** 12
"당연히 월성1호기 수명 연장해야…?" | **이상홍** 10
30년 수명 다한, 경주 월성 1호기 수명연장… 사실은 위험 연장 | **이헌석** 10
조석 차관은? | **이헌석** 10
핵발전의 안전은 사회적 소통이 확보해준다 | **박진희** 31
(월성) "IAEA 물러가라" | **이상홍** 33
양남주민 700여명, "월성1호기 수명연장 중단하라" | **이상홍** 33
30년 수명완료, 경주 월성1호기 폐쇄하라! | **이상홍** 46
수명 끝난, "경주 월성 1호기 폐쇄하라" – 양남면 지역주민과 환경단체 한목소리 | **이상홍** 56
월성1호기 역사적인 수명마감! | **이상홍** 80
월성1호기 사고 모의실험…72만명 급성, 암 사망 | **이상홍** 88
월성1호기 수명연장, '낙제점' – 한수원 홍보와는 상반된, 국제원자력기구 영문보고서 | **이상홍** 109
월성1호기 '수명연장심사'와 앞뒤 바뀐 '스트레스 테스트' | **이상홍** 154
월성1호기, 스트레스 테스트에 숨겨진 함정 | **이상홍** 166
월성1호기, 낡은 것의 운명은 폐쇄! | **이상홍** 188
신월성, 신고리 1,2호기 제어케이블, 성능시험 결과 '정말 만족'스럽나? | **이상홍** 188

사건·사고

2011년 핵·방사능 관련 망언 | **이헌석** 5
(2012년 1월) 이 달의 사건·사고 | **윤종호** 5
(2012년 2월) 이 달의 사건·사고 | **윤종호** 11
고리1호기 폐쇄 농성 돌입 – 사고뭉치 고리1호기, 중고부품사용, 사고은폐, 그 다음은? | **이헌석** 22
(2012년 4월) 이 달의 사건·사고 | **윤종호** 23
영광핵발전소 – 비상발전기 고장사고 은폐 | **오경미** 34
반복되는 영광핵발전소 정지사고 | **오경미** 57
영광핵발전소 153번째 사고, 5호기에서만 17번째 | **오경미** 70
한국 핵발전소 사고 시뮬레이션 발표와 반향 | **박승준** 73
주민동의 없이, 재가동 없다! – 영광품질검증서 위조에, 제어봉 균열까지… 주민들 분노 폭발 | **윤종호** 77
핵마피아의 반복되는 부품비리, 사회적 통제로 시작해야 | **이헌석** 125
한수원 비리 중간발표, 정말 이제 전부일까? | **이헌석** 167
신월성, 신고리 1,2호기 제어케이블, 성능시험 결과 '정말 만족'스럽나? | **이상홍** 188

국내핵발전소 현황

(2013년 3월) 국내 핵발전소 현황 90
(2013년 4월) 국내 핵발전소 현황 98
(2013년 5월) 국내 핵발전소 현황 111
(2013년 6월) 국내 핵발전소 현황 131
(2013년 7월) 국내 핵발전소 현황 143
(2013년 8월) 국내 핵발전소 현황 151
(2013년 9월) 국내 핵발전소 현황 1 54
(2013년 10월) 국내 핵발전소 현황 166
(2013년 11월) 국내 핵발전소 현황 183
(2013년 12월) 국내 핵발전소 현황 193
(2014년 1월) 국내 핵발전소 현황 205

송전탑

한전의 일방적 공사강행에, 칠순의 농부 분신 | **윤종호** 9
이계삼 사무국장(밀양분신대책위) – 탈핵희망버스… 송전탑 싸움의 분수령 **윤종호** 20
청도군 삼평1리 마을은, '송전철탑을 반대합니다' | **김미화** 50
(인터뷰) 이계삼 – "밀양 송전탑 공사를 멈춰라" | **윤종호** 54
더러운 '돈' 의 논리로부터 우리 땅을 지키는 의로운 싸움 – 청도 송전탑 반대투쟁 | **정수근** 112
밀양 송전탑 투쟁, 이젠 탈핵을 향한 대리전 | **김준한** 112
밀양 송전탑 공사중단, 40일간의 휴전 | **곽빛나** 121
탈핵희망버스, 이제 지역'만' 의 싸움은 없다 | **이보아** 122
밀양 송전탑 공사중지 이후의 과제 | **하승수** 123
밀양 송전탑 건설관련 전문가협의체 구성 중재안 124
(홍보) 탈핵희망 문화제, 우리가 밀양이다 144
'밀양' 의 교훈, 분산형 전원체계를 구축하라! | **권승문** 162
밀양 송전탑 뒤에 숨은 고리핵발전소 수명연장 | **이헌석** 172
(인터뷰) 김정회 밀양 동화전마을 대책위원장 – "우리는 보상을 바라지 않습니다. 우리는 예전처럼 살고 싶을 뿐입니다" | **박혜령** 173
신고리 3, 4호기 건설 및 가동 전면 재검토해야 한다 | **정수희** 174
내가 밀양이다. 밀양의 '외부세력' 이 응답한다! | **이보아** 175
경찰이 점령한 밀양, 인권은 사라졌다 | **유성** 176
(홍보) 탈핵을 기원하는 감?? 그렇다면 삼평리 감!! 182
우리 모두가 밀양임을 확인! – 송전탑 대신 희망을 약속한, 1박2일 밀양 희망버스의 기록 | **이보아** 185
(인터뷰) 김영자 밀양 상동면 대책위 총무 – 우리 동네에서 송전탑이 보이지 않는 땅은 한뼘도 없어예 | **박혜령** 186
(홍보) 1월 25일(토)~26일(일) 2차 밀양희망버스로 함께 해요! 197
(인터뷰) 구미현(밀양 상동면 용회마을) – "어르신의 원혼이 이 땅을 떠나지 못하고 있어예. 국가가 죄없고 힘없는 국민한테 이라면 안됩니더." | **구미현** 197~198
(경남) 밀양송전탑과 고리1호기 수명 재연장을 막아야! | **박종권** 203

전력

결국 충분했다! 올여름 일본 전력 – 역시 오오이핵발전소 재가동은 필요 없었다 | **고노 다이스케** 60
(쟁점과 분석) 반쪽으로 끝나버린, 전력수급기본계획 | **이헌석** 90
후쿠시마 사고 이후, 일본은 어떻게 전력부족을 극복했나? | **다카노 사토시** 135
한국과 일본의 전체발전량 중 핵발전 비율 | **이헌석** 135
전세계 핵발전량 추이/재생에너지와 핵발전 전력생산량 비교 | **이헌석** 146
비정상적인 전기화… 가격체계 조정 등 적극적 규제 필요 | **이헌석** 194

정책

후쿠시마 1주년을 맞아, '우리는 기로에 서있다' | **하승수** 17
세계적인 탈핵흐름 18
이명박 정부의 핵발전 확대 정책 주요 경과 18
일본의 탈핵…재가동 허용 여부가 관건 | **고노 다이스케** 36
"탈핵–어떻게 할것인가" – 탈핵기본법, 탈핵로드맵, 탈핵10대 입법과제 제안 | **윤종호** 65
2030년대 탈핵? 일본정부는 의지 없다! | **고노 다이스케** 72
다수 탈핵후보들과 '찬핵' 박근혜 후보 | **윤종호** 78
12월 16일 일본 총선, 각 정당별 핵발전 정책 | **다카노 사토시** 83
시민의 안전보다 정치적 타협이 우선된 핵에너지 관련 정부조직 개편 | **이헌석** 97
일본 핵발전소 재가동될까? … 6개 핵발전소 12기 재가동 신청 | **고노 다이스케** 148
일본 다시 핵발전 '제로' … 하지만, 도쿄전력 등 재가동 신청 | **고노 다이스케** 169
발전차액지원금제도 재도입 시급하다! – 독일의 에너지 자립마을을 다녀와서 | **김영태** 170
(전북) 2014년 '핵없는세상' 을 향해 다함께 나아가자! | **한승우** 203
(부산) 2014년, 박대통령의 탈핵결단을 촉구한다 | **최수영** 203

신규핵발전소 부지

삼척·영덕, "부지선정, 철회하라" | **윤종호** 1
영덕주민은 핵발전소를 거부합니다! | **박혜령** 2
손성문 공동대표(영덕핵발전소백지화투쟁위) – 핵발전소 유치는 주민 뜻이 아닙니다 | **박혜령** 3
박홍표 공동대표(삼척핵발전소백지화투쟁위), 이제 시민들이 직접 나서야 합니다 | **윤종호** 3
영덕해맞이공원 경북대종에서, 핵발전소 건설반대의 외침 | **박혜령** 4
수요미사만 만 1년 넘겨(삼척) | **이광우** 4
무기한 1인 릴레이 시위 시작(영덕) | **박혜령** 4
311시간 연속 시민행동(녹색당) | **윤종호** 4
신규건설반대 3주간 1인시위 진행(경주) | **이상홍** 4
(영덕) '유치확정' 현수막 모두 철거 | **송호민** 12
반핵운동의 최전선 영덕, 반핵 위해 총선 출마 | **송호민** 12
(포항) 포항에서 부는 탈핵 바람 | **정침귀** 13
(삼척) 삼척여고 총동문회도 반핵지지 선언 | **이광우** 13
영덕 신규핵발전소 주민설명회 날치기 파행 | **송호민** 32
삼척시민들의 반핵의지 꺾이지 않았다 | **이광우** 34
삼척시장 주민소환투표 청구서명 결과 발표 | **윤종호** 45
삼척핵발전소유치에 대한 우리의 입장 | **강원대학교 삼척캠퍼스 삼척핵발전소유치반대 서명교수 일동** 45

신규 핵발전소 부지선정, 열려진 판도라의 상자 | 진상현 66
삼척시장 주민소환 여부, 10월 31일 판가름 | 윤종호 67
삼척 핵발전소 결사반대 범시민 궐기대회 | 윤종호 111
(삼척) 삼척시민은 핵발전소를 결코 받아들일 수 없다 | 이광우 202
(대구·경북) 신규핵발전소, 경북핵단지건설…핵폐기물 최종처분장과 직결되는 문제 | 손성문 203

건설·예정 핵발전소

91일째 1인 릴레이 시위 중(울산) | 박진영 4
(울산) 골목 골목 '탈핵' 전파 | 박진영 13
원천 봉쇄된 1인시위… 신울진 1·2호기 기공식장에서 | 박혜령 32
신고리 3, 4호기 건설 및 가동 전면 재검토해야 한다 | 정수희 174
(울산) 신고리 5~6호기를 막아야 한다! | 박진영 202

원자력클러스터

보수의 심장, 대구에서도 '탈핵' 움직임 | 정수근 12
동해안 원자력클러스터, 미래전략산업인가 핵재앙인가? | 노진철 47
"동해안핵클러스터, 핵쓰레기장을 만들자는 것이냐" | 이동원 69
(대구·경북) 신규핵발전소, 경북핵단지건설 … 핵폐기물 최종처분장과 직결되는 문제 | 손성문 203

에너지정책

불통(不通)의 원자력 공화국 | 진상현 2
새로운 도전, 자연에너지 혁명 | 고노 다이스케 37
다수를 무시하는 밀실의 선택, 국가에너지기본계획 | 이진우 124
국가에너지기본계획 무엇이 담겨야 하나 | 이진우 124
탈핵을 외친 당신이라면 지금 이 순간 (에너지기본계획)을 알아야 한다 | 이보아 161
에너지기본계획과 탈핵한국 | 이헌석 162
'밀양'의 교훈, 분산형 전원체계를 구축하라! | 권승문 162
탈핵운동, 탈성장과 전력수요의 관계에 주목하자 | 이정필 163
제2차 에너지기본계획 어떻게 볼것인가? | 하승수 178
제2차 에너지기본계획 권고안의 의미와 향후 과제 | 양이원영 178
제2차 에너지기본계획 성과와 한계 그리고 함정 | 이헌석 179
(인터뷰) 박혜령 집행위원장(영덕핵발전소유치백지화 투쟁위) – 국가의 결정을 반대하는 것이 엄두가 나지 않지만, 영덕군민들의 걱정은 매우 심각하다 | 윤종호 192
민관워킹그룹 참여이후 … 최근 에너지기본계획 논의를 지켜보며 | 이상훈 193
비전과 목표가 없는 장기 에너지 계획? | 이진우 194
비정상적인 전기화 … 가격체계 조정 등 적극적 규제 필요 | 이헌석 194
제2차에너지기본계획과 박근혜정부 핵발전정책, 탈핵운동의 대응 | 이헌석 195

정치·선거

반핵운동의 최전선 영덕, 반핵 위해 총선 출마 | 송호민 12
찬핵정치인 11명, 찬핵정당 '새누리당' | 윤종호 21

녹색당, 진보신당, 창조한국당 2030 탈핵 / 통합진보당, 민주통합당 2040년 / 자유선진당 2050년 | **윤종호** 23
경북 동해안 총선 후보 공동기자회견 | **이상홍** 23
(울산) 찬핵, 반민주 낙선후보 선정 | **박진영** 24
(밀양) 송전탑 문제해결… 총선 후보들 "적극 나서겠다" | **이계삼** 24
(경주) 이광춘(통합진보당) 적극적인 탈핵입장 | **이상홍** 24
(영덕) 정일순(민주통합당). 박혜령(녹색당) 등 유치 반대 | **송호민** 25
(부산) 출마 후보 대다수가 고리1호기 폐쇄 찬성 | **정수희** 25
(삼척) 이이재(새누리당), 김형순(무소속) 유치 찬성 | **이광우** 25
(국감) 30년 수명다한 월성1호기, 수명연장 어려울 듯! | **이상홍** 69
(국감) 경주 방폐장 붕괴 가능성 제기돼 | **이상홍** 69
탈핵기본법 서명운동을 제안한다 | **하승수** 76
다수 탈핵후보들과 '찬핵' 박근혜 후보 | **윤종호** 78
현안지역 반핵대책위, 문재인 후보와 '탈원전 정책협약' | **윤종호** 79
(인터뷰) 이광우(삼척핵발전소유치백지화투쟁위 기획실장) – 주민소환운동 후 시의원 후보로 출마 | **박혜령** 81
부산 58일간의 농성캠프, 그 이후… | **천현진** 82
12월 16일 일본 총선, 각 정당별 핵발전 정책 | **다카노 사토시** 83
자민당의 압승과 일본탈핵운동의 과제 | **다카노 사토시** 91
밀양 송전탑 건설관련 전문가협의체 구성 중재안 124
(간담회) 탈핵에너지전환 어떻게 할 것인가 (2014년 지방선거) | **박슬비 · 이혜복 · 하승수** 200~201
후쿠시마의 교훈을 살리지 못하는 일본 – 과거로 되돌아가는 일본에너지정책 | **오하라 츠나키** 205

종교

김준한 신부(동해안탈핵천주교연대) – "핵발전소는 죽음의 기술, 교회 정신과 양립할 수 없다" | **정수희** 11
우리는 복음을 전하기 위해 핵발전소를 찾아갔습니다 | **양기석** 63
(홍보) 생명평화 탈핵순례 113

핵무기

한국의 핵무장론, 어떻게 볼 것인가? | **정욱식** 91
(책소개) 방사능 앞에서 살아남을 자 누구인가? | **김현우** 207

원폭피해

국내 원자폭탄 피폭자와 그 자녀들의 인권 실태 | **전은옥** 7
(홍보) 원폭희생자 67주기 추모제 47
히로시마·나가사키 핵폭탄 투하 67주년을 맞아, "마루키미술관, 김형률, 한국원폭2세환우" | **박일헌** 61
원폭피해자특별법 제정 추진위 출범 | **전은옥** 87
(영화) '잔인한내림' – 부산반핵영화제 폐막작 | **천현진** 143

3. 기획 · 인터뷰 등

연속좌담회

(연속좌담회) 부울경, 반핵운동 현황과 과제 | **윤종호** 42~43
(연속 좌담회) 대경, 탈핵운동의 현황과 과제 | **윤종호** 59
(연속좌담회) 전라도 탈핵운동의 현황과 과제 | **윤종호** 74~75
(연속 좌담회) 수도권 탈핵운동의 현황과 과제 | **윤종호** 86~87
(연속좌담회) 강원도 탈핵운동의 현황과 과제 | **황정화** 95
(연속 좌담회) 한국탈핵운동의 현황과 과제 | **황정화** 118~119
(간담회) 탈핵에너지전환 어떻게 할 것인가 (2014년 지방선거) | **박슬비 · 이혜복 · 하승수** 200~201

장면으로 보는 반핵운동사

(장면으로 보는 반핵운동사) 비키니 수영복, 고질라, 그리고 일본반핵운동 – 1954년 3월 1일, 제5후쿠류마루 사건 | **이헌석** 96
(장면으로 보는 반핵운동사2) 짧은 투쟁 그러나 긴 여운, 굴업도 핵폐기장 반대 운동 | **이헌석** 115
(장면으로 보는 반핵운동사3) 우리군민 다 죽이고, 그 위에다 세워라! – 1990년 11월 8일 안면도 핵폐기장 반대운동 | **이헌석** 131

만평

탈핵그림판(창간준비3호), 에너지 일진들–후쿠시마 정도로 쫄면 일진이 아니잖아! | **박흥렬** 17
탈핵그림판(창간준비4호), 찬핵정치인, 솎아내야지! | **박흥렬** 21
탈핵그림판(창간호) 언제까지 눈가리고 아웅할 건지… | **박흥렬** 29
탈핵그림판(2호), 한수원, 알고보니 비리 투성이 | **박흥렬** 41
탈핵그림판(3호), 강정지키이, 삼척지킴이 | **박흥렬** 53
탈핵그림판(4호), 우린 탈핵스따~일! | **박흥렬** 65
탈핵그림판(5호), 무조건! 절대로! 꼭 투표합시다 | **박흥렬** 77
탈핵그림판(6호), 경호원들 | **박흥렬** 90
탈핵그림판(7호), "우리 말이 그 말이여" | **박흥렬** 97
탈핵그림판(8호), 사용후핵연료 공론화 네비게이션 | **박흥렬** 110
탈핵그림판(9호), 폭력강행하는 밀양, 청도 송전탑공사, 중단되어야 합니다 | **박흥렬** 123
탈핵그림판(10호), "말세다. 말세…검찰이 우리를 다 건드리다니…" | **박흥렬** 134
탈핵그림판(11호), 다음 세탁은 밀양? | **박흥렬** 145
탈핵그림판(12호), '앞칸 사람들…' | **박흥렬** 153
탈핵그림판(13호), 안전한 일본에서 올림픽을 … 방사능 오염수 지속방출 | **박흥렬** 165
탈핵그림판(14호), 오늘도 뜁니다. 나 혼자 … | **박흥렬** 175
탈핵그림판(15호), '한국말'은 왜 못알아듣는겨? | **박흥렬** 187
탈핵그림판(16호), 외계인, 민주주의 침공…! | **박흥렬** 198

칼럼

불통(不通)의 원자력 공화국 | **진상현** 2
유럽은 핵발전소를 폐기하고 있다 | **염광희** 7
핵발전소 주변, 갑상선암 150% 높다 | **김익중** 8
후쿠시마 1주년을 맞아, '우리는 기로에 서있다' | **하승수** 17
핵발전의 안전은 사회적 소통이 확보해준다 | **박진희** 31

독일 탈핵 선언 이후, 1년을 돌아본다 | **염광희** 38
'여성 갑상선 암, 발생률 높다' – 학회 공식 인정 | **김익중** 40
동해안 원자력클러스터, 미래전략산업인가 핵재앙인가? | **노진철** 47
삼척시장 주민소환, 탈핵과 민주주의의 기로 | **하승수** 53
신규 핵발전소 부지선정, 열려진 판도라의 상자 | **진상현** 66
한국 핵발전소 사고 시뮬레이션 발표와 반향 | **박승준** 73
(쟁점과 분석) 반쪽으로 끝나버린, 전력수급기본계획 | **이헌석** 90
한국의 핵무장론, 어떻게 볼 것인가? | **정욱식** 91
마음을 새롭게 하고, 탈핵으로 한 걸음 나아가자 | **야마구치 유키오** 92
후쿠시마 2년, 탈핵의 길은 멀다 | **이정필** 105
밀양 송전탑 공사중지 이후의 과제 | **하승수** 123
스트레스 없는, 원자력안전위원회 스트레스 테스트 | **서형림** 125
핵마피아의 반복되는 부품비리, 사회적 통제로 시작해야 | **이헌석** 125
관료주의와 전문가주의를 넘어서자 – 밀양 송전탑 '전문가협의제' 경과보고와 쟁점, 문제의식 | **하승수** 144
밀양, 보상이 아니라 시스템 전환이 필요하다 | **하승수** 145
제2차 에너지기본계획 어떻게 볼것인가? | **하승수** 178
제2차 에너지기본계획 권고안의 의미와 향후 과제 | **양이원영** 178
제2차 에너지기본계획 성과와 한계 그리고 함정 | **이헌석** 179
ALARA원칙 | **김익중** 183
민관워킹그룹 참여이후… 최근 에너지기본계획 논의를 지켜보며 | **이상훈** 193
비전과 목표가 없는 장기 에너지 계획? | **이진우** 194
비정상적인 전기화… 가격체계 조정 등 적극적 규제 필요 | **이헌석** 194
제2차 에너지기본계획과 박근혜정부 핵발전정책, 탈핵운동의 대응 | **이헌석** 195
우노다 요코의 후쿠시마소식1 – 끝나지 않은 후쿠시마 사고, 그 곳에서 눈을 돌리지 않기 위해 | **오하라 츠나키** 204

책

'전문가' 들이 말하지 않은, 핵발전의 진실 | **이지언** 94
(홍보) 체르노빌의 봄 96
체르노빌, 어떻게 아름다울 수 있지? – '체르노빌의 봄' | **정유선** 105
(홍보) 후쿠시마 사고 Q&A – 핵발전과 방사능 137, 156
'우리 마을 이야기' 와 밀양 | **이계수** 176
원자력마피아가 실제상황을 만났을 때, '멜트다운' | **김현우** 189
(홍보) 한국탈핵 196
(책소개) 방사능 앞에서 살아남을 자 누구인가? | **김현우** 207

사진

후쿠시마 핵발전소 현장사진 | **오자키 다카시/고노 다이스케** 85
그린피스, 부산 광안대교 고공시위 – 비상계획규역 30km 확대 촉구 150

영상 · 연극

(홍보) 동경핵발전소 DVD 5

(홍보) DVD 핵발전소, 이제 우리도 알거든! 16
탈핵예술유랑단을 꿈꾸다 | **권승문** 62
(홍보) 탈핵SF마당극 MY NAME IS KORI **넘버원** 100
(동영상 소개) 한국 공인 탈핵 강사, 김익중 교수 113
(동영상 소개) 고이데 히로아키, 한글자막 동영상 유투브 공개 113
(영화) (우리는 기니피그인가) 핵발전 밀집도 1위 한국, 언제까지 '하느님이 보우하사' 해줄까 | **김복녀** 129
(영화) '잔인한내림' – 부산반핵영화제 폐막작 **천현진** 143

인터뷰

손성문 공동대표(영덕핵발전소백지화투쟁위), 핵발전소 유치는 주민 뜻이 아닙니다 | **박혜령** 3
박홍표 공동대표(삼척핵발전소백지화투쟁위), 이제 시민들이 직접 나서야 합니다 | **윤종호** 3
이원영 교수(탈핵에너지교수모임) 핵발전은 인류존망이 걸린 문제다 | **전은옥** 5
김준한 신부(동해안탈핵천주교연대), "핵발전소는 죽음의 기술, 교회 정신과 양립할 수 없다" | **정수희** 11
이계삼 사무국장(밀양분신대책위) 탈핵희망버스 … 송전탑 싸움의 분수령 | **윤종호** 20
우노 사에코(자주피난민), 고리핵발전소 사고, 한국은 후쿠시마 전야(후쿠시마 탈출과 피난기록) | **고노 다이스케** 26
쿠로다 세쓰코(핵발전소 필요없는 후쿠시마 여자들) – 무엇보다 피난을! | **고노 다이스케** 27
(인터뷰) 이계삼, "밀양 송전탑 공사를 멈춰라" | **윤종호** 54
(인터뷰) 핵 없는 세상을 위한 동해시 기독교연대 – 삼척 신규핵발전소, 삼척만의 문제 아니다 | **박혜령** 142
(인터뷰) 김준한 공동대표 – "밀양 송전탑 문제, 독립적인 공론화기구와 TV토론회를 제안한다" | **김준한** 146
(인터뷰) 김정회 밀양 동화전마을 대책위원장 – "우리는 보상을 바라지 않습니다. 우리는 예전처럼 살고 싶을 뿐입니다" | **박혜령** 173
(인터뷰) 김영자 밀양 상동면 대책위 총무, 우리 동네에서 송전탑이 보이지 않는 땅은 한뼘도 없어예 | **박혜령** 186
(인터뷰) 박혜령 집행위원장(영덕핵발전소유치백지화 투쟁위) – 국가의 결정을 반대하는 것이 엄두가 나지 않지만, 영덕군민들의 걱정은 매우 심각하다 | **윤종호** 192
(인터뷰) 구미현(밀양 상동면 용회마을) – "어르신의 원혼이 이 땅을 떠나지 못하고 있어예. 국가가 죄없고 힘없는 국민한테 이라면 안됩니더." | **구미현** 197~198

인물

조석 차관은? | **이헌석** 10
히로시마·나가사키 핵폭탄 투하 67주년을 맞아, "마루키미술관, 김형률, 한국원폭2세환우" | **박일헌** 61
후쿠시마 의료계를 주름잡는 야마시타 슌이치 | **고노 다이스케** 72
방사선의 원흉, 핵발전소를 멈춰야 한다 – 피폭자치료의 세계적 권위자, 히다 슌타로 의사강연 … '내부피폭 경고' | **고노 다이스케** 107
반핵운동의 선구자, 김원식 별세 | **윤종호** 168
김원식 선생님을 떠나보내며 | **이헌석** 168

단체 · 기관

이원영 교수(탈핵에너지교수모임) 핵발전은 인류존망이 걸린 문제다 | **전은옥** 5
(홍보) 안전한 밥상을 위한 '방사능 핵종분석기' 구입을 후원해주세요! 8
노완호 운영위원(반핵의사회), "우리는 핵 없는 세상을 만들어 갈 수 있습니다" | **윤종호** 16
Q&A 엑스레이나 씨티 찍으면 몸에 안 좋나요? | **반핵의사회** 20

(홍보) 핵종분석기 구입 운영비 추가 모금 20
(홍보) 방사능핵종분석기 모금을 종료하며 28
Q&A 적은 양의 방사능도 위험한가요? | **반핵의사회** 28
(홍보) 제2기 탈핵학교 수강생 모집 30
핵산업계의 대변자, IAEA | **이헌석** 31
핵없는 세상 광주 · 전남 행동 발족 | **박상은** 34
탈핵강연에 이어, 탈핵전북모임도 구성 | **한혁준** 44
영광민간환경감시기구 운영위원장, 민간인으로 임명해라! | **오경미** 44
(홍보) 제2기 탈핵학교 수강생 모집 47
(홍보) 핵종분석기 구입에 함께해 주세요! 52
부산시민에게 드리는 글 반핵부산시민대책위원회 55
대구경북탈핵연대 출범! | **이동원** 57
대구시민행동, 연일 계속되는 탈핵행사 | **이동원** 57
새롭게 구성되는 원자력규제기구, 또 다시 핵마피아들이 주름잡는가 | **고노 다이스케** 60
핵 없는 세상을 위한 고창군민행동 출범 | **윤종호** 70
'핵없는 세상을 위한 교사 · 학생 · 학부모연대' 창립 | **윤종호** 79
오오이핵발전소 정지문제로, 시험대에 오른 원자력규제위원회 | **고노 다이스케** 85
(홍보) 탈핵학교 모집 88
시민의 안전보다 정치적 타협이 우선된 핵에너지 관련 정부조직 개편 | **이헌석** 97
방사선의 원흉, 핵발전소를 멈춰야 한다 – 피폭자치료의 세계적 권위자, 히다 슌타로 의사강연…'내부피폭 경고' | **고노 다이스케** 107
껍데기를 바꾼다고 알맹이까지 바뀔까? – 각종 핵에너지 시설, 기관 이름변경 열풍 | **이헌석** 111
(인터뷰) 일본원자력자료정보실 교보환경대상 수상 – 반핵비판여론 의식한 한국정부, 반 히데유키 대표 입국 거부 | **고노 다이스케** 116
왜 탈핵인가 – 핵에너지에 의존하지 않는 사회를 만들어야 하는 '10가지 이유' | **원자력자료정보실/고노 다이스케** 137
(인터뷰) 핵 없는 세상을 위한 동해시 기독교연대 – 삼척 신규핵발전소, 삼척만의 문제 아니다 | 박혜령 142
세슘검출, 법이 안정성을 보장하는가? – 일동후디스사 산양분유 8천만원 법원배상판결과 환경운동연합의 항소 | **안재훈** 149
(홍보) 제6기 탈핵학교 개강 156
'방사능으로부터 안전한 학교급식을 위한 대구경북시민모임' 발족 | **윤종호** 187
방사능으로부터 안전한 학교급식을 위한 대구경북시민모임을 출범하며 | **함원신** 187
다른장면, 방사능측정 | **원자력자료정보실/고노 다이스케** 206
(홍보) 제7기 탈핵학교 수강생을 모집합니다~ 207

강연 · 행사 · 토론회

(2012년 1월) 게시판 8
탈핵을 실천하기 위해, 세계 30개국에서 참가, 요코하마 '탈핵세계회의' 참관기 | **다카노 사토시** 15
(2012년 2월) 알립니다 16
'2012 합천 비핵·평화대회' 세계 피폭자 증언 현장 | **전은옥** 27

새로운 도전, 자연에너지 혁명 | **고노 다이스케** 37
(울산) 희망은 일상이어야 한다! – 울산탈핵희망텐트를 마치고 | **이선원** 38
생협 '표고버섯, 세슘 검출', 방사능기준 마련고심–방사능 오염, 먹거리가 불안하다! | **이지언** 52
"2020년까지 화석에너지와 원전의존비율 10%씩 내리겠다" – 탈핵울산시민공동행동, 손학규 후보 초청 간담회 | **박진영** 57
탈핵전북모임, 두 번째 강연 | **한혁준** 57
한살림 방사능독자기준치 마련, 방사능기준치, 사회적공론화가 필요 | **이지언** 64
"동해안핵클러스터, 핵쓰레기장을 만들자는 것이냐" | **이동원** 69
선언서 "핵발전시대를 끝내고 태양과 바람의 나라를 만들어갑시다!" | **태양과 바람의 나라를 꿈꾸다 참가자 일동** 76
전북 탈핵운동, "대선이 목표가 아니라, 이제 시작…" | **한승우** 82
후쿠시마 사고 원인, '쓰나미'가 아니라 '지진'이다 | **다카노 사토시** 84
3.11 후쿠시마 2주기, 일본행사 | **고노 다이스케** 100
3.11 후쿠시마 2주기, 한국행사 | **윤종호** 100
삶을 뿌리뽑힌 '원전난민'의 증언 – 서경식 강연, '증언불가능성의 현재 – 아우슈비츠와 후쿠시마를 잇는 상상력' | **이지언** 104
후쿠시마 사고, 원자로 제조사 책임을 묻는다 | **이대수** 113
(헬렌 캘디콧 강연) 아이의 생존을 정부에 맡기지 마라 – 시민방사능감시센터 발족 | **이지언** 120
(홍보) 2014 청년초록캠프 198
3.11 이후 '원자력안전신화' 와 맞서는, 교사와 학교교육 | **이지언** 132
핵발전소 노동자들은 어떤 생각을 갖고 있을까? – '원전의 안전한 운영을 위한 개혁 및 규제강화' 국회 토론회(9월 24일) 및 관련연구보고서를 기반하여 | **이헌석** 171
(부산) 응답하라 2013 부산 – 핵 없는 세상을 위한 부산시민 한마당 177

여론·운동·연대

일본 반핵운동의 현장에서, 핵발전소 폐로하라! | **고노 다이스케** 14
다카하시 유키코(경제산업성 앞 텐트 사무국), 방사능과 오염에 지쳐 버린 사람들 | **고노 다이스케** 14
"오오이핵발전소 재가동을 멈춰라" | **고노 다이스케** 36
(홍보, 삼척·영덕) 3차 탈핵희망버스타고 시원한 탈핵바캉스 떠나요~ 40
대구, '화요시'와 '탈핵희망버스' 등 진행 | **이동원** 46
일본 핵발전소 재가동 반대, 20만 항의 시위 | **고노 다이스케** 49
"이제 부산시민이 고리1호기를 꺼주세요" – 반핵부산시민대책위 (탈핵무한도전캠프) 농성 시작 | **이성홍** 55
새 단계에 들어선 일본탈핵운동 – 일본 '잘가라, 핵발전10만명 시위' 참관기 | **다카노 사토시** 62
(홍보) 이번엔 희망봉고? 희망기차? 64
(홍보) "태양과 바람의 나라를 꿈꾸다" – 핵 없는 세상을 원하는 공동행동의 날 64
(홍보) 생명평화 탈핵순례 113
탈핵희망버스, 이제 지역'만'의 싸움은 없다 | **이보아** 122
(인터뷰, 이대수 목사) "한일 시민교류 통해, 탈핵공동행동 모색하자" | **윤종호** 129
탈핵을 위한 한·일 시민간의 연대와 모색이 시작됐다! | **이대수** 140
(탈핵을 위한 한·일시민간담회) 핵발전소는 전기가 아니라 방사능물질을 만드는 곳 –전기는 핵발전소가 아니어도 만들수 있다 | **이모니카** 141
(홍보) 제2차 탈핵희망 국토도보순례(포항~삼척) 143

(홍보) 탈핵희망 문화제, 우리가 밀양이다 144
'핵없는 세상, 희망의 미래로!' – 제2회 2013 합천비핵·평화대회를 열며… | **정지혜** 152
후쿠시마 청소년과 함께한 한·일 청소년 탈핵 캠프 | **오하라 츠나키** 159
두레생협과 함께한 '후쿠시마 리프레시 투어' | **오승현** 160
(홍보) 탈핵희망 국토도보순례 계획(서울~영광) 167
(홍보) 긴급! 탈핵희망버스 172
내가 밀양이다. 밀양의 '외부세력'이 응답한다! | **이보아** 175
경찰이 점령한 밀양, 인권은 사라졌다 | **유성** 176
탈핵을 향한 한·일 시민연대는 계속된다! – 탈핵아시아평화를 위한 한일시민 일본서부핵발전소지역 투어 참관기 | **이대수** 181
우리 모두가 밀양임을 확인! – 송전탑 대신 희망을 약속한, 1박2일 밀양 희망버스의 기록 | **이보아** 185
(홍보) 1월 25일(토)~26일(일) 2차 밀양희망버스로 함께 해요! 197

탈핵신문

2011년 핵·방사능 관련 망언 | **이헌석** 5
탈핵신문 창간선언문(2012. 6. 6) | **탈핵신문 창간발기인 일동** 29
(탈핵신문) 창간 소식을 듣고 | **니시오 바쿠** 39
(탈 핵신문) 창간에 거는 기대 | **김현우** 39
(탈핵신문) 탈핵신문에게 바란다 | **한혁준** 39
탈핵을 위한 기도문 '이 땅에 다시 생명을' | **손성문** 39
김준한, 박혜령 공동대표 선출 – 6월 6일 탈핵신문 발기인대회 개최 | **윤종호** 40
(발행인 인사말) 새로운 탈핵운동을 지향하며 | **김준한** 89
(홍보) 작년 한해 탈핵신문을 응원해 주신 여러분께 감사드립니다! 89
(홍보) 탈핵운동의 첫걸음, 탈핵신문 구독 137
탈핵신문이 선정한 2013년 탈핵 5대 뉴스 | **이헌석** 199

탈핵신문

축쇄판

창간준비호(2012년 1월) ~ 16호(2014년 1월)

탈 핵 신 문

창간준비호 2012년 1월 18일 수요일 전화 02)702-4979

삼척·영덕, "부지선정, 철회하라"

후쿠시마 대참사 이후 핵발전소와 방사능에 대한 전국민의 불안감이 높아지고, 신규 핵발전소 건설을 반대하는 국내여론이 68%(2011년 3월 13일, 입소스(IPSOS) 국제여론조사 결과)에 이르는 상황임에도, 이명박 정부와 한국수력원자력(주)은 핵발전소 확대정책을 고수하며 2011년 12월 23일(금) 신규 핵발전소부지 선정(삼척시 근덕면·영덕군 영덕읍)을 강행했다. 이번 결정에 종교계를 비롯한 시민단체, 야5당, 강원도 등이 강한 우려를 표명하는 가운데, 삼척·영덕 주민들은 '부지 선정 철회'를 요구하는 기자회견, 촛불집회, 무기한 1인 시위를 이어가며 거세게 반발하고 있다.

▶관련기사 2, 3, 4면

부지 선정 과정

한국수력원자력(이하 한수원)은 '신규 핵발전소 입지 확보를 위한 정책수립 용역'(2009년)을 통해, 해남, 보성 등 10곳의 지자체를 일방적으로 신규 핵발전소 가능지로 선정한 바 있다. 이후 한수원은 가능성 있는 4곳(해남, 고흥, 삼척, 영덕)에 지방의회의 동의서를 첨부한 '유치신청서'를 2011년 2월 말까지 제출하게 했다.

그런데 고흥·해남군은, "핵발전소가 지역에 미치는 영향에 대해 핵발전소지역 현장방문, 각계각층 군민여론 수렴 등을 진행한 결과, 유치시 세제혜택, 지원사업 등 재정적 인센티브와 고용창출 등의 효과가 다소 있겠지만, 청정이미지를 훼손해 주력사업인 농·수·축산물의 선호도가 떨어져 판매부진, 소득감소를 유발하고, 관광수요에도 부정적"이라며, "장기적인 미래를 생각할 때 청정이미지를 가꾸는 것이 더 소중하다는 결론에 이르러 핵발전소유치를 반대한다"는 군의회 차원의 성명서를 채택하며, 유치신청을 하지 않았다. 반면 삼척시와 영덕군을 비롯해 애초 계획에 없던 울진군까지, 최종 3곳의 지자체가 유치신청서를 제출했다. 이후 한수원 부지 선정위원회는 3월 실사조사 등을 진행한 후, 4월~6월경 신규 핵발전소 후보 부지를 발표하겠다고 공언했다. 하지만 3월 11일 후쿠시마 대참사 이후 핵발전소에 대한 부정적 여론 눈치를 보며 발표를 미뤄오다, 2012년 총선의 정치적 논쟁을 피해 연말 성탄절 직전(12월 23일)에 발표를 한 것이다.

한수원에 의하면, 이번 부지선정은 부지안정성(15점), 환경성(35점), 건설적합성(20점), 주민수용성(30점) 등을 종합 평가해 결정했다고 한다. 향후 사전환경성검토 등을 거쳐 2012년 상반기에 정부에 전원개발사업예정구역으로 신청한 뒤, 하반기 관계부처 협의를 거쳐 2012년 말 지식경제부가 신규 핵발전소 부지로 확정할 계획이다. 이번에 선정된 두 곳에는 2024년 이후 부지당 4기 이상의 핵발전소를 준공할 예정이라고 한다.

종교계·시민단체 등, "핵발전 확대정책 폐기"

종교계와 핵발전소 지역대책위 등 40여 시민단체 등이 연대한 '핵없는 세상을 위한 공동행동(이하 공동행동)'은 23일(금) 후보부지 선정 발표가 나자마자 곧바로 '신규 핵발전소 후보지 선정 규탄 기자회견'에 이어, 26일(월) '신규 핵발전소 부지 선정 반대 1천인 선언'을 발표했다(▶사진 참조). 기자회견에서 공동행동대표들은, "체르노빌과 후쿠시마 핵참사를 통해, 핵발전은 단 한번의 사고로도 엄청난 참사를 불러일으킨다는 것이 증명되었다. 독일, 이탈리아 등 세계 각국은 최근 탈핵정책을 추진하고 있는데, 우리 정부는 이런 세계

> "정부와 한수원은 68%에 이르는 시민 반대 여론에도 불구하고, 핵발전소 확대정책을 강행하고 있다."

적 흐름에 역행하며 핵발전 확대정책으로 나아가려 한다. 앞으로 우리는 신규부지 선정이 백지화될 때까지 싸워갈 것이며, 내년 총선과 대선에서 이 문제를 모든 정당, 종교계, 사회단체와 연계해 사회쟁점화 시킬 것이다"라고 선언했다.

통합진보당, 창조한국당, 진보신당, 녹색당, 사회당 등 야 5당들도 23일 공동기자회견에서 기존 핵발전소의 단계적 폐쇄와 재생에너지로의 정책전환을 요구하며, '신규 핵발전소 부지 선정을 철회하라'라는 목소리를 높였다. 민주통합당 원혜영·이용선 공동대표는 종교계, 공동행동 대표 등과의 국회간담회(23일)에서 '우리당 정책은 핵발전소 전면 재검토를 (이미) 밝히고 있다. (신규 후보부지 선정은) 핵발전소 확대의 첫 조치로 강력한 대응이 필요하다'라는 입장을 밝혔다. 또 핵발전소 정책을 관할하는 국회 지식경제위원회 위원장 김영환 의원(민주통합당)은 "후쿠시마 이후 현 정부는, 핵발전소 확대정책에 대한 국민적 공감대와 사회적 합의 없이 신규 후보부지 선정과 같은 정책을 밀어붙일 것이 아니라, 다음 정권에서 책임지도록 해야한다"는 논평을 내기도 했다.

한편 최문순 강원도지사도 광역지치단체장으로서는 처음으로 "핵발전소 건설에 대한 국민적 합의와 안전성에 대한 국민적 이해도 담보되지 않은 상태에서 핵발전소 건설을 확대하는 것은 주민의 생명과 안전을 지켜야 하는 도지사로는 납득하기 어렵다"며 "이번 선정 결과 발표에 대해 매우 안타깝고 유감스럽게 생각한다"라는 입장을 밝혔다.

삼척·영덕, 촛불집회 등 격렬하게 반발

강원도와 달리 경북도(김관용 도지사)와 삼척시(김대수 시장), 영덕군(김병목 군수)은 "이번 한수원 결정을 환영한다. 원자력은 여전히 수력, 화력, 태양에너지 등과 비교했을 때 최고의 대안이다. 지역발전 등이 기대된다"는 입장을 밝혔다.

하지만 김대수 삼척시장의 일방적인 유치신청에 문제를 제기하며 2010년 12월부터 1년 이상 매주 합동미사와 촛불집회를 진행해 온 삼척핵발전소유치백지화투쟁위원회는, 12월 26일(월) (삼척)근덕면핵발전소반대투쟁위원회 등 지역주민 100여명과 함께 '삼척·영덕 핵발전소 신규부지 선정 철회 합동기자회견 및 결의대회'를 가졌다. 이 단체 상임대표를 맡고 있는 박홍

▲12월 26일 서울 세종문화회관 앞에서, 시민단체 대표들이 '삼척·영덕 핵발전소 부지 선정 반대 1천인 선언' 기자회견에서 정부를 규탄하고 있다.

표 신부(삼척 도계성당)는 "우리는 이번 후보부지 선정 발표를 강력히 규탄하며, 결코 받아들이지 않을 것이다. 또한 시민공청회, 토론회 한번 없이 시민들의 입을 막고 공무원들을 앞세워 독단적으로 핵발전소 유치를 신청한 김대수 삼척시장의 사퇴를 강력히 촉구한다"고 입장을 밝혔다. 이어 "향후 우리는 삼척시장의 주민소환을 비롯해 대규모 궐기대회, 효력정지 가처분 신청과 같은 법적투쟁 등을 끊임없이 전개해 나갈 것이다. 우리의 투쟁은 삼척시민들의 자존과 생명, 미래를 지켜내기 위한 너무나 정당한 것으로, 우리는 어떠한 희생도 감수할 각오가 되어 있다"라고 밝히며, 시민들의 참여를 호소했다.

영덕핵발전소유치백지화투쟁위원회도 12월 26일 영덕군청 앞에서 동해안탈핵연대, 대구·울산 등의 시민단체들과 함께 '신규 핵발전소 후보지선정 즉각 철회를 위한 대구경북시민단체 공동기자회견'을 가졌다. 이날 손성문 공동대표(신부, 영덕영해성당)는 "신규핵발전소 후보부지 선정 철회를 위해, 대구·경북의 모든 정당과 시민단체들이 함께해 나갈 것이다. 특히 주민의견 수렴없이 밀실행정을 통해 핵발전소를 유치한 김병목 군수는 책임지고 즉각 사퇴하라"고 주장했다.

한편, 영덕핵발전소백지화투쟁위원회는 '부지 선정 철회'를 위한 항의행동을 '무기한' 진행하겠다고 천명하며, 지난 1월 4일부터 영덕군청 앞에서 '무기한 1인 릴레이 시위'를 진행하고 있다.

윤종호 준비위원

▌부지선정 현장에서

사진 영덕핵발전소유치백지화투쟁위원회 제공

영덕주민은 핵발전소를 거부합니다!

박혜령 준비위원

2010년 12월 중순, 영덕군수가 핵발전소 유치를 위해 의회에 동의를 구하고 있다는 소문이 돌았다. 우려는 현실이 되었다. 의회에서는 주민들 의사와는 무관하게 유치신청 동의안을 만장일치로 가결하고, 이것을 근거로 2010년 12월 31일 영덕군수는 핵발전소 유치신청서를 제출했다.

그리고 얼마 지나지 않아 일본 후쿠시마에서는 이를 경고하기라도 하듯 대참사가 일어났다. 시간이 지나면 모든 문제가 해결될 것이라 생각했다. 평소 국가나 핵발전론자들은 핵발전소에서 사고가 날 가능성은 거의 0%이며, 사고가 나도 모든 상황에 대한 대처가 가능한 안전한 에너지라고 말해왔기 때문이다.

하지만 일본의 상황은 전혀 개선되지 않았고, 방사능 오염으로 인한 소식이 날마다 이어지고 있었다. 앞으로 핵발전소가 들어올지 모르는 영덕주민들은 사태의 심각함을 깨닫게 되었지만, 정작 입 밖으로 꺼내어 말할 수 없었다. 지난 10여 년간 3차례의 핵폐기장 반대의 경험이 남긴 상처가 아직도 아물지 않고 우리에게 남아 있기 때문이다.

영덕 핵폐기장 유치 반대운동의 선봉에 선 다수가 시위로 인해 재판장에 서고, 거금의 벌금형을 선고 받았다. 식당을 운영하던 주민은 불매 종용으로 식당을 폐업하고 고향을 떠났다. 고향을 찾은 젊은이들은 새로운 지역사회를 꿈꾸었지만, 몇 차례 핵폐기장 반대에 동참하고는 지역발전에 저해되었다는 오명을 안은 채 도시로 떠났다. 농사를 짓던 농민은 각종 인허가를 받는데 어려움을 겪었고, 또 다른 농민은 현재 일용직으로 생계를 이어가고 있다.

2011년 6월 14일, 영덕의 주민들은 영덕핵발전소 유치백지화 투쟁위원회 발족식을 준비했다. 이 행사를 위해 현수막을 제작하던 지역의 광고물품 제작사가 행사 전날 울먹이며 전화해서 추가의 광고물을 제작해 줄 수 없다고 했다. 앞으로 살기가 조금 피곤할 거라는 전화를 받고, 밥벌이가 끊겨 이곳을 떠나야 할지도 모른다고 걱정했다. 지금도 광고물 제작은 물론 현수막을 거는 것도 불가능하다.

신문보급소에서는 삽지행위가 군청에 발각되면 바로 가게를 닫아야 한다며 거절했다. 지난 핵폐기장 반대운동 때 나섰다가 밥줄이 끊길 뻔했단다. 결국 1개 신문지국은 거절당하고, 1개 지국은 군청에 넣지 않는 조건으로 겨우 수락했다. 포스터는 군청에서 '불법부착물'이라며 직접 철거했고, 행사장에서는 군청 직원이 주민을 가장해 사진을 찍어 신원을 파악했다. 주민들은 행사장을 떠나거나 수건과 모자 등으로 얼굴을 가린 채 행사장을 지켰고, 행진에는 본 대열에 서지도 못했다.

2011년 12월 23일 신규핵발전소 후보지 선정 발표가 있던 날, 대책위에 걸려온 전화에서는 지역주민임을 밝히며 "미안하고, 부끄럽다"는 고백을 했다. "더 이상 이대로 있을 수는 없다"고 숨죽여 자신의 울분을 토해내고 있었다.

정부에서는 신규 원전 후보적지의 조건으로 '인구가 적고 학력 수준이 낮으며 대도시에서 먼 곳'을 꼽고 있다. '적은 인구에 학력수준이 낮고 대도시에서 가장 먼' 이곳에도, 사람이 살고 존중받아 마땅한 국민의 권리와 인권이 있다. 그것은 누구도 빼앗을 수 없는 '천부적 권리'가 아닌가?

대도시의 소비위주의 에너지 정책에 지역이 희생양이 되고, 지역갈등으로 민심이 파탄나는 것에 우리모두가 책임의식을 가져야 마땅하다. 그리고 세계가 버리고 있는 사양사업인 핵산업의 지속으로 지역갈등이 발생하는 우를 범하지 않아야 한다.

▌영덕 핵폐기장 반대운동의 역사▐

●1989년 영덕 핵폐기장 반대운동

우리나라 최초 핵폐기장 계획 수립, 최초의 핵폐기장 반대운동
면단위 집회에서 3천여명의 주민 참가, 국도 점거 등 격렬한 반대운동

●2003년 영덕 핵폐기장 반대운동

2003년, 제252차 원자력위원회, 핵폐기장 후보지로 영덕 등 4개 지역 선정
영덕 등 주민들의 적극적인 반대운동, 청와대 앞 단식농성 등 전개

●2005년 삼척, 영덕 핵폐기장 반대운동

제253차 원자력위원회 중·저준위 핵폐기물 분리
삼척, 영덕 등 4개 지역 유치 반대운동

불통(不通)의 원자력 공화국

진상현
경북대 행정학부 교수

2011년 한국사회의 원자력정책은 역주행을 하고 있다. 지난 3월 11일 후쿠시마 원전사고 이래로 세계 각국이 원전확대를 포기, 중단하는 경로를 걷고 있는 것과 반대로 한국 정부는 지속, 확대라는 엉뚱한 길로 가고 있다. 원자력을 포기한 대표적인 나라가 독일과 스위스이고, 다른 선진국들은 원전확대를 잠정적으로 유보해놓은 상태이다. 물론 이런 상황에서도 원전을 추가로 건설하겠다고 천명하는 나라도 있다. 그렇지만 이들은 민주적 의사결정시스템이 확립되지 못한 개발도상국이 대부분이다. 반면에 한국은 OECD 가입국 가운데 특이하게도 원자력의존적인 정책을 고수하고 있는 국가이다.

최근 시민사회진영에서는 이 같은 한국 원자력정책의 문제를 이명박 정부의 실책으로 규정해야 한다는 비판이 제기되고 있다. 그렇지만 과연 지금의 역행적인 정책추진이 이명박 정부만의 문제인지는 생각해볼 필요가 있다. 물론 최근 들어서 원자력 의존적인 정책이 강화되고 있기는 하지만 필자의 관점에서 보자면 현정부에게만 지금의 책임을 전가할 수는 없을 것이다.

> "세계 각국이 원전확대를 포기, 중단하는 경로를 걷고 있는 것과 반대로 한국 정부는 지속, 확대라는 엉뚱한 길로 가고 있다."

왜냐하면 반핵운동 진영에 가장 큰 타격을 주었던 사건은 사실 2005년에 경주로 확정된 방사성폐기물처리장 입지선정 과정이었기 때문이다. 당시까지만 해도 방폐장 입지선정문제는 참여정부뿐만 아니라 과거 20년 동안 풀지 못했던 한국 정부의 오래된 숙제였다. 그렇지만 참여정부는 3,000억원이라는 경제적 보상과 주민투표라는 권한이양을 통해서 대표적인 혐오시설인 방폐장을 지역주민들의 선호시설로 전환함으로써 반핵운동진영을 무력화시킬 수 있었다.

한마디로, 한국사회에서 원자력은 좌파와 우파라는 정치체제와는 무관하게 어떤 정권 하에서도 일관되게 성장해온 정책영역이다. 이처럼 고착화된 한국의 원자력정책을 뒷받침하는 가장 중요한 두 가지 요인으로는 '기술관료적인 행정체계'와 '경제성장 제일주의'를 들 수 있다. 먼저 한국에서 원자력마피아, 일본에서 원자력촌(原子力村)이라고 불리는 기술관료 중심의 행정체계는 일반 시민이 배제된 의사결정방식으로 정책을 추진하는 제도적 기반이다. 다음으로 경제성장 제일주의는 한국이 경제성장을 지속해야 하고, 경제성장을 지속하기 위해서는 원자력처럼 값싼 전기가 필요하기 때문에 결과적으로 원전을 건설해야 한다는 3단 논법을 통해서 한국의 원자력정책을 지탱하는 문화적 기반이 되고 있다.

그럼에도 불구하고, 지금의 이명박 정부는 원자력 의존적인 사회구조를 고착시키는 핵심적인 주역 가운데 하나이다. 왜냐하면 기업가 출신이자 747공약으로 당선된 이명박 대통령은 경제성장 제일주의라는 신화를 더욱 강화하고 있기 때문이다. 뿐만 아니라 현 정부는 국민들과의 논의를 차단하는 방식으로 원자력정책을 확대해나가고 있다. 집권 3년차 여론조사에서도 밝혀졌듯이 국민들은 여론에 귀를 기울이지 않는 불통(不通)의 정부에 대한 불만이 가장 큰 것으로 나타났다. 이명박 정부는 최근에도 동일한 방식으로 국민들의 불안과 요구를 무시한 채 〈제4차 원자력진흥종합계획〉을 확정해서 공표한 상태이다.

신규원전 부지선정이나 한미원자력협정 개정작업처럼 중요한 사안들이 산적해있는 2012년에 이명박 정부는 1년밖에 남지 않은 임기동안만이라도 국민들의 의견을 수렴해서 정책을 결정해나가길 바란다. 현실적으로는, 원자력정책의 중요성과 위험성을 인식하고 고민하는 후보자를 국민들이 국회의원과 대통령으로 선출할 수 있어야 한국사회에서 탈원전, 탈핵에너지에 대한 정책적 논의가 가능해질 것으로 전망한다. '태양과 바람의 대한민국'과 '원자력공화국' 가운데 과연 어떤 나라를 원하는지, 2012년에는 시민들이 현명하고 신중하게 투표해주길 부탁드리는 바이다.

2011년 12월 23일 신규핵발전소 부지로 삼척·영덕이 선정됐다. 삼척과 영덕에서 신규핵발전소 부지선정 철회 운동의 중심에 있는 박홍표 상임대표(삼척핵발전소유치백지화투쟁위원회)와 손성분 공동대표(영덕핵발전소유치백지화투쟁위원회)의 이야기를 각각 들어봤다. 〈박혜령 윤종호 준비위원〉

| 인터뷰 |

영덕핵발전소백지화투쟁위 손성문 공동대표

핵발전소 유치는 주민 뜻이 아닙니다

영덕핵발전소유치백지화투쟁위원회(이하 영덕핵투쟁위)는 정부와 한수원의 신규핵발전소 건설계획을 반대하고, 김병목 영덕군수의 신규 핵발전소 유치신청은 영덕군민들의 의사와 다르다는 것을 알리기 위해 2011년 6월 14일 발족한 시민모임이다. 영덕군민 대다수가 신규 핵발전소 유치에 반대하고 있는 여론을 무시하고 일방적으로 유치를 강행하는 영덕군에 이의를 제기하고 있다. 손성문 공동대표(천주교 안동교구 영해성당 주임신부)의 이야기를 들어봤다.

부지 선정에 대한 생각은?

그저 착잡한 마음입니다. 바로 이웃 나라에서 선량한 사람들이 단지 핵발전소 가까이에 살고 있던 죄로, 위험을 모르고 사고 현장을 수습하러 들어간 죄로 수없이 죽어가고 있습니다. 수백km 떨어진 먼 곳에 있는 사람들도 방사능의 피해를 보고 있고요. 앞으로 사망자가 백만 혹은 이백만에 이른다고 합니다. 아무리 재물이 좋다한들 죽고 나면 아무 소용없는 것이지요. 우리나라는 핵발전소 밀집도가 세계에서 가장 높다고 합니다. 어느 한 기만 사고가 나도 전 국토에 영향을 미치는 작은 나라입니다. 그럼에도 유한한 재물을 얻고자 귀한 생명을 가볍게 여기고 핵발전소를 늘리려는 모습이 안타까울 뿐입니다.

왜 반대하는가?

핵은 사람이 관리·제어할 수 없는 위험한 물질입니다. 자연계에 존재하지 않는 것을 억지로 만들어놓고는 써먹을 데가 없어 전기 생산에 사용하고 있는 것이 핵분열 기술입니다. 하지만 인간은 핵을 충돌시키기만 할 뿐, 멈추거나 없애는 기술을 갖고 있지 않습니다. 핵분열로 인해 발생하는 방사능 물질에 대해서도 아무런 대책이 없는 상황입니다. 그럼에도 관계당국은 핵은 안전하며 완벽하게 관리할 수 있다고 거짓말을 합니다.

예전에 체르노빌에서 폭발사고가 일어났을 때 이를 보고 일본자신은 절대 안전하다고 주장했지만, 그것은 지난해 후쿠시마 핵발전소가 터지면서 거짓으로 판명이 났습니다. 그것을 단지 거짓말로 넘기기엔 상황이 너무 심각합니다. 그런데 우리 역시 그와 같은 전철을 밟고 있습니다. 일본보다 나은 기술력을 가지고 있지 않은 상황에서도 후쿠시마와 같은 사고는 일어나지 않을 것이라고 장담합니다. '무식한 게 용감하다'는 격언처럼 정말 몰라서 그런 것일까요?

핵이 아니어도 더 싸고 안전하며, 많은 일자리를 창출하는 재생 가능한 에너지가 얼마든지 있습니다. 때문에 저와 많은 분들이 핵발전을 반대하고 있습니다.

향후 어떻게 대응할 것인가?

가까이 영남권에 계신 뜻있는 분들이 힘을 모아주고 계십니다. 지난 12월 26일 영덕 군청 앞에서 정부·한수원·영덕군수가 벌인 신규부지 선정에 대한 부당함을 지적하고, 반대하는 기자회견을 가졌습니다. 지난 연말 마지막 밤에는 해맞이 축제를 벌이는 '삼사해상공원'에서 경북도민 몰래 핵 클러스터를 유치하려는 김관용 도지사와 경북의 많은 지자체장들이 보는 앞에서 핵발전소 반대 퍼포먼스를 벌이기도 했습니다.

앞으로는 지역 주민들을 상대로 핵의 위험성과 더 나은 대체에너지에 대해 알리고 교육하는 활동을 할 계획입니다. 현재는 주민들이 반대의사를 제대로 표명하지 못하고 있습니다. 관과 이웃의 눈치를 보기 때문입니다. 마치 조선시대나 이북에 사는 느낌입니다. 그럼에도 그 가운데 적지 않은 분들이 핵의 위험성을 알고 걱정하고 계신다는 것에 희망을 가집니다.

하고 싶은 말은?

영덕군민 여러분! 저희가 핵발전소를 반대하는 것은 우리 지역에 피해를 주려는 것이 아닙니다. 깨끗한 바다와 건강한 농수산물을 대대로 지키기 위함입니다. 핵발전소가 들어선 곳은 약속과 달리 어느 곳도 발전하거나 인구가 늘어나지 않았습니다. 오히려 암 발생만 늘어났습니다. 우리 지역에 정말 좋은 것이라면 저도 찬성하겠습니다. 우리 자신과 자녀들을 위해 깊이 생각해주시면 고맙겠습니다.

| 인터뷰 |

삼척핵발전소백지화투쟁위 박홍표 공동대표

이제 시민들이 직접 나서야 합니다

삼척핵발전소유치백지화투쟁위원회(이하 삼척핵투쟁위)는 김대수 삼척시장의 일방적인 핵발전소 유치 선언에 분노한 시민들이 2010년 12월 4일 발족한 시민모임이다. 삼척에 핵발전소가 유치되는 것을 저지하고, 무너진 민주주의를 회복하는 데 목적을 두고 있다. 삼척핵투쟁위 박홍표 상임대표(천주교 안동교구 도계본당 주임신부)의 이야기를 들어봤다.

부지 선정에 대한 생각은?

참으로 한심하고 분통이 터집니다. 우리는 지난해 일본의 후쿠시마 핵발전소 폭발사고를 통해 '이 세상 어디에도 안전한 핵발전소는 없다'는 교훈을 얻었습니다. 후쿠시마 이후 전세계가 발 빠르게 핵발전 정책을 포기하고 탈핵으로 나아가고 있는데, 오히려 이명박 정부는 현재의 21기에서 2030년 42기로 늘이겠다고 공언하며, 이번 신규 핵발전소 부지 선정을 강행했습니다. 이렇게 되면 핵사고와 방사능 유출사고의 위험도가 2배로 높아질터인데, 이 얼마나 전 국민들을 비롯해 삼척시민들의 생명을 위협하는 일입니까?

핵은 사람의 생명과 직결되고, 핵반대 투쟁은 하느님의 창조질서를 지켜내는 일이라고 생각합니다. 삼척에서 핵 반대 투쟁은 지역민들의 생명·재산을 지켜는 일이며, 삼척의 역사와 민주주의를 지켜내는 일입니다.

왜 반대하는가?

지금 일본은 54기의 핵발전소 중 6기만 가동 중인데, 전기부족으로 정전됐다는 소식은 없습니다. 한국수력원자력(이하 한수원)이 이번 신규부지를 발표하면서 내건 첫 번째 이유가 전기가 부족하다는 것인데, 어떻게 국민들을 설득할 수 있겠습니까?

게다가 삼척은 90년대와 2000년대 2번에 걸쳐, 근덕(덕산)면 핵발전소 건설 백지화 투쟁과 원덕 방사성폐기물처분장 건설 반대 투쟁의 경험이 있습니다. 삼척시민들이 핵발전소를 원하지 않는다는 것은 역사를 통해 이미 확인된 부분입니다.

그러나, 김대수 삼척시장은 2010년 5월 지방선거 때 세계원자력연구원 유치를 공약으로 내걸더니, 7월에는 스마트원자로 유치로 말을 바꾸고, 10월에는 시민들의 의견수렴 없이 일방적으로 핵발전소 유치 선언을 합니다. 결국 12월 삼척시의회에서 핵발전소 유치 신청 동의안이 통과되고 말았습니다. 이후 삼척시장은 핵발전소 유치 결의대회에서 삼척시민의 96.9%가 찬성했다고 강변하고 있습니다. 이는 삼척시가 공무원과 관변단체 등을 동원해 중복서명, 강제서명한 조작된 수치입니다. 이번 한수원 발표에서 스스로 밝혔듯이, 삼척에서 핵발전소 유치에 찬성하는 수치는 과반수가 안된다고 합니다. 따라서, 이번 결정은 즉각 철회되어야 합니다.

향후 어떻게 대응할 것인가?

지난 12월 23일 삼척이 핵발전소 신규부지로 결정된 뒤, 12월 26일 삼척핵투쟁위는 기자회견을 통해, 삼척의 역사와 민주주의를 파괴한 김대수 시장을, 4월 총선 직후 주민소환으로 탄핵시키겠다고 밝혔습니다. 아무리 힘들어도 반드시 성사시켜 낼 것입니다.

최근 이런 내용을 시민들에게 알리기 위해 현수막을 걸고, 가두홍보방송 등을 진행하고 있으며, 매주 수요일은 삼척우체국 앞에서 천주교 미사와 촛불집회를 진행합니다.

하고 싶은 말은?

매주 수요일 삼척우체국 앞에서 천주교 미사와 촛불집회를 1년 이상 진행해왔습니다. 이제 삼척시민들이 직접 나서야 합니다. 김대수 삼척시장의 독선과 일방적 행정으로 무너진 삼척의 민주주의를 지켜내야 합니다. 더불어 핵발전소의 위험성은 삼척만의 문제가 아닙니다. 이웃한 동해와 태백의 시민들도 적극적으로 함께 해주시기를 부탁드립니다.

영덕해맞이공원 경북대종에서, 핵발전소 건설 반대의 외침

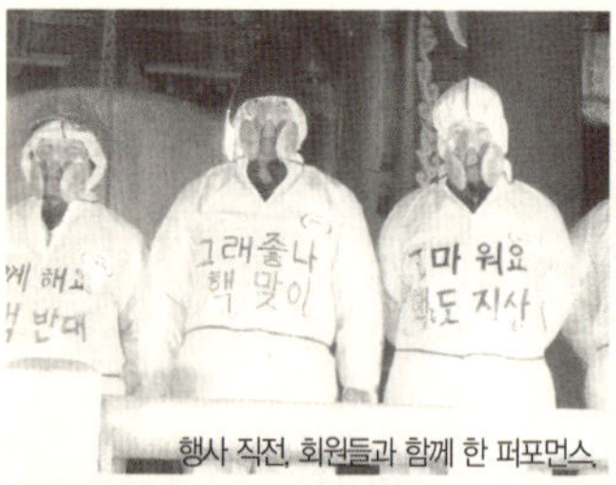

행사 직전, 회원들과 함께 한 퍼포먼스

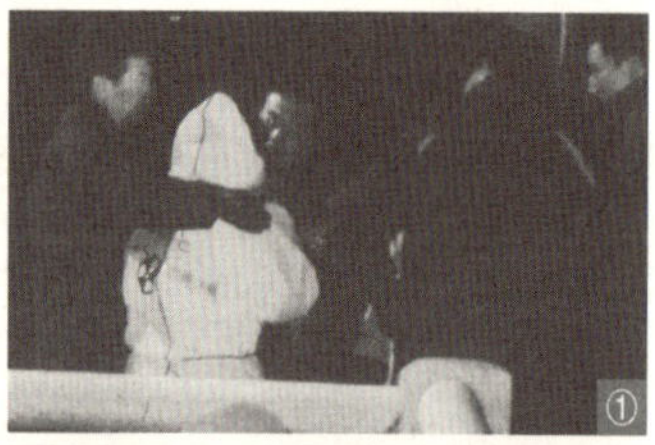

원자력클러스터를 경북동해안에 유치하려는 김관용 경북도지사와 신규핵발전소를 유치하려는 김병목 영덕군수가 12월 31일 밤 영덕해맞이공원의 경북대종에서 새해맞이 타종식 행사차 참석한다는 소식을 접했다. 영덕핵발전소백지화투쟁위원회 회원들은 이곳에서 핵발전소의 위험성과 부당성을 알리자는 결정을 했다.

영덕군 경찰서는 시위나 퍼포먼스 자체를 불허해, 다수의 퍼포먼스 시위는 포기하고 1인 시위로 진행하는 것을 합의했다. 그러나 시작부터 300여명의 공무원들이 대종을 에워싸고 1인 시위자가 선 곳 주변의 전등은 소등했다.

도지사와 군수에게 항의하는 1인 시위를 보여주기 위해, 대종 가까이 진입을 시도할 수밖에 없었다. 그러자 300여명의 공무원은 팔짱을 끼고 인간벽을 만들었다. 뒤엉킨 팔들 사이에서 필자의 팔은 꺾이고 목이 눌렸다. 꼬집고 옷을 잡아당기는 힘에 몸은 이리저리 휘둘려 도무지 자력으로 필자의 몸을 자유로이 원하는 곳에 둘 수 없었다.

할 수 없이 원래 자리로 돌아와, 목청껏 구호를 외쳤다. "영덕군민 반대한다, 신규핵발전소 즉각 철회하라!", "독단으로 핵발전소 유치한 김병목은 즉각 사퇴하라!". 도경찰청장은 '계속 구호를 외치면, 잡아가겠다'고 으름장을 놓았다. 그러자 구경하던 시민들이 공무원들과 경찰들에게 야유를 보내며, '1인시위 보장하라! 들여보내주라!'는 외침이 경북대종 주위에 울려퍼졌다.

박혜령 준비위원

◀ ①필자 주변의 전등이 모두 꺼졌고, 경찰과 공무원들이 시민들과 타종관계자들이 보지 못하도록 필자를 둘러싸고 있다. ②행사장 쪽으로 들어가려 시도하고 있다. 하지만, 수백명의 남자들을 힘으로 당할 수는 없었다. ③결국 그들에게 떠밀려 난간과 공무원 사이에 몸이 끼였다. 동료 시위자가 쫓아와 공무원들을 밀쳐내고 있다.

수요미사만 만 1년 넘겨

신규핵발전소 부지 선정이 발표된 후, 12월 26일(월) 삼척우체국 앞에서 "삼척·영덕 핵발전소 신규부지 선정 철회 기자회견 및 결의대회"가 100여명의 시민들이 참석한 가운데 진행됐다.

그리고, 2010년 12월 28일부터 시작한 '핵발전소 부지 선정 백지화'를 촉구하는 천주교 미사가, 지난 2011년 12월 28일로 만 1주년을 맞이했다. 지금까지 비가오나 눈이오나, 덥기도 하고 춥기도 했지만, 한 번도 빠짐이 없었다. 2011년 4월 4일부터 진행하고 있는 수요 촛불집회도 이번 1월 11일(수)로 24회차를 진행했다.

삼척대책위는 수시로 삼척시내 차량가두방송을 통해 '신규 핵발전소 부지 선정 철회하라'는 메시지를 시민들에게 전하고 있으며, 이외에도 현수막 걸기, 유인물 배포 등을 진행하고 있다. 이 과정에서 "부지선정 철회가 가능하냐"고 묻는 시민들도 만났고, 또 김대수 삼척시장의 독단적인 시정에 숨죽여온 주민들의 분노를 확인할 수 있었다.

지난 90년대와 2005년, 삼척의 핵반대 투쟁의 역사를 원동력으로 삼아, 신규핵발전소 부지 선정을 철회시키기 위해 다양하면서도 끈질긴 활동을 펼쳐나갈 계획이다.

이광우 기획홍보실장
(삼척핵발전소유치백지화투쟁위원회)

방폐물관리공단 이사장 결국 사과

언론 등을 통해 지속적인 핵옹호 발언으로 논란이 되어온 송명재 이사장(한국방사선폐기물관리공단, 경주 소재, 이하 방폐물관리공단)이, 3주간 계속된 경주핵안전연대의 1인 시위에 굴복해, 결국 사과했다.

송 이사장은 2011년 11월 10일 MBN 방송에 출연해, "경주 '방폐장'이 세계에서 제일 안전하다", "서울 월계동 방사능 아스팔트, 방사성폐기물로 볼 수 없다" 등의 발언을 했다.

그러자 환경운동연합은 송 이사장의 사퇴를 촉구하는 성명서를 발표했고, 경주핵안전연대는 내부논의를 거쳐 송 이사장의 발언을 '망언'으로 규정하고, 11월 21일부터 방폐물관리공단 정문 앞에서 아침출근 시간 1인 시위를 시작했다.

1인 시위가 3주 동안 지속되자, 언론과 지역여론 등에 부담을 느낀 송 이사장은 시민단체 대표 면담을 요청해왔고, 12월 16일(금) 경주핵안전연대 대표들과 1시간 가량 면담을 진행했다.

송 이사장은 "방폐장에 문제가 많다는 것을 알고 있다. 시민들의 우려를 없애기 위해 안전하게 짓겠다는 취지의 말이 잘못 나왔다"며 해명했고, 본인의 발언이 잘못되었음을 인정한 뒤 "사과한다. 앞으로 이런 일이 없도록 하겠다"라고 다짐했다.

한편, 이번 송 이사장의 사과에 대해 경주지역 시민사회단체들은 '3주간의 1인 시위를 통한 투쟁의 성과'라는 의미를 부여했다.

이상홍 준비위원

무기한 1인 릴레이 시위 시작

영덕핵발전소유치백지화투쟁위원회(이하 영덕핵투쟁위)는 12월 26일(월) "신규핵발전소 후보지선정 즉각 철회를 위한 대구경북 시민단체 공동기자회견"에 이어, 12월 31일은 영덕 해맞이 공원에서 김관용 경북도지사와 김병목 영덕군수를 규탄하는 퍼포먼스를 진행했다.

그리고, 영덕핵투쟁위는 2012년 새해 들어서자마자, 1월 4일부터 영덕군청 앞에서 '무기한 1인 릴레이 시위'를 시작했다.

박혜령 준비위원

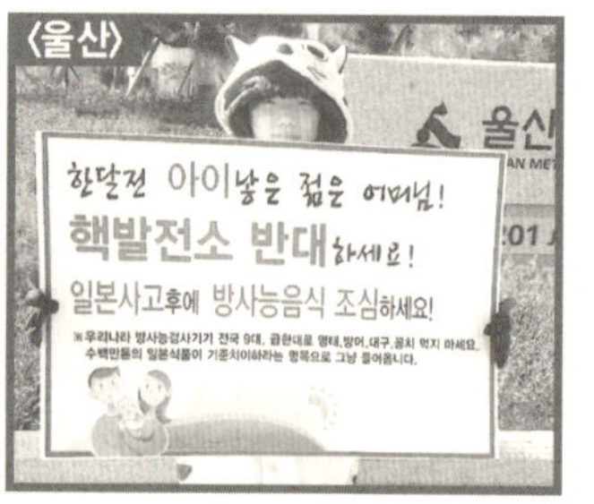

91일째 1인 릴레이 시위 중

울산 울주군에 위치한 신고리 5·6호기 건설 주민설명회가, 2011년 9월 1일로 잡혔다. 해당지역 주민들은 '핵발전소 부지 찬성' 현수막을, 부지 바깥의 주민들은 '부지 반대'의 목소리를 높였다.

이번 사안에 대해 부지반대 기자회견만으로는 뭔가 미흡하다는 생각에 다른 무엇을 시도해보자며 시작한 것이 1인 릴레이 캠페인(1월 13일 현재 91일째)이다. 평소 1인 시위는 늘 굳은 얼굴의 시위자 표정 등으로 '기운 빠지는 시위중의 하나'라고 생각해왔다. '밑도 끝도 없이 그냥 피켓만 들 것인가', '좀 재밌게 할 수 없나' 등 고민은 시작됐다.

고정 현수막과 상황에 따라 다른 피켓을 제작했다. 무더운 9월, 나는 1시간동안 캠페이너와 함께한 뒤, 1시간이 끝나면 '이거 피라미드(다단계) 캠페인인거 아시죠!' 라고 말하면, 상대방은 눈이 휘둥그레지고, 다시 '1인 2명 소개시켜주기 캠페인'이라면 그제서야 웃는다.

그동안 기타공연 2번, 50일째 50인 캠페인, 캐릭터 캠페인, 시·구의원 주간, 종교인 참여, 개사한 음악 틀어놓기, 산타복장 등을 진행했고, 자전거 발전기 캠페인, 시낭송 등을 준비할 계획이다. **박진영 간사(울산환경운동연합)**

신규 건설 반대, 3주간 1인 시위 진행

경주핵안전연대는 지난 12월 7일부터 30일까지 3주간에 걸쳐, '삼척·울진·영덕 신규 핵발전소 건설 반대' 1인 시위를 진행했다. 이번 1인 시위는 한국수력원자력(주) 경주사업소 앞에서 매일 점심 시간에 맞춰 진행됐다.

크리스마스와 연말을 맞아, 시민들에게 필요한 선물은 핵발전소가 아니라 '탈핵'이라는 의미를 담아, 산타클로스 복장을 한 김윤근 대표(경주핵안전연대)의 1인 시위 모습이다.

이상홍 준비위원

311시간 연속 시민행동

'탈핵'을 핵심 과제로 상정하고 창당을 준비하고 있는 녹색당(준)이, 지난 12월 26일부터 1월 8일까지 311시간 연속 1인 피켓 시민행동, '햇빛번쩍 프로젝트'를 광화문 앞 사거리에서 진행했다.

'삼척·영덕 신규 핵발전소 백지화'를 위해, 낮에도 영하의 날씨를 보였던 연말연시, 연휴도 잊은 채 한 사람이 1시간씩, 하루 12시간, 14일 연속 1인 피켓 시민행동이 계속된 것이다(▶관련 사이트, '햇빛번쩍 프로젝트' 2030-nonukes.tistory.com).

하승수 사무처장(녹색당(준))은, "신규 핵발전소 부지 선정 철회를 위한 시민들의 작은 행동이, 지금부터라도 시작되야겠다는 생각에 기획하게 되었다"며 이번 프로젝트의 의미를 설명했다.

윤종호 준비위원

탈핵에너지교수모임 이원영 교수 인터뷰

핵발전은 인류존망이 걸린 문제다

인터뷰·정리=전은옥 준비위원

> 50년 동안 6기가 터졌다. 후쿠시마 사고 이후 독일의 탈핵정책을 지켜본 교수들이, 핵의 위험성과 탈핵사회에 대한 전망을 전문지식으로 뒷받침하기 위해 모였다.

2011년 11월 11일 '탈핵에너지교수모임'이 출범했다. 후쿠시마 핵사고가 터진 지 8개월만이다. 원자력 추진파 일방의 선전에 세뇌되어 온 한국 사회에서, 처음으로 대학교수들이 탈핵에너지를 위해 함께 모였다. 어떤 이유로 교수집단이 이렇게 탈핵을 위해 나서게 되었을까. 모임의 총무를 맡고 있는 이원영 교수(수원대 국토미래연구소장)를 지난 12월 30일 만나보았다.

교수모임 출범 배경과 탈핵운동에 참여하게 된 개인적 동기는?

2008년부터 약 2500명의 교수가 모여 운하반대모임을 진행했는데, 4년째 접어든 작년 3월 후쿠시마 사고가 터졌지요. 이건 4대강보다 더 엄청난 사건이며, 이 땅과 민족의 생존이 걸린 문제라고 생각했습니다. 그런데 비교적 건전한 상식을 가진 동료교수와 핵 문제에 대한 이야기를 하던 중, 그 분께서 "대안

이원영 교수
사진=이헌석 준비위원

이 없다. 그래도 핵발전은 안전하다"는 말을 하시더라. 순간 가슴에 불이 났죠.

제 전공이 국토계획과 도시계획인데, 대형 핵발전소 사고가 터지면 모든 계획이 다 무의미해집니다. 인류의 존망이 걸린 사안이죠. 스리마일과 체르노빌에서 사고가 났을 때도 원자력 추진파들은 "이건 우연이다. 원자력은 안전하다. 다시는 이런 일은 없다"고 주장해서 사람들도 다 믿었잖아요. 하지만 이번에 바로 옆나라에서 대참사가 벌어진 겁니다. 개수로는 지금까지 여섯 개(스리마일, 체르노빌, 후쿠시마 4기—편집자 주)가 터진 거죠. 지금 전세계에 핵발전소가 440개 정도 되는데, 50년 동안 여섯 개가 터졌다면 확률적으로 향후 천년간 120개, 혹은 적어도 수십 개는 터질 거 아닙니까. 그러면 지구가 전부 방사능으로 오염되어 다 죽게되는 겁니다.

'어떻게 해야 하나' 이런 고민을 하는 사이, 독일이 올바른 탈핵정책으로 가는 걸 보게 되었어요. 관련 교수님 스무 분과 함께 직접 독일의 탈핵정책을 보고 돌아오면서, 우리도 독일처럼 하면 된다는 자신감을 갖게 되었습니다. 이런 내용을 국민들에게 알려야겠다는 중대함 때문에 교수들이 힘을 모으게 되었습니다.

교수모임에 참여하시는 분들은?

현재 회원수는 115명 정도이고, 인문사회 계통이 3분의 2, 자연계는 3분의 1 정도 됩니다. 자연계에서도 물리학, 전기전자학, 화학공학, 산업공학, 의학 등 직간접적으로 관련된 분야 전공자가 20여 명 들어와 있습니다.

교수모임의 중점 활동은?

핵의 위험성과 탈핵 사회에 대한 비전 등을 전문지식과 객관적 자료로 뒷받침하는 학술활동을 주로 계획하고 있습니다. 강연회, 좌담회, 세미나, 책자 간행과 기타 홍보활동 등을 통해 시민운동과 종교계의 활동을 뒷받침하고, 일반 시민에게는 보다 쉽고 효과적으로 전달하기 위해 출판, 홍보활동도 신경쓰고 있습니다. 특히 <원자력의 종말-젊은 핵 공학도에게>라는 책을 비롯해, 올 3월부터 6월까지는 전국 대학 순회강연 등을 계획하고 있습니다.

원자력의 위험성에 대한 기술적 문제점뿐 아니라, 사회적, 윤리적, 인권 차원의 문제와 먹거리 안전 문제 등 생활과 관련된 주제들에 대해서도 학문적으로 밝혀야 합니다. 마지막으로 국제연대를 통하여 지구촌에서 핵을 추방하는 것도 교수모임이 하고자 하는 역할입니다.

현 단계 탈핵운동이 더욱더 성장하기 위해, 어떤 노력이 필요할지?

만화, 그림책, 교양서적 등을 통해 일반 시민들과 청소년들이 쉽게 접근할 수 있도록 다양한 매체와 아이디어를 활용할 수 있어야 합니다. 지역주민과의 소통, 지속적으로 이슈를 만들어 가고, 이벤트를 계획하는 등 시민운동의 역할도 중요하죠. 그리고 우리나라는 종교계가 사회에 큰 영향을 주고 있어요. 영성이 강한 민족이지요. 탈핵은 생명의 문제이기 때문에 종교계가 함께 해준다면 탈핵 사회의 실현이 가능하다고 생각합니다.

2011년 핵·방사능 관련 망언

"(방사능) 비 맞아도 괜찮아"

4월초, 김황식 국무총리가 국회 외교안보분야 대정부 질문에서의 답변. 후쿠시마 핵발전소 사고의 영향으로 당시 방사성 요오드와 세슘이 검출되는 비가 내리고 있었다. '이 비를 맞아도 되는가'라는 의원의 질문에, 김 총리는 "이 비는 인체에 영향을 줄 정도의 방사성 물질이 없어, 맞아도 된다"라고 답변했다. 그러나 인도주의실천의사협의회 등 국내·외 의료학계에서는 '방사성은 피폭량에 비례해 암을 발생시키며, 이는 기준치 이하라도 마찬가지'라고 지적하고 있다.

"(핵발전에 비유) 교통사고 났다고 자동차 안 타나?"

4월, 최중경 장관(지식경제부)에 대한 국회 긴급현안질의 자리에서 이종혁 의원(한나라당)이 "원전을 폐쇄하라는 극단적인 주장은 경계해야 한다. 연간 수십만명이 교통사고로 죽는다고 자동차를 없앤다고 하지 않는다"며 핵발전 육성 정책에 대한 (맞장구를 치면서 한) 발언. 2011년 5월, 이명박 대통령도 한국원자력안전기술원을 방문한 자리에서 "비행기 사고의 치사율이 높다고, 비행기 타지 않나?"는 요지의 발언을 했다. 하지만, 후쿠시마 대참사를 통해 드러났듯이, 핵발전소 사고는 재난의 인적·물적 규모나 지속기간, 복구가능성과 비용 등에 있어, 자동차, 비행기 사고와 단순 비교할 수 없는 엄청난 재앙을 초래한다는 것을 고려하지 않았다.

※지난 12월 초부터 매주 금요일 밤 10시, 이헌석 대표(에너지정의행동)와 하승수 변호사(녹색당 사무처장)는 탈핵 토크쇼 "닥치기 전 탈핵"이라는 코너를 유스트림(http://www.ustream.tv/channel/nonukestv)을 통해 진행하고 있다. 이 방송에서는 '2011년 핵·방사능 관련 5대 망언!'에 대한 설문조사를 진행하고 있는데, 응모한 사람 중 추첨을 통해 선물을 준다(1월 25일까지) 고 한다. 응모주소는 http://nonukestv.tistory.com/notice/32.

이헌석 준비위원

| 이 달의 사건·사고 |

핵산업계 이해관계자들 중심의 원자력안전위원회 출범

2011년 10월 26일 출범한 원자력안전위원회는 지역주민, 시민단체 등은 배제한 채, 핵산업계 이해관계자들로 위원회를 구성했다. 특히 강창순 위원장, 윤철호 부위원장은 원자력산업회의 부회장, 이사를 역임했을 뿐만 아니라, 건설 및 부품회사와 밀접히 관련된 인사들이다.

제4차 원자력진흥종합계획 국무회의 통과

2011년 11월 21일, 원자력진흥·이용 관련 최상위 계획인 제4차 원자력진흥종합계획(2012~2016년)이 국무회의를 통과했다. 전체발전량에서 핵발전 비중을 37.5%까지 확대하고, 수출용 원자로 및 사용후핵연료 재활용 기술 개발을 비롯해, 핵발전소를 IT, 조선을 이을 대표 수출산업으로 육성하는 계획 등이 포함되어 있다.

울진 4호기 세관 대규모 손상

2011년 12월 초 언론에 보도되기 시작한 사건으로, 울진 핵발전소는 2011년 9월 9일부터 ~10월 15일까지의 계획예방정비 기간에 2개의 증기발생기 세관 1만6428개를 비파괴방식으로 조사한 결과 균열 등으로 관재생 또는 폐쇄해야 물량이 3847개라고 밝혔다. 충분한 원인규명도 하지 못한 채, 한수원은 2016년 예정된 증기발생기 교체시기를 2013년으로 앞당기는 방안을 검토 중이라고 한다.

울진 1호기 불시 정지

2011년 12월 13일, 복수기 이상으로 불시 정지.

고리 3호기 가동중단

2011년 12월 14일 고리 3호기 터빈발전기 과전압으로 원자로 정지사고 발생. 2011년 핵발전소 12건의 사고 중 6건의 사고가 고리에서 발생.

고리 3, 4호기 중고부품, 납품비리

2011년 12월 이후 최근도 검찰수사가 진행 중인 사건. 고리핵발전소에 2008년부터 2년간 30억원 가량의 중고부품을 새것으로 속여 납품했고, 관련된 핵발전소 간부는 구속되고 해당 업체 대표는 수배 중

부산 녹산공단, 대량의 방사능 누출

1500개 사업장 3만여명의 노동자들이 근무하는 부산녹산공단에서, 2011년 12월 30일 녹산공단 비파괴업체에서 10μSv/h, 가정집 벽지에서 1.9μSv/h 방사능이 누출된것을 확인. 이는 자연상태의 40배, 기준치의 20배가 넘는다고 한다.

경주 월성 1호기 정지사고

2012년 1월 12일, 월성원전 1호기가 원자로 핵심부품인 냉각재펌프 온도감지장치 오작동으로 갑자기 멈추는 정지사고 발생. 올해로 30년 수명을 다하는 국내 2번째로 오래된 월성원전 1호기는 3천억 이상을 들여 2년 3개월 전면 수리 후 재가동한 지 6개월만에 다시 고장. 월성 1호기는 현재 원자력안전위원회 수명연장심사 중이며, 지경부와 한수원은 10년 연장가동을 계획하고 있다.

윤종호 준비위원

사고로부터 10개월, 현지 생협직원에게 묻는다

▌후쿠시마 현장에서

오오타키 미츠오 씨

인터뷰=고노 다이스케 준비위원

후쿠시마 핵발전소 사고로부터 10개월이 지났다. 후쿠시마에서는 강제이주 대상지역(반경 20㎞) 바깥에서도, 국지적으로 선량이 높은 특정 지역은 지역주민이 피난을 선택한 경우 정부가 지원토록 되어있다.

그러나 그 기준이 방사선에 취약한 아이들에게까지 일률적으로 적용한 연간 누적피폭량 20밀리시버트(mSv) 이상이다(후쿠시마 사고 이전, 연간피폭한도 기준치는 1mSv였다). 1월 3일, 핵발전소에서 50~60km 정도 떨어져 있는 후쿠시마현(현은 시나 군보다 상위의 행정단위를 뜻함－편집자 주) 고오리야마시(郡山市)의 생협(아이코프 후쿠시마)에 근무하는 오오타키 미츠오(大滝満雄) 씨와 전화 인터뷰를 했다. 1월 4일 시내 관측지점의 측정치는 시간당 0.76마이크로시버트(μSv/h)였다(연간 누적피폭량으로 환산시 약 6.7mSv).

사고 당시, 오오타키 씨 주변 상황은 어땠는가?

3월에는 정보가 전혀 들어오지 않았다. 당초에 피난가야 할지 말아야 할지 고민했지만, 직장 사람들과 의논한 결과 직장을 지키자는 결론이 나서, 나 또한 피난가지 않는 것으로 결심을 굳혔다. 우선 우리 생협에서는 조합원들의 안부도 확인하고 지원물자도 배포할 겸 방문활동을 펴자는 이야기가 나왔는데, 휘발유가 없어서 근처를 빼고는 거의 방문하지 못했다. 아무래도 생활기반 복구가 우선이었기 때문에 나는 피난을 생각할 틈이 없었다.

사고 직후에 피난 갔던 사람들은 이중생활(어머니와 아이가 피난가고 아버지는 남아서 일함)을 버틸 수가 없어 바로 돌아오는 경우가 많았다. 이후에는 새 직장 등 피난처에서 생활조건이 갖춰진 사람부터 피난하는 흐름이 최근까지 계속되고 있다.

지자체 등은 어떤 대응을 하고 있는가?

후쿠시마현에서 식품, 토양, 대기 등의 방사선량을 모니터링해서, 현내 언론들이 날마다 보도하고 있다. 현에서 하기로 된 주택에 대한 제염(오염제거)활동은, 이미 주민들 각자가 알아서 시작하고 있다. 예를 들어 집 마당에 해바라기를 심어 방사성물질(주로 세슘)을 흡수시키면, 지자체가 쓰레기로 수거해서 세슘에도 효과가 있는 다이옥신 대책용 필터가 달린 소각장에서 태운다. 그런데, 토양을 직접 제거한 경우가 문제다. 현이 토양 임시투기장을 각 마을마다 마련할 것을 요구하고 있어 문제가 되고 있다.

현은 모든 주민을 대상으로 전신방사선측정기 검사를 2년후까지 실시한다고 하는데, 측정기가 현 내에 3대밖에 없어서 어려울 것이다. 아이들에 대한 갑상선 검사는 후쿠시마의과대학에서 실시한다.

정부가 정한 〈1kg당 500베크렐(Bq) 미만은 안전하다〉는 기준에 대해 생협은 어떻게 대응하고 있는가?

우리는 독자적으로 세슘을 검사하고 있다. 애초에는 (구 소련의 체르노빌 사고 영향을 받은) 우크라이나와 벨라루스 수준인 50베크렐/kg을 목표로 했고, 제공할 수 있다는 전망도 있었다. 생산지마다 방법을 강구하고 가설을 세워서 실천했다. 단, 딱 한 번 팽이버섯에서 60베크렐을 넘는 수치가 나와 생산자와 협의한 후 출하하지 않았다. 〈목표로 한다〉라는 말은 정부처럼 〈기준치〉로 내세우기가 어렵다는 뜻이다. 생산자가 우리에게 손해배상을 요구할 수도 있기 때문이다. 미야기현에서 실제로 일어났던 일이다.

같은 비닐하우스 안에서도 입구 쪽이 방사선량이 더 높다. 우리는 각 생산지에서 가장 높은 방사선량을 조합원에게 알리고 있다. 우유는 아이들이 많이 섭취하기 때문에 당초부터 1베크렐 이하로 공급했다. 올해부터 모든 소비재에서 1kg당 1베크렐 이하를 목표로 공급할 예정이다.

나는 반대했지만, 아이들을 위해서 현미, 채소, 소고기 등 타지에서 생산된 식재료도 취급하고 있다. 인기가 있어서 앞으로 취급 중단이 어려울 것 같다. 지산지소(地産地消, 그 지역에서 생산한 것을 그 지역에서 소비한다)를 추진해 왔던 입장에서는 참 안타까운 일이다. 수산물은 지금까지 3·11 이전의 재고로 공급할 수 있었는데, 1월부터는 와카나이(홋카이도 최북단) 항에서 내린 해산물도 취급할 예정이다.

전국의 생협들이 보내온 기부금을 생산자에게 지원금으로 지급했다. 생산자와의 유대관계는 확실히 깊어졌다. 정부와 도쿄전력에 대한 손해배상은 각 생산자들이 준비하고 있고, 우리 생협도 다른 생협들과 함께 도쿄전력과 직접 협상 중이다.

남은 조합원들에 대한 활동은?

주말 소규모피난을 기획해서 아이즈(후쿠시마현 서부)로 여행가기도 한다. 또 사고 이후 정부나 후쿠시마현 당국의 '영향이 없다'라는 말을 믿고자 하는 사람들과 못 믿는 사람들의 갈등이 심각해지면서, 쉽게 말을 못하는 분위기가 생겼다. 그래서 조합원들이 편하게 의견을 나눌 수 있는 소모임을 진행하고 있다.

그리고 핵발전소 주변 주민의 피난소가 우리 동네에도 있었는데 이미 대부분 폐쇄됐다. 그들은 임시주택에 있거나 고오리야마시로 피난해 온 자치체 읍사무소(피해지역 행정 전체가 이주했다는 의미)의 주선으로 방을 빌리거나 해서 살고 있다. 얼마 전에 우리 생협 임원과 오랜 지인인 70대 피난민 여성을 알게 되었다. 반핵운동을 해왔던 사람인데, 오래 싸워왔음에도 불구하고 결국 이런 일을 당하게 돼서 억울하다고 하더라. 그 사람과의 관계를 실마리로 해서 피난민들과 관계를 넓히려고 한다.

사고 1주기를 앞두고 준비하고 있는 일이 있나?

확정된 것은 아니지만, 3·11 1주년 때 고오리야마시에서 2만 명 규모의 집회가 준비되고 있다. 앞으로 분노를 발판으로 하면서도, 스트레스 받지 않고 즐겁게 싸울 것이다.

아무도 믿지 않는, 노다 총리의 '사고 수습 선언'

후쿠시마 현지사와 현의회, "사고는 수습되지 않았다"

고노 다이스케 준비위원

일본 노다 총리가 2011년 12월 16일, 후쿠시마 제1핵발전소가 '냉온정지상태'에 이르러 3단계 사고수습 일정표 중 제2단계(냉온정지상태 달성)가 종료되었다며 후쿠시마 제1핵발전소 사고 수습을 선언했다. 그러나 이것은 마치 사고수습이 된 것처럼 국내외적으로 홍보하기 위한 정치적 표현일 뿐, 사고는 지금도 계속 진행중에 있다.

'냉온정지'라는 말은 정상적인 핵발전소의 경우, 원자로가 정지한 후 원자로 안의 수온이 100℃ 미만으로 식어 안정된 상태를 의미한다. 후쿠시마핵발전소의 경우, 정상적인 냉각장치를 사용할 수 없기 때문에, 정부가 새로 '냉온정지상태'라는 말을 만들어 '압력용기 바닥의 온도가 100℃ 이하' 및 '발전소 부지 경계에서 피폭량이 연간 1밀리시버트' 인 상태로 정의하고, 이것을 원자로 안정기준으로 삼았다.

16일 원자력재해대책본부(본부장 노다 총리) 회의 보고에서는, 1~3호기의 원자로 온도가 9월 하순 이후 100℃를 밑돌았고, 12월 15일 현재 38~68℃이며, 외부로의 방사성물질 확산도 사고 당시의 1300만분의 1로 감소되었으며, 발전소 부지 경계에서 추가적으로 피폭될 방사선량도 연간 최대 0.1밀리시버트로 목표했던 연간 1밀리시버트를 밑돌았다고 한다.

하지만 현장에 있는 온도계의 오차는 최대 ±20℃로 실제 온도를 알 수가 없다. 또한 방사선량이 낮아졌다고 하지만 이 방사선량은 기체에 대한 것뿐이며 바다로 흘러나간 오염수는 고려되지 않았다.

핵발전의 위험성을 오랫동안 연구해 온 교토대학 원자로실험소 이마나카 데츠지(今中哲二) 조교에 의하면 현재 가장 위험한 것은 4호기라고 한다. 원자로 위에 있는 사용후핵연료 저장수조 안에 연료집합체가 1500개 정도 저장되어 있다. 이 수조 밑에서 폭발이 일어났기 때문에 수조를 떠받치는 뼈대가 불안정해, 보강공사를 실시했으나 완벽하지 못해 여진 등으로 뼈대가 파괴돼서 물이 새면 다시 냉각이 불가능해질 수 있다고 한다.

현재 노심이 용융된 원자로에서는, 냉각수가 격납용기에 생긴 구멍을 통해 터빈건물로 흘러나가고 있는 상태로, 이 물을 회수하고 제염(오염제거)해서 다시 냉각수로 사용하고 있다. 이때 제올라이트라는 흡착제를 사용하는데, 오염물질이 없어지는 것이 아니라, 제올라이트에 붙어 쌓이고 있다. 이것들을 어디에 저장하는가가 큰 문제이며, 또 앞으로 격납용기의 구멍을 막아야 하는데 막은 후에 어떻게 냉각을 계속할 것인가도 골치 아픈 과제이다.

한편 이번 수습선언에 대해 후쿠시마현 사토 유우헤이 지사는 "사고는 수습되지 않았다"고 말했다. 또 후쿠시마현 의회는 "원자로의 연료가 녹아 상태를 확인할 수 없고, 냉각장치가 안정되지 않았다"는 점을 지적하며 12월 27일에 선언 철회를 요구하는 의견서를 만장일치로 가결했다. 심지어 니시자와 도시오 사장(도쿄전력)에게 사이토 겐지 의장(현의회)은 "수습이라니 아무도 안 믿습니다. '얼토당토 않는 말'이라는 생각이 듭니다"라고 말했다고 한다.

국내 원자폭탄 피폭자와 그 자녀들의 인권 실태

전은옥 준비위원

경남 합천에는 국내 유일의 '원폭피해자 복지회관'이 있다. 1996년 10월 설립되어 현재 110명 정도의 피폭자가 의탁하여 생활하고 있다. 피폭 2·3세의 건강과 생명권 그리고 핵 피해자의 문제를 사 회에 더욱 알리기 위해 활동하고 있는 시민단체 '합천 평화의 집'도 있다.

사진=합천 평화의 집 제공

2011년 9월 20일, 일본대사관 앞에 모인 합천의 피폭자와 2세들.

"핵 피해자로서, (후쿠시마 사고) 가슴이 아프다"

후쿠시마 사고 후, 국내의 원폭피해자 1세들과 피폭 2세들이 나서서 합천을 중심으로 서울과 부산 등의 지역에서 방사능 재해로 인한 피해자를 위로하는 성명서를 발표하고, 거리모금캠페인을 진행한 일이 있다.

그리고 형편이 닿는 대로 핵발전소의 안전문제나 방사능 피폭에 대해 피폭자의 목소리가 필요한 곳에, 자신의 아픈 이야기를 어렵게 털어놓는 피폭자와 2세 '환우'도 있다. 그런 자리에서 국내 피폭자와 2세들은 "같은 핵 피해자로서, 66년 전 원자폭탄 피폭으로 인한 문제도 아직 해결되지 않았는데, (후쿠시마 사고) 방사능으로 인해 새로운 피폭자가 나올까봐 가슴이 아프다"라고 말하고 있다.

현재 국내에 생존해 있는 원폭피폭자는 2675명, 2세의 경우 최소 7000여명으로 추산하는데(한국원폭피해자협회 등록회원 수 기준), 1·2세 모두 3분의 1이 건강에 대한 불안을 안고 산다는 조사결과가 있다(한국보건사회연구원, 1991). 또 2002년 이미 고인이 된 원폭피해자 2세 고 김형률씨가 설립한 '한국원폭2세환우회'에는 환자 회원을 포함해, 일부 건강불안을 안고 있는 2세와 3세까지 포함해 약 1000여명의 회원이 가입해 있다.

원폭 피폭 영향, 2세·3세에게까지 대물림

1945년 8월 히로시마와 나가사키에 투하된 원자폭탄으로 인한 '조선인' 피폭자는 약 7만 명(추정치)에 달하는데, 4만명 가량은 끔찍한 후유증으로 그해 사망했다. 살아남은 이들에게도 삶은 지옥이었다. 핵무기 폭발로 인한 열선과 폭풍, 방사능이 인체에 끼치는 파괴력은 어마어마하여 설사와 구토, 탈모, 세포와 유전자의 파괴 및 돌연변이, 내장계통질환과 백혈병, 암, 갑상선질환, 피부병, 켈로이드(피부에 생기는 양성종양의 일종), 백내장과 혈액질환 등 수십 년에 걸쳐 다양한 건강 피해가 나타났다. 또 가족을 잃고 홀로 남겨나, 육체적 고통으로 정상적인 생활을 영위할 수 없던 사람은 충격, 상실감, 공포와 불안, 가난과 무학, 사회적 편견에 따른 차별이나 불이익과도 싸워야 하는 상황에 놓였다.

사진=합천 평화의 집 제공

지난해 3월 28일, 합천시장 장날 후쿠시마 대참사 피해자를 돕기 위해 긴급 위로문을 발표하고, 모금캠페인에 나선 한국원폭2세환우회 회원들과 합천평화의집 관계자들.

원폭피해자의 고통과 상처는 다른 가족과 그 자녀 세대에게도 큰 아픔을 남겼다. 2004년 인도주의실천의사협의회가 국가인권위원회의 의뢰를 받아 국내 피폭자 1·2세를 대상으로 우편설문조사 및 일부 건강검진과 심층면접을 실시한 바에 따르면, 피폭생존자(1세)는 일반인보다 우울증이 93배, 백혈병이나 골수종과 같은 림프, 조혈계통 암이 70배 더 많이 발병했다고 한다. 또 이들의 자녀인 피폭 2세도 빈혈 88배, 심근경색과 협심증 89배, 우울증 71배, 빈혈 21배, 백혈병 13배, 간암 13배 등 비교집단 일반인보다 다양한 건강 위험을 떠안고 살고 있다. 조사 대상 피폭 2세 중 7.3%인 299명이 이미 사망했고, 과반수가 10세 이전에 사망했는데, 그중 절반은 원인미상의 질병사였다.

유럽은 핵발전소를 폐기하고 있다

염광희
독일 베를린자유대학 환경정책연구소 박사과정 연구원

지구 반대편인 일본에서 벌어진 핵사태를 접한 유럽은, 그러나 가장 빠르고 신속하게 탈핵 세상으로 이동하기 시작했다. 2011년 3월 11일 후쿠시마 사고가 일어나자마자 앙겔라 메르켈 독일 총리는 노후한 7기의 원자력발전소를 3개월간 폐쇄하기로 결정했다. 곧이어 '안전한 에너지 공급을 위한 윤리위원회'를 각계 전문가 17인으로 구성, 8주간의 논의를 펼치도록 자리를 마련했다. 윤리위원회의 최종 보고서를 받아든 메르켈 총리는 2011년 5월 30일, 독일에 있는 총 17기의 원전을 2022년까지 완전 폐쇄하겠다고 발표하면서, 3개월간 운전을 중단했던 7기의 원전과 고장으로 수년째 정상적인 가동을 못하는 함부르크 인근 크륌멜 핵발전소를 완전히 폐쇄하는 조치를 내렸다.

탈핵의 확산

독일의 핵발전소 폐쇄 움직임은 유럽의 여러 나라로 매우 빠르게 퍼져 나갔다. 스위스도 자국내 5기의 핵발전소를 2034년까지 단계적으로 폐쇄하겠다고 선언했으며, 이탈리아에서는 6월 국민투표에서 새로운 발전소 건설을 백지화했다. 다른 유럽 국가에서 비록 운전중인 핵발전소의 조속한 폐쇄를 선언하지는 않았다 하더라도 새로운 발전소 건설이 난관에 부딪힐 것이라고 윤리위원회에 참여한 미란다 슈로이어 교수는 지적하고 있다. 개별 국가의 움직임과는 별도로 유럽연합 차원에서 스위스와 우크라이나를 포함한 유럽연합 영토내에 운전 중인 총 143기의 핵발전소에 대해 지난 해 6월 1일부터 강도 높은 '스트레스 테스트(안전도 정밀진단)'를 펼치고 있다. 자연 재해와 비행기와의 충돌 같은 운전 중 발생할 수 있는 사고 또는 작업자의 '실수'에 따른 핵발전소 안전도를 점검하는 이 진단의 최종 보고서는 올 6월 말 발표될 예정인데, 그 결과에 따라 유럽연합 핵발전소의 운명이 빨라질 수도 있다.

체르노빌과 후쿠시마

유럽에서 이처럼 발 빠르게 탈핵을 선언하게 된 배경은 무엇일까? 그 첫 번째는 체르노빌의 직접적인 영향 때문일 것이다. 독일을 비롯한 유고슬라비아, 핀란드, 스웨덴, 불가리아, 노르웨이, 루마니아, 오스트리아, 폴란드는 체르노빌 사고로 약 8.8천조 베크렐 이상의 세슘137에 피폭된 것으로 보고되었다. 독일의 발 빠른 핵폐기 결정을 전한 <뉴욕타임스>는 "대부분의 독일인들은 핵발전에 대한 깊은 혐오가 있는데, 후쿠시마 사고가 이들의 반대에 불을 붙였다"고 평가했다. 체르노빌로부터 1,100km 떨어져있는 독일의 수도 베를린은 체르노빌의 방사능 낙진 때문에 사고 9개월 이후부터 다운증후군 증상의 아이들 출산이 급격히 증가했고, 남쪽의 뮌헨 주변에서는 사고 후 16년이 지난 2002년에도 유럽연합 기준치보다 10배가 넘는 방사능이 검출되었다.

그러나 당시 서유럽의 핵산업계는 체르노빌 사고가 폐쇄적인 사회주의국가 소련이기에 발생한 것이라며, 자신들이 운영하는 핵발전소와는 다르다는 것을 강조했다. 소련 것은 사고가 일어날 수 있어도, 민주적이며 또 기술 수준도 높은 서방세계 핵발전소는 절대 사고가 일어나지 않는다고 주장한 것이다. 체르노빌 사고에도 불구하고 지금까지 독일, 프랑스, 영국의 수많은 핵발전소에서 중대한 사고가 일어나지 않았다는 데이터가 그들의 주장을 뒷받침할 수도 있을 것이다. 하지만 핵기술 선진국인 일본의 핵발전소가 자연재해인 쓰나미 앞에서 맥없이 주저앉으면서 폭발하는 모습을 본 유럽시민들은 자국의 핵발전소가 과연 사고로부터 안전한지 진지하게 고민하기 시작했다.

시민의 투쟁

무엇보다, 유럽의 많은 나라가 탈핵을 결정하게 된 근본적인 배경은 시민의 투쟁일 것이다. 탈핵의 진앙지라 할 수 있는 독일, 후쿠시마 사고 이전부터 핵발전소 폐쇄를 요구하는 집회와 시위가 끊이질 않았다. 후쿠시마 사고가 일어난 직후인 2011년 3월 26일, 무려 25만 명이나 되는 시민들이 거리로 쏟아져 나와 탈핵을 외쳤다. 그리고 그 다음날, 메르켈 총리의 기민당이 반세기 이상 집권했던 공업도시 슈트트가르트가 있는 바덴뷔르템베르크주에서 사상 최초의 녹색당 주지사가 선출되는 일이 벌어졌다. 2010년 야당과 시민사회의 반대에도 불구하고 핵산업을 위해 핵발전소 수명연장을 일방적으로 밀어붙인, 핵산업계의 강력한 지지자였던 앙겔라 메르켈 총리는 결국 반 년 만에 자신의 결정을 번복할 수밖에 없었다.

우리로부터 1,000km 거리에 있는 기술 강국 일본의 후쿠시마에서 노심용융이 일어났다. 지구 반대편의 유럽이 후쿠시마 사고 후 탈핵을 선언한 이유가 무엇인지, 그리고 무엇이 정부로 하여금 탈핵을 결정하도록 만들었는지 우리는 곰곰이 생각해보아야만 한다.

핵발전소 주변, 갑상선암 150% 높다

김익중 (경주환경운동연합 공동의장 동국대 의대 교수)

김익중 교수

서울대 의대 의학연구원 원자력영향·역학연구소는 2011년 12월 12일 서울 역삼동 라마다호텔에서 '원전 주변지역 주민 역학조사 연구결과 설명회'를 갖고, 지난 1991년부터 2011년 2월까지 20년 간 실시한 원전 주변지역 주민 암 발생 위험도 추적조사 결과를 발표했다.

이 연구는 지난 1989년 영광원전 주변 주민의 무뇌아 유산 문제가 이슈가 된 것을 계기로 당시 과학기술처가 역학조사를 추진하면서 시작됐다. 서울대 의대를 주관연구기관으로 전남대, 경북대, 인제대, 동국대, 한양대, 건국대, 국립암센터, 방사선보건연구원, 서울대보건대학원 등이 연구에 참여했다. 이 연구는 기간만 해도 20년이 걸렸고, 국내의 수많은 연구진이 참여하였으며, 연구비도 100억원이 넘게 소요된 대규모 역학조사이다.

당일 설명회에서, 원전에서 5㎞ 내 주변지역, 5~30㎞의 근거리 대조지역, 원전에서 멀리 떨어진 원거리 대조지역으로 구분해, 20세 이상 주민 3만6176명을 대상으로 매년 암 발병 여부를 조사한 몇 가지 중요결과를 보고했다.

원전 5㎞ 내 주변지역 여성, 갑상선암 발생률 2.5배

첫 번째로 암발생률 및 상대적 위험도 결과이다. 주변지역 남성의 경우 위암의 발생률이 30%, 간암은 40% 더 높았다. 그러나 이 결과는 통계적으로 유의하지 않았다.

둘째, 주변지역 여성의 경우 위암은 20%, 유방암은 50% 더 높았으나 역시 통계적으로 유의하지 않았다.

셋째, 여성의 갑상선 암의 경우에는 타 지역에 비해서 250%가 발생하였고 (즉, 150% 더 높게 발생), 이 결과는 통계적으로 유의했다. 즉, 원전 주변지역에 사는 여성에게서 갑상선 암이 2.5배 발생한다는 사실이 입증된 것이다.

원전 주변지역 (5㎞ 내)	암발생률 및 상대적 위험도
위암(남성)	30% 높음
간암(남성)	40% 높음
위암(여성)	20% 높음
유방암(여성)	50% 높음
갑상선암(여성)	150% 높음 통계적 유의성 있음

이번 역학조사 발표장에서 가장 논란이 되었던 것은 여성의 갑상선 암이 5㎞내 주변지역 주민이 타 지역보다 2.5배 더 발생한다는 결과에 관한 것이었다. 조사를 진행했던 연구팀은, 이 결과가 주변지역에 대한 조사를 더 많이 시행되었기 때문에 "'발병률'이 아니라, '발견율'이 높기 때문일 가능성이 있다"고 말했다. 이에 필자를 비롯한 참석 주변지역 주민들은 크게 반발했고, "우리나라는 전 국민이 1년에 한번 건강검진을 받고 있고, 비교집단을 포함해 조사대상 모두가 매년 정기검진을 받는데, 특별히 주변주민만 '발견율'이 높을 이유가 없다"고 주장했다. 게다가, "이번 연구에서, 연구자들은 주변주민이 '발견율'이 높다는 근거를 전혀 제시하지 못했고, 이 근거를 확보하기 위한 어떤 노력도 하지 않은 상태에서, 이렇게 연구 결과의 의미를 축소하는 것은 정당화 될 수 없다"고 지적했다. 결국 당일 연구자측은 이런 사실을 인정함에 따라, 여성의 경우 갑상선암이 2.5배 발생한다는 것은 사실로 확인됐다.

그리고, 필자와 주변지역 주민들은 "연구자들의 태도를 놓고 볼 때, 연구결과 전체에 의구심이 든다"며, 이번 연구결과에 대한 '검증위원회' 구성을 요구하자, 연구진과 원자력안전위원회는 흔쾌히 이 요구를 받아들였다. 2012년 1월 중에 발족할 것으로 기대되는 이 검증위원회는, 시민단체와 주변지역 주민들이 추천하는 역학 전문가들로 구성될 예정이다.

원전노동자 역학조사 중간결과, 월성노동자가 염색체 이상 가장 높아

한편 이번 조사에서는 원전 종사자들에 대한 역학조사의 중간결과도 발표됐다. 염색체 이상의 경우 고리, 월성, 영광, 울진 중에서 월성원전 종사자들이 가장 많은 염색체 이상을 보였고, 종사자 전체에서 최근 1.5년간의 피폭선량과 염색체 이상이 상관관계가 있음이 통계적으로 입증되었다.

종사자에 대한 암 발생 상대위험도 등은 아직 통계적 처리를 하지 않은 상태이지만, 갑상선 암 등 몇 가지 암의 발병률이 높았는데, 이에 대한 최종결과는 좀 더 연구가 진행된 후에 발표될 예정이다.

이번 연구는 그동안 논란이 되었던 원자력발전소와 주변주민 및 종사자의 암 발생과의 관계를 밝히는 매우 중요한 연구라고 평가된다. 비록 연구 방법론상 몇 가지 문제가 있었고, 연구자들 스스로가 연구결과를 부정하는 모순된 태도를 보이기는 했지만, 적어도 남자의 경우 위암, 간암 발병률이 증가한다는 사실, 여자의 경우 유방암이 증가한다는 사실이 (통계적 유의성은 없었으나) 드러났고, 여성은 갑상선암이 비교집단에 비해 2.5배나 높게 발생한다는 사실이 통계적으로 유의하다고 밝혀졌다.

앞으로 검증위원회가 발족하면 다양한 기법들을 사용해 더 세밀하게 원전과 암 발생 간의 관계를 연구해, 유용한 결과를 도출해줄 것으로 기대한다.

| 게 시 판 |

미래세대를 위한 한일 원전정책의 길

일본 원전 전문가 〈이마나카 데츠지(今中哲二)〉 초청 강연
날짜 : 2011년 12월 14일(수)
자료집은 www.ecocatholic.org/생태적인 삶/환경사목 학술소위원회/자료실 참조

'원자력 마피아', 너는 누구인가 — 핵에너지의 생산과 소비에 관한 정치사회적 분석

날짜 : 1월 9일(월)
장소 : 부산가톨릭회관3층
주최 및 후원 : 탈핵에너지교수모임 · 천주교 부산교구 정의평화위원회

한국 원전 정책 점검 토론회

날짜 : 1월 8일(일)
주최 : 탈핵에너지교수모임
관련기사 : 경향신문(www.khan.co.kr) "경제논리로 원전 확대 강행…한국만 거꾸로 가"

탈원전 세계회의 2012 요코하마

날짜 : 1월 14일(토)~15일(일)
장소 : 일본 요코하마
주최 : 탈원전세계회의실행위원회
참고 : eco-center.org/zbxe/105736 및 www.npfree.jp

(가칭)동해안탈핵천주교연대 출범식 미사

날짜 : 1월 16일(월) 오후 1시
장소 : 안동교구 영해성당(영덕)
주최 : 대구, 부산, 안동, 원주 정의평화위원회

〈핵이라는 괴물을 어떻게 할 것인가〉

김종철 선생 초청 강연회
날짜 : 1월 16일(월) 저녁 7시
시간 : 대명성당(대구 남부경찰서 앞)
주최 : 천주교 대구대교구 정의평화위원회, 핵없는 세상을 위한 대구시민행동, 대구경북 녹색당 준비모임
문의 : 변홍철(010-4690-0742)

독일에 '탈핵'의 길을 묻다

영남권 탈핵연대 구축을 위한 세미나
날짜 : 1월 18일(수) 오후 2시
장소 : 경북대 사회대 시청각실 (SS 352호)
주최 : 탈핵에너지교수모임
문의 : 노진철(053-950-5226)

석유와 핵을 넘어 녹색사회로의 전환

녹색평론 김종철 발행인과의 대화
일시 : 1월 19일(목) 늦은 7시
장소 : 군포산울교회 7층 모임실 (군포시청 건너편 경원빌딩)
주최 : 군포환경자치시민회
군포YMCA,
안양군포의왕 환경운동연합
경기남부녹색평론독자모임
후원 : 군포교육희망네트워크
문의 : 이희정(010-2250-5591)
송성영(011-733-0324)

안전한 밥상을 위한 '방사능 핵종분석기' 구입을 후원해주세요!

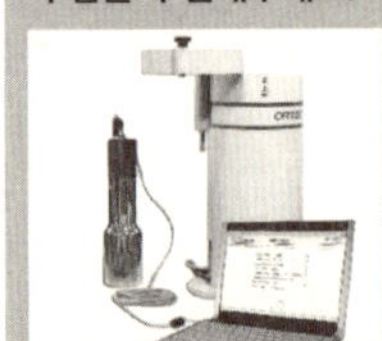

일본전역이 방사능에 오염됐습니다
안전하다는 말만 되풀이하는 정부
우리식탁은시민스스로지켜야합니다
♣목표 금액 3천만원
계좌 우리은행 1005-301-824477 (예금주 환경운동연합 반핵기금)
문 의 02-735-7000(김보영)
이메일 alahan@kfem.or.kr

(가칭)탈핵신문

발 행 (가칭)탈핵신문 준비위원회
준비위원 고노 다이스케(서울) 박혜령(경북영덕) 이헌석(서울) 윤종호(전북고창) 이상홍(경북경주), 전은옥(서울) 정수희(부산)

(110-876) 서울특별시 종로구 숭인동 76번지 롯데캐슬천지인 지동 205호
문의전화 02-702-4979
팩 스 02-704-4979
이 메 일 bebelow@hanmail.net

(가칭) 탈핵신문 발기인 및 독자 모집

후쿠시마 대참사를 이웃나라에서 겪은 우리들은, 핵발전소와 공존할 수 없다는 사실을 뒤늦었지만 분명히 깨달았습니다. 지금 당장, 핵발전소를 멈춰야 합니다.

우리사회에서 '핵발전과 방사능'의 진실을 전하고, 위험을 경고하는 양심적인 학자와 언론은 극히 소수에 불과합니다. 그러나 정치권, 학계, 심지어 언론까지 포섭한 핵산업계는, 핵에너지를 '싸고, 깨끗하고, 안전한' 에너지로 끊임없이 교육, 홍보하고 있습니다. 게다가 대다수 시민들의 바람과는 달리 현 정부는 삼척·영덕 신규핵발전소 부지 선정, 고리·월성 노후 핵발전소 수명 연장 등 핵발전 확대정책을 거침없이 강행하고 있습니다. 우리들은 이런 현실을 견딜 수 없어, 비록 미흡한 역량이지만 이런 사회적 분위기에 뭔가 작은 파열구라도 낼 수 있으면 좋겠다는 마음으로 '(가칭)탈핵신문'을 기획하게 되었습니다.

현재 '(가칭)탈핵신문'은 타블로이드 8면 기준, 월 1회 발간을 목표로 하고 있습니다. 주요 내용은 생명과 안전을 위협받고 있는 국내 핵발전소 주변지역 주민들의 입장에서, 반핵운동 현장의 목소리를 담고자 합니다. 더불어 후쿠시마 대참사 이후 일본 현지의 분위기와 흐름을 비롯해 독일 등 해외소식 등도 전할 예정입니다. 저희들의 이런 뜻에 공감하신다면, '(가칭)탈핵신문'의 발기인, 독자, 단체구독으로 함께해 주실 것을 요청드립니다.

- 독자 : **1년 2만원(1부 우편발송)**
- 발기인 : **5만원(1부 1년 구독 + 후원)**
- 단체 · 모임 구독 : **대량 구입 시 할인**

※ 독자·발기인·단체구독 신청·문의 : 윤종호(010-8279-7849), 이헌석(02-702-4979)
※ 입금 계좌번호, 농협 351-0423-3143-13 예금주 윤종호

탈핵신문

발 행 (가칭)탈핵신문 준비위원회
준비위원 고노 다이스케(서울)
이헌석(서울) 윤종호(전북고창)
이상홍(경북경주) 전은옥(서울)
정수희(부산)

(110-876) 서울특별시 종로구 숭인동
76번지 롯데캐슬천지인 지동 205호
문의전화 02-702-4979
팩 스 02-704-4979
이 메 일 bebelow@hanmail.net

창간준비2호 2012년 2월 27일 월요일 www.nonukesnews.kr

한전의 일방적 공사강행에, 칠순의 농부 분신

밀양지역을 관통하는 76만5천킬로볼트(765kv) 초고압 송전탑 반대싸움 과정에서, 한전의 일방적인 공사강행에 분노한 칠순넷의 어르신이 분신하는 충격적인 사건이 발생했다. '죽기를 각오하고 싸우겠다'는 인근 지역 어르신들과 밀양지역단체 등은 지난 2월 1일 '765kv 송전탑 반대 고(故) 이치우열사 분신대책위원회(이하 분신대책위)'를 구성하고, 고인의 장례식도 연기한 채 '책임자 처벌, 송전탑 백지화, 핵발전소 없는 세상' 등을 촉구하는 시민촛불문화제 등을 매주 진행하고 있다.

지난 2월 1일 분신대책위 출범식 날, 밀양시청 앞에서 참석자들이 한전과 밀양시 등을 규탄하고 있다.

들끓는 밀양 민심, "송전탑 백지화하라"

어르신들의 연이은 싸움, 그리고 분신

지난 1월 16일(월), 새벽 밀양시 산외면 희곡리 보라마을에, 한전과 용역회사 직원들 50여명이 들이닥쳤다. 이미 몇 달째 생업을 포기하며 송전탑 공사에 저항해 온 보라마을 주민들은 비상이 걸렸고, '죽기살기로' 하루 종일 젊은 용역들을 붙잡고 늘어졌지만, 대부분이 6~70대인 어르신들로서는 역부족이었다. 결국 한전 측은 포크레인 등의 장비를 동원해 마을 어귀 논을 파헤치며 기초작업을 강행했고, 늦은 오후가 되자 다음 날 작업을 위해 퇴근했다.

"내 논에서 장비가져가라. 안 그러면 못 지나간다"며 퇴근하는 한전 직원들 차량을 가로막으며, 마을 다리위에 드러누워버렸던 이치우 씨(농부, 74세). 결국 내일이면 다시 들이닥칠 송전탑 공사 강행 길목인 마을 다리위에서, 저녁 8시경 스스로를 불사르고 말았다.

김준한 신부(분신대책위 공동대표)는 "69개의 송전탑이 통과하는 밀양시 5개면 마을 주민들은 7년째 힘든 싸움을 계속해오고 있다. 특히 지난해 9월부터 4개월 이상 어르신들은 산에 움막을 짓고 3조 4교대로 기숙을 하며, 송전탑 건설을 저지하기 위해 손과 발로 산을 기어다녔다. 전기톱으로 벌목을 진행하는 용역들의 작업에 나무를 껴안는 등의 방법으로 항거해왔지만, 언론 등은 무관심했고 고립된 어르신들은 아들같은 용역들에게 이루 말할 수 없는 모욕을 견디어가며 싸워오셨다. 하지만 한전 측은 주민 130여명을 고소·고발하고, 심지어 어르신들을 돕겠다고 나선 마을 여스님을 성폭행하기까지 했다. 이 분들의 생활과 심리상태는 이미 극한에 몰린 상황이었다"고 설명했다.

분신의 책임은 정부와 한전

765kv 신고리~북경남 송전선로 건설사업은, 한전이 신고리핵발전소(1호기 상업운전 중, 2호기 시험운영 중, 3~4호기 건설 중, 5~6호기 건설 준비 중)에서 생산한 전력을 북경남 변전소(창녕군, 2012년 준공예정)까지 송전하기 위한 사업이다. 90Km 거리를 약 500m 간격으로 약 100m높이(아파트 30층 해당)의 송전탑 162기를 5천억 이상의 예산을 들여세운다.

오랫동안 주민들과 송전탑을 반대해 온 우일식 집행위원장(분신대책위)은 "밀양 초고압 송전탑은 논과 마을을 통과하는 곳도 있다. 송전탑은 전자파를 발생시킨다. 장기간 전자파에 노출될 경우 이미 알려진 것처럼, 소아백혈병과 암발병률을 높이는 등 건강과 생명을 위협한다. 이미 송전탑이 들어선 타 지역의 경우, 인근 토지와 주택 값은 폭락했고, 당연히 거래가 이루어지지 않을 뿐만 아니라 마을공동체가 붕괴된 곳도 있다"며 그 폐해를 설명했다.

우일식 집행위원장의 설명에 따르면, 산 중턱에 시가 3억의 임야에서 밤농사를 짓는 노부부의 경우, 송전탑이 들어서면 농약살포용 헬기가 뜰 수 없어, 생업을 이어갈 수 없는데도 165만원의 보상금이 책정되어 있다고 한다. 또 고(故) 이치우 어르신의 경우처럼 시가 4억짜리 논을 단돈 6천만원의 보상금으로 강제수용하려는 사례도 부지기수라고 한다. 또 "지역주민들과 대화를 통해 잘못된 현행 보상체계 등의 제도를 개선하려는 노력보다, 정부와 한전은 국책사업이라는 이름으로 주민은 물론 밀양시장과 창녕군수까지 고소하는 등 강압적인 사업추진을 하고 있다"고 비판했다.

송전탑과 신규핵발전소 무용론도 제기

이헌석 대표(에너지정의행동)는 "한전 측은 765kv 송전선로 사업목적이 영남지역의 안정적 전력공급이라고 설명하고 있지만, 전력자급율(2010년 기준)은 경남 198%, 부산 201%, 경북 170% 등으로 이미 137%(영남전체)로 충분하다"고 설명했다.

그렇다면 최근 몇 년동안 진행된 송전탑 관련 토론회에서 전문가들이 제기했던 '한전의 계획처럼, 영남지역에서만 사용할 목적이라면, 현재의 송전선로와 발전용량으로도 충분하다. 결국 765kv 송전탑과 새롭게 건설 중인 신고리 핵발전소는 과잉설비로 개발의 타당성이 부족하지 않느냐'는 주장은 면밀히 검토해 볼 필요가 있어 보인다.

들끓는 지역여론, "송전탑 백지화하라"

한편 지난 2월 1일 분신대책위 출범식 이후, '밀양분신사태의 정의로운 해결을 촉구하는 미사'가 매주 천주교 부산교구와 동해안탈핵천주교연대 주최로 진행되고 있다. 또 밀양지역 주요 단체들을 비롯해 지역주민들은 매주 수·금요일 저녁에 밀양루 앞에서 시민촛불문화제를 진행하고 있다. 이외에도 이 문제를 사회적으로 공론화하기 위해 토론회를 비롯해 '탈핵희망버스 3월 16일(금)~17일(토)' 등도 기획하고 있다.

윤종호 준비위원

(가칭) 탈핵신문 발기인 및 독자 모집

후쿠시마 대참사를 이웃나라에서 겪은 우리들은, 핵발전소와 공존할 수 없다는 사실을 뒤늦었지만 분명히 깨달았습니다. 지금 당장, 핵발전소를 멈춰야 합니다.

우리사회에서 '핵발전과 방사능'의 진실을 전하고, 위험을 경고하는 양심적인 학자와 언론은 극히 소수에 불과합니다. 그러나 정치권, 학계, 심지어 언론까지 포섭한 핵산업계는, 핵에너지를 '싸고, 깨끗하고, 안전한' 에너지로 끊임없이 교육, 홍보하고 있습니다. 게다가 대다수 시민들의 바람과는 달리 현 정부는 삼척·영덕 신규핵발전소 부지 선정, 고리·월성 노후 핵발전소 수명 연장 등 핵발전 확대정책을 거침없이 강행하고 있습니다. 우리들은 이런 현실을 견딜 수 없어, 비록 미흡한 역량이지만 이런 사회적 분위기에 뭔가 작은 파열구라도 낼 수 있으면 좋겠다는 마음으로 '(가칭)탈핵신문'을 기획하게 되었습니다.

현재 '(가칭)탈핵신문'은 타블로이드 8면 기준, 월 1회 발간을 목표로 하고 있습니다. 주요 내용은 생명과 안전을 위협받고 있는 국내 핵발전소 주변지역 주민들의 입장에서, 반핵운동 현장의 목소리를 담고자 합니다. 더불어 후쿠시마 대참사 이후 일본 현지의 분위기와 흐름을 비롯해 독일 등 해외소식 등도 전할 예정입니다. 저희들의 이런 뜻에 공감하신다면, '(가칭)탈핵신문'의 발기인, 독자, 단체구독으로 함께해 주실 것을 요청드립니다.

- 독자 : 1년 2만원(1부 우편발송)
- 발기인 : 5만원(1년 구독 + 후원)
- 단체 · 모임 구독 : 다량 구입 시 할인

※ 독자·발기인·단체구독 신청·문의 : 02-702-4979
※ 입금 계좌번호, 농협 351-0423-3143-13 예금주 윤종호

“당연히 월성1호기 수명연장해야…?”

조석 차관, 국민의 생명과 안전보다 산업계 뒷바라지가 더 중요

이상홍 준비위원

삼척·영덕 신규 핵발전소 부지선정과 더불어 올해 가장 첨예한 핵발전 관련 이슈로 떠오르고 있는 경주 월성1호기 수명연장 논란과 관련해, 정부 고위관료가 권한도 절차도 무시한 채, 막무가내식 산업계 옹호발언으로 비난을 자초하고 있다.

“(월성1호기) 수명연장허가 기정사실화하고, 7천억 집어넣지 않았나”

지난 1월 20일(금) 서울 팔레스호텔, ‘한국원전수출산업협의회’ 신년인사회 자리에 한국전력, 현대중공업, 두산중공업 등 핵발전 관련업계 임원 및 관계자들 약 200여명이 참석했다.

이 날 강연에서 조석 제2차관(지식경제부)은 “월성1호기 (수명) 연장해야 할 것 아니겠느냐. 우리 원자력계 일하는 방식 있지 않냐. 연장 허가가 날 것을 기정사실화하고 (압력관 교체 등의 비용으로) 7천억 돈부터 집어넣지 않았냐. 그리고 허가 안내주면 7천억 날린다고 큰 일난다고 할 것 아니냐. 만약 시동연장을 못해봐라 실제로 큰일 난다. 관계되는 분들 중에 연말에 애보러 가야하는 분들 있지 않느냐”는 내용의 인사말을 했다.

1월 20일 한국원전수출산업협회 신년인사회에 참석한 조석 차관의 모습. 〈출처=지식경제부〉

이번 발언과 관련해, 환경운동연합은 “조석 차관은 정부 고위공무원으로서, (수명연장) 허가도 안 났는데 (산업계가) 돈부터 쓰는 방식이 잘못되었음을 지적하기는커녕, 오히려 노골적으로 (절차를 무시하고 수명연장을) 밀어붙일 것을 당부하고 있다”고 비판했다. 나아가 “‘우리 원자력계 일하는 방식’이라는 표현처럼, 그간 핵발전 산업계는 조석 차관과 같은 공무원들을 등에 업고, 정경유착을 통해 문제를 해결해 왔음을 (스스로) 드러냈다”고 꼬집고 있다.

〈경주 월성 1호기 현황〉

- 1982년 11월 운전 시작
- 2009년 4월 압력관 등 교체(2년 3개월 동안 5천억원 소요)
- 2009년 12월 수명연장 신청서 제출 (교육과학기술부, 18개월 심사)
- 2011년 6월 수명연장 여부 발표 연기(후쿠시마 사고 영향?)
- 2011년 7월 압력관 교체 이후 재가동
- 2012년 1월 정지사고(냉각재펌도 온도감지장치 오작동)
- 2012년 11월 30년 수명 종료 예정

핵산업계에 포위된 원자력안전위원회, ‘객관적 판단 가능할까’

한편 핵발전소 수명연장에 대한 판단은 ‘진흥’ 업무를 맡고 있는 지식경제부가 아니라, ‘안전’ 관리를 맡고 있는 교육과학기술부와 대통령 직속 원자력안전위원회 소관이다. 게다가 작년 10월 독립기관으로 출범한 원자력안전위원회에 대해, 일부 언론들은 출범 초기부터 핵산업계 이해관계자들로 구성됐다는 비판을 쏟아내기도 했다.

내부는 핵산업계 이해관계자들로 구성되어 있고, ‘들인 돈이 얼만데, 수명연장 당연하지’라며 외부에서 정부고위관료들이 분위기를 다잡고 있는 상황에서, ‘과연 원자력안전위원회가 안전성에 대한 객관적인 판단을 내릴 수 있을까’ 하는 우려의 목소리가 여기저기서 터져나오고 있다.

찬핵도 반핵도, 2012년이 승부처

당일 조석 차관은 “후쿠시마 사고 이후 교수, 의사, 변호사 등의 반핵모임들이 커지고 있다. 야당(민주통합당 지칭)도 지난 최고위원 경선과정에서 9명 중 5명은 반핵, 2명은 탈핵, 2명은 (핵발전) 재검토였다. 자, 이런 분위기에서 금년 1년 동안 어떻게 돌파할 것인가. 이게 저와 여기 계신분들에게 주어진 미션(과제)이다…막상 반핵론자들하고 싸움이 붙으면, 아군이 안보인다. 혼자 싸우지 않게 해달라”라며 노골적인 찬핵 활동을 주문했다.

이에 대해 “국가에너지 정책을 책임지는 고위공무원으로서 자질이 없다고 판단한다. 철저하게 핵발전계 입장에 서서, 다른 의견을 갖고 있는 국민들을 싸움의 대상으로 바라보는 그에게 무엇을 기대할 수 있겠는가”라며, 환경운동연합은 재차 지적했다.

핵산업계는 ‘후쿠시마 사고를 기회로’ 국내외적으로 핵발전 확대정책을 피하고 있고, 반핵운동은 ‘후쿠시마 추모 1주년행사’를 계기로 총선과 대선에서 탈핵을 정치의제화시켜 2012년을 ‘탈핵원년’으로 삼고자 한다.

조석 차관을 통해 핵산업을 노골적으로 편드는 정부의 속내가 일부 드러난 가운데, 반핵운동에서는 정부정책을 변화시킬 시민의 참여와 응원이 절실해보인다.

조석 차관은?

지경부 조석 제2차관은 1981년 행정고시로 관계에 입문한 이후 30여년 동안 산업자원부와 지식경제부에서 산업, 에너지 분야를 담당한 정통관료 출신이다. 특히 부안방폐장 문제가 교착상태에 빠진 이후인 2004년부터 2006년까지 2년동안 핵폐기장 업무를 전담하는 지식경제부 원전사업기획단장을 맡았다.

이 때2005년 방폐장 주민투표를 진두에서 지휘하고 경주에 핵폐기장이 들어서는데 가장 큰 공을 세웠다. 노무현 정권의 ‘최대 치적’ 중 하나인 방폐장 부지선정에 기여한 공로로 2006년 홍조근정훈장을 받았다. 이번 강연에서 드러난 것처럼, 또 스스로 인정하듯 조석 차관은 단순한 정부관료가 아닌 ‘원자력계 인사’이다.

이전에는 경험해보지 못한 각계각층의 ‘탈핵’ 움직임에 위기의식을 느낀 핵산업계, 정부관료 등 ‘핵추진 세력’들은 스스로 재결집을 촉구하는 단면을 이번 사건을 통해 엿볼 수 있다.

이헌석 준비위원

30년 수명 다한, 경주 월성 1호기 수명연장…사실은 위험 연장

이헌석 에너지정의행동 대표

후쿠시마 핵사고 당시 가장 먼저 폭발한 후쿠시마 1호기에 대해, 당시 언론은 ‘노후 핵발전소’ 문제를 지적했다. 1971년 가동을 시작한 후쿠시마 1호기의 경우 설계수명이 끝났지만, 수명연장을 감행했고, 그것이 사고의 주요 원인이 아니겠느냐는 추측이었다. 이후 설계수명과 무관한 2~4호기까지 모두 폭발하면서, 단순히 원인을 노후 핵발전소로만 돌리기는 힘들어졌지만, 이 사고를 계기로 노후 핵발전소에 대한 관심이 높아진 것은 사실이다.

■수백만개 이상의 부품, 그 점검의 어려움

핵발전소는 인류가 그간 만든 물건들 중 가장 복잡하고 위험한 물건 중 하나이다. 핵발전소 1기에만 수백만개의 부품이 사용된다. 이들 부품은 성격에 따라 소모품부터, 발전소 폐기 때까지 계속 사용해야 하는 것들까지 복잡하게 얽혀 핵분열반응과 발전을 담당한다.

핵발전소의 수명 연장은 이들 전체를 점검하고 문제가 되는 부품을 교체하는 일들로부터 시작한다. 모든 부품은 발전소 설계 당시 부품의 내구력 등을 계산하여 교체시기를 정하게 되는데, 문제는 이 교체시기가 잘못되었거나 설계대로 운전하지 않아 특정부분이 더 빨리 마모될 수 있기 때문에, 이를 수시로 점검해야 한다는 것이다. 대표적인 노후 핵발전소 사고인 일본 미하마 3호기의 경우, 가동 28년이 되는 시점에 2차 계통 파단사고가 발생해 5명이 사망하고 6명이 부상당했다. 하지만 사고 이전 5차례나 사고난 부위를 점검할 기회가 있었으나, 설비점검 업체가 바뀌는 등의 문제로 제대로 점검을 받지 못했던 것이다.

월성 1호기, 캔두(CANDU)형 원자로 수명연장은 세계최초

정부는 2007년 부산 고리1호기의 수명연장을 결정한 바 있다. 하지만 정부는 지금까지도 ‘공기업인 ㈜한국수력원자력의 영업비밀에 해당한다’는 이유로, 수명연장 안전성을 검증한 각종 보고서 공개를 거부하고 있다.

정부는 올해 11월이면 30년 수명을 다하는, 경주 월성 1호기의 수명연장도 추진하고 있다. 월성 1호기는 고리 1호기와 달리 가압경수로(PWR)형이 아니라, 중수로형(PHWR 혹은 CANDU라고 불린다)이다. 캐나다에서 개발한 캔두(CANDU)형 핵발전소는 현재 인도, 파키스탄 등 몇몇 국가에서만 사용되는 기종으로 개발국인 캐나다에서도 각종 안전문제로 가동이 원활하지 않다.

따라서 월성 1호기를 수명 연장할 경우, 사실상 세계 최초 캔두형 핵발전소 수명 연장에 나서게 되는 꼴이다. 게다가 캔두형 기술을 갖고 있는 캐나다원자력공사(AECL)가 최근 민간기업에 매각됐다. 이에 따라 기존 기업은 민영화되고, 캐나다원자력공사에 대한 투자 불안 등으로 많은 기술진들이 이직하고 있는 것으로 알려지고 있다. 이러한 상황에서 캔두형 원자로의 수명연장은 자칫 아무도 책임지지 못할 상황으로까지 나갈 수 있다.

노후 원자로는 연장이 아니라 폐기해야 한다.

수명이 끝난 기계를 계속 활용하는 것은 경제성을 높이는 데는 도움이 될지 모른다. 하지만, 수명연장을 위해 많은 양의 비용이 재투입되고 사고의 위험까지 커진다면, 실질적인 이익과는 거리가 멀다. 특히 후쿠시마 핵사고를 통해 핵사고의 위험성을 분명히 확인한 상황에서 핵발전소 수명연장은 말 그대로 ‘위험을 연장하는 것’임을 정부는 확실히 알아야 할 것이다.

동해안탈핵천주교연대 김준한 신부 인터뷰

"핵발전소는 죽음의 기술, 교회 정신과 양립할 수 없다"

인터뷰·정리=정수희 준비위원

우리나라 핵발전소 21기 중 영덕의 6기를 제외한 15기가 부산 고리, 경주 월성, 울진에 있다. 게다가 지난 연말 신규핵발전소 부지로 삼척·영덕이 선정됐고, 경북은 핵 클러스트단지를 유치하려 하고 있다.

오랫동안 핵문제의 심각성을 고민해 온 가톨릭은, 동해안의 이런 상황을 우려하며 지난 1월 16일 동해안탈핵천주교연대 출범식을 가졌다. 동해안탈핵천주교연대 간사단체를 맡고 있는 부산교구의 김준한 신부를 만났다.

출범의 계기는?

동해안 탈핵 천주교연대는 후쿠시마 핵사고 이후 핵의 위험성에 경고를 보내는 많은 사람들의 노력 속에서 신앙인으로서 응답할 필요를 느끼던 차에, 지난 해 12월 5일(월) 대구에서 생명평화 마중물의 주선으로 마련된 '정부의 경북 및 동해안일대 핵단지화-원전 확장정책에 대한 이해와 대응을 논의하는 지역 천주교 긴급 토론회'를 계기로 결성하게 되었습니다.

김준한 신부

특별히 문제의 심각성을 감안하여, 먼저 핵발전으로 인한 피해를 직접 겪고 있는 지역의 교회가 주도적으로 목소리를 내기로 결의하고, 동해안에 인접한 원주, 안동, 대구, 부산교구의 정의평화위원회가 결합하여 1월 16일(월) 안동교구 영해성당에서 천주교 미사와 더불어 출범하게 되었습니다.

천주교에서 왜 탈핵을 주장하는지, 많은 시민들이 궁금해한다. 이를 천주교 전체 입장이라고 봐도 되나?

천주교는 여러 가지 신앙고백 중 창조주 하느님께 대한 신앙고백을 중요하게 여깁니다. 이것은 곧 생명의 주인이신 하느님의 창조 목적이 어떤 식으로든 인간에 의해 인위적으로 침해될 수 없다는 것입니다. 바로 이러한 신앙의 기본입장이 교회의 생명존중 정신으로 이어집니다.

그런데 핵발전소는 이러한 교회의 신앙고백과 양립할 수 없는 죽음의 기술이기에, 탈핵은 교회의 입장이라고 할 수 있습니다. 그러나 이것이 모든 천주교 신자의 기본입장이라고 말할 수는 없지만, 저희의 출범미사 때 한국 천주교 주교회의 의장 주교님과 주교회의 정의평화위원회 위원장 주교님이 메시지로 지지해 주신 것을 통해, 저희는 이것을 한국 천주교의 전체 입장이라고 감히 말할 수 있다고 생각합니다.

특별히 '동해안' 지역을 중심으로 구성된 이유는?

현재 우리나라 핵발전소 밀집도가 세계적으로도 높음에도 불구하고, 신규핵발전소 부지로 삼척과 영덕이 선정했을 뿐만 아니라, 경북의 원자력 클러스터 계획 등 핵발전 중흥 계획이 심각한 지경에 이르렀습니다. 천주교는 이를 도저히 묵과할 수 없다고 판단해 출범에 이르게 되었습니다. 물론 전라도 영광도 이에 못지않지만, 우선 시급하게 연대의 필요성이 제기되어 동해안 지역에 인접한 교구가 먼저 의기투합하게 된 것입니다.

최근 주요 활동은?

저희가 천주교 연대라는 틀을 구성하기 이전에 이미, 각 지역별로 탈핵관련 대책위에 신부님들이나 신자들이 결합하여 활동하고 계셨습니다. 따라서 천주교 연대를 통해 어떤 독자적인 활동을 모색하기 보다는 기존의 시민단체의 활동에 천주교 차원의 역량을 쏟아 붓고 연대하는 것에 중점을 두고 있습니다. 그래서 각 지역별로 탈핵 미사라든가 교육 등을 실행하고 있으며, 부산에서는 종교인 탈핵선언 등을 준비하고 있습니다.

향후 목표와 계획은?

천주교 연대는 탈핵 운동의 커다란 틀 속에서 주도적인 역할 수행을 계획하지 않고 있습니다. 저희는 먼저 천주교 신자들을 대상으로 한 교육과 지역 단체의 요청에 적극적으로 연대하는 것을 생각하고 있습니다. 그러나 필요에 따라 향후 독자적인 역할 수행도 모색할 것입니다. 특별히 삼척과 영덕의 신규부지 선정 문제는 심각하게 바라보고 있으며, 더불어 고리1호기 폐쇄를 위한 구체적인 활동을 준비하고자 합니다. 좀 막연하게 계획을 말씀드린 것 같은데, 이것은 결국 전체 탈핵운동과 연동된 것이기에 딱 부러지게 뭐라고 말씀드리기는 어렵네요.

동해안천주교탈핵연대의 출범은, 핵 문제를 걱정하는 각 지역의 시민들에게 큰 격려가 되고 있습니다. 시민들에게 하시고 싶은 말씀은?

천주교는 생명과 관련된 문제에 있어서는 고집스러울 정도로 양보를 하지 않습니다. 이것은 저희의 존재근거 중 하나이기 때문입니다. 그러기에 수백만 명의 목숨과, 생태계를 담보로 건설되는 핵발전소의 문제는 어떤 식으로든 용납될 수 없습니다. 저는 조만간 탈핵이 미래에 당연한 상식이 되리라고 믿지만, 그 시간을 가능한 한 조속히 단축시켜야 한다고 생각합니다. 너무 늦지 않게 모두가 깨어나기를 바랍니다.

| 이 달의 사건·사고 |

박원순 서울시장, '핵발전소 1기 줄이겠다'

지난 1월 9일, 박원순 서울시장은 '희망서울 시정운영계획(2012~2014)'을 발표하면서, '에너지 소비절감과 신재생에너지 확대보급으로 핵발전소 1기 줄이기'를 제시했다.

전력자급율이 3%(2010년 기준)에 불과한 서울시로서는, 전력생산에 따른 피해를 타 지역에 떠넘기고 있는 현실에서 '최초의 양심선언'으로도 볼 수 있고, 후쿠시마 핵발전소 사고 이후 이명박 정부의 계속되는 핵발전 확대 정책에 대해 '서울시가 3년만에 핵발전소 1기분 감축할테니, 신규 핵발전소 그만 지어도 된다'는 경고성 '문제제기'로도 해석 가능할 듯.

수원시장 등 45개 기초자치단체장, '탈핵 선언'

지난 2월 13일 서울 상공회의소 국제회의장에서 '탈핵에너지 전환을 위한 도시선언 및 공동심포지움'에서 서울 15곳, 경기도 10곳, 인천 7곳, 대구·울산·충남·충북 2곳, 광주·대전·경북·전남·전북 1곳의 지자체장들이 탈핵을 선언했다.

전국 228개 지자체 중 45곳이면 20%에 해당하며, 44개 지자체 전력소비량(2010년 기준 전국 전력소비량 대비 23%)을 10% 절감하면, 고리 핵발전소 1호기 2기를 대체할 수 있다고 한다.

전·현직 국회의원 33명, '탈핵 국회의원 모임' 출범

지난 2월 16일 국회정론관에서 '탈핵-에너지전환을 위한 국회의원 모임(공동대표 이미경·유인태)'이 공식 출범하며, 이명박 정부의 '핵발전 확대정책 폐기' '국가에너지 기본계획 전면재검토' '신규 핵발전소 건설 즉각 중단' '신재생에너지 확대 및 핵발전소 단계적 축소', '핵발전 안전 규제강화 정책 추진' 등 5대 과제를 민주통합당 19대 총선 정책공약으로 제시했다. 더불어 4월 총선 이후 19대 국회 구성시 '이명박 정부의 핵발전 중심 에너지정책을 폐기하기 위한 법·제도 개선과 탈핵선언 지자체와 공동협력 등도 모색'하겠다고 밝혔다.

통합진보당, '탈핵' 공약

통합진보당은 2월 19일 국회정론관에서, 19대 총선 탈핵에너지 공약으로 핵발전소 단계적 폐쇄를 발표했다. 공약의 주요 내용은 단계적 탈핵과 재생가능에너지의 확대를 위한 법적 근거로 '(가칭)탈핵기본법'을 제정해 2012년을 '탈핵원년'으로 삼고, 설계수명을 다한 노후 핵발전소인 고리1호기와 월성1호기는 2012년 폐쇄한다. 더불어 신규 핵발전소와 현재 건설중인 핵발전소는 전면 계획을 중단하고, 모든 핵발전소의 운전기한을 30년으로 제한해, 2040년 탈핵을 실현하겠다는 것이다.

'핵없는 사회를 위한 공동행동' 확대개편

기존 40여개 시민단체 등의 연대모임이었던 '핵없는 사회를 위한 공동행동'이, 후쿠시마 핵발전소 사고 1주기를 맞아, 종교계, 생협, 지역단체 등이 새롭게 합류하며 모임을 확대·개편했다. 지난 2월 1일 서울 명동가톨릭회관에서 출범식을 가진 '공동행동'은, 68개 단체·정당 등이 연대하고 있고, 공동대표단 16명, 공동집행위원장 6명, 집행위원 33명을 새롭게 선임했으며, 사무국 등을 신설하는 등 새롭게 모임을 재정비했다.

42개 시민단체·정당 등이 연대한 '핵안보정상회의 대항행동' 출범

2010년 워싱턴에서 처음 개최되었던, 핵안보정상회의가 오는 3월 26일~27일 서울에서 제2회 회의가 개최된다. 이번 회의는 '국제안보의 위협으로 핵테러와 핵시설 안전 방안을 논의'하는 자리이지만, '대항행동' 쪽은 인류의 생명과 안전을 뿌리에서부터 위협하는 '핵무기와 핵발전'를 폐기하지 않는 '핵안보'는 허구라고 지적하고 있다.

지난 2월 15일, 서울 프레스센터에서 3월 19일~27일을 집중행동 기간을 설정하고, 합천 비핵평화대회, 국제포럼, 집회 등의 항의행동에 나설 계획이라고 밝혔다.

반핵의사회, 탈핵법률가모임 출범

교수들(탈핵교수모임, 2011년 11월 출범)에 이어, 의사들과 변호사들도 '탈핵'을 외치며 나섰다.

반핵의사회는 지난 1월 29일 창립했다(8면 인터뷰 참조).

탈핵법률가모임 '해바라기'는 지난 2월 7일 서울 정동 프란체스코 회관에서 출범식을 가졌다. 주요 활동계획으로 '고리 1호기 수명연장 보고서 및 아랍에미리트(UAE) 핵발전소 건설계약서' 정보공개 행정소송과 핵발전과 관련된 입법활동, 제도 개선운동, 법률지원 등을 진행할 계획이다.

신월성 1호기 전기생산 6일만에 '정지사고'

신월성 1호기는 2011년 12월 연료장전 완료 후, 지난 1월 27일 처음으로 전기를 생산하기 시작했는데, 6일만인 지난 2월 2일 저녁 8시 40분경 정지사고를 일으켰다. 사고원인으로는 증기발생기의 수위를 조절하는 밸브제어장치가 고장을 일으켜 증기발생기의 수위가 정상범위보다 높아지자 자동정지한 것으로 밝혀지고 있다. 한편에서는 증기발생기 밸브 과열로 인한 사고라는 주장도 있다. 경주핵안전연대는 고장원인을 명확하게 밝힐 것을 요구하고 있다.

윤종호 준비위원

반핵운동의 최전선 영덕, 반핵 위해 총선 출마

박혜령 공동집행위원장(영덕투쟁위원회) 녹색당 후보로

영덕 지난 연말 신규핵발전소 후보지로 삼척·영덕이 결정된 이후, 영덕은 반핵운동의 최전선이다.

영덕핵발전소유치백지화투쟁위원회(이하 영덕핵투쟁위원회)는 새해 시작과 동시에 '무기한 1인 시위'를 비롯해, '새해맞이 타종식 행사 시 항의 행동' 등을 연이어 진행해왔다. 하지만, 제대로 된 언론이나 시민단체 심지어 농민회조차 없는 현실에서, 지역 주민들을 반핵으로 결집시키기에는 큰 어려움이 있었다.

'이 국면을 어떻게 타개할 것인가'라는 회원들간의 논의 끝에 '총선 기간을 활용해 반핵의 목소리를 내고, 사람들을 결집시키자'는 결론에 이르렀다. 후보는 박혜령 공동집행위원장을 내세우기로 했다.

박혜령 공동집행위원장은 2011년 6월 영덕핵투쟁위원회 출범부터 공동집행위원장으로 활동해 온 여성농민이다. 지난 2월 13일(월) 영덕군청 앞마당에서 기자회견을 갖고, 영덕·울진·영양·봉화 지역구 국회의원 출마 선언을 했다. 당일 기자회견에는 영덕핵투쟁위원회 회원들을 비롯해, 대구·경북지역 반핵활동가들과 녹색당 창당 발기인들도 참석해 격려해 주었다.

박혜령 공동집행위원장

하승수 사무처장((준)녹색당)은 격려사를 통해 "현 정부가 2012년을 핵발전확대정책의 기점으로 삼고 있는 상황에서, 총선과 대선이 겹쳐지는 올해 우리는 위험천만한 핵에너지의 노예로 살 것인가, 아니면 세계적 추세에 발맞춰 탈핵의 길로 갈 것인가 하는 갈림길에 서 있다. 그 갈림길의 최전선중 한곳이 바로 영덕 지역이 될 것이라 여겨, 선거운동기간 동안 영덕에 내려와 적극 탈핵후보를 지원하겠다"라고 공언했다.

이 날 박혜령 공동집행위원장은 출마의 변을 통해, "작년 후쿠시마 사고를 보며, 핵발전소가 초래하는 재앙에 대해 깊이 생각해보게 되었고, 지금 농사를 짓는 것만큼 중요하고 더 시급한 일이 영덕을 비롯한 우리 앞에 놓여 있다는 사실을 깨달았다. 핵발전소는 에너지 문제를 넘어, 생명의 문제이며, 우리 삶의 방식의 문제이며, 나아가 민주주의의 문제이다. 이번 총선에서, 탈핵과 지속가능한 에너지 정책 수립의 필요성을 적극적으로 알려나가겠다. 더불어 개발논리에 치우친 비민주적, 비공개적인 의사결정행태를 몰아내고, 주민들의 건강한 비판과 비전을 포용하는 정치문화를 수립하겠다. 나아가, 지역자립의 순환구조를 통해 건강한 지역공동체 형성을 위해 최선을 다하겠다"는 포부를 밝혔다.

송호민 영덕통신원

보수의 심장, 대구에서도 '탈핵' 움직임

대구 보수적인 도시 대구에서도, '탈핵'을 위한 움직임이 시작되었다. 핵 없는 세상을 위한 대구시민행동(이하 '대구시민행동')은 2월 초 '대구 시민 공동행동 선포 기자회견' 이후, 10여일째 1인 시위를 계속하고 있고 탈핵 1천인 선언, 탈핵강사학교 등을 준비하고 있다.

지난 2월 7일(화) 대구시민센터에서 진행된 기자회견에서, 대구지역 30개 시민단체 등이 연대한 '대구시민행동'은 "경북도는 지금 동해안을 핵단지화하는 원자력클러스터 계획을 수립하고 있다. 이 계획에는 고속증식로, 사용후 핵연료 재처리 시설 등 위험천만한 핵관련 시설이 묶음으로 들어가 있다. 울진, 부산 고리, 경주 월성에 이어, 삼척과 영덕, 여기에 원자력클러스터까지 추가되면 경북 동해안은 세계 최대 핵단지가 될 것이며, 대구는 완전히 포위된다"며 위기상황을 전했다. "총선과 대선의 2012년, 핵 노예로 살 것이냐, 세계적 추세인 '탈핵'으로 나갈 것이냐 갈림길이다. 그 갈림길의 최전선이 우리가 사는 대구와 경북이다"며, 대구 시민들에게 탈핵을 위한 공동행동에 나서줄 것을 요구했다.

매일 점심시간 대구백화점 앞에서 진행하는 1인 시위는, 지난 2월 8일 대구 녹색당(준)을 시작으로 오는 3월 11일까지 주말도 없이 진행되며, 시민들에게 핵발전의 위험성을 알리기 위한 탈핵강사 양성을 위해 '탈핵강사학교', 탈핵여론의 확산을 위해 '대구경북 탈핵 1천인 선언' 등도 준비하고 있다.

정수근 생태보존국장(대구환경운동연합)

'유치확정' 현수막 모두 철거

영덕 작년 12월 23일 영덕이 신규 핵발전소 '후보부지'로 선정되던 날, 이른 아침부터 <영덕군민들은 원전유치 확정을 환영합니다>라는 현수막 수십장이 영덕군내에 걸렸다. 그 후 '후보부지'로 선정된 것을 '유치확정'이라고 왜곡한, 관변단체들의 현수막이 여기저기 내걸리게 되었다.

이에 영덕핵발전소유치백지화투쟁위원회가 영덕군청과 영덕경찰서에 '잘못된 내용을 게시한 현수막들을 모두 철거해 달라'는 민원을 제기하자, "각 단체에서 자유의 사로 내건 현수막을 강제로 철거할 수는 없다"는 답변이 돌아왔다. 행정안전부로 다시 민원을 제기했다. 지난 1월 18일 행정안전부로부터 "현수막들을 철거하라"는 공문이 내려오자 그제서야 모두 철거되었다.

송호민 영덕통신원

'월성1호기 수명연장 중단' 요구

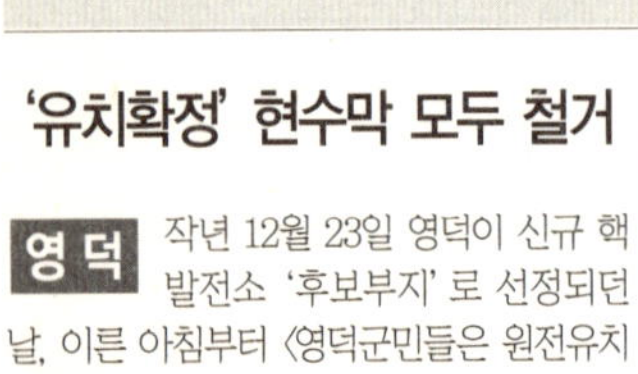

경주 월성1호기는 올 11월이면 30년 수명을 다한다. 하지만 10년 수명연장을 신청했고, 조만간 그 가부가 결정된다. 수천억원을 들여 압력관 교체를 한 지 6개월 만에 1월 12일 정지사고를 일으켰다. 닷새 뒤인 1월 17일 양남면 주민 200여명이 발전소 앞에서 항의집회를 개최하며, '월성1호기 수명연장 중단'을 요구하고 있다.

이상홍 준비위원

"안전을 위해, 방폐장 즉시 폐로하라"

도저히 믿을 수 없는 방폐장 공사, 2년에서 6년으로 늘어나

경주 양북면에 건설중인 방사성폐기물처분시설(이하 방폐장)에 대해, 지난 1월 한국방사성폐기물관리공단(이하 방폐공단)이 또다시 18개월 공기 연장을 발표했다. 이에 경주시의회를 비롯한 지역단체들이 방폐장의 안전성을 우려하며 '공기 연장이 아닌, 공사를 중단하라'는 목소리를 높이고 있다.

2008년 8월 공사를 시작해, 23개월이면 완공할 수 있다던 방폐장 공사가, 2009년 6월에 30개월 연장해 2012년 12월에 완공하겠다고 약속했다가, 그 약속을 지킬 가능성이 없자 또다시 2014년 6월로 완공시점을 연장한 것이다. 결국 23개월에서 71개월로 3배 이상 늘어났다.

방폐장은 고준위 폐기물인 사용후 핵연료를 제외한 모든 중·저준위 폐기물(핵발전소에서 사용한 장갑, 작업복, 필터 등)을 처분하는 곳으로, 전문가들은 방사성 물질이 최소 300년 이상 외부로 유출되지 않아야 한다고 지적하고 있다. 이렇게 안정성이 확보돼야 하는 방폐장은 '1~2등급의 단단한 암반과 지하수 유입 및 흐름이 없는 곳'(교육과학기술부 고시)에 있어야 한다.

방폐장 공기 연장의 이유로 '1, 2번 사일로(저장고) 암반이 4~5등급으로 부실하고, 지하수가 하루 3천톤 이상 유입된다'고 방폐공단도 밝히고 있다. 현장을 직접 방문해본 결과, 1~6번 사일로 공사를 같이 시작했지만, 3~6번은 작업이 끝난 반면, 1~2번은 5m도 못 파고 있었다. 현장의 암벽을 손으로 긁어보니 흙처럼 뚝뚝 떨어졌다.

경주시의회는 "안정성을 우려하는 지역민들의 요구에도 불구하고, 정부와 방폐공단은 공사강행을 고집하며, 국민혈세 3백억원 이상을 쏟아부었지만, 또다시 2차 연장발표를 했다. 국민을 위한 방폐장이 아니라 국내 최악의 위험물로 전락하게 되었다. 지금이라도 방폐장 공사를 중단하라"는 성명서를 1월 16일 발표했다.

경주지역 24개 정당 및 사회단체들도 1월 16일 기자회견을 통해, "1월 12일은 '정지사고', 13일은 '핵폐기장 공기 연장' 소식을, 핵과 방사능의 공포에서 경주시민들이 벗어날 수 있도록, 수명이 다한 월성 1호기는 폐로절차에 들어가고, 방폐장 1단계공사는 즉시 중단되어야 한다"는 입장을 밝혔다.

이상홍 준비위원

골목 골목 '탈핵' 전파

울산 탈핵울산시민공동행동이 110일째(2월 21일 현재) 1인 시위를 이어가는 가운데, 골목골목 찾아다니며 '탈핵'을 전파하는 '탈핵골목순례단'을 출범시키며, 시민들에게 '탈핵'을 배달하고 있다.

지난 2월 15일(수) 울산시청 프레스센터에서 열린 '탈핵골목순례단' 출범식에서, 오영애 집행위원장(탈핵울산시민공동행동)은 "울산은 핵발전소 9기로 포위된 지역이다. 만약에 단 한 기라도 사고가 나면 연쇄사고로 이어질 수 있고, 산업과 경제의 중심도시인 울산·부산 시민 3백만 이상의 목숨을 앗아갈 수 있는 재앙이 된다"며 울산이 놓여진 위기상황을 전했다. 이어 "이미 수명이 다해 위험을 안고 연장가동 중인, 고리원전 1호기의 폐로와 신고리 원전의 신규추가건설을 중단하라. 더불어 울산시는 핵산업도시 육성정책을 포기하고, 탈핵 도시계획을 수립하라"라고 촉구했다. 이번에 출범한 '탈핵골목순례단'은 1차로 후쿠시마 사고 1주년인 3월 11일까지 매일 골목순례를 진행하며, 골목의 시민들을 직접 만나 '탈핵'을 배달할 예정이다.

한편 '탈핵골목순례단' 활동은 110일간의 1인 릴레이 시위를 넘어, 시민들 속으로 '탈핵'을 알리는 것이 필요하다고 시민들이 요구해와 기획하게 되었다. 순례방법은 탈핵신문을 나눠주면서, 핵발전소나 후쿠시마 사고 등을 화제로 삼으며, 작은 실천이라도 함께 하자고 이야기하고 있다.

향후 이런 활동이 쌓여 '울산시도 탈핵 도시선언에 동참하라. 울산 정치인들은 4월 총선에서 탈핵을 공약으로 채택하라'는 시민들의 목소리가 울산시장과 지역정치인들에게 전달될 수 있기를 기대한다.

박진영 울산통신원

〈후쿠시마 1주기 울산 추모집회〉

날짜 3월 17일(토) 오후 2시
장소 울산대공원 동문 앞
문의 박진영 간사(울산환경운동연합)
☎ 052-296-0285

마창진, 핵없는 세상을 위한 '금요시위' 진행

창원 고리핵발전소에서 60km 떨어진 창원에서도 '릴레이 1인 금요시위'가 시작된다.

올해 3월 2일부터 시작될 '금요시위'는, 매주 금요일마다 창원 정우상가 앞에서 진행된다. 참여를 희망하는 시민들이 스스로 가능한 시간대에 '1인 시위'를 진행할 수 있도록, 피켓과 유인물 등을 마창진 환경운동연합이 지원할 예정이다.

이번 릴레이 1인 '금요시위'는 12월까지 지 진행할 예정이다. 참가를 희망하는 시민들은 마창진 환경운동연합 홈페이지 또는 블로그를 통해 접수하면 된다.

곽빛나 간사(마창진 환경운동연합)

삼척여고 총동문회도 반핵지지 선언

추진측, 감사위원회라는 유령단체 내세워 폄훼 시도

삼척 삼척여고 총동문회가 "아이를 키우는 엄마로서, 식단을 책임지는 주부로서, 삼척의 참담한 현실을 더 이상 두고 볼 수 없어 핵발전소 반대투쟁에 동참하겠다"는 뜻을 밝혔다. 지난 1월 19일 설명절을 앞두고, 삼척여고 총동문회가 '신규핵발전소 부지선정 철회와 삼척핵발전소 반대선언 기자회견'을 삼척우체국 앞에서 가졌다.

이날 기자회견에서 삼척여고 총동문회는 "지난해 후쿠시마 핵발전소 폭발사고를 보면서, 약간의 경제적 이득이 인간의 생명보다, 아이들의 미래보다도 중요하지 않다는 사실을 뼈저리게 느꼈으며, 어미된 마음으로 아름다운 우리의 고향 삼척을 지키기 위해 최선을 다할 것"이라고 밝혔다. 더불어 삼척핵백지화투쟁위원회(이하 삼척핵투쟁위원회)의 활동을 전폭적으로 지지하며, 동참하겠다는 입장도 발표했다.

그간 삼척시와 시의회, 관변단체 등이 앞장서 반대여론을 짓눌러, 종교계, 노동·진보진영 이외에는 공개적인 반핵 입장을 개진하기 어려웠던 현실을 감안할 때, 삼척여고 총동문회의 반대선언은 지역여론의 향배를 좌우할 만큼 영향력 있는 것으로 관계자들은 내다보고 있다.

삼척여고 총동문회 핵발전소 반대선언 기자회견 모습. G1(강원민방)뉴스 화면 캡쳐 사진

한편 삼척여고 총동문회의 반핵선언에 삼척시와 삼척원전유치협의회는 당혹감을 감추지 못하고 있다고 한다. 게다가 핵발전소 유치에 앞장선 남편을 두거나, 삼척시청 고위공무원 부인인 삼척여고 일부 동문들은 '삼척여고동문회 감사위원회'라는 유령단체 명의로, "삼척여고 총동문회가 정치적으로 이용당하고 있으며, 이번 반핵선언은 정당하지 않은 의사결정"이라며 시내곳곳에 펼침막을 내걸어, 시민들의 눈살을 찌푸리게 했다. 하지만 삼척시장을 비롯한 핵발전소 추진파들의 이런 식의 활동은, 오히려 삼척여고 총동문회의 반핵활동에 더 많은 관심과 지지를 이끌어 내는 기회가 되었다.

이광우 삼척통신원

"탈핵 불붙었다. 34년된 고리 1호기 꺼라"

서면·해운대 1인 시위에, 1천인 탈핵 선언

부산 반경 30km 내에 320만명 이상이 거주하는 대도시 부산에는, 30년 수명을 다한 고리 1호기가 수명연장 허가를 받고 34년째 운영 중이다. 후쿠시마 핵발전소도 30년 수명을 마친 후, 수명연장 첫해인 2011년 3월 11일 파국을 맞았다. 후쿠시마 1주년을 맞아, 부산지역에서도 '고리 1호기를 끄고, 핵없는 세상을 켜기' 위해, 1인 시위에서부터 탈핵 1천인 선언, 부산시민한마당 등이 준비되고 있다.

1인 시위는 서면에 이어 해운대에서도 시작되었다. 또 2월 28일(화) 종교계 및 교수 선언을 시작으로 3월 5일 시민사회 선언, 6일 문화예술인·대학생 선언, 7일 총선예비후보자 선언, 8일 여성계 선언 등 탈핵 1천인 선언도 진행될 예정이다. 이미 2011년에 부산 북구의회, 연제구의회, 해운대구의회에서는 반핵결의문을 채택한 바 있고, 부산지역 시·군·구의원 63명도 반핵선언을 한 바 있다.

한편, 2012년 생태사회부산포럼에서

탈핵사회를 위한 부산지역 쟁점토론회가 진행된다. 오는 2월 28일(화) 4시부터 '한국사회 탈핵에너지 대안의 경로와 쟁점'으로 안병옥 박사(기후변화행동연구소장)가 발표하고, 서토덕 사무처장(부산반핵시민대책위), 장병윤 논설실장(국제신문)이 지정토론한다.

3월에는 후쿠시마 1주기를 맞아, '3.10 핵없는 세상을 위한 부산시민한마당'이 3월 10일(토) 오후 2시부터 부산역 광장, 서면에서 열린다.

정수희 준비위원

포항에서 부는 탈핵 바람

포항 지난 연말 삼척·영덕 신규 핵발전소 예정부지 선정 이후, 영덕과 같은 지역 생활권인 포항에서도 '탈핵' 바람이 불고 있다.

지난 1월 17일 포항지역 14개 시민단체·정당이 연대해 '영덕핵발전소반대포항시민연대' 출범식을 가진 뒤, 다음날 18일부터 포항오거리와 죽도시장 앞에서 릴레이 1인 시위를 이어가고 있다.

오는 3월 3일(토)~4일(일)은 〈핵으로부터 안전한 동해를 꿈꾼다〉는 주제로 반핵영화제가 개최된다(8면 행사 안내 참조).

정침귀 사무국장(포항환경연합)

3월 10일(토), 후쿠시마 1주년 행사

〈서울시청 광장〉

"후쿠시마 원전사고 1년, 이제는 탈핵이다!"

본행사 오후 3시~4시 30분(문화공연, 각계발언)
오후 5시~6시 탈핵 퍼포먼스와 거리퍼레이드
부대행사 후쿠시마 추모존, 재생가능한 에너지 체험존
에너지 대안존, 이슈 존, 사진전 등
주최 핵없는 사회를 위한 공동행동 cafe.daum.net/nukefree
문의 후쿠시마 대재앙 1주기 행사 기획단 02-735-7000
후원 우리은행 1005-401-168646 환경운동연합

〈부산역 광장〉

"고리1호기를 끄고! 핵없는 세상을 켜자!"

오후 2시 〈탈핵난장〉 퍼포먼스, 길거리 강연, 자유발언
3시 〈탈핵부산시민대회〉 탈핵1천인 선언, 공연 등
4시 30분 〈탈핵 퍼레이드〉 DJ, 소리꾼, 댄서 등이 함께하는 탈핵시민퍼레이드
6시 〈탈핵페스티발〉
주최 반핵부산시민대책위원회(문의 051-467-7959)
카페 cafe.naver.com/nonukesbusan

일본 반핵운동의 현장에서

작년 후쿠시마 핵발전소 사고 이후, 일본 곳곳에서 다양한 형태의 반핵운동이 전개되고 있다. 그중에서 일본 핵발전 정책의 핵심이자 이번 사고에 가장 큰 책임이 있는 경제산업성과 도쿄전력 앞에서 텐트농성과 시위를 이어가는 이들을, 지난 2월초 현지를 방문해 직접 취재, 인터뷰한 내용을 담았다. 〈고노 다이스케 준비위원〉

핵발전소 폐로하라!

도쿄 경제산업성 앞 농성투쟁

일본 핵발전 정책을 좌우하는 경제산업성(이하 경산성) 앞에서 지난해 가을부터 농성투쟁이 벌어지고 있다. 현재 텐트는 두 개. 농성의 목적은 핵발전소 재가동 저지(=폐로), 피해자에 대한 제대로 된 배상, 핵발전소 수출을 철회하라는 것이다.

작년 9·11, 단식투쟁과 함께 시작

지난해 9월 11일, 1500명 내외의 시민들이 경산성을 포위하는 시위가 있었다. 같은 날 야마구치현(시모노세키가 위치한 현. 혼슈의 가장 서쪽에 위치) 가미노세키 핵발전소에 반대하는 젊은이들이 경산성 앞에서 10일간 예정으로 단식투쟁을 시작했다.

그 투쟁에 연대해서 일본의 평화헌법을 지키려는 '9조 개헌 저지모임'이 텐트를 설치했다. 10월 말, 후쿠시마 여성들 100명을 포함해 전국에서 찾아온 사람들이 일주일 가량 경산성 포위 시위를 벌였고, 약 4000명이 참여했다. 그 이후, 새로 온 사람들이 주력이 됐다.

처음에 여성들이 없었던 것은 아니지만, 10월말 후쿠시마 여성들이 왔을 때부터 여성용 제2텐트를 설치했다. 연말연시에는 전골 등 요리도 나누고 연회도 하고, 음악회 등 큰 교류행사를 벌였고, 1000명이 참여했다.

이 4개월 동안에 약 1만5000명 이상이 이 투쟁에 참여했다. 포위시위를 벌일 때는 남성보다 여성들이 훨씬 많은데, 남성이 30명일 때 여성은 300~400명 정도가 참여한다. 여성들은 지난 12월 1일부터 '미래를 임신하는 여자들의 열달 열흘 텐트 광장 행동'이라 이름지은 연속 농성을 벌이고 있다. 농성 1주년이 될 올해 9월 11일까지 진행될 예정이다.

경제산업장관의 철거 명령

경찰은 처음 3일 동안 뭔가 개입하려는 듯 했으나, 경산성과 직접 협상에 들어가자 큰 행사만 살피러 온다고 한다.

에다노 경제산업장관이 1월 24일, 1월 27일 오후 5시까지 2차례 텐트를 철거하라고 통고했다. 근거는 시설관리규칙이지 법률이 아니다. 당일 그 시간에 항의행동으로 750명이 모였다. 이후 날마다 적어도 한 번씩 철거하라고 말하러 온다.

농성 시작 당시부터 텐트 사람들과 경산성은 부지를 '빌려달라' '안 된다'라는 말을 계속 주고받았다. 9월 29일에 결국 경산성이 빌려줄 수 없다는 결론을 내렸는데, 농성단은 경산성에 재심사를 청구하고 있다.

핵발전소 폐쇄! 도쿄전력 해체!

도쿄전력 본사 앞에서, 지속적으로 '도쿄전력 앞 행동'이 진행되고 있다. 2월 3일 '도쿄전력 앞 행동'에는 약 90명의 시민들이 후쿠시마 사태에 대해 도쿄전력의 자산 매각을 통한 배상, 전기요금 인상 반대, 핵발전소 폐쇄, 도쿄전력 해체를 요구했다.

도쿄전력 앞 '행동'을 마친 참가자들은, 도보로 5분 거리에 있는 간사이전력 도쿄지사 앞으로 이동해 정기점검 중인 '오이핵발전소 3, 4호기 재가동 중지' 등을 요구하는 시위를 이어갔다.

방사능과 오염에 지쳐 버린 사람들

(인터뷰) 경산성 앞 텐트 사무국 다카하시 유키코 씨

10월 말에 설치된 여성전용 제2텐트에서, 제1텐트 설치 당시부터 참여하며 사무국을 맡고 있는 다카하시 유키코 씨에게 최근 후쿠시마 상황, 피난을 지원하는 시민운동 등에 대해 들어보았다. 다카하시 씨는 후쿠시마시(핵발전소에서 약 60km) 출신으로, 지금도 부모님은 후쿠시마현 이와키시에 살고 있다고 한다.

가족들은 어떻게 지내고 있나?

지금도 부모님은 후쿠시마현 이와키시에 살고 계신다. 이와키시는 후쿠시마현 내에서 비교적 방사선량이 낮은 지역이지만, 후쿠시마 제1핵발전소에서 가까운 편이다(40~50km권). 걱정이 되지만, 직업도 있고 본인들은 50대니까 괜찮다고 생각하신다.

특히 아버지는 비를 맞고 집에 올 때도 있을 정도다. 그에 비해 어머니는 바람이 핵발전소 쪽에서 불어올 때에는 창문을 열지 않는다든가 약간 신경을 쓰는 듯하다. 지난 10월 내가 집에 갔을 때, 식탁에 후쿠시마현산 식재료를 사용한 요리가 하나도 오르지 않았다.

친구들은 어떻게 생활하나?

지금 후쿠시마에서 방사능에 관한 이야기는 금기가 되었다. 후쿠시마시에 사는 한 친구는 그런 이야기를 꺼내면, 사람들이 "신경 쓰고 있었어?"라고 반응해, 동생에게만 이야기한다고 한다. 마스크도 본인은 쓰는데 남에게 권하기가 어렵단다.

그 친구는 만나면 방사능 이야기만 한다. 방사선계측기도 갖고 다니고. 후쿠시마시 전체가 공간선량이 높은 편인데, 친구의 직장은 특히 높은 와타리 지구에 있어, 출근하면 계측기가 계속 삑삑거린다.

가장 지칠 때는 마트에 갔을 때다. 거의 후쿠시마산이다. '어떻게 안전한 식재료를 살까' 생각하는 것만으로도 마음이 지쳐 버린다. 일반 마트는 국가가 정한 잠정기준치인 500베크렐/kg 미만을 따르고 있다. 499베크렐/kg이면 팔아도 된다는 뜻이다. 가능한 한 동쪽지방 것을 피하고 싶지만, 서쪽지방 것은 양도 적고 비싸서 매일 살 수가 없다. 특히 잎채소가 그렇다. 그래서 탄수화물만 먹고 있다. 쌀은 재작년 것을 골라 먹을 수 있으니까.

핵발전소에서 오염수가 많이 흘러나왔다고 하던데, 생선은 안전한가?

그 친구는 피하고 있다고 한다. 아직 후쿠시마에서 어업이 재개되지 않은 것으로 알고 있다. 이와키시의 경우, 쓰나미 피해를 입었는데 아직도 쓰레기를 치우고 있다. 내가 아는 해산물전문시장이 11월에 영업을 재개했다. 이전에는 앞바다에서 잡은 굴이나 성게 등을 직판했던 곳이다. 지금은 어디서 가져오는지 모른다.

후쿠시마는 어떤 분위기인가?

10월에 후쿠시마에 가보니 한쪽에서 마스크와 비옷 같은 작업복 차림으로 완전무장하고 방사능 제거작업을 하는데, 그 길 맞은편에서는 중학생들이 마스크도 쓰지 않고 아무렇지도 않은 듯 걸어가고 있었다. 가을 축제 때, 포장마차들이 거리를 채우고 고선량 속에서, 어린 아이들부터 노인들까지 밖에서 먹고 마시고 있었다. 믿을 수 없는 광경이었다. 대부분 마스크도 쓰지 않고. 후쿠시마 사람들 말에 의하면 후쿠시마시에서도 여름까지는 마스크를 쓰고 다니는 사람들이 많았지만 이제 정신적으로 지쳐 버렸다고 한다. 후쿠시마 학교 운동장에는 구석에 비닐덮개를 씌운 흙더미가 산처럼 쌓여있다. 운동장의 오염된 표토를 걷어낸 것인데 어디 가져갈 곳이 없다.

어떤 단체들이 어떤 지원활동을 하고 있나?

'지구의 벗 일본'과 '후쿠시마 노후원전을 생각하는 모임(후쿠로 모임)'이 피난할 권리를 주장하며 사고 직후부터 활동하고 있다. 자주피난(피난구역 이외의 지역에서 피난한 경우)의 경우 지원이 없어, 날마다 생활비가 많이 든다. 이 두 단체는 8월부터 도쿄전력에게, '이번 사고는 인재인 만큼 도쿄전력에 배상책임이 있으니, 정부 대응을 기다리지 말고 배상하라'고 협상에서 주장하고 있다.

게다가 후쿠시마현이나 후쿠시마시는 피난을 고려하지도 않고 방사능 제거만을 통해 안전을 확보하고 복구할 것만을 생각하고 있다. 그래서 후쿠시마 시내 거리에는 '힘내자 후쿠시마' 등의 구호가 넘쳐나고 있다.

행정의 대응을 기다리고 있으면 아이들을 방사능으로부터 지켜낼 수 없다. 그래서 이 두 단체는 후쿠시마 시내에서 비교적 선량이 높지 않은 쓰치유 온천에 와타리 지구 아이들을 한시적으로 피난시키는 프로그램을 운영하고 있고, 그 운영자금 기부를 호소하고 있다.

2월 11일과 12일에 후쿠시마에서 〈방사능으로부터 생명을 지키는 전국회의〉가 열린다. 지금 전국에 후쿠시마 사람들이 피난 가 있다. 개인적인 연줄을 찾아서 피난한 경우도 있지만 홋카이도와 오키나와현 등은 공영주택을 2년간 무료로 대여해서 피난민들을 받아들이고 있다. 그리고 장기 및 단기 피난을 지원하는 민간단체들이 전국 각지에 있다. 그러한 단체들이 모이는 자리가 이번 전국회의다.

탈핵을 실천하기 위해, 세계 30개국에서 참가

요코하마 '탈핵세계회의' 참관기

다카노 사토시 (에너지정의행동 활동가)

'탈핵세계회의'가 지난 1월 14일~15일, 일본 요코하마에서 개최되었다. 해외에서 약 30개국 100명을 포함해, 이틀 동안 11,500명이 참가해, 핵발전과 방사능오염, 차세대 에너지에 대해 논의했다. 회의는 인터넷을 통해 전 세계로 중계되고, 약 10만 명이 시청했다.

전문가나 정치인들만의 토론뿐만 아니라, 참가자가 스스로 가져온 '기획 제안', 후쿠시마에 거주하거나 또는 피난한 사람들과 직접 교류할 수 있는 '후쿠시마 방' 등, 참가자들이 직접 참여할 수 있는 대화형 프로그램이 많이 마련된 것도 이번 회의의 특징 중 하나였다.

또한 카드놀이를 하면서 방사능의 위험성을 배울 수 있는 아이들 대상 프로그램과 많은 예술가들이 참여한 콘서트, 그리고 핵발전 문제에 관련한 영화도 다수 상영되는 등 회의장에서의 논의에 국한되지 않는 문화적인 시도도 많았다.

1월 14일, 개막식에서 후쿠시마 출신 아이들이, 핵없는 세상에 대해 발언을 하고 있는 모습.

한국은 해외참가자 중 가장 많은 약 25명이 참여했다. 600명을 수용할 수 있는 홀에서는 '핵발전 없는 동아시아를 위하여'라는 제목의 세션이 진행됐는데, 최열 대표(환경재단)와 이헌석 대표(에너지정의행동)가 참석해, 동아시아 연대와 공동행동의 중요성을 호소했다. 꽉 찬 홀에서 최열 대표는 기조강연에서 "한·중·일 시민과 정치세력들이 참여하는 탈핵-자연에너지를 구축합시다. 이제 동아시아는 환경공동체, 그린커뮤니티를 구축해야 합니다. 이것이야말로 21세기 동아시아가 가야 할 길이라 생각합니다"라며 환경적 측면에서 강력한 동아시아 네트워크 구축의 필요성을 호소했다. 이헌석 대표는 올해 여름 동아시아 청년들이 참여하는 탈핵캠프를 제안하며, 향후의 구체적인 실천을 호소했다.

그 외에도 이미경 의원(민주통합당)이 이번 회의에 격려메시지를 보내, "한국정부는 에너지수요가 앞으로도 크게 늘어날 것이라며, 핵발전 중심의 에너지정책을 고집하고 있습니다. 이러한 에너지의 미래상은 고효율-저탄소 사회는커녕 지속가능하고 안전한 사회와도 동떨어졌습니다"라며 한국 에너지정책에 경종을 울렸다.

폐막식에서는 박원순 서울 시장이 동영상을 통해 "에너지를 절약하고 대체에너지를 개발하는 도시로 서울을 변화시킴으로써, 핵발전 1기분의 전력을 줄이고자 합니다"라며 서울의 에너지 정책 전환을 선언했다.

또 '동아시아 탈핵-자연에너지 311인 선언'이 소개되고, "세계에서 가장 위험한 핵발전 지대인 한·중·일이 탈핵을 실현하기 위해, 동아시아 시민사회의 연대가 절실합니다. 북한을 포함한 한반도 비핵화의 실질적인 해결도 여기서 비로소 이루어집니다. 핵의 위험성에 관한 정보를 공유하고, 자연에너지기술과 지혜를 나눔으로써 동아시아에서 대립이 아닌 평화가, 파괴가 아닌 생명이 중심으로 자리매김 될 것입니다"라는 내용이 발표되었다. 이 311명은 '동아시아 탈핵-자연에너지네트워크'를 구축해 핵 없는 동아시아를 위해 활동할 예정이다.

회의를 마치면서 '핵발전 없는 세계를 위한 요코하마 선언'이 채택되었다. 1. 도쿄전력 후쿠시마제1핵발전소 사고로 피해를 입은 사람들의 권리를 지킬 것, 2. 일본정부와 도쿄전력은 정보를 완전히 공개하고, 설명을 포함해 모든 책임을 다할 것, 3. 인체, 음식, 물, 토양과 공간에서의 지속적이며 포괄적인 방사선 측정과 데이터 수집을 실시할 것, 4. 우라늄채굴에서 폐기물에 이르는 핵연료의 연쇄과정에서 단계적으로 벗어나, 핵발전소를 폐쇄하기 위한 세계적인 공정표를 만들 것, 5. 현재 가동이 정지되어 있는 일본 핵발전소를 다시 가동하지 말 것, 6. 아시아, 중동, 아프리카, 유럽 등의 개도국에 핵발전소와 그 부품 수출을 금지할 것, 7. 원자력에 의존하지 않는 사회를 만들기 위해 중요한 역할을 하고 있는 지방자치단체를 지원할 것, 8. 2012년 3월 11일에 전 세계에서 행동, 시위, 세미나, 언론행사 등을 실시할 것. 이상의 여덟 가지 원칙을 확인했다.

한편 회의 참가자들은 이 8가지 원칙을 토대로, 구체적인 실천을 위한 네트워크 조직인 '핵발전 없는 세계를 만드는 행동의 숲'을 만들었다. 홈페이지에 '각국 정부가 해야 할 일', '지방자치단체가 할 수 있는 일', '기업이 할 수 있는 일' 등, 이번 사고 대응에 머무르지 않고, 전세계 사람들이 응용할 수 있는 수많은 제언을 싣고 있으며, 회의가 끝난 지금도 탈핵을 향한 구체적인 실천을 세계에 호소하고 있다. 홈페이지 주소는 http://npfree.jp/forest-of-action.

번역=고노 다이스케 준비위원

아! 핵발전소만 없었다면…

후쿠시마 방문기

김복녀 (에너지정의행동 국제협력담당)

요코하마 '탈핵세계회의'에 통역 등의 일로 참가한 나는 특히 폐회식에서 한 배우가 발언한 "단계적 탈핵이란 표현은 협잡이다. 요즘 같은 지진 활동기에 무슨 한가한 소리를 하고 있나. 즉각 핵발전소를 멈춰야 한다"는 말에 감동먹었다. 평소 '단계적 폐쇄'란 말에, 조금은 주눅 늘고 불편했는데, 이 발언이 얼마나 반갑고 통쾌했는지….

이번 회의와 별도로, 주최 측은 해외 참가자들을 위해 1박2일 후쿠시마 방문 기회를 마련해주었는데, 나도 그 방문 버스를 타게 되었다.

버스 안, 방사선 계측기 알람은 연이어 울리고…

후쿠시마시에서 피난구역 경계지점인 미나미소마시로 가는 도중 이이다테면을 달리는 국도를 탔다. 이이다테면은 핵발전소 북서방향 30~45킬로미터에 걸쳐 있는 지역이지만, 20킬로미터 경

작년 3월 12일부터 6월 9일까지 우유를 버리는 장면. 4월 말에 낙농가 전원이 모여 폐농 결정을 했다.

계구역 보다 방사능 오염이 심각해 피난권고 지역이 되었다.

이 지역 국도를 지날 때는 버스 안인데도 꽤 높은 방사선량(시간당 2마이크로시버트)이 계측되었다. 한 한국참가자는 얼마로 설정해 두었는지, 시도때도 없이 방사선 계측기 알람이 울려, 옆 사람의 빈축을 사기도 했다. 그럼 밖은 얼마나 높을까….

아! 핵발전소만 없었다면…

"핵발전소만 없었다면", 한 낙농가가 자살 직전 남긴 유서 제목이다. 이이다테면은 다른 농어촌지역에서 모델로 삼을 만큼, 활력 넘치는 곳이었다고 한다. 면 단위에서 육성한 검은 소 '이이다테 와규(和牛)' 브랜드가 유명해져 낙농가나 농업인을 꿈꾸는 젊은이들이 들어와 정착하는 곳이었다. 하지만 핵사고가 이이다테면의 모든 걸 앗아가 버렸다. 일본정부는 주거지는 2년간, 농지는 5년간, 산간지역은 20년 동안 방사능 제거작업을 하겠다고 했지만, 20년 이후에 귀향할 수 있으리라고는 누구도 장담할 수 없다.

정부 방침 잘 따르던 이장의 변신

"더 이상 살 기력을 잃은 나는 죽어 미안하지만, 친구들은 끝까지 핵발전과 싸우라"라는 낙농가 친구의 유서를 접하며, 참담하기 짝이 없었다는 이이다테면 마에다 마을 하세가와 이장(현재 마을사람들과 이다츠시 임시가설 주택에 거주 중)은, 이젠 일본정부의 정책을 비판하며 이재민 실상을 알리는 강연자로 활동하고 있다.

하세가와 이장(왼쪽)이 후쿠시마 방문자들에게 지역상황을 설명하고 있다.

하세가와 이장은 핵발전소 폭발 소식을 듣고 방사선 측정소를 찾았다가, '면장 지시로 실제 수치를 숨겨야 한다'는 요청을 듣게 되고, 언론에 발표되는 수치도 엄청나게 낮춰 발표되는 현실, 국제원자력기구조차 위험하다고 경고하는 지역인데 관계당국에선 안전하다는 말을 되풀이하는 과정에 분노하며, 사람이 바뀌게 되었다고 한다. 국책으로 추진하던 핵발전 정책이니만큼 사고대책은 제대로 마련되어 있을 줄 알았는데, 전혀 그렇지 않아 이장으로서 무엇보다 당황스럽고 화가 났다고 했다.

'부흥청' 신설했지만…

'너무 늦은 발족' 등의 비판을 받으며, 동일본 대지진 이후 11개월만에 정부는 '부흥청'을 내각에 신설했고, '특별구역법'과 '교부금제도'를 만들어 과감하게 복구하겠다고 선언했다. 그러나 일본 전체 1년 쓰레기 발생량의 절반인 2260만톤이나 되는 쓰레기를 당장 받아줄 곳이 없다.

비록 동정은 하지만, 방사성 물질이 섞인 걸 받아 주기엔 핵쓰레기가 너무 무서워 지역주민들이 반대하기 때문이다. 이이다테면은 지진피해와 쓰나미 피해는 미미했다고 한다. 핵발전소 폭발만 없었다면 잘 살고 있을텐데, 이젠 그야말로 '유령마을'이 되었다. 어떤 이재민은 이제 정부 말은 어떤 것도 믿을 수 없다고 한다.

이렇듯 핵발전소 사고는 개인의 삶을 송두리째 망가뜨리고, 마을에 회복불가능한 치명타를 안겼다. 일본전체가 휘청거리고 있으며, 지구 단위의 오염으로 전 세계에 악영향을 끼치고 있다.

그러나 한국은 국내외에 핵발전소를 세우고자 혈안이 되어 있다. 이대로 가다간 외국에서 '한국의 핵마피아만 없었다면…'이라는 한탄과 원망섞인 편지를 받게 될지도 모른다. 아니 지금 이 땅에서도 '핵발전소만 없었다면…'이라고 절망하며, 저항 끝에 분신한 밀양의 어르신도 있다. 우리는 언제쯤 그들의 절박함이 남 일이 아니라는 것을 깨닫게 될까.

반핵의사회 출범 노완호 운영위원 인터뷰

한 사람이라도 더, 핵없는 세상을 위한 길에 동참하면

"우리는 핵없는 세상을 만들어 갈 수 있습니다"

노완호 운영위원

인터뷰·정리=윤종호 준비위원

작년 11월 탈핵교수모임에 이어, 지난 1월말 '핵없는세상을 위한의사회(반핵의사회)'가 출범했다. 일요일인 1월 29일, 서울대 동창회관 대강당에서 진행된 이 날 출범식에는, 오랫동안 피폭자 지원활동을 전개해 온 일본민주의료기관연합회 키키마 하지메 씨(전 피폭문제대책위원회 위원장)의 초청강연도 함께 진행되었다.

평택에서 평범한 의료인으로 살아가다, 후쿠시마 사고에 충격받고 반핵의료인단체의 필요성을 절감해 준비과정에서부터 함께하고 있는 반핵의사회 노완호 운영위원에게 그간의 경과의 계획 등을 들어봤다.

어떻게 시작하게 되었나?

지난해 후쿠시마 핵발전소 사고는 인류에게 재앙과 같은 사건이었고, 지금도 막대한 양의 방사능이 계속 유출되고 있다. 한국에도 방사능에 대한 사회적 우려가 확산되면서, 의료인들에게 사회적 역할을 요구하는 목소리가 나오기 시작했고, 또 우리 내부적으로 무엇인가 해야한다는 사회적 책무를 느끼는 분들이 많아졌다.

지난해 12월 3일 이런 문제의식에 공감하는 의료인들이 처음 모임을 가졌고, 올 1월초 20여분이 발기인이 돼 창립을 제안했다. 채 한 달도 안 되는 시간이었는데도 100명이 넘는 의료인이 창립회원으로 함께해 주셨다.

어떤 분들이 참여하나?

현재 의사 71명, 치과의사 22명, 한의사 8명, 약사 6명 등 109명의 회원이 있다. 의사나 의료인 이외에도 핵없는 세상을 위해 노력하실 분이면 누구나 참여가 가능하다. 공동대표로는 김정범 원장(인천 남촌의원, 인도주의실천 의사협의회 공동대표)과 백도명 교수(서울대 보건대학원 원장)를 우선 선출했고, 올해 안에 각 직역(치과의사, 한의사, 약사 등)별 공동대표를 추가 선임할 예정이다. 김익중 교수(동국의대, 경주핵안전연대 대표)와 우석균 정책실장(보건의료단체연합)이 공동집행위원장으로, 노완호, 노태맹, 임상혁, 장호종, 최규진, 주영수 여섯명이 운영위원으로 참여한다.

향후 활동계획은?

주요활동 목표는 △모든 핵발전의 중단과 재생에너지로의 전환 △모든 핵무기의 즉각 폐기 △의료용 방사선 사용의 최소화이다. 구체적으로는 방사선의 인체영향에 대한 학술연구, 핵시설과 방사능 물질의 안전성 검증 등의 역학조사, 핵발전과 방사선의 위험성을 알리는 교육홍보활동 등을 계획하고 있다. 국내외 반핵-환경단체들과의 연대활동도 중요하다.

방사능에 대해, 정부는 '안전하다' ↔반핵단체들은 '위험하다'는데?

정부와 핵 산업계가 주장하는 '적은 양의 방사능은 안전하다'는 전혀 과학적이지 않은 주장이다. 세계 의학·보건학계에서 정설로 받아들이는 이론은 '피폭량과 암유발효과는 비례관계를 보인다'고 하는 '무역치 선형모델(LNT모델, linear no threshold)'이다. 이 LNT 모델은 방사선 피폭으로 인해, 암이나 유전영향과 같은 확률적으로 일어나는 건강영향에는 문턱선량(threshold)이 없으며, 아무리 적은 선량이라도 암 발생의 위험이 존재하며, 암발생의 확률은 피폭선량에 비례한다는 것이다.

일반인들은 전문가인 의사가 권유하면, 엑스레이, 씨티(CT) 등의 의료행위를 큰 문제의식 없이 받아들인다. 하지만 의료용 방사선 사용조차 문제를 제기하고 있는데, 조언을 해 준다면?

병원에서 쓰는 방사선은 병을 진단하거나 치료하기 위해 불가피하게 쓰이는 것이기는 하지만, 이것도 방사선이므로 가능한 피폭은 줄이는 것이 좋다. 특이 어린이나 가임기 여성의 경우 더욱 피폭을 줄여야 할 것이다. 미국의 소아·청소년의학회는 가능하면 어린이는 씨티(CT)를 이용해 진단하지 말 것을 의사들에게 권고하고 있다.

※지면 관계상, 4~5번 질문에 대한 자세한 답변은 다음 신문, Q&A 코너에서 소개합니다.

동료의사들 또는 시민들에게 하고픈 말?

반핵의사회에 함께 합시다. 의료인은 의료인의 영역에서, 법률가는 법률가의 영역에서, 교수 및 학생, 시민들은 또 그 위치에서 핵없는 세상을 만들자고 외치면, 정치인들이 탈핵을 정책으로 만들지 않을 수 없겠지요. 이미 녹색당, 진보신당, 통합진보당에서 탈핵을 주요 정책으로 삼았고, 민주통합당도 이 탈핵의 흐름을 외면하지 못할 것이다. 한 사람이라도 더 핵없는 세상을 위한 길에 동참해야 한다. 자기 주변의 모임에 참여하세요. 그러면 우리가 핵없는 세상을 만들어 갈 수 있습니다.

| 알립니다 |

■ 평화박물관 탈핵 강좌, "핵없는 세상을 꿈꾸는 당신을 초대합니다"

날짜·장소 매주 월요일 저녁 7시, 평화박물관 교육장

주최 평화박물관(문의 02-735-5811~2), 탈핵에너지교수모임

2월 13일 '탈핵과 대안에너지' - 최열 상임이사(환경재단)

2월 20일 '위험천만한 핵발전' - 김익중 교수(동국대 의대)

2월 27일 '방사능과 건강' - 우석균 정책실장(보건의료단체연합)

3월 5일 '독일에서 찾아본 탈핵의 길' - 이원영 교수(탈핵에너지교수모임 총무)

3월 12일 '핵안보정상회의와 한국의 원자력마피아' - 한홍구 교수(평화박물관 상임이사)

■ 삼척, 핵없는 세상을 위한 탈핵강연회

날짜·장소 매주 수요일 저녁 7시, 삼척핵백지화투위 사무실(롯데리아 3층, 문의 033-575-1348)

2월 15일 '방사능이 인체에 미치는 영향' - 김익중(동국대 의대)

2월 22일 '원전과 정부정책' - 김혜정(환경운동연합)

2월 29일 '주민투표와 주민소환에 대한 법률 해석' - 이덕우(변호사)

■ 토론회, 핵발전 기술의 파탄-복합기술의 시스템 취약성

발표 세계 핵발전 사고의 유형과 원인(강윤재 가톨릭대 교수), 원자로 설계의 결함(김연민 울산대 교수)

날짜·장소 2월 27일(월) 10시 30분, 평화박물관 회의실

주최 탈핵에너지교수모임

■ 불교생명윤리협회 창립 및 세미나, 탈핵과 생명

발표 불교철학과 생명의 존엄성(박경준 동국대 교수), 탈핵과 생명(진옥스님 불교생명윤리협회장), 탈핵 독일의 에너지경제 비전(박란희 환경재단 기획위원)

날짜·장소 3월 1일(목) 창립식 오후 2시, 세미나 3시, 조계종 불교역사문화기념관 2층 국제회의장

■ 2012 포항 반핵영화제 - 핵으로부터 안전한 동해안을 꿈꾼다

날 짜·장 소 3월 3일(토)~4일(일), 포항문화예술회관 소공연장

3일(토) 18시 개막식, 개막작 상영 《야만의 무기(115분)》, 20시 20분 이강길 감독과의 대화, 21시 《체르노빌 그 후(53분)》,

4일(일) 14시 《죽음의 핵폭풍(52분)》, 15시 《핵의 귀환(52분)》, 16시 《동경 핵발전소(110분)》, 18시 《핵발전소, 이제 우리도 알거든!(75분)》 19시 30분 폐막식

주최·주관 영덕핵발전소반대포항시민연대·포항생활정치포럼(문의 054-615-9009)

■ 프레시안 연속강좌, '후쿠시마 1년, 핵없는 세상을 꿈꾼다'

3월 6일 김종철 발행인(녹색평론) - '후쿠시마, 민주주의, 상상력'

3월 13일 정욱식 대표(평화네트워크) - '핵무기를 통해 본 전쟁과 평화'

3월 20일 장정욱 교수(일본 마츠야마대학) - '후쿠시마 이후 일본 원자력정책의 방향은?'

매주 화요일 저녁 7시, 서울 중구 정동 프란치스코회관 2층 강당, 문의 02-722-8546

탈핵신문

발 행 (가칭)탈핵신문 준비위원회
준비위원 고노 다이스케(서울)
이헌석(서울) 윤종호(전북고창)
이상홍(경북경주) 전은옥(서울)
정수희(부산)

(110-876) 서울특별시 종로구 숭인동
76번지 롯데캐슬천지인 지동 205호
문의전화 02-702-4979
팩 스 02-704-4979
이 메 일 bebelow@hanmail.net

창간준비3호 2012년 3월 9일 금요일 www.nonukesnews.kr

후쿠시마 1주년을 맞아

우리는 기로에 서 있다

하승수 (변호사, 녹색당 사무처장)

우리는 기로에 서 있다. 우리 앞에는 '핵발전 확대냐, 탈핵이냐'는 선택이 놓여 있다. 올해 안에 결정이 되어야 할 몇 가지 중요한 쟁점들과, 이 쟁점들에 대해 어떤 선택을 하느냐가 우리들과 미래세대의 삶을 좌우할 것이다.

신규핵발전소 건설·가동 중단!

첫째, 신규핵발전소의 건설과 가동을 중단해야 한다. 이미 21개의 핵발전소가 가동 중에 있고, 세계1위의 핵발전소 밀집도를 보이고 있는 대한민국이다. 더 이상 핵발전소를 늘려서는 안 된다. 당장 올해 봄에 신고리 2호기, 신월성 1호기가 상업운전을 시작할 예정이다. 그 뒤를 이어 건설 중인 핵발전소들이 5개 있다. 계획 중이거나 새로운 부지를 확보하려는 것들도 있다. 이것들을 모두 묶으면 21개이다. 현재 21개가 있고, 새로운 21개가 추진 중에 있는 것이다. 그러나 더 이상 핵발전소를 늘려서는 안 된다.

이미 건설을 완료했다고 하더라도 상업운전을 시작해서는 안 된다. 상업운전을 시작하는 순간 '사용후 핵연료'를 비롯한 핵폐기물들이 쌓이게 된다. 미래세대가 안게 될 부담은 점점 더 커진다. 핵발전소 개수가 늘어날수록 사고위험성도 높아지게 된다. 따라서 이미 건설을 완료한 신고리 2호기, 신월성 1호기는 '핵발전 확대냐, 탈핵이냐'에 대한 사회적 토론과 합의가 이루어질 때까지 상업운전을 시작해서는 안 된다. 건설 중인 것들은 공사를 중단해야 하고, 절차가 진행 중인 것들은 절차를 중단해야 한다. 작년 12월에 정부는 신규부지로 강원도 삼척과 경상북도 영덕을 발표했지만, 이 부지 선정도 당연히 철회되어야 한다.

밀양 초고압 송전탑 건설도 중단!

둘째, 신규핵발전소 건설을 전제로 추진되고 있는 초고압 송전탑 건설도 중단되어야 한다. 지난 1월 70대 농민인 이치우 어르신의 분신을 가져온 경남 밀양의 초고압 송전탑은 신고리 핵발전소를 추가건설하지 않으면 필요가 없다.

수명연장 고리1호기 즉각 가동 중단!

셋째, 수명이 끝났는데도 계속 가동 중인 고리1호기는 즉각 멈춰야 한다. 고리1호기는 그동안 잦은 고장으로 문제를 일으켰던 발전소이고, 수명연장을 하면서 작성된 근거자료조차도 공개되지 않고 있는 상황이다. 후쿠시마의 경우에도 노후한 발전소에서 사고가 났던 것을 생각하면, 고리1호기는 즉시 가동을 중단하고 폐쇄해야 한다.

전력부족 우려…대안은 충분히 있다!

신규핵발전소 건설을 중단하고 고리1호기를 폐쇄할 경우에 전력부족 문제를 우려하는 목소리가 있을 수 있다. 그러나 독일의 사례 등을 보면, 대안은 충분히 만들 수 있다. 이미 서울시는 핵발전소 1개 분량의 전기를 에너지효율성을 높이고 재생가능에너지를 확대해서 충당하겠다는 정책을 밝히고 있다. 전국의 45개 기초지방자치단체장들도 '탈핵'의 대열에 동참하겠다는 뜻을 밝히고 있다.

이 땅을 제2의 후쿠시마로 만들 수는 없다!

3월 11일이 다가온다. 후쿠시마는 단지 일본에서 일어난 사고가 아니다. 언제든지 우리의 미래가 될 수 있는 일이다. 이 땅을 제2의 후쿠시마로 만들 수는 없다.

문제는 시간이 별로 없다는 데 있다. 신고리 2호기와 신월성 1호기는 가동을 눈앞에 두고 있고, 신규핵발전소 건설은 계속 진행되고 있다. 경남 밀양의 초고압 송전탑 공사도 총선이 끝나면 다시 재개될 가능성이 있다. 지금 한국 사회는 핵발전의 수렁으로 더 깊숙이 빠져드느냐, 아니면 탈핵의 길로 들어서느냐의 갈림길에 서 있는 것이다.

갈림길…선택은 우리의 몫이다!

이명박 대통령은 얼마 전 취임 4주년 기자회견에서 핵발전 확대정책을 계속 밀어붙이겠다는 뜻을 밝혔다. 그런데 민주통합당은 아직도 '원전 재검토'라는 애매모호한 입장에 서 있다. 독일 등 탈핵을 결정한 국가들은 모두 정치의 영역에서 핵발전이 이슈가 되었다. 그리고 정치의 영역에서 논쟁을 거치면서 탈핵을 결정했다.

올해에는 총선과 대선이 있다. 핵발전소 확대 정책이 절정에 달하는 것도 올해이고, 선거에서 탈핵이 쟁점이 될 수 있는 거의 유일한 기회도 올해뿐이다. 게다가 3월 말에는 우리나라에서 핵안보정상회의가 열린다. '핵안보'는 그 자체로 언어모순이다. 핵이 없어야 안전하게 살 수 있기 때문에, '안보'는 핵없는 세상이 될 때에만 가능하다. 지금 우리는 안전하게 생존하는 것과 제2의 후쿠시마 사이의 갈림길에 서 있다. 선택은 우리의 몫이다.

영덕, 후쿠시마 1주년 탈핵문화제
3월 11일(일) 오후1시~4시
영덕 애림상회앞 사거리
주최: 영덕 핵발전소유치백지화 투쟁위원회

울산, 후쿠시마 1주년 추모집회
3월 17일(토) 오후2시
울산대공원 동문 앞
문의:울산환경운동연합(052-296-0285)

부산 항의 퍼포먼스
"핵산업 수출, 핵산업 확대 규탄한다!"
'2012 부산국제원자력산업전' 항의 행사
3월 19일(월) 부산 벡스코 앞

탈핵그림판 박흥렬

후쿠시마 사고로 방출된 방사능물질과 인체영향

핵 종	방출량 (베크렐)	주요 방사선 종류	물리학적 반감기	몸속에서 축적되는 곳 / 생물학적 반감기
플루토늄 Pu-238	190억	α	87.7년	뼈/50년 간/20년 생식선/-
플루토늄 Pu-240	32억	α	6537년	
플루토늄 Pu-239	32억	α	2만4065년	
플루토늄 Pu-241	1조2000억	α	14.4년	
〈특징〉 α선은 β선에 비해 인체에 20배의 영향을 미친다고 한다. 특히 플루토늄은 같은 α선을 내는 우라늄과 비교해도 1g당 방사능이 수만에서 수십만 배로, 방사성독성이 매우 강하다. 입으로 섭취하면, 소화관에서 거의 흡수되지 않고 대부분 배설된다. 단, 공기중에 흡입하면, 폐에 오래 머물고 미립자가 림프절과 혈관으로 옮아가 최종적으로 뼈나 간 등에 수십년간 붙어버리기 때문에 폐암과 뼈암, 간암, 백혈병 등을 일으킨다.				
요오드 I-132	13조	β, γ	2.3시간	뼈/50년 간/20년 생식선/-
요오드 I-135	2300조	β, γ	6.6시간	
요오드 I-133	4경2000조	β, γ	20.8시간	
요오드 I-131	16경	β	8일	
〈특징〉 휘발성이 높아 확산되기 쉽고, 갑상선에 영향이 크다. 그래서 방사성물질 방출량을 요오드131의 방출량으로 나타내는 경우가 많다. 몸속에서 갑상선에 축적, β선과 γ선을 내어 갑상선암과 갑상선결절의 요인이 된다. 체르노빌 사고의 영향으로 사고 당시 18세 미만이었던 약 6000명에게 갑상선암이 발생했다고 한다.				
세슘 Cs-134	1경8000조	β, γ	2.1년	근육, 전신/ 2~110일
세슘 Cs-137	1경5000조	β	30년	
〈특징〉 휘발성이 높아 확산되기 쉽다. 몸속으로 들어가면 위와 장에서 거의 100% 빠른 속도로 흡수된다. 화학적 성질이 칼륨과 비슷해 전신의 근육과 생식기에 축적돼, 암과 유전자 돌연변이를 일으킨다. 근육이 적은 여성들의 경우, 유선과 자궁에도 축적되기 쉬워 유방암과 자궁암의 요인이 된다.				
스트론튬 Sr-89	2000조	β	50.5일	뼈/50년
스트론튬 Sr-90	140조	β	29.1년	
〈특징〉 화학적 성질이 칼슘과 비슷해, 섭취하면 뼈에 붙어 뼈암과 백혈병을 일으킨다. 스트론튬90은 β 붕괴해서 이트륨90이 되고 췌장에 축적돼 췌장암의 요인이 된다.				
넵투늄 Np-239	76조	β	2.4일	뼈/50년, 간/20년
〈특징〉 몸속에서 플루토늄과 비슷하게 움직여 뼈암과 간암, 생식선암, 백혈병 등의 요인이 된다. 반감기는 짧지만 β 붕괴해서 반감기가 약 2만4000년인 플루토늄239가 된다.				
텔루륨 Te-129m	3300조	β	33.6일	뼈/13.7년 기타 전신/20일
텔루륨 Te-127m	1100조	β	109일	
텔루륨 Te-131m	5000조	β	30시간	
텔루륨 Te-132m	8경8000조	β	3.204일	
〈특징〉 몸속으로 들어간 방사성 텔루륨은 절반이 배설되고 25%는 뼈에 옮아가 그 대부분이 평생 거기에 남아 뼈암과 백혈병 등을 일으킨다. 나머지 25%는 그 외에 모든 기관과 조직으로 퍼지는데 약 20일 후에 절반으로 줄어든다. 쉽게 날아가 흩어지지는 않지만 지진 다음 날인 3월 12일 오전에는 후쿠시마 제1핵발전소에서 약 7km 떨어진 나미에마치에서 검출되기도 했다.				
크세논 Xe-133	1100경	β	5.2일	-
〈특징〉 비활성기체 중의 하나로 흡입해도 95% 이상이 폐로부터 환기되어 다시 몸속을 순환할 가능성이 없다고 한다.				

※ 《AERA》(2011.6, 아사히신문사출판) : 방출량 등 원자력안전보안원 발표(2011년 6월 6일) 및 보완(2011년 10월 20일) 데이터 등을 이용

※ 지면 부족으로 전문은 탈핵신문 인터넷(nonukesnews.kr) 참조

세계적인 탈핵 흐름

〈독일〉 2022년까지 완전 탈핵. 1986년 이후 신규핵발전소 중단. 독일 하원에서 메르켈 총리가 제출한 핵발전소 폐쇄안을 513:49의 압도적인 찬성으로 통과. 2022년까지 핵발전소 17기 모두 폐쇄, 완전 탈핵으로 결정.

〈벨기에〉 2025년까지 핵발전소를 중단하기로 조건부 합의. 현재 7기의 핵발전소 운영 중(전력생산의 약 52%). 노후한 3기는 2015년까지 폐쇄. 이후 전력부족 대책을 찾는다는 전제하에 나머지 4기도 2025년까지 폐쇄하기로 합의.

〈스위스〉 2034년까지 완전 탈핵. 현재 5기의 핵발전소가 가동 중(전력생산의 약 40%).

〈이탈리아〉 국민투표 결과 94%가 핵발전에 반대. 상·하원에서 무기한 핵발전 동결 법안 통과.

국민투표를 앞두고 교황 베네딕토 16세는 "환경을 생각하는 생활방식을 실현하고 인간을 위험에 빠뜨리지 않는 에너지를 연구, 개발하는 것이 정치·경제의 최우

〈프랑스〉 야당이 핵발전 비중

전소 58기 가동 중(전력생산의

2025년까지 원자로 24기 폐쇄

동정책 캠페인 벌리기로 합의.

〈오스트리아〉 1978년 이미

기로 함. 1978년에 완공되고, 같

투표 실시. 투표 결과 50.5%의

이). 츠벤텐도르프 핵발전소(75

가동을 하지 않고 있음.

〈덴마크〉 1985년 핵발전소 포

70%나 성장했으나, 전력 증가율

료 제로' 선언.

〈대만〉 기존 핵발전소 6기 수명

〈쿠웨이트〉 2022년까지 핵발

핵사고로 계획 백지화. 원자력위

이명박 정부의 핵발전 확대 정책 주요 경과

〈2008년 8월〉 이명박 정부, 제1차 국가에너지기본계획에서, 2030년 핵발전 비중 59% 확대키로 결정.

〈2009년 12월〉 UAE(아랍에미리트) 핵발전소 수출 수주.

〈2010년 1월〉 이명박 대통령, 2030년까지 핵발전소 80기 수출로 세계 3대 핵발전 강국 부상계획 발표.

〈2010년 11월〉 한국수력원자력, 신규핵발전소 부지선정 절차 발표.

〈2010년 12월〉 국가에너지기본계획의 하위계획인 제5차 전력수급기본계획(아래 표 참조)에서, 핵발전 비중을 31.4%(2010년)에서, 48.5%(2024년) 확대키로 결정.

〈2011년 3월〉 후쿠시마 핵발전소 사고.

〈2011년 12월〉 신고리 2호기, 신월성 1호기 운영허가 승인(후쿠시마 핵사고 이후 최초).

〈2011년 12월〉 한국수력원자력, 신규 핵발전소 후보지로 삼

제5차 전력수급기본계획(20

	2010년	20
원자력	31.4%	37.

ㅓ 과제" 라고 발언.
ㄹ 50%로 낮출 것을 합의. 핵발
5%). 야당인 사회당과 녹색당이
올 4월 대선과 6월 총선에서 공

민투표를 통해 핵발전을 포기하
: 해 격렬한 반대운동 끝에 국민
대, 찬성과는 2만표 차(0.9% 차
MW급 2기) 지금까지 핵발전소

ㅣ 선언. 이후 10년간 경제규모가
ㄹ 18%로 억제. 2050년 '화석연

ㅓ장 하지 않기로 발표.
ㅣ소 4기 도입 검토 중. 후쿠시마
회 해산.

핵발전소 현황(2012년 2월말 현재)
작동중 : 2기
정기점검 등으로 정지 : 35기
쓰나미와 정부 요구로 가동 중단 : 17기

구성비(2010년, 일본 자원에너지청)
ㅏ 22.6% / 천연가스 19.1% / 원자력 11.3%
가능에너지 등 3.7%

구성비(2009년, 일본 총무성)
자력 25.1% / 수력 7.5%

척·영덕 발표.

〈2012년 2월〉 이명박 대통령, 취임 4주년 기자회견에서, 핵발전을 그만두면 전기요금이 40% 증가될 것, 핵발전 필요성 역설.

0년 12월)에서 핵발전 계획

년	2020년	2024년
%	44%	48.5%

후쿠시마 제1핵발전소 원자로 현황

<table>
<tr><th></th><th> 1 호 기</th><th> 2 호 기</th><th> 3 호 기</th><th> 4 호 기</th></tr>
<tr><td rowspan="4">파괴 정도 및 현황</td><td colspan="3">O수소폭발 O노심 용융. 녹아 떨어진 연료가 건물 바닥을 뚫고 지하로? O오염된 냉각수 새고 있음
O원자로건물 바닥에 오염수 고여 있음</td><td rowspan="3">O사고 시 정기점검으로 원자로 연료 없었음 O3호기에서 흘러온 수소로 폭발 일어나 원자로 건물 크게 파손 O사용후핵연료 저장수조에 가장 많은 연료 저장되어 있고, 붕괴될 가능성 제기됨 O방사성물질 방출량 측정 못 하고 있음</td></tr>
<tr><td>O원자로 건물 크게 파손
O대기 방출을 막기 위해 덮개 설치(2011년 10월 21일)</td><td>O압력억제수조 파손
O2월 압력용기 바닥 온도 상승, 결국 온도계 고장으로 처리됨</td><td>O원자로 건물 가장 크게 파손
O핵폭주가 일어났을 가능성 제기됨
O우라늄과 플루토늄의 혼합(MOX, 독성이 강함)연료 사용</td></tr>
<tr><td colspan="3">O원자로는 순환식 주수냉각 장치로 냉각 중</td></tr>
<tr><td colspan="4">O연료저장수조는 공냉식 냉각장치로 냉각 중</td></tr>
<tr><td>폐로 계획</td><td colspan="4">O정부와 도쿄전력 '1～4호기 폐기조치 등을 위한 중장기 공정표(2011년 12월 21일 발표)' 에서 40년 후까지 폐로작업을 마치겠다고 주장
O고농도로 오염된 건물과 물 등으로 접근조차 함부로 할 수 없는 현실. 정부와 도쿄전력은 60여년의 핵개발 역사에서 지금까지 경험하지 못한 '녹아 떨어진 핵연료를 어떻게 꺼낼지' '방사능 폐기물 처리방법' 등에 대해 '이제 연구를 시작하겠다' 고 함. 그러나 '단지, 희망사항에 불과하다' 는 지적도 제기되고 있음</td></tr>
</table>

후쿠시마 제1핵발전소에서 새어나온 방사성물질 확산지도

※출처: 하야카와 유키오(국립 군마대학 교수, 화산지질학 전공) 블로그. 이 지도는 문부과학성 항공기모니터링 등의 자료를 참고로 작성되었다.

후쿠시마 오염지도를, 한국 울진에 겹쳐 본 지도

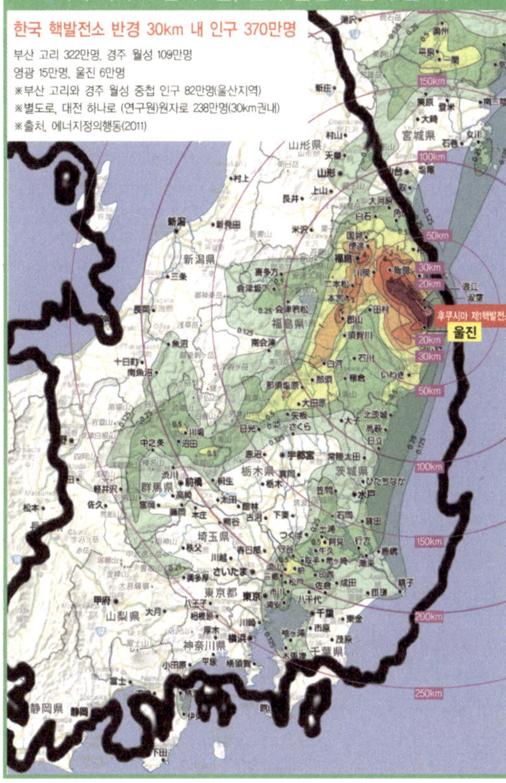

후쿠시마 핵사고 오염 및 피해 현황

※환율 1엔=14원 반영 시

<table>
<tr><td>암환자 수</td><td colspan="5">향후 10년간 100km 이내 10만명 이상, 100～200km권내 12만명 이상, 향후 50년간 200km권내 40만명 이상(2011. 3. 30. 유럽방사선리스크위원회 예측)</td></tr>
<tr><td rowspan="3">피해면적</td><td colspan="3">경계구역(20km권내, 허가 없이 출입금지)</td><td>624㎢(※서울시 면적은 605㎢)</td><td rowspan="3">서울시의 약 2.6배</td></tr>
<tr><td colspan="3">계획적 피난구역(계획적으로 피난이 필요한 지역)</td><td>472㎢</td></tr>
<tr><td colspan="3">긴급시 피난준비구역(작년 9월 30일 해제)</td><td>498㎢</td></tr>
<tr><td rowspan="2">피난규모</td><td colspan="2">후쿠시마 현내 피난</td><td>97,433명</td><td>일본정부 부흥청 발표(2012. 2. 29)</td><td rowspan="2">20km권내 약 7만8천명, 30km권내 약 14만1천명, 계획적 피난구역 대상 인구 약 1만명(일본 내각부 원자력희생자생활지원팀 추계)</td></tr>
<tr><td colspan="2">후쿠시마 현외 피난</td><td>62,610명</td><td>후쿠시마현 발표(2012. 3. 6)</td></tr>
<tr><td rowspan="3">피해액 (추정) ※일본 정부 1년 예산 100조엔</td><td>일본정부 도쿄전력</td><td>5조5045억엔 (사고 후 2년간)</td><td>77조원</td><td colspan="2">※일본 내각부가 구성한 '도쿄전력에 관한 경영 및 재무 조사위원회' 발표(2011. 10. 3)
※내역 : 폐로비용(9643억엔), 일과성 손해분(2조6184억), 매년 발생할 손해(첫해 1조0246억, 2년째 8972억).</td></tr>
<tr><td>일본경제 연구센터</td><td>6～20조엔</td><td>84～280조원</td><td colspan="2">※쓰리마일(미국, 1979년 사고) 기준으로 계산 시 6조엔, 체르노빌(구 소련, 1986년) 기준으로 계산 시 20조엔
※내역 : 경계구역(20km내) 토지매수비용 4.3조엔, 경계구역 피난민 소득보상 0.63조엔, 폐로비용 0.74～15조엔</td></tr>
<tr><td>원자력 자료정보실</td><td>48조엔</td><td>672조원</td><td colspan="2">※일본경제연구센터 20억 + 연간 1밀리시버트(mSv) 이상 오염지역 제염비용
※일본 환경성이 1밀리시버트 이상 오염된 지역도 제염하겠다는 입장을 밝힘(2011. 10. 10). 이이타테무라 제염계획서에 의하면, 제염 및 방사성폐기물 관리 비용은 총 3224억엔. 이이타테무라 면적이 약 230㎢. 한편, 1밀리시버트(년) 이상 오염된 지역 예측 총면적 2만㎢. 따라서 추가 제염비용 (3224억/230)×20,000=약 28조엔.
※건강영향에 대한 보상, 의료보험 지출 증가, 행정적 대응에 관련 증가 비용, 피난지역의 경제적 손해 등 미반영.</td></tr>
<tr><td rowspan="3">방사능 오염</td><td>대기</td><td>48경 베크렐</td><td>(정부기관) 원자력안전보안원 발표(2012. 2.1)</td><td colspan="2">※2011년 3월 11일 사고 후 3월 16일까지(5일간)의 방사성물질 추정 방출량. 이 수치는 계속 바뀌고 있음
※하지만 2011년 3월 17일 이후에도 날마다 방사성물질이 방출되고 있음. 1～3호기의 경우 12월 6000만 베크렐(시간당).</td></tr>
<tr><td rowspan="2">해양</td><td>4700조 베크렐</td><td>도쿄전력</td><td colspan="2">※2011년 4월 1일부터 6일까지(6일간)의 추정 방출량</td></tr>
<tr><td>1경5000조 베크렐</td><td>일본원자력연구개발기구</td><td colspan="2">※2011년 3월 21일부터 4월 30일까지의 추정 방출량.</td></tr>
</table>

탈핵희망버스…송전탑 싸움의 분수령

한전의 일방적인 송전탑 건설에 항거해, 평생 농부로 살아온 밀양의 칠순 어르신이 분신했다. 분노한 지역주민들과 단체 등은 어르신의 장례식도 연기한 채, '765kV 송전탑 반대 고(故) 이치우 열사 분신대책위원회(이하 밀양분신대책위)'를 출범시키며 '책임자 처벌, 송전탑 백지화, 핵발전소 없는 세상' 등을 촉구하며 매주 시민촛불문화제 등을 이어가고 있다. 지난 3월 2일은 고(故) 이치우 어르신의 49재였다. 최근 진행상황을 이계삼 사무국장(밀양분신대책위)에게 들어보았다(3월 4일 현재).

이계삼
(밀양분신대책위 사무국장)

최근 상황은?

현재 국회 진상조사위원에서 조사관들이 파견되어 활동하고 있습니다. 총선 때문에 국회의원들이 직접 내려오지는 않지만, 조사관들이 유족과 한전, 주민들의 이야기를 두루 듣고 대안까지 요구해서 자료를 제출한 상태입니다. 밀양시는 현재 아무런 의견 표명이 없고, 송전철탑 건설 관련한 추가 허가를 내주지 말라는 의사를 전달해 놓았습니다. 현재 유족들이 3월 7일로 장례 일정을 한전 측과 합의하여 장례가 치러질 예정입니다.

그간 어떻게 대응해왔나?

밀양분신대책위는 분신 2주 뒤인, 2월 1일 500여명이 참석한 가운데 정식 출범했습니다. 160여개 시민사회단체가 연대했고, 세 분의 국회의원[강기갑·권영길(통합진보당), 조경태(민주통합당)]이 적극 도와주셨고 문규현 신부님께서 상임고문을 맡아주셨습니다.

이후 매주 수요일에는 촛불집회, 금요일에는 미사를 거행하고 있고, 촛불집회에는 꾸준히 100명 내외의 인원이, 미사에는 매번 100~150명 내외의 인원이 참석하고 있습니다. 문규현 신부님의 강론이 있었던 2월 10일 미사에는 무려 400여명이 영하의 날씨에도 함께 했습니다.

전국의 시민들이 밀양분신대책위를 후원해 주셔서 현재 1,500만원이 넘는 금액이 모였습니다. 그리고 밀양시청 앞에 마련된 분향소에 주간에는 각 마을별로, 야간에는 시민사회단체들이 요일별로 돌아가면서 분향소를 지키고 있습니다. 하루도 빠짐없이 분향소에서 상주하시는 주민도 계십니다.

향후 계획은?

3월 7일 장례 이후, 3월 17일 제1차 탈핵 희망버스 '죽음의 송전탑 자리에 생명의 나무를!'을 준비하고 있습니다. 전국 단위에서 시민들이 함께 연대하여 신고리핵발전소 5~6호기 추가 건설을 막아내자는 취지입니다.

3월 17일 저녁에는 밀양시 삼문동 강변 야외공연장에서 고(故) 이치우 열사 추모문화제를 거행하고, 마을회관에서 숙박한 뒤 18일 오전에는 주민들의 반대에도 한전 측이 송전탑을 만들기 위해 벌목을 자행한 자리에 '나무 심기' 행사를 합니다. 송전탑이 다시는 들어오지 마라는 일종의 퍼포먼스입니다.

결국 송전탑 건설은 신고리핵발전소와 긴밀히 연동되어 있기에, 탈핵을 통해 정면돌파하자는 의지이며, 탈핵의 이슈가 송전탑 문제와 연관된다는 논리를 광범위하게 확산시키기 위한 행사입니다.

하고 싶은 말?

이 행사가 저희 송전탑 싸움의 분수령이 될 것입니다. 이미 한전측은 여러 경로로 공사를 재개하겠다고 하고 있으며, 이미 7년간 싸워온 밀양 지역 주민들은 '만약 공사가 재개된다면 나도 이치우 어르신의 뒤를 따르겠다'고 하시는 분들이 계십니다. 그만큼 상황이 엄중합니다. 저는 이 송전탑 공사가 제발 다시 재개되지 않기만을 바라는 마음으로 이 싸움에 함께 하고 있습니다. 이 송전탑 공사는 전원개발촉진법이라는 희대의 악법에서부터 핵발전소의 일방적 건설 문제까지 우리 사회의 모든 문제가 다 녹아들어가 있는 사안입니다.

부디, 밀양 어르신들만의 싸움으로 고립되지 않도록 우리가 힘을 모아서 어르신들이 다시 일상으로 복귀할 수 있도록, 그리고 핵발전소 추가 건설에 제동을 거는 위대한 발걸음을 내딛을 수 있기를 진심으로 바랍니다. 전국의 시민 여러분! 밀양을 도와주십시오.

인터뷰·정리=윤종호 준비위원

Q&A | 엑스레이나 씨티 찍으면 몸에 안 좋나요?

〈탈핵신문 질문〉 일반인들은 의사가 권유하면, 엑스레이(X-ray), 씨티(CT), 엠알아이(MRI) 등과 같은 의료행위를 별 문제의식 없이 받아들이고 있습니다. 반핵의사회는 의료용 방사능 사용조차 문제를 제기하고 있는데, 시민의 입장에서 어떻게 받아들여야 할지 조언해 주십시오.

〈반핵의사회 답변〉 우선 의료용 방사선의 경우에도 피폭이 된다면 인체에 해롭다고 말씀드립니다. 미국의 경우, 암으로 사망한 사람 중 0.5% 정도는 병원에서 쓰는 진단용 X-선 때문에 암이 생겼다고 하고, 영국에서는 암 발생 환자 중 0.6%가 X-선 때문이라는 계산이 나와 있습니다. 이는 큰 집단을 상대로 계산 한 것이기에 개인적으로 적용하기에는 어려움이 있는 수치지만, 나라에서 보건정책을 세울 때는 반드시 고려해야 될 수치이기도 합니다. 대한민국 성인이면 누구나 받는 건강검진의 경우, 방사선으로 인한 피해와 이익을 비교해야 보아야하므로 합의가 어려운 부분이기도 합니다.

또 방사선을 1시버트(Sv=1,000mSv) 피폭될 경우 1년 또는 0.5년의 수명이 감소된다고 하고, 복부 씨티(CT, 컴퓨터단층촬영)의 경우 사진 한 장을 찍을 때마다 (10mSv) 이틀씩 수명이 짧아진다고 하는 통계가 있습니다.

병원에서 쓰는 방사선은 병을 진단하거나 치료하기 위해 불가피하게 쓰이는 것이기는 하지만, 이것도 방사선이므로 가능한 피폭을 줄이는 것이 좋습니다. 특히 어린이나 가임기 여성의 경우 더욱 피폭을 줄여야 할 것입니다. 미국의 경우 소아청소년의학회는 가능하다면 어린이는 씨티(CT)를 이용해 진단하지 말 것을 의사들에게 권고하고 있습니다. 또 일부 나라에서는 개인이 X-선 사진을 찍을 때마다 받는 방사선의 양을 그때그때 기록하여 예방접종표처럼 관리하려는 움직임도 있습니다.

한국은 건강보험이 잘 발달되어 있고 전산기술 또한 잘 발달해 있기에, 이에 대한 정책을 세운다면 개인마다 방사선 누적피폭량을 데이터화하여 관리할 수 있을 것입니다. 시민의 입장에서도 이에 관심을 가지고 방사선 관리를 위한 정책마련에 관심을 두어야 할 것입니다. 또 아이들이나 여성들의 경우 불필요한 검사 등으로 피폭되는 경우를 줄이는 노력이 필요할 것입니다.

탈핵신문 발기인 및 독자 모집

후쿠시마 대참사를 이웃나라에서 겪은 우리들은 핵발전소와 공존할 수 없다는 사실을 뒤늦었지만 분명히 깨달았습니다. 지금 당장, 핵발전소를 멈춰야 합니다.

현재 '(가칭)탈핵신문'은 타블로이드 8면 기준, 월1회 발간을 목표로 하고 있습니다. 주요 내용은 생명과 안전을 위협받고 있는 국내 핵발전소 주변지역 주민들의 입장에서, 반핵운동 현장의 목소리를 담고자 합니다. 저희들의 이런 뜻에 공감하신다면, '(가칭)탈핵신문'의 발기인, 독자, 단체구독으로 함께해 주실 것을 요청드립니다.

- **독자 : 1년 2만원(1부 우편발송)** ● **발기인 : 5만원(1년 구독 + 후원)**

※ 독자·발기인·단체구독 신청·문의 : 02-702-4979
※ **입금 계좌번호, 농협 351-0423-3143-13 예금주 윤종호**

탈핵신문

발 행 (가칭)탈핵신문 준비위원회
준비위원 고노 다이스케(서울)
이헌석(서울) 윤종호(전북고창)
이상홍(경북경주) 전은옥(서울)
정수희(부산)

(110-876) 서울특별시 종로구 숭인동
76번지 롯데캐슬천지인 지동 205호
문의전화 02-702-4979
팩 스 02-704-4979
이 메 일 bebelow@hanmail.net
등록번호 종로라 00366

창간준비4호 2012년 4월 6일 금요일 www.nonukesnews.kr

찬핵정치인 11명, 찬핵정당 '새누리당'

핵없는 사회를 위한 공동행동, "411 총선에서 반드시 심판"

오는 4월 11일 총선을 앞두고, 종교계를 비롯해 75개 시민단체, 핵발전소지역 대책위 등으로 구성된 '핵없는 사회를 위한 공동행동(이하 '공동행동')'은 이번 선거에서 반드시 '심판'해야 할 찬핵정치인 11명과 '주시'해야 할 찬핵정치인 17명을 발표했다. 더불어, 새누리당은 '공동행동'의 정당정책질의 및 정당정책토론회 참여를 거부할 뿐만아니라, 당의 상징인 비례대표1번 후보로 고리1호기 수명연장 승인에 직접 관여한 한국원자력연구원 출신의 대표적인 찬핵인사 민병주 후보를 공천하는 등 사실상 '찬핵정당'이므로 반드시 심판해야 한다고 주장했다.

한편 새누리당은 중앙선관위에서 선정한 '15대 정책의제별 정당별 기본입장'에서도 '핵발전은 경제성, 전력공급 등을 고려했을 때 선택이 아닌 필수'임을 강조하고 있어 '찬핵정당'임을 분명히 하고 있다.

어떻게 선정했나?

지난 4월 3일(화) '공동행동'은 기자회견을 통해, 핵무기와 핵발전 등을 찬성하는 찬핵정치인 28명의 최종명단을 발표했다. 이번 명단선정은, 지난 17대~18대 국회 속기록 검색과 주요언론 기사 내용을 모니터링 한 결과를 토대로, 지난 2월 27일 '낙천낙선 찬핵정치인 54명 발표'의 연속선상에서 이루어졌다.

2월말 발표 당시 후쿠시마 대재앙 이전 찬핵 발언 등을 한 찬핵정치인의 경우 정책질의 등을 통해 소명기회를 주기위해 '주시명단'으로 삼았다. 하지만 후쿠시마 사건을 경험하고 독일, 스위스 등 핵발전 폐기 국가와 재생가능에너지 등 현실적인 대안 등이 알려지는 와중에도 여전히 '핵발전 확대와 핵무장을 주장'하는 11명의 정치인은 '심판명단'으로 선정했다. 그 이후 공천된 후보를 중심으로 한달간 핵발전 정책에 대한 정책질의 및 답변 등을 거쳐 '심판명단'과 '주시명단'을 최종 선정했다고 한다.

한편, 정당별 분포로는 '심판명단' 11명 중 10명이 새누리당이며, 1명은 민주통합당이다. 또 '주시명단' 17명 중 새누리당은 10명, 민주통합당은 5명, 자유선진당은 2명이다.

윤종호 준비위원

찬핵정치인 심판명단 11명

지역	이름	지역구	정당	발언
서울	권영진	노원구 을	새누리당	"우리의 에너지 여건을 감안할 때 원자력 에너지로 가야되는 것은 틀림없는 사실"
	정몽준	동작구 을	새누리당	"우리의 핵무장은 북핵이 폐기되는 순간까지 최소한 전술핵무기의 재반입을 고려하고, 요구해야 한다"
	정옥임	강동구 을	새누리당	"핵무장은 않더라도 1991년 미국이 철수시킨 전술핵무기를 갖다 놓는 것이 더 효과적인 부분이 있습니다"
	김동성	성동구 을	새누리당	"저는 핵을 핵으로 막는 것이 최선이라고 생각…적의 핵시설을 선 타격해서 우선 제거할 수 있는 능력 갖추는 것이 중요"
경기	김영환	안산 상록을	민주통합당	"우리는 핵주기를 완성치 못하고 있다. 더 이상 미뤄서는 안된다"
	송영선	남양주시 갑	새누리당	"북한 핵 폐기를 위해 우리도 핵 주권을 가져야 한다. 대치 국가간 핵 협상은 오직 핵으로만 가능하다"
	원유철	평택시 갑	새누리당	"북한 파멸의 핵에 맞서 평화의 핵을 보유하자는 제안을 한 바가 있다. 조건부 핵(무기)보유론에 대해 검토해 볼 필요가 있다"
경상	김재경	진주시 을	새누리당	"에너지원별 구성을 보면 원자력을 빼고 다 문제가 있는 것들이다"
	이병석	포항시 북구	새누리당	"원자력에너지에 대한 대국민홍보를 어릴 때부터 시켜야 됩니다. 원전에 대한 대국민홍보를 많이 해서 제2의 부안사태가 나지 않도록 (예산을) 129억으로 하세요"
울산	정갑윤	중구	새누리당	"값싸고 효율성 높은 원자력 개발이 절실하다"
비례	민병주	비례대표	새누리당	원자력안전 전문위원, 영광 5~6호기 운영허가, 고리1호기 수명연장 등

찬핵정치인 주시명단 17명

지역	이름	지역구	정당	발언
서울	김선동	도봉구 을	새누리당	"제가 원전 수출을 전략적으로 타진해 볼 필요가 있어 리투아니아를 다녀왔는데, 우리가 기술공학, 원천기술을 다 확보하고 빨리 정리해내야 해외시장 판로를 개척하는 데 도움이 됩니다.
경기	김태년	성남 수정구	민주통합당	"원전사업자로서 원자력 역할이 정책에 반영될 수 있도록 대정부 협의 강화…한국수력원자력이 갖고 있는 기술과 운영 노하우 이런 것들을 가지고, 조금 더 공격적이고 적극적으로 계획을 세울 필요가 있지 않겠습니까"
	우제창	용인시 갑	민주통합당	"개인적으로 원자력 산업을 육성해야 된다고 아주 굳게 믿고 있는 사람입니다. 계속해서 원자력을 더 건설해야 하고, 방폐장도 만들어야 합니다. 또 해외에 진출해야 합니다"
부산	김정훈	남구 갑	새누리당	"고준위 방사성폐기물을 재처리해서 쓸 수가 있다면 아주 좋은 효율적인 대책이 된다고 봅니다"
	박민식	북구	새누리당	"안전성 문제가 생긴다고 해서 정반대로 가 원전정책을 폐기해야 한다는 이런 신문사설은 너무 쉬운 판단 아닌가요. 차관님 그런 주장에 대해 어떻게 국민들에게 말씀을 해 주십시오"
울산	강길부	울주군	새누리당	"요새 녹색성장하는데 우리가 돈 벌 수 있는 부분이 원전하고 철도밖에 없어요. 지금 풍력, 태양열 그거 언제해서 기술개발하고 언제 돈 벌 거예요"
	김기현	남구 을	새누리당	"현재의 상태에서 원전을 짓지 않고 다른 전력수급대책이 있느냐, 방법이 없다는 데 동의합니다"
대구	박영준	중구·남구	새누리당	"해외 원자로 수출을 위해 스마트 원자로를 국내에서 먼저 건설해 건설경험을 쌓아야 한다. 지식경제부 등 관계부처와 협의해 스마트 원자로 건설을 추진할 것"
	서상기	북구 을	새누리당	"수급불안과 환경문제를 동시에 해결할 수 있는 가장 현실적인 대안은 원자력 에너지 뿐이며, 국회에서 다양한 활용방안을 논의해야 할 때"
	조원진	달서구 병	새누리당	"지금 정부 계획이 2015년까지 원전 2기를 팔겠다는 것입니다. 그렇지 않거든요. 사실은 지금 원전 한 20기는 팔아야 된다고요"
경상	최경환	경산·청도	새누리당	"신성장동력사업 중에서 핵심이 원전기술 아니겠어요? 원전 비중을 계속해서 늘려 나가는 것이 불가피한 방향"
충청	김낙성	당진	자유선진당	"수출진흥 등 원자력산업을 녹색성장에 맞게 육성하는 시책을 수립·시행하여야 한다"
	윤진식	충주	새누리당	"(핵폐기장 예정지) 위도는 앞으로 일본의 로카쇼촌처럼 복받은 땅이 될 것"
	이인제	논산·계룡 금산	자유선진당	"어떻게 해서든지 원자력 발전에 대한 국민들의 인식을 고쳐해서… 원자력 발전이 값싸고 사실은 훨씬 더 안전한 것 아닙니까"
대전	이상민	유성	민주통합당	"우라늄 하면 무슨 원자폭탄 터지는 것으로 생각할 정도로 국민들이 불안해하고 있거든요. 이래서는 원자력 분야가 발전하기는 어렵다"
전라	김춘진	고창·부안	민주통합당	"원자력 발전 단가도 아주 쌉니다. 또 그린 에너지고, 또 세계적으로 수요가 많아요. 한미 원자력협정을 연장 또는 개정해야"
	최규성	김제·완주	민주통합당	"앞으로 국민들한테 많은 신뢰를 주어서, 우리의 에너지 부분이 석탄이나 석유보다는 원전을 더 많이 건설하는 쪽으로 갈 수밖에 없습니다. 단가도 싸고요. 많은 신뢰를 주기를 부탁드리겠습니

탈핵 그림판

박홍렬

고리1호기 폐쇄 농성 돌입

사고뭉치 고리1호기, 중고부품 사용, 사고 은폐, 그 다음은?

이헌석 준비위원

반핵부산시민대책위 등은 지난 4월 2일(월) 기장군청 앞에서, '고리1호기 폐쇄'를 주장하며 농성에 돌입하는 기자회견을 했다.

직원 자살로까지 이어진 핵발전소 중고부품 사용

지난 3월 6일 감사원은 지난해부터 진행되어 오던 한국수력원자력(이하 한수원) 고리원자력본부와 한전KPS에 대한 감사결과를 발표했다.

감사 결과에 따르면, 한수원은 고리3호기 원자로에서 발전용 터빈으로 공급되는 증기량을 조절하는 '터빈밸브작동기'를 공급받기로 협력업체 H사와 수의 계약을 맺고 부품 공급을 받아왔다. 2008년 당시 터빈 밸브작동기의 적정가격은 대당 4억3천만원선이었지만, 한수원은 이를 대당 6억 2천만원선에 구입하였고, 이런 식으로 2011년까지 4차례에 걸쳐 적정가격보다 무려 55억9천만원이나 비싸게 구입해왔던 것으로 밝혀졌다. 담당직원들은 이에 대해 터빈밸브작동기의 재질, 설계가 변경되었고, 연구개발비 등이 추가로 들어가 고가가 아닌 적정가격이라고 주장하였지만, 이는 근거가 없다는 것이 감사원의 감사결과였다.

이에 앞서 부산지검 동부지청은 같은 부품인 터빈밸브작동기의 구매과정에서 중고부품을 신품으로 속여 납품하는 수법으로 32억2천만원의 부당이익을 취했다는 내용을 밝혔다. 협력업체 H사 대표와 한수원 직원이 짜고 기존 사용하던 부품을 반출, 세척과 도색작업만 한 이후 다시 납품받는 방법으로 중고부품을 납품했고, 그 과정에서 수억원대의 금품이 오고갔던 것이 밝혀졌다.

그러나 수사가 진행되는 과정에서 금품상납의 결정적 증거를 갖고 있던 차장급 직원이 자살하면서 사건의 진실은 제대로 밝혀지지 않은채 담당 과장 등 하위직 직원만 구속되는 선에서 수사는 일단락되었다.

발전소 정비 중 정전사고, 발전소장 지시하에 사고 은폐

하지만 고리 핵발전소의 문제는 여기서 끝나지 않았다. 지난 2월 9일 계획예방정비 중이던 고리 1호기에서 작업자의 실수로 인한 정전사태가 발생했다. 3개의 외부전원선 중 최소한 한 개의 선은 연결해 놓은 상태에서 시험을 해야 하는데, 이 작업규칙을 지키지 않았던 것이다. 핵발전소에서 정전이란 원자로의 냉각펌프 등이 작동하지 않게 됨을 의미하기 때문에 매우 위험한 상황이다. 후쿠시마 핵사고도 쓰나미에 의한 정전사고가 직접적인 원인이 되었음을 생각해볼 때 반경 30km 이내에 인구 320만명이 살고 있는 고리핵발전소에서 섬짓한 일이 벌어진 것이다.

하지만 문제는 여기서 끝나지 않는다. 정전이 발생하면 자동적으로 작동해야할 비상디젤발전기가 작동하지 않은 것이다. 원래 고리1호기에는 2대의 비상디젤발전기가 있지만, 한 대는 이미 점검을 위해 해체해 놓은 상태였다. 하지만 다른 한 대는 공기공급밸브 이상으로 작동이 멈춰 버렸다. 이후 12분동안이나 정전사태는 지속되었고, 결국 원자로의 냉각수는 36.9℃에서 58.3℃로 21℃나 상승해버렸다. 이런 상황이 계속 지속되었다면 심각한 국면으로 접어들었을 것이다.

여기서 문제는 더욱 심각한 상황으로 접어든다. 이 상황을 보고받은 고리 제1발전소장은 주요 간부들과 모인자리에서 한수원 상부와 원자력안전위원회 등에 보고하지 않기로 결정한 것으로 밝혀졌다. 관련 법규에 나와 있는 보고의무 등을 완전히 무시한 채 말 그대로 '사고은폐'를 결정한 것이다.

이와 같은 사실은 이후 1달이나 지나 세상밖으로 드러나게 된다. 2월 9일 고리 1호기에선 어떤 일이 벌어졌는지에 대해서 아직 의문이 가는 부분은 너무나 많다. 과연 발전소장 선에서 모든 은폐가 결정되었던 것일까? 실시간으로 원자로 상태를 파악하는 각종 시스템은 왜 작동을 멈추었던 것일까? 1달 동안이나 묻혀 졌던 내용이 뒤늦게 세상 밖으로 나오게 된 정확한 경위는 무엇일까? 많은 의문점들이 있지만, 더 큰 문제는 이후 원자력안전위원회 위원장은 기자 간담회를 통해 "고리 1호기는 재가동할 예정"이라고 밝히고 있다는 점이다.

2개의 사고를 통해 우리가 지켜봐야 할 문제

앞서 이야기한 2개의 사고는 얼핏보면 다른 2개의 사고일 수 있다. 중고부품 사용은 고리 3호기의 문제이고, 정전사고는 고리1호기의 문제이다. 하지만 이는 그동안 우리나라 핵산업계가 비판받아왔던 불투명한 핵산업계 운영에 대한 문제이다. 그간 정부와 핵산업계는 지역주민, 시민사회단체들로부터 투명하게 정보를 공개할 것을 요구받아왔다. 하지만 고리 1호기 수명연장을 둘러싼 주요 정보는 아직도 비공개상태에 있다. 이러한 상황에서 굵직굵직한 사건들이 연이어 나오고 있으나, 정작 문제에 대해 책임지는 이들은 상대적으로 하위직 직원일 뿐이다.

부산 시민단체, 2일부터 고리1호기 폐쇄 농성 돌입

부산의 시민사회단체들이 지난 2일부터 고리1호기 폐쇄를 요구하며 농성에 돌입한 것도 결국 이 '불투명한 핵산업계'에 대한 직접적인 문제제기이다. 핵산업계가 주장하는 것처럼 고리1호기 수명연장이 정말로 안전하고 문제가 없는 것이라면, 투명하고 자세한 정보공개를 통해 의혹을 불신시켜야 할 것이다.

하지만, 2006년 고리1호기 수명연장 논의가 시작되는 순간부터 지금까지 6년이 흐르는 기간동안 어느 누구도 단 한 번도 속시원한 답변을 듣지 못했다. 고리1호기 수명연장을 둘러싼 논쟁을 이제 끝내야하는 이유는 바로 여기에 있을 것이다. '그들만의 안전성', '그들만의 투명성'을 계속 두고 볼 수는 없기 때문이다. 결국 사고가 일어나도 피해를 보는 것은 인근에 살고 있는 이들이고, 그 피해를 복구하기 위해 비용을 지불해야 하는 것도 우리 모두가 낸 세금이 투입되어야 할 것이다.

이것이 우리가 후쿠시마 핵사고를 통해 얻은 교훈이라는 점을 잊지 말아야 할 것이다. 그들만의 고리 1호기, 이제는 끝내야 할 때이다. 그렇지 않는다면, 중고부품, 정전사고에 이어 제2, 제3의 사고는 계속 이어질 것이며, 결국은 후쿠시마와 같은 끔찍한 일들이 일어나게 될 것이라는 것을 결코 잊어서는 안된다.

녹색당·진보신당·창조한국당 2030 탈핵 통합진보당·민주통합당 2040년, 자유선진당 2050년

녹색당, 진보신당 탈핵에 적극적… 새누리당 여전히 '핵발전 확대'

4월 11일 총선을 앞두고 각 정당별 핵심 공약이 발표되었다. 중앙선관위는 정당별 정책이슈를 5개 분야 15개 항목으로 비교해 홈페이지에 게재했는데, 교육환경분야에서 '핵발전소 건설 계속 추진 여부'를 묻고 있다. 핵없는 사회를 위한 공동행동도 주요 정당별 핵발전 정책 질의·답변 결과를 지난 3월 29일 발표했다. 본지에서는 주요 정당별 핵발전 정책에 대한 시민·유권자들의 판단을 돕기 위해, 그 결과를 표로 요약·정리했다.

한편, 다음에 제시된 주요 정당별 핵발전 정책 등을 비교해보았을 때, 탈핵에 적극성을 보이는 정당순서는 녹색당〉진보신당〉창조한국당〉통합진보당〉민주통합당〉자유선진당〉새누리당임을 확인할 수 있다. **윤종호 준비위원**

※ 찬성 또는 동의(○), 반대 또는 부동의(×)

	내 용	1번 새누리당	2번 민주통합당	3번 자유선진당	4번 통합진보당	5번 창조한국당	11번 녹색당	16번 진보신당
중앙선관위	핵발전소 계속 건설	필요	X	조건부 찬성	X	X	X	X
	정당별 10대 공약	언급 없음	언급 없음	언급 없음	10번째 항목 2030년 핵발전소 폐쇄 에너지 전환	9번째 항목 2030년까지 모든 핵발전소 폐쇄	1번째 항목 2012년 낡은 핵발전소 폐쇄 2030년까지 탈핵	1번째 항목 탈핵 2030년, 한국사회 정의로운 에너지 전환
핵없는 사회를 위한 공동행동	핵발전 없는 한국 준비	답변 거부	○	○	○	○	○	○
	핵발전소 폐쇄 시점	답변 거부	2040년	2050년	2040년	2030년	2030년	2030년
	수명 다한 고리1호기, 월성1호기 올해 폐로	답변 거부	○	○	○	○	○	○
	핵 홍보 전담기구 한국원자력문화재단 홍보금액(100억) 지원 중단	답변 거부	○	X	○	○	○	○
	공급보다 수요관리(절약) 중심의 에너지 정책 전환	답변 거부	○	○	○	○	○	○
	2030년까지 재생가능에너지 비중, 목표 설정	답변 거부	20%	30%	40%	40%	50%	30%
	계류중인 '원폭피해자와 그 자녀 실태조사 및 지원에 관한 특별법령' 통과 및 시행	답변 거부	○	○	○	○	○	○
	원자력 클러스트 사업, 사용후핵연료 재처리 등 중단. 한미원자력협정 개정 논의 의제로 미포함	답변 거부	무응답	X	○	○	○	○
	경주 핵폐기장 건설 중단 및 고준위 핵폐기물 개별 발전소별 임시저장	답변 거부	유보	X	○	○	○	○
	일본산 수입식품 수입금지 및 식품·제품마다 방사능 오염 수치 공개 의무화	답변 거부	○	○	○	○	○	○
	핵발전소 수출(산업) 정책	답변 거부	X	○	X	X	X	X

※17번 청년당, 10대 공약으로 9번째 항목 "신규 핵발전소 건설 폐기, 노후 발전소 점진적 폐쇄"

| 이 달의 사건·사고 |

국가정보원, '방사성물질 한반도 유입 실험결과 입 막은 사실' 뒤늦게 드러나

정부기관 중 대기확산에 관한 예측능력이 있는 곳은 기상청, 한국원자력안전기술원, 국립환경과학원 세 곳. 기상청은 방사성 물질 한국 영향 가능성을 부정했고, 국립환경과학원은 미량의 방사성 물질이 한반도에 날아온다는 결과를 얻었지만, 국정원 대외비 요청으로, 국립환경과학원 모델링 결과를 폐기했다.

노르웨이 대기연구소의 시뮬레이션과 비슷한 결과(대기가 기류 흐름에 따라 일본 도쿄 남쪽으로 내려갔다가 시계방향으로 한반도 남해안으로 올라오는 결과)를 얻은 것으로 전해졌다. 한겨레신문에 따르면, 지난 3월 6일 정용승 소장(고려대기환경연구소)도 "지난 해 4월 두어 차례 일본에서 한반도 쪽으로 기류가 향했다. 기류에 따라 올 가능성은 열려있고, 전혀 안 온다는 것은 과학적으로 불가능한 얘기"라고 말했다. 한국원자력안전기술원도 노르웨이 대기연구소와 비슷한 결과를 얻었지만, 비공개했다.

신고리2호기와 신월성1호기 연이은 고장으로 정지 사고

작년 12월 2일 운영허가를 받고, 핵연료를 장전해 시험운행 중인 신고리2호기(울산시 울주군과 부산시 기장군 경계지역)와 신월성1호기(경주시 양북면)가 연이은 고장으로 멈춰섰다.

한국원자력안전기술원(KINS)과 한국수력원자력(주)에 따르면, 신고리2호기는 지난 3월 23일(금) 저녁 8시19분경 시운전과정에서 급수펌프 고장으로, 신월성1호기는 3월 27일(화) 오후6시41분경 원자로냉각재펌프 고장으로 100%출력 운전중 멈추는 정지사고가 발생했다.

정지사고는 이번만이 아니다. 신월성1호기는 전기생산 6일째인 지난 2월 2일 증기발생기 제어밸브 위치제어기 오작동으로 정지사고를 일으킨 바 있고, 신고리2호기는 3월 4일 저녁7시30분경 가압기 고압력으로 100% 출력 중 멈춰섰다.

신월성1호기는 55일만에, 신고리2호기는 23일만에 또 정지사고가 일어난 것이다.

최근 '고리1호기의 후쿠시마 동일유형 사고와 사건의 조직적 은폐'를 지켜본 지역주민들은, 최근 1~2달 사이에 연이어 발생한 정지사고들로 인해 핵발전소에 대한 불안감과 위기의식이 점점 커지고 있다.

경주핵안전연대는 3월 28일(수) 성명서를 통해, "이번 신월성1호기 정지사고를 한국수력원자력은 '시운전 시험' 과정에 일어난 대수롭지 않은 사고로 넘어가려하지만, 이번 사고는 원자로 100% 출력 과정에서 일어난 '중대사고'다. 사고 이후 현재까지 17시간이 지났지만, 냉각재펌프는 작동하지 않고 있다. 6월로 예정된 상업운전을 연기하고, 원점에서 안전을 재검토하라"고 주장했다.

한편, 오는 6월 신고리2호기와 신월성1호기의 상업운전을 허락하게 되면, 운영중인 우리나라 핵발전소는 21기에서 23기로 늘어나게 된다.

윤종호 준비위원

경북·동해안 총선 후보 공동 기자회견

동해안은 국내 23기의 가동 핵발전소 중 17기가 몰려있고, 새롭게 19기가 건설중이거나 건설을 계획하고 있다. 특히 경북은 11기가 가동중이며, 9기가 건설중이거나 계획중이다.

이번 4월 11일 총선에 출마한 4명의 후보가 경북 동해안 탈핵을 위해 공동의 노력을 기울이겠다며, 지난 4월 3일(화) 기자회견을 가졌다. 박혜령(녹색당, 영양·영덕·봉화·울진, 왼쪽 세번째), 유성찬(통합진보당, 포항북구, 오른쪽 두번째), 이광춘(통합진보당, 경주, 오른쪽 첫번째), 허대만(민주통합당, 포항남구·울릉군, 왼쪽 두번째) 후보는 비록 소속 정당은 다르지만, 'MB정부의 핵 진흥 정책에 제동', '탈핵기본법 제정', '노후원전 폐쇄', '신규원전 건설 중단', '가동 중인 원전 단계적 폐쇄', '2030년~2040년 탈핵국가' 등을 공동의 노력으로 만들어 나겠다고 밝혔다. 사진 왼쪽 첫 번째는 김제남(통합진보당, 비례대표) 후보이다.

이상홍 준비위원

〈울산〉 찬핵, 반민주 낙선 후보 선정

새누리당 : 강길부(울주군), 김기현(남구을), 안효대(동구), 이채익(남구갑), 정갑윤(중구) 자유선진당 : 김지준(동구), 무소속 : 김덕웅(동구), 허원현(남구을)

신고리 5~6호기 백지화

남구 갑			남구 을			
1새 이채익	2민 심규명	3무 김헌득	1새 김기현	4통 김진석	6진 권진희	7무 허원현
–	○	○	–	○	○	X
동구					**북구**	
1새 안효대	3선 김지준	4통 이은주	6무 박정주	7무 김덕웅	1새 박대동	4통 김창현
–	–	○	–	–	–	○
중구					**울주군**	
1새 정갑윤	2민 송철호	6진 이향희	7무 유태일	8무 변영태	1새 강길부	4통 이선호
–	○	○	○	–	–	○

※울산 울주군 서생면에 신고리 5~6호기 건설 예정(2009년 건설기본계획 확정, 2013년 9월 착공예정)
※새누리당=새, 민주통합당=민, 자유선진당=선, 통합진보당=통, 진보신당=진, 무소속=무, 후보 호칭 생략
※○ : 찬성 · 동의, X : 반대 · 부동의, — : 무응답 · 답변거부 또는 연락안됨

최근 후쿠시마 핵발전소 폭발사고와 고리1호기 사고 등을 지켜보는 울산지역 주민들은 생명과 안전에 큰 위협을 받으며 생활하고 있다. 특히 울산 인근의 고리1호기 냉각기능이 상실되었음에도, 그 사실을 장기간 은폐하는 등 운영의 신뢰성까지 잃음으로써 이런 우려는 더욱 커지고 있다.

탈핵울산시민공동행동(이하 탈핵울산행동)은 이번 총선에서 탈핵사회와 지속가능하고 안전한 에너지를 지향하는 사회로 나아가기 위해서는, 그런 정책과 의지를 가진 시민의 대변인이 당선되어야 한다고 판단해, 지난 3월초 울산 지역 모든 후보들에게 6개 부문 29개 '핵과 에너지' 관련 정책질의를 했다.

그 답변 결과를 최종 분석해, 지난 4월 3일(화) '찬핵, 반민주 낙선대상 후보 7명(여러 차례 질의했으나, 답변치 않은 후보)' 과 '찬핵 낙선대상 후보 1명(핵발전 찬성 후보)' 을 발표했다.

'찬핵, 반민주 낙선대상 후보' 는 새누리당의 강길부(울주군), 김기현(남구을), 안효대(동구), 이채익(남구갑), 정갑윤(중구) 후보와 자유선진당의 김지준(동구) 후보, 무소속의 김덕웅(동구) 후보였고, '찬핵 낙선대상 후보' 는 허원현(남구을) 후보였다.

더불어 모든 질의항목에 탈핵 의견을 개진한 후보로는 민주통합당 송철호(중구)·심규명(남구갑) 후보, 통합진보당 김진석(남구을), 이선호(울주군), 이은주(동구), 김창현(북구) 후보, 진보신당 권진회(남구을)·이향희(중구) 후보가 있었다.

한편, 이번 4월 11일 총선에 출마한 울산 각 지역구별 후보들에게 울산 지역 최대 현안인 신고리 5~6호기 건설 백지화에 대해 정책질의한 내용을 표로 정리했다(**표 참조**). 새누리당 모든 후보들은 답변을 회피하거나 핵발전에 찬성하는 입장을 개진했다.

박진영 울산통신원

〈밀양〉 송전탑 문제 해결…총선 후보들 "적극 나서겠다"

전원개발촉진법 개정 등 주요 현안에 모두 한 목소리

제19대 총선 밀양·창녕 지역구에 출마한 후보자 4명 전원이, 밀양 지역 최대 현안인 765kv 송전탑 문제해결에 적극 나서겠다는 입장을 밝혔다.

"밀양 765kv 송전탑 반대 故 이치우 열사 분신대책위원회"는 지난 3월 17일, 밀양시 삼문동 야외공연장에서 진행된 '이치우 열사 추모 문화제' 행사에서, 각 후보들에게 765kv 송전탑 관련 정책 질의서를 전달한 바 있고, 그 답변을 아래에 요약 정리했다.

이계삼 사무국장(밀양분신대책위원회)

새누리당 정수성

민주통합당 조현제

무소속 박성표

무소속 최원식

	1번 새누리당 조해진	2번 민주통합당 조현제	6번 무소속 박성표	7번 무소속 최원식
현행 전원개발촉진법 개정	현행 법은 반드시 개정, 별도의 보상 법률안 제정	해당 지역 전체 면적의 3분의 2 이상 토지 소유자 동의 의무화	현행 법 개정, 보상기준 상향, 이주대책 등 보상·보장법 개정	현행 비민주적인 악법, 헌법정신에 맞게 다시 태어나야 한다
현행 765kv 송전탑 공사	경과지 주민들과 합의없이 한전의 일방적 공사추진 결코 반대한다	주민과의 합의없이 밀어붙이기식 사업 강행해서는 안된다	보완할 수 있는 방안 등의 고려와 도출 합의점에 대해 적절한 조치 필요	더 이상의 불행한 사태가 발생되지 않토록 한전은 원점에서 재검토
송전탑 반대 운동 동참 여부	동 참	동 참	동 참	동 참
정부 에너지정책 재검토 및 신규 핵발전소 증설 문제	원자력 발전소 신규 증설 반대	원전의 추가건설 즉각 중단 설계수명 종료 시 재승인 없이 즉각 폐기	추가 원전 건설 반대 친환경에너지 개발 최우선 순위로 선정, 단계적 원전 비율 낮추도록	탈핵은 선택이 아니라 책임
기존 송전선로 이용한 송전과 신기술 개발투자	초전도케이블의 상용화전까지는 지상 송전탑 건설을 최대한 자제, 기존 선로를 보강해 송전량을 늘리는 방안을 강구	LS전선에서 개발한 초전도 케이블 상용화 단계, 현재 최선의 대안. 비용의 문제가 발생하더라도 정부 · 한전은 도입	기존 송전선로를 이용한 송전과 신기술 개발투자보다 지하매설 등 보다 근본적인 대안에 대한 투자 요망	반드시 초전도 케이블로 송전하고, 송전탑건설은 더 이상 없어야 한다

〈경주〉 이광춘(통합진보당) 적극적인 탈핵 입장

김석기(무소속) 소극적, 정수성(새누리당) 답변 회피

경북 경주시는 중수로 원전 4기(월성 1~4호기)가 가동 중에 있고, 경수로 원전 2기(신월성 1~2호기)가 건설 중이며, 방사성폐기물 처분장까지 건설되고 있다. 핵산업 밀집지역인 경주에서 '핵발전' 은 민감한 현안일 수밖에 없다.

오는 4월 11일 총선에 3명의 후보가 각축을 벌이고 있다. 현역 국회의원인 정수성 후보(새누리당), 야권단일후보인 이광춘 후보(통합진보당), 용산참사 당시 서울경찰청장이었던 김석기 후보(무소속)다. 지난 3월 30일 경주환경운동연합이 각 후보들에게 정책질의하고 답변한 결과를 발표했다.

가장 적극적인 탈핵 정책을 표방한 후보는 이광춘 후보(통합진보당)로, 탈핵기본법 제정, 월성1호기 폐쇄, 원자력클러스터 반대, 방폐장 공사 중단 등 일관된 탈핵 입장을 내놓았다. 특히, 이광춘 후보는 '2012년 탈핵선언을 하고, 원전수명을 30년으로 제한하여 수명이 마감되는 원전을 단계적으로 폐쇄하여, 2040년까지 탈핵사회로 나가겠다' 고 밝혔다.

이에 반해 김석기 후보(무소속)는 신재생에너지 개발이 본격화되기 전까지는 원자력 발전이 불가피하다고 판단하기 때문에 탈핵기본법 제정 등에는 반대했다. 다만, 위험성이 큰 월성1호기 폐쇄 및 방폐장 공사에 대해서는 중단 입장을 밝혔다.

정수성 후보(새누리당)는 답변을 보내오지 않아 직접 확인 할 수는 없었지만, 언론 보도(한겨레 3월26일자)에 따르면 "월성 원전 수명 연장은 전문가들의 의견과 고리1호기 상황을 먼저 봐야 한다" 고 밝혀 사실상 수명연장에 무게를 두고 있는 것으로 보인다. 또 정수성 후보는 예비후보 공보물에서도 '원자력 클러스터 조성' 을 밝히고 있어 탈핵과는 거리가 먼 것을 확인할 수 있다.

이상홍 준비위원

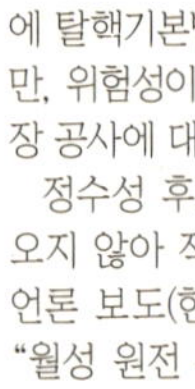
새누리당 정수성

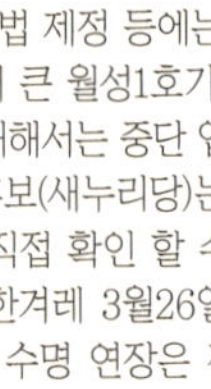
통합진보당 이광춘

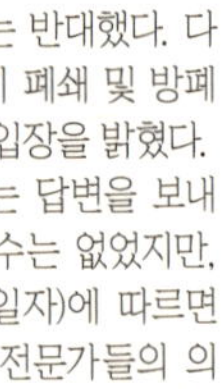
무소속 김석기

	1번 새누리당 정수성	4번 민주통합당 이광춘	7번 무소속 김석기
탈핵기본법 제정	무응답	찬 성	반 대
월성1호기 폐쇄(수명연장 중단)	무응답	찬 성	찬 성
한국원자력문화재단 지원 중단	무응답	찬 성	반 대
원자력클러스터 추진	무응답	반 대	찬 성
방폐장 공사중단 및 정밀 안전성 진단	무응답	찬 성	찬 성

〈영덕〉 정일순(민주통합당)·박혜령(녹색당) 등 유치 반대

강석호(새누리당) 유치 찬성… 영덕·울진·영양·봉화 지역구, 방송 토론회에서 입장 표명

강석호 정일순 장갑호 남선모 박혜령 김중권

	핵발전소 유치	입장 주요 내용
기호1 새누리당 강석호 후보	찬 성	원전은 현실적인 대체 에너지원으로, 불가피한 선택이다. 안전성 우려되나 지역경제 도움이 된다.
기호2 민주통합당 정일순 후보	반 대	울진 원전 지역경제에 도움이 되지 않는다. 일본도 중단하고 있다. 당도 나도 신규원전 적극 반대한다.
기호3 자유선진당 장갑호 후보	반 대	원전의 전기생산 기여는 인정하나 영덕은 활성단층지역으로 신규 후보지로 선정된 것은 적극 반대한다.
기호6 국민생각 남선모 후보	반 대	유럽의 추세도 탈핵이 대세이다. 이제 신재생에너지사업으로 가야 지역경제가 살아난다.
기호7 녹색당 박혜령 후보	반 대	울진핵발전소로 갑상선암 증가, 어류 집단폐사, 농산물 판로확보의 어려움 등 문제 심각하다. 지역경제에 도움이 안된다.
기호8 무소속 김중권 후보	유 보	안정성과 지역경제 활성화라는 충돌적 가치 사이에서 선택이 쉽지 않은 문제다. 지역주민의 총의와 지혜를 모아야 한다.

포항MBC 주최 19대 총선후보자 토론회가 지난 3월 28일 밤11시부터 2시간가량 진행됐다. 이날 각 후보자들은 지역의 주요 현안인 영덕 신규 핵발전소 유치와 관련해, 새누리당 강석호 후보는 찬성을, 무소속 김중권 후보는 절충주의적 입장을, 나머지 후보들은 모두 반대 입장을 밝혔다.

영덕 신규 핵발전소 유치 반대를 표명한 후보들 중에서도, 현 정부의 핵발전 확대정책과 관련해 민주통합당 정일순 후보와 녹색당 박혜령 후보는 반대 입장을 분명히 한 반면, 자유선진당 장갑호 후보와 국민생각 남선모 후보는 소속 정당이 공식적인 핵발전소 계속 추진 입장(중앙선관위 정당별 정책의제 질의 결과)인데다, 방송 토론에서도 깊이있는 문제의식을 보이지 않았다.

한편 녹색당의 박혜령 후보는 주도자 토론시간에 울진핵발전소 반경 5km 이내에서 입수한 방독면을 보여주며, 안전관리실태를 고발해 눈길을 끌었다. 당시 그 방독면은 사용가능연도가 이미 9년이나 지나버려 제 기능을 할 수 없는 정화통이 끼워져 있었고, 또 방독면이 실제 각 가정의 상주 인구수만큼 지급되지 않고 있는 실태를 지적했다.

송호민 영덕통신원

〈부산〉 출마 후보 대다수가 고리1호기 폐쇄 찬성

찬핵후보 16명…반핵대책위 정책질의 결과 발표

반핵부산시민대책위(이하 반핵대책위)는 지난 4월 4일(수) 고리1호기 폐쇄 및 핵발전소 추가건설과 고리 핵단지화에 대해 총선 후보자들에게 정책질의한 결과를 발표했다. 이번 정책질의에서는 전체 67명의 후보자 중 41명이 답변을 회신했다.

고리1호기 폐쇄와 관련해, 폐쇄를 찬성한 후보는 36명으로 답변한 후보의 약 88%에 해당된다. 반핵대책위는 조건부 찬성과 보류, 무응답으로 입장을 밝힌 서용교(새누리당, 남구을), 문대성(새누리당, 사하갑), 정의화(새누리당, 중구동구), 이영(무소속, 영도), 김선곤(무소속, 북구강서을) 후보를 '찬핵후보'로 규정했다.

신고리 5~6호기를 포함한 핵발전소 추가건설 및 고리 핵단지화와 관련해, 핵단지로 밀집하는 것에 반대하는 후보가 33명(75%)이었다. 하지만 찬성하는 후보가 4명, 보류 5명, 무응답 2명으로 확인되었고, 이들은 모두 '찬핵후보'로 규정했다.

노재철(민주통합당, 동래구), 김선곤(무소속, 북구강서을), 김세연(새누리당, 금정구), 김정훈(새누리당, 남구갑), 박민식(새누리당, 북구강서갑), 박성민(무소속, 중구동구), 박희동(무소속, 중구동구), 서용교(새누리당, 남구을), 선다윗(국민생각, 수영구), 안준태(새누리당, 사하구을), 유재중(새누리당, 수영구), 이영근(무소속, 남구을), 정의화(새누리당, 중구동구) 후보다.

반핵대책위는 이 날 발표한 16명의 '찬핵후보'들을 온라인 등을 통해 부산지역 시민들에게 적극적으로 알려, 유권자들의 선택에 중요한 정보로 제공하겠다는 입장을 밝혔다. 더불어, 현재까지 입장을 확인치 못한 후보에 대해서는 계속 답변을 요청하고, '찬핵후보' 중 추후 해명과 입장변화가 있다면 반영해 추가발표할 계획임을 전했다.

정수희 준비위원

〈삼척〉 이이재(새누리당), 김형순(무소속) 유치 찬성

박응천(통합진보당), 이용석(기독당), 이화영·최연희(무소속) 유치 반대

삼척핵발전소유치백지화투쟁위원회(이하 삼척핵백지화 투쟁위)는 지난 3월 27일, 제19대 총선에 출마한 후보들에게 '핵발전' 관련 정책질의한 결과를 발표했다. 답변서를 제출하지 않을 경

우 핵발전소 유치 찬성으로 규정한다고 밝혔음에도, 이이재 후보(새누리당)와 김형순 후보(무소속)는 답변서를 제출하지 않았고, 이이재 후보의 경우 '핵발전소 유치는 주민투표로 결정해야 한다'는 별도 의견서만 제출했다.

핵발전소 유치 여부를 묻는 질문에 박응천(통합진보당), 이용석(기독당), 이화영(무소속), 최연희(무소속) 후보가 반대했고, 주민투표 실시 여부를 묻는 질문에 위 4명의 후보와 이이재 후보(새누리당) 후보가 '주민투표 실시해야 한다'고 답변했다.

이명박 정부의 핵발전소 추가건설을 묻는 질문에 이이재 후보와 김형순 후보를 제외한 4명의 후보 모두 '추가 건설에 동의하지 않는다'는 입장을 밝혔다. 이외에도 삼척에 핵발전소 유치 시 후보사퇴여부를 묻는 질문에 박용천(통합진보당), 이화영(무소속), 최연희(무소속) 후보는 '사퇴하겠다'는 의견을, 이용석 후보(기독당)는 '사퇴할 각오로 확정고시 취소를 위해 혼신을 다하겠다'는 의견을 밝혔다.

한편 삼척핵백지화 투쟁위는 지난 4월 2일 박응천(통합진보당), 이용석(기독당), 이화영(무소속), 최연희(무소속) 후보가 참석한 가운데 '핵없는 동해 삼척을 위한 공동정책 협약식'을 가진 후(사진참조), 4명의 후보들이 서명한 주민투표 발의 요구서를 삼척시와 삼척시의회에 접수했다.

이광우 통신원
(삼척핵백지화 투쟁위 정책실장)

고리핵발전소 사고…한국은 후쿠시마 전야

후쿠시마 탈출과 피난 기록

우노 사에코 씨

지난 3월 19일~24일, 아시아 지역 반핵운동 네트워크 모임인 반핵아시아포럼이 서울, 부산, 삼척 등에서 진행되었다. 이번 행사 발표로 한국을 방문한 후쿠시마핵발전소 자주피난민인 우노 사에코(宇野 朗子)씨를 3월 22일, 서울 숙소에서 만나 피난과정과 생활에 대해 들어보았다.

인터뷰·정리=고노 다이스케 준비위원

다섯 살 아이의 엄마, 우노 사에코 씨

지금 딸은 다섯살이다. 육아를 시작하면서 자연에 뿌리내린 삶을 살아야겠다는 생각이 들었다. 그래서 자연농업이나 지역통화에 관심을 가지기 시작했고, 이를 통해 후쿠시마의 심오함과 매력을 새롭게 느꼈다. 사고 당시는 농사를 지으면서 살 수 있는 곳을 이이타테무라 등에서 찾아다니던 중이었다.

2010년 3월에 반핵운동을 시작했다. 2월에 사토 유헤이 후쿠시마현 지사가 이전에는 거절했던 플루서멀(통상적인 우라늄 원료에 플루토늄을 혼합해 더욱 위험한 핵원료-편집자 주)을 수용하겠다고 발표해, 위기감을 느껴 친구들과 함께 현청 앞에서 항의 행동을 시작했다.

3.11 지진—쓰나미—정전—핵발전소 긴급정지

3.11에는 후쿠시마 시내에 있었다. 딸이랑 친구 집 앞에서 지진을 맞았는데, 날뛰는 말을 타는 것 같았다. 차가 튀고 돌담이 무너져 차에 부딪치고, 땅이 울리고 전선이 흔들렸다. 마당의 우드텍 밑으로 딸을 들여넣고 나도 머리를 넣고, 서로 사랑한다는 말을 계속했다. '드디어 일어나고 말았구나'라는 생각을 했다.

지진이 가라앉은 후 그대로 그 친구 집에 피난했다. 다행히 그 집은 무너지지도, 정전되지도 않았다. 여진이 계속됐다. TV를 켜니 핵발전소 소식은 없고 오로지 쓰나미 소식만 보도되고 있었다. 예상되는 쓰나미 높이가 계속 높아지기만 해서 핵발전소가 지진을 견디더라도 쓰나미로 파괴되지 않을까 걱정했다. 그러다가 핵발전소가 긴급정지됐다는 정보를 접했다. TV에서는 괜찮다고 했지만 활동경험상 정부와 언론이 정보를 숨긴다는 것을 알고 있었기에 괜찮을 리가 없다고 생각했다.

핵발전소의 노심용융과 피난 결정

인터넷에서 메일로 정보를 계속 수집했다. 오후 5시 경에 냉각기능이 멈춰 후쿠시마로 전원차량이 가고 있다는 정보가 들어왔다. 그 때 나는 노심용융이 일어날 수 있다고 생각해서 급히 전화를 걸었다. 기계치라서 이전에는 휴대폰도 없었는데, 지진이 일어나기 두 달 전에 마침 〈폐로액션 후쿠시마(이하 폐로액션)〉 사무국장이 내게 휴대폰을 갖고 다니게 했다. 사무국장은 후쿠시마 제1핵발전소가 있는 오오쿠마마치에 사는데, 다행히도 전화가 연결됐다. 내가 얻은 정보를 전하고 피난하라고 말하자마자 전화가 끊겼다. 그녀는 그 후 독자적으로 정보를 수집하고 피난했다.

친구 집에는 나를 포함해 세 명의 성인여성과 여덟 명의 아이들이 있었다. 그날 밤은 같이 있기로 했다. 가족들이 어디에 있는지 알 수 없었다. 남편은 출장 중이었고 집주인 친구의 남편은 병원에서 근무 중이라 돌아올 수 없었다. 또 다른 친구의 가족들은 이이타테무라(나중에 계획적피난구역으로 설정됨)에 있었다.

남편과는 밤에 통화가 되었는데, 사이타마에서 멈춰버린 신칸센 안에 갇혀 있다고 했다. 그에게 발전소 상황을 전했더니 바로 피난가는 게 좋다고 해서, 마음을 먹었다. 결정적으로 정부에 제출됐다는 노심용융 예측 시·계열표를 누군가 인터넷에 올렸고, 밤 11시 쯤 나는 이메일로 그 정보를 확인했다. 이미 노심용융이 일어났다고 봐야 한다고 생각했다. 자료대로라면 노심용융 시작 예측 시간까지 10분밖에 남아 있지 않았다.

한밤의 긴박한 상황…피난, 서쪽으로

그것을 두 친구에게 보여주고 다음날 아침에는 어떤 상황이 돼 있을지 모르니 지금 바로 멀리 떠나자고 제안했다. 두 친구는 남편이 같이 없어 결심하지 못했다. 이이타테무라 친구는, 가족이 정전 때문에, 아무런 정보도 없이 자고 있다고 걱정하며 결국 아기 셋을 데리고 돌아갔다. 지진으로 도로 상황이 어떨지 알 수 없어 걱정했지만 다행히 무사히 집에 도착해서 그 다음 날 아침에 피난했다고 한다.

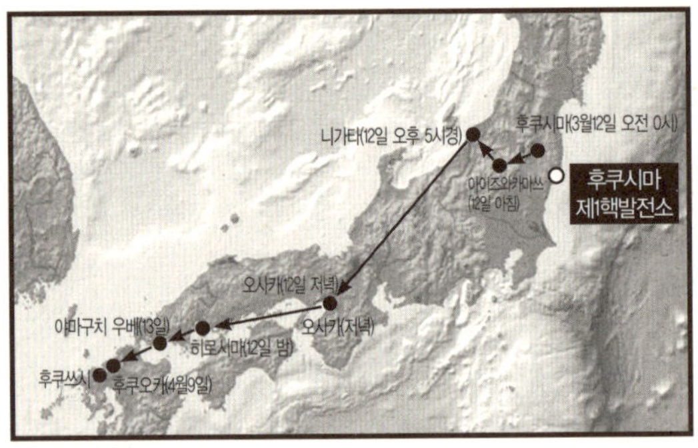

우노 씨의 피난경로

남은 우리 두 사람은 먹을거리, 틈을 봉하기 위한 천 테이프, 비옷 등 생각나는 물건들을 모두 차에 싣고 아이들 다섯과 함께 밤 12시경에 출발했다. 남쪽은 길이 크게 함몰돼 갈 수 없어, 눈이 내리는 가운데 서쪽을 향했다.

새벽 3시쯤 아이즈와카마쓰에 살면서 〈폐로액션〉을 도와주는 사람에게 전화를 했다. 본인은 도쿄에서 지진을 겪었다고 했다. 다음날 아침에 그 사람이 운영하는 교회에 도착했다. 고맙게도 딸 부부가 방을 따뜻하게 해놓고 기다리고 있었고, 그들이 운영하는 유치원에 장난감이 많아, 아이들은 도착하자마자 소리 지르며 놀기 시작했다. 두 엄마는 완전히 지쳐 버렸는데….

남편이 렌트카로 합류해 그 날 오후 2시에 우리는 먼저 교회를 떠났다. 우리 가족은 니가타에서 비행기로 오사카로, 오사카에서 신칸센으로 히로시마로 갔다. 다음 날, 야마구치현 우베에 있는 시댁에 도착했다. 그 와중에도 인터넷과 전화로 피난하라고 호소했다.

후쿠시마에 남은 사람들

우베에는 4월 초순까지 머물렀다. 후쿠시마는 돌아갈 수 없는 곳이 되고 말았다. 그런데도 그 사실을 모르고 살고 있는 사람이 있다는 현실이 도저히 믿기지 않았다. 그런 상황을 몇 주나 계속 보고 있으려니 고통스러웠다. 피난해야만 하는데 정부가 제대로 말하지 않아서 사람들이 계속 살고 있기 때문이다. 3월 20일부터는 야마시타 슌이치(山下俊一) 교수가 걱정하지 않아도 된다고 떠들고 다니기 시작했다. 그의 강연 내용이 너무나도 한심해서, 여러 사람들이 볼 수 있는 전자우편으로 비판글을 보냈더니 강연을 들은 가까운 친구가 감정적으로 반발하는 메일을 보내 왔다. 야마시타의 이야기를 믿고 있는 듯했다. 그 교수의 이야기를 믿어야만 하는 절박한 심리상태에 놓여있다고 생각했다. 당시 야마시타 교수에 대한 비판들은 유언비어로 취급됐다.

우리는 후쿠쓰시로, 남편은 도쿠시마로…

당시 자주피난민을 수용해 주는 곳은 거의 없었는데, 규슈대학이 수용을 표명했기 때문에 나는 딸과 함께 후쿠오카에 있는 유학생기숙사로 들어갔다. 딸이 대도시 어린이집에 적응하지 못해 곧 후쿠쓰시(후쿠오카 인근 도시)로 옮겼다. 온라인을 통해 이재민에게 무료로 빌려주는 집을 구했다.

남편은 이번 3월에 후쿠시마에 있던 직장에서 나와 지금은 도쿠시마에서 일하고 있다. 앞으로 2년 정도는 따로 살아야 할 것 같다.

지금은 후쿠쓰시에 살면서 후쿠시마에 남은 동지들과 함께 〈폐로액션〉 활동을 계속하고 있다. 피해자의 권리가 명기된 법·제도 마련과 형사책임을 묻는 집단소송을 준비하고 있다. 또 이주할 곳을 찾아 주말이면 30명 정도가 함께 농촌 등을 돌아보고 있다.

자주피난민은 보상받지 못한다

자주피난민에 대한 보상이 없다는 것은, 자주피난이 사회적 정당성을 얻지 못한다는 것이다. 어떤 친구는 도쿄전력 직원에게서 "사고는 최악에 이르지 않았고, 건강피해는 앞으로도 있을 리 없다. 자주피난민은, 안전한데도 불구하고 멋대로 도망친 사람이기 때문에, 여간해서는 보상받지 못한다"라는 말을 들었다. 배상은 경제적인 문제보다도 자주피난의 사회적 정당성을 인정한다는 의미에서 중요하다. 사회적으로 정당성이 없는 일을 한다는 것은 정신적으로도 힘들고 친구도 잃어버릴 수 있기 때문이다. 후쿠시마에 남아 있는 사람들이 피난하길 바라지만 내가 설득할 수도 없다. 사회가 이전과 똑같이 움직이면, 혼자만 거기서 벗어나기는 쉽지 않다.

자주피난민에게도 배상 절차가 시작되었고 나에게도 연락이 왔다. 제시금액은 원자력손해배상분쟁심사회가 계산한 것보다 많지만, 실제로 피난으로 들었던 비용의 1% 정도다. 이 절차가 진행됨으로써 '이미 받았다'는 꼴이 돼서, 본래 보장받아야 하는 권리가 무시당하지 않을까 걱정이다.

한국은 후쿠시마 전야

한국의 고리핵발전소에서 일어난 일은 후쿠시마와 똑같다. 후쿠시마 전야라고 절실히 느낀다. 2010년 6월에 나는 처음으로 후쿠시마 제1핵발전소를 방문했는데, 도착하자마자 진도5의 지진이 일어났다. 무서웠다. 인생이 주마등처럼 지나갔다. 그 때 핵발전소가 절대 존재해서는 안 되는 것이라고 느꼈다.

핵발전소에 "아니오"를 말하는데 주저할 필요가 전혀 없다. 그 4일 후에 또 외부전원이 모두 상실되는 사고가 일어났다. 수위가 2m나 낮아져 노심용융 될 수도 있었다. 이 사고의 의미를 알린 언론은 하나도 없었다. 도쿄전력은 원인을 찾으려고 하지도 않았고, 매뉴얼 항목만 몇 개 추가하고 재가동시켰다. 우리는 항의했지만 항의가 있다는 사실마저 보도되지 않았다. 후쿠시마현도 기초자치단체도 아무도, 아무말도 하지 않았다. 그로부터 1년도 되지 않아 정말로 이런 꼴이 되고 말았다.

한국은 현재의 핵발전 추진 흐름을 꼭 멈춰야 한다. 후쿠시마 상황을 제대로 보고 그 경험을 소홀히 해서는 안 된다. 사고는 그 때까지의 삶을 몽땅 빼앗는다. 한편으로 전야에 있다는 것은 희망이기도 하다. 사고가 아직 일어난 것은 아니니까.

무엇보다도 피난을!

'핵발전소 필요없는 후쿠시마 여자들' 쿠로다 세쓰코 씨 인터뷰

3월 19일~24일 반핵아시아포럼 발표자로 한국을 방문한 쿠로다 세쓰코(黒田 節子) 씨의 강연 내용과 3월 21일 부산 숙소에서 인터뷰한 내용을 정리했다.

인터뷰·정리=고노 다이스케 준비위원

쿠로다세쓰코씨

고오리야마는 핵발전소에서 60km 떨어진, 인구 약 30만의 도시로, 산이 가깝고 채소와 생선이 신선해서 나는 이곳을 좋아했다. 소풍이나 사이클링을 즐기며 손자가 오면 공원 놀이터에 가서 놀곤 했는데, 3.11사고로 놀이터가 가장 위험한 곳이 되고 말았다.

방사능의 영향은 바로 보이지 않는다. 그래서 은폐된다.

사고 후, 나가사키대학 야마시타 슌이치(山下俊一) 교수가 후쿠시마현 방사선건강위험관리 고문 및 후쿠시마 현립의과대학 부학장으로 취임해서 "이 정도면 안전하다. 방사능은 싱글벙글 웃고 있는 사람에게는 오지 않고, 끙끙거리는 사람에게 온다"고 강연하고 다닌다.

사토 유헤이 후쿠시마현 지사는 플루서멀(통상적인 우라늄 원료에 플루토늄을 혼합해, 더욱 위험한 핵원료-편집자 주)을 수용한 장본인이고, 사고 당일 '긴급시 신속방사능영향예측 네트워크 시스템(SPEEDI)'의 데이터를 은폐하기도 했다.

피난하고 싶어도 못 간다. 그래서 방사능 오염이라는 현실에 눈을 감는다.

후쿠시마시나 고오리야마시도 선량이 높아 하루빨리 탈출해야 하는 상황이다. 그런데 왜 피난할 수 없는가? 피난처에서 직장을 구하기도 쉽지 않고, 주택대출금은 어떻게 갚나 걱정도 되고, 가족 내 의견도 다르다. 중학생 정도가 되면 가족보다 친구들과의 관계가 더 중요해서 대부분 가기 싫어하고, 할머니 할아버지는 걱정이 너무 지나친 게 아니냐고 한다.

정보를 제대로 입수하고 이해하는 사람은 지역사회에서 고립되고 만다. 어린아이의 엄마들은 핵발전소 이야기만 하면 바로 운다. 스트레스 때문에 6개월 사이에 몸무게가 10kg 줄었다는 사람도 있다.

인구유출을 두려워하는 지자체—제염 선택

후쿠시마현은 현민의 유출이 두려워서 제염(방사능 물질 제거)으로 현민을 원래 살던 곳에 돌아오게 한다는 방침이다. 내가 사는 단지에서는 1.3~1.8μSv/h(사고 전 후쿠시마의 방사능 수치는 0.05μSv/h 내외—편집자 주) 정도가 계측되는데, 고오리야마에서는 특별히 높은 수치가 아니다. 단지 마당에 있는 화초를 제염한다고 한꺼번에 베어 버렸는데, 제염은 문제가 많다. 예를 들어 나무나 집 지붕을 고압수로 씻어내도 아이들을 비롯해서 많은 사람들이 그 밑을 지나다닌다. 작업하는 사람도 피폭 당한다. 오염을 위에서 아래로 옮기고 있을 뿐이다. 오염은 최종적으로 오니가 돼서 처리장에 쌓여 있다.

후쿠시마현은 절반 이상이 산림인데, 산림의 제염을 어떻게 하면 될지 아무도 모른다. 완전히 제염하는 데에 20~30년이라는 세월과 10조 엔이라는 돈이 든다고 한다. 제염으로 돌아오게 하자는 움직임의 연장선상에 보이는 것이 제2핵발전소 재가동이다. 이토록 어마어마한 사고를 일으키면서도 다시 핵발전소를 가동시키려는 것에 우리는 분노하고 있다.

무엇보다도 피난을!

우리가 해야 하는 일은 많다. 그런데 가장 중요한 것은 피난이다. 우리는 제염에 들이는 시간과 비용을 피난을 위해 쓰라고 주장하고 있다. 6월에 고오리야마의 아이들 14명이 안전한 곳에서 교육을 받게 해 달라는 소송을 했다.

피난해야 할지 말지를 각 가정에 맡겨서는 안 된다. 고오리야마에도 체르노빌의 강제이주대상지구 이상으로 오염된 지역이 여러 군데 있다. 이 수치는 문부과학성이 측정한 것이다. 그러나 12월 26일에 고소가 기각됐다. 피난가고 싶은 사람은 마음대로 가면 된다는 어처구니없는 이유였다. 어머니들이 분노해서 항소했다.

피난은 근근이나마 계속되고 있다. 실제로 이빨이 빠지듯 사람이 없어지고 있다는 사실을 모두가 알아차리기 시작했다. 그런 상황을 보고 역시 피난하는 것이 맞다고 생각하는 사람들이 늘지 않았을까. 정부와 현이 자주피난을 인정하지 않아 큰 흐름이 되기는 어렵겠지만 결코 멈추지는 않을 것이다.

'2012 합천 비핵·평화대회' 세계 피폭자 증언 현장

3월 23~24일, 경남 합천에서 세계 피폭자 모여 증언대회 열고 비핵평화선언 발표

전은옥 준비위원

2012 합천 비핵·평화대회가 지난 3월 23~24일 양일간 경남 합천에서 열렸다. 이번 대회에는 국내 원폭피해자, 원전 사고가 일어났던 체르노빌·후쿠시마, 미군의 핵실험 희생양이 되었던 남태평양 마셜제도 비키니섬, 원폭 피해를 입은 일본 히로시마·나가사키 및 대만 등지에서 온 세계 피폭자를 비롯해 국내외 비핵평화 활동가와 학자, 문화예술인 그리고 합천 주민과 전국 각지에서 온 시민과 청소년 등 이틀 동안 연인원 약 5000명이 참석했다.

3월24일 경남 합천에서 열린 세계 핵 피해자 증언대회. 2012합천비핵평화대회조직위원회 제공

대회에서 가장 주목을 끈 프로그램은 국내 최초로 열린 '세계 핵 피해자 증언대회'였다. 1954년 3월 1일 미군의 핵실험으로 큰 피해를 입은 남태평양 비키니섬의 선주민 조니 존슨 씨는 "브라보 폭격 이후 58년, 우리의 잃어버린 낙원 비키니섬은 이제 돌아갈 수 없는 핵과 수소폭탄 지역이 되어 버렸다"고 말했다. 또 "1968년 린든 존슨 미 대통령이, 이제 비키니섬은 안전하니 주민은 고향으로 돌아가도 된다고 선언하여 일부가 비키니섬을 돌아가 생활했는데, 10년이 지난 뒤에서야 주민이 위험한 수준의 방사능에 노출돼 섬을 떠나야 한다는 말을 듣게 되었고, 결국 많은 사람들이 갑상선암을 비롯한 다양한 암에 걸렸다"고 증언했다.

체르노빌 핵발전소에서 180km 떨어진 오염지역 브랸스크 노보집코프에서 온 파벨 씨는 "1986년 봄 우리의 삶이 바뀌었다. 1986년 9월 모스크바 의사들이 사람들을 조사하러 왔다. 우리는 처음으로 지역 생산물이 아닌 타지의 물과 음식을 가지고 오는 사람들을 보았다. 그들은 일이 끝나면 샤워를 하고 가능한 빨리 노보집코프를 벗어나려하면서도, 우리의 생명에는 지장이 없다는 확신을 주려 했다"고 말했다. 하지만 결국 그가 거주하는 브랸스크 지역 시민단체에서 11,000여 명을 조사한 결과 70% 이상이 갑상선에 문제가 있었고, 체르노빌 어느 지역에서도 온전히 건강한 남학생을 찾기가 어려웠다고 덧붙였다. 또 "세계 각지의 원전 사고, 핵실험, 핵무기 피해자가 서로 힘을 모아 연합 전선을 구축해야 한다. 핵 문제는 우리가 같이 해결해야 하는 목표다. 우리 자손들은 우리보다 행복한 세상에서 살아갈 권리가 있다"고 말했다.

1930년 경남 합천의 가난한 농부집 둘째딸로 태어나, 일곱 살 되던 해 일본으로 가는 연락선을 탔다가 히로시마에서 원자폭탄에 피폭된 안월선 씨는 "두 다리는 화상을 입고 얼굴과 몸에 부상을 입었다. 얼굴에서 빼낸 유리 조각이 한 움큼이나 되었다. 오랫동안 치료를 받지 못해 잘 낫지 않았고, 얼굴에 난 상처 때문에 남들 앞에 나서는 게 싫어 항상 고개를 숙이고 다녔다"고 증언했다. 그녀는 현재 합천원폭피해자복지회관에 입주하여 생활하고 있으며, 원폭피해자 1~2세와 지역 어린이로 구성된 합창단에도 참여하며, 이번 대회 개회식과 콘서트 무대에 서기도 했다.

후쿠시마의 무토 루이코 씨는 자신이 '가장 새로운 피폭자'라고 소개했다. 후쿠시마 원전 사고 후 지역이 얼마나 분단되어 버렸는지, 일시적 위안에 지나지 않는 제염(방사성 물질 제거) 퍼포먼스에 의해 피난과 배상의 권리를 부정당한 주민들이 오염지역에 속박된 채로 남아, 서로 반목하고 피폐해지고 마음의 분단이 생겨 버렸다고 한다. 또 "편리함에 익숙해져 차별과 희생 속에 존재하는 원전을 이렇게 늘리고 존속시킨 책임을 어른으로서 당사자인 자신에게 되물어야 한다. 한 사람 한 사람이 각자의 전문 분야에서 세계를 바꾸기 위한 무엇인가를 하는 것이 바로 지금 필요하다"고 말했다.

대회에 참석한 세계의 피폭자와 국내외 참가자들은 참석자들의 결의를 모아, 핵무기 전면 철폐와 탈핵에너지 사회 및 핵 피해자에 대한 사죄와 정당한 보상 등을 촉구하는 '2012 합천 비핵평화 선언문'을 채택하며 이틀간의 대회를 마무리했다.

|Q&A| 적은 양의 방사능도 위험한가요?

〈탈핵신문 질문〉 전문가들의 방사능에 대한 의견이 엇갈려 시민들은 혼란스럽다. 정부와 핵 관련 전문가들은 "적은 양의 방사능은 안전하다", 심지어 "적은 양의 방사능은 몸에 이롭다(호메시스 이론)"는 주장도 있다. 그러나 반핵단체와 의학 관련 전문가들은 "적은 양의 방사능도 위험하다"고 주장한다.

〈반핵의사회 답변〉 흔히 "적은 양의 방사능은 안전하다"고 정부와 핵 산업계에서 주장하지만, 이는 전혀 과학적이지 않은 주장입니다. 2011년 11월 21일 대한방사선방어학회 주최의 '서울 노원구 일부 도로 방사성 물질 측정에 관한 설명회'가 있었는데, 당시에도 "적은 양의 방사능은 안전하다"는 주장이 이재기 교수(한양대)에 의해 제기됐었습니다〈그래프 1 참조〉. 국제 공중보건학의 영역에서 그 오류의 심각성으로 인해 오래 전 퇴출되었던 이론이, 대한방사선방어학회라는 학술단체의 이름으로 버젓이 주장되었습니다. 소위 과학을 자기 정체성으로 하는 '학술단체'의 회의에서, 핵공학·핵물리학 교수가 자신의 전문영역이 아닌 생물학적인 인체영향에 대한 내용을 발표했다는 사실은, 이 내용이 과학적 사실과는 거리가 멀다는 것을 알려주는 대목이라 할 수 있습니다.

이 시대착오적인 주장은 '저선량에서 방사능 피폭이 오히려 암 발생을 줄여준다'는 것이고 이를 호메시스 이론이라고 설명했는데, 호메시스 이론은 세포 수준에서 발견될 수 있는 생물학적인 현상의 일부이지, 개체로서의 인체나 인간집단에서 확인된 건강영향에 관한 이론이 아닙니다. 인간을 대상으로 한 그 어떠한 연구에서도 저선량 방사선 피폭이 암 발생을 줄여준다거나 건강에 오히려 이롭다는 증거를 발견하지 못했습니다.

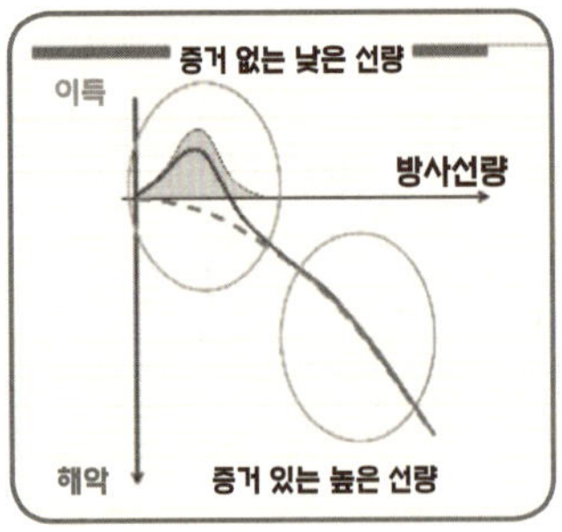

〈그래프1〉 한양대 이재기 교수가 발표한 '낮은 방사선은 암발생을 오히려 줄여준다'는 호메시스 이론.

오히려 저선량 피폭의 경우에 피폭당하지 않은 이웃세포들이 방사선에 쪼인 세포처럼 DNA가 손상되는 것이 발견되기도 했습니다. 이것을 '구경꾼효과(bystander effect)'라고 합니다. 또 피폭에 의한 손상을 극복하고 살아남은 세포의 경우에도, '유전자(게놈) 불안정성'이 유도되어 유전적인 변화가 여러 가지로 장기간에 걸쳐 높은 빈도로 지속적으로 나타나게 되어 오히려 암발생 등의 위험이 증가한다는 내용이 증명되기도 하였습니다.

결국 호메시스 이론대로 좋아지는 것처럼 보이는 세포가 있더라도, 그에 못지않게 더욱더 해로운 효과들이 있기에 세계 의학·보건학계에서 정설로 받아들이는 이론은 피폭량과 암유발효과가 비례관계를 보인다고 하는 '무역치 선형모델(LNT모델, linear no threshold)'입니다. 이 LNT모델은 일본의 히로시마와 나가사키 핵폭탄 투여 후 생존자들에 대한 연구와 체르노빌 사고 이후 우크라이나 및 벨로루시의 피해자들 수백만명을 표본으로 50년 동안이나 면밀한 추적 조사와 연구를 통하여 작성된, 이론의 여지가 없는 모델이라 할 수 있습니다.

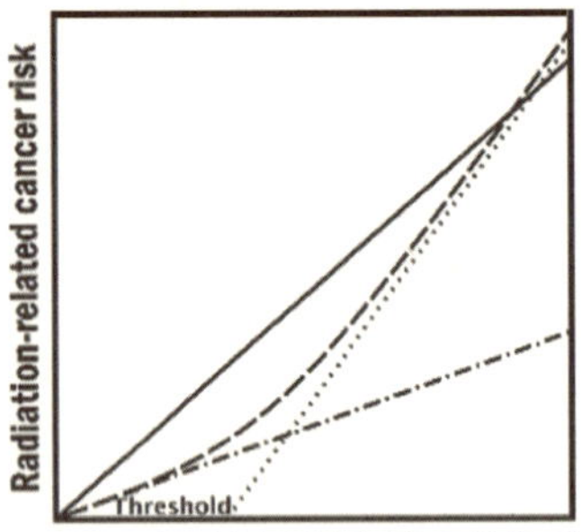

〈그래프1〉 미국 과학아카데미의 〈저농도 방사능 피폭의 생물학적 효과〉 보고서에 수록된 그래프.

LNT 모델은 방사선 피폭으로 인해 암이나 유전영향과 같이 확률적으로 일어나는 건강영향에는 문턱선량(threshold)이 없으며, 아무리 적은 선량이라도 암 발생의 위험이 존재하며, 암 발생의 확률은 피폭선량에 비례한다는 것입니다.

결론을 이야기하면, 아무리 적은 양이라도 방사능은 안전하지 않습니다. 즉 안전한 피폭기준은 0입니다. 이 결론이 위 〈그래프2〉로 요약된 것입니다. 참고로 이 그래프는 미국과학아카데미(National Academy of Sciences)에서 제공하는 〈저농도방사능피폭의 생물학적 효과〉(Health Risks from Exposure to Low Levels of Ionizing Radiation: BEIR VII)라는 보고서에 수록된 그래프입니다.

이 그래프를 살펴보면 저농도의 방사능도 위험하다는 의학적 결론이 도출되어 있습니다. 즉, 그래프에서 X축은 피폭량을 의미하고 Y축은 암발생 위험도를 의미하는데, 미국과학아카데미는 이중에서 무역치 선형모델(Linear No-Threshold)을 선택하고 있습니다.

여기에 점선으로 나타나는 그래프가 선형유역치모델(Linear Model with a Threshold)입니다. 만일 이 모델이 옳다면 방사능 피폭이 되더라도 역치(threshold) 이하에서는 암발생 위험도가 증가하지 않게 될 것입니다. 따라서 "기준치 이하라서 안전하다"는 말이 성립될 수 있게 될 것입니다.

그러나 방사능 피폭과 암발생과의 관계에 관해서는 이미 의학적 연구가 마무리되었으며, "기준치 이하라도 위험하다"는 결론이 이미 내려져 있습니다. 바로 "방사능은 피폭량에 비례하여 암을 발생시키며, 이는 기준치 이하라도 마찬가지이다." 그러므로 "어떤 방사능도 안전하지 않다"입니다.

LNT모델이 저선량의 건강영향에 대한 가장 타당한 해석으로, 이재기 교수처럼 LNT 모델과 맞지 않는 심지어 사람수준, 사람집단 수준에 전혀 적용할 수 없는 호메시스 이론을 근거로, 방사능오염 도로가 위험하지 않다는 것을 강변하는 것은 스스로 과학자임을 부정하고, 핵산업의 홍보 전위대임을 자처하는 것입니다.

탈핵신문 발기인 및 독자 모집

후쿠시마 대참사를 이웃나라에서 겪은 우리들은, 핵발전소와 공존할 수 없다는 사실을 뒤늦었지만 분명히 깨달았습니다. 지금 당장, 핵발전소를 멈춰야 합니다.

우리사회에서 '핵발전과 방사능'의 진실을 전하고, 위험을 경고하는 양심적인 학자와 언론은 극히 소수에 불과합니다. 그러나 정치권, 학계, 심지어 언론까지 포섭한 핵산업계는, 핵에너지를 '싸고, 깨끗하고, 안전한' 에너지로 끊임없이 교육, 홍보하고 있습니다. 게다가 대다수 시민들의 바람과는 달리 현 정부는 삼척·영덕 신규핵발전소 부지 선정, 고리·월성 노후 핵발전소 수명 연장 등 핵발전 확대정책을 거침없이 강행하고 있습니다. 우리들은 이런 현실을 견딜 수 없어, 비록 미흡한 역량이지만 이런 사회적 분위기에 뭔가 작은 파열구라도 낼 수 있으면 좋겠다는 마음으로 '(가칭)탈핵신문'을 기획하게 되었습니다.

현재 '(가칭)탈핵신문'은 타블로이드 8면 기준, 월 1회 발간을 목표로 하고 있습니다. 주요 내용은 생명과 안전을 위협받고 있는 국내 핵발전소 주변지역 주민들의 입장에서, 반핵운동 현장의 목소리를 담고자 합니다. 더불어 후쿠시마 대참사 이후 일본 현지의 분위기와 흐름을 비롯해 독일 등 해외소식 등도 전할 예정입니다. 저희들의 이런 뜻에 공감하신다면, '(가칭)탈핵신문'의 발기인, 독자, 단체구독으로 함께해 주실 것을 요청드립니다.

● 독자 : 1년 2만원(1부 우편발송) ● 발기인 : 5만원(1년 구독 + 후원)
● 단체 · 모임 구독 : 다량 구입 시 할인
※ 독자·발기인·단체구독 신청·문의 : 02-702-4979
※ 입금 계좌번호, 농협 351-0423-3143-13 예금주 윤종호

방사능 핵종 분석기 모금을 종료하며

시민단체 재정으로 마련하기에 비싼 기계라 4개월 동안 모금을 진행했고, 많은 분들께서 도와주신 덕분에 지난 3월 9일, 핵종분석기 값을 지불했습니다.

개인 후원 약 2,200만원과 환경운동연합에서 400만원을 모아주셨습니다. 핵종분석기 값으로 2,530만원을 지불하고, 45만원 짜리 세슘선원과 믹서기, 칼, 도마 등을 구입했습니다.

공식적인 모금은 이제 완료합니다. 그동안 모금에 참여해주신 분들께 다시 한 번 고마운 마음을 전합니다.

앞으로 계속 음식물 방사능을 측정할 계획입니다. 궁금하신 음식물이 있으시면 언제든 보내주십시오. 연락처와 이메일 주소를 같이 보내주시면 결과를 통보해드리겠습니다. 이 측정기는 시민모금으로 구입한 것이니 국민측정기입니다. 그래서 측정비는 받지 않습니다. 측정 결과 의심이 되면 더 정확한 측정기가 있는 실험실로 보내서 확인합니다. 그래서 결과는 믿을 수 있습니다.

대금 지급 이후 남은 모금액과 차후 들어오는 후원금은 핵종 분석기 유지비 및 측정물 구입 등의 경비로 사용할 예정입니다. 앞으로도 계속적인 관심 부탁드립니다.

후원하신 분들 중 기부금 영수증이 필요하신 분은 연락주시면 우편으로 보내드리겠습니다. 기부금 수령 영수증을 먼저 보내드리고, 2012년 소득공제용 기부금 영수증은 2013년 1월 초에 일괄 발송하겠습니다.

기부금 영수증발급 신청 및 측정 음식물 관련 연락처

● 측정할 음식물 보내실 곳 : 경북 경주시 석장동 동국대학교 의과대학 3층 미생물학교실 김익중 교수 앞
● 문의(천은아 담당) : 054-770-2426, 010-2807-4317, kyongju@kfem.or.kr

탈핵신문

발행인 김준한
공동대표 김준한 박혜령
편집위원 고노 다이스케(서울) 박혜령(영덕) 윤종호(고창) 이상홍(경주) 이지언(서울)

(110-876) 서울특별시 종로구 숭인동 76번지 롯데캐슬천지인 지동 205호
문의전화 02-702-4979
팩 스 02-704-4979
이메일 bebelow@hanmail.net
등록번호 종로라 00366

창간호 2012년 6월 25일 월요일 www.nonukesnews.kr

"사천만의 시한폭탄, 고리1호기 폐쇄하라"

IAEA '뻔한' 결론… 지역주민, 시민단체 강하게 반발

정부와 (주)한국수력원자력(이하 한수원)은 IAEA(국제원자력기구) 안전점검 결과와 여름철 전력부족 등을 '명분'으로 고리1호기를 재가동하려 하고 있다. 하지만 기장지역 주민들을 비롯해 서울과 부산의 시민단체, 심지어 부산광역시조차 반발하고 있는 가운데, 고리1호기 재가동 여부를 지켜보는 인근 340만 부산·울산·경남 지역 주민들의 불안감은 고조되고 있다.

30년 수명 고리1호기, 35년째 가동 중

고리1호기는 우리나라 최초의 상업용 핵발전소로, 1977년 6월경 시험발전 후 1978년 4월 29일 상업운전을 시작했다. 설계수명은 30년으로, 이미 2007년에 그 수명이 다했지만 수명을 10년 더 연장해, 현재 35년째 가동 중에 있다.

129회 사고, 혼자서 전체 사고의 20% 차지

한국원자력안전기술원(KINS)에 따르면(2012년 5월말 기준), 우리나라 핵발전소에서 일어난 사건·사고는 총658건이 있다. 이 수치는 드러나고 보고된 것만을 의미하고, 지난 2월 고리1호기 비상발전기 고장사고 '은폐'에서처럼, 얼마만큼의 사건·사고가 감춰져왔는지는 확인할 수가 없다. 현재 우리나라에서 가동 중인 23기의 핵발전소 중 고리1호기, 단 1기가 일으킨 사고는 총129회로 전체 사고의 19.6%를 차지한다.

과연 안전한가…핵반응로(원자로)가 불안하다!

핵발전소에서 가장 중요한 시설은, 핵분열이 일어나는 핵반응로(원자로) 압력용기인데, 이것은 교체할 수 없다. 현재 압력용기는 방사선과 중성자선 과다 피폭으로 극도로 약화된 상태로 깨어질 수도 있는 위험한 상태라고 한다.

감시시편은, 압력용기와 같은 재질로 만든 조각으로 핵발전소 건설시 미리 압력용기 안에 여러 개를 넣어 둔 뒤, 주기적으로 압력용기 강도를 검사할 때 이용된다. 작년 4월 김영환 국회의원(민주당, 국회 지식경제위원장)이 한국원자력안전기술원에서 제출한 '고리 원전 1호기 계속운전(수명연장) 안전성 심사결과 보고서(2007)'를 검토한 결과, 고리1호기 압력용기 감시시편 충격시험에서 '부적합' 판정을 받았다는 사실이 드러났다.

이외에도 핵반응로 건전성 평가와 관련된 논란으로, 정부 고시에는 핵반응로 최대흡수에너지가 68J 이상을 유지하도록 규정하고 있으나, 고리1호기는 1978년 90.4J이었던 것이 1988년, 1999년 54.7J, 54.9J로 측정되었다. 이는 핵반응로의 연성(늘어나는 성질)이 낮아지고 있다는 사실을 보여주는 것으로 연성이 낮아질 경우 깨지거나 부서질 수 있다는 것을 의미한다. 더불어 내부 온도변화에 견딜 수 있는 강도를 의미하는 무연성천이온도가 1979년 134.73℃, 1988년 138.06℃, 1999년 142.33℃로 기준치인 148.88℃에 근접해져 가고 있다는 지적도 제기되고 있다.

▶2면으로 이어짐

윤종호 편집위원

탈핵 그림판

박흥렬

탈핵신문 창간선언문

후쿠시마 대참사를 이웃나라에서 겪은 우리들은, 핵발전소와 공존할 수 없다는 사실을 뒤늦었지만 분명히 깨달았습니다. 지금 당장, 핵발전소를 멈춰야 합니다.

현 정부는 대다수 시민들의 바람과는 달리, 삼척 · 영덕을 신규핵발전소 부지로 선정하는 등 핵발전 확대정책을 거침없이 강행하고 있고, 주요정당들은 이를 용인하고 있습니다. 게다가, 정치권, 학계 등과 한 덩어리인 핵산업계는 핵발전을 '싸고, 깨끗하고, 안전한' 에너지로 끊임없이 교육 · 홍보하고 있고, 주요언론들은 관련 업계 · 기관 등과 한통속이 되어 '한국 원전 안전하다' , '방사능 오염 기준치 이하여서 문제없다'라는 거짓말을 반복적으로 유포하고 있습니다.

이런 상황에서 '핵발전과 방사능'의 진실을 전하고 위험을 경고하는 양심적인 학자와 언론은 극히 소수에 불과합니다. 우리는 이런 현실을 견딜 수 없어, 비록 미흡한 역량이지만 이런 현실에 작은 파열구라도 낼 수 있으면 좋겠다는 심정으로 '탈핵신문'을 창간하게 되었습니다.

우리는 핵발전이 차별로써 움직인다는 것을 압니다. 수도권의 전력공급을 위해, 지역주민들의 생명과 안전이 위협받고 있습니다. 우리 세대 에너지 수요를 충족시키지만, 다음 세대는 방사성 핵폐기물을 떠안게 됩니다. 가난한 이웃들은 먹고살기 위해 피폭노동도 감수하며 핵발전소 정비작업에 들어갑니다. 어떻게 이렇게 비윤리적이고, 정의롭지 못한 일을 허용할 수 있겠습니까.

탈핵신문은 국내 핵발전소 주변지역 주민들의 위치에서, 더불어 다음 세대 아이들의 입장에서, 그리고 사회적 약자의 눈으로, 반핵운동 현장의 목소리를 담고자 합니다. 더불어 후쿠시마 대참사 이후 일본이 겪고 있는 현장상황과 이미 탈핵을 선언한 독일 등의 해외 사례 등도 탈핵을 지향하는 시민들과 공유하고 싶습니다. 우리들의 이러한 문제의식에 공감하는 시민들께서는 이 신문의 제작, 보급, 구독에 함께해 주십시오.

과연 탈핵신문이 우리 사회에 얼마만큼 영향을 미칠런지, 또 한국 반핵운동에 어떤 기여를 할 수 있을지, 그리고 얼마만큼 지속할 수 있을지, 모든 것이 의문투성인 채 이제 출발선에 섰습니다. 모든 핵발전소의 폐쇄를 염원하는 우리들과 시민들의 바람이, 지역을 넘어 수도권 다수의 시민들에게도 확산되어, 정부와 정치권이 핵발전 정책을 폐기하는데 작은 기여라도 할 수 있기를 희망합니다.

2012년 6월 6일, 탈핵신문 창간발기인 일동

부산시조차 "IAEA 발표 미흡, 고리1호기 재가동해서는 안된다"

▲6월 11일, IAEA 안전점검단을 태운 버스가 안전점검 결과를 발표하기 위해 고리핵발전소로 들어가려하자, 반핵부산시민대책위원회 소속 회원들이 항의하며 버스 앞을 가로막자, 경찰들이 이들을 끌어내고 있다.

▶2면으로 이어짐

한편 이헌석 대표(에너지정의행동)는 "고리1호기와 비슷한 시기에 가동을 시작한 일본 미하마3호기는 2004년 8월 가동중 발전소 배관이 파열돼 5명이 사망하고 6명이 부상을 당하는 대형사고를 일으켰다. 사고조사 결과 오랜 가동으로 10mm배관이 4mm로 얇아져 있었다"는 사례를 통해 노후 핵발전소의 위험성을 지적하고 있다. 게다가 중고부품 납품비리 사건 등은 고리1호기의 안전성에 대한 시민들의 의구심을 더더욱 강하게 하고 있다.

IAEA 일주일간 전력계통만 조사…원자력안전위원회조차 그 결과를 부정

지난 6월 11일(월) 기장군 장안읍 고리원자력본부 대강당에서 IAEA는 고리1호기 안전점검 결과를 발표했다. 일부 언론들은 IAEA의 결과발표를 '고리1호기 발전설비 양호' 라는 제목으로 보도하며, 재가동을 당연시하는 분위기를 조성하고 있다. 하지만, 당일 발표장에서 미로슬라브 리파르 안전점검단장(IAEA 원자력시설안전국 과장)은 "이번 조사는 정전사고에 국한됐으며, 발전소 전체 안전에 대한 판단과 계속운전(수명연장) 또는 폐쇄 결정은 정부와 원자력감독기관이 내려야 한다"고 스스로 밝힌 것처럼, 고리1호기 전체적인 안전을 판단한 것이 아니었다.

심지어 반핵운동단체로부터 핵산업계와 유착관계에 놓여있다는 비난을 받고 있는, 정부 측 핵심인사인 강창순 위원장(원자력안전위원회)조차 13일(수) 기장군수와 장안읍 주민대표들을 만난 자리에서 "IAEA에 (점검을) 요구한 것도 없고, 신경도 안 쓴다. IAEA가 아무리 해봐야 저희보다 잘할 수가 없다"며 그 의미를 깎아내렸다.

강창순 위원장은 고리1호기 재가동 여부와 관련해, "안전규제 전문기간인 원자력안전기술원과 (원자력안전위원회가 조직한) 민간전문가로 구성된 특별위원회가 고리1호기에 대한 안전점검을 하고 있다. 두 점검단의 조사결과를 바탕으로 이달 말 고리1호기 재가동하는 것이 안전한지 판단할 것이다"라고 말했다. 이어 "원자력안전위원회가 고리1호기 재가동 여부를 결정하지 않는다. 원자력안전위원회는 재가동하기에 안전한지만 결론내리고, 실제 재가동 여부는 지식경제부나 한수원이 결정한다"며 향후 진행과정을 설명했다.

지역주민, 시민단체, 심지어 부산시도… "안전점검 결과 원천 무효, 고리1호기 폐쇄하라"

고리핵발전소 인근인 기장군 장안읍과 울주군 서생면 주민들은 IAEA 조사결과에 대해 불신을 드러내며, 당일 발표회장에서 일제히 퇴장했고, 계획된 주민설명회는 무산됐다. 조창국 위원장(장안읍 주민자치위원회) 등은 "일주일밖에 되지 않는 기간에 이런 광범위한 조사를 했다는 것을 인정할 수 없다. 게다가 IAEA 조사단 8명 중 4명은 한수원과 같은 핵산업계 종사자로, 그 결과를 신뢰할 수 없다"며, 위험천만한 고리1호기 폐쇄를 요구했다.

이미 지난 4월 한달 동안 기장군청 앞에서 고리1호기 폐쇄를 주장하며 농성했던 반핵부산시민대책위원회와 탈핵울산시민행동 등의 시민단체들은, IAEA 안전점검단을 태운 버스가 고리핵발전소로 들어가기 직전 '고리1호기 IAEA 안전점검 원천 무효' 긴급 기자회견을 가진 뒤, 버스를 가로막고 출입을 저지하는 행동에 돌입하며 경찰들에 의해 끌려나오기도 했다. 또한 서울에서도 지난 6월 18일(월) 고리1호기 폐쇄를 촉구하는 긴급 기자회견에 이어, 70여 시민사회단체, 생협, 종교계 등이 연대한 '핵없는 세상을 위한 공동행동' 은 원자력안전위원회 앞에서 '고리1호기 폐쇄를 위한 집중행동' 에 돌입했다.

한편 부산시는 12일(화) "이번 IAEA 안전점검 결과발표는 부산시민들의 불신과 불안을 해소하는 데 미흡하고 충분하지 못했다. 고리1호기는 시민이 공감하고 신뢰할 수 있는 안전대책 없이 재가동해서는 안된다"라는 공식입장을 발표했다. 또한 민주통합당 부산시당도 14일(목) "고리1호기 즉각 폐쇄를 비롯해, 추가 핵발전소 건설 등의 재검토를 당국에 촉구하며, 당리당략이 아닌 거국적 결단으로 새누리당을 비롯해 제정당, 부울경 광역시도, 시민사회단체, 학계 등이 참여하는 범시민대책위 결성을 제안"하는 등 각계각층의 반대여론이 고조되고 있다.

▲고리1호기 폐쇄와 IAEA 규탄 시민대회 및 탈핵문화제, 반핵부산시민대책위, 6월 5일 부산 서면 태화에서 진행.

| 고리1호기 |

- ●핵반응로(원자로) 압력용기 방사선, 중성자선 과다 피폭으로 극도로 약화된 상태로 깨질 우려 있음
- ●중고부품, 짝퉁부품 사용
- ●129회 사고(전체 핵발전소 사고의 20% 차지)

가동 1977년 6월
수명 30년
현재 35년째 가동 중

| 최근(2012년) 주요 일정 |

날짜	내용
2월 9일	●고리1호기 전원상실 사고, 은폐
3월 15일	●비상디젤발전기 성능시험, 기동시험 실패
3월 21일	●원자력안전위원회 사건조사 현황 및 대책 발표
4월 2일~27일	●반핵부산시민대책위 등 기장군청 앞 농성
4월 9일~현재	●원자력안전위원회(서울) 앞 '고리1호기 폐쇄를 위한 1시간 행동'
4월 28일~29일	●제2차 탈핵희망버스(고리1호기 폐쇄를 위한 인간 띠 잇기 행사)
5월 1일~6월 20일	●원자력안전위원회 고리1호기 안전점검 민간특별위원회 활동
5월 14일~6월 20일	●원자력안전기술원 '현장 안전점검'
6월 1일~9일	●부산 탈핵주간(반핵부산영화제, 시민사회원로 기자회견 등)
6월 4일~11일	●IAEA 고리1호기 안전점검
6월 4일	●고리1호기 폐쇄와 핵없는 세상을 위한 생명평화기도회(핵없는 세상을 위한 한국그리스도인연대, 핵없는 세상을 위한 부산기독시민연대)
6월 5일	●IAEA 규탄 및 노후핵발전소 폐쇄 촉구 국회의원, 핵없는 세상을 위한 공동행동 공동기자회견
6월 9일	●고리1호기 폐쇄와 IAEA 규탄 시민대회 및 탈핵문화제(부산)
6월 11일	●IAEA 고리1호기 안전점검결과 발표, "고리1호기 발전설비 상태 양호. 이번 점검은 정전사고에 국한. 발전소 전체 안전에 대한 판단과 계속운전 혹은 폐쇄결정은 정부, 원자력감독기관이 내려야"
6월 12일	●부산시 "IAEA 조사 미흡, 시민 공감 없는 고리1호기 재가동 안된다"
6월 13일	●강창순 위원장(원자력안전위원회) 기장군, 울주군 주민대표 간담회에서 "IAEA 신경도 안 쓴다. IAEA가 아무리 해봐야 우리보다 잘할 수가 없다"고 발언
6월 18일~현재	●'고리1호기 폐쇄를 위한 집중행동' 기자회견 및 원자력안전위원회 앞 탈핵텐트(서울)
6월 20일	●원자력안전위원회 민간특별위원회, 원자력안전기술원 '현장 안전점검' 활동 마감
6월 말	●원자력안전위원회 고리1호기 재가동 안전 여부 판단 예정

| 인근 지자체 입장 |

날짜	내용
2011년 4월 15일	●울산광역시 의회 "원전 확대정책 전면재검토 및 안전성 강화 촉구 결의문" 채택
2011년 4월 28일	●기장군 의회 "원자력발전소주변 지역 안전성 강화 촉구 결의안" 채택
2011년 7월 27일	●경상남도 의회 "고리1호기 즉각 폐기와 원전 안정성 강화 및 재검토 촉구 결의안" 채택
2012년 3월 9일	●창원시 의회 "고리1호기 즉각 폐기와 원전 확대정책 전면 재검토 촉구 결의안" 채택
2012년 3월 21일	●울주군 의회 "고리1호기 즉각 폐기 촉구 결의안" 채택, 청와대, 지경부, 원자력안전위 등 결의문 발송
2012년 3월 22일	●부산광역시 의회 "고리1호기 폐쇄 촉구 대정부 건의안" 채택
2012년 3월 26일	●김두관 경남도지사 "고리1호기 폐쇄하고, 월성1호기 재활용계획 백지화하라" 이명박 대통령에게 촉구하는 성명서 발표
2012년 6월 12일	●부산시 "IAEA 조사 미흡, 시민 공감 없는 고리1호기 재가동 안된다"

핵발전의 안전은 사회적 소통이 확보해 준다

IAEA 안전점검 결과 발표를 지켜보며

박진희
에너지기후정책연구소 소장

최근 독일에서 고준위처분장 부지 결정을 위해 개설한 〈고어레벤 대화〉라는 온라인 사이트로, 처분장 부지 결정에 필요한 기준 사항들까지 시민들이 결정할 수 있도록 공개 사이트를 연방연구부에서 개설해두었다.

지난 6월 7일, 수명연장을 둘러싼 논쟁의 핵심에 있는 월성1호기에 대한 IAEA 안전점검 결과가 발표되었다. IAEA 안전점검 단장은 월성1호기가 향후 10년간 계속운전(수명연장, 핵발전 추진쪽에서 일컫는 표현 — 편집자 주)해도 될 정도로 준비가 잘 돼있다는 결론을 내렸고, 월성 핵발전소 소장은 조사단의 점검 결과 핵발전소의 안전성은 국제적으로 우수한 사례로 확인되었다고 발표하였다. IAEA 보고서는 정부의 수명연장 정책을 확정하는 데 결정적인 근거로 활용될 것으로 보인다. IAEA라는 국제기구가 우리 핵발전소의 안전을 인정하였으니 정부의 수명연장에 더 이상 반대할 이유가 없어진 것일까? 핵발전소의 안전 문제가 이런 국제기구 소속의 전문가들에 의해 해결될 수 있는 것일까?

후쿠시마사고가 보여 주듯이 핵발전소의 안전은 국제기구 점검으로 보장될 수 있는 것이 아니다. 사고가 난 후쿠시마 핵반응로(핵발전 추진쪽은 흔히 '원자로'로 표현 — 편집자 주)도 IAEA의 점검을 받은 것으로 알려져 있다. 한국에서 점검을 시행한 이번 점검단 발표에 따르면, 약 8일 간의 일정 동안 발전소에서 사전 준비한 주기적 안전성평가 보고서, 주요기기 수명평가 보고서, 방사선 환경영향평가 보고서를 토대로 경년열화(經年劣化, 시간이 지남에 따라 나빠지는 현상, 노후화를 뜻함—편집자 주) 관리 등이 국제적 기준에 따라 이행됐는지를 점검했다고 한다. 이는 IAEA 점검의 주요 내용이 발전소에서 제출한 보고서가 국제 기준에 따라 잘 작성되었는지를 확인한 것에 지나지 않는다는 것을 의미한다. 게다가 문제는 IAEA에 '계속운전 안전성 평가'를 의뢰해서 점검을 받은 결과 계속운전이 중단된 경우는 한 번도 없었다는 것이다.

또한 핵발전소를 둘러싼 사회적인 논란을 전문가들 지식을 동원해서 해결하고자 하는 정부의 정책이 성공할 수 없음은, 핵발전 위험을 둘러싼 논쟁의 역사가 잘 보여준다. 1973년에 미국 국회에 기술영향평가국(Office of Technology Assessment)이 설치되었을 때 기술위험 논란의 주요 대상이 되었던 것이 핵발전이었다. 미국 정부는 이 곳에서 전문가들이 핵발전소 사고의 위험, 방사성 물질의 위험을 객관적으로 평가하여 이를 시민들에게 알려주면 논란은 해결될 수 있을 것이라고 보았다. 하지만 핵발전소 사고에 대한 확률적 예측 공식 등 전문가들이 생산한 정보는 축적되어가도 정부의 예측대로 사회적 논란은 줄어들지 않았다. 자동차 사고보다 낮은 핵발전소 사고에 의한 사망률을 언급해도 스리마일과 체르노빌을 겪으면서 시민들은 핵발전소 위험은 회복이 불가능한 재앙을 초래할 수 있는 것임을 경험하게 되었다. 이런 시민들의 불안은 핵발전소 사고 위험 확률 정보로는 잠재울 수 있는 성질의 것이 아니었다. 더구나 시민들은 폐쇄적인 조직에서 생산된 정보에 대해서 그 조직이 전문가 조직이냐와 상관없이 불신하는 경향을 보였다. 어떤 배경의 전문가가 이들 위험 정보 생산에 관여하고 있는지, 정보의 생산 과정이 투명하게 공개되고 있는지를 정보 신뢰에 대한 기준으로 삼고 있기 때문이었다.

핵발전소 수명연장, 핵발전소 확대 정책들을 둘러싸고 벌어지는 현재의 사회적 논쟁들을 해결하기 위해서는 정부는 현재의 전문가 중심의 위험 계몽 정책에서 벗어나야 한다. 핵발전소 폐쇄를 결정한 독일 윤리위원회가 언급하고 있듯이 궁극적으로 핵발전소를 폐쇄하는 것이 핵발전소 위험에서 벗어나는 합리적인 해결책임을 인정해야 한다. 지금까지의 핵발전소 사고가 보여주듯이 핵발전소 사고는 전문가들의 예측 능력을 벗어나 있다. 핵발전소 수명연장 논란을 해소하는 길은 국민의 불안을 잠재우고자 이런 불확실한 전문가들을 동원하는 것이 아니다. 핵발전 정책에 대한 사회적 합의를 이루는 것이다. 핵발전소 폐쇄 주장을 비롯한 다양한 핵발전에 대한 시민들의 의견들이 표출되고, 소통되고, 수렴될 수 있는 장을 마련하는 것이 정부의 역할이다.

이런 소통의 장이 마련이 될 때 정부의 핵발전소 관련 정보에 대한 신뢰도 획득될 수 있을 것이다. 핵발전 안전에 대한 신뢰를 확보하고자 안전 점검에 참여하는 전문가들까지 시민들이 결정하게 하고, 점검에 필요한 질문 사항들 역시 시민들이 결정하게 하는 독일 정부의 노력에 주목할 필요가 있다. 핵발전소와 같은 위험 기술 정책에서 가장 필요한 것은 정책 계획부터 실행에 이르기는 전 과정에서 시민들의 실질적인 참여를 어떻게 늘려갈 것인가 하는 점이다. 이것이 또한 핵발전소 사고를 예방하는 길이기도 하다. 핵발전 정책은 이런 점에서 기존 정책 문화의 혁신을 요구하고 있기도 하다.

핵산업계의 대변자, IAEA

이헌석(에너지정의행동 대표)

"IAEA는 살인자!(IAEA is murderer!)"

2008년, 폴란드 포츠난에서 열린 제14차 기후변화협약 당사국총회(COP14) 행사장 한쪽 편에서 갑자기 큰 소리가 들려왔다. NGO 들의 부대행사로 열린 토론회- '기후변화와 핵발전'이 끝나고 참가자들이 밖으로 나가던 중이었다. 발표자였던 호주 출신의 반핵운동가 헬렌 칼디코트 박사(국내에 《원자력은 아니다(양문, 2007)》가 번역되어 있다)와 IAEA 관계자 사이에 언쟁이 붙은 것이다. 토론회 내내 헬렌 박사는 IAEA가 발표한 체르노빌 사망자 숫자가 축소되어 있다는 점을 소리 높여 비판했고, 이에 대해 불편했던 IAEA 관계자가 항의를 하자 강도 높은 언쟁이 시작된 것이다. 이내 주변에서 언쟁을 말리기 시작했고, 다음 토론회가 예정되었던 행사장이 정리되면서 하나의 해프닝으로 사건은 마무리되었다.

국제기구 IAEA, 독립적이지 못해

평범한 이들에게는 국제기구 중 하나 정도로만 알려진 IAEA. 그러나 이 해프닝은 그간 IAEA가 핵발전소와 관련해 어떤 일들을 해 왔는지를 잘 보여준다. 1953년 미국 아이젠하워 대통령의 '원자력의 평화적 이용(Atom's for peace)' 제안을 계기로, 1957년 만들어진 IAEA는 형식상 UN의 독립기구이다. 하지만 핵문제를 대하는 태도는 그리 독립적이지 않다.

지난 3월 영국의 일간지 〈가디언〉은 전 IAEA 출신 관료의 말을 인용해, 아마노 유키오 IAEA 사무총장이 이란의 핵무기 개발 의혹과 관련해 서방측에 치우친 의견을 펼치고 있다고 보도했다. 미국의 대이란 경제 제재의 근거가 된 IAEA 보고서는, 이란의 핵무기 개발 의혹이 신빙성이 있다고 밝히고 있지만, 보고서의 근거들이 새로운 사실이 아닐뿐더러 명확한 검증을 거치지 않았다는 것이다.

IAEA의 중립성과 관련한 문제제기는 핵무기 분야뿐만 아니라, 핵발전소 관련 분야에서 수없이 지적된다. 앞서 언급한 체르노빌 핵사고 암사망자 숫자와 관련해서, IAEA 보고서와 EU의회 녹색당 보고서— 'TORCH 보고서'는 7배~15배의 차이가 난다. IAEA에서는 사망자 숫자를 4천명으로, 'TORCH 보고서'에선 3만~6만명으로 추정하고 있다.

강대국의 이해관계 대변

후쿠시마 핵사고와 관련한 IAEA의 태도도 계속 문제가 되었다. 작년 3월 후쿠시마 핵사고 직후 IAEA는 사고 내용과 그 심각성에 대한 발표를 뒤늦게 했으며, 지난 9월 열린 IAEA 연례총회에서 회원국들은 IAEA 조사단이 전세계 핵발전소 안전점검을 의무적으로 시행할 것을 요구했으나, 결국 '자발적으로 IAEA 조사단을 받아들일 것'을 포함한 행동계획을 승인하는 데 그쳤다. 독일, 스위스 등 탈핵을 이미 선언한 나라들은 '내용이 약하다'며 강력히 반발했으나, 인도의 반대와 일본, 미국의 미온적인 입장에 따라 안전촉구를 결의하는 수준에 그친 것이다.

IAEA는 애초에 미국을 비롯한 강대국의 이해관계를 충족시키고, 원자력을 평화적으로 '이용'하기 위해 만들어진 조직이다. 대표적인 불평등협정인 핵확산금지조약(NPT)—핵무기를 갖고 있는 기존 5개국을 제외하고, 다른 나라의 핵무기 보유를 인정치 않는다—에 기반한 원자력의 평화적 이용은, 핵사찰과 국제사회의 제재라는 '채찍'과 핵발전소의 건설 승인이라는 '당근'을 적절히 배합한 것이기 때문이다. IAEA의 역할은 딱 거기까지이다. 그들은 핵발전소의 안전성을 제대로 담보하지도, 그 내용을 책임지지도 못했다.

정부와 핵산업계의 IAEA 앞세우기

그간 우리나라 정부는 '국제기구'라는 이름을 앞세워, 불신받고 있는 한국 핵산업계를 보완해 주는 집단으로 IAEA를 이용해왔다. 굴업도 방폐장 부지, 경주 방폐장, 고리1호기 수명연장 등 국내에서 논란이 되었던 사안마다 IAEA를 초청해 '진단'을 받았으나, 굴업도에선 활성단층이, 경주에선 암반 부실이, 수명연장된 고리1호기에선 각종 사고가 끊이지 않았다. 그리고 이런 일들에 IAEA는 어떠한 해명과 책임도 지지 않았다.

국내 현안도 잘 모르는 상황에서 며칠 동안 들러 문서만 보고가는 IAEA도 문제이지만, 권한과 책임을 갖지 않는 그들이 무슨 큰 공신력과 객관성을 가진 것처럼 홍보하는, 국내 핵산업계의 후진성이 더 큰 문제다.

지난 4월 27일 영덕군민회관에서는 영덕핵발전소 사전환경성평가 주민설명회가 진행되었다. 영덕신규핵발전소유치백지화투쟁위원회 등의 회원들이 절차 등의 문제를 제기하며 연좌농성을 벌이자, 용역으로 보이는 이가 소화기 분말을 회원들의 얼굴 정면으로 뿌렸고, 당시 현장의 경찰들은 이를 방조하며 오히려 대책위 회원들을 연행했다.　　사진 김영숙 제공

영덕 신규핵발전소 주민설명회 날치기 파행

4월 27일 영덕군민회관에서 영덕 핵발전소 사전환경성검토를 위한 주민설명회가 열렸다. 영덕 주민들은 거의 보지 않는 매일신문과 경남매일신문에 4월 20일에 사전공고가 조그맣게 난 게 전부라서, 이날 주민설명회에 참석한 이들은 신문을 보고 온 것이 아니었다. 핵발전소 부지 수용 예정지 주민들과 용역들이 행사 전부터 진을 치고 있는 가운데 9시 30분 주민설명회가 시작되자 반대측 주민들과 대구경북지역의 반핵활동가들이 절차상의 문제를 제기하며 항의했다. 그리고 법규도 지키지 않고 진행되는 주민설명회는 무효라고 주장하며 단상을 점거하고 연좌농성에 들어갔다.

농성이 시작되자 용역들 수십 명이 기다렸다는 듯이 몰려와, "불법 주민설명회는 무효다", "핵없는 세상 청정영덕" 등이 적힌 손피켓을 들고 농성하는 이들을 위협하며 끌어내리려 하였다. 용역들의 일방적인 폭언과 폭력에 연좌농성을 하는 이들이 안간힘으로 저항하자 용역으로 보이는 이가 소화기를 난사했다(사진 참조).

사진 김영숙 제공

행사장이 소화기 분말로 뒤덮혀 반대측 주민외의 사람들이 일단 자리를 피하는 동안 행사가 중단되었으나 분말이 가라앉자 한수원은 다시 행사를 강행했다. 한수원은 경찰을 불렀고 이후 경찰은 공무집행을 방해한다며 농성자들 20여 명을 연행해 갔다. 영덕경찰서에 연행된 이들은 묵비권을 행사하며 조사에 응하지 않았고 한수원과 경찰의 폭행용인을 규탄하였다. 이들은 당일 모두 석방되었다.

환경정책기본법 시행령 8조 2항은 주민설명회에 대해 '검토서 초안, 공청회장소, 일시 등을 개최 예정일 14일 전까지 중앙일간신문 및 대상지역 지방 일간 신문에 각각 1회 이상 공고해야 한다'고 규정하고 있다. 영덕신규핵발전소반대투쟁위원회는 공고, 공람 절차를 어긴 불법적인 주민설명회 무효를 주장하고, 지경부와 한수원 그리고 경찰의 폭력용인을 규탄하는 성명서를 발표했다. 그리고 소화기 난사 사건에 대해서는 집단고소하기로 했다.

송호민 통신원

원천봉쇄된 1인시위…신울진 1·2호기 기공식장에서

이명박 대통령, 경북 원자력클러스터 추진 확답

(주)한국수력원자력(이하 한수원) 울진원자력본부는 지난 5월 4일(금) 오전 울진군 북면 덕천리 및 고목리 일원에 신형 가압경수로형 1400메가와트 2기 추가 건설을 위한 착공식을 가졌다.

지식경제부(이하 지경부)는 이날 행사에 이명박 대통령을 비롯해 홍석우 장관(지경부), 김관용 도지사(경상북도), 지자체장 및 지역주민 등 총700여 명이 참석했다고 밝혔다. 한수원은 지난 2009년 4월 실시계획을 승인하고, 2010년 3월 주설비공사 계약을 체결한 뒤, 2010년 4월 부지정지작업을 시작했다. 신울진 1·2호기는 오는 9월과 내년 2013년 콘크리트 타설을 시작으로 2014년과 2015년에 각각 핵반응로(원자로)를 설치하고, 2017년과 2018년에 준공할 계획이다.

한수원은 신울진 핵발전소가 일본 후쿠시마 핵발전소 사고 이후, 국내외 안전점검 결과 도출된 개선사항을 설계 단계부터 모두 반영해 안전성이 크게 향상됐다고 밝히고 있다. 또한 지경부는 이 건설사업에는 향후 7조원의 건설비가 투입되고, 연인원 620만명이 참여하는 등 고용창출과 국내경제 활성화에 기여할 것으로 기대한다고 밝혔다.

그러나 주변지역 주민들은 신울진 핵발전소 건설의 안전성에 의문을 제기하고 있다. 지난 2011년 한수원이 핵반응로 등을 동쪽으로 50m 옮겨 건설키로 한 것과 관련해, 이것은 신울진 1·2호기 부지 기반공사 과정에서 핵반응로 부속건물이 들어설 부지 아래에 일부 연약한 지반이 분포하고 있는 것으로 알려졌기 때문이다.

사전에 정부가 1년동안 전문가들이 참여한 정밀조사를 실시한 바, 지질은 안전하다는 평가를 내린 후 공사가 시작됐다. 주민들은 정부의 이런 정밀조사에서 단층과 연약지반이 발견되지 않았다는 것은 정부의 조사과정에 문제가 있다는 것이므로, 앞으로 문제가 없을 것이라는 판단도 신뢰하기 힘들다고 지적하고 있다.

한편 지역민들은 소규모이기는 하나 연약지반 인근으로 옮겨 설치해도 안전성에 문제가 있을 수 있고 더욱이 바다 쪽으로 더 가까이 옮길 경우 해일 등으로 인해 더 큰 피해가 날 수 있다고 우려하고 있다. 이와 관련, 한수원은 신울진 핵발전소는 해수면보다 10m 높게 건설될 것이므로 3m 높이의 해일에도 안전하니 바닷가 쪽으로 50m가량 옮겨도 문제가 없다고 설명했다.

그러나 신울진 1~4호기의 취·배수로 방파제가 사라지는데다 현재의 방호벽 높이도 수면에서 6m가량에 불과해 쓰나미에는 무방비나 마찬가지라는 것이 전문가들의 지적이다. 여기에 한수원 측은 신울진 1·2호기 해안도로 방파제마저 가로수 등으로 대체하려고 하고 있어서 쓰나미에 대해서도 더욱 취약해진 상황이다. 또 최근 일본의 대지진 이후 동해와 맞닿은 일본 서북부 해상에서 규모 9.0 이상의 지진이 발생할 경우, 10m 이상의 쓰나미가 울진 핵발전소를 덮칠 가능성이 있다는 기상청 시뮬레이션 결과가 나온 바 있다. 주민들은 건설을 중단하고 안전성과 지질적합성 등을 면밀히 재검토할 것을 주장하고 있다.

영덕핵발전소반대투쟁위원회는 현재의 전세계적인 탈핵의 흐름을 역행하는 신울진 1·2호기의 기공식에 유감을 표시하며, 신울진 1·2호기 건설 중단과 이명박 대통령의 에너지정책과 '기공식 방문'을 규탄했다.

▶5면으로 이어짐

"IAEA 물러가라"
국제원자력기구

월성1호기 수명연장 추진, 경주시민들 반대 여론 고조
경주시의회도 '수명연장' 반대 성명서 발표

사진 경주환경운동연합 제공

정부가 월성1호기의 수명연장을 기정사실화 하고 있는 가운데 경주지역의 시민여론이 갈수록 악화되고 있어 앞으로 크고 작은 마찰이 예상된다. 특히, 국제원자력기구(IAEA)의 월성1호기 안전성 점검을 두고 지역 여론이 갈수록 나빠지고 있다.

경주경실련, 경주환경연합 등으로 구성된 경주핵안전연대는 IAEA의 월성1호기 안전점검을 반대하면서 5월 21일(월)부터 시청 앞 1인 시위에 돌입했고, 5월 23일(수)은 경주시의회를 방문하여 IAEA 안전점검의 부당성을 전달했다. 5월 25일(금)에는 기자회견을 열어 이 문제를 지역사회에 알렸다. 기자회견에서 경주핵안전연대는 IAEA가 국제핵산업계의 이익을 대변하는 기구라고 비판하면서 시민들에게 "IAEA의 본질을 꿰뚫어보고 그들이 늘어놓는 '안전하다'는 말잔치에 절대 현혹되지 말 것"을 주문했다. 더불어 한국 정부에 대해서는 "IAEA의 권위를 빌려 월성1호기의 수명연장을 시도한다"고 비판하며, 월성1호기 수명연장을 위한 모든 활동을 즉각 중단할 것을 요구했다.

IAEA의 활동 첫 날인 5월 29일(화), 한국수력원자력(주)(이하 한수원)은 발전소 인근 주민대표와 경주시의회 등을 초청하여 IAEA 활동에 대한 설명회를 개최했다. 그러나 경주시의회는 설명회에 불참하면서 IAEA 점검과 월성1호기 수명연장에 반대하는 성명서를 발표했다. 또한 시민사회단체도 발전소 앞에서 항의하는 시위를 벌였다.

설명회에 참가한 주민들에 따르면 한수원은 주민들에게 발언 기회를 주지도 않았고, 주민이 발언을 하려고 하면 마이크를 빼앗는 등의 억압적인 모습을 보였다고 한다. 이처럼 기본적인 참여도 보장하지 않고 진행되는 안전점검인 만큼 그 결과와 무관하게 월성1호기 폐쇄를 요구하는 주민들의 목소리는 더욱 거세질 것으로 보인다.

월성1호기는 1983년 상업운전을 시작해 올해 11월 20일이 되면 설계수명 30년이 만료된다. 설계수명이 끝난 핵발전소는 당연히 폐쇄를 해야 하지만 정부와 한수원은 수명연장을 추진해 왔다. 지난 2009년 12월에 계속운전(수명연장) 심사에 들어간 월성1호기는 계획대로라면 심사기간(18개월)이 끝나는 작년 6월에 결과가 나왔어야 했다. 그러나 심사의 근거가 되는 '안전성 평가보고서'가 매우 부실했고, 때마침 후쿠시마 핵발전소 사고까지 겹쳐서 수명연장 발표가 계속 미뤄지고 있는 상황이었다. 그동안 시민들은 안전성 평가에 시민 참여 보장, '월성1호기 계속운전 심사 결과보고서' 공개 등을 요구했으나 번번이 묵살당해 왔다. 그런 가운데 IAEA의 안전성 점검이 이뤄지니, 시민들은 거세게 반발했고, '월성1호기 수명연장을 위한 꼼수'라는 비판의 목소리가 점점 높아지고 있다.

이상홍 편집위원

양남주민 700여명, "월성1호기 수명연장 중단하라"

①

②

③

④

⑤

⑥

'월성1호기 완전폐쇄'를 촉구하는 양남주민들의 투쟁이 6월 18일(월) 있었다. 주민 700여명은 이른 아침부터 삼보일배 행진을 시작으로, 집회에서 삭발식을 거행했고, 월성핵발전소 진입 몸싸움과 수명을 마친 월성1호기 '화형식'을 가졌다. 사진 경주환경운동연합 제공

농번기를 마친 경주 양남면 주민 700여명은, 'IAEA의 안전점검을 규탄하고, 월성1호기의 수명연장 중단을 촉구'하는 대규모 집회를 개최했다.

지난 6월 18일(월) 이른 아침부터 월성원자력공원에 모인 양남면 주민들은, 대표들의 삼보일배를 시작으로 수명을 마친 '월성1호기 상여'와 만장 등을 앞세우며, 월성핵발전소 후문까지 행진했다.

행진 이후 12시 30분부터 시작된 집회에서는, '노후한 월성1호기 완전폐쇄'를 촉구하는 대표들의 '삭발식'에 이은 규탄발언들이 이어졌다. 집회를 마친 주민들은, 상여를 앞세운 채 월성핵발전소 진입을 시도했다. 이 과정에서 청원경찰과의 마찰로 눈 주변이 찢어져 피를 흘리는 주민도 있었다. 오후 2시 넘어, 주민들의 요구로 불려나온 월성핵발전소 본부장은 "주민들의 뜻을 잘 알고 있고, 본사에 전하겠다"는 원론적인 입장만 반복하다가 들어갔다. 오후 3시경 '1982년 11월 출, 2012년 11월 졸'이 적힌 월성1호기 모형 화형식을 거행하고, 투쟁결의를 다지며 이 날 집회가 끝이 났다.

이상홍 편집위원

▶4면에서 이어짐

이 날 1인 시위는, 단 1명의 시위자도 대통령 차량 이동시 보이지 않게 하기 위해, 150여명의 경찰들이 병풍처럼 둘러싸며 봉쇄했다. 또한 당일 행사는 울진 핵발전소 본부 앞에 천여명의 경찰이 삼엄한 경비를 한 가운데 비공개로 치러졌는데, 울진군에는 이명박 대통령의 방문을 알리는 현수막조차 걸려있지 않았다. 이는 신울진 핵발전소 건설의 정당성을 스스로 부정하는 고백이라 여겨진다.

한편 이 날 이명박 대통령은 김관용 도지사에게 경북에 원자력클러스터 추진을 확답함으로써, 사용후 핵연료 재처리시설과 소듐고속로, 고준위폐기장 등이 한꺼번에 집적되는 경북 원자력클러스터 사업계획이 급물살을 타고 진행될 것으로 보인다. 대구·경북 지역의 시민사회단체와 종교계 등은 신규핵발전소를 비롯해 작년부터 경상북도가 추진해 온 원자력클러스터 추진계획을 공동대응하기 위한 대구경북탈핵연대를 출범할 계획이다.

※원자력클러스터 : 학교, 병원, 연구원, 산업단지, 테마파크 등의 시설을 동해안 울진, 영덕, 포항, 경주 까지 분산 배치하여 경북을 핵산업의 메카로 만들겠다는 계획이다. 하지만 그 실제 핵심내용은 '파이로 프로세싱'이라는 건식처리방식을 통해 사용후 핵연료에서 핵무기로 전용할 수 있는 플루토늄을 추출하고, 이것을 원료로 하는 소듐고속증식로를 비롯한 제4세대 원자로를 기술개발하겠다는 것이다. 그러나 전세계에 소듐고속증식로는 성공한 사례가 없으며, 이것이 불가능할 경우 맹독성의 핵연료는 그대로 고준위 핵폐기물이 되며, 이것을 1만년 이상 안전하게 분리 보관하는 것은 불가능하다.

박혜령 편집위원

삼척시민들의 반핵의지 꺾이지 않았다

② 사진 삼척핵발전소반대투쟁위원회 제공

지난 5월 25일(금) 오전 9시30분, 핵발전소 사전환경성검토 주민설명회가 열리는 삼척문화예술회관에서는 이른 아침부터 핵발전소유치를 반대하는 시민 400여 명이 주민설명회를 저지하기 위해 모였다(**사진 1**). 경찰 700여명과 핵발전소 유치 찬성측에서 동원한 학생들을 포함한 유치위측(**사진 2**)과 격렬한 몸싸움까지 벌였으나 경찰들의 비호 속에 주민설명회는 강행되었다.

① 사진 삼척핵발전소반대투쟁위원회 제공

그러나 삼척핵발전소반대투쟁위원회(상임대표 박홍표 신부, 도계성당)는 주민설명회 무효임을 선언하고 주민설명회저지투쟁에 함께한 시민들과 함께 삼척시의회로 항의 방문하였다.

그리고 주민투표발의 약속을 하지 않으면 당일(5월 25일) 오전 10시30분에 예정된 제156회 삼척시의회 임시회 마지막 본회의를 열수 없다고 요구하면서 삼척시의회 점거농성에 돌입하였다. 그 후 삼척시의회 정진권 시의원을 제외한 의원 전원이 출석치 않아 임시회는 자동산회되고 말았다.

이 과정에서 김상찬 삼척시의회 의장이 향후 시의원 전원이 참석하는 정례간담회에서 논의를 하겠다고 약속하였다. 이후 삼척핵발전소반대투쟁위원회와 시민들은 삼척시의회 앞에서 기자회견을 열고 "즉각적인 임시회를 소집하여 주민투표 실시안을 발의할 것"을 촉구하였다. 기자회견을 마친 참석자들은 삼척시의회 건물에 계란 300여 개를 투척하며 항의의 뜻을 분명히 하였다.

한편, 지난 4월27일 근덕면복지회관에서 열기로 한 주민설명회는 삼척핵발전소를 반대하는 시민들의 원천봉쇄로 열리지 못하였다. 또한 삼척시의회와 삼척시장은 지난 2010년 12월14일 핵발전소유치동의안을 처리하는 과정에서 삼척시민들에게 주민투표를 실시하겠다고 약속한 바 있다.

이광우 통신원

영광핵발전소 – 비상발전기 고장사고 은폐

사진 영광여성의전화 제공

정부는 지난 2월 고리핵발전소 1호기 '블랙아웃(완전정전)' 사태를 계기로, 3월 21일부터 29일까지 9일간 국내 20년 이상된 비상발전기 특별점검에 들어갔다. 영광 핵발전소 비상발전기도 특별점검을 받았는데, 이 과정에서 3월 28일 오후 1시 23분경에 영광핵발전소 2호기 비상발전기를 수동으로 작동시켰으나, 1분 14초 만에 엔진 냉각수 저압력 경보로 자동 정지되는 사건이 발생했다.

영광핵발전소 측은 엔진 진동으로 냉각수 저압력 설정장치가 풀리는 결함 때문에 비상발전기가 정지된 것을 확인한 뒤 5시간 30분 뒤인 오후 7시경 발전기를 정상화시켰다고 한다. 비상발전기는 핵발전소 외부전원이 끊어졌을 때, 높은 온도로 달궈진 핵반응로(원자로)를 냉각시키는 역할을 하며, 핵반응로 냉각이 정상적으로 이뤄지지 않을 경우 일본 후쿠시마 핵발전소 사고 같은 일이 벌어진다.

하지만 정부는 특별 점검 결과를 발표하면서 국내 핵발전소에 설치된 비상발전기 모두가 정상적으로 가동하고 있다고 밝혔으며, 영광핵발전소에서 발생한 고장 내용은 언급하지 않고 은폐했다. 또 영광핵발전소의 안전을 감시하는 영광민간환경감시기구의 위원장인 정기호 영광군수도 비상발전기가 고장을 일으킨 당일 영광 핵발전소를 방문해 사실 관계를 확인했지만, 큰문제가 아니라고 인식하고 외부에 알리지 않은 것이 드러났다.

이 같은 사실이 뒤늦게 알려지면서 '영광핵발전소안전성 확보를 위한 공동행동'은 4월 13일 정기호 군수를 항의 방문하고 공식 해명을 요구했다. 이어 4월19일 영광지역의 탈핵단체들과 고창지역 단체, 광주환경운동연합, 광주한살림 등과 함께 이를 규탄하는 집회를 영광군청 앞에서 가졌다. 이날 공동행동은 한수원의 사과와 방사능방사대책수립 및 홍보, 사고 재발방지대책을 수립할 것을 요구했다.

영광공동행동 매월 릴레이 1인시위

영광핵발전소안전성 확보를 위한 공동행동은 매월 6일 장날을 이용하여 단체별로 탈핵 릴레이 1인 시위를 진행하고 있다. 작년 12월에 시작된 1인 시위는 영광여성의전화, 영광군농민회, 여성농민회, 전교조영광지회, 생평마을, 여민동락, 원불교, 천주교가 매월 릴레이로 지역주민과 함께 영광터미널 건너편에서 진행한다. 영광1호기 수명마감시한을 지역민에게 알리고 또한 1호기 조기폐쇄와 방사능방재대책을 수립하고 이를 홍보할 것을 요구하고 있다.

오경미 통신원

핵없는 세상 광주·전남 행동 발족

사진 광주환경운동연합 제공

지난 4월 28일, 영광핵발전소 앞에서 핵없는세상 광주·전남행동(이하, 광주·전남행동) 출범식이 있었다.

광주·전남지역 30여 시민사회단체가 참여한 '핵없는세상 광주전남행동'은 이 날 핵없는 세상, 핵없는 광주·전남을 선언하는 발족선언문을 채택했는데, 그 주요 내용으로는 △영광 1·2호기 출력증강 반대 △핵발전소 사고에 대한 은폐·왜곡 규탄 △전국적 탈핵연대활동 △탈핵과 에너지전환 준비 등이 있었다. 이 날 발족선언문 채택에 이어 탈핵퍼포먼스로 연날리기인 '날려버려~!'를 진행했다.

또 영광핵발전소의 안전성 검증을 위한 '시민안전점검단' 구성을 제안하는 서한을 영광핵발전소 측에 전달했다. '시민안전점검단'은 영광핵발전소 반경 30km내에 위치한 광주시, 함평군, 장성군 등의 지자체와 의회, 전문가와 일반시민 등이 직접 영광핵발전소의 안전을 확인하고 검증하자는 것이다.

기존에도 공동점검단을 구성했던 선례는 있으나, 영광군과 의회 등이 참여하는 영광만의 안전점검으로 진행됐다. 후쿠시마 사고를 통해 피난구역이 30km 이상까지도 확대되는 것을 확인한 이상, 안전점검을 영광지역만의 문제로 국한시킬 것이 아니라, 그 주변지역까지로 확대해야 한다.

한편, 영광핵발전소에서 광주까지는 약 30km밖에 되지 않는다. 이날 출범식을 통해 광주지역 참가자들은 영광핵발전소가 얼마나 가까운 곳에 위치하고 있는지를 생각해보는 자리이기도 했다고 한다.

향후 광주·전남행동은 영광핵발전소의 출력증강 저지와 전남도의 스마트원자로 실증단지 유치의향 철회, 광주전남 탈핵시나리오, 생활주변 방사능 측정 등의 지역활동과 고리와 월성 1호기 폐쇄 등 전국적 탈핵연대활동을 지속적으로 이어나갈 예정이다.

박상은 통신원

완공한 핵발전소를 폐기한 나라들

투자비를 아까워하기보다는 국민의 안전을 먼저 생각해야

이헌석(에너지정의행동 대표)

| 완공을 앞두고 폐쇄된 핵발전소 |

국 가	발전소 이름	중단 연도	비 고
스페인	레모니즈 1,2호기 (Lemoniz 1,2)	1983년	●PWR(가압수형), 각 90만kW ●92% 완공 ●ETA의 반대 운동, 결국 국가에너지계획(PEN)을 통해 폐쇄
	발데카벨레로스 1,2호기 (Valdecaballeros 1,2)	1983년	●BWR(비등수형), 각 97.5만kW ●각각 60%, 70% 완공 ●국가에너지계획(PEN)을 통해 폐쇄
오스트리아	츠벤텐도르프 1호기 (Zwentendorf 1)	1978년	●BWR, 69.2만kW ●건설공사가 완료된 상태에서 주민투표를 통해 폐쇄결정 (50.47% 반대)
독일	SNR-300	1991년	●고속증식로, 32.7kW ●1985년 완공. 주정부의 반대로 가동중단 ●1991년 공식폐쇄결정 이후 현재는 놀이동산으로 이용되고 있음
필리핀	바탄(Bataan)	1986년	●PWR, 62.1만kW ●완공된 상태에서 단층 등의 문제와 지역주민들의 반대로 폐쇄

이미 들어간 돈은 어쩔 수 없다?

정부의 무분별한 토목공사는 숱한 반대에도 불구하고 강행된다. 그리고 일단 공사가 시작되고 나면, 문제점이 드러나도 건설계획이나 공사는 중단되지 않는다.

소위 '매몰비용 효과' 때문이다. 의사결정 후 이것을 실행한 경우, 이미 투자한 시간과 비용을 유지하려는 경향을 보인다는 것이다. 이는 규모가 큰 사업일수록 많이 나타나는데, 1기 건설에 3조원 정도의 비용이 드는 핵발전소의 경우, 그 어떤 사업보다 매몰비용 효과가 많이 나타나게 된다.

그러나 해외 각국의 사례는 이 매몰비용보다 국민의 안전과 의견이 더 중요하다는 것을 보여주고 있다.

민중의 힘으로 막아낸 필리핀 바탄핵발전소

1985년 6월 18일, 필리핀의 바탄지역 주민 수천명이 바탄핵발전소(BNPP)에 반대하는 시위를 한다. 여기까지는 전세계 어디서나 한번쯤 봤을 만한 장면이다. 그러나 바탄 지역주민들은 이후 3일동안 총파업을 벌인다. 상가는 물론 인근지역의 농부, 노동자들이 모두 일을 멈추고 바탄핵발전소 반대운동을 벌인 것이다.

1980년대 우리나라의 반핵운동 역시 단지 핵발전소에 대한 반대뿐만 아니라, 민주주의에 대한 열망과 맞물렸던 것처럼 필리핀도 마찬가지였다. 필리핀의 독재자 마르코스 대통령에 의해 1973년부터 진행된 핵발전소 건설은 1979년 미국의 스리마일 핵발전소 사고로 일시 중단되기는 했지만, 계속 추진되었고, 민주주의에 대한 열망이 높아지자 더욱 많은 저항에 부딪히게 되었다.

이러한 가운데 1985년 바탄지역의 총파업은 핵발전소 반대운동에 큰 분기점이 되었다. 이미 발전소는 거의 완성된 상태였고, 그때까지 투입된 금액만 23억 달러에 달했다. 총파업 이후 바탄핵발전소 반대운동은 더욱 큰 흐름으로 이어졌고, 결국 1986년 2월 필리핀 민중혁명으로 마르코스 대통령이 하야하게 되자, 핵발전소 건설은 중단된다. 활성단층이 많은 지역이라는 근본 이유와 더불어 정권의 붕괴와 민주주의에 대한 열망, 그리고 이어 발생한 체르노빌 핵사고가 바탄핵발전소를 영영 문닫게 했다.

국민투표로 승리한 오스트리아 츠벤텐도르프 핵발전소

이보다 먼저 핵발전소를 폐쇄한 사례도 있다. IAEA 본부가 있는 오스트리아의 수도 비엔나. 핵무기, 핵발전 등 다양한 핵정책을 논의하는 IAEA 본부가 있지만, 정작 오스트리아에는 핵발전소가 하나도 없다. 현재 오스트리아는 법으로 핵발전을 금지하고 있기 때문이다. 하지만 오스트리아 역시 핵발전소를 건설했던 역사를 갖고 있다. 1978년 완공된, 비엔나에서 약 30km 정도 떨어진 츠벤텐도르프핵발전소다. 이 핵발전소는 70만kW급으로 같은 시기에 완공된 우리나라의 고리핵발전소보다 약간 큰 규모이다.

하지만 핵발전에 대한 국민들의 반대는 어느 때보다 컸고, 무엇보다 안전성에 대한 우려가 무엇보다 컸다. 결국 1978년 11월 핵발전소 가동 여부를 둘러싼 국민투표가 진행되어 50.47%의 근소한 차로 폐쇄가 결정되었다. 표수로는 약 2만표(0.9%) 차이였다. 하지만 주민들의 선택은 분명한 반대였고, 이 결정은 그대로 받아들여졌다. 그때까지 투입된 금액은 140억 오스트리아 실링. 현재 금액으로 약 10억 유로(약 1조 4600억원)였다.

핵발전소 당국은 주민투표 이후에도 재가동에 대비해서 설비를 유지보수하는 등 각종 노력을 기울였으나, 주민투표 이후 발생한 1979년 스리마일 핵사고와 1986년 체르노빌 핵사고는 이러한 기회를 완전히 없애버렸다.

완공을 앞둔 핵발전소 5기를 정지시킨 스페인

스페인의 경우는 더욱 복잡하고 극적이다. 스페인의 민족주의 분리조직 ETA(Euskadi Ta Askatasuna, 바스크 조국과 자유)에 의해 주도된 핵발전소 반대운동은 매우 격렬히 진행되었다. 바스크 지역에 건설되고 있던 레모니즈핵발전소 1,2호기를 둘러싼 ETA와 스페인 정부간의 충돌은 계속 이어졌고, 결국 1979년 6월, 한 반핵운동가가 시위 도중 경찰이 쏜 총에 맞아 사망하는 사건이 발생하면서 핵발전소 폐쇄의 열기는 어느 때보다 높아졌다. 이미 미국 스리마일 핵사고 이후였기에 핵발전소에 대한 불안감도 높아진 상태에서 벌어진 이 사고 이후 반핵운동은 더욱 격렬해져 급기야 1981년 2월에는 핵발전소 수석엔지니어가 납치 살해되는 극단적인 상황까지 치닫게 된다.

이런 상황에서 1982년 출범한 사회당 정권은 전력수요 둔화를 이유로 1983년 국가에너지계획(PEN)을 통해 당시 건설·계획 중인 핵발전소 10기중 5기의 건설을 중단하는 계획을 발표한다. 레모니즈 1,2호기는 92%의 완성상태, 발데카벨레로스 1,2호기는 각각 60%와 70%의 건설 완성도를 보였지만, 바스크 분리주의자들과 일반 국민들의 반대를 꺾을 수는 없었다.

핵발전소 건설 중단, 문제는 돈이 아니다

매몰비용이 아까워서 문제가 많더라도 핵발전소를 완공해야 한다는 논리는 매우 옹색하다. 문제가 있다면 그때라도 중단하는 것이 합리적일뿐더러, 더 경제적일 수 있다. 이는 후쿠시마, 체르노빌 등 거대 핵사고를 통해 널리 알려진 사실이다.

그런데도 '이미 만들어졌으니 어쩔 수 없다' 혹은 '국책사업이니 어쩔 수 없다'는 식의 논리가 아직도 우리에게 남아 있는 것은 문제의 심각성을 제대로 인식하지 못하고 있다는 것의 반증이다. 이미 투자된 매몰비용이 아까울 수 있으나, 소탐대실을 하는 우를 범하지 말아야 한다는 것. 이것이 완성된 핵발전소를 과감하게 버린 해외 각국의 교훈임을 잊지 말아야 할 것이다.

▼핵발전소 건설에 반대하다 사망한 스페인 반핵운동가 글래디스 델 에스탈(Gladys del Estal).

출처 위키피디아

▼바탄핵발전소 반대 필리핀 총파업.

사진 반핵아시아포럼 제공

▼바탄핵발전소 내부, 비닐에 쌓인 제어봉.

사진 손은숙 제공

일본의 탈핵…재가동 허용 여부가 관건

고노 다이스케 편집위원

2012년 5월 5일, 일본 국내 원자로 50기(전체 54기 중, 후쿠시마1~4호기는 이미 사고로 폐쇄—편집자 주) 모두가 멈췄다. 일본 반핵운동은 이번이 탈핵을 위한 절호의 기회라고 생각하고, 재가동저지에 전력을 다하고 있다. 하지만 일본정부는 '전력수요가 절정인 여름을 핵발전소 없이 넘길 수 있다'는 사실이 증명될 것을 어떻게든 피하고자 하고 있다.

재가동의 가장 유력 후보는 간사이전력 오오이핵발전소 3·4호기다(후쿠이현 오오이초 위치함). 스트레스 테스트(안전성재평가) 서류제출이 빨랐고, 핵발전소 의존도가 높은 간사이전력(오사카·고베·교토를 포함한 일본 제2도시권에 전기를 공급하는 전력회사)의 것이기 때문이다. 교도통신사의 4월 여론조사에서 오오이 재가동에 대한 반대가 59.5%로, 찬성 26.7%를 크게 웃돌았다.

재가동에 급급한 나머지, 안전대책은 뒷전

일본정부는 4월 5일 오오이핵발전소 재가동을 위한 잠정기준을 발표했다. 그 내용은 안전대책 마련을 재가동 이후로 미루는 것이었다. 예를 들면 후쿠시마 사고에서는 격납용기 폭발을 막기 위해, 내부 공기를 빼내서 압력을 낮추는 작업(벤트)이 실시됐는데, 오오이 3·4호기에는 배기통 자체가 없어 벤트를 할 수 없다. 오오이핵발전소의 경우, 방사능제거필터가 달린 배기통과 사고발생 시 복구작업의 거점이 될 면진중요동(免震重要棟 — 지진 등을 견딜 수 있는 비상상황실, 편집자 주)을 2015년까지 설치하겠다는 계획이다. 쓰나미대책용 방조제도 아직 건설되지 않았지만, 정부는 결국 4월 13일 오오이 3·4호기 재가동이 '타당'하다고 판단했다.

후쿠시마사고는 아직 수습되지 않았고, 원인 규명도 이루어지지 않았다. 따라서 후쿠시마사고를 참고로 한 새로운 안전기준과 지침도 없다. 새로운 규제조직인 원자력규제청이 4월경 출범할 예정이었으나, 늦어져 이번 여름 이후가 될 것으로 보인다. 이런 상황에서 후쿠시마사고를 불러일으킨 기존 '관리'(제대로 관리도 못하면서)체제에서 재가동을 허가해도 되겠느냐는 의문이 당연히 제기될 만하다.

정전위기를 들먹이는 정부와 간사이전력 … 하지만, 전기는 충분하다

정부와 간사이전력은 오오이핵발전소 재가동을 위해 올 여름의 전력부족을 연이어 들먹이고 있다. 5월 18일 정부가 발표한 전력수급대책에는, 핵발전소를 다시 돌리지 않을 경우 간사이전력 관내는 몹시 더웠던 2010년에 비해 최고치(피크) 전력이 14.9% 부족하므로 계획정전도 준비 중이라고 한다. 이 계획은 간사이전력 전력부족을 대처하기 위해 주변 지역 전력회사의 전력융통을 요구하고 있다. 이렇게 되면 주변지역도 5~7%의 절전이 필요하다. 이건 분명한 협박이다.

한편 간사이전력은 작년 25%, 3월 12일 13.9%, 4월 10일 7.6%, 그리고 5월 15일 5%로, 최고치 전력부족 예상치를 수개월에 걸쳐 20%나 낮췄다. 또 간사이전력은 과도하게 가뭄을 전망하며 수력공급능력을 과소평가했고, 양수발전 공급능력을 은폐했으며, 일반기업 자가발전 혹은 비상용발전으로부터 융통가능성을 은폐했고, 전력부족에 빠졌을 때 공급을 정지할 수 있다는 조건으로 전력회사가 기업의 전기요금을 대폭 할인해 주는 '수급조정계약'을 은폐한 사실 등이 잇달아 언론에 폭로됐다. 심지어 노후 화력발전소 시설을 후쿠시마 사고 이후에도 수리하지 않고 방치했을 뿐만 아니라, 지자체의 화력발전소 재가동 요구도 거절했다. 이런 사실들은 공익기업으로서 전력공급이라는 본분을 포기한 행위라고 말할 수밖에 없다. 히로세 다카시 씨의 계산에 의하면 간사이전력에는 사실 12.9%의 잉여 공급능력이 있다고 한다. 더불어, 일본정부가 제시한 14.9% 부족전력 수치는 작년 도쿄전력 관내 실질절전률 18%보다 낮다.

간사이전력을 구하는 것이 목적?!

전기는 충분하다. 그럼 왜 재가동하려하나? 4월 24일 오사카부와 오사카시의 합동 에너지전략회의에서 한 간사이전력 간부가 무심코 그 속마음을 드러내 버렸다. 한 위원이 여름 수급대책을 위해 재가동하는 것이 아니냐고 질문하자, 간사이전력 간부가 "안전한 핵발전소는 가동을 허락해 달라. 수급문제와는 별개 문제로 생각한다"고 대답했다. 즉 핵발전소 재가동 이유는 공급부족과 관계가 없다는 것이다.

진짜 이유는 이렇다. 간사이전력은 발전비율의 약 50%를 핵발전에 의존한다. 간사이전력이 운영하는 핵반응로(원자로) 총11기 중 7기는 운전 시작 이후 30년이 넘은 노후 핵반응로이다. 이것들은 감가상각이 이미 끝나, 적은 비용으로 높은 수익을 누릴 수 있는데, 재가동할 수 없으면 그것이 불가능하다. 간사이전력 순자산 약 1조5300억엔 중 핵발전소 시설과 핵연료가 약 8900억엔을 차지하는데, 재가동 없이 이대로 폐기하면 그것은 더 이상 자산이 아니다. 폐기되지 않을 경우에도 수 년 내에 채무초과에 빠지게 될 것이다. 즉 오오이 재가동을 서두르는 목적은 핵발전소에 크게 의존하는 간사이전력을 구하기 위한 것이다.

오오이초의 공방

정부가 4월 13일 오오이핵발전소 재가동이 '타당'하다고 판단한 이후, 초점은 '지역'의 동의여부로 옮겨갔다. 오오이초(오오이핵발전소가 소재한 지역 명칭)는 4월 26일 정부가 주최한 주민설명회에 주민 약 8800명 중 약 540명이 참석했다. 지방권력이 핵발전소를 추진하고 있고, 경제적으로도 핵발전소에 의존하는 이 마을에서, 재가동에 대한 주민들의 염려가 과연 제대로 표명될 수 있을지 우려스러웠다. 주민들조차 "(설명회가) 텔레비전에 방송되기 때문에 발언하기 어렵다", "무기명 설문조사로 주민의견을 들어주면 좋겠다" 등의 문제를 제기했다.

막상 뚜껑을 열었을 땐, 재가동에 대한 불안과 의문이 분출됐다. 설명을 담당한 야나기사와 미쓰요시 경제산업성 부장관은 "듣다 보면, 반대의견이 더 많은 법"이라고 핑계를 대며 "(주민설명회 개최로) 이해가 촉진됐다"고 강변했다.

한편, 오오이초에 인접한 후쿠이현 오바마시에서도 5월 1일 이장모임, 여성모임 등으로 구성된 원자력발전오바마시환경안전대책협의회 위원과 시의원들을 대상으로 설명회가 열렸는데, 122명이 참석했다. 이곳에서도 재가동에 대한 비판 의견이 쏟아졌다. 이케오 마사히코 시의회 의장은 "오오이핵발전소 반경 10㎞권 내 인구 70%가 오바마시민이므로, 정부는 시민들의 의견을 받아들여 재가동에 신중을 기해야 한다"고 말했다.

5월 14일, 오오이초 의회는 결국 재가동에 동의했다. 의장을 제외한 의원 12명 중 찬성 11명, 반대 1명 이었다. 후쿠이현 니시카와 잇세 지사와 현의회는 6월초~중순경에 결론을 내릴 것으로 보인다. 다만 니시카와 지사는 "핵발전의 의의와 핵발전소 재가동의 필요성에 대해 책임있는 견해를 밝히고 (반대 지자체들의) 이해를 얻기 위해 노력해줄 것을 (정부에게) 바란다"고 언급하기도 했다. 후쿠이현만이 재가동에 동의하는 형태로 보이고 싶지 않다는 뜻을 엿볼 수 있다.

간사이광역연합, 이해할 수 없는 재가동 용납 선언

후쿠시마핵발전소에서 30~40km 떨어진 이이타테무라에서도, 주민 모두가 피난대상이 된 경계구역이 흩어져 있다. 때문에 오오이초와 후쿠이현만의 동의로 재가동할 수 있는가 하는 의문은 당연하다. 오사카와 교토를 포함한 간사이 지역 지자체 등으로 구성된 간사이광역연합은 오오이핵발전소 재가동에 난색을 표했다. 특히 간사이전력의 첫째주주인 오사카시는 지난 4월에 원자력규제체제와 안전기준 전면 재검토, 핵발전소에서 100㎞권 지자체와 안전협정 체결 등을 정부에 요구했고, 6월 간사이전력 주주총회에서 '탈핵'을 제안할 예정이다. 후쿠이현에 인접한 시가현과 교토부도 사고가 일어나면 발전소 소재지역과 마찬가지로 피해를 입을 수 있는 '피해지역'으로 자신을 규정하면서 반대 입장을 보이고 있었다.

그러나 간사이광역연합은 5월 30일 발표한 '핵발전소 재가동에 관한 성명'에서, 오오이핵발전소 재가동을 위한 잠정기준에 대해 "잠정적 판단기준이므로 정부의 안전판단 또한 잠정적이다. 따라서 이를 전제로 한시적인 것으로 적절한 판단을 내릴 것을 강력히 요구한다"며 갑자기 재가동을 사실상 용납했다.

7월부터 시작되는 전력 최대수요기에 대응하기 위해서는 지금 판단해야 한다는 정부와 산업계의 압력에 굴복한 꼴이다.

▶9면으로 이어짐

"오오이핵발전소 재가동을 멈춰라"

일본정부의 오오이핵발전소3~4호기 재가동 결정을 하루 앞두고, 한국에 거주하는 일본 출신자들이 6월 15일(금) 일본대사관 앞에서, 오오이핵발전소 재가동 결정 즉각 철회를 촉구하는 기자회견 <사진1> 을 가졌다. 이들은 집회 이후, 항의 서한을 일본대사관에 전달하려하였으나, 경찰 등에게 가로막혀 <사진2> 우편함에 넣어 전할 수밖에 없었다고 한다.

사진 에너지정의행동 제공

새로운 도전, 자연에너지 혁명

일본자연에너지정책의 권위자 이이다 데쓰나리 강연요약

이이다 데쓰나리 소장

고노 다이스케 편집위원

교토대학 원자력핵공학과 출신이면서, 핵발전을 거부하고 일본 자연에너지 정책의 권위자로 활동중인 이이다 데쓰나리 소장(일본 환경에너지정책연구소)이 자신의 저서 《원전 없는 미래로-출구는 자연에너지다(도요새, 2012)》 한국어판 출판에 맞춰 한국을 방문했다. 지난 5월 10일 서울 광화문 교보문고에서 강연한 내용을 요약했다.

일본은 제3의 전환기를 맞이하고 있다

나는 핵발전에 관련된 일을 하다가 90년대에 북유럽을 중심으로 한 환경에너지혁명을 보았다. 그것은 일본이나 한국보다 20~30년 앞선 현실이었다. 일본에 돌아와 핵산업계와 에너지정책, 정부와 정치의 뒷면을 보게 됐다. 원자력촌(原子力村, 핵발전 추진세력을 말함. 이이다 데쓰나리 씨가 이름붙임)은 무능하고 대책이 없는 놈들이었는데, 그들이 권위를 내세워서 에너지정책을 결정하고 있다는 현실, 그 뒷면의 혼란과 혼돈을 말이다.

후쿠시마는 스리마일과 체르노빌에 이어 세계를 바꾼 제3의 큰 핵사고이고, 히로시마와 나가사키에 이어 일본에 대량 방사능오염을 가져온 제3의 사건이다. 이번엔 스스로 오염을 일으켰다는 점에서 일본인들은 미래세대와 전 세계에 대해 큰 책임을 지게 됐다. 그리고 일본 역사에서 메이지유신, 제2차대전 패전에 이어 제3의 전환기를 맞이했다. 첫째와 둘째 전환기에 나온 것이, 부국강병이 군국주의로 귀착된 일본, 그리고 산업확대와 경제성장을 추구하는 일본이었다. 그것이 이번 후쿠시마사고로 벽에 부딪쳤다. 이번에야말로 미래지향의 새로운 사회를 만드는 출발점이 되리라 생각한다.

국민여론조사…재가동 반대 65%, 절전하겠다 80%

후쿠시마 사고가 있었던 3월 11일 밤 10시 35분에 총리관저 홈페이지에 올라온 자료에는 이미 멜트다운(노심용융)이 시작됐다고 적혀 있다. 밤 12시 전에 멜트스루(노심용융한 핵연료가 핵반응로를 뚫고 내려간 상태, 편집자 주)의 가능성도 있다고 보고됐음에도 불구하고 정부도, 전문가들도 방사능 비산(飛散)과 오염정보 공개, 피난지시와 요오드제 배포 등 적절한 조치를 전혀 하지 않았다. 그 결과 수소폭발이 일어나 엄청난 양의 방사능이 방출되어 사람들은 피폭당했다.

이러한 상황이 아직도 계속되는 가운데, 5월 5일에 모든 핵발전소가 멈췄다. 정부가 제대로 대응하지 않은 결과, 국민의 반발이 고조돼서 다시 가동시킬 수 없게 됐기 때문이다. 국민이 원한 것은 사고 원인을 규명하고 핵발전소를 당분간 가동하지 않고 전력을 안정적으로 공급받는 것이었다. 설문조사에 의하면 65%가 핵발전소 재가동을 용납하지 않았고, 80%가 이번 여름을 절전으로 헤쳐 나가겠다고 대답했다. 그것은 실제로 가능하기도 하다.

우리사회의 출구는 재생가능에너지!

이번 여름을 어쩌겠다는 단기적인 이야기보다 더 중요한 것은 에너지의 효율화와 동시에 재생가능에너지를 늘림으로써 장기적으로 지속가능한 에너지로 바꿔나가는 일이다. 핵에너지는 물론 화석연료도 언젠가 사용하지 않게 해야 한다. 그것밖에 우리 사회의 출구는 없다. 핵에너지는 경제적으로도 죽어가고 있다. 핵발전소를 수출해서 돈을 벌겠다, 핵산업이 앞으로 계속 늘어날 것이라고 생각하는 사람들의 사고방식은 아직 20세기형이다. 데이터를 보면 세계적으로 핵발전소 건설비용은 엄청 비싸지고 있다. 게다가 투자위험이 있어 은행이 돈을 빌려주지 않는다. 또 후쿠시마 같은 사고를 보험으로 감당하려면 독일에서 이루어진 계산으로는 1kWh당 8천엔, 한달 전기요금이 80만엔이나 든다.

제4의 혁명…자연에너지의 폭발적 성장

독일이 탈핵을 결정할 수 있었던 것은 자연에너지가 (농업혁명, 산업혁명, IT혁명에 이은) 제4의 혁명이라 불릴 정도로 폭발적인 성장기에 들어섰기 때문이다. 자연에너지 전력이 불과 10년 만에 2000년의 6%에서, 2010년에 17%가 됐고, 10년 후엔 35%가 될 것으로 예상된다.

그렇게 되면 2000년의 핵발전과 자연에너지를 합친 것보다 많다. 석유는 피크오일(석유생산이 최고점에 도달하는 시점을 뜻함, 편집자 주)이 현실이 되어 가격이 오르고 있다. 석유와 석탄, 그리고 천연가스 수입비용이 10년 사이에 5배로 GDP의 5% 정도를 차지하게 됐다. 화석연료와 핵에너지는 경제적으로 지불해야 할 비용도 계속 비싸지고 있고, 환경부하도 커지고 있다.

한편, 자연에너지는 핵에너지와 반대로, 휴대전화와 마찬가지로 보급되면 될수록 비용이 적어진다. 풍력과 태양광은 증가율 자체가 엄청나다. 풍력은 작년에 4300만㎾, 즉 100만㎾ 핵발전소 43기만큼 늘었다. 누적발전량은 23,000만㎾이다. 핵발전소는 누적 37,000만㎾로 서서히 줄고 있다. 풍력이 지금 수준의 증가율을 유지한다면 앞으로 3년 안에 핵발전을 앞지르게 된다. 태양광도 10년 이내에 핵발전을 앞지를 것이다. 자연에너지는 경제적으로도 매년 2~30%씩 성장하고 있다. 재작년에는 시장규모가 22조엔이었고, 10년 후에는 200조엔 규모가 된다고 한다.

비전과 철학을 가진 정치인과 그것을 현실화시키는 현명한 정책, 즉 의지와 지혜가 이러한 현실을 만들어냈다. 일본은 답보상태인 것을 보니 정치에 대한 의지도 정책적인 지혜도 없다. 자연에너지는 태양에너지만 해도 지금 우리가 사용하고 있는 화석연료와 핵발전의 1만 배다. 따라서 자연에너지로 모두 대체한다는 것은 매우 현실적인 이야기다. 유럽을 중심으로 2050년경까지 자연에너지로 100% 대체하자는 시나리오가 속속 나오고 있다. 일본도 이번 사고를 계기로 자연에너지 100%를 지향하는 시나리오가 나왔다.

지역자립형, 소규모분산형 에너지정책으로 사회적 변혁을!

또한 독점적, 집중적, 상명하달식 에너지공급 사회로부터 소규모분산, 지역자립형, 아래로부터 의사결정을 하는 사회로 바꾸는 것이 중요하다. 덴마크는 1980년 당시 대형 화력발전소로 전기를 공급했는데, 오늘날에는 풍력발전이나 열병합발전으로 지역분산 소규모 에너지 네트워크로 확 변신했다. 덴마크의 중심에 위치하는 인구 4천명 정도의 삼소섬에서는 1995년부터 주민들이 출자해 풍력이나 바이오매스, 태양열로 자연에너지를 생산하고 있으며, 발전소는 모두 공동소유, 공동운영한다. 10년 만에 자연에너지가 4%에서 150%로 늘었다. 덴마크의 풍력발전은 85%가 시민공동 또는 지역공동 소유다. 일본 나가노현 이이다시에서는 10년 정도 전부터 지역 에너지공동체를 만들어 시청이나 주택 지붕을 이용한 태양광발전을 보급시키고 있다. 공통된 것은 지역 내에 공공의 마인드를 가지고 신뢰를 받는 핵심적 인물이 있고, 그 사람을 돕고 살리는 조직이나 네트워크가 있어서, 그것이 중심이 되어 추진하고 있다는 점이다.

외딴 어느 한 곳에 대형 발전소가 있는 한편, 대도시 사람들은 에너지를 전혀 생각하지 않는 현 사회를 바꾸기 위해서는 지역소유와 그 편익이 지역으로 돌아가는 구조를 통해 자연에너지가 지역에 뿌리를 내려야 한다. 그렇게 하기 위해서는 지방자치단체의 역할이 중요하다. 일본에서도 탈핵을 위한 지자체장회의가 수장 70명을 모아 출범했다. 지금까지의 환경정책과 에너지정책의 진화를 보더라도 분명 어느 지역에서 새로운 도전이 있었고, 그것이 착착 확산돼서 세계를 바꿨다. 지역에서 새로운 실천을 수반하는 정책으로 사회적 변혁을 이루는 것이 전 사회적 변혁의 핵심이다.

▶8면에서 이어짐

간사이광역연합 성명서에서는 올 여름만 재가동할 것을 기대하고 있지만, 정부는 무시할 태세이다. 간사이광역연합의 반대가 사라지면서 정부는 이제 후쿠이현 지사와 의회의 동의를 얻기 위해 최선을 다할 것으로 보인다.

누구를 살릴 것인가…핵마피아냐 시민이냐

경제산업성 전력시스템개혁전문위원회는 5월 18일, 전력 소매의 전면 개방, 전력회사의 발전사업과 송전 및 배전사업을 분리하는 등 전력자유화를 추진키로 합의했다. 전력회사의 자산에 일정 이익률을 곱해 전기요금을 정하는 '총괄원가방식'도 철폐할 방침이다. '총괄원가방식'은 전력회사가 건설비가 비싼 핵발전소를 지으면 지을수록 돈을 벌 수 있는 구조다.

이것으로 일반기업들이 전력사업에 새롭게 참가할 길이 열리고, 핵발전으로 만들어진 전기는 신규 사업자의 값싼 전기와 경쟁해야 한다. 소비자가 핵발전소의 전기를 사지 않겠다고 선택하기도 쉬워진다. 이것이 이루어진다면 중장기적으로 일본에서 탈핵이 실현될 것은 틀림없다.

한편 재가동 용납은 핵마피아들의 연명을 의미하는데, 과연 그것으로 전력자유화가 가능할까? 지진 활동기에 들어섰다는 일본열도. 다음 대지진이 일어나기 전에 모든 핵발전소를 폐쇄하고 핵폐기물을 더 안전하게 관리할 것이 요구된다. 그것이 과연 가능할지, 이번 재가동 저지에 달려 있다.

독일 탈핵 선언 이후, 1년을 돌아본다

염광희
독일 베를린자유대학
환경정책연구소
박사과정 연구원

독일 정부가 2022년 핵폐기 결정을 내린 지도 1년이 지났다. 지난 1년간 독일에서 벌어진 탈핵을 둘러싼 기술적·정치적인 논쟁을 살펴보는 것은 탈핵을 희망하는 이들에게 의미 있는 토론거리를 제공할 것이다.

기술 논쟁·대규모 정전 사태는 물론, 전기요금 인상도 없었다

2011년 3월 11일 후쿠시마 사고가 독일에 전해질 즈음, 수만 명의 시민들은 슈투트가르트 근처에 위치한 네카베스트하임 발전소의 조속한 폐쇄를 기원하는 인간띠잇기 행사를 펼치고 있었다. 후쿠시마 발전소가 수소 폭발을 일으킨 그 시각, 메르켈 총리는 독일의 오래된 핵발전소 7기를 3개월간 가동 중단하는 결정을 내렸다. 몇 해 전부터 기술적인 결함으로 가동이 사실상 중단된 함부르크 인근의 크륌멜 발전소까지 포함하면, 전체 핵발전소 17기의 절반가량인 8기를 멈춘 것이다. 두 달이 흐른 5월 30일, 메르켈 총리는 방송 카메라 앞에서 이 8기의 영구 가동 중단을 선언했고, 남은 9기도 2015년부터 2022년까지 순차적으로 폐쇄하겠다고 발표했다.

세계 언론들은 이와 같은 메르켈 총리의 결정을 대서특필했고, 특히 한국의 환경단체들도 환영의 메시지를 보냈으나, 정작 독일 시민들은 위험천만한 핵발전소를 2022년까지 사용해야 하는 것이냐며 메르켈 총리를 성토했다. 반면 독일 핵산업계는 우려를 넘어 앞으로 일어날 대규모 정전사태에 대한 '경고'의 메시지를 보냈다.

걱정 반 기대 반으로 독일의 핵폐기 선언 원년 2011년이 지나갔다. 결과는, 대규모 정전사태는커녕, 전기요금 인상도 없었고 외국으로부터 전력을 수입하는 일도 벌어지지 않았다. 오히려 그 반대로 6TWh 이상의 전력을 여전히 외국에 수출했다. 핵폐기의 대안인 재생가능에너지의 확대는 눈부신데, 2010년 104TWh였던 재생가능에너지 전력생산량은 2011년 121TWh로 16% 이상 증가해 전체 전력의 20%를 만들어 냈다. 핵산업계의 '경고'는 기우였음이 증명된 셈이다.

독일 녹색당의 핵폐기 전략은 유효했는가?

지난 해 독일의 핵폐기 결정을 되돌아볼 때 반드시 살펴봐야 할 것은 독일 녹색당이 이 과정에 어떻게 대응했는가 하는 점이다.

2010년 가을 메르켈 행정부가 지난 2002년 확정된 '운전 중인 핵발전소 수명 후 폐기(2022년 이전 핵폐기)' 결정을 뒤집어, 최대 14년 핵발전소 수명연장을 강행 처리한 후 독일 시민사회는 수시로 대규모 집회를 열었고 이러한 시민들의 열기에 힘입어 녹색당의 지지도는 20%를 넘기에 이르렀다.

후쿠시마사고 직후 치러진 독일 남부 바덴-뷔르템베르크 주 지방선거에서는 '슈투트가르트 21 프로젝트' 갈등과 더불어 후쿠시마 사고의 영향으로 사상 최초로 녹색당 출신 주 총리가 선출되는 이변이 연출되었다. 6월 실시된 전국 차원의 여론조사에서 녹색당의 지지율은 28%로 나타나, 이대로 총선이 치러지면 녹색당 총리가 나올 것이라는 예측이 지배적이었다. 그만큼 녹색당은 2010년 가을 이후 만들어진 핵정국을 주도했다고 할 수 있다.

그러나 6월 말 하원의회 표결을 앞두고 녹색당은 메르켈 총리의 2022년 핵폐기 제안에 동의하는 결정을 내렸다. 후쿠시마사고를 계기로 더 빠른 핵폐기를 촉구해야 한다는 의견이 많았으나, 핵산업계에 배상해야 할 비용 문제라는 현실적인 장벽과 더불어 매번 반대만 외치는 정당으로 비쳐지는 부정적인 이미지를 재고해야 한다는 의견이 득세한 것이다. 2011년 6월 30일 독일 하원 표결에서 녹색당을 포함한 기민당, 자민당, 사민당이 찬성표를 던져 재적의원 622명 중 513명 찬성, 79명 반대, 8명 기권의 압도적인 지지로 통과되었다. 녹색당과는 달리 좌파당은 조속한 핵폐기를 주장하며 끝내 반대표를 던졌다.

후쿠시마 핵정국을 주도했던 녹색당의 기세는 이로써 완전히 꺾였다. 메르켈의 정책에 동의함으로써 차별화에도 실패했을 뿐 아니라, 지지 세력인 환경단체를 포함한 시민사회로부터도 비난을 받기에 이르렀다. 체르노빌에 이어 또다시 후쿠시마가 보여준 핵재앙의 공포를 2022년까지 짊어지는 것을 법적으로 보장하는 데 녹색당이 동의했기 때문이다. 녹색당의 에너지 담당자들은 녹색당의 에너지 정책은 메르켈의 핵폐기 정책과 내용적으로 다르다고 애써 강조하지만, 이미 동력을 잃은 녹색당의 핵정책은 어느 누구의 주목도 받지 못하고 있다. 9월 치러진 베를린 지방선거에서 사상 최초의 녹색당 출신 수도 시장이 탄생될지도 모른다는 기대가 있었으나, 결과는 사민당, 기민당에 이은 3위에 그쳤다.

많은 이들은 후쿠시마 핵사고 이후 독일이 보여준 발빠른 핵폐기 결정을 반기고 있지만, 실은 지난 2002년 사민당-녹색당이 확정한 '2022년 이전 핵폐기' 결정으로 회귀한 것에 다름 아니다. 후쿠시마사고 이후 보여준 녹색당의 대응은 그래서 두고두고 아쉬운 대목이다. 내각제를 채택한 독일의 정치 시스템에서 녹색당이 더 빠른 핵폐기를 요구한다고 이것이 받아들여질 가능성은 없었지만, 의회 통과와는 별개로 원외에서 계속해서 토론을 불러일으킬 여지는 충분했다. 뿐만 아니라 현 정권과의 차별화를 통한 여론몰이도 가능했다. 녹색당의 2011년 6월 결정은 독일 사회의 핵폐기 열풍을 비롯해 가속도가 붙은 녹색당의 지지율 상승에도 찬물을 끼얹은 과오라 할 수 있다.

희망은 일상이어야 한다!

이선원(탈핵울산시민공동행동 집행위원)

울산탈핵희망텐트를 마치고

사진 울산환경운동연합 제공

살다보면 문득 깨달아질 때가 있다. 물론 나의 경우지만, 적당한 정의감과 적당한 사명감, 그리고 적당한 관성의 힘으로 살아온 날들에 대한 반성같은 것 말이다. 그 찰라와도 같은 반성의 순간에 얻는 깨달음이란 알고보면 그야말로 단순할뿐더러, 일단 깨닫고 나면 이후 인식의 확장도 그야말로 대도무문이다.

내게 탈핵은 그렇게 다가왔다. 중요한 건 알겠는데, 실천해야 할 당위도 충분한데, 하지만 결코 일상이 되기엔 쉽지 않았던 것. 하지만, 어느 순간 느낌이 팍 왔다. 환경운동이란, 그리고 탈핵이란 복잡한 이념이고 가치관, 철학 등등을 갖다 댈 필요도 없이 잘 먹고 잘 살기 위한 가장 원초적인 운동이라는 것. 남과 더불어 내가, 그리고 우리가 행복해지기 위한 실천이라는 것. 그렇게 생각하니, 행복해져야 할 대상이 인간만이 아니라 무릇 생명이고 자연까지라는 것까지 쑥 커져 버렸다. 뿐만 아니라, 그러한 가치 실현을 위한 실천은 일상에서 면면히 지속되어야 한다는 것이다.

사진 울산환경운동연합 제공

2012년 6월, 울산탈핵희망텐트는 그런 의미에서 기획되었다. 애시당초 1박2일 농성에서부터 시작해 탈핵희망텐트라는 이벤트로 귀결되기까지의 과정에서 우리는 색다른 집회방식을 고민했다. 그 고민의 과정에서 '즐겁고 유쾌한 탈핵운동', '일상과도 같은 평온한 탈핵운동'의 기본 취지를 이끌어 낼 수 있었다. 울산 도심을 흐르는 태화강 둔치라는 공간(자연)에서의 탈핵희망텐트! 대충 그림은 만들어질 것 같았고, 그 속에 담길 의미도 괜찮아 보였다.

하지만, 적어도 울산에서는 처음 시도되었던 '1박2일 야외캠프집회'라는 형식에 대한 부담이 컸던 탓이었을까, 아니면 적은 인력과 보름도 채 되지 않았던 짧은 준비기간 탓이었을까? 어찌되었든 텐트를 수배하고, 필요한 장비와 준비물을 챙기고, 공간을 확보하는 등 행사의 하드웨어적 요소에만 매달려, 정작 행사가 담보해야 할 컨텐츠에 대해서는 담당자에게만 맡겨둔 채 전체적인 크로스체크를 할 여유가 없었던 것이다.

다행히 탈핵토크를 위해 경주환경운동연합에서 어렵사리 시간을 내어 주신 이상홍 국장님을 비롯해 울산의 활동가들이 주축이 되어 백여 명의 시민들과 함께 태화강의 밤을 밝혀 주셨지만, 마치 활동가들이 하드웨어팀과 컨텐츠팀으로 나뉘어진 듯한 행사 운영은 여전히 아쉽다.

그럼에도 불구하고 이번 '울산탈핵희망텐트'가 지니는 긍정적인 의미는 앞으로도 유효하다고 본다. 어린 아이들이 뛰어노는 평화로움과 빔프로젝트로 상영되는 체르노빌핵발전소 폭발사고의 끔찍한 공포가 공존하는 집회공간. 그 동일한 시간과 공간 속에서의 두 풍경이 이루는 극단적 대비는 생명과 평화에 대한 절실함을 일깨우기에 부족함이 없었고, 탈핵은 바로 어느 특정한 시간과 장소가 아닌 바로 우리의 일상속에서 끊임없이 실천되어져야 할 어젠다임을 상징하기에도 충분했으리라.

다만 이러한 일종의 동기부여를 어떻게 지속가능케 할 수 있는가는 앞으로도 계속 우리들에겐 과제로 남는다. 물론 힘들 것이다. 하지만, 힘들다고 해서 그 원칙이야 바뀌겠는가? 운동은 일상이고, 그리하여 일상은 곧 희망인 것을!

〈탈핵신문〉 창간 소식을 듣고

니시오 바쿠(西尾漠)
〈반원발신문〉 편집장

〈탈핵신문〉이 한국 각지의 운동을 연결시키며 '탈핵'이라는 큰 여론을 만드는 역할을 다할 것을 기대합니다.

일본의 〈반원발(反原発)신문〉은 1978년 5월에 창간되어, 올해 5월 410호를 발간했습니다. 50기가 넘는 핵발전소가 건설·운전되며, 작년 2011년 3월에는 결국 후쿠시마 제1핵발전소에서 미증유의 대사고가 일어나고 말았지만, 한편으로는 410호가 나오기까지 34년 동안 계획을 저지한 곳도 많고, 새로 부각된 신규 건설계획을 모두 막아내고 있기도 합니다.

이것은 현지에서의 끈질긴 싸움의 성과인데, 그러한 운동에 '정보'와 동지들의 '연대'라는 무기를 제공했던 것이 〈반원발신문〉입니다.

〈탈핵신문〉의 한국과 〈반원발신문〉의 일본, 어느 쪽이 먼저 '탈핵'을 이룰지, 사이좋게 경쟁합시다.

〈탈핵신문〉 창간에 거는 기대

김현우
에너지기후정책연구소 상임연구원

'탈핵'이라는 단일 이슈를 가지고 정기 신문이 나온다니, 참 반가운 일입니다. 바로 인접국에서 그렇게 커다란 핵발전 사고가 났는데도 아직 사회적 관심이 부족한 한국에서는, 핵 문제를 지속적으로 그리고 널리 이야기해주는 매체가 무엇보다 긴요하기 때문입니다.

그런데 한국 사람들이 정말 핵 문제에 무관심하다고 생각지는 않습니다. 지하철에서 또 찻집과 술자리에서 많은 선남선녀들이 방사능과 고리1호기에 대해 이야기 나누는 것을 어렵지 않게 볼 수 있습니다. 한국 정부와 이른바 핵마피아라 불리는 핵산업계가 아무리 일방적으로 찬핵 논리를 전개하더라도, 그 허구성과 부실함을 감출 수는 없기 때문입니다. 더 이상 안전한 핵도, 경제적인 핵도 없다는 사실을 이제 많은 이들이 알아가고 있습니다.

하지만 이제까지 우리는 탈핵을 원론적으로 이야기하는 데 만족해온 것이 아닌가 하는 자성도 빠트려서는 안될 것입니다. 1년 내내, 하루 24시간 찬핵의 단순 논리를 쏟아내는 광고와 공식 매체들의 홍수 속에서, 원론적인 이야기만으로는 힘을 못 쓸 때가 더 많습니다. 더 많은, 더 구체적인 사례들을 전하고 현장의 목소리를 전해야 합니다.

〈탈핵신문〉은 밀양과 고리의 주민들이 대도시의 시민과 만나고, 일선 환경운동가와 연구자들이 만나는 가장 좋은 방법이 될 것으로 기대합니다. 또한 투쟁하는 지역 주민들이 외롭지 않음을 알게 되고, 탈핵 한국이라는 공동의 과제를 위해 많은 이들이 움직이고 있다는 것을 환기하는 〈탈핵신문〉이 될 수 있을 것입니다.

물론 탈핵의 목소리가 양적으로 많아져야 하듯이, 〈탈핵신문〉에 대한 지원도 양적으로 많아야 할 것입니다. 탈핵 한국이라는 절실한 바람을 담아 정기구독과 후원으로 참여하고, 또 가까운 이들과 돌려 읽는 실천에 많은 이들이 동참하기를 희망하며, 신문 창간을 다시 한번 축하드립니다.

탈핵신문에게 바란다

한혁준
(전북 한살림 사무국장)

한살림은 한살림선언과 한살림공부모임을 통해 21세기를 '생명의 위기와 문명의 전환'이라고 진단하고, 도·농 직거래사업을 통한 협동적 생활양식을 대안으로 제시했습니다. 그래서 밥 한 그릇을 통해 세상을 바라보고 문제의 해결책을 모색합니다.

이러한 생명 위기의 중심에 핵시설이 자리잡고 있습니다. 지난 4월 한살림 품목 중 표고버섯에서(우리나라 모든 표고버섯 생산지에서 방사성물질이 검출됨) 방사성물질이 검출되었습니다. 미미한 수치(1.37베크렐)였지만, 한살림에서는 심각한 문제로 받아들여 한살림 기준치와 사회적 기준치에 대해 많은 논쟁과 토론을 하고 있습니다.

먹을거리의 안전성을 담보하기 어려운 시대라고 하지만, 핵산업의 부산물인 방사성물질이 검출된 것은 농산물을 생산해 내는 농민들의 형편을 더욱더 어렵게 하는 것입니다. 결국 핵시설은 농민과 소비자의 생명, 지구공동체의 생존을 위협하는 반생명적 시설입니다.

핵시설의 문제가 무엇이고, 현재 벌어지고 있는 핵산업의 상황과 문제점을 일반 시민들은 잘 알지 못합니다. 그래서 문제의 원인에 대한 정확한 정보 제공이 필요합니다. 이 일을 탈핵신문이 중심이 되어 해주기를 바랍니다. 또 핵없는 세상을 열망하는 개인과 시민사회단체들과 함께하는 각종 토론회와 워크숍에 탈핵신문이 매개고리 역할을 해주기를 바랍니다.

결국 핵산업 문제의 대응책은 구조적으로는 정부의 에너지 정책 전환을 촉구하는 대시민운동을 벌이는 것이며, 개인으로는 지구온난화 시대에 대응하기 위해 가까운 먹을거리 운동, 에너지 절약운동, 지속가능한 지역사회를 위한 공동체운동에 관심을 가지고 참여를 해야한다고 봅니다.

전국적으로 다양한 현장에서 벌어지고 있는 탈핵활동과 함께, 대안적 생활운동을 실천하고 있는 단체와 개인도 함께 소개하고 알리는 일에도 탈핵신문이 관심을 가져주시기를 바랍니다. 탈핵신문창간을 축하하며, 동시에 책임있는 마음으로 이 전환의 시대를 이야기하는 길에 힘과 지혜를 함께 모아나가기를 바랍니다.

탈핵을 위한 **기도문**

이 땅에 다시 생명을

손성문 신부
영덕 영해성당

아버지 하느님,
당신은 하늘과 땅을 지으시고
만물이 조화롭게 살아가도록
섭리하셨나이다.
이렇게 아름답고 눈부신 세상이
결국 당신의 모상인 사람을 위한 것임을 알기에
그저 감사드릴 뿐입니다.

당신은 생명의 주인으로서 모든 것을 살도록 만드셨나이다.
그러나 인류는 악의 유혹에 넘어가 죽음의 길로 들어섰으니
핵이라는 선악과에 손을 대고 말았나이다.
그리하여 원조들이 낙원에서 쫓겨나 죽어야만 하는 신세가 되었듯이
수많은 이가 고향에서 쫓겨나고 행복한 삶을 잃어버린 채
죽음의 공포에 떨게 되었습니다.

이는 비록 당신의 명을 거역한 어리석은 짓이었으나
당신은 형제를 죽인 카인을 내치지 않으시고 끝까지
지켜주셨던 것처럼
주여, 분수를 망각한 이 죄인들을 용서하시고
죽음의 재에 둘러싸인 인류에 자비를 베푸소서.

후손들의 삶까지 모조리 망칠지 모를 못난 조상이지만
염치 불구하고 애원하오니
피폭의 고통에 울부짖는 이들을 굽어 살피소서.

저희 세대가 교만의 죄에서 벗어나
이 난관을 슬기롭게 극복하고
당신이 만드신 보시니 좋았던 세상으로 되돌릴 수 있도록
지혜와 용기를 주소서.
그리하여 더 이상 방사능에 오염되지 않는
본래의 아름다운 자연을 만끽하며 살아가게 하소서.
이 땅에 다시금 생명이 넘치게 하소서. 아멘

'여성 갑상선 암, 발생률 높다' – 학회 공식 인정

〈원전 종사자 및 주변지역 주민 역학조사 연구〉에 대한 전문가 검토연구 결과

김익중 (동국대 의대 교수, 반핵의사회 공동운영위원장)

2011년 5월11일, 가톨릭대학교 서울성모병원에서 열린 '대한직업환경의학회 춘계학술대회'에서 주영수 교수(한림대 의대) 등이 발표한 〈원전 종사자 및 주변지역 주민 역학조사 연구〉의 내용과 그 의미를 간략하게 정리해본다. 이 연구는 2011년도에 발표된, 〈원전 종사자 및 주변지역 주민 역학조사 연구(연구책임자 서울의대 안윤옥 교수)〉 내용을 재검토 한 것이다. 주영수 교수 등 연구자들은 원자료를 김상희 의원(민주당)을 통하여 확보했고, 이 원자료를 재분석하여 학회에 공식적으로 발표한 것이다.

첫째, 이번 주영수 교수의 발표는 학술적으로 공식화된(학술적으로 공식 인정받은) 내용이다. 안윤옥 교수 등은 작년 발표를 통해 "원전 방사선과 주변지역 주민의 암 발병 위험도간에 인과적인 관련이 있음을 시사하는 증거는 찾을 수 없었다"는 결론을 내린 바 있으나, 그 발표는 공식적인 학회발표가 아니었고 주민들을 상대로 한 설명회였다. 그러나 이번 주영수 교수의 발표는 정식 학회에서 논문으로 발표된 내용이라는 차이가 있다. 즉 주영수 교수의 발표는 학회의 공식인정을 받은 내용이고, 작년의 안윤옥 교수의 발표는 학술적으로 인정받은 것이 아니다.

둘째, 이번 주영수 교수의 발표 내용에서 여성의 갑상선 암 발생이 핵발전소 주변지역 주민에서 더 많이 발생하며, 이는 통계적으로 유의하다는 결론이 도출되었다. 이 결론은 안윤옥 교수의 보고서의 본론과도 같은 내용이다. 그러나 안 교수는 결론에서 주변지역 주민에 대한 조사가 더 많이 이루어졌기 때문(detection bias)일 가능성이 높다고 주장함으로써 본인 스스로가 작성한 본론의 내용을 부정해버렸다. 주영수 교수와 연구팀은 원자료를 재분석한 결과 주변지역 주민에 대한 조사가 더 많이 이루어지지 않았으며, 오히려 안 교수의 연구방법이 주변지역 주민과 대조군 사이의 차이를 희석시키는 방식이었음에도 불구하고 통계적으로 유의한 차이를 보였으므로, 실제 발생률은 분명하게 차이가 난다는 결론을 도출하였다.

셋째, 주영수 교수 연구팀은 갑상선암의 경우 핵발전소에 가까이 살수록 더 많이 발생한다는 '경향성'을 입증하였다. 5Km이내에 사는 사람들은 5~30Km거리에 사는 사람보다 더 많은 갑상선암이 발생하고, 또한 5~30Km에 사는 사람들은 30Km이상에 사는 사람보다 더 많은 갑상선암이 발생함을 입증한 것이다. 이는 핵발전소에 가까이 살수록 갑상선암 발생이 증가한다는 사실을 입증한 결과이다.

넷째, 핵발전소와 갑상선암 발생의 관련성이 입증된 만큼 다른 암과의 관련성에 대한 보다 정밀한 추가조사가 필요하다는 결론을 도출하였다. 핵발전소 주변지역 주민들 중 거주기간 등을 이용한 세분화된 분석, 그리고 4개 핵발전소 지역을 구분하여 각 지역 내 혹은 지역들 간의 비교분석, 국가 암 등록자료를 이용한 핵발전소 소재지역과 전국간의 암발생률 비교 등이 가능하며, 이런 다양한 연구방법들을 동원하면 핵발전소로 인한 가능한 건강피해를 철저히 확인할 수 있으므로 이를 위해서 추가적인 연구가 필요하다고 결론을 내었다.

주영수 교수 등 연구팀은 원자력안전위원회가 약속한 것, 즉 정부의 자료를 제공하겠다는 약속, 검증단을 공식적으로 구성하겠다는 약속, 그리고 지역주민이 사는 곳에서 설명회를 열겠다는 약속을 지키지 않고 있음에 유감을 표명하면서, 주영수 교수 연구팀이 직접 지역주민을 방문하여 지역에서 원하는 시간에 원하는 장소에서 설명회를 해주겠다고 말했다. 갑상선암과 핵발전소 사이의 인과관계가 학술적으로 입증된 만큼 피해보상 등의 가능성이 커진 것으로 해석이 가능할 것이다.

김준한·박혜령 공동대표 선출

6월 6일, 탈핵신문 발기인대회 개최

윤종호 편집위원

작년 11월 '핵없는 세상을 위한 공동행동' 워크샵에서 공식 제안된 이래, 핵과 방사능의 진실을 알리고, 국내·외 반핵운동 현장의 목소리를 담아내는 '운동매체' 역할을 자임해온, 탈핵신문이 발기인대회를 거치며 공식 창간을 선언했다.

지난 6월 6일(수) 대구가톨릭교구청에서 진행된 탈핵신문 발기인대회는 약 20명의 내·외빈이 참석했다. 이 날 손성문 신부(영덕 영해성당)와 김현우 녹색위원장(진보신당)의 축사가 있었고, 탈핵신문 발간배경과 경과보고 후 신문제호, 대표 및 편집장 선출, 사업계획 등이 논의됐다.

그간 '(가칭)탈핵신문'으로 사용해왔던 신문제호를 당일 '반핵신문'으로 제호를 바꾸자는 제안도 있었지만, 기존에 사용해왔던 '탈핵신문'으로 확정했다. 탈핵신문의 공동대표로는 김준한(신부, 밀양분신대책위 및 반핵부산시민대책위 공동대표), 박혜령(농민, 영덕핵발전소유치백지화투쟁위원회 집행위원장) 씨를 우선 선출했고, 추후 공동대표 회의를 통해 각 지역별 대표 2~3명을 추가 선임하기로 결정됐다. 편집위원장으로는 지역신문 편집국장 출신의 윤종호(출판사) 씨를 신출했다.

김준한(왼쪽)·박혜령 공동대표

한편 탈핵신문은 올 1월부터 4월까지 그간 창간준비 1~4호를 매호 2~3만부씩, 전체 약10만부를 발행해, 울산, 경주, 부산, 영덕, 삼척, 밀양 등 반핵운동 현안지역을 중심으로, 각 지역 반핵대책위를 통해 배포해 왔다.

탈핵신문

발행인 김준한
공동대표 김준한 박혜령
편집위원 고노 다이스케(서울) 박혜령(영덕) 윤종호(고창) 이상홍(경주) 이지언(서울)
배송·운영지원 에너지정의행동

(110-876) 서울특별시 종로구 숭인동 76번지 롯데캐슬천지인 지동 205호
문의전화 02-702-4979
팩스 02-704-4979
이메일 bebelow@hanmail.net
등록번호 종로라 00366
구독료 1년 2만원 / 1부 1천원

제2호 2012년 8월 6일 월요일 www.nonukesnews.kr

'고리1호기 재가동 계획' 당장 중단하라!

폭염을 빌미로, 정부는 고리1호기 재가동 계획

장마가 지나고 본격적인 무더위가 찾아왔다. 매스컴은 연일 폭염주의보니 폭염경보니, 그야말로 찜통더위를 보도하고 있다. 이에 정부는 마치 기다리기나 했다는 듯이 지난 7월 26일 홍석우 장관(지식경제부)의 입을 빌려 '8월 3~4째 주 사이에 전력수급 상황이 가장 위험할 것' 이라며 '고리1호기를 늦어도 8월 3일부터 재가동하겠다' 고 했다.

올 것이 왔다는 느낌이다. 정부는 지금까지 핵발전소를 두고 가장 깨끗하고, 안전하고, 값싼 에너지라 선전해왔다. 그러던 것이 지난해 후쿠시마 핵사고 이후, 핵발전소의 돌이킬 수 없는 위험이 드러나면서 '그래, 핵발전소가 깨끗하지도 않고, 조금 위험하다 치자. 그런데 값싼 전기 펑펑 쓰지 않고 어쩔건데' 라며 국민들을 대놓고 협박하고 있다.

핵발전소 전기는 결코 싸지 않다. 정부와 사업자인 한국수력원자력은 싸다고 주장만 하지 전기원가자료도 공개하지 못하고 있다. 전기원가에는 눈앞에 보이는 건설비와 운영비뿐만 아니라 핵발전소 해체·철거 및 핵폐기물 처리비용(핵발전소 전체가 방사능으로 오염된 핵폐기물이다), 안전대책비, 사고대응비, 홍보 및 법정 주민지원비(신고리 5~6호기 건설지역 지원규모는 1조2천억) 등이 포함돼야 한다. 그렇지만 정부는 이를 국민세금으로 떠넘기면서 눈속임을 하고 있다.

단 1% 전기량이, 320만 생존 위협해

어쨌든 고리1호기 재가동이 현재의 전력난을 해소하는 방안이 될 수 없다. 고리1호기가 만들어내는 전기량(58만kw)은 전체 전기량의 1% 정도밖에 되지 않는다. 지난 7월 20일 신고리 2호기가 상업운전을 시작했다. 1백만kw 용량으로 부산시 연간 전기사용량의 40%(울산시 30%)에 해당한다. 뿐만인가, 같은 용량의 신월성 1호기도 계통병입을 마치고 조만간 상업운전에 들어간다. 새로 가동하거나 현재 건설중인 핵발전소는 모두 1백만kw에서, 1백40만kw의 초대형 핵발전소로 신고리 3~4호기, 신월성 2호기, 신울진 1~2호기는 2013년부터 2017년까지 완공계획이다. 모두 8백60만kw의 용량으로 기존 핵발전소 용량의 40%가 넘는 수치다. 그럼 대체 몇 개의 핵발전소를 더 건설해야 현재의 전기수요를 감당할 수 있다는 말인가. 이렇게 갈 데까지 가서, 끝을 보자는 얘긴가.

전기피크란 1년에 며칠, 전기수요가 정점에 달하는 기간을 말한다. 이를 위하여 부산을 비롯한 고리1호기 인근 3백20만 시민과 주민들의 생명과 생존을 담보로 하여야 하는가. 그리고 현재도 부산·울산 지역 전기수급량의 2배에 달하는 전기를 생산하고 있지 않은가. 더구나 지난해 비상정전사태는 전기피크시기가 아닌 9월 중순에 일어났다. 이는 단적으로 정부와 한전의 전기수급대책의 관리부실과 미숙에 의한 것임을 알 수 있다.

사진 반핵부산시민대책위 제공

▲지난 7월 30일(월) 고리1호기 폐쇄를 촉구하는 시민농성을 앞두고, 부산시청 앞에서 반핵부산시민대책위 관계자들이 기자 회견을 진행하고 있다.

부산·울산 시민 70% 이상…'고리1호기 폐쇄하라'

어떤 일이 있어도 고리1호기의 재가동은 막아야 하며 고리1호기는 곧바로 폐쇄되어야 한다. 만일 고리1호기에서 핵사고가 나면 악마의 연쇄반응이라고 하여, 옆에 붙어있는 고리 2,3,4호기와 신고리 1,2호기 등이 통제할 수 없는 지경에 이르게 된다. 이는 모두 6기의 핵발전소 폭발사고로 이어진다는 의미이며, 그 때는 부산·경남지역의 문제가 아니라 한반도 전체가 직접적 피해를 입게 된다.

얼마 전 부산시민 여론조사결과 70% 가까운 시민들이 고리1호기 폐쇄에 찬성했다. 또한 최근 부산·울산시민 500명을 대상으로 한 직접설문조사결과도 78%의 시민들이 핵발전소가 위험하다고 응답했다. 이처럼 엄청난 피해를 가져다주는 고리1호기 폐쇄를 위하여 1%정도의 전기도 절약하지 못하는 그런 시민들이 아니지 않은가.

지난해 후쿠시마 핵사고 이후 일본은 전체 54기의 핵발전소 가동을 멈추었다. 그럼에도 일본에서 전력대란이 일어났다는 말을 들어본 적이 없다. 일본은 이제 핵발전 사업 확대의 꿈을 아예 접었을 뿐 아니라, 당장 2~3기의 재가동을 두고 일본국민들의 반대의지는 확고하다. 지난 7월 16일 '사요나라(안녕) 원전 10만명' 시위 때는 무려 17만명의 시민들이 요요기공원을 가득 메웠으며, 이는 52년만의 대규모 시위였다. 그렇지만 후쿠시마 핵사고는 현재 진행중으로, 일본은 이미 너무 비싼 수업료를 지불하지 않았는가.

흔히 말하듯 핵발전소 폐지 주장이 지금 당장 하루아침에 핵발전소를 멈추라는 것도 아니고 멈출 수 없음은 자명한 사실이다. 그렇다고 깨끗하지도, 값싸지도, 더구나 너무도 위험한 핵발전소 건설에 언제까지 목을 매고 있을 것인가. 분명한 것은 지금처럼 전기를 함부로 낭비하는 구조로써는 그 어떤 전기에너지로도 감당할 수 없음을 직시해야 한다. 정부부터 일반시민, 소비자까지 에너지정책이나 소비절약에 대한 기본적 마음가짐과 자세를 가져야 한다.

이제 폭염과 함께 멀리 런던올림픽 축제로 사람들은 열광할 것이다. 그리고 정부는 그 틈을 타 320만 부산시민과 인근 주민들의 목숨을 담보로, 고리1호기 재가동의 수순을 밟으려 할 것이다. 생각만으로도 끔찍하다. 두 눈 부릅뜨고 지켜볼 일이다.

▶관련기사 4면

이성홍 통신원(반핵부산시민대책위 기획실장)

탈핵 그림판

박흥렬

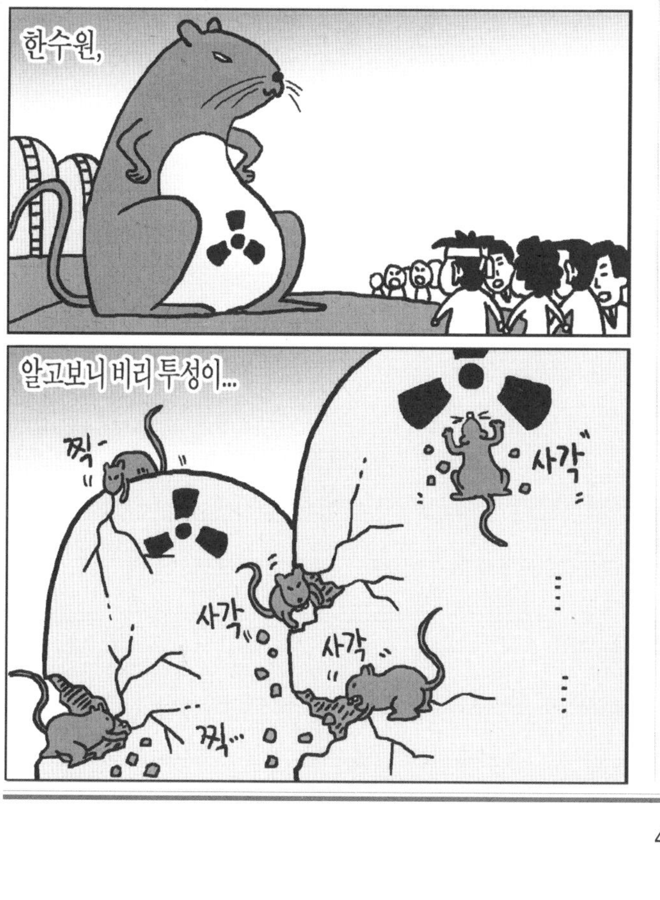

좌담회

"부울경, 반핵운동 현황과 과제"

탈핵신문은 4·11 총선 이후 각 지역별로 전개되고 있는 반핵운동 '현안'과 '과제'를 점검해보는 연속좌담회를 기획했다. 첫 시작은 최근 반핵운동 최대 현안인 고리1호기 폐쇄 운동을 전개하고 있는 부울경(부산·울산·경남)이다. 이번 부울경 좌담회는 지난 7월 26일(목) 부산환경운동연합 회의실에서, 진행한 내용을 요약·정리했다. 좌담회 전문은 탈핵신문 홈페이지(http://nonukesnews.kr) 참조.

각 지역별 반핵운동의 현황과 평가

김해창(사회, 경성대 환경공학과 교수) 탈핵신문이 야심차게 기획한 좌담회인 것 같다.

핵발전소가 안전하다는 믿음이 일본에서조차 무너졌다. 올 1월 밀양 이치우 열사 분신, 3월 고리1호기 정전은폐사고, 6~7월 국제원자력기구(IAEA)와 원자력안전위원회(이하 원안위) 등의 고리1호기 특별점검, 결국 '기술적으로 문제없다'며 재가동 허용. 주민이나 국민들 생각이 '지금 재가동해서는 안된다'는 것은 정부도 잘 알고 있을 것이다. 먼저 각 지역별로 진행되고 있는 반핵운동 현황과 간략한 평가를 말씀해 달라.

박종권(핵발전소확산반대경남시민행동 공동대표) 경남은 30여개 단체로 구성되었다. 창원은 고리에서 56km 떨어져 있다. 주 1회 1인 시위를 계속 진행하지만, 별로 관심 없다. 경남도의회와 창원시의회에서 고리1호기 폐쇄 촉구 결의안이 통과됐다. 아직까지 주민들의 관심을 끌어내지 못하고 있고, 덜 위험하다고 생각하는 것 같다. 또 운동하는 사람들의 열의와 절박성도 부족해 보인다. 70여개 단체가 연대한 핵없는 사회를 위한 공동행동(이하 '공동행동')에서 고닥페(고리1호기 닥치고 폐쇄 카페)를 2달 정도 진행하고 있다. 초창기와 달리, 지금은 열기가 식었다.

오영애(탈핵울산시민공동행동 집행위원장) 울산은 작년 후쿠시마 사고 직후 시민사회단체네트워크인 울산공동행동을 만들었고, 33개 단체, 정당 등이 참여하고 있다. 일상사업으로 대중강연과 교육을, 이외에도 영화제, 만화전 등도 진행했다. 6개월 연속 1인 시위, 찾아가는 탈핵골목순례, 1박2일 탈핵농성캠프 등도 있었다. 최근 부산과 함께 고리폐로 1만인 인증샷을 진행하고 있다. 한 달에 2번정도 쉼 없는 행사로, 내부적으로는 상당한 피로감이 있고, 활동가들도 역할을 바꿔주길 요청해온다.

김준한(765kv송전탑반대 고 이치우 열사 분신 대책위 및 반핵부산시민대책위 공동대표, 신부) 밀양은 7년째 싸움이다. 올 1월 16일 이치우 어르신의 분신으로 국면이 전환됐다. 2월 1일 분신대책위가 출범했고, 일상적인 활동은 수요일 촛불 문화제와 금요일 미사가 있다. 이외에도 마을별로 주민간담회를 진행하고 있다.

최근 공사가 치고 들어오고 있다. 헬기를 동원해 중장비를 실어 나른다. 현장이 69곳이다보니, 어딘지 미리 알지 못하면 헬기를 딱 보고 올라가는 데 1시간이 걸리기 때문에 막지 못한다. 현장에서 어르신들이 계속 막아왔고, 탈핵희망버스, 초록농활대 등 외부에서 도움을 주고 있다.

사진 윤종호 편집위원

내부적으로 갈수록 지치고 있다. 정치적인 접근도 필요하다고 생각해 지난 월요일 국회에서 피해자증언대회와 기자회견을 진행했다. 19대 국회에서 진상조사위원회를 꾸려주었으면 하는 바람이다. 주민대책위와 분신대책위 2곳이 연대하며 진행하고 있다.

정수희(반핵부산시민대책위원회 사무국장) 부산은 세번째 국면을 맞이한다. 후쿠시마 사고 직후 대책위가 구성되어, 작년 한해는 네트워크 수준의 활동을 진행했다. 30여개 단체가 참여했다.

두번째 시기는, 전체 반핵운동에서 부산이 특히 중요한데, 부산대책위가 이를 힘있게 돌파해나가지 못하자, 김준한 신부 등이 공동대표로 결합하는 등 대책위 내 사무국을 구성했다 올 1월부터 54개 단체가 함께하고 있고, 4월 1달간 농성, 인간띠잇기행사 등을 진행했다.

지금은 대책위 재구성을 이야기하고 있다. 대책위가 열심히 결합하는 단체와 그렇지 않는 단체가 있게 마련이고, 그 의사를 재확인해 나가자는 측면에서 세번째 국면이다. 지금 부산그리스도모임이 1인 릴레이 시위를 7월 9일부터 부산

김해창

고리1호기에 대해 주민이나 국민들 생각은 '지금 재가동해서는 안 된다'는 것이다

박종권

주민들의 관심을 끌어내지 못하고 있고, 운동하는 사람들의 열의와 절박성도 부족해 보인다

시청앞에서 매일 진행하고 있다. 한편에서는 '대책위는 뭐하고 있나, 고리1호기에 타격을 줄 수 있는 행동을 해야하지 않는냐'는 요구가 올라온다. 현재는 다급한 마음이다. 고리1호기가 재가동을, 우리 행동으로 저지할 수 있는 방법이 뚜렷하지 않아, '몸부림치고' 있다.

부울경 연대는 필요한가, 지역주민들과의 관계는?

김해창 후쿠시마 사고로 반핵은 전 국민의 문제가 됐다. 밖에서는 대응이 미흡하다는 지적도 있지만, 듣고 보니 열사람이 한 도둑을 못 막는 상황이다. 부울경 연대와 지역주민들과의 관계는 어떠한가.

정수희 고리지역, 즉 발전소 인근의 장안읍(부산시 고리군), 사생면(울산시 울주군)에는 고리1호기 폐쇄와 신고리 5~6호기 신규건설문제 2가지 사안이 있다. 지역은 양분되어 장안지역은 일단 '고리1호기 폐쇄, 신고리 5~6호기 건설 반대'의 입장이고, 사생지역은 '고리1호기 폐쇄, 신고리 5~6호기 빨리 건설'의 입장이다. 고리1호기 주도는 장안 쪽에서, 신고리 5~6호기는 사생 쪽에서 하고 있다. 지금 고리1호기 재가동 여부를 지경부와 원안위는 지역주민 추천 전문가·기관의 검증을 받기로 했고, 구성되고 있다.

지난 주 부산대책위와 기장지역 주민들 첫 공식 상견례가 있었고, 서로 관계를 개선하자고 했다. 지역주민들은 2005년 고리1호기 수명연장을 동의해줬기 때문에, 지금 와서 폐쇄하라는 것은 굉장히 어렵다. 지금은 '안전한지 안한지'를 직접 확인하고 싶어 한다.

그래서 문제제기했다. '고리1호기 안전여부를 평가하는 사람들이 지역주민들일 수만은 없다'고, 주민들은 자기들을 믿어달라고 한다. 그 과정을 투명하게 공개할 터이니, 잘못된 판단하면 그 때 문제제기하라고 한다.

오영애 아직까지 탈핵운동과 관련한 사회적 정의가 잘 내려지고 있지 않다. 탈핵운동의 주체와 이해관계자가 어디냐. 옛날에는 5km이내의 주민들이 거의 유일한 이해관계자였다. 최근에는 송전탑 등도 이해관계자로 들어왔고, 다양한 이해관계자 그룹이 생기고 있다.

울산은 서생, 온산 등에 주민 대책위가 있다. 서생은 예전 생존권수호위원회 위원장조차 '신고리 5~6호기는 들어와야 한다'는 의견이다. 그 동안 '막아봐야 지치기만 하고', 아예 보상받고 유치하자는 입장으로 거의 통일됐다. 고리1호기 폐쇄까지도 신고리 5~6호기 협상을 위한 정치적 수순으로 임하고 있다는 것을, 이번 신고리 5~6호기 공청회(6월 29일) 진행 시 여실히 눈으로 확인했다. 온산도 비슷하다.

주민들과 어떤 관계를 가져갈지 생각해봐야 한다. 핵문제와 관련해 5km이내 주민들의 발언권, 영향권을 줄여야 한다. 사회적인 이해관계자 그룹으로 이 문제를 해결해야 하고, 법 개정이 필요하다는 이야기가 나오고 있다.

김준한 고리 주민조직과의 관계에 대해 이야기하면, 주민조직과의 연대는 참 어려운 일이다. 어떤 때는 불가능한 일이다라는 생각이 들 정도로, 하지만, 최소한 포기는 하지 말아야 한다.

김해창 고리를 부울경이 둘러싸고 있는데, 경남은 연대를 어떻게 보나

박종권 우리는 부산대책위에 '경남도 넣어 범영남으로 연대기구를 만들자'고 이야기한 바 있다. 얼마 전 부울경 회의에서 연대기구는 못 만들더라도, 연대회의체 정도는 하자고 결론을 맺었다.

오영애 연대하자는 데, 연대하지 말자고 하면 동문서답이 될 것이다. 부울경은 지역적으로 연대한다지만, 연대할 일이 없다. 탈핵운동은 대중적으로 '총선, 대선에서의 정치운동이다'라고 정리하고 있다. 전국 시민대상의 선전 등을 해야 하고, 고리가 가장 쉬운 주제로 올라와 있으니, 그것을 살려가야 한다.

김준한 오늘 너무 좋았다. '아, 마창진은 이런 느낌이구나, 같이 할 수 있는 것이 뭐가 있을까, 소통할 수 있는 방법을 고민해봐야겠다'라고 생각했다.

심각한 문제 중에 하나가 지역과 수도권이 연대하지 못하고 있다는 것이다. 프로그램이 서울 안의 프로그램으로 돌아가고 있다. 단적으로 고닥페가 오랫동안 진행된 프로그램이지만, 이것이 전체 판에서 이렇게까지 상징성이 커졌을까. 부산이나 밀양에 있는 제 입장에서 좀 의아하게 느꼈다.

부울경을 이야기하게 된 것은, 대경(대구, 경북)은 조직되고 있고, 전라도에서도 어떤 형태로든 틀이 있다. '수순이 그렇게 가겠구나', 이후 '공동행동'과 큰 틀에서 같이 갈 것이다. 지역의 현안들을 같이 가져갈 수 있는 구조들로 변화되어야 하지 않을까라고 생각한다.

▶3면으로 이어짐

오영애 논의와 상관없이, 일단 문제의식은 전달되었다. 전 세계에 전쟁으로, 기아로, 이런 저런 대형사고로 죽을 수 있는 가능성은 많다. 서울 사람들이 여기(부울경) 처럼 달라들 일은 없다. 울산도 마찬가지다. 전쟁이 당장 일어나지 않는 것처럼, 핵도 마찬가지다. 그래서 동력이 있는 밀양과 삼척을 중심으로 훈련된 활동가들이 결집해야 할 필요는 있지만, 부울경은 아닐거라는 거죠.

최대 현안, 고리1호기 대응 어떻게 할 것인가?

김해창 원안위가 고리1호기 재가동 허용 결정을 했다. 어떻게 대응할 것인가.

오영애 대선을 겨냥해서, 국민여론을 최대한 집중시키는 방안으로, 부산·울산이 뭔가를 보여주자며 7~8월 총력을 기울여 만명 인증샷을 받고 있다.

박종권 고리1호기 사고시 창원시 방재대책을 알려달라고 했더니, 자료집이 왔다. 예를 들어, 방사능이 오염되면 식수대책으로 '우물물을 확보한다'고 되어 있더라. 우물물이 어디어디 있는지 그 자료를 달라. 요오드제 12만명 분을 확보하고 있다는데, 창원시만 해도 100만명인데, 12만명만 분으로 어떡하냐. 대책은 뭐냐. 답변이 오면 '이렇게 허술하다'는 것을 언론에 알릴 작정이다.

정수희 많은 분들이 '재가동되면 어떻게 할 것인가'를 묻고 있다. 고리1호기가 '부산만의 문제가 아니다'라는 생각으로, '고리 폐쇄 국민위원회를 만들자, 우리도 폐로 경험을 해보자' 등을 제기하고 있다.

지경부, 원안위가 지역주민들로 국한해 이 문제를 축소시키고 있고, 이렇게 진행되는 방식에 대해, 당사자인 부산시와 시의회가 보다 적극적으로 대응하며 문제제기를 하는 것이 핵심이다. 더불어 서울의 '공동행동'도 이 부분을 적극 대응하면 좋겠다.

김해창 보충하면, 지난 3월부터 핵발전 추진론자 일색인 부산시 원자력안전대책위원회에 시민단체 추천으로 저와 부산YWCA 김혜경 총장 2명이 들어갔다. 실제 부산시장의 마인드가 중요하다. 부산시장이 중앙부서 원자력 관련법안을 바꾸게 할 수 있다. 부산시민의 목소리를 전하지 못하고, 기장과 고리의 목소리 형태로 되니까 왜곡된다. 적어도 부산시의회는, 기장군의회가 아니라는 점을 분명히 하는 것이 중요하다.

오영애 원자력안전대책위원회의 지위, 위상이 어떻게 되며, 이 모델의 다른 사례가 있나

김해창 부산시 자문기구로, 부시장이 위원장이다. 부산 외에는 없다. 작년 후쿠시마 사고 이후 생기고 형식화되어 있던 것이 이번에 정전 및 은폐사고 등으로 공개됐다.

오영애 시민들이 핵발전 이해관계를 갖고 참여할 수 있다는 것은 좋은 것 같다. 민간환경감시기구가 주민들 중심으로 들어가고, 지자체장이 위원장이 된다. 여기에 시민단체는 안 끼어준다. 이런 위원회를 만들어 시민단체가 들어가 공식적으로 이야기해야 한다.

밀양 송전탑 싸움은?

김준한 앞서 말씀드렸듯이, 국회 진상조사위원회를 꾸리고, 중재역할을 해주면 좋겠다. 지금은 공이 한전에 없고, 지경위에 있다. 지경위를 압박하는 국회 차원의 노력이 필요하다. 더불어 끊임없이 현장을 지키는 노력도 함께 가야 한다. 지금부터는 직접적인 타격이 있을 것이라고 예상하고 있다. 안에서 판을 짜는 것을 준비하고 있다.

이치우 어르신이 돌아가신 이유가, 내가 죽어서라도 이 문제를 해결해야겠다는 것도 있었지만, 외로움과 고립감이었다. 저희의 바람은 제2의 불상사는 일어나지 않아야 한다고 생각한다. 질 땐 지더라도, 외롭지 않게 져야 하기에, 계속해서 외부와의 연결을 가지는 것을 고민하고 있다.

정수희 송전탑과 관련해 부산 정관신도시도 기억하면 좋겠다. 정관도 굉장히 비슷한 절망감을 느끼고 있다.

김준한 밀양시, 청도군, 구미시, 새만금 쪽도 송전탑 대책위가 꾸려져 활동하고 있다. 어떤 연계를 가지고 함께 할 수 있을지 고민하고 있다. 특히 청도는 너무너무 억장이 무너지더라.

문재인 2060년 탈핵 논란

김해창 최근 대선후보들도 탈핵을 언급하고 있다. 얼마전 민주통합당 문재인 대선 후보가 2060년 탈핵을 발표하면서, 반핵운동 내에서는 성명서를 낼지 말지를 갖고 논란을 했다. 민주통합당 기본 입장은 2040년, 김두관 후보도 2040년을 발표했다. 녹색당은 2030년. 어떤 전략으로 탈핵을 해야 할까

오영애 우리의 깃발은 '당장 중단'이다. 독일도 그렇게 했다. 현실로 들어가, 고리1호기 폐로 하나만 동의해줘도 친구로 갈 수 있다. 나머지는 '아쉽다, 더 분발해달라' 이런 요청을 한다. 60년이기 때문에 '너는 적이다'라는 구분은 안한다. 그리고 계속 견인한다는 입장이다.

정수희 그 당시 부산에서 논쟁이 되었던 것은, 그 만큼 우리사회가 탈핵 과정에 대해 논의를 안 해왔다는 것이고, 합의를 볼 수 있을 것이라고 기대하지 않지만, 지금부터 구체적으로 논의를 해야 할 때라는 것이다. 많은 사람들이 탈핵 사회에 대한 편견과 오해를 하고 있다. 단적으로 '전기 쓰지 말자는 거냐'는 분들이 있다. 한 사회가 에너지전환을 해나가는 모델들, 예를 들어 독일 같은 그 과정을 보여줄 필요가 있다.

박종권 문재인 2060년 탈핵으로 '공동행동'에서 논평을 못 내고, 찬성하는 단체들만 연명해 논평을 냈다. 탈핵을 표방했다는 측면에서 지지해야 한다. '2060년, 너 장난하냐'는 비난 조는 문제가 있다. 2060년 일부 문제가 있지만, 환영한다. 우리의 우군을 많이 만들어가야 한다.

김준한 저는 다르게 생각한다. (2060년 탈핵과 관련해) 환영이라는 말을 썼다는 것은 심각한 착오가 있다고 생각한다. '너는 아니야'라고 쳐내는 것이 아니라, 이렇게 미약하게 의견을 내서는 안된다. 이미 민주통합당은 고리1호기 폐쇄와 신고리 안 짓는 것을 정해두었다. 문재인을 기다렸던 것은, 자기가 새누리당이 아닌 이상 논조가 강하게 나와도 아무 이상이 없었다. 저변확대도 필요하지만, 우리가 조금은 선명성을 드러내는 것도 필요하다고 생각한다.

2060년이기 때문에 '너는 적이다'라는 구분은 안한다. 계속 견인한다는 입장이다.

이렇게 미약하게 의견을 내서는 안된다. 우리가 선명성을 드러내는 것이 필요하다

합의를 볼 수 있을 것이라고 기대하지 않지만, 지금부터 구체적으로 논의를 해야 할 때이다

김해창 정치운동으로서 녹색당은 어떻게 보나, 탈핵신문 쪽에서도 보완할 주제가 있으면 제기해 달라.

오영애 녹색당 당원이다. 주민들 만나는 에너지로 녹색당에 주력하라고 이야기 하고 싶다. 왜냐하면 세계 각국의 탈핵운동에 녹색당 역할이 지대했다. 녹색당이 좀 더 치열한 활동을 할 수 있는 분위기를 만들어주고, 반핵운동진영에서 전략적 연대와 프로그램을 같이 만들 필요가 있다.

윤종호(탈핵신문 편집위원장) 보충한다면, 앞에서 탈핵의 정의가 뭐냐는 얘기를 끄집어냈다. 각 대책위가 생각하는 탈핵, 탈핵운동, 일종의 탈핵 로드맵을 독자들에게 전개해주면 좋겠다.

오영애 법 테두리 내에서 캠페인하고, 홍보하고, 교육하는 것이 시민운동이 해오던 방식이다. 탈핵운동, 시민단체가 주로 하고 있다. 탈핵운동의 개인적 깃발은 '즉각 중단'이다. 에너지문제 전환가 능하다. 제 수준에서 확인된 바 있고, 세계적 사례도 있다. 정치권내에서 풀어질 수밖에 없는 문제다. 왜냐하면 특별한 이해관계가 아니라, 전국민의 이해관계다.

정수희 제 개인의견으로는 총선과 대선을 통해 이 국면을 타개해나가자는 것은 올 초 판단이었다. 하지만 총선에서 핵이 이슈가 되지 못했고, 대선에서 이슈화해야 한다고 이야기하지만, 모두 같은 판단을 내리지는 않는다.

86년도 체르노빌 사고 이후, 우리나라 반핵운동이 급격하게 일어난 것은 89년, 91년으로 그 시차가 있었다. 정치인을 움직이기 위해서는 시민들이 움직여야 하고, 시민들을 움직이기 위해서는 활동가들이 조급해 하지 않고, 장기 플랜을 갖고 움직여야 한다.

박종권 저는 상당히 절박하게 생각하는 사람이다. 핵발전소가 지금 터질지, 1~2년 안에 터질지 아무도 모른다. 그것이 더 무섭고, 그래서 절박하다. 운동진영에서 절박해 하지 않는다는 것이 답답하다. 그래서 운동의 방향을 전환해야 한다고 생각한다. 지금까지 진행해 온 문화운동 방식, 온순한 방식은 지양해야 하고, 정밀하게 타격을 줄 수 있는 운동이 돼야 한다. 고리핵발전소 집회를 몇 번 했지만, 그렇게 온순하게 하면 경찰 안오고, 주민들 관심없고, 언론도 안온다.

활동가들이 시민들에게 절약을 너무 강조하면 안된다. 가정전기 14%, 기업, 상업이 86% 쓰고 있다. 그런데 가정에 절약을 요구하면 '절약이 이렇게 어렵구나, 핵발전소 어쩔 수 없구나'라고 포기하게 된다. 가정용은 일본에 비해 반밖에 안되고, 효과도 미미하다. 맘껏 쓰고 있는 기업체에 절약을 강요해야 한다. 에너지절약기술이 다나와 있는데, 싼 전기 때문에 그것을 사용하지 않는다. 기업의 전기요금이 일반 가정의 요금 반밖에 안된다. 일반 가정에서 이익을 내어 기업에 보전해주는 이 구조를 빨리 바꿔야 한다. 전체 전기 10%만 줄이면 우리나라 핵발전소 당장 반을 없앨 수 있다.

정수희 신고리 공청회 때 서생, 밀양 주민들 등 100명 정도가 밖에서 못 들어갔다. 싸움이 크게 붙을 수 있는 상황이었는데, 이 문제를 해결하는 실질적인 방법인가는 다르게 생각한다.

박종권 상대가 거대한 자본, 국가권력과 싸우기 때문에, 엄청나게 큰 사람과 약한 사람의 싸움에서 짱돌을 들거나 하는 것은 정당방위에 속한다고 생각한다.

오영애 신고리 공청회 때 부산대책위 분이 큰 화분을 들고, 한수원 출입문 유리를 깼다고 들고 오더라. 그 분 총대를 메신거다. 기본 중에 기본은, 우리가 절실해야 또 죽겠다고 난리를 쳐야 돌아본다. 우리 탈핵활동가들은 한줌이 안된다. 이해당사자가 없고, 조직이 없다. 시민들이 핵문제를 느끼는 강도가, 지금 먼나라 전쟁이나 기아로 죽어가는 강도로 느끼고 있다. 지금 시기에 대선을 보면서, 총선과 다른 것이 이거다. 말랑말랑하면서 시민들은 고리1호기를 폐로하는 것에 공감한다.

김준한 저는 문화적 프로그램을 했을 때 정말 좋았다. 훨씬 많이 생기는 것이 필요하다. 그런데 이렇게(과격하게) 이야기하는 분위기가 어느 날부터인가, 약간 금기시되는 느낌을 받았다. 누구 어떤 개인에게 결단해서 너가 한번 해봐라는 것은 아닐 것이고, 그룹이 있어야 한다. 전체 판에서 용인되고, 민폐가 아니라는 것을 서로가 인정하는, 방법상의 분화를 받아들여야 한다. 독일에서도 폐기물 수송 기차를 막지 않나.

김해창 반핵운동 내부 흐름을 나름 있는만큼, 자기 고백적으로 아쉬움과 부족함을 많이 드러낸 것 같다. 장시간 수고하셨다.

정리=윤종호 편집위원

고리1호기 폐쇄를 촉구하는, 철야농성

반핵부산시민대책위가 7월 30일(월)부터 고리1호기 폐쇄를 위한 시민농성에 들어갔다.

부산시청 앞에서 진행되고 있는 이번 농성은 7월 26일 홍석우 장관(지식경제부)의 '늦어도 8월 3일에는 고리1호기를 재가동할 것이다'라는 발언이 발단이 됐다. 이는 지난 '7월 주민들의 동의 없이 재가동하지 않겠다'는 약속을 전면 부정하는 것일 뿐 아니라, 휴가철과 열대야 무더위를 이용해 시민의 동의 없이 무조건 재가동하겠다는 정부와 한수원의 꼼수이다.

사진 반핵부산시민대책위 제공

이에 부산반핵시민대책위는 고리1호기의 폐쇄와 부산시와 시의회의 활동을 촉구하기 위해 농성을 시작했다. 농성 첫 날의 기자회견에 이어, 농성 이틀째인 7월 31일(화) 오전에는 부산행정부시장과 시의회 의장과의 면담을 진행했다. 대책위 대표단은 전력피크가 고리1호기 재가동의 이유가 되어선 안된다는 것과 정부의 안전점검 결과를 신뢰할수 없다는 점, 부산시민들이 불안해하고 폐로를 원한다는 점을 분명히 밝혔다.

또한 대표단은 부산시와 시의회의 보다 적극적인 활동을 촉구하였는데 면담 결과는 매우 실망스러운 것으로, 부산시와 시의회의 소극적이고 미온적인 기존의 태도를 확인하는 것에 그쳤다.

부산시는 고리1호기 폐쇄에 대해 '공식적 입장을 가질 수 없다'는 일관된 태도를 보였고, 대표단에게 오히려 그들의 처지에 대한 이해만을 요구했다. 부산시민의 생명과 안전을 보호하고, 고리1호기를 폐쇄하고자하는 시민들의 의견을 수용하고자하는 의지는 없어 보였다.

부산시의회는 고리1호기 안전 점검 결과에 대한 투명성이 확보되고, 시민들이 이를 신뢰할 수 없다면 재가동을 해선 안 된다는 입장이었다. 하지만 고리1호기 폐쇄와 관련해서는 부산시와 동일한 입장을 보였는데, '공식적으로 고리1호기 폐로를 선언할 수 없다'는 것이 시의회의 입장이었다. 시의회가 폐쇄 결의안을 발표하기는 하였지만 이를 관철시키기 위한 적절한 시점이 아니라는 것이 의회의장의 요지였다. 시의회의장은 '시의회의 원전안전특위활동을 통해 고리1호기 안전 점검에 대한 의회 차원의 재확인 절차는 거치겠다'고 발언했다.

반핵대책위는 8월 3일까지 철야농성을 계속 진행하며, 고리1호기 폐쇄를 향한 시민들의 열망을 모아 부산시와 부산시의회를 압박하는 여론을 모아갈 방침이다. 하루하루 농성에 참가하는 단체가 늘어나고 시민들의 격려가 쏟아지고 있는 만큼, 향후 더 많은 시민들이 함께 할 수 있는 투쟁을 준비해 나갈 것으로 보인다.

정수희 통신원(부산, 에너지정의행동)

울산, 고리1호기 폐쇄 1만인 인증샷…7월말 5천명 돌파

울산과 부산은 지금 고리1호기 폐쇄 1만명 인증샷 운동에 집중하고 있다. 7월 1일에 시작한 이 운동은 7월 29일 현재 3천명(울산만 집계)을 달성했고, 부산까지 합치면 5천명에 이르리라 예측된다.

탈핵아카데미 5강을 7월 11일 중구청 대강당에서 김익중 교수(동국대 의대)를 초청해 진행했으며, 길거리캠페인, 해변캠페인 등을 연이어 진행하고 있다. 이외에도 각 사회·노동단체에서 주관하는 행사에도 적극 결합해 관계자에게 협조요청을 얻어 홍보를 진행하고 있다.

한편 7월 29일 울산환경운동연합에 김두관 대통령 후보(민주통합당)가 방문했다. 김 후보는 고리1호기 폐쇄 인증샷에 동참해 주었고, 도종환·조경태 의원도 울산을 방문해 인증샷을 함께 찍었다. 연예인 김병조(개그맨) 씨도 참여했다.

고리1호기 폐쇄 인증샷에 참여하고픈 시민들은 다음카페 goristop을 검색해 들어오면 되고, 카카오톡 010-3287-9709, 페이스북 www.facebook.com/stopgori로도 참여 가능하다.

박진영 통신원(울산환경운동연합 간사)

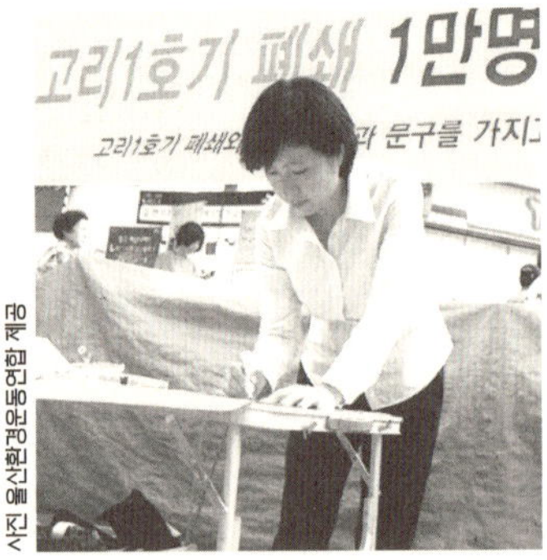

사진 울산환경운동연합 제공

▶지난 7월 17일(화) 성남동 이올렛 앞에서 고리1호기 폐쇄 1만명 인증샷 거리캠페인을 진행하고 있는 모습.

탈핵강연에 이어, 탈핵전북모임도 구성

지난 5월 30일 전북녹색연합 사무실에서, 전북녹색연합, 전주환경운동연합, 아이쿱전주생협, 전주의료생협, 한살림전북, 부안시민발전소, (가칭)고창반핵군민행동 관계자들이 모여, 당시 논란이 되었던 영광핵발전소 비상발전기 정지사고 및 영광 핵발전소 사고 시뮬레이션(모의실험) 결과 발표에 대해 의논했다.

당시 결론은 막연하게 탈핵을 주장할 것이 아니라, 전북에 바로 이웃한 영광핵발전소에서 문제가 생길 경우 고창, 부안, 정읍을 비롯해 군산, 전주까지도 직접적인 피해 영향권에 해당한다는 사실을, 영광핵발전소 사고 시뮬레이션 결과와 후쿠시마 사고 방사능 오염지도 현황을 통해 확인할 수 있었다.

영광 핵발전소를 대응하는 전북의 반핵모임이 필요하다는 공감대속에서, (가칭)핵없는 세상을 위한 전북모임이 제안되어졌습니다. 우선, 올 하반기까지는 탈핵강연회를 중심으로 진행하며, 관심있는 개인과 단체가 참여할 수 있도록 하자고 의논됐다.

지난 6월 21일(목) 박맹수 교수(원광대 교학과, 한살림 모심과살림연구소 이사장)를 모시고, '원전 없는 일본사회의 미래, 그리고 새로운 문명에 대한 전망'이라는 주제로 전주소비자정보센타에서 첫 번째 강연을 진행했다.

사진 전북한살림 제공

박맹수 교수 강연 이후, 7월11일(수) 앞서 참여했던 단체들이 다시 모여 우선 (가칭)핵없는 세상을 위한 전북모임을 구성하기로 의논한 뒤, 두번째 강연으로 전교조 전북지부와 함께 김익중 교수(동국대 의대, 반핵의사회 운영위원장)을 모시고, 8월 23일(목) 저녁 6시부터 전교조전북지부 강의실에서 '이제는 탈핵이다-탈핵은 해야하며, 이제는 가능하다'를 주제로 진행할 예정이다.

탈핵선언은 곧 개인의 삶의 전환과 동시에 조직적인 힘의 연대를 통해서 가능하다고 봅니다. 전북 지역에 탈핵을 위해 고민하는 개인과 단체가 함께 할 수 있기를 희망한다.

한혁준 통신원(전북한살림 사무국장)

영광민간환경감시기구 운영위원장, 민간인으로 임명해라!

영광핵발전소 안전성 확보를 위한 공동행동(이하, 영광공동행동)은 지난 7월 25일(수) 영광군수 면담을 통해, 조만 간 임기가 끝나는 영광민간환경감시기구 운영위원장 건을 논의했다.

이날 영광공동행동은 민간환경감시기구 운영위원장을 공직자가 아닌 순수민간인으로 임명되야한다고 주장했다. 그리고 민간환경감시위원들이 영광발전소를 드나들 때, 제약이 있어서는 안 되는 이유에 대해 의견을 개진했다. 예를 들어, 사고발생시 가장 중요한 현장보존이나 작업자들과의 인터뷰, 정보수집 등을 자유롭게 하는 것이 매우 중요하기 때문이다. 이런 내용들은 민간환경감시기구 본연의 목적을 재점검하고, 이를 지식경제부와의 논의를 통해 검토될 수 있도록 해야 한다고 강조했다.

한편 이날 영광공동행동은 민간환경감시기구도 방문해 방사능측정, 음식물 방사능측정시설 등을 둘러보았다. 민간환경감시기구와 영광여성의전화가 연대하는 '에코맘' 활동도, 이 자리에서 함께 논의됐다. 여성들이 주축이 되어 방사능 측정, 음식물 방사능 검사 등의 활동을 연결하고 소모임운영 등을 통해 탈핵의 주체로 함께해 나가고자한다. 앞으로 영광지역여성들의 적극적인 탈핵운동을 기대해본다.

오경미 통신원(영광여성의전화 사무국장)

삼척시장 주민소환투표 청구서명 결과 발표

35일만에 청구충족수 8,953명 훨씬 넘긴, 1만1617명 서명

사진 삼척핵발전소반대투쟁위원회 제공

▲지난 8월 1일(수) 삼척핵발전소반대투쟁위원회 사무실에서, 김대수삼척시장 주민소환투표청구서명 접수 결과 발표가 있었다.

'96.9%의 삼척시민이 찬성하다' 며 민의를 왜곡시켜 핵발전소 유치를 신청한, 김대수 현 삼척시장 주민소환투표청구서(청구인대표 박홍표, 삼척핵발전소투쟁위원회 대표)가 지난 8월 1일(수) 삼척선관위에 접수됨에 따라, 김대수 현 시장 해임여부를 판가름할 주민소환투표 발의와 찬반투표운동이 조만간 시작될 것으로 보인다.

이번 삼척시장 주민소환투표 청구서명은 지난 6월 27일 시작된 이래, 7월 31일까지 35일간에 걸쳐 청구충족수 8,953명(2011년 기준, 삼척시 유권자 15%)을 훨씬 넘긴, 11,617명이 서명에 동참했다. 박홍표 대표는 60일 동안 2만명 이상을 목표로 진행할 수 있음에도 불구하고, '삼척시장 측의 관권, 금권을 동원한 주민소환 방해활동이 도를 넘어, 하루빨리 김대수 시장을 물러나게 하기 위해 기한을 앞당겼다' 고 기자회견문을 통해 밝혔다.

이날 삼척시장 주민소환투표 청구서명이 삼척선관위에 접수됨에 따라, 청구서명 확인절차를 거친 후 삼척시장 소명요지 제출, 주민소환투표 발의, 찬반투표운동 등이 연이어 진행될 것으로 보인다. 주민소환 투표는 삼척시 유권자 3분의 1 이상이 투표하고, 유효투표 총수의 과반수가 찬성해야 해임이 결정되고, 투표율이 3분의 1에 미달할 경우 아예 개표를 진행하지 않는다.

그간 삼척반핵대책위를 '종북세력', '암적 존재' 등으로 맹비난하며, 김대수 시장을 옹호해 온 삼척시장 주민소환반대 대책위원회를 비롯한 삼척 핵발전소 유치단체들과 일부 공무원들은, 예상보다 일정을 앞당겨 제출된 주민소환투표 청구서 접수 소식을 전해듣고, 공황상태에 빠졌다고 한다.

삼척핵발전소유치에 대한 우리의 입장

시국과 관련하여 성명서를 발표하면서도 지역 현안과 관련하여 우리 대학교수들이 입장을 밝힌 전례가 없지만 삼척핵발전소 유치는 지역 현안이기도 하지만 우리 대학과 국가적인 문제라는 인식하에 우리의 입장을 밝힌다.

전기에너지는 현대문명사회를 유지하는 핵심 에너지이며, 전기없는 생활은 생각조차 할 수 없다. 또한 전기수요는 해마다 증가하고 있다. 그러므로, 늘어나는 전력량을 감당하기 위하여 전기를 생산하는 핵발전소의 지속적인 건설은 불가피하다고 주장한다.

그러나, 이에 대한 우리의 의견은 이제 새로운 핵발전소의 건설은 중지하고, 생활에너지 절약과 저에너지 산업으로의 산업구조 개편으로 에너지수요를 현 수준으로 유지하고, 대체에너지 개발로 에너지 공급을 늘리도록 국가의 에너지 정책을 전환해야 할 시기라고 본다.

왜냐하면, 핵발전소의 근원적인 위험은 원전지역 주민의 헌법적 행복추구권에 대한 원천적 침해를 가져오며, 암 발생률 증가 등 실제적 위험에 노출시킨다.

또한, 원전지역 농산물과 수산물에 대한 기피로 농민과 어민이 피해를 보며, 관광객 감소와 앞바다에서 잡아 올린 고기의 기피로 횟집등 요식업 및 숙박업등 관광업 전체가 침체를 가져올 것이다.

삼척근덕지역에 핵발전소가 들어서면 청정 강원도 해변에 대한 부정적 이미지로 맹방해변은 물론 삼척해변, 망상해변등 강릉 이남의 해변은 관광객으로부터 외면당할 것이다. 국민소득 3만불 이상 시대에는 요트등 해양스포츠의 메카로 향후 아열대 기후에서 국민들이 휴양을 즐기며 사계절 우리지역의 후손들을 먹여 살릴 무한한 미래 가치가 송두리째 사라질 것이다.

이것은 국민들이 가장 가고 싶어 하는 피서지인 강원도 남부의 아름다운 동해안 해변을 잃는 것이며, 휴양지에서 즐기며 행복을 추구하고자 하는 국민과 국가의 이익에 역행한다.

그러한 폐해를 감수하며 핵발전소가 들어서면, 고작 30년 전기를 생산하고 문을 닫게 되고, 120년간 전기를 공급해 가며 달구어진 핵연료봉을 냉각 시킨 후 원자로는 고준위 영구핵폐기물로 피폐된 지역의 상징탑으로 남아 해체까지 방사능 누출의 상존 위험 속에서 무려 2만년을 후손들은 살아야 한다.

이러한 위험 때문에 1998년 삼척 시민들은 현재 살고 있는 시민들과 후손들에게 핵발전소를 물려줄 수 없다고 버스 50대로 상경, 정부종합청사 앞에서 궐기하여 원전후보지 백지화를 이루어냈으며, 지금도 그 원전백지화 기념탑이 근덕 덕산에 우뚝 서있다. 2005년 핵폐기장 유치 기도도 삼척시 의회에서 철폐시킨 자랑스러운 역사를 가지고 있다.

그런데, 이처럼 각종 폐해가 공지되며 핵발전소 백지화의 역사가 살아있는 삼척에서 더군다나 반경 30km이내가 죽음의 땅으로 변한 후쿠시마의 참사를 보면서도, 삼척시는 우리 대학과 삼척도심으로부터 불과 십여 킬로미터밖에 떨어지지 않은 해변에 핵발전소를 유치하려고 한다.

이것은 여러 폐해와 더불어 삼척도심과 우리 대학을 상존하는 방사능 위험에 노출시키며 돌이킬 수 없는 재앙을 가져오는 것으로 이에 우리 서명교수 일동은 삼척핵발전소 유치에 대하여 반대의 입장을 분명히 밝힌다.

2012년 7월 30일

강원대학교 삼척캠퍼스 삼척핵발전소유치반대 서명교수 김승호 교수 외 106명 교수 일동

강원대 삼척캠퍼스 교수 107명, 핵발전소유치 반대 성명 발표

한편 7월 30일(월) 강원대학교 삼척캠퍼스 교수들이, 삼척핵발전소 유치반대 성명서를 기자회견을 통해 발표하려 했으나, 삼척시장 소환반대 대책위원회 등 핵발전소 유치찬성 쪽 관계자 100여명이 대학캠퍼스까지 몰려와 기자회견장을 점거하며 방해하는 사태가 발생했다.

전체 204명의 교수 중 과반이 넘는 107명이 서명한 이 날 성명서(왼쪽 전문 참조)를, 김승호 교수(환경공학과, 전 부총장) 등 10여명의 교수들이 오후 2시 제5공학관 로비에서 기자들에게 발표할 예정이지만, 기자회견 전부터 로비를 점거한 이들이 욕설과 고성을 쏟아냄에 따라 기자회견을 포기할 수밖에 없었다고 한다. 민주화를 위한 교수협의회와 탈핵에너지교수모임 등은 '강원대 삼척캠퍼스 교수들의 용기에 지지를 보내며, 핵발전소 유치 찬성 단체들의 반민주적 행태를 규탄' 하는 성명서를 연이어 발표했다.

윤종호 편집위원

고리를 끊기 위해 고리를 넘어 간다

사진 윤종호 편집위원

지난 3월 고리1호기 전원상실사고와 은폐 사건 이후, 4개월이 지났다. 많은 시간이 지났지만, 고리1호기 문제는 여전히 수많은 의혹과 걱정, 불신을 확산시킬 뿐이다. 7월 4일 원자력안전위원회는 고리1호기 재가동을 승인했지만, 고리1호기는 가동이 미뤄지고 있다. 지역주민들을 포함해 대다수 국민으로부터 그 결과를 인정받지 못하고 있기 때문이다.

서울에서도 이제 고리1호기는 더 이상 남의 일이 아니다. 지난 4월부터 서울과 수도권에 있는 단체와 시민들을 중심으로, 원자력안전위원회 앞에서 고리1호기 폐쇄를 위한 1시간 행동을 시작했다. 그리고 6월 18일부터는 오전 10시부터 저녁 7시까지 고닥페(고리1호기 닥치고 폐쇄) 카페로 확대하여 운영하고 있다(사진 참조).

원자력안전위원회가 입주해 있는 광화문 흥국생명빌딩은 이제 탈핵운동의 상징 거점이 되었다. 처음에는 직장인들과 시민들에게 이 건물에 뭐가 있냐고 많은 질문을 받았다. 그동안의 성과인지 이제는 그런 질문보다는 스스로 와서 서명하는 시민들이 많아졌고, 고리1호기 폐쇄에 대한 구체적인 대안을 묻는 경우가 많다.

그동안 핵없는사회를위한공동행동(이하, 공동행동) 소속 단체를 비롯해 많은 사람들이 카페를 찾아 고리1호기의 문제점에 대해 캠페인, 집회, 공연, 선전전, 서명운동, 탈핵파티 등을 진행했다. 특히 생협과 종교계 등이 고닥페 카페에 많이 참여했다. 처음에 카페를 차리기 위해 물품 들였던 비용의 몇 배 이상의 후원금이 고닥페 카페로 모아졌다.

후쿠시마 사고 이후 한국의 탈핵운동도 변화하고 있다. 그동안 지역의 문제로 머물러 있던 핵발전소 문제가 이제 전국의 이슈와 운동이 되고 있다. 전력을 소비만 하던 서울시민들이 이제 목소리를 내고, 탈핵운동에 참여하기 시작했다. 고닥페 카페는 그런 의미에서 하나의 작은 운동이지만, 탈핵운동에 대한 서울시민들의 높은 관심과 참여 가능성을 보여주고 있다.

하지만 정부는 국민 다수의 의견을 무시하고 고리1호기를 재가동을 서두르고 있다. 이에 공동행동은 울산·부산의 고리1호기 폐쇄 운동과 고닥페 카페 등의 성과를 바탕으로 오는 10월 서울에서 대규모 탈핵집회를 개최해 강력 대응할 예정이다. 후쿠시마가 한국의 탈핵운동을 깨웠다면, 이번의 고리1호기 폐쇄운동이 한국의 탈핵운동에 실질적인 성과를 만드는 시작점이 되기를 기대해 본다.

안재훈 간사(환경운동연합 탈핵에너지국)

30년 수명완료, 경주 월성1호기 폐쇄하라!

올 11월 20일이 되면 설계수명이 끝나는 월성핵발전소 1호기 폐쇄를 앞두고, 한국원자력안전기술원(KINS, 이하 원자력안전기술원)이 한국수력원자력(이하 한수원)에게 유리한 정보만을 제공해 문제가 되고 있다. 원자력안전기술원이 관리하는 '월성1호기 계속운전(=수명연장) 심사' 홈페이지(www.kins.re.kr/Wolsong1)에서 제공하는 정보들이 수명연장 홍보성으로만 채워져 있다는 지적이다. 원자력안전기술원은 핵발전소의 안전규제를 담당하는 유일한 국가기관인 만큼 핵산업계에 휘둘려, 객관성을 상실하게 되면 일본처럼 큰 재앙을 불러오는 것은 불을 보 듯 뻔하다.

문제가 되고 있는 홈페이지를 살펴보면, 법·제도·절차 등의 설명을 제외하곤 대체로 수명연장을 권장하는 인상을 심어주는 분위기다. 소개된 해외사례들을 보고 있노라면 수명연장은 당연한 것으로 받아들여지게 된다. 세계적으로 100건이 넘는 수명완료 핵발전소의 폐쇄 사례는 한 건도 소개하지 않은 채 오로지 수명연장 사례들만 나열하고 있기 때문이다. 특히, 월성 1호기와 같은 종류(PHWR, 가압중수로)인 캐나다 핵발전소 수명연장 사례는 악의적이다.

〈캐나다 핵발전소의 계속운전 현황〉(2012년 3월 현재)

핵발전소 이름	노 형	용량(MWe)	상업운전	비 고
피커링 1호기	가압중수로	542	1971년	30년 이상 계속 운전 중
피커링 4호기	가압중수로	542	1973년	
브루스 3호기	가압중수로	805	1978년	
브루스 4호기	가압중수로	805	1979년	
브루스 1호기	가압중수로	824	1977년	계속운전 설비 개선 중
브루스 2호기	가압중수로	824	1977년	
포인트 레프로	가압중수로	680	1983년	

※한국원자력안전기술원 홈페이지에 소개된 캐나다 핵발전소 수명연장 사례

원자력안전기술원에 따르면 캐나다는 핵발전소 4기를 수명연장 했다(**관련 표 참조**). 그러나 더 중요한 정보인 폐로(해체)된 핵발전소 3곳, 영구 및 장기정지된 핵발전소가 4곳인 사실은 밝히지 않고 있다. 캐나다에 설계수명이 끝나, 해체 및 영구 정지된 원전이 있다는 사실은, 월성1호기의 폐쇄 및 수명연장을 결정하는데 매우 중요한 정보이다. 3곳의 폐로된 핵발전소는 '더글라스 포인트'(Douglas Point), 젠틸리(Gentilly)-1호기, 엔피디(NPD)이고, 2곳의 영구정지된 핵발전소는 피커링(Pickering)-2호기, 피커링(Pickering)-3호기이며, 2곳의 장기정지된 핵발전소는 브루스(Bruce)-1호기, 브루스(Bruce)-2호기이다. 단순히 이것만 비교해도 월성 1호기는 수명연장보다 폐로가 자연스럽다.

또한 수명연장으로 소개된 4곳의 핵발전소도 찬찬히 뜯어봐야 한다. 피커링(Pickering)-1호기의 경우 '1984년~1986년' (3년)과 '1998년~2004년' (7년), 이렇게 총 10년간 가동이 중단됐다. 피커링(Pickering)-4호기도 이런 식으로 7년간 가동이 중단된 핵발전소다. 브루스(Bruce)-3호기와 4호기도 별반 다르지 않은데 이들 핵발전소는 가동률이 평균 50% 내외 정도에 불과하다. 즉, 엄밀히 말해서 캐나다의 핵발전소는 가동률이 낮기 때문에 수명연장을 했다고 보기 어렵다. 가동률이 90%를 넘는 월성 1호기와는 비교대상이 되지 않는다. 핵발전소의 가동률이 높다는 것은 그만큼 노후화가 빨리 진행된다는 것을 의미한다. 예를 들어 5년 된 자동차라 할지라도 3만 킬로미터를 달린 차와 20만 킬로미터를 달린 차의 수명이 같을 수 없는 이치와 동일하다. 이런 까닭으로 환경단체들은 오래 전부터 월성1호기를 세계 최초의 수명연장 가압중수로(PHWR)가 될 것이라고 예견했다.

이처럼 잘못된 정보 제공은 단순히 홈페이지 운영에만 그치지 않았다. 지난 6월4일 경주를 방문한 장순흥 회장(한국원자력학회)과 원자력안전위원회 관계자는 지역주민을 만나 자리에서, 캐나다의 경우 수명연장 한 핵발전소가 더 많다는 주장을 펼쳤다. 그러나 주민들은 폐쇄한 핵발전소가 더 많다는 주장으로 맞섰고 결국 언쟁은 진실게임으로 번졌다. 장순흥 학회장과 주민 간의 말다툼은 자료가 없어서 판결이 나지 않았지만, 앞서 살펴 본대로 명백히 주민들의 승리이다. 이는 단순히 웃을 일이 아니다. 안전규제기관에서 기본적인 자료조사도 하지 않고 있음을 보여주고 있기 때문이다. 만일 부실 조사가 아니라면 월성1호기 수명연장을 위해서 자료를 조작하고 국민들을 속이고 있다는 결론밖에 남지 않는다. 우리 국민은 누구에게 맡겨야 할까?

이상홍 통신원(경주환경운동연합 사무국장)

대구, '화요시'와 '탈핵희망버스' 등 진행

사진 이동원 통신원 제공

사진 이동원 통신원 제공

매주 화요일 낮 12~1시, 대구백화점 앞에서 핵없는 세상을 위한 대구시민행동에서 '화요시'란 이름으로 1인 시위를 진행하고 있다. 1인 시위라지만, 차츰 인원이 늘어나는 다인(多人)시위이다(왼쪽 사진 참조). 또 매주 수요일 낮 12~1시는 2.28공원에서, 매주 월~금요일 오전 8~9시는 경북도청 앞에서, 대구녹색당이 1인 시위를 유쾌하게 진행하고 있다. 올 대선까지 탈핵대통령을 향한 조용한 외침을 소중히 이어갈 계획이라고 한다.

한편, 지난 7월 15일(일) 영덕에 비가 내렸지만, 3차 탈핵희망버스(삼척·영덕)를 힘차게 진행했다. 대구·경북 80여명의 참여자들이 강구대교를 시작으로 창포, 해맞이공원을 도보로 행진하며 노란리본묶기, 피켓팅, 탈핵인간 글씨 퍼포먼스를 진행했다. 영덕주민들을 향해 '동해안 핵단지 반대', '탈핵기본법 제정', '멈춰라 핵발전소', '안돼요 핵쓰레기' 등을 외치면서, 탈핵의 길에 지역민들이 당사자로 참여하고 또 응원해주길 모두의 가슴에 담아보고자 했다(오른쪽 사진 참조). 영덕읍내 마무리 집회에서는 박혜령 씨의 사회와 임정득 씨의 노래마당, 탈핵힘주기 발언, 탈핵일꾼들의 뜨거운 인사가 있었다. 향후 4차, 5차 탈핵희망버스를 기약하며 탈핵일꾼들 모두 파이팅!

더불어 7월 17일(화)은 청도군 송전탑 사태, '용역동원한 한전의 폭력과 경찰의 직무유기 규탄' 긴급기자회견을, 청도 삼평리 현장과 청도경찰서에서 진행했다. 밀양 송전탑 싸움과 마찬가지로, 현재 청도군 삼평리에서는 마을주민들 특히, 60~70대의 노인분들을 상대로 한 한전의 일방적인 사업추진이 심각한 마찰을 불러일으키고 있다. 핵발전소가 초래한 각 지역들의 송전탑 사태, 또 어디서 터져나올지 우려스럽다.

〈대구 8월 일정 안내〉

●6일~9일(월~목) '탈핵풍자화전' 오전 10시~오후 4시, 지하철 1호선 중앙로역사 지하층 로비

●10일(금) '왁지지껄OX, 헤좋이핵싫어 탈핵문화제' 저녁6시30분~9시, 천주교 대구대교구청 대강당

●16일 '경산 남천강변 탈핵영화상영' 저녁 7시부터

●22일 진량공단 노동문화제 탈핵부스 홍보

●22일(수), 29일(수), 9월 5일(수), 9월 9일(일) '가톨릭녹색평화학교', 천주교 대구대교구청 대강당

이동원 통신원

동해안 원자력클러스터

미래 전략사업인가 핵재앙인가?

노진철
탈핵에너지교수모임 공동대표
경북대학교 사회학과 교수

경북도가 '동해안 원자력클러스터 조성사업'을 국책사업으로 본격 추진하고 나섰다. 대구·경북지역의 시민사회단체와 종교계 등은 지구상에서 가장 위험한 핵시설을 한곳에 모으는 세계 최대 핵단지화라며 반발하고 있다. 김관용 경북도지사는 "2007년부터 건의해온 원자력클러스터 조성사업이 사실상 국책과제로 선정돼 중앙정부의 지원을 받게 됐다"고 밝혔다. 그 배경은 이명박 대통령이 스마트 시범원자로 조기 선정과 국제원자력기능인력교육원 설립을 약속하면서, 원자력클러스터를 30년을 내다본 미래 전략사업이라면서 주민의견 수렴 등의 절차를 중시하는 공무원 방식을 버리고 목표를 서둘러 달성하라고 지시한 데 있다. 원자력클러스터 사업은 2028년까지 경주, 영덕, 포항, 울진 등 경북 동해안에 13조4500여억원을 들여 소듐냉각고속로 연구시설인 제2원자력연구원, 원자력 수소 실증단지, 스마트원자로 시범단지 등을 유치·신설하는 내용을 담고 있다.

작년 3월의 후쿠시마 원전 폭발사고 이후 프랑스, 일본, 독일 등 핵발전 강대국은 자국의 여론을 의식해서 핵발전 정책 전면 재검토에 들어갔다. 체르노빌 핵발전소 사고 이후 선진 각국은 탈핵정책을 도입했다가 25년 동안 이렇다할 사고가 없자 고유가, CO_2 감축압력 등의 환경 변화에 대응해 핵발전소를 재도입하는 방향으로 선회하던 차였다. '핵안전 신화'의 주역인 일본에서 핵사고가 터져 세계 각국은 엄청난 충격에 빠졌다. 일본 핵발전소 폭발사고는 "더 이상 안전한 핵발전소는 없다"는 것을 뜻했다. 따라서 이들 국가는 다시 탈핵정책으로 선회하거나 신규 핵발전소건설을 포기하고 있다. 독일, 스위스, 이탈리아를 비롯한 주요 선진국은 핵폭발을 불안해하는 시민들의 의견을 수렴해 핵발전소 단계적 폐쇄와 신재생에너지로의 전환을 선택하고 있다. 그 반면에 이명박 정부는 핵발전 강대국들이 주춤해진 틈을 타서 핵발전 수출 강국으로 도약한다는 계획이다.

바로 이웃나라에서 일어난 핵재앙을 보면서도 이명박 정부와 한국수력원자력은 지난 12월말 삼척과 영덕을 신규 핵발전소 후보지로 선정해 발표했다. 후쿠시마 핵사고 이후 탈핵 여론이 강화되고 있는데도 정부는 이를 무시하고 '동해안 원자력클러스터'를 조성할 계획이다. 경북에는 이미 10기(울진 6기, 월성 4기)가 들어서 있고 앞으로 10기(울진 4기, 월성 2기, 영덕 4기)가 더 건설될 상황에서, 추가적으로 영덕에 신규 원전 4기를 더 들이는 데 어려움은 없다는 판단이다. 핵발전 관련 주요 시설들을 유치해 지역을 핵발전 산업 수출의 전진기지로 삼는다는 것이 이 사업의 핵심이다.

눈 앞의 이익에 약한 지역민들

고리1호기 폐쇄 논의가 무색할 정도로 신규 핵발전소 건설을 향한 정부의 움직임은 확고하다. 이명박 정부는 지난 2008년 발표한 '제1차 국가에너지기본계획'에서 핵발전을 미래 핵심 에너지원으로 규정하고, 현재 전력공급의 34%를 차지하는 핵발전 비중을 2030년까지 59%로 끌어올리고 가동 중인 21기 이외에 19기를 추가로 더 건설한다고 한다. 당장 고리1호기가 폐쇄된다 하더라도 신규 핵발전소가 우후죽순처럼 들어서 핵발전소 밀집으로 인한 핵재앙 위험은 더 커지는 셈이다.

미국과 유럽, 일본은 1960년대부터 고도 산업화에 따른 대량 에너지 충당을 위하여 핵발전소 건설에 나섰다. 그렇지만 에너지 확보의 중요성이 각인된 것은 70년대 산유국들의 석유수출국기구(OPEC)가 석유무기화 정책을 선언하면서 1973년 이후 국제 원유공시가격이 10배 이상 폭등하는 등 두 번의 오일 쇼크였다. 선진 각국은 장기 경기침체를 통해 에너지의 안정적 공급만이 지속적인 경제성장을 보장하며, 핵발전이 고도 산업화에 따른 대량의 에너지 수요를 충당하는 데 적합하다는 판단을 내렸다. 그에 따라 70년대까지 245기의 핵발전소가 건설되었고 100여기의 핵발전소가 계획 또는 건설 중에 있었다. 하지만 1979년 쓰리마일섬 핵발전소 사고와 뒤이은 1986년 체르노빌 핵발전소 사고는 핵발전이 인류를 멸망으로 이끌 수 있는 재앙의 불씨라는 공포를 심어 주었다. 하지만 당시 동해안에서는 주민들이 핵발전소를 자기 지역에 유치하기 위하여 경쟁했다. 권위주의 정부와 보수화된 언론이 핵발전소를 경제발전과 선진화된 과학기술의 상징으로 표상화하면서 그 위험이 여론화되지 못하고 묻혀버렸기 때문이다. 그런 탓으로 주민들은 핵발전소 사고를 남의 나라 일로만 여겼다.

후쿠시마 원전 사고 이후 충격적인 것은 경북지역 주민들이 바로 이웃나라에서 벌어진 핵발전소 대재앙을 경험하면서도 '적당한 조건이라면' 지역에 핵발전소 유치를 원한다는 사실이다. 그들은 '적당한 조건이라면' 원전이 아무리 큰 재앙 잠재력을 갖고 있는 위험 덩어리라도 받아들일 준비가 되어 있다. 지역 주민들은 결코 외부의 강압 때문에 핵발전소 유치를 선택하는 것이 아니다. 그들은 후손의 미래나 남들의 평안보다 자신의 평안을 앞세우고 있을 뿐이다. 하지만 그들은 결코 남이 잘못되기를 바라는 사람이 아니며 평범하기 짝이 없는 순박한 사람들이다. 다만 도덕적 망설임, 양심의 가책, 인간적 연민이나 남에게 해를 끼치지 않으려는 마음이 현재의 이익 앞에서 눈 녹듯 사라져버린 것뿐이다. 평범한 사람도 자신의 평안을 위해서는 지구적 재앙의 가능성도 마다하지 않는다는 사실을 깨닫는 순간 신뢰는 무너진다. 경북지역 주민들이 핵단지화에 동의하지 않을까 우려하는 것도 그 때문이다.

핵재앙을 피할 길은 탈핵뿐!

정부는 핵발전소를 폐지하면 당장 전력대란으로 경제적 위기에 빠질 것처럼 야단법석을 떤다. 이명박 정부와 보수언론이 당장 탈핵으로 갈 형편이 아니라면서 핵발전소를 더 늘려야 한다고 주장하는 것은, 핵발전의 비중이 59%로 늘어난 2030년에는 탈핵으로 돌아설 형편이 된다는 말일까? 핵발전 의존도가 현재의 2배에 이르는 2030년에는 탈핵이 지금보다 더 어려울 것이라는 것은 어린아이도 알 수 있는 일이다. 경북 동해안은 현재도 세계에서 핵발전소가 가장 밀집된 지역이다. 만일 '동해안 원자력클러스터'가 조성된다면 경북 동해안은 핵발전소 초밀집 지역이 되어 상황은 더욱더 악화될 뿐이다. 핵사고가 나면 연쇄 폭발로 경북지역 전체가 죽음의 땅이 될 것이다.

이처럼 이명박 정부가 세계적 흐름에 역행해 핵발전 확대 정책을 밀어붙일 수 있는 것은 경북지역 주민들이 핵발전소를 지역개발과 지방재정의 자립을 위하여 어쩔 수 없이 감수해야 하는 필요악으로 받아들이고, 그에 따라 핵발전소에 대한 주민들의 저항이 집권당의 정책 변화를 이끌어낼 만큼 강하지 못하다는 데 있다.

원자력클러스터의 핵심은 사용후 핵연료에서 플루토늄 등을 추출하는 건식 재처리과정인 파이로프로세싱과, 재처리 후의 플루토늄을 발전연료로 사용하는 소듐냉각고속로로 핵연료주기를 구축하는 데 있다. 파이로프로세싱은 30여년 전 미국 국립연구소가 고준위 핵폐기물을 재처리하기 위해 개발했으나 여전히 실험실 수준의 답보 상태에 있다. 또한 소듐냉각고속로는 플루토늄을 연료로 사용하는 만큼 일반 경수로보다 제어가 어렵고, 사고 시 방사능피해도 경수로보다 훨씬 더 크다. 실험 단계에서도 끊임없는 사고발생 때문에 미국과 영국, 독일도 소듐냉각고속로의 상업화에 성공하지 못한 채 원형로(실험실 수준의 핵반응로=원자로) 수준에서 개발을 포기했다. 이중 어느 하나라도 사고가 났다하면 핵재앙이 몰아칠 것이다.

핵재앙을 벗어날 수 있는 길은, 탈핵에 있다. 반핵이 단순히 핵발전을 반대하는 데 비해, 탈핵은 핵발전의 대안으로 에너지 절약과 에너지 고효율화, 신재생에너지 확대를 같이 추진한다. 우리나라 국민은 소비주의와 생활편의를 우선하는 생활 풍토 때문에 냉·난방 및 급탕과 관련한 에너지 절약이 쉽지 않다. 또한 철강, 석유화학, 기계조립 등 에너지다소비형 산업에 기반한 경제성장 구도 때문에 에너지 고효율화도 쉽지 않다. 특히 포스코, SK, GS칼텍스, LG화학, 호남석유화학, 여천NCC, 쌍용양회, 삼성전자, 현대오일뱅크 등 상위 10대 에너지다소비 기업은 일본 기업에 비해 최신 설비를 보유하고 있으면서도, 신기술 신공정 개발 등 추가적인 노력 부족으로 에너지 효율성이 매우 낮다. 신재생에너지 확대도 이명박 정부가 재생에너지시장을 활성화시키킨 발전차액지원제도를 버리고 목표치 조기 달성을 위해 대기업 중심의 '발전비율할당제'를 채택하고 있어서 쉽지는 않다. 그래도 탈핵만이 핵재앙을 피할 수 있는 유일한 길이라는 것은 분명하다.

사고는 수습되지 않았다

일본 국회 후쿠시마사고 조사위원회, 보고서 발표

고노 다이스케 편집위원

'도쿄전력 후쿠시마핵발전소 사고조사위원회'가 지난 7월 5일, 일본 국회에 보고서를 제출했다. 위원은 작년 12월에 국회에서 임명됐으며, 위원회는 정부 및 사업자로부터 독립된 조직이다. 10명의 위원 중 반핵운동 측에는 지진학자이자 '핵발전소 지진재해'를 일찍부터 경고해 왔던 이시바시 가쓰히코 고베대 명예교수, 다카기학교(고 다카기 진자부로가 세운 시민학교) 소속 사키야마 히사코 의학박사, 전(前) 원자로 설계자이자 과학라이터인 다나카 미쓰히코 씨 등 세 명이, 그리고 피해 지역에서 하치스카 레에코 오오쿠마마치상공회 회장이 임명됐다. 이 글에서는 총 600쪽이 넘는 보고서의 요점을 소개한다(10쪽짜리 요약판을 압축).

이 보고서는 '사고는 계속되고 있고, 사고발생 이후 후쿠시마 제1핵발전소 건물과 설비가 취약하며, 피해를 입은 주민에 대한 대응이 급선무'라며, 작년 말 일본정부의 '수습선언'을 넌지시 비판하며, 다음과 같이 지적하고 있다.

2011년 3월 14일 후쿠시마 3호기가 폭발해 건물 외벽이 붕괴됐다. 디지털글로브사의 위성사진

자연재해가 아닌 인재

사고 배후에 있는 것은 자신의 행동을 정당화하고 책임회피를 최우선시하여 기록으로 남기지 않는 불투명한 조직과 제도, 나아가 그것을 허용하는 법적 틀이었다. 또한 관계자는 핵을 취급하는 자로서 도저히 용납될 수 없을 만큼, 무지하고 태만했다. 세계의 흐름을 무시하며, 국민의 안전을 최우선으로 하지 않고 조직의 이익을 최우선으로 하는 조직 의존적 사고방식이 있었다.

도쿄전력은 더 높은 안전성을 지향하는 자세가 부족했으며, 현장을 경시한 경영진의 자세는 핵을 취급하는 사업자로서의 자격이 있는지 의심스럽다. 또한 새로운 지식을 토대로 한 규제가 도입되면, 기존 원자로의 가동률이 심각한 영향을 받을 뿐 아니라, 안전성에 관한 과거의 주장을 유지할 수 없어 소송 등에서 불리해질 것을 염려하여, 이를 피하려고 안전대책 규제를 반대하고 규제당국에 손을 쓰기도 했다.

이에 대해 규제당국도 정보력과 전문성에서 도쿄전력에 뒤지고, 과거에 자신이 안전하다고 인정한 발전소에 대해 소송이 제기될 위험성을 회피하는 것을 중요시하며, 원자력안전·보안원(이하 보안원)이 핵발전을 추진하는 경제산업성의 일부라는 이유로, 규제를 뒤로 미루고 전력회사의 자주적 대처를 허용함으로써, 전력회사의 이익을 도모함과 동시에 자신의 책임을 회피했다. 결국 규제를 받는 쪽과 하는 쪽의, '거꾸로 된 관계'를 만든 진짜 원인인, '조직적, 제도적 문제'가 이러한 '인재'를 불러일으켰다.

일본 원자력 법·규제의 개정은 실제 발생한 사고만을 전제로 한 대증요법적인 짜깁기 대응을 거듭했으며, 해외의 사고와 안전대책 등을 진지하게 받아들여 법·규제를 재검토하는 자세가 부족했다. 그 결과, 예측이 가능한 위험도 과거에 표면화되지 않았으면 대책이 강구되지 않았다. 또한 원자력 법·규제는 핵이용 촉진이 가장 중요한 목적으로, 국민의 생명과 신체의 안전을 최우선으로 두지 않았다. 게다가 원자력 법·규제 전체를 통틀어 사업자의 책임이 명확하지 않고, 핵재해 발생시 사업자 외 각 당사자가 어떠한 활동을 해야 할지 역할분담이 분명하지 않았다.

새 내진기준지침 대응공사뿐만 아니라, 안전성평가도 미뤄

2006년 안전위원회가 내진기준을 개정하고, 보안원이 전국의 핵산업 사업자에 대해 내진안전성평가를 요구했다. 도쿄전력은 최종보고 기한을 2009년 6월로 신고했지만 실시하지 않았고, 어느새 내부에서는 2016년 1월로 미뤘다. 도쿄전력 및 보안원은 새 지침에 맞추기 위해서는 내진보강공사가 필요하다는 것을 알면서도, 후쿠시마 제1핵발전소 1~3호기에 대해 전혀 공사를 하지 않았으며, 보안원도 장기지체를 묵인했다.

쓰나미로 전원 상실-도쿄전력과 당국은 알고 있었다

같은 2006년, 후쿠시마 제1핵발전소를 쓰나미가 덮칠 경우, 모든 전원이 상실되고 노심이 손상될 위험성이 있음을 보안원과 도쿄전력은 이미 알고 있었다. 보안원은 도쿄전력이 대책을 미뤘다는 것을 알고 있었지만 명확한 지시를 하지 않았다.

지금까지 몇 번이나 대책을 강구할 기회가 있었음에도 불구하고, 역대 규제당국 및 도쿄전력 경영진이 각각 의도적인 연기와 방치, 혹은 자기 조직의 형편에 맞게 판단함으로써 안전대책이 강구되지 않았다.

도쿄전력 '쓰나미가 원인'이란 주장, 정면 비판

이번 사고의 직접적 원인은 지진 및 그것으로 유발된 쓰나미라는 자연현상이지만, 사고가 실제로 어떻게 진행됐는지는 중요한 부분들이 풀리지 않고 있다. 주요 기기와 배관의 대부분이, 향후 몇 년간은 실제로 들어가 조사와 검증을 할 수 없는 원자로 건물 및 원자로 격납용기 내부에 있기 때문이다.

그러나 도쿄전력은 사고 주요 원인을 일찍부터 쓰나미로 규정하며 "안전상 중요한 기기들은, 지진으로 손상된 부분이 거의 발견되지 않았다"고 중간보고서에 명기했고, 정부도 국제원자력위원회(IAEA)에 같은 취지의 사고보고서를 제출했다.

도쿄전력은 살아남은 원자로에 대한 영향을 최소화하기 위해 이러한 주장을 하는 것처럼 보이기도 한다. 또는 '예상 외'라는 것으로, 책임을 회피하기 위한 핑계로 들리기도 하는데, 도쿄전력 및 규제당국 관계자는 지진의 위험성과 쓰나미의 위험성을 둘 다 미리 알고 있었음을, 위원회 조사가 검증하였으므로 변명의 여지는 없다.

정보은폐가 피해확대 불러

사고발생 당시, 정부가 지자체에 연락하는 것이 늦었을 뿐만 아니라, 상황의 심각함이 전달되지도 않았다. 사고 진행상황이나 피난에 도움이 되는 정보 또한 전달되지 않았다. 그래서 장기적 피난에 대비하지 못한 피난과 여러 번에 걸친 이동, 방사선량이 높은 지역으로의 이동이 속출했다. 이후 장기 옥내피난과 자주피난 지시로 야기된 혼란과, 모니터링 정보가 제시되지 않아 선량이 높은 지역으로 피난한 주민들의 피폭, 그리고 영향이 없다고 해서 4월까지 피난지시가 나지 않아 방치된 지역 발생 등 피난대책은 혼란에 빠졌다.

이번 피난 혼란의 배경에는, 지금까지 규제당국의 핵재해 방재대책이 태만했고, 사고 당시의 총리관저와 규제당국의 낮은 위기관리 의식에 있다.

주민의 건강과 안전을 지키는 관점에서 대책 세워야

피폭과 건강문제, 가족과 생활기반 붕괴, 토양오염, 장기화되는 피난생활 등 사고 상황이 계속되고 있다. 그 원인은 정부 및 규제당국이 주민의 건강과 안전을 지킨다는 의지가 부족해서, 건강유지와 생활기반 회복 대책이 지체되고, 정보공개가 수혜자의 입장을 생각하지 않고 실시되는 데 있다.

또한 저선량피폭의 위험은 선량에 비례하여 커진다는 것이 국제적으로 합의되어 있는데, 정부는 일방적으로 주민 전체에 일률적인 수치를 기준으로 제시할 뿐, 주민 스스로가 판단하기 위해 필요한 정보를 제시하지 않고 있다.

이상을 전제로 보고서는 ●규제당국에 대한 국회의 감시 ●피해를 입을 주민에 대한 지속적 건강검진과 의료제도 마련 ●주민 개개인이 스스로 판단할 수 있는 정보공개, ●방사성물질 재확산과 침전, 퇴적 등에 관한 지속적 모니터링 및 오염확산 방지대책 ●전기사업자에 대한 국회의 감시 ●높은 독립성과 투명성, 전문성, 그리고 직무에 대한 책임감과 자율성을 가진 규제조직 설치 ●원자력 법·규제 재검토 등을 제언했다.

덧붙여 말하면 이 위원회는 향후 에너지정책(핵발전소 폐쇄도 포함), 사용후 핵연료문제, 배상 등은 조사 대상 외로 했으나, 이런 사항에 대해서도 국회에 독립위원회를 설치해 계속 조사할 것을 제언했다.

일본 핵발전소 재가동 반대, 20만 항의 시위

고노 다이스케 편집위원

일본 반핵시위 규모가 급속히 확대되고 있다. 6월 29일 총리관저 앞에는 오오이핵발전소 재가동에 반대하며 15 ~ 20만 명이 모였다. 튀니지 '재스민혁명'과 연관시켜 '수국혁명(일본에서 흔히 볼 수 있는 꽃으로, 작은 꽃망울들이 모여 큰 꽃봉우리를 이룬다. 개개인의 시민들이 모여 큰 흐름을 만든다는 의미)'이라 불리고 있다.

▲고리1호기 폐쇄와 IAEA 규탄 시민대회 및 탈핵문화제, 반핵부산시민대책위, 6월 5일 부산 서면 태화에서 진행.

후쿠시마 이후, 일본사회 억눌린 분위기 폭발

작년 311 이후 약 한 달 동안 일본사회는 답답한 분위기에 싸여 있었다. 엄청난 사태가 진행되고 있음에도 불구하고 주류 언론들은 진실을 은폐하고, 후쿠시마에서 사고수습을 위해 분투하는 도쿄전력을 비판해서는 안 된다는 분위기조차 조성되고 있었다. 억압된 항의 욕구를 해방시키고 불안과 불만을 터뜨리고 싶다는 마음이 일본 시민들의 가슴 속에 쌓여 있었다.

처음 그것이 표출된 것은, 사고 보름 뒤인 지난 3월 27일 '재처리 막고 싶다 수도권 시민모임'의 집회였다. 이 집회는 핵발전에 반대하는 단체들이 매달 열던 것으로, 예전 참가자는 많아야 20명 정도였다. 그랬던 것이 그 날에는 시민 1,200명이 모였다(『피플스 플랜 ピープルズ プラン』 58호).

그 후 시위규모 확대의 결정적인 계기는, 한 달 후인 4월 10일, 도쿄에서 독자적인 공동체 활동을 지속적으로 하고 있는 '아마추어의 반란'이 그들의 활동지역인 고엔지에서 주최한 '원전 관둬 데모'였다. 핵심인물인 마쓰모토 하지메도 참가자를 많아봤자 500명 정도로 예상했고, 시위 신청서에도 그렇게 적었다. 그런데 뚜껑을 열어 보니 큰 조직의 동원도 없이 트위터나 페이스북 등의 정보만으로 15,000명이 모였다. 참가자는 예전과 달리 나이 든 사람보다 젊은이와 어린아이의 손을 잡은 엄마들이 눈에 띄었다. 그들의 시위에는 밴드나 DJ들의 퍼포먼스와 댄스가 들어가고 각자가 악기를 울리고 분장하며, 참가자 중에는 '여자들에게 인기를 얻고 싶어' 등 핵발전과 전혀 상관없는 피켓을 든 사람도 있었다. 이러한 데모형식은 2003년 이라크반전투쟁 이후에 축적된 것으로, 500명을 규제하기 위한 경찰밖에 없는 거리에 수십 년 만에 자유로운 대규모 시위를 출현시켰다.

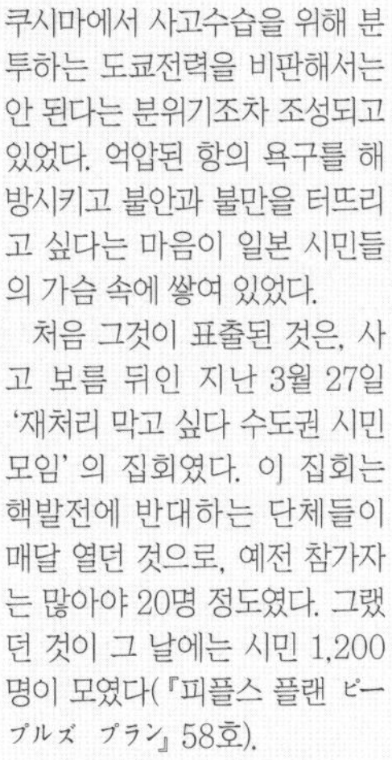

점점 커져가는, 핵발전 반대의 목소리

그 상황은 유튜브 등 인터넷 동영상 공유사이트를 통해 공개됐으며, 이후 마쓰모토에게는 "데모를 하려면 어떻게 하면 되냐"는 문의가 쇄도했다. 이 시위가 '적군파' 이후 시위와 운동을 스스로 금지했던 일본 시민들에게 큰 문화적 충격을 줬다고 말할 수 있다. 9월 19일에 유명 소설가 등이 발기인이 되어 개최된 '잘 가라 핵발전' 집회에는 그 시점에서 최대 규모인 6만 명이 모였는데, 기존의 스타일로 진행되었다. 문화적 충격은 4월10일 집회가 더 컸다.

이후에도 '아마추어의 반란'은 여러 번 시위를 주최했다. 5월 7일 시부야데모는 시위 규제에 숙달된 도심 경찰이 상대인 만큼 자유로운 분위기가 압살당했고 연행된 참가자도 있었다. 6월 10일 제3차 데모 때는 그들을 포함해 세 개 그룹이 신주쿠 주변에서 시위와 행진을 마친 후 신주쿠역 앞에 집합함으로써, 이전에는 행진이 끝나는 대로 해산해 버려서 이루지 못했던, 이집트혁명 '타흐리르광장'의 분위기를 조성함으로써 반격했다. 이 모습은 일부 주요 텔레비전에 보도됐다. 주요 언론들이 반핵시위를 보도하기 시작한 것은 그 즈음이다.

9월 11일을 마지막으로 '아마추어의 반란'이 주최하는 시위는 잠시 쉬게 되지만 그들의 활동지역인 고엔지 부근에서는 이후에도 다양한 사람들이 모여서 두 번에 걸쳐 탈핵시위가 이루어졌다. 나아가 전국 각지, 이전에는 시위를 보기 힘들었던 지방 소도시에서도 중소 규모의 시위가 열리기 시작하였는데, 행사 직전에 트위터 등을 통해서 공지되는 것도 많아 그 전체상을 파악하기는 어렵다.

한편, 2011년 9월부터 경제산업성 앞에서 농성투쟁이 시작됐고, 10월 말부터 거기에 후쿠시마 여성들이 합류했다(본지 창간준비2호 참조). 이 농성장이 기존의 반핵시민운동단체, 후쿠시마와 오오이를 비롯한 핵발전소 현지와 예정지 주변 주민들, 새로 운동에 동참하게 된 시민과 사고 직후부터 시작된 도쿄전력 앞 항의행동, 올 3월부터 시작된 총리관저 앞 항의행동 등의 교류 거점이 되었다.

핵발전소 재가동 추진에, 시민들은 강하게 반발

정부는 시민의 반발로 정기점검 이후 다시 돌릴 수 없게 된 핵발전소를 재가동시키려고 작년부터 준비를 진행해 왔다. 오오이발전소 재가동 가능성이 높아진 가운데, 수도권반핵발전연합은 3월부터 매주 금요일 총리관저 앞에서 재가동반대 항의행동을 진행해 왔다. 처음에는 참가자가 300명 정도였다. 그러나 재가동 결정이 임박함에 따라 참가자가 늘어 6월 15일에는 1만 명을 넘었다. 일주일 뒤 22일에는 4만5천명, 또 일주일 뒤 6월 29일에는 15만~20만이나 되는 시민들이, 트위터 등을 보고 자발적으로 모였다. 이에 호응해서 오사카의 간사이전력 본사 앞에서도 수천 명이 모이는 항의행동이 진행되었다.

7월 1일 재가동 당일에는 오오이핵발전소 앞에 각지의 시민 500명 정도가 모여 경찰에 밀리면서도, 밤새 항의를 계속했다. 비폭력 항의에 대한 경찰의 폭력은 인터넷 TV 생중계를 통해 수만 명에게 알려졌고, 항의에 대한 공감과 경찰에 대한 분노를 트위터를 통해서 많은 시민들이 공유했다. 총리관저 앞에는 장마의 악천후에도 불구하고 재가동 이후에도 매주 15만 명 정도가 결집했으며, 16일 '잘 가라 핵발전 10만 명 집회'에는, 17만 명이 모였다. 도쿄의 큰 집회 모습은 작가 히로세 다카시 등이 모금을 제기해 헬리콥터를 사용한 인터넷 중계가 시작됐다.

항의행동 내부 문제제기와 새로운 혁명의 시대

그런데 관저 앞 항의행동의 진행방식에 대해 내부에서 문제가 제기됐다. 새 참가자가 들어오기 쉽도록 한다는 이유로 경찰과의 마찰이 일어날 수 있는 행동을 스스로 규제하거나 재가동 반대 이외의 선전과 정치색 표출, 그리고 노조나 시민단체 깃발 휴대를 삼갈 것을 촉구하면서, 일장기 휴대는 실질적으로 허용하는 등이다.

그것이 상징적으로 나타난 것이 재가동 직전인 6월 29일이다. 예상을 크게 넘는 사람들이 모인 것에 겁이 났는지 주최 측 한 사람이 경찰차량 위에서 참가자들에게 "10만 명 모였다고 재가동을 막을 수 있는 것은 아니다. (시위 현장에서) 사고가 나면 항의행동을 지속하기가 어렵다. 앞으로 항의를 계속하기 위해서"라며 '해산'을 촉구했다.

이에 대해 경찰의 협박과 회유 가능성을 지적하는 목소리도 나오고 있다. 7월에 들어와 경찰의 규제도 강화되었으며, 그것 때문에 참가자가 관저 앞으로 다가갈 수 없어 포기하고 바로 귀가하기도 했다. 작년 4월 10일은 답답한 마음을 해방시켜 줬지만, 최근 재가동에 대한 항의행동은 사람들의 불만과 분노를 더욱 쌓는 셈이다.

다만 최근의 참가 인원수는 주최 측이 이끌어갈 수 있는 범위를 넘어서긴 했다. 아마미야 카린(작가, 《주간금요일》 편집위원)는 "나는 지금 난생 처음으로 '혁명의 시대'를 살고 있다"라고 말했다. 그 말이 맞을 것이다. 지금 일본 반핵운동은 큰 운동을 만들어내는 새로운 주역들이 속속 등장하고 있다. '20만 명으로도 꿈쩍 않는 현황을, 어떻게 타계해 나갈 것인가'가 논의되는 속에서 경찰의 규제와 현 운동의 한계를 뛰어넘을 다음 주역은 반드시 나타날 것이다.

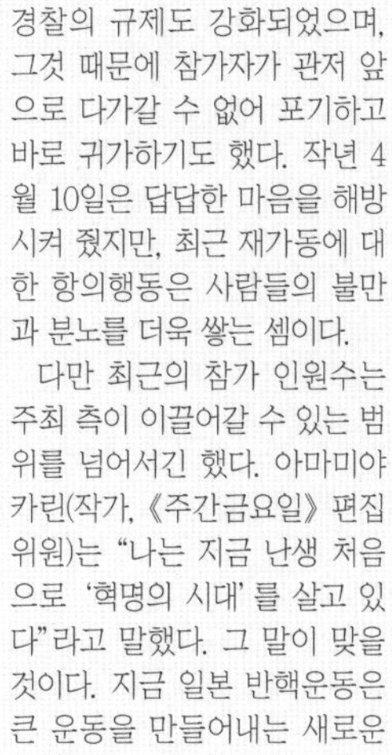

청도군 삼평1리 마을은, '송전철탑을 반대합니다'

김미화(청도군 각북면, 목사)

꿈속에서도 검은 옷 입은 남자들이 나타날 때면 잠이 깨며 소리친다는 삼평1리 할머니들! 경북 청도군 각북면 삼평1리 마을에서는 송전철탑을 반대하는 팔순 고령의 할머니 10여명이 깡패 같은 용역들과 맞서 몸싸움을 하며 눈물을 흘리고 있다.

송전철탑과 관련한 일이 발생하기 전까지 삼평1리 마을은 주민들 간에 서로 화목하고 살기 좋은 평화로운 마을이었다. 하지만 송전철탑의 선로가 갑자기 변경되면서부터 마을의 평화가 깨어지게 되었다. 한전이 개인 보상이라는 명목으로 철탑이 세워질 땅을 마을 사람들 모르게 매수했고, 그 속임수에 속아서 철탑이 설 땅을 내어준 사람들은 "한전의 앞잡이"라는 욕을 먹으며 마을 회의에도 참여하지 못하고 만날 때마다 얼굴을 붉히며 등을 돌리는 사이가 되었다. 뿐만 아니라 송전철탑 선로가 마을을 지나지 못하도록 앞장서 일하던 몇 분의 주민들은 현재 법적구속이라는 위협을 받고 있다.

이러한 사실을 지켜 본 삼평1리 할머니들은 말만 하면 거짓말 하는 한전을 향해 "마을을 이간질하는 사람들! 아무것도 모른다고 시골 사람들을 우롱하는 것이냐?"며, "내가 죽는 자리에 송전철탑 세우라"며 오늘도 울분 속에 밀양에서 송전철탑으로 분신하신 이치우 할아버지와 같은 마음으로, 포크레인이 작업하는 마을 뒷산을 향한다.

삼평1리 마을은 2009년부터 풍각면과 연대해서 송전철탑 반대운동을 지속하다, 피해지역 15개 마을 중 14개 마을이 지역 지원 사업비를 받고 협의함으로 연대가 깨어져, 지금은 홀로 반대시위를 하게 됐다. 더 이상 연대할 수 없고 고립된 마을의 상황을 알게 된 한전은, "국책사업이니 강행할 수밖에 없다"고 밀어붙이고 있다. 주권의 주체인 주민 의견은 묵살한 채, 할머니들에게 욕을 하고 할머니들의 인권을 짓밟는 깡패 같은 용역들을 투입하여 지난 7월 3일부터 공사를 강행하고 있다.

9월까지 모든 공사를 끝내야 하기에 공사를 방해하는 사람들은 구속할 것이며 용역 투입에 든 모든 비용들을 나중에 개인적으로 물게 하겠다는 협박으로 마을이야 어떻게 되든, 주민들의 요구와 상관없는 합의조건 아닌 합의조건으로 마을 대표구성을 요청해 오고 있다. 마을 할머니들은 앞장서 일하는 사람들이 지난번 같은 일을 당하게 하지 않기 위해, 마을 할머니들 모두가 대표가 되기로 동회에서 결정했다. 이 모든 과정에서 신고리 핵발전소를 잇는 철탑 수만큼 많은 아픔들이 삼평1리 마을 사람들 마음속에 자리해 있다.

사진 대구환경운동연합 제공

▲7월 3일부터 시작된 청도군 송전탑 공사로 인해, 마을주민들과 용역들의 싸움이 연일 계속되고 있다.

법을 앞세운 폭력, 그에 맞서는 칠순 노인들

벼를 심어놓은 논에 포크레인이 질주하기에 벼를 심은 주인이 "왜 허락도 없이 남의 논에 함부로 포크레인을 들이느냐"고 물으니 "강제수용"이라며 마을 사람들이 보는 앞에서 보란 듯이 더 심하게 일을 진행하기에 마을 사람들의 울분과 격분은 더해 갈 수밖에 없다.

삼평1리 마을 주민들이 마을을 에워싸는 철탑을 울분을 터트리며 반대하는 이유는 송전선로 변경에 대해 공사 관계자들에게 그 사실을 물었지만 정확한 답변을 해주지 않다가, 최근 마을 일이 외부에 알려지게 되자 "3차원 영상으로 작업을 하다 보니 글씨가 위 아래로 움직여서 그렇게 되었다"는 답변을 해왔다. 한 마을이 죽고 살게 되었는데 모든 것이 실수였다고 일축하는 한전의 답변은, 마을 사람들의 마음을 더욱 답답하게 하고 힘들게 한다. 마을로 보아서는 송전철탑이 민가로부터 70~150m 가량밖에 안 떨어져 있기 때문에 전자파 피해 등으로 인한 주민생존권이 위협을 받을 뿐만 아니라, 장차 전자파로 인해 마을이 위험에 처해 질 수밖에 없기 때문이다.

대한민국은 민주주의 국가이고 법치국가 임에도 불구하고 한전이 하는 모든 행동은 법을 내세운 강행이다. 법을 내세워 삼평1리 마을의 땅 주인처럼 행세하고 반대시위를 하는 15여명의 할머니들에 맞서기 위해 깡패 용역들은 날마다 50명씩 공사장에 투입되고 있다. 할머니들이 다치고 아파해도 수수방관하는 경찰들을 보며 "니들이 경찰이가? 가만히 서 있으려면 뭐 하러 왔노!"하는 말을 들으면 대한민국이 법은 있으되 양심은 없으며, 경찰은 있으되 경찰의 의무를 다하지 못함으로 "받는 봉급의 절반은 할머니들의 욕 값이다"라는 말이 맞는 것 같다.

사진 대구환경운동연합 제공

◀벼를 심어놓은 논에 포크레인이 질주한 흔적. 마을사람들의 울분과 격분은 커져가고 있다.

수시로 바뀌는 공사 라인, 누가 불법을 자행하는가?

23호기 철탑공사 작업은 지금도 강행되고 있다. 법을 지키라는 공사장의 경계선이 아침저녁으로 왔다 갔다 하는 모습을 지켜보게 된다. 마을 주민들과 할머니들만 있을 때면 산 입구에서부터 더 이상 올라오지 못하게 불법이라는 경고 표지판을 내세우지만, 외부에서 기자들이 와서 이것이 불법이 아니냐고 소리를 치면 공사가 진행되는 현장으로 경계선이 다시 옮겨진다. 자신들이 먼저 불법을 저지르면서도 할머니들이 삼평1리 마을을 지키겠다고 반대시위하면 다 구속한다고 협박을 하고 있다. 지금까지 법 한번 어기지 않고 선량한 양심을 가지고 자신의 땅 일구며 순하게 살아온 삼평1리 할머니들도 이제는 그런 법이 법이냐며 "너거들만 법 알고 우리는 법 모르는 것처럼 보이는가 보지. 그래 잡아 가두려면 얼마든지 빨리 잡아 가두라"며 맞대응을 한다. 자기들이 불법을 저지르는 행동을 보여주면서도 법을 내세우는 그들의 말속에 정말 진실이 있는 것일까?

마을이 송전철탑으로 인해 4년이 넘게 이렇게 고통을 당하고 있음에도 불구하고, 마을의 상황이 한번도 제대로 알려진 적이 없다. 사진 찍는 것도 용역들에게 욕을 얻어먹으면서 찍어야 된다. 자신들은 할머니들을 잡아 가둔다고 위협하며 수시로 할머니들과 마을 사람들 얼굴에 카메라를 갖다 대며 사진을 찍으면서도, 정녕 삼평1리 마을에서 사진을 한장 찍으려면 용역들이 앞을 가로막으며 "xx년, xx새끼"하며 죽인다며 달려든다.

왜 저들은 사진 찍는 것까지 그렇게 막으며, 모든 것을 법을 내세우며 강행하는 것일까? 왜 공사구간의 송전선로가 갑자기 바뀐 것에 "3차원 영상 글씨가 움직여 잘못됐다"라는 변명 아닌 변명들을 하는 것일까? 협상을 하자면서 일을 하는 포크레인은 멈출 수 없다며 협상 아닌 협상 조건을 내세우는 것일까? 마을 사람들의 재산과 권리는 빼앗겨도 되고 자신들은 좀더 돈이 들더라도 한 마을을 살리는 방향으로 왜 국책사업을 시행하지 못하는 것일까? 마을을 죽이는 쪽으로 협상을 중재하는 경찰과 공무원들을 볼 때면, 역시 신고리 핵발전소의 송전선처럼 한 고리로 연결되어 있는 것 같다. 깡패 같은 용역들에게 욕을 먹으며 도와달라고 그렇게 요청하는데도, 마을 사람들이 젊은 용역들에게 그렇게 인간적인 모욕을 당하는데도 수수방관하고 있다. 그리고 할머니들이 깡패 같은 용역들에게 끌려오면서 손이 다치고, 단기 기억상실에 걸릴 만큼 삼평1리 마을이 절박한데도, 같은 지역에 있는 국회의원은 한번도 이 고통의 현장에 찾아 온 적이 없다.

모두가 행복해지는 국책사업을 위해

마을 살릴 수 있는 길이 있음에도 불구하고 한전은 돈이 든다는 이유로, 무책임한 공사를 강행하고 있다. 마을이 살아야 나라가 산다. 한쪽의 균형이 깨어지면 다른 한쪽의 균형도 깨어지게 마련이다. 삼평1리 마을의 문제가 해결되기 위해서는 도시와 마을 모두가 행복하게 살 수 있는 한전의 국책사업이 되어야 한다. 삼평1리 마을 주민들이 처음부터 요구했던, "우리는 보상비에는 관심 없고, 처음부터 이 구간에 대해 송전선로 지중화를 요구했다"는 말에 한전은 귀를 기울여야 한다. 마을 주민들의 반대에도 불구하고 환경영향평가 등을 거친 뒤 각종 기준을 검토 후 경과지를 선정, 2007년 12월 지경부의 승인을 받았다는 사실만을 내세우는 협상을 요구해서는 안 된다.

※팔순의 고령의 할머니들이 걷기에도 힘든 무더운 날씨에 한전이 고용한 깡패 같은 용역들에게 "xx같은 년 죽인다"는 욕을 먹으며 마을을 살리기 위해 눈물을 머금고 힘겨운 싸움을 하고 있습니다.

밀양의 이치우 할아버지와 같은 분신이 더 이상 일어나지 않게 하기 위해서는 빠른 시일 안에 삼평1리 마을에 대한 국회의 진상조사가 이루어질 수 있도록 국민 모두가 하나 되어 도와주시고 삼평1리 마을의 고통에 함께해 주시기를 간곡히 부탁드립니다.

우리 가족 암발병과 선천장애의 책임을 묻는다!

균도 아빠 이진섭

출처 페이스북 '발달장애인 균도와 세상걷기'

균도 엄마와 저는 1990년부터 경남 양산군 장안읍 좌천리에서 신혼살림을 시작했습니다. 대학졸업 후 직장이 인근이라 자연스럽게 시작한 신접살림이었습니다. 그 마을은 고리핵발전소에서 불과 3km 떨어진 마을입니다. 고리핵발전소가 들어오면서 마을 전체는 신축이 중지된 그런 마을이라, 저희같이 박봉의 월급생활자에게는 환경을 떠나 조용한 마을이었습니다.

제 고향은 부산 해운대입니다. 태어나서 그것을 떠나본 적은 군대생활을 제외하고 한 번도 없습니다. 균도 엄마는 다른 곳 태생이지만, 핵발전소 5km 이내 지역에서 1988년부터 살고 있었습니다. 해운대 역시 핵발전소와의 거리는 불과 10km 남짓밖에 되지 않습니다.

조용한 마을, 밤이면 인적마저 없는 곳입니다. 읍사무소가 있어도 교통은 불편합니다. 1997년 3월 부산시에 편입되면서 조금 나아지기는 했지만, 아직 개발의 때가 덜 묻은 곳입니다. 이유는 핵발전소 인근이라 개발이 덜된 것 같습니다.

그곳에서 생활한 지 1년 정도가 지난 1992년 6월 6일, 균도가 태어났습니다. 다른 아이와 달리, 균도는 자폐성 장애를 가지고 태어났습니다. 아직 자폐성 장애는 원인을 찾지 못하고 있습니다. 그래도 사랑으로 키우니까 별탈없이 자랐습니다. 균도의 장애가 우리에게 타지 생활을 하게 했습니다. 균도가 두 살 무렵 서울대학교 병원을 다니기 위해 경기도 성남에서 22개월간 생활을 했습니다. 균도 인생에서 핵발전소 5km를 벗어난 것은 이것이 처음이자 마지막입니다. 다시 내려와서 생활한 것은 처갓집이 있는 부산 기장군 일광면 이천리입니다

우리 가족의 불행은 여기에서 그치지 않았습니다. 2007년 일광에서 사시는 장모님이 위암 판정을 받고 위를 70% 이상 절제했습니다. 그리고 2011년 제가 직장암코드를 부여받고 내시경 절제시술, 2012년 균도 엄마가 갑상샘암(임파선에 일부전이)으로 시술했고, 요오드 방사선시술을 했습니다.

저희 부부가 암을 진단받은 곳이 동남권 원자력의학원입니다. 위치는 부산 기장군 장안읍 좌동리, 균도가 태어난 곳의 바로 옆 마을입니다. 신고리핵발전소 3~4호기가 들어오는 조건으로 병원이 건설되었습니다. 이 병원 개원기념으로 기장군에서 일부금액은 충원하고, 원자력의학원에서 일부를 내어 핵발전소 인근 주민에게 암검진권을 무료로 주었습니다.

지금 고리핵발전소에서 이야기하는 5km 인근마을의 원주민은 얼마 되지 않습니다. 기장군에서는 장안읍과 일광면이 속하게 되는데, 그 두 읍면의 총주민수는 1만5000명 정도입니다. 병원에서 무료검진을 받는 동안 많은 지역사람을 봤습니다. 그리고 적지 않은 암발생수도 간접적으로 듣게 되었습니다. 동네 장례식장에서 듣는 이야기, 물론 모든 것이 신빙성의 문제는 있지만 암으로 돌아가시는 분이 많다는데, 저는 지역 주민으로 혹시나 해서 핵발전소를 겨냥하게 되었습니다.

얼마 전 고리핵발전소 비상발전기 정지 및 은폐 사건에, 정부가 미온적으로 대처하는 데 저는 분개했습니다. 저를 더 힘들게 하는 것은 기장군과 의회입니다. 인근 자치구는 의회차원에서 반대 선언을 하는데, 기장군은 안전을 외칠뿐 언제나 순서가 북치고 장구치는 수준이라 지역민으로서 분노스럽습니다.

핵발전소는 지역주민에게 돌아오는 혜택이 많다고 합니다. 그렇지만 우리가 피부로 느끼는 것은 전기료 감면혜택, 한가구당 5000원이 거의 전부입니다. 그것도 발전소 이익금 1%를 그 지역민에게 쓰라고 하는 법적 이유 때문인데, 군의회는 당연히 우리에게 해주어야 할 것도 핵발전소가 우리에게 주는 큰 선물이라고 생각하는 것 같습니다.

소송을 제기하기 전 나를 분개하게 하고, 기쁘게 하는 결과들이 몇가지가 있었습니다.

첫 번째 한수원 사장이라는 작자가 하는 말. "경기도 이상에는 사람이 많이 살아서 가지 못한다", 그럼 우리는 무엇이 되나요? 고리원전 30km 이내에는 인구 400만 정도가 삽니다. 우리는 사람이 아니고 마루타입니까? 이 말이 결정적으로 저를 소송으로 이끌었습니다.

둘째 얼마 전 언론을 통해 전해 들었던 내용. 갑상선암 발병률이 핵발전소 인근 주민에게서 2.5배가 많다는 사실입니다. 충격이었습니다. 저는 균도 엄마가 암에 걸린 것이 핵발전소 때문이라고 생각했습니다. 그래서 결심했습니다. 그래 물어보자, 소송이 아니라 주민의 건강권, 핵발전소와 얼마나 관계가 있는지 법적으로 이야기 한번 해보자. 개인적으로 물어본다면, 과연 정부와 한수원은 이야기를 할까요? 제가 유일하게 이야기할 곳이 법원밖에 없었습니다. 처음 소송은 단순 건강소송으로 1달러 소송을 준비했습니다. 돈이 필요한 것이 아니라 정부의 공식적 입장이 필요했었으니까요. 그렇지만 손배소송은 1억 이상이 되어야만 합의부 판결이 있다고 해서 1억 5천을 신청했습니다. 우리가족의 불행, 돈으로 바꿀 수 없으니깐요.

사실 균도와 저는 발달장애인의 문제로 세상을 향해 대화를 하고 있었습니다. '발달장애인 균도와 세상걷기' 라는 주제. 기초법 부양의무제폐지, 발달장애인법 제정을 기치로 전국도보투쟁을 하는 부자입니다. 작년과 올해 13개월간 부산~서울, 부산~목포~광주~서울 이렇게 3차례 1,700km를 균도와 함께 국토도보투쟁을 했습니다. 몇차례의 언론보도로 우리 이야기가 이슈는 되었습니다. 이번 가을에도 다시 감행을 합니다. 원래 이번 소송과 무관하게 정해둔 길을 걸어가지만, 그 가는 길에는 많은 핵발전소가 있습니다. 고리, 월성, 영덕, 울진, 삼척. 아마 재앙이 될 곳을 우리가 걸어갑니다. 후쿠시마가 우리에게 일어나지 않는다고 누가 이야기할 수 있나요?

지금 고리는 35년 이상된 1호기 연장을 시도하려 합니다. 지역민으로 안전이 담보되지 않는 것에 반대합니다. 이 소송은 지역민으로서의 자존심입니다. 제 가족의 싸움이 아니라 안전을 위한 사람의 당연한 권리 투쟁이라고 생각합니다.

균도와 세상걷기는 장애인의 문제를 결코 우리끼리의 문제라고 생각지 않습니다. 발달장애인의 문제는 환경의 문제입니다. 방사선이 우리 인체에 얼마나 위험한지 공식적으로 물어보고 싶습니다. 앵무새 언론 회책이 아니라 정확한 근거로 우리를 설득해 주세요.

이번 소송은 진보신당, 녹색당, 부산사회복지연대, 부산장애인부모회, 탈핵부산시민대책위, 탈핵 법률가모임 해바라기, 탈핵의사회, 민주사회를 위한 변호사모임 변영철 변호사 등이 함께하고 있습니다. 아울러 이번 10월에 시작하는 '균도와 세상걷기' 시즌4를 많이 알려주세요.

핵발전소 없는 세상만들기에 '균도와 세상걷기' 는 같이 합니다. 이동경로는 부산기장 출발~고리~월성~영덕~울진~삼척~강릉~평창~횡성~구리~서울. 이렇게 이동하고, 이동거리는 800km 입니다. 페이스북 '이진섭' , 페이스북 그룹 '발달장애인 균도와 세상걷기' 에 우리소식이 알려져 있습니다. 연락처 051-723-2006 '해운대·기장장애인부모회' 입니다.

생협 '표고버섯, 세슘 검출', 방사능기준 마련 고심

방사능 오염, 먹거리가 불안하다!

이지언 편집위원

방사능 식품오염, 국내도 낙관할 수 없는 상황

후쿠시마 사고 발생 1년이 지난 올해 상반기 여론조사를 보면, 방사능을 우려해 일본산 수입식품을 꺼리는 사람이 대대수로 나타났다. 반면 정부는 느슨한 방사능 검역 체계에 대한 비판에도 불구하고 일본으로부터 식품 수입을 고수해왔다. 일본산 수산물에서 방사성 세슘의 검출 횟수가 늘고 있지만, 검출된 방사능이 기준치 이하의 미량이라며 '불분명한 근거로 특정 국가로부터 수입을 중단하면 통상마찰의 소지가 된다' 는 식의 해명을 반복하고 있다.

지난해 3월말부터 4월 중순까지 국내의 공기와 빗물에서 방사능 농도는 최고치를 기록했다. 4월 7~8일 '방사능 비' 가 내린 뒤 농림수산식품부가 국내 농산물에 대한 방사능 검사를 실시한 결과 제주산 상추와 통영산 시금치에서 미량의 방사성 요오드와 세슘이 검출되기도 했다. 한국에서도 방사능에 의한 전반적인 토양과 식품 오염에 대한 우려가 현실화된 셈이다.

4월 이후 공기 중 방사능 농도가 낮아져 사고 이전 수치를 나타내고 있지만, 결코 낙관할 수 없다. 후쿠시마 핵발전소에서 유출된 천문학적인 양의 방사성물질의 대부분이 인근 태평양으로 유입됐고, 이는 바다 생물과 생태계에 심각한 영향을 끼치고 있기 때문이다. 해류와 해양생물의 이동 특성을 염두에 두면, 방사능 오염은 후쿠시마 인근 해역을 넘어 광범위하게 확산될 것으로 보인다. 고등어, 꽁치 그리고 멸치를 비롯한 해양생물은 한반도를 포함한 넓은 해역에 분포하면서 회유하는 것으로 알려졌다. 게다가 수산물의 경우 정확한 원산지를 파악하기 어렵다는 점을 염두에 두면, 취항한 해역에 따라 국내 선박이 어획한 수산물에 대한 방사능 검사도 고려해야 한다.

안전한 먹거리를 제공하는 생협에서조차, 방사능 물질 검출

올해 들어 국내에서 재배한 농산물에서도 미량의 방사성물질이 꾸준히 검출되기 시작했다. 지난 3월26일 한살림에서 공급하는 표고버섯 가루에서 처음 방사성물질이 검출됐고, 추가 조사를 통해 버섯 재료에서 킬로그램당 0.4~1.8베크렐(Bq)의 방사성 세슘137이 검출됐다. 한살림은 해당 품목에 대해 잠정적으로 공급을 중단하기로 했다. 5월초 이뤄진 내부 논의를 통해 한살림은 방사성물질에 대한 독자기준치를 만들기로 하고, 그 이전까지는 잠정기준치(세슘의 경우 37베크렐)를 적용해, 중단됐던 물품 공급을 재개하기로 했다.

두레생협연합에서도 4월 건표고버섯에서 0.6~1.87베크렐의 방사성 세슘137이 검출됐다고 조합원들에게 알렸다. 버섯이 다른 작물에 비해 방사성물질을 쉽게 흡수한다고 알려진 것에 더해 두레생협은 "특히 건표고버섯의 경우는 건조(약 1/10로 중량이 감소)에 따라 방사능물질이 더 응축되는 것으로 판단된다"고 전했다. 다만 두레생협은 검출된 방사능 농도가 농산물에 대한 방사성 세슘의 자주인증기준인 37베크렐 이하로 나타났기 때문에 공급을 계속해 나가기로 했다.

가장 신뢰받는 건강한 식품의 공급처에서 방사성물질이 검출된 사실은 얼핏 당황스럽지만, 후쿠시마 핵 사고 이후 생활협동조합(이후 생협)이 자체 물품에 대해 까다롭고 철저한 방사능 검사를 해왔다는 점을 고려하면 오히려 당연해 보인다. 유례없는 방사능 오염의 확산에 따라, 생협은 건어물과 소금과 같이 바다에서 생산하는 생활재 품귀 현상을 겪거나, 방사능을 걱정하는 조합원들로부터 전달된 수많은 문의에 답변해야 했다. 생협의 식품에서 미량이지만 방사능 오염이 확인되면서 국내 유기농업과 생협의 혼란과 위기는 불가피해 보인다.

한살림, 여성민우회생협 등 방사능 기준치 마련하기 위해 고심

내부에서 진행된 일련의 논의뿐 아니라, 정책 간담회와 전문가 토론회, 조합원 대상 설문조사를 진행하는 등 한살림은 방사성물질에 관한 독자기준치를 마련하기 위해 고심 중이다. 6월 11일 주최한 토론회에서 한살림은 그간의 대응 경과를 공유하고 방사능 기준과 관련 전문가들로부터 의견을 청취했다. 여성민우회생협 연합회도 7월11일 '방사성 물질 관련 생활재 취급 기준 마련을 위한 토론회' 를 열어 조합원과 생산자의 의견을 반영한 방사능 기준안을 모색했다(사진 참조).

방사능을 우려하는 조합원과 전문가들은 현재 생협들이 적용 중인 방사능에 관한 '잠정기준치' 나 '자주인증기준' 보다 훨씬 강화된 새로운 기준을 마련해야 한다고 주장한다. 두레생협의 경우 지난해 4월부터 농산물과 가공식품의 방사능 기준을 국가 기준의 10분의 1로 정해 매월 방사능 검사를 실시했다. 국가가 식품의 방사성 요오드와 세슘 기준으로 각각 킬로그램당 300, 370베크렐로 설정했다면, 두레생협은 동일한 방사성 핵종에 대해 각각 30, 37베크렐을 자주인증기준으로 삼았다. 자체 기준에 대한 안내문에서 두레생협은 "국가 잠정 기준치 이하이기 때문에 안전하다는 것이 아닌, 연간 자연 방사선량 기준치 이하로 설정한 것"이라고 설명했다.

그런데 이 기준으로는 최근 검출횟수가 늘어나는 방사능에 오염된 일본산 수산물에도 '적합' 판정을 내릴 수밖에 없다. 실제로 올해 1월부터 3월까지 일본에서 수입된 식품에 대한 방사능 검사 결과, 냉장명태나 냉장고등어 등 품목에서 47건의 오염이 확인됐다. 킬로그램당 5베크렐 이하로 미량의 방사성 세슘이 검출된 경우가 대부분이었지만, 3월 26일 검사된 냉장대구에서는 24.69베크렐로 상당한 농도의 방사능이 검출됐다. 하지만 국가 기준뿐 아니라 생협 기준으로도 이 정도의 방사능은 기준치 이하로 공급 가능한 수준이다.

현 국가 방사능 기준치, '너무 느슨하다'

전문가들은 현행 국가 기준이 너무 느슨하다고 지적한다. 앞서 여성민우회 생협 주최로 열린 토론회에서 하미나 단국대 예방의학과 교수는 "방사선은 피폭량에 비례해 발암 확률을 높이는데, 어느 수준까지 노출되어도 안전하다는 기준(역치)이 없다는 점이 큰 어려움"이라고 말했다. 국제방사선방호위원회가 일반인의 연간 피폭선량으로 정해 국제적으로 통용되는 1밀리시버트(mSv) 기준은 안전기준이 아닌 관리기준이라는 설명이다. 이 정도 피폭량도 1만 명당 1명에게 암이 발생할 확률을 높이는 것으로 알려졌다.

하지만 현행 국가 기준은 식품 섭취에 의한 일반인의 피폭선량을 지금의 5배인 5밀리시버트로 설정한 1993년 이전의 산물이라는 주장이다. 게다가 방사선 피폭에 훨씬 취약한 유아나 태아에 대한 별도 기준도 마련돼 있지 않다. 이런 점을 고려해, 방사성 세슘을 예로 들자면 현행 기준인 370베크렐의 5배 낮은 74베크렐에, 다시 '안전계수' 10을 적용한 7.4베크렐을 하미나 교수는 생협의 기준으로 제안했다. 어린이나 영유아의 경우, 여기에 다시 '안전계수' 절반으로 나눈 3.7베크렐을 채택할 수 있다는 설명이다. 이는 국제적으로 가장 엄격한 방사능 기준으로 알려진 독일방사선방호협회(GSPR)의 유아 4베크렐, 성인 8베크렐 기준에도 근접한다.

생산자들은 소비자와의 신뢰를 기반으로 합리적인 기준안을 마련하자고 말한다. 조원희 행복중심생산자회 회장은 "농약 문제는 생산자들의 의지와 인근 농가와의 협조로 관리할 수 있지만, 방사성물질 오염은 주체적인 관리와 통제 범위 바깥이어서 더욱 우려스럽다"며 소비자의 안전과 선택권이 허용되는 범위에서 농민의 피해를 최소화할 수 있어야 한다고 말했다. 섭취량이나 소비유형에 따른 식품군별로 기준을 세분화하자는 의견이 추가로 제기되기도 했다.

외부 검사기관에 시료 분석을 의뢰하던 방식에서 벗어나 생협들이 환경단체, 연구소와 공동으로 시민 주도의 방사능 검사를 실시하기 위해서 정밀 핵종분석기 도입에도 서두르고 있다. 한살림, 아이쿱생협, 에코생협, 여성민우회생협은 녹색병원 노동환경건강연구소, 환경운동연합, 차일드세이브 등과의 공동컨소시엄 구성에 참여해 올해 말부터 방사능 감시에 관한 조사와 교육 사업을 진행하고 관련 정보를 조합원에게도 투명하게 공개할 예정이다.

탈핵신문

발 행 인 김준한
공동대표 김준한 박혜령
편집위원 고노 다이스케(서울)
박혜령(영덕) 윤종호(고창)
이상홍(경주) 이지언(서울)
사무간사 황정화
배송·운영지원 에너지정의행동

(110-876) 서울특별시 종로구 숭인동 76번지 롯데캐슬천지인 지동 205호
문의전화 010-2881-6822, 02-702-4979
팩 스 02-704-4979
이 메 일 hjhlucia@hanmail.net
등록번호 종로라 00366
구 독 료 1년 2만원 / 1부 1천원

제3호 2012년 9월 10일 월요일 www.nonukesnews.kr

삼척시장 주민소환, 탈핵과 민주주의의 기로

하승수 (변호사·녹색당 사무처장)

삼척 주민들, 핵발전소 유치 앞장선 삼척시장 주민소환 추진

정부가 신규핵발전소 후보지로 선정한 강원도 삼척에서 주민소환운동이 뜨겁게 벌어지고 있다. 신규핵발전소를 유치하려는 삼척시장을 해임하기 위해 삼척주민들이 주민소환을 추진하고 있는 것이다. 우리나라에서 신규핵발전소 문제로 주민소환이 추진되기는 처음인데, 주민소환을 방해하려는 세력들의 움직임도 만만치 않다. 현행 「주민소환에 관한 법률」에 따르면 주민소환을 하기 위해서는 두 가지 넘어야 할 장벽들이 존재한다.

첫째, 주민소환투표를 청구하기 위해서는 상당한 숫자의 서명을 받아야 한다. 주민소환 절차는 먼저 투표청구를 위한 서명을 받고, 서명요건을 채우면 투표를 실시하는 것으로 되어 있기 때문이다. 삼척시장과 같은 기초지방자치단체장의 경우에는 유권자 15%의 서명을 받아야 주민소환투표를 청구할 수 있다. 좁은 지역사회에서 이 정도의 서명을 받는다는 것 자체가 만만치 않은 일이다.

둘째, 서명을 채워 주민소환투표가 실시되더라도 투표율이 3분의 1에 미달하면 개표를 하지 못한다. 이 조항은 현재의 주민소환제도를 유명무실하게 만들고 있는 독소조항으로 꼽힌다. 실제로 경기도 하남시나 제주도에서 주민소환투표까지 간 적이 있지만, 투표율이 모자라서 개표를 하지 못했던 사례가 있다. 그리고 그동안 소환대상이 된 지방자치단체장들은 이 조항을 악용해서 관권을 동원하여 투표불참을 유도해 왔다. 주민소환투표를 하게 되면 정정당당하게 '나는 잘못한 게 없으니 소환에 반대투표를 해달라' 고 하는 것이 정상이지만, 지금까지 우리나라에서는 '투표에 참여하지 말라' 고 투표불참을 유도하여 투표율 미달로 개표를 하지 못하게 하는 변칙이 통용되어 왔다.

이런 어려움들이 예상되는데도 삼척에서 주민소환운동을 하고 있는 것은 그만큼 핵발전소를 막는 것이 절박하기 때문이다. 삼척은 20여년 전에도 핵발전소 반대운동을 통해 핵발전소를 막았던 경험이 있는 지역이지만, 정부는 작년부터 경상북도 영덕과 강원도 삼척에 새로운 핵발전소를 추진하고 있다. 그리고 주민들의 입장에 서야 할 삼척시장은 핵발전소가 지역발전에 도움이 되는 것처럼 주민들을 호도하며 핵발전소 유치에 앞장서 왔다. 그 과정에서 주민들의 의견은 민주적으로 수렴되지 않았다. 주민투표를 하겠다고 약속했지만, 그 약속도 지켜지지 않았다.

> "삼척의 주민소환운동은 신규핵발전소 건설 여부를 판가름짓는 문제이기도 하지만, 민주와 반민주의 대립이기도 하다. 그래서 삼척시장 주민소환투표가 민주적으로 치러질 수 있도록 전국의 양심적인 시민들의 관심이 필요하다."

정부와 삼척시장의 독단과 횡포에 맞선, 주민들의 마지막 선택 '주민소환'

작년 3월 11일 후쿠시마 사고 이후 핵발전소에 반대하는 주민들이 늘어났지만, 그 목소리는 무시당했다. 작년 강원도지사 보궐선거 당시에 최문순 도지사가 핵발전소에 반대한다는 입장을 밝히고 당선까지 되었지만, 투표를 통해 드러난 유권자들의 의사도 무시되었다. 남은 것은 핵발전소 건설을 일방적으로 강행하겠다는 중앙정부와 삼척시장의 독단과 횡포뿐이었다.

그래서 마지막 수단으로 선택된 것이 주민소환이다. 일방적으로 핵발전소 유치를 추진해 온 삼척시장을 해임시키고, 신규 핵발전소를 백지화하겠다는 것이 반대주민들의 뜻이다. 주민소환을 하기 위해 넘어서야 하는 서명요건(15%)과 투표율(3분의 1)이 있음에도 불구하고 정말 마지막 수단으로 주민소환을 선택한 것이다.

공무원 등을 동원해, 주민소환 방해… 하지만 주민소환투표는 10월 24일 예정

그런데 주민소환운동이 시작되자 관권이 동원되어 주민소환을 방해하기 시작했다. 생각보다 서명에 참여하는 주민들이 많아지자, 서명을 철회하기 위해 공무원과 통·이장들이 동원되었다. 그래서 서명을 한 주민들에게 압력을 가해 서명철회를 하게 만들었다.

이런 방해에도 불구하고 서명요건을 넘겨 주민소환투표 청구가 정식으로 이루어지자, 서명한 주민들을 확인하기 위해 조직적으로 서명부를 열람했다. 그리고 서명 주민들 명단을 일일이 베껴적는 방법으로 누가 서명했는지를 확인했다. 그 과정에서 '누가 시장소환에 서명했는지' 라는 민감한 개인정보가 유출되었다. 그런데도 이런 행위를 막아야 할 선거관리위원회는 수수방관했다. 이런 식으로 해서 시장측은 1만1,725명의 서명인 중에서 1만1,020명이 서명한 건에 대해 이의신청을 했다.

그러나 선거관리위원회는 서명 대다수를 유효하다고 판정했다. 유효한 서명이 8,517명이라고 확인했고, 466명의 서명만 보완하면 주민소환투표를 발의하겠다고 한 것이다. 그리고 466명의 서명을 보완하는 것은 충분히 가능한 일이기 때문에 삼척시장에 대한 주민소환투표가 10월 24일쯤 치러지게 될 예정이다. 핵발전소 문제로 주민소환투표를 치르는 역사적 사건이 벌어지게 된 것이다.

이웃 일본의 경우에도 핵발전소를 추진하던 지방자치단체장이 소환운동에 의해 물러난 사례가 있다. 대표적으로 1995년 니이가타현 마키정에서 지방자치단체장이 소환운동에 의해 물러나기도 했다.

대표적인 직접민주주의제도인 주민소환제도는 지방자치단체장의 부패나 독선, 전횡을 주민들이 통제하기 위해 도입된 제도이다. 삼척의 경우처럼 지방자치단체장이 주민들의 의견을 무시하고 독단적으로 정책결정을 한다면 당연히 주민소환의 대상이 될 수 있다.

문제는 적법한 주민소환운동이 방해받고 있다는 것이다. 앞으로 주민소환투표 날짜가 잡히게 되면 관권개입과 방해행위는 더욱 노골적으로 이루어질 것이다.

▶2면으로 이어짐

탈핵 그림판

박흥렬

원전 백지화 기념탑 : 1998년 삼척 원전건설계획 백지화 투쟁 승리를 기념하여 세운 기념비

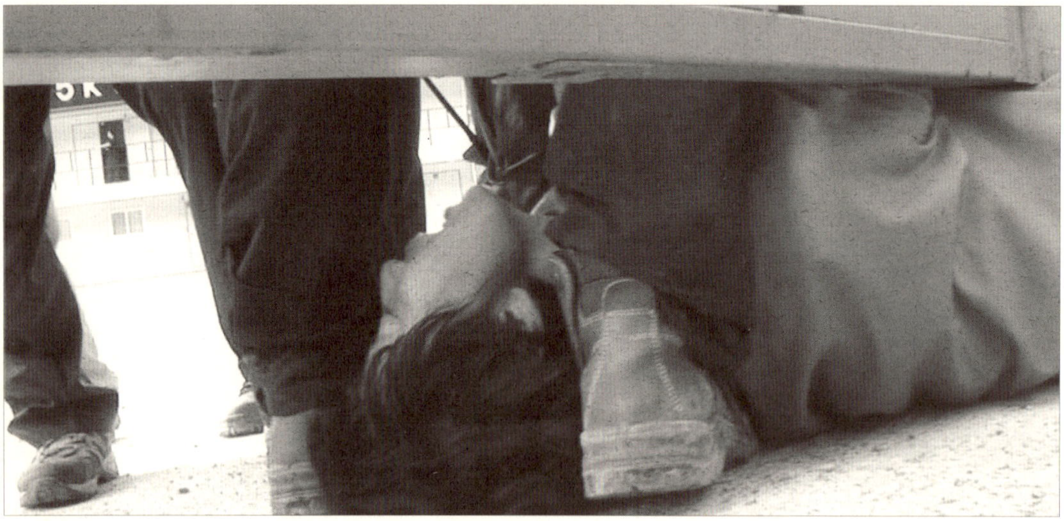

사진 밀양분신대책위 제공

◀지난 8월 25일 단장면 4공구 현장사무소에서 이륙중이던 헬기를 가로막기 위해 진입을 시도한 문정선 밀양시의원을 10여명의 인부들이 집단으로 내리누르며 온몸을 결박하는 등 폭력을 행사하고 있다.

"밀양 송전탑 공사를 멈춰라"

한전 공사강행 … 연일 계속되는, 필사적인 주민 저항

70대의 어르신이 온몸을 불사르며 죽음으로 항거했지만, 결국 공사는 강행되고 말았다. 60~70대 할매, 할배들이 일상의 생업과 생활을 팽개치고, 7년을 끌어온 이 싸움이 또다시 시작됐다.

밀양 765kV 송전탑 어떡해야 막아낼 수 있을까. 지난 7~8월 할매, 할배들은 버스를 대절해 국회를 찾았다. 밀양 송전탑 피해자 증언대회라는 자리를 통해 문재인 후보, 김두관 후보를 비롯해 숱한 국회의원 앞에서 호소도 해보고, 국회 정론관에서 기자회견도 해봤다. 하지만, 결국 국회 지경위에서 새누리당이 반대하니 밀양진상조사위원회는 꾸려지지 못했다.

공사를 재개한 한전은 지난 7~8월 헬기로 이산 저산 옮겨다니며 자재를 실어 날랐고, 할매·할배들은 속수무책이었다. 결국 할매·할배들은 쳐다보고만 있을 수 없어, 헬기장을 비롯해, 밀양시청 앞, 한전 밀양지사 앞, 또 공사현장사무소 앞 등 6곳에 농성장을 차리며 항의행동을 시작했다. 또 밀양 송전탑을 공사를 멈추게 해야한다는 일념으로, 공사 중단 요청 릴레이 단식농성을 8월 1일부터 시작해, 이제 1달도 훌쩍 넘겼다. 한여름 무더위 속의 농성과 항의행동 중 쓰러지는 할매들도 나왔고, 밀양시의원, 마을대책위원장은 공사장 인부들에게 결박과 폭행도 당했다.

밀양의 최근 상황(9월 1일 기준)을, 이계삼 사무국장(밀양분신대책위)이 알려왔다.

최근 밀양 상황은 | 청도면을 제외한 4개면은 합의하지 않고 계속 투쟁 중이다. 주민들의 강력한 저항에 밀려 현재 밀양시 4개면 51기 중 1기도 못 세운 상태다. 최근 밀양 4개면 중 단장면에 공사가 집중되다가, 단장면 동화전 마을이 헌신적으로 막아내자 다시 공사를 옮겨갔다.

한전의 공사강행으로 주민 사고가 우려된다. 실제 지난 8월 하순 엄복이 할머니(73세), 양윤기 씨(64세)가 95번 송전탑 공사 현장에서 쓰러져 헬기로 후송했다. 송영숙 씨(57세)도 헬기장 농성중 쓰러져 응급 후송되는 등 주민들이 목숨을 걸고 공사를 막아내고 있다.

8월 1일부터 공사 중단요청 릴레이 단식농성이 시작돼 한 달째, 한전 밀양지사 앞 점거 철야농성 30일째, 단장면 밀양댐 헬기장 점거농성 24일째, 단장면 미촌리 4공구 현장사무소 앞 점거농성 7일째, 부북면은 농성장 2곳을 유지하고 있다.

지난 8월 25일은 단장면 미촌리 4공구 현장사무소에서 이륙중이던 헬기를 막기 위해 진입을 시도하던 문정선 밀양시의원(민주당)을 십여명의 인부들이 집단으로 내리누르며 온 몸을 결박하는 등 말할 수 없는 폭력을 행사했다.

왜 이런 상황이 초래되었나 | 전원개발촉진법에 의한 '전원(電源) 사업'으로 지정되면, 사업자는 산림법, 토지법 등 10여개의 허가사항을 면제받고, 토지소유자의 동의가 없어도 강제수용을 할 수 있다. 사유재산권을 침해하는 악법 중의 악법이다.

제4차 전력수급기본계획에 의거해, 신고리 핵발전소 증설과 송전선로 건설이 이루어지고 있다. 그러나 이 계획은 2022년까지 현재의 전력소비량이 매년 2% 이상씩 증가한다는 것을 전제로 하고 있다. 과도한 예측이다. 또 도시 사람들이 쓰는 전기를 위해 시골 사람들의 인권, 재산권 등이 피해를 입고, 생존의 터전에서 쫓겨나야 하는 지역차별, 지역민 차별이다.

해결방안, 요구사항은 | 지난 1월 16일 이치우 열사의 분신 이후, 또 다시 공사가 재개됐고 주민들은 목숨을 걸고 막겠다는 의지여서, 일촉즉발의 상황이다. 어르신이 분신자결을 해도 달라지지 않고, 해결되지 않는다는 좌절감과 상실감이 지역주민들에게 쌓여있다. 지금과 같은 상황이 지속된다면 또다시 사고가 일어날 것 같은 두려움이 앞선다.

신고리 핵발전소 5~6호기 증설 계획을 포기하면, 밀양 송전탑 문제는 저절로 해결된다. 민주당 대선주자 대부분과 안철수 씨까지 두루 공감대를 얻고 있는 탈핵의 문제와 연관되는 것으로, 국가 에너지사업의 정책전환이 필요하다.

일단, 한전은 공사를 중단해야 한다. 그리고 주민들과 직접 대화에 나서야 한다. 보상은 필요 없다. 신고리핵발전소 3호기(2013년 9월 준공), 4호기(2014년말 준공) 생산 전력은 비상조치(선종 교체, 증용량)하여 기존 선로로 보내라. 5호기(2018년 준공 계획) 및 6호기(2019년 준공 계획) 증설 계획은 철회해야 한다.

윤종호 편집위원

사진 밀양분신대책위 제공

▲지난 9월 7일 단장면 송화전마을 공사현장에서 시공사 인부들이 포크레인에 올라간 김정화(마을주민대책위원장) 씨를 집단폭행하고 두 손을 결박해 콘크리트 거푸집에 묶어매는 불법적인 사태가 발생했다. 또 이를 제지하는 또다른 마을주민에게도 집단폭력을 행사했다.

삼척시장 주민소환

▶1면에서 이어짐

삼척 주민소환운동, 지역민주주의 문제…신규핵발전소 건설 여부 판가름

그래서 삼척의 주민소환운동은 신규 핵발전소 건설 여부를 판가름짓는 문제이기도 하지만, 민주와 반민주의 대립이기도 하다. 그래서 삼척시장 주민소환투표가 민주적으로 치러질 수 있도록 전국의 양심적인 시민들의 관심이 필요하다. 예상되는 관권개입, 투표불참 강요 등의 행위를 막기 위해서는 부정투표감시활동도 필요하고, 주민들의 정당한 투표참여가 보장되기 위해서는 홍보활동도 필요하다. 선거관리위원회, 검찰 등 국가기관들이 노골적인 관권개입을 방치하고 있는 것에 대한 문제제기도 필요하다. 지금 삼척의 주민들이 의지할 수 있는 것은 '더 이상 새로운 핵발전소가 건설되어서는 안 된다'라고 생각하는 시민들의 힘뿐이다.

이미 23개의 핵발전소가 가동되고 있는 대한민국이다. 세계에서 핵발전소가 가장 밀집되어 있는 국가가 대한민국이다. 여기까지 오는 과정에서 단 한번도 시민들에게 제대로 된 정보가 제공된 적이 없다. 지역주민들의 의견을 민주적으로 수렴해 본 적도 없다. 오죽하면 2004년 전라북도 부안에서 핵폐기장을 둘러싸고 주민들이 자체적으로 주민투표를 준비해서 치렀을까? 정부는 핵과 관련해서는 힘으로 밀어붙이고, 돈으로 일부 주민들을 회유하는 행태만 반복해 왔다. 지방자치단체장도 주민들을 무시하고 일방적으로 핵시설들을 유치해 왔다. 이제는 여기에 제동을 걸어야 한다. 그리고 탈핵(탈원전)으로 큰 정책의 방향을 틀어야 한다. 그 길에 삼척시장 주민소환이 놓여 있다.

"이제 부산시민이 고리1호기를 꺼주세요"

이성홍 통신원(반핵부산시민대책위 기획실장)

오천만의 시한폭탄 고리1호기 결국 재가동

지난 8월 6일 정부와 한국수력원자력(이하 한수원)은 고리1호기를 끝내 재가동하고 말았다.

지난 3월 블랙아웃 은폐사건이 드러나며 가동 중지된 고리1호기를, 정부와 한수원은 호시탐탐 재가동할 기회만 엿보아왔다. 핵발전소 안전관리를 책임지고 있는 정부기관인 원자력안전위원회는, 그동안 자체점검 뿐 아니라 외부 민간안전점검단과 국제원자력기구(IAEA) 점검단까지 불러들여, 마치 안전이 최우선인양 해프닝을 벌였다. 하지만 외부 민간안전점검단의 경우 실제 고장난 비상디젤발전기 대신, 같은 모델의 발전기 성능을 살펴보는 정도에 그쳤고, 수억원을 들여 몇일 놀이삼아 다녀간 IAEA점검단의 경우 원자력안전위원회의 수장조차 그 실효성을 부인할 정도로 점검기간이나 방법, 범위 등에 문제가 많았다.

그러면서 전력사용이 증가하는 여름철 폭염을 맞아 예비전력이 바닥났다며, 한여름 무더위에 정부청사 에어컨까지 꺼버리는 호들갑을 떨더니, 끝내 핵발전소 인근주민단체와의 합의를 방패막이 삼아 전체 전기생산량의 1%에도 미치지 못하는 고리1호기를 재가동하고 만 것이다.

재가동 규탄 기자회견에 이어, 부산대책위 장기 농성 돌입

현재 고리(부산)와 신고리(울산) 핵발전소에서 생산하는 전기공급량은 부산 전체 전력 수요의 2배가 넘는다. 게다가 지난 7, 8월에 상업가동을 시작한 신고리2호기와 신월성1호기의 전력생산량이 2백만kw 추가되었음에도 불구하고, 단지 전체전력의 1%에 불과한 58만kw 전력생산량의 고리1호기를 두고, 여름철 전력피크에 따른 전력대란 운운하는 것은 근거없는 핑계거리에 불과하다. 여름철 전력피크를 지난 최근에는 일반전력의 예비율이 40%를 넘고 있다. 이는 곧 40% 이상의 전기가 버려지고 있다는 뜻이다.

재가동 직후 반핵부산시민대책위(이하 부산대책위)와 울산의 탈핵울산시민공동행동은 재가동반대 기자회견을 열고, 곧바로 실천행동을 결의했다. 이후 부산대책위는 8월 22일 부산시청 앞에서 기자회견을 갖고 장기 시민캠프농성에 돌입했다.

이번 시민농성캠프에 대해 부산대책위는 "부산시민들에게 폭염과 전력피크를 빙자한 고리1호기 재가동의 부당성과 위험성을 알려낼 것이다. 또한 현장농성을 통해 반핵운동의 상징적 캠프역할을 보여줌으로써 언론과 시민들의 관심과 동참을 이끌어낼 것이다"라고 밝혔다. 아울러 "강 건너 불 보듯 하는 부산시와 부산시의회에 대해, 고리1호기 폐쇄를 위한 부산시민의 무한도전에 앞장서줄 것"을 촉구했다.

부산대책위는 앞으로의 계획에 대해, "오는 10월 전국 반핵집회 때까지 농성캠프를 중심으로 상시적이고 지속적인 프로그램을 59개 소속단체, 시민들과 함께 실천할 것이다"라고 전했다. 현재 주간 단위로 매주 화요일 반핵강좌, 목요일 생명평화 촛불집회, 금요일 반핵영상제를 진행하고 있으며, 외부인사 초청 특강과 공연, 문화행사 등도 계획하고 있다.

반핵부산시민대책위 〈탈핵무한도전캠프〉 농성 시작

사진 반핵부산시민대책위 제공

부산시민에게 드리는 글

지난 8월 6일 정부와 한국수력원자력은 핵발전소 인근 주민단체와 희한한 합의를 방패막이로 고리1호기를 재가동하였습니다. 폭염과 전기피크에 따른 전력대란이 올 것처럼 국민들을 위협하면서 실제 고리1호기 재가동의 직접적 피해당사자인 부산시민을 배제한 채 일개 지역주민단체와 비공개 졸속 점검을 통한 합의는 결국 고리1호기 재가동을 위한 짜맞추기 절차이며 꼼수에 지나지 않습니다.

단지 일년에 몇일, 하루 중 몇 시간의 전력피크 해소를 위해 3백50만 부산시민과 울산시민, 인근 주민들이 핵사고의 위험을 안고 불안에 떨 수밖에 없는 고리1호기를 재가동했어야 할까요.

지금도 부산시민의 전력수요의 2배를 생산하고 있으며, 부산시민 연간 전력소비량의 40%에 달하는 전력을 생산하는 1백만kw급의 신고리2호기와 신월성1호기가 최근 상업운전에 들어갔음에도, 왜 30년의 수명을 다하고 다시 10년 연장하여 가동하는 낡고 위험한 고리 1호기의 재가동을 눈뜨고 지켜보아야 합니까.

백번 양보하여 고리1호기 재가동이 여름철 무더위와 전력대란을 막기 위한 조치였다고 칩시다. 그렇다면 이제 찬바람 불고 전력예비율, 다시 말해서 남아도는 전기가 40% 웃도는 지금부터 다시 고리1호기를 끄겠나요.

누군가는 핵발전소의 위험성이 과장되었다고 합니다. 그렇게 핵발전소가 안전하고 편리한 것이라면, 애꿎은 송전탑 건설로 국토를 황폐화하고 평생 농사만 짓던 밀양의 어르신을 분신자살로 내몬 고리 지역 대신에, 이미 건설이 가능하다는 용역결과까지 나온 서울 한강에 지으면 되지 않겠나요.

이웃나라 일본은 54기의 핵발전소 대부분을 가동중단 하였습니다. 전체 발전설비의 30%에 달하는 전력량이 통째로 멈춰섰음에도 전국적인 전력대란이나 비상사태는 없었지요. 그럼에도 지금 일본에서는 연일 수만명의 시민들이 반핵시위의 거대한 물결을 이루고 있습니다. 하지만 이미 일본은 너무 비싼 수업료를 치르고 말았습니다.

흔히 생수를 마시면서 유통기한이 지나면 먹지 않습니다. 못 먹는 물이라서가 아니라 유통기한이 지났기 때문에, 안전하지 않기 때문에 이를 먹지 않는 것이지요. 그런데 정부와 한수원은, 부산시민의 70% 이상이 '고리1호기 폐쇄'를 원하고 있고, 고리 인근 주민을 비롯해 3백50만 시민의 목숨과 생존권을 담보로 어찌 이같은 도박을 하는 것인지요. 이는 도박을 넘어 범죄행위에 다름 아니며, 아니 누구를 위해서 무엇을 위해서 고리1호기를 재가동하는 것입니까.

정부와 한수원은 결코 고리1호기를 끌 생각이 없습니다. 이는 한여름 무더위와 전기피크가 고리1호기 재가동을 위한 꼼수에 지나지 않음을 드러낸 것이며 직접적 피해당사자인 우리 부산시민의 목숨과 생존권은 전혀 아랑곳하지 않는다는 뜻이지요. 오로지 고리1호기 재가동에 목을 매고, 거짓선전과 갖은 꼼수와 주민 이간질을 서슴지 않음을 그대로 보여주는 것입니다.

이제는 부산시민이 나설 때입니다. 이제 부산시민 스스로 우리 아이와 우리 목숨을 지켜낼 수밖에 없다는 뜻입니다. 아무런 안전대책도, 사고시 비상 매뉴얼도 하나 없이 단지 안전하다는 말만 되풀이하는 정부와 한수원의 입만 쳐다봐야 하는 이 상황에 대하여 더 이상 침묵할 수 없지 않습니까.

이에 고리1호기 폐쇄운동에 앞장서 왔던 우리 반핵부산시민대책위는 소속단체와 뜻있는 인사와 시민들의 결의를 모아 부산시의회 앞에 '부산시민 탈핵무한도전캠프'를 열고 무기한 농성에 들어갑니다.

이를 통해 부산시민들에게 폭염과 전력피크를 빙자한 고리1호기 재가동의 부당성과 아울러 위험성을 알리며, 고리1호기 가동중지 및 폐쇄에 동참하도록 할 것입니다. 또한 현장농성을 통한 반핵운동의 캠프역할을 상징적으로 보여줌으로써 언론과 시민들의 관심을 끌어내고자 합니다. 그리고 캠프를 센터로 하여 상시적이고 지속적인 프로그램을 소속단체, 시민들과 함께 고민하고 실천할 것입니다.

아울러 강 건너 불 보듯 하는 부산시와 부산시의회에 대하여 고리1호기 폐쇄를 위한 부산시민의 무한도전에 앞장서 줄 것을 촉구하며, 부산시민 여러분의 적극적인 관심과 참여, 성원과 지지를 부탁드립니다.

"부산시민 여러분, 이제 여러분이 고리1호기를 꺼주세요"

2012년 8월 22일

반핵부산시민대책위원회

수명 끝난, "경주 월성1호기 폐쇄하라"

양남면 지역주민과 환경단체 한목소리

1

이상홍 편집위원

8월 25일 월성핵발전소 앞에서 양남 지역 주민들과 환경운동연합 회원 150여명이 한목소리로 수명 끝난 '월성1호기 폐쇄'를 외쳤다. 환경운동연합 전국 임원·활동가 수련회 참가를 위해 경주를 방문한 100여명의 회원들은, 이날 오전부터 핵발전소가 있는 양남면 일원에서 탈핵 순례를 진행했다. 또 월성 핵발전소가 보이는 해변에서, 월성1호기 폐쇄를 상징하는 'OUT'을 인간글씨로 새기는 퍼포먼스를 연출하기도 했다**〈사진1 참조〉**.

퍼포먼스를 마친 환경운동연합 회원들은, 본래 결의대회 장소로 계획된 월성핵발전소 맞은 편 150미터 떨어진 잔디밭이 아닌 곧바로 월성 핵발전소 입구를 향해 행진하고, 곧바로 진입을 시도했다**〈사진5 참조〉**. 당황한 핵발전소 경비들은 급히 행진대열을 가로막으며 저지했으나, 소용이 없자 결국 발전소 출입문을 굳게 닫고 집회가 끝나기만을 기다려야 했다.

굳게 닫힌 철문 앞에서 진행한 '월성1호기 폐쇄 결의대회'는, 인근 주민 50여명도 노란 조끼를 입고 참석했다**〈사진2, 3, 4 참조〉**. 이 날 결의대회에서 환경운동연합 회원과 양남지역 주민들은 한목소리로 '핵발전은 범죄다. 월성1호기 폐쇄하라' 등의 구호를 외치며, 정부와 한국수력원자력(이하 한수원)의 월성1호기 수명연장 추진을 규탄했다.

월성 핵발전소 입구를 가로막고, 환경단체 회원들과 지역주민들이 함께 투쟁을 벌인 것은 근래 처음있는 일로써, 월성1호기 폐쇄 운동사에 남을 사건이다.

한편, 월성1호기는 캐나다에서 건설한 중수로형 핵발전소로 천연우라늄을 연료로 사용하고 중수를 냉각재 및 감속재로 사용한다. 1982년 첫 가동을 시작한 월성1호기는 오는 11월 20일이면 설계수명이 완료된다. 설계수명이란 핵발전소가 안전성을 유지하면서 가동될 수 있는 물리적 시간이다. 설계수명이 끝나면 당연히 가동을 중단해야 하지만, 정부와 한수원은 월성1호기를 고리1호기처럼 10년 연장가동을 준비하고 있다.

〈사진 환경운동연합 제공〉

2

3

4

5

대구경북탈핵연대 출범!

이동원 통신원(대구 녹색당 운영위원)

2012년 5월 18일 경북 영덕 대구대연수원에서 첫모임을 가졌다. 이후 포항과 대구를 오가며 7차례의 회의를 거쳐, 8월 20일 대구YWCA에서 전체대표자회의와 좌담회를 통해 결의를 다졌다. 8월 29일 대구경북민중대회에 '동해안 핵단지 반대' 의제를 내세우며, 탈핵연대의 출범을 홍보했다.

9월 1일 대구백화점 앞 광장에서 대구경북탈핵연대의 출범식과 '2012 대구경북 탈핵원년선언 범 시·도민대회'를 27개 단체의 대표자 및 시·도민들이 함께 했다. 4시부터 시작된 출범식에 이어, 150여명의 참석자들이 시내행진을 하며 탈핵을 외쳤다. 이어진 문화제 행사에는 우창수 밴드, 류금신, 논다니 프로젝트의 공연, 탈핵UCC, 체르노빌 영상, 시·도민 발언 등을 통해 대구 중심가에서 핵의 위험성과 탈핵의 열기를 뿜어냈다.

사진 대구경북탈핵연대 제공

'연대' 란 손에 손을 잡고 마음과 마음을 이어가는 것이기에 마무리는 참여하신 분들과 손을 잡고 '사랑한다면~', '탈핵해요!' 를 외치며 탈핵연대의 의지를 모았다. 행사 후 70여분이 식사를 함께하는 시간을 갖기도 했다.

대구시민행동, 연일 계속되는 탈핵행사

이동원 통신원(대구 녹색당 운영위원)

8월 6일~9일까지 탈핵풍자화전을 대구 중앙로 지하철역 광장에서 탈핵신문 배포와 함께 진행했다. 8월 10일에는 '해좋아 핵싫어 탈핵문화제' 를 가톨릭 대구대교구청 강당에서, 원자력의 진실OX퀴즈, 올레밴드와 곰네들 어린이합창단 공연, 영화상영, 재생에너지 체험, 이계삼 씨의 밀양송전탑 관련 강의 등과 함께 진행했다. 8월 16일에는 경산에서 '남천강변 환경영화제' 를 박선배 씨(녹색당)의 주도로 엄마와 아이들이 함께 환경영화와 탈핵풍자화전, 탈핵신문을 홍보했다.

가톨릭대구정의평화위원회에서는 '녹색평화학교' 를 통해 9월 9일까지 환경과 탈핵의 중요성을 각 본당 환경위원들을 대상으로 전파하고 있다. 방학과 더위를 핑계로 1인 시위 '화요시' 는 쉬었는데, 9월부터 다시 진행하기로 했다.

한편 대구시민행동은 대구경북탈핵연대의 출범을 함께 준비하면서, 대구에서 탈핵기본법 제정 필요성에 대해 홍보하고, 이미 우리들의 밥상으로 올라오고 있는 방사능 오염 농·수산물을 알리는데 힘을 모으고 있다.

"2020년까지 화석에너지와 원전의존비율 10%씩 내리겠다"

탈핵울산시민공동행동, 손학규 후보 초청 간담회

박진영 통신원

탈핵울산시민공동행동은 지난 8월 21일 울산시의회 소회의실에서 민주통합당 손학규 후보(민주통합당)를 초청해 '핵없는 울산을 위한 대선후보 초청간담회' 를 1시간 가량 진행했다. 이날 손학규 후보는 "에너지정책방향이 탈원전으로 가야한다. 우선 2020년까지 화석에너지와 원전 의존비율을 각 10%씩 줄이고, 재생에너지 비율은 10% 대로 올리겠다"는 입장을 밝혔다. 최근 논란의 핵심인 고리1호기와 관련해서 "수명연장에 반대한다"고 했지만, "현재 재가동되고 있기 때문에, 폐로와 관련한 구체적 방법은 책임있는 자리에 서게 되면 그때 발표하는 것이 정치인의 자세"라고 강조했다. 당일 참석한 탈핵울산시민공동행동 관계자는 "손학규 후보가 사실상 탈핵의지를 밝혔다고 보여지지만, 구체적인 시기나 방법에 대한 언급은 없었다. 이후 좀 구체적이며 진전된 탈핵전환계획이 나오길 기대하며, 그러기 위해서는 탈핵을 요구하는 시민들의 목소리가 좀 더 커져야 할 것이다"라고 지적했다.

한편, 지난 8월 10일 울산 성남동 거리캠페인에 민주통합당 문재인 대통령 후보 부인인 김정숙 씨가 함께했다.

탈핵전북모임, 두 번째 강연

한혁준 통신원(한살림전북 사무국장)

지난 7월 25일(수) (가칭)핵없는 세상을 위한 전북모임(이하 탈핵전북모임)에 참여하는 전북녹색연합, 전북환경연합, 전주의료생협, 아이쿱전주생협, 한울생협, 한살림전북이 모여 전교조전북지회와 공동으로 탈핵강연회를 준비하기로 결정한 바 있다.

8월 23일(목) 전교조전북지회 교육실에서 김익중 교수(동국대)를 모시고, '탈핵은 해야하며 이제는 가능하다' 는 주제로 두번째 탈핵강연회를 진행했다. 약 100명이 참석했으며, 참석한 회원들 대부분이 '강의가 명쾌하고 설득력이 있어, 탈핵에 대한 막연한 생각에서 벗어나 확신을 가지게 되었다' 고 한다.

전라북도는 최근 '삶의 질 정책과' 를 신설하고, 슬로시티 지정을 위한 계획수립과 슬로라이프의 의미를 확산하기 위해 정책방향을 설정하고 기본계획안을 마련하고 있다. 하지만 영광 핵발전소 사고시 겪게 될 전라북도 도민의 생명과 생존의 위기에 대한 생각은 아직 갖고 있지 못한 것 같다. 슬로라이프로 가는 길은, 결국 핵없는 세상에 대한 구상과 에너지 자립을 통한 협동적 생활양식으로 삶을 총제적으로 변화시키는 길일 것이다.

탈핵전북모임은 올해 강연회와 교육을 중심으로 진행하면서, 참여단체를 확대하기로 결정한 바 있다. 향후 좀 더 구체적인 활동과 계획을 갖고, 참여 단체 회원들과 함께 고민하는 다양한 계기를 마련가는 것이 필요하며, 이번 강연회를 함께 준비한 전교조전북지회도 탈핵전북모임에 동참할 수 있기를 기대한다.

반복되는 영광핵발전소 정지사고 … 매번 '안심하라'는 말뿐, 지역주민들은 불안하고 공포스럽다

오경미 통신원(영광여성의전화 사무국장)

지난 7월 30일 오후 2시 57분, 영광핵발전소 6호기가 핵반응로(=원자로) 제어봉 구동장치(MG-Set) 전원상실로 제어봉이 낙하해 핵반응로가 정지하는 사고가 발생했다.

핵에 대해서 전혀 모르던 사람들도 이제 핵에 대해 공부하는 사람이 되고 말았다. 알면 알수록 무섭고 불안한 것이 핵이며, 인간과 영원히 공존할 수 없다.

한국수력원자력(이하 한수원)을 비롯해, 국민들의 안전을 책임져야 할 원자력안전위원회와 원자력안전기술원은 사고가 날 때마다 사고 원인 조사나 발표에 앞서, 지역주민들에게 '방사능누출은 없으니 안심하라. 그보다 전력수급이 더 문제다' 라는 말을 반복하며, 앞으로는 안심시키고, 돌아서서는 협박한다. 하지만 영광지역에 살아가는 지역주민들은, 핵발전소에서 문제가 발생했다는 사실만 들어도 심한 불안과 공포를 느낀다.

핵발전소 고장사고는 전력수급차원의 문제가 아니다. 쓰리마일, 체르노빌, 후쿠시마 대재앙처럼, 인류평화와 생명권의 관점에서 보아야 한다. 그렇지 않으면 핵발전소사고가 터질 때마다 정부와 한수원의 전력수급이라는 거짓 프레임(구조)에 갇혀 살수 밖에 없다.

최근 영광지역 주민들과 광주·전남 시민단체들은 '영광핵발전소 안전성 검증을 위한 안전점검단' 의 구성과 공개점검을 제안하고 있다. 정부와 한수원은 지역민들의 불안감을 생각해보고, 그 목소리에 귀를 기울여야 한다. 또한 미래세대에게 물려줄 에너지정책이 무엇인지 고민해야 한다.

영광에 '꺼지지 않는 죽음의 불' 인 핵발전소가 존재하는 것은 우리와 아이들을 슬픔과 불안으로 밀어 넣는 일이다. 엄마, 아빠가 시원하고, 휘황찬란하게 살기위해 우리아이들을 핵 쓰레기장에 남겨 둘 수는 없지 않는가? 죽어서도 우리 아이들에게 미안해 할 일을 하고 싶지 않다. '태양은 고지서를 보내지 않는다' 고 했다. 지금 비록 힘들고 불편하더라도, 미래를 위해 대안에너지로의 전환을 고민해야할 때이다.

'삼중수소 방사능 주민 건강영향평가' 실시 의의와 앞으로의 과제

정현걸
(소설가, 삼중수소영향평가위원, 경주환경운동연합 원전·방폐장특위 위원장)

삼중수소와 월성원전 주변 괴상한 일들 | 십여 년 전, 월성원전 주변지역 3개 읍면에는 괴상한 일들이 꼬리를 물고 일어났다. 뚜렷한 이유도 없이 암소들의 불임이 잦았고, 유난스레 기형가축들이 많이 태어났다. 머리가 없거나 눈이 먼 송아지, 생식기가 없는 송아지, 눈이 없는 강아지, 심지어는 뼈만 있고 살은 없는 가축들도 태어났다. 강아지들의 사산도 속출했다. 또 기형 물고기들도 많이 잡혔고, 해산물 수확도 크게 감소했다. 게다가 각종 농작물의 수확도 확 줄어들었다. 특히 감 수확량이 급감했다. 그러다 보니 이 모든 게 월성원전에서 방출하는 삼중수소 때문이라는 흉흉한 소문이 나돌았다. 우연이었을까. 그 즈음에 한국원자력안전기술원(KINS)에서 월성원전에 '삼중수소 저감장치'의 설치를 권고했다.

주민들의 불만이 팽배해지자 월성원전 측은, 역학(疫學) 조사 결과 방사능 오염이 아닌 괴질이나 소 아카바네병(모기가 매개하는 바이러스성 질병으로 주로 임신한 소에서 유산, 조산, 사산 또는 기형 송아지 분만 등의 번식장애를 일으킴)으로 추정된다고 발표했다. 환경단체에서는, 그동안 축적된 방사능 때문이라며 최초로 민간 차원의 원전피해 실태조사를 한다며 자원봉사자들까지 동원하여 한동안 부산하게 움직였다.

이듬해 가을부터 희한하게도 그런 괴현상들이 점차로 숙지근해지더니, 알게 모르게 거짓말처럼 사라졌다. 그렇지만 그 후로도 이 지역은 계속 시끌시끌했다. 이 일대가 활성단층 지진대냐, 아니냐를 놓고 학자들 간에 지루한 논쟁을 벌였고, 기형 가축 출산을 두고 방사능 때문이냐, 괴질이냐, 소 아카바네병이냐를 놓고 수의학자들과 환경단체들 간에 논란을 벌였다. 그때부터 줄곧 경주환경운동연합을 비롯한 시민단체들과 지역 주민들은 월성원전 1·2·3·4호기에서 내뿜는 삼중수소방사능의 유해성에 대한 문제를 제기했지만, 정부와 (주)한국수력원자력(이하 한수원)은 삼중수소방사능의 방출량이 미량이어서 인체에 미치는 영향이 전혀 없다는 주장을 계속 폈왔다.

월성원전 인근 지하수와 주민들의 몸속 삼중수소 농도, 타 원전지역보다 5~10배 높아 | 그러다가 2012년 3월, 마침내 정부와 한수원은 경주시월성원전·방폐장민간환경감시기구(이하 감시기구)와 공동으로 '삼중수소방사능 영향평가'를 실시하기로 결정했다. 그 배경과 과정을 살펴

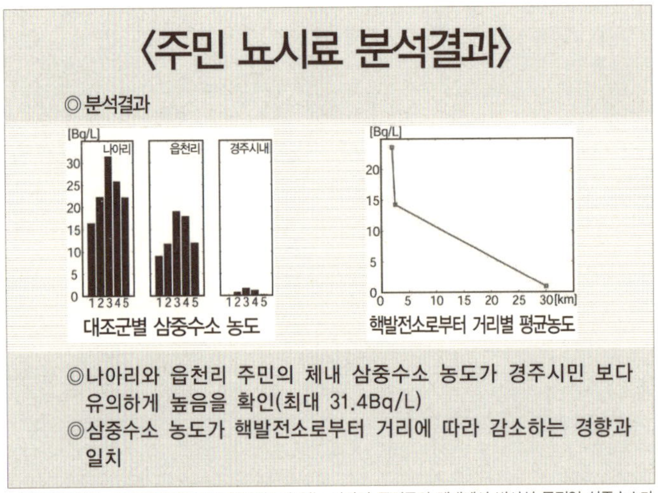

▲경주시민들의 소변을 분석한 결과 핵발전소가 있는 나아리 주민들의 체내에서 방사성 물질인 삼중수소가 최대 리터당 31.4 베크렐 검출됐다. 또한 핵발전소와 거리가 가까울수록 삼중수소에 많이 피폭되는 것을 확인할 수 있다. 출처 경주시월성원전·방폐장민간환경감시기구.

보면 다음과 같다.

2010년 9월 6일 '경주시월성원전·방폐장민간환경감시센터' (이하 감시센터)는 '월성원전 주변 삼중수소방사능 측정결과의 고찰'이라는 제목의 보고서를 공표했다. 월성원전 주변의 빗물과 지하수의 시료 분석 결과, 삼중수소방사능 농도가 타 원전지역보다 5 ~ 10배 높다는 것이다. 그러면서 감시센터는 식수의 삼중수소 허용한계치 검토 필요, 원전 인근 지역주민의 체내 삼중수소 농도 평가 필요성 검토, TRF 즉 '삼중수소저감장치'의 저감성능 평가가 필요하다는 향후 계획을 밝혔다.

감시센터는 다시 몇 달 후 '월성원전 주변지역 주민의 체내 삼중수소 농도 분석'에 대한 자료를 발표했다. 감시센터의 분석 결과를 보면, 월성원전 주변지역 주민들의 체내 삼중수소 농도도 빗물과 지하수와 마찬가지로 타 원전지역보다 5~10배 높게 측정되었다. 더 심각한 점은 나아, 읍천, 봉길 등 월성원전과 가까운 곳에 거주하는 주민들일수록 삼중수소방사능 농도가 더 높게 나온다는 것이다. 비교지역인 경주 시내권 주민의 경우는 미검출에 해당하는 수치를 보였다.

월성원전 주변 삼중수소 농도 서울의 430배 | 필자의 분석으로는 그 원인이 자명하다. 우리나라에 유일하게 월성원전에만 있는 캐나다가 개발한 캔두형중수로 1·2·3·4호기가 수십 년간 지속적으로 그것도 다량으로 삼중수소를 뿜어내고 있기 때문이다. 2005년에도 월성원전의 연간 삼중수소 방출량이 울진원전의 70배에 이른다는 한수원의 보고가 있었는데, 그 당시 '삼중수소 저감장치'가 운영되지 못함으로써 주민들의 피폭선량이 65% 늘어났다고 했다. 몇 년 전의 국정감사에서도 월성원전 지역의 삼중수소방사능 농도가 서울과 춘천에 비해 최고 430배나 높은 것으로 보고되었다. 이 모든 사실을 종합해 볼 때, 월성원전 주변의 해수, 빗물과 지하수는 물론이고, 동식물과 주민들의 몸속에 다량의 삼중수소방사능이 축적되고 있다는 것이 명백하다.

감시센터의 발표가 있은 후, 필자가 속한 환경단체와 지역주민들은 한수원과 감시기구에 '삼중수소 저감장치'의 무용론과 '삼중수소 영향평가'의 필요성을 줄기차게 주장했고, 결국 정부와 한수원은 우리의 주장을 수용하기에 이르렀다. 그래서 감시위원회가 '삼중수소 건강 영향평가'를 주도하되 영향평가의 공정성과 객관성, 투명성을 확보하기 위해 시민·환경단체 감시위원의 영향평가위원회 참여를 필수로 하고, 지역 주민대표 6명도 추가로 참여시키기로 의결하여 총 21명의 '삼중수소영향평가위원회'를 구성하게 되었다. 수억 원에 이르는 예산은 원인 제공자인 (주)한수원이 부담하기로 하였다. 그리하여 현재까지 4차에 걸친 영향평가위원회 회의를 통해 영향평가의 신뢰성 확보를 위한 합의안 도출, 주민들의 체내 삼중수소방사능의 영향평가 기관인 평가단과 자문단 선정을 위한 다양한 의견을 수렴하기 위해 회의를 거듭하고 있다. 특히 4차 회의에서는, 평가 기관 선정 대상자 중의 하나인 '한국원자력의학원'의 강창모 교수로부터 삼중수소영향평가에 대한 설명을 들었다.

주민들 삼중수소 방사능에 일상적으로 노출, 피폭돼 | 삼중수소는 헬륨으로 붕괴되면서 베타(β)선을 방출하는 방사성 동위원소이다. 중수(重水) 중의 중수소(H-2)가 중성자를 포획하여 삼중수소(H-3, Tritium)가 생성된다. 중수를 사용하는 원자로인 캔두형은 방사능 누출 위험도가 경수로에 비해 30~40배 높다. 또한 삼중수소수는 위장과 폐를 통해 인체에 흡수되며 저에너지의 베타선을 지속적으로 방출한다. 삼중수소가 음식물에 결합됐을 때 더 유해하고, 오염된 음식에 만성적으로 노출되면 삼중수소의 10%가 신체와 유기적으로 결합하며, 유기물에 결합 시 인체가 2~10배 오래 삼중수소에 노출된다는 연구 논문도 발표된 바 있다.

삼중수소의 반감기는 12.4년이며, 인체에 흡수되었을 때 소멸되는 생물학적 유효반감기는 10일 ~ 450일이고 절반이 소변이나 땀으로 배출된다. 하지만 심각한 문제는, 삼중수소수 방사능으로 인한 피폭이 일회성이 아니고 월성원전에서 끊임없이 다량으로 삼중수소를 뿜어내고 있기 때문에 주민들이 방사능에 만성적으로 노출돼 있는 것이다. 소량의 병균이나 바이러스라 할지라도 환자, 임산부, 유아에게는 치명적이고, 노약자나 면역력이 약한 사람에게도 나쁜 영향을 미친다는 것은 삼척동자도 다 아는 상식 아닌가. 그냥 병균도 그러한데, 하물며 방사능이 몸속에 축적된다면 그것이 인체에 미치는 악영향은 아주 클 것이다. 그렇다고 본다면, 이번에 한수원이 마지못해 받아들이긴 했지만 건강영향평가 실시를 결정한 데 대해서는 일단 환영해야 할 것이다.

일회적인 1년 조사가 아닌, 지속적인 모니터링 필요 | 마지막으로 영향평가의 의의와 향후 과제에 대해 살펴봐야 하겠다. 국내외를 막론하고 저선량 방사선, 특히 저선량 환경방사선의 만성 노출로 인한 영향에 대한 연구는 전무한 실정이다. 그러므로 이번의 영향평가 실시는 국내에서 최초로 이루어지는 삼중수소방사능 생체 영향평가라는 데 그 의의가 있다고 하겠다.

앞으로 삼중수소방사능에 노출된 샘플 및 대조군(1 ~ 2백 명)에 대한 정확한 농도 측정이 필요하고, 그중에서 선별된 샘플(약 50명)에 대해 연구동의서 확보 및 채혈을 해야 한다. 그러고 나서 IAEA에 권고하고 있는 '안정형 염색체 분석 방법'에 의한 염색체 변이를 연구해야 할 것이다. 아무쪼록 이번의 조사가 저선량 방사능에 의한 영향평가의 기틀을 마련했으면 한다.

그리고 약 1년으로 예정된 이번의 조사가 일회성에 그칠 게 아니라, 저선량 환경 방사선으로 인한 인체 영향에 대한 지속적인 모니터링이 이루어져야 한다. 또한 과학적 근거 자료의 축적 필요성이 절실히 요구된다. 끝으로 조사 결과의 신뢰성 확보를 위해 조사위원회 구성의 공정성과 조사 전 과정의 투명성, 객관성이 필수적임을 다시 한 번 강조한다.

토론회

“대경, 탈핵운동의 현황과 과제”

탈핵신문은 4·11 총선 이후 각 지역별로 전개되고 있는 반핵운동 ‘현안’과 ‘과제’를 점검해보는 연속좌담회를 기획했다. 지난 7월26일의 부·울·경 좌담회에 이어, 이번에는 국내 최대 핵발전 현안지역인 대·경 지역(대구·경북)이다. 대·경 지역은 현재 국내 상업운전중인 23기의 핵발전소 중 절반에 해당하는 11기(울진 6기, 경주월성 5기)가 위치하고, 국내 유일의 핵폐기물처분장(경주)과 신울진 1~4호기, 신월성 2호기, 영덕의 신규 6기(예정)까지 건설 및 계획 중에 있다. 게다가 경상북도는 원자력클러스터 사업을 통해 경북의 핵단지화를 꾀하고 있다. 대구경북탈핵연대와 탈핵신문이 공동주최한 “대경, 탈핵운동의 현황과 과제 – 대구경북, 탈핵운동 확산과 연대를 위해”는 지난 8월 20일(월) 대구 YWCA에서 공개토론회 형식으로 진행됐다. 당일 발표 및 토론 내용을 요약·정리했다. 전문은 탈핵신문 홈페이지(http://nonukesnews.kr) 참조.

노진철(사회, 경북대 교수): 대선을 앞두고 있다. 대선주자들도 탈핵을 이야기한다. 오늘 이 자리는 411 총선 이후 대·경 지역의 탈핵운동이 어떻게 진행돼왔고, 앞으로 어떻게 전개해나갈지를 논의해보는 자리다. 핵발전 현안 지역인 경주, 영덕, 청도와 한국원폭2세환우회 이야기를 듣고, 지정토론 4분의 이야기를 듣겠다.

김익중

“정부는 방사능이 샐 거라는 것을 뻔히 알고 있다. ‘방사능유출이 예상되나, 안전하다’는 답변을 내놓고 있다. 말이 안된다. 방폐장을 왜 만드나?”

김익중(교수, 경주핵안전연대 집행위원장): 경상북도와 대구는 핵산업 종합세트다. 핵발전소, 핵폐기장, 신규건설, 송전탑, 핵재처리시설 등이 밀집해 있고, 계획중이다. 경주는 월성 4기, 신월성1기가 상업가동 중이며, 방폐장 등이 건설 중이다.

경주 방폐장은 안정성과 위치기준 모두를 어기고 있다. 부지조사보고서에 암반이 불량하다는 이야기가 여러 번 나온다. 방폐장을 건설 중인 암반 사이로 지하수가 흐르고, 암반이 삽으로 팔수 있는 5등급이다. 콘크리트를 쳤지만 사진에서 보다시피 젖어있다. 콘크리트를 뚫고 지하수가 들어온다. 하루에 5천톤을 퍼내고 있다. 방폐장이 물속에 잠길거다. 물 들어오면 방사선 누출된다.

핀란드에서 계획중인 방폐장은 1만년에 1.5m 움직인다는 데, 경주는 하루에 7.5m 움직인다. 한달이면 경주 전체를 움직인다. 경주시민 만오천명이 먹는 식수에 방사능이 들어간다. 살인행위다.

원자력안전위원회(KINS)에 물어보니, ‘방사능 누출이 운영 중에 발생하면 사고고, 운영기간 후면 사고가 아니다’라고 한다. 운영기간은 10년이다. 원자력안전위원회는 ‘폐쇄 후 방사능 유출은 자연적인 현상’이라고 답변했다. 정부는 방사능이 샐 거라는 것을 뻔히 알고 있다. ‘방사능유출이 예상되나, 안전하다’는 답변을 내놓고 있다. 말이 안된다. 방폐장을 왜 만드나? 1조7천억이라는 예산을 왜 쓰나? 차라리 동해바다에 던지지.

원자력 클러스터, 작년 11월 확정됐다. 핵발전소 전체를 수명연장하고, 출력증강하려 한다. 당연히 더 위험하다. 핵연료를 사용하면 사용후 핵연료 중에 1%가 플루토늄이다. 그것을 뽑아내는 것을 재처리라고 한다. 소듐증식로, 재처리도 위험한데 이것은 더 어렵다. 일본 프랑스 미국 다 실패했다. 구조적으로 큰 문제가 있어 실패할 수밖에 없다. 재처리라는 것은 고준위핵폐기장을 의미한다. 핵발전소에서 나온 1%만 플루토늄이다. 나머지 99%는 고준위핵폐기물인데 이것을 어떻게 처리할 것인지에 대해 아무런 언급이 없다. 이것은 경상북도에 고준위핵폐기장을 들여오는 것을 의미한다. 원자력클러스터는 고준위핵폐기장을 의미한다.

결론은 경주방폐장 공사를 중지해야 한다. 원자력 클러스터 전면 폐기해야 한다. 한국은 탈핵으로 가야한다.

윤종호 편집위원

박혜령

“농·어민 모두 미래를 기약하기 어렵다. 지역토호들은 엄청난 돈이 지역에 뿌려질 거라고 소문을 부풀린다. 이런 상황에서, 지역주민들이 반대운동에 동참하기란 쉬운 일이 아니다.”

박혜령(농민, 영덕핵발전소 유치백지화투쟁위원회 집행위원장): 영덕은 1989년, 2003년, 2005년 핵폐기장 유치를 위한 시도와 반대운동이 있었다.

1989년 핵폐기장 반대운동은 우리나라 자발적인 반대운동의 시초였다. 3천여명 이상이 모여 반대운동을 벌였다. 1989년과 2003년은 관에서 반대를 주도했고, 주민들은 함께 하면 됐다. 그때 반대를 하면 지역의 우상이었다.

2005년 부안 핵폐기장 건설 계획이 무산된 이후 여러 지역이 유치경쟁을 벌였다. 경주, 군산, 포항과 함께 영덕은 주민투표를 했고, 80% 이상의 찬성표가 나와지만, 90% 이상인 경주로 결정됐다. 영덕에서 유치를 반대했던 사람들은 지역발전을 방해한 사람들로 매도됐다. 2005년에는 군수가 핵폐기장 유치에 적극적이었다. 2005년 영덕에서 반대운동을 벌였던 다수의 주민들은 500만원 이상의 벌금형을 받았고, 식당을 운영하는 사람들은 공무원의 불매운동으로 폐업, 당시 귀농했던 젊은이들은 탄압을 받고 도시로 떠났다. 한농연과 농민회가 주도적인 반대운동을 벌였고, 이 농민들은 지원사업에서 노골적으로 배제됐다. 지금도 농민단체 쪽에서 한명도 참석하지 못한다. 현재 영덕투쟁위원회는 1년을 넘게 활동했지만, 10여명뿐이다.

지역주민들이 ‘핵시설을 유치해야 한다’는 말에 심리적으로 동조하는 것은, 농업을 기반으로 하는 대부분의 지역들이 우루과이라운드 이후 FTA가 통과되면서 급격히 붕괴되고 있다. 어민들도 마찬가지다. 바다자원의 남획과 위 울진 쪽과 아래 경주쪽 핵발전소 온배수로 생태계는 변화됐고, 절대적인 어획량이 줄어들었다. 농·어민 모두 미래를 기약하기 어렵다. 지역토호들은 엄청난 돈이 지역에 뿌려질 거라고 소문을 부풀린다. 이런 상황에서, 지역주민들이 반대운동에 동참하기란 쉬운 일이 아니다.

이전의 반대운동은 ‘지역에 혐오시설을 들일 수 없다’였다면, 후쿠시마 사고로 ‘어디에도 핵발전소는 안된다’는 인식이 생겼다. 모두가 이해당사자임에도 영덕주민들은 타 지역과의 연대에 소극적이다. 연대의 경험과 인식이 없고, 관을 두려워한다. 지금 영덕주민들만으로 이 문제를 감당할 수 없는 상황이다.

김미화

“왜 청도군에 이런 일이 일어나나. 신고리핵발전소와 연관된 문제다. 삼평1리 주민들의 생존권과 삶이 걸린, 절박한 상황이다.”

김미화(목사, 청도군 각북면 삼평1리 345kV 송전탑반대주민모임): 청도군 각북면은 대구에서 가까운 곳이다. 삼평1리는 45가구의 작은 마을이다. 그런데 높이 70~80m 송전탑이 마을 주위 가시거리에 7개나 들어서고 있다. 한 마을이 폐허가 될 수 있는 위급한 상황이다.

2006년도에 실시한 주민설명회가 있었다지만, 5명 정도가 참여했다고 한다. 2011년에 알게 됐다. 선로 변경 자료 자체가 문서조작이다. 2011년 법정소송을 3차례 했지만 실패했다. 이 과정에서 마을 이장이 주민의견서를 자필로 위조했다는 사실이 드러났고, 자백하는 사실이 있었다.

송전탑 반대운동 중 74세 할머니가 단기기억상실증에 걸리고, 7월초 10일간 용역이 투입돼 할머니들이 개처럼 끌려다녔다. 용역들의 방패에 손이 짓눌려 전치 3주 부상을 당한 할머니도 있다. 강제수용이라며 벼가 자라는 논에 포크레인이 밀고들어가버리는 참혹한 사건도 있었다.

왜 청도군에 이런 일이 일어나나. 신고리핵발전소와 연관된 문제다. 삼평1리 주민들의 생존권과 삶이 걸린, 절박한 상황이다. 한달 안에 또 공사가 또 진행된다. 밀양은 많은 분들이 함께하지만, 현재 청도는 몸을 던지지 않으면 살아날 가능성이 없다. 주변 분들의 관심과 참여를 부탁드린다.

한정순

“이미 핵폭탄은 떨어져 피폭은 당했고, 또 유전되어 장애를 안고 살아간다. 지금 살아가는 사람들의 대책마련이 필요하다.”

한정순(한국원폭2세환우회 회장): 탈핵을 이야기하고, 피해자가 나타날 것이라고 하지만, 우리는 이미 그것을 겪고 있다. 나도 장애인이다. 우리는 우리 의지와 상관없이 유전성을 띄고 태어난, 아픈 사람들의 모임이다. 만여명 정도 될 것이다. 뇌성마비, 정신 장애, 갑상선, 다운증후군 등 다양한 증세들이다. 이미 핵폭탄은 떨어져 피폭은 당했고, 또 유전되어 장애를 안고 살아간다. 지금 살아가는 사람들의 대책마련이 필요하다. 선지원 후규명이라는 특별법을 제안했지만, 통과되지 못해 다시 19대에서 발의를 준비하고 있다. 국회가 먼저 살펴봐주면 좋겠다. 앞으로는 핵없는 세상에서 살고 싶다.

정리 윤종호 편집위원·황정화 간사

결국 충분했다! 올여름 일본 전력

역시 오오이핵발전소 재가동은 필요 없었다

도쿄신문 등의 보도에 의하면, 재가동된 오오이핵발전소 3, 4호기를 운영하는 간사이전력 관내 올 여름 최대수요를 기록한 것은, 오사카시에서 최고기온 36.7도에 이른 8월 3일 오후 2시경, 2681만kW였다. 간사이전력은 핵발전소를 제외한 발전능력이 2008만kW였고, 타 전력회사에서 융통했을 때, 공급능력은 2750만kW였다. 결국 일본 핵발전소 제로상태를 무너뜨린, 오오이핵발전소 재가동은 필요 없었다는 사실이 입증되었다.

간사이전력은 2010년 수준의 무더운 날씨로 올해 최대수요 2987만kW를 예측하며, 오오이핵발전소 재가동을 강행했다. 그러나 어처구니없게도 8월 3일 당일, 전력 수급조정을 이유로 화력발전소 1기(38만kW)를 멈추기까지 했다.

원래 핵발전소는 수요에 맞게 발전량을 조절하는 데 어려움이 있다. 따라서 원자로가 고장나면 100만kW 단위의 대규모정전이 일어난다. 이를 막기 위해 핵발전소 건설 시 화력발전소도 함께 증설한다. 그 결과, 총 발전능력은 실제 수요를 대폭 웃돈다.

자가발전을 포함하면 일본에서 전력수요가 수력과 화력의 총 공급능력을 웃돈 적은 과거에 없었다. 만약 웃돌았다 하더라도 한여름의 몇 일, 그것도 오후 두 세 시간뿐이므로, 공장 조업시간 조절 등으로 충분히 대응할 수 있다는 것이 후쿠시마사고 이후 주지의 사실이다.

게다가 지금은 수요가, 화력+수력의 총 공급능력에 가장 근접한 90년대보다도, 자가발전을 포함한 화력발전소의 공급능력이 대폭 늘어났고, 수요는 경제 침체로 머물러 있는 상태다.

이번 여름, 핵발전소가 차지하는 비율이 가장 높은 간사이전력에서 핵발전소 필요성이 부정되었다. 이로 인해 향후 다른 핵발전소의 재가동은 더욱 어려워질 것으로 보인다.

고노 다이스케 편집위원

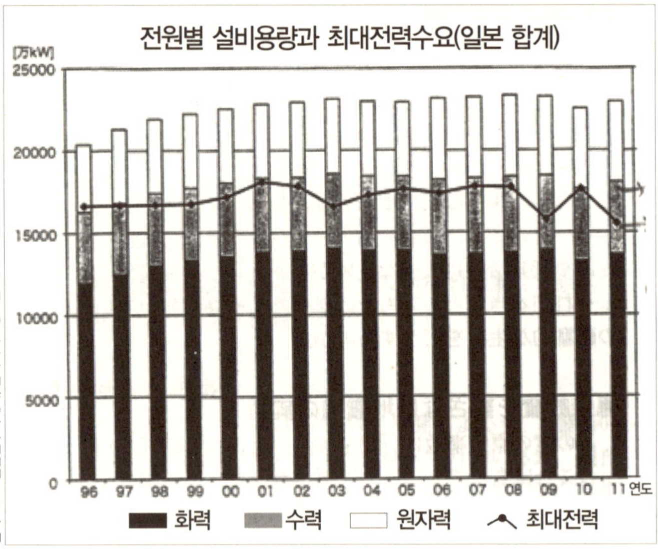

새롭게 구성되는 원자력규제기구, 또다시 핵마피아들이 주름잡는가

후쿠시마사고 이후 일본에 새로 설치될 '원자력규제위원회' 후보자 5명 중 3명이 소위 핵마피아여서 논란이 되고 있다. 위원장 후보인 다나카 슌이치와 위원 후보인 후케타 도요시, 나카무라 가요코가 그들이다.

원자력규제위원회는 지난 6월 설치법안이 통과됐고, 후쿠시마사고 이후 원자력안전규제를 담당하고 재가동 여부, 폐기물 관리·처분 방법 등에 대해 판단하게 된다. 환경성의 외국(外局)으로 독립적인 규제에 임할 수 있음에도, 핵마피아가 주름잡게 되면 기존 체제와 별 다를 게 없게 된다.

다나카 슌이치는 핵연료사이클의 핵심인 고속증식로 몬주를 운영하는 일본원자력연구개발기구(이하 연구개발기구) 출신이자 일본원자력학회 회장, 일본정부 원자력위원회 위원장대리를 역임해 핵마피아의 핵심인사로 간주되는 인물이다. 그는 2008년 10월 원자력위원회 위원장 시절, 프랑스 원자력청 프라델 개발국장과의 회담에서 몬주계획에 기대한다는 뜻을 밝혔을 뿐만 아니라 신형 고속증식로 개발에서 프랑스와 협력을 약속하기도 했다(8월 15일, 민들레집 메일매거진).

후케타 도요시 또한 같은 연구개발기구의 현역 직원이며, 나카무라 가요코는 일본아이소토프협회 현역 직원이다. 이 협회는 연구용, 산업용, 의료용의 각종 방사성동위체 공급과 폐기물 집하, 처리 등을 담당하는 곳으로 원자력안전위원회 규제·감독 대상이다.

근거법률인 원자력규제위원회설치법에서 위원의 결격조항을 '원자력사업에 관련된 제련, 가공, 저장, 재처리 혹은 폐기 사업을 하는 자, 원자로를 설치하는 자 …(중략)… 그 법인의 임원과 종사자' 로 규정하고 있다. 덧붙여 일본정부는 '취임 직전 3년간 원자력사업자 및 그 단체의 임원, 종사자였던 자, 원자력사업자 등으로부터 개인적으로 일정 금액 이상의 보수 등을 받은 자' 도 부적절한 것으로 규정하고 있다.

후케타와 나카무라는 이에 해당하므로, 정부가 정한 조건을 스스로 어기는 셈이다. 다나카도 원자력사업자의 임원이나 종업원은 아니었지만, 최근에도 원자력사업자로부터 보수를 받았다는 사실이 알려져 있다.

일본정부는 '취임하면 그만두니 문제없다', '연구개발기구 및 일본아이소토프협회는 영리단체가 아니므로 원자력사업자가 아니다' 등의 구차한 변명을 하고 있다.

지난 6월 국회에 후쿠시마사고 관련 보고서를 제출한 국회사고조사위원회의 제언에 따르면, '원자력규제위원회는 정부 내부의 핵 추진조직으로부터의 독립, 사업자로부터의 독립, 그리고 정치로부터의 독립이 확보되어야 하며, 후보자 선정은 제3의 기구가 여러 명의 후보자를 뽑은 뒤, 국회가 다시 이들 중에서 뽑는 투명한 선정 과정이 필요하다' 고 언급하고 있다.

그러나 이번 후보자 선정은 정부가 밀실에서 진행했고, 왜 그들인지 알 수가 없고, 다섯 자리에 5명의 후보만 추천되었다. 임기는 5년이다. 핵마피아의 활동을 허용할지 말지 시험대에 올랐다.

고노 다이스케 편집위원

핵발전소 사고 책임을 묻는다!

후쿠시마 고소단, 사고 책임자 33명 형사고발

8월 1일, 후쿠시마, 도쿄, 가나자와의 각 지방검찰청이 도쿄전력 후쿠시마제1 핵발전소 사고에 관한 형사고발 및 고소를 수리했다. 그 중 후쿠시마의 고소는 지난 6월 11일 후쿠시마 주민 1324명으로 구성된 '후쿠시마핵발전소 고소단(告訴團, 이하 후쿠시마 고소단)' 이 제출했다.

'후쿠시마 고소단' 의 피고소·피고발인 목록에 기재된 것은 도쿄전력 가쓰마타 쓰네히사 전 회장 외 역대 임원들, 마다라메 하루키 원자력안전위원회 위원장 외 정부 원자력 관련 위원회 위원들, 야마시타 슌이치 후쿠시마현 방사선건강위험관리 자문 등 총 33명이다.

이 날 기자회견에서 무토 루이코 단장(후쿠시마 고소단) 등은 "국회와 정부의 사고조사위원회가 묻지 못했던 개인의 책임을 밝혀 줬으면 좋겠다", "여론과 각 사고조사위원회 최종보고서가 수리를 도왔다", "(검찰이) 왜 지금까지 움직이지 않았는지 우리도 이상하다"라고 말했다.

고소단은 오는 11월까지 일본 전역에서 1만명 규모의 제2고소단을 조직할 계획이며, 이미 전국 7곳에서 신청을 받고 있다(최종적으로 8곳이 될 예정).

고노 다이스케 편집위원

히로시마 · 나가사키 핵폭탄 투하 67주년을 맞아

"마루키미술관, 김형률, 한국원폭2세환우"

그림 박일헌 제공

박일헌 (독립다큐 감독)

'마루키미술관'을 알게 된 것은 재일조선인 서경식 교수가 쓴 글에서였다. 그러나 내가 그곳에 가게 되리라고는 생각하지 않았다. 2012년 7월 28일 한겨레통일문화재단 '평화의나무' 합창단, 일본 '우타고에' 합창단, 재일조선인 합창단 '얼싸'의 합동공연이 사이타마에서 열렸다. 1967년 개관한 마루키(丸木)미술관은 사이타마현에 있었고, 아내는 '평화의 나무' 합창단원이었다. 2012년 7월 29일 숙소에서 아침 일찍 나섰다. 편의점에서 김밥을 사고 지하철을 탔다. 1시간 반 정도 걸려 츠키노와역에 도착했다. 미술관까지 가는 내내 쉴새 없이 땀이 흘렀다. 더위 때문인지 길에는 사람이 없었다. 67년 전 핵폭탄이 터진 그날도 더웠을 것이다. 약도에는 30분 정도 걸린다고 했지만, 초행길인지라 50분 정도 걸린 것 같다. 입장료를 내고 미술관에 들어섰다. 안내하는 남자분이 미안하다고 말한다. 미술관은 냉방을 하지 않아서 덥다고, 손을 가리킨 곳을 보니 부채가 있었다(편집자 주 — 핵폭탄과 핵발전에 반대해 핵발전 해당분의 전기요금을 납부하지 않겠다고 도쿄전력에 통지하고, 전기요금의 일부를 납부하지 않자 도쿄전력은 요금미납으로 송전을 정지시켰다. 발전기로 자가발전해 전기를 공급한 일도 있다). 부채를 들고 2층 전시실로 올라갔다. 먹으로 그린 대형 그림이 눈에 들어온다. 숨이 멎는다. 히로시마 출신인 마루키 이리(丸木位里, 1901~1995년)와 마루키 도시(丸木俊, 1912~2000년) 부부는 원폭의 참상을 대형 그림으로 그렸다. 그것이 히로시마 연작 〈원폭도(原爆圖)〉다. 내가 보고자 했던 그림은 히로시마 연작 중 14부인 〈까마귀〉란 작품이었다(**위 그림 참조**). 2층의 전시실에는 할머니 두 분, 아이들과 함께 온 4명의 가족이 함께 있었다. 그림을 보는 것은 쉽지 않았다. 숨이 자꾸만 가빠왔다. 단지 더운 날씨 때문만은 아니었다. 계단을 통해 1층 전시실로 내려갔다. 1층 전시실 첫 번째 방에서 나는 '까마귀(1972년, 1.8m×7.2m)'를 만났다. 그림 아래에는 일어와 영어, 그리고 한국어로 그림을 소개하는 내용이 있었다(**아래 사진 참조**).

울었다. 울었다. 엉엉 울었다. 소리 내어 울었다. 마음을 추스리려고 전시실 가운데에 있는 넓은 평상 같은 의자에 앉았다. 길게 숨을 쉬었다. 마음을 다스리고 싶었다. 주책이다 싶었다. 다시 눈물이 났다. 또 울었다. 한참을….

2004년 김형률을 만났다. 자신을 원폭2세라고 소개했다. 어머니가 히로시마에서 피폭을 당했고, 그것 때문에 자신은 평생 질병에 시달린다고 했다. 김형률의 병명은 '면역글로블린결핍증'이었다. 2002년 3월 22일 김형률은 자신이 원폭2세로 원폭후유증을 앓고 있다는 것을 공개적으로 밝혔다. 김형률은 부모님의 고향인 경남 합천에서 자신과 같은 아픈 2세들을 만났다. 그리고 '한국원폭2세환우회'를 만들었다. 김형률은 한여름에도 두터운 잠바를 입고 다녀야 했다. 한번 터진 기침은 30분, 1시간, 피를 토할 때까지 계속되었다. '환우회' 활동과 병원 생활이 반복되는 시간들이었다. 2005년 5월 29일 부산 수정동 자신의 방에서 김형률은 36세로 눈을 감았다. 생전의 김형률을 만났던 사람들은 이야기한다. 그의 깡마른 몸을, 쉼없이 이야기 하던 모습을, 그리고 그가 메고 다닌 배낭을. 김형률은 각종 자료와 책이 가득한 배낭을 메고 다녔다. 김형률은 사람들에게 소식을 전할 때 마지막은 '삶은 계속되어야 한다'로 끝을 맺었다. 김형률이 뿌린 씨앗은 지금 한국원폭2세환우회와 함께 조금씩 조금씩 새싹을 키우고 있다. 아픈 환우들의 치료와 최소한의 인간적인 삶을 우리 사회가 책임져야 한다는 김형률의 외침은 계속되고 있다.

67년 전 미국의 원자폭탄 투하로 죽어간 식민지 조선의 가난했던 사람들은 일본제국주의의 전쟁범죄를 증언한다. 원폭후유증으로 인한 질병에 시달리는 한국원폭2세환우들은 일본의 거짓 평화를 증언한다. 그리고 한국원폭2세환우들은 후쿠시마 이후 우리 아이들의 미래를 증언한다. 지금 당장 원자력발전소를 멈추지 않는다면, 한국원폭2세환우들이 살아 온 시간들은 우리 아이들이 살아갈 미래의 모습일지도 모른다.

사회적 차별과 질병 속에서 가난의 대물림을 받은 것이 한국원폭2세환우들이다. 유전적 질병은 비단 2세에서 그치지 않는다. 3세, 4세에서도 나타나고 있다. 슬프고 가슴 아프지만 한국원폭2세환우들이 증언할 수 있도록 하자. 그러기 위해서는 지난 날 우리 사회가 무관심 속에 방치했던 한국원폭2세환우들에게 사죄해야 한다. 사죄의 시작은 한국원폭2세환우들에 대한 정부 차원의 실태조사여야 할 것이다. 더불어 최소한의 인간적인 삶을 유지할 수 있는 지원이 병행되어야 한다. 이것은 전쟁책임을 부정하고, 역사를 왜곡하여 제국주의 침략전쟁의 당사자이면서도 마치 전쟁 피해자인 양 행세하는 일본에게 영원히 벗을 수 없는 멍에를 지우는 일이 될 것이다. 그러나 서울의 고층 건물 엘리베이터와 에스컬레이터에서 보는 미쓰비시 상표는 우리 사회가 얼마나 역사를 망각하는 지를 보여준다. 역사의 망각을 넘어 후쿠시마 이후 핵발전에 대한 일말의 변화 가능성도 보이지 않는 한국 정부의 모습을 보면서 절망을 느낀다. 대한민국은 '까마귀' 일지도 모르겠다는 생각을 한다. 그러나 눈알은 우리 아이들의 눈알일 것이다.

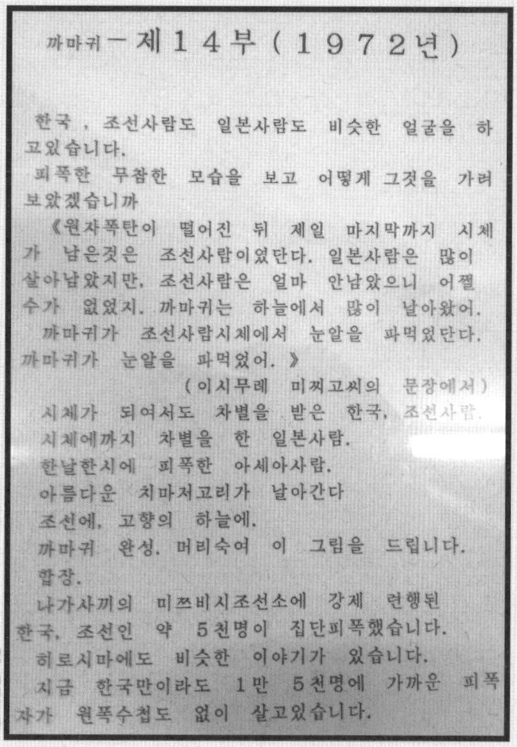

까마귀 — 제14부 (1972년)

한국, 조선사람도 일본사람도 비슷한 얼굴을 하고있습니다.
피폭한 무참한 모습을 보고 어떻게 그것을 가려보았겠습니까
《원자폭탄이 떨어진 뒤 제일 마지막까지 시체가 남은것은 조선사람이였단다. 일본사람은 많이 살아남았지만, 조선사람은 얼마 안남았으니 어쩔수가 없었지. 까마귀는 하늘에서 많이 날아왔어.
까마귀가 조선사람시체에서 눈알을 파먹었단다. 까마귀가 눈알을 파먹었어.》
(이시무레 미찌고씨의 문장에서)
시체가 되여서도 차별을 받은 한국, 조선사람.
시체에까지 차별을 한 일본사람.
한날한시에 피폭한 아세아사람.
아름다운 치마저고리가 날아간다
조선에, 고향의 하늘에.
까마귀 완성. 머리숙여 이 그림을 드립니다.
합장.
나가사끼의 미쯔비시조선소에 강제 련행된 한국, 조선인 약 5천명이 집단피폭했습니다.
히로시마에도 비슷한 이야기가 있습니다.
지금 한국만이라도 1만 5천명에 가까운 피폭자가 원폭수첩도 없이 살고있습니다.

사진 박일헌 제공

▼원폭도 제5부 〈소년소녀〉(1951년)의 한 장면. 그림 박일헌 제공.

새 단계에 들어선 일본 탈핵운동

일본 '잘 가라, 핵발전 10만명 시위' 참관기

타카노 사토시(高野聰, 에너지정의행동 활동가)

사진 타카노 사토시 제공

7월 16일, 나는 도쿄 요요기공원에서 열린 '잘 가라, 핵발전 10만명 시위'에 참가했다. 이 시위에는 17만명이 참가해 (주최측 발표), 반핵발전 운동으로는 최대 규모였다. 그러나 이상할 정도로 해방감이 없어 여러 의문이 들었다.

첫째 의문은 집회 공간이 평소의 사회 구조와 거의 유사했다는 점이다. 유명한지 아닌지에 따라 대우가 달라, 현장에서 싸우는 사람들이 푸대접을 받고 있었다. 무대가 4개로 나눠져 있었는데, 내가 있었던 제3무대에서는 예를 들어 무명 가수가 노래하는 중에 시위대가 앞을 지나가는 등의 상황으로 일반 발언자 중 몇 명은 발언이 중단될 수밖에 없었다. 그 날 참가했던 유명 음악가나 소설가에게는 결코 일어나지 않을 일이다. 또한 아들이 핵발전소 노동자라는 어머니의 발언은, 모두가 들을만한 내용이었는데도 사람이 그다지 많지 않은 제3무대였다는 점이 아쉬웠다.

둘째로, 그렇게 많은 사람들이 모이면서도 정부 정책을 어떻게 바꿔 나갈 것인가라는, 구체적인 문제제기가 부족했다.

셋째로, 투쟁 현장과의 연대라는 자세가 결여됐다. 오오이핵발전소 3호기 재가동 직전에는 각지에서 현장에 모인 사람들이 각각 자유로운 수단으로 저항하고 먹을 것과 마실 것을 준비하며, 현지 주민들이 빨래를 도와주기도 했다. 현장은 일체감과 해방감으로 가득 차고 민주주의와 자치를 피부로 실감했다는 사람이 많았다. 이러한 경험을 공유하는 것이 중요하다.

후쿠오카에서는 규슈전력 본사 앞에서 텐트를 치고 농성투쟁을 벌이는 사람들이 있다. 그런데 최근 인종차별적 극우집단의 공격을 받고 있다고 한다. 이러한 행위를 결코 용서하지 말고 현지와의 연대를 대대적으로 밝히는 것이 필요했다.

이러한 방법은 어떨까? 누구나 수평적인 관계에서 자유롭게 주제를 정해서 토론하고, 구체적인 행동으로 이어지는 전략을 공유하는 워크숍을 진행하는 것이다. 그렇게 하면 기존 사회가 아닌 '다른 세계'를 지향하는 분위기가 생길 것이다.

예를 들면 오오이발전소 앞에서 발전소로 통하는 터널을 하루동안 막아서고, 또 발전소 직원들의 출입을 막는 등의 직접행동으로 싸웠던 사람들이랑 함께 다음 행동을 준비하는 워크숍은 어떨까. 그들은 1만명 있었다면 정말로 재가동을 막을 수 있었을 것이라고 말한다. 1만명은 17만명의 10%에도 미치지 않는다.

또는 핵사고 책임자들에 대한 형사고발을 위한 대규모 고소단 결성과 지원을 준비하는 워크숍도 좋다. 이미 후쿠시마에서는 피해주민들이 후쿠시마핵발전소 고소단을 조직해 책임자들의 형사재판을 요구하며, 후쿠시마지방검찰청에 고소했다. 집회에서 고소단 결성을 호소하고 구체적인 지원 방법을 토론하는 자리를 마련하는 것이다. 핵마피아들은 사고에 대한 책임을 한 사람도 지지 않았다. 그들은 감옥에 가야한다.

그 외에도 후쿠시마 제1핵발전소 노동자를 초빙해서 피폭노동 실태에 대해서 생각하는 워크숍도 유익할 것이다. 최근에도 피폭선량계를 납으로 덮어서 일을 시켰다가 발각됐다. 복구작업으로 떼돈을 버는 업체들에 철저히 저항하는 한편 피폭당하며 일하는 노동자를 강력히 지원하는 피폭노동자를 중심으로 한 노동조직을 만드는 것이 급선무이다.

안타깝게도 사상 최대의 집회를 열어도, 매주 만 단위의 시위대가 총리관저를 둘러싸도, 핵추진파가 제멋대로 굴고 있는 것이 일본의 현실이 아닌가. 핵마피아들이 정말로 싫어하는 전략과 실천이 부족하지 않는가. 정치인에 대한 낙선운동, 핵으로 돈을 버는 기업에 대한 불매운동, 언론에 대한 수신료 거부 및 구매 거부, 고소와 고소단 지원, 그리고 현지 직접행동 등등. 선행사례를 연구하면, 현재 운동에 얼마든지 활용할 수 있지 않을까?

더 다양한 아이디어가 있을 것이다. 이제 강력한 반격을 시작해야 할 때이며, 그것을 가능하게 하는 대중적 힘은 지금까지의 탈핵운동을 통해 형성되었다. 일본 탈핵운동이 한층 더 높은 단계로 발전하기를 기대한다.

탈핵예술유랑단을 꿈꾸다

'사라지지 않는 개' 지역순회 공연을 마치며

권승문 (녹색연합 녹색에너지디자인)

사진 권승문 제공

탈핵, 지식은 전달할 수 있지만, 공감을 이끌긴 어렵다 | '핵' 하면 떠오르는 고정관념이 있다. '무섭다', '어렵다', '나랑은 먼 이야기인 것 같다' 등. 그러다 보니 '탈핵' 활동가들은 시민들을 대상으로 가장 먼저 '교육'을 진행한다. 물론 교육은 꼭 필요한 과정이다. 하지만 '지식'을 전달할 수는 있지만, '공감'을 이끌어내기는 어렵다. "어떻게 하면 시민들과 '핵'을 주제로 공감을 할 수 있을까"라는 질문에서 '탈핵예술유랑단' 기획이 시작됐다.

시민의 '오감'을 자극한 첫 시도 | 그렇게 기획된 첫 공연은 지난 6월 23일 서울 성신여대역 인근 문화예술카페 별꼴에서 '지구를 지키는 에너지발전쇼'라는 제목으로 진행됐다. 후쿠시마에 관한 영상에서부터 핵발전을 주제로 한 연극, 탈핵사회에 대한 짧은 강연, 그리고 밴드공연까지. 핵발전에 대해 시민의 '오감'을 자극하는 첫 시도였다. 작은 카페에서 많지 않은 참여로 이뤄진 공연이었지만, 공연에 대한 집중도와 반응은 좋았다. 특히 탈핵을 주제로 한 '연극'은 신선한 충격이었다.

"탈핵 현안 지역으로 순회공연을 가면 어떨까요?" 뒤풀이 술자리에서 오간 제안이 현실이 되는 데에는 오랜 시간이 필요치 않았다. '사라지지 않는 개'라는 제목의 탈핵연극을 만든 사회참여극단 돌쌓기의 결단이 지역순회공연을 가능케 한 원동력이었다. 기존 기획에서 밴드공연을 제외하고 영상과 강연, 연극을 접목해 탈핵지역순회공연을 기획했다. 삼척에서 영덕, 경주, 부산으로 이어지는 결코 쉽지 않은 도전이었다.

지역마다 우여곡절…문화예술인들의 재능기부와 시민들의 모금으로 진행 | 녹색연합과 시민참여극단 돌쌓기는 지난 8월 1~3일까지 영덕과 경주, 부산에서 탈핵문화공연을 진행했다. 탈핵을 바라는 시민들의 모금과 문화예술인들의 자발적인 재능기부로 성사된 공연이었다. 첫 공연은 삼척에서 진행될 예정이었다. 그러나 삼척에서 주민소환투표와 관련해 긴급한 사안이 발생해 공연을 취소할 수밖에 없었다.

영덕 공연에서의 지역 주민들과의 만남은 정말 소중한 경험이었다. 영덕 주민에게는 반핵대책위를 꾸리기 위한 회의에 단지 '참석'하는 것도 어려운 결정이고, 비공식적으로 이뤄지는 회유와 협박, 일상적인 '사찰'을 힘없는 한 개인이 견뎌내기란 불가능한 일이기 때문이다. 그렇기에 탈핵에 관한 공연을 보러 오는 것도 쉽지 않은 결정이었을 것이다.

경주에서의 공연은 갑작스럽게 공연장소가 취소되는 등 우여곡절을 겪었다. 애초에 월성 핵발전소 인근 양남면으로 공연장소가 정해지고 지역주민 200여 명이 참석할 것으로 예상된다는 소식이 전해지면서 공연팀은 기대에 부풀었다. 하지만 공연 3일 전에 청천벽력 같은 소식이 전해졌다. 양남면에서의 갑작스런 취소 통보! 이유는 휴가철이기 때문이라는데, 쉽사리 이해할 수가 없었다. 한수원에서의 계속되는 공연 문의와 양남면 주민들이 외부 단체와의 연대를 꺼린다는 이유를 듣고 짐작할 수밖에 없었다. 현재 경주 월성핵발전소 1호기는 수명 마감을 80여일 앞두고 있다.

부산에서의 공연은 변화가 필요했다. 지난 두 번의 공연 순서를 수정해 강연 30분을 빼고 탈핵UCC 콘테스트 상영과 현장투표에 이은 연극 공연으로 방향을 잡았다. 탈핵UCC 수상 후보 3작품 모두 강연 못지않게 탈핵에 관한 충분한 내용들을 담고 있어 굳이 강연을 할 필요가 없었다.

'사라지지 않는 개', 전국 순회공연을 꿈꾸며… | 연극이 시작됐다. 사라지지 않는 개와 어린소녀의 등장. 어린소녀는 왠지 기운이 없고 아파보인다. 반면에 개는 기세등등하고 위협적이다. 관객들은 개의 위협에 처음에는 웃다가 이내 손으로 눈을 가린다. 개는 위험한 핵발전을 의미하고, 개똥은 '핵폐기물'을 나타낸다. 후반부 들어 개는 마을이장으로 변하고 핵발전의 필요성을 역설한다. 하지만 자기가 사는 마을에 똥상자(핵발전)를 지으려 하지는 않는다. 똥상자는 어린소녀의 마을에 놓이고 저 멀리 이장님 마을로 전기를 보낸다. 어린소녀는 분노하며 똥상자를 발로 찬다. 발길질로 똥상자가 터지고, 어린소녀는 안타깝게도 목숨을 잃는다. 방독면을 하고 나타난 이장님 혹은 사라지지 않는 개는 살아남아 본인 스스로 두터운 철 똥상자 안으로 들어간다. 울부짖는 소리는 이후로도 사라지지 않은 채.

탈핵 지역 첫 번째 순회공연은 이렇게 막을 내렸다. 지역주민과의 소통, 공연의 지속성을 위한 준비 등의 과제들은 여전히 남아있지만, 앞으로 전국 순회공연을 꿈꾸며 그 작은 시작점을 만들 수 있었다. 앞으로 보다 많은 문화예술인들과 시민들이 '탈핵'을 꿈꾸며 노래할 수 있기를 기대한다.

우리는 복음을 전하기 위해 핵발전소를 찾아갔습니다

5개 종단, 탈핵 순례기

사진 김종철 제공

양기석 (신부, 천주교 창조보전연대)

부산 기장에서 삼척까지, 탈핵도보순례

천주교, 불교, 개신교, 천도교, 원불교 5개 종단 7개 단체의 연대체인 '종교환경회의' (상임대표 양재성 목사)의 관계자와 종교인들 50여 명은 지난 8월 20일부터 23일까지 동해안에 위치한 핵발전소 지역을 차량 이동을 병행한 도보 순례를 하였습니다. 부산 기장의 고리 핵발전소, 경주의 월성 핵발전소와 핵폐기물 처리장 공사 현장, 울진 핵발전소, 영덕·삼척의 신규 핵발전소 예정 후보지를 방문하였습니다.

우리 종교인들이 핵발전소를 찾은 것은 다름 아니라 생명과 평화라는 절대가치를 위협하는 핵발전소가 하루 빨리 이 땅에서 사라지기를 바라는 마음을 담아 기도하기 위해서였습니다. 여타의 종교가 그러하듯이 그리스도교를 열었다고 표현할 수 있는 예수 그리스도의 삶은 그 자체로 길 위의 삶이요, 순례의 삶이었습니다. 이 세상에서 보내신 30여년을 예수님은 복음을 전하기 위해 길 위에서 지내셨다고 해도 과언이 아닐 것입니다.

이해가 필요한 분들을 위해 잠시 복음(福音)에 대한 정의를 해석해 드린다면, 말 그대로 '복된 소리', '들으면 삶이 행복해지는 말씀' 이 복음입니다. 세상의 수많은 사람을 행복하게 해주기 위해서 예수님은 일생을 길 위에서 지내셨습니다. 그분은 길 위에서 사람을 만났고, 질병과 마귀로부터 오는 고통을 당하는 이들을 해방시키셨습니다. 율법이라는 사회규범을 앞세우지만 실제로는 이웃의 고통을 외면하고, 오히려 억압하는 악에 물든 삶을 사는 이들을 일깨워 바른 길로 돌아서도록 하기 위해서 길을 나서셨습니다. 무엇보다도 예수님은 길 위에서 만나는 사람들을 통해 새로운 세상, 생명과 평화가 열매를 맺는 세상을 이루고자 하셨습니다. 이 모두가 바로 복음을 전하는 행위이셨고, 그분의 제자들은 그분의 명에 따라 세상 끝날 까지 이런 방식으로 복음을 전할 것입니다. 감히 예수님을 따르는 이라 칭하는 저는 그래서 길을 나섰습니다. 함께 하셨던 이웃 종교의 도반들 또한 자신들이 안고 사는 복음을 전하기 위해 그리하셨을 거라 여겨집니다.

복음을 전한다 함은 결코 유쾌하기만 하지는 않습니다. 신명나는 소식을 전해주는 것이 복음인 것처럼, 죄와 억압의 굴레가 끌어들인 위험에서 벗어날 수 있도록 일깨워주는 것 또한 복음이라고 할 수 있습니다. 잘못된 길에서 벗어나 안전하고 행복한 새로운 길을 선택할 수 있도록 경고하고 깨우치게 해 주는 것 또한 복음인 것입니다.

핵발전소 인근, 힘없는 이웃들의 아픔

그래서 우리는 핵발전소가 자리 잡은 지역을 찾아 순례의 길을 떠났습니다. 그리고 우리는 2천년이 지난 지금도 여전히 왜곡되고, 사람들을 고통스러운 삶으로 내모는 부패하고 악한 상황을 직면하게 되었습니다. 그것은 바로 가난하기 때문에 거부하기 힘들고, 나이 들고 병들어 희망이 없기에 내칠 수 없고, 많이 배우지 못했다고 이용당하고, 강요당하는 이 나라, 이 땅의 주변부에 사는 이들의 현실이었습니다. 마치 2천 년 전 성경에 등장하는 가난하고, 병들고, 이방인이라는 이유만으로 죄인 취급 받았던 이들처럼 서울에서 멀리 떨어진 궁벽한 시골 어촌에 산다는 이유로, 나이가 많고 제대로 따질 줄 모른다는 이유로 그 위험한 핵발전소를 끌어안아야 하는 힘없는 이웃들의 아픔이 그곳에 존재하고 있었습니다. 수많은 율법 조항은 바로 '인간의 구원' 을 위해 있는 것이라는 사실을 알지 못하고, 인간이 '율법' 을 위해 존재해야 된다고 생각하며 그 굴레가 버거워 힘겨워하던 옛사람들처럼, 전기를 만들어내는 핵발전소가, 그리고 이것을 운영하는 주체인 정부와 한수원이 국민을 위해 있는 것이라는 사실을 피부로 못 느끼고, 오히려 핵발전소와 송전탑, 정부와 한수원을 위해 자신을 희생해야 되는 삶의 굴레를 거부 못하는 이웃들이 바로 그곳에 있었습니다.

그 옛날 예수님이 그러하셨던 것처럼 우리 또한 이 버거운 굴레를 벗어버리라고 외쳤습니다. 우리를 죽음에로 내모는 어둠에서 벗어나, 우리를 생명에로 이끄는 빛을 선택하라고 외쳤습니다. 우리는 어둠의 현장인 핵발전소를 찾으며 이 어둠을 용인한 우리의 삶 또한 회개하였습니다. 30년 동안 전구를 밝히고자, 수 만년이 될지도 모를 어두운 미래를 후손에게 떠넘기려한 우리의 욕심을 참회하였습니다. 그래서 우리는 우리 자신의 삶을 비우기 위해 길을 나섰습니다. 우리는 그 길에서 많은 이웃을 만났습니다. 고통 중에 있는 이웃을 외면하지 않았던 착한 사마리아인처럼 핵발전소로 인한 고통을 남의 것이 아니라 자신의 것으로 여기고 아파하며 치유하기 위해 애쓰는 여러 활동가들을 만났습니다. 우리는 그들에게서 구도자의 또 다른 모습을 발견할 수 있었고, 희망을 볼 수 있었습니다.

양보할 수 없는 생명과 평화의 가치

물질이 지배하는 삶을 거부하는 우리 종교인들은 각자가 모시는 위대하신 '님' 의 가르침에 따라 자연만물이 조화를 이루는 삶 속에서 위험을 물리치고, 안전하고 행복한 삶을 살기를 청하는 기도를 올리며 길을 걸었습니다. 그 길은 창조주가 우리를 위해 마련하신 햇볕과 바람과 함께 하는 길이었습니다. 우리가 길 위에서 만난 희망은 우리의 생명을 끊임없이 위협하는 독을 뿜어내는 핵발전소가 아니라 우리의 길을 비춰준 뜨거운 햇볕이었고, 흐르는 땀을 식혀준 시원한 바람이었습니다. 기도하며 걷던 순례 중에 계속 함께 해 준 해와 바람이 바로 우리 미래를 안전하게 지켜줄 친구였던 것입니다.

앞으로 우리가 직접 실천하며 세상에 드러내야 하는 것은 다름 아닌 생명과 평화의 가치입니다. 우리가 사는 세상이 지속가능한 세상이 되기 위해서는 결코 양보할 수 없는 것이 바로 생명과 평화라는 가치입니다. 핵산업계와 토건자본의 이익을 무엇보다도 우선시하는 현정부와 한수원 등이 마치 달콤한 꿀과도 같이 제공하겠노라며 현지민들을 현혹하는 수천억에 이르는 자본이 우리의 미래를 보장해 주는 것이 아니라 창조주가 우리와 후손들을 위해 마련해 주신 천혜의 자연환경과 끈끈한 공동체가 우리에게 생명과 평화를 지켜줄 것이라는 사실을 세상에 알리고자 합니다.

이 시대와 이 세계의 미래를 위협하는 가장 어두운 세력이 있다면 그것이 바로 핵발전소라는 것을 알리는 것도 복음입니다. 죽음을 가져다주는 어둠에서 벗어나기 위해 자연이 제공하는 햇볕과 바람의 에너지를 이용하는 것이 또한 우리에게 밝은 미래를 열어줄 것이라는 사실을 알리는 것 또한 복음입니다. 그러하기에 우리는 핵발전소를 찾아갔습니다. 그리고 앞으로도 핵발전소의 위험성을 세상에 알리는 것에 매진할 것입니다. 함께 해 주셨던 이웃종교의 도반들에게 다시 한번 감사의 인사를 드립니다.

사진 김종철 제공

한살림 방사능 독자기준치 마련…성인 8Bq/kg, 영·유아 4Bq/kg

국가기준치는 370Bq/kg…방사능 기준치, 사회적 공론화가 필요

방사능 오염, 먹거리가 불안하다! ②

이지언 편집위원

조합원 30만 명의 최대 생활협동조합인 한살림연합이 국가 기준보다 90배 낮은 방사성물질 기준치 마련에 합의했다. 한살림은 지난 8월 23일(목) 열린 이사회에서 방사성 세슘에 관한 독자 기준치를 논의해, 성인과 영·유아 품목의 취급 기준을 각각 8Bq/kg(킬로그램 당 베크렐)과 4Bq/kg로 정했다. 한살림의 이번 결정은 3월말 국내산 표고버섯에서 처음으로 세슘이 검출된 이후, 여타 생협에서 본격화되고 있는 방사능 자체 기준 마련 과정에 적잖은 영향을 미칠 것으로 보인다**(탈핵신문 제2호 '생협 '표고버섯 세슘 검출' 방사능기준 마련 고심' 기사 참고)**.

지난해 3월 후쿠시마 핵발전소 사고 이후 국내 생협들은 농산물과 가공식품을 대상으로 정기적인 방사능 검사를 실시했다. 일부 생협에서는 방사능에 관한 독자기준치를 이미 마련하기도 했다. 하지만 생협에서 검사가 진행된 국내산 어떤 식품에서도 사실상 방사능이 검출되지 않았기 때문에, 방사능 기준에 관한 논의는 이루어지지 않았다. 한편 일본에서의 방사능 오염이 갈수록 광범위해지는 가운데 식품 섭취에 의한 방사선 피폭을 우려하는 인식은 높아졌다. 그러던 중 생협 표고버섯에서의 방사능 검출은, 변화된 여론을 반영한 강화된 방사능 기준의 도입을 촉발시켰다.

한살림은 이번 방사능 기준안 합의에 앞서 전문가의 제안 내용을 근거로**(표 참조)**, 20여개 지역 조직별로 조합원들의 의견을 수렴했다. 이 과정에서 영·유아 품목에 대한 별도의 방사능 기준도 신설됐다. 식약청은 방사성 요오드를 제외한 핵종에 대해선 영·유아용 식품의 별도 기준을 정하지 않고 있다. 한살림이 정한 세슘의 영·유아 기준인 4Bq/kg은 성인 기준의 절반으로, 국가기준인 370Bq/kg에 비해 무려 92배 낮다. 이는 일본의 방사능 오염과 관련해 독일방사선방호협회의 권고 기준과도 동일하다.

한살림 관계자들은 새롭게 마련한 독자기준치는 '안전기준'이 아닌 '취급기준'이란 점을 거듭 강조한다. 기준치 이하의 방사능이 검출된 식품은 유통될 수 있지만, 한살림은 방사성물질의 검출량을 투명하게 표시해 소비자들이 선택할 수 있게 한다는 방침이다. 그리고 지역 회원조직에 따라 내부 합의를 통해 방사능 기준을 별도로 더 엄격하게 조정할 수도 있다. 이번 전국 이사회의 결정은 '최소기준'이라는 의미다.

제안자	김익중 (동국대 의대)	양이원영 (환경운동연합)	이윤근 (녹생병원 부설 노동환경건강연구소)	하미나 (단국대 의대)	황도근 (상지대 물리학과 한살림 자문위원)
기준치 (Bq/kg)	불검출 (영유아) 1 (성인)	불검출	1~5	3.7 (영유아) 7.4 (성인)	16을 기준으로 식품군별 달리 적용

실제로 안전한 먹을거리를 공급하는 생협으로서 방사능 기준치를 '불검출'로 정해야 한다는 의견도 한살림 내부에서 상당수를 차지했다. 세슘이 검출된 표고버섯의 공급을 재개한 것과 관련해, 한살림 경기남부는 1,127명의 조합원을 대상으로 의견을 청취해 그 중의 76%가 해당 품목의 취급에 반대하는 것으로 나타났다고 밝혔다. 영·유아 식품에 관한 방사능 기준의 경우 더 엄격해야 한다는 의견이 높아, 22곳의 한 살림 회원조직 중 8곳이 '불검출' 의견을 제시했다.

내부의 의견 차이에도 불구하고 한살림이 최소한의 방사성물질 취급 기준을 마련한 데에는 생산자에 대한 고려도 작용한 것으로 보인다. 핵발전소 사고로 끔찍한 피해를 떠안은 일본의 농업계에서 나타나듯, 생산자들은 방사능 오염에 속수무책일 수밖에 없다. 국내 표고버섯의 방사능 오염원이나 유입경로에 대한 추적도 어려운 상황에서 생산자들은 소비자 대표들의 결정에 귀를 기울이며 초조해했다. 이와 관련해 남호성 한살림 사업기획팀장은 "생산자에게 피해가 발생했을 때, 이를 지원하기 위한 방안이 논의 중"이라고 말했다.

독자기준치 마련에 따라 한살림은 방사능 검사 매뉴얼과 표시 방법에 대해서도, 방사능 분석기 운영 컨소시엄을 통해 정해나갈 예정이다. 독립적인 방사능 감시를 위해 생협과 시민단체가 공동 투자한 연구소가 올해 말 설립되면 0.5Bq/kg 이하의 정밀한 수준까지 방사능 정밀 분석이 가능할 것으로 보인다. 여성민우회생협도 지역별로 의견 수렴을 통해 최종적으로 방사능 독자기준치를 마련할 계획이다.

탈핵신문

발행인 김준한
공동대표 김준한 박혜령
편집위원 고노 다이스케(서울) 박혜령(영덕) 윤종호(고창) 이상홍(경주) 이지언(서울)
사무간사 황정화
배송·운영지원 에너지정의행동

(110-876) 서울특별시 종로구 숭인동 76번지 롯데캐슬천지인 지동 205호
문의전화 010-2881-6822, 02-702-4979
팩스 02-704-4979
이메일 hjhlucia@hanmail.net
등록번호 종로라 00386
구독료 1년 2만원 / 1부 1천원

제4호 2012년 10월 20일 토요일 www.nonukesnews.kr

"탈핵-어떻게 할 것인가"

탈핵기본법, 탈핵로드맵, 탈핵 10대 입법과제 제안

탈핵 에너지 전환 개념도

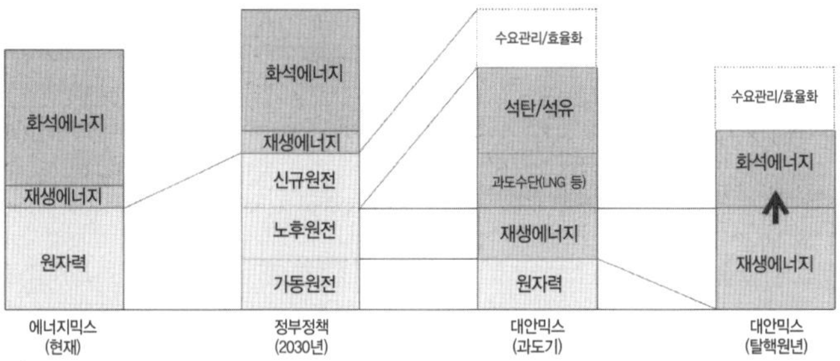

핵발전소 수명 30년 기준, 폐쇄 예상과 2030 시나리오 비교

	2010년대	2020년대	2030~34년	2035~39년	2040~44년
폐쇄 핵발전소	1	9	16	20	1
가동 핵발전소	20	12	5	1	0
2030 시나리오	2012년 고리1, 월성1호기 폐쇄	단계적 폐쇄	←2030년 탈핵 실현		

대다수 국민의 반대여론에도 불구하고 임기말의 이명박 정부가, '고리1호기 재가동', '삼척·영덕 신규핵발전소 예정구역 지정고시' 등 핵발전 확대정책을 강행하는 가운데, 녹색당·진보신당·탈핵에너지전환 국회의원 모임이 한국사회 탈핵 실현을 위해 '탈핵기본법', '탈핵로드맵', '19대 국회, 탈핵 10대 입법과제'를 각각 제안했다.

지난 9월 18일 국회의원회관에서, 녹색당·진보신당·탈핵에너지전환 국회의원 모임이 공동주최한 "탈핵 어떻게 할 것인가-탈핵원년을 위한 19대 국회와 대선 과제" 토론회가 있었다. 이날 토론회는 녹색당 하승수 사무처장은 '탈핵 및 에너지전환 기본법(탈핵기본법)의 필요성과 제정방안'에 대해, 진보신당 김현우 녹색위원장은 '탈핵을 위한 로드맵과 핵심과제'를, 탈핵·에너지전환 국회의원 모임의 우원식 의원(민주통합당)은 '탈핵을 위한 19대 국회의 과제'를 각각 발표했다.

녹색당의 '탈핵기본법'

'탈핵기본법'을 발표한 하승수 처장은, "지금 필요한 것은 국가차원의 탈핵결정이다. 행정부와 입법부를 아울러, '대통령은 탈핵선언을, 국회는 탈핵입법을' 해야 한다. 정부조직의 개편과 탈핵과 에너지전환의 로드맵을 세우고 총괄할 주체도 만들어야 한다. 이를 위해 탈핵을 검토하거나 동의하는 제 정치세력은 큰 틀의 정치적 합의인 '탈핵기본법'을 통해, 핵발전 유지·확대와 관련된 개별 법률들을 대폭 개정해가자"라고 제안했다〈관련기사 12면〉. 탈핵기본법의 주요내용은 ▲핵발전 단계적 중단, 에너지전환을 규정(1조) ▲2030년까지 핵발전소 단계적 폐쇄(5조) ▲국가는 신규핵발전소 건설 대신 에너지 효율성을 강화하는 시책 수립·추진(7조) ▲핵발전소를 대체할 수 있는 재생에너지 개발·이용·보급 확대 시책 수립, 예산 지원(7조) ▲대통령 소속 독립기구 '탈핵 및 에너지전환 관리위원회' 설치(10조) ▲일본, 중국 등과 협력하여 동아시아 탈핵 협력체계 구축(28조) 등이다.

진보신당의 '탈핵로드맵'

김현우 위원장은, 탈핵에너지 전환 개념도를 통해, "신규 핵발전소 건설을 중단하고 이에 해당하는 전력생산분은 에너지 수요관리와 효율화로 해결하고, 노후 핵발전소의 단계적 폐쇄로 인해 발생할 전력 부족분은 재생에너지 비중 확대로 충당하는 시나리오다〈그림 참조〉.

▶2면으로 이어짐

탈핵 그림판

박흥렬

신규 핵발전소 부지선정, 열려진 판도라의 상자

진상현
경북대 행정학부 교수

삼척시·영덕군, 신규 핵발전소 예정구역으로 확정

2012년 9월 14일 지식경제부는 강원도 삼척시와 경상북도 영덕군을 신규 핵발전소 예정구역으로 확정했다. 작년 후쿠시마 핵발전소 사고 직전 신청한 3개 지자체 가운데 관계부처 협의를 거쳐 최종적으로 선정한 결과였다. 앞으로 지질조사, 환경영향평가 등의 절차가 남아 있기는 하지만 지금의 상황에서 신규 핵발전소 부지선정의 의미를 살펴볼 필요가 있다. 왜냐하면 대선을 코 앞에 두고 핵발전에 대한 찬반 논란이 활발히 진행중인 현 시점에서, 예정보다 석달이나 빨리 공표된 부지선정은 핵 공화국을 변함없이 강화하겠다는 찬핵진영의 포석이라고 밖에 해석되지 않기 때문이다.

정권말기, 핵발전 정책 논란 중에 성급한 발표

지난 8월 KBS 시사토론에서 홍석우 지식경제부 장관을 만나 지금의 전력부족 사태와 핵발전에 대해 얘기할 수 있는 기회가 있었다. 전임자 최중경 장관은 카리스마 넘치는 행정가였다. 사업을 밀어붙이는 추진력이 강했기 때문에 별명이 '최틀러' 일 정도였다. 그만큼 힘 있었던 장관을 사임하게 만들었던 계기는 단 한 차례의 정전이었다. 현 홍석우 장관은 작년 9·15 정전사태로 인한 최중경 장관의 사임 직후 임명되었기 때문에 전력문제에 민감할 수밖에 없다. 실제로도 부임하자마다 동절기 절전대책을 추진하느라고 진땀을 빼야 했으며, 올 여름에는 하절기 전력피크를 앞두고 정전 대비 민방위 훈련이 실시되었을 정도였다. 덕분에 현 장관은 '절전장관' 으로 불리고 있다.

당시 TV토론에서 홍석우 장관께 드린 부탁이 하나 있었다. 핵발전과 관련해서는 이명박 대통령 임기 내에 성급히 판단하지 말고 차기 정부에서 고민할 수 있도록 유보해달라는 것이었다. 여기에는 두 가지 이유가 있다. 하나는 홍석우 장관의 임기가 1년 남짓에 불과하고, 12월 대선을 앞둔 상황에서 논란이 되는 핵발전 정책을 성급히 결정해야할 이유가 전혀 없기 때문이다. 다른 하나는 핵발전 정책의 가장 큰 문제점 가운데 하나가 찬핵진영과 반핵진영 간의 대화와 소통이 전혀 이뤄지지 않고 있다는 사실이다. 제대로 소통하려면 기본적인 사실 확인에서부터 상호간의 경제적 손익에 대한 이해를 거쳐, 궁극적으로는 상대방의 가치관에 대한 존중까지 이뤄져야 한다. 그러기 위해서는 차분히 논의하고 고민하는 사회적 학습과정이라는 충분한 시간이 필요할 수밖에 없다.

특히 이번 대선후보들 가운데는 지금까지 핵발전을 확대해오기만 했던 대한민국 에너지정책에 문제제기하는 사람들이 있다. 통합민주당의 문재인 후보는 장기적으로 핵발전 비중을 줄여야 한다는 입장을 발표한 바 있으며, 안철수 후보도 저서를 통해 핵폐기물처리 등의 외부비용을 반영함으로써 보다 적극적으로 핵발전에서 벗어나야 한다는 소견을 밝힌 바 있다. 이처럼 새누리당을 제외한 대선후보 2명이 핵발전에 대해 반대하는 상황이라면, 논란이 되는 정책을 정권말기에 1년짜리 단기 장관이 무리하게 추진할 필요가 전혀 없다.

탈핵의 가장 시급한 과제, 신규 핵발전소 건설 중단

대한민국이 핵으로부터 벗어나고 싶다면 가장 먼저 신규 핵발전소 건설을 중단해야 한다. 그 보다 한 발 앞서 신규 핵발전소 부지선정 작업을 중단해야 한다. 지금 일본은 후쿠시마 사고를 계기로 핵발전소 건설을 중단했으며, 탈핵으로 전환하겠다고 정부가 공식적으로 선언한 상태이다. 소 잃고 외양간을 고치느라 일본은 뒤늦은 후회하고 있다. 그렇다면 일본의 이웃국가인 한국은 후쿠시마 핵발전소사고를 '타산지석(他山之石)' 으로 삼아 국가전망과 계획을 수정해야한다. 그렇지만 현 정부는 국민들의 바람과 정반대로 신규 핵발전소 부지 발표를 강행하며, 핵공화국 발전전략을 유지하고 있다.

최근의 여론조사결과를 살펴보면, 대다수의 국민들은 지금까지 한국사회가 의존해온 핵발전을 당장 중단할 수는 없지만 적어도 신규 핵발전소 건설은 중단해야 한다는 입장을 보여주고 있다. 각종 제도적 장치와 정책적 수단을 동원해서 국민들의 바람을 실현시키라고 만들어진 결사체가 정부이다. 그런 정부가 지금은 국민들의 소망과 반대되는 길을 걷고 있다. 그렇다면 남은 일은 시민들이 힘을 모아 잘못된 정책을 바로잡고 국민을 섬기는 정부로 거듭나게 만들어야 한다.

시민들의 힘으로, 핵발전 악순환의 고리를 끊자

잘못된 신규 핵발전소 부지선정을 되돌리기 위해 시민들이 참여할 수 있는 방법이 두 가지 있다. 첫째, 무엇보다도 12월 대통령 선거에서 탈핵이라는 전망을 갖친 후보자에게 투표해야 한다. 핵발전이 필요하다고 생각하는 후보자가 대통령으로 선출된다면 우리는 핵의 위험을 40년은 더 끌어안고 살아야 한다. 둘째, 시민사회를 중심으로 정부를 견제하기 위한 힘을 결집시켜야 한다. 삼척시장 주민소환도 같은 맥락에서 이해될 수 있으며, 후보지 선정과정의 절차적 정당성에 대해서도 문제제기하고, 법률적· 제도적 수단을 동원해서라도 철회시키는 전략을 모색해야 한다.

그렇지만, 아무리 법이 효과적인 수단이라고 하더라도 시민들의 힘을 모아 탈핵이라는 바람을 실현시켜야 한다는 원칙 하나만큼은 잊지 말아야 한다. 왜냐하면 경제성과 현실론으로 무장한 찬핵진영을 무력화시킬 수 있는 유일한 원천은 시민들이 핵발전을 원하지 않는다는 사실에서 나오기 때문이다. 시민들의 힘으로 이뤄낸 신규 핵발전소 부지선정 철회가 핵발전이라는 악순환의 고리를 끊는 출발점이 될 수 있을 것이다.

탈핵-어떻게 할 것인가

▶1면에서 이어짐

현재 전력생산의 31%인 핵발전 비중을 점진적으로 대체, 퇴출시키며 개별 핵발전소 '적정수명' 을 30년으로 설정한다. 수명이 다한 고리1호기, 월성1호기는 바로 폐쇄하고, 신규와 건설중인 핵발전소를 중단하면 2034년까지 4분의 3이 자동 폐쇄된다(1면 표 참조)" 는 '탈핵로드맵' 을 제시했다.

탈핵·에너지전환을 위한 국회의원모임, '19대 국회 10대 입법과제'

현재 19대 현역 국회의원 31명이 참여하고 있는 국회 정식연구단체인 탈핵·에너지전환을 위한 국회의원모임의 우원식 의원은, "그동안 탈핵은 소수정당과 일부 시민단체의 의제였지만, 이제는 정치적 의제로 발전하는 단계가 되었다. 문제의 핵심은 위험한 핵발전에 의존하는 국가에너지정책을 이대로 둘 것인가, 새로운 대안을 모색할 것인가이다. 제2의 후쿠시마 사고 이전에, 전향적인 정책결정이 필요하다" 며 '19대 국회, 10대 입법 과제' 를 제안했다(표 참조).

윤종호 편집위원

탈핵·에너지전환 국회의원모임, 〈탈핵 사회를 위한 10대 입법과제〉

과 제 명	제 안 이 유, 제·개 정 방 향
원전 폐로계획 법적 제도화	고리1호기, 월성1호기 등 노후 원전 수명연장 논란. 현 '원자력안전법' 에서 원자로 해체에 관한 일반적인 사항만 규정. 승인기준, 세부 규제절차 등 법률적 근거 미비한 상황.
지자체 원전 관련시설 권한 강화	'원자력안전법' 제10조(건설허가)에서 지자체 재량행위를 박탈. 중앙정부의 독선적 의사결정. 발전용원자로 및 관계시설 건설·가동·수명연장 등에 대해 지자체장 동의 또는 협의권 부여. 지역주민과 지자체가 원전관련 의사결정 구조에 참여토록 법제화.
생활 방사능 물질에 대한 규제 강화	현 '방사능폐기물관리법' 에서 발전소 및 산업용 핵물질은 발생자 처리원칙. 서울 노원구 방사성 아스팔트 사건처럼 발생자가 불명확할 경우 현행법 적용 논란의 소지가 있어, 명확히 하고자 함.
원자력안전위원회를 진정한 규제기관으로 재정립	원자력안전위원회 위원장 및 위원 구성시, 비판세력이 참여할 수 없는 구조. 원자력이용단체의 입장 대변하는 기관으로 전락. 다양한 입장의 인적구성이 될 수 있도록 재정립.
원자력 방호 및 방재제도 및 손해배상 현실화	현 '원자력손해배상' 의 배상책임한도 5천억, 일본과 독일 등에 비해 큰 차이를 보임. 만약의 사고 대비 피해보상액을 현실화하고, 원자력 이용자 책임범위를 확대.
탈핵-에너지 전환을 위한 탈핵 기본법 제정	국가에너지기본계획 전면 재검토, 신규원전 추진 중단, 노후원전 폐쇄 등을 골자로 하는 탈핵기본법 제정. 에너지수요관리, 신·재생에너지 확대 등 지속가능한 에너지정책 수립과 법제화.
기후변화 대처 및 지속가능 에너지 확립을 위한 환경에너지부 신설	지경부 소관의 현 에너지 정책은 한계가 있어, 환경친화적이며 지속가능한 에너지정책으로 전환이 필요하며, 이를 전담할 정부부처로 환경에너지부를 신설해 국가에너지정책 입안 및 실행.
신·재생가능에너지 확산을 위한 재생가능에너지법 제정	신에너지와 재생에너지를 함께 다루는 현행 '신에너지 및 재생에너지 개발·이용·보급 촉진법' 을 분리하여 각각 제정하고, 국제기준에 맞춰 소규모 형태의 재생에너지 확산 강화.
자연에너지재단 설립 및 원자력 진흥정책 폐지	'원자력문화재단' 은 원자력 홍보사업을 지원. 시대의 흐름에 역행하는 정책을 중단하고, 신재생에너지 확산을 위해 '자연에너지재단' 설립.
신·재생가능에너지 확대 위한 발전차액지원제도(FIT) 부활	2011년 발전차액지원제도(FIT)가 폐지되고 도입된 신재생에너지 의무할당제(RPS)는 소규모발전인 태양광, 풍력 등 재생에너지 보급에 걸림돌로 작용. RPS제도 유지하면서 FIT제도 부활.

삼척시장 주민소환 여부, 10월 31일 판가름

윤종호 편집위원

결국 삼척시와 영덕군이 신규핵발전소 예정구역으로 지정됐다. 삼척은 쉴 새 없이 2년째 전개해온 신규핵발전소유치백지화운동이, '삼척시장 주민소환운동'으로 전환해 '신규핵발전소 지정철회운동'으로 전개되고 있다. 그리고 영덕은 그간 핵발전소 유치에 반대하지 않았던 신규 지정부지 인근 지역주민들이, 예정부지에서 제외되자 조직적인 반대 움직임으로 돌아서고 있다(아래 관련기사 참조).

한편 삼척과 영덕 인접지역인 동해·정선·태백·포항 등에서도 반대의 목소리가 터져나오고 있다.

사진 삼척핵발전소반대투쟁위원회

지경부, 삼척·영덕 신규핵발전소 예정구역 지정

지난 9월 14일 지경부는 강원도 삼척시 근덕면 일대와 경상북도 영덕군 영덕읍 일대를 신규핵발전소 예정구역으로 지정고시했다. 영덕핵발전소유치백지화투쟁위원회(영덕대책위)와 영덕핵발전소유치반대포항시민연대는 당일 곧바로 영덕군청 앞에서 규탄 집회를 개최했다. 이날 규탄 집회에서 손성문 대표(영해성당 신부, 영덕대책위) 등은 "달콤한 지원금으로 주민들을 더 이상 기만하지 마라. 몇 푼의 돈으로 국민의 건강과 생명을 대신하는 이런 방법으로 나라를 다스리는 이명박 정권의 결정에 영덕 군민들은 분노한다. 우리는 1기의 핵발전소 건설도 허용하지 않을 것이며, 결사 항전할 것이다"라고 밝혔다.

삼척시장 주민소환운동, 10월 31일 결정

삼척핵발전소반대투쟁위원회가 지난 6월 20일 삼척시장 주민소환운동을 선언하고, 6월 26일 청구인대표 증명을 발급받으면서 주민소환 서명운동이 시작됐다. 뜨거운 여름을 달구며 두달가량 접수받은 주민소환 청구 서명부를 삼척시선관위에 접수했고, 삼척시선관위는 주민소환투표 청구서명 접수 서명인 수가 청구요건인 8,983명을 훨씬 넘은 9,524명이라고 확정하고, 지난 9월 13일 청구요지를 공표하며 삼척시장에게 소명을 요구했다.

하지만 정부는 그 다음날인 14일, 전격적으로 핵발전소 예정부지 발표를 해버렸고, 3일 후 김대수 삼척시장은 춘천지방법원 강릉지원에 삼척시선관위를 상대로 '주민소환투표 청구처분 집행정지'를 신청했다. 지난 10월 5일 재판부는 "주민소환투표 청구수리 처분에 별다른 하자가 없고, 효력을 정지할 만한 긴급한 필요성이 인정되지 않는다"며 김대수 삼척시장의 신청을 기각했다.

결국 10월 8일 삼척시선관위는 주민소환투표안을 발의하고, 10월 31일이 주민소환투표일로 공고됐다. 주민소환투표 결과는 삼척시 유권자 수 6만775명의 33.3%인 2만238명이 투표에 참여해야 개표를 할 수 있고, 개표결과 과반수 이상이 찬성해야 주민소환이 성사된다.

최근 김대수 시장의 TV대담 불참, 장애인 교통편의 제공 거부, 이·통장의 '투표불참' 강요 등이 논란이 되고 있는 가운데, 삼척주민들뿐만 아니라 찬핵·반핵 진영 모두 10월 31일의 결과에 촉각을 곤두세우고 있다.

삼척·영덕에서, 동해·포항으로까지 확산되는 반대여론

동해시의회, "삼척 핵발전소 백지화 촉구" 성명 발표

한편 이번 삼척 신규 예정부지 선정에 대해 이웃한 동해·정선·태백 등에서도 반대 목소리가 터져나왔다. 9월 25일 동해시의회 의원들 성명서에서 "이웃 삼척시의 원전 유치 계획에 깊은 유감과 우려를 금할 수 없다. 동해시는 고시지역과 불과 20Km로, 매우 중요한 이해당사자이다. 10만 동해시민은 삼척원전계획에 강력히 반대하며 조속히 백지화시킬 것을 요청한다. 만약 이 요구가 관철되지 않는다면 전 시민은 생존권의 위협으로 간주하고, 강력한 반대 활동에 나설 것임을 천명한다"라며 목소리를 높이고 있다. 뿐만 아니라 동해시 일부 교회들도 앞장서 10월 21일(일)과 28일(일) 저녁 촛불 집회를 통해 동해시민들의 항의의 목소리를 전할 계획이라고 한다.

신규 핵발전소 지정, 영덕 및 포항 대책위 "결사항전하겠다"

송호민 통신원

사진 영덕핵발전소유치백지화투쟁위원회

9월 14일 지식경제부의 지정고시는 예정된 일로, 원래 12월로 예상된 일이 3개월 앞당겨 닥친 것이다. 영덕핵발전소유치백지화투쟁위원회와 영덕핵발전소유치반대포항시민연대는 발표 당일 기자회견 및 규탄집회를 곧바로 개최해, "우리는 더 이상 한기의 핵발전소 추가건설도 허용하지 않을 것이며, 낡은 핵발전소를 폐쇄하여 탈핵한국으로 나아가기 위해 결사항전할 것"이라는 성명서를 낭독하며, 결의를 다졌다.

그동안 신규핵발전소유치를 주도하던 관변 측도 축제 분위기는 아니다. 환영 현수막이 고작 몇 개 내걸렸을 뿐, 오히려 우려의 목소리가 터져 나왔다. 영덕군에 근무하고 있는 공무원 A씨는 "지금 대개의 공무원들이 걱정이 태산 같아 표정이 좋지 않고, 쉬쉬하면서 반대하는 이들이 더 많다"며 가슴속 이야기를 전했다. 영덕군의 각 읍면 일원에는, 환영 현수막보다는 "대안 없는 원전은 반대한다"는 현수막이 훨씬 더 많이 걸려 있는 상황이다.

이 현수막은 영덕발전위원회가 내걸었고, 이들은 성명서를 통해 ▲부지보상특별법 제정 ▲초고압선로 지중화 ▲냉각수 배출에 따른 환경오염대책, 구체적 제시 ▲핵발전소지역 공원화 등을 요구하며, 한수원이 이를 받아들이지 않을 경우 "사생결단으로 핵발전소건설을 저지하겠다"고 밝히고 있다.

노물리 등 부지선정 인근지역주민들, 반대여론 확산 중

한편 핵발전소 예정부지에 바로 인접한 영덕읍 노물리 주민들은, "영덕군과 한수원이 핵발전소 유치시 노물리가 핵심포함지역으로 선정된다고 주민설명회를 통해 수차례 설명하였으나, 실제 발표에서는 노물리의 주택 및 거주지가 예정부지에서 제외되어 우리들의 행복추구권과 삶의 터전이 송두리째 빼앗겼다"고 주장하고 있다. 이들은 '노물리 원전대책위원회'를 결성하여 핵발전소건설 반대 입장을 표명하고 있다.

노물리 뿐만 아니라 영덕읍 매정리, 축산면 경정리 등도, 핵발전소건설에 반대하는 예정부지 인근 주민들의 여론이 더욱 확산되고 있다. 반대여론을 주도하는 이들은 "처음부터 원전건설은 예정부지인 석리 사람들의 서명만 받아, 이들이 영덕군민 전체의 의사인 양 위장된 채 관료들이 주도하여 추진된 것이다. 이 과정에서 인근지역 주민들의 의사는 완전히 배제되었고, 핵발전소 건설에 따른 피해는 곧장 우리에게 돌아온다"고 주장하고 있다.

이처럼 반대여론이 확산되자 9월 27일 "천지원자력발전소 보상대책위원회"가 서둘러 꾸려졌다. 이 보상대책위원회는 전 영덕군 기획감사실장인 구천석 씨가 위원장, 석리 이장, 노물리 이장, 영덕읍이장협의회장이 부위원장을 맡았으며 이외 자문위원 등 총 16명으로 구성되었다. 보상대책위원회는 "핵발전소 편입지역 주민들의 보상, 이주, 생계대책 등에 대한 의견을 적극 수렴하겠다"고 설립취지를 밝히고 있다.

그러나 보상대책위원회의 설립근거가 되는 전원개발촉진법(電源開發促振法)에는 핵발전소의 심각하고 치명적인 위험성이 전혀 반영되어있지 않다. 이 법의 6조 2항의 토지수용과 10조의 이주대책 규정에 따른 보상수준 제시로는, 핵발전소 예정부지인근주민들의 반대여론이 쉽사리 무마되지는 않을 것으로 전망된다.

'고리1호기 재가동' 항의와 폐쇄를 촉구하는, 58일간의 농성

외면으로 일관하는 부산시·의회와는 대조적인 부산시민들의 우호적인 반응

이성훈 통신원

반핵부산시민대책위(이하 부산대책위)는 여름철 전력부족을 빌미로, 부산시민들 70% 이상의 반대여론을 무시하고 재가동에 들어간, 노후핵발전소 '고리1호기' 폐쇄를 촉구하는 항의행동을 58일째 이어왔다.

'부산시민 여러분이, 고리1호기 꺼주세요' 라는 구호로 지난 8월 22일부터 부산시청 앞에서 시작한 농성은, '고리1호기 폐쇄 항의행동' 에 부산시민들의 참여를 호소하며, 부산대책위 참가단체들의 관심과 역량을 결집시키려는 데 목적이 있었다. 이번 농성은 '부산시민 탈핵무한도전캠프' 라는 이름을 갖고, 10월 18일까지 거의 두달 가까이 진행되었는데, 부산대책위 참가단체들이 적극적으로 농성장 운영에 결합해 왔고, 부산시·의회와는 대조적으로 부산시민들의 반응은 굉장히 우호적이었다.

장기간 운영된 이번 농성은, 그간의 고리1호기 대응 피로감에도 불구하고 각각의 참여단체들이 당번을 정해 적극적으로 결합했고, 매주 반핵강좌, 길거리 반핵영상제, 목요촛불문화제 등을 진행해 왔다. 또 농성기간 내내 캠프소식을 전자우편을 통해 단체들의 참여상황을 홍보하기도 했다. 특히 그간 다소 소극적이고, 참여가 미진했던 단체들이 이번 농성에 관심을 갖고 적극적으로 참여한 점은 중요한 변화이다.

하지만 부산시민 70% 이상이 '고리1호기 재가동을 반대하고, 폐쇄해야 한다' 는 의견을 개진했음에도, 부산시와 부산시의회는 끝까지 무관심과 무대응으로 일관하며 외면하고 있다.

이에 부산대책위는 허남식 부산시장과 김석조 부산시의회 의장에게 수차례 면담을 요구했고, 결국 응하지 않아 9월 26일 공개질의서를 전달하며 항의 기자회견을 진행한 바 있다(오른쪽 사진 참조). 부산대책위는 부산시 국정감사 시기에 맞춰 다시한번 피켓팅과 시위를 통해 부산시와 부산시의회를 압박해 나갈 계획이다.

지난 8월 고리1호기가 재가동되면서, 부산지역 반핵운동은 '고리1호기 재가동중지' 라는 구호를 내걸고, '고리1호기 폐쇄' 를 위한 장기전에 돌입했다. 아래로부터는 부산시민들의 호응을 이끌어내기 위한 적극적인 홍보와 교육활동을, 위로는 대통령선거 국면을 최대한 활용하는 활동들을 전개해나갈 것이다.

부산대책위는 10월 18일(목) 목요촛불문화제 '고리끊는 밤' 행사를 통해 58일간의 농성을 마무리하며, 참여단체들의 노고를 위로하고 반핵·탈핵 의지를 다시한번 다질 것이다. 나아가 10월 20일(토) 서울 청계광장에서 진행될 탈핵행사가 전국적인 이슈가 되어, 대선후보들이 대선공약으로 반핵·탈핵의제를 채택하는 계기가 될 수 있기를 기대한다.

"동해안핵클러스터, 핵쓰레기장을 만들자는 것이냐"

이동원 통신원

9월 20일 '탈원전 대안모색을 위한 정책토론회' 가 국회의원회관에서 진행됐다. 탈핵에너지전환국회의원모임이 주최하고, 민주통합당 홍의락 의원실이 주관하고, 대구경북탈핵연대가 후원했다.

이날 토론회는 이상홍 국장(경주환경운동연합)이 '월성1호기 수명연장 문제없나' 라는 주제발표를, 석광훈 씨(녹색당 탈핵탈토건본부)가 '대구경북원전문제의 현안과 동해안핵단지 문제점' 을 발표했다. 토론자로 참석한 김익중 교수(동국대의대), 이유진 씨(녹색당), 한수원과 지경부 관계자들의 열띤 토론이 잇달았다.

이날 자유토론 시간에 김종혁 씨(영덕신규핵발전소유치백지화투쟁위)는 "동해안 핵클러스터 계획은, 핵쓰레기장을 만들자는 것 아니냐" 며 의혹을 제기했고, 김미화 목사(청도송전탑주민대책위)는 "송전탑 건설로 싸우고 있는 청도군 현장의 고통을, 국회가 알아주길 바란다" 는 가슴 절절한 발언을 했다.

한편, 최근 대구경북탈핵연대는 '탈핵기본법 청원서명' 을 전국단위로 제안하는 것과 지역주민 대상의 홍보·교육프로그램 준비에 힘을 쏟고 있다. 더불어 경북지역 현안인, 영덕신규핵발전소 부지선정 문제와 수명을 다한 경주월성1호기 폐쇄문제, 청도송전탑 건설저지운동 등에 연대하고 있다.

핵없는 세상을 위한 대구시민행동

'화요시위' 는 9월부터 대구백화점 앞 광장에서 탈핵자료전시, 탈핵신문 배포, 탈핵기본법 청원서명(현재 2천명 가량 서명)과 함께 진행하고 있다.

9월 18일의 대구녹색당 재창당대회에서는 '탈핵', '탈토건' 을 주요의제로 제기하며, 탈핵의제모임을 별도로 꾸리기로 했다. 가톨릭 대구정의평화위원회는 '녹색평화학교' 연속 4회 강의를 9월 9일 마무리하며, 각 본당에 탈핵의 중요성을 전파했다. 대구시민행동은 대구지역에서 '탈핵기본법' 을 홍보하고, 경산, 청도, 구미에서 진행하는 탈핵행사에 연대할 계획이다.

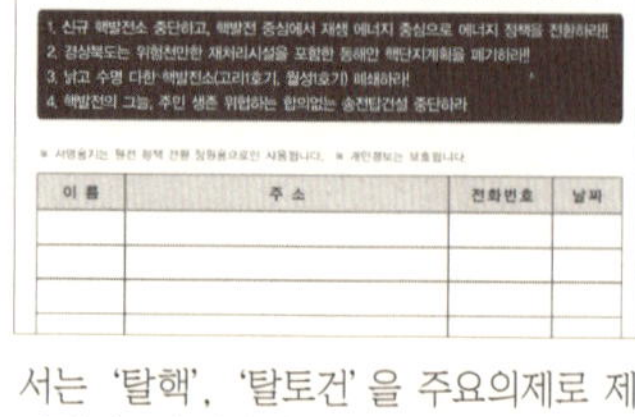

"핵이 밥상으로 올라온다. 이제는 탈핵!"

[탈핵기본법] 제정 청원 서명운동

후쿠시마 원전 사고를 교훈으로, 핵발전소 중심의 정책을 바꾸어야 합니다.
아이들의 안전과 대한민국의 미래를 위해 정부와 대선후보에게 요구합니다.

1. 신규 핵발전소 중단하고, 핵발전 중심에서 재생 에너지 중심으로 에너지 정책을 전환하라!!
2. 경상북도는 위험천만한 재처리시설을 포함한 동해안 핵단지계획을 폐기하라!!
3. 낡고 수명 다한 핵발전소(고리1호기, 월성1호기) 폐쇄하라!
4. 핵발전의 그늘, 주민 생존 위협하는 합의없는 송전탑건설 중단하라

이름	주소	전화번호	날짜

30년 수명다한 월성1호기, 수명연장 어려울 듯!

국정감사에서 결함투성이로 밝혀져…

이상홍 편집위원

30년 수명이 다된 월성핵발전소 1호기에서 심각한 결함들이 발견돼, 한수원과 정부가 계획하고 있는 10년 수명연장은 사실상 어려워질 것으로 보인다.

10월 8일 국회 교육과학기술위원회 국정감사에서 박홍근 의원(민주통합당)은 월성1호기의 ▲비상노심 냉각계통의 열교환기가 1대밖에 없는 점 ▲수소감지기가 없는 점 ▲중대사고 대처설비 불량 등의 결함 사실을 지적했다.

▲월성1호기와 같은 캔두(CANDU-캐나다에서 설계한 중수로 핵발전소의 모델을 지칭하는 고유명사)형 핵발전소의 최신 안전기술기준은, '비상노심 냉각계통의 열교환기' 2대 설치를 명시하고 있다. 그러나 월성1호기는 열교환기가 1대밖에 없다. 이에 원자력안전기술원(KINS)은 1대 추가 설치계획을 요구했으나 한수원은 기술적으로 불가능하다는 답변을 했다. 원자로 냉각 설비가 안전기준에 미달하는 만큼 수명연장은 불가능해 보인다.

▲수소감지기가 없는 것도 큰 결함으로 꼽힌다. 특히, 열교환기가 1대밖에 없어서 원자로의 비상냉각이 원활하지 않은 만큼 수소폭발에 철저히 대비해야 한다. 한수원은 수소제거설비(PAR)가 있어 수소감지기는 별로 중요하지 않다는 입장이다. 그러나 원자력안전기술원은 수소제거설비가 작동하지 않을 수 있으므로, 중대사고가 발생했을 때 수소감지기가 없다면 수소제거설비가 잘 작동하는 지 확인할 길이 없고, 제거되지 않은 수소는 후쿠시마처럼 폭발을 일으킬 수 있다.

▲중대사고 대처설비도 불량한 것으로 드러났다. 일반적으로 핵발전소는 지진에 대비한 내진설계를 한다. 그러나 비용이 많이 들기 때문에 핵심시설만 내진설계를 하는 경우가 많다. 월성1호기도 내진설계가 안된 부분들이 많은 것으로 나타났다. 안전성 평가 대상 중 13% 가량의 기기와 계기가 지진이 발생하면 작동하지 않는 것으로 확인됐다. 핵발전소는 작은 부품 하나가 고장 나도 큰 사고를 일으킬 수 있다는 사실을 상기하면 큰 문제가 아닐 수 없다.

이처럼 월성1호기가 국정감사 도마 위에 오르면서, 수명연장에 대한 관심이 더욱 뜨거워졌다. 그러나 이런 비판 여론을 비웃기라도 하듯, 30년 수명이 끝나는 올 11월 20일이 되어도 결론은 없을 듯하다. 원자력안전기술원이 보고서 작성을 계속 미루고 있기 때문이다. 그렇게 되면 월성1호기는 일단 가동을 중단하고, 언제가 될지 모르는 정부의 처분을 마냥 기다릴 수밖에 없는 상황이다. 한마디로 천덕꾸러기 신세가 된다.

> "30년 전에 건설된 월성1호기는 1세대 캔두형으로 안전기술기준이 미비할 때 설계됐기 때문이다. 한마디로 함량미달이다. 최신 안전기술기준에 한참 미달하는 핵발전소다."

핵발전소 수명연장 절차는 발전사업자(한수원)가 원자력안전위원회에 '수명연장(계속운전) 신청서'를 제출하면 원자력안전위원회는 관련 서류를 원자력안전기술원에 넘겨 안전성에 대한 기술검토를 받는다. 이 기술검토 보고서를 근거로 원자력안전위원회는 수명연장을 결정한다. 수명연장 신청에서 결정까지 일반적으로 18개월이 걸린다. 그러나 2009년 12월30일 수명연장을 신청한 월성1호기는 2012년 10월 현재, 34개월이 지나도록 결정을 못 내리고 있다.

왜 이런 어처구니없는 상황이 계속되고 있을까? 작년 9월 경주지역 시민사회단체는 기자회견을 통해, "월성1호기 엉터리 수명연장 시도를 규탄한다"는 성명서를 발표한 바 있다. 캔두형 핵발전소의 최신 안전기술기준(C-6 Rev.1)이 있으나, 한수원은 이를 적용하지 않고 30년 전 안전기술기준(C-6 Rev.0)을 적용한 보고서를 제출했다.

따라서 원자력안전기술원은 월성1호기의 안전성 평가를 할 수 없었고, 한수원은 마냥 1년간 시간을 끌어오다 2010년 12월에 이르러 최신 안전기술기준에 근거한 평가보고서 제출을 모두 마쳤다. 이것이 수명연장 결정이 늦어진 첫째 원인이다. 이후 원자력안전기술원의 본격적인 안전성 평가 과정에서 월성1호기의 문제점은 더욱 더 불거지고 있다. 이번 국정감사에서 지적받은 내용들처럼, 월성1호기의 안전성 결함들이 계속 드러나고 있기 때문이다.

앞으로도 고구마 줄기마냥, 캐면 캘수록 결함투성이가 쏟아질 것이다. 왜냐하면 30년 전에 건설된 월성1호기는 1세대 캔두형으로 안전기술기준이 미비할 때 설계됐기 때문이다. 한마디로 함량미달이다. 최신 안전기술기준에 한참 미달하는 핵발전소다. 한수원이 1년을 버티며 최신 기술기준 적용을 반대하며 버틴 것은 이런 이유가 있는 것이다.

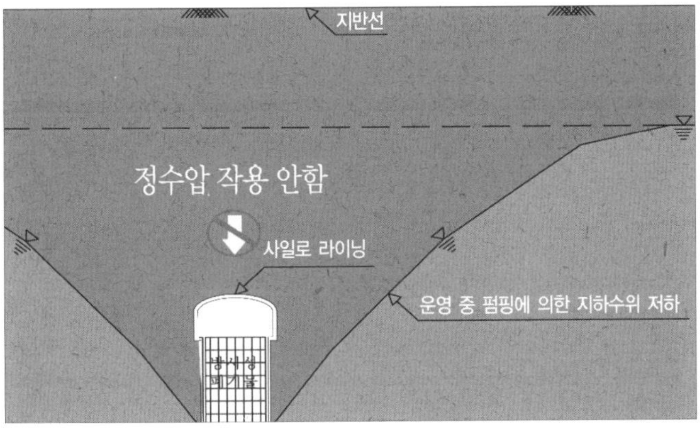

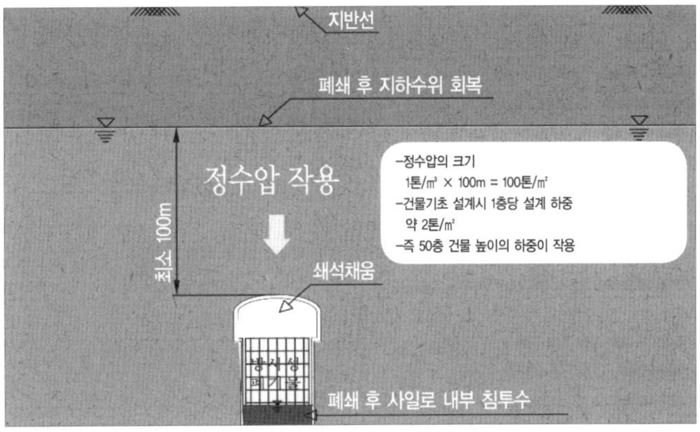

경주 방폐장 붕괴 가능성 제기돼

이상홍 편집위원

경주시 양북면에 건설 중인 중·저준위 방사성 폐기물 처분장(이하 방폐장)의 붕괴 가능성이 제기됐다.

지난 10월8일 국회 교육과학기술위원회 국정감사에서 우원식 의원(민주통합당)은 배수터널 방식으로 공사중인 경주 방폐장이 비배수터널 방식으로 건설돼야 한다고 주장했다.

방폐장 공사 현장은 하루 3000톤 이상의 지하수가 뿜어져 나온다. 지금은 지하수를 뽑아내면서 공사를 하지만 방폐장이 완공되고 약 10년으로 예상되는 운영기간이 끝나면 더 이상 지하수를 뽑아내지 않는다. 우원식 의원 측은 방폐장 터널구조물 1미터 당 100톤의 수압이 작용하며, 이로 인해 터널구조물이 붕괴할 수 있다고 말했다.

이에 대해 방폐물관리공단은 비배수터널 방식을 사용하지 않은 문제에 대해서는 전혀 해명을 하지 않은 채, "사일로 내부 공극을 콘크리트로 채우는 방안 등을 지속적으로 검토하고 있다"면서 콘크리트의 압축강도가 3,850톤/㎡이기 때문에, 수압을 감당할 수 있다는 입장만 내놓고 있다.

경주환경운동연합은 성명서를 내고 "우리는 사일로에 콘크리트를 채우는 방식에도 동의할 수 없다. 사일로 주변에 수천 톤의 지하수가 흐르고 있으며 지하수가 사일로에 침투하는 상황을 방폐물관리공단도 인정하고 있다. 그렇다면 지하수의 사일로 침투를 장기간 관리해야 한다. 그렇게 해야 만일의 사태에 대응할 수 있다. 그러나 방폐장을 10년 정도 운영하고 곧이어 사일로 안에 쇄석을 채우고 콘크리트를 타설하면 더 이상 관리가 불가능하다"며 방폐물관리공단의 해명을 비판했다.

또한 방폐장 주변 지역의 방사능 오염 문제도 새로운 쟁점이 될 것으로 보인다. 그동안 정부와 방폐물관리공단은 방사능 오염 가능성을 일축했으나, 이번 국정감사에서는 지하수 침투에 의한 방사능 오염이 기정사실화 됐다. 다만, 방폐물관리공단은 방사능 농도가 피폭 기준치 이하로 낮기 때문에 안전하다는 입장이다.

그러나 이미 경주시 양남면, 양북면 등 인근지역이 월성핵발전소에서 나오는 방사성물질인 삼중수소로 오염된 상황에서 방폐물관리공단의 해명을 경주시민들이 어떻게 받아들일지 의문이다.

영광핵발전소 153번째 사고, 5호기에서만 17번째

오경미 통신원(핵발전소 안정성확보를 위한 영광공동행동 사무국장)

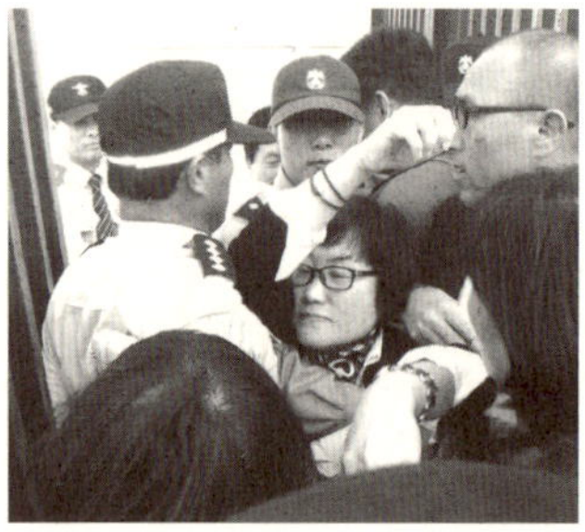

추석연휴 직후인 지난 10월 2일, 신고리1호기와 영광5호기가 동시에 고장을 일으켜, 가동이 중지되는 이례적인 사고가 있었다.

핵발전소 사고는 올해만 12번째다. 이제 2년 가동한 신고리1호기는 벌써 9번째 정지사고를 일으켰는데, 이번에는 제어봉계통 고장이다. 영광5호기는 제어계통 통신카드문제로 증기발생기로 급수를 공급하는 주급수펌프 고장으로 가동이 정지됐다.

한수원은 홈페이지에서 영광5호기 17번에 이르는 사고에 대해, 2번은 시운전기간, 7번은 계획예방기간, 또 8번의 사고는 0등급이하라 안전하다고 해명하고 있다. 사고는 확률적으로 100만분의 1이라던 주장은 어디로 슬쩍 가버리고, 17번의 사고를 자인하고 있다. 시운전기간이든, 예방기간이든, 고장이고 사고이지 않은가? 17번의 사고는 적다는 것인가? 이미 전 세계적으로 5등급 이상의 사고만 총6번으로, 사고 0의 신화가 깨진 지 오래됐다. 아직도 안전타령만 하는 한수원에게 지역주민들은 안전을 기대할 수 없다.

영광5호기는 지난해 2월 4일에도 고장으로 발전이 정지됐는데, 당시 원자로 냉각재 펌프(ICP) 구동용 모터 안에 약 30cm 길이의 일(一)자 드라이버가 들어가 있는 어이없는 상황이었다. 하지만, 왜 일자 드라이버가 들어있는지 그 원인은 아직도 밝혀내지 못하고 있다.

영광핵발전소는 올해만 해도 4건의 사고가 있었다. 게다가 지난 3월에는 10여일 동안 사고를 은폐하는 비도덕적인 일도 있었다. 최근 들어 직원들의 납품비리, 마약투여 사건까지 겹치면서 한수원의 안전불감증을 질책하는 국민들의 목소리가 높다. 특히 영광에는 소태산 대종사가 대각을 이룬 원불교 근원성지가 있다. 영산성지는 영광핵발전소로부터 7㎞남짓 거리에 있는데, 혹시 모를 사고는 곧 원불교 근원성지의 위협으로 이어지게 된다.

한편 이런 위기의식을 갖고, 지난 10월 12일(금) 원불교환경연대, 원불교 사회개벽교무단, 원불교 인권위, 핵발전소 안전성확보를 위한 영광공동행동, 핵 없는 세상을 위한 고창군민행동 등은 영광핵발전소 앞에서 5호기 고장사고 항의시위를 벌리며 본부장 면담을 요구했다. 하지만, 이 과정에서 한수원 직원들이 지역주민들과 종교인들에게 고압적인 자세로, "이번 사고로 인해 받은 피해가 무엇이냐?"고 따져 묻는 터무니없는 상황이 전개되기도 했다.

면담을 거부하는 본부장을 만나기 위해, 종교인들과 지역대책위 관계자들이 핵발전소 출입 철문 앞에서 연속농성을 계속 하며, 2시간 가량 입씨름, 몸싸움 등을 하자, 본부장은 그 때서야 면담에 응했다. 영광핵발전소 홍보관에서 진행된 면담은 1시간 가량 진행됐고, 대책위 대표자 6명은 "사고의 근본원인과 안전대책이 없다면 즉각 폐쇄하라" 등의 주장이 담긴 항의서안을 본부장에게 전달했다.

곧이어 영광군수 면담도 가졌다. 대책위 관계자들은 영광군수에게, "방사능방재대책의 현실적인 강화와 재가동의 시점은 주민들의 대의기관인 영광군의회를 통해 설명하고, 동의를 구한 뒤 재가동해야 한다"는 점을 강조했다. 더불어, 영광핵발전소에서 어떤 사고도 일어나지 않도록 적극적인 감시가 이루어져야 한다는 것과, 만에 하나 사고가 일어날 경우 영광군도 지역민의 입장에서 공동 대응할 것을 요구했다.

핵 없는 세상을 위한 고창군민행동 출범

윤종호 편집위원

영광핵발전소를 이웃에 두고 있는 고창지역에서, 영광핵발전소의 조속한 폐쇄를 촉구하는 자발적인 군민모임이 출범했다(사진 참고).

지난 10월 9일(화) 고창농산물유통센터 2층 회의실에서, 고창군의회 영광원전특위 소속 군의원들과 영광대책위, 전북대책위 관계자 등이 참석한 가운데, '핵 없는 세상을 위한 고창군민행동' 출범식이 진행됐다.

이 날 출범식은 그간의 경과보고, 임원선임 및 사업계획 추인, 출범선언문 낭독 순으로 진행됐다. 주요임원으로 ▲공동대표 도의스님, 유성기, 조성기 ▲운영위원 김동환, 김영숙, 윤종호(운영위원장), 이상훈, 정경자, 정일, 표주원 씨를 선임했다. 주요사업으로는 ▲핵발전소 주변 암발생 주민역학조사 결과 후속과제 추진 ▲고창의 독립적인 민간환경감시기구 설치 촉구 ▲지역주민 입장에서 방사능방재대책 모니터링, 개선방안 모색 ▲교육 및 홍보사업 ▲영광, 전북 등과의 연대활동 등을 제시했다.

고창군민행동은 지난 3월말 영광핵발전소 비상발전기 기동실패 및 은폐사건을 계기로, 영광핵발전소에 대해 위기의식을 느끼고 있던 지역의 사회단체(고창군농민회, 전교조고창지회)와 개인들이 모여 준비모임을 결성한 뒤 ▲5월의 김익중 교수(동국대 의대) 강연 ▲7월의 고창군의회 원전특위 군의원 면담 ▲8월의 '핵발전소 주변지역 암발생 주민역학조사 결과, 설명회(반핵의사회와 공동주최)' ▲9월의 '김춘진, 김제남 국회의원 초청 간담회' 등을 통해 현안을 파악하며 출범을 준비해왔다.

고창군민행동은 20여명의 개인회원을 비롯해, 고창군농민회와 전교조고창지회가 단체회원으로 참여하고 있으며, "군민들의 자발적 참여를 통해 영광핵발전소의 안전한 관리와 시급한 폐쇄, 나아가 한국사회가 재생가능에너지로 정책전환하는 탈핵 실현" 을 목적으로 내세웠다.

한편, 현재 6기가 가동중인 영광핵발전소는 고창군과 영광군의 경계, 즉 전남과 전북의 경계에 위치한다. 1986~87년 상업가동이 시작된 영광핵발전소 1~2호기는 우리나라에서 6~7번째 노후화된 핵발전소로 설계수명 40년에 현재 26~27년째 가동 중에 있다. 지금까지 확인된 고장사건만 153번이다.

특히 지난 10월 2일 정지사고를 일으킨 영광5호기는, 작년 연말 이후 4번이나 정지사고를 연이어 일으켜 지역민들의 불안을 고조시키고 있다. 게다가 자체 기술력이 부족해 미국 제조회사 관계자를 불러, 10월 13일 재가동에 들어갔지만, 또 이를 만에 다시 이상을 일으켜 현재 출력을 87%로 낮춰 운영 중에 있다. 지난 10월 12일에는 원불교환경연대, 영광대책위, 고창군민행동 등은 한국수력원자력 영광본부장을 항의 방문했지만, 한수원 측이 고압적인 자세로 면담을 거부해 당일 참석한 종교인들과 지역주민들은 2시간 가량 핵발전소 출입구에서 입씨름과 몸싸움을 진행하기도 했다. 뒤늦게 면담을 허락한 본부장과의 대화는 1시간 가량 진행한 후, 항의서한을 전달하는 것으로 마무리됐다.

후쿠시마사고 피해지역의 장애인

고노 다이스케 편집위원

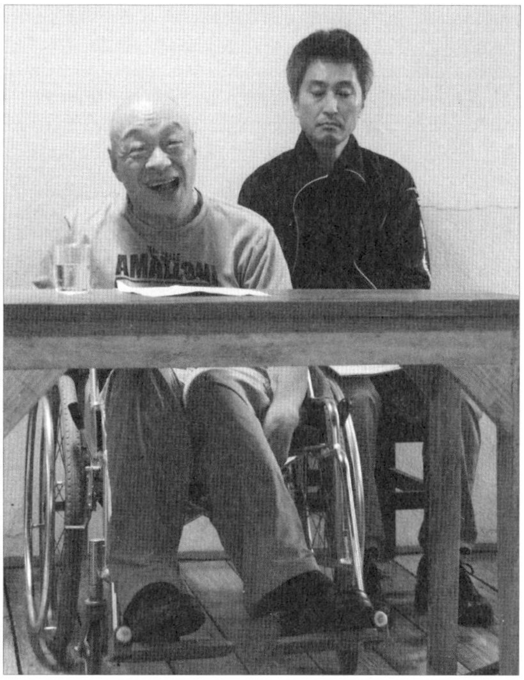

> "후쿠시마현 외로 피난 간 후쿠시마현민은 6만 명이 넘는다. 장애인의 경우도 피난하고 싶은 사람이 많지만 주거환경, 교통편, 도우미 확보 등의 조건이 갖춰져야 가능하다."

9월22일, 서울 성북구 문화예술카페 별꼴에서 시민단체 '핵없는 세상('핵없는 사회를 위한 공동행동'과 별개 단체임)' 주최로 후쿠시마현 고오리야마시(郡山市, 후쿠시마 제1핵발전소에 50~60km의 거리에 위치)에서 자립생활센터 대표와 피해지역장애인지원센터후쿠시마 대표를 맡고 있는 시라이시 기요하루(白石清春) 씨의 강연이 열렸다. 시라이시 대표는 휠체어를 탄 장애인이자, 그 전설적인 '푸른 잔디 모임' 회원이기도 했다. 그의 강연 내용을 요약해 소개한다.

지진 당일, 시라이시 씨는 건물 3층에 있었는데, 지진으로 엘리베이터가 멈춰버려 도우미가 그와 전동휠체어를 계단을 통해 1층까지 내려 줬다.

비상사태 시, 피난할 수 없는 장애인들

지진과 쓰나미, 그리고 핵사고로 인해 현재 약 16만명이 후쿠시마현 내외로 피난해 있다. 피난소를 전전하는 과정에서, 환자와 고령자, 그리고 장애인들 약 1000명이 사망했다. 연안지역에 있던 어떤 장애아 시설은, 입소 장애아와 직원 모두 지바현으로 피난갔다. 피난 도중에 한 명이, 그리고 피난처에서 또 한 명이 죽었다고 한다.

미나미소마시(南相馬市, 후쿠시마 제1핵발전소에서 20km 거리에 위치)는 3.11 이전에 7만 명이던 인구가, 한때 1만 명까지 줄었다(현재는 4만 명). 남게 된 1만 명 중 대부분은 고령자와 장애인, 그리고 그들을 돌봐야 하는 가족이었다.

젊은 사람을 중심으로 피난을 가버려, 장애인의 생활을 도와주는 일손이 부족했다. 장애당사자가 운영하는, 장애인지원단체가 없는 지역은 특히 심각하다.

후쿠시마현 외로 피난 간 후쿠시마현민은 6만 명이 넘는다. 장애인의 경우도 피난하고 싶은 사람이 많지만 주거환경, 교통편, 도우미 확보 등의 조건이 갖춰져야 가능하다. 시라이시 씨가 대표를 맡고 있는 피해지역장애인지원센터후쿠시마에서는, 가나가와현(도쿄도 인근에 위치)에 자리를 확보해 현재 두 명이 그곳에서 생활하고 있다. 그 외에 전국 각지 자립생활센터 지원을 받아 이주하게 된 장애인들이 몇 명 있다.

농지는 오염되고, 기업은 빠져나가고

장애인의 고용 확보를 위해 운영되는 사업소 중 농장을 운영하는 곳은 높은 방사선수치로 농사를 지을 수 없게 되었다. 유기농업을 실천해 맛있는 채소를 재배해 왔다고 한다. 농업 이외는 대부분 기업의 하청이었다. 쓰나미와 핵사고로 큰 피해를 입은 연안지역을 중심으로 일이 전혀 들어오지 않게 되었다. 사고 때문에 후쿠시마에서 빠져나간 기업도 많다.

그에 대한 하나의 대책으로, 미나미소마시는 8곳의 사업소가 연계해 빈 깡통을 재료로 배지를 만들어 전국 네트워크를 통해 판매하곤 한다.

장애인은 '있어서는 안 되는 존재?'

어느 후쿠시마 여성은 '타 지역 남성과 결혼한다면 자신의 본적을 말소시키고 싶다'고 말했다고 한다. 또 최근에는 작년 여름 이후 이상할 정도로 낙태수술이 늘어나고 있다는 사실을 후쿠시마현 조산원들이 인정했다.

반핵운동 중에 체르노빌에서 태어난 장애아 사진을 손 팻말에 붙여 행진하는 그룹이 있다. 이것은 방사능오염으로 장애인이 태어나서는 안 된다는 생각 때문에 나타나는 현상이다.

시라이시 대표는 다음과 같이 말한다. "나는 장애인이 있어서는 안 되는 존재로 취급받는 것이 아닌, 방사능오염으로 장애인이 태어났다 하더라도 사회에서 그들이 모두와 같이 생활할 수 있는 상황을 만들고 싶다. 방사능오염으로 인한 장애인을 말살하는 것은 나 자신의 존재를 부정하는 일이기 때문이다."

일본산 수산물 2468톤 방사능에 오염된 채 유통

이상홍 편집위원

> "방사능에 오염된 일본산 수산물이 시중에 유통된 이유는, 우리 정부의 식료품 방사능 허용기준이 매우 느슨하기 때문이다."

경주환경운동연합은 투명사회를 위한 정보공개센터를 통해 농림수산식품부에서 받은 올 상반기(1월~6월) 수입된 일본산 수산물의 방사능 검사 자료(방사능이 검출된 일본산 수입 물량을 하루 단위로 기록)를 검토·분석했다. 놀랍게도 올 상반기에만 2,468톤의 일본산 수산물이 방사능에 오염된 채 시중에 유통됐다.

품종을 살펴보면 냉동고등어가 2,161톤으로 가장 많고, 냉장명태가 278톤으로 뒤를 이었다. 이어 활돔(10.7톤), 냉장대구(9.7톤), 활방어(4.8톤), 마른고등어(2.2톤), 냉동방어(471kg), 냉장방어(66kg), 냉장전갱이(28kg) 순이었다.

방사능에 오염된 일본산 수산물이 시중에 유통된 이유는, 우리 정부의 식료품 방사능 허용기준이 매우 느슨하기 때문이다. 수산물의 경우 우리 정부는 방사성 세슘(Cs-137)의 검출 농도를 '370Bq/kg(킬로그램 당 370베크렐) 이하'로 규제하고 있다(일본은 후쿠시마 사고 이후, 500Bq/kg로 올렸다가 다시 100Bq/kg으로 낮춤, 유럽은 8Bq/kg). 그래서 3월 26일 수입된 냉장대구가 24.69Bq/kg까지 검출되어도 아무런 제재 없이 유통되는 것이다.

30만 명의 조합원을 자랑하는 최대 규모의 생활협동조합인 한살림은 후쿠시마 사고 이후 방사성 세슘의 허용기준치를 독자적으로 마련했다. 한살림은 방사성 세슘의 식품 허용 기준치를 킬로그램 당 어른은 8Bq/kg, 영·유아는 4Bq/kg로 정한 바 있다.

한살림의 기준을 적용하면 올해 상반기에 유통된 일본산 수산물 중 방사능이 검출된 2,468톤 대부분은 불합격 판정을 받을 것이다. 2,468톤의 평균 방사성 세슘 농도가 4.29Bq/kg이기 때문이다. 특히, 냉동고등어 4.51Bq/kg, 냉장대구 8.56Bq/kg, 마른고등어 5.69Bq/kg, 활방어6.24Bq/kg, 냉동방어 4.92Bq/kg에서 평균 4베크렐 이상의 방사성 세슘이 검출됐다.

우리 정부의 허술한 규제 때문에 이처럼 방사능에 오염된 일본산 수산물이 널리 유통되고 있는 만큼 국민들의 각별한 주의가 요구된다. 특히, 영·유아를 둔 가정이나 교육시설의 경우 현재로서는 일본산 수산물을 식재료로 사용하지 않는 것 이외에는 근본적인 대책은 없어 보인다.

2030년대 탈핵? 일본정부는 의지 없다

고노 다이스케 편집위원

일본 시민들, 압도적인 탈핵지지

지난 6월 29일 일본정부 '에너지·환경회의' 는, 2030년 총발전량에서 핵발전 비율을 세 개의 선택지로 ①0% 시나리오, ②15% 시나리오, ③20~25% 시나리오로 정리한 바 있다. 나아가 일본정부는 7월 2일부터~ 8월 12일까지 이 3가지 선택지에 대해, 인터넷 등을 통해 일반 시민의 의견을 모았고, 그 결과는 약 9만 건의 의견들 중 87%가 '0%시나리오' 를 지지했다. 같은 시기 전국 11곳에서 열린 의견청취회에서도, 핵추진파의 동원이 예상되었음에도 불구하고(실제 전력회사 직원이 핵발전을 지지하는 의견을 표명해, 여론의 큰 비판을 받기도 했다) 67%가 '0% 시나리오' 를 지지했다.

한편 또 다른 측면에서는, 다음 대지진이 염려되는 오늘날의 일본에서, 핵발전에서 즉각 손을 떼냐 마냐가 시험대에 올라 있는 상황인데, 머나먼 미래인 2030년으로 접근한다는 문제설정 자체가 큰 비판을 받고 있다.

잠재적 핵무기 보유국가의 지위를 어떻게든 유지하고 싶은 일본정부로서는, 핵연료사이클 유지가 가능한 '15% 시나리오' 를 타협점으로 하고 싶었을 것이다(일본 담포포사 소식지 1539호, 8월 2일자).

일본, "그래도 핵연료사이클과 수출은 계속 추진하겠다"

이 결과를 받아들인 에너지·환경회의는 9월 14일 회의에서 '혁신적 에너지·환경전략(이하 '전략)'을 결정했다. 이 '전략' 은 "2030년대에 핵발전 가동을 멈추는 것이 가능하게 한다"는 목표를 제시하며 ①가동은 (운전 시작부터) 40년까지 ②원자력규제위원회의 안전확인을 받은 발전소에 한해 당분간 재가동 ③핵발전소 신설 및 증설은 않는다는 세 가지 원칙을 세웠다. 더불어, 목표달성을 위해 올 연말까지 재생가능에너지 확대를 위한 공정표와 새로운 온난화대책을 마련하기로 했다.

그런데 '전략' 은 모순적이게도 "핵연료사이클을 당분간 계속한다"는 방침 또한 세웠다. 핵무기 재료가 되는 플루토늄 생산을 계속하겠다는 뜻이다. 그 핵심시설인 고속증식로 '몬주' 는 작년 3·11 동일본 대지진 시 사고로 가동이 중단돼, 현재 복구 전망이 불확실한 상태이다. 그럼에도 불구하고 '전략' 에서는 '몬주' 를 방사성폐기물을 줄이는 연구 등에 사용한 후 폐기하는 것으로 언급하고 있다.

이것은 이미 보유한 플루토늄과 새로 생산할 플루토늄을 플루서멀(Plu-thermal, 사용후핵연료에서 추출한 플루토늄과 우라늄을 혼합한 MOX연료를 이용해 핵발전하는 것을 의미-편집자주)에서 사용할 수밖에 없으므로, 결과적으로 남을 가능성이 크다는 것을 의미한다. 이 점에 대해 일본정부는 해결책을 제시하지 않았고 "국제기구와 각국 등과 긴밀하게 협의하겠다"고만 언급했다. 이런 스스로의 모순을 일본정부도 알고 있으니, '전략' 은 사용후핵연료 직접처분(재처리를 하지 않음)에 대한 연구에 착수하겠다고 밝혔다.

한편 '전략' 은 수출정책을 유지하겠다는 것도 밝혔다. 국내 산업계의 반발을 피하려는 의도가 있을 것이다. 설마 플루토늄을 '핵무기 이외 목적으로 모두 소비한다' 는 국제공약을 지키기 위해, 수출유지를 언급한 것은 아닐 터이다. 플루토늄 수출은 핵무기 확산을 의미하기 때문이다.

탈핵 정말 가능할까? 일본정부는 처음부터 엉거주춤

에너지·환경회의 결정이 있은 다음 날 9월 15일, 에다노 경제산업장관은 아오모리 현지사와의 회담 자리에서 도쿄전력이 건설 중인 아오모리현 히가시도오리 핵발전소의 공사 재개는 부정했으나, "설치 및 착공 허가를 변경하지 않겠다"며 역시 건설 중인 아오모리현의 전원개발주식회사(J파워) 오오마 핵발전소와 주고쿠전력 시마네 핵발전소 3호기 건설 재개를 허용하겠다는 뜻을 밝혔다. 전날 결정한 "핵발전소 신설 및 증설을 실시하지 않는다"는 원칙을 벌써 굽히는 발언이다. 게다가 이 핵발전소들이 가동되면 40년 동안 계속되기 때문에 2030년대의 탈핵은 불가능하다. 이 발언을 받아 J파워는 9월 28일, 중단된 오오마 핵발전소 건설공사를 올해 안에 재개할 방침을 세웠다.

또 일본정부는 9월 17일의 국제원자력기구(IAEA) 연차총회에서 새 에너지정책을 설명하면서, "끊임없이 재검토하겠다"고 밝혔다. 앞으로 탈핵정책을 재검토할 수 있다는 것을 국제적으로 선언한 셈이다. 나아가 9월 19일 일본정부는, 9월 14일의 '혁신적 에너지·환경전략' 을 각의결정하지 않기로 했다. 즉 정부의 공식결정으로 하지 않겠다는 것이다. 결국 '혁신적 에너지·환경전략' 은 참고자료로 자리매김 되고 말았다. 에너지·환경회의 결정으로부터 불과 5일만의 일이다.

후쿠시마 의료계를 주름잡는 야마시타 슝이치

"방사선 영향은 웃고 지내는 사람에게 없다?"

고노 다이스케 편집위원

배상을 줄이려고, 인구유출이 두려워서 … '계속 거기 살아라'

20mSv/년. 일본정부가 후쿠시마에 강요하는 연간피폭허용량이다. 계획적피난구역 설정, 학교 공간선량, 올해 설정된 피난지시해제준비구역, 모두 20mSv/년이 기준이다. 그런데 이것은 방사선관리구역보다 높고 핵발전소 노동자가 백혈병에 걸리면 산업재해로 인정받는 수치이기도 하다. 정부와 도쿄전력은 배상을 줄이려고, 후쿠시마현은 인구유출이 두려워서, 후쿠시마 현민에게 "20mSv/년 이하이면 계속 거기 살아라. 피난의 권리를 인정하지 않겠다"라고 말하고 있는 셈이다.

정부의 앞잡이 야마시타 슝이치, '방사선 영향은 웃고 지내는 사람에게 없다?!'

나가사키 원폭 2세이며, 나가사키대학 교수인 야마시타 슝이치는, 이런 정부의 앞잡이가 되어 후쿠시마사고 직후 후쿠시마현 방사선건강리스크관리 어드바이저로 취임했다. 그는 후쿠시마현 곳곳에서 강연하며 "방사선의 영향은 생글생글 웃고 지내는 사람에게는 없습니다. 끙끙 고민하며 사는 사람에게는 있습니다",

야마시타 슝이치
출처 후쿠시마 현립 의과대학 홈페이지

"100mSv까지는 안전" 등의 발언을 거듭 해, 'Mr.100밀리시버트' 라는 별명이 붙었다. 그의 말 때문에 불필요한 피폭을 당한 주민도 많다. 예를 들어 야마시타는 사고 직후인 작년 4월 1일 이이타테무라에서 공무원과 의회 의원들을 대상으로 강연해 그들의 불안감을 '줄여줬다'. 그러나 약 열흘 후, 이이타테무라는 계획적피난구역(주민 모두가 피난대상)으로 지정됐다. 그 후, 그는 후쿠시마현립의과대학 부학장, 후쿠시마현민 건강관리조사 좌장으로 취임했다.

건강관리조사는 후쿠시마현립 의과대학이 위탁을 받아 작년 6월부터 실시한 사업이다. 자진신고식 문진표 작성으로 실시되는 기본조사와 피난구역 주민들을 대상으로 한 소변검사 및 혈액검사, 질문지에 답하는 방식의 심리상태 및 생활습관에 관한 조사와 임산부 조사, 그리고 어린이를 대상으로 한 갑상선검사로 구성되는데, 당초 그 목적을 '현민의 불안감을 해소하기 위해서' 라고 말했다.

지금은 홈페이지 등에서 '현민의 건강을 지켜보고, 앞으로의 지속적인 건강유지와 증진을 위하여' 라고 말하지만, 전자가 속마음일 것이다. 야마시타의 취임목적과 같다. 또한 '체르노빌사고에서 밝혀진 사실은 방사성요오드의 내부피폭으로 인한 어린이의 갑상선암이 유일하고, 그 외의 질병 증가는 발견되지 않았다' 며 방사선의 영향을 소아 갑상선암으로 한정했다. 즉 그 외의 방사선이 유발할 수 있는 다양한 질병에 대해서는 검사를 하지 않는다.

게다가 야마시타는 후쿠시마현립 의과대학 이외의 의료기관이 그 갑상선검사 결과에 참견하는 것을 사실상 금지했다. 야마시타 자신이 직접 갑상선학회 소속 의사들에게 "보호자에게서 문의와 상담의뢰가 적지 않게 오리라 생각합니다. 부디 다음 검사를 받을 때까지 자각증상 등이 나타나지 않는 한, 추가조사는 필요없다는 것을 이해하도록 충분히 설명해 주실 것을 부탁드립니다"라는 편지를 보낸 것이다. 사실 그는 일본갑상선학회 이사장이기도 하다.

이 갑상선검사는 피검자가 건강유지에 필요한 검사결과(진료기록이나 초음파검사 영상 등)를 자세히 볼 수도, 의사에게서 제대로 된 설명을 들을 수도 없다. 그래서 실제로 다른 의료기관을 찾아간 피검자가 진찰을 거절당하는 사건이 일어나기도 했다.

후쿠시마현 발표, 검사받은 3만8천명 아이들 중 갑상선 이상 35%

지난 4월 26일 후쿠시마현의 발표에 의하면, 이미 검사를 받은 아이들 3만 8000명 중 35%가 갑상선에서 결절 또는 낭포가 발견됐다. 그러나 그 중 2차 검진의 필요성이 인정된 것은 186명뿐, 결절이 5.0mm 이하 또는 낭포가 20.0mm 이하인 아이는 2년 후의 다음 조사까지 검사를 받을 수 없다.

호주의 소아과 의사인 헬렌 칼디코트(Helen Caldicott) 박사는 "이러한 갑상선 이상이 1년도 안 됐는데도 나타났다는 것은 너무나 빠르다. 보통 5~10년 걸리는 법이다. 이것은 아이들이 몹시 높은 선량에 피폭당했다는 것을 의미한다. 만약 악성이면 갑상선을 완전히 적출하는 것이 필요하다"고 지적했다.

야마시타와 후쿠시마현립 의대가 주도하는 이 건강관리조사는 후쿠시마현민들의 건강관리에는 전혀 도움이 되지 않고 야마시타의 연구데이터로만 도움이 될지도 모른다. 이 조사에 대한 주민들의 불신감을 반영하듯, 7월 말 현재 자진신고식 문진표 제출률은 22.8%에 머물고 있다.

한국 핵발전소 사고 시뮬레이션 발표와 반향

핵발전소 사고 영향에 대해 오래전부터 연구해 온 박승준 교수가, 올 초 한국 환경운동연합 등의 의뢰를 받아 연구·조사한 '고리 및 영광핵발전소 사고 시뮬레이션(모의실험) 결과'를, 지난 5월 말 한국 국회와 부산, 광주에서 발표한 바 있다. 그 때의 경험을 노뉵스아시아포럼(No Nukes Asia Forum, 아시아 반핵 민간단체들의 연대모임) 소식지 117호(2012년 8월 20일 발행)에 게재했고, 그 내용을 눈여겨 본 김현우 위원장(진보신당 녹색위원회)이 정상협 부장(진보신당 비정규-정치사업실)을 통해 번역한 것을 본지에 기고했다. – 편집자 주

박승준 (일본 칸사이대학 종합정책학부)

나로서는 여러 대의 텔레비전 카메라와 신문기자를 앞에 두고, 기자회견을 한 것은 처음 있는 일이었다. 그것도 한국 국회의사당 기자회견장에서 말이다. 발표한 내용은, 한국 환경운동연합으로부터 의뢰받아 계산한 영광, 고리핵발전소 시뮬레이션 결과였다.

계산은 도쿄대 원자로실험소 故 세오 케타시의 프로그램(통칭 SEO코드)을 이용한 것으로, 필자가 2003년 오사카 핵발전소의 거대사고를 대상으로 수행했던 것과 같은 방식이다. 이번 시뮬레이션은 거대사고(체르노빌 같은 방출량에 상당하는 PWR2형 사고)와 대사고(후쿠시마 제1호기 사고의 지상오염에 상당하는 PWR4형 사고)로 나누어 상정한 결과였다. 영광 1호기와 고리 1호기 관련 핵심적인 결과는 표와 같다. 피난조치를 하지 않은 상황을 나타냈기에, 피난조치를 한다면 당연히 사망자는 줄어들겠지만, 경제적 피해는 증가할 것으로 보인다.

2012년 5월 21일 오전 국회의사당에서 약 30분의 발표를 한 후, 곧 부산으로 이동해 주민을 대상으로 한 구체적인 설명회를 했다. 또 다음날 광주에서도 같은 설명회를 열었다. 광주에서는 한국수력원자력 직원도 참가해 질문을 했다(그들은 "후쿠시마 사고에서 사람이 죽었는가?"라는 질문을 상투적으로 하는 듯 했다). 광주 설명회에 참가했던 영광핵발전소 근처 사는 주민은, 피난대처 방안에 대한 정보를 하나도 전달받지 못했다는 말을 했다.

21일 정오 즈음에, 부산으로 향하는 KTX 안에서, 놀랍게도 뉴스사이트에 빠르게 관련 기사가 게재되는 것을 확인했다. 그날 일본 텔레비전에서도 보도가 된 같다. 한국수력원자력과 한국 원자력안전위원회는 바로 다음날 '국내 핵발전소는 체르노빌 핵발전소나 후쿠시마 핵발전소와 기본적인 구조 및 설계가 다르다'라는 취지의 반박문을 냈다. 아쉽게도 큰 오류였다. 우리들의 계산은 한국과 같은 가압경수로(PWR)를 대상으로 한 것이었다. 틀림없이 보고서를 읽을 틈도 없이 급하게 반론을 썼을 것이다.

그 이후 한국원자력학회, 방사능방호위원회로부터도 반론이 있었다. 보고서를 쓰고 그 뒤에 베껴 쓴 것처럼 둘 다 안전신화 교과서 같은 내용이었다. 주요 내용은 '핵발전소 사고는 일어날 가능성이 없고, 계산은 과대평가되었다' 는 것이다. 실제 한국에서 핵발전소 사고피해에 관한 시뮬레이션 연구가 진행되거나 발표된 경우도 없고, 과대평가, 과소평가도 없다.

또 특징적으로, 두 보고서 모두 100밀리시버트(일반인들의 연간피폭 상한선은 1밀리시버트이다-편집자 주) 이하의 피폭은 암을 증가시키지 않는다(ICRP의 모델이 아닌, 직선모델로 판정하는 것은 잘못됐다)라고 주장하고 있다. 나도 곧바로 반론을 써, 한국의 동료에게 보냈다. 동료의 네트워크에는 의사들도 있었기에 재반론은 어렵지 않았다.

또 〈동아일보〉라고 하는 보수신문은, 우리들의 분석 가정 자체가 황당무계하다는 비판기사를 5월 29일 실었다. 재밌게도 그들은 후쿠시마 사고 직후인 2011년 5월 25일, 〈신동아〉라는 잡지에서 미국의 모델을 이용해 체르노빌 같은 사고를 가정하는 시뮬레이션을 실행하는 기사를 발표했었다. 어떤 이유에서인가는 모르지만 말이다.

결과적으로, 한국의 핵발전 관계자들이 우리들의 보고에 대해, 무시하지 않고 서면을 이용해 반박한 그 자체를 평가하고 싶다. 한국에서 핵발전소의 위험성에 관한 논의가 벌어지는 것은 중요하다. 고리 1호기는 취성화 천이온도가 100도를 훌쩍 넘고 있다(과거에는 142도를 기록하기도 했다). 중요한 초점이 되고 있다. 그 핵발전소에서 거대사고가 일어난다면 바람의 방향에 따라 일본에도 거대한 피해가 드리우게 된다.

한국핵발전사고 시뮬레이션 결과표(피난조치가 없는 상황)

	바람이 지나 가는 대도시	급성사망 (명)	암으로 사망 (명)	경제적 손해 (원)
영광 대사고	서울	0	32,387	17.3조
	광주	5,784	28,708	24.7조
영광 거대사고	서울	0	550,692	267조
	광주	12,228	940,243	210조
고리 대사고	부산	0	73,400	33.5조
고리 거대사고	부산	47,586	849,043	472조

[주] 한국의 국내총생산(GDP)은 약 1,044조원(2010년). 암으로 사망 위험은 ICRP의 500건/10000명Sv에 기초했기에 과소평가의 가능성이 높음.

후쿠시마 제1핵발전소에서 새어나온 방사성물질 확산지도

후쿠시마 오염지도를, 영광핵발전소에 겹쳐 본 지도 (광주 방향으로 바람이 불 때)

후쿠시마 오염지도를, 영광핵발전소에 겹쳐 본 지도 (서울 방향으로 바람이 불 때)

좌담회 "전라도 탈핵운동의 현황과 과제"

본지는 4·11 총선 이후 각 지역별로 전개되고 있는 반핵운동 '현안'과 '과제'를 점검해보는 연속좌담회를 기획했다. 지난 7월 부·울·경(부산울산경남), 8월 대·경(대구경북)에 이어, 이번에는 전라도다.
영광핵발전소는 전라남도 영광에 현재 6기가 운영 중인데, 사실상 영광군과 고창군의 경계, 즉 전남과 전북의 경계에 위치하고 있어, 영광·고창핵발전소로 호칭하고 접근해야 한다. 1986년과 1987년 상업가동을 시작한 영광 1~2호기는 이미 26~27년 이상을 가동한 노후 핵발전소로, 현재까지 153차례의 고장사고가 있었다.
이번 "탈핵운동의 현황과 과제-전라도" 좌담회는, 지난 9월 19일(수) 정읍지역자활센터에서 진행됐다. 당일 토론 내용을 요약·정리했다. 전문은 탈핵신문 홈페이지(http://nonukesnews.kr) 참조.

박맹수(원광대 교수, 전북한살림 고문) : 세계사를 후쿠시마 사고 전후로 구분할 정도로, 커다란 사건이다. 방사능 물질이 우리나라까지 날아왔고, 한국 시민들도 핵발전소의 안전성과 방사능의 공포에 대해 자각하게 되었다. 이명박 정부는 핵발전소 유지·확대와 한국형 핵발전소 해외수출이라는 자손대대 용서할 수 없는 정책을 펴고 있다. 우리 지역에는 영광핵발전소라는 현실적인 문제가 있다.

윤종호 편집위원

박상은(광주환경운동연합 팀장, 핵없는 세상을 위한 광주·전남행동) : 영광대책위가 '핵없는 세상을 위한 광주·전남공동행동(이하 광주·전남공동행동)에 참여하고 있다. 영광과 광주·전남 지역은 90년대부터 환경운동연합 등을 중심으로 활동해왔다. 하지만 초기 활동가들이 연로해져감에 따라 다소 활동이 어려워진 상황이다.

후쿠시마 사고 이전인 작년 2월 고흥, 장흥 등에 신규 핵발전소 유치 논란이 있었다. 이 때 처음 관심을 갖게 됐다. 지역운동이 하나의 사안으로 연대하는 분위기가 깨져 있는 상황에서, 작년에 영광핵발전소 안전성 문제로 연대체를 조직하는 것은 쉽지 않았다. 하지만 올 초 탈핵을 위한 광주·전남 조직체가 필요하다고 생각해, 다른 지역과 단체에 제안해 광주·전남 공동행동 발족(4월 28일) 할 수 있었다.

현재 광주·전남공동행동 실무를 맡고 있지만, 답답한 점이 많다. 시민 대상 강좌 등을 진행하지만, 작년에 비해 많이 무뎌져 있는 상황이다. 함께 이야기 할 사람이 없다. 서로 지쳐있는 상황으로, 술자리에서는 이렇게 해보자고 이야기하지만, 막상 조직적으로 진행해보려고 하면 '우리 단체 상황이 이래서, 뒤로 미뤘으면 좋겠는데…'라는 반응이다. 지난 6월 말 공동대표단 회의 이후 아무런 활동도 못하고 있다.

하반기 계획은 방사능계측기를 구입해, 광주 주변 학교 등의 주요지점을 측정해본 뒤, 그 결과를 공표하는 것을 계획하고 있다. 교육 프로그램, 영광 현장 방문 프로그램, 영광핵발전소 인근에 방사능에 민감한 자주달개비꽃을 심는 프로그램 등도 염두에 두고 있다.

지난 7월 영광 6호기 정지사고가 있었지만, 성명서밖에 내지 못했다. 6호기 제어기 구동장치 전자회로판이 탔는데, 다른 지역 유사사례가 11차례가 있다. 계속 사고가 발생한다. 이것을 밝혀내지 못하고 있다. 결국 새것을 끼우고 재가동에 들어갔다. 부품에 대한 안전성이 확인이 되지 않은 상황에서 교체 후 재가동한다. 아쉽게도, 핵과 관련해 물어볼 사람이 없다. 관련 교수들에게 물어도 대답해주지 않는다. 독학으로는 한계가 있다.

순천은 순천YMCA, 생협 등을 중심으로 적극적으로 활동하고 있고, 여수환경운동연합도 고민하고 있다. 하지만, 핵발전소와 거리가 멀다보니 적극적이지 않다. 게다가 고흥, 해남 화력발전소 문제로 역량이 흩어져 있어, 올 하반기는 화력발전소 대응에 집중할 것으로 보인다.

김영숙(고창여성농업인센터 소장, 핵없는 세상을 위한 고창군민행동(준)) : 작년까지 활동이 없다가, 올 3월부터 농민회, 전교조 등이 모여 시작했다. 지난 5월에 김익중 교수 초청 강연회, 8월에는 '암발생 주변지역 역학조사 결과, 설명회', 9월에는 김제남, 김춘진 국회의원 초청 간담회를 가졌다. 이 행사들을 준비하면서 현황과 과제를 확인할 수 있었고, 향후 대응할 작정이다.

고창의 독자적인 민간환경감시기구가 필요하다는 의견을 비롯해, 영광핵발전소를 어떻게 안전하게 빨리 폐쇄할 수 있을 것인가 등을 논의해가야 한다. 추석 이후 출범식을 계획하고 있다(10월 9일 출범했다-편집자 주).

박맹수

"영광에서 7등급의 사고가 나면, 영광, 고창, 전주 등의 구분은 없다. 피해의 광역성으로 100km권에 있어도 영광에 있는 것만큼의 피해가 있다. 지역간 연대가 필요하다."

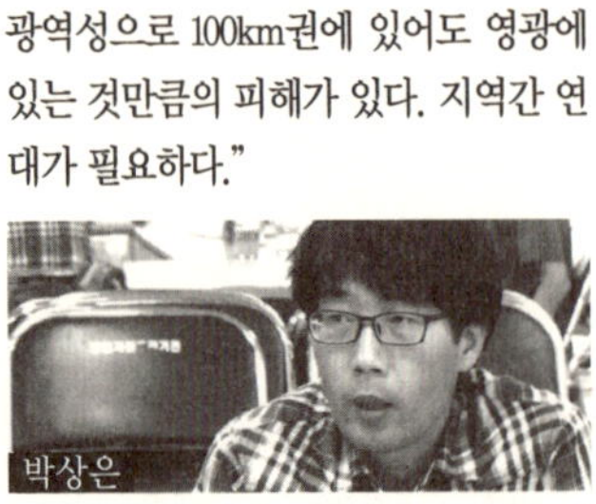
박상은

"현재 광주·전남공동행동 실무를 맡고 있지만, 답답한 점이 많다. 시민 대상 강좌 등을 진행하지만, 작년에 비해 많이 무뎌져 있는 상황이다."

한승우(전북녹색연합 사무국장, 핵 없는 세상을 위한 전북모임(준)) : 전북모임도 준비위원회 단계이다. 올 3월 10일 후쿠시마 1주년을 계기로, 환경단체와 한살림이 '지역에서 탈핵운동을 해야겠다' 고 생각해 준비모임을 3개 단체가 먼저 시작했다. 총선은 결과가 좋지 않아 실망했다.

한동안 조용히 지내다가, 탈핵운동을 안할 수 없다는 생각에 5월부터 다시 한살림, 환경연합, 녹색연합, 한울생협, 아이쿱전주생협, 전주의료생협과 고창대책위와 부안시민발전소가 함께 모여 다시 시작해보자며 진행했다. 6월 전북한살림의 박맹수 교수 강연, 지난 8월 김익중 교수 강연을 전북전교조와 함께 진행했다.

현재는 '단체와 활동가들이 먼저 핵에 대한 인식을 갖자' 라고 해, 공부모임을 하고 있다. 지난 회의에서는 '우선 생협과 환경단체를 중심으로 하고, 전북의 다른 시민단체로까지 확대해야 하지 않겠느냐' 는 제안이 있었다. 아직까지는 '형식적 확대보다, 먼저 내용적인 실력을 쌓아야 한다' 는 의견도 있다. '대책위 출범을 결정하지는 않았지만, 대책위를 구성해야 한다' 고 생각하고 있다.

핵발전소가 전남 영광에 있다보니, 전북은 활동이 뜸했다. 탈핵의 중요성을 알리는 일반적인 강연, 캠페인 등이 중심이었는데, 앞으로 어떻게 활동할 것인가를 강도 높게 고민해야 할 것 같다. 영광핵발전소 대응이 주요활동이 되어야 하지 않을까라고 생각하고 있다.

박맹수 : 시·군 단위의 활동은 한계적이며, 역량의 한계도 있다. 일본 원전법에서는 10km의 경우 지역의회 결의가 없으면 가동 못한다. 사고 후 개정을 했다. 이제 20km 지자체 동의가 없으면, 가동을 못한다. 최근 오사카 시장은 100km 지자체도 의결권을 달라고 요구하고 있다.

후쿠시마는 7등급의 사고였고, 연간 피폭량 기준인 1밀리시버트를 넘어서는 곳이 200km까지 나타났다. 11개현, 100만명 이상이 해당된다. 영광에서 7등급의 사고가 나면, 영광, 고창, 전주 등의 구분은 없다. 피해의 광역성으로 100km권에 있어도 영광에 있는 것만큼의 피해가 있다. 지역간 연대가 필요하다. 지역주민들과 주변 단체들과의 관계 등을 들어보자.

박상은 : 희망보다 절망을 많이 보았다. 핵과 관련해 너무 외롭다. 주요 관심은 정책인데, 대부분 먹거리와 건강으로 접근한다. 방사능 기준치가 어디인데, 먹으면 되고 안되고…. 그 틀을 깨고 나오지 못하고 있다. 또 현안들이 동해안에 있다 보니, 영광에는 관심이 없다.

광주·전남공동행동은 지난 4월 핵발전소 짝퉁 부품 논란 시, 영광, 고창, 부안 등을 포함하는 공동안전점검단을 구성하자고 제안했다. 터지면 다 죽는다는 측면에서, 주변 지자체 의회가 참여하는 공동감시단을 만들자고 제안했지만, 한수원은 반부패사업단 등으로 해결해버리려고 한다. 전북, 고창 등의 지역대책위가 함께 모여, 공동안전점검단을 제안하고, 구성하자. 한수원에서 쉽게 받아들이지 않겠지만, 핵발전소 내부로 들어갈 수 있는 그런 계기를 만들어야 압박도 할 수 있다. 광역단위가 함께해야 법 개정도 이룰 수 있다.

145만 광주시는 민방위계 1인이 담당하고 있고, 실제 내용은 잘 모르고 있더라. 고창도 마찬가지일 것이다. 20~30km 반경안에 있는 지자체가 참여하는 광역협의체가 필요하다.

영광에서 광주까지 30km라며 1인 시위를 했다. 광주 시민들은 그렇게 가까웠냐고 새삼 놀란다. 법 개정을 위해, 시민들이 공감할 수 있는 이야기를 해야 한다. 그러면 그간 전혀 대응하지 않았던 광주시도 최소한의 대응 즉 약품이라도 구비할 수 있지 않을까라고 생각한다.

김영숙 : 영광핵발전소 사고가 있을 때, 영광군과 달리 고창군은 보고조차 받지 못했다고 한다. 고창군의회가 2010년 원전특위를 구성해 활동하면서, 이제 고창군도 보고를 받고 있다. 독자적인 민간환경감시기구 구성이 과제인 것 같다.

우리는 핵폭탄을 옆에 두고 살고 있다. 사고 났을 때 피해대책도 고민해야 하지만, 어떻게 안전하고 시급히 폐쇄할 것인가를 전국적으로 함께 의논하는 것이 중요하다. 민주통합당의 문재인 후보는 2060년 탈핵을 이야기하는데, 우리로서는 너무 답답하다. 영광핵발전소 인근에

"지자체 승인이 없이는 설치 및 재가동이 되지 않도록 하는 법률 개정이 필요하다. 멀리 있는 서울사람들은 핵발전소가 없기 때문에 위기의식이 없다… 전라북도와 전라남도의 연대가 필요하고, 공동안전점검단 등의 구성도 필요한 것 같다"

미여도 공군폭격장도 있는데, 너무 불안하다. 고창관내 도로를 통해 방사능 물질을 싣고 다니고 있다고 한다. 요오드제도 배포하지 않고 있다. 고창군 방사능방재대책도 매뉴얼이 있다지만, 이런저런 핑계로 우리들에게는 주지 않고 있다.

전문적인 지식도 필요하고, 어떻게 나아갈지 고민이 많다. 상하면을 비롯한 인근지역은 온배수 피해가 심각해, 어장이 많이 망가졌고, 보상문제는 민감하다. 보상투쟁과는 어떤 관계를 맺을지도 조심스럽다.

박맹수 : 일본에서 40년간 반핵운동을 하신 분에게, 간사이전력 핵발전소 사장이 "얼마면 돼"라고 말했다고 한다. 한국의 탈핵운동이 함께 고민해야 할 부분이다. 보상을 기대하고 먹고살기 위해 이 분법적으로 접근하면 미묘한 문제가 발생한다.

그 분들이 우리를 선도해 갈 수 없다. 근본적인 고민은 우리가 안고 가야 한다. 갈등이 클 것 같다. 한쪽은 목숨 걸고 폐쇄, 한쪽은 보상으로 접근한 뒤, 보상이 이루어지면 썰물 빠지듯이 빠져나가는…. 지역에서 고민하면서 풀어가야 할 문제라고 생각한다.

한승우 : 아직 광역단위의 연대를 고민할 단계는 아니지만, 함께 고민을 시작할 수 있도록 한 탈핵신문의 이 자리가 큰 뜻이 있다. 핵 없는 사회를 위한 공동행동이 있지만 중앙 중심이고, 지역을 관할·종합하지 못하고 있다. 탈핵신문이 그런 역할을 하고 있다. 전북에는 고창, 부안 등이 있고, 시민단체들이 연대하는 과정에 있다. 그 준비를 하는 것이 저희들의 역할이 아닌가싶다.

박맹수 : 방사능은 인공 독성물질이다. 100만 킬로와트 가동하면, 핵폭탄 3개가 나온다고 한다. 전남·북이 공동의 과제인 영광핵발전소를 가지고 자리를 함께 한 적이 없었다. 지금부터 많은 그림을 그려 볼 필요가 있다. 근본적으로 그 발전소를 없애야 하는데, 전기를 안 쓸 수는 없고, 각 정당들은 구체성은 없고, 슬로건으로만 내세우는 정도이다. 구체성과 현실성을 갖도록 하는 것이 우리의 과제인데, 어떻게 로드맵을 그려 갈 것인가.

박상은 : 2025년경에 40년 수명의 영광핵발전소 1호기가 멈춘다. 15년 후라고 하니 사람들이 느긋하다. 지역에서도 탈핵로드맵을 그리자고 하고 있지만, 핵발전소를 줄이고 대체하는 그 답을 지역에서 찾기는 힘들다. 국가에너지기본계획, 전력수급기본계획 등에 반영되어야 할 내용이다. 2050년까지 신재생에너지를 10%도 계획하지 않는 상황에서, 큰 기대를 하지 않고 있다. 수명연장을 막는 것은 이야기할 수 있지만, 영광핵발전소를 폐쇄하는 것은 정책적으로 변해야 하는 것이기에, 정책적인 전국 차원의 논의가 필요하다.

한승우 : '핵 없는 사회를 위한 공동행동'은 단체연합이다. 예를 들어, 녹색연합 에너지부서의 일부 사업으로 접근하고 있다. 강도 높게 진행할 수 없다. 이런 연합보다 단일한 조직으로 강력하게 대응하는, 지역으로 결합하고 총괄해서 지도하는 탈핵을 주도하는 단체를 가지고 있어야 한다. 왜 2030년, 2040년인지. 무엇을 준비해 국민들을 설득할 것인지, 증설반대, 노후핵발전소폐쇄 등은 어떻게 가능하지, 그런 여론을 만들어가는 구심점 역할을 하는 단체를 만들어, 힘있게 운동할 수 있었으면 좋겠다.

탈핵에 대한 활동을 지켜보면, 그때그때 하고 있는 형국이다. 중·장기적인 계획이 없다. 대선시기, 정책, 공약 등을 해야겠지만, 중장기적인 계획이 없다. 지금 수준의 활동한계를 넘어서는 구심점 역할을 할 수 있는 조직과 장·단기적 철학과 계획도 필요하다고 본다.

김영숙 : 지자체 승인이 없이는 설치 및 재가동이 되지 않도록 하는 법률 개정이 필요하다. 멀리 있는 서울사람들은 핵발전소가 없기 때문에 위기의식이 없다. 지역별로 에너지 자립을 해가야 하며, 그것을 염두에 두고 국가에너지기본계획을 세워가는 등의 실천을 병행해야 한다고 생각한다. 또 전라북도는 아무 고민이 없다. 당장 도의원 몇 명이라도, 행정에 고민을 촉구하는 일을 해야 하지 않겠는가. 전라북도와 전라남도의 연대가 필요하고, 공동안전점검단 등의 구성도 필요한 것 같다.

박맹수 : 운동이 활성화될려면, 시민이 우군인데, 어떤 방법론을 찾아낼 수 있을까. '무섭다', '먹을거리 기준치' 등 까지는 왔는데, 예를 들어, 반핵대책위에 후원금을 낸다거나, 함께 시위를 한다거나, 탈핵신문을 구독한다거나 등의 마음을 이끌어내 줄 수 있는 우리들의 활동이 있어야 할 것이다.

"우리는 핵폭탄을 옆에 두고 살고 있다. 사고 났을 때 피해대책도 고민해야 하지만, 어떻게 안전하고 시급히 폐쇄할 것인가를 전국적으로 함께 의논하는 것이 중요하다."

"장기적으로는 홍보 · 교육활동을 해야겠지만, 이 활동만으로는 요원할 수 있다. 신설, 증설, 노후 핵발전소 폐쇄 등에 대해 성명서 차원이 아니라, 강도 높은 저항운동이 필요하다."

한승우 : 이제 탈핵이 시대적 과제가 되었다는 점을 인식하고, 에너지 전환을 이끌어갈 때가 되었다고 생각한다. 핵도 무섭고, 화석연료도 한계점에 왔기 때문에, 새로운 에너지, 새로운 문명까지도 고민해야 하는 시대가 왔다. 먼저 분명히 인식하고, 장기적으로는 홍보·교육활동을 해야겠지만, 이 활동만으로는 요원할 수 있다. 신설, 증설, 노후 핵발전소 폐쇄 등에 대해 성명서 차원이 아니라, 강도 높은 저항운동이 필요하다. 그렇게 시민들의 의식과 관심을 이끌어가야 할 것이다.

박맹수 : 강도 높은 저항, 반가운 이야기다. 노후정도와 관계없이 가동연수와 관계없이, 치명적인 피해가 생기는 것은 분명하다. 시민들은 감이 안온다. 방사능이 누출될 때 움직이면 그 때는 늦었다. 근본적으로 당장 폐쇄해야한다.

박상은 : 우리 활동가 입장에서 '지금 당장 폐쇄해야 한다. 충분하지는 않지만 다른 에너지원을 찾아낼 수 있고, 대체할 수 있다'고 하지만, 시민들을 만나면 '폐쇄하면 대안은? 태양광, 바람 등의 인프라를 갖추는 데는 기간이 필요하지 않느냐'고 반문한다.

안전보다 편리가 우선한다. 그것을 어떻게 깰 것인가. 바로 깨지지 않는다. 정책적 변화도 필요하지만, 일본과 독일처럼 획기적인 사건 등이 아니면, 정책이나 인식을 바꿔가는 것이 필요하다. 시민들을 만났을 때 어떤 내용을 줄 것인가를 고민해야 한다. 이제 지역대책위가 꾸려지는 걸음마 단계다. 지금 수준에서는 조직체계를 탄탄히 하고, 하루이틀 싸움이 아니기에 자기 학습을 해 들어가는 과정이 필요한 것 같다.

박맹수 : 일본에서 반핵활동가들이 반성했던 것이, 사고시 어떤 내용을 준비했어야 하는가에 대한 주장을 하지 못했다는 것이다. 멀리만 달아나라고 해서, 200킬로미터를 달아났지만, 20킬로미터보다 더 위험한 지역으로 가 피해를 본 사람도 수만명이다. 사고시 피해를 어떻게 줄일 수 있을 것인가에 대해, 지자체 등이 대비를 하도록 하는 것이 필요하다고 생각한다.

김영숙 : 기존의 대중운동으로 접근해서는 참 힘들다고 생각하고, 티브이 방송, 공중파 등, 스마트폰 등을 활용하는 것이 필요하다. 모이는 것으로는 한계가 있다. 국민들의 의식 전환이 얼마나 빨리 확산되느냐에 따라 정책전환도 가능하다고 생각한다.

한승우 : 탈핵과 에너지 전환이 시대적 과제라고 생각한다. 최근 녹색연합은 단체 전망을 세워가는 과정에 있다. 녹색연합 차원에서라도 건의해, 10년 이상을 탈핵과 에너지 전환을 과제로 생각하고 진행해가야 할 것 같다.

박상은 : 영광핵발전소 현안으로, 영광 1~2호기 파업웝레이트(출력증강)을 2007년부터 싸우며 막고 있다. 한수원은 출력최적화라고 이야기하는 데, 현재 95만킬로와트를 4% 증강해 100만킬로로 맞추겠다는 것이다.

영광을 벗어나면 아는 사람은 없다. 출력을 높이면 안전도를 훼손한다. 이미 출력증강할 설비 등은 갖춰져 있다. 스위치만 누르면 되는 상황이다. 산자부의 조건부가, 주민과의 협의가 있어야 된다고 해서 주민설명회만 하면 된다고 생각하고, 2차례 진행했지만, 그간 영광대책위 쪽에서 계속 무산시켜왔다. 출력증강도 하나의 중요한 현안이다.

작년에 공유수면 사용(바닷물 사용)을 매 4년마다 갱신하고 있다. 법 개정은 우리만이 아니라, 한수원도 마찬가지다. 30년을 이용하려 한다. 영광에 행정소송하고 있다. 30년을 받으면 그 속에는 수명연장에 대한 기대도 있을 것이다. 출력증강하면 1기당 1000억 정도가 소요되지만, 생산되는 양은 1년에 10억도 안된다. 돈 벌려고 한다지만, 몇백억을 손해보는 짓을 한다. 수명연장을 위한 하나의 포석이다. 출력증강이 수명연장으로 이어진다는 것. 공유수면도 수명연장과 연계되는 문제다. 잘 지켜보셨으면 좋겠다.

박맹수 : 출력증강은 안전문제를 훼손하고, 사고 위험성을 증가시키는 문제다. 영광대책위에서만 싸움을 해왔고, 대부분 무지했던 것이 현주소이지 않나싶다. 오늘 이 모임은 지역별로 고군분투해 오신 과제를 이 자리를 통해 공유할 수 있었다. 같이 가는데, 외롭게 싸우고 있지 않았나싶다. 또 광역 단위로 연대해야 할 과제가 도출되었다. 첫 술에 배부를 수 없지만, 이 모임이 지속적으로, 정기적으로 더 큰 규모로 확대되어 핵발전소의 안전성을 담보하고, 빨리 탈핵해서 뭇 생명이 살아갈 수 있는 터전이 되었으면 좋겠다. 앞으로 전라도지역의 반핵운동이 활성화되면 좋겠다.

정리 윤종호 편집위원

탈핵기본법 서명운동을 제안한다

하승수
(녹색당
공동운영
위원장)

핵을 벗어나려면, 국가차원의 탈핵선언이 필요하다

한국에서도 탈핵은 점점 더 중요한 이슈가 되고 있다. 연이어 일어나는 핵발전소의 안전사고들은 한국이 핵사고로부터 안전지대가 아니라는 것을 보여준다. 그리고 이제 대선 후보들도 핵에 대한 입장을 밝히기 시작하고 있다.

문제는 지금부터다. 실제로 탈핵을 하기 위해서는 구체적인 로드맵과 법률 제·개정, 예산구조 개혁이 필요하다. 이것을 미리 준비해야 한다. 그렇지 않으면 새 정권이 들어선다 하더라도 공허한 논의를 하는데 아까운 시간을 다 써버릴 가능성이 높다. 로드맵만 만들다가 끝날 가능성도 높다. 핵발전과 관련된 이권이 워낙 크기 때문에 반발도 심할 것이다. 일본정부도 얼마 전에 2030년대까지 탈핵을 하겠다는 발표를 했지만, 산업계의 강한 반발에 부딪혔다.

따라서 진정으로 탈핵을 하겠다면, 새 정권이 들어서는 순간에 곧바로 국가차원의 탈핵선언을 해야 한다. 그리고 그 내용을 법률로 만들어야 한다. 그것이 바로 「탈핵 및 에너지전환 기본법(이하 "탈핵기본법")」이다.

「탈핵 및 에너지전환 기본법」의 주요내용

녹색당이 처음 제안한 「탈핵기본법」은 국가차원의 탈핵결정을 확고하게 하고, 탈핵을 위해 추진해야 할 일들을 정리한 법률안이다. 법률안의 내용은 명확하다.

첫째, 신규핵발전소 건설을 전면 중단하는 한편, 설계수명이 완료되는 핵발전소들을 단계적으로 폐쇄한다는 것을 명시하고 있다. 이를 통해 순차적으로 핵발전을 중단해 나가자는 것이다.

둘째, 핵발전 확대에 초점을 맞춘 기존의 법률들을 폐지하거나 개정하는 것이다. 특히 핵발전 확대를 뒷받침하는 「원자력진흥법」은 폐지되어야 한다. 핵발전 비중을 59%까지 늘린다는 기존의 국가계획들도 모두 수정해야 한다.

셋째, 전기수요를 관리하고, 에너지효율성을 높이며, 재생에너지 비중을 확대한다는 것을 대안으로 명확하게 제시하고 있다. 탈핵기본법이 제정되면, 그것을 바탕으로 더 강력하게 이런 정책들을 추진할 수 있을 것이다.

넷째, 탈핵의 과정을 전담할 기구를 설치하는 것이다. 사실 탈핵은 수십년 동안 지속적으로 추진해야 하는 과제이므로, 그 과정을 통제하고 관리할 독립적인 주체가 필요하다. 그러니 기구로 '(가칭) 탈핵 및 에너지전환 관리위원회'를 두고, 이 기구가 탈핵의 전 과정을 전담하게 하자는 것이다. 이를 통해 정권의 변화와 관계없이 일관되게 정책을 추진하도록 하자는 것이다.

다섯째, 탈핵의 목표시점을 명시하자는 것이다. 녹색당은 2030년 탈핵을 제안하고 있다. 물론 그보다 더 앞당길 수 있다면 앞당기는 게 좋다. 일부에서는 2040년, 2060년 이야기도 나오지만, 그렇게 멀리 목표시점을 잡으면 그만큼 정책의지가 떨어질 수밖에 없다. 많아도 20년 정도의 기간을 잡고 로드맵을 세우고 추진해야 힘있게 탈핵이 추진될 수 있다. 독일도 그렇게 했다. 물론 2030년이 되더라도, 설계수명이 끝나지 않은 핵발전소들이 있다. 그러나 독일이 핵발전소 수명을 32년으로 정했던 것처럼, 어차피 핵발전 폐지는 기술적인 판단 문제가 아니라 정치적·정책적 판단문제이다. 안전성과 경제성이 담보되지 않는 핵발전을 계속하는 것보다는 핵발전을 조기에 종료하는 것이 타당하다는 판단을 한다면 핵발전소 폐쇄시점을 앞당길 수도 있다.

'탈핵기본법' 제정하고, 대선후보에게 '탈핵'을 요구하자

이런 내용을 담은 「탈핵기본법」이 제정되면, 핵발전 확대로 일관해 온 대한민국의 에너지 정책은 탈핵으로 큰 물줄기를 바꾸게 된다. 이 법률이 제정되면, 한국에서 탈핵은 돌이킬 수 없는 흐름이 될 것이다.

따라서 대통령 후보들에게도 막연한 탈핵선언이 아니라, 「탈핵기본법」의 제정과 같은 구체적인 약속을 받을 필요가 있다. 법률은 국회에서 통과시켜야 하지만, 집권 초기의 대통령이 의지를 가지고 추진해야 법 통과도 가능하다.

이를 위해 일단 대선 때까지 서명운동을 할 것을 제안한다.

서명운동을 할 내용을 제안해 보면, 첫째, 탈핵기본법 제정을 요구하는 것이다. 이것은 국회를 포함한 정치권 전체에 대한 요구이다. 둘째, 대통령 후보들에게 탈핵에 대한 명확한 입장을 요구하는 것이다.

이런 요구사항들을 걸고 서명운동을 하면서, 그와 동시에 유권자로서, 그리고 시민으로서의 약속도 같이 했으면 좋겠다.

첫째는, 투표를 할 때에 탈핵에 대한 입장을 투표의 기준으로 삼겠다는 것이고, 둘째는, 내가 사는 지역과 내 생활에서부터 탈핵을 위한 실천을 해 나가겠다는 것이다.

이런 운동을 통해 대선 때까지 탈핵을 위한 힘을 모아 나갈 것을 제안한다. 그래야만 대선 이후에 탈핵을 현실로 만들 수 있다. 탈핵을 바라는 시민들이 믿을 것은 결국 '핵발전은 위험하고 경제적이지도 않으며 미래세대에 부담을 떠넘기는 비윤리적 행위'라는 진실을 알고, 작은 실천이라도 하려고 하는 우리 자신들뿐이다.

선언서

핵발전 시대를 끝내고 태양과 바람의 나라를 만들어 갑시다!

후쿠시마 재앙이후 세계 핵산업계는 급격하게 몰락하고 있습니다. 독일, 스위스, 이탈리아와 같은 유럽 국가들의 원전 폐기 결정은 물론 대만, 이집트 등 아시아 · 중동 국가들도 앞다투어 원전 포기 결정을 했기 때문입니다.

원전 폐기가 이어지면서 전 세계 전력생산에서 차지하는 핵발전 비중은 1993년 17%에서 2011년 11%로 하락했습니다. 핵발전의 퇴출로 세계 주식시장에서 대형 전력회사 주식가치도 쓰레기 펀드 수준으로 떨어졌습니다. 2012년 현재, 핵발전의 몰락은 부인할 수 없는 명백한 현실이 되었습니다.

후쿠시마 사고 당사국인 일본 정부도 2030년대 원전 제로 목표를 제시했습니다. 후쿠시마 이후 일본 전역에서 타오른 탈원전 운동이 급기야 민주주의 쟁취로 상징되는 수국혁명으로까지 이어졌기 때문입니다. 일본 국민들은 정부가 조사한 여론 조사에서 90%가 원전을 당장 폐기하거나 단계적으로 폐기해야 한다고 응답했습니다. 일본은 54기 원전 전체를 중단하고서도 지난해에 이어 올해 여름을 보내면서 핵발전 없는 사회가 가능하다는 것을 자국은 물론 세계에 확인시켜주었습니다.

세계가 탈핵시대로 들어섰지만 여전히 원자력 3대 강국을 목표로 삼는 대한민국이 있습니다. 후쿠시마 이후에도 23기의 가동중인 원전 외에 앞으로 19기의 원전을 더 건설하겠다는 나라는 지구상에 우리나라밖에 없습니다. 후쿠시마 핵사고를 교통사고쯤으로 치부하는 이명박 정부와 원자력 마피아 세력 때문에 원전 사고와 한수원 직원들의 비리도 계속되고 있습니다.

자칫하면 후쿠시마와 같은 사고로 이어질 수 있었던 고리 1호기 블랙아웃사태와 은폐사고, 하루에 2시간 간격으로 발생한 원전 2기의 고장 중단사고, 짝퉁부품과 중고부품을 새것으로 바꿔치기, 심지어 안전담당대원들의 마약복용에 이르기까지 대형 핵사고가 나지 않은 것을 천운으로 여겨야 할 사건들이 줄을 잇고 있습니다.

사람의 생명을 위협하는 핵발전은 더 이상 필요하지 않습니다. 세계는 핵발전을 폐기하는 대신 태양과 바람을 이용하는 재생가능한 에너지 산업을 선택했습니다. 핵발전이 내리막길을 걷는다면 재생가능한 에너지 산업은 비약적으로 발전하고 있습니다. 추락하는 핵산업에 우리의 삶과 미래를 저당잡힐 수는 없습니다. 방사능 재앙과 핵폐기물을 양산하는 위험한 에너지를 우리 아이들에게 물려줄 수 없습니다. 오는 12월 대선에 나온 정치 지도자들은 시대의 흐름을 읽고 우리의 미래를 열어가야 할 자질을 갖춰야 합니다.

구시대 유물인 핵발전에 의존해 원자력 강국을 지향하는 후보자는 단호히 심판해야 합니다. 차기 정부에서는 고리1호기와 월성1호기를 폐쇄하고 더 이상의 추가적 원전 건설을 하지 않는 정치인이 당선되어 탈핵의 시대를 열어가야 합니다. 그것이 이번 대선의 시대적 소명이자 우리의 바램입니다.

여기 모인 우리들은 이번 대선을 통해 탈핵의 시대를 만들기 위해 할 수 있는 모든 일을 할 것입니다. 태양과 바람의 나라를 꿈꾸는 모든 시민들과 함께 탈핵의 시대를 만들어 갈 것을 약속하면서 다음과 같이 우리의 요구를 주장합니다.

- 우리의 요구 -

1. 수명다한 노후원전 고리1호기, 월성1호기 폐쇄하라
1. 삼척·영덕 신규 핵발전소 부지 지정고시 백지화하라
1. 건설 · 계획 중인 핵발전소 중단하고, 원전 확대 정책 철회하라
1. 지역주민 희생시키는, 밀양 초고압 765kV 송전탑 건설 중단하라
1. 에너지 수요를 감축하고 재생가능한 에너지 확대하라
1. 가동중인 핵발전소의 안전규제 강화하고, 원자력 안전위원회를 전면 재편하라
1. 일본산 방사능오염식품 수입 중단하고, 식품과 생활방사능 기준치를 강화하라

2012년 10월 20일
태양과 바람의 나라를 꿈꾸다 참가자 일동

탈핵신문

발행인 김준한
공동대표 김준한 박혜령
편집위원 고노 다이스케(서울) 박혜령(영덕) 윤종호(고창) 이상홍(경주) 이지언(서울)
사무간사 황정화
배송·운영지원 에너지정의행동

(110-876) 서울특별시 종로구 숭인동 76번지 롯데캐슬천지인 지동 205호
문의전화 010-2881-6822, 02-702-4979
팩스 02-704-4979
이메일 hjhlucia@hanmail.net
등록번호 종로라 00386
구독료 1년 2만원 / 1부 1천원

제5호 2012년 12월 17일 월요일 www.nonukesnews.kr

주민동의 없이, 재가동 없다!

영광 품질검증서 위조에, 제어봉 균열까지…주민들 분노 폭발

“불안해서 못살겠다. 영광핵발전소 가동 즉각 중단하라!”

지난 11월 5일 한수원 사장과 지경부 장관은 최근 10년간 237개 품목 7,682개의 품질검증서 위조 부품이 핵발전소에 납품됐고, 그 중 5,233개의 부품이 실제 영광5~6호기에 집중적으로(98% 이상) 사용됐다며 영광5~6호기 가동을 중지한다고 발표하며, 사과했다. 나흘 뒤인 11월 9일, 국내 최초 사례로 영광3호기 제어봉 안내관 81개 중 6개가 균열됐다는 소식을 연이어 접한 지역주민들은 결국 폭발하고 말았다.

지역주민 3천명 항의 집회…출근 저지, 컨테이너 농성 시작

영광군의회를 비롯해, 영광민간환경감시위원회, 영광원전안전성확보를 위한 공동행동 등은 영광원전범대위를 곧바로 구성한 뒤, 11월 15일(목) 3천여명의 영광 지역주민들과 고창, 광주 등에서도 참여한 가운데, 영광핵발전소 앞에서 정부와 원자력안전위원회, 한수원 등을 규탄하는 대규모 집회를 진행했고, 집회 후 홍농읍 주민들은 대형 컨테이너를 발전소 앞에 설치하고 농성을 시작했다.

주민들의 분노는 여기서 끝나지 않았다. 영광핵발전소에서 가장 가까운 홍농읍 주민들은 별도의 비상대책위를 구성해, 11월 20일(화) 아침 6시부터 트랙터 8대를 동원해 양쪽 도로를 가로막고 발전소 직원들 아침출근을 가로막아섰다. 또 당일 오전 8천명의 홍농읍민들 중 약 8백여명의 주민들이 참여한 가운데 비상대책위 출범식을 진행한 뒤, 수백명의 전경들이 가로막고 있는 핵발전소 진입투쟁을 시도하기도 했다.

영광·고창 주민들, 원자력안전위원회 앞 상경 집회

‘4호기 제어봉 안내관도 이상징후, 품질검증서 위조 부품 추가 확인…’, ‘겨울철 전력 부족으로 부품교체 후 연초 재가동, 3호기 용접 후 재가동…’ 등의 소식은 지역주민들의 불안감과 분노를 증폭시켰다. 11월 27일(화) 영광·고창 농민회 등 지역주민들은 버스 20여대를 대절해, 서울 원자력안전위원회(이하 원안위) 앞 상경집회를 단행했다.

11월 27일 원자력안전위원회 앞 상경집회를 하던 영광·고창 주민들이, 원자력안전위원회 사무실로 진입을 시도하며 전경들과 몸싸움을 하고 있다.

사진 에너지정의행동 제공

이날 주경채 회장(영광군농민회, 홍농읍비대위 상임대표) 등은 “짝퉁, 비리, 위조, 제어봉 균열에 이르기까지, 우리는 더 이상 참을 수 없어 생업을 접고 이 자리에 왔다”며, “핵발전소 안전규제에 실패한 원안위는 존재가치를 상실했다. 즉시 해체하고, 주민참여로 재구성하라”, “3호기 제어봉 용접보수는 용납할 수 없다”, “주민동의 없이 재가동은 허락할 수 없다” 등의 요구를 쏟아냈다.

당일 1시간 이상 진행된 영광·고창 주민대표들과 강창순 위원장(원안위)의 면담은, “원안위가 임의로 구성한 현재의 민·관합동조사단 활동을 당장 중단하고, 지역주민들이 참여·추천하는 합동대책위와 조사단을 새롭게 구성해 진행해야 한다”는 첫 번째 요구부터 가로막히며, 결국 결렬되고 말았다.

‘가동 중단’ 촉구 결의문 채택…인근 시·군의회와 전북도의회까지 확산

박준영 전남도지사(11월 8일), 김제남·심상정·정진후 진보정의당 국회의원(11월 9일), 홍석우 지경부 장관(11월 12일), 이낙연, 강창일 등 민주당의원단(11월 13일), 강창순 원안위 위원장(11월 21일) 등이 연이어 영광을 방문하며, 사태추이를 파악하며 주민의견을 청취했다.

▶3면으로 이어짐

탈핵 그림판

박홍렬

11월 20일 아침 6시부터 트랙터 8대를 동원한 홍농읍 주민들이 영광핵발전소 직원들의 출근을 가로막고 있다. 이날 주민들은 핵발전소 돌입을 시도하기도 했다.

윤종호 편집위원

다수 탈핵후보들과 '찬핵' 박근혜 후보

문재인 '점진적 탈핵'…이정희, 녹색당 등 '건설 중 핵발전소도 백지화' 공약

윤종호 편집위원

12월 10일 대선 TV토론에서 핵발전 분야가 경제민주화·복지 의제에 밀려 언급조차 안 된 가운데, 문재인 후보를 비롯한 대다수 후보들이 탈핵을 공약한 반면, 박근혜 후보는 찬핵을 고수하고 있다.

한편 문재인 후보보다 좀 더 적극적인 위치에서 탈핵을 요구하는 이정희 후보와 녹색당 등은 '신고리 3~4호기 등, 건설 중인 핵발전소도 백지화' 라는 공약과 주장을 내세우며, 문재인 후보를 압박하고 있다.

주요 대선 후보별, 핵발전 정책 비교

	새누리당 박근혜	민주통합당 문재인	통합진보당 이정희
고리1호기 폐쇄	판단 유보	즉각 폐쇄	즉각 폐쇄
월성1호기 수명연장	판단 유보	반대	반대
삼척·영덕 신규 계획	판단 유보	전면 백지화	전면 백지화
건설 중인 핵발전소 5기	**계속 건설**	**계속 건설**	**전면 중단**
방사선비상계획구역(현 10km)	신중 검토	30km 확대	30km 확대
한수원 사고 손해배상금 증액	긍정 검토	동의	동의
일본산 식품 수입 금지 등	신중 검토	동의	동의
경주 방폐장 건설 중단	계속 추진	동의	동의
감시기구 확대, 재구성	확대 검토	재구성	재구성
관리 · 감독권 지자체 이양	현행 유지	정부, 지자체 절반씩	신중 검토

대선 TV토론, '핵발전' 전혀 언급 없어

지난 7일(금) 핵 없는 사회를 위한 공동행동, 4대강 복원 범국민대책위 등은 중앙선거방송토론위원회 앞에서 "경제민주화·복지 이외에도 우리 사회 주요 과제에 대한 후보들의 입장을 비교할 수 있어야 하는데, 이번 TV토론의 논의주제로 '환경(핵발전·4대강 등)' 분야가 제외돼, 각 후보들의 정책을 평가할 수 있는 기회를 박탈당했다"며 긴급 규탄 기자회견을 가졌다. 결국 10일(월) 진행된 2차 TV토론에서 경제·복지·노동 분야와 달리 환경·핵발전 분야는 전혀 다뤄지지 않았다.

박근혜 후보 – '현행 유지, 신중 검토', 결국 '찬핵'

18대 대선 후보별 '핵발전 정책' 은 박근혜 후보 '찬핵', 문재인 후보 '점진적 탈핵' 등의 입장을 보였다. 각 후보별 정책공약집, 중앙선관위 홈페이지, 반핵부산시민대책위 정책질의답변서 등을 비교해 보면, 타 후보들과 달리 박근혜 후보는 핵발전 '현행 유지, 신중 검토' 의 입장을 보였다.

기호1번 새누리당 박근혜 후보의 정책공약을 보면, 핵발전 정책에 대해 '안전우선주의에 입각한 원전 이용' 을 밝히고 있다. 중앙선관위 분야별 정책이슈에서도 '안전을 고려해 철저하게 관리하겠다' 는 입장이다.

부산반핵시민대책위(이하 부산대책위)는 11월 각 후보들에게 정책질의를 통해 핵발전에 관한 다양한 질문을 던진 바 있다. 이 정책질의 중 노후핵발전소인 '고리1호기 폐쇄' 와 '월성1호기 수명연장' 여부에 대해, 박근혜 후보는 '다른 에너지원으로 전력공급이 가능한 전제에서, 충분히 검토 후 결정하겠다' 고 답했다. 신규핵발전소 건설 여부에 대한 입장도 '운영과 건설 중인 것은 안전관리에 중점을 두고, 계획 중인 것은 다른 에너지원을 확보하고 안전검증을 거친 후 재검토하겠다' 고 한다.

이외에도 방사능방재대책과 핵발전소 감시 등과 관련된 ▲방사선비상계획구역 30km 확대 ▲한수원 사고배상책임과 손해배상금액 인상 ▲경주 방폐장 건설 중단 ▲원전 감시기구 역할 강화·재구성 ▲원전 관리·감독권 지자체 이양 및 시민참여 보장 등의 질문에 대부분 '신중히 검토하겠다' 며 '유보' 적인 입장을 보였다.

결국 박근혜 후보는 최근까지 이명박 정부가 추진해 온 핵발전 유지·확대 정책을 '신중하게 검토하고, 안전하게 유지·관리하겠다' 는 분명한 '찬핵' 입장이다.

문재인 후보 – '탈원전 에너지 정책 전환', '점진적' 탈핵

기호2번 민주통합당 문재인 후보는 정책공약으로 '탈원전 에너지 정책 추진' 을 내세우며, '신규원전 백지화, 수명 종료 원전 가동 중단 및 폐로절차 추진, 안전에 문제 있는 원자로 조기 폐쇄 등을 강구하며, 원전 의존도를 단계적으로 줄이겠다' 고 밝히고 있다.

중앙선관위와 부산대책위 정책질의에서도 '고리1호기 취임 후 즉각 폐쇄, 월성1호기 수명연장 반대, 삼척·영덕 신규 후보지 전면 백지화' 라고 일관되게 답하고 있다. 방사능방재대책과 핵발전소 감시에 대한 질문인 ▲방사선비상계획구역 30km 확대 ▲한수원 사고배상책임과 손해배상금액 인상 ▲경주 방폐장 건설 중단▲원전 감시기구 역할 강화·재구성 등에 대해서도 '적극적으로 수용하겠다' 는 입장을 개진했다.

하지만, 현재 건설 중인 ▲신고리 3~4호기 ▲신월성 2호기 ▲신울진 1~2호기에 대해서는 '전력수요관리에 혼란을 줄 수 있으므로 건설을 용인하며, 점차적인 탈핵으로 나아가는 것이 필요하다' 고 답했고, '원전 관리·감독권 지자체 이양 및 시민참여 보장' 과 관련해서는 "원칙적으로 동의하지만, 정부와 지자체 절반씩 가져야 한다"고 답하고 있다.

경주환경운동연합 제공

경주환경연운동연합은 12월 4일 박근혜 후보 경주선거캠프 앞에서 '월성1호기 폐쇄 공약' 채택을 촉구하는 1인 시위를 펼쳤다. 이날 전국적으로 핵없는 사회를 위한 공동행동 주최로 박근혜 새누리당 후보의 탈핵공약 실종을 규탄하는 기자회견 및 1인시위가 진행됐다.

녹색당, 이정희 후보 등 – '건설 중인 핵발전소도 백지화', '적극적' 탈핵

기호3번 통합진보당 이정희 후보는 정책공약을 통해 '2013년 탈핵 원년' 을 강조하며, '노후핵발전소 2013년 폐쇄, 탈핵기본법 제정, 신규핵발전소 건설 중단, 모든 핵발전소 단계적 폐쇄' 를 주장하고 있다.

중앙선관위와 부산대책위 정책질의 답변 내용도 대체적으로 문재인 후보와 비슷한 의견을 개진하고 있다. 하지만, 문재인 후보와는 달리 ▲현재 건설 중인 핵발전소도 전면 백지화하겠다 ▲(가칭)탈핵기본법을 제정하겠다고 밝히고 있어, 좀 더 적극적인 탈핵입장을 보였다.

무소속 후보인 기호5번 김소연 후보, 기호 7번 김순자 후보도 정책공약에서, '수명 다한 핵발전소 즉각 폐쇄, 건설 중인 핵발전소 즉각 중단, 삼척·영덕 신규 핵발전소 부지 선정 철회' 등 적극적인 탈핵입장을 개진하고 있다.

비록 대선 후보를 내지는 않았지만, 탈핵을 핵심과제로 창당했던 녹색당은 '탈핵 에너지 전환 10대 정책' 과제를 제안하며, 대선 후보들에게 수용할 것을 촉구하고 있다.

주요 내용으로 ▲국가적인 탈핵결정—건설·계획중인 원전 중단, 송전탑 건설 중단, 노후 원전 폐기, 기존 원전 전면적이고 강도높은 안전성 검사 ▲국가에너지기본계획, 전력수급기본계획 전면 수정, 2030년 탈핵로드맵 준비 ▲국가적인 에너지전환 추진 ▲탈핵기본법 제정 ▲탈핵·에너지 전환 정부조직 개편 등을 주장했다. 더불어 최근 당면한 현안으로 '전력위기를 명분으로 원자로헤드 균열 등 대형사고위험을 안고 있는 영광3호기 졸속 재가동 반대' 등을 제기하며, 문재인 후보 등이 녹색당이 제안하는 정책을 수용하라며 다양한 경로와 여론을 통해 압박하고 있다.

〈최근 품질검증서·시험성적서 위조 현황〉

날짜	내용	조치
11월 5일	최근 10년간 237개 품목 7,682개 품질검증서 위조 납품. 영광5~6호기(5,137개), 영광3~4호기(51개), 울진3호기(45개) 설치	지경부 장관, 한수원 사장 기자회견 및 사과
11월 15일	3개 품목 46개 부품 품질검증서 위조. 영광5호기 설치	원자력안전위원회 '민·관 합동조사단' 추가 확인
11월 27일	53개 품목 919개 부품 품질검증서 위조. 울진3~4호기, 영광3~6호기 587개 설치	상동
12월 5일	최근 5년간 180개 품목 1,555개 부품 시험성적서 위조. 안전등급 설비17개 중 고리2호기(3개), 영광1~4호기(14개) 설치	원자력안전위원회 '민·관 합동조사단' 등 확인, 전수 조사 예정
12월 10일	건설 중인 신고리 3~4호기 부품 시험성적서 위조.	상동, 추가 조사 예정

〈영광원전 민·관합동대책위〉

영광군 대표		정부 대표	
김양모	영광군의회 원전특위 위원장	이관섭	지경부 에너지자원실장
김봉환	영광민간환경감시위원회 운영위원장	이상진	총리실 산업정책관
김관용	영광군범대위 기획위원장	유국희	원안위 안전정책국장
주경채	홍농읍 범대위 위원장	오성헌	원자력안전기술원 안전본부장
이하영	영광민간환경감시위원회 운영위원	전용갑	한수원 부사장
하선종	영광민간환경감시위원회 운영위원		

※공동위원장 : 김양모 · 이관섭, 정부측 1명은 유동적
※간사 : 김희정 과장(영광, 영광군 지역경제과), 강경성 과장(정부, 원전산업정책과)

▶1면에서 이어짐

한편, 영광핵발전소 가동 중단과 국제적 수준의 안전성 확보, 재가동여부 주민의견 반영 등을 촉구하는 인근 시·군 및 도의회의 결의문 채택이 이어지고 있다. 영광군의회를 시작으로 전남 시·군의회 의장단(11월 13일), 무안군의회(40km반경, 11월 19일), 광주시남구의회(50km반경, 11월 26일), 전남도의회(12월 12일), 함평군의회(40km반경, 12월 14일), 전북도의회(12월 14일) 등이 결의문을 채택했고, 향후 더 확산될 것으로 보인다.

전북 처음으로, 도의회 영광핵발전소 관련 당사자임을 선언!

특히 전북도의회는 비록 영광핵발전소가 전남 영광군에 소재하지만, 실제 직선거리 1.5km 내외 전북 고창군 경계에 위치함으로써 전남·북의 경계라는 것을 강조하며, 전북도 역시 영광핵발전소 사고 영향의 당사자임을 선언하며, 재가동 결정 시 전북도의회 동의를 구할 것을 요구하는 결의문을 채택했다.

이는 후쿠시마 사고 직후 반경 30km 이내 최대 44만명 이상의 주민들이 피난명령으로 대피했고, 고농도 오염지역이 최대 70~80km 이상 지역에서도 나타난 것을 염두에 둔 것으로 보인다. 실제 전북의 주요도시들이 영광핵발전소로부터 직선거리로 정읍(40km), 김제(50km), 군산(60km), 익산(65km), 전주(75km), 남원(80km) 등이 위치해, 사실상 사고영향권이다.

영광원전 민·관합동대책위 구성…조사단은 구성 하루만에 활동중단

11월초부터 영광 3, 5, 6호기가 멈춰섰지만, 지역주민들과 인근 시·군의회 등의 강력한 반대 목소리에 영광5~6호기 부품교체를 선뜻 강행하지 못한 채, 엉거주춤한 상황에 놓여 있던 정부·원안위·한수원 등은, 영광범대위 등이 일찍부터 제안한 '영광원전 민·관합동 대책위(이하, 합동대책위)' 구성을 합의하며 새로운 국면을 맞이한다.

지난 12월 11일(화) 합동대책위는 '영광1~6호기 안정성확보를 위한 지역주민 조사 참여', '영광군민 피해 등 제도개선과 요구사항 해소' 등을 목적으로, 영광군 대표, 정부측 각 6명씩을 두기로 했다(표 참조). 합동대책위 구성에 이어, '영광원전 민·관 합동조사단' 구성도 합의됐는데, 우선 '영광5~6호기 합동조사단'(이하 합동조사단)으로 영광군 측과 원안위 측은 각각 10명씩을 추천했다.

지난 12월 13일(목) 합동조사단 예비조사가 시작됐지만, 당일 영광5~6호기 부품 교체 작업에 착수한 것을 확인한 영광 측 조사위원들은, "합동조사 후 부품교체 일정을 의논키로 했는데, 일방적인 진행은 합의위반이다"며 부품교체 작업 중단을 요구하며, 합동조사 활동중단을 선언(12월 14일 현재)해, 향후 과정이 쉽지 않을 것임을 예고하고 있다.

윤종호 편집위원

'핵 없는 세상을 위한 교사·학생·학부모연대' 창립

출처: 핵없세 카페

후쿠시마 사고 이후, 핵발전을 반대하는 교수·의사·법률가들의 모임에 이어, 교육주체들의 모임도 만들어졌다.

탈핵에너지교수모임(2011년, 11월), 반핵의사회(2012년 1월), 해바라기(탈핵법률가모임, 2012년 2월) 창립 이후, 교육주체들도 4월말 '핵 없는 세상을 위한 교사·학생·학부모연대(약칭, 핵없세')' 발기인대회 이후가 꾸준히 준비해왔다.

지난 12월 5일(수) 서울정동프란치스코 회관에서 '핵없세' 창립총회가 개최되었는데, 이날 행사에는 회원들을 비롯해 김익중 교수(동국대), 김제남·정진후 국회의원(진보정의당), 최홍이 서울시교육위원장 등 60여명이 참석했다.

초록교육연대 회원들이 주축이 되어 준비한, '핵없세'의 교사대표로는 김은형(인헌고), 학부모대표로는 문상원(용강초 운영위원장) 씨가 선출됐고, 집행부로는 이창국, 김두림, 배기봉, 신경준 선생 등이 참여하고, 김광철 선생은 감사를 맡았다.

'핵없세'는 창립선언문을 통해 '사회, 가정, 학교에서 에너지를 절약하는 삶의 철학과 태도, 사회제도와 구조를 만들기 위해 노력하겠다'고 밝혔다. 창립선언문 등 자세한 내용은 카페 참조(cafe.daum.net/nonuke-edunet).

윤종호 편집위원

현안지역 반핵대책위, 문재인 후보와 '탈원전 정책협약'

핵없는 세상을 위한 공동행동 제공

송전탑 현안지역인 밀양·청도, 30년 수명을 다한 노후핵발전소 현안지역인 부산·울산·경주, 신규핵발전소 현안지역인 삼척·영덕·울진, 반핵대책위가 문재인 후보와 '탈원전 정책협약'을 맺었다.

지난 12월 13일(목) 문재인 후보 시민캠프에서, 박홍표 신부(삼척), 이남우 위원장(밀양), 이은주 회장(청도) 등이 참석한 가운데, 문재인 후보 선대위 이미경 위원장(생태환경에너지특별위원회, 국회의원)과 '탈원전 정책협약식'을 가졌다.

이날 이미경 위원장은 "문 후보가 당선되면 약속한 것을 꼭 지킬 수 있도록 최선을 다하겠다. 시민사회와 지역주민들도 함께 협력해달라"고 당부했고, 지역대책위 주민들은 "문 후보의 당선을 위해 협력하겠다"고 화답했다.

정책협약 주요 내용은 ▲모든 원전 수명연장 금지, 고리1호기, 월성1호기 가동 중단 후 즉각 폐로절차 돌입 ▲계획중인 신규원전(신고리5~8호기, 신울진3~4호기) 전면 백지화 ▲삼척·영덕 신규부지 지정고시 전면 백지화 ▲밀양·청도 송전탑 건설 전면 재검토 ▲수요관리 중심의 에너지기본계획과 전력수급계획 수립 ▲전면적이고 총체적인 원전 안전조사, 안전성 미확보 원전 조기 폐쇄 검토 등이다.

윤종호 편집위원

월성1호기 역사적인 수명마감!

이상홍 편집위원(경주환경운동연합)

지난 11월 20일 경주시 양남면에 소재한 월성핵발전소 1호기가, 30년 수명을 다하고 육중한 몸짓을 멈췄다. 사실 수명마감일 한참 전에 이미 발전을 중단한 상태였다. 월성1호기는 자신의 임종이 다 된 것을 알기라도 한 듯, 10월 29일 고장을 일으킨 이후 발전이 중단된 상태였다.

경주 시가지에는 월성1호기 수명마감과 가동중단을 환영하는 현수막들이 내걸렸다. 민주노총 경주지부는 "30년 수명마감! 월성원전 1호기 가동중단을 환영합니다"라는 환영 현수막을 게시했고, 그 외 경주핵안전연대, 경주시민포럼, 경주환경운동연합 등의 시민단체와 야당들도 비슷한 내용의 현수막을 경주 시내 곳곳에 게시했다.

특히, 경주핵안전연대 소속 회원들은 지난 8월 12일 '월성1호기 수명마감 D-100일 기념 성명서'를 발표한 이후, 경주시청 앞에서 매일 월성1호기 폐쇄를 촉구하는 1인 시위를 펼쳐왔다. 이들은 11월 20일 역사적인 월성1호기 임종을 맞이하여 100일 동안 진행된 1인 시위를 마무리하고, 시내에 위치한 한수원 사업소 앞에서 '30년의 기다림, Goodbye 월성1호기 시민 문화제'를 개최했다. 문화제에 참가한 100여 명의 시민들은 늦은 밤, 추위 속에서도 연신 흥겨운 분위기에 휩싸여 가동중단을 축하했고, 월성 1호기가 완전히 폐쇄되지 않은 만큼 끝까지 싸우자며 서로를 격려했다.

이날 문화제의 압권은 김윤근 씨(68세, 경주환경운동연합 의장)의 마무리 퍼포먼스였다. 김 씨는 두루마기 한복을 입고 등장해 정성들여 써온 '월성1호기 조서'를 낭독한 후, 살풀이춤을 추고는 곧바로 손에 먹을 묻혀 하얀 벽면에 그림과 글씨를 써 내려갔다. '탈핵'을 큼지막하게 쓰고, 핵발전소 원자로에 천사 날개를 달아 하늘로 올라가는 그림을 재치 있게 그려 넣었다. 시민문화제 참가자 중 100일 동안 1인 시위를 가장 많이 했다는 박철호 씨(49세)는 "이번 대선에서 투표 잘해, 월성1호기 꼭 폐쇄시키자"고 호소해 참가자들의 큰 호응을 얻었다.

경주시의회, "월성1호기 폐쇄 촉구"

월성1호기 수명마감을 하루 앞둔 11월 19일 경주시의회도 월성1호기 폐쇄를 촉구하는 성명서를 채택했다. 경주시의회의 이번 성명서 채택은 의례적인 성명서 발표와는 크게 달랐다. 이번 성명서는 경주시의회 제181회(임시회) 본회의에 시의원 19명의 발의로 안건이 공식 상정됐고, 시의원 만장일치로 채택된 것이다. 성명서가 법적 효력을 지니는 것은 아니지만, 조례를 제정하는 것과 같은 절차를 거쳐 시의회에서 채택된 만큼 정부와 한수원에서도 쉽게 '나몰라'라 할 수 없을 것으로 보인다.

경주시의회의 '수명만료 월성원전 1호기 즉각폐쇄를 촉구한다' 성명서에서 "정부와 한수원이 국민혈세 수천억원 투입하여 압력관을 교체하고, 계속운전을 강행하려는 밀실행정을 추진하고 있다"며 현재 진행되고 있는 월성1호기 수명연장 심사를 규탄했다. 더불어 "원전발전 중단과 폐쇄과정을 추진하고 있는 세계적 추세에 맞춰, 월성원전 1호기 수명연장을 위한 심사를 즉각 중단하라"고 주장했다. 나아가 앞으로 "월성1호기 폐쇄를 위해 강력히 대처할 것"임을 천명했다.

산 넘어 산, 월성1호기 "수명연장이냐, 완전폐쇄냐"

11월 20일부로 가동정지에 들어간 월성1호기는 앞으로 어떻게 될까? 원자력안전위원회는 아직 6개월의 심사 기간이 남아있다고 했으나, 석연치 않은 부분이 많다. 왜냐면 원자력안전법에서 심사 기간을 18개월로 규정하고 있지만, 월성1호기는 벌써 35개월을 넘기고 있다. 그래서 환경단체들은 '6개월 남았다'는 원자력안전위원회의 입장을, 대통령 선거 등을 의식한 정치적 접근으로 이해하고 있다. 차기 정권이 친핵발전으로 기울면 슬그머니 수명연장을 허가하기 위해 6개월의 여유를 더 둔 것이라고 비판한다. 그렇더라도 수명연장 결정이 쉽지는 않을 것으로 보인다. 지난 35개월의 심사 과정에서 수명연장 결정을 못한 것처럼 월성1호기는 많은 문제를 안고 있기 때문이다.

11월 20일 경주시민문화제에서 김윤근 씨가 살풀이춤을 추고 난 뒤, 손에 먹을 묻혀 그림을 그리는 퍼포먼스를 진행했다. 사진 경주환경운동연합 제공

핵발전소는 모두 똑같이 보여도 그 구조와 특성에서 확연히 다른 것들이 있다. 특히, 월성원전 1호기는 별난 핵발전소에 속한다. 우리 정부가 외치는 '원자력 르네상스, 원전 수출, 한국형 기술개발' 등등의 자화자찬과 하등 인연이 없는 특이한 발전소다. 우리 정부의 핵발전 자화자찬은 모두 경수로에 국한된 것이다. 그러나 지금 수명연장 논란으로 몸살을 앓고 있는 월성원전 1호기는, 경수로와 전혀 다른 중수로다.

현재 우리나라에 가동 중인 23기의 원자로 중 중수로는 월성핵발전소 1,2,3,4호기가 유일하다. 세계적으로도 10% 미만으로 보고되고 있다. 경주에 있는 이들이 중수로라 불리는 이유는, 대부분의 원자로가 냉각수로 일반 물(경수輕水, H_2O)을 사용하는데, 중수로는 무거운 물(중수重水, D_2O)을 사용하기 때문이다. 냉각수로 중수를 사용하는 이유를 설명하는 것은 매우 복잡하기에, 일단 중수로는 천연우라늄을 원료로 사용한다는 정도로만 이해하면 될 것 같다. 이에 비해 일반 경수로는 농축우라늄을 원료로 사용한다.

월성1호기의 수명연장을 둘러싼 몇 가지 쟁점은 다음과 같다.

'운전 경험이 부족하다'

월성1호기의 수명연장 논란은 바로 중수로라는 사실에서 발생한다. 세계적으로 운전경험이 부족하다는 것이다. 중수로는 중수로를 설계한 캐나다와 한국 등 일부 국가에서만 운영되고 있고, 세계 원전 시장에서 이미 퇴출되었다는 것이 전문가들의 판단이다. 심지어 캐나다에서조차 신규 핵발전소가 건설되지 않고 있다고 한다. 그러나 한수원은 한국의 기술자가 우수하고 2009년 이후 압력관 교체 등 대규모 설비교체를 했기 때문에 안전에 큰 문제가 없다고 주장하고 있다.

'5천억원이냐, 2조원 이상이냐'

한수원은 월성1호기 수명연장의 근거로 5천억원을 투입한 압력관 교체를 들고 있다. 그러나 환경단체는 캐나다의 예를 들어 이를 반박한다. 월성1호기와 같은 기종인 캐나다의 포인트레푸르 원전은 2조원 이상의 돈을 들여 압력관 뿐 아니라 발전기와 터빈까지 모두 교체하고, 수명연장을 준비하고 있다. 또한 캐나다의 젠틀리 2호기는 정부로부터 수명연장 승인을 받았으나 안전성 확보를 위한 설비개선에 천문학적인 비용이 들어가는 것으로 나타나자, 최근 수명연장을 포기하고 폐쇄결정을 내렸다. 이렇게 캐나다와 비교해 보면 월성1호기 설비개선 비용 5천억원은 안전성을 확보하는데 턱없이 부족하다는 것이 환경단체의 지적이다.

비상 노심 냉각설비, '1대냐, 2대냐'

월성1호기 비상 노심 냉각설비가 1대인 것도 문제가 되고 있다. 안전기준에서는 2대 설치를 명시하고 있다. 비상 노심 냉각설비는 쉽게 비유하면 비상 소화기와 같은 것이다. 보일러는 과열되면 불이 나지만 원자로가 과열되면 후쿠시마와 같은 재앙이 되기 때문에, 무엇보다 중요한 설비가 소화기 역할을 하는 비상노심 냉각설비다. 이런 중요한 설비가 안전기준에 미달한다. 원자력안전기술원(KINS)에서 한수원에 2대 설치를 명령했으나, 한수원은 월성1호기가 노후 설비라 2대 설치가 불가능하다고 답했다. 그리고 2대 설치 대신 1대로도 충분한 냉각효과가 있다는 시뮬레이션 결과를 원자력안전기술원에 제출했다. 이에 환경단체는 안전기술 기준은 꼭 지켜져야 하며, 1대의 냉각효과가 중요한 것이 아니라 2대로 여유설비를 확보하는 것이 안전성 기준의 핵심이라고 주장한다.

수소 감지기, '필요 없다, 있어야 한다'

월성1호기에 수소 감지기가 없는 것도 논란이 되고 있다. 후쿠시마 핵발전소 폭발은 격납용기 안의 수소가 폭발을 일으킨 것이다. 그래서 수소를 감지하고 제거하는 것은 안전과 직결된다. 그러나 월성1호기에는 수소 감지기가 없다. 한수원은 이에 대해 수소 제거설비가 있기 때문에, 안전에는 문제가 없다고 해명하고 있다. 그러나 원자력안전기술원은 수소 제거설비가 수소를 제거하지 못하는 상황이 발생할 수 있다고 경고하고 있다. 그렇기 때문에 수소 감지기는 무엇보다 중요한 설비인 것이다.

'전력대란이냐, 0.8%로 근거없다냐'

정부와 한수원은 '월성1호기를 폐쇄하면 전력대란이 우려된다'고 난색을 표하고 있다. 그러나 월성1호기가 생산하는 전기는 전체 전력의 0.8%에 불과하다. 실제로 월성1호기가 설비교체로 가동을 중단했지만, 2년간 별다른 전력대란은 없었다. 환경단체는 한수원의 전력난 주장은, 국민들의 막연한 불안 심리를 자극하는 매우 저질의 흑색선전이라고 일축했다.

앞서 살펴 본 쟁점 이외에도 많은 논쟁들이 있다. 중수로인 월성핵발전소에서 타 핵발전소보다 방사성물질인 삼중수소(H_3)가 5~10배 가량 많이 발생해 건강을 위협하는 문제는, 주민들 입장에서는 받아들이기 어려운 대목이다. 또한 사용후 핵연료 전체 비중에서, 월성핵발전소에서 절반 이상 발생하는 것도 폐쇄의 주요 근거가 되고 있다.

인터뷰 | 이광우 기획실장

(삼척핵발전소유치백지화투쟁위)

신규핵발전소 예정구역으로 고시된 삼척은 지난 10월 시장 주민소환운동을 펼쳤지만, 25.9%의 투표율로 주민소환에 실패하고 말았다. 하지만 그것도 잠시, 숨고를 틈도 없이 이번 대선과 함께 치러지는 시의원 보궐선거에 '반핵민주시민후보'로 이광우 기획실장(삼척핵발전소유치백지화투쟁위원회)을 출마시켜, 신규핵발전소 고시철회를 위한 지역 내 반핵여론을 다시 불러일으키고 있다.

삼척핵발전소 건설예정지인 근덕면이 포함된 삼척 나선거구 보궐선거는 총 8명의 후보가 출사표를 던진 가운데, 주민들의 뜨거운 관심 속에 진행되고 있다. 주민소환의 피로가 채 가시기도 전에 맞이한 선거전임에도, 이광우 후보를 비롯한 캠프 자원활동가들의 얼굴에 지친 기색은 보이지 않았다. 12월 12일(수) 선거캠프 사무실에서 이광우 후보를 만났다.

박혜령 편집위원

주민소환운동 후 시의원 후보로 출마

인터뷰·정리=**박혜령** 편집위원

보궐선거 출마를 결심한 계기는? |
김대수 삼척시장이 2010년 12월 14일 삼척시의회로부터 핵발전소 유치동의안을 만장일치로 가결해 유치신청서를 제출했지만, 이것은 삼척시민들의 의사와는 무관하게 진행됐습니다. 최근 삼척시장의 시정전반에 걸친 비민주적인 행태를 심판하고자 진행된 주민소환은, 제도의 한계에 갇혀 성사되지 못했습니다.

저는 핵발전소를 반대하는 삼척시민들의 염원이, 주민소환의 결과로 좌절하는 것을 원치 않습니다. 삼척의 주민들은 포기하지 않고, 삼척핵발전소백지화를 이룰 때까지 함께 싸워나갈 것이라는 것을 다짐하고, 보여줄 것입니다.

건설예정구역의 지역 주민들이 상심하고, 심리적으로 위축된 것을 극복하고 다시 힘을 낼 수 있었으면 좋겠습니다. 특히 주민소환 과정에서 겪은 행정의 억압, 심리적인 압박으로부터 긍정적인 해방감을 다시 회복하기를 바랍니다. 이번 보궐선거에서 반핵을 지향하는 유권자들의 선택지가 어느 때보다 필요하다고 판단했습니다.

출처 이광우 블로그

선거분위기는 어떠한가? |
시의원 보궐선거에 다양한 의제들이 있지만, 이번 선거의 특징은 시민들의 관심이 핵에 집중되어 있습니다. 실제 8명이 입후보했고 다양한 공약들이 제시되지만, 시민들은 반핵을 말하는 후보에게 관심을 드러내고 있습니다.

3명의 후보가 반핵을 내걸었지만, 2명의 후보는 반핵활동을 하지 않았고 유세에서도 전혀 언급하지 않습니다. 시민들은 누가 진짜 반핵을 할 인물인지 그 진정성을 봅니다. 그간의 여론조사를 보면 실제 주민소환 당시 삼척 여론의 63%가 핵에 반대했습니다. 고스란히 이번 선거에 반영될 것입니다.

최근 하루 일과는? |
새벽 4시 반에 기상해, 밤11시에 일정이 끝납니다. 아침 5시부터 8시까지 어판장, 새벽시장 등을 돌고, 8시부터 선거운동본부 공식 일정을 진행합니다. 20여명의 사람들이 매일 함께 움직입니다. 반핵활동을 선거공간에서 펼치고 있다고 생각합니다. 많은 사람들이 격려하고 동의하고 있습니다. 하루종일 유세를 하면서 힘들기도 하지만, 더 열심히 뛰어 좋은 결과 얻기를 바랍니다.

선거 후 활동의 방향? |
승패와 상관없이 처음 시작할 때 삼척핵발전소유치백지화투쟁위(이하 삼척반핵투위)와 시민들에게 약속한 것이 있습니다. 결과와 무관하게 선거후에도 이전의 삼척반핵투위 직책과 활동을 계속한다는 것입니다. 삼척의 반핵운동의 연장선으로 출마했기 때문에 너무나 당연한 일입니다.

만약 당선의 기회를 시민들이 주신다면 설명회 등 지금까지 결여됐던 민주적 절차를 보완해 갈 겁니다. 시정의 공간에서 필요하고 가능한 방법을 최대한 활용해 핵발전소유치백지화를 이룰 것입니다. 그리고 무엇보다 주민투표를 발의해 주민들의 의사가 반영되도록 할 계획입니다.

최근 반핵운동에 대한 의견은? |
일본 후쿠시마사고 이후 반핵운동의 내용과 저변이 확장되었습니다. 긍정적으로 평가할 부분이며, 이것이 대선후보들에게 탈핵공약을 내걸도록 했습니다.

다만 앞으로 탈핵을 확고한 국가정책으로 만들기 위해서는 정치적으로 더 강화될 필요가 있습니다. 탈핵을 공언한 후보가 있지만, 소위 핵마피아들이 그리 쉽게 포기하지 않을 것입니다. 또 탈핵을 주장하는 후보도 실제 공약을 현실화하는 것은 어려운 일이고, 정권교체만으로 신규부지가 철회되기는 쉽지 않다고 봅니다. 이것이 가능하려면 시민역량이 더 강화되어, 탈핵을 정치적으로 수렴하도록 강제하고 견인할 수 있어야 합니다.

우선 전국의 탈핵운동을 하나로 결집하고 전담하는 상시적 활동의 구심점이 필요하다고 생각합니다. 더불어 전반적인 시민역량의 강화뿐만 아니라, 현안지역 당사자 힘이 무엇보다 강화되어야 합니다. 지역은 대도시에 비해 힘이 약하기 때문에 더 많은 노력과 지원이 필요합니다. 전쟁으로 말하면 최전선에 있는 부대가 현안지역 주민들이라고 한다면, 더 힘 있게 싸울 수 있도록 많은 사람들을 규합해 실천할 수 있도록 만들어가야 할 것입니다.

마지막으로, 하고싶은 말? |
삼척의 핵발전소를 반드시 막겠습니다. 이 선거는 핵발전소를 막는 선거입니다. 반핵과 민주주의를 향한 시민들의 억압된 욕구가 분출되고 있음을 목도하고 있습니다. 이제는 반핵에서 나아가, 사회를 바꾸고 싶어합니다. 그 길에 함께하고 앞장서 달라고 격렬하게 요구하고 있습니다. 기꺼이 그 길에 시민들과 함께 할 것입니다.

인터뷰 후기 | 빨갛게 충혈된 눈이지만, 어느 때보다 열정적이고 빛나는 이광우 후보의 눈과 웃음은 탈핵을 향한 그의 마음을 보여주고 있다. 개인의 마음과 능력을 공동의 가치를 위해 애쓰는 많은 사람들이 선거사무실 안에 가득차 있는 삼척 반핵의 현장을 보며, 그래도 사람이 희망이라고 느낀다. 반핵민주시민후보 이광우 후보가 희망이다. 그리고 이광우 후보를 지지하는 수많은 삼척시민들이 시대의 희망이다.

부산 58일간의 농성캠프, 그 이후…

천현진 통신원(부산에너지정의행동)

끊임없는 사건 사고, 터져야 멈출 것인가!

올 초 정전사고와 사고 은폐로 가동 중지됐던 고리1호기가, 안전검사 후 지역주민과의 합의도 끝났다며 여름철 전력 수급난을 구실로 8월 6일 재가동에 들어갔다. 이에 반핵부산시민대책위는(이하 부산대책위) 고리1호기 재가동에 맞서, '고리1호기 폐쇄를 위한 부산시민 무한도전캠프' 를 열었다. 그렇게 시작된 58여일간의 농성캠프…. 부산대책위 소속단체들을 비롯해, 부산 시민들에게 고리1호기 폐쇄를 알리는 등의 역할을 했지만 현실적인 상황은 바뀌지 않았다. 여전히 고리1호기는 부산·경남지역 시민들의 생명을 담보로 위험천만한 가동을 계속하고 있다.

올 한해만도 고리핵발전소에는 정전사고은폐, 중고부품, 짝퉁부품, 원전직원 마약투여, 품질검사서 위조에 이어, 시험 성적서를 위조한 부품이 납품되었음이 감사원 감사 결과를 통해 밝혀졌다. 신고리 3, 4호기에서도 위조부품이 사용이 확인된 것을 보면 고리에 있는 핵발전소는 오래된 발전소든 신규발전소든 위험하기는 매한가지다.

천현진 통신원

원자력안전위원회는 매번 사고가 발생하고, 언론 발표 후에 뒷북 치는 모습만 보여주고 있다. 한국원자력안전기술원(KINS)은 정기검사, 입회검사를 제대로 하지 않고 자의적으로 진행하거나, 부품 유효기간에 문제가 있는 상황에서도 성능시험을 그대로 진행한 것이 밝혀졌다. 검사를 거쳤다는 발전소에선 계속 사고가 나고, 사용된 부품들은 중고와 위조인데다 운영기관도 감시기관도 믿을 수 없다. 그런데도 이 위험천만한 핵발전소들이 가동중이라는 사실은 공포스럽기 짝이 없는 현실이다.

탈핵후보에게 투표해서 에너지정책전환 모색해야

부산대책위는 농성캠프가 끝난 뒤, 곧바로 반복되는 사건·사고 대응과 대선 공략에 나섰다. 바로 이 위험투성이 핵발전소들을 하나하나 멈추기 위해서이다. 수명이 다한 노후핵발전소는 폐쇄하고, 신규 핵발전소 건설을 막기 위해서는 시민들의 반대여론이 들끓어야 하고, 국가 정책이 바로서야 한다. 그래서 다시 거리로 나섰다. 이번엔 '고리1호기 폐쇄! 탈핵후보에게 투표합니다" 캠페인이다.

아침저녁으로 찬바람이 부는 가운데, 같은 뜻을 가진 사람이 한사람이라도 더 늘어나도록 전단지를 나누고 서명을 받고 있다. 이번 대선을 통해 탈핵후보가 당선되어, 탈핵과 에너지전환을 채택하게끔 정책변화를 끌어내는 것이 목표다.

오는 19일 결정난다. 그 결과에 따라 부산대책위의 내년 활동이 달라질 수밖에 없다. 부산대책위는 오는 12월 27일 참가단체 전체회의를 통해 참가단체 간 의견을 나눌 예정이며, 1월 부산대책위 집행위원회에서 충분히 논의하기로 했다. 부산대책위는 어느 후보가 당선되든 고리의 모든 핵발전소가 멈추는 그날까지 싸우며 그날을 앞당기기 위해 노력해 나갈 것이다.

전북 탈핵운동, "대선이 목표가 아니라, 이제 시작…"

한승우 사무국장(전북녹색연합)

전북 핵발전소 없다?…영광핵발전소가 아니라 영광·고창핵발전소

부안방폐장 사건이 있었지만, 전북지역은 그 동안 핵발전소가 없는 곳으로 인식이 되어 탈핵운동이 거의 전무했다고 할 수 있다. 그러나, 2011년 3월 이웃나라 일본에서 일어난 후쿠시마 사고는 핵발전소가 얼마나 무섭고, 그 피해범위가 일국을 넘어 얼마나 광범위하게 확산되는지 모두가 직시하는 계기가 되었다.

일본의 사고는, 경상도 지역과 우리나라 동해안 지역에 집중돼 있는 핵발전소가 백두대간 넘어 경상도만의 일이 아니라, 우리나라 전체의 문제라는 사실을 일깨워 주었다. 이러한 전 국민적인 우려와 경각심 속에, 전북지역에서도 환경단체와 생협 활동가들 중심으로 탈핵활동을 전개해야 하지 않겠느냐고 자연스럽게 뜻이 모이게 되었다.

특히, 전북지역 활동가들이 탈핵운동에 적극적으로 나서야겠다고 의지를 다잡은 것은 영광핵발전소 때문이다. 영광핵발전소는 전라남도 영광에 자리 잡고 있다. 그런데, 영광에 있는 영광핵발전소는 전라북도 경계인 고창군과 불과 1.5km밖에 떨어져 있지 않다는 사실을 확인한 것이다. 영광핵발전소는 사실상 영광·고창핵발전소였고, 전북에서 핵발전소는 다른 나라, 다른 동네의 일이 아니라 바로 우리 동네의 일이었다.

전북한살림 제공

11월 영광핵발전소 긴급진단 토론회로, 대응방안에 대한 공론화 시작돼

이러한 배경을 갖고 전북지역에서 탈핵운동에 본격 시동을 건 것은 2012년부터이다. 환경단체와 생협 등 각 단체별로 탈핵운동을 고민하고 있다는 것을 확인하게 되었고, 3월 5일 처음 만나 탈핵관련 연대활동을 논의하게 된 것이다. 한살림과 전주생협, 전주의료생협, 녹색연합과 환경운동연합, 부안시민발전소 등이 3월 10일 서울시청에서 개최된 후쿠시마 1주기 행사를 함께 참가하면서 본격적인 연대활동이 시작됐다.

그러나, 전북지역뿐만이 아니겠지만 2012년 탈핵연대활동이 잠시 주춤한 적이 있다. 바로 4월 11일 총선이후이다. 탈핵의 중요한 전환점이 되리라 기대했던, 총선에서 야당이 어이없이 패하고 찬핵의 새누리당이 다수 정당이 됨에 따라 국가차원의 탈핵로드맵을 그리기 어렵게 된 것이다. 실망과 무기력 속에 전북지역에서 흩어져있던 탈핵운동의 기운을 다시 모은 것은 5월 30일이었다. 다시 모인 지역의 단체들이 강연회와 워크샵을 통해 탈핵운동을 함께 만들자고 의지를 다진 것이다.

그동안 '핵없는 세상을 위한 전북모임(준)' 이라는 이름으로 6월 탈핵강연, 8월 2차 탈핵강연, 10월 3차 탈핵강연, 11월 영광핵발전소 긴급진단 토론회 등을 진행했다. 특히, 지난 11월 16일 전북모임과 김춘진 국회의원(민주당)이 공동주최한 '영광원전 긴급진단 토론회' 는, 영광핵발전소 문제를 시민단체뿐만이 아니라 전북도의회와 도청 등 지역사회에 공론화하는 계기가 되었다. 더욱이 이날 토론회에 참여한 도의회 의원과 도청의 관계부서, 시민단체는 영광핵발전소가 전라북도에 끼치는 심대한 위협에 대해 공감하고, 그 동안 이에 대한 대책이 전무했으며, 향후 공동으로 대책을 모색하자는 데 의견을 같이 한 것은 의미 있는 결과라고 할 수 있다.

전북도의회 '영광핵발전소 가동 중지 촉구 결의안' 준비 중

지금 전북모임의 제안으로 전라북도의회 차원에서 영광핵발전소 관련 결의안을 준비하고 있으며, 시민단체와 의회, 도청이 참여하는 민관협의체 구성에 대해서도 의견을 교환하고 있다.

전북지역에서 탈핵운동은 이제 시작이다. 참여하는 단체 모두 탈핵운동은 단기과제가 아니며 장기과제라는 데 인식을 같이하고 있다. 서두르지 않고, 한발 한발 굳건하게 발을 내딛고 있다. 전북모임은 앞으로 환경·생명단체 중심에서, 종교계와 시민사회로 외연의 폭을 확대하고 공식적인 조직으로의 출범을 논의하고 있다.

12월 19일 대통령선거는 우리나라 탈핵운동에 중요한 전기가 될 수 있다. 그러나, 대선의 결과에 일희일비하지는 않을 것 같다. 전북지역의 탈핵운동은 대선이 최종 목표가 아니며, 이제 시작이라는 자세로 운동화 끈을 단단히 묶고 있기 때문이다.

12월 16일 일본 총선, 각 정당별 핵발전 정책

다카노 사토시 (에너지정의행동 활동가)

한국 대선 직전 12월 16일, 일본 총선이 실시된다. 후쿠시마제1핵발전소 사고 이후 처음 실시되는 총선인 만큼 핵발전 문제가 큰 쟁점이다.

사고 이후, 공공연하게 핵발전 추진을 내세우는 정당은 없지만, 핵발전 종료 시기와 재가동, 핵연료사이클 추진 여부를 둘러싼 각 정당별 입장은 가지각색이다. 또 폭넓은 논점이 존재하는 핵발전 문제에서 어느 분야를 중점적으로 언급하고 있는 지를 살펴보면, 각 정당별 세밀한 차이도 판단할 수 있다. 이 글에서는 각 정당별 공약을 기초로 탈핵에 대한 입장을 검증한다. 나아가 시민운동 쪽에서는 어떻게 선거를 대응하고 있는 지도 소개코자 한다.

민주당 '점진적 탈핵', 그러나 모호하고 모순적

여당인 민주당의 탈핵정책은 모든 핵발전소 폐쇄시점에 대해, '2030년대에 원전 가동 중단이 가능토록 모든 정책자원을 투입한다'고 말한다. 그리고 '운전기한 40년 엄격히 적용', '원자력규제위원회 안전확인 받은 원전만 재가동', '원전 신설과 증설을 하지 않는다'는 3원칙을 제시했다. 또한 '고정가격매수제도를 활용해 풍력, 태양광 등 재생가능에너지를 비약적으로 보급시키겠다'고 언급하고 있으니, 점진적 탈핵정책이라 볼 수 있겠다.

그런데 애매한 부분도 눈에 띈다. 핵연료사이클사업에 대해 '사업방식 재검토', 발전사업과 송전사업 분리에 대해 '검토한다'라고만 하고 있어, 탈핵에 대한 적극성이 보이지 않는다. 실제로 민주당은 몹시 위험한 MOX연료(플루토늄과 우라늄 산화물의 핵연료—편집자 주)만을 사용하는 오오마핵발전소 등, 이미 착공한 핵발전소 공사를 계속하도록 허용했다. 벌써 2030년대 가동중단이라는 목표와는 모순적인 공약이다.

자민당 '겉보기엔 탈핵, 실제는 추진'

한편 최대 야당인 자민당은 '원자력에 의존하지 않아도 되는 경제사회구조 확립'을 내세우며, '3년 동안 재생가능에너지를 최대한 도입하겠다'고 주장한다. 핵발전소 재가동 여부에 대해서는 '순차적으로 판단하며, 모든 원전에 대해 3년 이내에 결론을 내릴 것을 목표로 한다'고 밝혔다. 언뜻 보기엔 탈핵처럼 보이지만, 문제점이 많다. 우선 탈핵정책에 관한 언급이 적다. 그리고 지금까지 오랫동안 추진해 왔던 핵발전에 대한 반성이 한마디도 없다. 전력회사나 핵마피아와의 관계가 깊은 의원도 많다. 그래서 탈핵운동 쪽에서는 자민당이 다시 정권을 잡게 되면, 3년 이내에 모든 핵발전소를 재가동시킬 것을 우려한다.

또한 최근 아베 총재는 신문 인터뷰에서 신규 핵발전소에 대해, '최신기술을 투입해 매우 안전한 곳에 짓는 게 더 나은지, 당연히 검토해야 한다'며 승인할 가능성을 시사했다. 핵발전 추진에 대한 욕망이 들여다보인다.

적극적인 탈핵을 주장하는 일본미래당 당 대표인 가타 유키코 시가현 지사와 동료들이 차량에서 유세를 하고 있다.

사진 타카노 사토시 제공

주목해야 할 제3세력, 일본미래당의 강력한 탈핵정책

언론은 민주당, 자민당 어느 쪽도 단독 과반수를 차지하는 것은 어렵다고 예상한다. 선거 직전 수없이 생긴 새 정당 중 여기서는 세 곳을 소개한다.

가장 강력하게 탈핵정책을 추진하겠다는 곳은 일본미래당이다. 당 대표는 가다 유키코 시가현 지사다. 그는 환경사회학자 출신으로, 신칸센(고속철) 새 역사 건설, 댐, 폐기물처분장 건설계획 중지 등 실적이 있는 환경지사다. 탈핵정책에 대해 '원전가동 중단 시점부터(2011년), 늦어도 10년 이내에 완전 폐로(원자로 해체)를 실시한다', '몬주와 롯카쇼재처리공장 폐쇄', '신규원전 금지', '사용후핵연료 총량규제와 잠정적인 건식(乾式)보관 실시' 등 명확한 방침을 내세웠다.

또한 오랫동안 핵발전의 문제점을 지적하고 자연에너지로 전환할 것을 주장해 왔던, 이이다 데쓰나리 씨가 대표대행이 된 것도 주목할 만하다. 이이다 씨는 발전과 송·배전 분리와 분산형 발전 및 열병합발전 보급 등으로 공정한 전력 에너지시장을 형성하여, 에너지전환을 도모하겠다고 주장한다. 그는 서울에서 강연을 한 적이 있고, 탈핵신문 창간호에 그 내용이 실렸다.

모두의 당, 일본유신당도 탈핵정책을 추진하나…

모두의 당은 이번에 새로 생긴 당은 아니지만 새 정당으로 어느 정도 인기가 있다. '2020년대 원전 제로', '신규원전 건설 금지', '핵연료사이클계획 폐기와 사용후핵연료 직접처분(재처리를 하지 않고 폐기처분한다는 뜻) 실시', '원전국민투표법 제정' 등으로 탈핵정책을 추진한다. 더불어 '총괄원가방식 폐지'와 '전원(電源) 3법 재검토' 등 핵발전으로 유입되는 돈의 흐름을 근본적으로 바꾸려는 자세는 높이 평가할 만하다. 그런데 모두의 당은 전형적인 신자유주의정책을 내건 정당이기도 하기 때문에, 전력개혁과 에너지전환이 시민부재의 단순한 대기업, 증권회사 우대정책이 될 수 있다는 염려도 제기되고 있다.

일본유신당은 '사용후핵연료 총량규제', '중기적 건식보관', '발전과 송전 분리, 시장원리 도입으로 전력수급 조정'을 내걸고, '기존 원자로를 사용한 원자력발전은, 2030년대까지 점차 폐쇄'라는 방침을 밝히고 있다. 그런데 재가동 여부와 핵연료사이클, 그리고 신규와 건설중인 핵발전소에 대한 언급은 없다. 또 하시모토 도루 대표대행의 핵발전 문제에 대한 발언은 오락가락하고 있고, 최근에도 일본미래당의 공약에 대해 "'10년 후 원전 제로'를 외치는 건, '10년 후에 화성에 가겠다!'고 외치는 것과 같은 수준"이라고 트위터를 통해 비판하고 있어, 이 문제에 대한 그들의 진정성을 믿기 어렵다.

사민당 '적극적인 탈핵입장', 공산당 '즉각폐로' 방침, 그러나 반성없어…

마지막으로 사회당과 공산당의 정책을 살펴보면, 사민당은 전통적으로 핵발전을 반대해 왔다. 이번 총선에도 신규핵발전소와 핵연료사이클 반대, 재가동 반대뿐만 아니라 '탈원전기본법을 제정하여, 노후 원자로 등 위험성이 큰 원자로부터 순차적으로 폐쇄하겠다'고 탈핵 입장을 밝혔다. 특히 피폭노동에 대한 언급이 많다는 점이 가장 큰 특징이다. 그들은 '원전노동자의 피폭을 최소화하기 위한 체제 정비', '피폭선량 등록관리제도를 근본적으로 강화하여, 국가 책임으로 선량관리를 철저히 한다', '일용직노동자의 피폭노동 원칙적 금지' 등을 주장하고 있다. 또한 노동자 이외의 피폭자에 대한 건강검사, 피난할 권리 확충 등 사고피해 보상에 관해 가장 적극적인 대책을 내걸었다.

공산당은 '모든 원전을 재가동하지 않고, 폐로과정에 들어간다'며 즉각 폐로 방침을 내걸고, 가장 빠른 핵발전 제로를 주장하고 있으나, 과거에 핵발전을 인정했다는 사실에 대한 반성과 비판 없이 급격하게 탈핵을 주장하고, 다른 당과 선거 협력도 하지 않는 자세에 대한 비판의 목소리도 많다.

한편, 지난 7월 출범한 일본 녹색당은 이번에 후보자를 내지 않았지만, '녹색당 및 녹색당과 연계하는 지역조직의 추천 혹은 지지 후보자 리스트'를 발표해 일본미래당과 사민당 등 타 정당 후보를 밀기로 했다.

시민단체들 각 정당 탈핵정책 검증 중, 총선결과에 탈핵운동의 행방이…

시민운동 움직임을 살펴보면, 금요일마다 총리관저 앞에서 재가동반대시위를 주최하는 '수도권반핵연합'은, "탈핵 '당신의 선택' 프로젝트"라는 제목으로 각 정당의 탈핵에 대한 열의를 4단계로 평가한 유인물을 시위 참가자 등에게 배포하며 여론을 환기시키고 있다.

또 탈핵에 관심있는 유명인사와 교수들, 그리고 시민들로 구성된 '탈핵대합류'는 '탈핵성적표'를 만들었다. 이것은 후보자들에게 핵발전 정책에 관한 20개 문항의 설문조사를 실시하고, 그 답에 점수를 매긴 것으로, 그 결과는 인터넷에서 확인할 수 있다.

이번 총선에서 민주당이 과반수를 차지하는 것은 거의 불가능할 것으로 보인다. 따라서 탈핵이 더 진행되든 다시 핵발전 추진으로 가든 간에, 현재 정책은 틀림없이 크게 바뀔 것이다. 대다수의 일본국민이 핵발전에 반대하고 있는 데, 과연 그 뜻을 선거에 반영시킬 수 있을 것인가. 탈핵운동의 향방이 오는 16일 결과에 달렸다.

〈12월 16일 일본 총선, 정당별 핵발전 정책〉

	가동 중단 시점	신규핵발전소	비 고
민주당	2030년대	신·증설 반대	착공한 핵발전소 공사 허용
자민당	구체적인 언급 없음	건설여부 검토	3년 이내 모든 핵발전소 재가동 우려
일본미래당	10년 이내 완전폐로	금지	강력한 탈핵정책 공약
모두의 당	2020년대	금지	전형적인 신자유주의 정책
일본유신당	2030년대	언급 없음	일관성 없는 발언
사민당	순차적 폐쇄	반대	전통적인 반핵, 탈핵기본법 제정
공산당	즉각 폐로	반대	핵발전 인정한 과거 반성 부재

후쿠시마 사고 원인, '쓰나미'가 아니라 '지진'이다

일본 국회사고조사위원, 내진설계 등 근본적인 재검토가 필요

다카노 사토시 (에너지정의행동 활동가)

지난 10월 11일, 서울 명동 가톨릭회관에서 도쿄전력 후쿠시마핵발전소 국회사고조사위원회(이하 '국회조사위') 위원을 맡은 다나카 미쓰히코 씨의 초청강연이 열렸다. 국회조사위는 일본정부와 도쿄전력, 그리고 민간 사고조사위원회들과 비교해 중립성이 높아 가장 믿을 수 있다는 평가를 받고 있다. 또한 그들의 주장에는 일본정부나 도쿄전력의 주장과 크게 다른 점도 있다. 다시 말해 정부와 도쿄전력이 숨기려 한 사실도 제대로 지적하고 있다.

이번 다나카 씨 강연은 일본정부와 도쿄전력이 '쓰나미로 인해 모든 전원이 상실됐다'는 설명에 근본적인 의문을 던지고 있다. 주요 내용을 다음 두 가지로 정리해 보겠다.

1호기 전원상실 원인, '쓰나미가 아니라 지진이다'

첫째, 비상용 디젤발전기 파괴를 초래한 쓰나미 제2파 도달시각이다. 일본정부와 도쿄전력은 3월 11일 15시 35분이라 설명하지만, 국회조사위는 15시 37분이라 주장한다. 다나카 씨는 "불과 2분의 차이지만 큰 의미가 있다"고 말한다. 15시 35분이라는 시각은 제2파가 발전소에 도달한 시각이 아니라, 발전소에서 1.5㎞ 떨어진 앞바다에 있는 파고계(波高計, 파도의 높이를 측정하는 기계)에 도달한 시각이라는 것이다. 도쿄전력도 이 주장을 인정했다.

그럼 37분에 발전소에 도달했다면 무엇이 문제가 되는가? 후쿠시마제1핵발전소 1호기에 있던 2대의 비상용 디젤발전기 중 A계통이 정지된 시각은 국회조사위의 조사결과 15시 35분에서 36분경으로 추정된다. 즉 이것은 쓰나미 제2파 도달 전, 지진으로 비상용 디젤발전기가 파괴되었을 가능성을 드러내는 중요한 증거가 될 수 있다.

또한 다나카 씨는 사진을 통해 쓰나미가 4호기부터 순차적으로 1호기로 도달했다는 사실을 밝혔다. 4호기부터 물에 잠긴 셈이다. 이것은 1호기의 비상용 디젤발전기가 먼저 파괴되었다는 사실과 모순된다.

실제로 국회조사위 보고서에 "1호기 A계통 전원상실 원인은 쓰나미가 아닌 것으로 생각된다"고 기술했고, "15시 37분에 정지된 1호기 B계통 및 2호기 A계통, 그리고 15시 38분에 정지된 3호기 A계통 및 B계통 모두 쓰나미로 인한 전원상실이라고 말할 수 있을지 의심스럽다. 비상용 전원기기에 대한 상세한 검사가 끝나지 않은 단계에서, '쓰나미가 없었다면 모두 전원상실에 이르지 않았다'는 견해를 근거로 행동하는 것은 삼가해야 한다"며 일본정부와 도쿄전력의 '쓰나미로 인한 사고'라는 조급한 단정을 비판했다.

지진으로 인해 비상용 디젤발전기가 파괴됐다면, 핵발전소 내진설계 등 안전관리를 근본적으로 재검토해야 한다. 그것을 인정하고 싶지 않은 정부·도쿄전력과, 그 자세에 의문을 제시하는 국회조사위의 차이가 드러난 것이다.

원자로 내 수위 저하…역시 '지진'으로 배관파손

1호기 원자로 내 수위가 급격히 낮아진 원인은 무엇인가? 원자로는 보통 핵연료봉 윗부분 끝을 기준으로, 거기보다 4.5m 위까지 물이 채워져 있다. 원자로는 이 냉각재(물)로 안정적인 냉각이 이뤄진다. 다나카 씨는 지진이 일어났던 3월 11일 14시 46분부터, 1호기가 수소폭발을 일으킨 12일 15시 36분경까지 1호기 내 수위 변화를 그림을 통해 보여주면서, 지진 발생 후 7시간 뒤에 기준 위 45㎝까지 수위가 급격히 저하했음을 설명했다. 그런데 그 원인에 대해 일본정부·도쿄전력의 설명과 국회조사위의 설명은 다르다.

일본정부와 도쿄전력의 설명은 "외부전원 상실로 (냉각수가 공급되지 않자) 대량의 증기가 발생해 원자로 내 압력이 상승됐다. 주 증기관의 밸브가 잠겨 있었기 때문에, '증기제거 안전밸브'가 열렸으며, 증기가 압력제어실로 흘러가서 원자로 내 압력이 낮아졌다. 다만 '증기제거 안전밸브'가 열려 있으면 원자로 안에 물이 없어지기만 하기 때문에, 어느 정도 압력이 낮아지면 밸브가 잠긴다. 그러나 원자로 내부는 붕괴열로 증기가 계속 발생해서 또 압력이 오르기 때문에 '증기제거 안전밸브'가 다시 열려 압력을 낮춘다. 이러한 작업이 반복되어 원자로 내 수위가 짧은 시간 사이에 낮아졌다"는 것이다.

그런데 국회조사위의 설명은 그것과 다르다. 안전밸브가 열렸기 때문이 아니라 원자로 압력용기에 연결된 배관이 지진으로 깨졌고, 그로 인한 균열로 압력용기의 증기가 격납용기로 흘러나온다. 격납용기와 압력제어실을 연결하는 직경 3m의 배관을 지나 증기가 압력제어실로 흘러간다. 증기가 끊임없이 새어나와서 원자로 내부 압력이 오르지 않기 때문에 '증기제거 안전밸브'는 열리지 않으면서도 수위는 낮아지기만 했다. 즉 지진으로 인한 배관 파손으로, 냉각재 상실사고(LOCA)가 일어난 것이 급격한 수위저하의 원인이라는 것이다.

국회조사위는 왜 이렇게 주장하는가? 주요 근거로 '증기제거 안전밸브'가 열릴 때는 아주 큰 소리가 나는 데, 그런 소리를 듣지 못했다고 1호기 작업원이 증언했다. '증기제거 안전밸브'가 열리면 가늘고 좁은 관을 통해, 시간당 1천톤이라는 엄청난 양의 증기가 압력제어실로 흘러나간다. 그 때 생기는 큰 압력 때문에 '쾅' 하는 큰 소리가 난다. 그러나 격납용기와 압력제어실을 연결하는 배관에서 증기가 흘러나올 경우 시간당 80톤 정도이기 때문에 큰 소리는 나지 않는다. 또한 '증기제거 안전밸브'가 열렸다면 십여 차례 반복적으로 열렸을 텐데, 정전으로 고요한 상황에서 1호기의 작업원이 듣지 못했다는 것은 뭔가 미심쩍은 상황이다.

그럼 1호기와 같은 제너럴 일렉트릭사(GE) 마크I형 원자로를 사용하는 다른 발전소에서는 큰 소리가 발생했을까? 3·11 당시, 후쿠시마제1핵발전소 2호기와 3호기, 그리고 미야기현에 소재한 오나가와핵발전소 1, 2, 3호기에서 '증기제거 안전밸브'가 열렸다. 후쿠시마제1핵발전소 2호기 운전원은 "큰 소리가 들렸다"고 증언했고, 3호기에 대해서도 도쿄전력 내부자료에서 '큰 소리가 발생했다'고 기술되어 있다. 오나가와핵발전소에서도 '중앙제어실에서는 들리지 않았지만 현장 작업원이 소리를 들었다'고 증언했다. 같은 유형의 원자로임에도 불구하고 후쿠시마1호기 이외의 원자로에서는 작업원이 소리를 들었는데, 왜 후쿠시마제1핵발전소 1호기의 작업원에게는 들리지 않았는가? 그것은 처음부터 1호기가 지진으로 배관이 파손되어 냉각재 상실사고가 일어나, '증기제거 안전밸브'가 작동하지 않았기 때문이라는 것이 다나카 씨 및 국회조사위의 주장이다.

결국 '쓰나미'가 오기 전 '지진'으로 1호기가 상당한 손상을 입었다는 것이 공통점이다. 이것은 일본정부와 도쿄전력이 "지진으로 안전상 중요한 기기 손상은 일어나지 않았다"는 주장은, 사실이 아니라는 것을 보여주는 중요한 증거다.

한국 핵발전소, 왜 사고가 적은가?

마지막으로, 다나카 씨의 중요한 지적을 하나 더 알리고 싶다. 이것은 한국 핵발전에도 직접 관계되는 내용으로, 핵발전소 안전관리에 대한 근본적인 지적이다. 기술적 지식에서는 전력회사와 시공사가 압도적인 우위에 있기 때문에, '정부와 규제당국은 그들이 하라는 대로 할 수밖에 없다'는 지적이다.

다나카 마쓰히코(오른쪽)

"지진으로 인해 비상용 디젤발전기가 파괴됐다면, 핵발전소 내진 설계 등 안전관리를 근본적으로 재검토해야 한다."

"이상할 정도로 높은 한국 핵발전소 가동률과 너무도 적은 총 사고건수는 오히려 일본과 마찬가지로 규제당국이 제대로 역할을 못하고 있다는 증거로 해석될 수 있다."

다카노 사토시 제공

전력회사는 발전소의 가동률을 높이기 위해 작은 사고를 은폐하는 경향이 있고, 시공사도 이를 협조한다. 그것을 간파할 수 있는 기술적인 지식을 규제당국이 갖고 있지 않기 때문에, 핵발전은 처음부터 사고를 은폐하는 습성이 생기게 마련이다. 다나카 씨는 이상할 정도로 높은 한국 핵발전소 가동률(90% 이상)과, 총 사고 건수(650번 정도)가 너무도 적다는 것에 의문을 던진다. 한국정부는 이것을 한국 핵발전의 안전성과 우수성의 증거로 자랑하지만, '오히려 일본과 마찬가지로 규제당국이 제대로 역할을 못하고 있다'는 증거로 해석할 수도 있다고 문제제기했다.

실제 지난 2월, 고리핵발전소 1호기 사고 은폐 이후 많은 핵발전소에서 고장과 사고가 일어나고 있다. 그러나 정부는 이번 겨울 전력부족을 두려워해 재가동을 서두르고 있다. 규제해야 하는 쪽이, 빨리 재가동을 하고 싶은 전력회사를 안이하게 추종하고 있는 것이 아닌가? 더 근본적으로는 당국이 전력회사를 제대로 규제할 수 있는가? 최근 한국정부의 태도를 보면, 다나카 씨의 근본적인 질문에 한국정부가 제대로 답할 수 있을 것 같지는 않아 보인다.

후쿠시마 핵발전소 현장사진

지난 10월 12일 도쿄전력은 후쿠시마제1핵발전소 현장취재를 프리랜스기자들에게 허가했다. 이미 지난 5월, 제4차 언론공개 때 처음으로 두 명의 프리랜스기자에게 취재허가를 내렸지만, 사진촬영은 금지했다. 이번 취재에는 9명의 프리랜스 기자가 참여했으며, 각 기자들을 도쿄전력 직원이 한 명씩 따라다녔다고 한다. 본지는 이번 취재에 참여한 오자키 다카시 기자에게서 사진 제공을 받았다. 사진설명은 오자키 기자의 글에 추가 설명을 덧붙였다. 고노 다이스케 편집위원

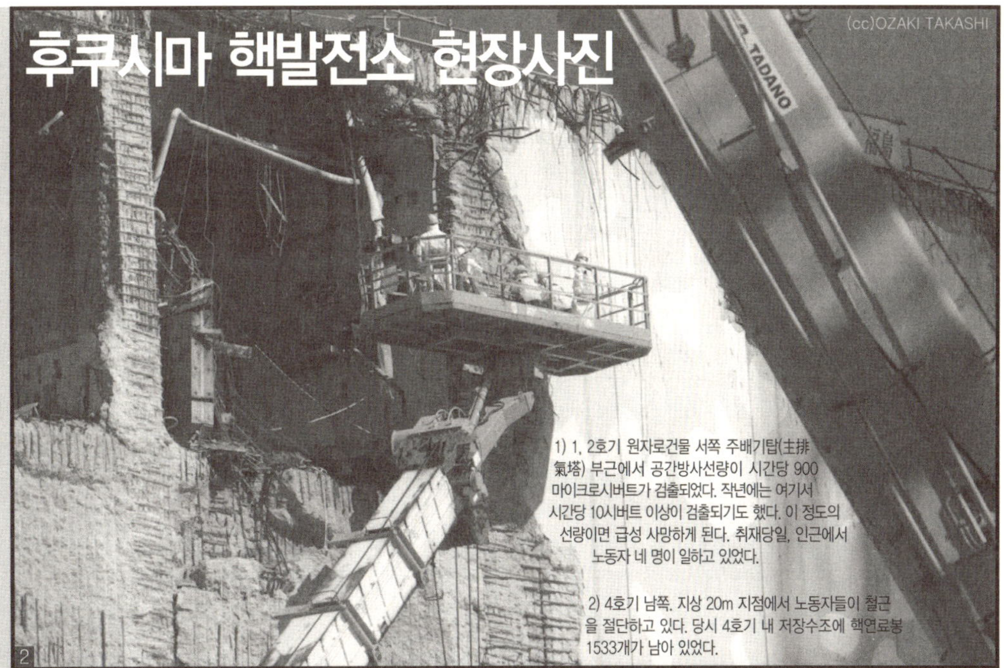

1) 1, 2호기 원자로건물 서쪽 주배기탑(主排氣塔) 부근에서 공간방사선량이 시간당 900마이크로시버트가 검출되었다. 작년에는 여기서 시간당 10시버트 이상이 검출되기도 했다. 이 정도의 선량이면 급성 사망하게 된다. 취재당일, 인근에서 노동자 네 명이 일하고 있었다.

2) 4호기 남쪽. 지상 20m 지점에서 노동자들이 철근을 절단하고 있다. 당시 4호기 내 저장수조에 핵연료봉 1533개가 남아 있었다.

3)4호기 서쪽 9월에 철거된 원자로 압력용기의 뚜껑(황색)이 놓여져 있다.
4) 이번 취재에서 시간당 1000마이크로시버트라는 공간 방사선량 최고치를 기록한 4호기 바다 쪽 장면이다. 이곳에 1시간만 있어도 연간 허용선량 1밀리시버트다. 한 노동자가 분전반을 열어 작업하고 있다.
5)취재에 참여한 기자들의 버스 안 모습과 바깥 풍경.

오오이핵발전소 정지문제로, 시험대에 오른 원자력규제위원회

고노 다이스케 편집위원

지난 9월 19일 일본 노다 내각은 새 에너지·환경전략을 각의결정 하지 않기로 했다(본지 제4호 참조). 같은 날, 새 규제기구인 원자력규제위원회(다나카 슌이치 위원장, 이하 '규제위')가 출범했다. 본지는 지난 3호에서 '정부가 뽑은 규제위(정원 5명) 위원 후보 5명 중 3명이 핵마피아 쪽 사람이다'라고 보도한 바 있는데, 결국 이 후보들 모두 위원으로 취임했다.

노다 총리는 '원자력규제위원회설치법 부칙 제2조 제3항'의 '국회 폐회 중 또는 중의원 해산으로 국회의 동의를 얻을 수 없을 때'에 '총리가 위원을 임명할 수 있다'라는 조항을 확대해석해서 국회의 동의 없이 이들을 임명했다. 이번 인사에 대해, 하토야마 전 총리를 비롯해 여당 내에서도 반대의견이 있어 국회의 동의를 얻는 것이 어렵다고 판단했기 때문이다.

위원 5명 중 추진파는 다나카 슌이치 위원장과 후케타 도요시, 나카무라 가요코 위원 3명이다.

규제위의 업무 중, 건설 중인 핵발전소의 안전확인이 있다. 규제위가 안전하다고 판단하면 후쿠시마사고 이후 중단된 공사가 재개된다. 규제위는 설치허가신청이 제출되면 안전심사를 하겠다고 표명한 바 있다. 이를 토대로 현재 건설 중 또는 계획단계에 있는 핵발전소 12기 중 적어도 네 회사의 7기가 앞으로도 추진될 것으로 예상된다(9월 21일 도쿄신문).

한편, 기존 핵발전소의 재가동을 위한 안전확인 작업에 관해, 다나카 위원장은 9월 24일 언론과의 인터뷰에서 "작년 말부터 올해에 걸쳐 추진됐던 안전평가(스트레스 테스트)의 결과를 심사하지 않고, 10개월 이내(내년 7월까지)에 정해질 새 안전기준에 입각해 판단하겠다"고 밝혔다. 더불어 이미 재가동 된 오오이핵발전소 부지 내에 활단층이 있다는 지적에 대해, "우리 눈으로 보고 판단하겠다"는 의사도 밝혔다.

동일본대지진 때에, 후쿠시마에서 활단층이 아니라고 판단됐던 단층이 움직여, 현재 모든 핵발전소 단층 점검작업이 진행 중이다.

오오이핵발전소는 1, 2호기와 3, 4호기 사이를, 'F6파쇄대'라 불리는 단층이 지나가고 있다는 사실이 알려져 있는데, 이것이 활단층일 수 있다고 일찍부터 지적되어 왔다.

규제위는 시마자키 구니히코 위원장대리와 외부 전문가 네 명으로 구성된 조사단을 조직했고, 조사단은 11월 2일에 현지조사를 통해 'F6파쇄대'의 위치를 확인하기 위해 간사이전력이 굴착한 부지 내 북단의 조사구 안에서 '지층의 어긋남'을 확인했다. 그러나 앞선 10월 31일, 간사이전력은 이것을 단순한 '산사태 흔적'으로 보고한 바 있다.

11월 4일 조사단 회의에서는, 이 '지층의 어긋남'이 국가내진설계심사지침에서 활단층으로 간주하는 12~13만 년 전 이후에 움직였을 가능성이 높다는 점에서는 의견이 일치했으나, 활단층인지 단순한 산사태 흔적인지에 대해서는 의견이 엇갈렸다. 활단층임을 주장하는 와타나베 미쓰히사 교수(도요대학)는, "기존 안전심사가 활단층을 '확인할 수 없다'는 것을 '활동하지 않고 있다'는 것으로 얼버무려 왔다. 이제 더 엄격하게, 더 안전을 고려하여 활단층의 정의를 내려야 한다"고 말했다. 더불어 "너무 앞서 (활단층이라는) 결론을 내리는 것은 위험하다"고 주장하는 타 위원에 대해 "(결론을 내리는 데) '아직 이르다'든가 '신중하게'라든가 하는 의견은 필요 없다. 이것은 무사태평한 학술조사가 아니다"라고 비판하며, 조속히 가동을 중단할 것을 촉구했다.

이번에 '지층의 어긋남'이 활단층으로 판단되면, 규제위는 오오이핵발전소 가동 중단을 요구하게 된다. 이번 판단이 규제위의 진가를 가늠해보는 기회가 될 것으로 보인다.

좌담회 "수도권 탈핵운동의 현황과 과제"

본지는 4·11 총선 이후 각 지역별로 전개되고 있는 반핵운동 '현안'과 '과제'를 점검해보는 연속좌담회를 기획했다. 지난 7월 부·울·경(부산울산경남), 8월 대·경(대구경북), 9월 전라도에 이어, 이번에는 수도권(서울, 경기)이다. 수도권은 가장 많은 전력을 소비하지만, 전력자급율은 서울 약 3%, 경기 약 25%(2011년 기준)에 불과하다. 또한 핵발전소에서 생산한 전력을 가장 많이 필요로 하지만, 핵발전소의 위협 등으로부터 가장 멀리 떨어져 있고, 반핵운동의 긴장감도 떨어진다. 이번 "탈핵운동의 현황과 과제-수도권" 좌담회는, 지난 11월 5일(월) 영등포의 음식점에서 진행했다. 당일 토론 내용을 요약·정리했다. 전문은 탈핵신문 홈페이지(http://nonukesnews.kr) 참조.

김준한(신부, 탈핵신문 발행인) : 전국 이슈에 매몰되지 말고, 수도권을 하나의 지역으로 놓고, 어떻게 운동하고 있는지를 개인 또는 단체의 입장에서, 구체적인 현장의 문제의식을 허심탄회하게 드러내 주면 좋겠다.

안명균

안명균(경기녹색당 운영위원장) : 수도권은 핵발전소로 인한 수혜만 받고 직접적인 위험은 느끼고 있지 않는 지역인 것 같다. 후쿠시마사고 직후 제정당, 생협, 시민단체 등이 함께하는 1천인 선언은 쉽게 됐고, 카톨릭에서는 더 폭 넓게 1만인 선언을 제안했다. 5천인 선언을 작년 여름경에 했다.

경기도는 도 단위 연대활동이 굉장히 힘들었다. 31개 시·군 지역으로 가야 시민과 밀착할 수 있고, 대중적 활동이 가능한데, 그런 흐름은 나타나지 않는 것이 현실이다. 시민을 만나는 것도 중요하지만 다른 방식 예를 들어, 서울의 버스들이 '원전1기 줄이자'는 서울시 정책을 붙이고 다니는 것과 같은 것도 중요하다. 안양시에서 '탈핵에너지전환 워크샵'을 진행했고, 수원시도 탈핵을 전면에 내건 전담부서가 생겼다. 부각되지는 않고 있지만, 지자체가 의견을 개진하는 것은 성과다. 이런 흐름을 확대시키면서, 시민단체, 녹색당을 비롯한 제정당들이 구체적인 실천운동으로 지역을 추동하는 것이 과제인데, 지금은 탈핵대통령이 필요하다. 최근에는 서명을 받고 있다.

이지언

이지언(서울환경운동연합 간사) : 에너지 분야 활동과 시민햇빛발전소 등을 담당하고 있다. 핵발전에 반대하며, 대안으로 시민들이 재생에너지를 경험하고 만져볼 수 있는 활동이 필요하다. 희망버스처럼, 도시사람들을 송전탑 현장으로 방문하게끔 하는 물리적 연대도 중요하지만, 많은 사람들을 모두 데려갈 수 있을까 싶기도 하다.

이현선(한살림 경기남부 이사장) : 한살림 경기남부는 총선 이후 탈핵강좌를 통해 핵의 위험성을 알게 됐고, 무엇을 할 것인가를 생각하게 됐다. 2012년 한살림 전체총회에서 '핵과 공존할 수 없다'는 탈핵선언을 했고, 올해의 주요활동으로 계획됐다.

후쿠시마사고 이후 한살림에서는 물품별로 방사능 검사를 해왔는데, 올 3월 표고버섯에서 방사능이 검출되었다. 먼저 물품공급을 잠정중단키로 하고 치열한 논의 끝에, 많은 조합원들의 의견을 수렴해 다시 한번 논의하자고 결론을 내렸다. 경기남부는 조합원들과 열심히 소통했다. 이런 경험은 경기남부도, 전체 한살림도 처음이었다.

조합원들은 압도적으로 '위험한 물품은 취급하지 않아야 한다'는 결론이었다. 경기남부는 불검출, 검출한계치 이하였다. 온몸을 부딪치면서 생산자와 한살림 중앙과 소통했다. 현재 한살림은 성인기준치 8베크럴, 영유아 4베크럴이지만(정부 기준치 100베크럴), 지역생협에 따라서 좀 더 강화된 결정을 할 수 있다. 경기남부는 불검출을 선택했다.

물품을 취급하지 않았으니, 향후 어떻게 계속 이어갈 수 있을까가 고민이다. 핵의 문제는 1~2년만의 문제가 아닌 지속적인 과제이다. 비상대책위를 상설기구로 전환해야 한다. 탈핵자료실을 갖춰, 동영상, 자료 등을 구비했다. 탈핵의 시대를 살아가면서, 그런 것을 찾아보고 이해할 수 있는 것이 필요하다.

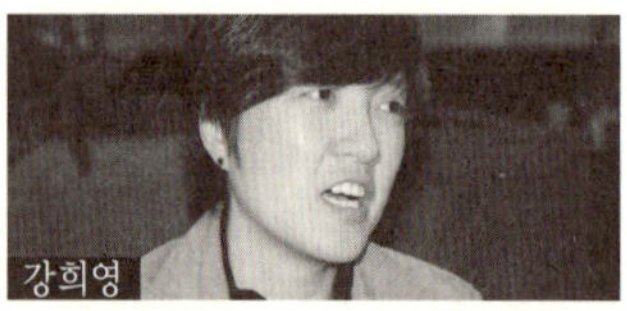
강희영

강희영(여성환경연대 사무처장) : 여성환경연대는 2005년도부터 에너지절약, 감수성 등을 고려해 '캔들나이트(촛불켜기)'를 진행했다. 후쿠시마사고 이후, 핵에 관심을 갖게 됐는데, 기준치, 방사능 등 너무 어려워 우리 스스로 공부하자는 목소리가 나왔다. 핵없는 사회를 위한 공동행동(이하 공동행동)은 70여개 단체로 구성되었는데, 조직을 기본으로 한 연대였지, 개인들이 참여할 공간은 없었다. 여성모임을 만들어보면 어떨까라는 생각으로, 탈핵을 꿈꾸는, 아이들에게 핵을 넘기지 않겠다는 여성을 중심으로 모였다. 예술가, 연구자, 주부 등 다양한 여성들이 모여, 관련 강의도 듣고 영화도 보고 6~7 차례 모임을 가졌다. 여름까지 진행하고 가을에는 진행을 못하고 있다.

배기봉(성동고 교사, 핵없는 세상을 위한 교사·학부모·학생연대) 전교조 내 환경에 관한 모임으로, 환경을생각하는전국교사모임과 초록교육연대 두 곳이 있다. 후쿠시마사고를 겪으면서, '핵 문제를 다루는 모임을 만들자'고 해서, 핵없는 세상을 위한 교사·학부모·학생연대(이하 핵없세)를 준비하고 있다. 핵없세 멤버들이 전문적인 지식을 갖추기 위해 '탈핵학교' 수강 등 공부중에 있다. 오랫동안 환경활동을 하고 있지만, 전교조 안에서도 환경문제는 이념적이지, 아직 미흡한 상황이다. 그래도 해나가야 한다고 생각해 11월에는 본격적으로 만들어 볼 계획이다(지난 12월 5일, 핵없는 세상을 위한 교사·학부모·학생연대가 출범했다-편집자 주).

김준한 : 부산·울산·경남은 현장이 확실하니, 광역단위의 연대고민이 많았다. 수도권은 조직간의 연대, 단체와 단체간의 연대에 대해 어떻게 생각하나.

안명균 : 수도권에서 진행해야 할 중요한 논의를 진행할 단위가 없다. 공동행동은 전국적 사안만을 다룬다. 지역별로 대안을 만드는 연대로 가면 좋겠다. 수원에서 종교계, 단체 등이 수원햇빛발전소를 추진하고 있지만 1메가와트에 6~7억을 투자해야 한다. 후쿠시마사고 이후 거의 2년이 흘렀는데, 지역운동으로서의 탈핵운동이 되기 위해서는 시·군으로 내려가야 하는데, 어떻게 조직하고 활동할 것인가를 고민하면 좋겠다. 지자체 등도 함께 고민해야 한다. 안양시는 공무원 700명을 모아놓고 탈핵강연을 했다. 공무원이 바뀌면 조금은 변할 것이다.

김익중 교수는 '우리가 핵발전소를 없애고, 태양과 풍력으로 생산해야 하는데, 멀쩡한 산, 논, 밭을 부수고 할 수 없다. 우리나라 6.4%가 도시다. 옥상, 주차장 등을 활용해 수도권에서도 전기를 생산하는 대안운동을 해야 감당할 수 있다'고 강조한다. 어떻게 시민발전을 시민참여로 전개할 것인가가 고민이다. 관련단체가 모여있는 공동행동이 관심있는 사람들을 모아 진행하면 좋겠다.

이지언 : 노원구 월계동 방사능 아스팔트 문제는 아직 규명되지 않았다. 원자력안전위원회가 진상규명하겠다고 했지만, 아직 발표하지 못하고 있다.

방사능물질인 세슘을 철강 등 비파괴검사에서 사용 중이며, 노동자 피폭 사건 등이 보고되고 있다. 후쿠시마 피폭 노동자 문제처럼, 산업방사능 문제 등은 노동계와 연계해 진행해야 할 과제이다.

핵물질의 이동여부가 유럽에서는 정보공개를 통해 알려지는데, 우리나라는 알려지지 않고 있다. 트럭으로 이동하다 전복사고라도 난다면 핵발전소 사고와 같이 돌이킬 수 없는 사고가 일어날 수 있다. 실제로 8~90년대 우라늄 물질, 고준위 핵폐기물이 서울 시내를 가로질러 이동했다. 하지만, 서울, 인천 시민들은 전혀 그런 정보를 접할 수 없었다.

이현선 : 경기, 인천, 서울에 국민의 절반이 살고 있다. 수도권의 특성을 갖고 연대하는 것은 필요하다. 전국단위의 연대도 필요하지만, 과연 얼마나 진정으로 탈핵운동을 필요로 하고 있느냐, 관건은 자기 조직에 뿌리를 내려가는냐이다. 또 한편으로 연대가 안되었다기보다, 조직 만들기에 급급하지 않았나. 조직의 목표와 연대의 목표가 동일시되어야 하는데, 이름만 내어서는 안된다.

안명균 : 시·군 단위로 만들어지지 않으면 효력이 없다. 시·군 단위에서, 시민단체 등이 '한번 해보자', 가령 100킬로와트짜리라도 해보자라고 시작해야 대안이 될 수 있다.

이현선

이현선 : 서울시는 방사능 검사까지 해준다. 좀 더 비슷하게 고민할 수 있는 사람들과 지역간의 연대가 필요하다고 생각한다. 안양의 경우 녹색당이 그런 프로그램을 하면서, 알게 됐다. 지역에서 연대하면서, 지역간에도 연대하면 힘이 실릴 것이다.

강희영 : 지역별 연대와 대안까지 고민하는 것에 공감한다. 영역별로, 생협, 교육 등 각 단체들도 잘 할 수 있는 역할들이 있을텐데, 전체로 하다보니 효율적으로 되지 않는 것 같다. 지역별, 영역별로 가야될 것이다. 여성단체도 탈핵에는 관심이 높아 함께 모임을 하고 있다. 대안학교 등도 관심이 없었는데, 하자센터 등은 열심히 하고 있다. 기존의 탈핵단체들 이외에, 그 외 단체들을 영역별로 유도하면 좋겠다.

지역별, 영역별로 정확한 정보를 공유하는 활동이 필요하다. 현재 활동가들을 중심으로 전자우편을 통해 정보공유가 되고 있는데, 공개용과 내부용을 구분해 확산될 수 있도록 방법을 고민해야 할 것이다.

배기봉

배기봉 : 핵의 위험성에 대해 아이들에게 많은 정보를 줘야하고, 지역에서 활동하시는 분들과는 연대해야 한다. 활동하다보면 지역에서 할 수 없는 한계가 있다. 이론적으로는 전문가들에게 정보를 받아야겠지만, 지역에서 그런 정보를 갖고 전달하는 것이 교육분야이다. 선생님들이 관심을 갖고 참여를 한다면, 아이들에게 이런 얘기를 해서 다음세대에서는 보편화될 수 있을 것이다. 하지만, 학생이 참여하기는 굉장히 어렵다. 참교육학부모회 등은 관심 있어 하지만, 대부분은 관심없는 상황이다. 참 희망적이지 않다.

▶11면으로 이어짐

원폭피해자특별법 제정 추진위 출범

전은옥 (합천평화의집 운영위원)

합천평화의집 제공

탈핵사회를 향한 시민들의 열망이 다양한 형태로 표출되며 거대한 파도처럼 출렁이는 현재, 67년이 지나도록 해결되지 못한 채 핵과 방사선이 남긴 큰 상처와 후유증으로 고통받아온 국내 원폭피해자와 2·3세 '환우' 들도, 그 피해실태 전모를 규명하고 생명과 인간됨의 권리를 되찾고자 범시민사회단체 및 종교계와 함께, '원폭 피해자 특별법 제정 추진위원회(이하 추진위)' 를 결성해 적극적인 활동을 펼치고 있다.

지난 9월 12일 출범한 추진위는 그 이름처럼 1945년 8월 일본 히로시마와 나가사키에 투하된 원자폭탄에 희생된 한국인 피폭자와 피폭 2·3세 환우들의 실태조사, 의료, 생계, 복지지원대책, 평화기념사업 등을 법제화하여, 67년이란 긴 세월동안 한국 사회에서 철저하게 버림받아 온 원폭피해자의 인권을 회복하는 것을 목표로, 한국원폭2세환우회 등 1·2세 원폭피해자단체와 종교계, 환경, 평화 등 13개 단체와 개인들이 참여하고 있다.

일본에서는 이미 1957년 원폭의료법을 제정하여 피폭자건강수첩발급과 건강진단, 의료급부를 실시하였고, 1968년 특별조치법을 제정해 피폭자에게 특별수당, 건강관리수당, 간호수당, 의료수당, 장례비 지급을 비롯해 수차례 개정을 통해 복지정책을 강화했다. 1994년 '국가의 책임으로' 피폭자에 대한 보건, 의료, 복지에 걸친 종합적인 원호대책을 강구하는 원호법을 제정하여 시행해 왔다. 뿐만 아니라 후생성과 히로시마시, 나가사키시 등의 중앙정부와 지자체 그리고 방사선영향연구소가 원폭 피폭자와 피폭2세에 대한 종합적인 실태조사를 장기간에 걸쳐 지속하고 있다.

그러나 한국에서는 원폭 투하로부터 67년이 흐르는 동안 정부가 나서서 피해 전모를 규명한 일은 전혀 없다. 2005년 17대 국회(조승수 의원 대표발의), 2008년 18대 국회(조진래 의원 대표발의)에서 원폭피해자와 피해자 자녀의 지원을 위한 관련 법안이 발의되었다가 폐기된 것을 제외하고는, 원폭피해자에 대한 어떤 법률도 논의되거나 제정된 역사가 없다.

그 사이 고령화한 피폭자들의 사망이 가속화되고, 원폭 피해 2세대마저도 고령화하거나 가난과 질병, 사회적 소외와 차별 속에 내던져진 채, 그 피해를 오롯이 개인이 감당해야 하는 실정이다. 그나마 원폭피폭 당사자는 한일 정부가 뒤늦게 의료지원과 건강관리수당 지급, 요양시설 건립 등 복지정책을 실시하고 있으나, 피폭2세에 대한 지원은 전무하다.

추진위는 19대 국회 입법활동과 동시에 당장 시급한 복지지원책 마련, 민간차원의 실태 및 역학조사, 증언집 발간, 다큐 상영회, 토론회와 공청회, 여론화를 위한 캠페인 등 다각적인 활동을 계획하고 있다. 또 추진위 참여단체도 더욱 확대해 특별법제정과 원폭피해 2·3세 환우들의 실질적인 인권 개선을 위한 활동에 힘을 기울일 예정이다.

2012년 현재 국내에 생존해 있는 원폭피해자 1세대의 숫자는 한국원폭피해자협회 등록자 기준으로 약 2,671명이며, 피폭자의 자녀인 2세의 숫자는 정확히 파악된 적이 없지만 대략 7천 5백명에서 1만 명에 이를 것으로 추산하고 있으며 이중 3분의 1 가량이 건강에 대한 불안을 호소하고 있고, 실제로 다양한 질병을 앓고 있는 환자들의 숫자도 적지 않다. 일제강점기하 강제동원 등으로 군사도시 히로시마, 나가사키에 휩쓸려 갔다가 원자폭탄에 의해 피폭된 '조선인' 의 수는 7만명에서 최대 10만 명으로 추정되고 있으나, 이중 약 4만 명이 피폭 직후 또는 그해에 사망에 이르렀다. 또 목숨을 건져 귀국한 생존자들도 병사, 한국전쟁으로 다수가 사망했다.

원폭 피폭으로부터 67년이 경과했다. 피폭 1세대가 살아있는 동안, 더 늦기 전에 원폭피해자들의 실태를 규명하고 피해자 후손에 대한 지원대책 마련을 서둘러야 할 때다.

▶10면에서 이어짐

김준한 : 탈핵의 로드맵, 목표는 어떠한가. 문재인의 '2060년 탈핵' 이 논란이 된 적이 있다. 탈핵에 대한 우리들의 생각과 차이를 발견하는 것도 중요하다고 생각한다.

안명균 : 녹색당은 2030년 탈핵이라는 입장이다. 이것은 '현재 건설중인 7개 핵발전소를 어떻게 할 것인가' 의 차이다. 녹색당은 99% 공정을 끝냈다고 하더라도 가동을 시작하면 안된다. 신규는 가동해서는 안된다. 현재 가동중인 핵발전소를 2030년에 끝내야 한다고 생각한다. 전문가들은 절약하고, 재생에너지를 대안으로 생산하면 가능하다고 이야기한다.

이현선 : 우리나라에서 핵문제를 의식한 것은 후쿠시마가 처음일 것이다. 한살림도 한참 후에 탈핵선언하고 방향을 잡아가는 중이다. 로드맵은 시기상조가 아닐까. 10월 20일 탈핵행사에 문재인 후보는 왔지만, 안철수 후보는 안왔다. 우리의 힘이 이런 정도라고 생각한다. 시민들이 경제민주화보다 '가장 먼저 탈핵입니다' 를 자신있게 얘기해야 하는데 그것을 이슈화하는 데 밀리고 있다. 우리가 시민들에게 탈핵의 절박함, 핵의 위험성을 알려주지 못했다고 생각한다.

안명균 : 사실은 먹고살기 힘드니까. 경제문제 이야기한다. 탈핵신문, 공동행동에도 요청한다. 현대자동자, 현대중공업, 르노삼성자동차, 물류담당 부산항 그 날로 못쓰는 고철된다. 30km안에 부산, 울산 등 핵심경제시설이 그곳에 있다. 우리나라가 망한다. 그것이 없어지는 순간, 모든 경제가 마비되고 아무것도 못하게 된다. '고리1호기 터지면, 우리경제 끝장입니다' 라는 것을 보여줘야 한다.

환경운동연합 활동을 하면서 탈핵이라는 말을 해 본적이 없다. 대중적 힘을 받은 적이 없다. 회원들 내에서도 저항이 있었던 주제인데, 위기감 때문에 변화했다. 대중적 반핵운동이 작년부터 시작됐다. 시민단체, 전문가의 주장이 아니라, 시민들이 다양한 방식으로 저항을 시작하고 있다. 똑같은 과정을 거쳐 10년만에 이룬 것이 친환경무상급식이다. 된다고 생각한 사람 없었지만, 현재 실현되고 있다.

큰 그림을 갖고 노동조합, 공무원 노조에서도 탈핵강연 해야 한다. 현대자동차 노조 공부 시작했다. 대중조직부터 광범위하게 교육과 문제의식을 공유하는 것이 필요하다.

배기봉 : 핵은 한방으로 죽으면 바로 보이지만, 서서히 죽어가면 위험성을 잘 느끼지 못한다. 고리1호기, 월성1호기 터지면, 모든 것이 마비되는 상황인데…. 부산, 경주 시민들도 '괜찮겠지, 안전하겠지' 라 한다. 원자력안전위원회에서도 정확한 정보를 안주고 있다. '한국핵기술이 일본보다 낫다. 사고 발생빈도가 일본보다 훨씬 낫다' 등. 사고를 감추고 드러내지 않으니까, 그렇게 잘못된 정보만 알고 있다.

결국은 권력의 문제다. 건설현장의 리베이트가 없다면, 이것을 짓겠느냐. 부패한 권력이 이것을 만들어낸다. 핵마피아가 있고, 우리 사회의 핵심적인 구조를 장악하고 있다. 이런 문제를 어떻게 알리고, 탈핵을 만들 것인가. 큰 싸움이고 기나긴 싸움일 것이다. 함께 힘을 합쳐가자.

강희영 : 로드맵보다는 노후, 신규, 건설 중인 것으로 구체적으로 구분해서 가면 좋겠다.

그리고 정보의 파급, 어떻게 정보를 가공할 것인가를 고민해야 한다. 1인당 에너지사용이 많다지만, 1인당 가구전력은 적게 사용하고 있다. 이렇게 많이 사용하는 것처럼 거짓정보를 흘리고 있다.

또 문화적 접근이 필요하다. 밀양 송전탑 싸움 할머니 같이 스토리(이야기)가 있으니 관심을 갖는다. 우리의 언어가 아니라, 시민의 언어로 소통하는 것이 필요하다고 느꼈다. 핵사고 나면 끝장난다는 것에 공감하고, 나아가 건강의 문제로 접근하는 방식도 필요하다. 내부피폭이나, 먹을거리의 안전성, 우리나라 공기, 토양 등의 오염으로 접근하는 것도 필요하다.

김준한 : 에너지로 접근하는 햇빛과 바람의 나라라는 결론이 너무 빨리 나왔다. 사람들과 소통하려면, 얼마나 위험한가로 접근하는 것도 필요하다. 독일의 한국인 블러그에서, "체르노빌 사고 시, 독일과 체르노빌의 거리는 1,300km, 한국과 일본은 900km인데, 한국인들은 불안해하지 않고, 불안감 조성하지 말라고 한다. 독일의 시민들은 샐러드를 먹이지 않았고, 애들이 모래밭에서 노는 것도 예민하게 반응했다" 고 한다. 독일은 핵이 얼마나 위험한가를 생활로부터 많이 느낄 수 있었기 때문에, 탈핵이 가능했다고 생각한다. 우리는 초기인데, 절절함을 얘기하지 않고 있다. 절실하고, 절절한 문제로, 그 중간 과정을 치열하게 가지 않고 있다.

미국 소고기 문제 때 유모차 부대가 나왔는데, 절절해서 나왔다. 도시에서도 핵의 위험성, 본질, 위급함을 알려주면 예민하게 접근하실 분들이 많다. 생협은 안전한 먹거리 쪽으로 접근하고, 급식과 일본산 방사능 수산물 등으로 접근해 물꼬를 터야 하지 않을까. 깨알같은 정보, 절박함 등이 있어야 탈핵이 가능하다. 단지 탈핵이 아니라, 생명과 평화, 평등의 문제이다.

이지언 : 핵발전의 대안이 뭐냐는 질문을 많이 받는다. 너무 쉽게 대안이 나온다. 중간이 빠져있다는 말에 공감한다. 그런 질문 프레임 '대안없는 반대' 에 계속 갇힐 것이 아니라, '반대하면 그 이후 대안은 찾아질 수 있다' 는 접근이 필요하다.

또 시민햇빛발전소처럼 재생에너지를 접할 시민공간도 필요하다. 초·중·고 97개 학교가 재생에너지를 사용하고 있지만, 교육적으로 활용되지 않고 있다. 단지 상품화되어 있을 뿐, 반핵에 대한 정보와 지식이 쌓여있지 않다.

김준한 : 2시간 이상 고생했다. 내부의 격론도 있어야 한다고 생각한다. 탈핵신문을 통해 촉발되고, 담아가면 좋겠다.

정리 윤종호 편집위원

월성1호기 사고 모의실험…72만 명 급성, 암 사망

이상홍 편집위원(경주환경운동연합)

설계수명이 만료된 월성1호기에서 체르노빌 핵발전소사고와 같은 거대사고가 날 경우, 최대 72만 명의 급성 및 암 사망자가 발생한다는 주장이 제기됐다.

급성 사망은 1년이내 사망자를, 암발생 사망은 50년에 걸친 장기 암발생 사망자를 뜻한다.

지난 12월 10일 환경운동연합 등은 울산과 경주에서 각각 기자회견을 열고, 월성1호기와 고리1호기 사고피해 시뮬레이션(모의실험) 결과를 발표하면서 이와 같이 주장했다.

월성1호기 거대사고 시, 피해 영향
(체르노빌급 사고)

바람방향	피난여부	인명피해	경제피해
울산시	×	급성사망 2만명 암사망 70만명 만성장애 165만명	362조
	○	급성사망 4천여명 암사망 9만명 만성장애 33만명	1,019조
대구시	×	암사망 29만명 만성장애 100만명	162조
	○	암사망 3만명 만성장애 12만명	779조
경주시	×	암사망 23만명 만성장애 62만명	194조
	○	암사망 6만명 만성장애 23만명	470조
포항시	×	암사망 20만명 만성장애 60만명	111조
	○	암사망 2만명 만성장애 9만명	252조

※핵발전소 사고평가 프로그램 SEO code(세오 코드) 활용, 월성1호기는 중수로형이지만, 가압수형 경수로 시나리오 적용

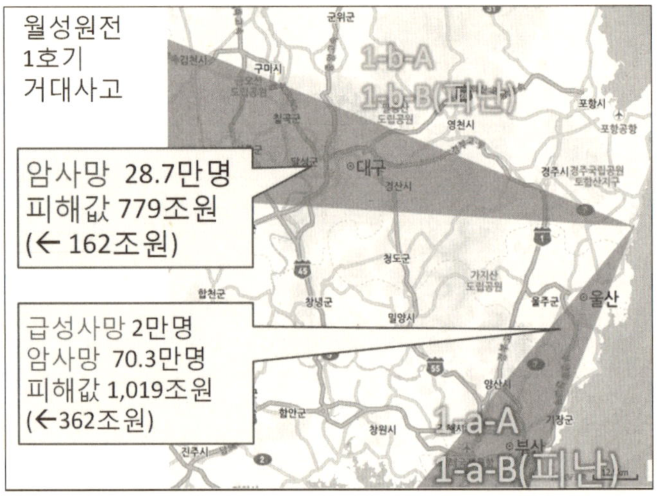

국내 첫 중수로로 사고피해 시뮬레이션 결과 발표

중수로를 대상으로 사고피해 시뮬레이션을 발표한 것은, 월성1호기가 국내 처음이라 많은 관심을 불러일으켰다. 환경운동연합은 중수로인 월성1호기에서 거대사고가 발생했을 때, '울산으로 바람이 부는 경우를 가정하고, 피난을 하지 않는 경우를 상정하면 약 2만명이 급성 사망하고 암 사망은 약 70만 3천여명' 으로 나타났다. 또 피난을 간다면, '급성 사망자가 4,313명, 암 사망자는 약 9.1만 명으로 대폭 줄어들어 인명피해에 의한 경제적 손실액은 줄어든다. 하지만 피난으로 인한 인적·물적 자본의 손해가 급증해 전체 경제적 피해는 1,019조원(2010년 명목 GDP의 87%)' 으로 대폭 늘어나는 것으로 나타났다.

울산 방향 바람 시…피난 못 가면 72만명 인명피해, 피난가면 1천조 경제피해

충격적인 사고피해 시뮬레이션을 접한 뒤, 피난을 가지 않는 것이 현실적으로 가능한지에 대해 의문을 제기하는 이도 있었다. 이에 대해 환경운동연합은 "인구 밀접지역인 울산북구의 경우, 북구청사가 월성1호기에서 17.5km 떨어져 있다. 그러나 울산북구는 원자력안전법이 정하고 있는 방사선비상계획구역(8~10km)에 포함되지 않기 때문에, 이곳 주민들은 일체의 방사능 안전교육, 피난훈련이 전무하고 방재물품, 약품 등도 없기 때문에 핵발전소 사고 시 적기에 피난이 쉽지 않을 것으로 보인다"고 답했다.

피난을 갈 경우는 최소 1,000조 이상의 경제적 피해에 대해, "피난을 갈 경우, 주민들이 경제활동을 못하게 되고, 현대자동차 등 울산공업지역 산업시설들이 가동을 중단함으로써 엄청난 경제적 손실이 발생한다"고 했다.

이는 시민들이 주목해야 할 지적인 것 같다. 실제 일본 후쿠시마핵발전소 사고에서, 일본 정부는 후쿠시마핵발전소 반경 20킬로미터를 피난구역으로 설정했다. 그러나 일본 국민들은 피난구역을 더욱 확대해 줄 것을 지속적으로 요구했지만, 정부가 부담해야 할 경제적 부담 때문에 피난구역을 확대하지 않고 있다. 월성1호기가 사고나면, 우리도 이런 딜레마에 빠질 가능성이 매우 커 보인다.

대구 방향 바람 시…암 사망 및 만성 장해 백만명 이상

또한 바람이 80킬로미터 떨어진 대구시 쪽으로 부는 경우, 대구시민의 급성 사망과 급성 장해는 발생하지 않을 것으로 예상되지만, 장기간에 걸친 암 사망자 29만명을 포함해 유전장애 등의 만성장해로 백만명이 넘는 인구가 고통을 받을 것으로 나타났다.

환경운동연합의 이번 사고피해 시뮬레이션은 일본의 핵발전소 사고 평가 프로그램인 SEO code(세오 코드)를 이용한 것으로, 세오 코드는 핵발전소 사고 시 인명피해를 수치화한 것으로 민간부분에서 일본 전역의 핵발전소사고에 따른 인명 피해를 조사하는 데 사용돼왔다.

한국수력원자력(주)은 환경운동연합의 이번 발표에 대해, 월성1호기는 체르노빌과 같은 사고를 일으키지 않고 만일 사고가 나더라도 외부로 방출되는 방사선량이 법적 허용치를 초과하지 않는다고 밝혔다. 이에 대해 환경운동연합은 노후핵발전소 월성1호기는 사고의 가능성이 있고, 지금 중요한 것은 정부와 한수원이 적극적인 사고피해 대응 매뉴얼 마련이라고 주장했다. 실제로 환경운동연합의 지적처럼 정부와 한수원은 사고피해에 대한 어떠한 시뮬레이션 결과도 아직 발표한 바가 없다.

탈핵신문

공동대표 김준한(발행인) 박혜령
운영위원 이대수 이헌석
편집위원 고노 다이스케 윤종호 이헌석 이지언
사무간사 황정화
배송·운영지원 에너지정의행동

(110-876) 서울특별시 종로구 숭인동 76번지 롯데캐슬천지인 지동 205호
문의전화 010-2881-6822, 02-702-4979
팩 스 02-704-4979
이 메 일 hjhlucia@hanmail.net
등록번호 종로라 00386
구 독 료 1년 2만원 / 1부 1천원

2013년 3월호 (제6호) 2013년 3월 4일 월요일 www.nonukesnews.kr

새로운 탈핵운동을 지향하며

김준한 발행인 (신부, 남밀양성당)

새롭다는 이야기는 언제나 무거운 책임감으로 다가오기 마련입니다. 제대로 된 정세 분석과 계획도 없이 대단히 감성적이고 무차별적인 구호로 새로움을 외친다는 것은, 분명 그 자체로 식상한 일입니다.

그러나 지난 후쿠시마 사고 뒤 우리가 몸소 겪은 한반도의 상황은 분명 탈핵을 통해 새로운 지평이 열렸다고 할 만한 것이었습니다. 비로소 탈핵에 대한 열망이 소수 전문가의 몫이 아니라 더 나은 세상, 안전한 세상을 꿈꾸는 시민의 것이 되었다고 할 수 있습니다.

바로 이 지점에서 탈핵신문은 처음의 열정을 잊지 않으면서 새롭게 거듭나려 고민에 고민을 하고 있습니다. 그 고민이 탈핵운동에 직접적으로 참여하는 소수의 담론으로 머물지 않기를 바라는 마음으로, 새롭게 지면을 정리하고 많은 독자의 쓴소리에 귀를 기울이고자 합니다.

탈핵신문은 그 출발이 미약하기 그지없었습니다. 당연히, 그 존재를 아는 분들도 몇 되지 않았습니다. 그러나 우리가 이 상호소통의 인터넷 시대에 굳이 종이신문을 낸 까닭은, 탈핵운동의 역사를 체계적으로 정리하고, 핵발전소로 말미암은 싸움과 고민의 현장에서 손에서 손으로 전달되어 인터넷을 통한 정보보다는 좀 더 차분하게 읽히고, 더딜지라도 좀 더 진지하게 소통하기 위해서입니다. 이렇게 더디고 아날로그적인 방식이 독자들에게 답답하게 느껴지겠지만, 탈핵이 한두 해 만에 결판날 일이 아니라 마침내는 우리의 삶의 방식, 구체적으로는 정의롭고 지속 가능한 에너지 문화 구현을 통해서만 이루어지리라 믿기에 쉼 없이 한 걸음씩 나아가려고 합니다.

그렇다고 시대의 흐름을 거슬러 고색창연한 방식을 고집하겠다는 말은 결코 아닙니다. 오히려 정확하고 분석적인 기획기사를 비롯해, 삶의 현장에서 탈핵을 고민하는 분들의 구체적인 목소리를 실어내는 인터뷰나 기고, 핵과 관련한 단순하지만 정확한 통계자료, 그리고 다양한 문화적인 코드 속에서 탈핵의 감수성을 키워갈 방법을 제시하는 꼭지 등을 선보이고자 합니다. 물론 이러한 지면 구성은 독자들과 쌍방향으로 소통하고자 하는 저희 나름의 노력이며, 지금까지의 기사에 대한 반성이기도 합니다. 또한 핵발전소로 인해 지금 현재 싸움의 현장에 있는 지역들이 있기에, 그분들의 목소리를 드러내는 것도 계속 이어가고자 합니다.

이러한 저희의 노력이 독자들에게 어떤 식으로 비칠지 알 수 없지만, 탈핵을 위한 모든 이의 고민의 현장에 탈핵신문이 함께할 수 있다면 좋겠습니다. 새로운 정권, 그 5년이 시작하는 마당에 우리는 모두 큰 도전의 기로에 서 있다고 생각합니다. 어쩌면 탈핵을 위한 단 한 번의 강하고 거대한 타격의 방법이 있을지도 모릅니다. 하지만 지금 우리에게 주어진 효과적인 방법은, 지치지 않고 저변을 확대해 핵으로부터 자유로운 세상을 꿈꾸는 이들과 연대해 나가는 것이리라 생각합니다. 바로 그 길에서 탈핵신문은 중심이 아니라 놓칠 수 없는 연대의 한 축으로서 한 몫을 담당하고자 하오니 지속적인 관심과 날카로운 비판을 마다하지 말아 주시기를 바랍니다.

그동안 부족한 탈핵신문에 관심을 기울여주신 많은 독자 분들에게 감사드리며, 다시 새롭게 힘을 모아 탈핵을 향해 나아가도록 하겠습니다.

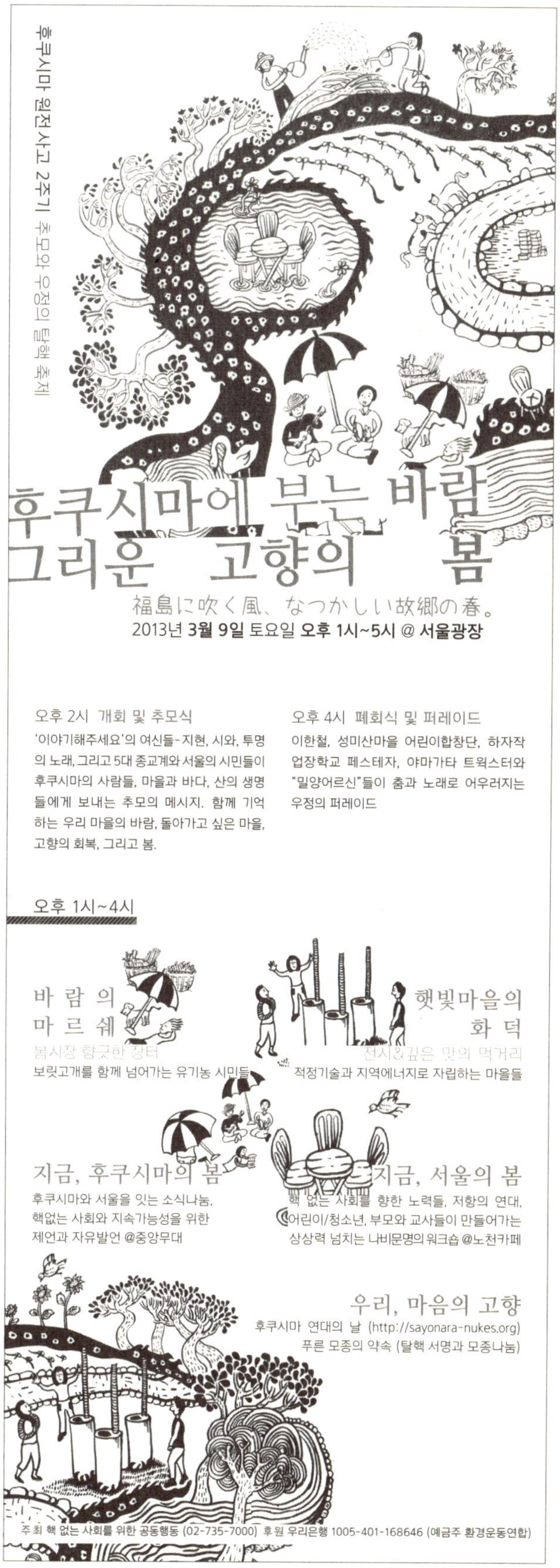

작년 한해 탈핵신문을 응원해 주신 여러분께 감사드립니다!

이 땅에서 핵을 몰아내고, 자연과 평화의 에너지를 찾아가는 길에 앞으로도 여러분과 함께 하겠습니다. 탈핵을 향한 한 걸음, 탈핵신문 발기인과 후원자, 또 구독자로 함께 해주신 여러분께 감사의 인사드립니다.

〈개인〉 강도은, 강보라, 강윤선, 강정자, 고노 다이스케, 고성원, 구미현, 곽빛나, 곽재순, 권기성, 권기수, 권순도, 권순호, 권승문, 권영구, 권영길, 권영태, 권은희, 김경석, 김경아, 김경태, 김경희, 김길곤, 김동훈, 김미화, 김민정, 김병수, 김복녀, 김사례, 김상미, 김선주, 김성앙, 김영규, 김영훈, 김위철, 김윤정, 김윤태, 김익중, 김인한, 김정희, 김제남, 김종대, 김종섭, 김준한, 김중수, 김진옥, 김진천, 김창신, 김현우, 김홍기, 노완호, 노진철, 노희철, 니시오 바쿠, 마경만, 문정선, 민동화, 민승현, 민은영, 박경숙, 박맹수, 박상은, 박승준, 박일헌, 박정호, 박정호, 박종훈, 박주미, 박준하, 박진영, 박진희, 박홍렬, 박혜령, 방래혁, 배수철, 배용복, 배윤숙, 백영민, 백현석, 복진두, 서보경, 서성란, 서종범, 손성문, 송대원, 송호민, 신동수, 신동화, 신인선, 신학희, 심수은, 안미선, 안재훈, 양기석, 양돌규, 엄강섭, 엄열, 염광희, 염철호, 오경미, 오수길, 오카다 타카시, 오하라 츠나키, 우에타 지로, 원혜경, 위정복, 유숙희, 유영일, 유윤희, 유이규, 유창렬, 윤여림, 윤종호, 윤진숙, 윤회자, 윤희만, 윤희연, 이경수, 이광우, 이권희, 이금자, 이계삼, 이남우, 이대수, 이동근, 이동원, 이동화, 이마나카 데츠지, 이병창, 이보학, 이상홍, 이서영, 이선원, 이성홍, 이숙경, 이영훈, 이옥진, 이요한, 이용길, 이우정, 이원영, 이원용, 이은주, 이의철, 이지언, 이진섭, 이준택, 이헌석, 이현서, 이현숙, 임미옥, 장명화, 장시원, 장은복, 전영, 전은옥, 정봉수, 정성종, 정수근, 정수희, 정영국, 정유선, 정유진, 정침귀, 정현걸, 정홍상, 조관제, 조성제, 조이여울, 조태경, 진상현, 진해권, 진해숙, 차귀선, 천현진, 채진영, 최규승, 최민자, 최설아, 최혜진, 타카노 사토시, 하승수, 한길자, 한면희, 한윤식, 한충기, 한혁준, 한현욱, 허경자, 허헌도, 홍덕화, 홍순계, 황이화, 황정화

〈단체〉 가톨릭환경사목위원회, 경북녹색당, 경주환경운동연합, 공갈못문화재단, 광주전남녹색연합, 구미풀뿌리, 기독교환경운동연대, 녹색당, 녹색연합녹색에너지디자인, 농촌살림연구, 대구가톨릭신문사, 대구녹색당, 대구녹색소비자연대, 대구생협, 대구대교구 정의평화위원회, 대구행복생협, 대구환경운동연합, 대학생나눔문화, 도서출판 한티재, 동네마실방 뜰, 마창진환경운동연합, 모심과살림연구소, 밀양송전탑대책위, 반핵변호사회, 반핵부산시민대책위, 반핵의사회, 빈터사제단, 성베네딕도의 집, 부산YWCA, 부산녹색연합, 부산에너지정의행동, 부산환경운동연합, 산들바다공동체, 삼척핵발전소반대투쟁위원회, 상주생명의공동체, 서울가톨릭신문사 취재부, 성가복지병원, 성가소비녀회, 성모자애보육원, 성바오로딸수녀원, 수원칠보산자유학교, 생태지평, 안동생명의공동체, 안동가톨릭농민회, 에너지정의행동, 영덕핵발전소백지화투쟁위, 영주생명의공동체, 예수살이공동체, 예수의작은자매회, 올리베따노성베네딕도수녀회, 울산환경운동연합, 전북녹색연합, 전주의료소비자협동조합, 점촌생명의공동체, 포항환경운동연합, 한국YWCA연합회, 한살림경북북부지부, 한살림경기남부지부, 한살림서울북부지부, 한살림전북, 한울안신문, 환경운동연합안동지회, 핵발전소안정성확보를위한영광공동행동, JPIT위원회

반쪽으로 끝나버린, 전력수급기본계획

▲지난 2월1일, 한국전력공사 대강당에서 개최될 예정이던 제6차 전력수급기본계획 공청회가, 전력수급기본계획의 문제점을 제기하는 시민단체, 지역주민들의 기습 시위로 무산됐다.

〈쟁점과 분석〉

지난 2월 25일, 지식경제부는 제6차 전력수급기본계획을 공표했다. 민간발전사업자들의 이전투구, 핵발전·화력·조력발전과 송전탑 등 전원시설 인근 주민들의 반대, 공청회 무산, 거기에 '전력계획을 인정할 수 없다'는 이례적인 환경부의 반발까지, 제6차 전력수급기본계획은 사상 유례없는 논란의 중심에 있었다.

원래 전력수급기본계획은 해당업계 종사자나 지역주민들의 관심사여서 전문지들만 열심히 취재할 뿐 큰 주목을 받지 못했다. 하지만, 이번 제6차 전력수급기본계획은 논란이 확대되면서 지난 1,2월 내내 뉴스꺼리를 몰고 다녔다.

본격적인 민간발전사업자의 시장 진출

지난 전력계획들과 이번 제6차 전력수급기본계획의 가장 큰 차이는, 민간발전사들이 대거 발전시장에 뛰어들 발판을 마련했다는 것이다.

2002년 전력산업구조개편 시, 한전 이외의 민간회사도 발전시장에 참여할 수 있도록 '시장 개방' 조치를 하였지만 이 비중은 그리 높지 않았다. 하지만 민간발전비중은 2005년 4.1%, 2010년 8.3%를 거쳐 2011년 10.8%를 넘는 등 최근 몇 년 사이 급격히 증가하고 있다.

또한 발전공기업은 정산조정계수(발전원별 이윤을 제한하는 제도)를 도입하여 이익을 5%내외로 제한하고, 초과이익을 한전에 되돌려줌에 비해 민간회사들은 이런 규정을 받지 않아 엄청난 영업이익을 거두고 있다. 대표적으로 SK E&S의 경우 작년 3분기 누적영업이익이 6135억원으로 2011년 대비 500%가 늘었는가하면, 같은 기간 포스코 2015억(전년도 대비 80% 증가), GS EPS 1057억원(전년도대비 79.1% 증가)의 이익을 거두고 있다.

연도별 국가 온실가스 총배출량 추세
자료 : 온실가스종합정보센터

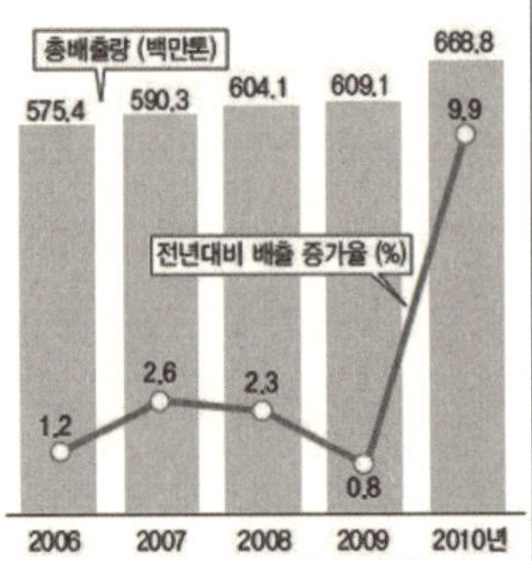

상황이 이렇다보니, 제6차 전력수급기본계획에 건설의향을 제출한 민간업체와 발전소 개수만 23개사, 63기에 이른다. 발전소 용량으로 따지면 57,265MW, 핵발전소 57기 용량이다.

그 중에는 전북 김제의 '내륙형 석탄화력발전소' 처럼 연료수송이 어려운 지역조차, 신청이 이뤄지는가하면, 삼척에만 모두 6개 민간업체가 각각 화력발전소와 핵발전소를 신청하는 말 그대로 '묻지마 신청', '민간발전 열풍'이 불었다. 뒤늦게 정부가 민간기업에도 정산조정계수를 적용하겠다는 입장을 밝히긴 했지만, 당분간 발전시장의 민간업체 진출과 전력요금 인상, 지역주민과의 갈등 등 부작용은 계속 이어질 것으로 예상된다.

유보된 과제 : 핵발전, 송배전망, 그리고 온실가스 감축 목표

제6차 전력수급기본계획의 또 한가지 특징은 매번 핵심 논쟁사안이었던 핵발전과 송배전망 계획을 아예 계획에 포함시키지 않았다는 것이다. 이들 문제는 대통령 선거에서도 핵심 쟁점이었고, 국민적 관심이 높은 사안이기에 더 많은 논의시간이 필요한 것은 사실이다. 하지만, 제6차 전력수급기본계획의 수립기한이 2012년이었고, 그 기한을 넘겨 올 2월에 계획을 발표하면서 핵발전, 송전탑 계획은 8월 이후 발표한다고 밝힌 것은 무언가 앞뒤가 맞지 않는 대목이다.

● 국내 핵발전소 현황

본부	호기	시설용량(만kW)	비고
고리	1호기	58.7	
	2호기	65	
	3호기	95	
	4호기	95	예방정비
신고리	1호기	100	
	2호기	100	
	3호기	140	건설 중
	4호기	140	건설 중
월성	1호기	68	수명연장 심사 중
	2호기	70	
	3호기	70	
	4호기	70	예방정비
신월성	1호기	100	
	1호기	100	시험운행 중
영광	1호기	95	
	2호기	95	예방정비
	3호기	100	제어봉 안내관 균열
	4호기	100	
	5호기	100	
	6호기	100	
울진	1호기	95	
	2호기	95	
	3호기	100	
	4호기	100	증기발생기 세관 결함
	5호기	100	
	6호기	100	
신울진	1호기	140	건설 중
	2호기	140	건설 중

23기 운행 중(6기 가동 중지)
1기 시험운행 중
4기 건설 중

이처럼 복잡한 구성을 갖는 것은 전력수급기본계획의 상위계획인 국가에너지기본계획이 올해 다시 수립되기 때문이다. 큰 틀이 확정되지 못했으니, 세부계획을 논의하기엔 너무 이른 것이다.

이러한 측면에서 올해는 각종 에너지 현안들이 복잡하게 얽혀 또다시 논쟁을 일으킬 것으로 예상된다. 특히 환경부가 온실가스 감축 목표를 이유로 제6차 전력수급기본계획을 인정할 수 없다는 입장을 고수하고 있는 것은 이 논쟁의 주요한 변수이다.

이명박 전 대통령은 '저탄소 녹색성장'을 자신의 주요한 국정운영 목표로 천명했으나, 오히려 온실가스 배출량은 늘었다. 최근 환경부 온실가스 종합정보센터의 발표에 따르면, 2010년 우리나라의 온실가스 배출량은 668.8백만톤으로 전년대비 9.9%가 증가했다. 이는 2009년 0.8%, 2008년 2.3%의 증가율을 기록했던 것과 비교할 때 가히 급증한 수치이다. 이러한 상황에서 주무부서인 환경부는 석탄화력발전소 증가를 좌시하지 않겠다는 입장을 내놓은 것이다.

전력소비가 선진국수준으로 떨어지지 못하고 계속 늘고 있는 상황에서 화석연료와 핵발전, 그리고 송변전설비 증설을 둘러싼 갈등이 2013년을 가득 메울 것으로 예상된다.

이헌석 편집위원(에너지정의행동 대표)

탈핵 그림판

박홍렬

한국의 핵무장론, 어떻게 볼 것인가?

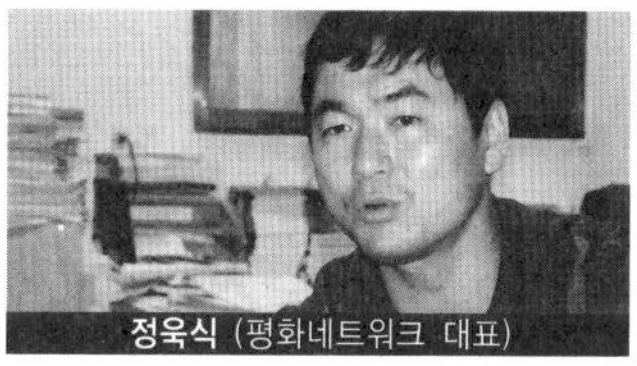

북한의 3차 핵실험을 계기로 또 다시 한국의 독자적인 핵무장론이 고개를 들고 있다. 과거에도 핵실험은 있었지만, 이번에는 결이 다르다. 우선 '핵보유국 북한'이 현실로 다가오고 있다. 북핵 위협이 과거와는 질적으로 달라지고 있는 것만은 분명하고, 이는 '눈에는 눈, 핵에는 핵'이라는 한국 핵무장론의 인식론적 토대가 되고 있다. 또 하나는 한미 원자력 협정 개정이다. 이명박 정부는 물론이고 박근혜 정부 역시 이 협정을 개정해 재처리 능력을 확보하려고 한다. 공교롭게도 2014년이 개정 시한인 원자력 협정 문제는 북한의 핵과 로켓 능력 강화와 궤를 같이하고 있다.

그렇다면, 한국의 핵무장은 가능하고 타당한 발상일까? 우선 독자적 핵무장론은 '미국 핵우산을 믿을 수 없다'는 불신을 바탕에 깔고 있다. 한미동맹은 전형적인 '안보와 자율성의 교환' 모델이다. 미국으로부터 안보를 보장받는 대신에 정책 자율성, 즉 주권의 일부를 양보한다는 것을 전제로 한 동맹이라는 것이다. 그런데 한국이 미국 핵을 믿을 수 없으니 독자적으로 핵무장을 하겠다는 것은 곧 미국에게 동맹을 깨자는 메시지를 전달하는 것과 마찬가지이다.

그리고 한국이 핵무기를 만들 수 있는 능력과 여건도 녹록치 않다. 핵무기를 개발하려면 우라늄 농축이나 플루토늄을 생산하는 재처리 시설이 있어야 한다. 여건상 고농축 우라늄 방식은 대단히 어렵다. 핵 개발에 착수하는 순간, 원전 가동에 필요한 우라늄 수입을 금지당할 것이기 때문이다. 이에 따라 1만톤에 달하는 사용후 연료봉을 재처리해 플루토늄을 추출하는 것을 대안으로 생각해볼 수 있다. 그러나 이 역시 대안이 되기 어렵다. 미국이 한국의 재처리 시설 보유에 동의할 것인지도 불확실하지만, 설사 동의해 주더라도 핵무기화하는 데에는 여러 가지 제약이 따를 수밖에 없다. 지역 주민과 환경 단체들의 반발로 재처리 시설 입지 선정부터 상당한 난항을 겪게 될 것이다. 또한 실질적인 핵무장을 위해서는 수차례의 핵실험이 필요한데, 과연 좁은 영토에 5천만명이 모여사는 대한민국에서 지하 핵실험장을 건설하고 실제 실험을 감행할 수 있을까.

국제사회의 제재로 인한 경제적 피해도 어마어마할 것이다. 우선 '전력 대란'을 각오해야 한다. 다량의 우라늄 광산이 있는 북한과 달리 한국은 농축 우라늄을 해외에서 수입해야 한다. 그런데 만약 한국이 핵무장에 나서면 가장 먼저 받게 될 제재가 바로 우라늄 금수 조치이다. 자체적인 핵연료 저장량이 넉넉하지 않은 한국으로선 비자발적인 '원전 제로'를 감수해야 한다는 의미다.

'의료 대란'도 불가피하다. X레이, CT 촬영, 항암 치료 등 현대 의학은 방사성 동위원소에 크게 의존하고 있기 때문이다. 무역의존도가 85%에 달하는 한국은 국제 금융시장과 신용평가사의 움직임에 대단히 민감하다. 북한처럼 우라늄 광산이 있는 것도 아니고, 이란처럼 석유 매장량이 풍부한 것도 아니면서 한국은 이들 나라보다 훨씬 국제경제에 깊숙이 편입되어 있다. 이는 곧, 핵무장 시도 시 한국이 치러야 할 경제적 비용이 북한이나 이란과는 비교하는 것조차 무색할 정도로 막대할 것임을 뜻한다. 결국 한국은 핵무장 추진 시 엄청난 비용을 치르고 백기 투항할 수밖에 없다.

설사 모든 제약을 극복하고 엄청난 비용을 감수해서 핵무장에 성공하더라도 과연 실효가 있을지도 의문이다. 핵무장론자들은 '공포의 균형'을 통해 북핵을 포기시킬 수 있다고 주장한다. 그러나 1만개 안팎의 핵을 갖고 있는 미국도 핵 위협을 통해 북한을 굴복시키는 데 실패했다. 오히려 북한은 미국의 핵 위협을 핵무장의 빌미로 이용했다. 그런데도 한국이 몇 개의 핵무기, 혹은 핵무장 잠재력을 갖춰 북한을 굴복시킬 수 있다는 발상은 과연 타당한 근거가 있는 것인가?

일부 정치인들과 안보전문가들, 그리고 언론인들은 희생을 무릅쓰고 용단을 내려야 한다며 핵무장론을 부추긴다. 그러나 그건 용단이 아니라 만용이다.

정욱식(평화네트워크 대표)

자민당의 압승과 일본탈핵운동의 과제

2012년 12월 16일, 일본 중의원 총선 결과, 자민당이 294석을 차지하며 압승했다. 공명당의 의석(31석)과 합쳐 325석, 전체의 2/3를 넘는 거대 연립여당이 탄생하게 된 것이다. 한편, 여당이었던 민주당은 57개 의석으로 파멸적 패배를 당했다.

탈핵운동이 고조된 이후의 총선이었는데도 왜 핵발전을 추진하는 자민당이 압승했는가? 일본 탈핵운동의 후퇴와 국민의 관심 저하를 의미하는가? 이번 선거 결과를 분석하며 일본 탈핵운동의 과제를 찾고자 한다.

선거제도 결함이 초래한 자민당 압승

자민당의 압승은, 국민의 지지가 아니라 소선거구 비례대표제(소선거구 의석 300, 비례대표 의석 180)라는 잘못된 선거제도 덕택이었다. 실제 득표수를 보면 자민당은 지난 2009년 총선에 비해 비례대표에서 219만 표가 줄어 1622만표, 소선거구에서도 166만 표가 줄어든 2564만 표였다. 득표율은 각각 27.6%와 43%로 약간 높아졌지만, 참패를 기록했던 지난 총선보다도 득표수 자체는 줄었다. 그런데 이번에 소선거구에서 자민당이 차지한 의석은 237석이다.

다시 말해, 43% 득표율로 79% 의석을 잡았다. 59.3%라는 패전 후 최저를 기록한 투표율에다 소수의 특정한 인물들을 중심으로 운영되어, 강력한 인물 하에서는 막강한 세력의 정당이 되었다가도 그 인물이 사라져버리면 정당도 함께 사라져버리는 포말정당(泡沫政黨)이 난립했기 때문에, 국민의 기대와 지지가 낮은데도 조직력이 있는 자민당이 소선거구에서 이길 수 있었을 뿐이다. 사실 소선거구에서 사표(死票)는 약 3730만 표로, 56%에 달했다. 과반수의 민심이 소선거구 투표 결과에 반영되지 못한 것이다.

모든 정당 '탈핵' 표명, 큰 차이 없어…

핵발전 정책에 관심이 높았기 때문에 대부분의 정당이 '탈핵'을 내세웠고, 이것이 탈핵을 가장 중요시하는 유권자들의 표를 분산시킨 것으로 보인다. 자민당마저 후쿠시마에서 '탈원전!'이라는 전단을 배포했을 정도다. 물론 꼼꼼히 각 정당의 탈핵정책을 검토해 보면 그 차이를 찾을 수 있지만, 대개의 국민들에게 "결국 모두 다 탈핵이네"라는 인식을 갖게 했다.

한편, 실제로는 탈핵이 쟁점이 되지 못했다는 지적도 있다. 디플레이션 불황과 개선되지 않은 고용으로 인한 어려운 생활, 게다가 한국 및 중국과의 외교관계 악화, 북한 미사일실험이라는 불안 등, 핵 추진파지만 이러한 위기를 극복할 수 있는 '강한 일본'과 '개혁'을 표방하는 자민당이나 일본유신회에 표가 모였다는 것이다. 12월 13일 아사히신문 여론조사에서, '투표 시 중시하는 것은?'라고 삼자택일의 질문을 하자, 61%가 '경기대책', 16%가 '탈원전', 15%가 '외교 안전보장'이라고 답했다.

자민당 압승해도 민심은 탈핵?

탈핵 진영에서는 이번 자민당 압승을 그렇게 비관적으로 생각할 필요 없다는 의견도 있다. 일본미래당의 이이다 데츠나리 전 대표대행은 "핵발전추진정당(자민과 유신)의 2890만 표에 비해 탈핵정당(민주, 공명, 민나노, 미래, 사민, 공산)은 3050만 표로 역시 국민은 '탈핵'을 택한 것으로 봐야 한다"며 결과적으로 자민당이 압승했으나, 전체 득표수를 보면 국민이 탈핵의 뜻을 보였다는 견해를 밝혔다.

「탈원발신문」의 니시오 바쿠 편집장도 "자민당정부가 돼도 그렇게 쉽게 핵발전 추진으로 돌아갈 수 없다. 원자력규제위원회도 오히려 독립성을 강화하는 움직임을 보일 것이다. '발전소 주변지역'의 범위가 크게 확대됐기 때문에 주변지자체가 핵발전소를 포위해서 재가동하지 못하게 하는 게 필요하고 그것이 충분히 가능하다고 본다"라고 밝혔다.

실제로 원자력규제위원회는 올 7월이 돼야 핵발전소 재가동을 위한 새 기준을 만들고, 그 후에도 1년 정도 심사를 거쳐야 하므로 자민당정부가 출범해도 곧 재가동할 순 없을 것이다. 가령 원자력규제위원회를 무시하고 재가동하려면 지지율이 급속히 떨어질 것을 자민당도 우려할 것이다. 이 자체가 고조된 탈핵운동의 성과라 할 수 있다.

자민당정부 아래, 향후 탈핵운동의 과제

그렇다고 낙관할 순 없다. 자민당의 압승에는 소선거구제라는 제도적 결함 외에도, 탈핵시위라는 고조된 '거리의 정치'에도 불구하고 정당정치 차원에서 충분히 뭉쳐서 싸우지 못한 한계가 있기 때문이다. 총리관저 앞 탈핵시위는 '여론을 가시화'하기 위해 '재가동 반대'라는 개별 이슈를 따랐다. 그 결과 '재가동 반대'라는 단순하고 쉬운 메시지 덕분에, 반원전운동에 부정적인 이미지를 갖는 일본 시민들의 참가를 쉽게 해, 탈핵운동을 대중화했다는 것은 사실이다. 그러나 핵발전 문제가 전 사회적 이슈로서 노동문제, 군사문제, 산업구조문제, 도시와 지역의 격차문제 등 다양한 문제와 얽혀있는데도 '재가동 반대'만을 외친다는 것은 한계가 있었다. 나는 거리에서 펼쳐진 탈핵시위가 '여러 단체들, 투쟁의 현장과 폭넓게 연대하지 못하고, 정책적으로도 깊이 있는 운동이 되지 못했다'는 지적에 공감한다.

마지막으로 '향후 일본 탈핵운동이 어떻게 나아가야 하는지'에 대해, 단초가 될 만한 내 친구의 말을 소개한다. "2012년 5월부터 약 두 달 동안 모든 핵발전소가 가동을 멈췄다. 그렇다고 생활은 달라지지 않았다. 그리고 재가동 이후에도 아무런 변화가 없었다." 다시 말해 '핵발전 없는 세상'이 이루어지는 것만으로는 일본 사회의 변화를 실감할 수 없었다는 것이다. 핵발전에 관련된 모든 문제를 하나하나 캐내고 각계각층 사람들과 토론을 거듭하고 연계하면서 핵발전이 없어짐에 따른 변화를 예감하게 해 주는 운동, 핵발전이 없는 세계가 지금보다 훨씬 좋은 사회라는 상상을 하게 해 주는 운동이 더 필요하지 않을까. 그렇지 않으면 결국 '경기를 회복시켜서 생활을 안정하게 한다', '외국의 위협에 의연하게 맞서는 강한 일본'이라는 헛된 변화에 대한 기대와 욕망을 이길 수 없을 것이다.

타카노 사토시(에너지정의행동 활동가)

후쿠시마 제1핵발전소 현황 (건물 내의 방사선량은 지금까지의 계측치)

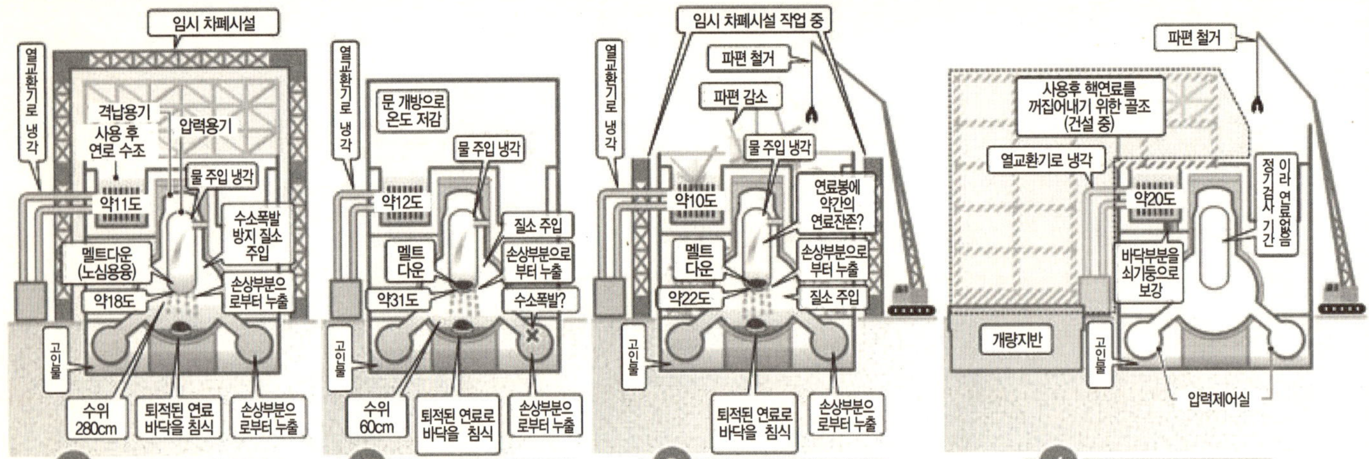

1 호기 〈건물내〉 시간당 23~1만1100 밀리시버트, 〈오염수〉1만3800톤

2 호기 〈건물내〉 시간당 5~7만2900 밀리시버트, 〈오염수〉2만2600톤

3 호기 〈건물내〉 시간당 10~1600 밀리시버트, 〈오염수〉2만2100톤

4 호기 〈건물내〉 시간당 0.1~0.5 밀리시버트, 〈오염수〉1만7100톤

●1호기 ▲원자로 건물 크게 파손 ▲대기 방출을 막기 위해 덮개 설치(2011년 10월). ●2호기 ▲압력억제수조 파손. ●3호기 ▲원자로 건물 가장 크게 파손 ▲우라늄과 플루토늄의 혼합(MOX, 독성이 강함) 연료 사용 ▲2012년 9월에 연료 저장조에 철골이 떨어져 12월까지 쓰레기제거작업이 중단됨 ▲대기 방출을 막기 위해 덮개 설치공사 진행 중. ●4호기 ▲사고 시 정기점검으로 원자로 연료 없었음 ▲3호기에서 흘러온 수소로 폭발 일어나 원자로 건물 크게 파손됐다고 하나, 왜 폭발했는지 진실은 해명되지 않았음 ▲사용후핵연료 저장수조에 가장 많은 연료가 저장되어 있고, 붕괴될 가능성 제기됨.

※핵연료는 물에서 꺼내자마자 그 주변에 있는 사람이 즉사할 정도로 위험함. 따라서 핵연료를 옮기는 일은 엄청나게 어려운 작업일 수밖에 없다.

마음을 새롭게 하고, 탈핵으로 한 걸음 나아가자

야마구치 유키오
(일본 원자력자료정보실 공동대표)

새해를 맞았지만, 그것을 축하하는 마음보다 긴장감과 기대가 더 큽니다.

작년 1년 동안 시민·주민들의 다양한 행동으로, '핵발전 그만두자'라는 시민·주민들의 의지는 흔들림이 없고 또 광범위하다는 사실이 명백해졌습니다. 새해에 요구되는 것은 핵발전을 어떻게 없앨 것인가, 그것을 구체적으로 한 걸음 나아가게 하는 방법과 과정입니다.

3·11 후쿠시마사고에 대한 네 개의 조사보고서가 나왔습니다. 그 어느 보고서를 봐도 과학적·기술적인 상세사항이 아직도 해명되지 못했지만, 핵사고로 인해 후쿠시마 사람들 한 사람 한 사람이 무자비하고 극심한 어려움을 강요받은 상황, 그리고 아직도 평안을 얻지 못하고 얻을 수 있는 전망도 서지 않는다는 사실이 드러났습니다.

한편 정부·관료와 추진파의 대응을 보면, 그들이 후쿠시마사고의 현실을 똑바로 보고 있는지 의심되는 일이 많았습니다. 5명 중 3명이 핵마피아인 새 원자력규제위원회 출범은 괴상하고, 그 심의내용도 기대할 수 없습니다. 우리는 핵마피아들이 기득권을 지키려고 하는 완고한 자세와, 오랜 시간에 걸쳐 만들어진 경제지상주의가 강고하게 일본 지도자층에 존재하고 있는 장면을 여러 번 볼 수 있었습니다.

3·11 후쿠시마사고의 교훈

누가 봐도 분명해진 중요한 점 중 하나는, '핵발전은 누군가를 희생시켜야 비로소 성립되는 시스템'이라는 사실일 것입니다.

그리고 일단 사고가 일어나면, 이제 돌이킬 수 없는 사태가 진행된다는 것입니다. 더구나 이런 사고는 일본열도 위에 핵발전소가 있는 한, 어디서든 일어날 수 있습니다. 내일은 내가 그 사고에 직면할지도 모릅니다. 사고의 혼란 속에서 목숨을 잃고, 방향도 모르고 오직 도망 다니고, 가족이 흩어진 상태가 일상화되고, 어린이도 어른도 건강에 대한 불안감 때문에 부들부들 떨고, 사고를 수습하기 위한 노동자들이 피폭을 은폐당하면서 일하고, 방사능·방사선이 조상 대대로 살아온 고향으로 돌아갈 수 없게 하고.

60년 전 꿈의 에너지라고 핵발전에 기대를 걸었던 과거가 있었음을 인정한다고 칩시다. 그 이후 시행착오와 나름의 경험을 거듭하면서, 결국 핵발전은 제어할 수 없는 기술이었다는 것이 분명해졌습니다. '희생의 시스템'이라는, 핵발전이 가지고 있는 절대적 모순이 백일하에 드러났습니다.

안전을 위한 규제당국이, 점점 기업의 '포로'가 되어 버린 과정이 일본국회사고조사보고서에 생생히 기록되어 있습니다. 핵마피아가 된 과학자와 기술자들의 '학문'의 깊이에 의심을 가질 수밖에 없습니다.

'국가를 위해서'라는 것이 가장 큰 이유였다면, 그러한 '학문'에 동의할 수 없습니다. 무엇보다도 시민·주민들이 안심하게 사는 것을 희생시키는 점에서 용서할 수 없습니다. 일본 교육의 존재방식에 빨간 불이 들어왔다고 생각합니다.

후쿠시마핵발전소사고는 우리에게 그것을 깨닫게 해줬습니다.

'안전기준'을 만드는 것이, 가능한가?

세계 제일의 안전기준을 만들겠다. 그 기준에 따라 재가동을 결정하겠다는 것이 정부와 원자력규제위원회의 주장입니다.

원자력규제위원회는 후케타 도요시 위원을 팀장으로, 외부에서 전문가 6명을 초빙해 안전기준 검토팀을 구성해, 서둘러 새 안전기준을 준비하는 중입니다. 이 팀 멤버를 보면 6명 중 무려 4명이, 규제를 할 수 없는 위치에 있는 사람들이 명백합니다. 이들이 후쿠시마사고를 반성하고 있는 언행은 찾아볼 수 없습니다. 핵산업 기업으로부터 연구비를 받고, 핵마피아의 일원이 된 이들이, 핵산업 기업의 주장을 심사하는 기준을 만들겠다고 합니다. 규제당국이 기업의 '포로'가 됐다는 잘못을 또다시 반복할 것입니다.

안전을 어떻게 확보할 수 있는가를 생각했을 때, 이번 후쿠시마사고는 무엇이 원인이고, 어디가 어떻게 파손됐는가가 밝혀지지 않으면 안 됩니다. 큰 쓰나미가 원인이었다는 단 한 마디로 끝낼 수는 없습니다. 국회사고조사보고서는 지진이 첫 번째 원인이었다는 가능성을 부정할 수 없다고 명기해 두었습니다. 땅 위에 1500개, 해저를 포함한다면 그 몇 배가 되는 활단층 투성이인 일본열도에 사는 우리에게, 지진이 가장 큰 걱정거리입니다. 또 '진원을 단정하기 어려운 지진에 대한, 지진규모 예측'을 어떻게 평가하는가라는 문제도 있습니다. 핵발전에 신중한 지진학자가 참여하지 않는 검토팀은 믿을 수 없다고 할 수 밖에 없습니다.

원자로를 비롯하여 배관, 펌프, 밸브, 계측기, 통신계통 등 모든 기기 재료의 안전성을 확보할 수 있는가, 만약을 대비한 방재대책은 가능한가, 누가 보장할 수 있단 말입니까.

우선 국가의 존재방식부터 바로잡아야

에너지정책을 어떻게 하는가는, 국가가 어떤 방식과 모습으로 존재하는 것이 바람직한가에 달려 있을 것입니다. 앞으로도 공업화를 더 추진하는 종래 노선으로 갈지, 또는 농업을 중시하는 지속가능한 나라를 지향할지, 전력을 다한 토론 끝에 선택해야 합니다.

우리는 일본학술회의가 원자력위원회의 요청을 받고, 2년간의 신중한 논의 끝에 2012년 9월에 공개한 '회답'을 높이 평가합니다. 원자력위원회는 고준위방사성폐기물 지층처분에 대한 시책에 대해, 국민에게 어떻게 설명하고 정보를 제공하면 좋을까를, 보다 객관적인 입장에 서 있는 일본학술회의에 제언을 의뢰했었습니다. 고준위방사성폐기물은 일본이 기존 핵정책을 계속 추진할 경우 반드시 생기는 것으로, 그것을 버릴 장소를 결정 못해 그들은 매우 난처했었습니다.

일본학술회의의 '회답'은 원자력위원회의 요청을 근본적으로 비판했습니다. 문제는 국민에게 어떻게 설명할 것인가라는 수준의 문제가 아니라, 에너지정책을 국민적 합의가 없는 상태에서 추진하고, 고준위방사성폐기물을 처

후쿠시마 사고로 인한 해양오염

※출처는 독일 킬해양연구소 헬름홀츠센터. 후쿠시마사고 이후 10년간 해양오염 시뮬레이션 발표(2012년 7월 6일).
※어업통제 실시되지 않았고, 어패류 종류별 출하제한과 어민들의 자숙으로 대응. 2012년 6월 이후 후쿠시마현 북부 앞바다에서 문어, 조개 등 방사성 세슘이 축적되기 어렵다는 어패류를 대상으로 일수와 선박수를 제한해서 시험적으로 조업 재개.

후쿠시마 사고로 방출된 방사능물질과 인체영향

※신체 부위별 방사선량 민감도
전신=1, 숫자가 높을수록 방사능에 의한 영향이 크다
녹색 글씨는 신체부위에 축적되는 방사선 물질

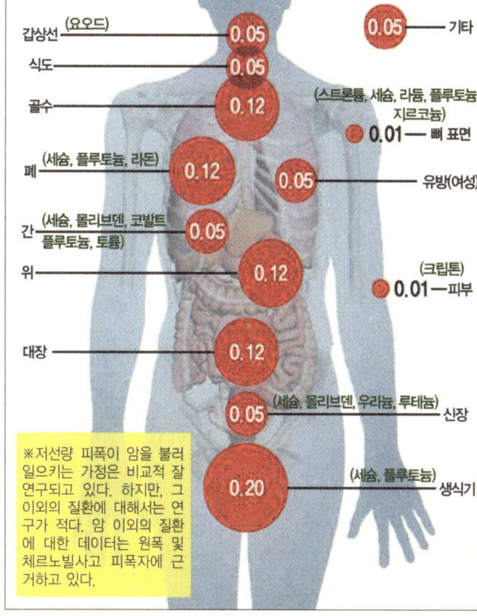

※저선량 피폭이 암을 불러일으키는 가정은 비교적 잘 연구되고 있다. 하지만, 그 이외의 질환에 대해서는 연구가 적다. 암 이외의 질환에 대한 데이터는 원폭 및 체르노빌사고 피폭자에 근거하고 있다.

저선량 방사선 피폭이 유발하는 질병

▲각종 암(백혈병 포함) ▲순환기계-협심증, 심부전, 뇌혈관장애 등. 우크라이나정부 보고서에 의하면 종양 이외의 사망원인 중 89%가 순환기계 질환. 사망의 직접원인은 심근경색과 뇌경색이 많다. 피폭이 그 원인이 되는 동맥경화를 불러일으키는 것으로 보인다. 젊은이가 돌연사 등 ▲소화기계 ▲기관지염 등 호흡기계 ▲비뇨기계 ▲교원병(피부, 힘줄, 관절 등의 결합 조직이 변성되어 아교 섬유가 늘어나는 병을 통틀어 일컬음) 등 면역계 ▲내분비계 ▲신경계-원폭 피폭자에게 많이 보이는 부라부라병(시들병). 의욕상실로 일을 하지 못함. 단지 우울증으로 진단되기도 함 ▲백내장 ▲골절-젊은층에서도 나타나며, 복합골절도 많음 ▲노화촉진 등

후쿠시마에서 방사성물질이 얼마나 방출되었나?

사고난 네 개 원자로에 있었던 핵연료봉의 양

호기	노심 내부	사용후 핵연료 저장조
1	400개(69톤)	292개(50톤)
2	548개(94톤)	587개(100톤)
3	548개(94톤)	514개(89톤)
4	–	1331개(230톤)

※이 중 손상된 연료봉 합계 346톤, 가령 10%만 외부에 나왔다 하더라도 34.6톤

체르노빌과 후쿠시마, 최고 오염지대 비교

▲체르노빌: 148만Bq/㎡ ▲후쿠시마: 3000만Bq/㎡
※최고 오염지대 비교, 후쿠시마가 체르노빌의 20배 이상

정부·도쿄전력이 발표한 주요 방사성물질 방출량

물 질	방출량(Bq)	중 량
크세논133	1100만 테라	1.5kg
요오드131	15만 테라	40g
세슘137	1만5천 테라	5kg
플루토늄239	3200메가	1.4g

※기타 물질까지 모두 포함하여, 방출된 방사성 물질을 중량으로 환산했을 경우 10kg정도에 불과. 이는 왼쪽 표의 손상된 연료봉의 중량과 비교했을 때, 정부와 도쿄전력이 지나치게 과소평가하고 있는 것으로 보임.

분할 곳을 결정하고 싶어하는 사고방식에 있다고 날카롭게 지적했습니다. 핵정책 그 자체을 재검토하는 것에서부터 다시 시작하라고 제언하고 있습니다.

에너지정책은 국가의 존재방식과 관련되어 있습니다. 후쿠시마핵사고를 겪은 오늘, 일본이 주민·시민 주체의 나라가 될 것인가, 또는 패전 후 일관되게 경제성장만을 목표로 해 온 재계·관료 주도의 나라를 답습할 것인가를 토론해야 할 것입니다.

근원적 변화가 시작됐다

우리는 그 동안 경제산업성 기본문제위원회 회의를 방청하고 자세히 검토해 왔습니다. 우리 원자력자료정보실 반 히데유키 공동대표를 비롯해, 핵발전에 비판적인 위원이 3분의 1을 차지하며 참가했습니다. 그러나 위원회가 시작되고 보니, 이미 일본 재계를 대표하는 인물이 위원장으로 정해져 있었습니다. 관료들과 정부의 뜻일 것입니다. 사무국을 어떤 사람들이 담당하는가, 위원장 또는 좌장을 누가 하는가가 위원회의 앞날과 결론을 대부분 결정해 버립니다. 위원 인선은 그리 중요하지 않았습니다.

또한 우리는 원자력위원회가 구성한 새로운 대강책정회의(新 大綱策定会議)의 논의가 주민·시민의 뜻과 유리된 채, 후쿠시마사고를 경시하며 멀어져가는 모습을 목격했습니다.

그래서 기본문제위원회도 원자력위원회도 꼼짝못하게 되었습니다. 느리기는 하지만 변화가 일어나고 있습니다.

후쿠시마사고는 발생한 지 1년 9개월이 지났는데도, 수습될 전망이 서지 않습니다. 그 사고의 책임문제를 소홀히 해 놓고 다음을 말하는 것은 용서받지 못할 것입니다. 압도적 다수의 시민·주민들이 핵발전을 그만두자는 뜻을 밝히고 있습니다. 그들은 이미 '잘 가라, 핵발전 1000만명 서명' 운동과 17만명이 모인 집회와 데모, 금요일마다 열리는 시위, 각지의 재판소송, 공부모임, 탈핵법 제정운동을 시작했습니다. 역사의 톱니바퀴가 확실히 돌고 있습니다.

후쿠시마사고로, '전문가'가 결정하는 것이 아니라, 시민·주민들이 사회의 존재방식을 판단하고 결정하는 시대가 드디어 시작된 것이 아닐까 싶습니다. 민주주의의 바람직한 모습을 후쿠시마사고가 우리에게 가르쳐 준 것 같습니다.

일본 원자력자료정보실 통신 제463호(2013년 1월 1일)에서 전재

고노 다이스케 편집위원 번역

'전문가'들이 말하지 않은, 핵발전의 진실

〈책 소개〉

『후쿠시마 사고 Q&A』, 고이데 히로아키, 무명인
『원자력의 거짓말』, 고이데 히로아키, 녹색평론사
『잃어버린 후쿠시마의 봄』, 정남구, 시대의 창
『안젠데스까 안전합니까』, 이이다 데쓰나리·가마나카 히토티, 서해문집

후쿠시마는 세 번째 잔인한 봄을 맞았다. 여전히 후쿠시마 핵발전소에서 사고는 수습되지 않았고 방사능 오염은 이미 광범위하게 확산됐다. 결국 "지금 일본에서는 아무리 많은 돈을 내도 방사능으로부터 오염되지 않은 공기, 물, 음식 등을 구하지 못"하게 됐다. 사정이 이런데도, 정부나 이른바 '전문가'들은 핵발전소에 대해 '안전하다'거나 방사능 영향이 '당장 인체에 해를 끼칠 정도가 아니다'는 식의 말만 되풀이한다.

유례없는 심각한 핵 재앙을 맞은 이웃나라의 상황을 보면서도, 한국의 핵산업계는 오히려 공세적 태도를 숨기지 않는다. 이번에도 목소리를 높이는 이들은 '전문가'들이다. 그들은 국내 핵발전소의 안전성과 추가 건설 계획, 그리고 방사선 피폭의 영향 따위에 독점적인 발언권을 행사한다. 반면 핵발전에 비판적인 전문가들은 찾아보기 매우 어렵다. 전문가든 노동자든 핵산업계 종사자 중에서 핵발전의 위험성을 전면적으로 폭로하는 '내부 고발자'가 드물다는 것은 한국 탈핵운동의 어려운 상황을 말해준다.

그래서 후쿠시마 재앙을 전후해 일본에서 출간된 여러 핵발전 비판서들은 더 반갑게 느껴진다. 저자 약력을 보면 물리학이나 원자력공학을 전공했던 이들이다. 그들이 반핵운동에 관여하지 않았다면 정부-기업-학계를 아우르는 핵산업계의 기득권 세력인 '원자력촌' 안에서 안정된 지위를 보장받았을 것이다. 일찍이 일본의 반핵운동가 다카기 진자부로가 그랬고, 『후쿠시마 사고 Q&A』, 『원자력의 거짓말』을 쓴 고이데 히로아키도 현재 교토대학 원자로실험실 조교로 일하면서, 그 위험성을 지속적으로 호소해왔다. 고이데 히로아키는 후쿠시마 사고에 대한 정부의 허술한 발표를 대신해 시민들에게 실상을 알리거나 방사능의 해수 유출을 방지하기 위해 지하 차폐막 설치와 같은 실질적 대책을 정부에 제안했다.

원자력핵공학을 공부했지만 지금은 재생가능에너지 전문가로 유명한 이이다 데쓰나리 환경에너지정책연구소 소장은 핵발전소 안전 조사에 참여한 경험에 근거해 『안젠데스까 안전합니까』에서, 핵산업계 내부에 팽배한 안전 경시 문화를 질타한다. 이 책에서 함께 대담을 나눈 가마나카 히토미 감독 역시 세계를 돌며 방사능 피폭자들을 인터뷰하고 '핵의 최전선'인 롯카쇼무라 재처리공장을 취재한 다큐 등을 제작해온 현장 전문가다.

이들은 공통적으로 "일본은 유일한 원폭 피폭국인데, 어떻게 또 다시 파국을 자초했나"는 고통스러운 역설의 질문을 제기하고, 스스로 답하려고 했다. 핵무기 보유와 민간 차원의 핵발전 산업 육성을 추구해왔던 미국 등 패권국들은 방사능의 영향을 무시해왔다. 일본 원폭장해조사위원회가 9만 명의 피폭자를 검사하면서 정작 치료는 전혀 하지 않았던 사실을 설명해주는 대목이다. 학자들은 핵무기의 파괴성에 대한 반성보다는 그저 과학기술 경쟁에서 우위를 차지하려는 데만 주력했다. 결국 후쿠시마 재앙은 비판에 귀를 닫은 핵산업계, 다시 말해 "정·관·재가 일체가 된 '괴물' 권력이 어떠한 방해도 받지 않고 추진한 원자력 개발이 낳은" 참상이라는 것이다.

정남구 기자가 후쿠시마 사고에서 '원폭 피해자 2세'인 고 김형률을 떠올렸다고 『잃어버린 후쿠시마의 봄』에서 고백했듯, 시민과학자들과 고통 받는 이들이 연대하는 과정에서, 생명보다 돈을 중시하는 핵산업계의 관행은 점차 힘을 잃을 것이다.

이지언 편집위원

인도 쿠단쿨람 핵발전소 가동 강행에 맞선 주민들의 저항

〈세계의 반핵운동〉

▲쿠단쿨람 핵발전소를 반대하는 단식농성이 진행되던 지난해 5월 15일, 인도 첸나이 지역에서 수십 명의 여성들이 핵발전소로 우라늄 연료가 수송되는 것을 막기 위해, 철로 위에 드러누워 있다. 출처:IANS

지난해 9월 9일 인도의 최남단 이딘타카라이 지역의 해안에, 인근 주민 수천 명이 아침부터 운집했다. 주민들은 이날 정부에 의해 강행되는 쿠단쿨람 핵발전소 가동에 반대하는 시위행진에 참가할 예정이었다. 인파는 곧 수천에서 3만 명으로 늘어나 핵발전소로 행진하기 시작했다. 시위 행렬은 핵발전소에서 800미터 떨어진 곳에서 경찰 병력과 대치한 채 해변에서 집회는 계속됐다.

집회의 평화는 오래 못 갔다. 다음날 기동타격대를 동원한 경찰은 최루탄을 퍼붓고 곤봉을 휘두르며 수천 명을 강제로 해산시켰다. 이 과정에서 다수가 부상을 입었고, 주민 수백 명이 연행됐다. 경찰의 폭력적 진압 과정은 외신과 인터넷을 통해 세계로 보도됐다.

경찰의 강경 대응은 결국 참사를 불렀다. 사건이 일어난 것은 쿠단쿨람 핵발전소에 장착될 우라늄 연료의 수송을 막으려는 주민들이 철로를 점거하고 나선 9월 11일. 시위 참가자를 향해 경찰이 발포하면서 여러 명이 다치거나 연행되고, 주민 한 명이 숨졌다.

러시아의 주도로 인도 최남단에 1000메가와트 규모의 원자로 두 기를 건설하겠다는 계획이 처음 나온 1980년대 후반 이후, 쿠단쿨람 핵발전소 반대 운동은 최근까지 계속 이어졌다. 이 계획은 소비에트 연방이 무너지면서 보류됐다가, 1997년에 다시 고개를 들었다.

2011년 일본 후쿠시마 재앙에도 인도 정부와 핵산업계는 주민들의 우려를 무시해왔다. 7월 쿠단쿨람 핵발전소 제1호기에서 시험 가동이 실시돼, 불안을 더욱 증폭시켰다. 다음 달 인근 주민들은 거리 시위와 단식 농성을 벌이며 쿠단쿨람 핵발전소 가동 중단을 요구했다. 쿠단쿨람 핵발전소 반경 30킬로미터 내에는 150만 명의 인구가 거주해, 만약 대형 사고가 나면 대피가 사실상 불가능할 것이란 우려가 일찍부터 제기되었다.

'인도반핵민중행동'을 비롯한 쿠단쿨람 핵발전소 반대 단체들은, 해양 자원의 피해 등을 우려하며 절박함을 호소하고 있다. 이들은 인도 해안선을 따라 핵발전소가 들어서면, 방사능 오염으로 내륙과 해양 생태계가 위기에 처해 식량 자급이 더 어려워질 것이라고 주장한다. 이미 유아의 42%가 영양결핍 상태인 인도에서, 저렴하고 영양이 풍부한 수산물이 방사능으로 인해 줄어들면 일부 관료나 부유층만이 건강권을 보장받을 것이란 비판이다.

핵발전소 계획에 관한 정보 공개 요구도 강하다. 환경영향평가서, 안전성분석보고서, 비상대응계획, 피해보상체계 등 주요 자료가 공개돼야 한다는 것이다. 인도 정부와 원자력공사가 정보 공개를 계속 회피하면서 결국 핵발전소 확대 정책이, 전력 수요가 아닌 핵무기 생산을 위한 수단이라는 의혹은 수그러들지 않을 것 같다.

이지언 편집위원

좌담회 "강원도 탈핵운동의 현황과 과제"

본지는 각 지역별로 전개되고 있는 반핵운동 '현안'과 '과제'를 점검해보는 연속 기획 좌담회를, 작년 7월부터 부산·울산·경남, 8월 대구·경북, 9월 전라도, 11월 수도권에 이어, 이번에는 강원도에서 진행했다. 작년 9월 지경부는 삼척시 근덕면을 신규원전 예정구역으로 지정고시했다. 2년 이상 삼척 핵발전소 유치 백지화 운동을 이끌어 온 삼척핵발전소반대투쟁위원회(이하 삼척투쟁위)는, 작년 10월 삼척시장 주민소환운동 등으로 맞섰지만, 25.9%의 투표율로 실패하고 말았다. 하지만 곧이어 12월 삼척시의원 보궐선거에 8명이 후보가 난립한 가운데, '삼척핵발전소백지화'를 내걸고 뛰어든 이광우 실장(삼척투쟁위)이 36.7% 득표율로 압승한 바 있다. 이번 '탈핵운동의 현황과 과제-강원도' 좌담회는 지난 2월 19일(화) 삼척투쟁위 사무실에서 오후 2시부터 3시간 가량 진행한 내용을 요약·정리했다. 전문은 탈핵신문 홈페이지(http://nonukesnews.kr) 참조.

삼척 반핵운동에 대한 평가

박혜령(사회, 탈핵신문 공동대표, 영덕핵발전소반대투쟁위) : 삼척은 전국에서도 핵발전소 반대투쟁을 가장 잘 이끌어온 지역 중 한 곳이라 생각한다. 삼척 자체 평가는 어떠한가?

이광우(삼척시의원, 전(前) 삼척투쟁위 기획홍보실장) : 첫 계기는 후쿠시마 사고였다. 2010년 12월 삼척투쟁위를 결성한 이후에도, 김대수 시장 기세에 눌려 매우 수세적이었다. 당시 선전물들은 핵발전 반대가 아니라, '저쪽에서 거짓말을 하고 있다'는 내용에 머물렀다. 후쿠시마 사고 이후, 핵발전 문제가 중심이 되었다. 둘째는 주민소환 운동이다. 핵을 계기로 지자체 권력을 시민들에게 돌려놓겠다는 취지였다. 삼척은 작년 국회의원선거, 주민소환을 위한 서명운동, 투표율 33.3%를 넘기기 위한 주민소환선거, 시의원보궐선거 등 4번의 핵발전 관련 선거를 치뤘다. 이런 계기들로 싸움을 서서히 주도적으로 끌고 나갈 수 있었고, 잘되었다고 평가한다.

이상호(함께 세우는 교회 목사, 핵없는 세상을 위한 동해시 기독교연대 공동대표) : 주민소환이 실패했을 때의 파장에 대해, 염두에 두지는 않았는가?

박홍표(도계성당 신부, 삼척투쟁위 상임대표) : 일반사람들은 주민소환 실패 후 다 떨어져나갔지만, 신앙이 있는 사람들이 다시 용기를 냈다. 대선도 마찬가지였다. 핵마피아를 그대로 두고 대통령만 바꿔서 될 일이 아니다. 밑에서부터 풀뿌리연합이 더 중요함을 절실히 깨달았다.

성원기(강원대삼척캠퍼스 교수) : 대학만이 아니라, 전체적으로 삼척에 핵발전소가 들어오면, 살기 좋은 지역이 파괴된다는 인식이 있었다. 작년의 주민소환 운동은 공무원들과 관변단체가 총동원되어 물리적으로 투표를 방해했는데도, 1/4이 투표했다는 것은 민중의 승리라고 평가할 수 있다.

박홍표 : 신규부지로 예정된 근덕 지역의 주민들은 주민소환을 어떻게 생각했었고, 또 지금 이후 어떻게 싸우갈 것인지 궁금하다.

신재호(근덕면 핵발전소 반대 투쟁위 공동위원장) : 금전과 권력의 힘이 막강했다. 지역의 젊은이들에게 계약직을 정규직으로 만들어준다고 하니까, 힘을 못 썼다. 게다가 삼척공무원 중에서 근덕면 출신이 제일 많아 공무원의 친지들 때문에 투표를 선뜻 못했다. 그럼에도 졌다고 생각치 않는다.

박홍표 : 근덕면이 현안지역인데, 오히려 삼척시 사람들이 주도적으로 반대투쟁을 하고 있다. 만일 근덕면 사람들이 적극적으로 반대하고 나서서, 천막·단식농성 등으로 투쟁하면, 동조 단식에 들어가는 등 부응할 수 있을 텐데, 그런 점이 많이 아쉽다.

신재호 : 처음에는 촛불집회 같은 소식도 듣지 못했다. 처음 현수막을 붙였는데, 불법 현수막이라며, 임의적으로 철거되기도 했다. 6백만원 모금도 했다. 생각은 있지만, 외부로부터의 회유와 압력이 심해 몸이 잘 안 따라준다. 삼척 쪽에서 반대해줘서 오히려 고맙다.

이봉희(삼척투쟁위 사무국장) : 현재 핵발전소 부지 주민들 대부분은 농사도 짓기 어려운 고령에, 살기도 굉장히 어렵다. 땅을 좀 더 비싼 값에 팔아, 자식들에게 현금을 주려한다. 젊은이들도 계약직을 정규직으로 만들어준다거나, 한수원이 채용한다는 등 금전적 보상에 취약하다. 그럼에도 그 외 다수 시민들은 반대하고 있다.

김숙자(삼척여고 총동창회장) : 주민소환 서명을 받을 때, '서명자명단은 공개되지 않는다'고 약속하며 받았는데, 공개되고 말았다. 주민소환투표 때도 가는 사람은 반대고 안가면 찬성이니, 공개투표에 가깝다. 이는 비밀투표원칙에 어긋난다. 주민소환법 자체가 개정돼야 한다.

박혜령 : 영덕은 기관단체, 향우회, 동창회 등을 지자체에서 찬성 쪽으로 포섭했다. 그래서 삼척여고의 반대성명은 '참, 의외였다', 남성중심의 활동이 많은데, 여고동창회, 어머님들이 지역에서 발언권을 가지고 기자회견을 한 것도 상당히 인상 깊었다.

이광우 : 실제로 작년 싸움의 주요 동력 중 하나가 삼척여고 기자회견이었다. 김대수 시장은 근덕투쟁위와 삼척투쟁위 빼고는 다 작업했다고 생각했는데, 자생적으로 생겨난 삼척여고가 반대하고 나선 것이다.

김숙자 : 원전이 들어오는데, 가만히 있어도 되느냐. 이상하다. 마을이 조용하다. 남자들이 가만히 있으면 우리가 움직여야지. '우리도 반핵활동을 같이 하자'며 뜻을 모으고, 이사회를 거쳐 성명서를 내게 된 것이다. 선배들이 이끌고 후배들이 마음이 맞았다.

'삼척 지역 중심의 운동'에 머물렀다

박혜령 : '신규핵발전소 부지로 선정된 영덕·삼척 투쟁이 승리한다고, 탈핵이 될 것인가'에 대해 회의적이다. 지역운동이 '탈핵'의 방향으로 나아가야하는데, 그런 면에서 '삼척투쟁은 지역중심운동에 머물렀다'는 평가가 있다. 어떻게 탈핵운동으로 확장할 것인가가 고민이다.

이상호 : 동해시의 작은 교회 3개가 모여 반핵사진전이나 집회, 촛불집회도 했지만, 일회성으로 끝났다. '왜 삼척의 문제를 동해 사는 우리가 하느냐'는 생각에 갇혀, 귀를 닫고 있다. 삼척의 노력에 감사하지만, 외부의 사람들은 공유할 기회가 없었다.

박홍표 : 실제로 내부를 보면 고리는 고리발전소, 월성은 월성발전소의 문제가 제일 크다. 지역색이 아니라, 당면과제이다. 당면과제를 하다가 '탈핵'의 인식에 이를 수 있다. 전국적인 탈핵 모임을 확산시키려면 오히려 당면과제에 대해 죽어라 싸워야 한다. 그러나 전국의 탈핵을 삼척이 다 할 수는 없다. 시민들을 교육할 수 있는 역량이 필요하다. 먼저 대안을 제시하는 씽크탱크 연구소도 필요하다.

성원기 : 탈핵에너지전환교수모임에서 '탈핵과 문명전환'이라는 주제를 갖고, 원광대에서 신년세미나를 했다. 주된 내용은 지금과 같이 물질적인 풍요를 추구한다면, 미래는 지속가능하지 않다는 것이다. 문명에 대한 인식과 성찰이 대국민적으로 이뤄질 때, 탈핵이 가능해질 것이다.

이광우 : 6차 전력수급 기본계획은 이 작은 땅덩어리에서 무한정의 전기를 생산해서·쓰자는 것이 골자다. 생산·공급만이 아니라, 소비에 대해 생각해봐야 하고, 핵반대운동을 하면서 전기소비를 줄이는 시민들의 전기소비운동을 병행해야겠다.

백경순(삼척투쟁위 사무실장) : '핵이 위험한 것은 알고 있지만, 핵이 없으면 전기를 어떻게 하느냐'는 질문을 많이 한다. 대안이 있다는 말만 할 것이 아니라, 대안의 모델을 삼척에서도 적용해보면 좋겠다. 절전은 기본이다. 대안제시를 동시에 해야 한다.

성원기 : 전기공급은 주택용, 산업용, 상업용, 교육용 등으로 구분되는데, 주택용은 15%, 산업용이 55%다. 경제개발이라는 미명하에, 기업은 여태까지 원가에도 못 미치는 전기요금을 내고 있다. 산업부문의 왜곡된 에너지소비구조를 바꾸려면 전기세를 현실화해야 한다.

박설희(강원녹색당 창준위 준비위원) : 삼척 이외의 강원지역에서는, 삼척투쟁이 탈핵이슈보다 김대수 시장을 향한 주민반대운동의 측면으로 부각되었다. 아직 탈핵에 대한 인식이 활발하지 않기 때문이다. 탈핵에 대한 연대틀이 있다면 각 지역에서 결합하고, 꾸준히 소통하면서, 핵에너지의 위험성과 함께, 에너지소비구조와 지역에너지자립 문제 등을 논의하고, 탈핵 이후에 대한 구체적인 전망을 공유해 나갈 수 있지 않을까 한다.

이봉희 : 핵발전소가 지역 공동체를 파괴하고 있는데, 5천만 인구가 외면하고 있다. 사용자부담원칙을 강조해서, 안전하다면 '대도시에 지어라', '사용자들이 생산하라'라고 말해야 한다. 왜 소수자들에게 강요하는가. 그래야 사용자들에 대한 규제도 마련될 것이다.

박혜령 : 영덕도 주변의 대구·경북지역이, 이 문제를 자기의 문제로 생각하지 않는다는 것이 힘들다. 삼척의 경우 타 지역의 다양한 시민단체들과의 연대에 대한 고민은 없는가

이광우 : 주변지역을 끌어들이기 위한 삼척의 역량이 부족하다. 금년부터라도 삼척이 연대체를 주도적으로 만들어가야 하겠다.

박홍표 : 삼척투쟁위가 2년반이나 됐지만, 전문성과 기술력에 한계가 있고, 이광우 실장도 시의원이 되어 여력이 없다. 사람들을 엮어낼 전문적인 사람이 내부에 없어 걱정이다.

신규부지인 삼척과 영덕의 연대

박혜령 : 한국의 핵정책이 쉽게 변하지 않을 것 같다. 지역 안에서의 연대도 중요하지만, 삼척과 영덕은 어떻게 연대할 수 있을까?

이광우 : 5월 정도에 여력이 된다면 삼척사람 5명, 영덕사람 5명. '고시해제하라'는 깃발을 걸고, 해안선 따라 도보투쟁을 하는 것을 제안하고 싶다.

박홍표 : 적어도 한 달에 한 번씩 이야기를 나눈다면, 영덕도 외롭지 않을 것이다. 각 지역에서 싸우면서, 동시에 그들의 관심을 계기로 저변확대를 해야 한다. 협의체를 만들자.

이봉희 : 핵발전소가 있는 울진도 함께하면 좋겠다. 핵발전소가 있는 지역들만의 네트워크도 만들어서, 이슈를 집중력있게 크게 만들 필요도 있다.

성원기 : 영덕과 삼척이 어떻게 탈핵운동을 해나갈지 모색하는 좋은 시간이었다. 한 지역의 문제, 한 국가만의 문제가 아니다 전 지구적인 문제다. 우선 지역부터 연대하자.

이옥분(삼척투쟁위 사무실장) : 늦은 감이 없지 않다. 영덕, 삼척이 신규부지로 함께 선정된 만큼, 힘을 합치자.

정리 황정화 간사

장면으로 본 반핵운동사 ①

비키니 수영복, 고질라, 그리고 일본반핵운동

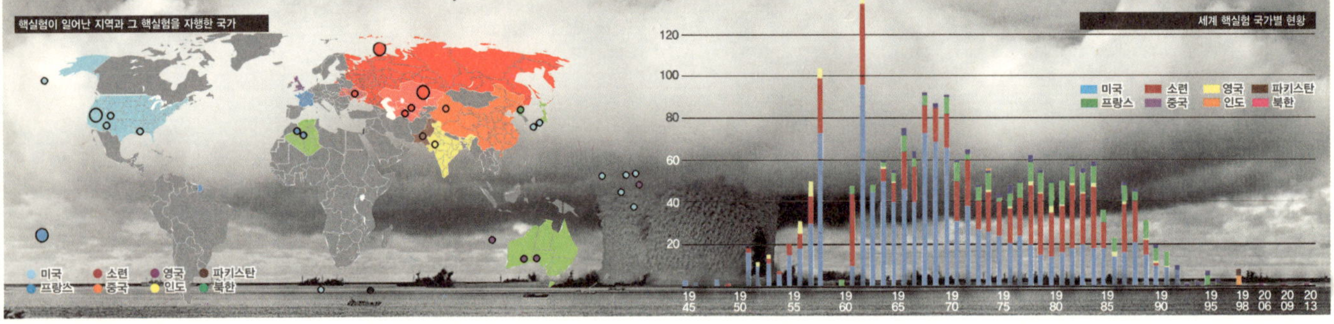

1954년 3월 1일, 제5후쿠류마루 사건

'캐슬 브라보(castle bravo)'

59년전인, 1954년 3월 1일 비키니 환초에서 진행된 미국의 수소폭탄(이하 수폭) 실험 코드네임이다. 1952년 미국은 세계 최초로 수폭 실험에 성공하지만, 이는 습식폭탄이었다. 폭탄의 연료인 수소가 액체로 보관되어야만 했고, 이 때문에 제조가 어렵고 폭탄의 크기가 큰 것이 단점이었다. 미국은 비행기에 탑재가 가능한 더 작고, 제조가 용이한 폭탄이 필요했다. 반면 소련은 미국보다 늦은 1953년 수폭을 개발했지만, 그들이 개발한 건 건식폭탄(리튬폭탄)이었다.

이런 가운데 미국은 건식수폭 개발 계획을 추진하고 있었는데, 이것이 '캐슬 브라보' 계획이었다. 폭탄의 실험 장소는 태평양 중서부 마셜제도에 위치한 비키니 환초(고리모양의 산호초)로, 서울 면적보다 약간 작은 594㎢의 면적에 23개의 섬으로 구성된 곳이다. 태평양 일대 섬들의 역사가 흔히 그렇듯이, 비키니 환초도 유럽탐험가들의 영향을 많이 받았고, 19세기 독일보호령을 거쳐, 1차 세계대전이후 일본 위임통치를 거쳐, 태평양전쟁 이후 미군이 통치하고 있었다. 핵무기 개발경쟁이 치열하던 1946년 미국은 이곳을 핵무기 실험기지로 사용하기로 결정하고 섬주민들을 이주시켰다. 세계 최초의 수폭 역시 이 곳 비키니 환초에서 실험되었다.

캐슬 브라보에 사용된 폭탄이름은 '쉬림프(shrimp, 새우)'. 그러나 그 위력은 이름 같지 않았다. 애초 폭발 규모를 6메가톤(1메가톤은 TNT폭약 100만톤의 폭발력으로, 반경 6.5km내 도시를 초토화시킬 수 있다고 한다)으로 예상했지만, 실제 파괴력은 15메가톤. 히로시마에 떨어진 핵폭탄의 750배에 달하는 파괴력이다. 제작자의 실수로 잘못 계산된 폭발력. 그러나 폭탄의 위력이 크다고 마냥 좋아할 일은 아니었다. 이로 인한 피해가 너무나 커졌기 때문이다.

참치잡이 어선 제5후쿠류마루, 일본 반핵운동의 시작

당시 폭발로 순식간에 7km에 달하는 화구(fireball)가 만들어졌다. 400km밖에서도 관측되었던 이 화구는, 10분 동안 지름 100km, 높이 40km 짜리 버섯구름을 만들며 성층권을 통해 전세계로 방사능 물질을 퍼져나가게 했다. 미국이 지정한 위험수역 밖에서 조업 중이던, 일본 참치잡이 어선 제5후쿠류마루(第五福竜丸)는 이 날 폭발로 직접적인 피해를 입고, 선원 23명 전원이 피폭을 당한 상태로 귀환했다. 미국은 이에 아랑곳 하지 않고 '캐슬 브라보' 계획을 계속 추진했는데, 5월 중순까지 모두 6차례 수폭 실험을 강행한다. 이로 인해 1954년말까지 856척의 어선이 잡은 486t의 오염된 물고기는 전량 폐기되었다.

이 문제가 알려지자, 일본 내 여론은 급격히 악화된다. 4월 2일 도쿄의 대표적인 수산시장인 츠키지 시장에서 '생선가게대회'가 열렸고, 제5후쿠류마루의 모항인 야이즈항을 비롯해 전국 각지에서 집회가 열렸다. 이 과정에서 제5후쿠류마루 피폭 선원이 '원폭, 수폭에 의한 희생자는 내가 마지막이 되게 해달라'는 유언을 남기고 사망하면서, 일본내 반핵운동은 급격히 확산된다. 그 중에서도 핵무기폐기 서명운동은 매우 폭넓은 반향을 일으켰다. 다음해 8월까지 집계된 서명참여자가 3158만명으로, 이는 당시 일본 유권자의 거의 절반에 해당하는 숫자로, 광범위한 참여와 지지속에 일본의 반핵운동은 시작되었다.

이러한 전국적인 핵무기폐기 서명운동과 일본 총리까지 참석해 축사를 한, 1955년 제1회 원수폭금지세계대회, 그리고 이후 만들어진 원수폭금지일본협의회까지, 피폭국가 일본에서 본격적인 반핵운동이 시작되는 장면이다.

비키니 수영복과 고질라

한편, 비키니 섬에서의 핵실험은 반핵운동 이외에도 많은 이들에게 영향을 주었는데, 대표적인 것이 비키니 수영복이다. 비키니 핵실험이 시작되던 1946년, 프랑스의 기술자 루이레아는 비키니에서의 핵실험에 영감을 받아 핵실험만큼이나 충격적인 투피스 수영복 '비키니 수영복'을 개발했다. 상·하의가 분리되고 디자이너가 '반지에 통과할 수 없으면 비키니가 아니다'라고 말할 정도로 최소 면적의 이 수영복은 말 그대로 충격이었고, 지금도 많은 이들에게 '비키니'를 수영복 이름으로 각인시키고 있다.

비키니 핵실험과 관련한 또하나의 창조물은 '고질라'이다. 제5후쿠류마루호 사건으로 일본 전체가 시끄럽던 1954년, 일본의 영화사 도호(東宝)는 '비키니 환초 해저의 공룡이 수폭 실험으로 깨어 일본을 습격한다'는 내용의 고지라(ゴジラ)를 개봉한다. 국내관객 961만명이라는 대기록을 세운 이 영화는, 이후 각종 일본 괴수영화의 전형을 만든다.

인류는 지금까지 약 2천여회의 핵실험을 강행했다. 그 중에서도 비키니 핵실험은 핵무기가 갖고 있는 위험성을 다시 한번 알려주는 계기를 제공했다. 최근 비키니 환초는 2010년 유네스코세계 유산으로 등록되었다. 아픈 과거이지만, 비키니 환초에서의 핵실험은 인류의 허황된 꿈과 아직도 사라지지 않는 핵무기를 완전히 없애기 위해 우리가 꼭 기억해야 할 사건이다.

이헌석 편집위원(에너지정의행동 대표)

탈핵신문

공동대표 김준한(발행인) 박혜령
운영위원 이대수 이헌석
편집위원 고노 다이스케 윤종호 이헌석 이지언
사무간사 황정화
배송·운영지원 에너지정의행동

(110-876) 서울특별시 종로구 숭인동 76번지 롯데캐슬천지인 지동 205호
문의전화 010-2881-6822, 02-702-4979
팩 스 02-704-4979
이 메 일 hjhlucia@hanmail.net
등록번호 종로라 00386
구 독 료 1년 2만원 / 1부 1천원

2013년 4월호 (제7호) www.nonukesnews.kr 농협 352-0491-9279-43 예금주 김준한

시민의 안전보다 정치적 타협이 우선된

핵에너지 관련 정부조직 개편

이헌석 편집위원

'미래창조과학방송통신위원회(이하 미래위).'

무려 13글자나 되는 이 긴 이름은 박근혜 정부 정부조직개편 이후 국회에서 원자력안전위원회와 핵에너지 관련 연구개발을 담당하는 상임위원회 이름이다. 최초 정부조직개편안 제출부터 무려 52일. 사상 초유의 '무정부 사태(?)' 까지 만들어가며 정부조직개편안이 확정되지 않았던 것도 결국 이 미래위와 관련된 일이다.

논란의 핵심, 원자력안전위원회 어디로?

해양수산부를 신설하거나 미래창조과학부 등을 만드는 일은 대통령 선거 이전부터 언급되어왔던 것이기 때문에 애초 정부조직개편의 쟁점이 아니었다. 이미 언론에 알려진 것처럼 논란의 핵심은 원자력안전위원회와 방송통신위원회였다. 특히 방송통신위원회는 지상파방송과 종합유선방송의 인·허가권을 둘러싼 여야의 대립이 너무나 첨예해서 여야가 합의했다는 보도이후에 구체적인 자구수정을 둘러싼 또다른 논란으로 며칠을 보낼 정도로 예민한 문제였다.

핵에너지 문제에 있어 애초 대통령직 인수위 안은 대통령 직속 위원회였던 원자력안전위원회를 미래창조과학부(이하 미래부) 산하 위원회로 구성하는 것이었다. 그러나 진흥과 규제를 한 부서에서 함께한다는 것은 적절치 않다는 여론에 부딪치자, 미래부 산하에서 산업통상자원부(이하 산업부)로 모두 이관하는 계획을 추진했다. 그러자 원자력학계가 연구개발을 저해할 수 있다는 이유로 강력 반발, 결국 원자력안전위원회는 국무총리 산하 위원회로, 핵에너지 관련 연구개발은 과거처럼 미래부 산하에 두는 것으로 극적인(!) 타협을 이루었다.

일방적인 '진흥' 정책…'진흥'과 '규제' 상호 견제 필요

이번 일은, 우리사회의 관심이 단지 핵발전소 안전에 대한 우려를 넘어 핵규제에 대한 우려와 관심을 본격적으로 표명하기 시작했다는 점에서 과거와는 분명히 구분되는 하나의 사건이다. 방송통신, 국토개발을 둘러싼 논란처럼 핵에너지 이용에 이어서도 진흥과 규제가 서로 독립적으로 견제할 수 있어야 함에도 불구하고, 그간 우리 사회는 '진흥' 일변도의 정책 철학을 구사해왔다. 박정희 대통령 시절인 1967년 과학기술처를 신설하면서 '과학입국'을 선언한 이후, 지금까지 우리사회에서 과학기술은 진흥되어야 할 대상이지 '규제의 대상'이 아니었다. 그러나 생명윤리와 유전자조작 논란, 가습기 살균제 사고 같은 화학물질 재난, 후쿠시마 핵사고를 겪으면서 우리 사회의 과학기술에 대한 생각도 조금씩 바뀌기 시작하고 있다. 과학기술의 장밋빛 환상은 걷히고 그 뒤에 숨어 있는 어두운 현실에 대해 생각하기 시작한 것이다.

과거에는 소수의 전문가들과 관료들이 논의하여 결정했던 핵에너지 규제정책이 언론과 정치권의 중요 쟁점으로 부각된 점, 과거 정부의 일방적인 결정으로 지정됐던 원자력안전위원 구성에 국회 추천 4명이 추가된 점은, 분명히 이전보다 큰 진전이다. 특히 그간 원자력안전위원회가 핵산업계의 이익만을 대변한다고 비판받아 온 점을 생각할 때, 이 두 가지 개선은 적지 않은 성과로 평가돼야 할 것이다.

약화된 원자력안전위 독립성…결국 장관급→차관급 격하

하지만 핵에너지 정책의 진흥과 규제를 구분해야 한다는 애초 논란으로 돌아가보면, 이번 정부조직 개편안은 분명 이명박 정부의 원자력안전위원회 보다 후퇴한 것이다. 먼저 과거 장관급이었던 원자력안전위원회 위원장이 국무총리 산하 차관급으로 격하됐다. 사상 유래없이 강력한 힘을 갖고 있는 미래부가 핵에너지 연구개발을 주도하고, 이를 승인할 원자력진흥위원회 위원장이 국무총리임을 생각할 때 원자력안전위원회가 형식상 '합의제 행정기관'의 꼴을 갖추고 있지만, 얼마나 독립성을 구사할지는 두고봐야 할 문제이다.

또한 그간 원자력안전위원회를 둘러싼 다른 쟁점들 – 과거 노무현 정부의 국가에너지위원회 처럼 시민사회단체 추천인사의 참여보장, 원자력안전위원장의 인사청문회 실시, 미래부와 산업부로 나눠져 있는 핵에너지 연구개발 역할의 통합 등은 이번 정부조직개편 논의에서 의제로 조차 올라오지 못한 채 그대로 사장되고 말았다. 한 번의 재편으로 이 모든 것을 바꾸는 것이 쉽지 않다 할지라도 이미 정치권에서 관련 입법안이 국회에 올라와 있었던 상황임을 고려할 때, 여야 지도부들이 협상과정에서 그간 쟁점을 충분히 검토하지 않은 채 '큰 틀'을 중심으로 논의를 국한시킨 점은 아직까지 여야가 핵에너지 규제에 대한 명확한 철학을 갖지 못한 채 정치적 타협물로 원자력안전위원회 문제를 다루었다는 증거일 것이다.

취임식을 한지 갓 한달을 넘긴 박근혜 정부의 핵에너지 정책은 한·미원자력협정을 중심으로 한 핵재처리 계획을 추진하는 것 이외에는 아직 세부적인 윤곽이 잡혀 있지 않다. 월성 1호기 수명연장, 고리 1호기 2차 수명연장, 영광 3호기 제어봉 안내관 균열, 울진 4호기 증기발생기 균열 등 핵에너지 규제기관으로서 원자력안전위원회가 처리해야 할 문제는 산적해 있다. 부족한 위상과 권한으로 '운영의 묘'를 보여줄 것인지, 과거처럼 주어진 권한도 행사하지 못하면서 지역주민들로부터 '바보'라는 비판을 받을 것인지 그 해답은 새로 구성되는 원자력안전위원회에게 달려 있을 것이다.

탈핵 그림판 박흥렬

영광3호기 안전성 문제, 전남·북 모두 '당사자'

영광3호기 원자로헤드 균열 문제… 정부·영광범대위 3개월 논란 끝에 합의

윤종호 편집위원

작년 11월초 원자로헤드 제어봉 안내관 균열로 멈춰서 있는 영광3호기 조사·정비방법과 관련해, 몇 개월의 논란을 거듭한 끝에, 정부와 영광범대위는 "한수원이 제시한 정비방법 등 기술적 안전성에 대해, 복수의 '공인된 국제 전문기관'에 의뢰해 확인"하기로 합의했다.

정부 측(지경부·총리실·원자력안전위원회·원자력안전기술원·한수원)과 영광범대위 측(영광군의회·영광원전안전성확보를위한공동행동·영광원전민간환경감시기구 등)은 작년 12월 영광원전민·관합동대책위원회를 구성해, 품질검증서 위조 부품이 사용된 영광 5~6호기는 약 1만개 가량의 부품을 교체한 후 연말·연초에 재가동토록 결정한 바 있다. 하지만, 국내 최초 사례인 '영광3호기 원자로헤드 제어봉 안내관 균열' 문제는 어떻게 조사·정비할 것인가를 갖고 3개월 이상 거듭 논란을 이어왔다.

거듭된 논란… '지역주민 추천 외국전문가' 참여 여부

영광범대위는 정부·한수원이 추천해 구성한 국내전문가들은 신뢰할 수 없으니, '지역주민들이 추천하는 외국전문가를 참여시켜야 한다'는 주장이었고, 정부·한수원 측은 '기술유출 등의 문제 등을 비롯해, 국내전문가로도 충분하다'는 입장이었다. 이런 주장을 서로가 반복하며 지난 2월말까지도 평행선을 이어오다. 최근 정부·한수원 측이 최종적으로 2가지 안을 제시했고, 3월초 영광범대위는 내부 간담회를 통해, '외국전문가를 참여시키는 국제적 수준의 조사가 불가능한, 정부제시안은 수용할 수 없다'는 입장을 재차 확인했다.

지난 3월 11일 영광민간환경감시센터에서 비공개로 개최된 6차 영광원전민·관합동대책위원회에서 정부·한수원과 영광범대위는 기존 입장에서 서로가 다소 물러나, '복수의 공인된 국제 전문기관에 의뢰해 확인'하는 것으로 최종 합의했다.

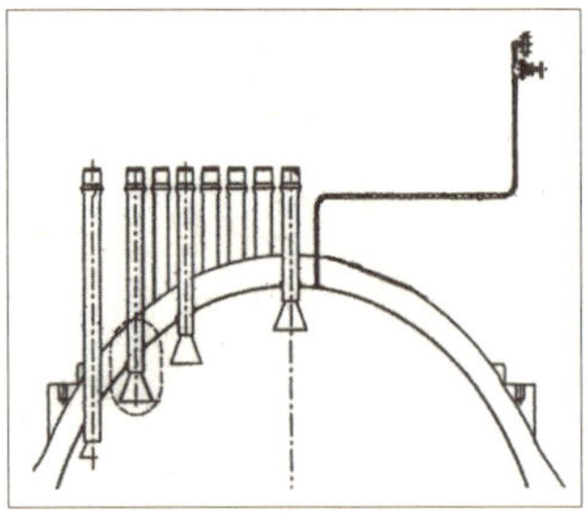

▲안내관 설치 도면

주요 합의 내용은 다음과 같다. ▲영광범대위 측은 자체적으로 '영광원전 3호기 원자로헤드 관통관 결함' 관련 한수원이 제시한 정비방법 등 기술적 안전성에 대해 복수의 '공인된 국제 전문기관'에 의뢰해 확인 ▲국제 전문기관 확인기간은 원자력안전위원회 승인 이후 50일 이내로 하되, 기간연장이 필요한 경우 양측이 협의하여 결정 ▲국제 전문기관 확인 결과, 기술적인 안전성에 대해 이견이 있을 경우 전문가 토론 등 적절한 조치를 통해 이견 해소 ▲정부(원자력안전위원회)는 원자력안전법 등 관련 법령에 의거한 조사결과에 따라 정비 승인 여부를 결정하고, 한수원은 필요한 조치를 취함 ▲영광원전 1~6호기 압력경계 건전성 확인방법 등 안전성 확보 방안은 추후 별도 논의.

이와는 별도로, 주요 합의내용으로 다음 사항은 회의결과 기록으로 남겨두기로 했다고 한다. ▲영광3호기 원자로헤드 관통부 결함 합동조사에 외국전문가 참여를 배제하는 대신 1주기(약18개월) 가동 후 원자로헤드를 교체한다. ▲국제 전문기관 확인 결과, 이견 발생 시 해소를 위한 적절한 조치내용에 재가동 연기 등을 포함한다.

합의 이후, 검증계획은?

정부와 영광범대위 합의 이후, '영광3호기 원자로헤드 안전성, 국제공인기관 검증'을 위한 영광 쪽의 움직임은 바빠졌다. 합의결과 이행방안 수립을 위해 지난 3월 21일 영광범대위 공동의장단·민간대책위 연석회의에서는 (영광3호기) 검증단 구성을 결정했다.

출처 영광민간환경감시기구

▲원자로 상부 헤드

현재(4월 3일 기준) 검증단은 실무지원단 10명과 주민점검팀 10명으로 구성하기로 했다. 실무지원팀은 국제공인검증기관 계약·용역 검토, 용역보고서 평가·분석 등을 맡아 진행·지원하는 역할을, 주민점검팀은 지역주민의 입장에서 검증과정과 결과를 점검하는 역할을 부여받았다.

공인된 국제검증기관으로는 현재 독일 쪽이 유력해보이며, 대체기술적용사례 국제심사평가기관 등의 선정은 교섭중인 것으로 알려졌다. 국제검증기관과의 계약은 조만간 이루어질 것으로 보이는데, 그 비용은 한수원이 지불하고 과업지시는 영광 검증단 쪽에서 단독으로 제시한다.

협상 결과와 주변지역 대책위 반응

한편, 정부와 영광범대위 합의결과와 관련해 '핵 없는 세상을 위한 광주·전남 공동행동', '핵 없는 세상을 위한 전북모임(이하 전북모임)' 등은 지난 3월 21일(목) 저녁 영광에서 '(가칭)영광핵발전소 3호기 현안대응을 위한 연석회의(이하 연석회의)'를 처음으로 가졌다. 이후 3월 25일(월) 전북모임과 3월 28일(목) '연석회의 실무회의' 등도 연이어 개최됐다.

주변지역 민간대책위들은 이번 협상 결과에 대해 난감해하는 분위기이다. 한쪽에서는, "지난 3월 11일의 합의사항은 외국전문가가 포함되는 '국제적 수준의 안전점검'이 아닌, 정부측의 일방조사와 정비방법 제시 그리고 이를 민간측이 검증한다는 것이다. 그간 공언했던 민·관합동조사와 국제적 수준의 안전점검 및 정비방법 결정이라는 내용과는 거리가 있다"라고 비판하며, 정부쪽에 강력히 항의하고, 영광범대위에 유감의 뜻을 전해야 한다는 의견이 개진됐다. 또 다른 쪽에서는 "그간 영광범대위가 오랫동안 정부쪽과 협상을 진행해왔고, 국제공인기관 검증 등 아직도 눈앞에 중요한 절차 등이 남아있으니 현실적인 측면 등을 고려해 협상결과를 존중해야 한다"는 의견도 개진됐다.

전남·북 지자체·의회 등은 어떤 대응을

후쿠시마 사고 경험은 영광3호기 원자로헤드 안전성 문제가, 영광지역에만 국한된 것이 아니라 가깝게는 고창·부안·정읍, 함평·장성·광주를 비롯한 전남·북 전체지역을 위협할 수 있는 문제라는 것을 분명하게 인식시켜 주었다.

작년 11월~12월에 연이어 터져나온 영광5~6호기 품질검증서 위조, 영광3호기 원자로헤드 균열 사태 시, 영광핵발전소 주변 전남·북 기초·광역지자체와 의회들은 '영광핵발전소 가동중지를 촉구하는 결의문'을 채택한 바 있다. 전남·북 지역민들의 생명과 안전을 위협하는 이번 영광3호기 현안문제를 관련 지자체·의회들을 비롯해 민간대책위, 지역주민들이 어떻게 관계 맺고 그 해법을 찾아갈지 그 귀추가 주목된다.

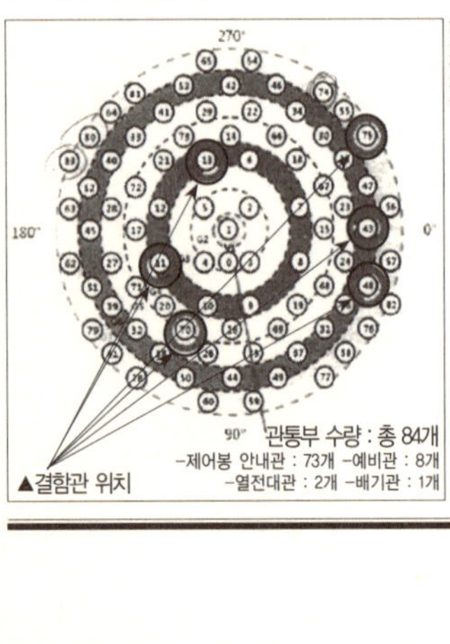

▲결함관 위치

출처 한수원

▲원자로 상부 헤드

국내 핵발전소 현황(4월 6일 현재)

본부	호기	시설용량(만kW)	비고
고리	1호기	58.7	
	2호기	65	
	3호기	95	
	4호기	95	예방정비 직후 고장
신고리	1호기	100	
	2호기	100	
	3호기	140	건설 중
	4호기	140	건설 중
월성	1호기	68	수명연장 심사 중
	2호기	70	
	3호기	70	
	4호기	70	
신월성	1호기	100	
	2호기	100	시운전 단계
영광	1호기	95	
	2호기	95	정비 중
	3호기	100	제어봉 안내관 균열
	4호기	100	
	5호기	100	
	6호기	100	
울진	1호기	95	
	2호기	95	
	3호기	100	
	4호기	100	증기발생기 세관 결함
	5호기	100	
	6호기	100	
신울진	1호기	140	건설 중
	2호기	140	건설 중

23기 운행 중(5기 가동 중지)
1기 시운전 단계
4기 건설 중

지 | 역 | 소 | 식

삼척핵발전소반대투쟁위원회는 지난 4월 3일(수)로 2010년 12월 시작한 '핵없는 세상, 핵없는 삼척'을 위한 미사가 100회를 맞이했고, '핵 없는 세상을 위한 촛불문화제'도 48회째를 맞이했다. 이날 행사에는 김영희 변호사(탈핵법률가모임), 장정욱 교수(일본 마츠야마대학) 등도 참여해 관련 핵강의를 진행했다(사진①). 오는 4월 14일(일) 성내동 성당에서 핵 없는 삼척을 위한 후원 행사가 진행될 예정이다.

박근혜 정부가 핵발전소 건설 결정을 8월경 발표하는 제2차 국가에너지기본계획 확정 전까지 미루기로 한 것과 관련해, 이광우 시의원(삼척시)은 "삼척시와 삼척시의회는 약속했던 '핵발전소 유치 찬·반 주민투표'를 8월 이전에 실시해야 한다. 또한 박근혜 정부는 그 결과를 받아들여야 한다"고 주장했다.

핵없는 세상을 위한 동해시 기독교연대와 핵 없는 세상을 위한 한국그리스도인 연대 등은 지난 3월 10일, 삼척신규핵발전소 예정 부지인 삼척 근덕면의 원전백지화기념탑에서, '탈핵으로 생명과 평화를'이란 주제로 한국기독교교회협의회(NCCK)에서 처음 제정한 제1회 탈핵주일 연합예배를 진행했다.

영덕핵발전소반대공동투쟁위원회는 지난 3월 24일(일) 영덕관내에 현수막 50개를 내걸고 핵발전소 반대 서명을 받으며 본격적인 활동을 시작했다. 하지만, 이틀 뒤인 3월 26일(화) 새벽 영덕군청은 모조리 무단철거해 버렸다.

박혜령 집행위원장은 "핵발전소 유치찬성 현수막은 관변단체 명의를 이용해 수백개를 무작위로 게시할 때는 묵인해주고, 애써 모은 후원금으로 제작한 반대 현수막을 불법이라며 철거해버리는 것은 공정하지 못하다. 영덕군청은 무단철거 경위를 설명하고, 원상복구해 놓아야 할 것이다"라고 주장했다.

영광핵발전소 안전성 확보를 위한 원불교대책위원회 출범식이 지난 3월 11일(월) 영광에서 있었다(사진②). 후쿠시마 2주년 추모식과 함께 진행된 이 날 출범식은 오전 10시 영산성지 대각지(백수읍)에서 대책위 출범 봉고식(광주·전남, 전북, 영광교구)을 가진 뒤, 오전 11시부터 후쿠시마 2주기 추모식과 발대식을 영광만남의광장에서 진행했다. 발대식 후 영광터미널-영광스포티움-법성면매립지-법성면-홍농읍-영광핵발전소까지 생명평화탈핵순례를 이어간 뒤, 기도회로 행사를 마무리했다. 양문수 집행위원장(영광핵발전소 안전성 확보를 위한 원불교대책위)은 "원불교 영산성지는 영광핵발전소부터 7km이내에 있습니다. 생명을 위협하는 핵발전소를 더 이상 두고 볼 수 없어, 대책위 출범식을 갖고 생명평화를 지키는 순례를 이어갑니다"라고 전했다.

생명평화탈핵순례는 원불교환경연대가 중심이 되어, 지난해 11월 26일부터 영광핵발전소 사고에 대한 경각심 조성과 안전성 확보 등을 촉구하며 지역 단체·종교계 등과 연대해, 이어가고 있다(사진③). 생명평화탈핵순례는 매주 월요일 오전 10시30분 영광군청을 출발해, 법성면, 홍농읍 등을 거쳐 영광핵발전소까지 걷는다.

이태옥 사무처장(원불교 환경연대)은 "생명평화탈핵순례를 통해 핵 없는 평화세상을 염원하는 사람들의 공간, 지역주민들의 안전을 기원하는 공간, 핵발전소 노동자들의 무사고를 기도하는 공간 등 이렇게 생명과 평화를 기원하는 '공간'을 만들며 걸어갑니다"라고 말했다. 더불어 "비가오나, 눈이오나, 설명절 연휴에도, 쉬지 않고 걷고 있다. 점심은 길거리 뷔페식으로 해결하며, 20여km를 걷다보면 오후 4시경에 순례를 마무리한다"고 전했다. 4월 8일(월)이면 생명평화탈핵순례 20차를 맞이한다. 참여문의는 영광핵발전소 안전성 확보를 위한 원불교대책위(061-353-4438, 070-7010-6667)

반핵부산시민대책위원회는 지난 3월 28일 성명서를 통해, "오는 4월 12일부터 8월까지 고리1호기 원자로 헤드, 디젤발전기 등 무려 2000억 원 상당의 부품을 교체하는 장기계획예방정비가 예정돼 있다. 이번 계획된 예방정비 기간을 통해, 작년 정부·한수원이 고리1호기 재가동 명분으로 내세웠던 여름철 전력부족은, 비로써 고리1호기와 전혀 상관이 없다는 것이 입증됐다. 앞으로 4년도 채 남지 않은 가동기간을 남겨둔 채, 2천억을 사용하는 것은 제2차 수명연장을 준비하는 과정이라고밖에 생각할 수 없다. 그것이 아니라면 4년도 채 가동하지 않을 고리1호기에 2천억을 들이는 것은 엄청난 낭비가 아닐 수 없다. 전력수급과 무관한 고리1호기 폐로를 촉구한다"고 밝혔다.

윤종호 편집위원

행사 | 사건 | 사고

세계원전안전해체학회 창설 세미나 '원전 안전문제와 해체기술'이 지난 3월 12일(화) 오전10시부터 저녁6시까지 한국언론재단 20층 국제회의장에서 개최됐다. 불교생명윤리협회와 원불교천지보은회가 주최하고, 세계원전안전해체학회(EDENS) 준비위원회가 주관했다. 세계원전안전해체학회 준비위원회는 오는 6월 경주에서 학회 창립을 계획하고 있다.

아이들에게 핵 없는 세상을 위한 국회의원 연구모임(대표의원 김제남)'은 후쿠시마 사고 2주년을 맞아, 지난 3월 4~5일 전국 1천명 시민 대상 여론조사를 실시했다. 핵발전소 안전에 대해 '불안하다'는 의견이 62.5%, '안심한다'는 의견이 26.8%였고, 수명 만료된 핵발전소 스트레스 테스트 후 연장가동에 대해 '반대' 51.5%, '찬성' 25.9%였다. 시민들이 납부하는 전기요금에 반영된 전력기금이 핵발전 진흥·홍보에 사용되는 것에 대해 '반대' 57.2%, '찬성' 30.2%였다. 또한 핵발전소 가동 후 나오는 핵폐기물인 사용후핵연료 처리와 관련해, 정부는 올해부터 사용후 핵연료 처리·관리에 대한 공론화를 추진하고 있다. 사용후 핵연료 총량을 결정하기 위한 선결조건으로 '핵발전소 신규건설을 하지 않는다'는 의견에 '찬성' 48.6%, '반대' 24.5%였다.

부산지방법원은 작년 2월 고리1호기 정전사고를 원자력안전위원회에 보고하지 않고, 사건을 은폐하기 위해 핵연료 다발 등을 인출한 혐의로 기소되어 1심에서 유죄를 선고받은 고리1호기 발전소장 등 5명에게, 지난 2월 21일 항소심에서 무죄를 선고했다. 재판부는 핵발전소 사고의 보고책임은 한수원이나 대표이사 등에게 있어 이들에 대한 처벌근거가 없고, 다만 핵연료 다발을 인출하고 고장났던 비상발전기를 수리하지 않았던 점에 대해 유죄를 인정해 벌금 200만원~300만원 가량을 선고했다. 반핵부산시민대책위원회는 다음 날 성명서를 통해 "단순 법리해석으로 죄를 면책해준 사법부의 어이없는 판단에 유감을 표한다. 정전사고 관련자들을 엄중하게 처벌하고, 검찰은 상고심을 통해 정전사고 은폐에 대한 책임을 반드시 입증해야 할 것이다"라고 밝혔다.

울산시의회는 '경주월성 원전1호기 수명연장반대 촉구 결의안'을 통과시켰다. 지난 2월 28일(목) 울산시의회 본회의를 통과한 '경주월성 원전1호기 수명연장반대 촉구 결의안'은 진보정의당 김진영 울산시의원이 대표발의했으며, 주요 내용은 작년 11월 20일 30년 수명이 종료된 경주월성1호기의 수명연장 시도를 즉각 중단하고, 폐쇄를 촉구하는 것과 더불어 주변에 10여기의 핵발전소가 밀집해 있는 울산을 안전하게 만들기 위한 울산시의 노력도 촉구하고 있다.

앞서 경주시의회와 경북도의회도 이미 '월성1호기 수명연장반대 촉구 결의안'을 통과시킨 바 있다.

경주시 월성원전·방폐장 민간환경감시기구는 작년 연말 경주시민 500명을 대상으로 여론조사한 결과를 지난 2월 발표했다. 월성1호기 수명연장 '반대' 71.6%, '찬성' 24.6%였으며, 더불어 작년 국제원자력기구(IAEA)가 진행한 월성1호기 안전성 평가결과를 '신뢰하지 않는다' 61.2%, '신뢰한다' 13.6%였다.

월성4호기 냉각수 누출 사고로 작업 중인 노동자들이 피폭됐고, 관련 월성2발소장은 직위해제됐다. 지난 2월 24일 계획예방정비 중인 월성4호기에서 증기발생기 내부 잔여압력을 확인하지 않은 채 출입구를 개방하여, 143kg의 냉각수가 누출되고 11명의 작업자가 피폭됐다고 보도된 바 있다. 하지만, 2월 27일 김제남 국회의원(진보정의당)은 "냉각수 누출량은 155kg이며, 65명의 작업자가 피폭됐고, 한수원은 피폭자 수를 숨기는 등 비밀주의가 도를 넘었다"고 비판했다. 곧이어 한수원은 월성4호기 냉각수 누출에 대한 책임을 물어, 관련 월성 2발 소장을 2월 27일 자로 직위해제했다.

고리4호기가 4월 3일 계획예방정비를 마친 후 밤10시경 전기 생산을 위해 출력을 올리던 중 주변압기 보호 계전기가 작동해, 다음날 오후4시34분경 정지하는 사고가 발생했고, 현재 원인파악 중이라고 한다.

윤종호 편집위원

3·11 후쿠시마 2주기, 일본 행사

3.11 후쿠시마핵발전소사고부터 2년. 3월 11일을 전후해서 일본에서는 각종 행사가 열렸다. 특히 3·11을 앞둔 일요일인 3월 10일에는 전국 각지 약 300곳에서 집회와 행사가 벌어졌다. 여기서는 비교적 큰 행사를 중심으로 소개한다.

▣ **고리야마(후쿠시마현의 최대 인구집중도시. 후쿠시마사고 현장에서 약 60㎞)** | 3월 11일(월) 후쿠시마현의 큰 조직들이 당일 행사를 포기한 가운데, '후쿠시마 여성들' 을 중심으로 약 150명이 참여해 3월 11일 낮 고리야마를 행진했다. 이어 200명 이상이 모여 교류행사를 가졌다.

▣ **후쿠시마(후쿠시마현 현청 소재지. 후쿠시마사고 현장에서 약 60㎞)** | 3월 9일(토) '핵발전 없는 후쿠시마를! 현민대집회' 에 7000명. 후쿠시마의 농협과 수협 회장 등도 발기인으로 참여한 행사

▣**아오모리(사용후핵연료 재처리시설 등 핵시설 집중지역)** | 3월 10일(일) '잘 가라 핵발전과 핵연료사이클 3·11' 에 1300명 운집

▣ **도쿄** | 3월 9일(토) '잘 가라 핵발전 1000만 서명모임' 주최, 약 1만5천명 집회 참여. 3월 10일(일) 수도권반원전연합 주최, 행진 2만 명, 행사 참가 연 4만 명

▣ **후쿠이(현재 일본에서 유일하게 가동중인 오오이핵발전소, 고속증식로 등 핵시설 집중 지역)** | 3월 10일(일) '3·11메모리얼 액션, 핵발전소 없는 새 후쿠이로' 에 1000명

▣ **교토** | 3월 9일(토) '바이바이 핵발전 3·9 교토', 행진에 3500명, 행사 전체 연 8500명

▣ **오사카(현재 유일하게 운영중인 오오이핵발전소를 소유한 간사이전력이 있음)** | 3월 10일(일) '잘 가라 핵발전 3·10 간사이', 오사카에서 개최 1만1천명

▣ **히로시마** | 3월 9일(토) '연대하자 후쿠시마! 잘 가라 핵발전 히로시마대집회' 에 1500명

▣ **후쿠오카(부산에서 가장 가까운 큐슈의 대도시, 겐카이핵발전소가 있음)** | 3월 10일(일) '잘 가라 핵발전! 3·10 후쿠오카집회' 에 2000명

▣ **미야자키** | 3월 10일(일) '핵발전 필요 없다! 3·10 미야자키', 미야자키 생명광장에 2000명

▣ **가고시마** | 3월 10일(일) '잘 가라 핵발전! 가고시마 퍼레이드' 에 2500명

고노 다이스케 편집위원

3월 10일 도쿄 인근의 가와사키시에서 진행된 집회에 이은 행진. '카운터다운 원발제로 인 가와사키' 공동기구가 주최했다.

3월 11일 도쿄 시나가와시민관에서 '원발제로 1천만 서명운동본부'가 주최한 강연회. 이 날 강연회는 노벨문학상 수상자인 오에 겐자부로 등의 발표가 있었다. 대강당을 가득 메우고도 로비에 설치한 TV를 앉아서 시청할 정도로 참석자가 많았다고 한다.

3·11 후쿠시마 2주기, 한국 행사

①

②

③

지난 3월 11일은 후쿠시마 핵발전소사고 2주년이었다. 한국에서는 3월 9일(토)~11일(월) 3일간, 서울, 부산, 삼척, 경주, 영광, 고창 등의 지역에서 2주년 추모 행사들이 이어졌다.

서울에서는 3월 9일(토) 서울시청 광장 앞에서 연인원 약 3천명 정도가 참여한 가운데, '후쿠시마에 부는 바람, 그리운 고향의 봄' 후쿠시마 원전사고 2주기 추모와 우정의 탈핵축제가 진행됐다.

부산에서는 3월 9일(토) 광복로 일대에서 탈핵난장, 시민대회, 탈핵시민퍼레이드 등 '고리1호기 없는 안전한 부산' 후쿠시마 핵사고 2주기 부산시민한마당 행사가 부산, 울산, 경남 시민들 수백명이 참석한 가운데 펼쳐졌다(사진①).

삼척에서는 3월 11일(월) 후쿠시마 2주기를 맞아 삼척시민 3백여명이 참여한 가운데, 삼척시청광장에서 삼척우체국까지 '핵 없는 세상을 염원하는 삼척시민 3보1배 대행진' 을 벌였고, 이 행사에 앞서 '핵 없는 세상을 위한 2013 천주교 생명평화미사' 도 천주교 원주교구 정의평화위원회 주관으로 삼척시청광장에서 진행됐다(사진②).

경주에서는 3월 9일(토) 후쿠시마 2주기 탈핵행진을 대구·경북지역 시민들 약 백명가량이 참석한 가운데, 월성핵발전소와 경주시내 일원에서 탈핵퍼포먼스, 탈핵행진 등을 가졌다(사진③).

영광에서는 3월 11일(월) 후쿠시마 2주기 행사를 영광핵발전소 안전성 확보를 위한 원불교대책위원회 출범식과 함께, 영광만남의광장에서 백여명의 호남권 주민들과 원불교 관계자들이 참석한 가운데 진행했다.

고창에서는 3월 11일(월) 군립도서관에서 지역주민 약 20여명이 참석한 가운데, 후쿠시마 관련 다큐를 상영하며, 2주기 추모 시간을 가졌다.

한편, 탈핵에너지전환국회의원모임과 핵 없는 사회를 위한 공동행동은 3월 11일(월)~15일(금) '원전을 넘어 안전하고, 지속가능한 사회' 로 후쿠시마 2주기 주간행사 기간을 설정해, 다음과 같이 강연회, 사진 전시회, 다큐 상영회 등 다채로운 행사를 공동주최했다.

▲11일(월) 모리즈미 다카시 사진전 '갈수 없는 땅, 남겨진 사람들' (11일~15일, 장하나 의원실·환경운동연합 주관) ▲11일(월) '모리즈미 다카시와 함께하는 에너지전환기본법' 공청회(한명숙 의원실 주관) ▲12일(화) '후쿠시마 원전사고 이후 일본사회의 변화와 한일 탈핵운동의 과제' 토론회(박홍근 의원실·환경운동연합 주관) ▲12일(화) '0.23 μSv(마이크로 시버트)-후쿠시마의 미래(감독 이홍기)' 다큐 상영회(김상희 의원실 주관) ▲14일(목) '방사선의 위험성과 탈원전을 위한 시민들의 행동(세바스찬 플루쿠바일 독일방사선방호협회 회장)' 특별강연(이학영 의원실·시민방사능준비센터(준) 주관)

윤종호 편집위원

체르노빌로부터의 경고, 첫번째

아사노 겐이치 교수(浅野健一, 도시샤대학 사회학부)

일본도쿄전력 후쿠시마 핵발전소 '사고 후'에 활용하려고 체르노빌 시찰관광 (NPO법인 '식품과 생활의 안전기금' 주최)에 참가한 필자가 2회에 걸쳐 실정을 보고한다. 이번 1회에서는 핵발전소를 해체하고 있는 현장에서(출처, 일본 《주간 금요일(週刊 金曜日)》 2012년 11월 2일, 918호. 저자에게 허락받고, 탈핵신문 4~5월호 2차례에 걸쳐 전제한다. 번역 이영구

지금도 폐로 작업에 7천명 이상 투입

사상 최악의 핵발전소 사고는 1986년 4월 26일 오전 1시 23분 구 소련 우크라이나(1991년 독립)의 체르노빌 핵발전소 4호기에서 일어났다. 소련의 발표만으로도 33명이 사고로 사망했으나, 그 중 기술자 한 사람은 낙하물에 깔려서 지금도 시신을 수습 못하고 있다. 핵발전소에서 30km권내는 출입금지되고 약 200개의 마을에서 약 13만명이 강제 이주당했다.

현재도 핵발전소에서는 운전원 3,100명이 폐로작업을 하고 있다. 그 밖에도 일본을 포함해 선진국에서 5억5천만 유로(7,843억원, 2013년 3월말 환율기준)의 지원을 받고 노후화된 석관을 새로 만들고 2015년 완성을 향해 새 셀터를 건설중이다. 30km권내에서는 약 4천명의 관계자들이 쓰레기 처리 작업을 하고 있고, 합계 7천명이 일하고 있다.

4호기 옆으로 건설작업이 진행되고 있는 신셀터.

지금도 원자로 가까이에는 갈 수 없다

9월 27일, 우크라이나 수도 키예프에서 북쪽에 있는 체르노빌 핵발전소에 버스로 향했다. 풍요로운 곡창지대를 지나서 핵발전소에서 30km 지점의 검문소에 도착했다. 군대와 경찰이 경비하고 있는데, 안내원 바시리나 씨(21세) 전원의 패스포트를 모아서 계원(係員)이 한 사람씩 확인·체크를 끝내고 다시 또 간다.

인적이 없는 풍경이 계속된다. 10km 지점에도 검문소가 있다. 사고 당시 건설 중이었든 5~6호기의 냉각수 탱크와 공사가 중단돼 방치된 상태 그대로의 크레인이 보인다. 옆으로 길게 있는 핵발전소(1~4호기) 건물이 보였다. 여행참가자가 가지고 온 선량계(線量計)가 삐~삐하고 울리기 시작했다.

2호기도 4호기 사고영향을 받아 모든 전원을 상실하고 제어반(制御盤) 전부의 빨간램프가 점등, 위기에 처했으나 폭발을 면했다. 그 후 91년에 일어난 터빈실 화재로 원자로가 정지, 현재는 건물 안에서 터빈의 해체·철거작업을 하고 있다.

작업원과 똑같은 백의(白衣) 백모 구두가방을 들고 안으로 들어갔다. 작업을 마친 작업원과 몇 차례 지나쳤다. 젊은 작업원과 여성도 있다. 직원은 '우측에 원자로가 있고, 좌측에 터빈실이 있다. 원전은 지금 운전을 멈추었다'고 설명. 우측 유리창에 남성 작업원 하나가 원자로 옆을 걸어가고 있는 것이 보였다.

복도를 몇 백미터 걸어서 제어실로 들어가니 좌측에 운전원의 책상이 있다. 5명이 근무한다.

78년부터 이곳에서 일하는 기술책임자 알렉산더 보리슈 씨(56세)가 '원자로 제어작업 일은 하지 않고, 이제부터 몇십년 동안 냉각작업을 해야 합니다. 냉각풀(냉각저장조)의 수위와 온도를 컨터롤하는 것이 일입니다'라고 설명해주었다.

그는 심장관계에 이상이 있어, '88년에 한달간 입원, 신경계 검사를 받고, 여러 가지 증상을 들었지만 걱정하지 않기로 했다. 전에는 1년에 네 번 정밀검사를 했으나 지금은 1년에 한번'이라고 한다.

도쿄전력 후쿠시마 핵발전소 사고에 대해 "이것은 '또 하나의 체르노빌이 된다'고 생각했다. 정보가 적고, 무슨 일이 일어나고 있는지 알 수 없다. 언론정보로부터의 분석이지만 전력공급이 되고 있었다면 이른 단계에서 해결되었다고 생각한다"고 말했다.

4월에 문을 연 핵발전사고자료실에서서 홍보담당자는 "원자로에는 지금도 가까이 갈 수 없고, 4호기 안에 있는 1700개 이상의 연료봉을 하나도 꺼내지 못하고 있다. 이제부터 30~50년 이상 걸린다. 우라늄용액의 산화물과 방사성 폐기물 등도 대량 남아있다. 새 셸터(shelter, 방호벽)도 100년후에는 다시 만들지 않으면 안된다"고 설명했다.

원전건물 부근의 공간선량은 굉장하다. 선량계는 복도의 창가에서 2.94, 제어실안에서 1.25마이크로시버트(시간당)를 나타내고 있다. 자료실내는 0.5, 4호기의 석관 앞 견학장소에서는 15.45마이크로시버트(시간당)를 기록하고 있다.

고이데 히로아키(小出裕章) 교토대학 원자로실험소 조교는 "측정된 선량은 급성사망할 수 있는 선량율은 아니다. 단지 일본 법령에서는 0.6마이크로시버트(시간당) 이상은 방사선 관리구역으로 하지 않으면 안된다"고 말하고 있다.

안드레이예프 씨. 국제원자력기관(IAEA)에 대해 비판한다.

작년 3월 15일 결사적 각오로 후쿠시마현 아이마시(相馬市) 등에 들어간 경험을 가진 '생활클럽후쿠시마'의 쓰찌야 마유시(土山雄司) 씨가 선량계를 보면서 말했다. "이렇게 높은 선량의 방사능을 쏘인 것은 도쿄전력 후쿠시마 핵발전소 사고 이래 1년반 만이라고. 체르노빌은 사고 후 26년만 반이 지났는데도 15마이크로시버트(시간당) 이상이다. 후쿠시마에 돌아가는 것은 영원히 계속되는 '전장(戰場)'으로 돌아가는 것이라고 통감했다."

'죽음'이냐 '감옥'이냐

체르노빌 핵발전소를 방문한 전날, 키예프에서 우크라이나·체르노빌연맹 대표 유리 안드레이예프 씨에게서 이야기를 들었다. 이 연맹은 핵발전소사고 처리에 종사한 사람들의 조직이고, 안드레이예프 씨는 2호기에서 긴급처리를 한 기술자이다. 앞에 나온 보리슈 씨의 동료이기도 하다. 뇌졸증을 앓고 몇차례나 생사의 경계에서 살아났다. 안드레이예프 씨는 당시를 회고한다. "사고가 난 밤은 집에서 자고 있었는데 폭발음은 듣지 못했다. 26일 오전 9시경 아내가 시장에서 돌아와 핵발전소가 폭발해 몇 사람이 죽었다는 소문이 있다고 했다. '핵발전소에서 폭발은 있을 수 없다'고 했더니, 아내는 '그렇다면 딸내미를 데리고 밖에 산책하고 오세요'라고 말했다. 나는 2살 반된 딸을 데리고 핵발전소가 보이는 데까지 가서 딸아이를 피폭시켰다."

그 후 직장에 가니 "원자로의 단면이 70도 기울고, 뚜껑도 벗겨져서 방사능을 밖으로 내보내고 있는 것을 알았다. 가족이 걱정되어 무서워졌으나, 나와 같은 전문가는 대체인력이 없다. 죽음이냐 도망쳐서 감옥에 가느냐의 선택 밖에 없었다"고 말한다. 그리고 전자를 선택한 그는 2호기의 정지작업에 들어갔다.

"제어반은 150개소 동시에 비상사태를 나타내는 램프가 점등했다. 정전으로 캄캄한 데 경보음도 울리고 정말 공포스러웠다"고 말했다.

도쿄전력 후쿠시마 핵발전소 사고에 대해서는 "일본 정부는 사고의 규모를 숨기고 있다. 구 소비에트와는 달리 자유와 민주주의의 나라인데 왜 그런 일이 일어나는가"라고 비판했다. 또 동연맹이 사고 다음날 키에프의 일본대사관에 사고처리의 지원을 제안했으나 거절당했다고 말했다.

사고를 최초로 하늘에서 촬영한 마카렌코 기자에게서 듣는다

소련(당시) 정부는 사고가 난 후 일주일 이후, 외국인을 포함해 내·외 저널리스트 수백명을 사고 현장에 들어가게했다. 그 해에만 다큐멘터리 영화 수십편이 만들어졌다.

사고현장을 촬영한 바실리 마카렌코 씨(당시 우크라이나TV)는 "사고직후는 정보가 봉쇄되고 지상에서 가까이 접할 수 있는 것도 금지되어, 공중·하늘에서 취재하면 되겠다고 생각했다. 징병(徵兵) 때 있었던 공군의 친구한테 부탁해서 헬리콥터에 타고 5월 12일 오전 6시에 핵발전소 꼭대기에서 촬영했다. 당·정부 중앙이 배신을 거부하지 않았다"고 들었다.

핵발전소 사고의 비참함을 처음 전달한 이 촬영영상은 현재도 TV와 다큐멘터리에서 사용되고 있다.

"소련국가보안위원회(KGB)가 강한 권력을 쥐고 있을 때이고, 사고에 관한 정보도 모두 통제하고 있어서, 참 잘 촬영했다고 생각한다. 당시 촬영한 비디오가 많이 있어서 디지털화하고 싶다"고 한다. 또 "체르노빌도 후쿠시마도 같은 보트에 타고 있다. 지구안에 있는 형제들이다"라고 말했다.

1977년부터 기자를 하고 있는 마카렌코 씨. 현재의 모습과, 위는 사고현장을 취재하고 있는 모습

체르노빌, 이제는 잊혀져가는

1986. 4. 26

지구 반대편 구 소련, 우크라이나 공화국에 있는 체르노빌 핵발전소가 폭발한 지 벌써 27년째다. 시간이 지남에 따라 많은 사람들의 기억속에서 흐릿해져가고 있지만, 체르노빌 핵사고는 지금까지 인류가 겪었던 가장 최악의 사고이며, 현재도 진행 중인 사고이다.

군사독재와 냉전이 한참이던 1986년, 인터넷 등 지금과 같은 다양한 정보 매체가 발달해있지 않았던 당시, 체르노빌의 진실은 제대로 알려지지 못했고, 세계의 많은 나라들이 핵발전의 위험성과 문제점을 절감했지만, 그 흐름에 우리는 동참하지 못했다. 뒤늦었지만, 체르노빌과 관련된 사실을 되집어봄으로써, 그 때 배우지 못한 역사의 교훈을 다시금 생각해보았으면 한다.　이헌석 편집위원

출처 이헌석 제공

① 우크라이나의 조건, 핵발전소 위치의 정치경제학

체르노빌 핵발전소는 우크라이나 공화국에 있다. 당시 소련은 50여개의 핵발전소를 운영중이었는데, 이 중 대부분은 러시아와 우크라이나에 있었고, 체르노빌 핵발전소는 우크라이나와 벨라루스에 전력을 공급했다. 소련의 공화국별 산업육성 정책에 따라 이 지역은 공업을 집중적으로 육성시켰고, 많은 양의 전력이 필요했다. 내륙지방이라는 좋지 않은 조건에도 우크라이나에 많은 양의 핵발전소가 건설되었다.

② 과연 체르노빌 희생자는 몇 명인가?

체르노빌 희생자 숫자만큼 사람들을 혼란스럽게 하는 것은 없다. 이는 사망시간과 사망원인, 그리고 추정방법에 따라 희생자 숫자가 천차만별이기 때문이다. 4월 26일 폭발과 동시에 2명이 사망했고, 1986년 8월 소련 정부는 모두 31명이 사망했다고 발표한 바 있다. 하지만 이후 사망자 숫자는 점차 늘어나게 된다. 이 중에는 방사선 피폭으로 사망한 이들과 화재사고로 사망한 이들도 있다. 또한 방사선 이외에도 체르노빌 인근은 화재당시 뿌려진 2천톤 이상의 납으로 인해 중금속 오염이 심각했는데, 이를 포함시킬 경우 피해자는 더욱 늘어날 것이다. 이와 관련해 국제원자력기구(IAEA)는 2006년 체르노빌 사고 암환자가 4천명이라 밝힌바 있다. 하지만 민간과학자들로 구성된 '체르노빌을 반박하는 또 다른 보고서(TORCH)'에서는 벨라루스에서만 1만8천~6만6천명이 암에 걸리는 것으로 분석하고 있다. 이와 다른 그린피스 보고서는 벨라루스에서 2만1천명 등 전 세계에서 9만3천명이 사망한다는 보고서를 발표한 바 있다. 발표 주체와 방법에 따라 숫자는 천차만별이지만, 시간이 지나감에 따라 희생자 숫자와 범위가 늘어나고 있다.

③ 비극의 시작 은폐·축소로 얼룩진 사고 정보

체르노빌 핵사고의 가장 큰 문제점은 사고가 철저히 은폐됐다는 것이다. 훗날 고르바초프 서기장

(소련 공산당)도 26일 폭발이후 심각성에 대해 자신도 대로 보고받지 못했다고 할 정도로 정보는 은폐됐다. 하지만 방사능 측정기를 갖고 있던 북유럽 국가들의 강력한 의가 잇따르자, 결국 4월 29일에야 소련 당국도 사고를 정하게 된다.

하지만, 정작 핵사고 인근지역 주민들은 사고의 심각성 제대로 몰랐다. 우크라이나 수도 키에프에서는 5월 1일 동절 행사가 정상적으로 진행됐고, 인근지역 대피는 그 후에야 완료됐다. 피해복구과정도 철저하게 미공개로 진행됐고, 당시 기록도 정확하지 않아 30km 피해 구역 내부 묻은 핵폐기물의 양과 종류, 위치 등은 아직도 정확히 려져 있지 않은 경우가 많다. 이로 인한 피해는 결국 주민들에게 모두 돌아갔다.

④ 기형아·기형동물만 찾는 국내 언론, 희생자 추 집중하는 현지 언론

체르노빌 핵사고를 떠올리면 많은 이들은 기형 기형동물을 떠올린다. 실제 우리나라 인터넷 포털에 체 노빌을 검색하면 대형 지렁이, 메기, 쥐 등 기형적으로 긴 생물체들 사진이 많이 뜬다. 한때 언론들까지 나서 ㄷ

체 | 르 | 노 | 빌 | 사 | 고 | 일 | 지

■ 체르노빌 4호기. 원자로 정지 후 터빈이 짧은 시간동안 비상전원 역할을 할 수 있는지에 대한 실험 도중 사고. 애초 1986년 4월 25일 실험 진행 예정이었으나, 26일로 연기

■ 4월 25일 23시. 실험 시작. 실험을 위해 ECCS(비상노심냉각장치) 차단, 출력감소 개시. 제어봉 조정 중 증기압력 유지를 위해 급수량 감소. 냉각기능 저하에 따라 핵연료 내부 기포 생성. 원자로가 불안정한 상태에서 출력 급상승

■ 4월 26일 오전 1시 23분, 출력 급상승에 따라 비상정지 단추 누름과 동시에 폭발. 폭발로 작업자 2명 사망. 이후 4호기 화재발생

■ 4월 27~28일 : 핀란드, 스웨덴, 노르웨이 등 북유럽 국가들, 평소 6배에 달하는 대기 중 방사성 물질 검출. 소련을 의심

■ 4월 28일 : 소련 관영 타스통신을 통해 우크라이나 체르노빌 핵발전소 원자로 1기 손상, 피해자 발생 보도

■ 4월 29일 : 한국 언론, 타스통신 인용, 일제히 체르노빌 핵발전소 사고 보도.

■ 4월 30일 : 언론들 사망자 2천명에 이를 것이라는 추측성 보도. 소련 당국은 이를 부정. 사망자 2명, 부상자 197명 발표

■ 4월 29~30일 : 오스트리아, 폴란드, 스위스 등 유럽 각지에서 평소의 3~20배에 달하는 방사성 물질 검출.

■ 5월 1일 : 소련 당국, 부상자 197명 중 18명이 중태라고 발표

■ 5월 3~4일 : 일본에서 최초 방사성 물질 발견(4일 발표). 치바시 빗물에서 요오드131 13,300pCi/L 기록, 도쿄, 카나가와, 아이치, 오사카, 돗토리 등 15도부현에서 방사성 물질 발견

■ 5월 5일 : 한국 방사성 물질 최초 발견. 청주의 빗물에서 요오드131 1500pCi/L(8일발표)

■ 5월 6일 : G7 정상회의 '체르노빌 핵사고 영향에 대한 성명' 채택

■ 5월 8일 : 우크라이나 랴시코 총리 기자회견. 원자로 온도 300도 정도로 체르노빌 4호기 화재 진압 완료, 총 8만 4천명 대피. 모스코바에 사고의 의미가 제대로 전달된 것은 사고 발생 2일 후인 4월 28일이라고 밝힘

■ 5월 11일 : 이탈리아를 제외한 11개 EU 회원국, 소련과 동유럽 7개국의 신선식품 수입 정지. 이에 따라 이들 국가에서 신선식품 수입의 80%가 정지됨

■ 5월 14일 : 고르바초프 소련 공산당 서기장 체르노빌 사고 이후 첫 국영 TV 연설. 사고에 대한 최고지도자 견해 밝힘. 사망자 9명, 292명 입원 중 아직도 인근 지역 방사능 높다고 발표

■ 5월 26일 : 일본 정부 방사능 대책본부, 미야자키현 해조류에서 요오드131 70,000pCi/kg 발견

■ 7월 2일 : 일본 교토대학 원자핵공학과, 일본 전국 솔잎 방사능 측정 결과 '동고서저(東高西低)' 형 분포, 요오드131 최대 43,200 pCi/kg, 세슘 13,300pCi/kg 발견

■ 7월 3일 : 영국정부, 일부 양에서 4,000Bq/kg 이상 세슘 발견에 따라 영국 일부지역에서 양의 이동, 판매, 도살을 3주간 금지한다고 밝표

■ 7월 15일 : 체르노빌 주변 30km 이내 대피 주민들 위해 새로운 마을을 건설하기로 발표

■ 7월 20일 : 소련 정부가 발표한 사고 원인은 '인위 실수'이며, 관련자 해임 및 형사처벌 추진. 사망자 28명, 접피해액 20억 루블이라 밝힘

■ 7월 24일 : 소련 외무성 기자회견, 체르노빌 사고의 단이 된 실험이 '원자로 운전을 정지한 후 40~45분간 전하는 터빈발전의 에너지 유효성을 시험하기 위한 것'이다고 밝힘(사고 원인 최초 발표)

■ 8월 21일 : 소련 당국 기자회견을 통해 체르노빌 사 최종 조사결과 발표. 사망자 31명, 현재도 3명 중태, 299 입원, 반경 30km 지역에서 13만5천명 대피(어린이 4만5 명 포함). 사고가 있었던 4호기 폐쇄, 1~2호기는 가을에 업재개 예정

■ 8월 22일 : 소련이 국제원자력기구(IAEA)에 제출한 고서, 향후 6천명이 조기사망하고 대피 주민 4년 동안 돌 오지 못할 가능성 발표

■ 8월 26일~28일 : IAEA 본부에서 체르노빌 사고 토회의 개최. 폭발직전 원자로 출력이 정격출력의 100배

이름인가?

것들을 소개하기도 했지만 이들은 체르노빌과 상관없는 것들이다. 길이 2~3미터에 이르는 대형지렁이와 메기는 핵사고 이전부터 해당지역에서 살던 생물이고, 대형 쥐는 어느 미대생의 작품일 뿐이다. 반면 체르노빌 현지의 풍경은 희생자들과 피해복구를 위해 목숨 바친 소방관들에 대한 추모가 중심이다. 우크라이나 수도 키에프 체르노빌 박물관에서는 기형동물은 새끼 돼지 1마리가 전부이고, 나머지는 모두 '추모관'의 형태를 띠고 있다. 기형아, 기형생물은 선정적이기만 할 뿐 실제 사고당사자들에게는 떠올리기 싫은 기억일뿐더러, '교훈'이 되기 힘들다는 것이 그들의 설명이다. 특히 기형아의 경우 인권문제와 맞물릴 수 있는 것이라 공개가 매우 조심스럽다. 이 상반된 두 가지 풍경은 체르노빌을 대하는 우리들의 태도의 차이이지 않을까.

⑤ 당시 국내 방사능 영향과 체르노빌 보도

후쿠시마 핵사고 당시 국민들은 '방사능 비'와 방사능 오염 식품에 대한 관심이 높았다. 체르노빌 때는 어떠했을까? 체르노빌 핵사고 직후인 5월 8일 당시 과학기술처는 청주지역 빗물에서 1500pCi/L의 요오드131이 발견됐다고 발표했다. 이후 서울, 금산, 홍천, 춘천 등지에서도 900~1300pCi/L의 방사성 물질이 발견됐다. 하지만 당시 뒷이야기를 담은 원자력안전기술원 백서에 따르면, "과기처 담당과 직원들이 '(소련처럼 먼나라에서) 사고가 났는데 무슨 영향이 있겠냐'며 비상근무를 거부"하는 가하면, "원자력연구소에 있던 16대의 방사능분석기 중 2대만 작동 가능한 상태"였다고 당시 상황을 증언하고 있다. 방사능 감시체계와 국가 시스템이 제대로 작동하기 힘들었고, 1986년은 우리나라 핵발전의 전성기였다. 체르노빌 핵사고가 세상에 알려진 4월 29일은 고리4호기 상업가동일이기도 했다. 더구나 국내언론의 충분치 못한 해외 취재경험과 비용문제 등을 비롯해 군사독재정권 시절 언론통제와 맞물리면서 체르노빌 보도는 제한적일 수 밖에 없었다.

달함. 그 결과 1차 증기폭발, 몇 초후 가연성 가스 폭발. 소련 당국, 5월 6일 시점에서 방출 방사능의 총량은 1억Ci. 체르노빌 사고로 핵연료의 4%가 공기 중에 비산, 핵연료 중 0.3~0.5%는 핵발전소 부지내, 1.5%는 반경 20km, 나머지 2%는 이 외의 지역으로 비산. 냉각재로 사용되던 흑연 중 10%(약 250톤)가 불타 없어짐

■ 9월 19일 : 소련 재무장관 기자회견, 피해자 보상은 국가예산에서 5억루블, 사회보험에서 1억루블, 국민기부금 5억루블, 해외 구호금 150만루블로 충당. 핵발전소 주변 피난 주민 11만명에게 1명당 4천루블, 2사람은 7천루블, 이후 1명 늘어날 때마다 1500루블씩 위로금 지급. 기타 두고 온 가구들에 대한 보상 발표

■ 9월 29일 : 체르노빌 1호기 운전재개(10월, 2호기도 운전재개)

■ 10월 30일 : 망명 에스토니아인 연대위원회 기자회견. 지난 6월 오염제거 작업에 동원된 에스토니아인 300명이 항의 파업진행, 이중 12명 군대에 의해 사살 발표

■ 11월 20일 : 태국 보건복지부, 덴마크, 네델란드산 이유식 방사성 물질 검출, 즉시 회수명령.

■ 12월 10일 : IAEA, OECD 가입국 중 오스트리아(643uSv)가 최대 방사능 오염, 이어 서독(557uSv), 핀란드(513uSv) 순

■ 12월 14일 : 소련 공산당 중앙위원회, 체르노빌 핵사고 긴급대책작업 완료 보고. 30만㎥ 콘크리트, 6천톤의 금속 구조물로 석관 완성. 1~2호기는 운전재개, 모두 11만6천명이 피난, 단독주택 1만2천채, 사회문화시설 200곳이 새로 건설

사진 이헌석 제공

체르노빌에 대한 기본 정보

2011년 벨라루스 정부가 밝힌 체르노빌 사고의 피해

■ 방사능 오염 피해
- 전 국토의 23%가 세슘 137에 오염
- 전 국토의 10%가 스트론튬 90에 오염
- 전체 농경지의 20%가 세슘 137에 1Ci/㎢ 초과 방사능에 오염
- 25년동안 약 6,000㎢ 면적의 지역이 출입 통제(서울의 면적 10배에 해당)

■ 경제적 피해
- 총 2350억달러(약 2250조원)의 손실(30년간 피해액, 1985년 국가 예산의 32배)
- 손실액 중 81.6% : 핵사고의 피해를 극복하거나 최소화하기 위한 예산
- 손실액 중 12.6% : 농토와 국가 자산을 사용하지 못하게 됨에 따른 피해
- 손실액 중 5.8% : 이자 손실

■ 사회적 피해
- 오염된 지역에서 강제 이주된 사람 : 138,000명
- 오염된 지역에서 자발적으로 떠난 사람 : 200,000명
- 오염된 지역에 살고 있는 사람 : 1,100,000명

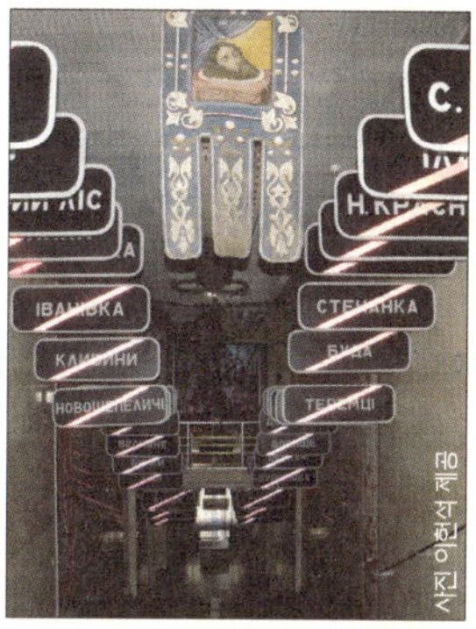

▶ 체르노빌 박물관. 체르노빌 사고로 사라진 마을이름을 전시해 놓은 복도

체르노빌 사고 영향 지역의 면적 (단위 : ㎢ / 세슘 137 기준, IAEA 2006)

국가	185~555kBq/㎡ (한시제한)	555~1480kBq/㎡ (영구제한)	1480kBq/㎡ 이상 (몰수·폐쇄)
벨라루스	10,200	4,200	2,200
우크라이나	3,200	900	600
러시아	5,700	2,100	300
합계	19,100	7,200	3,100

- 37~185kBq/㎡ 오염 구역은 13개국(벨라루스, 우크라이나, 러시아, 스웨덴, 핀란드, 오스트리아, 노르웨이, 불가리아, 스위스, 그리스, 슬로베리아, 이탈리아, 몰도바) 162,160㎢

※ 참고, 서울 면적 605.21㎢, 수도권 면적(서울·경기·인천) 11,821㎢, 강원도 면적 16,875㎢

체르노빌 이외의 핵시설에서 일어난 주요 사고 목록

IAEA 고장사고등급	형태	사고사례
7 (대형사고)	광범위한 건강과 환경 영향	체르노빌 핵사고(1986 핵연료 노심용융 및 화재)
6 (심각사고)	방사선비상계획의 전면적 시행이 필요	오제르스크(Mayak at Ozersk, 1957년 러시아 핵재처리시설)
5 (시설외부로의 위험사고)	방사선비상계획의 부분적 시행 요구	윈드스케일(Windscale, 1957년 영국 군사시설) 드리마일 핵사고(미국 1979년, 핵연료 노심용융) 고이아니아 방사능 누출사고(브라질 1987년, 방사선동위원소)
4 (시설내부의 위험사고)	내부종사자가 치사량피폭 혹은 외부에 일부 방사능 누출 사고	생 로랑(Saint-Laurent, 1980년 프랑스 핵연료 파열) 도카이무라(일본 1999, 핵연료 공장)

체르노빌의 교훈을 잊고 있는 우크라이나

체르노빌 사고 이후 우크라이나는 어떤 에너지정책을 취하고 있을까?

이미 알려진 것처럼 체르노빌 사고 이후 유럽의 많은 국가들은 핵발전소 폐쇄 정책을 선택했다. 하지만 충격적이게도 막상 체르노빌 사고가 일어난 우크라이나는 핵발전 정책을 고수하고 있다. 사고가 일어난 체르노빌 4호기 이외에 인접한 1~3호기는 이후 모두 가동을 재개했다. 이들 발전소는 4호기와 같은 원자로형이며 이 지역은 엄청난 방사능 오염이 일어났지만, 이미 핵발전 정책에 종속된 우크라이나는 다른 대안이 없다며 기존 에너지정책을 유지하고 있는 것이다.

심지어 체르노빌 4호기의 폭발사고 이후 1991년에는 체르노빌 2호기에 화재사고가 발생해 더 이상 원자로를 사용할 수 없을 정도가 되는 등 이후에도 체르노빌 발전소로 인한 불안감은 계속 이어진다. 상황이 이렇게 되자, 오히려 체르노빌 핵발전소 폐쇄에 적극적인 것은 인근 서방국가들이다. G7을 중심으로 가동 중인 체르노빌 1, 3호기에 대한 폐쇄 압력이 높아진 것이다.

그러나 이때에도 우크라이나 정부는 에너지 시스템의 전환을 택하지 않았다. 1995년 쿠츠마 당시 우크라이나 대통령은 건설 중이던 다른 핵발전소 2기를 완성시킬 재정을 서방국가들이 지원해주는 것을 조건으로 체르노빌 핵발전소를 영구 폐쇄하겠다는 발표를 한다. 결국 유럽부흥개발은행(EBRD)가 2억1,500만달러, EU가 5억8,500만달러를 지원할 것이라는 발표를 듣고 난 다음에야 우크라이나는 2000년 마지막 체르노빌 발전소였던 3호기의 가동을 중지한다.

이후에도 우크라이나 정부의 핵발전 정책은 계속 유지된다. 2006년 우크라이나 정부는 2030년까지 22기의 핵발전소를 추가 건설하겠다는 계획을 발표했다. 현재 16기의 핵발전소가 가동되고 있는 것을 생각할 때 2배 이상 핵발전소를 증설하겠다는 것이다. 이들이 내세운 명목은 '에너지 독립'이다.

우크라이나는 에너지자급율이 45%에 이르는 나라이다. 석유, 석탄은 물론, 우라늄과 천연가스까지 자국에서 생산되는 나라이다. 우리나라의 에너지 자급율이 3% 정도인 것을 생각하면 우리에 비해 에너지자급율이 매우 좋은 나라이다. 더구나 핵발전소 건설과 우라늄 농축을 모두 러시아에 의존하고 있는 우크라이나 상황에서 '에너지 독립'은 논리에도 맞지 않는다. 러시아에 대한 경제 의존도가 높고, 구 소련 붕괴이후 비판적 시민사회가 성숙할 시간이 없었던 상황에서 우크라이나는 2015년과 2016년 가동을 목표로 신규 핵발전소가 건설 중에 있다. '탈핵'은 결코 주어지는 것이 아니라, 만들어가야 하는 것이라는 당연한 교훈을 우크라이나는 우리에게 알려주고 있다.

탈핵기본법 제정을 위해

후쿠시마 사고 2주기였던 지난 3월 11일 국회에서는 '탈원전(탈핵) 및 에너지전환 기본법(이하 "탈핵기본법"이라 한다)' 토론회가 열렸다. 녹색당이 주장해 왔던 법안이 국회 한명숙 의원실의 검토과정을 거쳐 법안 발의를 눈앞에 두게 된 것이다.

탈핵기본법의 내용은 간명하지만, 대담하다. 현재 가동 중인 23개의 핵발전소를 단계적으로 폐쇄해나간다는 것이다. 특히 고리1호기, 월성1호기처럼 이미 설계수명이 끝난 핵발전소는 즉시 폐쇄를 하자는 것이다. 그리고 건설중이거나 건설 계획 중인 핵발전소 건설은 완전 중단한다는 것이다. 이렇게 해서 목표연도까지 핵발전을 완전 폐기한다는 것이 탈핵기본법의 구상이다. 다만, 목표연도와 관련해서 녹색당은 2030년까지를 주장하고 있고, 한명숙 의원실은 2040년으로 잡고 있는 차이점은 있다. 그러나 탈핵을 본격적으로 추진하게 되면, 추진과정을 보면서 목표연도 부분은 조정해 나갈 수 있을 것이다. 탈핵의 시기를 가능한 한 앞당겨야 한다는 것은 분명하기 때문이다.

핵발전소를 멈추자고 하면 당장 나오는 얘기가 '대안이 있느냐'는 것이다. 탈핵기본법에서는 독일 등의 탈핵사례를 참고해서 ▲전기소비를 줄여나가고 에너지 효율성을 높이는 것 ▲재생가능에너지를 확대하는 것을 추진하도록 하고 있다. 지금까지 핵발전에 지원되던 국가예산을 이런 방향으로 돌리고, 발전차액지원제도 등을 통해 시민들의 참여를 유도해 나가면 충분히 가능한 일이다.

전기소비를 줄일 때에는 전체 전기소비의 53% 이상을 차지하는 산업용 전기소비부터 줄여나가면 된다. 이것은 대기업들에게 특혜성으로 싸게 공급해 오던 산업용 전기요금을 현실화하고, 에너지다소비 기업들에 대해 일정 비율의 자가발전을 의무화하는 등 규제를 강화해서 달성할 수 있는 일이다. 54개의 핵발전소가 가동되다가 지금은 2개만이 가동되고 있는 일본의 사례를 보더라도 탈핵은 충분히 가능한 일이다. 일본은 후쿠시마 사고 이후에 기업들의 전기소비를 줄이고 자가발전 비중을 늘리는 등의 방법으로 전력문제를 해결해 나가고 있다. 따라서 대안은 확실하게 존재한다. 의지만 있다면 탈핵은 충분히 가능하다.

탈핵기본법은 우리에게 탈핵이냐 핵발전 확대냐를 선택할 수 있는 기회를 만드는 것이다. 그동안 한국의 모든 법제도와 정부계획은 핵발전 확대에만 초점이 맞춰져 있었다. 그러나 이런 방향을 근본적으로 전환하려는 시도는 국회 내에서 없었다.

탈핵기본법이 발의되면 상황은 달라진다. 이제는 우리가 하기에 따라서 탈핵의 문제를 본격적인 정치이슈로 만들 수 있다. 그리고 이 법안이 통과된다면 한국의 핵발전소는 문을 하나씩 닫게 되고 탈핵은 돌이킬 수 없는 대세가 될 것이다.

물론 법안이 발의된다고 해서 통과를 낙관할 수 있는 것은 아니다. 수없이 많은 법안들이 국회에서 발의되지만, 그 중 다수는 제대로 심의되지도 못하고 폐기되는 게 현실이다. 그래서 탈핵기본법의 발의는 끝이 아니라 시작일 뿐이다.

법안 발의는 국회의원들이 할 수 밖에 없지만, 탈핵기본법이 통과되느냐 마느냐는 시민들의 손에 달려 있다. 솔직히 국회 상황은 좋지 않다. 국회에서 탈핵에 동의하는 국회의원 숫자는 아직 극소수이다. 야당인 민주당조차 강령에서 여전히 '원전 전면 재검토'라고 언급하고 있다. '탈핵'을 당론으로 채택하고 있지 않은 것이다. 또한 법안 논의가 본격화되면, 핵발전 확대에 목을 매고 있는 세력들의 반발이 거셀 것이다.

그래서 탈핵기본법의 통과를 위해서는 더 힘찬 탈핵운동이 필요하다. 탈핵을 바라는 모든 단체, 개인들이 나서야 한다. 탈핵학교를 곳곳에서 열고, 자기 지역과 자신이 속한 모임에서부터 탈핵을 적극적으로 홍보해나가자. 서명(온라인서명 싸이트 : www.nonuke.or.kr)을 받고, 작은 집회나 행사를 곳곳에서 열자. 지역에서부터 에너지소비를 줄여나가고 작게라도 재생가능에너지를 활용해 나가자. 이것을 지방자치단체에 정책으로도 요구하자. 이런 힘들이 곳곳에서 생기고, 그것이 모여야만 탈핵기본법의 통과가 가능할 것이다. **하승수(녹색당 공동운영위원장)**

삶을 뿌리 뽑힌 '원전 난민'의 증언

서경식 강연, '증언 불가능성의 현재-아우슈비츠와 후쿠시마를 잇는 상상력'

"말이 통하든 안 통하든 일상생활에는 별로 문제가 없어요. 기억도 제가 가지고 있으면 되니까요. 언제나 함께, 잘 때도 함께에요."

사사키 타카시 씨는 이렇게 말하면서 곁에 앉아있는 아내의 손목을 살며시 잡았다. 작가 서경식이 그를 만나러 찾은 곳은 미나미소마시. 스페인 사상 연구자인 그는 도쿄에 있는 대학에서 퇴직한 뒤 어머니의 고향으로 돌아와 계속 살기로 결심했다. 후쿠시마 핵발전소와 멀지 않은 그곳에 남아있는 사람은 이제 거의 없다. 재난이 일어난 뒤 그도 98세의 어머니와 아들 부부와 손주를 멀리 떨어진 형님 집으로 보냈다.

하지만 자신은 남기로 했다. 다른 곳으로 가면 치매를 앓는 아내의 병세가 악화될지도 모른다는 걱정이 가장 앞섰다. 현재 '긴급시 피난 준비 지역'으로 지정된 이곳에 남게 된 사람들은, 위험과 불편한

서경식 (도쿄경제대학교 교수)

사진 녹색연합 제공

생활을 감내해야 한다는 사실을 그도 모를 리 없다. 70대의 고령인 그가 책과 가재도구가 놓인 방에서 스스로 '농성'이라고 부르는 생활을 이어가는 것은 삶을 지탱해온 '뿌리'를 잃지 않기 위해서다. 바로 아내와의 관계 말이다.

방사능 재해로 많은 이들이 피난의 갈림길에 서야 했다. 그런데 "피난을 가는가, 마는가를 말하기 전에 그러한 이분법을 강요하는 것이 국가와 기업, 그리고 근대적 주체라는 것을 먼저 짚어야" 한다. 서경식의 눈에 사사키 씨의 결심은 강요된 이분법에 대한 저항이다. 역사학자 한홍구, 철학자 다카하시 데쓰야와 나눈 대담집 <후쿠시마 이후의 삶> (반비, 2013)에서 서경식은 "(사사키) 선생님은 자신의 존엄과 자유를 지키고자 농성하는 심정으로 버티고 있습니다. 정치권력이나 관료의 지시에 의해 그동안 일상을 영위해온 곳에서 하루아침에 '뿌리 뽑힘' 당하는 것을 거부하는 마음이지요. 이런 마음은 때로 향토애나 애국심과 혼동되지만, 그것과는 분명히 다른 것"이라고 말했다.

국가와 기업이 공모해 인권을 심각하게 침해하는 범죄를 저지르고, 그 피해를 불특정 사람들에게 전가한다는 점에서 핵발전소 가동은 전쟁과 꼭 닮아있다. 하지만 피해자들이 처한 복잡하고 다양한 삶의 형식은 지워지고 '힘내라, 일본'과 같은 국가주의적인 슬로건이 다시 고개를 들었다. 지난해 말 핵발전소 재해를 겪은 일본과 이웃나라 한국에서 치러진 선거 결과도 이를 말해준다.

서경식은 이와 관련해 정치사상가 후지타 쇼조가 말한 '안락 전체주의', 다시 말해 "보다 편리한 생활, 보다 안락한 생활을 추구하는 점에 대해서는 누구도 반대할 수 없는 전체주의가 형성"되었다고 지적한다. 여기서 농지를 잃은 농부, 피난을 감수하지 못했던 노인과 환자, 뿔뿔이 흩어진 가족, 피해 보상 체계에서 소외된 외국인의 고통과 증언은 망각되거나 국가라는 이름으로 봉합된다.

이렇게 삶을 송두리째 뽑힌 이들의 심정을 과연 상상조차 할 수 있을까. 재난 영화와 같은 현실이 실제로 벌어지고 있는 초현실적 세계를 "진정으로 두려워하고 전율하는 마음으로 반성"하는 것은 쉽지 않을 뿐더러 때론 불편하기까지 하다. 그래도 달리 방법은 없다. 사사키 씨와 같은 여러 소중한 증언에 귀 기울이는 것이다. 후쿠시마 사고 후 3개월 뒤 서경식이 후쿠시마를 방문한 NHK 다큐 <마음의 시대:후쿠시마를 걸어서>나 3월 16일 강연 유튜브 영상은 참고할 수 있는 교재다(문의 녹색연합 070-3377-5440). **이지언 편집위원**

후쿠시마 2년, 탈핵의 길은 멀다

지난 3월 9일, 서울광장에서 '후쿠시마 원전 사고 2주기, 추모와 우정의 탈핵 축제'가 열렸다. 2012년과 비교해서 행사가 썰렁하게 열려서 그런지, 한국사회가 탈핵 에너지 전환으로 갈 길이 멀게만 느껴진다. 각종 사건·사고와 비리로 핵발전에 대한 사회적 관심이 유지되고 있으니 당연한 측면도 있지만, 2년간 적지 않은 변화가 있었다.

그동안의 변화상을 평가한 녹색당은 10가지 성과를 이렇게 꼽는다. ①탈핵을 표방한 정치세력 출현-녹색당 창당과 탈핵국회의원모임 결성, ②지방자치단체 탈핵 선언-서울시 핵발전소 하나 줄이기와 탈핵에너지전환 도시 선언, ③탈핵에너지전환기본법 발의와 시민사회 탈핵시나리오 마련, ④탈핵학교 개교와 탈핵신문 창간, ⑤시민 힘으로 세운 시민방사능감시센터, ⑥각계각층의 탈핵선언과 실천, ⑦삼척과 영덕의 신규 핵발전소 반대운동과 고리1호기, 월성1호기 폐쇄 운동, ⑧ 밀양과 청도 주민들의 송전탑 반대운동과 탈핵희망버스, ⑨ (많은 숙제가 남아 있지만) 원자력안전위원회의 출범, ⑩ 후쿠시마 2주년 탈핵 광장에 모인 시민들.

물론 이런 성과를 긍정적으로 평가해야겠으나 탈핵 진영이 갈 길이 멀게만 느껴진다. 왜 그럴까? 새로 들어선 보수정권인 박근혜 정부가 표방하는 '창조경제'에 핵발전 확대와 수출정책이 버젓이 포함되어 있을 정도로 핵 카르텔은 여전히 강고하다. 반면 탈핵진영은 이 핵카르텔을 제어하기에는 자체 역량과 사회적 영향력이 여전히 부족하다. 더 큰 문제는 탈핵의 대표주자로 자임하는 세력들이 구사하는 싸움의 자세에 있다. 일부 국회의원을 제외하고는 강 건너 불구경하는 제1야당인 민주통합당은 그렇다 치더라도, 탈핵 네트워크인 '핵 없는 사회를 위한 공동행동'이 제 길을 가고 있는가 따져봐야 한다. 공동행동의 태도가 (잠재적인) 탈핵 시민들과 함께 하는 데 주력하기 보다는 관성적인 연대 사업에만 관심을 기울이는 것처럼 보이니까 말이다.

이미 판이 짜인 무슨 계획, 무슨 위원회만 쫓아다니다가는 정작 중요한 것을 놓치게 마련이다. 오히려 지역과 현장에서의 활동들, 그리고 새롭게 시도하는 자발적 실천들을 부지불식간에 억누르는 결과를 낳고 있는 것은 아닌지 스스로를 돌아봐야 한다. 어쩌면 탈핵운동의 정체 혹은 위기는 상대가 강해서가 아니라 탈핵세력의 방향타가 잘못 설계되어 있기 때문이 아닐까?

물론 30여 년간 핵발전소를 품고 살았던 세월의 힘을 무시할 수 없다. 그렇다보니 대선에서 핵발전이 취급될 정도로 바뀐 세상에서 격세지감을 느낄 수도 있다. 이런 점에서 탈핵운동의 위기 운운하는 것이 너무 성급하다 생각할 수 있다. 그러나 일본과 한국의 상황을 보건대 우리 앞에 위기의 징조가 나타나고 있다. 재앙적 핵발전 사고를 겪고도 탈핵의 첫발을 떼지 못하는 일본을 보라. 오히려 극우적 편향 속에서 핵무장화로 향하고 있지 않은가. 한국이 일본의 경로를 따르지 말란 법도 없다. 독일의 경로보다 우리에게 더 가까이 있다.

안전 관리가 절대 불가능하기 때문에 탈핵해야 한다는 논리보다 위험 발생 가능성을 최대한 낮추도록 안전 관리해야 한다는 논리가 통하는 국면에다, 사용후 핵연료 저장과 재처리가 공론화되는 국면이 만나면서 어디로 튈지 모른다. 우리가 튈 남쪽은 정해져있지 않다.

후쿠시마 2년이 지난 지금, 우리는 2단계 탈핵운동을 준비해야 한다. 탈핵을 위한 사회적, 집단적 역량을 키우는 것이 마치 환경단체가 더 큰 영향력을 행사하면 되는 것으로 오해하고 있는 것은 아닌지, 이런 성찰적 사고에서 시작해야 한다. 탈핵에너지전환이라는 공통적인 것을 위해 일상에서 창조적인 균열내기를 기대할 수 없게 된 것은, 일정 정도는 이런 잘못된 생각과 사업 방식 때문이다. 더 이상 과거와 같은 방식으로는 평범한 시민들의 창조적 잠재력이 발현되기를 바랄 수 없다.

이제 확실히 하자. 탈핵에 어떤 성과를 가져오기 위해서는 개혁 야당의 품에 안겨서도 안 되고 오래된 관습에 머물러서도 안 된다는 사실을. 후쿠시마 2주기를 지난 우리에게 진정으로 필요한 것은 탈핵진영 스스로가 자신을 돌아보는 일이다. 어차피 긴 싸움이라면 숨 고를 때를 아는 것도 중요하다. 자기를 내려놓는 진정성이 없으면 이마저도 불가능하겠지만.

이정필 에너지기후정책연구소 상임연구원

체르노빌, 어떻게 아름다울 수 있지?

『체르노빌의 봄』, 엠마뉘엘 르파주, 해바라기 프로젝트 옮김, 도서출판 길찾기, 2013년 3월

너무 뻔한 책들이 있다. 가령, 우리 아이 그림책 가운데 『우리가 자연을 보호해요』 같은 책이 그렇다. 물론, 어른들 책 중에도 있다. 한때는 일부러 머리 아프게 그런 책을 찾아 읽고, 그도 모자라 함께 모여 옥신각신, 이러니저러니 세미나를 하고 뒷풀이를 했다. 생각건대, 그것은 '강철의 단련'과 같은 책 읽기로서, 끊임없는 의식의 각성을 요하는 담금질이었다.

그러다 만난 『녹색평론』은 얼마나 신선했던가. '민감한 마음을 지닌 영혼' 들, '영혼'을 입에 담은 것만으로도 큰 위로가 되었다. 문학적이면서 철학적이고, 사회과학적이면서 종교적인 영역이 아울러져 있는 듯한, 그 불분명한 자리도 좋았다. 하지만 지리멸렬한 현실에 고래심줄 같은 신경, 진실을 만나려는 용감한 정신 없이는 민감한 마음은 쉽사리 고단해졌다. 이런 이유로, 『녹색평론』을 읽는 일도 어려워진 지 오래인데, 『체르노빌의 봄』을 읽었다.

'체르노빌'을 다룬 책을 보는 사람은, 체르노빌의 참상 혹은 진실을 알거나 의식하고자 그런 책을 본다. 하지만 나처럼 묽은 영혼을 가진 평범한 사람에게 『체르노빌의 목소리』 (스베틀라나 알렉시예비치, 김은혜 옮김, 새잎, 2011. 6) 같은 책은 무리다. 상상할 수 없는, 말로 표현할 수 없는 고통을 마주해야 할 것이므로, 고래심줄 같은 신경으로 버티지 않으면 안 될 것이므로.

『체르노빌의 봄』은 작가가 기차간에서 『체르노빌의 목소리』를 읽고 있는 장면에서 시작한다. 그는 체르노빌에 관한 책을 만드는 예술가들의 프로젝트에 참가해, 체르노빌의 금지구역에서 20킬로미터 떨어진 곳(볼로다르카)에서 보름을 지내기로 한 것이다. 반핵활동 말고도 '재앙과 직면'하고자 하는 마음, 직접 보고 겪고자 하는 마음에서 함께한 것인데, 이 출발선이 독자를 잡아끈다. 사회과학적이거나 전문가들이 분석한 수치들, 재앙의 조각조각들이 아니라 내가 직접 진짜를 보고 싶은 마음에서 작가가 가는 길을 충실히 따라가게 된다. 오래 전부터 나는 방사능이니 방사성 물질, 핵발전을 머릿속에서는 이해했지만 정말은 알 수 없었다. 체르노빌도 그랬다. 작가 엠마뉘엘 르파주에게 체르노빌은 결국 하나의 얼굴, '비극'이라는 이름으로 뭉뚱그려진 것이었다.

그가 본 금지구역은 상상하던 대로였다. 그런데 300명의 거주민이 있는 볼로다르카에서 그는 그곳의 사람들과 자연에서 '진정 살아 있다는 느낌'을 받는다. '끔직한 재앙을 그리기 위해' 왔는데 말이다. 읽는 독자도 끔찍한 재앙이 아니라 아름다운 풍경과 사람들에게서 헤어나올 수가 없다.

사실 책 표지도 '죽인다'. 자세히 봐야 비닐로 덮은 신발과 앉을 때 쓸 의자, 마스크가 보인다. 그런 사람을 둘러싼 숲이 참 아름답다. 금지구역이 아닌데도 특별히 더 오염된 매우 '더러운' 곳을 그린 것이다.

"그곳을 증명하는 방법은 과학적 수치밖에 없었다."

"이곳이 어떻게 아름다울 수 있지?"

모순에 빠진 작가는 자기 앞에 펼쳐진 풍경과 자신이 그린 그림은 '진실이 아니다'라고 말한다. 나도 깜짝 놀라 '체르노빌의 진실'은 무엇인지 스스로 묻는다. 여느 체르노빌 관련 책들이 주지 못한 질문이고, 이 질문에 스스로 답해 볼 것을 요구한다. 체르노빌과의 공존, 핵과의 공존이라는 이 부조리한 현실을 생각해 보아야 한다. 작가가 진실을 묻고, 왜 체르노빌에 왔는지를 생각해 보고, 어떻게 체르노빌을 그려야 할지를 고민하듯이.

이 책은 아름다운 그림으로 즐거움을 주면서, 그 아름다움으로 진실이란 무엇이냐고 묻는다. 참 좋은 책이다. 추상적인 비극으로 얼버무려져 있던 체르노빌, 작가는 "날 감동시킨 건 바로 삶이었다"는 마지막 말처럼 우리에게 낯선 삶을 아무 편견 없이 생생하게 보여 주고 있다.

정유선(주부)

일본정부와 도쿄전력, 배상액 줄이려 피난구역 재편

고노 다이스케 편집위원

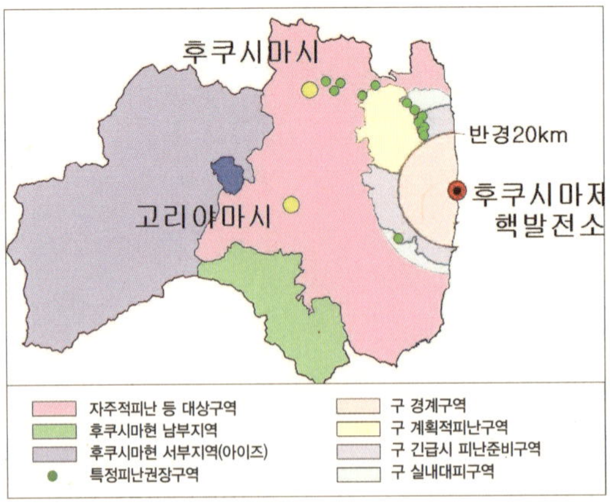

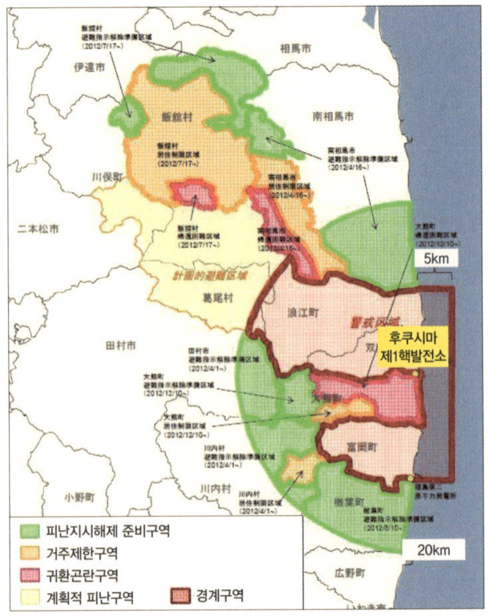

2012년 4월 1일 이후 일본정부는 후쿠시마사고로 인한 피난지시구역을 재편하고 있다.

피난지시구역에는 기존의 경계구역과 계획적피난구역이 있는데, 이것을 순차적으로 귀환곤란지역과 거주제한구역, 그리고 피난지시해제준비구역 세 구역으로 나눈다. 이 세 구역 중 앞으로 돌아갈 수 없도록 한 곳은 귀환곤란구역뿐이다. 피난지시해제준비구역도 도저히 돌아갈 수 있는 상태가 아닌데, 그 명칭에서 '주민을 빨리 귀환시켜 버리자'는 정부의 의도를 엿볼 수 있다. 원래 살던 자리에서, 살 수 있고 일할 수도 있다면 필요한 배상액이 줄기 때문이다. 거주제한구역은 양자의 중간이다.

구분기준은 후쿠시마현에만 차별적으로 적용되고 있는, 연간허용피폭량 20밀리시버트 미만이다(법정허용량은 1밀리시버트 미만). 피난지시해제준비구역에서는 제염(오염제거)작업이 한창인데, 그것은 고압방수기로 씻고 천으로 닦아내는 매우 아날로그적인 방식이다. 씻어낸다 하더라도 결국 다른 곳으로 오염이 옮겨질 뿐이라 '이염移污'이라 야유받고 있다. 만약 오염도가 일시적으로 낮아질 수 있어도, 산에 쌓인 방사성물질이 비로 흘러와 마을에 고이면 다시 오를 것이라고 한다. 이처럼 귀환은 도저히 있어서는 안 될 일이다.

피난지시구역 주민에게는 도쿄전력이 매달 한 사람당 10만 엔을 지불하고 있는데, 작년 6월부터는 희망자에 한해 앞으로 지불될 금액을 일괄적으로 지불하기 시작했다. 금액은 귀환곤란구역이 5년분 600만 엔인데 비해 거주제한 구역은 2년분 240만엔, 피난지시해제준비구역과 미재편구역은 1년분 120만엔이다. 구역지시 해제가 연기되면 추가분을 받을 수 있기는 한데, 이것만 봐도 이번 구역재편이 가까운 장래에 피난지시 해제를 의도한 것임은 명백하다.

피난지시구역 주민은 그 외에도 택지에 대한 배상, 취업불가능손해에 대한 배상, 가재도구에 대한 배상 등을 받을 수 있어 가장 후한 것은 사실이지만, 그래도 주민의 요구와는 차이가 크다. 예를 들면 이이타테무라 주민 5가구 14명이 2012년 5월에 제기한 재판에서, 2년에 걸쳐 1인당 월 30만엔과 징벌적 위자료로 각 세대주에게 1000만엔씩 등 합계 2억6400만엔을 요구했다. 나미에마치는 2012년 12월 피난에 수반되는 주민의 정신적 손해배상으로 1인당 월 35만엔을 요구했다.

구역 차이에 따른 배상액 차이

피난지시구역에서 한 발짝이라도 더 나가면 받을 수 있는 배상액이 크게 줄어든다. 예를 들어 후쿠시마현 중부의 자주적 피난 등 대상구역에서, 도쿄전력은 주민들에게 2012년 8월까지의 손해배상으로 18세 이하 아이들과 임산부에게 1인당 52만엔(자주피난민에게는 72만엔), 그 외 사람에게 12만엔을 지불한다고 하는데, 배상은 이것이 전부다. 그 바깥쪽인 후쿠시마현 서부의 경우, 2011년 12월까지의 손해배상으로 18세 이하 아이들과 임산부가 1인당 20만엔, 그 외는 4만엔으로 끝이다. 게다가 돈을 지불하는 것은 도쿄전력이 아닌 후쿠시마현이다.

오염은 후쿠시마현 바깥으로도 퍼져있고 도쿄 주변에도 제법 높은 오염지대가 있지만 후쿠시마현 이외의 주민에 대한 배상은 후쿠시마현 북쪽에 인접한 미야기현 남부의 일부를 제외하고는 일절 없다.

배상액 차이가, 주민을 가르다

예를 들어 피난지시구역 밖에 있는 핫스팟(hot spot, 고농도 오염지역) 몇 군데가 특정피난장려지점으로 지정되어 1인당 매달 10만엔을 받을 수 있는데, 지정은 각 가정마다 이루어진다. 그래서 이웃이라도 한 쪽은 받고 다른 쪽은 받지 못하는 상황이 벌어진다. 받지 못하는 사람은 받는 사람을 시샘하고, 받는 사람은 죄책감까지 갖게 돼 떳떳하게 생활하지 못하고 있다. 결국 미지정 주민 323가구 991명이 2013년 2월 5일에 지정 가구와 동등한 1인당 월 10만엔을 요구하며 제소했다.

정부와 도쿄전력에 피난·복구·배상을 단결해 요구해야 할 주민들이, 배상액 차이를 둘러싸고 나뉘어 있다. 작년 12월, 다테시 오구니마을은 제염이 끝나지 않았는데도 특정피난장려지구 지정이 해제됐다. 다테시는 이 해제로 배상액의 차이가 사라지는 것을 계기로 분단된 지역을 일체화시키겠다고 밝혔다. 어이없는 주객전도의 상황이 벌어지고 있다.

후쿠시마사고 이후 돌연사가 늘고 있다?

고노 다이스케 편집위원

우크라이나정부 보고서에 의하면, 체르노빌사고로 인한 사망 중 종양 이외의 원인 중 89%가 순환기계 질환이다(본지 제6호 참조). 이 질환은 심근경색과 뇌경색에 의한 돌연사를 불러일으킬 수도 있다. 그렇다면 후쿠시마사고 이후 일본에서 순환기계 질환과 돌연사가 늘어났는가?

예를 들어 피폭으로 인한 돌연사로 의심되는 사례로는 다음과 같은 것들이 있다.

▲2011년 5월, 후쿠시마제1핵발전소에서 작업 중인 노동자가 심근경색으로 사망했다. 요코하마미나미노동기준감독서는 산재임을 인정했으나 그 원인은 과로라고 했다.

▲2013년 2월 26일, 후쿠시마현 소재 도쿄전력 협력기업의 자재적치장에서, 3호기 원자로건물 덮개설치 준비작업에 종사하는 협력회사 직원이 몸 상태가 안 좋음을 호소하고 잠시 후에 심폐정지 상태에 빠졌다. 한시적으로 맥박이 회복됐으나 다음날 사망했다.

▲2013년 2월 28일, 후쿠시마현 제염(오염제거)작업 현장에서 작업 중인 남성이 갑자기 의식을 잃고 쓰러져 약 2시간 후에 사망했다.

이상은 사고처리에 종사하는 노동자들의 사례지만, 도쿄를 중심으로 활동하는 연예인 등 유명인사의 사망 및 병에 의한 활동 중단을 알리는 보도도 자주 눈에 띈다. 연령층은 젊은 층에서 노인까지 다양하다.

후쿠시마사고 이후에 돌연사가 늘어났음을 시사하는 증거도 있다. 후쿠시마 북쪽에 인접한 미야기현에서 심부전, ACS(급성심근경색과 협심증), 뇌졸중(뇌출혈과 뇌경색), 심폐정지, 그리고 폐렴에 대해 3·11 전후를 비교한 결과, 3·11 이후가 더 많았다는 보고가 그것이다. 작년 3월, 도호쿠대학 시모카와 히로아키 교수(순환기내과학)가 일본순환기학회에서 발표했다. 그러나 시모카와 교수 등은 그 원인을 지진과 쓰나미, 그리고 피난 등의 스트레스라고 말한다.

사실, 국제원자력기구(IAEA) 등 국제기구와 일본을 비롯한 각국정부는 방사선이 암 이외에도 갖가지 질병을 불러일으킬 수 있음을 인정하지 않는다. 이 배경에는 핵발전과 무엇보다도 핵무기 보유를 유지하거나, 앞으로 보유하고 싶다는 각국의 의도가 숨은 것으로 보인다. 이런 의도는, 행정기관과 학자들이 방사선의 영향에 대해 언급하는 것을 꺼리도록 음과 양으로 압력을 행사하고 있는 듯하다.

그러나 아무리 일본정부가 언급을 피해도 방사선과 방사능의 행방에 신경을 곤두세우고 있는 네티즌들 사이에선, 돌연사에 대한 주목이 서서히 확산되고 있다. 유명인사들의 사망과 병에 관한 보도를 정리한 블로그들을 방문하는 네티즌들이 급격히 늘어나고 있다.

후쿠시마사고로 인한 돌연사 증가, 그것이 사실인지 아닌지를 확인할 수 있는 데이터를 위의 시모카와 보고 이외에 찾아내기는 어렵다. 그리고 그것을 부정하려는 일본정부가 실태조사를 행할 것을 기대하기는 적어도 앞으로 수년 동안은 어려울 것이다. 다만 인터넷에 나열된 갑자기 죽은 유명인사들의 이름들은, "내 주변에서도 요새 죽는 사람이 매우 많다"는 네티즌들의 발언을 뒷받침하고 있다.

방사선의 원흉, 핵발전소를 멈춰야 한다

피폭자치료의 세계적 권위자, 히다 슌타로 의사 강연… '내부피폭 경고'

고노 다이스케 편집위원

지난 3월 16일 반핵의사회와 보건의료진보포럼 주최로, 히로시마 출신의 내과 의사인 히다 슌타로 씨의 강연이 열렸다.

히다 의사는 원폭투하 시에 폭심지에서 6km 떨어진 곳에 있었고, 직후에 히로시마 시가에 들어가 방사선을 맞았다(입시피폭入市被曝). 그 당시부터 히로시마에서 피폭자 치료를 맡았으며, 현재 96세로 당시 히로시마 의사 중 유일한 생존자다. 그는 음식과 호흡 등을 통해 몸속으로 들어간 방사성물질이 몸속에서 방사선을 쏴서 세포를 직접 피폭시키는 '내부피폭'의 위험성을 일찍부터 지적해 온 인물로 알려져 있다. 장수를 누리는 그 자신의 건강법도 청중들의 관심을 끌었다. 이 글에서는 당일 강연 내용을 그의 저서로 보완하며 재구성해 소개한다.

입시피폭과 내부피폭이 불러일으킨 불가해한 질병

미국은 히로시마·나가사키의 원폭피해자에게 '방사선의 영향은 없다. 죽을만한 사람은 원폭투하 직후에 다 죽고 살아남은 사람은 다 건강하다'고 일본 점령기에 선전했다.

그러나 피폭자들을 진찰해온 의사 입장에서 보면 미국의 주장은 전혀 근거가 없다. 원폭투하 직후, 자신의 집이 있던 자리에 누워 있던 남성이 아프다고 해서 봤더니 화상도 없고, 어딘가 나쁘지도 않아 보였다. 그는 원폭이 터졌을 때 오사카에 있었으며, 라디오에서 '히로시마가 난리'라는 소식을 듣고 이틀 후에 돌아왔다고 했다. 가족을 찾아서 며칠 돌아다니다 어느 날 잠에서 깨 보니, 몸이 빠근해서 움직이지도 못하고 사는 것 같지도 않았다고 한다. 아무리 살펴보아도 그에게서 그렇게 빠근해질 만한 원인을 찾을 수 없었다.

그 남성처럼 원폭투하 후에 시내로 들어간 사람이 불에 타버린 허허들판을 돌아다니다 무언가 알 수 없는 병에 걸리고, 심지어 목숨까지 잃는 일이 이후 몇 년이나 계속됐다. 원폭의 열선과 열풍으로 죽는 것과는 완전히 다르다. 어떤 환자들은 매정한 의사에게서 일하기 싫어 꾀병을 부리는 것이 아니냐는 소리를 듣기도 했다. 일해서 돈을 벌어야 하는데 빈둥빈둥 놀고 있는 듯한 상황이 되자, 그들의 가족들은 그 병을 '빈둥빈둥병(ぶらぶら病)'이라고 부르게 됐다.

미국, 내부피폭을 고의적으로 무시

미국은 일본의 양심적인 의사들의 움직임을 억제하기 위해 병원을 만들었으며, 피폭자를 입원시켜 방사선 영향을 조사하기 시작했다. ABCC(Atomic Bomb Casualty Commission, 원폭상해조사위원회)라 이름 붙인 그 병원은, 아무런 치료도 하지 않고 날마다 소변과 혈액, 그리고 대변을 채취하고 상처의 점막을 떼서 영향을 조사했다. 히로시마의 의사들은 검사만 하고, 치료를 받을 수 없는 피폭자의 갖은 원망을 듣고 지냈다.

ABCC가 만들어진 당시엔 히로시마 시민들이 아직 판잣집에 살고 있었고, 제대로 된 병원도 없었다. 그래서 원폭을 떨어뜨린 미국의 의료기관이기는 하지만 자발적으로 ABCC로 진료를 받으러 간 환자들도 많았다. 자신의 환자 중 어떤 사람은 혼자 가기가 무서우니 동행해 달라고 해서, 친척인 척하고 따라간 적이 있다. 그런데 ABCC 입구에서 "어디서 원폭을 맞았나?"라는 질문을 받았다. 그가 솔직히 "그 날엔 히로시마에 없었다. 다음 날에 돌아왔는데 며칠 후에 아프기 시작했다"고 답하자, 진찰도 하기 전에 "당신은 여기에 올 자격이 없다. 여기서는 폭탄을 맞은 사람만을 본다"고 했다. 외부피폭만 본다는 것이다.

한편, 맨해튼계획의 진행 당시 중심적 학자였던 오펜하이머와 페르미가 어느 날 점심시간에 나눈 잡담이 잡지기사로 나온 적이 있다. 페르미가 "히틀러가 원폭 제조를 포기하게 하려면 방사성물질을 독일 밀밭에 퍼뜨리는 것이 가장 효과적이다"

고노 다이스케 편집위원

라고 말하자, 오펜하이머가 "그러기 위해서는 뼈에 달라붙어 쉽게 떨어지지 않는 스트론튬90이 제일 좋다. 다만 50만명을 죽일 수 있다는 확신이 생기기 전에는 하지 마라"고 답했다는 내용이다. 미국은 내부피폭을 알고 있었던 것이다.

ABCC의 업적은 발표됐지만, 그 내용은 밖에서 강한 방사선을 맞았을 경우의 피해(고선량 외부피폭)에 대해서뿐이다. 그 자료를 입수하는 것은 어렵지만 불가능하지는 않다. 치료법은 적혀 있지 않지만 고선량 외부피폭 피해의 존재는 인정했다. 그러나 내부피폭에 대해서는 아예 보려고 하지도 않았다.

UN도 빈둥빈둥병 부정했으나, 겨우 인정받기 시작

1975년에 히다 의사는 일본국민을 대표해 유엔에 호소하러 가는 기회를 얻었다. 유엔 사무총장은 다른 대표들의 핵실험을 정지시켜 달라는 요구에 대해서는 책임 있게 유엔에서 토론해 실험이 이루어지지 않도록 하겠다고 답했다. 히다 의사는 의사가 고치지 못하는 방사선 질병이 발생해 많은 사람들이 고통을 받고 있으니, 전 세계의 전문가들을 일본에 초청해 심포지엄을 열어달라고 요구했다. 그러나 이 요구는 묵살됐다. 미국과 일본 정부가 일본에서는 죽을 사람은 다 죽고 생존자 중에는 환자가 없으니, 원폭 피해자는 단 한 사람도 없다는 보고서를 유엔에 제출한 바 있어, 히다 의사의 주장은 개인의 의견일 뿐이라는 이유였다.

사실 미국이 1년에 700번이나 되는 핵실험을 실시했던 당시, 미국에서도 빈둥빈둥병이 많이 발생했다. 세계 각지의 핵발전소 노동자에게도 발생했다. 히다 의사가 외국에서 직접 보기도 했고, 일본에 있는 히다 의사를 찾아온 환자도 있다. 현재 빈둥빈둥병은 '만성방사능증·만성방사능증후군'이라는 이름으로 인정받고 있다.

후쿠시마에서도 염려되는 빈둥빈둥병

후쿠시마에서도 아이들을 포함해, 많은 피해자가 나타나고 있다. 사고가 난 발전소에선 원폭과 같은 방사능이 계속 나오고 있다. 미국정부는 후쿠시마에서 방출된 방사능이 극히 미량이고, 음식 등을 통해 몸속으로 들어갈 양도 적기 때문에 병을 일으킬 리가 없다고 일본 전국에서 선전하고 있다. 미국에서 지원받는 학자와 의사들은 지금 후쿠시마에서 아파하고 있는 사람들이 전부 노이로제라고 주장한다.

지금 수많은 거짓이 유포되고 있다. 예를 들자면 '인간은 늘 자연방사선을 맞고 있고, 비행기를 타도 맞는데 아무렇지도 않지 않느냐. 그러니 후쿠시마사고의 영향은 없다'고 일본정부쪽을 편드는 학자들은 말한다. 그러나 인간의 몸은 방사선이라는, 극히 최근에 발견된 에너지를 내는 물질인 우라늄이라든가 플루토늄을 생활 속에서 사용할 수 없다. 꼭 어린 아이부터 희생된다. 오랜 역사 속에서 생물은 자연방사능에 대한 내성을 갖게 됐다. 하지만 핵발전소에서 나오는 방사능은 인공물이고 인간의 몸은 자연물과 인공물을 구별한다(자연방사능에 대해 생물은, 칼륨 등 방사성동위체가 많은 물질을 대사를 통해 조기 배출함으로써, 몸속에 장기간 머물게 하지 않는 기능을 갖춘다는 설이 있다. 한편 인공방사능의 경우, 생물은 그것을 몸에 필요하고 구조가 비슷한 다른 물질로 오해해서 몸속에 머물게 한다. - 편집자 주). 지금도 미쓰비시 등은 핵발전소를 수출하려고 하지만 만약에 그러한 일이 이루어지면 인류는 멸망으로 향할 것이다. 후쿠시마를 주목하라. 현대의학으로 설명할 수 없는 사태가 일어나 일본은 대혼란에 빠질 것이다.

"뭘 먹어야 될지 모르겠다"…우선 핵발전소를 멈춰야

방사능오염 속에서 건강하게 사는 법을 일본국민들이 알고 싶어 하지만, '방사능과 인간은 공존 못 한다'는 것이 학자들의 통일된 견해다.

히다 의사가 일본 전국으로 강연을 다니다 보면, 어디가나 아이들에게 무엇을 먹이면 되느냐고 엄마들이 꼭 묻는다. 의사는 이렇게 대답한다고 한다. 당신의 아이를 행복하고 건강하게 살게 하는 방법은 모른다. 옛부터 사람이 먹어온 것들을 먹이라. 그래도 걱정이 가시지 않는다면, 방사선측정기를 사서 매일 식사에 대볼 수밖에 없다.

내부피폭은 방사능이 몸속으로 들어가 거기서 알파선과 베타선 등의 방사선을 쏴 내니까 무섭다. 어떤 학자는 방사능을 멀리하고 방사능이 섞여 있지 않다는 것이 확인된 음식을 먹는 것이 제일 좋다고 한다. 그럼 내일부터 가족을 데리고 멀리 집을 옮겨서 거기서 먹고 살아갈 자신이 있는 사람이 얼마나 있을까. 저금을 털어도 기껏해야 3개월이나 6개월 버틸까 말까다.

결국 아이들의 어린 생명이 방사선으로 상처 입는 것을 막기 위해선, 그 원흉인 핵발전소를 멈추게 할 수밖에 없다. 원흉을 제거하면 살 수 있다. 한국 사람들도 사고가 일어나기 전에 핵발전소를 그만두기 바란다.

그래도 건강하게 살려면?

히다 의사는 어떻게 죽지 않고 살아갈 수 있을까를 피폭자들과 함께 오래 논의하며 괜찮다 싶은 것을 실천해 왔다. 내려진 결론은 단 하나다. 내 목숨은 내가 챙긴다. 바로 이것이다. 각자가 자신의 생명에 대해 한 번 진지하게 생각해 줬으면 좋겠다. 그 생명은 내 생명이니 내가 그 주인공이 되어야 하며, 죽지 않도록 건강하게 하는 것은 나만이 할 수 있는 일이라고 생각해 본 적이 있는가.

우리 생명은 태양의 은혜를 받고 있다. 햇빛을 받고 자란 식물을 먹고 동물도 먹고. 하지만 그 태양을 잊어버리고 밤늦게까지 불 켜고 시시한 심야프로를 보고 아침을 먹을 시간이 없으니 전철역에서 삶은 계란 하나 사먹고, 그러고 있지 않는가? 사람들이 이러한 생활을 수십 년 전부터 시작했다. 옛날에는 밤이 되면 잤다. 오늘 밤부터 평소보다 15분 일찍 자고 15분 일찍 일어나 보라. 가장 중요한 것은 아침을 먹는 일이다. 일찍 자고 일찍 일어나는 것이 습관이 되어, 아침에 30분의 여유가 생기면 느긋하게 아침을 먹을 수 있다. 이것이 내 생명을 지키는 데에 있어 가장 중요하다.

"아이들의 건강을 위해 싸우는 것은 너무 당연한 권리"

3월 독일방사선방호협회장 강연과 4월 시민방사능감시센터 출범

안재훈(환경운동연합 탈핵에너지국 간사)

세바스찬 플루크바일 독일방사선방호협회장

이지언 편집위원

지난 3월 14일 국회 도서관 강당에서 "체르노빌과 후쿠시마의 진실과 방사능 건강영향"을 주제로 세바스찬 플루크바일 독일방사선방호협회장의 강연이 열렸다. 오는 4월 출범할 시민방사능감시센터의 초청으로 방한한 그는 핵발전소 사고 등으로 독일을 비롯한 유럽의 많은 지역에서 암, 백혈병 등의 발병과 사산율의 증가 등의 이야기를 전했다.

그는 체르노빌과 후쿠시마에서 대형 원자력 사고가 이어졌지만, 여전히 핵발전을 추진하고 옹호하는 집단에서는 핵발전의 안전을 과신하고 있음을 비판했다. 실제 후쿠시마 사고 이후인 2011년 9월 런던에서 열린 세계원자력협회(WNA) 정기총회에서는 "후쿠시마 핵발전소사고는 핵발전소가 얼마나 안전한지 보여주는 증거이다"라는 말까지 나왔다고 했다. 체르노빌 사고 때도 국제원자력기구(IAEA)의 수장이었던 한스 블릭스는 "핵에너지의 중요성을 생각한다면, 나는 체르노빌의 사고를 한 해 한 건씩 받아들일 수 있다"는 망발을 한 바 있다. 과연 이들을 핵발전 분야의 최고의 전문가라고 인정하고 신뢰할 수 있겠는가.

세바스찬 회장은 체르노빌 사고에 있어서도 IAEA 등의 조사가 피해를 축소하고 있음을 지적했다. IAEA는 2000년 6월 보고서에서 아이들의 갑상선 암이 증가한 것 말고는 영향을 끼쳤다는 확실한 증거는 없다고 했다. 2005년에도 IAEA는 체르노빌의 사고로 사망한 사람이 50명도 안된다고 보고했다.

하지만 세바스찬 회장은 방사능 낙진 피해가 심했던 우크라이나 북부지역은 인구 10만 명 당 순환계질환은 1992년 9만 8천여명, 근골격계 질환은 7만 3천여명이 발생했음을 보여주었다(1998년 연구). 이는 거의 대부분의 사람에서 질병이 발생했음을 의미한다.

또 그는 체르노빌 사고로 인해 저선량의 방사선 피해도 적지 않다는 증거들도 제시했다. 체르노빌 인근지역이 아닌 서베를린 지역에서도 1987년 1월 다운증후군이 급격하게 증가했다. 유럽지역의 태아 사산율이 전체적으로 86년에서 87년 사이에 증가했음도 보여주었다. 독일의 바이에른 지역에서는 87년에 남아의 생식기 선천성 기형이 급격히 증가했다. 체르노빌 사고의 영향으로 제시된 피해 중에 주목할 만한 점은 남아와 여아의 출산율의 변화였다. 그는 유럽에서 사고 이후 약 27만여명의 여아들이 탄생하지 못하고 죽어갔다는 것을 보여주었다.

핵산업계의 발표와는 달리 이처럼 체르노빌의 사고에 상반된 연구결과를 발표하고 있는 점은, 우리가 후쿠시마 사고 방사능 영향에 대해 어떻게 접근해야 하는지를 보여주고 있다. 강연 말미에 세바스찬 회장은 브레히트가 1930년대말 핵개발에 대한 기사를 보고, "진실을 모르는 사람은 바보일 뿐이지만, 진실을 알고서도 거짓말을 하는 사람은 범죄자다"라고 했던 말을 인용했다. 그는 소위 전문가라는 사람들이 이런 지식을 다 알고 있으면서 거짓말을 하는 것은 핵발전소를 만드는 것보다 더 위험하다고 꼬집었다.

처음 한국에 왔다는 그는 부산의 고리 핵발전소를 둘러본 뒤, 핵발전소 가까이에 많은 사람들이 살고 있다는 점에 대해 놀라워했고, 우려를 표했다. 또한 독일에서도 사고가 아니더라도 핵발전소 주변 지역에서 백혈병 등 암발생이 다른 지역에 비해 높다는 이야기도 전했다.

오는 4월 15일 녹색병원 노동환경건강연구소, 두레생협연합회, 에코생협, 차일드세이브, 한 살림연합, 행복중심생협연합회, 환경운동연합 등이 함께 설립한 시민방사능감시센터가 출범한다. 독일과 일본처럼 이제 한국의 시민들도 방사능으로부터 우리의 안전을 직접 지키기 위한 적극적인 운동을 펼쳐나갈 수 있는 그 기반을 마련한 것이다.

이번 시민방사능감시센터 발족에는 핵과 방사능의 의학적 위험을 경고해 온 국제전문가인 헬렌 캘디콧 박사를 비롯해 일본시민방사능측정소 등의 전문가를 초청해 국제적 경험과 내용을 공유하고 우리의 과제를 고민해 보는 자리를 가질 예정이다. 우리가 만드는 안전한 미래를 위해 많은 분들이 함께 나서주기를 기원한다.

탈핵신문

공동대표 김준한(발행인) 박혜령
운영위원 이대수 이헌석
편집위원 고노 다이스케 윤종호 이헌석 이지언
사무간사 황정화 010-2881-6822
배송·운영지원 에너지정의행동

(110-876) 서울특별시 종로구 숭인동 76번지 롯데캐슬천지인 지동 205호
문의전화 02-702-4979
팩 스 02-704-4979
이 메 일 hjhlucia@hanmail.net
등록번호 종로라 00386
구 독 료 1년 2만원 / 1부 1천원

2013년 5월호 (제8호) www.nonukesnews.kr 농협 352-0491-9279-43 예금주 김준한

한수원 홍보와는 상반된, 국제원자력기구 영문보고서

월성1호기 수명연장, '낙제점'

이상홍 통신원(경주환경운동연합 사무국장)

이상홍 통신원

김익중 교수(동국대) 등은 지난 4월 8일 서울의 환경운동연합 사무실에서 기자회견을 갖고, IAEA 영문보고서 분석결과를 설명하고 있다.

환경운동연합이 '국제원자력기구(IAEA)의 월성 1호기 안전점검 보고서' (이하 IAEA 보고서) 분석 결과 발표 이후, 월성1호기 수명연장을 둘러싼 새로운 쟁점이 형성되고 있다.

환경운동연합은 지난 4월 8일 기자회견을 통해, IAEA 보고서 분석 결과 올 상반기까지 수명연장 결정이 불가능하다고 주장했다. 보고서 분석을 주도한 김익중 교수(동국대)는 "㈜한국수력원자력은 IAEA가 9가지 우수사례를 선정했다고 했지만 이는 사실과 다르다"며, "보고서 원문을 보면 9가지 항목에 대해 '굿(GOOD)' 이라고 평가를 했는데 이는 수우미양가의 '미' 에 해당된다"며, IAEA가 지적한 13가지 지적사항까지 함께 묶어 평가하면 '낙제점에 가깝다' 고 주장했다.

㈜한국수력원자력(이하 한수원)은 수명연장을 준비하고 있는 월성 1호기의 안전성 시비가 끊이지 않자, 작년 6월 IAEA를 초청해 안전점검을 실시했다. 그리고 2월 18일 IAEA보고서 영문본을 세상에 공개하면서 "IAEA가 월성 1호기를 '국제적인 우수 사례' 로 확인했다"며 대대적인 홍보를 진행한 바 있다. 그러나 환경운동연합은 IAEA보고서 분석을 통해 한수원과 전혀 다른 입장을 내놓은 것이다. 그 주요 내용은 다음과 같다.

① 국제기준에 미달하는 주기적 안전성평가 기준

핵발전소는 10년 단위로 안전성 검사를 하는데 이것을 '주기적안전성평가(PSR)' 라고 부른다. PSR은 노후 원전의 수명연장을 결정하는 주요한 근거로 활용된다. 그런데 '월성1호기의 PSR이 국제기준에 한참 못 미친다' 고 IAEA보고서는 지적하고 있다.

PSR의 국제적인 평가항목은 14가지인데 월성1호기는 11가지에 대해서만 평가를 한 것이다. IAEA보고서는 월성1호기 PSR에서 ▲원전설계(PlantDesign) ▲확률론적 안전성 분석(Probabilistic Safety Analysis) ▲위험도 분석(Hazard Analysis) 등 3가지 평가를 확인할 수 없다고 밝히고 있다.

▲원전설계 평가는 월성1호기의 설계구조가 국제적인 안전기준에 맞는지 평가하는 것이다. 예를 들면 1960년에 설계된 승용차는 현재의 안전기준에 맞지 않을 것이다. ABS브레이크가 없을 것이고, 타이어가 튜브로 되어 있을 것이고, 파워핸들이 없고, 에어백이 없을 것이고, 엔진출력이 낮아 고속도로에서는 주행이 불가능한 문제 등이 있을 수 있다. 이처럼 핵발전소에 대해서도 설계구조가 안전기준을 만족하는지 평가하는 것이 원전설계에 대한 평가다. 이 평가를 진행한다면 월성1호기는 1960년대에 설계된 1세대 핵발전소이기 때문에 많은 문제점이 드러날 것이다.

▲확률론적 안전성 분석 평가는 핵발전소의 각 부품, 계통이 고장을 일으킬 확률을 계산하는 것이다.

▲위험도 분석 평가는 앞에서 진행된 확률론적 안전성 평가에 기초해서 앞으로 1년 안에 또는 지진 등이 발생했을 때 중대사고가 일어날 확률을 계산하는 것이다. 쉽게 말하면 80세 된 노인이 앞으로 생존할 확률을 계산하는 것이다. 이러한 위험도 분석은 그동안 발생한 월성1호기 고장데이터와 외국의 운전경험 데이터 및 연구결과들을 종합해야 얻어질 수 있는 매우 까다롭고 어려운 분석 작업이다. 그렇지만 안전성 평가를 위해 꼭 수행해야 하는 중요한 평가를 월성1호기는 하지 않은 것으로 IAEA보고서는 지적하고 있다.

② 낡은 부품을 기준으로 안전성 평가를 하지 않았다

핵발전소의 모든 안전 평가는 '안전관련 구조물과 부품(SCC)' 들의 안전성 평가를 기초로 이뤄진다. 그런데 '월성1호기는 이것부터 잘못됐다' 고 IAEA보고서는 지적하고 있다. SCC들의 안전성 평가는 30년째 사용되고 있는 가장 낡은 부품을 기준으로 해야 하는데, '월성1호기는 새것으로 교체된 부품을 기준으로 안전성을 평가하고 있다' 는 지적이다. 대표적인 사례가 '압력관 등을 새것으로 교체했으니, 새 원전과 다를 바 없다' 는 한수원의 주장이다. 그러나 IAEA는 한수원의 이런 주장을 받아들이지 않고 있다.

특히, IAEA는 월성1호기 '원자로 집합체' 의 부속기기들이 안전검사 대상에서 제외된 것을 주요한 문제점으로 지적하고 있다.

③ 발전소 전체 정전을 평가하지 않았다

우리는 작년 고리원전 1호기의 정전사고를 기억하고 있다. 당시 한수원은 사고를 은폐했다가 뒤늦게 발각돼 국민적 공분을 샀다. 핵발전소에서 가장 위험한 사고가 정전사고다. 핵발전소가 정전이 되면 뜨거운 원자로를 식힐 수 없게 되고, 이는 엄청난 핵사고로 이어진다. 후쿠시마 사고가 바로 여기에 해당한다. 그렇기 때문에 모든 원전은 정전사고에 대비한 안전성 평가를 해야만 한다.

그러나 월성원전 1호기는 정전사고에 대비한 안전성 평가를 하지 않은 것으로 드러났다. IAEA는 이 문제를 중요하게 지적하면서 수명연장 전에 반드시 정전사고에 대비한 안전성 평가를 끝마치도록 권고하고 있다.

④ 원자로의 모터구동밸브를 수리, 교체하지 않았다

월성원전 1호기는 압력관 370개가 모여 구성된 복잡하고 독특한 원자로 모형이다. 370개나 되는 각각의 압력관에는 모터로 움직이는 많은 밸브들이 달려있다. 만일 모터가 고장나서 밸브가 움직이지 않으면 원자로는 큰 사고에 직면할 수 있다. IAEA는 월성1호기가 수명연장을 준비하면서 '모터로 움직이는 밸브들을 전혀 수리하거나 교체하지 않았다' 고 지적하면서, '수명연장 전까지 모든 모터구동밸브(MOV)를 분해해서 재조립하거나 교체할 것' 을 권고했다. 그러나 한수원은 모터구동밸브 검사를 못하겠다는 입장이다.

⑤ 콘크리트 격납건물의 노화를 확인하기 어렵다

격납건물은 원자로를 보호하는 건물임과 동시에 원자로에서 핵사고가 났을 때 방사성물질이 발전소 밖으로 확산되는 것을 막아주는 방호벽이다. 원자력발전소에서 둥근 돔으로 만들어진 거대한 건물이 바로 격납건물이다. 그런데 '월성 1호기 격납건물의 건전성을 평가하기 어렵다' 고 IAEA는 밝히고 있다. 월성 1호기 격납건물은 1998년에 이미 균열, 부풀어 오름 등의 손상이 보고되고 있다.

⑥ 방사능 물질의 대기오염 평가가 잘못됐다

만일 월성1호기에서 후쿠시마와 같은 폭발사고가 났을 때, 방사성 물질이 어디를 오염시킬 것인가? 주민들의 피폭양은 어느 정도 될까?

지금으로선 짐작조차 할 수 없다. 왜냐면 월성1호기의 방사능 환경영향평가가 잘못되어 있기 때문이다. IAEA는 '지난 30년간 한수원이 적용한 가우스 모형은 미국처럼 평지에서 사용하는 모형으로 월성1호기에는 전혀 맞지 않다' 고 지적하면서, '1호기 주변의 복잡한 지형 특성, 바람 방향 등을 고려한 방사성 환경영향평가를 2015년 6월30일까지 다시 하도록' 권고했다.

고리1호기, 최근 무엇이 문제인가

천현진 통신원(부산에너지정의행동 간사)

천현진 통신원

지난 4월 11일 반핵부산시민대책위, 탈핵울산시민공동행동, 핵발전소확산반대경남시민행동 등의 단체들이 고리원전본부 앞에 모여 고리1호기 대규모 부품 교체를 규탄하고 있다.

고리1호기 블랙아웃과 재가동

작년 2월 9일 고리1호기는 외부전원 차단과 비상디젤발전기 고장으로 전력이 완전상실되는 블랙아웃사태가 12분간 지속되는 사건이 발생했지만, 당시 ㈜한국수력원자력(이하 한수원)은 이를 은폐하고 독단적으로 재가동했다. 작년 3월 12일 우연히 은폐사실이 드러나면서 안전점검을 위해 즉각 가동중지 조치가 내려졌다. 이후 민간안전점검단, 국제원자력기구(IAEA) 점검단을 동원하는 등의 생색내기를 통한 가동수순을 밟은 뒤, 결국 작년 7월 4일 원자력 안전위원회가 고리1호기 재가동을 승인했다.

하지만, 핵발전소 인근 주민들의 거센 반발과 부산시민들의 고리1호기 재가동 반대 여론에 막혀 곧바로 재가동에 들어가지 못하고 있다가, 한여름 무더위에 따른 전력대란을 핑계로 고리핵발전소 인근 장안읍 발전위원회와 안전성 관련 합의를 보는 것을 끝으로 8월 6일 끝내 재가동이 시작됐다.

전력피크시기에 예방정비…결국 전력수급과 상관없는 고리1호기

과연 고리1호기는 전력대란에 영향을 주는 핵발전소일까? 그에 대한 답은 한수원 스스로 보여줬다. 이달 4월 12일부터 8월까지 고리1호기는 제30차 계획 예방 정비에 들어갔다. 이번 계획예방정비 일정을 놓고 볼 때, 그 동안 정부와 한수원이 고리 1호기 재가동 명분으로 내세웠던 전력대란방지는 실상 고리 1호와는 아무 상관이 없다는 것이 드러났다.

이번 30차 계획 예방정비는 7~8월 한여름 전력피크시기가 포함된 장시간에 걸쳐 이뤄지며, 제31차 계획예방정비 기간도 겨울철 피크시기인 1월에 예정돼 있다. 사실상 이는 고리1호기가 전력대란에 아무런 영향을 주지 않는다는 사실을 정부와 한수원이 밝힌 꼴이다.

고비용, 대량의 부품교체…2차 수명연장을 위한 수순 밟기

고리1호기의 올해 교체할 예정인 원자로헤드, 주 제어반, 비상디젤발전기 등 주요설비의 시공비용은 725억원, 설비부품의 설계 및 제작에 이미 지출한 비용은 1,360억원이다. 그리고 4월부터 8월까지 계획예방정비기간에 정비되는 부품이 31개 204억원, 정비자재비가 93억원이다. 따라서 2013년도에 교체되거나 정비되는 부품의 제작비용까지 포함한 총액은 2,382억원이다. 그러나 장기 계획예방 점검기간을 빼고나면 고리1호기의 남은 가동기간은 채 4년도 남지 않았다. 그렇다면 이것은 무엇을 뜻하는 것일까? 2007년 1차 수명연장 시도전 3~4년 전의 상황과 놀랄만큼 흡사하다. 그 당시에도 고비용, 대량의 부품교체가 이루어졌다.

이런 전후 상황을 감안해 볼 때, 결국 이번 대규모 부품교체는 사실상 2차 수명연장(10년)을 위한 수순 밟기인 것으로 보인다.

계획예방 정기점검은 '유명무실'

고리1호기 블랙아웃은 후쿠시마 사고 전이 아닌 그 후에 정기점검을 거친 뒤에 일어났다. 이로써 '정기점검이라는 것이 얼마나 유명무실한 것인지'를 확인할 수 있었다. 또한 얼마 전 고리 4호기가 두 달여간 정기안전점검을 마친 후 발전을 재개하였지만, 가동 중단과 재가동을 두 차례나 반복했다. 이는 한국원자력안전기술원(KINS)이 무려 50여명을 투입해 정밀점검을 진행했음에도 불구하고, 고장을 일으키고 그 뒤 다시 어이없는 실수를 거듭한 결과이다.

한수원과 한전이 핵발전소의 운영과 점검 작업을 얼마나 안일하게 진행하고 있는지를 극명하게 보여주는 예이다. 그들은 작년 한해 그토록 많은 부정·부패 사건의 주범으로 비난받고도, 이후 반성이라는 것을 모르고 있다. '눈 가리고 아웅' 하는데 쓰이는 2,382억은 '밑 빠진 독에 물붓기'가 될 것이다.

안전성도 경제성도 없다면?

낡은 핵발전소는 언제 어디서 고장이 나도 이상하지가 않다. 앞서 정기점검을 끝내고도 블랙아웃 상황을 초래하는 것은 이미 예상할 수 없는 곳곳에서 노후화가 진행되고 있기 때문이다. 거기에 더불어 핵발전소 자체가 가지는 경제성조차 수명과 반비례한다. 이를 증명하듯 매년 수천억원의 이익을 내 왔던 핵발전소 중 고리 핵발전소가 작년에 처음으로 적자를 기록한 것으로 드러났다. 핵발전소가 적자를 기록한 건 발전소 운영이후 처음이고 고리핵발전소의 적자규모는 무려 203억원이다. 고리핵발전소의 운영비가 최근 급증한 것으로 드러났는데, 이는 핵발전소 노후화가 운영비 상승의 원인으로 제기된 것이다.

고리핵발전소의 경우 2010년 5,900억원이던 운영비가 2012년 1조 1,000억원으로 급증했고, 고리6기 중 4기는 7~80년대에 지어진 핵발전소이다. 핵발전이 노후화되면 잦은 고장으로 인한 운행기간 축소, 방사성폐기물 증가 등으로 운영비 등 관리비용은 증가되는 반면, 운전효율 하락으로 수익은 떨어질 수밖에 없다. 자! 그럼 생각해보자. 안전성과 경제성 모두 없다면 상식적인 답은 하나뿐이다.

이제 새로운 가치를 지향할 때!

한번 사고가 나면 돌이킬 수 없는 재앙을 낳는 핵발전소. 그리고 사고가 나지 않는다해도 우리는 십만년 이상 몇 백만년까지 격리 보관·관리해야하는 고준위 핵폐기물을 매년 수백 톤씩 생산해내고 있다. 이미 대대손손 우리 자손들에게 고준위 방사능 핵폐기물을 유산으로 물려주어야 한다. 그리고 언제 어느 때에 방사능에 피폭될지 모르는 현실을 살고 있다. 이제 더 이상 싼 전기, 경제성을 논하지 말자(실제, 싸지도 않다). 전기세 조금 아끼려고 수수방관하다가 모든 걸 잃고 핵발전소 난민이 되어 떠도는 사람들 이야기를, 바로 후쿠시마가 들려주고 있다. 비싸더라도 신재생에너지를 사용하고 혹시 그래서 전기를 아껴써야 한다면 그것을 과감하게 수용하겠다는 의지가 있어야 한다. 우리는 이제라도 돈보다 생명을 우리의 현재뿐만 아니라 미래 세대에의 부채를 함께 책임지겠다는 자세를 가져야 한다. 이러한 가치지향이 핵발전소를 하나하나 꺼나가는 디딤돌이 될 것이다.

껍데기를 바꾼다고 알맹이까지 바뀔까?

각종 핵에너지 시설·기관, 이름 변경 열풍

이헌석 편집위원

갑자기 불고 있는 핵발전소, 방폐공단 이름바꾸기 열풍

최근 한수원은 이사회를 통해 기존 영광과 울진 핵발전소 명칭을 한빛과 우리로 바꿨다. 이에 앞서 영광군과 울진군은 각각 지자체 홈페이지를 통해 새로운 발전소 명칭 공모를 했고, 그 결과 한빛, 우리 등 각종 이름이 개진된 바 있다. 지자체와 한수원 측은 각종 사건·사고로 핵발전소 이름이 거론될 때마다 지역농산물 판매와 지자체의 이미지 손상이 발생해, 지자체 이름과 무관한 이름을 선정했다고 밝히고 있다.

한편 이와 별개로 국회에서는 기존 한국방사성폐기물관리공단(이하, 방폐공단)의 이름을 한국원자력환경공단으로 바꾸는 법이 발의돼, 현재 소관 상임위인 산업위원회를 통과해 본회의 통과만 남겨두고 있는 상황이다. 이 법안의 발의자 역시 월성핵발전소가 있는 경주 출신 정수성 의원이고, 그는 이 법안을 "'방사성폐기물'이란 혐오시설이 경주에 있어, 지역민원으로 법안을 발의하게 되었다"고 밝히고 있다. 하나 재미있는 것은 방폐공단의 담당부서였던 지경부 방사성폐기물과가 올해 산업부로 정부조직이 개편되면서 원자력환경과로 이름을 바뀌었다는 사실이다. 이런 사실을 놓고 볼 때, 단지 지역민원 때문인 것만은 아닐 수 있다.

역사가 깊은 핵에너지 관련 용어 논란

우리나라에서 핵에너지 문제를 둘러싼 이름 논란은 한두번이 아니다. 핵발전·원자력발전은 처음 반핵운동이 소개될 때부터 지금까지 계속되고 있고, 핵폐기장을 둘러싼 명칭에서는 방사성폐기물관리시설, 방사성폐기물처분장, 원전수거물관리센터 등이 혼용되다가 결국 경주 핵폐기장의 이름은 경주와 방사성, 폐기물이란 단어가 모두 빠진 '월성원자력환경관리센터'로 확정되기도 했다. 관광산업 등에 미칠 영향을 고려해 이들 3가지 단어를 반드시 빼는 방향으로 이름을 선정했기 때문이다.

수명연장과 관련해서 정부 스스로가 처음엔 수명연장이란 말을 사용하다가 '계속운전'이란 말로 바꾸었고, 현재 법적인 용어인 사용후핵연료도 언제부터인가 사용후원전연료, 사용후연료 등 '핵'이란 글자를 빼는 방향으로 혼용하고 있다.

이러한 흐름은 '핵'은 반핵진영 표현으로 위험을 부각시키는 표현이며, '원자력'은 정부측 표현이라는 양 진영간의 팽팽한 긴장관계와 함께, 추진쪽에서는 최대한 부정적인 표현인 '핵'을 빼고자하는 고육지책의 일환이다.

이름을 바꾸면 소통이 안된다

그러나 이름에는 대상물의 특성이 담겨있는 소통의 산물이기 때문에, 이것을 바꾸면 정보교환과 소통이 어려워지는 문제점이 있다. 한국어로는 아무리 '원자력'이라고 외쳐도 한국수력원자력의 영어 명칭이 한국수력핵발전(Korea Hydro & 'Nuclear' Power Co.,LTD.)이고, 월성원자력환경관리센터의 영어 명칭도 월성 중저준위방사성폐기물처분장(Wolseong Low and Intermediate Level Radioactive Waste Disposal Facility)인 이유는 한글을 영어로 옮겨봤자 그 말을 알아들을 사람이 아무도 없기 때문이다.

이는 한국어도 마찬가지다. 많은 국민들, 특히 부산시민들이 고리핵발전소가 부산에 있다는 사실을 모르는 것처럼, 지명이 포함되지 않는 이름은 발전소의 위치를 알기 힘들게 한다. 물론 이는 지역농·수산물을 팔 때는 도움이 될지 모른다. 하지만 사고 발생시 대피 여부 등의 정보를 알기 힘들게 만들고, 일상시기에는 핵발전소에 대한 관심을 더욱 멀게 만드는 효과가 있다. 영광핵발전소에서 사고가 났다면 인근 주민들은 이에 반응하지만, 한빛핵발전소라고 하면 먼나라 이야기처럼 들릴 수밖에 없는 것이다.

이런 측면에서 최근 정부와 해당 지자체가 보이고 있는 모습은 매우 우려스러운 일이다. 단지 해당지역의 농·수산물 판로가 문제가 아니라, 이로 인해 더 큰 혼란과 문제를 낳을 수 있기 때문이다. 작년 한수원의 비리와 은폐사건으로 본의 아니게 핵발전소 주변 주민들이 피해를 입은 것은 사실이다. 하지만 이름을 바꾼다고 그러한 피해가 없어지지는 않을 것이다. 이름 변경을 통해 일시적인 이익이 올 것처럼 보이지만, 나중에 더 큰 혼란과 피해가 발생할 것이라는 것을 정부와 해당 지자체는 분명히 알아야 할 것이다.

삼척핵발전소 반대투쟁위원회 제공

삼척핵발전소반대투쟁위원회, 근덕면 원전반대투쟁위원회, 삼척환경시민연대 등은 '핵발전소 결사반대 범시민 궐기대회'를 지난 4월 28일(일) 지역주민 1천여명이 참석한 가운데 삼척시 근덕면 일원에서 진행했다. 이날 핵발전소 예정부지인 근덕면의 일부 참석자들은 혈서로 '핵발전소 결사반대' 구호를 작성하며 투쟁 결의를 천명했고(사진 위), 대다수 참석자들은 원전백지화기념탑이 있는 8·29공원까지 거리행진을 진행했다(사진 아래). 윤종호 편집위원

국내 핵발전소 현황(4월 6일 현재)

본부	호기	시설용량(만kW)	비고
고리	1호기	58.7	정비 중
	2호기	65	
	3호기	95	
	4호기	95	
신고리	1호기	100	정비 중
	2호기	100	
	3호기	140	건설 중
	4호기	140	건설 중
월성	1호기	68	수명연장 심사 중
	2호기	70	정비 중
	3호기	70	
	4호기	70	
신월성	1호기	100	
	2호기	100	시운전 단계
영광	1호기	95	
	2호기	95	
	3호기	100	제어봉 안내관 균열
	4호기	100	
	5호기	100	
	6호기	100	
울진	1호기	95	
	2호기	95	정비 중
	3호기	100	
	4호기	100	증기발생기 세관 결함
	5호기	100	정비 중
	6호기	100	
신울진	1호기	140	건설 중
	2호기	140	건설 중

23기 운행 중(8기 가동 중지)
1기 시운전 단계
4기 건설 중

더러운 '돈'의 논리로부터 우리 땅을 지키는 의로운 싸움

청도 송전탑 반대 투쟁

정수근 통신원(대구환경운동연합 생태보존국장)

정수근 통신원

'삼평리의 친구들', 공대위를 결성하다!

청도 각북면 삼평1리. 비슬산 준봉들로 둘러싸이고 인근 도심인 대구가 바로 지척에 위치한, 아늑한 평원인 이곳은 전원생활을 위해 많은 도시민들이 선망의 대상으로 삼고 있기도 한 평화로운 마을이었다.

그러나 지난여름, 이 마을의 평화가 완전히 깨져버렸다. 바로 345,000볼트 초고압 송전탑 공사가 이 마을을 덮친 것이다. 부산 신고리 핵발전소에서 생산될 전기를 대구 등의 대도시로 실어나르기 위해 초고압 송전탑 공사가 주민동의 없이 강행되어 삼평1리 마을의 평화가 완전히 깨져버린 것이다.

송전탑 공사를 강행한 한전 측이 동원한 용역들의 폭력으로, 연로한 주민들이 마구 쓰러지며 육체적·정신적 고통을 호소하던 것이 작년 여름의 일이고, 한전 측의 끊임없는 회유와 이간질로 마을주민들이 둘로 나뉘어 마을공동체가 붕괴 직전에 놓여 있는 것이 바로 작금의 상황이다. 이로 인해 마을 주민들은 이중의 고통을 호소하면서 극심한 육체적 피로와 심리적 불안에 떨고 있다.

주민들의 고통스러운 증언에 따르면, 지금 마을공동체는 심각한 붕괴 상태에 놓여 있다. 그런데 이렇게 극심한 마을공동체 붕괴의 핵심적 역할을 한 사람은 바로 현 마을이장이다. 마을이장은 마을주민들을 송전탑을 반대하는 사람들과 찬성하는 사람 두 부류로 양분하고, 마치 대다수의 주민들이 송전탑 건설을 찬성하는 것처럼 여론몰이에 앞장서고 있는 것이다. 한발 더 나아가 이장은 송전탑을 반대하는 임원들을 마을임원회의에서 배제시키는가 하면, 부당한 개입을 통해 임기가 남은 부녀회장을 갈아치우는 등 마을자치회를 거의 붕괴 수준으로 몰아넣고 있다. 이장의 이와 같은 전횡은 마을의 분열을 최대한 막고자 하는 주민들의 노력에 찬물을 끼얹은 행위이며, 주민화합에 앞장서야 할 이장이 도리어 불법적으로 직권을 남용해 마을공동체 파괴에 핵심역할을 하고 있는 것에 다름 아니다.

이와 같은 상황을 보다 못한 '삼평리의 친구들' (대구경북지역의 탈핵세상을 희망하는 이들로, 이들은 지난 3월 삼평리 할머니들의 투쟁을 위로하고, 그들의 투쟁에 함께하겠다는 다짐을 안고 '삼평리 평화콘서트'를 열었다. 이를 계기로 본격적으로 삼평리 할머니들의 투쟁에 연대하게 됐다)은 곧바로 주민들과 함께 공동대책위를 꾸리지 않을 수 없었다.

마지막 남은 송전철탑 23호기(삼평리를 지나는 총 7기의 송전철탑 공사 중 6기는 이미 완공됐고, 마을과 가장 가까운 23호기만은 절대 못 세운다며 주민들은 한전에 맞서 싸우고 있다) 공사가 언제 들어올지도 모르는 상황에서, 이와 같은 마을이장의 전횡으로 인해 심각한 심리적 고통까지 겪고 있는 송전탑 반대 할머니들을 더 이상 두고 볼 수만은 없는 까닭이었다. 바로 이런 문제로 이웃 밀양의 이치우 어르신은 분신자결하지 않았던가.

그래서 지난 3월 7일 '삼평리의 친구들'과 삼평리 송전탑 반대 주민들은 각북면사무소 앞에서 '청도 345kV 송전탑 반대 공동대책위'를 결성하고 곧바로 마을이장의 직권남용 사태를 수수방관하고 있는 각북면장을 찾아가 강력히 항의했다. 또한 지난 3월 14일에는 '마을발전기금'이라는 떡고물로 송전탑 재앙을 떠안기는 한전을 규탄하는 기자회견을 진행하면서, '돈'으로 마을공동체 파괴를 조장하고 대책위 면담도 거부하는 한전을 규탄했다.

'돈'으로 벌이는 비열한 마을파괴 공작

한전이 지급한 '마을발전기금'이란 떡고물 때문에, 청도군 두 개의 면과 마을들이 지금 풍비박산의 기로에 있다. 한전은 청도군 풍각면과 각북면에 걸친 총 41기의 송전탑 공사를 위해 송전탑 부지와 송전선로가 지나가는 토지에 대한 보상금과는 별도로, 해당 15개 마을에 평균 2억원의 지원금을 약속했다. 여기에다 한전은 또 풍각면과 각북면 두 면단위의 지원금으로 15억원을 '마을발전기금'으로 내놓기로 약속했고, 이 두 면은 이 돈으로 '풍북장학회'를 구성했다. 그런데 장학회 이사장 차모 씨가 이 돈 중에서 5억원을 유용해 최근 불구속 기소되는 황당한 사건이 일어났다. 이 일로 지금 지역공동체는 큰 분란에 휩싸였다.

이처럼 한전의 마을발전기금이란 '떡고물'은 마을을 발전시키기는커녕 오히려 마을의 분란을 조장하는 '마을파괴기금'으로 작용하고 있다. 알량한 지원금에 눈이 멀어 송전탑을 마을에 들이려는 마을이장 등 지역 토호세력들을 한전은 교묘히 이용하면서 마을의 분란을 조장하고 있는 것이다.

이로써 보상금 따위에 상관없이 진실로 마을의 앞날을 걱정하며 고향땅을 지키려 싸우고 있는 삼평리 송전탑 반대 할머니들의 투쟁은 분명 정당한 것임이 이번 일로 확인됐다. 송전탑을 막는 것은 주민의 재산권과 마을공동체 그리고 우리산하를 지키는 일일 뿐만 아니라, 오직 돈밖에 모르는 지역 토호들과 '돈이면 다 된다'는 한전의 더러운 돈의 논리로부터 우리 땅을 지키는 의로운 싸움인 것이다.

한전은 자신들이 저지르고 있는 마을파괴 공작에 머리 숙여 사죄하고, 더 이상 시대착오적인 방법으로 연로한 주민들을 기만하지 말 것을 대책위의 이름으로 강력히 촉구한다. '청도 345kV 송전탑 반대 공동대책위'는 송전탑이 물러가고 다시 삼평리에 평화가 도래할 그날까지 청도 삼평리 할머니들과 함께할 것이다.

밀양 송전탑 투쟁, 이젠 탈핵을 향한 대리전

김준한 신부(밀양765kV송전탑반대대책위 상임대표)

2005년 '송전탑 건설 저지 여수마을 비상대책위원회'를 시작으로 햇수로 9년이 흐른 오늘, 밀양의 사정은 2007년 11월 산업자원부가 '765kV 신고리-북경남 송전선로 건설사업'을 승인한 이래로, 한국전력공사(이하 한전)와 밀양 765kV송전탑반대대책위원회(이하 반대대책위) 사이의 끝없는 평행선으로 설명할 수 있겠다.

처음 한전은 요식적인 공청회를 통한 토지 강제수용, 법원에 보상금 공탁(供託), 공사강행, 주민에 대한 공사방해금지 가처분신청이라는 일련의 과정을 거치면서 독소조항이 포함된 낡은 법체계인 전원개발촉진법에 의거해 수십년째 관행적으로 해온 폭력적인 송전선로 건설작업을 시도했다. 그에 반해 반대대책위에서는 대규모 집회 및 상경투쟁, 사업승인 취소 소송, 갈등조정위원회, 제도개선위원회 등을 거치면서 송전탑 공사현장 농성장 체계구축 및 공사저지투쟁으로 맞서왔다.

9년이라는 긴 세월이 무색하게 숨가쁘게 맞서온 한전과 주민의 싸움은 이치우 어르신의 분신(2012년 1월 16일)을 기점으로 전국적인 이슈가 됐고, 탈핵이라는 시대적 흐름과 결합하여 국가에너지정책의 재고라는 새로운 국면을 이끌어내는 하나의 전선으로 자리잡고 있다. 현재 국회 산업통상자원위원회 산하 통상·에너지 소위원회 차원에서 진행되고 있는 한전과 반대대책위와의 간담회는 5월 8일(수)까지 총 6차례 진행됐다. 그러나 6차에 걸친 간담회에도 불구하고 양측은 간담회 중 공사중단, 양측의 고소·고발 취하, 성실한 간담회 진행 등의 형식적인 사항을 제외하고는 실질적인 합의를 도출하지 못하고 있는 실정이다.

이러한 평행선은 결국 노선변경, 지중화, 대체 노선 마련 등을 포함한 대책위 차원의 대안에 대한 한전의 절대적인 거부에서 비롯됐다. 한전으로서는 핵발전소 건설 예정지를 기점으로, 밀양뿐만 아니라 그 이후 이어지는 수도권으로 전기를 공급하는 송전망을 765kV로 하기 위해서라도, 밀양의 문제에서 물러설 수 없다는 입장이다.

새롭게 임명된 조환익 사장 체제하에서 한전은 '밀양 갈등 해소를 위한 특별지원안'을 발표하고, 국회를 통해 발전소주변지역 지원에 관한 법률과 유사한 '송·변전시설 주변지역의 지원에 관한 법률안'을 민주당 김관영 의원 대표 발의로 지난 4월 10일 공청회를 개최했다. 그러나 한전의 대책은 최초의 의견대로 직접적인 보상도 아닌 금전적인 마을 지원사업의 틀에서 한 치도 벗어나지 않고 있을 뿐 아니라, 정부 부처 간 재정적인 부분의 조율을 거치지 않은 말 그대로 계획일 뿐이기에 주민으로서는 도저히 받아들일 수 없는 것이다.

이에 반대대책위의 입장은 추후 다른 지역 송전선로 건설사업을 위해서라도, 불필요한 사회적 비용을 최소화하기 위해서라도, 송전선로 건설에 대한 기술적·재정적·환경적 타당성을 검토할 전문가 협의체를 구성하여 한전의 정보공개와 검토, 대안에 대한 성실한 토론을 진행할 것을 주장하고 있다. 이것은 최초 사업승인 단계에서부터 지역주민을 배제한 채 사업계획과 공사를 강행한 한전에 대한 주민 불신을 해소하기 위한 최소한의 기술적인 검토 작업일 뿐이다.

그러나 한전이 추후 어떤 입장으로 변화할지 알 수 없으나, 한편에서는 여론을 호도하며 공사를 강행하기 위한 작업을 시도하리라 추측하고 있다. 더더구나 최근 언론에 보도되는 한전의 탈핵 진영에 대한 공격적 언어인 '정전 대란', '전력수요 급증에 따른 핵발전소 건설의 불가피성', '대체 에너지 개발의 지연' 등을 구사하는 것을 참고해 볼 때, 밀양의 송전탑 싸움은 탈핵을 위한 대리전 양상을 띨 것으로 예상한다. 그전까지 '지역이기주의', '국책사업의 엄중함', '외부세력에 의한 기만' 등의 표현이 점차 사라지고 핵발전을 중심에 둔 에너지사업의 차원에서 밀양 송전탑 싸움을 바라보는 한전과 산업통상자원부의 입장을 두고 볼 때, 탈핵 관련 시민단체와 시민들의 동참이 절실히 요청한다.

후쿠시마 사고, 원자로 제조사 책임을 묻는다

세계시민 공동소송을 위해, 일본 환경변호사연맹 한국 방문 동행기

이대수(탈핵신문 운영위원)

일본 환경변호사연맹의 시마 아키이로(島 昭宏, 사진 오른쪽 두번째) 변호사와 오카다 다카시 교수(대구 계명문화대, 사진 오른쪽 첫번째) 일행과 함께, 지난 4월 18일(목) 서초역 근처 민주사회를 위한 변호사회(이하, 민변) 사무실을 방문했다. 지난 해 11월 10일 도쿄 NNAA(No Nukes Asian Actions, 탈핵아시아공동행동) 발족식에서, 후쿠시마 사고 원자로 제조사 책임을 묻는 발표가 있었고, 그 자료가 한국에 소개 된 바 있다.

민변의 실무자로 근무중인 이혜정 변호사가 반갑게 맞아주었다. 먼저 민변 영상자료를 통해 인권·환경·국제교류 등 여러 분야에 걸쳐 활동하고 있고, 900명의 회원 등이 있다는 것 등을 소개받았다. 이어 시마 변호사도 일본의 환경변호사연맹(JELF)은 550명 회원으로 구성되어 있고, 대부분 환경관련 소송을 담당하고 있다고 소개했다. 또 시마 변호사는 NNAA 측의 요청을 받아 일본 환경변호사연맹을 통해 추진중인 도시바·히다치·제너럴일렉트릭(GE) 3개 원자로 제조사에 대한 세계 1만인 소송의 배경과 취지에 대해 설명했다. 그리고 민변에서 함께 참여해 줄 것을 요청했고, 민변 측에서도 원칙으로는 공감하지만 실제 어떻게 진행할 수 있을지는 내부적으로 논의해봐야 한다고 답변했다.

이어 탈핵법률가모임 해바라기 대표인 김영희 변호사(사진 가운데)를 방문했다. 시마 변호사는 "지구온난화로 인해 직접적인 피해를 받고 있는 남태평양 섬나라 투발루와 북극 백곰을 위한 소송인, 이산화탄소 없는 전력생산 요구 소송을 하고 있다"며, 핵발전의 불합리한 점을 밝히는 소송이라고 설명했다. 더불어 "현재 제조물배상책임법과 원자력손해배상법이 가지고 있는 문제점과 한계가 있으므로 법·제도를 바꿔야 하고, 또 다른 한편으로 핵발전의 비경제성도 밝혀야 한다"고 했다. 그러나 김영희 변호사는 "이런 소송에 시민들이 관심을 갖는 것도 중요하지만, 소송을 잘 해내는 것이 중요하고 나쁜 판결이 나오지 않도록 해야 한다"고 강조하면서, 이 소송은 한국에도 영향을 미칠 것이라고 했다. "여러 가지 원인 중 제조사의 책임을 어디까지 물을 수 있을지, 인과관계와 책임을 어떻게 입증할 것인지가 관건"이라고 했다. 시마 변호사는 "제조사의 결함을 증명하는 준비를 하지만, 근원적으로는 핵발전을 허용하고 추진해온 정부와 국가의 기본책임을 묻는 것이 중요하다"고 했다. 실정법보다 자연법을 우선하는 입장으로 보였다.

성북동의 녹색연합도 방문했다. 윤기돈 사무처장(녹색연합)은 시마변호사의 소송 취지에 공감하면서 "원자력손해배상법의 개정이 우선돼야 할 것"이라고 전했고, 배영근 상근변호사는 "외국인이 일본법원을 상대로 소송하는 것은 쉽지 않지만, 수명연장시 제조사 책임의무화 규정을 만드는 것이 중요하고 특히 한국의 소송참여를 끌어내기 위해 필요하다"는 의견을 제시했다.

21일(일)에는 서울역 인근에서 생명회의 등을 통해 새만금 소송을 진행했던 전재경 박사와 박오순 변호사가 참석해 보다 구체적인 논의를 할 수 있었다. 고베와 시모노세키에서 활동중인 젊은 변호사들이 동석했다. 일본정부가 분쟁화해센터를 만들었지만 전력회사의 주장 범위를 벗어나지 못하고 있는 상태이고, 미국과 일본이 책임집중제(전력회사만 책임지는 방식)에 의거해 원전수출에 매진하고 있고 한국도 그 대열에 뛰어든 상태이므로 브레이크를 걸기 위해 필요한 소송임을 밝혔다.

11월 소송을 앞두고 전 세계 1만명 원고를 모아 진행하기 위해 한국, 타이완, 리투아니아, 인도 등에서 참여하고 있거나 접촉하고 있다고 설명했다. 6월 18일~24일 일본인 20명이 참여하는 한국핵발전소지역 한·일 시민 공동순회를 통해, 연대활동을 만들어 갈 것 예정이므로 6월 이전에 소송관련 서류와 자료 준비를 통해 한국에 제안할 것이라고 밝혔다. 전재경 박사는 생명회의 측에서 참여가 가능할 것이라고 답변했고, 필요하다면 모금 등 구체적인 방안을 의논하겠다고 밝혔다.

이번 일본 변호사들의 한국 방문과 관련단체, 전문가들 간담회를 비롯해 6월의 핵발전소 공동순회 방문을 통해 후쿠시마 피해 소송 특히 원자로 제조사를 상대로 하는 국제소송의 협력이 계획대로 잘 이뤄질 수 있기를 기대한다.

한국 공인 탈핵 강사, 김익중 교수 탈핵 동영상 안내

후쿠시마 핵발전소 사고 이후, 전국 곳곳의 요청을 받고 350번의 탈핵강의를 진행한 김익중 교수의 호소!

"탈핵을 위한 가장 시급한 당면과제는 시민교육이다. 모두 함께 탈핵교육에 나서달라"

● 김익중 탈핵 강의 동영상 목록(2013년 4월), 개별 강의 15분 내외
(유투브에서 '킴스탈핵'으로 검색)

▲1강 – 후쿠시마 ▲2강 – 핵사고의 원인 ▲3강 – 원자력의 미래 ▲4강 – 핵의 경제성 ▲5강 – 방사능과 건강 ▲6강 – 건강을 위해서 ▲7강 – 기준치가 무엇인가? ▲8강 – 피폭량 계산 방법 ▲9강 – 중저준위 방폐장 ▲10강 – 핵재처리 ▲11강 – 핵재처리의 경제성

● 킴스탈핵 강의록 ppt 파일 다운로드 : blog.naver.com/microij/130167343412
● 강의 동영상 파일 다운로드 – 다음 클라우드 ID: nukezero, PW: 012nonuke

후쿠시마 핵발전소 사고 이후, 일본시민들이 가장 신뢰하는 반핵전문가

고이데 히로아키, 한글자막 동영상 유투브 공개

○ 고이데 히로아키(小出裕章) : 일본 교토대학 원자로실험실 조교로 40년 근무. 국내에 번역된 저서로는 〈은폐된 원자력 핵의 진실(김원식 · 고노 다이스케 공역, 녹색평론사, 2011) 〈원자력의 거짓말(고노 다이스케, 녹색평론사, 2012)〉 〈후쿠시마 사고 Q&A(고노 다이스케, 무명인, 2012)〉 등이 있다.

○ 내용 : 2013년 1월 13일 일본 후쿠이현 쯔루가시에서 진행한 고이데 히로아키 강연. 후쿠시마 핵발전소 사고와 피해 현황, 생명과 탈핵을 위한 우리의 과제 등

○ 분량 : 2시간 ○ 번역 및 자막 : 박광우(탈핵학교 1기)

○ 유투브 주소 : www.youtube.com/watch?v=AR7-HH49Usg
혹은 유투브에서 '고이데 히로아키'로 검색

사용후핵연료, 무엇이 문제

사용후핵연료①

2007년 국가에너지위원회 사용후핵연료 TF(테스크포스, 작업반)가 만들어져 활동하던 때의 일이다. 회의를 마치고 위원들과 함께 식사를 하러갔는데, 입구에 걸려 있던 안내판에 '상용후 행연로 TF' 라고 써 있는 것이다. 아마 전화로 식당 예약을 했을 텐데, 식당에서 '사용후핵연료' 란 말이 익숙하지 않아 그냥 들리는 대로 쓴 모양이었다.

5천만명에 이르는 우리 국민 중에서 '사용후핵연료' 란 말을 제대로 불러본 사람이 얼마나 될까? 종종 원전과 핵발전소가 같은 것인지를 묻는 이들을 만나는 상황에서, '사용후핵연료' 란 말을 쓰는 것 자체가 '전문가들의 대화' 가 되는 현실에서 정부는 사용후핵연료 관리 정책에 대한 공론화를 추진할 계획이다. 탈핵신문은 앞으로 3차례에 걸쳐 사용후핵연료 관련 내용과 논의를 소개하고자 한다.

①

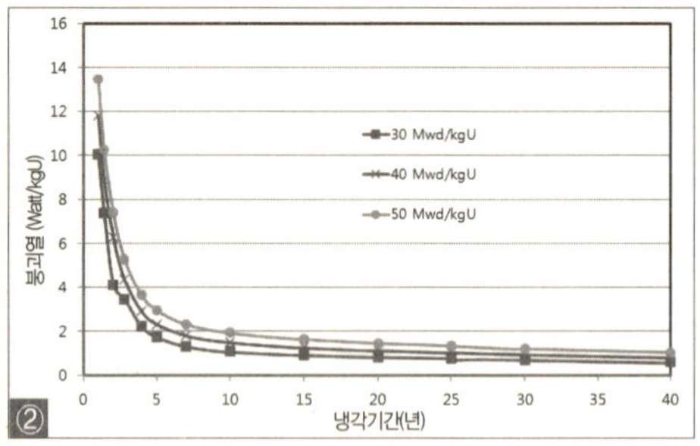

②

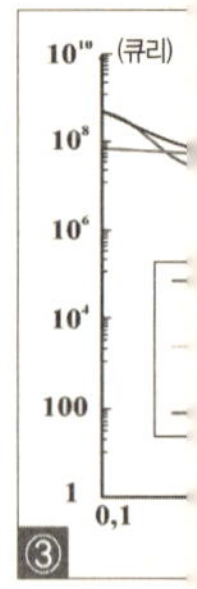

③

①사용후핵연료 저장수조 ②사용후핵연료의 냉각기간에 따른 붕괴열. 1~2년 정도 원자로에서 사용한 사용후핵연료는 최소 10년 이상 냉각수 공급을 받으 전소 4호기의 폭발사고는 이 사용후핵연료에 의한 것이었다. 그러나 이후에도 10만년 이상 열과 방사선을 계속 내뿜게 되기 때문에 영구적인 보관시설이 에 따른 방사선 준위. 10^5, 즉 100만년 정도가 지나야 방사선 준위가 절반정도 줄어드는 것을 알 수 있다. 출처 위키피디아.

이헌석 편집위원

사용후핵연료란 무엇인가?

사용후핵연료는 말그대로 핵발전소에 사용하고 남은 연료를 의미한다. 핵재처리 시설이 없는 우리나라는 흔히 사용후핵연료와 고준위핵폐기물을 같은 용어로 사용하는데, 사용후핵연료 이외에는 고준위핵폐기물이 없기 때문이다. 자연상태에서 채광한 천연우라늄은 우라늄-235(0.7%)와 우라늄-238(99.3%)로 구성되어 있는데, 실제 핵분열에 사용되는 것은 우라늄-235이다. 천연우라늄에서 우라늄 235의 비중에 따라 핵무기용 우라늄과 핵발전용 우라늄이 구분되는데, 핵무기용으로 사용하기 위해서는 우라늄-235의 비중을 95% 이상 농축시키며, 핵발전용은 우라늄-235 2~5%를 사용한다.

따라서 농축과정을 얼마나 많이 진행하느냐가 국제사회의 주요 관심사 중 하나다. 북한과 이란의 우라늄 농축프로그램이 대외적인 명분은 자국의 전력난 해결을 위한 것으로 설명하고 있지만, 국제사회의 비난을 받았던 이유는 본질적으로 핵무기용과 핵발전용 우라늄 농축기술이 다르지 않기 때문이다.

이렇게 만들어진 핵연료는 약 1~2년 정도 원자로에서 핵분열 반응을 진행한다. 핵분열 반응에 참여하는 우라늄-235가 집중적으로 변화하는데, 전체 핵연료 중 1% 정도가 플루토늄으로 변하게 된다. 흔히 핵무기의 원료로 우라늄과 플루토늄이 사용되는데, 자연계에 존재하는 우라늄은 농축과정에 많은 에너지가 소비되고, 이에 따라 국제사회로부터 많은 견제를 받게 된다. 반면, 낮은 농축우라늄을 원자로에서 반응시킨 후 얻는 플루토늄은 자연계에 존재하지 않는 물질이지만, 재처리 과정을 거치면 상대적으로 쉽게 얻을 수 있기에 신흥 핵무기 개발국들이 많이 쓰는 원료이다. 북한의 경우, 수차례 핵실험을 플루토늄 폭탄으로 진행한 것으로 알려져 있다.

따라서 핵재처리는 우라늄 농축과 함께 핵무기 개발의 주요 시금석이 되고 있다. 기술적으로 플루토늄과 우라늄을 섞는 MOX연료를 상업용 발전소에도 사용할 수 있으나, 플루토늄 농축 자체가 핵무기 개발의혹으로 비춰지는 것은 모두 이러한 이유에서이다. 또한 플로토늄을 얻는 과정에서 비용이 천문학적으로 사용되기 때문에 이미 핵재처리를 진행하여 충분한 플루토늄을 갖고 있는 핵무기 개발국이나, 상업적으로 플루토늄을 이용하려고 했던 유럽 각국들도 극소수를 제외하고는 모두 핵재처리 계획을 취소한바 있다.

뜨거운 열과 방사능이 뿜어져 나오는 사용후핵연료

한편, 사용후핵연료는 방사선 준위가 높고 열을 계속 발산하기 때문에 생태계에 노출돼서는 안된다. 원자로에서 바로 꺼낸 사용후핵연료는 10m 깊이의 붕산수 저장고에 담겨 지속적인 냉각상태를 유지해야 한다. 흔히 최소 10년 정도 이 상태를 유지한 이후 중간저장시설 등 다른 곳으로 옮겨지는 것이 보통이다. 이때에도 높은 열과 방사능은 문제이다. 열과 방사능을 막기 위해 150톤 이상 되는 거대한 운반용기에 밀봉된 상태로 옮겨져야 하기 때문에 육상 장거리 운송은 상상하기도 힘들다. 대부분의 교량은 이 정도 중량의 트레일러가 지나갈 수 없기 때문이다. 따라서 해상운송이나 철도 운송을 하게 되는데, 이 경우에도 항구와 철도역까지 가기 위해 교량과 도로를 다시 설치해야 한다.

현재 우리나라는 중간저장시설 등이 없기 때문에 모든 사용후핵연료는 5개 핵발전소 부지 내에 보관중이며, 최근 발전소별 임시저장고 포화에 따라 고리1,2호기에서 신고리 1,2호기로 사용후핵연료를 옮기는 등 소내 이동만 진행되고 있는 상황이다.

흔히 사용후핵연료의 보관기간을 10만년 이상이라고 하지만, 이는 편의상 부르는 말이다. 우리가 '오만가지 생각' 이라고 말할 때 오만은 숫자 5만을 의미하는 것이 아니라 '많다' 는 것을 의미하는 것처럼, 10만년이 되었다고 해서 방사선 준위가 '0' 으로 떨어지지 않는다. 방사열의 경우, 시간이 지남에 따라 기하급수적으로 발생량이 줄어들지만, 방사선 준위는 그렇지 않다. 따라서 사용후핵연료를 보관하는 방식에 대해 세계 각국은 논란 중에 있으며, 특히 임시저장 방식인 붕산수 저장방식(습식저장방식)은 기술적으로 불완전하다는 비판을 계속 받고 있다. 후쿠시마 핵사고에서 보듯 냉각펌프가 작동을 하지 않거나 저장수조가 손상돼 냉각수가 누출될 경우, 심각한 사고로 이어질 수 있기 때문이다. 이에 따라 건식 보관용기(캐스크)를 이용한 형식으로 중간저장방식을 바꾸는 것이 국제원자력기구(IAEA) 등 핵산업계 내부에서도 논의됐고, 후쿠시마 핵사고 이후 이를 의무화하기 위한 노력들이 계속 진행되고 있다.

그러나 이는 어디까지나 수십년 단위의 '임시적인 보관' 에 한정된 논의이다. 현재까지 인류의 기술로 10만년 이상 안전성을 보장할만한 기술이 없기 때문이다. 300~500미터 정도의 지하에 사용후핵연료를 처분하는 기술이 연구되다가 최근 2~3km 이상 깊은 곳에 사용후핵연료 처분을 고민하는 새로운 신기술이 언급되고 있는 것도 이러한 이유에서이다. 수백미터이든 수킬로미터이든 인류가 아직 그 지질환경에 대해 알기 시작한 지 얼마되지 않은 상태에서 사용후핵연료의 처분은 말그대로 골치 아픈 문제로 대두되고 있는 것이다.

우리나라의 사용후핵연료

정부가 밝히고 있는 현재 우리나라의 사용후핵연료 총량은 약12,707톤이다. 이중 절반 정도인 6,878톤은 경주의 월성핵발전소에 있다. 이는 월성핵발전소의 원자로 중수로형으로 농축된 핵연료를 사용하 않고 천연상태의 우라늄을 사용하기 때 이다. 농축정도가 낮기 때문에 같은 출력 내기 위해서도 많은 핵연료가 필요하다.

이들 양을 298개 시·군·구로 나눠보 지자체 1곳 당 42.6톤에 달할 정도로 은 양이다. 지금도 매년 23개 핵발전소 서 약 800톤의 사용후핵연료가 발생하 있다. 그 양은 최근 핵발전소 증설계획 추진됨에 따라 더욱 늘어날 것으로 예상 다. 지난 30년간 핵발전은 이렇게 많은 폐기물을 생산해 왔지만, 정부는 이에 한 대책을 세워 놓지 않았던 것이다.

절대적으로 많은 사용후핵연료의 양 문제지만, 이 저장고가 조만간 포화된다 것도 문제이다. 정부는 2016년 고리 핵 전소를 시작으로 2017년 월성, 2018년

우리나라의 사용후핵연료 저장용량과 저장량 (2012년 12월 현재)

구 분 (호기수)		저장용량(톤)	저장량(톤)
경수로(A)	고리(6)	2,690	2,030
	영광(6)	3,320	2,075
	울진(6)	2,327	1,724
	신월성(1)	219	-
	소 계	8,556	5,829
중수로(B)	월성(4)	9,443	6,878
합계(A+B)		17,999	12,707

그간 정부가 추진해 온 핵폐기장 추진

구 분	추 진 내
1차 (86~89년)	▲문헌조사를 통해 동해안 3개 후 도출.(86년, 87년) ▲지질조사 착
2차 (90년)	▲충남도 협조하에 충남 안면도 후 력연구소 건설계획으로 추진
3차 (91~93년)	▲유치자원지역 공모 및 후보지 도출 등) ▲고성, 양양, 울진, 영일, 장흥, 태
4차 (93~94년)	▲영일, 양산, 울진 등 3개 지역 유치
5차 (94~95년)	▲10개 후보지역 선정 ▲굴업도 고 방폐시설 지구로 지정 고시
6차 (00~01년)	▲전국 임해지역 자치단체를 대 실시(2000년6월~2001년6월) 창, 보령, 완도, 울진 등 7개 지역에 동이 있었음
7차 (03~04년)	▲사업자 주도방식으로 전환, 제2 서 영광, 고창, 영덕, 울진 등 4개 2월) ▲지자체 자율유치 방식으로 도 유치신청시 4개 지역과 동일한 (2003년6월) ▲부안군 유치청원서
8차 (04년)	▲방폐장 부지 신규유치 공모(20 창, 군산, 영광, 완도, 장흥, 강화 등
9차 (05년)	▲제253차 원자력위원회. 중저준 원법 제정 등 제도 변경 ▲경주, 군 지역에서 주민투표 진행(2005년1

※제253차 원자력위원회 발표문 등 정부 발표 준위 핵폐기물 이외에도 고준위핵폐기물(사용후 폐기장 유치가 실패한 이후 중저준위와 고준위

인가?

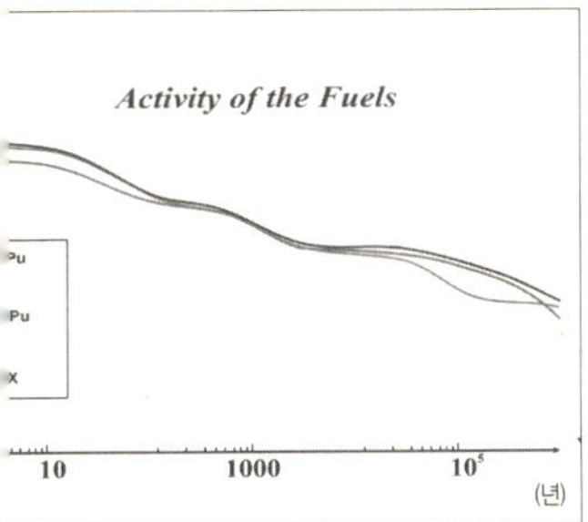

해야 하며 한다. 가동을 멈추었던 후쿠시마 핵발
ㅏ. 출처 한국방사선폐기물공단. ③핵연료의 종류

긴, 2021년 영광 핵발전소의 저장고가 포화된다는 입장이다. 이에 따라 고리 핵발전소의 사용후핵연료를 신고리로 옮기고 저장간격을 좁히는 등 조치를 취하게 되는데, 그 경우에도 2024년 영광 핵발전소를 시작으로 2028년 고리 핵발전소까지 단계적으로 핵발전소마다 임시저장고가 포화된다고 밝히고 있다.

원칙적으로 사용후핵연료 임시저장고가 가득차게 되면 핵발전소는 가동을 멈춰야 한다. 발전소에서 나오는 폐기물을 옮겨놓을 곳이 없기 때문이다. 이에 따라 정부는 당장 사용후핵연료 공론화 등의 방식을 통해 사용후핵연료 관리방안을 마련하겠다고 밝히고 있다. 애초부터 만들어지지 않았어야 할 사용후핵연료로 인해 우리사회는 또하나의 골치덩어리를 떠안게 된 것이다.

과 결과

	결 과
진, 영덕, 영일) 12월)	주민 반대로 지질조사 중단 (1989년3월)
진 ▲제2원자	비공개로 추진됨에 따라 불신 야기. 주민 반대로 백지화
용역실시(서울대 후보지 도출	주민 반대로 중단
른사업 추진	주민 반대로 중단
부지로 선정하	사업추진 중 활성단층이 발견되어 지정고시 해제
부지유치 공모 강진, 진도, 고 주민의 유치활	유치를 신청하는 지자체가 없어서 공모 무산
자력위원회에 발표(2003년 개 지역 이외에 위 적용키로 함 003년7월)	부안군민의 격렬한 반대와 부안 주민투표(2004년2월), 정부 다른 계획 발표로 사실상 백지화
월) ▲울진, 고 군 유치 운동	지자체장 신청 없어 무산
준위 분리, 지 ㅕ, 포항 등 4개	경주 89.5% 찬성으로 중·저준위 방사성폐기물 처분장으로 최종 결정. 고준위폐기물(사용후핵연료) 처분장은 2008년 완공예정이었으나, 3차례 공기 지연으로 2014년 6월 완공예정

탕으로 정리 ※1989~2004년까지 정부는 중·저
) 처분장을 함께 찾고 있었다. 그러나 부안에 핵
ㅑ 건설 계획은 분리됐다.

짧은 투쟁 그러나 긴 여운 굴업도 핵폐기장 반대 운동

"덕적이라 하늘에는 별도별도 많지만, 반짝반짝 전깃불은 하나 볼 수 없어라, 내 사랑아 내 사랑아 나의 사랑 덕적도 잘 자라고 잘 배워서 우리 섬을 깨우세" – 굴업도 반대운동 당시 덕적도 주민들이 '나의 사랑 클레멘타인'에 맞춰 부르던 덕적도가(歌)

장면으로 보는 반핵운동사②

뉴스를 보고 알게 된 핵폐기장 지정소식

90년 안면도에 핵폐기장을 지으려던 계획이 93년까지 중단과 강행을 거듭하며 사실상 진행되지 못하자, 정부는 새로운 방안을 찾는다. 지역주민들의 반대를 무릅쓰고 핵폐기장을 건설하기란 쉽지 않다는 것을 뼈저리게 느낀 것이다. 이러한 가운데 1992년 일본원자력문화진흥재단을 본뜬 한국원자력문화재단이 설립되어 핵폐기장을 비롯 핵발전의 우수성에 대한 홍보를 시작하는가하면, 1994년 10월부터는 당시 과학기술처 장관과 탤런트 이정길씨가 나오는 라디오, TV 정책광고를 통해 핵폐기장 건설을 '더 이상 늦출 수가 없습니다'는 광고를 시작했다.

조만간 새로운 핵폐기장 부지가 확정될 것이라는 소문이 꼬리에 꼬리를 물고 있는 가운데, 1994년 12월 15일, MBC 뉴스데스크는 서해 앞바다 굴업도에 핵폐기장이 들어설 것이라는 특종보도를 한다. 당시 뉴스의 가장 앞부분 3꼭지가 굴업도 이야기일 정도로 이 문제는 큰 이슈였다. 전 국민은 물론, 반핵단체, 해당주민 모두 뉴스를 통해 사실을 알게 됐다. 당시 굴업도 주민은 5가구, 10명. 안면도에서의 지역주민 반발을 경험한 정부는 사실상 반대운동이 불가능한 낙도(落島)를 핵폐기장으로 택했던 것이다.

덕적도 주민들의 모진 투쟁

하지만 예상과 달리 굴업도 핵폐기장 건설 반대운동은 바로 옆에 있는 섬 덕적도에서 시작됐다. 굴업도를 지척에 두고 있는 섬 덕적도는 인구수에서는 굴업도 보다 큰 섬이었지만, 작은 섬이긴 마찬가지였다. 안면도 반대투쟁 당시 섬이라는 지형은 연육교를 중심으로 바리케이트를 쌓고 투쟁하기 좋은 지형이었지만, 덕적도와 같이 작은 섬은 봉쇄해버리면 그만이기 때문에 그 안에서의 집회와 시위는 아무런 의미가 없는 것이었다. 따라서 지역주민들은 고립된 섬을 빠져나와 인천과 서울을 오고가며, 반대시위를 벌였다.

12월 15일 언론보도, 17일 덕적도에 500억 투자 발표, 22일 정부의 공식 확정 발표…. 정부는 1주일 동안 일사천리로 핵폐기물 처리장 문제를 매듭지으려고 했다. 겨울인데다가 크리스마스와 연초가 되면 아무래도 지역주민들의 집회와 시위가 힘들지 않겠느냐는 판단이었던 것이다.

그러나 덕적도에서 인천으로, 인천에서 서울로 덕적도 주민들은 몰려 나왔다. 22일 정부의 확정 발표가 있고 바로 다음날인 23일 서울에서의 집회를 비롯해, 덕적도 주민들은 추운 겨울에도 불구하고 수없이 많은 집회를 인천과 서울에서 벌여냈다. 조용한 섬에서 살아가던 덕적도 주민들에게 집회와 시위 그리고 전경과 최루탄은 결코 익숙한 것이 아니었다. 시위에 참가하시던 할머니의 죽음, 5월 20일 폭력 진압으로 인한 50~60명 부상 사태, 환경운동가들에 대한 '빨갱이, 불순세력' 운운 등, 덕적도 주민들의 처절한 싸움은 95년 지자체 선거를 넘기면서까지도 계속됐다.

어이없는 발표로 끝난, 351일간의 반대 투쟁

94년 12월에 시작된 덕적도 주민들의 투쟁은 인천 연안부두, 동인천역, 인천시민회관, 서울 정부종합청사 등 장소를 가리지 않고 인천과 서울을 오가며 진행됐고, 한전 건물에서의 반핵 플랭카드 시위 등 적극적 선전방식, 95년 지자체 선거에서 덕적면 반대투쟁위원회 사무국장이 군의원 후보로 나와 찬핵-반핵 대결 등 핵폐기장 건설 반대를 위한 다각적인 투쟁이 진행됐다.

그러나 이러한 투쟁에 비해 그 결말은 너무나 어이없는 것이었다. 당초 정부에서는 굴업도가 1)지질구조가 단단해서 안전하며 2)수심이 깊어 항만을 짓기 용이하고 3)주민 수가 적어 반대가 적기 때문이라고 발표했었다. 이 중에서 가장 첫 번째 이유인 지질 구조에 문제가 있는 것으로 드러났다. 91년도에 정부에서 지질조사 이후 부적격지로 건설 검토가 전면 백지화된 이후에 다시 굴업도가 선정된 것이었기 때문에 환경단체들이 문제제기한 바 있었지만, 정부는 이를 무시했었다. 하지만, 결국 이것이 문제가 됐다.

굴업도에 대해 지질조사를 다시 하던 중 활성단층이 발견된 것이다. 핵폐기물 처리장은 매우 오랜 시간동안 안정된 공간을 확보해야 하기 때문에 아직 활동을 계속하고 있는 활성단층이 있다는 것은 언제 핵폐기물이 생태계로 누출될지 모른다는 것을 의미한다. 이것이 95년 11월 30일의 일이다. 351일. 채 1년도 안된 짧은 싸움은 이렇게 끝났다.

또 하나의 승리한 투쟁, 그리고 많은 성과들

1년 동안의 짧은 투쟁이었지만, 굴업도 핵폐기장 건설은 많은 것을 남겼다.

굴업도 이전까지 핵폐기장 선정의 주체는 원자력연구소였다. 핵폐기장 건설계획에 제2원자력연구소 건설계획이 함께 포함돼 있기도 했지만, 그때까지만 해도 핵폐기장은 핵산업계의 영역이라기보다는 핵연구계의 몫이었던 것이다. 하지만, 굴업도 실패를 계기로 사업주체는 발전사업자인 한전으로 넘어가고 담당부처도 과학기술처에서 통상산업부로 옮겨진다. 이후 정부는 2000년에야 핵폐기장 부지공모 사업을 진행하지만, 몇 차례 실패를 거듭하고 그 흐름은 2003년 부안으로 이어진다.

굴업도를 계기로 핵폐기장 문제는 우리 사회의 주요 이슈로 확실히 부각된다. 안면도 투쟁을 겪기는 했지만, 굴업도는 짧은 기간 동안 정부의 사업추진에 얼마나 많은 거짓말이 숨어 있는 지를 보여준 좋은 기회였다. 또한 당시 그린피스 등을 통해 국내에서 소개되기 시작한 '퍼포먼스', '직접행동' 이나 학생운동이 적극적으로 결합한 이후 환경현장활동으로 이어지는 '반핵농활' 등 새로운 시도가 많이 나타난 것도 굴업도 투쟁을 전후한 일들이다.

이후 굴업도는 롯데건설과 CJ그룹이 섬을 매입, 골프장을 건설하는 계획을 추진하다가 인천시의 반대로 백지화되기도 했으나, 최근 이들 업체가 다시 건설계획을 밝히면서 또 다른 소용돌이에 휘말리고 있다.

이헌석 편집위원

일본 원자력자료정보실 교보환경대상 수상

반핵 비판여론 의식한 한국정부, 반 히데유키 대표 입국거부

고노 다이스케 편집위원

CNIC 실무자에게 묻는 후쿠시마의 현재

세계적인 반핵전문가인 다카기 진자부로 박사 등이 1975년 설립한 이후, 핵발전에 관한 정보를 수집·데이터화 분석해서 탈핵운동에 제공해 온 민간단체인 일본 원자력자료정보실(CNIC, Citizens' Nuclear Information Center). 후쿠시마 사고 때 정부와 도쿄전력, 그리고 언론이 정보를 제한하는 가운데 유스트림(인터넷 개인 방송 서비스)을 통한 그들의 기자회견은 큰 주목을 받았다. 이런 활동들이 높게 평가 받아, 원자력자료정보실은 올해 교보환경대상(교보생명 교육문화재단 주최)을 받았다. 그러데 시상식에 참석하기 위해 4월 19일 한국에 입국하려던 반 히데유키 CNIC 공동대표는 당일 공항 출입국사무소에서 입국거부를 당해 그 다음 날 귀국했다. 시상식 당일인 4월 22일, 원자력자료정보실 실무자 네 분을 만나보았다.

입국거부 때 상황은?

반 대표는 사고 직후에도 한국에 온 적이 있어 입국거부는 전혀 예상치 못했다. 소식지 등 선물들이 모두 반 대표 가방에 들어 있었다. 우리들의 가방은 모두 가득 차고 반 대표가 자신의 가방에 넣을 수 있다고 해서 그랬던 것이다. 그만큼 예상 못했다. 입국절차를 밟기 전에 반 대표가 방한 일정 중 통역해 주실 분에게 스스로 '나 왔어' 라고 전화를 했다. 우리 실무자 네 사람이 입국절차를 마치고 뒤돌아봤더니 대표가 없었다. 아무리 찾아도 없어서 전화해 봤더니 어떤 방에 갇혀 있다고 했다. 교보재단 쪽에서 출입국사무소 측과 협상해 줬는데, "정치적 이유로 이 분을 입국시킬 수 없다"라는 말밖에 하지 않았다고 한다. 결국 다음 날 9시 비행기로 강제귀국 당했다. 입국심사 전에 농담 삼아 "대표님, 입국할 수 있어요?" 했더니, 본인은 "당연하지" 그랬다. 이번엔 집회에 참여하는 것도 아니고 상을 받으러 왔을 뿐이니까.

왜, 이런 일이 있었다고 생각하나?

반 대표는 이전에 러시아에 가려고 했을 때 비자를 받지 못해 못 갔던 적은 있지만, 실제로 왔는데도 입국거부 당한 적은 처음일 것이다. 반 대표는 주일한국대사관에 가서 입국거부 당한 이유와 블랙리스트에서의 이름 삭제를 요구하겠다고 했다.

한국정부는 한미원자력협정 재검토를 앞두고 교보생명교육문화재단의 권위있는 상을 받고, 플루토늄에 대한 비판적인 발언을 하면, 영향이 있을 것이라고 생각한 것 같다. 또한 탈핵운동이 일본정부에 대한 영향력을 키워서 그랬다고 할 수도 있을 것이다.

일본에서도 비슷한 사건이 있었다. 작년 12월 고리야마시에서 국제원자력기구(IAEA) 회의가 열렸는데, 탈핵운동 측은 대안행사로 탈핵세계회의를 개최했다. 그때 외국 참가자 몇 사람이 입국심사 때 나리타공항 출입국사무소에서 장시간 구속당했다. 우리와 변호사들이 협상해 석방시켰다.

한국과 일본의 공안 당국은 독재정권 시대부터 교류해 왔다. 이번에도 일본 공안에서 정보제공이 있었을 수 있다. 그런데 반 대표는 일본정부위원회 위원을 맡고 있다. 그렇다면 한편에서는 위원을 시키고 또 한편에서 블랙리스트에 실었다는 의미인데…, 반 대표가 참여하는 정부 위원회의 최근 움직임은 어떠한가?

3·11 이전인 지난 자민당정권 때부터 반 대표는 원자력위원회(내각부의 심의위원회 중 하나) 신대강책정회의(이하 책정회의) 위원이었다. 이 회의는 일본의 핵정책을 5년마다 입안·결정하는 단위이다. 후쿠시마사고 이후, 책정회의는 멤버를 바꿔 반대파를 약간 증원해 다시 출범했고, 반 대표도 계속 위원으로 있었지만, 결국 새로운 대강(정책기조)을 만들지 못했다.

민주당정권은 이 회의 대신 에너지환경회의를 출범시켰고, 경제산업성에 기본문제위원회라는 자문기구를 만들었다. 여기에 또 반 대표가 위원으로 들어갔다. 기본문제위원회는 새 에너지·환경정책으로 세 가지 시나리오를 제시했다. 2030년에 핵발전 비율을 0%로 한다는 시나리오, 15% 시나리오, 20 ~ 25% 시나리오였다. 결국 0%가 선택됐는데 작년 말 정권교체 이후 자민당정권이 이것을 백지화시킨다고 했다. 그 영향으로 기본문제위원회도 해체됐다. 경제산업성은 기존의 총합에너지조사회를 재출범시켜 거기서 향후 에너지정책을 논의하도록 했다. 거기엔 핵발전 반대파가 두 명 들어갔는데 이전보다 축소된 것이다.

원자력자료정보실이 후쿠시마 주변의 토양조사를 실시하고 있다고 들었다.

사고 후 식품 속 방사성물질 규제가 시작됐다. 기준치는 500베크렐(Bq/kg, 2012년부터 100베크렐로 변경)였는데, 소비자들은 실제로 499베크렐인지 0베크렐인지 알 길이 없다. 당연히 생산자들도 그 영향을 받는다. 그래서 오염된 농지에서 작물을 지속적으로 재배할 수 있는가, 오염된 토양에서 자란 작물이 얼마나 오염돼 있는가를 두 농가와 함께 조사하고 있다.

한 가구는 후쿠시마현 남부 이와키시에 있고 또 한 가구는 도치기현 나수시오바라시(후쿠시마현 남쪽에 인접)에 있다. 이와키시가 사고현장에 더 가깝지만 나수시오바라가 오염이 더 심하다. 농산물에서 나오는 오염 수치는 의외로 낮고, 평균 10베크렐 이하다. 감자나 고구마의 경우 2 ~ 3베크렐이며, 잎채소의 경우 사고 직후 방사성물질이 하늘에서 떨어졌으므로 높았지만, 이제는 시금치처럼 구깃구깃한 것 말고는 그리 높지 않고 10베크렐 정도이다. 지금도 높은 것은 버섯, 쌀, 메밀, 과일 등이다. 식품 방사성물질 데이터는 일본정부 홈페이지에서도 볼 수 있다.

정부가 조사하지 않고 있는 작물이 안전한가, 정부 데이터가 믿을 수 있는가 궁금해하는 사람이 많다. 우리가 조사하여 발표하는 데이터를 통해 시민들이 현황을 이해해줬으면 좋겠다. 오염됐다고 해서 일본 농지를 다 포기하고 식량을 외국에서 수입하는 구조는, 자원을 수입하고 어느 한 곳에 핵발전을 강요하는 구조와 가깝다. 정부 측정치와 우리 측정치 간에 큰 차이는 없다. 일본정부가 발표하는 데이터에는 거짓말이 없을 것이다.

이와키시와 나수시오바라시 농가들의 현황은?

이농하는 농가들이 많다. 일반시장에 출하하는 농가의 경우 농산물 값이 터무니없이 깎인다. 특정 소비자들을 상대로 해오던 농가들은, 사고 직후엔 불안감을 샀지만 방사능측정치를 발표하면서 소비자와의 관계를 유지하고 있는 경우가 많다. 방사능측정은 농가들과 관계를 맺은 소비자단체가 구입해 실시하기도 하고, 사고 이후에 수없이 생긴 시민측정소에 유료로 의뢰하는 경우도 있다. 이런 비용도 원칙적으로는 도쿄전력이 지불해야 한다고 생각한다.

▶9면으로 이어짐

고노 다이스케 편집위원

"세계적인 반핵전문가인 다카기 진자부로 박사 등이 1975년 설립한 이후, 핵발전에 관한 정보를 수집·데이터화 분석해서 탈핵운동에 제공해 온 민간단체인 일본 원자력자료정보실. 후쿠시마 사고 때 정부와 도쿄전력, 그리고 언론이 정보를 제한하는 가운데 유스트림 을 통한 그들의 기자회견은 큰 주목을 받았다. 이런 활동들이 높게 평가 받아, 원자력자료정보실은 올해 교보환경대상을 받았다."

후쿠시마사고 현장 오염수처리 저장체제 파탄

고노 다이스케 편집위원

사고를 일으킨 후쿠시마제1핵발전소 1~4호기 원자로 건물 지하에는, 새어나온 냉각수와 외부에서 흘러 들어온 지하수가 섞인 고농도 오염수가 괴어 있다. 기존 오염수 처리 체계에서는 여기서 세슘 등을 제거해서 지하저수지에 저장하고 있었는데, 지난 4월 5일 그 지하저수지에서 누수가 발견됐다. 이 물은 세슘 등을 제거했다하되 스트론튬 등이 남아 있어 오염수라는 점은 똑같다. 스트론튬은 인체에 들어가면 뼈에 붙어 백혈병 등을 일으킨다.

누수가 발견된 것은, 7군데 있는 저수지 중 2호저수지로 도쿄전력은 4월 6일에 저수지 부피와 수위 저하 정도를 놓고 봤을 때 누수가 약 120톤에 이를 수 있는 것으로 추정했다. 도쿄전력은 같은 날부터 인접한 1호 저수지로 물을 옮기기 시작했지만, 1호기에서도 누수가 발견됐다. 이것은 저수지에 구조적인 결함이 있는 것을 시사할 뿐만 아니라 기존 오염수 처리와 보관 체제가 파탄났음을 의미한다.

도쿄전력은 지하저수지 사용을 포기하고 일단 지상에 설치돼 있는 저장통에 물을 옮기기로 했다. 또 지하저수지에는 이미 그 시점에서 오염수가 2만3600톤이 괴어 있었고, 게다가 오염수는 하루에 400톤씩 늘어나는 것에 비해 지상저장통의 비어 있는 부피는 2만2000톤이며, 준비 가능한 예비통은 7300톤 정도다. 도쿄전력은 6월까지 이송작업을 마칠 예정이지만, 그 때까지 세 번이나 저장통이 부족할 가능성이 있다고 한다.

한편 도쿄전력은 지난 2월 말, 1~4호기 건물 지하에 흘러 들어오는 지하수를 줄이기 위해 건물보다 산쪽(내륙쪽)에 우물을 12곳 팠다. 그 우물들이 아직 오염되지 않았다고 해서 도쿄전력은 그 물을 바다로 직접 버릴 방침을 발표했으며 이 조치로 오염수를 하루에 100톤씩 줄일 수 있다는 전망을 제시했다.

그런데 이번에 누수가 발견된 지하저수지는 이 우물보다 더 산쪽에 있어 6년 후에는 이번에 누출된 물이 우물을 오염시켜, 물을 바다로 버릴 수 있는 오염기준치를 웃돌며 10년 후에는 발전소 앞바다도 우물과 같은 정도로 오염될 가능성이 지적됐다. 지난 4월 19일에 일본원자력연구개발기구가 원자력규제위원회 검토회의에 그러한 계산결과를 제출했다. 그 검토회의에서는 오염수가 베어든 토양을 제거하는 등의 대책이 제안됐다.

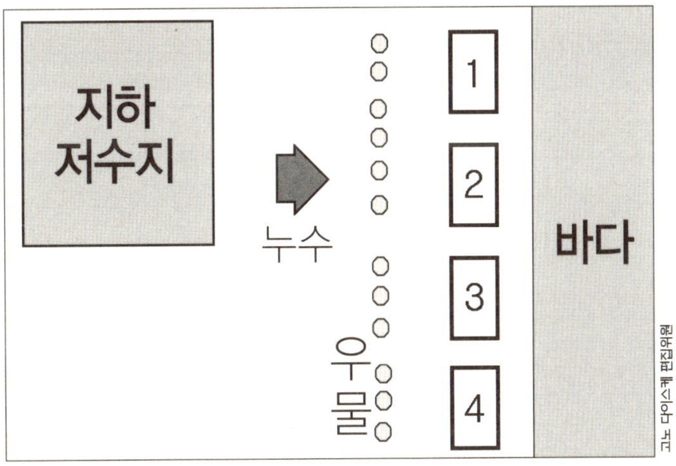

◀7군데 저수지 중 2호 저수지에서 약 120톤의 누수가 발생한 것으로 도쿄전력은 추정하고 있다.

사실 후쿠시마제1핵발전소 사고현장에선 작은 규모의 누수가 다반사다. 그러나 이번 누수는 구조적인 문제이고 잘못 대처하면 해양오염의 대규모 확대를 초래하는 만큼 조속한 대응이 요구된다.

쥐가 불러일으킨 위기…후쿠시마사고 현장에선 트러블이 일상

지난 3월 18일, 후쿠시마제1핵발전소에서 정전이 일어나 1, 3, 4호기 사용후핵연료 저장조 냉각을 무려 29시간이나 못하게 된 사고가 일어났다. 이 정전의 원인은 배전반에 들어간 쥐였다.

한편, 4월 5일엔 작은 동물 침입 방지용 쇠그물 설치공사 중에, 3호기 저장조 냉각이 3시간 정지되는 사고가 또 일어났다. 게다가 4월 22일엔 2호기 저장조 냉각장치에 전기를 보내는 변압기에서 죽은 쥐 두 마리가 발견돼 점검 때문에 4시간 동안 냉각을 정지시키기도 했다.

▶8면에서 이어짐

피난지시구역의 농가에는 어느 정도 배상금이 나오지만, 그 외 농가들에는 좀처럼 나오지 않는다. 어떤 생협이 많은 노력을 해서 겨우 나온 적이 있기는 하다. 한 농가가 개별적으로 요구해서 배상을 받기는 어렵다. 아직까지 전국 규모의 배상소송은 이루어지지 않았지만 지역단위 등으로 수많은 소송이 제기되고 있다.

작년에 식품 오염기준치를 100베크렐(Bq/kg)까지 내리면서 앞으로 해마다 기준을 강화할 줄 알았는데, 이후의 움직임이 보이지 않는다.

그것은 연간피폭허용량 1밀리시버트(mSv)를 달성할 수 있는 수치로 계산됐다. 1밀리시버트는 안전하다고 주장하는 이상, 그것을 내릴 가능성은 없을 것이다. 정부는 몸 속에서 배설될 것도 고려한 수치라고 일단 주장하고 있지만, 배설되기 어려울 것이다.

후쿠시마제1핵발전소의 현황과 향후과제는?

40년 후에 폐로(원자로 해체)를 완료시킨다고 하지만 사고를 일으킨 원자로의 폐로는 아무도 해 본 적이 없어서 아무도 방법을 모른다. 지금은 계획만 일단 세운 상태다. 아직 개발이 안 돼 있는 기술도 많다. 원자로에서 연료를 꺼낸다는데, 그 연료를 어디로 가져가는가도 큰 문제다. 체르노빌의 경우, 원자로를 석관으로 덮어놓고 아무 것도 하지 않고 있는데, 후쿠시마도 그렇게 하는 것이 나을 수도 있다. 그러나 후쿠시마의 경우 물이 계속 들어오기 때문에 방치할 수도 없어서, 이러지도 저러지도 못하는 상태다.

40년은 순식간이다. 아무도 못하는 사이에 지나갈 수도 있다. 도쿄전력은 물이 새고 있는데도 새지 않았다고 주장하기도 하고, 원자로 안을 카메라로 확인해 보니 있을 수 없는 배관이 있기도 하다는 식으로 아무것도 파악 못하고 있어 그것이 가장 큰 문제다. 이런 상태로 40년 만에 수습될 거라는 것을 믿는 일본국민은 없다.

무엇보다도 수습작업을 도쿄전력에 맡기고 있는 것이 잘못이다. 그들은 비용을 중요시한다. 3월에 일어난 정전사고도 사고가 일어난 당시에 설치한 배전반을 그대로 사용해 쥐가 침입했기 때문이다. 돈을 아끼니까 이 꼴이다. 4호기 사용후핵연료저장조에서 올해 안에 연료를 꺼내기 시작한다고 하는데, 연료봉에 흠집이 있으면 곤란해지므로 언제 끝날지 모른다. 이 계획에서는 우선 공용저장조에 있는 연료를 건식저장통(dry cask)에 옮기고 나서 4호기 연료저장조에 있는 연료를 공용저장조에 옮기는 것으로 돼 있는데, 아직 건식저장통 사용 승인도 이루어지지 않았다. 계획 중 어느 한 가지라도 차질이 생기면 전체가 멈춰 버린다.

최근에 또 큰 지진이 잇달았다. 일본 시민들의 위기감은 어떠한가?

그렇다고 할 순 없다. 원래 반대했던 사람들은 불안감을 갖고 있다. 일반시민들도 불안하기는 하겠지만 그것보다 핵발전이 없으면 경제가 멈춰버린다는 정부의 선전을 곧이듣고 있는 사람들이 많다. 어쩔 수 없다는 체념을 안고 있는 것이 아닐까. 올해 2월의 아사히신문 설문조사에서는 언제 그만둘지는 별개로 하되 약 70%가 핵발전을 반대하고 있다. 그러나 지금 대부분이 가동 중단되어 있어서 그런지, 관심이 그다지 높지 않다. 그리고 곧 없애라는 것은 너무 성급하다는 의견이 대세다. 지금 아베정권 하에서 경제가 상승세에 있어, 언론은 제조업을 위해 전력증산을 주장하고 비싼 화력을 돌려서 외화가 떨어질 것을 걱정한다는 추진파에 편드는 논조가 많다.

핵발전소 재가동과 관련해, 후쿠시마사고 수습에 노동력을 빼앗겨 실질적으로 다른 핵발전소를 돌리지 못하는 것이 아닌가?

후쿠시마사고 현장에선 하청 노동자의 봉급을 빼돌리는 등 비리가 만연하고 있고, 피폭선량도 높기 때문에 노동자에게는 장점이 없다. 만약 어디 다른 곳에서 재가동하게 되면 노동자들은 그 쪽을 선택해서 후쿠시마 사고처리에 종사하는 노동자가 부족할 수 있다.

그러나 일본정부는 이 다중하청 비리구조를 방치하고 있다. 즉 정부는 장기적 사고수습전략이 없는 것이다. 전력회사들도 핵발전소를 돌릴 수 없어 적자가 쌓여 있기 때문에 빨리 돌리고 싶어하고 있다. 간사이전력은 원자력규제위원회의 새 안전기준에 비춰 오오이핵발전소(현재 일본에서 유일하게 가동중인 핵발전소-편집자주)가 문제가 없다는 보고서를 제출했고, 오사카지방재판소는 오오이핵발전소 가동중단소송을 기각했다. 전력회사들은 후쿠시마사고 교훈을 전혀 살리지 않고 있고 재판소도 여전하다.

한국 독자들에게 한마디

한국에선 전기요금이 싸서 모두가 전기를 많이 사용한다고 들었는데, 이대로라면 후쿠시마의 전철을 밟게 될 것이다. 의식을 바꾸는 것이 필요하다. 겪고 나서는 손쓰려고 해도 돌이킬 수 없다. 핵발전소가 있는 한 사고 가능성이 있다. 이러한 핵발전에 의지할 순 없다. 영광 원자력전시관에 갔더니, 직원이 영광핵발전소는 후쿠시마와 원자로 형태가 다르니 사고는 일어나지 않는다더라. 체르노빌사고 때, 일본 핵발전소는 체르노빌과 원자로 형태가 다르니 사고가 일어나지 않는다고 했던 것이랑 똑같다.

좌담회 "한국탈핵운동의 현황과 과제"

본지는 각 지역별로 전개되고 있는 반핵운동 '현안'과 '과제'를 점검해보는 광역단위별 연속기획좌담회를, 작년 7월부터 부산·울산·경남, 8월 대구·경북, 9월 전라도, 11월 수도권, 올 2월 강원도에서 진행한 바 있다. 그간 지역별 논의에다, 후쿠시마 이후 한국 반핵운동 현황을 점검하고, 향후 나아갈 방향을 모색해보는 계기를 마련하고자 이번 '한국 탈핵운동의 현황과 과제' 좌담회를 기획했다. 지난 4월 30일(화) 서울에서 12시 30분부터 2시간 30분가량 진행한 좌담 내용을 요약·정리했다. 전문은 탈핵신문 홈페이지(nonukesnews.kr) 참조.

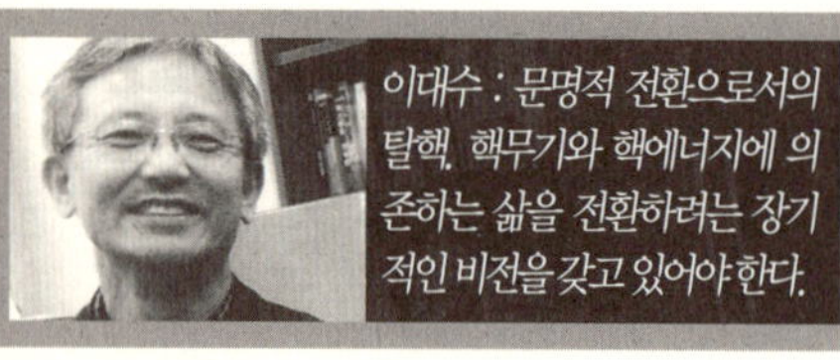

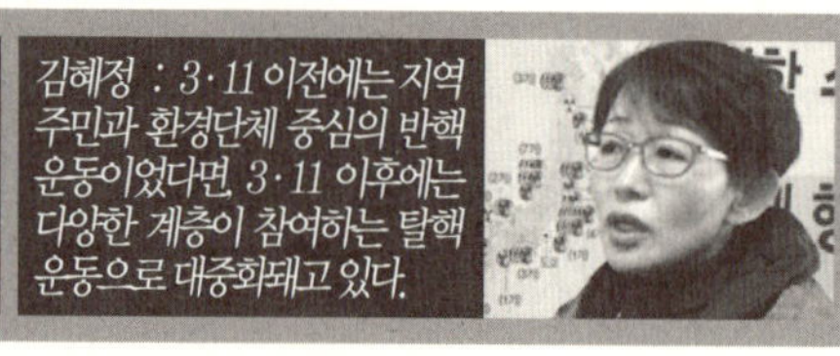

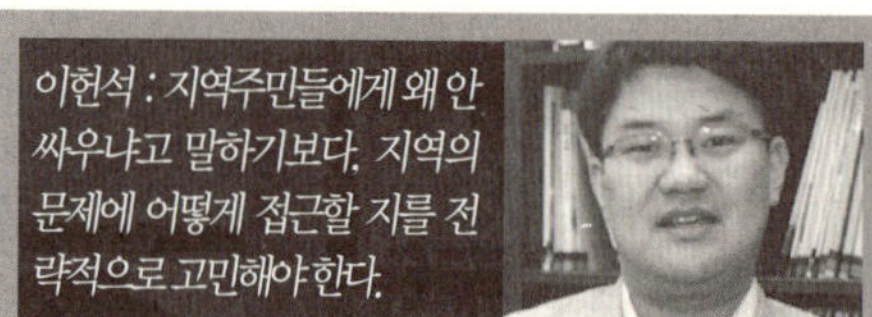

후쿠시마 사고 이후, 한국 탈핵운동

이대수(사회, 목사, 아시아평화시민네트워크 운영위원장) : 후쿠시마 사고 이후 한국 탈핵·반핵운동에도 많은 변화가 생겼다. 각자의 위치에서 간략한 소개와 평가를 해 달라.

김혜정(환경운동연합 에너지기후위원장, 핵 없는 사회를 위한 공동행동 공동집행위원장) : 경주 방폐장이 주민투표로 선정된 2005년이 하나의 분기점이었다. 이후 반핵운동의 큰 축인 주민운동이 무너졌고 소강상태에 들어갔다. 이후 하나의 분기점이 3·11 후쿠시마 사고다. 3·11 이전에는 지역 주민과 환경단체 중심의 반핵운동이었다면, 3·11 이후에는 다양한 계층이 참여하는 탈핵운동으로 대중화되고 있다. 생협, 시민단체, 젊은 엄마모임, 종교계, 정치권, 지방자치 단체 등으로 저변이 확산되어 정치권의 변화도 이끌어냈다. 운동의 형태도 집회, 캠페인 중심에서 탈핵학교와 같은 교육이나, 탈핵신문과 같은 미디어도 생겨나고 있다. 온라인 탈핵운동도 활발해졌다. 그럼에도 지역주민운동의 미약함은 한계로 지적할 수 있을 것이다.

이헌석(에너지정의행동 대표) : 큰 틀에서 양적·질적으로 확대됐다. 2005년 이전은 핵폐기장 반대운동이 중심이었다면, 311 이후 방사선 식품이라든가 생활주변 방사능 등 운동의 이슈가 다양해졌다. 횡적 확산은 이뤄졌는데, 탈핵에 동의하는 인구가 어디에 얼마나 있는지는 알 수 없는 상황이다.

김현(녹색당 사무처장) : 녹색당은 반핵·탈핵운동의 성과와 연장선상에서 탈핵을 의제로 정치세력화한 정당이다. 실제로 초기에 가장 많이 모인 분들의 중심은 탈핵이었다. 총선에서의 탈핵후보, 탈핵에너지기본법, 후쿠시마 1주기 피켓팅 등으로 관심을 많이 이끌어냈다. 대선에서도 유력한 대선후보가 탈핵을 얘기하는 등 후쿠시마 전까지 보이지 않았던 반핵·탈핵운동의 지평이 보이게 됐다. 저변은 확장됐는데, 어떻게 모아낼지가 관건이다.

김익중(동국대 교수, 경주환경운동연합 연구위원장) : 경주에서 핵안전연대를 통해 저변을 넓히려 했으나 성과는 미약하다. 조직력, 주민 친화력 등이 부족했고 앞으로도 자신은 없다. 그 부분은 다른 사람이 나서주길 바란다. 돈과 조직을 동원한 원전 홍보를 뛰어넘기가 정말 어렵다. 솔직히 핵발전소가 들어선지 이삼십년 된 지역은 지역운동에 희망을 걸기 어렵다. 그것보다 한국의 탈핵을 위해 유권자들이 선거 때 국가적 의사결정을 해야 한다. 오천만 인구 중에서 탈핵에 동의하고, 주변에 이야기라도 할 수 있는 인구가 10만 정도는 될 거라 추측한다. 그런 인구가 200만 면이 되면, 탈핵은 될 것이다.

김준한(신부, 밀양송전탑반대대책위·반핵부산시민대책위 상임대표) : 핵시설이 이미 들어선 지역에서 지속적인 세력화를 한다는 것은 어려울 것이다. 개인적으로 후쿠시마 사고보다 밀양 지역의 송전탑 문제를 보면서 탈핵을 알게 됐다. 후쿠시마 이후 자생적으로 탈핵을 자기 문제의식으로 받아들이는 곳이 우후죽순으로 생기고 있다. 지금 상황에서 전체를 통합하고 컨트롤 하기는 어렵고, 필요치도 않다고 본다. 다만, 아직까지 발아하지 못한 지역과 대중에게 촉매 역할은 필요하다. 다양한 운동과 단체 간의 화학적 반응이 일어나는 모습에 희망을 본다.

김혜정 : 손에 잡히지 않는 운동이 많아야 운동이 성공한다. 한 그릇에 담긴다면 운동이 다양하지 않다. 2012년 후쿠시마 1주기 행사를 준비하면서 반핵·탈핵운동의 규모에 대해 확인할 수 없었고, 당일 얼마나 사람들이 모일 지 많은 걱정을 했다. 그런데 그날 광장이 꽉 찼다. 광장을 다 메웠다는 것이 변화의 큰 징표로 보였고, 많은 이들이 자신감을 얻고 돌아갔다.

독일의 탈핵운동의 성공요인은 대중화에 있다. 다수 시민이 탈핵에 동의했고, 녹색당과 전문가들의 싱크탱크가 있었고, 100만개가 넘는 재생가능에너지 업체가 있었다. 작년 탈핵 공약을 내건 대통령 후보가 나온 것도 역사적이고, 탈핵운동의 실질적인 성과였다. 올해 3월 후쿠시마 2주기 때도 선거결과에 연연하지 않고, 더 다양한 단체들이 참여했고, 전국 곳곳에서 다양한 2주기 행사를 진행했다. 최근 삼척 근덕면을 다녀왔는데 천명이 자체적인 집회를 했다. 삼척이 발전적인 모습을 보여주고 있다. 탈핵운동세력과 지역주민이 연대하면 충분히 이길 수 있는 싸움이다.

이헌석 : 탈핵을 지지하는 인구가 얼마나 될지 추정해봤다. 최소한 총선에서 녹색당을 지지했던 10만이 있다. 근래 비공개 여론조사에서 핵발전소를 반대하고, 핵발전소 수출에도 찬성하지 않는 사람이 전체의 20%정도다. 작으면 10만, 크게 잡으면 20%에 해당하는 천만 정도다. 물론 이 숫자가 줄어들 수 있다. 이제 핵심적인 사람, 누군가에게 탈핵을 설명할 수 있는 사람이 늘어야 한다.

핵시설의 '안전' 문제를 통한 탈핵운동의 접근

이대수 : 영광을 가보니 '안전' 문제를 제기한다. 안전에 대해 얘기하는 것은 가동반대 측과 가등추진 측이 합의할 수 있는 지점이다. 안전과 건강 문제, 여전히 진행형인데, 어떻게 접근해야 할까?

김익중 : 시민들은 건강에 관심이 많기 때문에, 방사능과 건강 문제를 쉽게 설명하는 것이 중요하다. 처음에는 '방사능이 있으면 면역반응이 떨어진다'는 교과서 상식 정도만 알고 있는 수준이었다. 그래서 전공하는 분을 찾아내고 도움을 받아 공부했다. 강의도 하고 글도 썼다. 특히 젊은 엄마들한테 호소력이 있다. 이제 시민방사능감시센터가 생겼고 데이터가 쌓일 것이다. 데이터가 말을 해줄 것이고, 기폭제가 될 수 있다. 그리고 피폭량과 암발생은 서로 비례한다는 세계 의학계의 결론을 강조한다. 아주 이기적이거나 정치의식이 없는 사람들도 관심을 갖게 되는 계기가 될 것이다.

김현 : 저변이 확대되었지만, 그 안에 층위가 있다. 2010년 지방선거 당시 군포지역 설문조사결과를 보면, '안전'에 가장 관심이 높았는데 주로 아이가 있는 주부들이 그렇게 답했다. 그리고 교사가 어떤 이야기를 하느냐에 따라 아이들이 바뀐다. 아이들 교육은 이후의 탈핵운동에까지 영향을 줄 수 있다. 생활문제에 천착했던 계층들이 후쿠시마 이후 탈핵운동에 나타났다. 국가차원에서의 액션도 중요하지만, 이 문제가 내 문제라고 하는 것을 전략적으로 드러낼 필요가 있다.

김혜정 : 다른 지역과 달리 영광이 하나의 모델이다. 가동 중인 핵발전소의 안전성 확보에 대해 개입이 많을수록 핵발전소 문제를 사회화시킬 수 있다. 환경단체의 본연의 역할도 바로 안전문제를 파고들어 진전을 이루는 것이다. 그런 점에서 환경단체의 역할은 미흡했다고 평가한다. 환경·에너지 단체에서 노후 핵발전소 폐쇄와 가동중 핵발전소 안전문제를 적극적으로 사회화해야 한다.

탈핵운동과 종교계의 역할

김준한 : 작년 1월 동해안탈핵천주교연대가 출범했다. 전국적인 문제지만, 가톨릭은 강정과 4대강에 집중하고 있던 터라 대구, 안동, 부산만 결합했다. 운동을 이끌기보다는 가톨릭과 연결된 끈으로 삼고 출범했으나 다들 영덕, 삼척, 부산, 밀양 등 지역현안에 집중하느라 역할은 미비했다. 그러다 4대강 사업 관련 연대활동이 줄고, 천주교 창조보전연대 대표이신 양기석 신부님이 전국단위의 '천주교탈핵연대'를 지나가듯 제안한 것이, 조만간 현실화될 가능성도 커지고 있다. 가장 큰 역할을 해온 여자수도자장상연합회도 올해를 탈핵의 해로 잡았다.

김익중 : 천주교의 관심은 놀랍다. 수원교구, 전주교구 신부님 전체가 탈핵강의를 들었다. 천주교는 이미 자립적인 반핵운동단위다. 기독교에서는 별로 불러주지 않았는데, 의외로 YWCA에서 관심을 갖고 있고, 개별교회 쪽으로 영향이 갈 것이다. 불교계는 최근 조계종 산하 불교환경위원회에 위원으로 불려갔다. 아직은 시작 단계인데 향후에 관심은 에너지 문제일 듯. 사찰의 숲과 난방비 문제를 계기로 에너지로 접근해 탈핵문제로 나아갈 수 있지 않을까 생각해보았다.

김혜정 : 현재 불교계는 조직적으로 탈핵운동이 안되고 있다. 다 개별적인 활동이다. 불교환경연대도 교섭해봤지만 잘 안맞았다. 교계안의 공식적인 변화는 시간이 걸릴 것 같다.

이대수 : 개신교 쪽에 핵그련(핵없는 세상을 위한 그리스도인 연대)이 있다. 그리고 최근 NCC(기독교교회협의회) 탈핵주일이 생겼다. 파급은 미흡하지만 공식적으로 결정한 것이다. 그리고 WCC(세계교회협의회) 총회의 핵마당을 일본·한국이 연계해 준비중이다.

▶11면으로 이어짐

탈핵운동 국제연대의 현황과 과제

이대수 : 국제연대와 관련해, 후쿠시마 이후 전세계 탈핵운동이 새로운 국면으로 가고 있다. 일본이 오래전부터 탈핵운동을 해온 경험이 있다. NNAA(No Nukes Asian Actions, 탈핵아시아공동행동)가 원자로 제조사 책임을 묻는 공동소송과 시민법정운동 등을 추진하고 있다. 후쿠시마에서 나온 소각재를 바닷가에 매립하는 문제 등에 대해 세계가 공동대응하자는 제안도 나오고 있다.

이헌석 : 후쿠시마 이후 세계적 반핵운동가들 대부분이 한국을 방문했다. 해외의 상황 특히 일본의 상황을 한국에 알리는 것은 많이 했다. 이제 그 다음 단계를 고민해봐야 한다. 아쉬운 것 중의 하나는 한국이 핵발전소를 수출하고 있는데, 핵발전소를 수입하는 국가의 탈핵운동과 연대하는 고민이다. 또 우라늄광산문제도 있다. 탈핵운동 의제 확산이 과제이다.

이대수 : 일본의 소송도 원전제조사에 대한 책임을 묻자는 것이다. 핵발전소 수출이라든가 몽골핵폐기장 등도 아픈 부분이고, 분명 우리의 책임이다.

김혜정 : 시민방사능감시센터와 같은 곳을 한·일 모두 갖고 있다. 일상적인 모니터 활동의 공유와 상호점검 등이 가능하다. 일본의 탈핵운동을 소개하는 데 머물지 말고, 전문적인 내용을 갖고 지속적으로 교류할 필요가 있다. 핵발전소 수출과 관련해 한국시민단체 책임이 크다. 동아시아, 서남아시아 지역은 가난하고 정부가 비민주적인 경우가 많기에, 그 나라의 시민단체들도 한국에서 불러 연대·지원해야 한다.

김현 : 녹색당은 국제연대 기반이 있어 유리하지만, 최근 북핵 관련 성명서를 만들면서 상당히 어려웠다. 조율하는 것이 복잡했다. 정확한 정보를 전달하는 것부터 해야 연대가 가능하다. 그것조차 쉽지 않다.

핵발전소 폐쇄 이후 지역문제

이대수 : 지역에 대한 고민을 해보자. 길게 보면 언젠가는 폐쇄될텐데, 지역재생에 대한 고민은 어떠해야할까. 주민들에게 희망이 있어야 한다.

이헌석 : 광산도 운영할 때는 돈이 있어 문제가 생기면 해결하는데, 폐광되면 아무것도 못한다. 운영하는 동안에 돈을 모아야 하는데, 핵발전소 지원금은 연내에 다 써야 한다. 지역을 지원해주려고 모아놓은 돈은 한 푼도 없다. 일본도 핵발전소 폐로를 지자체가 반대한다. 한국도 똑같은 딜레마다. 사전에 그 계획을 세워야 한다. 원자로 식히는 데 10~15년, 완전 폐로하는 데 30~40년 걸린다. 폐로계획에서 지역사회를 위한 고민은 전혀 없다. 지역사회가 핵발전소로 인해 어떤 피해와 혼란을 겪는지 국민들에게 전달돼야 한다. 지역주민들에게 왜 안 싸우냐고 말하기보다, 지역의 문제에 어떻게 접근할 지를 전략적으로 고민해야 한다.

김혜정 : 고리 1호기 폐쇄를 할 수도 있었는데, 기장지역 주민들이 수명연장과 재가동에 동의했다. 위험하다는 것을 알지만, 마을이 폐쇄될 것 같은 불안이 크다는 것이다. 폐쇄를 결정해도 지역주민들이 조직된 표로 반대하면, 폐로를 못하게 된다. 폐로 운동에서 폐로가 안전문제와 지역문제 해결의 대안이라는 신뢰가 생길 때, 폐로가 가능해진다. 기장 주민(고리지역)들이 폐로관련연구소를 요구했었는데, 폐로에 대한 지역인센티브(지원책, 유인책)가 있어야 한다.

이대수 : 일본 큐슈대학 교수의 핵발전소 폐로 과정에 대한 강의를 들은 적이 있다. 한국에도 소개할 필요가 있다. 이는 사회 자체의 재구성의 문제로, 연구해야 할 것이다. 그래야 미래가 있다.

김준한 : 저는 현장중심성을 가지려고 한다. 밀양도 마을마다 문제와 대안이 다르다. 고리 부분을 푸는 방법은 자생적인 것이 나와야 한다. 가장 가까이 있는 주민들을 변화시키기 어렵다면, 기장군에 단체가 필요하다. 활동가가 기장군에 들어가서 살아야 될 것이다. 그러나 또한 이 문제가 지역주민들만의 문제냐라고 문제제기를 하는 광역단위 조직체도 필요하다. 지역주민들에게 주도권이 다 주어져 있는 것도 아니고, 그래서도 안된다.

이헌석 : 영광조차도 지역이 갖고 있는 폐쇄성이 있어, 고창과 전북의 참여를 제한하고 있다. 지역은 어쩔 수 없이 공동체가 갖는 폐쇄성이 있다. 이를 어떻게 밖으로 끄집어 낼 것인가. 고리1호기 때는 지역주민과 정부의 협상내용을 모든 반핵활동가들이 뉴스보고 알았다. 지역과의 관계 맺기를 고민해야 한다.

한국 탈핵운동의 과제

이대수 : 문명적 전환으로서의 탈핵. 핵무기와 핵에너지에 의존하는 삶을 전환하려는 장기적인 비전을 갖고 있어야 한다.

김익중 : 개인적으로 탈핵운동 전체에 대한 비전은 부족하다. 다만 내가 할 수 있는 것을 한다. 강연을 350번 정도 했다. 기본적인 이야기와 방폐장, 사용후핵연료 등을 얘기한다. 특히 종교계와 전교조 선생님들에게 강의하고 싶다. 특히 전교조가 탈핵을 공식사업으로 하고, 탈핵교재도 만든다면 전 국민 교육이 가능해질 것이다. 그것이 목표 중 하나다.

이헌석 : 여전히 비어있는 부분은 영광핵발전소 안전문제, 사용후핵연료 문제, 신규핵발전소 등 어렵고 복잡한 문제들이다. 그간 확대되어졌고 한쪽 바퀴의 축이 돌아간다면, 전문성을 갖고 정부정책과 싸워야 할 한쪽바퀴가 취약하다. 과거보다 잘 굴러가는 것은 맞지만, 전선에서 실제로 싸울 수 있는 활동가 그룹이 부족한 것은 여전히 과제다.

김혜정 : 운동성, 전문성, 대중성을 고려할 때, 탈핵운동의 경우 대중성과 전문성은 좋아졌다. 그러나 운동성이 굉장히 퇴보했다. 지역주민대책위가 약화된 만큼 그것을 본령으로 하는 투쟁성이 취약해졌다. 에너지정의행동, 환경운동연합, 녹색당 등 몇몇 단체만 집중하고 그 외 환경단체들은 탈핵에 관심이 없다. 탈핵은 지역에서 자기과제로 삼는 환경단체가 많아져야 한다. 예전에 탈핵운동이 너무 어려워서 에너지만 남았는데, 기후변화, 에너지전환운동도 시작은 반핵운동이었다. 대중화만 강조하면 이렇게 된다.

이헌석 : 활동가들의 재생산을 고민해야 할 때이다. 환경단체로 탈핵운동이 확산되지 않는 이유는 우선 진입장벽이 있는 것 같다. 해오던 단체가 아니면 용어부터 어렵다. 그리고 자연·생태, 에너지, 반핵 단체를 구분할 필요가 있을 것 같다. 자연·생태 했던 단체의 사업내용과는 괴리가 크다. 덧붙여 에너지라는 부드러운 주제로 갔다가, 최근 탈핵으로 전체 운동이 이동하면서 기후변화 문제가 죽어버렸다. 운동의 흐름도 있다. 과제 측면에서 불안감을 종식시키려면 운동가의 재생산으로 연결돼야 한다.

김현 : 저는 긍정적으로 본다. 에너지와 탈핵문제에 대해 지역에서 어떻게 해야 하는가라는 문의가 많이 온다. 탈핵과 관련해 '내가 이걸 할 수 있다' 고 하는 그 지점이 동네에서 나와 줘야 한다. 90년대 '동네' 에서 어떻게 파고들지 고민을 많이 하지 못했다. 최근 이러한 풀뿌리들의 변화는 그간 운동의 성과이기도 하다. 공중전도 중요한데, 근간을 이루는 지역 수준의 과제들이 많이 생겨야 한다.

이대수 : 그리고 이런 지역활동을 정치과제화하는 작업이 중요하다.

김혜정 : 내년 지방선거가 중요하다. 삼척, 영덕 같은 경우에 군수를 심판하는 일이 있다. 부산도 고리핵발전소폐쇄 등의 공약이 나오도록 해야 할 것이다. 녹색당에서 성과가 나오면 교두보가 될 것이다.

이헌석 : '탈핵에너지전환 후보단' 같은 것도 생각해볼 수 있겠다. 그리고 실제 핵산업계 문서를 보면, 탈핵교수모임, 종교모임, 이런 것을 우려하는 글이 많다. 정치과제화를 하려고 해도 전문그룹이 만들어질 필요가 있다. 공학자들, 기술자 그룹이 절실하다. 운동단체보다는 종교계의 역할이 크다. 외국은 은퇴자들의 역할이 많다.

김혜정 : 탈핵법률가모임, 반핵의사회, 탈핵교수모임, 세 개의 전문가조직이 있지만 실제로 열심히 하는 사람은 거의 없다. 전문가 모임의 참여가 너무 약하다.

탈핵신문의 평가와 과제

이대수 : 마무리하면서 탈핵신문의 과제에 대해 묻고 싶다.

김현 : 탈핵신문만은 아니겠지만, 정보는 다양하게 있다. 정보들을 압축적으로 보여줄 수 있는 온라인상의 인포그래픽(그래픽정보)이 필요하다. 탈핵신문의 여러 가지 이야기와 데이터를 하나로 보여줄 수 있는 것을 고민해 달라.

김준한 : 신문인만큼 기사로 승부를 해야 한다. 얼마나 양질의 기사를 생산해내느냐. 어렵지만 특종을 해야 한다. 정리해주는 수준을 넘어 한 꼭지 정도는 이슈가 되든지, 어디에서도 생각지 못한 것을 다루거나, 내부 고발의 내용을 담아내야 한다.

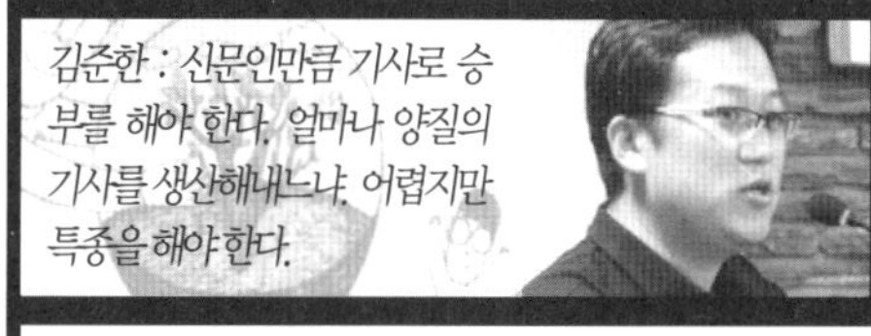

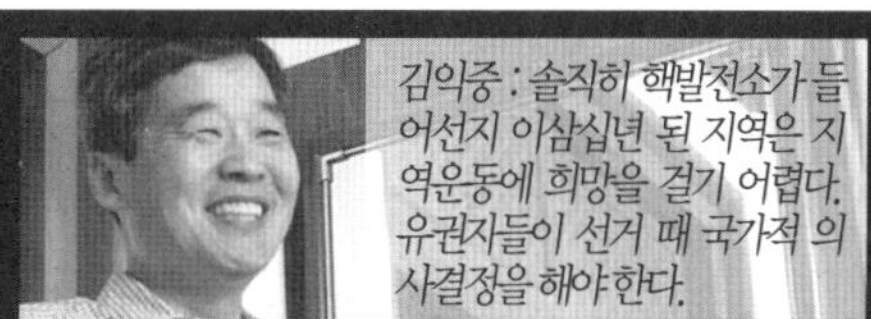

김혜정 : 많이 쓰는 게 중요한 것이 아니라, 핵심적 기사를 통해 탈핵신문을 보게 하는 것이 중요하다. 한 꼭지라도 한달 동안 준비해서 이슈를 띄우면 그것이 좋은 미끼다. 기존 언론에서 이미 다룬 것을 다 담으려고 하면 부담이다. 프레시안이나 오마이뉴스도 미처 못다룬 이면의 이야기들, 주민들의 이야기, 발굴성 기사를 다뤄야 한다. 탈핵신문을 알리는 것이 더 필요할 것 같다. 온라인이 더 중요하다. 활자가 너무 많다. 읽는 부담이 크다. 그리고 팩트에 대한 정확도가 떨어지면 실망한다. 탈핵신문이 지향하는 것은 전문성이기 때문에 양보다는 질이다. 그래야 '운동' 에 관심을 갖는 사람이 늘어날 것이다.

이헌석 : 다뤄보고 싶은 재밌는 소재들이 많이 있다. 시간에 쫓기고 기획할 사람이 없어 문제다. 한국의 반핵운동 야사(野史)라든가, 이것을 이야기꺼리로 만드는 것이 과제인 것 같다. 현안은 다른 뉴스에서 다룰 수밖에 없다. 속보성은 어차피 승부가 안 된다. 편집회의에서는 기획기사(르포)를 언급하고 있는데, 르포를 좀 더 강화하면 좋겠다.

정리=황정화 탈핵신문 간사

"아이의 생존을 정부에 맡기지 마라"

시민방사능감시센터 발족… "시민의 편에 서겠다" 선언

반핵운동가 헬렌 캘디콧

이지언 편집위원

이지언 편집위원

"후쿠시마 핵발전소 사고는 절대 끝난 것이 아닙니다. 방사성 세슘은 600년 이상 독성이 사라지지 않죠. 우유나 녹차를 비롯한 일본산 수입 식품에 대해 정부가 방사능 오염을 조사해야 하지만, 그러지 않고 있습니다."

세계적 반핵운동가인 헬렌 캘디콧은 한국 청중을 향해 단호한 목소리로 말을 이었다. "그래서 시민방사능감시센터의 역할이 매우 중요합니다." 그의 한 손에는 체르노빌 핵발전소 사고 이후 다리나 팔 없이 태어난 아이들의 사진이 들려있다.

호주 출신의 소아과 의사이자 노벨평화상 수상 단체인 '사회적 책임을 위한 의사회(Physicians for Social Responsibility)'의 공동창립자인 헬렌 캘디콧은 방사능의 의학적 위협을 전통적으로 무시해오던 정부와 핵 산업계의 독점적 해석에 맞서 시민들을 교육하는 데 앞장서왔으며, 핵무기와 핵발전소 반대 운동의 '전설'로 알려졌다. 그가 지난 4월 15일 발족한 시민방사능감시센터(소장 이윤근)의 초청으로 한국을 찾았다.

"아이의 생존이 걸린 일인데, 가만히 있을 셈인가"

2011년 후쿠시마 핵발전소 사고는 수습되기는커녕 여전히 대량의 방사능을 내뿜어내는 현재진행형 재앙이다. 하지만 위기감은 눈에 띄게 줄었다. 부모, 특히 여성들만이 아이들을 방사능으로부터 보호하려는 데 노심초사하는 것 같다. 헬렌 캘디콧은 "방사능에 오염된 지역에서 아이들을 대피시키지 않고 오염된 음식을 먹이는 것은 범죄행위"라고 강하게 비판했다. 그는 "아이들은 어른에 비해 방사선에 20배나 민감하다"며, 후쿠시마 사고로 장래에 아이들이 입게 될 건강 피해에 대해 심각한 우려를 표명했다.

헬렌 캘디콧은 회복 불가능한 방사능 재앙을 예방하기 위해선 근본적으로 핵발전소를 즉각 폐쇄하고 평화적 관계를 회복해야 한다고 처방했다. 그가 보기에 한국에서 23기의 원전이 가동되고 11기를 추가로 건설하거나 계획중인 '미친 짓'은 당장 중단돼야 한다. 연일 언론을 통해 고조되는 한반도의 위기를 염두에 두고선 "(한국의) 원자로로 비행기가 추락한다든지 미사일이 투하된다면 후쿠시마 사고보다 끔찍한 재앙으로 이어질 것"이라며 군사적 자극의 중단을 주문했다.

헬렌 캘디콧은 "의사로서 경고하는데, 후쿠시마 사고는 의료보건적인 재난이다. 한국 시민들도 원자로 폐쇄와 일본산 식품의 수입 중지에 나서야 한다. 여러분 주위의 시민들을 교육함으로써 사회적 안전 의식을 높여야 한다"라고 호소했다.

그는 목소리를 내기 주저하는 엄마들의 용기를 북돋아주는 일도 잊지 않았다. 부모의 역할을 묻는 한 여성 참가자의 질문에 그는 "사고가 나기 전에 핵발전소를 폐쇄해야 한다. 아이의 생존이 걸린 일인데 가만히 있을 셈인가. 아이를 지키기 위해 할 수 있는 일을 하라. 사자가 새끼를 보호하듯 말이다"라고 답했다. 방사능의 위험성을 무시하는 지인에게 어떻게 이야기할지 난감하다는 고민에는, "친절함을 버려라"면서 오히려 당당한 태도를 가지라고 조언했다.

감추려는 정부와 행동하는 시민들

이어 진행된 국제 심포지엄에서도 방사능 위험 시대에 시민의 역할을 강조하는 소리가 높았다. 특히 후쿠시마 핵발전소 사고 이후 일본에서 벌어지고 있는 일들은 왜 시민들이 나서야 하는지 여실히 보여준다.

이지언 편집위원

후쿠시마 핵발전소 사고 이후 현재 피난구역 설정의 기준이 되는 피폭량은 20밀리시버트(mSv)다. 법령에서 정한 일반인의 연간 피폭선량인 1밀리시버트 기준은 물론, 일반인의 출입이나 18세 미만자의 노동을 엄격히 금지하는 '방사선 관리구역'의 기준인 5밀리시버트보다도 4배나 높다. 이 기준을 아이들에게 적용하겠다는 정부의 방침에 분노한 부모들이 일본 문부과학성을 압박하자 일본 정부는 학교 시설에 대해선 더 엄격한 기준을 세우겠다고 물러섰다.

일본 정부는 후쿠시마 핵발전소 인근 어린이에게서 암 발병률의 증가를 확인했지만, 방사능 피해를 여전히 인정하지 않는다. 핵발전소 주변 3만8천명의 아이들을 대상으로 조사한 결과 10명에게서 소아 갑상선암이 발견됐다. 이는 일본 15~19세의 평균 발병률에 비해 4배 이상 높다. 하지만 방사선과의 연관성은 인정되지 않았고, 그에 따른 건강대책도 이루어지지 않았다.

미쓰다 칸나 '지구의벗 일본' 대표는 "핵발전소 사고와 인과관계를 떠나 상황의 심각성이 분명하지만, 정부는 즉각 대응하지 않고 있다"며, "정부는 후쿠시마현 주민을 대상으로 한 '건강관리조사'의 목적을, 애초부터 방사선 피폭영향에 대한 규명이 아닌 '불안 해소'로 삼았을 뿐"이라고 비판했다. 이 조사는 갑상선암만을 다룰 뿐 '다른 질병은 나오지 않는다'고 전제했다. 게다가 정보공개 규정도 없어 관련 회의는 비밀에 부쳐졌다.

아이들이 실제로 처한 방사능의 위험을 조사하고 피폭량을 최소화할 수 있도록 행동의 변화를 유도한 것은 정부가 아닌 시민 스스로였다. 2011년 5월, 후쿠시마에 거주하는 아이 10명을 대상으로 한 소변 검사 결과 전원에게서 방사능 세슘이 검출됐다는 충격적인 소식이 〈마이니치〉나 〈가디언〉 등 일본 국내외 언론에 대서특필됐다.

이 조사를 진행한 이들은 후쿠시마 부모들로서, 아이들의 내부 피폭량을 검사하기 위해서였다. 조사에 참여한 아이들은 피난구역으로 지정되지 않은 후쿠시마시에 거주하고 있었다. 내부 피폭 사실을 알게 된 부모들은 아이를 야외에서 활동하게 한 것에 대해 큰 책임을 느꼈다. 정확한 정보만 있었더라도 아이들을 피폭으로부터 지킬 수 있었을 것이란 후회였다.

자발적 방사능감시 활동은 식생활의 개선 등을 통한 피폭량 저감으로 이어졌다. 심포지엄에서 아오키 카즈미사 일본 시민방사능감시센터 부이사장은 4세 여자아이의 사례를 소개했다.

이 아이는 2011년 9월에 검사를 받은 결과 리터당 4.64베크렐의 세슘이 검출돼 지금까지의 측정치 중 최고를 기록했다. 어머니가 큰 충격에 휩싸였던 것은 당연하다. 하지만 곧 자신을 추스르고 식재료에 주의하며 노력을 기울이기 시작했다. 7개월 뒤에 이루어진 추적조사 결과는 고무적이었다. 아이의 방사성 세슘 피폭량은 0에 가깝게 떨어졌다. 아오키 부이사장은 "방사능 오염을 측정하고 감시하는 일은 시민들에게 경종을 울리는 의미가 있다"고 말했다.

국내 최초 '시민방사능감시센터' 발족

이날 발족한 시민방사능감시센터는 녹색병원, 두레생협연합회, 에코생협, 차일드세이브, 한살림연합, 행복중심생협연합회, 환경운동연합 등 7개 단체가 뜻을 모아 세운 국내 최초 민간 방사능감시센터다. 시민방사능감시센터는 아이들을 방사능으로부터 지키기 위해선 정부에 기댈 수 없다고 깨달은 부모들에 의해 시작됐다. 이들은 간이 방사능 계측기를 가지고 식품을 비롯한 가족의 생활 전반에서 오염을 측정하고 이를 공유해왔다.

공기와 식탁이 방사능에 오염되면서 시민들의 우려는 커졌지만 "한국 정부는 이러한 시민들의 불안을 잠재우기에 급급했고, 자발적으로 이 문제를 감시하고 해결해나가려는 시민들의 행동을 폄하"하기까지 했다. 발족선언문에서 밝혔듯 시민방사능감시센터가 "시민의 입장에서 방사능으로부터 안전한 세상을 만들기 위한 역할"을 자임하게 된 이유다.

후쿠시마 핵발전소 사고가 일어난 뒤 한국에서도 시민방사능감시센터가 만들어지기까지는 2년이 걸렸다. 많은 이들이 모금에 참여해 녹색병원 노동환경건강연구소에 전문적인 핵종분석시스템을 갖추게 됐다.

시민방사능감시센터는 시민 참여와 자료의 투명한 공개를 운영 원칙으로 내걸고 ▲어린이 민감 계층의 먹거리 ▲생활 방사선 ▲일본 등 방사능 오염 국가의 수입품 등을 우선 대상으로 조사해나가겠다고 밝혔다. 이는 스스로에게 거는 기대인 동시에 정부 정책에 대한 요구이기도 하다. 김혜정 시민방사능감시센터 운영위원장은 활동의 궁극적 목표에 대해 "단순히 방사능 기준치를 강화시킨다고 해결될 문제가 아니다. 낮은 방사선이라도 안전하지 않다는 관점에서 진정 국민을 보호하도록 정부의 철학을 바꾸는 것"이라고 강조했다.

탈핵신문

공동대표 김준한(발행인) 박혜령
운영위원 이대수 이헌석
편집위원 고노 다이스케 윤종호 이헌석 이지언
사무간사 황정화 010-2881-6822
배송·운영지원 에너지정의행동

(110-876) 서울특별시 종로구 숭인동 76번지 롯데캐슬천지인 지동 205호
문의전화 02-702-4979
팩 스 02-704-4979
이 메 일 hjhlucia@hanmail.net
등록번호 종로라 00386
구 독 료 1년 2만원 / 가판 1천원

2013년 6월호 (제9호) www.nonukesnews.kr 농협 352-0491-9279-43 예금주 김준한

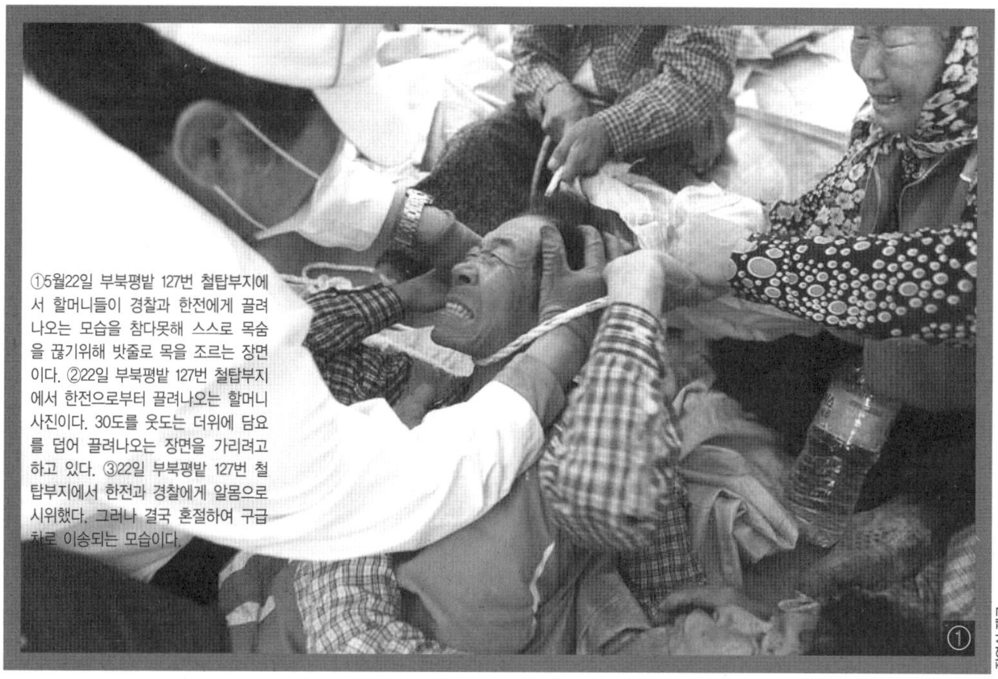

①5월22일 부북평밭 127번 철탑부지에서 할머니들이 경찰과 한전에게 끌려나오는 모습을 참다못해 스스로 목숨을 끊기위해 밧줄로 목을 조르는 장면이다. ②22일 부북평밭 127번 철탑부지에서 한전으로부터 끌려나오는 할머니 사진이다. 30도를 웃도는 더위에 담요를 덮어 끌려나오는 장면을 가리려고 하고 있다. ③22일 부북평밭 127번 철탑부지에서 한전과 경찰에게 알몸으로 시위했다. 그러나 결국 혼절하여 구급차로 이송되는 모습이다.

장영식 제공

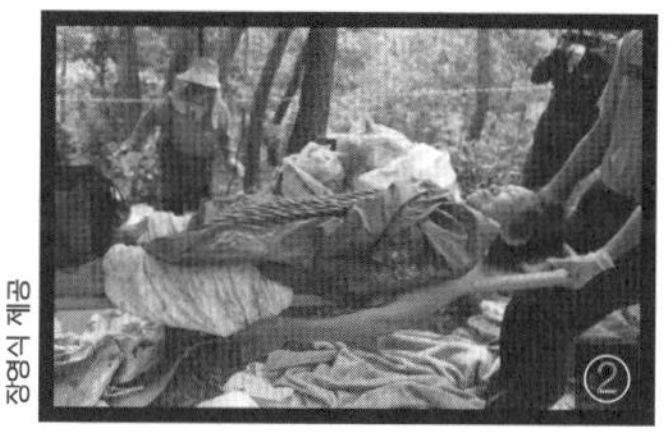

장영식 제공

밀양 송전탑 공사중단, 40일간의 휴전

9년째 계속된 밀양송전탑 반대투쟁

밀양765kV송전탑공사는 신고리핵발전소에서 창녕변전소까지 169기가 세워지며, 처음에는 수도권 전기이송을 목표로 계획됐으나 현재는 대구권으로 전기를 이송하는 것으로 변경됐다. 신고리핵발전소 5~6호기까지의 전력을 이송하기 위한 것이나, 신고리 5~6호기는 아직 착공도하지 않은 건설예정 중인 상태다. 그리고 현재 전 세계적으로 핵발전소는 사양산업으로, 핵발전소에 대한 안전성과 경제성 모두 문제가 되고 있다. 현재 북경남 765kV송전선로 계획(신고리~창녕) 중 밀양 4개면 구간(52기)은 공사가 진행되지 않은 상태이며, 주민들은 9년째 송전탑공사 반대투쟁 중이다.

주민들의 요구…'보상'이 아니라 '이 곳에서 살고싶다'

밀양송전탑 싸움을 바라보는 대부분의 시각은 지역이기주의나 보상 몇 푼 더 받기위해 반대한다는 잘못된 인식을 하는 경우가 많다. 그러나 밀양 주민들은 지속적으로 '보상은 필요 없다. 백지화를 해달라. 백지화가 어렵다면 밀양구간은 지중화를 해 달라'는 요구를 해왔다.

물론 밀양의 어르신들은 처음부터 765kV송전탑이 핵발전소와 연계돼있고, 에너지정책의 문제라는 것을 알고 있었던 것은 아니다. 심지어 대부분의 어르신은 765kV송전탑의 높이가 120m(아파트 40층높이)라는 사실과 이로 인한 경관문제, 밤낮을 가리지 않는 소음문제, 그리고 전

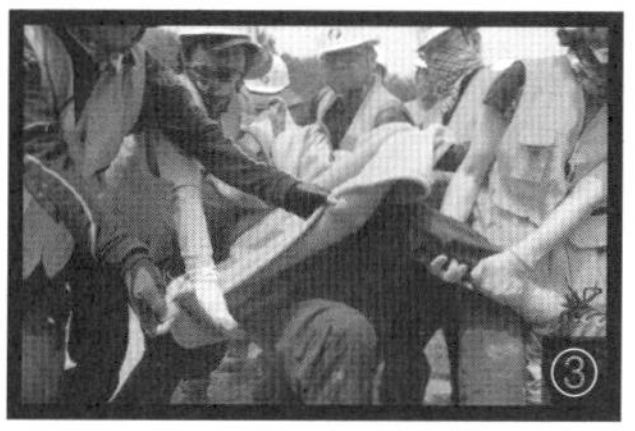

장영식 제공

자파문제가 있다는 것도 인지하지 못하고 있었다. 그러나 지금은 이 국책사업이 이렇게까지 개인의 희생을 강요하고, 대규모의 전기가 산업계로, 수도권의 화려한 삶을 유지하기 위해 힘없는 농부들을 착취하는 상황임을, 그리고 이 전기가 핵발전소에서 나온다는 것을 인식하고 있다. 주민들의 요구는 아주 간단하다. 대대손손 살아왔던 이 마을을 지키고, 그저 이 마을에서 살고 싶다는 것뿐이다.

밀양대책위와 한전 6차례 간담회…'지중화 등 요구'에, '특별보상안' 제시

지난 2월 말부터 5월 중순동안 국회에서 한국전력(이하 한전)과 총6차례의 간담회를 진행했고, 밀양 어르신들은 새벽기차를 타고 오르내리며 성실히 대화에 응했다. 밀양 어르신들은 6차 간담회를 진행하는 동안 '지중화'와 '전문가협의체 구성'에 대해 끊임없이 요구했다. 또한 밀양을 2차례 방문한 조환익 한전사장에 대한 어르신들은 기대도 있었다. 그러나 한전에서 돌아온 대답은 어떤 자료도 없이 '지중화는 12년의 공사기간과 2조7천억이 든다'며 불가능하다는 입장이었다.

밀양765kV송전탑 반대대책위(이하 밀양대책위)가 그동안 5가지의 대안을 요구한 반면, 한전은 9년이란 시간동안 고민해서 내놓은 안이란 것이 고작 13개안의 특별보상안이었다. 그 역시 확정된 것이 아니라 입법을 통해 추진하겠다는 것으로, 이는 보상에 대해 반대해왔던 어르신들을 우롱하는 처사였다.

5월 20일(월) 공사강행…어르신들 철야농성, 알몸시위로 맞서

그 후 전력수급 안정을 명분으로 한전은 결국 5월 20일부터 공사를 강행했다. 70~80대가 대부분인 주민들이 새벽 3시에 출발하여 새벽 4시에 농성장에 도착하고, 저녁 6시까지 농성장에서 경찰, 한전, 인부들과 대치하는 아주 절박한 시간들이었다. 어르신들은 마을 입구에서부터 경찰에 의해 출입이 막히자 산에서 철야농성을 하시기도 하고, 포크레인 아래에서 쇠사슬로 몸을 묶고 끌려나오지 않기 위해 발악하다 혼절 또는 부상으로 응급실로 후송되기도 했다. 뿐만 아니라 경찰과 한전의 폭력을 보다 못한 할머니들이 알몸으로 시위를 벌이시는 가슴 아픈 상황도 벌어졌다.

'UAE 페널티 계약', '신고리3~4호기 성적서 위조' 등…스스로 걷어차 버린 공사강행 명분

안전한 공사를 운운하던 한전의 말과는 달리, 10일만에 19명의 어르신들이 쓰러져 구급차로 이송됐다. 구급차로 실려 내려오지 않았지만 크고작은 부상으로 병원신세를 지신 분들도 많아졌으며, 한전에 대한 시민여론은 점점 악화되기 시작했다.

20일(월)부터 공사강행기간동안 아주 많은 기사들이 쏟아져 나왔다. 그 중 가장 핵심적인 기사로, 한전이 '전력수급 문제로 공사를 강행한 것이 아니라는 것'이었다. '천주교 등 외부세력의 세뇌' 등 부적절한 표현으로 24일(금) 사퇴한 변준연 한전부사장은, "신고리 원전 3호기는 UAE(아랍에미리트) 원전의 '레퍼런스 플랜트'로 2015년까지 가동 안 되면 페널티를 물도록 계약돼 있다"며, '송전탑 공사 재개가 UAE 원전 수출 때문'이란 취지의 발언을 했다. 이는 한전 스스로 밀양송전탑 공사강행 명분을 걷어차 버린 것이었다.

또한, 28일(화) 원자력안전위원회 발표에서 신고리 3~4호기에 사용된 제어케이블은 시험검증기관에서 성적서를 위조했다는 사실이 드러났다. 이로써 올 12월 가동하겠다던 신고리 3호기의 가동 시기가 언제일지 알 수 없는 상황에 놓이면서, 설령 한전에서 UAE 원전 수출 때문이 아니라고 하더라고 더 이상 공사강행의 명분은 없어져 버린 것이다.

29일(수) '전문가협의체 구성' 등 합의…농번기 일손 돕기 등 지속적 연대 필요

지난 29일(목) 국회 산업통상자원위 산하 통상·에너지소위(위원장 조경태)에서 제안한 '전문가협의체 구성 중재안'에 산업통상자원부, 한전, 밀양대책위가 극적으로 합의함으로써, 40일간의 공사중단이 이뤄졌다. 이 과정을 지켜본 주변 분들은, 전문가협의체를 통해 한전이 성실하게 자료를 제공하고, 논의될 안에 대해 적극적으로 임해주기를 기대하고 있다.

지금 밀양은 공사강행기간동안 하지 못한 농사일이 아주 많다. 6월 1일부터 6월 30일간 농활을 모집하여 농번기 일손 돕기를 진행하고 있다. 20일 공사강행 후 많은 지역과 단체에서 혹은 개인이 밀양을 찾아와주었고 함께 연대해주었다. 공사가 중단되자 밀양에 도와줄 일이 없다고 생각하는 분이 많으나, 몇 명이라도 함께 밀양으로 와주어 일손 돕기를 해주길 바라고 있다. 찾아오는 게 힘들다면 자기가 있는 곳에서 밀양의 일을 알려내고, 각자의 지역에서 문화제나 촛불집회 등을 진행하는 일정을 만들어주었으면 좋겠다.

그리고 6월 22일부터 밀양, 울산, 부산, 경남에서 밀양어르신들 사진전도 계획되어있다. 보다 많은 분들이 밀양 문제에 대해 계속 관심을 가져주길 바란다.

곽빛나 집행위원(765kV송전탑 백지화 및 공사중단을 위한 경남공동대책위원회, 마산창원진해환경운동연합)

탈핵희망버스 이제 지역 '만'의 싸움은 없다

이보아 집행위원(탈핵희망버스 기획단)

어느새 다섯 번째인 탈핵희망버스가 '다시' 밀양을 찾았다.

전력수급을 위해 밤을 새더라도 52기 송전탑 공사를 마무리하겠다며 대국민 호소문까지 발표하고 나선 한국전력(이하 한전) 때문이다. 대안을 제시해도 듣지 않고, 보상금으로 끊임없이 주민들을 편가르기 해온 한전은 이제 하나라도 뚫리면 주민들이 무너질 것이라는 확신을 얻은 듯했다. 반면 밀양의 주민들은 한전의 폭력과 더위, 추위에 맞서 그저 몸뚱이 하나로 너무 오래 버텨오셨다. 하루나 이틀, 잘해야 며칠은 버틴다 해도 어르신들만으로는 안 될 일이었다. 아니나 다를까 한전이 공사 재개를 예고한 20일 전날에는 경찰 기동대 500여명이 배치되었다는 소식까지 들려왔다.

'긴급 탈핵희망버스', 전국에서 달려온 270여명의 시민들

탈핵희망버스를 기획해 온 몇몇 활동가들이 긴급하게 모였다. 사람이 얼마나 모일지 모르지만 하루라도 빨리 버스 한 대라도 가자는 데 모두 동의했다. 24~25일 밀양행 '긴급 탈핵희망버스'를 알리는 파발을 띄운 것이 21일, 알릴 수 있는 기간은 불과 3~4일이었다. 밀양에서는 시시각각 부상 소식이 들려왔고, 심지어 사람이 몸을 묶었는데도 헬기를 띄우는 한전의 대담한 행태가 전해졌다. 거의 실시간으로 전해지는 소식과 함께 탈핵희망버스 참가를 호소하는 메시지를 퍼뜨렸다. 곧 문의 전화와 문자가 쏟아졌다. 연락은 출발 직전까지 끊이지 않아 버스는 한 대에서 두 대로 늘어났고 이마저도 불안해 미니버스와 승합차도 더 구했다. 숙소 때문에 120명 이상은 정말 곤란하다는 밀양의 전언도 있었지만, 사람들은 잠은 필요없다며 모여들었다.

그렇게 수도권, 부산, 경남·북, 전남·북, 강원 등 전국에서 모인 270여명이 늦게는 새벽 2시가 다 돼 숙소에 도착했지만 3시부터 시작된 일정에 불평하는 이는 없었다. 4개 면 7개 공사 현장으로 흩어진 사람들은 그렇게 12시간을 지켰다. 준비된 행사는 아무것도 없었지만 참가자들은 자발적으로 주민들과 어울리는 즉석 공연이나 집회를 열고, 핵발전의 문제와 탈핵에 대한 현장 강의에, 어르신들의 초상화를 그려드리는 모습도 보였다. 오랜만에 찾아온 휴식과 젊은이들의 활기에 주민들은 비로소 웃음을 찾았다. 한편 한전은 아침 7시 무렵부터 모든 공사 현장에 10~30명의 직원들을 배치하고 빈틈이 생기기를 노렸지만 결국은 공사를 포기할 수밖에 없었다.

이유진 제공

산외면 송전탑 예정 부지에 오른 탈핵희망버스 참가단. 송전탑 투쟁에 맞게 개사한 밀양 아리랑을 배우고 부르고 있다. 한편, 한전 직원 등이 왼쪽 뒤편에 서있는 모습이 보인다.

탈핵희망버스와 밀양송전탑 투쟁

사실 탈핵희망버스는 밀양과 떼려야 뗄 수 없는 관계다. 왜냐하면 탄생 자체가 밀양의 송전탑 반대 투쟁에서 비롯되었기 때문이다. 작년 3월 17일, 야심차게도 '제1차'를 내걸고 탈핵희망버스가 출발할 때만 해도 과연 현안 지역을 벗어난 곳에서 얼마나 많은 사람들이, 얼마나 지속적으로 참가할 수 있을지 기존의 시민·환경단체들마저 부정적이었다. 하지만 제1차 탈핵희망버스는 전국 각지에서 모인 400여명의 시민을 비롯해 밀양주민, 시민까지 1,500여명이 참가하는 '희망'의 축제가 되었다. 그리고 이 희망의 기억은 밀양뿐만 아니라 탈핵운동 전체에 메시지를 남겼다.

1차 버스가 내걸었던 '죽음의 송전탑 자리에 생명의 나무를' 심자는 슬로건처럼, 분신사태로 인한 절박함을 동력으로 버텨왔던 밀양의 투쟁은 어린이들의 웃음과 청년들의 노래 그리고 생명의 나무가 함께 하는 희망의 투쟁으로 바뀌었다. 또 새로운 탈핵운동의 주체가 만들어졌다. 한진으로 향한 희망버스가 그랬듯이 탈핵희망버스도 단체 중심의 조직적 참가가 아니라 문제의식을 가진 한 사람 한 사람의 시민으로서 참여한 경우가 절대 다수였다. 한 번 참가한 탑승객은 대부분 단골 탑승객이 되었고, 역으로 자신이 속한 단체를 별도의 연대버스로 조직하는 등 운동을 확장해 나갔다.

송전탑·핵발전소·핵폐기장 현안 투쟁, '님비'가 아니라 '정의'의 문제

'탈핵' 희망버스가 '밀양'을 출발점으로 삼은 것 또한 의미심장하다. 만난 적 없던 송전탑 투쟁과 반핵 운동이 이제 우리나라 전반적인 핵발전 시스템의 문제를 함께 인식하고 손을 잡았기 때문이다. 송전탑, 핵발전소, 핵폐기장은 모두 현안 지역에 국한된 문제가 아니라 오히려 중앙집중식 에너지체제라는 '전국적' 의제와 맞닿아 있고, 따라서 '님비'가 아니라 에너지를 소비하는 대도시와 에너지를 생산하거나 전달하기 위해 희생되는 지방이라는 불평등한 구조에 저항하는 '정의'의 문제임을 인식하게 된 것이다.

며칠 전 한전과 주민들은 전문가협의체를 구성하고 대안을 검토하기로 합의했다. 이 40일의 협의기간 동안 공사는 중단된다. 하지만 사람들은 밀양을 계속 찾을 것이다. 쇠약해진 어르신들의 농사일을 돕고자 농활이 추진 중이고, 어제는 탈핵희망버스에 탑승했던 인권단체 활동가들이 협의기간 동안 밀양의 인권침해 사례들을 모아 사회적으로 알리는 조사단을 구성한다는 소식도 들려왔다. 이제, 지역만의 싸움은 없다.

최명진 제공

탈핵희망버스와 함께 찾아온 오랜만의 휴식을 보내고 있는 상동면 여수마을 어르신들.

밀양 송전탑 공사중지 이후의 과제

하승수 공동운영위원장(녹색당, 변호사)

국회 중재 이끌어낸 밀양 주민들과 시민들의 저항

뜨거운 땡볕과 쏟아지는 비속에서 밀양의 할머니, 할아버지들은 끝까지 765kV 송전선로 건설을 막았다. 작년 1월 이치우 어르신의 분신과 공사중단, 그리고 작년 여름의 공사재개 및 치열한 반대운동에 의한 공사중단을 거쳐, 지난 5월 20일 다시 재개된 공사였다.

할머니들과 할아버지들, 그리고 연대하는 시민들은 포크레인에 몸을 묶고, 산 위에서 밤을 새워가며 공사현장을 지키고, 알몸으로 저항하며 공사를 막았다.

여기에 대해 한전 부사장은 '할머니들과 할아버지들이 탈핵단체와 천주교에 세뇌 당했다' 는 망언을 쏟아냈다. 그는 아랍에 미리트에 수출한 원전 때문에 밀양 송전탑 건설을 강행해야 한다는 얘기까지 해서 물의를 빚은 끝에 사표를 내고 물러났다.

그리고 지난 29일(수) 국회의 중재로 40일간 공사를 중지하고 전문가협의체를 구성하기로 합의했다(**합의문 전문 4면 참조**). 밀양 주민들, 그리고 연대한 시민들의 저항이 만들어낸 결과이다. 그러나 문제가 해결된 것은 전혀 없는, 잠정적인 합의일 뿐이기도 하다.

"아직 해결된 것은 없다. 시민들의 힘과 눈이 필요하다"

전문가협의체는 한전 추천 3명, 밀양 대책위 추천 3명, 국회 추천 3명(여당 1명, 야당 1명, 여·야 합의 1명)으로 구성되어, 밀양 송전탑 문제 해결을 위한 대안을 모색하기로 되어 있다. 올해 연말에 가동한다는 '신고리3호기에서 생산되는 전기를 어떻게 할 것인지' 가 최대 쟁점이 될 것으로 예상한다. 주민들이 제안해 온 ▲기존 송전선의 용량을 늘려 기존 선로로 송전하는 방안 ▲우회노선을 모색하는 방안 ▲지중화방안 등이 논의될 것으로 예상된다.

이 전문가협의체가 결정을 하는 것은 아니다. 검토의견을 국회에 내면, 국회 산업통상자원위원회가 권고를 하게 되어 있다. 그리고 한전과 주민대책위는 그 권고를 따라야 한다.

이 과정이 순탄하게 진행될 수 있을지는 아직 미지수이다. 한전과 정부가 일단 중재합의를 받아들였지만, 얼마나 진정성이 있는 것인지는 두고봐야 한다. 주민들이 요구하는 자료를 제출하지 않는다든지, 중지하기로 한 공사를 다시하려 한다든지 하면 언제든지 합의가 깨질 수 있는 상황이다.

그리고 전문가협의체가 과연 그 내부에서라도 합의점을 찾을 수 있을지도 의문이다. 평행선을 달리다가 끝날 수도 있다. 국회 상임위(산업통상자원위원회)가 진정으로 문제를 해결할 수 있는 권고의견을 낼 수 있을지도 의문이다.

어쨌든 이런 과정이 모두 매끄럽게 진행되어 한전과 정부가 공사를 포기하기까지는 쉽지 않은 일이다. 오히려 40일후에 또다시 공사가 재개될 수도 있는 상황이다. 그러면 다시 할머니들과 할아버지들은 포크레인과 젊은 용역·경찰과 몸으로 맞서야 한다.

그래서 아직은 해결된 것이 전혀 없다. 40일이라는 시간을 벌었을 뿐이다. 그리고 전문가협의체와 국회에 많은 역할이 주어졌다. 겉보기에는 그렇다. 그러나 과연 그럴까?

물론 전문가협의체의 역할이 중요하다. 권고의견을 내게 되어 있는 국회의 역할도 중요하다. 그러나 밀양 송전탑문제를 지켜보고 어르신들과 연대하려는 사람들이 없다면, 전문가협의체도 제대로 굴러가지 않을 것이고, 국회도 진지한 논의를 회피할 것이다. 결국 시민들의 힘과 시민들의 눈이 있어야만 이들이 제대로 역할을 할 수 있을 것이다.

40일간 올바른 여론 형성을 위한 밀양송전탑의 '진실'

그래서 40일이라는 시간 동안 밀양 송전선로 문제에 관심있는 사람들이 해야 할 일들이 있다. 그것은 더 많은 시민들에게 진실을 알리고, 이 문제에 대해 올바른 여론을 형성하는 것이다. 시민들에게 알려야 할 진실은 아래와 같은 것이다.

밀양을 지나는 765kV 송전선로는 우리가 흔히 보는 154kV 송전선로보다 18배나 많은 전기를 보내는 초고압 송전선로이다. 철탑의 높이는 최대 140미터에 달한다. 이런 송전선로가 밀양의 마을과 학교주변, 논·밭을 지나간다. 보상을 한다지만, 송전선로의 끝선에서 좌우 3미터까지가 보상범위이다. 4미터가 떨어져 있어도 보상이 없는 게 현재의 법제도이다.

주민들은 마을도, 땅도 잃어버릴 위기에 몰렸다. 그래서 8년동안 싸워온 것이다. 젊은 용역들의 힘에 밀리면서도 겨울산을 오르내리며 공사를 막아 왔다. 작년 1월에는 70대 농민 한분이 분신자살을 하는 비극까지도 있었다.

정부와 한전은 신고리 핵발전소에서 생산되는 전기를 영남지역으로 보내기 위해 765kV 송전선로가 필요하다고 한다. 그러나 지금 건설중인 신고리 3~4호기가 가동된다고 해도 기존 선로를 통해 송전을 하는 것이 불가능하지 않다. 신고리 5~6호기는 아직 착공도 안했고, 8년은 있어야 가동이되기 때문에 지금 765kV 송전선로를 건설할 이유가 되지 못한다. 주민들은 8년동안 우회선로나 지중화같은 대안을 검토하면 된다고 주장한다.

더 근본적으로 보면, 대도시와 대기업들이 많이 쓰는 전기 때문에 시골농민들에게 일방적인 피해를 강요하는 것은 정당하지 못하다. 송전선로를 건설하려면 정당하게 보상을 해야 한다. 그런데 정당하게 보상하면 765kV 송전선로를 건설할 수 없다. 보상비가 너무 많이 들어가서 비경제적이기 때문이다. 그렇다고 해서 한전의 경제성을 맞추기 위해 시골농민들의 땅을 강탈해도 되는가? 그것은 있을 수 없는 일이다. 따라서 시골농민들의 일방적인 희생을 강요하는 765kV 송전선로 건설은 그 자체로 정당하지 못하다.

더 이상 핵발전소나 석탄화력발전을 대규모로 지어 대규모 송전철탑을 건설하여 대도시와 대기업공장으로 전기를 끌어오는 시스템은 안된다. 밀양을 계기로 이런 시스템에 대해 돌아봐야 한다. 따라서 밀양 765kV 송전선로를 백지화하고 다른 대안을 찾고, 이번 기회에 국가의 발전-송전체제를 근본적으로 뜯어고쳐야 한다. 잦은 부품비리와 사고로 국민을 불안에 떨게 하는 핵발전소는 이제 더 이상 지어서는 안 된다.

밀양송전탑 문제의 '돌직구', 각자의 위치에서 역할을 찾는 것

지금 이야기한 것이 많은 시민들에게 알려야 할 진실이다. 결국 밀양 어르신들과 함께 하려는 사람들은 이 진실을 자기가 속한 동네에서, 모임에서, 인터넷에서, SNS에서 끊임없이 알려야 한다.

그리고 각자가 할 수 있는 것을 하면 된다. 농활을 가서 농사일을 도울 사람은 그렇게 하고, 인권단체들은 밀양에 가서 그동안 벌어진 인권침해조사를 한다고 한다. 용인 시민들은 용인에서 촛불집회를 했고, 앞으로도 곳곳에서 이런 촛불집회가 열릴 것이다. 이렇게 자신이 할 수 있는 것을 찾아서 하는 것이 밀양 송전선로 문제를 풀 수 있는 '돌직구' 이다.

탈핵 그림판

박흥렬

다수를 무시하는 밀실의 선택, 국가에너지기본계획

이진우(에너지기후정책연구소 부소장)

국가에너지기본계획은 사회 각 분야를 아우르는 최상위 정책

국가에너지기본계획은 개별 부처의 수많은 계획과 궤를 같이 하지만, 에너지가 우리 사회를 지탱하는 핵심 요인이라는 점을 감안하면 사회적으로 중요한 위치를 점하고 있다. 에너지는 경제를 지탱하는 핵심요인이기도 하고, 잘못된 에너지 계획은 환경은 물론이고, 고용, 물가 등에 부정적인 신호를 끊임없이 보낸다. 유관 계획이 발표될 때마다 민간단체와 산업계가 관심을 집중하는 이유가 바로 여기에 있다. 따라서 에너지가 가지는 포괄적 성격에 비추어보면 국가에너지기본계획은 사회적으로 공론화하여 합의하는 과정이 필수적이다.

그러나 정부는 2008년 제1차 국가에너지기본계획(이하 1차 국기본) 수립 당시 정보를 독점하고 있는 소수의 엘리트를 통해 정책을 수립한 후 요식적인 절차만 치른 후 계획을 확정짓는 광폭(狂暴) 행보를 보였다. 그리고 그런 일방적인 추진 과정은 제2차 국가에너지기본계획(이하 2차 국기본) 수립을 앞둔 지금도 계속 이어지고 있다.

결론이 뻔한 거버넌스, 과연 합리적인가?

정부는 1차 국기본 때의 비판을 수용하는 차원에서 이번엔 사전에 주요 이슈별 워킹그룹을 운영한다고 밝혔다. 각 분야 전문가와 시민단체, 산업계가 참여해 다양한 이슈를 협의하고, 여기서 나온 결론을 토대로 국가에너지위원회에 상정하여 최종적으로 결론을 내린다는 것이다.

그러나 각 이슈별 워킹그룹 면면을 보면 뜨악하다. 워킹그룹은 총 5개로 나눠져 있는데, 수요전망과 에너지 가격 등을 논의하는 '수요 워킹그룹', 송전 문제와 온실가스 감축방향을 다루는 '전력 워킹그룹', 핵발전소 비중 및 시나리오를 검토하는 '원전 워킹그룹', 신재생에너지 활성화 대책을 논의하는 '신재생 워킹그룹'과 함께 각 워킹그룹에서 나오는 결론을 토대로 최종 결론을 논의하는 '총괄 워킹그룹'이 그것이다.

2차 국기본에서 다뤄야 할 내용들이 대부분 포함되어 있기는 하지만, 각 워킹그룹에 참여하고 있는 면면을 보면 매우 편향적이다. 일례로 원전 워킹그룹의 경우 탈핵을 표방하고 있는 시민단체의 몫은 전체 18명 중 2명에 지나지 않고, 중립적으로 평가받는 전문가를 합쳐도 원전에 비판적인 입장을 가지고 있는 인사는 4~5명에 불과하다. 최종 결정을 내리는 총괄 분과 역시 상황이 다르지 않다.

후쿠시마 사고와 이후 이어진 국내 핵발전의 각종 사고로 인해 핵발전이 안전하지 않다는 여론과 핵발전에 반대한다는 의견이 50%를 상회하고 있는데도, 이를 수렴하기 위한 절차가 고작 시민단체 관계자 2~3인의 참여라는 건 납득하기 어렵다. 탈핵에 관한 사회적 여론이 급증했음에도 불구하고 소위 거버넌스(협치)라고 불리는 논의 자리는 전혀 변함이 없는 것이다. 결론이 어떻게 도출될지 명확하다.

밀실 엘리트주의를 넘어 광장에서 논의해야

정부는 전문적인 내용이 많고, 전국민의 의견을 수렴할 수 없다는 점을 내세우지만 이는 국민들이 제대로 된 판단을 내릴 수 없다는 것을 전제로 한 오만에 불과하다. 국민들의 알권리를 보장하고 자신들의 환경을 스스로 결정할 수 있도록 상황을 만들어주는 것이 정부의 역할이다.

전문적인 논의과정이 필요하다고 하더라도, 2차 국기본의 결정은 국민들이 내려야 한다. 따라서 각 워킹 그룹에서 논의된 내용을 전면 공개하고, 공청회 수준이 아닌 각계각층의 의견을 더 적극적으로 수렴하는 정책이 필요하다. 그러기 위해서는 사회 여론을 감안하여 워킹그룹을 재편해야 하고, 최종 결정 역시 총괄분과나 워킹그룹이 아닌 의견을 포괄적으로 수렴할 수 있는 방식으로 바뀌어야 한다. 그건 선택할 수 있는 사안이 아니라 정부의 의무다.

국가에너지기본계획 무엇이 담겨야 하나

선택권을 배제한 제1차 국가에너지기본계획

지난 2008년 발표된 제1차 국가에너지기본계획(이하 1차 국기본)은 2030년까지 장기 에너지 수요 전망과 함께 정부의 수급 목표, 이를 위한 대책들이 200페이지 가까이 자세하게 나열돼 있다.

얼핏 보면 필요한 내용이 다 들어있는 듯 하지만 여기엔 함정이 있다. 최종 확정 전에 제시된 시나리오가 그대로 확정됐던 것이다. 즉 정부는 사회 여론을 수렴하기 위한 공청회를 진행하면서 복잡한 계산 과정을 거친 단 하나의 시나리오만 제시했고, 국민들은 선택할 수 있는 권리를 박탈당한 채 해당 시나리오에 대해서만 의견을 제시할 수 있었다. 게다가 해당 시나리오가 어떻게 도출된 것인지는 여전히 정부 기밀이다.

시민단체 등은 정부 시나리오의 근거는 얻지도 못한 채, 계산되어 나온 결과만 가지고 힘겨운 싸움을 벌였다. 그 결과 2030년 핵발전 비중은 59%로 확정됐고, 신고리·신월성 등 새로운 핵발전소 건설의 토대가 마련됐다. 그 프레임이 현 밀양 송전탑 폭거까지 이어지고 있는 것이다.

복수의 시나리오 제시가 필요하다

에너지 문제는 탈핵문제와 기후변화 대응 양쪽과 긴밀하게 연동돼 있다. 사회적으로 다양한 이해관계와 함께 파국적 결말을 막기 위한 규범 수준이 상존한다는 의미다. 따라서 사회 갈등 관리 차원과 국민의 선택권을 보장하기 위해서는 국가에너지기본계획은 최종 확정 전에 복수의 시나리오가 제시돼야 한다. 온실가스 감축 목표와 탈핵을 염두에 둔 규범적 방식(backcasting)의 시나리오와 우리 사회의 에너지·온실가스 저감능력 및 상황을 고려한 예측방식(forecasting) 시나리오가 나온 후 국민 의견 수렴을 하는 과정이 필요한 것이다.

에너지원 계획이 아니라 에너지 체계에 관한 내용이 필요

또한, 국가에너지기본계획에 빠져서는 안 되는 것 중 하나가 바로 공급과 수요를 아우르는 에너지체계적 접근이다. 현재 가동되고 있는 국가에너지기본계획 워킹그룹에 분산형 체계와 신재생에너지에 관한 논의도 포함되어 있지만 이는 에너지체계 중 극히 일부일 뿐이다.

에너지효율화 대책, 수요관리 대책, 전력의 통제 단위 등 에너지원에 관한 것이 아니라 에너지 체계 전반에 관한 논의가 이뤄져야 에너지원 전환 계획도 효과가 높아진다. 현재 국가에너지기본계획이 에너지원 전환 논의로 집중되는 이유는 에너지체계의 3요소(사회성-형평성, 환경성-지속가능성, 효율성-경제성) 중 경제성에 지나치게 편향되어 있기 때문이다.

전력수급기본계획이 아닌 에너지기본계획

또한 농촌에너지와 수송부문 에너지 등 비전력 에너지에 관한 검토도 심도 있게 진행해 포함시켜야 한다. 전력부문이 에너지원 전환부터 공급기반까지 광범위하게 포함돼 있는 반면, 가스·석유 등 여타 1차 에너지와 부문별 최종 소비 계획은 단 몇 줄로 요약되어 있는 등 계획수립 의지조차 가늠하기 어렵다. 지난 십수년간 전력과 가스의 소비 교환 효과가 급증했고, 국가에너지기본계획은 다른 에너지 계획을 포괄하는 최상위 계획이라는 점을 감안하면 반드시 포괄성과 정책간 정합성이 담보돼야 한다.

사회적 정의를 고려해야

마지막으로 사회적 약자의 에너지 접근성에 대해서도 정부 차원의 대책 수립이 필요하다. 매년 겨울이면 단전·단가스로 인한 사고 소식이 끊이질 않고, 저소득층은 생활에 필요한 필수적 에너지양을 얻지 못하고 소외받고 있다. 정의로운 전환 관점에서 사회적 약자의 에너지 문제 역시 국가에너지기본계획에 포함돼야 하위 대책이 실행 근거를 가질 수 있음을 고려해야 한다.

이진우(에너지기후정책연구소 부소장)

밀양 송전탑 건설 관련 전문가협의체 구성 중재안

1. 국회 산업통상자원위원회와 산업통상자원부는 한국전력공사(이하 '한전' 이라 한다)와 밀양 765kV 송전탑 반대 대책위원회(이하 '반대대책위' 라 한다)간의 밀양 송전탑 건설관련 문제 해결을 위해 '전문가협의체' 를 구성한다.

2. '전문가협의체' 는 동 중재안이 발효된 날부터 40일간 운영한다. (이하, '전문가협의체 기간' 이라 한다.)

3. '전문가협의체' 는 반대대책위가 지난 5.21일 기자회견에서 밝힌 기존선로*를 활용한 우회송전 가능여부를 우선적으로 검토하되, 밀양구간 지중화와 그 외 밀양 송전탑의 건설 대안에 대해서도 검토할 수 있다. 구체적인 세부내용은 위원장 포함 재적위원 과반수의 찬성으로 결정한다.

4. '전문가협의체' 는 한전 추천 3인, 반대대책위 추천 3인, 국회 추천 3인**(여당 1인, 야당 1인, 여·야 합의 1인) 등 9인의 위원으로 구성하되, 위원장은 여·야 합의로 추천된 인사로 한다.

4-1. '전문가협의체' 에 추천되는 전문가는 발효된 날로부터 5 근무일 내에 국회 산업통상자원위원회에 추천되어야 하고, 추천된 전문가는 국회 산업통상자원위원회 위원장이 임명한다.

5. '전문가협의체' 는 검토결과를 보고서 형태로 국회 산업통상자원위원회에 전문가협의체 기간 내에 제출하여야 하며, 보고서에는 합의된 사항은 합의된 대로, 이견이 있는 부분은 다수 견해와 이에 대한 각각의 이견을 명시하여 작성하여야 한다.

5-1. 보고서 작성 과정에서 한전이 추천한 위원 또는 반대대책위가 추천한 위원의 전부 또는 일부가 불참한 경우에는 재적위원 과반수의 출석으로 개의하고 출석위원 과반수의 찬성으로 그때까지 논의한 내용과 결과를 담은 보고서를 국회 산업통상자원위원회에 제출한다.

5-2. '전문가협의체' 는 국회 산업통상자원위원회에 보고서를 제출하기에 앞서 '공개토론회' 를 개최할 수 있다. 단, 개최는 되었으나 정상적으로 진행되지 않은 경우에는 '공개토론회' 를 생략할 수 있다.

6. 국회 산업통상자원위원회는 전문가협의체 기간 내에 제출된 보고서를 바탕으로 한전과 반대대책위에 해결방안을 권고한다. 이에 대해 한전과 반대대책위 주민은 권고에 따르도록 한다.

7. 전문가협의체 기간 중 한전은 공사를 일시 정지한다. 다만, 밀양구간 중 인허가를 받은 철탑부지에 대해 공사현장 보전조치***를 할 수 있다.

8. 한전이 공사현장 보전조치를 하는 동안 반대대책위 및 주민들은 일체의 방해 행위를 하지 않는다.

9. '전문가협의체' 의 구성과 운영을 지원하기 위하여 국회 산업통상자원위원회 수석전문위원실과 산업통상자원부 소속 공무원으로 지원단을 구성, 운영한다. 한전과 반대대책위는 '전문가협의체' 의 활동에 필요한 자료제출 요구에 성실히 응하여야 한다.

9-1. '전문가협의체' 의 운영에 필요한 예산은 산업통상자원부에서 부담한다.

10. 동 중재안은 국회 산업통상자원위원회 위원장 및 통상·에너지소위원회 위원장, 산업통상자원위원회 새누리당 간사·민주당 간사, 산업통상자원부장관, 한전 사장, 반대대책위 대표의 합의서명으로 발효한다. 2013년 5월 29일(수)

*① 기존 선로 용량을 증설한 신고리 #3, 4 생산전기의 송전 ② 건설 중인 간선노선(신양산-동부산, 신울산-신온산)을 신고리 #3, 4와 연결해서 생산전기를 먼저 송전. **국회 추천 3인의 추천은 국회 산업통상자원위원회 위원장과 소속 여·야 간사의 협의에 따른다. *** 공사현장 보전조치라 함은 장비의 점검과 반출, 폭우 등의 재해에 대한 예방 및 현장조치가 필요한 활동 등을 말한다.

스트레스 없는, 원안위 스트레스 테스트

(원자력안전위원회)

서형림
기후에너지 캠페이너
(그린피스 서울사무소)

후쿠시마핵발전소사고와 그 후 끊이지 않던 국내 핵발전소 사건·사고는 더 이상 핵발전이 안전하지 않다는 사실을 국민들에게 재확인시켜줬다. 국내에서도 끊임없는 고장과 비리 사태로 국민은 핵발전에 등을 돌리기 시작했고, 이를 의식한 듯 박근혜 대통령은 대선후보 당시 국민의 안전을 최우선으로 둔 핵발전소의 운전을 약속했다. 그리고 그 일환으로 이미 수명이 다한 고리 1호기와 월성 1호기에 대해서는 EU(유럽연합) 스트레스 테스트를 통해 계속 가동(수명연장) 여부를 결정하겠다고 발표했다.

그러나 당선 후 박근혜 대통령은 140대 국정과제에 원전플랜트 수주 확대를 적극 지원하겠다는 공약을 포함했고, 핵발전소 규제기관인 원자력안전위원회(이하 원안위)의 위상을 격하시켰다. 이로써 우리는 사실상 핵발전 확장에 대한 박근혜 정권의 야심을 확인 받은 것이나 다름없다. 따라서 그린피스는 이번 EU 스트레스 테스트가 그저 노후 핵발전소의 계속 운영을 정당화하려는 수단에 불과한 것은 아닌지 우려하지 않을 수 없다.

지난 4월 30일 원안위가 발표한 EU 스트레스 테스트 지침은 이러한 우려를 증폭시키고 있다. 애초부터 EU 스트레스 테스트는 노후핵발전소의 수명연장을 판단하는 점검이 아닌, 핵발전소가 얼마나 외부 스트레스를 잘 견디는지에 대한 내구성 테스트였다. 따라서 노후핵발전소인 고리 1호기와 월성 1호기의 수명연장용 점검으로, EU 스트레스 테스트 평가방법을 기반으로 두는 것은 적합하지 않다. 실제로 대만에서는 EU 스트레스 테스트를 토대로 노후핵발전소가 아닌 신규핵발전소를 점검했다.

핵발전소의 현재 노화상태를 들여다볼 수 있는 점검항목들이 필수적임에도, 이번 원안위 지침에는 구체적인 노화현상 점검항목이 누락되어있다. 노화현상은 원자로뿐만 아니라 원자로와 연결되는 관통관 및 용접부, 냉각수 공급시설 등 발전소 곳곳에서 일어나고 있다. 이에 벨기에는 원자로 격납건물 전체에 초음파 검사를 실시해 노화현상을 점검하려 노력한 바 있다.

또 다른 문제는 이번 스트레스 테스트가 현재 핵발전소를 직접운영하고 이익을 창출하는 한국수력원자력 (이하 한수원)의 자체 평가를 기반으로 이뤄진다는 점이다. 이는 마치 시험 감독관 없이 중간고사를 치르는 격이다. 그린피스는 지난해부터 원안위의 객관성, 독립성, 투명성을 강조해왔다. 그러나 이 같은 평가는 객관성과 투명성이 결여된, 보여주기식 점검으로 밖에 해석되지 않는다. 한수원은 연이은 비리·은폐 스캔들로 현재 국민, 심지어 핵발전 산업계 내에서도 그 신뢰도가 크게 떨어졌다. 지난 5월 28일(화) 밝혀진 핵발전소 4기 제어케이블의 시험성적 위조만하더라도 한수원 내 안전의식 부재는 이미 불감증을 넘어섰다는 것을 명백히 보여준다. 이번 스트레스 테스트를 처음부터 끝까지 규제기관인 원안위가 주관해야 하는 이유다.

평가 단계에 대해서도 다시 짚어봐야 한다. 유럽에서 진행된 스트레스 테스트의 경우, 각 규제기관의 점검 후 국가간 상호점검평가(peer review)를 통해 다양한 핵발전 전문가들이 각 국가의 스트레스 테스트를 재평가할 수 있는 기간을 가진데 비해, 한국의 경우 이 같은 객관적 평가 단계 자체가 생략됐다. 첫 번째 단계인 한수원의 직접 평가, 그리고 제2단계인 원안위 산하의 원자력안전기술원과, 아직까지 불분명한 민간 전문가의 평가가 함께 이뤄지는 것이 전부이다.

핵발전소의 안전성을 검토하기 위해서는 국내·외 다양한 전문가의 의견이 반영돼야 하며, 그들이 객관적이고 독립적으로 검토를 수행할 수 있는 환경이 반드시 필요하다. 그린피스의 이러한 지적에 원안위 산하기관인 원자력안전기술원의 답은 '외국 전문가 기관은 한국의 원자로 타입이나 지정학적 특성, 이에 따른 안전문화를 고려하였을 때 그리 효과적이지 못하다. 전문가 집단을 구성하는 데에도 큰 어려움이 있다' 는 것이었다. 그러나 원자로의 디자인이 각기 다른 유럽에서도 스트레스 테스트 당시 최종단계에서 각 국가의 전문 규제그룹이 모여 상호점검평가를 거쳤고, 이를 통해 각 국가는 원점에서 테스트 결과를 재평가하여 유럽 핵발전소 안전기준을 상향 평준화하는 발판을 마련했다.

마지막으로 외부 충격 요인 중 여러 테러에 대한 내구성 테스트도 진행돼야 하지만 현재까지 나온 지침에는 포함돼 있지 않다. 원안위는 EU 스트레스 테스트 작성시 여러 자료를 참고했다고 밝혔고, 그린피스국제본부가 발표한 'EU 스트레스 테스트에 대한 비판적 리뷰' 도 포함돼 있었다. 하지만, 현재까지 밝혀진 지침은 규제기관의 진행에 용이한 자료만 취하고, 정작 핵심적이고 안전에 직접적 영향을 미치는 '번거로운' 개선사항은 수렴하지 않은 모습을 보이고 있다. 전체적으로 보았을 때 그린피스의 의견이 반영됐다고 볼 수 없다.

일본은 후쿠시마 핵발전소 사고로 인해 수백조원의 피해를 입었고, 16만명이 넘는 일본인들이 아직까지 그 재앙으로 고통 받고 있다. 사고 비용을 부담해야 하는 일본 국민과 사고로 인해 먹거리와 환경을 걱정해야 하는 세계인들의 고통도 당연히 무시할 수 없다. 그러므로 우리는 노후핵발전소가 가져올 잠재적 재난에 대해 타산지석의 교훈을 삼고, 단지 시설관리의 수습절차로만 취급해서는 안된다.

정부와 규제기관인 원안위가 이번 노후핵발전소 스트레스 테스트가 보여주기식, 수명연장 정당화를 위한 도구라는 비판을 피하고 싶다면, 원안위는 국민의 안전을 최우선으로 두고 주도적으로 처음부터 끝까지 직접 테스트를 실시해야 한다. 더불어, 대만이 현재 유럽의 규제전문가들과 끊임없는 정보교류를 하고 있듯, 우리 역시 충분한 기간을 두고 다양한 전문가들의 객관적 평가를 포함해야 하고, 노화현상 점검 항목을 상세 공개해 애초 '노후핵발전소 스트레스 테스트' 라는 취지를 확인시켜줘야 한다.

한편 처음부터 시민단체의 참여가 극히 제한적이고 서둘러 진행되는 것에 대해서는 유감이다. 원안위는 국민의 안전을 책임지는 기관인 만큼, 시민단체 및 국민 개인이 의견을 제출했을 때 그 의견을 수렴하려는 의지와 태도는 기본적으로 갖춰야 한다. 그러나 아직까지 우리와 같은 시민단체가 문제제기를 했을 때 규제기관은 들으려했다기보다는 핑계대기 바빴다. 그린피스는 이번 테스트가 국민이 신뢰할 수 있는 투명하고 공정한, 시민과 규제기관이 함께 주도하는 테스트가 되길 바란다.

핵마피아의 반복되는 부품 비리, 사회적 통제로 시작해야

이헌석 편집위원

또 발생한 핵발전소 부품 비리

작년 내내 핵발전소를 둘러싸고 사고 은폐, 중고 및 짝퉁부품, 품질검증서위조 등 갖가지 사건·사고가 이어졌다. 입건된 사람만 30여명으로, 현장 직원부터 간부에 이르기까지 지위고하를 막론하고 연류돼 있었다. 그리고 이러한 일들이 있을 때마다 정부는 대국민사과와 재발방지 대책을 마련했고, 한수원 사장 이하 임·직원 교체 등이 있었다.

아직 끝난 것이 아니었다. 지금까지의 사건 모두 외부 제보에 의해 시작됐던 것처럼, 이번 사건도 원자력안전위원회 홈페이지에 제보가 접수되면서 사건 조사가 시작됐다. 핵발전소를 운영하는 한수원도, 이를 관리·감독하는 원자력안전위원회도 품질검사 위조서류를 확인하기 힘들만큼 정교하게 위조된 문서였다고 하나, 이를 핑계로 들어줄 사람은 많지 않을 것이다.

특히 원자로 제어에 핵심부품 중 하나인 제어케이블의 성능 시험이 위조되었으니, 중대사고 발생시 원자로의 압력, 온도 등이 제어되지 않는 최악의 상황으로까지 빠질 수 있는 중요 부품 납품에 허점이 있었던 것이다.

반복되는 정부의 '재발방지 대책'

하지만 그것이 어떤 것이 되던, 진정한 의미의 재발방지 대책이 되기는 어려울 것이다. 그간 언론 등에서 많이 지적해 온, 핵산업계만의 내부 카르텔－'핵마피아' 가 남아 있는 한 문제해결은 요원할 것이기 때문이다.

제품 납품업체가 품질을 검증하고, 그 검증 서류에 대해 한수원은 책임지지 않는 현재의 구조. 너무나 많은 부품들이 사용되고 있는 핵발전소를 관리·감독할 인원은 부족하고, 사실상 감독이 불가능한 현재의 구조. 모든 전문가는 내부 카르텔 속에 있고, 비판적인 목소리를 내는 이들은 배제되는 구조. 학계-산업계-연구계-정부-언론으로까지 이어지는 공고한 연계속에 '핵발전소 안전신화' 만을 되풀이하는 구조. 이것이 핵발전 도입 30년이 지난 우리나라의 모습이다.

구조변화 없이 문제해결 없다

현재 핵발전소를 운영하는 한수원은 사기업이 아닌 공기업이다. 공기업은 공공의 이익에 복무해야 할 의무가 있다. 그리고 지금 핵발전소 안전만큼 중요한 공공의 이익은 없다.

비리를 척결하고 소위 핵마피아를 해체하는 작업은, 공기업 한수원을 사회적 통제 아래 두는 것부터 시작해야 할 것이다. 기존 관료와 핵산업계 인사가 아닌, 공공의 이익을 실현할 수 있는 이를 사장과 이사진에 투입해야 한다. 또한 지역사회와 시민사회가 한수원 운영에 직접 개입해 내부로부터 개혁을 이끌어 내야 한다. 그리고 그 최전선에 탈핵진영이 있어야 한다.

외부의 강력한 요구뿐만 아니라 내부의 개혁, 이 두 가지가 동시에 이뤄질 때, 진정한 탈핵과 핵발전소 안전이 함께 이뤄질 수 있을 것이다.

'몬주'가 뭐야? 일본 원자력규제위원회 '몬주' 운전재개 준비 금지

고노 다이스케 편집위원

고속증식로와 핵연료사이클

작년 11월, 현재 사고로 가동이 중단된 일본 원자력연구개발기구(이하 '기구')의 고속증식로 '몬주'에서 무려 약 1만개나 되는 점검 누락이 발견됐다.
지난 5월 15일, 일본 원자력규제위원회(이하 '규제위')는 '원자로 등 규제법'의 규정에 따라 핵연료 교환 등 운전재개 준비작업을 금지할 것을 결정했다. 기구는 자체평가에서 2005년 이후 안전 측면에서 2007년(이해에는 다른 시설에서 방사능누출과 그 은폐 사실이 발각됐음)을 제외하고, 모두 A 판정을 내린 바 있다. 규제위는 이번 점검누락을 기구의 구조적인 문제로 보고, 운전재개는 그러한 구조문제가 개선되고 나서야 허가할 전망이다.
시마자키 구니히코(島崎邦彦) 규제위 위원장 대리는 "이런 조직이 남아 있다는 것 자체가 문제"라고 비판했다. 점검누락은 2010년 8월 즈음부터 늘어났으며, 발각된 당시에는 약 1만 개 기기에서 점검시기가 지켜지지 않았고, 그 중 절반이 점검되지 않은 채 방치돼 있었다. 1만개 중 약 500개가 운전정지 상태에서의 안전과도 관련된 기기였다.
한편, '원자로 등 규제법'을 엄격히 적용한다면 원자로설치허가 취소(즉, 몬주 폐지)가 당연한데, 이번 조치가 너무 물렁하다는 비판도 나오고 있다.

핵무기 · 핵발전의 원리, '핵분열 연쇄 반응'

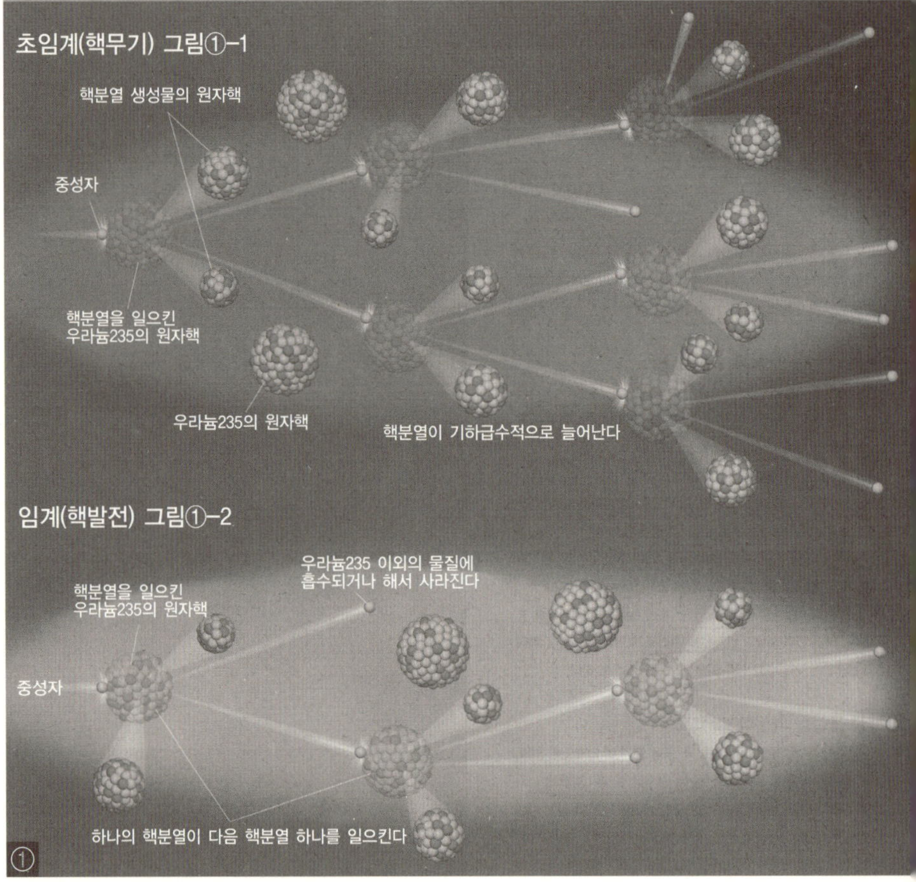

핵발전과 고속증식로 등의 원리를 알아보자~

고속증식로 '몬주'는 일본 핵연료사이클정책의 주축을 이루는 시설 중 하나다. '핵연료사이클' 이것은 또 무엇인가? 우선, 차근차근 시작해 보자.

동위원소란 무엇인가?

모든 물질은 '원자'로 구성돼 있다. 원자는 양전하(+)를 지닌 '원자핵' 주변을 음전하(-)를 지닌 '전자'가 돌고 있다. 원자핵은 양전하(+)를 지닌 '양자'와 전하를 가지지 않은 '중성자'가 결합돼 있다.

양자 수는 각 원소마다 정해져 있다. 예를 들면 탄소원자는 양자가 6개, 산소원자는 양자가 8개다. 그래서 양자수는 각 원소에 매겨져 있는 고유번호인 원자번호로 사용된다. 그에 비해 중성자는 같은 원소라도 수가 다른 것이 존재한다. 예를 들어 탄소는 자연계에서 약 99%를 차지하는 탄소12(^{12}C라고 적는다. 12는 양자와 중성자를 합친 숫자로, 이 숫자에서 원자번호를 빼면 그 원자가 가진 중성자 수를 구할 수 있다.) 외에 탄소13과 탄소14가 알려져 있다. 이처럼 같은 원자번호를 가진 원소 중 원자핵의 중성자 수가 다른 핵종끼리의 관계, 또는 그 핵종을 동위원소 혹은 동위체라 부른다. 예를 들자면 ^{13}C과 ^{14}C는 ^{12}C의 동위체이며 ^{12}C와 ^{13}C은 ^{14}C의 동위체다.

우라늄 원자폭탄과 핵발전

핵분열을 일으키는 우라늄원자에 중성자를 충돌시키면 원자가 두 개로 갈라져(핵분열) 중성자가 2개 내지 3개 튀어나온다. 튀어나온 중성자들은 다른 우라늄원자에 부딪쳐서 다음 핵분열을 일으켜 또 중성자가 2개 내지 3개 튀어나온다. 이런 식으로 핵분열반응이 잇달아 확산된다. 이것이 핵분열연쇄반응이다. 핵분열에서는 엄청난 에너지가 방출된다. 그것이 연쇄반응을 일으키며 확산되기 때문에 그 현상은 폭발적이다. 이것이 우라늄을 이용한 원자폭탄의 구조다(그림①-1 참조). 한편, 핵발전에서는 원자 하나의 핵분열이 다음 핵분열을 한 번만 일으키도록 조절한다(그림①-2 참조). 만약 이 조절에 실패하면 체르노빌과 같은 핵폭주사고가 일어난다.

농축 – 핵발전의 연료를 만든다

우라늄엔 핵분열을 일으키는 것과 일으키지 않는 것이 있다. 핵발전에 이용되는 우라늄에도 몇 개의 동위체가 있는 것으로 알려져 있다. 자연계에 존재하는 우라늄 중 핵분열을 일으키는 것은 전체 우라늄의 0.7%에 해당하는 우라늄235(^{235}U) 뿐이고, 99.3%는 핵분열을 일으키지 않는 우라늄238(^{238}U)이다. 그래서 핵발전에 이용할 때에는 우라늄235의 농도를 3~5%까지 높인다. 이것이 '농축'이라 불리는 공정이다. 이렇게 만든 것이 우리가 자주 언급하는 '핵연료'이다.

재처리–사용후핵연료에서 플루토늄을 추출한다

핵발전에서 사용이 끝난 핵연료를 '사용후핵연료' 라 부른다. 사용후핵연료 속에는 우라늄235가 분열되어 생긴 각종 방사성물질(예를 들면, 후쿠시마사고로 유명해진 세슘134, 세슘137, 스트론튬90 등)과, 핵분열하지 않는 핵종인 우라늄238이 중성자를 흡수해서 생긴 플루토늄239(^{239}Pu)와 플루토늄241(^{241}Pu)도 포함된다.

플루토늄239와 플루토늄241은 핵분열을 일으키는 핵종으로, 현재 원자폭탄의 주류는 우라늄235가 아닌 이 플루토늄(주로 플루토늄239)을 사용한 것이다. 또한 플루토늄을 사용한 원자폭탄은 수소폭탄의 기폭장치로 사용되기도 한다.

플루토늄은 문자 그대로 현대핵무기의 핵심물질이다. 사용후핵연료에서 이 플루토늄(주로 ^{239}Pu)과 핵분열하지 않고 남은 우라늄235를 추출하는 작업이 바로 '재처리'다.

고속증식로 이용을 기축으로 한 핵연료사이클

일반적인 원자로(경수로)의 사용후핵연료에 함유된 핵분열성 플루토늄은 1% 정도에 불과하다. 그래서 발전하면서 보다 많은 핵분열성 플루토늄을 생산할 수 있는 원자로가 고안됐다. 그것이 바로 고속증식로다.

고속증식로에서는 노심 중심부에 플루토늄239를 15~20% 함유한 혼합산화물연료(MOX연료)를 배치하고 그 주변을 우라늄238로 둘러쌓는다. 중심부의 플루토늄이 핵분열해서 튀어나온 중성자를 주위의 우라늄238이 흡수하면 그것이 주로 플루토늄239로 변한다(그림 참조). 계산상으로는 이렇게 함으로써 사용한 플루토늄의 약 1.2배의 핵분열성 플루토늄이 생긴다. 사용하면 사용할수록 연료가 늘어난다.

참으로 꿈같은 이야기다. '몬주'는 고속증식로로 실용화의 두 단계 전인 원형로다(원자로는 실험로→원형로→실증로→상업로 단계를 거쳐 실용화 됨). 이러한 '재처리→플루토늄연료 가공→고속증식로→재처리'라는 순환(사이클)이 핵연료사이클이다.

위험, 기술적 어려움, 핵무기

그러나 핵연료사이클의 꿈은 일부 추진하는 자들에게는 못다 이룬 꿈이지만, 그 외 모든 사람들에게는 악몽이다.

1)플루토늄은 인류가 알게 된 최악의 물질이라 말할 정도로 독성이 강하며, 그 정도가 우라늄의 수십만 배라고 말하기도 한다. ^{239}Pu의 반감기는 24000년이다. 인간의 폐에 불과 13mg만 들어가도 50%가 급성 사망한다. 또한 폐에 1.0×10^{-9}g(1/1000000mg)만 흡수되어도 연간 1mSv의 피폭을 당하게 된다. 그래서 만약 핵연료사이클이 이루어지면 플루토늄을 노린 테러와 범죄에 대비한다는 명목으로 최악의 감시사회가 만들어질 것이다. 민주주의와는 도저히 양립할 수 없다.

2)고속증식로에는 기술적인 어려움이 따라다닌다. 지금까지 미국, 프랑스, 영국, 독일이 개발을 포기했다. 일본이 고속증식로 개발을 내세운 것은 1967년이다. 애초 계획으로는 80년대에 실용화 할 예정이었다. 그러나 핵에너지이용정책이 개정될 때마다 실용화가 연기됐고, 2005년 계획에선 실용화를 2050년으로 연기한다고 기재했다.

몬주에는 지금까지 무려 1조엔(약 10조원) 이상의 국가예산이 투입됐음에도 불구하고, 고장과 사고가 잇달아 1kW도 발전하지 못했다. 그럼에도 유지비만으로 연간 약 200억엔(약 2000억원)이나 든다. 몬주는 냉각재로 물이 아닌 나트륨을 사용한다. 나트륨은 물이나 공기에 접촉하면 강한 반응을 일으키며 발화하기 때문에 관리가 매우 어렵다. 후쿠시마제1핵발전소 사고에선 사고를 일으킨 원자로에 외부에서 물을 부을 수 있었지만, 몬주에서 사고가 나면 그저 도망칠 수밖에 없어, 방사능 누출을 막을 아무런 방법도 없다.

사실 몬주는 운전을 시작한 다음 해인 1995년에 나트륨 누출사고를 일으켜 이후 15년 동안 운전이 중단됐다. 2010년 5월에 운전이 재개됐지만, 불과 2개월간의 시험운전 중에 경보가 936번이나 울리고 고장이 32개소 발견됐다. 같은 해 8월엔 연료교환용 원자로 내 중계장치가 원자로 안으로 떨어져 또다시 운전을 못하게 됐으며 지금도 재개하지 못하고 있다. 이번 점검누락은 이러한 가운데 발각됐다.

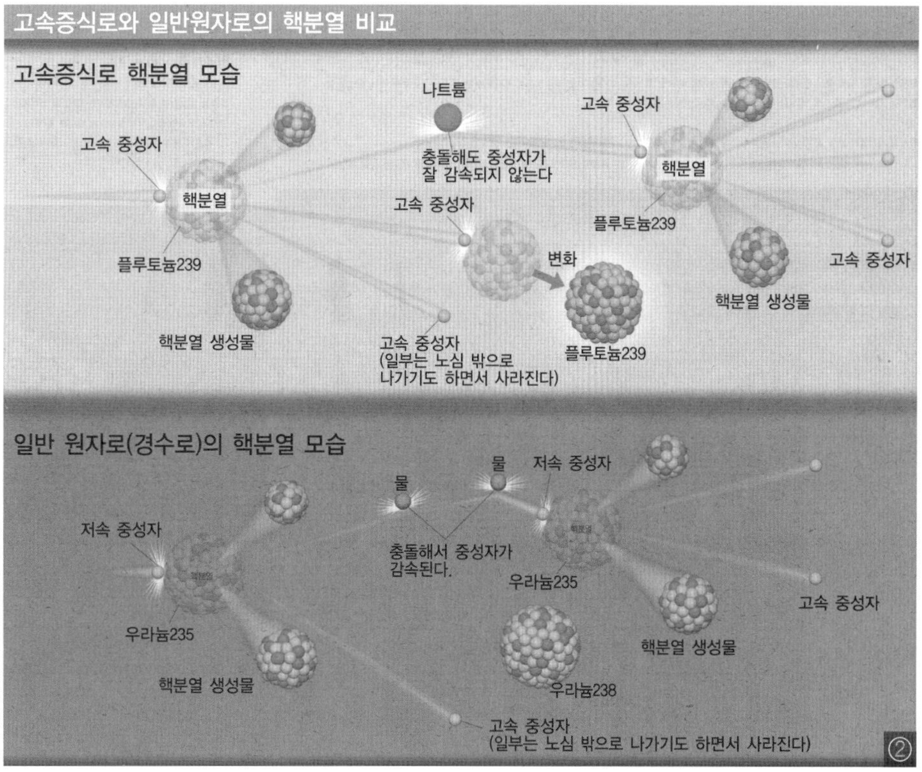

고속증식로와 일반원자로의 핵분열 비교

출처 〈원자력 발전과 방사능〉(뉴턴코리아)

3)무엇보다 고속증식로는 질이 좋은 핵무기 재료를 생산할 수 있는 장치다. 일반적인 경수로의 사용후핵연료에 함유된 플루토늄 중 핵분열성 플루토늄이 70%인 것에 비해 보통 핵무기는 핵분열성 플루토늄이 90% 함유된 연료를 사용한다. 그런데 고속증식로에서는 핵분열성 플루토늄 함유율이 98%라는 고순도 연료를 생산할 수 있다.

사실 파탄이 명백함에도 불구하고 일본이 고속증식로를 고집하는 것은, 잠재적 핵보유국이라는 지위를 유지하고 더 우수한 핵무기 생산능력을 갖기 위해서다. 순도는 떨어지지만 일본은 이미 나가사키형 원폭을 4000개나 만들 수 있을 만큼이나 플루토늄을 보유하고 있다.

고속증식로 대신 플루서멀

애초에 계획한 고속증식로는 실용화 전망이 보이지 않는데도, 플루토늄은 이미 많이 갖고 있다. 플루토늄은 핵무기 재료가 되므로 국제사회에서 핵무기보유 의도가 있다고 비판을 받는다. 일본은 어떻게든 갖고 있는 플루토늄을 소비해야만 하는 상황에 빠졌다. 그래서 일본은 기존 우라늄을 사용하는 핵발전소에서 플루토늄을 사용한 발전을 실시하기로 했다. 플루토늄을 4~9% 함유한 MOX(Mixed Oxide, 혼합산화물)연료와 일반 핵연료를 섞어 쓰는 것이다. 이 방식은 플루토늄을 일반적인 원자로=열중성자반응로(서멀뉴트론리액터, thermal neutron reactor)에서 반응시키기 때문에 플루서멀[플루토늄+서멀리액터(thermal reactor, 경수로 등)를 조합한 신조어, plu-thermal]이라 이름을 붙였다.

하지만 플루서멀이 실시되는 원자로는 원래 우라늄연료 사용을 고려하여 만들어졌기에 플루서멀은 그만큼 위험도가 높아진다. 예를 들어 MOX연료는 우라늄연료보다도 약 70℃ 융점(녹는점)이 낮다. 즉 보통보다 70℃ 낮은 온도에서 멜트다운(노심용융) 된다. 또한 핵분열에 따라 발생하는 가스의 양이 많기 때문에 연료봉의 압력이 높아지기 쉽다. 폭발이 일어나면 일반적인 핵발전소보다 더 많은 플루토늄이 외부에 방출된다. 폭발한 후쿠시마제1핵발전소 3호기가, 사고 당시 플루서멀을 실시했었다.

한미원자력협정 개정을 통한 사용후핵연료 재처리 욕심은, 스스로 무덤을 파는 짓

핵무기에 대한 욕심 때문에 핵연료사이클(그림③ 참조) 정책에 치우친 일본인데, 그것은 어떻게 봐도 실패사례다. 안전문제는 물론 재정적으로도 엄청난 낭비다. 일본은 몬주(일본 고속증식로의 이름)만으로 1조엔(약 10조원)을 낭비했고, 그 외에도 사용후핵연료 재처리공장에 애초 계획의 3배에 가까운 약 3조엔(약 30조원)을 투입했다(2011년 2월 현재). 그 재처리공장도 아직 제대로 가동시키지 못하고 있고, 가령 제대로 가동했다 하더라도 오염을 일상적으로 배출할 것이다. 이런 정도의 비용이라면 차라리 외국에 위탁하는 것이 더 싸다.

물론 핵발전에 드는 비용은 이것만이 아니다. 후쿠시마 사고 수습, 사용후핵연료 최종처분, 앞으로 이어질 원자로 폐쇄(폐로) 등에 대체 얼마나 들지 아무도 모른다.

한국정부는 한미원자력협정을 개정하여 재처리를 실시하려고 하는데, 종국에는 파탄날 것이 확실하다. 한국은 일본의 전철을 밟지 말아야 한다.

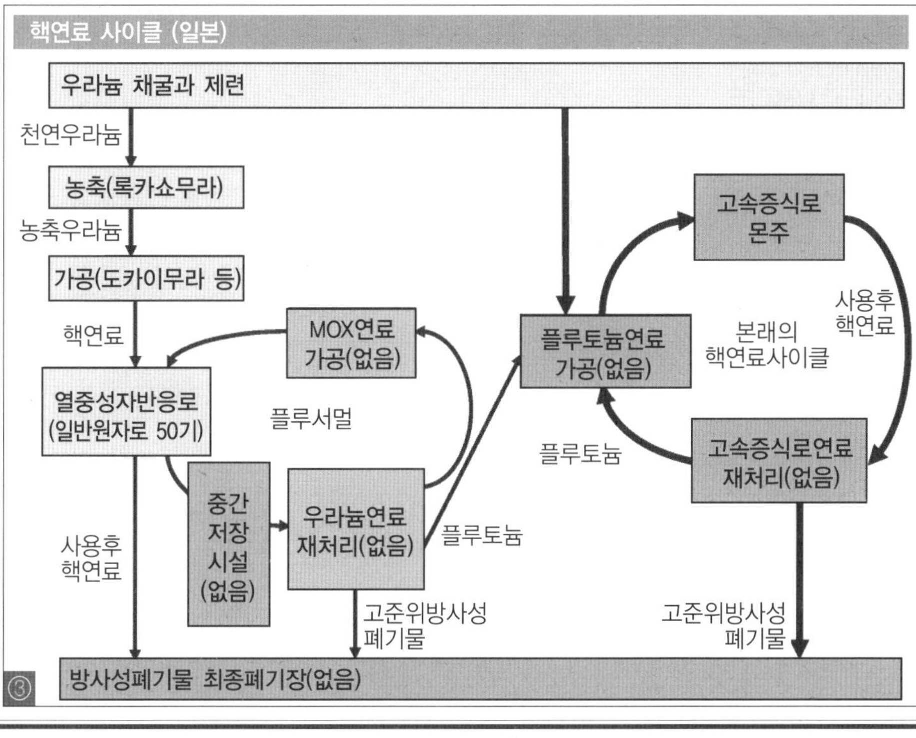

핵연료 사이클 (일본)

지금도 희생은 계속된다… 여성과 아동들의 피해

아사노 겐이치 교수(浅野健一, 도시샤대학 사회학부) | 체르노빌의 경고, 두번째

일본도쿄전력 후쿠시마 핵발전소 '사고 후'를 이해하기 위해 체르노빌 시찰여행(NPO법인 '식품과 생활의 안전기금' 주최)에 참가한 필자가 2회에 걸쳐 실정을 보고한다. 지난 4월호(탈핵신문 7호)에 이어, 이번 호에서는 사상 최악의 핵발전소 사고로부터 26년, 체르노빌 핵발전소 주변 뿐 아니라, 우크라이나에서는 지금도 건강피해로 고통받는 사람들 다수가 존재한다. 출처 일본 《주간금요일(週刊 金曜日)》 2012년 11월 9일(919호). 번역 이영구

핵발전소 노동자와 그 가족 약 1만명이 살고 있던 체르노빌에 극히 가까운 쁘리빠치시는 현재 유령도시가 되어있다. 땅속에 파묻혀진 집터에는 '여기는 ○○집이 있다'는 표식이 서 있다. 폐허가 된 보육원 내부에는 장난감과 낮잠 자는 침대, 마당에는 왼쪽다리가 떨어져나간 인형이 있다. 방사선오염이 극심하다.

폐촌이 된 주민들은 우크라이나 각지로 강제 이주당했다. 키에프에서 남동 70km의 비오염지인 고바린마을을 찾아갔다. 핵발전소에서 서쪽으로 35km에 있는 노비밀 마을의 약 1천명 모두가 1992년 이 마을로 이주했다.

국가의 부담으로 만든 이주자저택은 10종류 정도가 있고, 가족수에 따라 넓이가 다르다. 토지와 주택은 먼저 살던 곳과 비슷하다고 했다. 스텐반츄 빠렌치나 촌장은 "이주한 이는 270세대, 530명. 나는 쁘리빠치에서 왔다. 토지는 350㎡, 집은 120㎡. 가족구성에 따라 추가도 있다"고 말한다. 마을 묘지에 가보니, 묘비에는 '1946~1996' 등으로 적혀있어, 단명한 사람이 많다는 걸 알 수 있었다.

교토대학 원자로실험소 조교인 고이데 히로아키(小出裕章) 씨는 "26년 후, 반드시 후쿠시마 사람들의 고투는 계속된다. 아니, 비극은 26년으로 끝이 나지 않고 끝없이 계속된다. 상상력이 결여된 사람들은 그 위중함을 이해할 수 없다. 그러나 그러한 사람들에게 맡겨두면 미래는 파괴된다"고 강조한다.

생존율 55%

아이들의 암이 많다. 국립암센터에는 소아병동이 40상 있고, 매년 250명의 아동이 입원. 생존율은 55%라고 한다. 그레고리 그림시구 의사는 "체르노빌과의 관련과 유전에 대해서는 대답하기 어렵다. 조사가 없었던 소련시대의 90년대 초부터 데이터를 집적하고 있다. 대다수가 골암이다"라고 말한다.

우크라이나 국립의학 아카데미 방사선의학연구센터의 고스챤친 로가노후스키 교수(의학박사)는 의사(醫師)인 아내 가리나 씨와 태아의 방사능 피해를 연구하고 있다. 박사는 오염지역인 프리빠치와 비오염지역인 키예프에서 사고 당시에 임신부였던 여성의 아이도 장기간 추적하여, 내부피폭의 영향을 비교하고 있다.

"임신 1주~3주간에 피폭한 경우는 죽음으로 연결된다. 4~8주에는 뇌에 장애를 일으킨다. 지적장애, 간질, 통합실조증(失調症) 등이 키예프보다 쁘리빠치의 아이들쪽이 비교적 많다. 특히 좌뇌에 영향이 크다"고 전했다.

핵발전소로부터 약 120km에 있는 비그니 마을의 나탈리아 오스타보빗치 씨(26세)는 "일곱살부터 갑상선에 이상이 있고, 신장이 나쁘고, 만성편도선염으로도 고통받고 있다. 동생 알렉산더는 작년 6월에 골암에 걸려 20세로 사망했다. 친구와 지인 중에는 몸에 이상이 많고 사망한 사람도 많다. 핵발전소 사고가 증오스럽다"고 말했다.

여행에 참가한 '아이들을 방사능으로부터 지키는 후쿠시마 네트워크'의 구로다 세츠코 씨는 "후쿠시마에서는 핵발전소 사고는 별것 아니라고 선전되고 있지만, 지금도 심각한 체르노빌 상황에서 배워야 한다. 체르노빌 사람들과 정보교환을 하고 싶다"고 말하고 있다.

학교 학생들에게 건강문제를 질문, 거수로 대답토록 했다.

"우리들이 태어난 나라는 녹색이 많은 멋진 나라. 1986년에 핵발전소 사고가 일어나 자연이 파괴되고, 괴롭고 고통스럽고 고뇌가 많은 날들이 시작됐다. 사고는 우리들의 생활에 어둠을 남겼다. 그래도 사람들은 힘내고 있다. 26년이 지났으나, 아직 매년 많은 희생자가 나오고 있다. 지금도 '체르노빌'은 계속되고 있다."

핵발전소에서 80km에 있는 피샤닛츠아 마을 학교에서, 11학년생 분소바 사쵸 씨가 대표로 인사했다. 스레판 교장은 "사고 후에 건강하지 못한 학생이 급증했다. 나 자신도 사고 당시, 핵발전소에서 60km 마을에 있다가 이주했는데 건강이 안좋다"고 말한다. 학교에서는 체르노빌 핵발전소 사고가 일어난, 4월 26일에 기념행사를 반드시 진행하고 있다고 한다.

우리 여행 참가자는 세 학교를 방문해, 합계 101명의 아이들에게 발, 목, 머리가 매일같이 아픈가를 물었더니, 약 70%가 아프다고 대답했다. 우크라이나 정부의 보고서에는 '건강한 아이는 6%'라고 한다.

동생을 20세에 잃었다는 것을 말하는 나탈리 오스타보빗치 씨.

두배 가까운 세슘 검출

또 식품 오염도를 조사하기 위해서 오염지역인 모자리 마을과 비오염지역인 코바린 마을에서 아이들이 보통 먹고 있는 식품을 가져오게 하여, 그 지역의 보건소 등에서 세슘137을 검사했다. 모자리 마을에서는 호밀, 감자, 우유, 치즈에서도 검출됐지만, 코바린 마을에서는 버섯에서만 검출됐다. 모자리 마을의 버섯에서는 코바린 마을의 두배 가까운 수치가 나왔다.

여행단장이며 〈식품과생활안전기금〉 대표인 고와카 준이치(小若順一) 씨는 "양 지역의 공간선량은 변하지 않기 때문에, 건강장해의 원인은 식품에서 섭취하는 내부피폭으로 생각할 수 밖에 없다. 우크라이나에서는 산림의 버섯과 딸기류를 채취해서 가공하고, 저장해서 먹는다. 그다지 세포분열을 하지 않는 뇌, 심장, 신장, 신경, 근육의 유전자가 방사능으로 상처를 입으면 잘 기능할 수 없던가, 세포가 죽는 일이 일어난다. 낮은 수치의 내부피폭으로 장기에 이상이 생겨, 신경에 장해가 일어난다고 생각된다"고 말하고 있다.

앞서(4월호) 소개한 체르노빌연맹 대표인 안드레이예프 씨는 "국제원자력기구(IAEA)는 안전대책을 게을리하고, 우크라이나에서 일어난 건강피해 데이터를 발표할 수 없게 했다. 미국 주도의 IAEA를 대신할 새로운 조직을 만들어야 한다"고 강조했다.

체르노빌을 50번 방문·취재하고 있는 언론인 히로카와 유이치(廣河隆一) 씨는 "아이들이 방사선 오염도가 높은 지역에 살아도 좋다고 하는 일본의 어용학자와 의사는 범죄자다. IAEA는 야마시타 슝이치(山下俊一) 후쿠시마 현립의과대학 부학장 등을 동원하여 후쿠시마 핵발전소 사고의 피해를 축소해 보여주고 있다. IAEA는 핵발전산업을 진흥시키기 위한 기관이니까 정보를 은폐한다. 체르노빌 사고가 일어났을 때의 상황도 비밀로 해왔다"고 한다.

체르노빌 시찰의 보고서는 〈식품과 생활안전기금〉의 홈페이지(http://tabemono.info/)에서 열람할 수 있다. 책자로 구입하는 것도 가능. 문의는 048-851-1212.

지금도 차별과 대립

강제이주한 부부한테 듣는다

이주마을 코바린 마을에서 수학교사였던 미하일 코와르쵸크 씨(73세)와 부인 가리나 씨(61세)를 만났다.

미하일 씨는 "살고 있던 장소는 당초에는 피난구역에 지정되지 않고, 6년 후에 기준이 바뀌었다고 마을전체가 돌연 이주명령을 받았다." 가리나 씨는 "남편은 47년간 수학을 가르치고, 나는 집단농장의 회계담당으로 일했다. 지금은 연금생활. 집은 100㎡이고, 세 개의 방과 400㎡의 밭이 있다"고 말했다.

또 자기는 사고 직후에 갑상선 수술을 받고, 남편은 1994년에 심근경색을 일으켰다고 밝혔다. 손자는 갑상선종, 손녀도 똑 같은 문제를 가지고 있다고 한다.

미하일 씨는 "사고 후 이주할 생각은 없었고, 싫었다"고 눈물을 비쳤다. "원래 살고 있던 마을 사람들한테 '체르노빌 사람이다. 방사선이 옮는다'고 하여 고통스러웠다. 지금도 그러한 차별과 대립하고 있다. 집단농장과 지역 지도자들은 환영했지만, 마을사람들은 태도가 좋지 않았다. '여기는 우리들의 토지다, 강이다, 물고기다'라고 자주 말했다"고 분명히 말했다.

괴로운 일도 많으나, '희망이 있어서 힘내고 있다'고 말하는 미하일 씨 부부

한·일 탈핵시민교류회 추진 이대수 목사 인터뷰

"한·일 시민교류 통해, 탈핵공동행동 모색하자"

일본의 핵발전소 주변 지역 주민모임 및 시민단체 관계자들이 한국의 핵발전소 지역을 순회·교류하는 '탈핵과 아시아평화를 위한 한국 원전지역 한일시민투어'가 오는 6월 19일(수)부터 25일(월)까지 5박 6일간 진행될 예정이다. 이번 행사를 오래전부터 준비하고 있는 이대수 운영위원장(아시아평화시민네트워크, 목사)에게 그 취지와 계획 등을 들어본다.

이대수 목사

시작하게 된 계기는? | 2012년 두 차례 일본 핵발전소 지역 방문을 한 바 있다. 일본 현지 주민대책위에서 활동하는 분들을 비롯해 수도권에서 탈핵 운동을 하는 그룹을 만나면서, 한국 현지와의 교류가 있으면 좋겠다는 요청을 여러차례 받았다. 이후 수도권 탈핵운동 단체 분들과 국내 핵발전소 지역대책위 분들에게, 이런 일본 측의 의사를 전달하면서 그 필요성에 대해 의논해보았더니 다들 필요하다는 입장을 밝혀, 추진하게 됐다.

특히 한·일 현지 주민과 대책위들 간의 상호교류를 통해, 현황을 공유하고 함께 연대해 아시아 탈핵을 위한 공동행동을 모색해 갈 수 있었으면 좋겠다.

어떻게 진행되나? | 첫째, 한국 핵발전소와 지역활동의 실태를 이해하기 위해 핵발전소 현지를 방문한다. 전남 영광(19일, 수)을 시작으로 다음 날 경남 합천(원폭피해2세 모임) 또는 밀양 송전탑, 부산시 고리(20일, 목)를 방문한다. 경주 월성과 경북 영덕(21일, 금), 울진과 삼척(22일, 토) 등을 방문해 현지 주민과 대책위 관계자들과의 교류회 등을 가질 예정이다. 둘째는 수도권 탈핵운동 단체들과의 정책회의 등(24일, 월)을 통해, 한·일 시민사회간의 협력과 공동대응을 의논할 예정이다. 개인적으로 이번 행사에 대해 '탈핵 평화통신사'로 오는 것이라 생각하고 있다.

어떤 분들이 참가하나? | 모두 21명으로, 후쿠시마를 포함한 일본 동북지역에서 활동중인 목사와 활동가들, 일본의 NNAA(No Nukes Asian Actions, 탈핵아시아행동) 임원과 겐카이 핵발전소(큐슈 사가현 소재, 부산에서 200km, 참고로 서울~부산은 330km—편집자 주) 소송중인 분들 그리고 변호사, 수도권 탈핵 활동을 하는 분들이 주축이다. 그 중 한·일 역사 문제 등으로 기존에 한국과 자주 교류한 분들도 있다. 크게 보면 일본 NNAA 중심으로 활동하는 분들이라 할 수 있다.

향후 계획은? | 이번 방문을 시작으로 가을에는 한국에서 일본을 방문할 예정이다. 일본은 지역이 넓어 일부 지역을 중심으로 방문할 예정이며, 일본 현지에서 숙식을 제공한다. 향후 한·일 시민교류를 지속하면서 타이완, 몽골 등의 아시아권으로 확대할 예정이다.

핵발전은 개별 핵발전소만의 문제가 아니라, 국가의 에너지정책과 핵무기로까지 연계된다. 서로에게 격려가 되고 상호 이해를 통해 사이 좋은 이웃으로 살아갈 수 있는 길을 함께 걸어갈 수 있으면 좋겠다.

아시아권 탈핵 공동행동의 가능성은? | 일본의 경우 전후 맥아더 점령사령부에 의해 제정된 현재의 헌법, 즉 '평화헌법' 9조에서 '비무장 전쟁불가' 등을 규정하고 있다. 하지만 일본 보수세력들은 이를 개정해 군대 보유가 가능한 '정상국가화'를 주장하며 핵무기 개발과 보유를 시도하고 있다. 그동안 중국은 개혁개방과 대국굴기를 통해 미국과 G2를 형성하며, 동아시아 질서는 재편되고 있다.

미국은 일본의 재무장화를 기대하며 '아시아로의 귀환'을 통해 중국을 견제하려는 이른바 '신냉전'을 조성하고 있다. 또 여기에 일제 침략과 식민지배 과거사 문제, 일본 주변국간의 영토문제 등이 얽혀 있다. 핵발전소수출과 NPT(핵확산금지조약)는 2차 세계대전 후 출현한 쌍생아다. 20세기 후반의 핵(원전과 핵무기)체제가 인류에게 주고 있는 유혹과 위험을 함께 생각해봐야 한다.

올해는 한국전쟁 정전 60주년이다. 아시아평화를 원한다면 세계 질서의 명암을 이해하면서 핵발전이 아닌 평화적 에너지로 전환하기 위한 시민적 각성과 노력이 중요하다. 탈핵은 지속가능한 에너지체제와 세계평화를 실현할 수 있는 인류사적 도전이다. 이제는 정부만이 아니라 시민사회가 주도적인 역할을 해야 한다.

정리 윤종호 편집위원

핵발전 밀집도 1위 한국, 언제까지 '하느님이 보우하사' 해줄까

김복녀(에너지정의행동)

〈우리는 기니피그인가〉, 장-폴 조 감독, 2012년, 119분, 프랑스

출처: 서울환경영화제 홈페이지

언제부턴가 듣고 싶지 않아도 자주 듣는 단어들이 있다. 내겐 유전자조작식물이라는 GMO와 방사능 용어들이 그렇다.

GMO란 바이러스나 박테리아 등 다른 생명체 유전자를 조작하고 정확하지 않게 곡물에 집어넣는 것이라, 다양한 독성물질이 축적되고 상호작용하면서 어떤 결과를 초래할지 모르는 미지의 기술이다. 하지만 동물실험으로 이미 장기이상, 면역체계 변화, 노화속도 증가, 유전자 발현 이상 따위의 부작용은 분명하게 드러났다.

지난 5월 제10회 서울환경영화제에서 상영하는 다큐멘 〈우리는 기니피그인가〉를 사전 지식 없이 보러 갔다가, GMO와 핵발전이 한 뿌리에서 나왔다는 내용에 깜짝 놀랐다. 미국은 1942년 말부터 2차대전 끝날 때까지 핵폭탄제조 연구소를 세워 1만5천명의 과학자를 모으고 3년간 약 19억달러를 투자한다. 맨해튼 계획이라 이름 붙인 이 비밀프로젝트에 화학, 금속, 전기, 자동차, 석유, 건설사 등 여러 분야 대기업을 거의 참가시켰다. 특히 듀퐁사나 유니언 카바이드사 같은 화학공업과 석유관계 회사가 중요한 역할을 했고, 콜럼비아대, 시카고대, 캘리포니아대학 두뇌들을 참여시켜, 그야말로 군·산·학 복합체가 합심해 전쟁 후 '핵산업'이라는 거대 산업이 실체를 드러내게 된다.

당시 '과학요원'이 된 과학자한테는 미행이 붙고, 집에는 비밀 마이크가 달리고, 나치 독일 못지않은 경찰국가 상황을 방불케 했다. 밤낮없이 연구시켜 만든 두 발의 핵폭탄을 히로시마와 나가사키에 떨어뜨려 세상을 경악시키며 거센 비난을 받지만, 그간 투자가 아까워 맨해튼 프로젝트팀을 해체하지 못하고 '평화이용' 탈을 씌운 핵발전과 GMO 같은 '천하의 민폐꺼리' 연구로 방향을 튼다.

영화는 GMO 옥수수를 흰쥐에게 먹여 1년 넘게 관찰하는 비밀실험실과, 핵발전소 58개에 전력의 핵발전 비율이 75%나 되는 프랑스와 후쿠시마 사고가 난 일본을 오가며 찍었다. 26년 전 체르노빌 핵사고로 유럽이 방사능 공포로 뒤집어졌다지만, 후쿠시마 핵사고도 체르노빌 못지 않은 엄청난 충격을 준 모양이다. 감독은 58기 원자로로 빽빽한 프랑스 지도를 여러 차례 등장시켜 숨을 멈추게 한다. 핵발전소 거대 냉각탑 옆 옥수수밭에서 GMO옥수수를 수확하는 트랙터 앞모습이, 핵탄두 모습과 흡사한 것도 강하게 인상에 남는다.

GMO 보급사는 유전자조작식물이 동물실험을 거쳐 안전하다지만, 3개월 이내까진 별 변화가 없기에 3개월짜리 실험만 허용한다고 한다. 이에 대항하기 위해 양심적인 과학자들이 비밀리에 더 장기간 실험을 한 결과 유전자조작 옥수수를 10개월 먹인 쥐한테서 종양이 발견되고, 18개월이 되자 죽게 된다.

주인공처럼 등장하는 양심적인 과학자는 GMO와 방사능의 공통점도 짚어준다. 그건 이미 꽤 널리 퍼져있고(핵발전은 30개국 이상), 유전자를 한 번 망가뜨리면 되돌릴 수가 없고, 다량이 아니면 먹거나 흡입해도 당장 죽지 않는다고 속임수를 쓰고, 생물체에 농축되어 먹이사슬 상 인간이 피하기 어렵다고.

세계 종자시장을 27% 장악하고 GMO 종자특허를 90% 이상 보유한 몬산토 홍보이사는 이미 1998년 솔직하게 털어놨다. "GMO 안전을 보장하는 것은 몬산토가 할 일이 아니다. 그건 FDA(식품의약국) 일이다. 우리 목표는 제품을 많이 파는 것이다." 그런데 정작 FDA는 직접 실험은 전혀 안하고, 서류검토만 수행한다고 한다. 몬산토 반대의 날도 지정해 GMO 옥수수와 일반 옥수수를 놓아두고 새들이 일반 옥수수를 선별해 먹는 사진을 공개하는 등 여러 행사를 벌여도 몬산토 주가는 떨어지지 않는다고 한다.

며칠 전 재배허가를 받은 적 없는 유전자조작 밀이 미국 오리건주에서 발견됐다며, 일본은 당일 미국산 일부 밀수입 중단을 결행하며 잽싸게 대응하건만, 한국 보건당국은 수입밀과 밀가루를 전수조사하겠단다. 그런데 미국조차 '발견'이라는 표현으로 GMO밀 때문에 호들갑인데, 우리 당국은 대체 뭘 알고 체크해낼 텐가, 체크하면 그 다음은 어떻게 할 것인가?

GMO와 방사능을 양산하는 기업은 그야말로 '죽음을 생산하는 공장'인데, 몬산토는 2010년 '올해 일하기 좋은 100대 기업'으로 〈포춘〉지에 선정됐고, 한수원과 한국전력은 2030년까지 80기를 팔겠다는 MB 허풍을 등에 업고, 국내 핵발전소만으로는 양에 차지 않아 해외로 수출하기 위해 여러 무리수를 두고 있다.

옆자리 친구는 진즉부터 눈물을 훔쳐도 담담하던 나는 마지막 장면에서 울고 말았다. 핵사고 후 제일 먼저 자살한 이가 30년 이상 유기농을 경영하던 농부였는데, 유족인 그 아내와 아들이 면담한 프랑스 부인이 떠나는 차량을 계속 따라오며 손을 흔드는 광경이다. 핵사고 후 농사가 부질없어지기도 했지만, 어쩌면 핵발전소를 10기나 용납하고 유기농에만 전념해온 자신이 한탄스러워 할복하고야 만 고인의 유언을 영화를 통해 세상에 퍼뜨리고 싶은 마음과, 핵물질 오염지에 직접 찾아와 고인과 유족의 심정을 담아준 연출자와 나눈, 이제는 안타까운 정이 느껴져 눈물이 났다.

주변에서, 일본사람은 왜 핵폭탄 맞고도 핵발전소를 그렇게나 많이 허용하고, 후쿠시마 참사를 겪고도 재가동을 용납하느냐고 묻는다. 그런데 우리집 불과 옆집 불이 뭐가 다른가?

핵발전 밀집도 1위인 나라에서, 이웃나라 핵 참사를 강 건너 불 보듯 하면 곧 옮겨 붙을텐데….

핵폐기물을 둘러싼 굴곡진 역사

사용후핵연료②

한국 반핵운동 역사 중 70% 이상은 핵폐기장 반대운동 역사일 정도로 핵폐기장 건설을 둘러싼 우리 사회 갈등은 컸다. 더구나 2004년 12월, 중 · 저준위 핵폐기장과 고준위 핵폐기장 건설 계획이 분리되기 전까지 한국의 핵폐기장은 중 · 저준위뿐만 아니라, 고준위핵폐기물(사용후핵연료)까지 처분하는 시설을 의미했다. 그간 있었던 핵폐기장 반대운동을 통해 실패를 연속했던 정부의 사용후핵연료 관리 정책을 살펴보자.

이헌석 편집위원

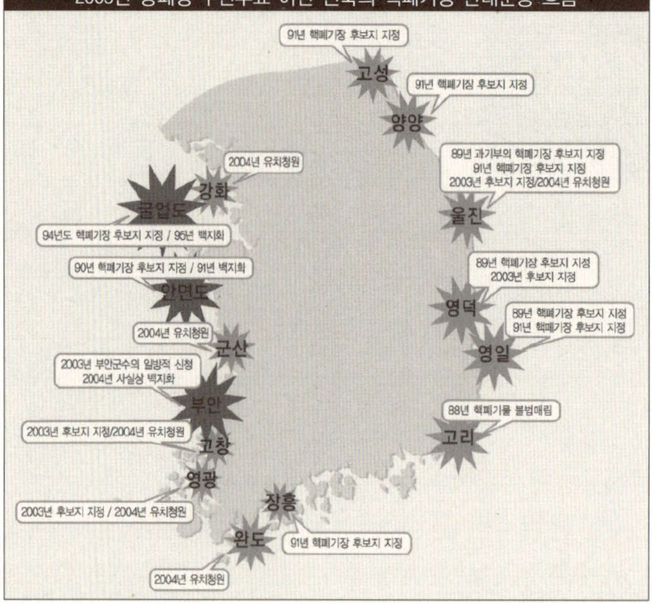

2005년 방폐장 주민투표 이전 전국의 핵폐기장 반대운동 흐름

이헌석 제공

1989년 최초의 계획 수립·추진…영덕·울진·영일 지역

핵폐기장 건설을 위한 정부의 계획은 1980년대로 거슬러 올라간다. 1983년 당시 과학기술처는 핵폐기물 종합대책을 수립하기 위해 '방사성폐기물 특별분과위원회' 를 구성하여 대책을 수립하기 시작한다. 이에 따라 정부는 1986년부터 1988년까지 전국 89개 후보지를 1차 선정한 이후 이를 25개 후보지(동해안 15개, 남·서해안 10개), 그리고 최종적으로 울진, 영덕, 영일 등 동해안 3개 지역이 선정됐다. 이들 지역은 1988년 12월부터 시추조사 등 구체적인 조사가 진행중이었지만, 그 사실을 알고 있는 지역주민들은 아무도 없었다.

1989년 2월, 임시국회를 통해 이들 지역이 핵폐기장 후보지로 거론되고 있다는 사실이 알려지자, 지역주민들의 거대한 반발에 부딪히게 된다. 특히 후보지 1순위 였던 영덕군의 반발은 매우 컸다. 군단위 집회는 물론, 면단위 집회에도 어린아이부터 노인에 이르기까지 다양한 이들의 참가가 있었고, 국도 점거 투쟁을 비롯한 수위 높은 투쟁이 전개됐다.

결국 1989년 3월, 당시 사업주체이던 한국원자력연구소는 부지활동을 중단하고, 홍보활동을 전개했으나, 이 역시 쉽지 않아 그해 연말 활동을 중단하면서 정부의 계획은 백지화됐다. 이 일은 우리나라 최초의 핵폐기장 반대운동으로 기록된다.

본격적인 반핵운동의 시작, 안면도

그 후 정부는 중·저준위 핵폐기물 처분장과 사용후핵연료 중간저장시설만으로는 지역주민들의 동의를 얻기 힘들다고 판단, 제2원자력연구소 부지를 포함한 계획을 수립하게 된다.

이에 따라 1990년 9월 제226차 원자력위원회는 제2원자력연구소를 태안군 고남면에 짓기로 하고, 1991년 5월까지 중·저준위 핵폐기장 위치와 처분방식을 결정하기로 했다. 그러나 이 역시 지역주민들은 내용을 알 수 없었다.

1990년 11월 3일, 국내 조간신문에 일제히 '핵폐기물 영구처분장 안면도 건설계획' 기사가 보도되면서 지역주민들은 내용을 알게 됐고, 분노했다. 이후 지역주민들은 등교거부, 상가철시, 이장단 사표 제출 등 강력한 반대운동에 돌입. 신문보도 5일 동안 대규모 집회에 화염병과 휘발유통이 등장하고 안면지서장의 차와 안면지서가 불타는 등 시위는 더욱 격렬해졌다. 결국 당시 과학기술처 장관이 '주민들의 오해가 풀리지 않는 한 어떠한 원자력시설도 안면도에 추진하지 않겠다' 는 사실상 백지화 선언을 하면서 사태는 일단락됐다.

그러나 이후에도 안면도는 핵폐기장 문제에서 완전히 벗어나지 못한다. 정부는 단지 선정방식만 바꿨기 때문이다. 정부는 1991년 서울대 등에 연구용역을 발주하여 핵폐기장 부지선정을 위한 기준과 홍보전략, 적합지역 선정기준 등을 선정한 이후, 1991년 12월, 강원도 고성군, 양양군, 경북 울진, 영일, 전남 장흥, 충남 태안군 등 6개 지역을 다시 후보지로 선정했다. 다시 안면도를 비롯 6개지역의 반대운동이 이어졌고, 이 과정에서 핵폐기장 유치운동에 앞장섰던 지역주민들이 1993년 원자력연구소로부터 돈을 지원받았다는 양심선언을 하면서 정부는 도덕적 타격을 입게 되고, 결국 이 계획은 모두 백지화되게 된다.

이 과정에서 핵발전소와 핵폐기장 문제에 대한 홍보를 전담할 기구의 필요성을 절감하게 된 정부는 1992년 3월, 일본원자력문화진흥재단을 본 딴 한국원자력문화재단을 설립하게 된다. 과학자들로 구성된 원자력연구소가 중심이 되어 핵폐기장을 홍보하다보니 한계를 느낀 것이다. 이후 정부의 핵폐기장, 핵발전소 홍보는 TV와 라디오, 신문 등 더 다양한 매체로 확대되게 된다.

활성단층 발견으로 정부 스스로 포기한 굴업도

이후 영일군, 양산군, 울진군에서 핵폐기장 유치활동이 이어졌으나 큰 힘을 얻지 못한 채 유치활동은 점차 사그라졌다.

1994년 문민정부는 '방사성폐기물 관리사업의 촉진 및 시설주변지역 지원에 관한 법률(방촉법)' 을 제정하여 핵폐기장 건설지역의 지원을 법제화한다. 그 이전까지 구두로만 언급되던 지원내역을 법제화한 것이다. 이에 따라 핵폐기장 건설 지역은 매년 최대 50억원, 운영기간 중 30년간 매년 최대 30억원의 지원을 받을 수 있도록 했다.

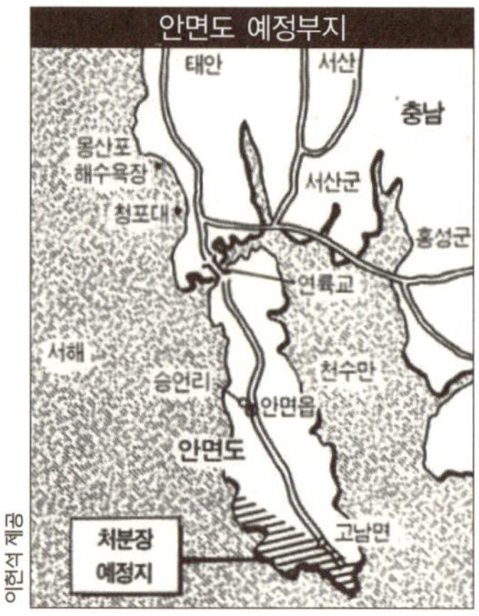

안면도 예정부지

이헌석 제공

그러나 지역선정 과정의 불투명함은 이전 계획과 달라지지 않았다. 1994년 12월 15일, MBC 뉴스데스크는 굴업도가 핵폐기장으로 유력하다는 특종보도를 했고, 이는 22일 과학기술처 장관의 최종 선정발표로 확정됐다.

당시 5가구 10명만 살고 있던 굴업도. 그동안 지역주민들의 반대에 부딪혀 번번히 핵폐기장 건설에 실패했던 정부는 인구가 적은 도서지역을 찾았고, 이런 면에서 굴업도는 최선의 장소였다. 그러나 이번엔 모(母)섬인 덕적도 주민들과 인천시민들이 나섰고, 서울과 인천을 중심으로 이들의 활동은 활발하게 벌어졌다.

그러나 문제는 전혀 엉뚱한 곳 – 굴업도에서 터졌다. 1995년 10월, 핵폐기장 부지를 조사하던 한국자원연구소가 굴업도 반경 3km 구역에서 해저활성단층의 징후를 발견한 것이다. 이는 안전성에 심각한 문제를 일으킬 수 있는 사안이었다. 같은 해 11월, 과학기술처는 정밀조사를 통해 최소 2개의 활성단층을 발견했고, 결국 12월, 굴업도는 핵폐기장 후보지에서 완전히 해제된다.

굴업도 핵폐기장 선정 이후 정부는 이전과 달리 다양한 신문, 방송, 잡지를 통해 핵폐기장의 필요성과 안전성을 강조해왔다. 특히 굴업도가 '최선의 선택' 이었다며, 누구보다 앞장서서 광고를 해왔기에 굴업도 백지화의 충격은 너무나 큰 것이었다.

그 후 정부는 지자체를 대상으로 핵폐기장 유치 공모를 추진하기는 했으나, 지역주민들의 반대와 지자체의 참여저조로 이들 계획은 모두 제대로 추진조차 못해보고 끝났다. 그리고 그 흐름은 2003년 부안으로 이어진다.

〈2003년 부안에서 이명박정부의 사용후핵연료 공론화까지는 다음호에 이어짐〉

굴업도 핵폐기장 추진 광고

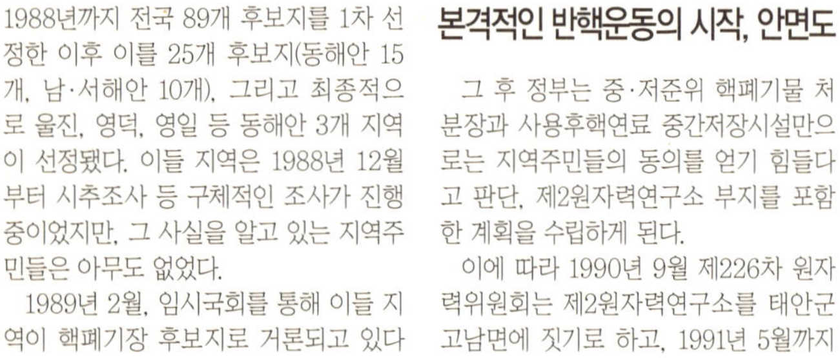

이헌석 제공

우리 군민 다 죽이고, 그 위에다 세워라!
1990년 11월 8일, 안면도 핵폐기장 반대운동

장면으로 보는 반핵운동사 ③

한겨레신문 1면 기사

안면도 핵폐기장 백지화

정부, '서해과학단지' 건설 긴급 철회

주민·학생 1만2천명 어제 격렬 시위

민정계 '사조직 정비' 반발

천명 집회 사진

마른 하늘에 날벼락, 안면도 핵 폐기장

1990년 11월 3일 모든 신문에서 "정부는 서해안 안면도 일대에 핵폐기물을 영구 보존하기 위한 시설을 건설한다는 방침을 세우고 충남도와 협의중"이라는 기사가 실린다. 이 기사를 본 안면도 주민들을 깜짝 놀랐다. 기사 내용에 따르면 충남도와의 협의를 거쳐 100만내지 150만평의 부지 매입까지 끝낸 것으로 보도됐기에 지역주민들의 놀라움은 더욱 컸다. 지역주민들과의 협의는 커녕, 그 사실조차 처음 듣는 내용이었기 때문이다. 지역 청년회는 물론이고 로타리 클럽, 라이온스 클럽 같은 친목모임들까지 이에 대해 즉각 반발을 한 것은 어찌 보면 당연한 일이었다.

이 날 이후 지역주민들의 반발은 단지 불만과 불평으로만 그치지 않고 실천으로 이어진다. 5일 150명의 집회와 초·중·고교생 등교 거부, 상가 철시 결의, 6일 4천~6천명의 집회와 1500여명 수업 거부(안면도 초·중·고교생의 45%), 7일 버스터미널 광장에서 200여명 연좌 농성 및 초·중·고교생 3천명 집회 참가 등 연일 집회와 시위가 계속됐고, 그 연령대는 초·중·고등학생에서 청·장년층에 이르기까지 다양했다.

안면도 항쟁의 날, 11월 8일

이와 같이 집회와 시위가 연일 계속된 것은 11월 9일 예정된 원자력위원회에서 안면도 핵폐기장 부지 선정이 결정되기 전에 이를 막기 위해서였다. 따라서 반대 집회의 절정은 11월 8일 열린 '핵폐기물처분장 설치 결사반대대회' 였다. 당시 기록을 보면 11월 8일 집회가 얼마나 치열했는지를 알 수 있다.

"8일 안면읍 광장에 1만5천명 집결 2차 총궐기 대회 개최, 10:30 화염병, 휘발유드럼, 폐타이어 준비 안면교(연육교)에 방어선 구축하려다 실패, 안면읍까지 밀림, 11:40 안면지서장 승용차 방화, 공무원 6명 납치 감금, 12:50 … 포크레인 방화 … 19:40 서산경찰서 안면지서 방화 21:00 과기처장관 핵폐기장 건설 계획 백지화 선언"〈안면도 투쟁일지〉 중에서

"시위는 오전 10시부터 오후 6시경까지 종일 지속되었다. 시위에서는 '안면공화국' 등의 격렬한 구호가 적힌 옷이 등장하였고 '출정가' 등의 운동권 노래가 불려졌다. 또 한 시위 현장에 나와있던 공무원과 경찰관이 주민들에 의해 감금되고 폭행을 당했으며…"〈조선일보〉 90년 11월 9일

1만 7천명의 섬 주민 가운데 1만5천명이 모인 이날 집회가 끝나고 몇 시간 뒤 과기처 장관은 밤 9시 뉴스에 나와 "주민들의 오해가 풀리지 않는 한 어떤 신규시설도 안면도에서 추진하지 않겠다"는 백지화 선언을 한다. 보통 '정부의 시간 끌기 전략' 과 '책임 미루기 전략' 으로 인해 초기의 열정과 열의가 식어버리고 결국은 패배하고 마는 대부분의 환경투쟁과 달리 단기간의 집중적 투쟁을 통해 "백지화 발표"라는 실질적 성과를 얻어 낸 것이다.

하지만 11월 8일 집회는 성과가 큰 만큼 피해도 컸다. 집회 당일 안면도 반투위 위원장이 연행된데 이어 9일 새벽에는 2500명의 전경을 투입, 섬을 봉쇄한 상태에서 중·고등학생 29명을 비롯 78명이 기습적으로 연행됐다. 결국 7명이 구속되고 3명이 수배되는 등 안면도 주민들에게는 수습해야 할 일들이 너무나 많았다. 평민당 중앙당사 단식 농성, 구속자 석방·수사 중지를 위한 집회 개최 등 사태 수습을 위한 안면도 주민들의 투쟁은 계속 이어졌고, 결국 구속자들은 90년 12월 모두 보석으로 풀려나오게 된다.

불타는 지서장 차

3년의 싸움 끝에 얻어낸 승리

이렇게 일단락이 된 듯한 안면도 핵폐기장 건설 반대운동은 93년까지 계속된다. 과기처 장관이 TV 뉴스를 통해 발표한 "백지화"였지만 논란이 계속 되었던 것이다.

정부는 핵폐기물 처리장 후보지로 안면도를 계속 지정해 놓은 상태에서 각종 설명회와 대덕 연구단지 견학 등의 방법으로 지역주민들의 마음을 돌리려고 애쓴다. 지역주민들을 개별적으로 만나면서 진행했던 이와 같은 회유책으로 결국 지역주민들을 중심으로 '핵폐기장 유치추진위원회' 라는 조직까지도 만들어지게 되고, '유치추진위원회' 의 활동은 지역주민들끼리의 갈등으로 알려져 많은 혼란을 일으킨다. 하지만 93년 1월 이것이 돈이 개입된 정부의 치밀한 공작에 의해 벌어진 일이라는 것이 비밀문서 발견을 통해서 밝혀지고 "유치추진위원회"의 지역주민 양심선언으로 다시 안면도는 혼란에 빠진다. 이러한 과정을 거쳐 결국 93년 3월 과기처 장관의 백지화 발언으로 안면도 투쟁은 '최종 승리' 하게 된다.

이렇게 종결된 안면도 핵폐기장 건설 반대운동은 다른 지역 투쟁과는 다른 몇 가지 양상을 보인다. 초기부터 탄탄한 주민조직의 집행력을 바탕으로 주도면밀한 계획을 수립했으며, 투쟁의 수위를 한정하지 않은 폭 넓은 투쟁을 통해 지역주민들의 분노를 투쟁으로 직접적으로 조직하는 등 투쟁전개에 있어서도 남다른 측면이 많아 보인다. 하지만 무엇보다 안면도 투쟁의 큰 성과는 전국적으로 핵발전의 문제점을 널리 알리고, '지역주민이 반대하면 막을 수 있다' 는 확신을 일깨워준 것이다. 다른 환경투쟁과 달리 승리한 투쟁으로 기억되는 안면도 핵폐기장 건설 반대운동의 성과는 이후 94년 굴업도 핵폐기장 건설 반대운동으로 그대로 이어진다.

국내 핵발전소 현황(4월 6일 현재)

본부	호기	시설용량(만kW)	비고
고리	1호기	58.7	정비 중
	2호기	65	
	3호기	95	
	4호기	95	
신고리	1호기	100	정비 중
	2호기	100	
	3호기	140	건설 중
	4호기	140	건설 중
월성	1호기	68	수명연장 심사 중
	2호기	70	정비 중
	3호기	70	
	4호기	70	
신월성	1호기	100	
	2호기	100	시운전 단계
영광	1호기	95	
	2호기	95	
	3호기	100	제어봉 안내관 균열
	4호기	100	
	5호기	100	
	6호기	100	
울진	1호기	95	
	2호기	95	정비 중
	3호기	100	
	4호기	100	증기발생기 세관 결함
	5호기	100	정비 중
	6호기	100	
신울진	1호기	140	건설 중
	2호기	140	건설 중

23기 운행 중(8기 가동 중지)
1기 시운전 단계
4기 건설 중

3·11 이후 '원자력 안전신화'와 맞서는, 교사와 학교교육

이지언 편집위원

5월 25일, 한·일 탈핵교육 교류회 워크샵에서

이지언 편집위원

"현실을 직시하며 배우는 것은 희망과 연결돼 있다"

"한 학생이 수업이 끝나고 '우리들은 앞으로 긴 시간동안 방사선과 맞서지 않으면 안 되겠네요' 라고 말하더군요. 지금도 고농도의 방사능이 검출되고 있지만, 가장 큰 문제는 제염작업을 한 흙을 처리할 장소가 없다는 것입니다." 일본 후쿠시마현의 한 중학교에서 온 교사가 말했다.

사사키 키요시 씨는 후쿠시마현 고리야마시의 제6중학교에서 아이들과 함께 방사선 수업을 진행해왔다. 그는 "우리 학교는 핵발전소에서 멀리 떨어져있지 않아 창문을 닫고 생활하고, 아이들도 친구들을 잘 만나지 못 합니다"고 말했다. 이어서 그는 "이런 가운데 학생들에게 방사능 교육을 하는 것은 괴로운 일"이라면서도, "그럼에도 부정적인 것보다는 긍정적인 메시지를 어떻게 전달할지 고민한다"고 말했다.

광범위한 지역이 방사능으로 덮인 재앙의 현실을 직시하면서도 어떻게 아이들에게 희망을 가르칠 수 있을까. 5월 25일(토) 한일탈핵교육 교류회 준비모임이 주최한 워크숍에 참석하기 위해 사사키 키요시 씨를 비롯한 5명의 교사와 교육연구자들이 한국을 찾았다. 이들은 "배우는 것은 희망과 연결된다"면서, "학생들에게 현재의 상황을 파악할 수 있는 능력을 기르게 해야 한다"고 강조했다.

후쿠시마에서는 핵발전소 사고가 일어난 2011년을 '방사선교육원년'으로 정하고 학생 주도의 방사선 교육이 실시됐다. 고리야마시 중학교 교사들도 '방사선교육 추진위원회'를 구성하고 함께 방사선교육을 진행하기도 했다. 사사키 키요시 씨는 "지진이 일어나고 8개월 뒤에 수업을 시작했습니다. 방사능 문제가 발생했지만 국가에서는 어떤 지침도 마련해주지 않았죠. 그래서 학생들이 직접 방사능을 측정할 수 있어야 한다고 생각했어요. 환경을 조사하고 위험 소통 능력을 기를 수 있는 교육을 준비했다"고 말했다.

실제로 그는 학생들과 함께 학교 운동장에서 표토를 제거하면서 방사선을 측정해 효과를 확인해보기도 했다. 방사능의 인체 피해에 대한 관심이 높았기 때문에 학생들은 서로 생각을 공유해가며 수업에 적극적으로 참여했다. 1년 뒤에는 방사선 수업을 진행하는 교사는 네 명으로 늘었고 공개 수업 등을 진행하는 등 방사선 교육을 확산시키는 데 앞장서왔다. 양호 교사에게도 아이들에게 충분한 휴식과 규칙적인 생활을 통해 면역력을 키우는 것의 중요성을 수업해달라고 요청하기도 했다.

후쿠시마현 미나미소마시에 있는 이시가미 제1소학교 교사 시라키 츠구오 씨는 가혹한 상실감과 무력감을 느꼈던 2년 전을 회상하며 눈물을 훔쳤다. 그는 "우리 어른들이 아이들을 지원해주는 자세를 갖고자 했습니다. 그러나 실제로 아이들로부터 지지를 받는 것은 어른들이었습니다"고 말했다. 그가 있는 학교는 처참한 상황 속에서도 2011년 4월 개학식을 맞았다. 그는 "어떤 아이는 마스크를 쓴 채로, 또 다른 아이는 마스크를 벗은 채로 교가를 불렀습니다. 씩씩하게 교가를 부르는 아이들의 모습에 눈시울이 뜨거워졌습니다"고 소감을 전하면서, "현실을 직시하며 배우는 것은 희망과 연결돼있다고 생각합니다. 친구들과의 유대감 속에서 희망하지 않으면 안 될 것"이라고 말했다. 그는 사고 발생 1년 뒤인 2012년 3월 44명의 아이들이 건강하게 졸업했다고 전했다.

3·11의 과제, "아이들 스스로를 성장시키며 참여의 기회를 제공하는 것…"

아이들을 단순한 방사능의 '피해자'가 아닌 피폭 저감을 위한 실천이나 핵에너지에 대한 가치 판단을 내릴 수 있는 중요한 '행위자'로서 교육해야 한다는 시각은 최근 더욱 확산됐다. 일본 정부도 2011년 10월 초·중·고등학생용 방사선 관련 읽기용 부교재를 제작해 배포했다. 정부는 부교재 제작의 목적으로 "지금의 곤란한 사태를 극복하고 일본의 장래를 책임져야 할 아이들에게 초·중·고 각 단계에 맞는 방사선에 대해 배우고 스스로 생각하고 판단하는 힘을 기르는 것이 중요하다"고 밝혔다.

하지만 이런 취지와 달리 교재의 내용은 방사선에 대한 기초적인 지식이나 측정 정도에 그치는 것으로 나타났다. 안은경 박사(와세다대 교육학)는 이 교재와 관련해 "아이들이 가장 고민하는 방사선의 영향이나 피해 지역의 상황에 대해선 다루지 않았다"고 비판했다. 이에 대응해 지난해 4월 후쿠시마현 교직원노동조합에서는 방사능의 위협, 피폭 저감, 인권 보호와 차별 극복 그리고 '원자력=핵' 현황 등 4가지 내용을 담은 '후쿠시마현 방사선 교육 방향'을 발표하기도 했다.

후쿠시마 지역의 사람들, 특히 아이들은 지진과 쓰나미 피해에 더해 피폭의 공포, 장래의 건강에 대한 불안, 가족과 주민 사이의 단절, 차별에 대한 불안과 같은 심리적 문제를 안고 있다. 3·11 이후 새롭게 재구성되는 현재를 살아가는 당사자로서 아이들을 존중하고 그들 스스로의 힘으로 건강하게 성장할 수 있도록 지원하는 역할이 강조되고 있다.

안은경 박사는 "사회와 학교에서 아이들이 자신 스스로를 성장시키며 참여의 기회를 제공하는 것,'이를 지역과 학교에서 실현시키는 과제, 바로 이것이 3·11이 던져준 또 하나의 과제"라고 말했다.

교육청 원자력공모전 후원에, 거센 항의 이어져 … 광주·전북·강원 교육청 뒤늦게 후원 철회

이지언 편집위원

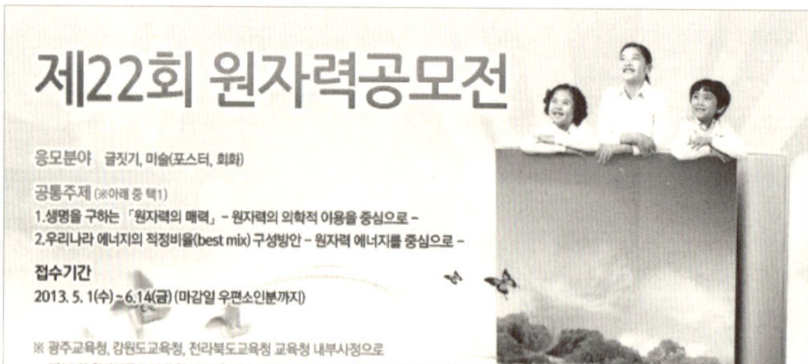

각 지역 교육청이 '생명을 구하는 원자력의 매력'이란 주제의 청소년을 대상으로 한 원자력공모전에 후원한 사실이 알려지면서 시민사회로부터 거센 항의가 이어지자, 광주광역시, 전라북도, 강원도 교육청은 후원을 철회하는 등 곧바로 해명과 수습에 나섰다.

올해로 22회를 맞는 원자력공모전은 산업통상자원부 주최와 원자력문화재단 주관으로 열리며, 지난 5월 1일부터 6월 14일까지 초중고 학생으로부터 핵에너지에 관한 글짓기와 미술 작품을 접수 중이다.

원자력문화재단은 '원자력의 부정적 인식 제거'를 목적으로 매년 학생 대상으로 공모전을 비롯한 각종 행사를 진행해왔지만 환경·교육단체들로부터 직접적인 반대에 부딪히기는 사실상 이번이 처음이다. 앞서 2011년 9월, 원자력문화재단과 세계원자력대학(WNU) 공동 주최로 개최된 '국제원자력올림피아드'에 대해 환경단체 '지구의 벗'이, "위험한 핵기술의 해외 수출을 장려하는 의도로 청소년들을 이용하고 있다"며 규탄한 사례가 있다.

5월 27일(월) 전남환경운동연합, 전교조 전남지부, 참교육학부모회 전남지부 등 11개 시민단체들은, 원자력공모전을 후원한 전남교육청 앞에서 기자회견을 열고, "핵 사고의 최대 피해자는 어린이와 청소년들인데, 이들에게 원자력에 대한 일방 '찬양' 만을 강요하는 공모전을 전남교육청이 후원한 것은 큰 문제"라고 비판하며 후원 철회를 요구했다. 김승환 전북도교육감이 페이스북에 사과의 글을 남기는 등 전라북도, 광주, 강원도 교육청은 즉각 원자력공모전 후원 철회에 나섰다. 이와 관련해 원자력문화재단은 자신의 웹사이트에서 "(해당) 교육청 내부 사정으로 후원 및 교육감상 신설이 취소됐다"고만 알리고 있다.

제주, 대구, 충북 지역 시민사회 단체들도 후원 철회를 촉구하는 기자회견을 여는 등 해당 교육청을 압박했지만, 이들 지역을 포함한 서울, 인천 등의 교육청은 후원과 교육감상 시상에 계속 참여하고 있다.

탈핵신문

공동대표 김준한(발행인) 박혜령
운영위원 이대수 이헌석
편집위원 고노 다이스케 윤종호 이헌석 이지언
사무간사 황정화 010-2881-6822
배송·운영지원 에너지정의행동

(110-876) 서울특별시 종로구 숭인동 76번지 롯데캐슬천지인 지동 205호
문의전화 02-702-4979
팩 스 02-704-4979
이 메 일 hjhlucia@hanmail.net
등록번호 종로라 00386
구 독 료 1년 2만원 / 가판 1천원

2013년 7월호 (제10호) www.nonukesnews.kr 농협 352-0491-9279-43 예금주 김준한

교과서를 펴보면, 핵은 안전한 에너지?

보충 자원 개발에 따른 지역의 변화(원자력 발전소 부근)

원자력 발전소에서 터빈을 돌리고 나온 증기를 다시 물로 만들 때 냉각용으로 바닷물을 사용한다. 이 바닷물은 복수기에서 증기와 열교환에 의해 물을 끌어올 때보다 7℃ 정도 높아져 바다로 배출되는데, 이를 온배수라고 한다.

냉각수로 사용되는 온배수는 원자력 발전소뿐만 아니라 일반 산업 시설에서도 배출되는 것으로 오염과는 거리가 멀다. 그러나 주변 해역의 수온에 영향을 미쳐 김, 미역 등 저온성 해조류에 피해를 주는 것으로 밝혀져, 공인 기관의 피해 조사를 거쳐 보상을 실시하고 있다.

영광과 월성 원자력 발전소에서는 바다로 버려지는 온배수를 어류 양식에 이용하기 위해 원자력 발전소 내에 양식장을 운영하고 있다. 양식 결과 자연 상태보다 2~4배 정도 빠른 성장이 확인되고 있다. 최근에는 고리 원자력 발전소에서 온배수를 이용한 진주 조개 시범 양식이 성공을 거둬 지역 주민들의 새로운 소득원으로 떠오르고 있다. 이는 방사성 물질 오염 등의 문제도 없어 온배수의 청정성과 유용성이 입증된 사례라고 할 수 있다.

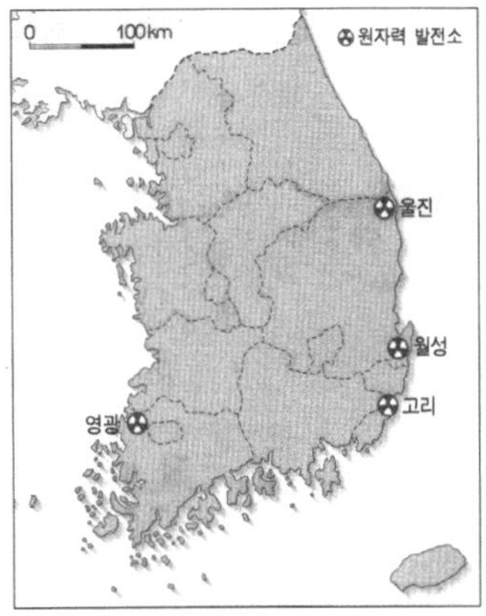

원자력 발전소의 입지

고등학교 〈한국지리〉 (이승호 외, 두산동아, 107쪽) : 핵발전소 주변 해역에서 어류의 감소를 다룬 '원자력발전소의 온배수로 인한 주변 환경 피해'란 제목의 꼭지가, '자원 개발에 따른 지역의 변화'라는 제목으로 바뀠다. 내용 또한 원자력발전소의 온배수로 '어류에서 2~4배 빠른 성장이 확인된다'라고 긍정적으로 바꿔놓았다.

국내 한 교과서를 보면, 핵발전소에서 배출되는 온배수는 주변 해조류에 도움을 준다. 온배수를 이용해 핵발전소 내에 양식장을 운영해보니 '자연 상태보다 2~4배 정도 빠른 성장이 확인된다' 고 긍정적인 내용을 담았다. 여기에는 '최근에는 고리 원자력발전소에서 온배수를 이용한 진주조개 시범양식이 성공을 거둬 지역 주민들의 새로운 소득원으로 떠오르고 있다' 며, '이는 방사성물질 오염 등의 문제도 없어 온배수의 청정성과 유용성이 입증된 사례라고 할 수 있다' 는 설명이 붙어있다.

이 내용은 고등학교 〈한국지리〉 (두산동아) 107쪽을 펴보면 확인할 수 있다. '자원 개발에 따른 지역의 변화' 의 예시를 다룬 해당 꼭지의 애초 제목은, '원자력발전소의 온배수로 인한 주변 환경의 피해' 였다. 핵발전소에서 '증기와 열교환에 의해 물을 끌어올릴 때보다 7도 정도 높아져 바다로 배출' 되는 온배수에 대해 부정적 영향을 소개하던 기존의 맥락이 정반대로 바뀐 것이다.

앞서 언급한 내용은 핵발전에 우호적인 국내 교과서 서술의 한 사례에 불과하다. 초·중·고 사회·과학 교과서를 보면 핵발전은 깨끗하고, 안전하고, 경제적이며 유용한 에너지다. 교과서에 따르면, 핵발전은 온실가스를 배출하지 않고(고2 〈지구과학1〉 (중앙교육진흥연구소)), 우라늄은 풍부하고 저렴해 경제적이고(고등 〈한국지리〉 (교학사)), 핵발전소는 강진에도 견딜 수 있어 안전하다(중1 〈과학〉(지학사)).

교과서 수정에 목매는 원자력문화재단

놀라운 사실은 핵발전에 대한 긍정 일색의 교과서 내용 수정이 우연이 아니라, 원자력홍보기관에 의해 장기간 주도면밀하게 추진됐다는 점이다. 원자력문화재단은 1996년부터 '각급 학교 원자력 관련 수정 반영을 위한 교과과정 개편 추진 기본 계획' 을 마련하고, 다음해부터 교과서 수정 내용의 반영을 교육부에 요청해왔다. 핵발전에 대한 이해를 돕는다는 명분으로 교과서를 직접 저술하는 교육부의 교육과정 편수관을 대상으로 울진의 핵발전시설을 시찰토록 했다. 통계 수정이나 단순 의견을 제시하는 기존 방식과 달리 2005년부터 원자력문화재단은 교과서 개정 요구안을 만들고 이와 관련된 연구 프로젝트를 시작했다.

원자력문화재단이 교과서 수정에 이렇게 적극적인 이유는 뭘까? 원자력문화재단의 〈원자력 관련 교육과정·교과서 이해 교육 개발 연구〉 (2010)를 보면 "원자력에 관한 인식을 개선하기 위해서는 체계적이고 지속적인 '교육' 의 방식이 효과적인 대안" 이라며, 교과서 수정의 목적을 밝히고 있다. 여기에는 원자력에 대한 인식이 '막연하게' 부정적 태도로 치우쳐져 있다는 관점이 깔려있다.

이 보고서에 따르면 "과거 DDT나 고엽제의 문제에서 드러났던 것처럼 어떤 과학기술의 문제점을 충분히 살펴보지 않고 무분별하게 사용함으로써 문제가 발생하게 되는 경우가 있는 반면, 객관적으로 안전성이 확인되는 경우에도 주관적인 불안감으로 인해 과학기술을 거부하거나 도입에 반대하는 경우도 적지 않다. 원자력의 경우 후자의 문제를 겪고 있는 대표적인 영역" 이라고 서술하고 있다.

원자력문화재단은 교과서 내용 수정의 방향을 '원자력 이해 교육' 에 두고, 이를 '대안적 에너지로서의 원자력의 장·단점에 대해 객관적으로 탐구할 수 있도록 이끌어주는 교육' 으로 정의한다. 원자력문화재단의 요청에 따라 수정된 교과서 내용을 보면, 핵발전에 관한 잘못된 어휘나 통계를 바로잡거나 균형 잡힌 관점을 소개하는 것을 제외하면 핵발전의 긍정성만을 나타낸 내용이 대부분이다.

원자력에 우호적인 교과서 사례들

핵발전의 친환경성을 강조하는 대목은 가장 흔한 교과서 수정 내용이다. 고등학교 〈화학1〉 (교학사)에서 대기오염을 줄이기 위해 활용되는 방법들로 '풍력의 이용' 대신 '원자력의 이용' 이 제시됐고, 사진도 교체됐다. 고등학교 〈경제〉 (법문사)에서 '경제주체의 합리적 선택' 단원에서는, "정부는 (중략) 강 하류 지역의 홍수 피해를 근본적으로 해결하기 위하여 다목적 댐을 건설하기로 하였다" 에서, "정부는 온실 가스 배출을 줄이고 에너지 자립도를 높이기 위해 원자력 발전소를 건설하기로 하였다" 로 내용이 수정됐다. 모두 원자력문화재단의 요청에 따라 수정됐다. 이는 온실가스를 배출하지 않아 기후변화의 대안으로서 핵발전이 다시 주목받게 됐다는 '원자력 르네상스' 주장과 맞닿아있다.

고등학교 1학년 〈과학〉 (지학사)의 '환경' 단원에서 "(기후변화 대응을 위해) 가장 좋은 방법은 온실 기체의 발생량을 줄이는 것이다. 즉, 에너지원으로 쓰이는 석유, 석탄 등의 화석 연료의 사용을 줄이고, 신·재생 에너지를 개발해야 한다" 는 내용이, "신재생 및 원자력 등 저탄소 에너지 비중을 확대해야 한다" 로 수정된 것도 같은 이유에서다. 고등학교 〈물리2〉 (상문사)의 '원자와 원자핵' 단원에서는 "원자력 발전은 이산화탄소 등 온실가스의 배출량을 효과적으로 줄이면서 에너지 수요증가에 대응할 수 있는 가장 현실적인 대안" 이라고 서술한다.

환경적으로 깨끗할 뿐 아니라 핵발전소나 방사능폐기물이 안전하다는 내용도 원자력문화재단에서 가장 주목하는 수정 방향이다. 고등학교 〈화학1〉 (천재교육)에서 "현재 방사능 폐기물은 폐광이나 지하 깊은 곳에 보관하고 있는데 오랜 시간이 지나면 결국 방사능 폐기물이 지하수를 오염시킬 수 있다" 는 표현은, "방사능 폐기물의 대부분은 위험성이 크지는 않지만, 안전한 관리를 위해 보호시설이 갖춰진 지하 깊은 곳으로 운반하여 저장한다" 는 내용으로 수정됐다.

후쿠시마 핵 재앙 이후에도 사정은 변하지 않았다. 2013년에 발간된 중학교 〈기술·가정2〉(교학사) 222쪽을 펴보면, 2011년 도쿄전력 핵발전소 사고에 대해 "최근 원전 사고로 인해 더욱 안전한 원자력 에너지 이용 방법에 대해 관심이 높아지고 있다" 로 심각성에 비해 매우 가볍게 서술했고, 뒤이은 내용에서 핵융합 에너지의 안전성과 청정성을 단정적으로 기술했다.

▶2면으로 이어짐

이지언 편집위원

▶1면에서 이어짐

2012년판 고등 〈물리2〉 (교학사)에서 원자로를 다룬 '생활 속의 물리' 에서는 체르노빌 사고를 언급하며 위험성을 강조하는 것 같지만, 뒤이어 우리나라 핵발전소의 가압경수로에 대해 "화재의 위험이 없으며", "건전한 상태를 유지하도록 설계"됐을 뿐 아니라, "방사능 차폐 시설은 다섯 겹의 방호벽으로 되어 있어 방사성 물질의 누출을 철저히 차단해 환경 피해를 입히지 않도록 하고 있다"고 나타냈다. 과거 다른 나라의 원자로보다 우리나라 것이 기술적으로 우월하다는 핵산업계의 논리를 그대로 옮겨왔다.

안전성뿐 아니라 국가 주도의 핵발전 추진에 따라 정부 논리를 교과서에 고스란히 반영한 서술 유형은 경제적 측면도 마찬가지다. 교육과학기술부에서 올해 출판한 고등학교 〈공업과학〉 215쪽에서는 국내 연구용 원자로 기술의 요르단 수출 관련 내용이 '폐기물' 단원의 '방사선 폐기물의 처리 방법' 에서 함께 소개됐다. '원전 역사 50년 만에 국산 원자로 첫 수출' 이란 제목의 꼭지에서는 기술 수출에 따른 경제적 효과를 장밋빛으로 그렸다. 2010년 한국원자력연구원이 수주한 해당 원자로 수출사업은 최근 핵발전소 부품 시험성적서를 위조한 성능 검증업체가 원전계측제어시스템(MMIS)의 검증을 수행하고 있는 것으로 나타나 논란을 빚고 있다. 비슷한 예로, 고등학교 〈경제지리〉 (지학사)에서도 우리나라의 대표적인 공업의 사례가 '조선공업'에서 '원자력발전' 으로 교체되고 UAE 핵발전소 수출 내용이 실렸다.

▶중학교 〈기술·가정2〉 (교학사, 2013년 발행, 222쪽) : 2011년 발생한 후쿠시마 핵발전소 사고에 대해 "최근 원전 사고로 인해 더욱 안전한 원자력 에너지의 이용 방법에 대해 관심이 높아지고 있다"로, 규모의 심각성에 비해 매우 가볍게 서술했다. 뒤이은 내용에서 핵융합 에너지의 안전성과 청정성을 단정적으로 기술했다.

2. 원자력 에너지의 생산과 이용

원자력 에너지는 원자핵이 분열하거나 융합할 때 방출하는 에너지를 말한다. 핵분열 연쇄 반응이 서서히 일어나도록 하면서 필요한 만큼의 에너지를 안전하게 뽑아 쓸 수 있도록 하는 장치가 원자로이다. 원자로는 화력 발전소의 보일러와 같은 역할을 하는 것으로, 우라늄이 핵분열하여 열에너지를 낼 수 있도록 만들어진 우라늄 전용 보일러이다.

원자력 발전은 원자로에서 나온 열에너지를 이용하여 증기를 만들고, 그 힘으로 터빈을 돌린다. 이 터빈에 연결된 발전기가 돌면서 전기가 생산되고, 생산된 전기는 송·배전망을 거쳐 일반 가정이나 공장 등의 필요한 곳에 전달된다.

e 인터넷 사이트
- 한국원자력연구원 http://www.kaeri.re.kr
- 한국원자력문화재단 http://www.knef.or.kr

● 우리나라는 현재 울진, 월성, 고리, 영광에 총 23기의 원자력 발전소를 가동하고 있다.

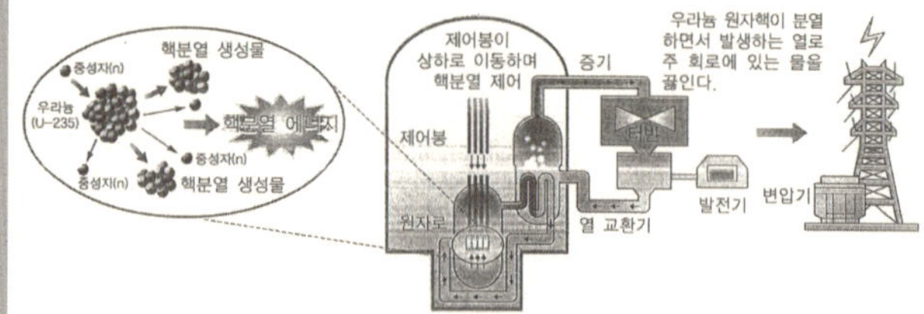

그림 V-9 원자력 발전소의 계통도 및 원자력 발전의 원리

원자력 에너지는 우리 생활에 전력 생산과 질병의 진단 및 치료는 물론, 농작물의 품질 개량, 멸균 소독, 식품 보존, 공업 제품의 비파괴 검사 등에 광범위하게 이용되고 있다. 그러나 방사선의 위험과 폐기물 안전 관리 등의 문제점을 가지고 있다.

최근 원전 사고로 인해 더욱 안전한 원자력 에너지의 이용 방법에 대해 관심이 높아지고 있다. 핵융합 에너지는 중수소나 삼중 수소와 같은 가벼운 원자핵이 융합하여 무거운 헬륨 원자핵으로 바뀌는 과정에서 발생하는 에너지로, 안전성이 매우 높아 폭발의 위험성이 전혀 없고, 온실가스나 방사성 고준위 폐기물 등도 배출하지 않아 차세대 미래 청정에너지로 인정받고 있다.

그림 V-10 차세대 초전도 핵융합 연구 장치(KSTAR)
기존의 일반 전자석이 아닌 장시간 가동이 가능하도록 초전도 자석을 이용한 세계 최고 수준의 핵융합 연구 장치이다.

이밖에도 고등학교 〈한국지리〉 (교학사)에서는 "동력자원에는 석탄, 석유, 천연가스 등이 있다"는 내용이 "동력자원에는 석탄, 석유, 천연가스, 우라늄들이 있다. 우라늄은 원자력의 원료가 되며 매장량이 고르고 풍부하여 값이 싸 경제적이다"로 수정됐다. 중학교 3학년 〈기술가정〉 (지학사) '원자력 발전과 원자폭탄 비교' 단원에서, 핵폭탄에 관한 내용이 삭제되고 대신 방사성 동위원소를 긍정적으로 이용하는 사례가 소개되기도 했다.

찬핵 홍보식 교육을 멈춰라

실제로 2007년부터 2011년까지 원자력문화재단은 초·중등 교육과정 교과서에 대해 매년 각각 309건, 240건, 269건, 271건, 161건의 수정 의견을 제출했고, 이 가운데 95건, 35건, 77건, 65건, 34건이 받아들여져 이듬해 교과서 내용에 반영됐다. 2007년 수정 의견 제출이 최대 31%라는 반영 성공률을 나타내자 원자력문화재단은, '획기적인 발전' 이라며 "이전까지는 어느 기관에서도 교과서 개정의견을 이렇게 받아들여서 이렇게 개선하였다고 공식적으로 발표한 적은 한 번도 없었다"며 스스로를 높이 평가했다.

원자력문화재단이 매년 '대국민 홍보사업' 에 쓰는 예산은 100억원에 이른다. 그 중에서 교과과정 수정과 교재개발, 교원직무연수, 원자력탐구올림피아드, 원자력페스티벌, 체험전시를 비롯한 '차세대 이해증진사업' 에 2005년~2010년까지 6년 동안 사용한 액수만 179억에 이른다. 지식경제위원회에 따르면 2005년부터 2009년까지 "최근 4년간 원자력문화재단의 원자력 홍보사업에는 총 442억원이 사용된 반면, 반면 신재생에너지센터의 신재생에너지 홍보사업에는 총 11억 9천만원이 사용"됐다. 정부가 핵발전과 재생가능에너지 홍보에 대해 매우 차별적으로 투자한 셈이다.

핵발전을 둘러싼 최근 여론조사를 보면 후쿠시마 핵발전소 사고로 핵발전 안전 신화는 크게 흔들렸다. 원자력문화재단에서 2011년·2012년·2013년 각각 실시한 여론조사를 보면 핵발전이 안전하다고 생각하는 사람은 40.1%, 34.8%, 43.6%로 이전(71.8%, 2010년)보다 크게 떨어졌다. 하지만 핵발전을 찬성하는 여론은 다시 '회복세' 를 나타내고 있다. 다만 이는 사회적 토론이나 합의 과정에 따른 결과라기보다는 핵발전을 긍정적으로 그리는 홍보나 교육적 영향력의 확대가 주요한 원인으로 분석된다. 핵발전이나 방사성폐기물 처리장 부지의 확보 과정에서 매번 결정적으로 드러났듯, 핵발전에 대한 부정적인 인식을 바꾸고 수용성을 높이는 방안은 핵산업계의 최우선 과제 중 하나였다.

원자력문화재단의 일방적 독주를 막기 위한 사회적 감시 운동이 최근 어느 때보다도 가장 활발하다. 2011년 9월 원자력문화재단이 세계원자력대학(WNU)과 공동주최한 국제원자력올림피아드 대회에 대해 '위험한 핵 기술의 해외 수출을 장려하는 의도로 청소년들을 이용하고 있다' 며 '환경운동연합' 과 '지구의 벗' 이 비난하고 나섰다. 올해 '생명을 구하는 원자력의 매력' 이란 주제로 청소년을 대상으로 한 원자력공모전에 각 시·도 교육청이 후원한 사실이 알려지면서, 시민사회로부터 거센 항의가 이어진 것도 전례가 없던 일이었다. 원자력문화재단에 전기요금의 일부를 지원하는 현행 제도를 바꾸기 위한 법 개정도 국회뿐 아니라 더 넓은 사회적 토론에 부쳐져야 한다. "자연친화적인 신·재생에너지 확산을 위한 정책으로 전환하기 위하여 신·재생에너지 홍보를 목적으로 하는 법인을 설립" 하려는 취지의 '발전소주변지역 지원에 관한 법률 일부개정법률안' (서영교 의원 대표발의)이 현재 논의 중이다.

무엇보다 원자력문화재단에 의해 오염된 교과서를 바로 잡고 학생들에게 가치판단할 수 있는 대안적 교과과정을 만들고, 수업에서 실천하는 일은 교육계와 시민사회가 함께 시급히 노력해야 할 과제로 보인다. 원자력문화재단이 주도하는 교사연수 프로그램과 핵발전소 방문견학과 같이 강요받아왔던 핵발전 안전신화를 학교에서부터 끊어내야 한다.

이지언 편집위원

… 후쿠시마 사고 이후 …

일본은 어떻게 전력부족을 극복했나?

다카노 사토시(에너지정의행동 활동가)

3·11 이후 일본의 절전노력과 전력개혁…도쿄도를 중심으로

기존 핵발전소 54기 중 현재 2기만 가동 중인 일본

후쿠시마제1핵발전소 사고와 그 이후 잇따른 핵발전소 정지로 인한 전력부족을 일본은 어떻게 대규모정전 없이 극복했는가?

여기에는 일본사회 전체의 절전의식 향상과 사람들의 절전노력을 뒷받침하는 제도가 있었다. 또 지자체 차원에서는 절전 외에도, 도쿄전력 이외의 전력을 구입하려고 하는 '탈 도쿄전력' 움직임도 활성화됐다. 도쿄에서 일어나고 있는 변화를 중심으로 절전노력과 전력개혁의 움직임을 살펴보자.

먼저 당시 상황을 뒤돌아보자. 2011년 3월 11일, 지진과 쓰나미, 그 이후 후쿠시마제1핵발전소 사고로 인해 도쿄전력 관내 전력 약 2000만㎾가 상실됐다. 사고 전 도쿄전력 관내 발전량이 6647만㎾이므로 약 30%를 갑자기 잃어버린 셈이다. 이러한 긴급사태에 대해 도쿄전력은 계획정전을 실시했다. 2011년 여름의 예상수요 6000만㎾에 비해 공급량은 5380만㎾로 예측됐고, 620만㎾의 공급부족에 대처해야 하는 상황에 처했다.

이에 일본정부는 대규모수요처(계약전력 500㎾ 이상), 소규모수요처(계약전력 500㎾ 미만), 그리고 일반가정에서 전년대비 전력을 각각 15% 삭감할 것을 목표로 세웠다. 특히 대규모수요처에 대해서는 전기사업법을 근거로 15% 삭감을 명령하는 '전력사용 제한령'을 내렸다. 이 명령을 고의로 위반하면 벌금도 부과할 수 있다.

정부의 이러한 대책 외에 도쿄도도 독자적인 대책을 세웠다. 그런데 그것은 새로운 제도나 시책을 시작했다기보다 기존 지구온난화 대책에서 쌓인 경험을 살린 것들이 많았다. 구체적으로 대규모수요처에는 '배출권거래제', 소규모수요처에는 '지구온난화대책보고서제도', 그리고 일반가정에는 '에너지절약진단원제도'를 통해 효과적인 절전대책을 실시했다.

'배출권거래제'란 연료와 열, 그리고 전기 사용량이 원유로 환산했을 때 1500kL 이상인 공장·사업소를 대상으로, 온실효과가스 배출총량 삭감의무를 부과하는 제도로 2010년부터 시작됐다. 대상 사업소는 전체 도쿄 전력소비량의 4분의 1을 차지한다. '지구온난화대책보고서제도'란 도쿄도 내에서 중·소규모 사업소를 설치한 사업자가 각 사업소의 CO_2배출량과 지구온난화대책 실시상황을 도쿄도청에 보고하는 제도로 역시 2010년에 시작됐다.

중요한 것은 이 두 가지 제도를 통해 도쿄도청이 도쿄도 내에 있는 대상사업소의 설비와 그 전기사용량 데이터를 얻을 수 있었다는 점이다. 이 데이터를 활용하여 어느 정도 절전할 수 있는지 모의실험할 수 있어 무리가 없고 효과적인 삭감을 조언할 수 있었다.

일반가정에 대한 '에너지절약진단원제도'는 도쿄도가 인정한 약 5700명의 절전진단원이 일반가정을 개별 방문하는 제도로, 여름철에는 약 33만 가구를 대상으로 실시했다. 역시 2010년도부터 시작됐으며 절전에 관한 정보·지식이 없는 사람에게 조명을 줄이는 등 적절한 조언을 줄 수 있었다.

여름철 피크전력 2년 연속 16% 삭감 성공…사회 전체의 절전의식과 제도적 뒷받침

이런 식으로 각 소비층에 대해 적합한 에너지절약 제도가 후쿠시마사고 이전에 설계되어 있었기에, 긴급시에도 효과적인 절전대책을 실시할 수 있었다고 말할 수 있다. 사실 도쿄는 2011년 여름철의 피크(peak)전력(최대 전력치)을 전년 대비 약 16%에 해당하는 276만㎾ 삭감에 성공했다.

주목해야 할 것은 2012년도에 또 약 16% 삭감이라는 성과를 올렸다는 사실이다. 이번엔 전력사용 제한령이 내려지지 않았음에도 불구하고 말이다. 그것은 2011년의 긴급사태에 대해 많은 일반시민과 기업들이 조명 삭감이나 에어컨 설정온도 조절, 소비전력 가시화를 통한 수요관리 등 절전 실천이 정착됐기 때문일 것이다. 절전의식이 높아져 사람들이 실천하면 개인의 노력에 그치지 않고, 무리 없이 절전할 수 있는 제도적인 기반이 확보되어 있었다는 점이 도쿄도의 대폭적인 절전 성공의 요인이 아닐까.

후쿠시마핵발전소사고 이후 또 하나의 큰 변화가 있다. 그것은 지자체가 도쿄전력 이외의 회사로부터 전기를 구입하는 움직임이다. 일본에는 50㎾ 이상의 전기를 사용하는 사업소는 기존 전력회사 이외의 특정규모전기사업자(PPS)에게서 전기를 살 수 있는 제도가 있다. 이것은 2000년에 도입됐는데 후쿠시마 핵발전소 사고 이후 폭발적으로 이용자가 확대돼 현재 공급이 수요를 따라가지 못할 정도다.

도쿄도는 이미 30개 시설에서 총 4만㎾를 PPS에서 구입하고 있으며 올해에도 도립 고등학교와 세무서 등 약 320개 시설의 전력계약을 PPS로 바꿀 예정이다. 가능한 한 빠른 시일 안에 도청이 관리하는 시설의 사용전력 중 30%를 PPS로 바꾼다는 것이 도쿄도의 목표다.

도쿄도 세타가야구는 2012년도에 구 시설의 일부를 PPS로 바꿔 전기요금을 약 4400만엔 절감했다. 또 2013년에는 대상 시설을 기존 117곳에서 163곳으로 확대할 예정이다. 이것으로 전기요금을 6650만엔 더 절감할 수 있는 것으로 보고 있다.

지방에서 생산된 자연에너지를 공동구매하는 '전력 직거래'도 확산

이외에도 세타가야구는 생협과 그 외 주민조직 등과 힘과 돈을 모아 '세타가야전력'이라는 PPS를 스스로 만들어, 지방에서 생산된 자연에너지를 공동구매해서 구민에게 공급한다는 계획을 세웠다. 아직 구상단계지만 이러한 '전력 직거래'의 움직임이 확산되면 도시 공동체와 지방공동체 사이에 새로운 관계를 전망할 수 있게 된다.

물론 과제도 아직 많다. 일본에서 돌리고 있는 핵발전소는 현재 2기뿐이지만, 3·11 이전에 50% 정도였던 화력발전 가동률이 높아졌기 때문에 현재 전체 전력 중에 차지하는 화력발전 비율은 약 90%에 이른다. PPS 역시 화력이 많다. 핵발전소를 없애기 위해 단지 화력발전의 비율을 높이면 된다는 것은 아닐 것이다. 하지만 자연에너지를 생산하고 싶다, 사고 싶다, 그리고 팔고 싶다는 의식은 확실히 커지고 있다. 이러한 의식이 더 구체화된다면 일본은 절전에 의한 사용전력 삭감과 자연에너지에 의한 깨끗한 발전으로 빠른 시일 안에 건전한 탈핵사회를 이룰 수 있을 것이다. 그 길을 한 걸음씩 착실히 걷고 있음을 믿는다.

한국과 일본의 전체 발전량 중 핵발전 비율

이헌석 편집위원

한국과 일본 전체 전력 중에서 핵발전이 차지하는 비중을 나타낸 그래프이다.

2012년 기준으로 한국과 일본의 핵발전 비중은 각각 28.3%와 1.7%를 기록하고 있다. 한국의 경우, 고리 1호기 정전은폐사고와 영광 3호기, 울진 4호기 고장, 월성 1호기 수명만료 등으로 인해 핵발전소 가동중지가 잇따랐고, 일본의 경우 후쿠시마 핵사고 이후 오오이 핵발전소 3,4호기를 재가동했으나, 그 외의 모든 핵발전소 가동 정지에 따른 비율 감소가 주요 원인이다.

일본의 경우 단시일내 핵발전 의존도를 거의 '0'에 가깝게 줄이는 데 성공했으나 향후 재가동 여부가 새로운 쟁점으로 부각될 것으로 보인다.

한국의 경우, 2008년 제1차 국가에너지기본계획에서 핵발전 비중을 2030년 59%까지 늘리기 위한 계획을 세워 둔 바 있다.

올 8~9월경 발표할 것으로 보이는 제2차 국가에너지기본계획에서 이 비율의 유지 여부가 찬핵·반핵 진영 모두에게 초미의 관심사가 될 것으로 보인다.

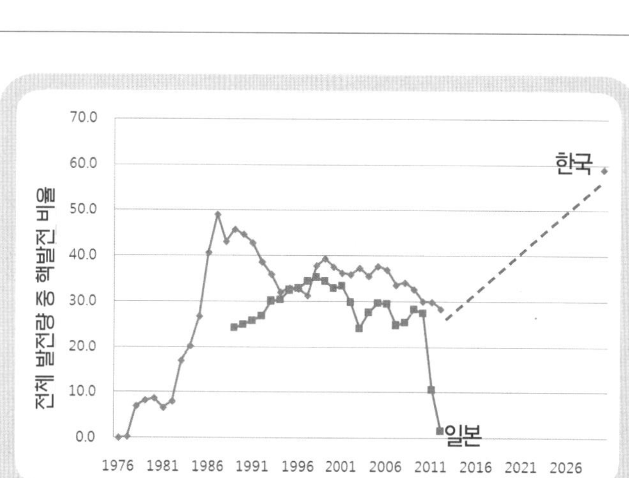

※통계 출처 : (한국) 전력거래소, 전력통계정보시스템, (일본) 전기사업연합회, 전력통계정보

영국의 고준위 핵폐기물 관리정책과 공론화

이영희(가톨릭대학교 사회학과 교수)

박근혜 정부는 국정과제로 올초 '사용후핵연료 공론화위원회' 발족과 임기 내 사용후핵연료 중간저장시설 부지 선정과 착공을 추진하겠다고 밝힌 바 있다. 이러한 정부계획에 어떻게 대응할 것인가, 탈핵운동 내에서 다양한 의견들이 개진된 바 있다. 탈핵신문은 사용후핵연료 공론화 문제를 다른 나라들은 어떻게 접근하고 풀어갔는 지 3차례에 걸쳐 소개하고자 한다. 이번 호에서는 영국 사례, 2회는 캐나다 사례, 3회는 독일 사례이다.

영국은 세계 최초로 상업용 핵발전을 시작한 나라로 현재 16기의 핵발전소가 가동되고 있다. 영국의 핵폐기물 관리정책은 1990년대 중반까지는 폐쇄적이고 권위주의적인 방식으로 전개되었지만, 1990년대 말부터는 전문가만이 아니라 대중 및 이해관계자들의 참여를 중시하는 보다 참여적인 방식으로 운영되어 왔다.

영국 정부는 1980년대부터 핵폐기물 처분장 부지선정에 박차를 가하였지만 강력한 주민 저항에 직면하게 되었고, 궁극적으로 1997년 셀라필드에서 핵폐기물 처분장 부지 확보 시도가 역시 주민 반발로 실패로 끝나자 결국 기존의 핵폐기물 처분장 관련 정책을 전면 백지화하겠다고 1997년에 공표하게 된다. 곧이어 정부는 향후 영국의 핵폐기물 정책이 국민들의 신뢰와 지지를 받을 수 있도록 핵폐기물 관리 정책의 초반 단계부터 일반시민과 이해관계자들을 가급적 많이 참여시키겠으며, 이를 주관할 권위 있는 독립적 기구를 곧 설립하겠다고 선언하였다. 이에 따라 2003년 11월에 새롭게 설립된 기관이 바로 방사성폐기물관리위원회(CoRWM)였다. CoRWM은 정부로부터 자금지원은 받지만 운영은 독립되어 있는 기구로서, 공개 모집 과정을 거쳐 선발된 13명의 위원들(사회과학자, 환경단체 인사, 기술적 전문가 등)로 구성되었다.

CoRWM은 인간과 환경을 보호하면서 영국 내 핵폐기물(주로 고준위)을 장기적으로 안전하게 관리할 수 있는 방안을 사회적 공론화 절차를 거쳐 마련하여 2006년 7월까지 정부에 권고해야 하는 임무를 부여받았다. CoRWM은 공개성, 투명성, 공익성, 공평성, 참여 극대화 등의 원칙을 설정하고 먼저 준비 단계에서 핵폐기물에 대한 장기적 관리(처분 포함)를 위한 모든 가능한 대안을 다 고려한 다음, 대안목록들과 평가기준들에 대한 대중 및 이해관계자들의 의견을 청취하는 사회적 공론화 절차를 단계별로 실행하였다. 구체적으로 대중 및 이해관계자 참여(PSE) 프로그램은 다음 세 단계를 거치면서 진행되었다.

PSE의 1단계(2004년 11월~2005년 1월)의 목적은 핵폐기물 관리정책에 대한 CoRWM의 사전 조사결과에 대한 대중 및 이해관계자들의 참여를 통해 CoRWM이 다음 단계에서 관리 정책 대안목록들을 좁혀나가는 데 도움을 받는 데 있었다. 이때 활용된 PSE 방법들은 전국 이해관계자포럼(다양한 조직을 대표하는 18명의 이해관계자들이 이틀 동안 계속된 포럼을 통해 CoRWM이 제기한 질문들을 숙고하고 응답), 핵발전소 지역 라운드 테이블(핵발전소를 유치하고 있던 지역들에서 개최된 회의로, 전국적 및 지역적 이해관계자들 총 95명이 참여), 공개 미팅(핵발전소 인근 지역에서 8차례 개최되어 111명이 참가, 미팅은 모든 사람에게 개방됨), 토론 집단(원자자력발전소와 관계없는 지역의 일반 대중들을 대상으로 무작위로 선발된 시민들 총 63명으로 구성된 8개의 토론 집단이 개최), 문서화된 자료를 통한 자문(폐기물 관리 정책과 관련된 문서를 작성한 다음 CoRWM의 작업에 관심을 보인 약 4000명의 사람들에게 우송하여 153명으로부터 반응을 얻음) 등이었다.

PSE의 2단계(2005년 4월~2005년 6월)에서는 PSE 1단계의 공론화 과정을 거쳐 압축된 폐기물 관리 대안목록(short-list)과 CoRWM이 제안한 평가절차를 대중 및 이해관계자들이 검토하도록 하였다. 이러한 대중 및 이해관계자들의 참여에 기반하여 CoRWM은 장기중간저장, 심지층처분, 단계적 심지층처분, 천층처분이라는 네 개의 핵폐기물 관리 대안목록들을 최종적으로 결정하였다.

PSE의 3단 계(2005년 10월~2006년 2월)에서는 대중 및 이해관계자의 참여를 통해 핵폐기물 관리 대안목록들을 비교하고 평가하는 데 주안점을 두었다. 이 단계에서도 전 단계와 마찬가지로 시민패널 4회, 전국이해관계자포럼 1회, 핵발전소 지역 이해관계자 라운드 테이블 8회 등의 사회적 공론화 절차가 실행되었다.

이어서 PSE의 마지막 단계인 4단계(2006년 4월~2006년 7월)에서는 핵폐기물 관리 정책에 대한 CoRWM의 권고안 초안에 대한 대중 및 이해관계자들과 전문가들의 코멘트를 구하고 최종 권고안을 운영위원 11인의 만장일치로 확정한 다음 이를 정부에 제출하였다. 최종 권고안의 핵심 내용은, 장기적으로 방사성폐기물은 땅 속 깊이 처분하는 지층처분(geological disposal) 방식이 가장 바람직하다, 그러나 적절한 최종 처분시설 건설까지는 수 십 년이 걸릴지도 모른다는 사실을 감안하면 견고한 중간저장 프로그램이 방사성폐기물 장기관리 전략의 핵심적 부분이 되어야 한다, 정부와 잠재적인 시설 유치 지역들(이들은 자발적 참여 의지를 지녀야 한다) 사이에는 대등한 파트너십이 형성되어야 한다, 부지선정 실행과정을 감독할 독립적 기관이 즉각 설립되어야 한다, 등의 내용이었다.

CoRWM의 권고안에 대해 영국 정부와 의회는 즉각 수용하겠다는 뜻을 밝혔다. 이처럼 영국 정부와 의회가 한결같이 CoRWM의 권고안 수용을 긍정적으로 받아들인 것은 무엇보다도 CoRWM의 권고안이 몇몇 전문가들에 국한된 것이 아니라 광범위한 대중 및 이해관계자들의 참여 과정을 거쳐 도출되었기 때문이다. PSE 프로그램이 그 전에 활용되었던 대중 참여 프로그램들과 가장 다른 점은 첫째, PSE에서는 대중과 이해관계자들로 하여금 의사결정 과정상의 매우 이른 단계에서부터 참여할 수 있도록 했다는 점이고, 둘째, 구체적인 의사결정 단계에서는 정교한 사회과학적 기법들을 활용하여 일반 대중의 의견과 전문가들의 의견을 균형 있게 통합하고자 노력했다는 점이다. 실제로 CoRWM의 PSE 프로그램은 2년 7개월 동안 약 5,000명 정도의 일반시민과 이해관계자들이 참여했다는 점에서 영국 역사상 가장 대규모적이고 야심적인 참여적 공공정책 프로그램이었던 것으로 평가되고 있다. 그리고 일부에서의 우려와는 달리 일반 시민들도 핵폐기물 문제와 같은 과학기술적 이슈에 대한 논의과정에도 충분히 참여할 능력이 있음을 보여주었다는 평가를 받았다.

지금까지 살펴본 바와 같이 영국은 1990년대 후반부터는 기존의 폐쇄적이고 권위주의적이던 핵폐기물 관리방식에서 벗어나 보다 참여적인 방식으로 핵폐기물 관리에 대한 사회적 합의를 만들어내기 위해 노력하였다. 그 결과 영국 CoRWM이 이끈 핵폐기물 관리를 위한 사회적 공론화 방식은 영국 내에서 만이 아니라 국제적으로도 매우 높게 평가되었다. 하지만 최근에 영국 정부가 다시 핵발전소 신규 건설 방침을 밝히는 등 친원전 기조를 분명히 함에 따라 영국 정부와 시민사회 사이에 다시금 긴장이 고조되고 있고, 이에 따라 CoRWM이 성공적으로 수행한 사회적 공론화 활동의 빛도 다소 바래고 있는 것처럼 보인다. 올 초 컴브리아 지역 의회가 영국 정부의 고준위 핵폐기장 부지조사 참여 제안을 부결시킨 것도 그와 무관하지는 않을 것이다.

미국 산오노프레 핵발전소 2, 3호기 폐로 결정

일본미쓰비시가 제작한 증기발생기 고장, 일본 핵발전소 수출 제동

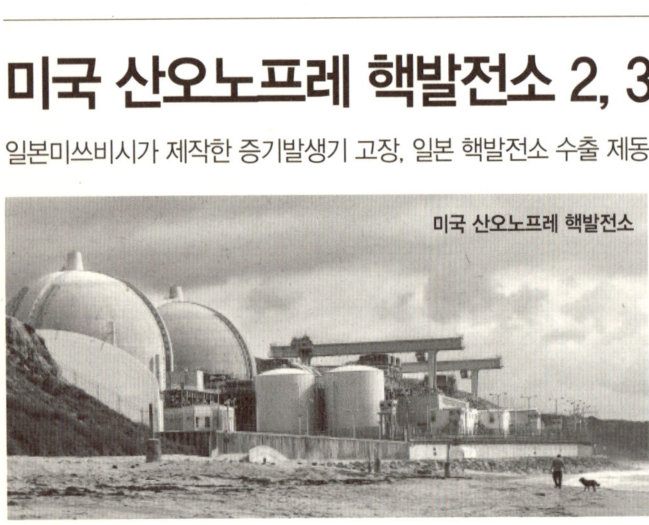

미국 산오노프레 핵발전소

출처 로이터 통신

고노 다이스케 편집위원

미국 전력회사 '서던 캘리포니아 에디슨(SCE)' 이 지난 6월 7일, 캘리포니아 주에서 운영하던 산오노프레 핵발전소 2, 3호기(가압수형 PWR)) 폐로를 발표했다. 폐쇄 결정의 배경에는 주민의 반대 운동과 셰일가스혁명으로 가스화력발전 비용 저하, 그리고 핵발전소의 비싼 보수 작업 등이 있다.

이번 폐로에 결정적인 방아쇠가 된 것은 증기발생기의 고장이다. 2, 3호기의 증기발생기는 2009년~ 10년 사이에 교체된 지 얼마 되지 않았는데, 내부의 가는 배관(전열세관 傳熱細管)에 마모가 다수 발생해 이미 최근 1년 반 동안 운전이 중단된 상태였다. 서던 캘리포니아 에디슨은 이 증기발생기를 제조한 일본 미쓰비시중공업과 손해배상에 대한 협상에 들어갈 예정이다.

이 증기발생기를 제조한 것이 일본 제조사였다는 사실은 매우 중요하다. 일본 아베 총리는 5월에 아랍에미리트와 터키를 방문해 원자력협정을 맺었고, 향후 인도와도 협정을 맺으려 하고 있다. 이 협정 체결을 통해 핵발전소 수출을 시작하려던 참에 일본 3대 핵발전소 플랜트메이커 중 하나인 미쓰비시의 기술에 물음표가 붙었으므로 일본 핵발전소 수출에 제동이 걸릴 것으로 보인다.

핵에너지에 의존하지 않는 사회를 만들어야 하는 '10가지 이유'

왜 탈핵인가?

탈핵이란 문자 그대로 '핵발전이 있는 사회에서 벗어나는 일'이다. 그런데 우리는 왜 탈핵사회를 만들어야 하는가? 수많은 답이 있겠지만, 여기서는 시민과학자이자 세계적인 반핵운동가였던 고(故) 다카기 진자부로 박사가 설립한 일본 원자력자료정보실(CNIC)의 허락을 구해, 원자력자료정보실이 특별하게 중요하다고 생각하는 '탈핵의 10가지 이유'를 제시한다.

1. 방사능재해의 위험성이 있다

원자핵의 핵분열반응을 이용해서 전기를 만드는 핵발전에서는 반응 조절을 실패하면 체르노빌 핵발전소에서 일어난 것과 같은 폭발사고가 발생한다. 또 원자로 냉각에 실패하면 후쿠시마 핵발전소에서 일어난 것처럼 멜트다운이 일어난다. 이러한 핵발전소 사고는 수명이 긴 방사능을 대량 방출하기 때문에 영향이 오래동안 지속돼 극심한 방사능재해를 초래한다. 지금처럼 핵발전소 가동을 계속하면 지진과 쓰나미 등의 자연재해나 관리자의 잘못 등 갖가지 원인으로 인해 언제든 또다시 대형사고가 일어나도 이상할 것이 없다.

2. 방사성폐기물이 생긴다

설사 대형사고를 막을 수 있다 하더라도 핵발전소가 가동되는 한 갖가지의 대량 방사능쓰레기가 계속 발생한다. 그 방사성폐기물 중에는 10만 년 이상이나 격리가 필요한 것들도 있어, 이대로 가면 후세에게 떠맡기는 크나큰 부채를 늘여가기만 한다.

3. 핵이 확산될 위험성이 있다

핵발전이나 핵폭탄이나 연료는 모두 우라늄 또는 플루토늄이다. 핵발전 연료인 저농축우라늄을 만드는 작업을 반복하면, 핵폭탄 재료인 고농축우라늄을 쉽게 얻을 수 있으며, 핵발전의 사용후핵연료에 함유된 플루토늄은 재처리공장에서 추출할 수 있다. 따라서 핵발전을 계속하는 한 새로 핵보유국이 되려고 하는 국가와, 고농축우라늄이나 플루토늄을 탈취해서 핵폭탄을 만들려고 하는 집단이 나타나는 것을 막을 수 없다.

또한 이러한 움직임을 막아낸다는 명목으로 '핵관리사회'가 만들어지면, 인권이 제한되고 위험을 알 수 있는 정보도 은폐돼서, 충분한 대비 없이 핵사고를 맞이해야 할 위험성도 부정할 수 없다.

4. 사고 없이도 노동자는 피폭된다

핵발전소 안에서는 1차하청—2차하청—3차—4차—…… 이런 식으로 차별의 다중구조 속에서 수많은 노동자들이 일하고 있다. (일본의 경우) 전체 피폭 중 95% 이상이 전력회사 직원이 아닌 하청 노동자들에게서 일어나고 있다(평상운전 시).

핵발전소뿐만 아니라 우라늄광산과 사용후핵연료 재처리공장에서도 많은 사람들이 방사선을 쐬면서 일하고 있다. 노동자의 피폭 없이 핵발전소는 돌아가지 않는다.

5. 관련시설도 큰 위험과 문제가 있다

핵발전소에서는 우라늄광석을 캐내어 연료를 제조하는 시설과 방사성폐기물을 처리하는 시설 등 소위 핵연료사이클 관련시설이 많이 필요하다. 이들 시설 또한 핵발전소와 마찬가지로 갖가지 사고 위험성이 있고, 노동자들이 피폭당하며, 방사능 쓰레기를 대량 발생시키고 있다.

6. 지역의 자립과 평화를 해친다

핵발전소 입지 지자체에서는 전원3법 교부금 등으로 재정이 일시적으로 윤택해지기 때문에, 이에 의존하게 되어 지역의 경제적 자립이 어려워진다. 또한 지역주민 간에 이전에는 존재하지 않았던 찬·반 대립을 가져온다는 점도 큰 문제다.

7. 늘 정보은폐와 왜곡이 따라다닌다

핵발전에 관계된 산·관·학의 특정 관계자 사이에서 '핵마피아'라 부르는 분위기가 조성돼 열린 토론을 못하는 환경이 만들어졌다. 과학과 기술 분야에는 비판적 정신이 불가결하지만, 연구비와 인사를 통해 그것들이 이미 깨져 버렸고, 핵에너지 연구에 관련된 대학과 연구자들에게는 이익이 상충된다는 비판이 있기도 하다.

8. 에너지절약에 역행한다

핵자동차나 핵난방이 없는 것처럼 핵에너지는 다른 에너지원과 달리 전기라는 형태로만 비로소 에너지로 이용할 수 있다. 게다가 발전 시에 손실이 매우 많으며 발생한 열의 65% 이상을 온배수로 바다에 버려야 할 정도다. 또 핵발전은 전력수요 변화에 따라 출력을 조절하지 못하기 때문에, 출력조절용 발전소(예, 양수발전소)가 따로 필요하다. 즉 핵발전소를 돌리기 위해서는 화력과 수력 등 발전소를 더 만들어야 한다. 이렇듯 핵에너지에는 오히려 낭비가 많아 에너지절약에 역행하는 존재다.

9. 온난화를 진행시킨다

위에서 설명했듯이 핵발전소가 늘어나면 다른 발전소 또한 늘어난다. 따라서 핵발전소 자체가 화력발전소보다도 CO_2 배출량이 적다하더라도 핵발전소가 있는 사회에는 화력발전소도 필요하기 때문에 결과적으로 CO_2를 줄이지 못해 온난화를 막을 수도 없다.

뿐만 아니라 CO_2 삭감에 가장 효과적인 '에너지절약'에 역행하는 핵발전은 오히려 온난화를 진행시키는 존재다. 핵발전에 엄청난 예산이 투입됨으로써 우리 사회는 보다 효과적인 온난화대책에 써야 할 돈을 잃고 있다.

10. 대규모 정전을 일으킬 수 있다

큰 지진이 발생하는 등 많은 핵발전소가 동시에 가동을 중단할 경우가 있다. 일단 멈춰 버린 핵발전소는 재가동될 때까지 많은 시간이 걸린다. 또 전력소비지에서 멀리 떨어진 곳에 지어야 하는 핵발전소는 장거리 송전이 필요하다. 이때 전압과 주파수 등의 유지가 어려워 송전이 중단될 경우도 있다. 이러한 핵발전은 안정적인 전력공급은커녕 대규모 정전으로 이어질 요인이 수없이 많다. 핵발전이 차지하는 비율이 크면 클수록 대규모 정전 위험성은 커진다.

번역 고노 다이스케 편집위원

탈핵운동의 첫걸음, 탈핵신문 구독

탈핵신문은 정·관·산·학 핵추진 세력들에 대항하며, 핵·방사능의 위험과 진실을 전하고자 합니다. 더불어 국내 23기 핵발전소 지역 및 송전탑·방폐장 현안지역 주민의 목소리, 후쿠시마 사고 이후 전개되는 일본 현장의 목소리를 담고자 합니다.

쉽지 않은 여건에서도 매월 탈핵신문이 중단되지 않는 것은, 바로 여러분들의 지속적인 관심과 후원 덕분입니다. 구독과 후원해 주신 여러분들께 진심으로 감사드립니다.

〈개인〉 강정웅, 권은희, 김상효, 김종대, 김진천, 김혜승, 마츠야마 켄사쿠, 문수정, 민은영, 박맹수, 박설희, 박성희, 박우행, 박종택, 박효진, 배기봉, 배윤숙, 백영기, 서한나, 성상미, 소림화자, 심수은, 안윤희, 오정분, 오카다 타카시, 유이규, 윤성환, 윤회자, 윤희련, 이규빈, 이대수, 이삼연, 이우정, 이원영, 이유진, 이진우, 임재균, 장은복, 정진영, 정홍상, 조현기, 천현진, 최문주, 최혜숙, 카와세 순지, 하난희, 한인화, 황이화, 홍덕화, 홍성원 〈단체〉 강원영동한살림, 그린피스코리아, 도서출판 한티재, 빈터사제단, 천주교 서울대교구 환경사목위원회, 울산우리생협, 전주의료생활협동조합, 청주탈핵학교, 핵없는사회를위한순천시민연대

※구독료 : 1년 2만원(개인 1부, 우편발송), 1년 12만원(단체 30부, 우편발송)
30부 이상 대량 구독은 사무국과 협의(황정화 간사, 010-2881-6822)
※ 후원회원 : 5만원(1년 구독 포함)

일본 롯카쇼에서 보는 재처리공장의 위험성

고노 다이스케 편집위원

일본 핵연료사이클의 또 하나의 중심 롯카쇼 재처리공장

지난 4월말 한국과 미국은 사용후핵연료 재처리 등의 문제에 대해 이견을 해소하지 못한 채, 한·미원자력협정을 2년 연기한 바 있다. 이와 관련하여, 지난 호에서는 고속증식로를 중심으로 한 일본 핵연료사이클 계획에 대해 다루었다. 이번 호에서는 일본 핵연료사이클 계획의 또 하나의 중심인 롯카쇼 재처리공장에 대해 전한다.

복습-사용후핵연료 재처리란?

핵발전소의 사용후핵연료에서 핵분열을 일으키지 않고 남은 우라늄235와 플루토늄을 추출하는 공정이다. 사용후핵연료에 포함되는 플루토늄과 우라늄235는 각각 1.0% 정도고 나머지는 고준위방사성폐기물이 된다.

롯카쇼재처리공장

일본원연주식회사(日本原燃株式会社, JNFL)가 운영하는 롯카쇼 재처리공장은, 혼슈(일본은 4개의 큰 섬으로 구성되어 있는 데, 그 중 가장 큰 섬을 지칭, 편집자주) 최북단에 위치한 아오모리현에 있다. 1993년부터 건설이 시작됐고, 완공되면 사용후핵연료 최대처리능력이 연간 800톤으로 이것은 원자로 30기가 1년간 발생시키는 양이다. 여기서 연간 8톤의 플루토늄을 추출할 계획이다. 제대로 가동된다면 말이다.

방금 '완공되면' 이라고 썼다. 그렇다. 롯카쇼 재처리공장은 건설시작부터 20년이 지난 지금도 완공되지 않았다. 무려 20번이나 조업 시작이 연기된 것이다.

롯카쇼 공장부지 내에는 이밖에도 우라늄농축공장, 저준위방사성폐기물매설센터, 고준위방사성폐기물저장관리센터가 있고, MOX(Mixed-OXide fuel, 우라늄산화물 95%와 플루토늄산화물 5%를 섞은 혼합산화물연료)연료공장도 건설 중이다(2016년 준공 예정이지만 3.11 이후 1년 동안 공사가 중단됐기 때문에 더 늦을 가능성이 큼). 전체로 핵 복합단지를 이룬다.

산더미처럼 쌓인 기술적 어려움…건설 20년, 시운전 14년, 아직도 조업 못해…새 규제기준 결정으로, 올해 안 조업 시작 가능성

패전국인 일본은 핵개발이 늦었다. 그래서 일본 재처리공장은 프랑스의 기술로 건설됐다. 일본 최초의 재처리공장인 도카이 재처리공장을 운영하며 기술을 익혀, 롯카쇼 공장을 독자기술로 지을 생각이었으나 결국 롯카쇼도 프랑스가 지어줬다.

2001년부터 시험운전을 시작했고, 2006년 3월 31일에 그 최종단계인 액티브시험(조업시험)을 시작했다(일본의 회계연도 마지막 날인 이 날에 시작한 것은, 2007년도 예산을 받기 위한 것으로 보인다). 애초에는 2007년에 시험을 끝내고 같은 해 안에 조업을 시작할 예정이었으나, 문제가 다수 발생해 액티브시험은 오늘날까지 계속되고 있다. 시험운전에만 무려 12년이나 걸리고 있는 셈이다.

특히 유일한 국산기술인 고준위방사성폐기물 유리고화체 제조에서 가장 큰 어려움을 겪고 있는 모양이다. 고준위방사성폐기물 유리고화체란 고준위방사성폐기물을 유리와 함께 녹여서 스테인리스용기에 부어 넣어서 굳힌 것이다. 백금족원소가 유리를 녹이는 용해로 바닥에 가라앉아 퇴적하고, 용해로 벽면을 이루는 벽돌의 깨진 부스러기가 용해로에서 스테인리스용기에 녹은 유리를 부어넣는 꼬리 부분을 막곤 했다.

그런데 지난 5월 27일, 일본원연주식회사는 그 유리고화체시험이 끝났다고 발표했다. 올해 3월경에는 금년 10월에 준공 예정으로 발표한 바 있다. 애초 원자력규제위원회는 새 규제기준 결정을 올해 12월로 발표했었다. 롯카쇼 재처리공장도 이 새 기준에 맞추는 것이 필요하기 때문에, 금년 10월 조업 시작은 어려울 것으로 보였다. 그러나 새 기준이 예정보다 6개월 이른 지난 6월 19일에 결정되자 10월에 조업이 시작될 가능성이 커졌다.

일상적으로 방사성물질 대량배출…3·11 때도 위험했다

일상적으로 방사성물질 대량배출…3·11 때도 위험했다

사용후핵연료는 사람이 가까이 가기만 해도 즉사할 정도로 강한 방사선을 쏜다. 재처리 과정에서는 그러한 사용후핵연료를 나름대로 여러 겹의 방벽으로 보호된 원자로에서 연료를 둘러싼 피복관과 함께 잘게 자른 다음, 질산에 녹이는 방법으로 방벽 바깥으로 꺼내 노출시킨다. 이것만으로도 재처리가 얼마나 위험한지 상상할 수 있을 것이다. 이러한 작업을 하는 재처리공장은 일반 핵발전소보다 훨씬 많은 방사성물질을 환경 속으로 퍼뜨린다.

롯카쇼 재처리공장의 경우, 하루에 핵발전소 1년분만큼이나 방사성물질을 방출한다고 한다. 게다가 기술적으로 처리가 가능한 방사성물질마저 아무런 처리도 없이 말이다. 예로 크립톤85, 트리튬3(삼중수소), 탄소14를 들 수 있다. 크립톤은 상온에서는 기체지만 영하 152℃ 이하까지 식히면 액체가 되기 때문에 포착이 가능하다. 트리튬은 수소로 분리한 다음에 거기서 질량 차이를 이용해서 농축하여 포착할 수 있다. 탄소14는 수산화나트륨과 반응시켜 고체로 만들어 포착할 수 있다. 그러나 롯카쇼에선 "필터로는 제거할 수 없습니다. … 충분한 확산·희석효과를 가진 높이 약 150m의 주배기탑과, 해안에서 약 3km 떨어지고 수심 44m에 있는 해양방출구에서 방출합니다"라고 말하고 있다. 포착해야 하고 할 수 있는 것을 하나도 하지 않고 모두 방출한다는 것이다. 그 결과 이들 3개 방사성물질이 일반시민에게 미칠 피폭량은 전체 피폭량의 70%에 이른다.

이처럼 허술한 것은 재처리공장이 원자로등규제법의 농도규제에서 제외됐기 때문이다. 예를 들면 트리튬의 경우, 롯카쇼 재처리공장은 하루에 60TBq(테라베크렐, 테라는 1조)을 바다로 방출할 예정이다. 이에 비해 원자로등규제법에서 정해진 방출허용농도는 1ml당 60Bq이다. 그만큼 희석하려면 하루에 물이 100만톤이나 필요하다. 또 일본원연주식회사의 주장대로 '해안에서 약 3km 떨어진 수심 44m' 의 바다 밑에서 버리면, 그 방출구 부근이 높은 농도로 오염될 뿐이지 바로 '충분한 확산·희석효과' 로 해양 전체에 퍼져서 농도가 낮아지는 것은 아니다. 만약에 바로 퍼진다해도 그것은 의도적으로 해양오염을 일으키는 짓이다.

또 방사성물질은 종류에 따라 몇 만년, 몇 억년이나 방사선을 계속 내기 때문에 피폭피해는 방출한 방사성물질의 총 누적량에 비례한다. 그럼에도 일본원연주식회사는 방출한 방사성물질이 마치 연말에 방사선이 사라지는 것처럼 가정해서 피폭피해를 예측했다. 1년간의 방출량과 피폭피해가 비례한다는 주장이다.

후쿠시마 처럼 지진 등의 자연재해도 고려해야 한다. 롯카쇼에는 일본 전국의 핵발전소에서 가져온 사용후핵연료를 보관하는 저장조가 있는데, 2011년 말에는 이미 전체 용량 3000톤을 거의 채우는 양이었다. 이것은 사고 당시 후쿠시마제1핵발전소 1~4호기에 있던 연료봉 총량이 약 730톤이었다는 것과 비교하면 얼마나 많은가를 알 수 있다. 그것을 물로 계속 냉각시켜야만 하는데, 3·11 때엔 후쿠시마와 마찬가지로 외부전원이 상실됐고 비상용 디젤발전기도 1대가 고장났다. 자칫하면 롯카쇼도 대사고를 일으켰을 수 있다.

채산성은 무시한 채, 계속 증가하는 막대한 비용

롯카쇼 재처리공장은 93년 당시, 건설비 7600억엔이라 했다. 그런데 현재까지 쏟아부은 건설비는 2조2000억엔이며, 더군다나 2003년 발표에선 추가로 운전, 보수, 공장해체, 폐기물처리비용까지 합쳐 총 11조엔에 이른다고 했다. 그런데, 이 금액은 공장이 계획대로 40년간 가동률 100%로 돌아갈 것을 전제로 삼았다. 하지만 최초의 재처리공장인 도카이 재처리공장은 운전을 시작한 1977년부터 2005년까지의 가동률이 18.5%에 지나지 않는 것을 보니, 가동률 100%는 그림의 떡인 듯하다. 따라서 롯카쇼의 비용은 예상보다 훨씬 더 들 것이다.

게다가 이 11조엔을 포함하여 핵연료사이클의 뒤처리비용이 19조엔에 이른다고 한다. 여기에 지난 호에서 다뤘던 몬주의 비용은 포함되지 않았다.

재처리는 본래 핵무기를 만들기 위해 플루토늄을 추출하는 기술이다. 그래서 핵무기 개발국가들은 채산성을 도외시하고도 자금을 쏟아부었다. 그러나 롯카쇼 재처리공장은 (적어도 명목상은) 상업용 시설이다. 상업시설은 제품을 가능한 한 저렴하게 만드는 것이 지상명령일 테다. 가령 롯카쇼 재처리공장이 가동률 100%로 40년 동안 가동된다해도 사용후핵연료 1톤당 재처리비용은 4억엔이다. 한편, 일본은 지금까지 재처리의 대부분을 프랑스 AREVA NC(구 COGEMA, 프랑스핵연료회사)와 BNGS(구 BNFL, 영국핵연료회사)에 위탁해 왔는데(2011년 시점에서 일본이 보유한 플루토늄 중 80% 가까이가 영국과 프랑스에 보관되어 있음), 그 비용은 사용후핵연료 1톤당 2억엔으로, 롯카쇼의 절반에 불과하다. 채산성 면에서 봐도 롯카쇼 재처리공장의 파탄은 분명하다.

포착할 수 있는 방사성물질을 포착하지 않고 자연에 퍼뜨리는 것 또한 이미 엄청난 금액이 돼 버린 건설·운영비용을 조금이라도 줄이기 위해서라는 이유라고 해도 틀림없다.

고준위폐기물 최종폐기장은 미정…폐기물을 증가시키는 재처리공장

롯카쇼 재처리공장에 함께 건설되는 고준위방사성폐기물저장관리센터에는 영국과 프랑스의 재처리로 발생한 고준위방사성폐기물이 유리고화체로 보관되어 있다. 그 시설의 총용량은 유리고화체 2880개로 2013년 2월 현재 1442개가 이미 들어 있다. 그런데 거기는 어디까지나 중간저장시설이다. 최종적인 폐기장으로 반출될 때까지 30 ~ 50년 동안 냉각·저장될 뿐이다. 아오모리현은 지사가 90년대에 최종폐기장 건설을 거부한 바 있다. 일본정부 과학기술청은 이에 대해 "(아오모리현) 지사의 뜻에 반해서는 (아오모리현이) 최종폐기장으로 선정되지 않는다"고 문서로 답했다. 역대 지사들은 이 방침을 지켜 왔다.

2000년에 제정된 '특정방사성폐기물 최종폐기에 관한 법률' 에 따른 일본정부의 계획에 의하면, 2033 ~ 37년 사이에 최종폐기장 운영을 시작하게 돼 있다. 이에 맞춰서 2013 ~ 17년 사이에 정밀조사지구를 선정하고 2023 ~ 2?년 사이에 건설지를 결정해야 한다. 또 이 법에 의하면 정밀조사지구 선정은 그 전 단계로 문헌조사와 개요조사를 거

롯카쇼 재처리 공장 주요공정과 위험성

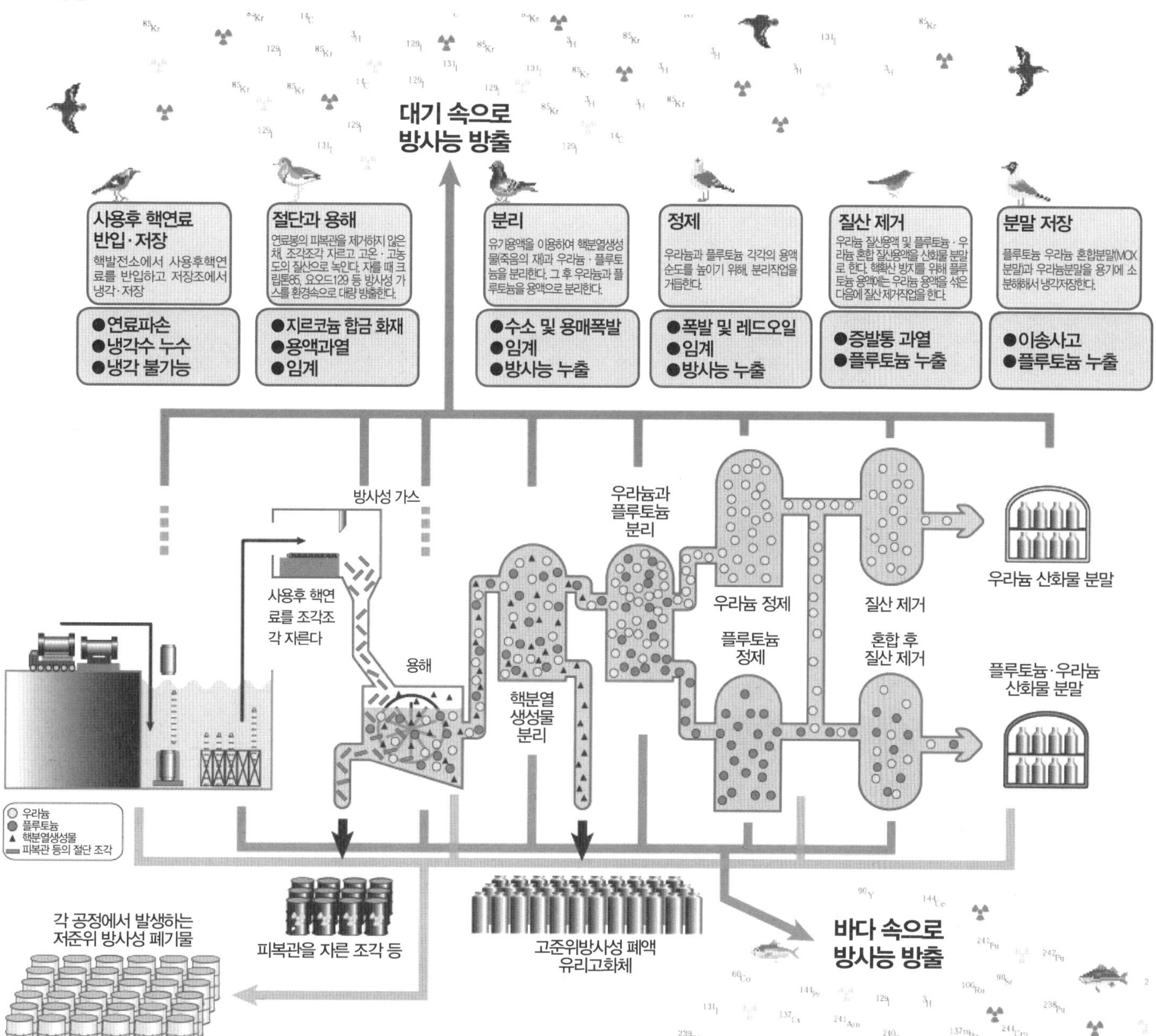

※출처 원자력자료정보실

쳐야 한다. 이 법에 따라 설립된 고준위방사성물질 처리의 사업주체인 원자력발전환경정비기구(NUMO)는 2002년부터 정부교부금을 미끼로 문헌조사에 응하는 기초자치단체를 모집하고 있다. 관심을 보이는 지자체가 몇 군데 나타나긴 했지만, 그 때마다 주민들의 반대에 부딪쳤다. 유일하게 응모한 지자체도 지자체장이 의회와 상의하지 않고 독단적으로 응모했다가, 선거에서 낙선돼 결국 응모가 취소됐다.

결국 고준위방사성폐기물은 갈 곳이 없어 각 핵발전소의 사용후핵연료 저장조(재처리 방침이 철회되면 이것은 그대로 고준위방사성폐기물임)는 거의 꽉 차 있다. 아직 재처리되지 않은 사용후핵연료를 유리고화체로 환산하면 2009년 시점에서 이미 2만 개를 넘었다. 롯카쇼에서 재처리가 시작돼도 최종폐기장은 커녕 중간저장시설마저 절대적으로 부족하다. 핵발전소는 '화장실이 없는 아파트'로 자주 불리는데 재처리 역시 마찬가지다.

추진파는 '재처리하면 폐기물이 줄어든다'며 그것을 재처리 추진의 이유 중 하나로 삼고 있다. 유리고화체로 만들면 고준위방사성폐기물의 부피가 작아지는 것은 사실이지만, 그 과정에서 저준위방사성폐기물이 대량 발생한다. 도카이 재처리공장의 경우, 재처리 전 사용후핵연료에 비해 재처리 후엔 양이 약 40배가 됐다. 또 재처리공장은 조업을 종료하면 공장 자체가 거대한 방사성폐기물이 된다. 이것을 포함하면 재처리는 재처리 전 사용후핵연료의 200배의 폐기물을 만든다는 계산도 있다.

'저준위'라고 해도, 가까이하면 즉사하는 '고준위'와 비교해서 한 말이다. 후쿠시마사고에서 '고준위오염수의 보관장소를 확보하기 위해서'라며, '저준위오염수'를 바다로 버려 심각한 해양오염을 불러일으켰던 기억이 아직도 생생하다.

재처리 허락한 것은 미국 … 그러나 여전히 경계심도

최근의 보도에 따르면 롯카쇼 재처리공장 조업이 한국의 우라늄농축과 재처리에 대한 욕구를 북돋우고 중국의 재처리공장 건설에 동기를 부여하며, 전 세계적으로도 플루토늄 대량보유라는 안 좋은 전례를 제공한다며, 미 오바마정부가 경계해서 그 뜻을 이미 일본정부에 전했다고 한다. 근본적으로 일본이 재처리를 할 수 있는 것은 미국이 미·일원자력협정을 통해 그것을 허락했기 때문이다.

이 협정은 2018년에 유효기한을 맞이한다. 미국과 일본 어느 쪽에서도 종료통보를 하지 않는 이상 자동적으로 연장되지만, 미국의 경계심이 커질 경우 종료나 재처리 조항 개정도 있을 수 있다. 일본이 재처리를 계속하기 위해서는 잉여 플루토늄을 보유하지 않는다는 국제공약을 지켜야 한다. 고속증식로계획이 사실상 좌절된 오늘, 잉여 플루토늄을 소비하기 위해서는 '플루서멀계획'에 따라 기존 핵발전소에서 플루토늄을 연료로 사용할 수밖에 없다(지난 호 참조). 한편, 지난 원자력규제위원회 새 규정기준 결정을 받아 7월 중에 재가동 신청이 예정된 6개 핵발전소 12기 중, 4개 핵발전소 5기가 2009년 단계에서 플루서멀 실시계획이 있던 발전소다. 재처리에 대한 욕망과 국제공약 사이에서 안전이 간과되고 있다.

탈핵을 위한 한·일 시민간의 연대와 모색이 시작됐다!

이대수 목사(아시아평화시민네트워크 운영위원장)

6월 19일~24일 5박 6일간 한국 전역을 돌며 진행된 이번 탈핵 한일시민투어는 NNAA-J(No Nukes Asia Actions-Japan, 탈핵아시아행동-일본)가 중심이 되었다. 겐카이핵발전소(부산에서 200km 거리인 일본 큐슈 사가현 소재, 서울~부산 거리는 약 330km) 주민, 후쿠시마, 일본 동북지역, 오사카, 도쿄 및 수도권 탈핵운동 활동가, 변호사, 목사 등 모두 21명(미국 참가자 1인 포함)이 참가했다. 6월 18일(화) 수원에 모여 숙박을 하고, 다음 날 19일(수) 아침 출발해 영광을 거쳐, 밀양·부산고리(목), 경주월성·영덕(금), 울진·삼척(토)을 돌면서 핵발전소를 방문하고 공동집회와 기자회견 등을 갖기도 했다. 23일(일)은 강원도 고성의 DMZ를 돌아본 뒤, 24일(월)은 서울에서 탈핵운동 단체와 녹색당 그린피스 등을 방문했다.

한·일 핵발전소 지역주민들간의 폭넓은 교류 기회

이번 한일시민투어의 과정과 의의로서, 첫째, 핵발전소 지역주민들과 교류할 수 있는 기회였다. 첫 방문지인 전남 영광핵발전소의 경우 지역대책위에 해당하는 '핵 없는 사회를 위한 영광공동행동'은 영광(=한빛)핵발전소 홍보관 앞에서 현수막을 펼쳐들고 우리를 환영해 주었다.

백제 불교의 도래지이기도 한 영광의 원불교 영산성지 대교당에서 이루어진 교류회(위 사진)를 통해, 영광핵발전소의 실상과 영광·고창대책위 활동에 대해 설명을 듣고, 활동을 공유할 수 있는 여러 방안에 관해 대화를 나눴다. 영광농민회를 비롯해, 고창농민회도 참석해 주었는데, 영광농민회의 경우 '탈핵운동에서 주도적인 역할을 하고 있다'는 자부심을 엿볼 수 있었다.

밀양765kV송전탑반대대책위의 경우, 시간이 부족해 제대로 대화를 나누지 못한 채, 농성현장을 격려 방문하는 수준이라 조금 아쉬웠다.

일본측 방문자들은 부산고리 인근의 월내리 주민대표들과 만나 핵발전소 주변 지역주민들간의 실질적인 경험과 정보를 교류할 수 있는 기회를 가졌다. 주민들이 일본 겐카이 핵발전소지역을 방문했지만, 공무원들과의 만남뿐이라 시민단체·지역주민 등과의 만남을 통한 균형잡힌 인식을 할 수 없었던 한계를 확인할 수 있었다.

경주 월성의 경우 주민대책위 임원들과의 간담회에서 스트레스테스트의 실상에 관해 정보를 공유하면서 의견을 주고받았고, 울진의 경우에는 신화리 마을회관에서 주민대표와의 간담회를 가졌는데 공무원과 경찰까지 참석해 폭넓은(?) 대화를 할 수 있었다.

삼척의 경우 2차례의 투쟁을 통해 이룬 백지화 투쟁의 성과를 확인할 수 있었고, 반대책위 차원에서의 활동에 관한 설명을 들을 수 있었다(아래 사진).

핵발전소의 또 다른 문제점, 고압송전탑과 송전선로

둘째, 핵발전소 외에 송전탑과 송전선로를 포함한 고압송전 문제를 이해하기 시작했다.

핵발전소에 의해 만들어진 전기를 장거리 송전을 하기 위해서는 많은 지역이 고압 송전선로와 송전탑의 통과지점이 될 수밖에 없다.

한국의 경우 밀양과 청도(경북)의 경우가 해당 지역주민들이 송전탑 설치를 반대하는 처절한 투쟁을 전개하면서, 이 문제가 사회적 이슈로 부각되었고, 최근에야 중앙정부와 국회가 직접 나서 해결하려고 움직이고 있는 상황이다. 이제는 과거 군사독재와 권위주의 정부시절과 달리 송전선로·송전탑 건설을 강행하는 국가와 한전에 대해, 지역주민들은 일방적으로 토지를 수용당하고 침묵을 강요받지 않겠다며 사회적 문제로 드러난 상황이다.

울진의 경우 핵발전소 인근의 신화리 마을은 7백년 전통을 가진 곳인데, 마을을 양분하는 도로와 마을 위를 통과하는 고압송전선로로 인해 고립된 죽음의 섬이 되었다고 한다. 그동안 몰랐었는데 밀양에서의 투쟁 소식을 접하면서 방문도 하고 도움도 받게 되었다고 한다. 핵발전소 지역의 전체실상을 이해하는데 도움이 되었다.

탈핵을 위한 한·일 시민간의 연대와 모색이 시작됐다

셋째, 탈핵을 위한 한일 시민간의 협력이 이루어지기 시작했다. 이전 교류에서는 주로 활동가 중심의 소수의 선구적인 교류를 할 수 밖에 없었다. 아시아반핵포럼(NNAF)을 비롯한 환경단체들의 활동, 그리고 일본에서 개최된 탈핵발전세계회의 등은 주로 전문연구자와 활동가를 중심의 참여였다.

일본에서 개최되는 후쿠시마 추모 집회에서도 여건상 주민 참여가 어려웠다. 후쿠시마 이후에는 점차 탈핵운동의 대중화가 이루어지면서 이제는 보다 다양한 교류, 곧 해당지역 활동가와 주민간의 교류, 전문연구자의 지원과 협력 등의 필요성과 가능성을 확인할 수 있었다. 그리고 주민을 포함한 활동가들이 한·일간에 상호 방문을 추진함으로써 지속적인 관계형성이 가능하게 되었다. 후쿠시마 소송을 담당하고 있는 변호사까지 참석했기에 핵발전소 주변지역에서 해야 할 일들에 관해 좀 더 많은 이야기를 하고, 들을 수 있었다.

넷째, 탈핵을 위한 폭넓은 국제연대를 모색할 수 있었다. 이번 방문 마지막 날인 24일에는 녹색당 본부사무처와 그린피스 서울사무소를 방문했고, 핵 없는 사회를 위한 공동행동(이하, 공동행동)과 '핵 없는 세상을 위한 한국그리스도인 연대(이하, 핵그린)'을 차례로 방문하면서 정책협의의 시간을 가졌다.

녹색당의 경우 전세계 1백여 국가에서 참여하고 있는 글로벌네트워크를 갖고 있는데, 특히 APGN(Asia Pacific Greens Network)을 통해 아시아에서의 네트워크를 활성화할 수 있는 가능성이 있다. 그리고 그린피스는 세계적 환경단체로 1년여 전 한국사무소를 개설했고, 오랫동안 반핵운동을 해온 경험과 세계적 전문역량을 갖추고 있어 협력의 폭을 확대할 수 있는 장점이 있다. 이번 방문을 통해 탈핵운동의 폭은 국제연대를 형성의 가능성을 확인할 수 있었다.

후쿠시마 사고를 낸 원자로 제조사 상대로 '세계 1만인 소송' 추진

다섯째, 원자로 제조사 상대의 '세계 1만인 소송'의 한국 참여를 추진하게 되었다.

작년 11월 도쿄에서 창립총회를 개최하면서 후쿠시마 사고를 낸 원자로 제조사에 대한 책임을 묻는 소송의 필요성이 제기됐다. NNAA-J에서는 시마 아키이로 변호사를 중심으로 변호인단을 구성했고, 홍보물을 제작해 원고 1만인 소송단을 모집하는 단계에 이르렀다. 이미 지난 4월 시마 변호사가 방문해 민변과 탈핵법률가모임(해바라기) 등을 방문해 협의를 한 바 있다. 이제 한국에서도 적극 참여할 뿐 아니라 공동보조를 맞춰갈 수 있는 방안을 마련하게 되었다. 이번 방문기간 동안 지역주민, 환경단체 등 모두 원칙적인 공감대를 확인해 주었기에 구체적인 추진이 가능해진 것이다. 2000년 12월 도쿄에서 '위안부' 문제로 14개국 법률가 등이 참여해 개최된 '2000년 일본군 성노예전범 여성국제법정'의 경험을 참고할 만하다.

5박 6일간 영광 원불교 영산성지 대교당을 시작으로 마지막 지역 일정인 삼척 호소동 천주교회 공소, 왕곡마을의 왕곡교회 공동체 등 여러 지역에서 지역주민들과, 시민사회단체, 종교인들의 도움을 받았다. 그간 지역에서 준비하고 환영해 주신 모든 분들께 감사드리며, 오는 10월 초로 계획하고 있는 일본 핵발전소 지역투어 계획도 여러분들의 참여속에 진행될 수 있기를 기대해본다.

핵발전소는 전기가 아니라 방사능 물질을 만드는 곳

탈핵을 위한 한·일시민간담회 전기는 핵발전소가 아니어도 만들 수 있다

이모니카(성남·용인 한살림 이사)

지난 6월 24일(월) 오전, 한살림 성남·용인 사무실에서 '탈핵을 위한 한일시민 간담회'가 열렸다. 이날 간담회에 온 일본 분들은 '탈핵과 아시아평화를 위한 한국 핵발전소지역 한일시민투어'에 함께 하기 위해, 한국을 방문한 일본시민들이다.

후쿠시마에서 목사직을 맡고 있으면서 보육원을 운영하는 아까시 요시노부(明石義信, 56세) 씨, 사가현(佐賀縣)에서 정부와 규슈전력을 상대로 겐카이(玄海) 핵발전소 소송을 앞장서 이끄는 이시마루 하쯔미(石丸ハツミ) 씨, NNAA(No Nukes Asia Actions) 이사인 오쿠보 테츠오(大久保徹夫, 67세) 씨, '후쿠시마 원전사고 긴급회의 & 재가동반대 전국액션합동회의' 구성원으로 참여하고 있는 테라지마 시게히로(寺島栄宏) 씨, 주민만족형 마을만들기 운동을 하다 탈핵운동에 적극 나서게 된 유미바 아키토(弓場彬人, 67세) 씨이다. 이날 간담회는 이분들의 얘기를 차례로 듣고 질문과 답변하는 방식으로 진행됐고, 그 주요내용을 요약·정리했다.

아카시 요시노부

비유하자면, 현재 후쿠시마는 '이가 나지 않은 어린이'의 상황이다(피폭 결과가 아직은 나타나지 않은 상황). 그렇기 때문에 여러분들의 관심과 격려가 필요하다. 지진발생 이틀 후 핵발전소 폭발 사고를 알게 됐다. 후쿠시마에서 사고가 났지만 후쿠시마 사람들도 다른 지역 시민들과 마찬가지로 TV를 통해 알게 된 것이 전부였다.

정부와 도쿄 전력에서는 어떠한 연락도 없었고, 대피 시스템도 없었다. 어떤 곳에서는 집안에 있으라는 안내 방송이 있었고, 어떤 곳에서는 도망치라는 안내방송이 있었다. 피폭의 위험성에 대해 알려주는 곳은 없었다. 먼저 움직인 곳은 소방서였지만, 소방서도 어떤 정보가 있었던 것은 아니었다. 어떤 곳에서는 마을 사람들이 버스를 타고 피난을 가려고 했지만, 피폭을 당한 노인 2명이 버스 안에서 죽었다. 정부가 신속하게 정보를 제공했더라면 사고가 난 직후 사람들은 거리낌없이 밖에 돌아다니지 않았을 것이다. 문제는 이런 사고가 한국에서도 벌어질 지도 모른다는 것이다. 이런 일이 벌어지더라도 정부는 시민들의 안전을 살피지 않는다. 단지 현장 정리에 급급할 뿐이다.

후쿠시마 지역에 임시로 지어진 가설주택에는 사람들이 살고 있고, 자원봉사자들이 일하고 있고 구호 물품도 오고 있다. 겉으로는 예전과 같은 일상으로 돌아가고 있다. 하지만 사람들 사이의 불신의 골은 깊어지고 있다. 정부는 아무런 책임도 지지 않고 있다. 다만 보상금만 주겠다고 하고 있다. 하지만 보상금을 받는 사람과 받지 못하는 사람들 사이에도 불신과 갈등이 있다. 보상금을 받는 기준을 어떻게 정할 수 있는가?(모두 적든 많든 피폭을 당한 상태이기 때문에).

후쿠시마에 살던 어떤 가족은 좀 더 먼 곳으로 이사를 갈 수 있었다. 여기서는 당연하게 여기는 모든 것들-창문을 열고, 운동장에서 뛰어놀고, 수돗물로 세수하고, 편안하게 물을 마시는 모든 것들을 후쿠시마에서는 할 수 없다. 그 가족의 아이들은 다른 지역으로 이사한 후 창문을 열고, 운동장에서 놀 수 있다는 것, 물을 편하게 마실 수 있다는 것을 한참동안 신기하게 생각했다고 한다. 핵발전소 사고는 우리가 너무나 당연하다고 생각되는 것들을 더 이상 당연한 것이 아니게 만든다.

엄마들은 아이들에게 어떤 것들을 먹여야 할지 고민하고 있다. 후쿠시마 이외의 물건들은 안전할 거라고 생각하는 것은 바보 같은 생각이다. 한국에서 수입된 음식물들도 방사선량을 측정해보았다. 한국산 물품에서도 높은 방사선량이 측정되었다. 그런 와중에 엄마들은 그나마 비교적 안전한 물품을 구매하기 위해, 측정기를 가지고 다니면서 방사선량을 측정하고 물품을 구매한다. 예전에는 후쿠시마산이 아닌 다른 지역의 물품들을 사먹으려 했지만, 이제는 방사능 수치가 정확하게 공개되어있는 물품을 구매하려 한다. 핵발전의 위험에서 벗어나기 위해서는 지역간, 나라간 정보교류를 통해 사태를 해결해 나가야 한다.

이시마루 하츠미

사가현에 거주하며 '겐카이 핵발전소 플루서멀 재판 모임'에서 대표로 활동하고 있다. 핵발전소 피해에 대해 정부에서는 피해 없음이라고 하지만 현재 사가현 및 일본정부와 보이지 않는 전쟁을 하고 있는 중이다.

2003년도 10명 정도의 주부가 같이 핵발전소에 대해 처음 공부하면서, 피폭의 무시무시함을 알게 됐다. 핵발전소는 한번 가동하면 마음대로 멈출 수 없다는 것과 원자로에서 나온 방사능 쓰레기는 인간이 처리할 수 없는 비유하자면 마치 아파트를 지으면서 화장실을 만들지 않은 꼴이다.

핵발전소 건설은 주민들의 동의를 얻어 짓게 되어 있었지만, 사가현의 겐카이 핵발전소는 도지사, 지자체장 단지 2명에 의해 결정됐다. 사가현 당국은 핵발전소 문제에 대해 정확하게 답변하지 못했고, 관련 민원을 제기하기 위해 관공서에 찾아가면 관공서 문안으로 들어가지 못하게 해서 문밖에서 성명서를 읽어야만 했다. 핵발전소는 전기를 만드는 게 아니라 방사능 물질을 만드는 곳이라고 생각한다. 전기는 우라늄을 사용하지 않고도 만들 수 있다.

소송을 준비하면서 당국과 핵발전소를 만드는 회사에 핵발전 자료 공개를 요청했지만, 중요한 자료들은 대외비라는 이름으로 중요한 정보위에 검게 색칠해 보내주었다.

국가와 지자체에서 뭔가를 해줄 수 있지 않을까하고 기다리는 것 보다, 우리 스스로가 적극적으로 찾아내고 요구하며, 알아내는 것이 필요하다. 이번 한국 핵발전소를 둘러보면서 느낀 점은 한국정부와 일본정부가 너무 똑같다는 것이다. 정부가 대신 우리의 안전을 지켜주길 바라지만 현실은 그렇지 않다. 시민들 스스로 공부하고 우리의 안전을 지켜나가는 방법도 스스로 고민해야 한다.

오쿠보 테츠오

가나가와현에서 왔다. 여기는 후쿠시마로부터 300킬로미터 정도 떨어진 곳이다. 가나가와현은 녹차 생산지로 유명한데, 녹차 생산지에서 녹차는 오염되지 않았다고 사람들에게 홍보했다. 하지만 측정을 해보니 방사능 수치가 굉장히 높게 나왔다. 거리가 300킬로미터나 떨어져 있었지만 방사능은 바람에 따라 이동하고 확산되기 때문에 어디든 안전하지 않다. 후쿠시마 사태로 태평양이 오염됐다. 따라서, 일본만이 아니라 아니라 전 세계가 핵발전을 중단해야 한다.

후쿠시마 핵발전소를 만든 건, 도쿄전력이라고 생각하지만 사실은 히타치, 도시바, 미츠비시, 미국의GE사가 건설했다. 핵발전소 사고가 나더라도 이 회사들은 어떤 책임도 지지 않는다. 핵발전소를 운영하는 도쿄전력에게만 책임을 묻는다는 법령 때문이다. 사실 이 회사들은 후쿠시마 사고로 더 이상 일본 내에서 핵발전소 건설이 어렵겠다고 판단하여, 인도, 베트남, 터키 등 여러 나라에 핵발전소를 수출하려 하고 있다. 일본의 민주당은 후쿠시마 사고 이후 핵발전을 점차적으로 중단해 나가겠다고 발표했다. 하지만 일본의 경제가 계속 어려워지자 핵발전소수출로 경기를 부양하려 하고 있다. 어느 틈엔가 핵발전소를 점차적으로 중단하겠다는 계획도 없어졌다.

일본은 동부해안선과 서부해안선을 따라 대부분의 핵발전소가 위치해 있다. 우리가 일본에서 열심히 운동하여 일본내 핵발전소를 모두 폐쇄한다고 하더라도 그 옆 한국에서 핵발전소가 존재하고 있다면 일본은 여전히 안전하지 않다. 만약 한국도 한국내 핵발전소를 전체 폐쇄했다 하더라도 서해 건너 중국에서 핵발전소가 가동되고 있다면 한국과 일본은 여전히 안전한 곳이 아니다. 그래서 우리는 일본을 넘어 아시아 전체로 이 운동을 확대하려고 하는 것이다.

NNAA에서는 도쿄전력이 아닌 핵발전소를 건설하는 도시바, 미국GE 등의 기업에게 '원자력 기술 수출 반대' 재판을 하려는 것이다. 이 회사들이 핵발전소가 아닌 친환경적인 것을 생산하도록 유도하는 것이 우리의 목표이다. 아시아 전역의 시민들이 이 소송에 대한 위임장을 주면, 우리가 그 소송을 진행할 수 있다.

테라지마 시게히로

현재 후쿠시마에서는 가족, 지역 공동체의 붕괴가 일어나고 있다. 정부나 TV에서는 이제 후쿠시마는 안전하다고 알리고 있다. 이런 정부의 태도에 의심이 들기 시작하면서 탈핵운동에 참여하게 되었다.

체르노빌에서는 사고가 난 후, 그곳에 살고 있는 사람들을 전부 이주시켰다. 나중에 돌아온 사람들도 있었지만 자발적인 것이었다. 하지만 후쿠시마는 다르다. 피난을 간 사람도 있었고, 피난을 가지 않은 사람도 있다.

후쿠시마에 사는 사람들은 방사능에 대처하는 방법도 각각 다르다. 방사능 측정기를 구입해서 일일이 체크하는 사람이 있는가 하면, 마음속으로는 불안하지만 '차라리 모르는 게 낫다'라고 생각해서 무심하게 살아가는 사람도 있다.

유미바 아키코

나는 주민만족형 마을만들기 운동을 하고 있다. 또한 지역에서 치매 노인 간병 활동에 집중하고 있다.

일본에서는 주민 복지를 정부에서 해결하지 못하고 있다. 지역주민들이 힘을 모아 해결해 나가야 한다. 3·11 후쿠시마 사고가 나기 전에는 탈핵에 대해 별로 관심이 없었다. 그러나 후쿠시마 사고가 난 후로 핵의 무서움을 알게 되었다. 일반적인 자연재해라면 다시 복구하고 다시 마을을 만들면 된다. 하지만 핵 사고가 나면 마을은 다시 복구가 되지 않는다. 인간의 힘으로는 할 수 없다고 생각한다. 주민이 행복하고 살기 좋은 마을과 나라가 되기 위해서는 핵발전소는 없어져야 한다.

그리고 지역에서 하는 마을 만들기 운동도 아주 중요하다고 생각한다. 주민들과의 네트워크가 잘 만들어진 곳은 어떤 재난이 와도, 서로 협력하여 재난에 대처할 수 있고 빠르게 복구가 이루어진다. 후쿠시마 안에서도 주민들 간의 공동체가 잘 형성된 곳은 다른 곳보다 빠르게 복구가 이루어지고 있다.

삼척 신규핵발전소, 삼척만의 문제 아니다

박혜령 통신원(영덕핵발전소유치백지화투쟁위원회)

탈핵신문 인터뷰 : 핵 없는 세상을 위한 동해시 기독교연대

(왼쪽부터) 김현국 전도사, 이상호 목사, 배윤숙 전도사

삼척에서 북쪽으로 해안을 끼고 있는 아름다운 도시 동해가 있다. 삼척의 신규핵발전소 부지 선정 문제는 삼척을 넘어, 이 곳 동해에서도 자신들의 문제로 인식하며 함께 하겠다는 이들의 목소리가 있다.

삼척에서 30km 반경 내라고 하지만, 해안을 따라 이어진 도시의 풍경은 한 도시라 해도 무방하였다. 동해의 초록교회라는 작은 교회에서 2012년 3월 후쿠시마 1주기를 맞아 반핵세미나를 준비하면서, 삼척의 핵발전소 건설이 삼척만의 문제가 아니라는 생각을 나누게 되었다고 회고했다. 이 후 2012년 12월 15일 '핵 없는 세상을 위한 동해시 기독교연대'를 공식 발족하며, 활동 중에 있다.

이들은 삼척·동해 모두 이미 많은 발전시설과 각종 산업시설로 자연환경이 훼손되었고, 핵발전소가 들어서면 돌이킬 수 없는 문제를 떠안게 될 것이라고 말했다.

동해의 세 교회는 지난 해 10월 '원전, 그 끔찍한 폐기물을 우리 아이들에게 물려주시렵니까? 삼척원전 건설 계획을 철회해주십시오. 잊지 맙시다 후쿠시마의 눈물'이라는 현수막을 내걸면서 사람들에게 핵발전소의 폐해에 대해 알려나갔다. 동해에서 약 300여명의 시민들이 참여한 가운데, '핵 없는 세상을 위한 사진전'과 '촛불문화제'를 열었다.

초록교회 배윤숙 전도사는 "일본 사고를 보더라도 동해와 인접한 삼척에 위험한 핵발전소가 들어선다면, 동해도 직접적인 영향권 내에 있기 때문에 결코 남의 일로 미룰 수 없는 문제다"라고 말했다. "생각보다 많은 사람들이 함께했다. 여전히 더 많은 사람들과 함께하는 것이 어려운 숙제이지만, 촛불문화제에 참여했던 분들과 앞으로 지속적으로 핵에 대해 알리고, 더 이상 이 땅에 핵발전소가 건설되지 않도록 힘을 보태려고 합니다"라고 의지를 밝혔다.

"함께하는 사람들이 소수라고 해도, 지키고 이어가는 것이 중요"

함께 세우는 교회의 이상호 목사는 "동해에서도 한국의 탈핵과 삼척의 신규 원전 백지화를 위해 작은 힘이나마 보탬것이다. 그러나 아직 많은 어려움이 있다. 기독교에 대한 외부편견과 내부적인 오해 등도 있어, 아직까지 많은 사람들이 함께하지 못하고 있다. 많은 분들이 핵에 반대하고 뜻에 동의하지만, 여전히 세 교회 외에는 참여하지 않고 있다. 더 많은 교회가 참여할 수 있는 것도 중요하지만, 지금은 뜻을 함께 하는 사람들이 소수라 하더라도 그 뜻을 지키고 이어가는 것이 중요하다고 생각한다"라고 고민을 내놓았다.

그리고 "핵발전의 문제는 현재 우리가 살고 있는 자본의 시대와 무관하지 않다. 핵발전의 문제가 환경의 문제로 국한되어 인식될 것이 아니라, 자본이라는 사회의 근본 구조를 유지하기 위한 수단이다. 단순히 발전소 하나 짓는 문제가 아니다. 자본의 이익에 의해 사람과 자연이 모두 파괴되어 공멸로 가는 것이다. 그리고 핵발전이 가지는 파괴적인 폭력성에 대해 알리는 것이다. 그리고 무엇보다 사람들의 의식은 바뀔 수 있을지 모르지만 핵발전을 반대하는 행동과 실천으로 이어지는 문제는 그리 간단하지 않다. 형식보다는 내실을 위해 노력할 것이다. 성과 위주의 보여주는 활동은 한계를 갖는다. 사람들의 인식과 활동의 변화를 만드는 일이 필요하다"며, 핵발전소 반대활동의 방향에 대한 고민을 토로한다.

"일부 지역주민들은 이것을 본질적인 사회 문제로 인식하기보다는 경제논리로 접근한다. 더불어 운동을 주도하는 단체의 사람들도 각자의 이해를 떠나 하나의 사회 운동으로 만들어 가는 것이 필요하다"라고 덧붙였다.

또 핵발전을 반대하는 목소리가 직업화되고 관성화되어 나타나는 것이, 사람들과의 소통과 연대에 장애가 되고 있음을 지적하며, 탈핵을 위한 활동과 사회 전반의 문제를 함께 인식하기 위한 다양한 활동을 펼쳐갈 것이라고 말했다.

잘못된 사회문제 바로잡는 노력, 교회의 당연한 역할

이들은 올해 3월 후쿠시마 2주기를 맞아 탈핵주간을 정해 연합예배를 주관했고, '핵 없는 세상을 위한 동해시민 공동행동'을 발족했다. 동해시 다양한 시민단체들이 참여의사를 밝혔고, 시민단체보다 종교계에서 먼저 자신의 일로 받아 시작하면서, 현재는 동해시 탈핵운동의 중심에 있다.

이상호 목사는 두 전도사의 힘이 컸다고 말하고, 시민사회와의 연계에도 많은 힘을 쏟았다고 한다. 한백교회 김현국 전도사는 "교회도 지역 사회의 구성원이다. 사회의 문제에 소신을 밝히고 잘못된 것을 바로 잡기 위한 노력이 있어야 한다. 중요하고 당연한 교회의 역할이라고 생각한다"고 담담하게 이어갔다. "핵발전의 문제는 지역을 넘어서는 문제다. 일본의 사고가 보여주듯, 만약 사고가 나면 먼 거리의 지역에도 영향이 미친다. 핵발전소가 어디에 있던 이것은 나의 문제이고, 내 형제의 문제, 내 친구의 문제이다. 활동의 가장 어려운 점은 무관심이다. 핵발전소가 위험하다는 생각이 있어도 이것을 나의 문제로 받아들이지 않고 있다. 내 문제가 아니므로 관심을 갖지 않는다. 삼척이나 영덕, 고리나 경주에 핵발전소가 있다고 해서 나와 무관하지 않다. 이런 생각과 관심을 가지고 우리나라가 탈핵세상으로 가도록 힘을 모았으면 한다. 결국 우리의 목표는 탈핵이다"라고 말했다.

이들을 보면서 동방박사가 떠올랐다. 베들레헴에서 예수가 탄생하였을 때에, 별을 보고 동쪽에서 찾아온 세 명의 점성술가 말이다. 핵발전의 문제를 인류문명의 문제 안에서 인식하고, 그 치명적인 위험성에 대해 말하고 있다. 사람들의 오해와 편견에도 아랑곳하지 않고, 담담히 핵발전은 멈추어야 한다고 말하고 있다. 어느 곳이든 가야할 곳이 있다면 초대하지 않아도 갈 것이라며, 핵발전을 멈추기 위한 어떤 노력도 불사할 것이라고 말했다.

하늘의 뜻을 아는 지혜로운 사람, 세 분의 밝은 빛이 동해로부터 우리나라 구석마다 비추는 등불이 되어 한국의 탈핵에 단단한 힘이 될 것이다. 동해의 아름다운 걸음이 전국 곳곳에서 제2, 제3의 동해로 이어지기를 기대해 본다.

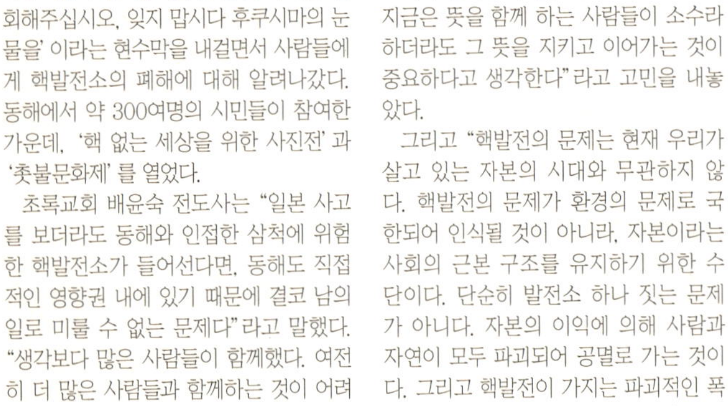

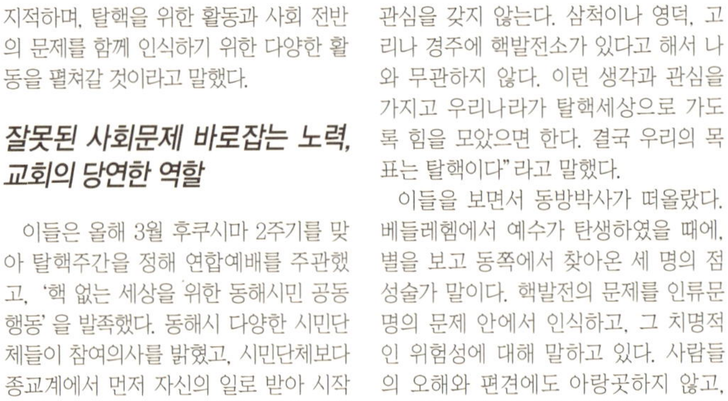

'잔인한 내림'

부산반핵영화제 폐막작

천현진 통신원(부산에너지정의행동)

한국원폭2세환우회 김형률과 한정순

부산반핵영화제는 후쿠시마 사고 후 '평화를 위한 핵은 없다. 모든 핵을 반대한다'는 문제의식을 공유하는 평화운동단체와 환경시민단체가 함께 대중적인 문화컨텐츠로 처음 기획하게 됐다.

한국원폭2세환우회 초대 회장이었던 고(故) 김형률씨의 생애를 기리며, 핵폭탄의 위험과 되물림 되는 상처와 아픔을 잊지 않으며, 후쿠시마 사고로 인해 어떤 핵도 안전하지 않다는 사실을 알리기 위해서였다. 핵무기도 핵발전소도 없는 부산을 부산시민과 함께 만들어나가기 위해 시작한 지 올해로 3회를 맞이했다. 이번 부산반핵영화제에는 국내 작품들이 대거 등장해, 후쿠시마 이후 우리 사회 핵문제에 대한 관심의 증가를 여실히 보여줬다.

김환태 감독의 '잔인한 내림'도 국내 작품 중의 하나이며, 부산 반핵영화제의 폐막작이었다. 한국원폭2세환우회 한정순 회장의 일상을 담담하게 좇아가며 담은 잔인한 내림의 영상들은, 잔잔하게 그녀의 아픔과 상처를 되짚어준다. 그녀는 김형률을 통해 자신의 고통이 어디에서 시작되었는지 차츰 알아가고, 2008년부터 환우회 회장을 맡으며 원폭2세 환우들의 아픔을 만나면서, 진실이 은폐되고 고통이 감춰지는 현실에 당당하게 맞서나가고자 한다.

원폭환우들의 아픔과 고통…'후쿠시마의 미래'이자 또한 '우리의 미래'

"핵과 방사능 문제가 과거 히로시마, 나가사키, 체르노빌, 후쿠시마만의 문제가 아니라 2013년 한국에서 일어나고 있는 문제임을 상기해야 한다고 강력하게 이야기하고 싶었다"는 김환태 감독의 말처럼, 그들은 되물림되는 핵폭탄피해의 고통으로, 그로 인한 생활고로, 또 사람들의 무관심과 차별로, 매일 이중 삼중의 고통과 마주하고 있다.

이유를 알 수 없었던 육신의 아픔 그리고 중증 장애인으로 태어난 아들, 그들을 인정해주지도 책임지지도 않는 한국정부와 일본정부. 환우로써 감당키 어려운 병원비와 생활비를 충당하기 위한 노동의 악순환이 계속된다. 그것은 또한 후쿠시마 사람들의 미래이기도 하고, 핵무기 개발의 야심을 버리지 않고 핵발전을 계속하는 우리나라 정부정책이 바뀌지 않는 한, 우리의 미래가 될 수도 있다.

그러나 영상속에 담긴 한정순 회장은 자신에게 찾아온 손님에게 맛있는 밥을 내주며 온정을 나눌 줄 알며, 자신의 현실을 비관하고 절망하기 보단 꿋꿋이 맞서 싸우기로 한다. 그 일을 자신에게 주어진 사명이라 생각하고 열정적으로 헌신적으로 해냈으며, 지금도 계속하고 있다.

1945년 히로시마 핵폭탄, 2011년 후쿠시마 핵발전소 사고…, 그로 인해 생겨난 피폭자들은 잔인한 삶의 한 가운데 덩그러니 놓인 채, 오늘을 살아 내고 있다.

그러나 그것은 동시대를 사는 '전인류의 문제'이다. 우리는 함께 현재를 살아가고 있는 원폭2세 환우들의 삶을 통해 우리의 삶을 재조명해 볼 필요가 있다. 역사적 상흔의 내림, 사회적 시선의 내림, 질병과 가난의 내림, 무감한 일상의 내림. 그 잔인한 내림을 함께 막아내는 것이 원폭피해자들의 아픔을 치유하고 다가올 우리 미래의 불운을 미연에 방지할 탈핵의 시대로 가는 첫 걸음이 될 것이다.

● 국내 핵발전소 현황(6월 30일 현재)

본부	호기	시설용량(만kW)	비고
고리	1호기	58.7	정비 중
	2호기	65	정비 중
	3호기	95	
	4호기	95	
신고리	1호기	100	시험성적서 위조
	2호기	100	시험성적서 위조
	3호기	140	건설 중
	4호기	140	건설 중
월성	1호기	68	수명연장 심사 중
	2호기	70	
	3호기	70	정비 중
	4호기	70	
신월성	1호기	100	시험성적서 위조
	2호기	100	시운전 단계
영광	1호기	95	
	2호기	95	
	3호기	100	
	4호기	100	
	5호기	100	
	6호기	100	
울진	1호기	95	
	2호기	95	
	3호기	100	
	4호기	100	증기발생기 세관 결함
	5호기	100	
	6호기	100	
신울진	1호기	140	건설 중
	2호기	140	건설 중

23기 운행 중(8기 가동 중지)
1기 시운전 단계
4기 건설 중

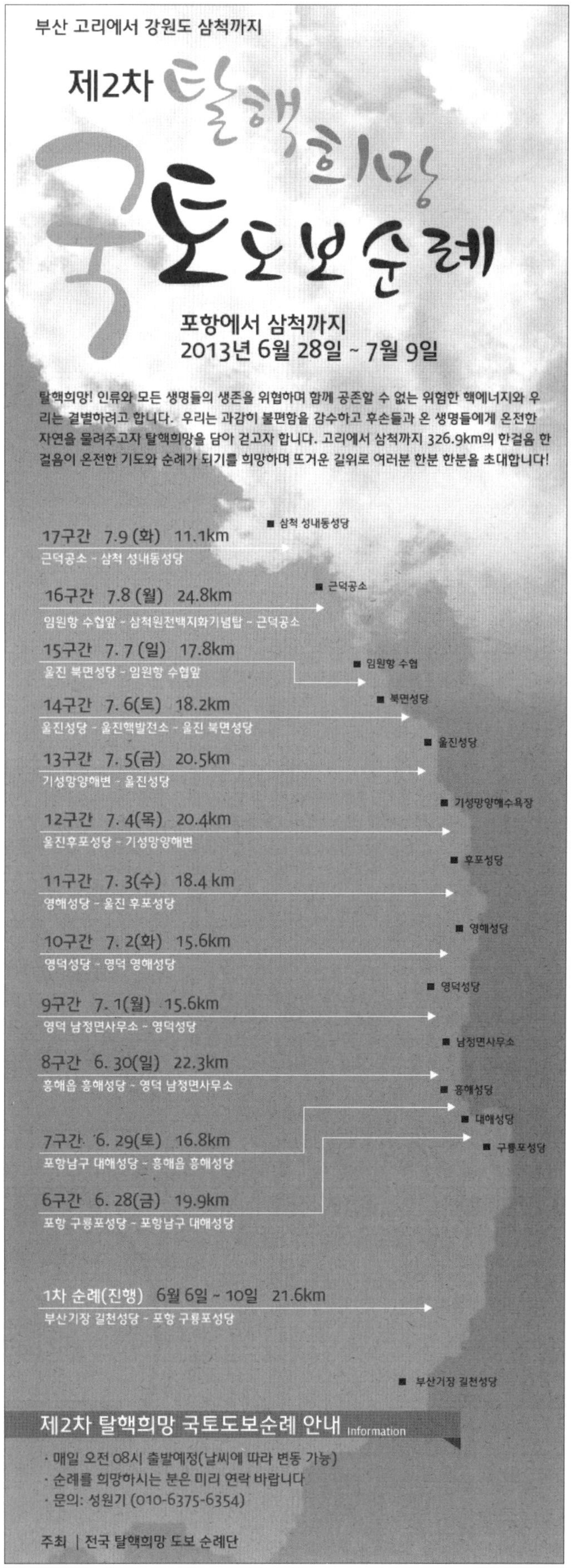

관료주의와 전문가주의를 넘어서자

하승수(녹색당 공동운영위원장)

밀양 송전탑 '전문가협의체' 경과보고와 쟁점, 문제의식

▶'송·변전 설비 주변 지역의 보상 및 지원에 관한 법률(속칭, 송전탑 지원법)' 국회 통과를 앞두고, 지난 6월 21일(금) 오후 1시 국회 인근 국민은행 앞에서 긴급하게 상경한 밀양 주민과 시민단체 회원 등 200여명이, 법률안 통과 반대 기자회견을 진행했다. 이 날 기자회견을 통해, 밀양 주민들은 "죽음의 송전선로를 마을과 마을, 이웃과 이웃을 돈으로 싸우게 만드는 법이다. 결코 이 법률로 송전선로 갈등을 해결할 수 없다"고 주장하고 있다. 결국 이 법률은 6월 임시국회에서 처리가 무산됐다.

밀양 765송전탑 싸움과 40일간의 '전문가협의체' 운영

지난 5월 29일부터 재개된 밀양 765kV 송전선로 공사는 한전의 의도와는 달리 강행될 수 없었다. 할머니, 할아버지들의 강력한 저항에 부딪혔기 때문이다. 20명이 병원에 실려가는 악몽같은 10일이 지나고 나서, 지난 5월 29일 국회의 중재로 합의가 이루어졌다. 40일 동안 공사를 중지하고 전문가협의체를 구성해서 운영하기로 한 것이다.

나는 전문가협의체의 한 사람으로 참여해서 활동하고 있는 중이다. 이제 전문가협의체의 활동은 거의 막바지에 이르고 있지만, 그동안의 진행과정은 순탄치 않았다. 정부와 한전의 자료제공 속도는 느렸고, 아직도 자료가 잘 제공되지 않은 부분이 있다. 어떤 자료는 회의석상에서 여러 차례 격론을 벌인 끝에 겨우 일부를 받을 수 있었다.

민주주의 국가에 걸맞지 않은, 한전 등의 뿌리깊은 관료주의·전문가주의

이런 과정을 거치면서 한국사회에서 관료주의가 얼마나 뿌리깊은 지를 다시한번 느낄 수 있었다. 산업통상자원부와 같은 정부조직은 물론이고 한전, 전력거래소 같은 공기업·공공기관에도 관료주의는 뿌리깊게 스며들어 있었다.

'관료주의'를 여러 가지로 표현할 수 있겠지만, 나는 '조직이기주의', '폐쇄성', 그리고 '공감능력의 상실'이라고 표현하고 싶다. 무엇이 옳은지 보다는 '일단 이 사업을 해야 한다'는 조직이기주의가 너무 강하다. 자기 조직의 이익을 위해서는 '여기에서 밀리면 안된다'는 생각이 지배하는 것이다. 그래서 주민들이 어떤 이야기를 하든 간에, '그건 안 된다'는 답이 나온다. 지난 8년 동안 밀양 주민들이 여러 가지 대안을 제시해 왔지만, 정부와 한전의 대답은 늘 똑같았다. 어쨌든 '안 된다'는 것이었다.

정말 '안 된다'면 설득력 있는 근거를 제시해야 한다. 그러나 한전은 그렇지 못했다. 주민들은 '왜 765kV 송전선로가 필요한 것인지'에 대해 의문을 제기해 왔다. 그리고 사업추진 과정에 대해 의문을 제기해 왔다. 그러나 정부와 한전은 정보도 투명하게 공개하지 않았다.

그리고 아무리 자기 조직의 이익을 생각한다고 하더라도, 주민들이 이처럼 고통과 억울함을 호소한다면 한번쯤은 스스로를 돌아볼 만도 하다. 그러나 한전의 태도를 보면, 그런 구석을 찾아볼 수 없다. '역지사지'라는 말은 전혀 통하지 않는다. 자신들이 내린 결정은 무조건 밀어붙여야 한다는 사고방식만 보일 뿐이다.

또 다른 부분으로 '전문가주의'가 있다. 관료들, 한전, 전력거래소, 그리고 그와 연계된 전문가들은 '전력계통'은 자신들만 알 수 있는 세계라고 생각한다. 그래서 주민들의 이야기는 무시한다. 그러나 민주주의 국가에서 전력이라고 해서 '그들만의 리그'일 수는 없다. 전문가들은 주민들을 무시할 것이 아니라, 주민들의 눈높이에서, 주민들이 알 수 있는 언어와 방식으로 설명할 의무가 있다. 그러나 지금까지 전문가들은 주민들을 소외시키고 배제시키려 해 왔을 뿐이다.

전문가협의체에 들어와서 이런 관료주의와 전문가주의를 뼈저리게 느끼고 있다. 이 때문에 지난 8년 동안 밀양 주민들이 숱한 고통을 겪어 왔고, 70대 농민이 억울함을 참지 못해 분신하는 비극까지 발생했던 것이다.

전문가협의체 핵심 쟁점, '신고리 3~4호기가 생산한 전기, 과연 765kV 송전선로를 통해야 하나?'

전문가협의체에서 가장 큰 쟁점은 완공을 앞두고 있는 '신고리 3호기~4호기 핵발전소에서 생산되는 전기를 765kV 송전선로를 통하지 않고 송전할 방법이 있느냐'이다. 이와 관련해서 내가 잠정적으로 가지고 있는 결론은 '가능하다'는 것이다. 한전은 그동안 과장된 시뮬레이션을 통해 '불가능하다'라고 주장해 왔지만, 한전의 시뮬레이션은 실제와 많이 다르다는 것이 드러났다. 기존 선로를 증용량하면 충분히 송전이 가능해 보인다. 물론 한전은 끊임없이 '안 된다'는 주장을 하고 있다. 그러나 일단 물리적으로 송전이 가능한 것은 틀림없다. 그리고 신고리5,6호기는 아직 착공도 안한 상태이기 때문에, 앞으로 논의할 시간이 충분하다.

이렇게 결론이 간단할 수도 있는데, 왜 그동안 밀양주민들을 괴롭혀 왔을까? 그것은 자신들만이 정보를 독점하고 있고, 자신들만이 전문성이 있다는 오만 때문일 것이다. 그래서 자신들의 오류와 잘못을 인정하지 않고 사업강행에만 골몰해 온 것이다. 앞으로 남은 전문가협의체 활동을 통해 이런 오만을 넘어서려고 한다. 마지막까지 진실을 더 밝히기 위해 최선을 다할 것이다.

탈핵신문

공동대표 김준한(발행인) 박혜령
운영위원 이대수 이헌석
편집위원 고노 다이스케 윤종호 이헌석 이지언
사무간사 황정화 010-2881-6822
배송·운영지원 에너지정의행동

(110-876) 서울특별시 종로구 숭인동 76번지 롯데캐슬천지인 지동 205호
문의전화 02-702-4979
팩스 02-704-4979
이메일 hjhlucia@hanmail.net
등록번호 종로라 00386
구독료 1년 2만원 / 가판 1천원

2013년 8월호 (제11호) www.nonukesnews.kr 농협 352-0491-9279-43 예금주 김준한

밀양, 보상이 아니라 시스템 전환이 필요하다

파행으로 끝난 밀양 송전탑 전문가협의체

밀양 송전탑 전문가협의체는 파행으로 끝났다. 40여일동안 진행된 전문가협의체에서는 실질적인 토론이나 표결이 이루어지지 않았다. 한국전력(이하 한전)측 위원들이 한전 자료를 베끼기 해서 보고서 초안을 제출했기 때문이다. 그러나 성과가 없는 것도 아니다. 쟁점이 분명해졌고, 한전이나 정부가 그동안 거짓말과 과장을 일삼아왔다는 것이 드러났다.

지금 밀양 송전탑을 둘러싼 쟁점은 단순하다. 밀양을 지나는 신고리-북경남 765kV 송전선로가 지금 당장 필요하냐는 것이다. 현재 고리에 4개의 핵발전소가 있고, 신고리 1,2호기가 가동중에 있다. 즉 6개의 핵발전소가 가동중이다. 이 핵발전소들에서 생산되는 전기는 기존의 3개 345kV 송전선로(고리-울주, 고리-신울산, 고리-신양산)를 통해 송전을 하고 있다. 그런데 2014년과 2015년에 신고리3,4호기가 완공될 예정이다. 여기에서 생산되는 전기를 송전할 수 있느냐가 핵심이다. 탈핵 입장에서는 다 지은 핵발전소도 가동하지 않는 것이 옳다고 보지만, 지금 그것을 주장하지는 않겠다. 그렇지만 신고리3,4호기를 가동한다고 해도 기존 송전선로를 통해 송전을 할 수 있다면 새로운 765kV 송전선로를 급하게 건설할 필요가 없다.

밀양 765kV 송전선로 대신, 기존 345kV 송전선만으로도 가능

그런데 40일간의 전문가협의체 활동을 통해 나는 새로운 765kV 송전선이 없어도 기존 3개 345kV 송전선을 통해 신고리3,4호기에서 생산될 전기를 송전할 수 있다는 것을 확신하게 되었다. 한전도 정상상태에서는 송전이 가능하다는 것을 인정했다.

기존 3개 송전선로 중에서 고리-신울산 노선의 경우에는 용량을 증대할 수 있다(이 점은 한전도 인정하고 있다). 그러면 한전쪽 자료에 따르더라도 신고리3,4호기까지는 송전하는데 문제가 없다. 한전이 '매우 자의적으로 한전쪽에 유리하게 한' 시뮬레이션 자료에 따르더라도, 최악의 상황에서도 송전선 이용율은 100%를 넘지 않는다. 송전이 가능한 것이다.

흔히 전기품질에서 핵심을 주파수, 전압, 그리고 공급신뢰도(reliability)라고 한다. 그런데 고리-신울산 1개 노선만 용량을 증대하면 전기품질에서 핵심이라고 할 수 있는 주파수나 전압에 문제가 없다. 신뢰도는 정전, 특히 대규모 정전이 발생하지 않게 하는 것인데, 설사 송전선에서 고장이 난다고 해서 곧바로 정전이 되는 것은 아니다. 1970년대 이후 우리나라에서 광역정전이라고 부를 수 있는 정전은 2011년 9월 15일에 일어난 것이 거의 유일하다. 그런데 이 정전은 전력거래소와 정부의 전력계통운영 능력 부족 때문에 발생한 것으로 드러나고 있다. 송전선 문제 때문에 정전이 일어난 것이 아니다. 그리고 송전선 문제 때문에 부분정전이라도 일어난 경우는 2000년 이후에 단 한건도 없었다.

수명연장한 고리1호기 등 폐쇄 시, 송전선에 더 여유가 생긴다

또 한가지 중요한 사실은 고리의 낡은 핵발전소들을 폐쇄하면 기존 송전선에 더 여유가 생긴다는 것이다. 고리1호기는 이미 설계수명이 끝났고, 고리2,3,4호기는 수명을 40년으로 잡아도 2023~2025년 이면 수명이 끝난다. 이렇게 발전소들이 수명이 끝나서 문을 닫아야 하는데, 송전선을 새로 건설한다는 것은 모순이다. 고리1호기 하나만 당장 폐쇄해도 송전선에는 더 여유가 생긴다. 결론적으로 765kV 송전선을 건설하지 않아도 전력계통의 신뢰도에는 문제가 없다.

정부·한전 공사재개 수순밟고, 한전 편에 선 밀양시장 중재나서

이런 것이 쟁점이다. 이런 쟁점은 일반 시민들도 친절한 설명을 들으면 충분히 판단할 수 있는 것이다. 그래서인지 정부와 한전은 이 쟁점에 대한 토론을 피하고 있다. 마냥 '전문가들도 다른 대안이 없다고 했다'는 허위 사실을 유포하고 있을 뿐이다. 지금까지 단 한번도 이런 쟁점에 대해 제대로 된 검토를 해 본 적이 없는데도 말이다.

그리고 정부와 한전은 공사재개를 밀어붙이고 있다. 8월에 공사가 재개된다는 얘기도 돌고 있다. 윤상직 산업통상자원부 장관, 조환익 한전사장이 밀양을 오르내리며 공사재개 수순을 밟고 있다.

밀양 시내에서 찬성주민들 명의로 허위사실을 유포하는 플래카드가 내걸리기도 했다. 한전도 밀양 시내에 플래카드를 도배하고 있다. 주민들을 배신하고 한전편에 선 밀양시장은 '보상협의체'를 구성해서 중재를 하겠다고 나섰다.

밀양주민들 '보상 필요없다. 이 잘못된 시스템을 바꿔라!'

그러나 정작 송전선이 지나가는 마을 주민들은 '보상은 필요없다'라고 외치고 있다. 할머니, 할아버지들은 '우리가 바라는 것은 시골주민들에게 일방적인 희생을 강요하는 이 잘못된 시스템을 바꿔달라는 것이다'라고 얘기하신다.

그래서 밀양은 대한민국의 전력시스템 전반을 돌아보게 하는 계기가 되고 있다. 밀양 송전탑 문제를 낳은 근본적인 원인은 바닷가에 핵발전소와 석탄화력발전소를 지어서 초고압 송전선로를 통해 전기를 소비지까지 끌어가는 시스템이다. 소비지는 대도시와 대공장들이다. 그러나 이런 시스템은 이제 한계에 부딪혔다. 핵발전소는 그 자체로 위험하고, 석탄화력발전소는 기후변화의 원인이 되는 온실가스를 다량으로 배출한다. 초고압송전선은 시골의 마을과 논·밭을 지나며 전자파와 소음을 내뿜고 삶터를 파괴한다.

단지 밀양만의 문제가 아니다. 지금까지 이런 방식으로 수많은 시골주민들이 피해를 보았고, 환경이 파괴되었다. 이런 시스템이 유지되는 이상 앞으로 제2, 제3의 밀양이 나올 수밖에 없다. 이미 동해안에 새로 건설될 핵발전소에서 출발하는 새로운 765kV 송전선이 추진되기 시작했다. 그 외에도 새로운 송전선, 변전소 건설이 전국 곳곳에서 추진되고 있다.

'지역분산형 에너지로 전환하면, 초고압송전선 필요없다'

생각을 바꾸면 대안은 있다. 전기 생산지와 소비지가 멀리 떨어져있고, 전기소비가 무분별하게 늘어나기 때문에 초고압송전선을 자꾸 건설하는 것이다. 전기소비를 줄여나가면 송전선은 그만큼 필요가 없어진다. 필요한 전기를 바닷가의 대규모 발전소에서 생산하는 것이 아니라, 소비하는 곳 가까이에서 생산하면 초고압 송전선은 필요가 없어진다. 이른바 '지역분산형 전원'이라고 부르는 재생가능에너지, 가스발전을 늘려나가면 된다. 이런 발전방식은 초고압 송전선이 필요없게 만들고, 사고위험이나 환경피해도 줄이는 방식이다. 핵발전소나 석탄화력발전소는 당장에는 싸다고 하지만, 결국 나중에 막대한 피해를 주게 되는 방식이다. 따라서 장기적 관점에서 지역분산형 전원으로 전환해나가야 한다. 밀양은 그래야 한다는 것을 우리에게 일깨워주고 있다.

▶2면으로 이어짐

하승수(변호사, 녹색당 공동운영위원장)

"밀양 송전탑 문제, 독립적인 공론화기구와 TV토론회를 제안한다"

인터뷰 | 김준한 공동대표(밀양 765kV 송전탑 반대대책위원회)

지난 5월말~6월초 밀양 할머니·할아버지들의 사투 끝에, 밀양송전탑 문제는 국회의 중재로 40일간 공사를 중지하며 전문가협의체를 구성·운영하기로 했다. 하지만, 7월초 이 역시 파행 끝에 합의도출은 실패했고, 국회는 한전과 정부, 주민들에게 신뢰회복과 소통을 권고한 바 있다. 밀양송전탑을 둘러싼 최근의 상황을, 현지의 김준한 공동대표(사진)에게 들어보았다.

1. 지난 7월 초 파행으로 끝나버린 40일간의 전문가협의체에 대한 평가?

전문가협의체(이하 협의체)는 밀양 어르신들이 오랫동안 속앓이를 해오면서도, 지금껏 제대로 대응하지 못했던 기술적인 검토를 해본다는 측면에서 한 번은 꼭 이루어지기를 바라던 바였습니다. 한국전력(이하 한전)은 매번 어르신들의 주장이 기술적으로 불가능한 것이고 그래서 보상을 제외한 그 어떤 방법도 고려할 수 없다고 주장했는데, 이번에 협의체 과정을 통해 미흡하나마 그간의 한전 주장에 대해 기술적으로 반박할 수 있었다는 점에서 긍정적이었다고 생각합니다.

하지만 한전은 기술적인 검토를 위한 자료를 성실하게 제출하지 않았고, 협의체 지원단을 파견한 산업부는 월권적으로 회의에 개입하고, 한전과 여당측 위원은 대필의혹이 있는 보고서를 제출하는 모습을 보면서 결국 한전과 산업부로부터 자유로운 논의와 독립적인 갈등조정을 할 수 있는 공론화 조직이 필요하다는 생각을 했습니다.

2. 전문가협의체 결렬 이후 3주가 흘렀다. 그간 밀양 주민들과 송전탑 반대대책위는 어떤 활동을 진행했나?

협의체가 제대로 된 토론도 없이 최종보고서 채택이 불발되면서, 결국 국회는 정부가 중재에 나설 것을 촉구하는 권고안을 제출했습니다. 그러나 한전과 산업부는 이런 결과를 아전인수격으로 해석하여 장관과 한전 사장이 밀양을 수시 방문하여 밀양시와 더불어 보상협의체를 구성하고, 여론을 호도하며 마을 주민들을 분열시키려 하고 있습니다. 이에 어르신과 우리 대책위는 제대로 된 검토를 위한 독립적인 공론화 기구 구성을 국무총리실에 요청하고, 협의체 보고서 대필 의혹에 대한 중앙방송 차원의 TV 토론회를 요구하고, 이에 대한 각 마을별 주민교육도 수차례 실시했습니다.

3. 정부·한전은 8월~9월경 공사를 강행하겠다는 언질을 흘리고 있다. 향후 어떻게 대응할 계획인가?

이제 밀양 송전탑 문제는 밀양만의 문제가 아닌 전국적인 사안이 되었다고 생각합니다. 결국 밀양의 문제를 제대로 풀지 않고서는 또 다른 지역에서 이와 같은 문제로 물리적 충돌이 발생하고 말 것이라는 점이 명확해졌습니다. 그리고 전국적으로 송전탑 문제로 고통받고 계신 분들은 저희에게 전화로 문의를 하거나 직접 찾아오는 경우가 많았습니다. 이에 저희는 이미 미국에서 765kV 송전선로 사업이 공론화 기구를 통해 합리적으로 논의되고 최종 폐기된 사례를 참조하여, 그 활동가들을 초청하여 이야기를 들어보는 시간을 갖고, 동시에 전국의 송전탑 피해지역을 하나의 연대틀로 묶어 공동 대응하는 방안을 조심스럽게 모색하고 있습니다.

그러나 무엇보다 또다시 이 무더위에 공사를 강행한다면, 어쩔 수 없이 어르신들은 자신이 살던 마을을 지키기 위해 보상을 거부하고 끝까지 싸워나갈 것입니다.

4. 밀양을 지켜보는 응원하는 많은 분들이 있다 하고픈 이야기?

먼저 오랜 시간 외롭게 싸워오셨던 어르신들을 위해 직접 밀양을 찾아오시고, 또 각자의 자리에서 밀양 송전탑 공사의 부당함을 널리 알려주시고 공유해주신 모든 분들에게 진심으로 감사의 말씀을 드립니다. 마음 같아서는 직접 찾아뵙고 인사를 드리고 싶지만, 또 다시 공사가 임박한 상황에서 여의치가 않네요.

우리 대책위 입장에서도 이 싸움이 어떻게 전개될 지 가늠하기가 참 힘듭니다. 하지만 잘못된 것을 인정하고 넘어가기에는 너무나 큰 아픔이 이 밀양에 있습니다. 어르신들은 단호하십니다. 결코 물러설 수 없다고, 몇 푼돈에 고향을 팔 수는 없다고 부르짖습니다. 마침 영남권의 많은 시민들과 노동자들이 공사가 벌어진다면 직접 같이 막아내겠다고 연락을 주고 기자회견을 해 주셨습니다.

다른 지역에서도 이 밀양의 참상을 널리 알려주시고 꼭 한 번은 밀양을 방문하여 밀양의 아픔이 결코 자신의 아픔과 다르지 않다는 것을 직접 보고 깨달을 수 있는 기회가 되기를 바랍니다. 다시 한 번 어르신들이 외롭게 싸우지 않도록 관심을 가져주시기를 바랍니다.

정리 윤종호 편집위원

▶1면에서 이어짐

정리하면 대안은 분명하다. 장기적으로는 지역분산형 전원으로 전환해나가면 된다. 그렇게 하면 초고압송전선은 필요가 없다. 단기적으로 신고리 3,4호기에서 생산되는 전기는 기존의 송전선으로 송전을 하면 된다. 새로운 765kV 송전선이 없어도 송전이 가능하다.

정부·한전의 논의 거부 및 공사 강행은 '국가폭력'

이렇게 분명한 대안이 있기 때문에 정부와 한전은 졸속으로 공사를 강행하려고 하는 것이다. 이런 대안에 대해 논의함으로써 기존 정책의 잘못이 속속들이 드러나는 것을 두려워하기 때문이다. 그래서 돈을 뿌리고, 주민들간의 갈등을 부추기는 나쁜 행태를 본격화하고 있다.

그러나 밀양에서 송전탑 공사가 강행되는 것은 우리 사회 전체를 위해서도 불행한 일이다. 불의와 거짓이 승리하는 잘못된 역사를 또 하나 만들게 되기 때문이다. 그리고 기존의 잘못된 시스템을 고칠 기회를 잃게 된다. 다시 말하자면, 기존의 전력시스템은 시골 주민들뿐만 아니라 도시에 사는 사람들에게도 이롭지 않다. 이런 시스템은 지속가능하지도 않을 뿐만 아니라, 핵발전소사고위험, 기후변화로 우리에게 부메랑이 되어 돌아올 것이다. 그리고 공사강행은 무엇보다도 8년을 싸워 온 밀양어르신들의 눈에서 피눈물이 나게 하는 일이다. 국가폭력이 선량한 사람들의 삶을 짓밟는 비극이 벌어지게 된다.

사회적 공론화 기구 및 TV 공개토론 등을 제안한다

그래서 지금 중요한 것은 사회적 공론화이다. 정부와 한전이 정보를 독점하면서 국민들을 속여왔다는 사실이 햇볕아래에 드러나게 해야 한다. 밀양반대대책위가 TV공개토론을 제안하고, 사회적 공론화기구 구성을 요구하고 있는 것도 이 때문이다.

정부가 공론화를 피하면 우리가 공론의 장을 만들어야 한다. 밀양에 관심을 가진 사람들은 각자의 모임, 각자의 블로그/카페/SNS를 통해 진실을 알려나가면 좋겠다. 글을 쓰는 사람은 글로, 영상을 만드는 사람은 영상으로, 그림을 그리는 사람은 그림으로 진실을 알려나가면 큰 힘이 된다.

곧 전국의 초고압 송전선, 변전소를 반대하는 지역주민들끼리 연대조직도 만들어질 예정이다. 힘없는 풀뿌리들이지만, 풀뿌리가 엮이면 그 어떤 바람이 불어도 뿌리는 뽑히지 않는다. 그 힘으로 정의롭지 못하고 지속가능하지도 않은 이 잘못된 시스템을 이번에는 바꿔야 한다.

하승수(변호사, 녹색당 공동운영위원장)

전세계 핵발전량 추이(1990년~2012년) ※출처 〈2013 세계핵산업동향보고서〉

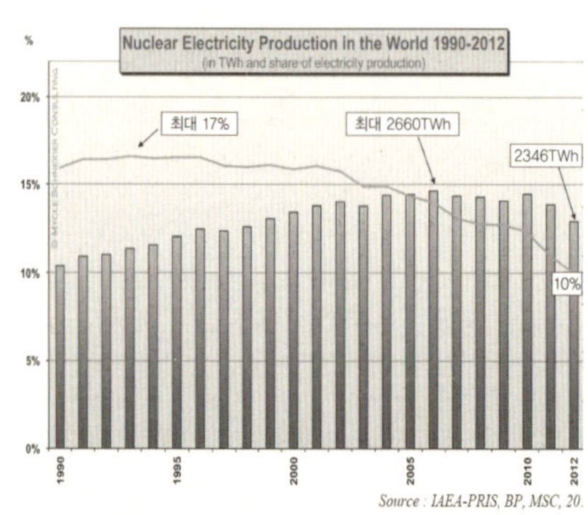

1990년 이후 전세계 핵발전소에서 생산된 전력량 추이. 전세계 전력생산량 중 핵발전이 차지하는 비중(선 그래프)은 1993년 17%를 기점으로 점차 감소하는 추세로 돌아서, 2012년 현재 10%를 기록하고 있다. 특히 후쿠시마 핵사고가 있었던 2011년 핵발전량이 급격히 감소한 것을 알 수 있다. 반면 핵발전량(막대 그래프)은 2006년까지 조금씩 늘어나는 추세였으나, 2006년 이후 감소하고 있다. 이는 신규 핵발전소 건설이 일부 늘어나고 있으나, 노후 핵발전소 폐쇄가 더 많이 이뤄짐에 따라 생긴 일이다.

재생에너지와 핵발전 전력생산량 비교 ※출처 〈2013 세계핵산업동향보고서〉

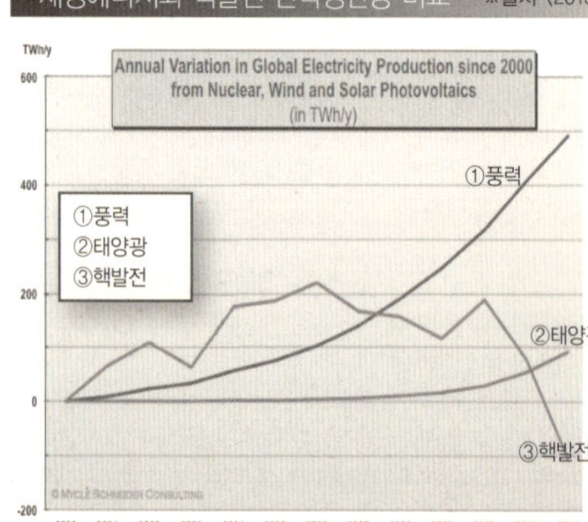

2000년 이후 풍력, 핵발전, 태양광 발전량 변동 추이. 2000년 발전량을 기준점 0으로 놓았을 때, 각 에너지원들이 어떻게 변동하고 있는지를 보여준다. 풍력과 태양광의 경우 2000년 대비 연간 500TWh와 100TWh의 증가를 보여주고 있음에 비해, 핵발전은 100TWh 감소를 보여주고 있다. 이는 풍력과 태양광 발전이 2000년대 이후 비약적인 발전을 하고 있음을 보여준다.

이헌석 편집위원

캐나다의 핵폐기물 공론화와 단계적 관리방식

이영희(가톨릭대학교 사회학과 교수)

박근혜 정부는 국정과제로 올초 '사용후핵연료 공론화위원회' 발족과 임기 내 사용후핵연료 중간저장시설 부지 선정과 착공을 추진하겠다고 밝힌 바 있다. 이러한 정부계획을 어떻게 대응할 것인가.

탈핵신문은 사용후핵연료 공론화 문제를 다른 나라들은 어떻게 접근하고 풀어갔는 지 3차례에 걸쳐 소개하고자 한다. 지난 10호에서는 영국 사례를, 이번 호에서는 캐나다 사례, 다음 호는 독일 사례이다.

캐나다, 초기 폐쇄적 핵폐기물정책과 광범위한 주민 저항에 직면

캐나다는 1962년부터 핵에너지와 그 부산물인 핵폐기물을 생산해오고 있는데 현재 18기의 핵발전소가 운영되고 있다. 1970년대 말까지도 캐나다의 핵폐기물정책은 몇몇 정부기관 내에서 폐쇄적으로 결정되었다. 이는 광범위한 주민 저항을 야기하였고, 그 결과 1977년부터 폐쇄적 접근방식에 상당한 변화가 나타나기 시작했다.

1977년 정부가 의뢰하여 작성된 애이킨 보고서(Aikin Report)는 다양한 핵폐기물 처리 방법들을 검토한 후 심지층 처분방식(deep geological disposal)을 권고함과 아울러 기존의 핵폐기물 관리정책의 결정과 실행과정이 정부와 관련 회사들만 참여하는 매우 폐쇄적 방식으로 진행되어 왔음을 지적하고, 향후 연방 정부는 국가핵폐기물 프로그램을 확정하기 전에 공공적 토론에 부칠 것을 권고하였다. 1978년에 정부는 보고서의 권고를 받아들여 캐나다 핵폐기물관리프로그램을 수립하고 캐나다의 사용후 핵연료에 대한 심지층 처분 방법을 발전시키도록 했다.

핵폐기물 처분방식 10년 연구, 독립 패널 구성 후 또 10년간 검토

핵폐기물관리프로그램에 따라 원자력의 안전관리와 핵폐기물의 처분 업무를 관장하는 캐나다 원자력공사(AECL)가 최종적인 핵폐기물 처분방식에 대해 10년 이상 비공개적으로 수행한 연구를 통해 심지층 처분방식의 구체적인 내용을 제시하자, 1989년에 연방 정부는 환경영향평가를 위한 독립적 패널을 구성하였다.

패널에 주어진 임무는 캐나다원자력공사에 의해 제안된 개념이 현재 존재하는 세대와 미래 세대 모두에게 어떠한 사회적, 경제적, 환경적 함의를 갖는지를 검토하는 것이었다. 독립 패널은 환경영향평가 과정에서 과학 전문가들의 의견만이 아니라 캐나다 대중들의 의견도 광범위하게 청취하고자 노력하였다. 거의 10년에 걸친 검토 과정을 거쳐 1998년에 최종 보고서를 발간하였다.

독립적인 핵폐기물관리기구 설립과 광범위한 대중 참여 계획

보고서에서 패널은 기술적인 관점에서 볼 때 캐나다원자력공사가 제시한 심지층 처분 개념의 안전성은 개념적 발전 단계에 따라 적절하게 설명되어 있으나, 사회적인 관점에서 볼 때는 그렇지 않다고 지적하였다. 패널은 캐나다원자력공사의 심지층 처분 개념이 광범위한 대중적 지지를 받고 있음을 보여주지 못했기 때문에, 현재 상태에서 이 개념은 캐나다의 핵폐기물 관리를 위한 국가 정책으로 채택되는 데 요청되는 사회적 수용성의 수준에 못 미친다고 결론짓고, 정부와 사업자로부터 독립적인 핵폐기물관리기구를 설립하고 광범위한 대중의 참여를 증진시킬 계획 수립에 착수하라고 요구하였다.

캐나다 정부는 패널의 권고에 대한 대응으로 2002년에 핵연료폐기물법을 제정하고 같은 해에 사용후 핵연료 처분의 전체적인 과정을 관리할 전담기구로 핵폐기물관리기구(Nuclear Waste Management Organization, 이 하 NWMO)를 설립하였다. NWMO의 임무는 캐나다의 시민 대중과 함께 협동하여 사회적으로 수용가능하고, 기술적으로 안전하며, 환경적으로 책임질 수 있고, 경제적으로 실행 가능한 사용후 핵연료에 대한 장기적인 관리방안을 마련하여 정부에 추천하는 것이다.

대중 자문프로세스 설계해, 3년간 120여차례 회의와 전국 여론조사 등 진행

NWMO는 2002년부터 국가적 수준에서 대중적인 자문프로세스를 진행하였다. NWMO는 산업계 인사들과 과학기술 전문가들의 의견만이 아니라 정책에 의해 영향을 받는 모든 사람들의 통찰력이 중요하다는 인식에 기반하여 대중 자문프로세스를 설계하였다. 대중 자문프로세스는 캐나다 국민을 대표할 수 있도록 무작위로 선발된 개인들, 핵폐기물 관리의 다양한 측면들과 관련하여 각종 경험과 전문성을 지닌 개인들, 그리고 핵폐기물 관리정책에 역사적으로, 또한 공적으로 이해관계를 지니고 있는 개인, 조직 및 원주민 부족들이 견지하는 가치, 이해관계 및 원칙들을 포괄하도록 설계된 20 차례 이상의 대화 모임들로 구성되었다.

이 대중 자문프로세스는 또한 전국적으로 적어도 120여 차례 이상 개최된 정보공개 회의와, 캐나다 성인을 대상으로 실시한 전국적인 여론조사, 워크숍, 토론회, 그리고 전문가, 청소년 및 대중들과 함께한 수차례의 전자 대화(E-dialogues)도 포함하였다.

NWMO는 3년에 걸친 대중 자문프로세스를 네 단계로 구분하여 진행하였는데, 각 단계별로 핵심적인 의사결정을 달리하여 대중과의 대화를 진행하였다. 이 과정에서 자문의 독립성을 확보하기 위해 NWMO는 숙의적 의사결정에 전문성을 가지고 있는 제3자(씽크탱크와 컨설팅 회사들)를 고용하여 자문 과정을 평가하도록 했다.

먼저 제1단계에서는 대중 자문을 통해 사용후 핵연료 관리를 위한 연구개발 프로그램 기대치와 목표에 대한 대중의 의견 수렴을 꾀하였다. 제2단계에서는 첫 번째 단계에서 나온 대답들을 바탕으로 대안들을 분석하기 위한 주요 평가 기준들을 찾을 목적으로 NWMO가 이와 관련해서 작성한 문서 내용에 대한 대중들의 의견을 광범위하게 청취하였다. 제3단계에서는 앞선 제2단계의 결과를 바탕으로 만들어진 평가의 틀을 통해 핵폐기물 처분에 대한 기존의 3가지 방안(심지층 처분, 소내 중간저장, 중앙집중식 중간저장)의 장점과 단점을 평가한 다음 제4의 대안(단계적 조정을 통한 관리방식, Adaptive Phased Management)을 마련하여 정부에 대한 권고안의 초안을 작성하였다. 마지막으로 제4단계에서는 대정부 권고안 초안에 대한 각계각층의 의견을 수렴한 최종 보고서를 정부에 제출하였다.

NWMO는 네 단계의 대중 자문의 과정에서 웹싸이트(www.nwmo.ca)를 잘 활용하였다. 이 웹싸이트는 관련된 모든 배경 문서들과 자료, 제3자 기관의 평가 보고서, 토론용 자료 제공을 위한 플랫폼을 제공했을 뿐만 아니라, 대중들의 의견을 온라인으로 접수하는 창구 역할을 수행하였다. 2005년 8월 말까지 5만 명 이상의 캐나다인들이 이 웹싸이트를 방문한 것으로 조사되었다.

광범위한 사회적 공론화로 결정된, 사용후 핵연료 300년 관리 정책

캐나다 정부는 NWMO의 이 제안을 2007년 6월에 공식적으로 수용하고 NWMO에게 제안된 계획을 실행할 책임을 부여하였다. 그 결과 향후 300년에 걸쳐 캐나다에서 진행될 사용후 핵연료 관리 정책은 다음과 같이 결정된 상태이다.

향후 30년간 지속될 1단계에서는 사용후 핵연료는 기존의 발전소 내에 저장한 상태로 집중형 중간저장시설 건설 여부를 결정하게 된다. 그 다음 30년간 지속될 2단계에서는 최종처분장에 대한 설계와 안전성 분석을 완료함과 함께, 집중형 중간저장시설을 건설하기로 결정이 내려질 경우 각 핵발전소 부지별로 저장된 사용후 핵연료를 이동시키게 된다. 하지만 집중형 중간저장시설이 아니라 소내 분산 저장방식으로 결정될 경우 사용후 핵연료는 이동하지 않고 그대로 둔다. 마지막으로 그 후 240년간 지속될 3단계에서는 집중형이나 분산형 시설에 저장된 사용후 핵연료를 최종 심지층 처분장으로 이동한 다음 특수용기에 담아 지하암반층에 넣어두고 그 거동을 감시하게 된다.

이상에서 본 바와 같이, 캐나다의 핵폐기물 관리정책의 형성과정은 소수의 관료와 전문가에 의한 기술관료적 방식이 아니라 광범위한 대중의 다양한 방식의 참여를 특징으로 한다는 점에서 사회적 공론화가 잘 수행된 대표적인 사례라고 할 수 있다.

일본 핵발전소 재가동 될까?…6개 핵발전소 1

고노 다이스케 편집위원

일본 원자력규제위원회(이하 '규제위')는 지난 6월 19일 새 규제기준을 마련했고, 7월 8일부터 이 규제기준이 시행됐다. '안전기준'이 아닌 '규제기준'이라는 이름은 규제위 다나카 슌이치 위원장의 "기준을 100% 지켰다 하더라도 완전히 안전하다고 말할 순 없다"라는 생각이 토대가 됐다. 그러나 실제로 기준을 채운 것으로 인정된 핵발전소는 재가동이 허용되므로, 사실상 '안전하다'고 인정하고 기능하게 되는 것은 틀림없다. 새 기준에 따라 7월 12일까지 4개 전력회사가 6개 핵발전소 총 12기에 대해 재가동을 위한 안전심사를 규제위에 신청했다. 후쿠시마사고를 일으킨 도쿄전력도 니가타현 가시와자키가리와 핵발전소 6, 7호기 안전심사 신청을 준비 중이다**(지도 참조)**.

■새 규제기준 무엇이 달라졌나?

후쿠시마사고 이후 만들어진 새 기준은 전력회사에게 다음과 같은 주요 대책을 새로 요구한다.

①격납용기에 필터가 달린 배기설비(압력용기에서 새어나온 가스 때문에 올라간 격납용기의 압력을 내리기 위한 배기밸브) 설치, ②사고 시에 중앙제어실을 대체하는 긴급시제어실 설치(사고 시에 원자로를 냉각시키기 위해) ③외부전력 다중화, ④전원차량과 소방차를 평지보다 높은 곳에 분산 배치(지진과 쓰나미 대책으로) ⑤단층 위에 중요시설 배치 금지, ⑥과거 40만년 사이에 움직인 단층을 활단층으로 간주(이전에는 과거 13만년까지), ⑦최대의 쓰나미를 예측, ⑧침수를 막기 위한 방조제와 방수문 설치.

그러나 이들 대책에 대한 아래와 같은 수많은 비판이 쏟아지고 있다.

■5년간 유예 문제

가압수형원자로(PWR)의 경우, 사고를 일으킨 후쿠시마 제1핵발전소의 비등수형원자로(BWR)보다도 격납용기가 크다는 이유로 ①필터가 달린 배기설비 설치가 5년 동안 유예된다. 이번에 안전심사를 신청한 12개 원자로는 모두 가압수형원자로이다.

마찬가지로 ②긴급시제어실 설치도 공사에 시간이 필요하다는 이유로 5년 동안 유예됐다. 그 5년 사이에 사고가 일어나면 어찌할 것인가?

■핵발전소 현황에 맞게 쓰나미 높이를 예측?

③최대의 쓰나미를 예상해야 함에도 불구하고 홋카이도 도마리핵발전소의 경우, 최대 쓰나미 예측치를 예전의 9.8m에서 7.3m로 오히려 내렸다. 도마리는 원자로 부지가 해발 10m라 9.8m의 쓰나미가 오면 여유가 20cm 뿐이기 때문에 재가동하기 위해서는 방조제 건설이 요구될 수 있다. 따라서 거꾸로 쓰나미 높이를 깎은 것이 아니냐는 의문이 제기되고 있다.

■수명연장 허용!

원자로 수명은 40년이지만, '특별점검'을 실시하면 최대 20년간의 수명연장을 한번은 인정하기로 했다. 실질적으로 60년 가동을 인정한 것이나 마찬가지다.

■'입지심사지침'이 사라졌다!

새 기준에선 구 원자력안전위원회의 입지심사지침이 사라졌다. 입지심사지침은 사고가 일어났을 경우 주변지역 주민의 전신피폭선량(누계치)을 250밀리시버트(mSv) 이하(최근에는 100밀리시버트 이하로 운영)로 억제하기 위해, 원자로와 주민 거주지역을 이격시키기 위한 것이 목적이다. 새 기준은 중대사고가 일어날 수 있다는 것을 전제로 하기 때문에, 이를 토대로 입지평가를 하면 100밀리시버트는 물론 250밀리시버트 이하를 달성할 수 있는 입지조건을 가진 곳이 일본 국내에는 거의 없다는 사실이 드러나는 것을 우려해서 그랬을까?

일본 핵발전소 재가동 신청 현황 (2013년 7월 초 시점)

(이미 신청 조만간 신청 ※숫자는 호기)

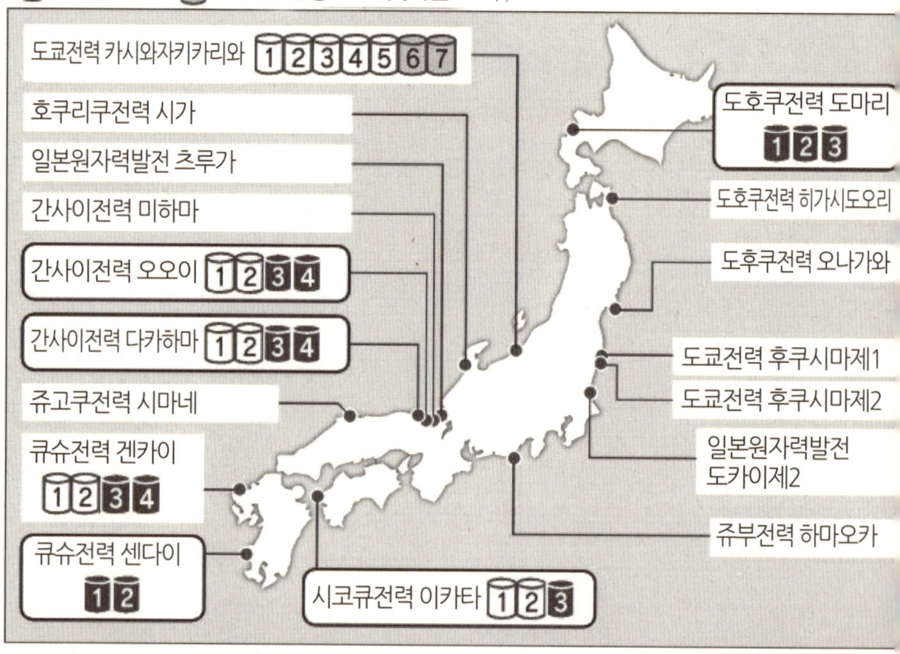

원자력규제위원회의 새 규제기준과 그 문제점

■가동 중인 오오이핵발전소는 예외?

규제위는 새 규제기준 시행에 앞서 6월 20일, 작년부터 재가동된 오오이핵발전소 3, 4호기의 '현황평가서'를 발표했다. 내용은 '오오이3, 4호기가 새 규제기준에 비춰 바로 안전상의 중대 문제가 생기는 것은 아니라는 것'이었다.

그런데 ②긴급시제어실이 설치되지 않은 것은 물론, 방조제 완성도 내년 3월 예정이다. "예측되는 쓰나미보다 부지가 더 높다"는 간사이전력의 주장을 인정해 버린 셈이다. 또 오오이핵발전소는 바로 밑에 있는 단층이 활단층이 아니냐는 지적을 받았지만, '현황평가서'는 이 점을 묻지 않았다. 더구나 오오이핵발전소는 접근 방법이 하나뿐이고 그마저 지진으로 인해 다리가 붕괴되면 끊긴다. 주민 피난과 사고수습작업 종사자의 접근대책이 해결되지 않았다.

이번 현황평가서가 새 기준을 만족시키지 않아도 재가동이 가능하다는, 좋지 않은 전례를 남기게 되는 것이 염려스럽다.

■핵 재해대책이 빠져있다!

핵발전소 주변 지자체 중에는 핵 재해대책과 피난계획이 아직 확립되지 않은 곳이 많다. 이들 대책은 적어도 핵발전소에서 반경 30km권에서 마련하는 것이 필요하며, 지자체 경계를 넘는 피난이 발생하기 때문에 지자체들 간에 조정이 필요하기도 하다. 또한 피난민 대량 유입이 예상되는 대도시에서도 수용과 지원 대책을 마련하는 것이 필요하다. 이러한 대책 없이 재가동이 허용되면 안 된다.

■가시와자키가리와핵발전소가 입지한 니 타현지사는 재가동 반대!

도쿄전력은 이번에 후쿠시마핵사고 이후 처음으로 가 와자키가리와핵발전소 6, 7호기를 재가동하겠다는 뜻 밝혔다. 이것은 사고 후 최초의 비등수형원자로(BWR) 가동신청이다. 도쿄전력은 필터가 달린 배기설비 설치 가 공사를 1, 7호기는 올해 초부터, 5, 6호기는 지난 6월 말 터 시작했는데, 아직 자세히 설계되지 않았다.

이 핵발전소가 위치한 니가타현의 이즈미다 히로히코 사는 재가동을 반대하고 있으며, 배기설비 기초공사에 대 서도 니가타현과 도쿄전력 사이에 맺은 "핵발전소 시설 증 이나 변경 시에는 미리 입지 지자체에 양해를 얻는다"는 용을 가진 안전협정을 내세워, "미리 양해하지 않겠다"는 세를 밝혔다. 또한 만약에 가시와자키가리와에서 사고가 어날 경우, 규제위가 배기를 허용한 방사성물질의 양이 니 타현 전체를 궤멸시킬 수 있을 정도라는 지적도 있다.

■핵발전소 설계자가 제기하는 더 근본적인 문제

이상에서 보다시피 새 규제기준이 새롭게 요구하는 용은 중대사고 대책이다. 그것 자체는 후쿠시마사고의 훈을 살린 것이다. 그러나 그것은 현 시점에서 해명된 사 원인에서만 이끌어낸 교훈에 지나지 않는다. 알다시피 후 시마사고는 여전히 계속되고 있고, 엄청나게 높은 방사 수치 때문에, 도대체 사고를 일으킨 원자로 안을 몇 년 에나 들여다 볼 수 있을지 짐작조차 할 수 없다. 적어도 이전에 사고의 전모를 이해한다는 것은 불가능한 일이 1979년 미국에서 일어난 스리마일사고(5등급, 참고로 후 시마사고는 7등급)에서 원자로 안을 확인하는데 6~7년, 고 분석에 10~20년이 걸렸다.

l 재가동 신청

과거에 도시바에서 격납용기 설계를 담당했고 현재는 기술적 관점에서 핵발전을 비판하고 있는 고토 마사시 씨는 본인이 운영하는 인터넷방송을 통해 새 규제기준의 더 근본적인 문제를 다음과 같이 지적했다.

"사고가 일어났을 때, 예컨대 격납용기 안의 배관들의 밸브가 잘 열리고 닫혔는가, 냉각이 이루어지고 있는가, 펌프가 제대로 돌고 있는가, 물은 있는가, 전원이 확보돼 있는가. 이것들이 모두 잘 돌아가야 격납용기 안 방사능을 가둬둘 수 있다. 압력용기의 경우도 물이 들어가지 않으면 연료가 녹아버리기 때문에 외부에서 물을 부어야 한다. 전원 고장 등으로 통상시스템이 움직이지 못하면, 원자로 속 압력이 높아 물을 들여보낼 수 없다. 안전밸브를 열어 압력을 낮춰야 물을 넣을 수 있다. 후쿠시마에선 이 감압을 제대로 할 수 없었다. 잘 된 것처럼 보인 원자로에서도 수위계가 고장이 나서 실제로는 물이 적어서 이미 멜트다운 되기도 했다.

이것은 한 사례에 불과한데, 이것들 모두가 겹쳐져 사고가 난 것이다. 그것이 해명되지 않았음에도 새 규제기준에서는 지진으로 인해 전기가 끊기고 쓰나미로 물에 잠겼기 때문에 사고가 난 것으로 끝내고 말았다. 사고의 일부분만을 꺼집어내서 대책을 세웠다고 우기고 있는 것이다.

새 기준은 냉각기능을 강화했을 뿐 핵발전 플랜트 그 자체, 압력용기와 격납용기가 어쨌다는 부분은 하나도 건드리지 않았다. 사고가 일어났을 때에 배관 연결을 편히 할 수 있게 한다는 등, 가능한 한 사람이 작업을 하기 쉽게 한다는 것이다. 그러나 원자로는 본래 사고가 일어났을 때에 사람이 무슨 대처를 할 수 있을 만큼 손쉬운 것이 아니다. 그래서 무슨 일이 생겼을 때엔 자동으로 제어봉이 들어가 핵반응을 멈추게 하고, 자동적으로 냉각시키고, 배관이 끊기면 자동으로 긴급노심냉각계가 물을 부어서 다 잠그고, 격납용기 안의 밸브가 다 닫혀서 방사능을 봉쇄하는 시스템으로 되어 있다. 그것이 사고로 제대로 돌아가지 않을 때에 사람이 나선다는 것인데, 잘 될 수도 있고 안 될 수도 있다.

온도나 압력이 압력용기의 설계한도를 넘어버리면 그 안의 물질이 샌다. 특히 수소가 많다. 그것 때문에 격납용기의 압력이 높아지면 배기해서 낮추는데, 후쿠시마에선 배기하기 전부터 제법 샜다. 이것은 격납용기의 성능 문제다. 그것에 대한 대책을 세우지 않고 배기설비를 달아도 의미가 없다. 배기시킨다면 압력이 제법 낮을 때에 시켜야 하는데, 그렇게 하면 결국 격납용기란 무엇인가? 라는 원점으로 돌아갈 수밖에 없다. 격납용기는 원래 사고 때에도 방사성물질을 봉쇄하기 위해서 존재하는데, 격납용기가 터져버리니까 배기시킨단다. 이것을 격납용기의 자살이라고도 말하는데, 본질적인 문제다.

배기설비의 필터도 얼마나 도움이 될지 의심스럽다. 첫째는 방사성물질을 모두 제거할 수 없다는 점이다. 희가스(=주기율표 0족 원소)는 빠져나오니까. 둘째는 통상운전 시엔 미량이기에 긴 시간에 걸쳐 필터를 통과하게 되면 약간 제거할 수 있지만, 중대사고 시엔 필터가 효과가 있더라도 나오는 양이 대량일 경우, 빠져나오는 양도 많을 수밖에 없다. 필터는 방사성물질 농도를 1/1000로 낮춘다고 자주 거론하지만 그것은 어디까지나 이상적인 조건 하에서이다. 때에 따라선 1/100에 그칠 수도 있고, 1/10이 될 수도 있고, 효과가 전혀 없을 수도 있다.

노심이 용융되면 수소가 대량 발생하고, 격납용기 파괴를 막기 위해 배기시켜야 하는 것은 비등수형원자로나 가압수형원자로 모두 마찬가지다. 가압수형경수로는 격납용기가 크니까 수소폭발하지 않는다고 생각하는 것은 위험하다. 비등수형경수로는 격납용기에 질소를 넣어 수소폭발을 막는다. 그래서 후쿠시마사고 때에도 격납용기 안에선 수소폭발이 이루어지지 않았다. 격납용기 밖에서 폭발했기에 사고가 이 정도 규모를 유지하는 것이다."

세슘검출, 법이 안전성을 보장하는가?

일동후디스사 산양분유 8천만원 법원배상판결과 환경운동연합의 항소

안재훈 (환경운동연합 에너지기후팀 간사)

일동후디스사는 2012년 8월 2일 일동후디스사의 산양분유 1단계에서 방사성 세슘-137이 0.391Bq/kg(킬로그램 당 베크렐) 검출되었다는 환경운동연합의 보도자료 발표와 이후 기자회견 등으로 기업 이미지와 명예가 실추되고, 매출액에 손해를 입었다며 10억원의 손해배상소송을 제기했다.

지난 7월 10일 1심판결이 있었다. 서울중앙지방법원 민사합의14부(재판장 배호근)는 "기업이미지와 신뢰도가 저하되고 명예가 훼손됐다"며, "환경운동연합은 일동후디스사에 위자료로 8,000만원을 배상하라"는 판결을 내렸다. 일동후디스사는 이번 판결결과를 두고 '산양분유의 안전성이 입증되었다'며 환영했다. 그러나, 과연 그럴까.

미량이니 안전하다고 발표해야 하나

이번 사건을 두고, 기준치(세슘-137, 370Bq/kg)에 훨씬 못 미치는 양인데 꼭 검사결과를 발표했어야 했나라는 의문이 있다. 사실 환경운동연합 내부에서도 이를 놓고 많은 논의가 있었다.

무엇보다 아기를 키우는 부모의 입장에서는 미량의 방사성물질도 그 자체로 기피 대상이 될 수 있기 때문이다. 또 일동후디스사가 문제의 해결보다 환경운동연합을 공격하거나, 고발 및 손해배상소송 등을 진행할 수 있다는 우려도 있었다.

결국 고심 끝에 환경운동연합은 이 결과를 발표하기로 결정했다. 그것은 바로 시민들에게 정확한 정보를 제공하고, 작은 위험성이라도 알리는 것이 바로 우리의 역할이라 생각했기 때문이다. 또한 이런 공개를 통해 해당 분유회사가 더욱 안전한 제품을 공급할 수 있도록 원인을 해결하고 개선할 것이라 판단했다.

세슘검출은 부정할 수 없는 사실

검출결과가 공개되자 일동후디스사가 가장 먼저 보인 반응은 "세슘이 검출되지 않았다"였다. 해당 기업이 이러한 태도를 보인 데는 검사기관인 조선대학교 산학협력단(아래 조선대) 책임이 크다. 논란이 일자, 검사기관인 조선대가 스스로 검사결과를 부정하고 나섰기 때문이다.

당시, 조선대는 검출기 계측시간을 1만초로 했을 때는 세슘이 검출되지 않았고, 8만초로 측정한 것은 잘못된 검사방법이라 '불검출'이라는 주장을 펼쳤다.

일반적으로 검사시간을 늘리는 것은 검출할 수 있는 최소한계치를 낮춰주기 때문에, 특히 적은 양의 방사성물질을 정밀하게 측정하는 방법이다. 이러한 사실을 모를 리 없는 검사기관이, 스스로 잘못됐다고 부정하는 결과를 왜 애초 검사의뢰자에게 제공했는가.

더구나 8만초 측정은 조선대 연구원이 1만초 측정 후 해당분유의 세슘 검출 가능성을 언급하면서 제안한 방법이었다. 환경운동연합이 이에 대한 반박자료를 내자, 오히려 일동후디스사는 검사 책임자인 김숭평 교수의 인터뷰를 인용하여, "검사한 분유 전 제품(검사를 맡긴 5개회사의 분유)에서 세슘137 검출!"되었다는 보도자료까지 냈다. 하지만 이는 결국 거짓으로 드러났고, 재판에서도 검사수행 연구원이 증인으로 출석하여 사실이 아님을 진술했다.

문제는 사건 이후에도 일동후디스 산양분유에서는 세슘 137이 계속 검출되고 있다는 사실이다. 서울시에서도 해당분유를 1만초로 검사했는데, 세슘137이 0.6Bq/kg 검출되었다. 또 경주시의 조사에서도 0.81Bq/kg이 검출되었다.

기준치가 안전을 보장하는가

재판부는 '미량의 방사성 물질이 건강에 해롭다는 과학적 진실을 인정할 증거가 없다'고 판시했다. 그리고 '환경운동연합이 이러한 위험성을 과장했다'고 판단했다. 하지만 의학계의 정설은 '방사선에는 역치가 없고, 방사선량이 증가함에 따라 암 발생의 위험도 선형을 그리며 증가한다'는 것이다.

명백한 입증이 안되었다면 현재 가장 보편적으로 받아들여지고 있는 진실(의학계의 정설)에 입각해서 문제를 바라보는 게 당연하지 않은가. 더구나 해당 분유는 물조차도 그냥 먹이지 않는 6개월 미만의 영아들이 먹는 분유다.

지금까지 유해물질에 대한 위험성은 대체로 무지의 단계에서 인지의 단계로, 약한 기준에서 강한 기준의 관리로 변화해왔다. 방사선도 마찬가지다. 인류는 그것의 위험을 제대로 알지 못했다. 라듐 등 방사성원소를 처음으로 발견한 퀴리부인도 그 위험을 제대로 알지 못한 채, 결국 백혈병으로 사망했다.

이후 히로시마와 나가사키에 투하된 핵폭탄, 체르노빌과 후쿠시마의 핵발전소 사고로 인한 피해 이후에야 방사능의 위험성이 제대로 알려지고, 구체적인 연구가 이루어지고 있다. 피해가 있고 나서야, 기준들이 만들어지고 또 피해가 심각해질 때 기준들이 강화되어 왔다. 이런 역사를 살펴볼 때, 의학적으로 입증된 안전한 기준이 없는 상태에서 최대한 그것의 저감을 위해 노력하는 것이 더 정당한 것이 아닐까.

일동후디스는 원인조사와 개선방안을 강구하라

이번 판결로 시민의 안전을 위한 알권리가 상당히 제약을 받게 되었다. 또한 환경단체의 개선 요구를 법적 소송으로 무마시키는 좋지 않은 선례도 만들게 되었다. 일동후디스사는 이번 재판으로 이 문제가 해결되었다고 생각할지 모르겠지만, 근본적인 원인이 해결된 것은 없다.

환경운동연합의 항소로 법적 다툼은 계속되겠지만, 이 문제의 해결을 위해 가장 필요한 것은 일동후디스사의 태도 변화다. 일동후디스사는 미량이어서 문제가 없다고만 할 것이 아니라 원인을 제대로 조사하고 그것을 개선할 방법을 찾기를 바란다.

▲지난 7월 9일, 한국, 대만, 미국, 인도네시아 출신의 그린피스 활동가들이 부산 광안대교에서 핵발전소 반대 고공 시위 캠프를 차렸다. 그린피스는 '레인보우 워리어'호와 함께 '핵발전소 비상 투어'를 진행하며 한국 정부에 핵발전소 사고 대비 비상계획구역을 반경 30km로 확대하도록 촉구했다.
사진 제공=ALEX HOFFORD / GREENPEACE

부안 핵폐기장 건설 반대에서 경주 주민투표까지

사용후핵연료③

한국 반핵운동 역사 중 70% 이상은 핵폐기장 반대운동 역사일 정도로 핵폐기장 건설을 둘러싼 우리 사회 갈등은 컸다. 더구나 2004년 12월, 중·저준위 핵폐기장과 고준위 핵폐기장 건설 계획이 분리되기 전까지 한국의 핵폐기장은 중·저준위뿐만 아니라, 고준위핵폐기물(사용후핵연료)까지 처분하는 시설을 의미했다. 그간 진행됐던 핵폐기장 반대운동을 통해 실패를 연속했던 정부의 사용후핵연료 관리 정책을 지난 9호(2013년 6월호)에 이어 살펴본다.

이헌석 편집위원

굴업도 실패 이후 실패를 반복한 핵폐기장 정책

1994년 인천 옹진군 굴업도에 핵폐기장을 건설하려고 했던 계획이 활성단층 발견으로 무산된 이후 정부의 핵폐기장 건설 계획은 말그대로 '원점'으로 돌아가고, 이후 사업추진 주체가 바뀌게 된다. 1996년 1월, 당시 김영삼 대통령은 핵폐기장 사업 주체를 한국원자력연구소에서 한국전력공사로 이관할 것을 지시했다. 사실상 그간 사업의 책임을 묻는 문책성 지시였다. 이에 따라 담당부서도 과학기술처에서 통상산업부로 바뀌고 한국원자력연구소의 관련 인력은 한국전력공사로 옮겨와 원자력환경기술원이 신설된다.

하지만 김영삼정부에서는 더 이상 관련 사업이 진행되지 못하고 김대중 정부가 들어선 1998년 새로 정비된 방사성관리대책에 따라 2000년 지자체 공모를 추진했으나, 응모하는 지자체가 없음에 따라 계획이 무산되었다. 정부는 또다시 계획을 바꿔 사업자가 후보지를 선정한 다음 지자체와 협의를 통해 부지를 선정하는 방식을 추진한다. 이 계획에 따라 과거 진행한 바 있는 임해지역을 중심으로 47개 시·군과 244개 읍·면을 대상으로 후보지를 선정하는 과정을 다시 반복한다. 그 결과 김대중 정부 임기를 채 한달도 남기지 않은 2003년 2월 4일 원자력위원회는 영광, 울진, 영덕, 고창 등 4개 지역을 최종 후보지로 선정하였다.

이 계획이 추진되자, 4개 지역주민들은 강력히 반발한다. 4개 지역주민들과 시민사회단체가 '핵폐기장 백지화와 핵발전 추방을 위한 반핵국민행동'을 결성하고 각 지역과 서울에서 적극적인 반대운동을 벌였다. 청와대 앞 36일 단식농성 등 어느 때보다 수위 높은 투쟁으로 핵폐기장 건설 계획을 반대했다. 전국적으로 핵폐기장 반대운동이 확산되자, 정부는 6월 27일 기존 4개 지역이외에도 타지역의 유치신청을 7월 15일까지 받고, 부지조사에서 적합한 지역이 새롭게 나올 경우, 그 지역을 우선 선정하는 등 세부 계획을 다시 발표한다. 이 계획은 이미 4개 지역의 반대가 확산된 상태에서 군산, 부안, 장흥 등 신규 신청을 염두에 두고 있는 지자체를 고려한 계획이었다.

어느 때보다 뜨거웠던 부안 핵폐기장반대운동

이러한 가운데 핵폐기장 유치에 앞장선 곳은 부안군이었다.

김종규 당시 부안군수는 군산시장의 유치포기 선언 다음 날인 7월 11일, '방사성폐기물 관리센터 및 양성자가속기 사업 부안군 유치'를 선언한다. 이후 부안군의회는 7:5로 부안군 유치신청을 부결시켰지만, 군수는 유치신청 마감을 하루 앞둔 7월 14일 유치신청서를 접수한다.

부안군수의 독단적인 유치신청이 있자, 부안군민들은 분노한다. 7월 22일 부안군민 1만명 집회를 비롯해 7월 24일 부지선정위원회의 최종선정발표가 있자, 26일 또다시 1만명 집회가 열리는 등 부안군민들의 반대운동은 거셌다. 당시 부안읍 인구가 2만5천명 수준임을 고려하면 짧은 기간 동안에 부안의 열기는 뜨거웠다. 반복되는 집회와 경찰의 강경진압 등으로 사태가 점차 심각해지자, 10월 3일 당시 고건 총리와 지역대표단은 부안지역 현안 해결을 위한 공동협의회 구성에 합의한다. 이후 계속 진행된 공동협의회에서 주민투표 방안이 검토되고 '즉각 백지화'와 '연내 주민투표 실시'를 둘러싼 오랜 논의가 반대대책위 내부에서 진행된다.

오랜 검토 끝에 결국 11월 16일 반대대책위는 '연내 실시'를 전재로 주민투표안을 수용키로 결정한다. 그러나 정부의 반응은 너무나 싸늘했다. '연내 실시'가 불가능하다는 것이다. 주민투표법안이 국회 계류 중이며, 행정절차에 필요한 시간과 얼마 남지 않은 총선 등으로 인해 연내 실시안을 거부한 것이다. 자연스럽게 부안공동협의회는 결렬상태에 빠지게 된다.

▶7면으로 이어짐

▶6면에서 이어짐

대화가 결렬되자, 협상기간 동안 평화롭던 부안이 다시 혼란스러워진다. 11월 17일~20일은 거의 매일 수십명의 지역주민들이 경찰들과의 충돌과정에서 부상당하고, 예술회관, 청소차량 등에 화재가 발생하는 등 다시 국면은 파국으로 치닫고 있었다. 정부는 대화에 나서거나 해결방안을 모색하지 않았고, 부안에는 최대 1만2천명의 경찰이 상주하면서 지역주민들과 경찰의 충돌, 부상은 어찌보면 예상되었던 사태였다.

12월, 정부가 새로운 주민투표 절차와 보상방안 등을 제시하지만, 주민투표의 실시방법, 시기 등이 구체적으로 제시되지 않자, 결국 반대대책위는 주민투표일로 잡고 시민사회단체, 종교계, 학계 등이 중심이 되는 '주민투표관리위원회'를 구성해 줄 것을 요청하고 주민투표일로 2004년 2월 14일을 발표한다. 정부는 주민투표 법적 효력 없음을 발표하고, 유치대책위는 주민투표 시행금지 가처분 소송 등을 진행하나, 소송은 기각되고 예정대로 부안 주민투표는 진행되어 총 유권자 52,108명 중 72.04%인 37,540명이 투표에 참여하여 이중 91.83%인 34,472명이 유치 반대에 투표함에 따라 부안 핵폐기장 문제는 사실상 종결하게 된다.

부안의 성과와 경주 주민투표의 부정

부안 핵폐기장 반대운동은 비민주적으로 진행되었던 핵폐기장 선정과정을 부안 주민들이 막고, 주민자치 역량을 확인했다는 점에서 매우 큰 의미를 지닌다. 특히 지역주민들의 자치 역량을 총동원하여 주민투표를 직접 실시하고 그 과정에서 다양한 풀뿌리 민주주의의 가능성을 열어두었다는 점에서 그 의미는 더욱 클 것이다.

한편 주민투표를 통한 핵폐기장 찬반을 묻는 과정은 이후 핵폐기장 선정과정에 중요한 선례가 되어, 이후 2005년 주민투표의 근거가 된다. 2004년 12월, 정부는 253차 원자력위원회를 열고, 중·저준위 핵폐기장과 고준위 핵폐기장 건설계획을 분리하고, 중·저준위 핵폐기장 건설을 위해 주민투표를 도입하는 방안을 발표한다. 또한 특별법 제정을 통해 중·저준위 핵폐기장 유치지역 지원을 법률로 지정하고, 중·저준위 핵폐기장 건설지역에 고준위 핵폐기장을 건설하지 않도록 법제화한다.

이에 따라 2005년 6월, 정부는 3천억원 지원과 양성자가속기, 한수원 본사 이전 등 지원책과 9월 15일까지 주민투표 실시를 요청하는 일련의 계획을 발표한다. 부안 핵폐기장을 백지화로 이끌었던 주민투표를 오히려 핵폐기장 지역 선정의 방법으로 본격 활용한 것이다. 처음에는 삼척, 울진을 포함해서 6개 지역이 주민투표 참여의사를 밝혔으나, 지자체 의회 동의를 얻지 못한 이 두 지역은 탈락하고, 결국 경주, 군산, 영덕, 포항에서 주민투표 진행이 확정되었다.

그러나 주민자치에 의해 진행되었던 부안 주민투표와 달리 관주도의 주민투표는 말 그대로 혼란의 연속이었다. 첫번째로 일어난 것은 사전투표운동 논란이었다. 새롭게 만들어진 주민투표법에 따라 '주민투표가 실시될 것으로 객관적으로 예상되는 시기'에 벌어지는 사전주민투표운동은 불법이었다. 하지만 문제는 그 시기가 언제냐는 것이었다. 이미 6월말부터 지자체에서는 유치 신청을 마치고 각종 투표운동에 돌입했지만, 아직 부지선정위원회의 부지적합 판정이 내려지지 않았으니, 주민투표를 할지 여부는 명확하지 않다는 것이 선거관리위원회의 입장이었다. 이것이 명확해지려면, 9월 15일이 되어야 한다는 답변이었다. 이 기간동안 주민투표가 예상되는 모든 지역에선 다양한 방법의 사전투표운동이 진행되었다. 설명회장에선 수건, 저금통, 연필꽂이 등 다양한 기념품이 전달되었고, 핵발전소 견학을 이유로 온천여행이 지역주민들에게 제공되었다. 일부지역에선 후보지 인근주민들에게 현금을 돌리는 일까지 벌어졌지만, 이 모든 것은 '합법'이었다.

또한 국책사업 시행에 따른 주민투표라는 특성상 지자체 공무원의 역할을 둘러싼 논쟁도 끊이지 않았다. 형식상으로는 주민들이 자발적으로 찬성측 단체 1개와 반대측 단체 1개를 만들어 찬반 양측이 각자 주민투표 찬반운동을 벌이는 것이지만, 공무원들은 예외였다. 각 지자체의 공무원들이 총동원되는 것은 물론 국책사업을 홍보한다는 이유로 이장, 반장, 통장 등 관련 조직들까지 나서서 유치운동을 벌였다. 군산의 '원자력을 바로 알고 사랑하는 공무원 모임', 영덕의 농촌지도소 관계자에게 식사제공, 경주의 통장 대책회의 등 모든 것이 묵인되었다.

공무원 투표운동 개입의 절정은 부재자신고에서 나타났다. 원래 부재자 투표는 선원, 군인 등 특수한 상황에서 투표를 하지 못하는 이들을 위한 제도이다. 매년 2~3% 정도의 유권자가 이 제도를 이용했으나, 집에서 우편으로 투표를 할 수 있는 거소(居所)투표 제도를 접목시켜 군산 39.4%, 경주 38.1%의 유권자가 부재자 신고를 하는 기현상이 벌어졌다. 투표율이 1/3이 되지 않을 경우 주민투표는 무효화되고 개표는 진행되지 않지만, 이미 투표일 이전에 투표률이 1/3을 넘어서는 일들이 벌어진 것이다.

이러한 관권, 금권 선거 논란이 벌어지는 와중에도 주민투표는 진행되었다. 결국 개표 결과는 경주 89.5%로 4개 지역 중 찬성률이 가장 높은 것으로 확인됐고, 경주가 중·저준위 핵폐기장 부지로 최종 확정되었다.

부안의 주민투표와 경주 등 4개 지역의 주민투표는 여러가지 면에서 많은 비교점을 갖는다. 전국적 사안이며 수백년 이상 유지되어야 할 중·저준위 핵폐기장 건설을 단지 해당 지역주민들만의 찬반으로 결정하는 것이 적절한지에 대한 논란은 주민투표 당시나 지금이나 똑같이 남아 있는 숙제이다. 또한 주민투표 당시 핵폐기장의 처분 방식(천층, 지층)이나 안전성 등 가장 기본적인 내용도 공개되지 않은 상태에서, 몇몇 지원금 여부만을 갖고 찬반을 묻는 절차 역시 형식적인 민주주의를 넘어서는 절차적 민주주의로 나가지 못했다는 아쉬움을 함께 남겼다.

부안 총파업 결의대회(2003년 8월 13일), 사진 제공 이헌석

4개 지역 주민투표중단을 촉구하는 시민사회단체 기자회견(2005년 10월 31일), 사진 제공 이헌석

● 국내 핵발전소 현황(7월 30일 현재)

본부	호기	시설용량(만kW)	비고
고리	1호기	58.7	정비 중
	2호기	65	
	3호기	95	
	4호기	95	
신고리	1호기	100	시험성적서 위조
	2호기	100	시험성적서 위조
	3호기	140	건설 중
	4호기	140	건설 중
월성	1호기	68	수명연장 심사 중
	2호기	70	
	3호기	70	
	4호기	70	
신월성	1호기	100	시험성적서 위조
	2호기	100	운영허가 단계
영광	1호기	95	
	2호기	95	
	3호기	100	
	4호기	100	
	5호기	100	
	6호기	100	
울진	1호기	95	
	2호기	95	
	3호기	100	
	4호기	100	증기발생기 세관 결함
	5호기	100	
	6호기	100	
신울진	1호기	140	건설 중
	2호기	140	건설 중

23기 운행 중(6기 가동 중지)
1기 운영허가 단계
4기 건설 중

'핵 없는 세상, 희망의 미래로!'

제2회 2013합천비핵·평화대회를 열며…

장지혜 사업팀장(합천평화의 집)

오는 8월 5일(월)~6일(화), 핵으로부터 피폭을 당해 절망을 대물림하며 살아가는 피폭자들의 삶에 공감하며, 핵과 방사능 위험으로부터 벗어나 평화로운 세상을 만들기 위해 국내 원폭피해자들이 가장 많이 사는 한국의 히로시마—평화도시 경남 합천에서 '제2회 2013 합천비핵·평화대회 Hapcheon Anti-Nuclear&Peace Festival 2013'가 열린다.

이번 대회는 '핵 없는 세상, 희망의 미래로!'라는 슬로건으로, 한국원폭피해자협회 합천지부와 원폭2세환우회, (사)위드아시아가 주최하고 합천평화의집이 주관하여 비핵·평화 영화 상영회, 평화한마당, 심포지엄, 핵 없는 세상, 청소년이 꿈꾸는 평화 등 다양한 문화행사들과 함께 68주기 한국인 원폭희생자 추모제 행사로 이루어져있다. 특히, 일본의 6명의 작가(모리시타 이테츠, 이토 다카시, 키류 히로토, 모토하시 세이치, 도요사키 히로미츠, 모리즈미 다카시)들이 일본(히로시마, 나가사키)과 합천, 비키니, 롱게럽섬 등 마샬제도, 체르노빌, 오스트리아 등 세계 각지의 피폭자들을 촬영한 '세계 피폭자전'도 함께 개최된다.

6일(화)에 개최되는 '68주기 원폭희생자 추모제' 직후, 현재 4명의 국회의원(김정록·이학영·이재영·김제남)들이 발의한 원폭피해자 특별법안 제정을 촉구하는 결의문을 채택할 예정이다. 또한 추모제에 이어 '원자폭탄 피해의 실상과 법적·사회적 해결을 위해'라는 타이틀로 심포지엄이 열린다. 이번 심포지엄에서는 '한국인 원폭피해자 실태와 정책 현황 및 해결과제'(김기진, 부산일보 편집부국장), '방사선 피폭의 장기적인 건강 피해'(김익중, 동국대 의과대 교수), '특별법 제정의 필요성'(전은옥, 원폭피해자및자녀를위한특별법추진연대회의 사무국장), '원폭의 기억, 평화교육의 과제'(전진성, 부산교대 교수) 등의 주제로 핵과 방사능의 위험성과 원폭피해자 특별법 제정의 필요성에 대한 발표와 토론이 진행된다.

현재 국내의 원폭피해자 1세는 거의 대부분이 사망하여 생존자는 2,645명(2013년 4월 1일, 한국원폭피해자협회 등록자 기준)에 불과하며, 원자폭탄으로 인한 고통은 그 후대인 2, 3세까지 후유증과 피해가 지속되고 있다.

2004년 국가인권위원회가 실시한 한국 원폭피해자 2세 기초현황과 건강실태 조사에 따르면, 국내 원폭피해자 1세는 일반인보다 우울증 93배, 조혈계통 암 70배가 더 많이 발생하고, 피폭2세도 빈혈 88배, 심장 계통 질환 89배, 우울증 71배, 백혈병 13배, 갑상선 질환 10배 등 비교집단 일반인에 비해 높은 질병 이환율(어떤 일정한 기간 내에 발생한 환자의 수를 인구당 비율로 나타낸 것—편집자주)을 보였다. 조사기관은 "피해자 1, 2세 모두 건강상태도 열악할 뿐 아니라 사회적으로 소외된 상황에 처해 있다"며, 이에 대해 "정부와 국회는 입법대책 및 후속 정밀조사가 필요하다"고 제언한 바 있다. 그러나 대한민국 정부는 지금까지도 국내 원폭피해자를 위한 입법은 물론이고, 생존권조차 위협받고 있는 절박한 2세 환우의 피해실태에 관해 어떠한 면밀한 후속조사나 기본적인 의료지원 정책조차 세우고 있지 않다.

이에 피해자들은 일본정부에 대한 각종 소송 투쟁, 한국정부 차원의 국가적 실태조사와 지원대책 수립을 촉구해왔으며, 17대 국회와 18대 국회에서도 '한국원폭2세환우회'와 '원폭피해자 및 원폭2세 환우문제 해결을 위한 공동대책위원회'가 중심이 되어 특별 법안을 청원·발의하였으나 폐기되고 말았다.

19대 국회에서 한국인 원자폭탄 피해자와 2,3세 환우를 위한 실태조사 및 지원에 관한 법안이 제정될 수 있도록 '한국원폭피해자협회 합천지부'와 '한국원폭2세환우회', '합천평화의집', 'KD 한국교회희망봉사단', '불교생명윤리협회' 등 국내 24개 시민사회단체와 종교계 등으로 구성된 '원폭피해자 및 자녀를 위한 특별법 추진 연대회의'가 지난 2012년 9월 출범하여 다양한 활동을 펼치고 있다. 현재 이런 노력의 결실로, 국회에 4개의 관련 법안(새누리당 김정록의원, 새누리당 이재영의원, 민주당 이학영의원, 정의당 김제남의원 대표발의)이 제출되어 있다.

더 늦기 전에, 대한민국 국회는 한국인 원자폭탄 피해자와 2,3세 환우에 대한 정확한 피해 진상조사와 의료, 생계 등의 복지 지원 대책을 담은 특별법을 조속히 제정해야 한다. 특히 생명을 유지하는 것과 인간답게 살아갈 권리조차 위협받고 있는 원폭 2,3세 환우들에겐, 과학적 조사와 법적 공방을 기다릴 시간이 없다. 따라서 환우들의 생명을 지키기 위해서는 '선지원 후규명'의 원칙만이 해법이다.

이러한 현실 속에서 2013합천비핵·평화대회는 국내 원폭피해자들이 겪고 있는 신체적·정신적 고통을 치유하고, 피폭자 및 시민사회단체의 평화 의지를 세계에 널리 알리는 계기가 될 것이다.

탈핵신문

공동대표 김준한(발행인) 박혜령
운영위원 이대수 이헌석
편집위원 고노 다이스케 윤종호 이헌석 이지언
사무간사 황정화 010-2881-6822
배송·운영지원 에너지정의행동

(110-876) 서울특별시 종로구 숭인동 76번지 롯데캐슬천지인 지동 205호
문의전화 02-702-4979
팩스 02-704-4979
이메일 hjhlucia@hanmail.net
등록번호 종로라 00386
구독료 1년 2만원 / 가판 1천원

2013년 9월호 (제12호) www.nonukesnews.kr 농협 352-0491-9279-43 예금주 김준한

핵발전소 방사선 비상계획구역 30km로 확대하라!

반핵·탈핵운동의 핵심 과제는 핵발전소를 폐쇄시키는 일일 것이다. 하지만, 지금 당장 모든 핵발전소를 폐쇄시키지 못하고 있기에, 핵발전소가 운영되는 일정기간 동안 안전하게 유지·관리될 수 있도록 감시하는 활동과, 더불어 핵발전소 사고를 대비한 주민보호, 방사능 방재대책 등의 다양한 방안을 강구하고 정부와 지자체 등에게 촉구하는 일을 병행하지 않을 수 없다.

현재 8~10km로 설정된 한국의 방사능 비상계획구역을, 체르노빌과 후쿠시마 사고 영향을 고려하여 30km 이상으로 확대시키는 것은 핵발전소 사고를 대비한 주민보호, 방사능 방재대책의 핵심 과제 중 하나이다.

한국 원자력 시설별 방사선 비상계획구역 (원자력안전위원회 고시 제2012-31호)

구 분		범 위
발전용 원자로 및 관계 시설		반경 8~10km
연구용 원자로 및 관계 시설		개별적으로 결정
사용후 핵연료 저장·처리 시설	시험 및 연구목적이 아닌 처리시설	반경 약 5km
	저장 시설	반경 약 1.5km
	시험 및 연구 목적의 처리시설	부지 경계
그 밖의 원자력 시설		부지 경계

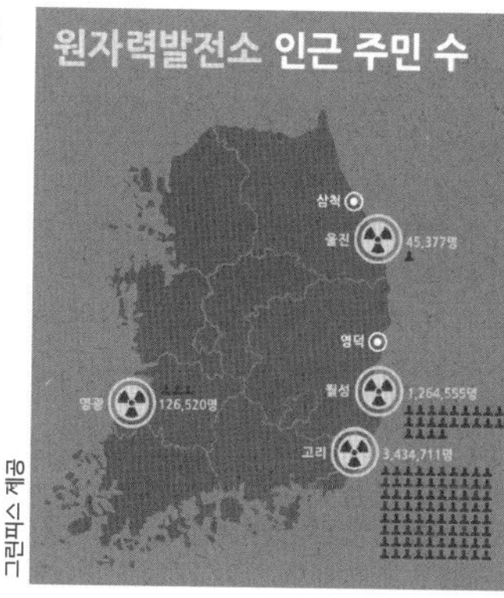

그린피스 제공

그린피스의 부산 광안대교 고공농성

지난 7월 9일 그린피스 송준권 등 4인의 활동가들은 부산 광안대교 제2주탑(105m) 연결 케이블 약 90m 지점에서 고공농성을 벌였다. 위험을 무릅쓴 이들의 고공농성은 부산지역을 비롯한 전국 언론의 주목을 받았고, 꼬박 이틀을 보내고 삼일 째 되는 날(52시간) 그린피스 활동가들은 '부산시 등 관련기관과 비상계획구역 확대 등에 대해 논의하는 것을 조건'으로 농성을 자진 해제했다.

이들의 핵심주장은 "현재 8~10km로 설정된 한국의 방사선 비상계획구역을 30km로 확대하라"는 것이었다.

왜 30km인가?

후쿠시마 사고 이전 일본을 비롯해 한국의 방사능 비상계획구역 8~10km는, 1979년 미국 스리마일 사고(레벨5, 국제원자력 사고·고장 등급 분류) 시 방출된 방사능 물질의 양을 근거로 설정되었다고 한다.

하지만, 구 소련의 체르노빌 사고(1986년, 레벨7 등급)는 이미 26년이 지났지만, 반경 30km 이내 지역은 아직까지 출입이 제한돼 있다. 또 일본의 후쿠시마 사고(2011년, 레벨7 등급)도 반경 20km 이내 지역은 대피령이 떨어졌고(지금도 출입금지 구역으로 남아 있다), 반경 20~30km 지역은 옥내 대피령에, 자율적 피난 권고지역이었다. 심지어 이이다테무라 등 일부 시·군은 최고 50km 지역까지도 대피령이 떨어졌다.

게다가, 국제원자력기구(IAEA) 등이 권고하는 핵발전소 비상구역 반경은 1000MW 이상의 원자로일 경우, 긴급보호조치계획구역으로 5~30km, 식품제한 계획구역으로 300km를 권고하고 있다. 우리나라 핵발전소 23기 중 고리1~2호기, 월성 1~4호기 6기를 제외한 대부분의 원자로는 약 1000MW 이상급에 해당되고, 기존 핵발전소 지역들 모든 곳에 5~6기 이상의 원자로가 집중돼 있어 후쿠시마 사고처럼 원자로 연쇄사고 가능성도 배제할 수 없는 상황이다.

이처럼, 체르노빌과 후쿠시마 사고의 사례를 비롯해 일반적인 국제기준은 비상계획구역 최소 30km 이상이라는 것을 보여주고 있다.

방사선 비상계획구역, 최근 개편 논의 현황

방사선 비상계획구역(EPZ, Emergency Planning Zone, 이하 비상계획구역)이란, 방사선 비상시 주민보호를 위해 방사선 비상대책을 집중적으로 마련하기 위해 설정한 구역으로, 현재 한국은 반경 8~10km 범위에서 원자력사업자(한국수력원자력)가 광역지자체와 협의한 후 원자력안전위원회의 승인을 거쳐 설정하게 돼있다.

2011년 국제원자력기구(IAEA)가 한국의 비상계획구역을 개선할 것을 권고한 데 이어, 후쿠시마 사고 이후 국회와 시민단체, 핵발전소 주변지역 등에서 주민보호를 위해 방사능방재대책이 강화돼야 한다는 요구가 쏟아지면서, 정부는 기존의 비상계획구역을 재검토하지 않을 수 없었다.

정부(원자력안전위원회)는 한국원자력안전기술원(KINS, 이하 킨스)에 '비상계획구역 개편방안 연구(2012.5~2013.8)' 용역을 내주었고, 킨스는 지난 7월 18일 '주민보호조치를 위한 비상계획구역 재정립 연구결과 발표회'를 가졌다. 이날 킨스는 일부 지자체, 학계, 시민단체 등 각 1명씩을 패널로 참여시켜 의견수렴 절차만 밟았고, 보완과정을 거쳐 조만간 최종보고서가 발간될 것으로 보인다.

원자력안전위원회는 9월 킨스의 최종보고서 발간 후 법률 개정(조안)을 마련해 10월경 지자체 등 유관기관 의견을 수렴하고, 올 12월 비상계획구역 개편(안)을 국회에 제출해 확정지을 계획이다.

정부와 관련 지자체의 입장은?

지난 8월 9일 김춘진 국회의원(고창·부안)과 김완주 전북도지사는 이은철 원자력안전위원장을 만나, '비상계획구역 개편 관련 간담회'를 진행했다. 이날 간담회에서 김춘진 의원과 김완주 도지사는 이은철 위원장에게 "고창·부안 등 전북지역은 영광핵발전소 사고 시 엄청난 방사능 피해를 받을 수 있는 지역임에도 불구하고, 현행 비상계획구역에 제대로 포함되지 않아 지역민들로부터 지속적인 문제제기를 받아왔다. IAEA 국제기준과 일본 등 선진국 사례에 따라 비상계획구역을 30km로 확대하고, 방호약품 등을 구비할 수 있도록 추가 재원을 마련하라"고 요구했다.

이날 이은철 위원장은 '적극 검토하겠다'는 입장을 밝혔지만, 당일 배포된 원자력안전위원회 공식 자료에는 7월말 현재 전북도를 제외한 지자체들 입장은 '현행 유지(8~10km) 또는 축소' 의견이다.

부산시(고리핵발전소)는 '30km 확대 시 실효성을 담보할 수 없으므로, 신중한 검토가 필요(8~10km 현행 유지 입장)'하다는 입장이다.

▶2면으로 이어짐

월성1호기 '수명연장 심사'와 앞뒤 바뀐 '스트레스 테스트'

이상홍 통신원(경주환경운동연합 사무국장)

월성1호기 스트레스 테스트 일단 '합격'… 한수원 '자체평가'였다?!

우리가 중단을 주장한다고 중단될 스트레스테스트가 아니겠지만, 지금이라도 월성1호기 스트레스테스트는 중단돼야 한다. 정확히 표현하면 스트레스테스터 결과에 대한 민간 검증작업을 중단해야 한다.

박근혜 대통령은 후보시절 '유럽형 스트레스테스트'를 실시해서 월성1호기의 수명연장을 결정하겠다고 공약했다. 박근혜 대통령의 수많은 복지공약들이 하나 둘 폐기되는 가운데 유독 스트레스 테스트 실시 공약은 번개처럼 진행됐다. 99.9% 이상의 국민들이 언제 했는지 모르게 스트레스테스트는 끝났다.

한국수력원자력(이하 한수원)이 내놓은 스트레스테스트 결과는 '합격'이다. 어쩌면 당연한 결과다. 스트레스테스트는 한수원의 자체 평가였기 때문이다. 한수원은 월성1호기의 수명연장을 위해서 이미 5천억원 이상의 돈을 쏟아 부었다. 그들에게 스트레스테스트 불합격은 곧 '죽음'과도 같은 것이다. 이것이 스트레스테스트가 지닌 첫 번째 모순이다.

'수명연장심사'와 순서가 뒤바뀐, '스트레스 테스트'

그러나 우리가 스트레스테스트 중단을 요구하는 진짜 이유는 '시기'가 적절하지 않기 때문이다. 모든 일에는 '때'가 있다. 때를 어겨 서두르거나 굼뜰 때, 본래 의도했던 결과와는 다른 결과를 가져온다. 그럼 스트레스테스트는 언제 하는 것이 적절한가? 그것은 월성1호기에 대한 '수명연장 심사'를 마친 이후에 하는 것이 올바르다.

수명연장 심사에서 불합격을 하면 스트레스테스트를 굳이 할 까닭이 없어지고, 만일 수명연장 심사에서 합격을 하면 추가로 스트레스테스트를 실시하여 최종 '합격' 여부를 다시금 따져보면 된다. 이것이 박근혜 대통령의 스트레스테스트 실시 공약을 제대로 반영하는 것이다. 지금처럼 '수명연장 심사'가 끝나지 않았는데 스트레스테스트를 서둘러 마치면 '수명연장 심사'가 왜곡될 수 있기 때문이다.

조금 혼돈이 올 수 있는데, 정리를 하면 다음과 같다. ①수명이 끝난 핵발전소의 재가동 여부는 ②원자력안전법에 근거한 '수명연장 심사' 결과에 따라 결정된다. ③박근혜 대통령은 여기에 스트레스테스트를 추가로 실시해 최종 결론을 내겠다고 약속한 것이다.

'18개월' 법적 수명연장 심사기간을 '49개월'째 계속 끌고 가는 의도는?

월성1호기는 2009년 12월부터 '수명연장 심사'에 돌입했다. 법적 심사기간이 18개월이지만 현재 49개월을 넘기며 심사가 계속 진행 중이다. 안전에 많은 문제가 있는 것으로 드러나 현재 심사를 질질 끌고 있다. 어떻게든 합격 시키려는 정부의 의도가 반영된 결과로 보인다. 그런데 갑자기 스트레스테스트가 번개처럼 실시됐다. 만일 스트레스테스트에서 문제가 없는 것으로 최종 결론이 나면 곧바로 '수명연장 심사'에도 긍정적 영향을 끼칠 것이다. 그러므로 스트레스테스트는 수명연장 심사 이후에 실시해야 한다.

혹자는 이렇게 반문할 수도 있다. 스트레스테스트에서 불합격되면 월성1호기는 폐쇄되는 것 아니냐? 물론 맞는 말이다. 하지만 스트레스테스트에서 불합격될 가능성은 '0'이다. 바로 여기에 문제의 심각성이 있다. 그것은 스트레스테스트가 알려진 것과 다르게 '합격'을 받기 쉬운 평가이기 때문이다. 앞서 언급한 것처럼 한수원은 1개월도 안 되는 짧은 기간에 스트레스테스트 합격 보고서를 세상에 내 놓았다. 그리고 민간 검증단의 검증이 진행되고 있으나 결과를 뒤집기는 사실상 불가능하고, 보완점 몇 가지를 도출하는 것에 만족해야 할 것이다.

월성1호기 수명연장 심사 결과부터 제출하라!

스트레스테스트가 왜 합격을 받기 쉬운 평가인지에 대해서는 다음 호에서 좀 더 살펴볼 계획이다. 어쨌든 스트레스테스트는 '수명연장 심사'에 비해서 매우 수월한 심사였고 한수원은 이를 잘 알고 '번개' 처럼 스트레스테스트를 수행했다. 지금 필요한 것은 스트레스테스트 결과에 대한 민간 검증이 아니다. 정부에서 '수명연장 심사' 결과부터 빨리 내놓아야 한다. 스트레스테스트 검증은 그 후에 해도 늦지 않다.

또 전남도(영광핵발전소)는 '지역주민에게 심각한 불안감 조성, 지역주민이 원하지 않는 비상계획구역 확대 반대(기존 30km 확대 찬성에서 반대로 선회)' 입장이고, 고창군(영광핵발전소)은 '지역 이미지 손상이 우려되므로 일률적 확대 지양', 기장군(고리핵발전소)은 '현재 문제가 없다면 현행 유지(연구결과에 따라 축소 검토도 필요)' 입장이다.

오랫동안 핵발전소의 문제점을 제기해 온 윤기돈 사무처장(녹색연합)과 이헌석 대표(에너지정의행동) 등은 "지난 7월 킨스 '발표회' 내용과 이번 8월 원자력안전위원회 간담회 내용 등을 참고했을 때, 비상계획구역 개편방향이 예방구역(PAZ) 3~5km, 준비구역(UPZ) 8~10km, 감시구역(LPZ) 10~30km으로 추진되고 있다. 하지만, 이 개편방안은 기존 8~10km를 그대로 둔 채 구역만 세분화하여 IAEA 권고를 받아들이는 '모양새'만 취하고 있다. 일본이 기존 8~10km를 후쿠시마 사고 이후 사전대피구역(PAZ) 5km, 방사선 영향평가에 따른 대피구역(UPZ) 30km, 방사능구름 모니터링 지역(PPA) 50km까지 확대 추진하는 것을 참고했을 때, 제한적 성격의 감시구역(10~30km)을 설정한 이번 개편방향은 그간 비상계획구역을 30km로 확대하라는 시민들의 요구에 부응하는 개선안이 아니다"라고 지적했다.

게다가 '지역이미지 손상' '주민불안감 조성' '아파트 값 하락(부산시)' 등의 이유로 광역·기초 지자체들이 비상계획구역 확대를 반대하는 상황이 계속된다면, 그린피스를 비롯해 국회와 시민단체, 핵발전소 주변 지역주민들이 주민보호 차원에서 주장해 온 '비상계획구역 30km 확대' 요구는 '물거품'이 되고 말 위기상황이다.

윤기돈 사무처장, 이헌석 대표 등은 "현재의 국면을 지역주민 대책위 등과 공유하고, 향후 어떻게 대응할 것인지 그 방안을 모색할 계획이다"라고 전했다.

방사능 비상계획구역 개편을 목전에 두고, 시민단체와 지역주민대책위 등이 과연 '비상계획구역 30km 확대'를 관철시켜낼 수 있을지 그 귀추가 주목된다.

윤종호 편집위원

방사능방재구역 세계적인 현황 IAEA는 비상계획구역을 크게 세 단계로 구분하고 있다. ①예방적 보호조치구역(Precautionary Action Zone, PAZ), 방사능 누출 양과 상관없이 예방적으로 미리 보호조치를 취하는 구역 ②긴급 보호조치계획구역(Urgent Protective Action Planning Zone, UPZ), 방사능 누출이 확인될 때 긴급보호조치 구역 ③식품제한 계획구역(Food Restriction Planning Zone, FRPZ 혹은 Long Term Protective Action Planning Zone, LPZ), 환경 감시 및 시료채취 결과에 따라 수시 평가되고 이를 토대로 대피, 음식 섭취 제한 등을 조정하는 구역.

● 주요 핵발전소 운영 국가, 비상계획구역 비교(〈방사능 방재계획 2013, 그린피스(2013.7)〉 등 참조)

국가	한국(개편안, 미확정)	일본(계획 중)	프랑스	미국
PAZ	3~5km	5km	5km	16km(방사능구름 피폭 대비대응지역)
UPZ	8~10km	30km	20km	80km(식품섭취 피폭대비대응지역)
LPZ 혹은 FRPZ	~30km	50km(방사능구름 모니터링 지역)	전국 식품섭취 환경감시지역	

● IAEA, 유럽연합 집행위원회 핵발전소 비상구역 반경 권고기준(〈방사능 방재계획 2013, 그린피스(2013.7)〉)

시설	예방적 보호조치구역(PAZ)	긴급 보호조치계획구역(UPZ)	식품제한 계획구역(LPZ)
원자로 〉 1000MW	3~5km	5~30km	300km
원자로 100~1000MW	0.5~3km	5~30km	50~300km

● 국내 핵발전소 현황(9월 5일 현재)

본부	호기	시설용량(만kW)	비고
고리	1호기	58.7	정비 중
	2호기	65	
	3호기	95	
	4호기	95	
신고리	1호기	100	시험성적서 위조
	2호기	100	시험성적서 위조
	3호기	140	건설 중
	4호기	140	건설 중
월성	1호기	68	수명연장 심사 중
	2호기	70	
	3호기	70	
	4호기	70	
신월성	1호기	100	시험성적서 위조
	2호기	100	운영허가 단계
영광	1호기	95	정비 중
	2호기	95	
	3호기	100	
	4호기	100	
	5호기	100	
	6호기	100	
울진	1호기	95	
	2호기	95	
	3호기	100	
	4호기	100	
	5호기	100	
	6호기	100	
신울진	1호기	140	건설 중
	2호기	140	건설 중

23기 운행 중(6기 가동 중지)
1기 운영허가 단계
4기 건설 중

출처 대전환경운동연합

핵 공단 수준으로 핵시설이 밀집된 '대전' 핵연료 생산시설 2배 증설 계획 철회하라!

고은아(대전환경운동연합 사무처장)

한국원자력연구원내에 위치한 한전원자력연료의 핵연료생산시설 증설 문제로 대전지역에 논란이 확산되고 있다. 핵연료 생산시설 증설은 대전시민의 안전과 건강을 위협하는 중대한 문제임에도 불구하고 대전 시민들과 지역사회에 어떠한 정보도 설명도 제공하지 않고 쉬쉬하며 모든 것이 결정되고 있다. 핵연료생산시설 부지선정 완료, 전용진입도로 개설, 150여명 신규채용은 핵연료생산시설 증설을 기정사실화한 단적인 증거들이다.

지난 2012년 한전원자력연료의 전용진입도로 공사가 대규모로 진행되면서 주변 환경 훼손문제로 지역주민들과 갈등이 있었다. 당시 주민들은 "왜 진입로를 증설하나"고 물었는데, "원자력연구원 진입로를 사용하고 있어, 불편한 점이 많아 출입차량의 원활한 이동과 관리를 위해 개설하는 것"이라고만 주민들에게 말했다고 한다. 지난해 대전시가 운영하는 원자력안전시민협의회에 참석하여 "정부 정책에 따라 핵발전소가 확대되면 대전에서 핵연료생산이 늘어나는 것 아니냐"고 핵연료시설 관계자에게 질문을 한 적 있다. 그때도 그 관계자는 "그럴 가능성이 있으나 아직은 계획된 것이 없다"며 얼버무리며 넘겼다. 대전 시민과는 아무런 상의 없이 모든 것이 결정되고 추진된 것이다.

이제 와서 한전원자력연료는 안전에 문제가 없다며 현장방문을 오면 모든 것을 보여주고 설명하겠다고 홍보한다. 이미 다 결정해 놓고 정해진 정보와 현장을 일방적으로 보여주며 시민들에게 안전하다는 말을 믿으라 한다. 이번 결정과정은 원자력 관련 지식과 정보를 독점하고 은폐하고 축소해온 원자력계의 만행을 그대로 보여주는 것 같다.

한전원자력연료 측은 핵연료생산시설은 핵분열 전단계로 방사능 위험을 증가시키지 않는다는 말만한다. 그러나 이것은 문제의 본질이 아니다. 대전에 이미 핵 공단 수준이라 불릴 만큼의 핵발전 시설들이 밀집되어 있다는 사실이 핵심이다. 하나로원자로와 한전원자력연료, 방사성폐기물관리공단이 모두 대전 유성구 덕진동 원자력연구원 내에 위치해 있다.

하나로원자로는 각종 방사성실험과 생산을 하는 연구용원자로이고, 한전원자력연료는 국내 핵발전소 23기에 소요되는 핵연료 전량을 생산·공급하고, 방사성폐기물관리공단은 전국의 병원과 산업체, 연구실에서 사용한 방사성폐기물을 수거하여 저장하는 핵폐기물 저장시설이다. 이들 핵발전 시설들에서 보관 중인 핵폐기물 저장량은 2009년 기준 무려 30,442드럼이다. 전국에서 2번째로 많은 핵폐기물을 대전에 보관하고 있다.

더욱 시민들을 불안하게 하는 것은 한국원자력연구원에서 크고 작은 사고가 끊이지 않고 있다는 점이다. 2004년 4월 중수누출, 2005년 6월 빗물에서 방사성 요오드 검출, 2006년에는 작업자 2명 피폭, 2007년 국제원자력기구(IAEA) 사찰 준비과정에서 우라늄 시료 2.7kg 분실 등 알려진 사고만도 여러 건이다. 이러한 상황에서 핵연료시설 추가 설치를 결정한다는 것은 시민들의 안전과 건강을 한전원자력연료와 정부가 완전히 무시한 것이나 다름없다.

방사선비상계획구역이라는 것이 설정되어 있다. 방사성 누출사고가 날 경우에 대비해 긴급보호, 갑상선약 배포 등을 준비해야 하는 구역으로 주민보호를 위해 사전에 설정한 구역을 말한다. 우리나라는 법으로 8~10km를 비상계획구역으로 설정해 놓고 있다. 그런데, 대전의 방사선 비상계획구역은 고작 800m로 돼 있다. 하나로 원자로가 연구용 원자로라는 점을 십분 감안한다하더라도 납득하기 어려운 설정이다.

원자력연구원 조성 당시에는 대전의 북쪽 끝 산속에 위치했을지 모르나 지금은 대전 도심의 한복판이다. 한국원자력연구원에서 대규모 주거지역이 형성된 구즉동, 송강동, 관평동, 신성동 지역까지의 거리는 불과 반경 3km 이내이고, 타지역의 핵발전소부지 주변 방사능 누출 시 방사능방재구역으로 설정된 반경 8~10km는 대전시청을 비롯한 대전의 대부분 지역이 해당된다. 대전시민의 안전과 건강을 조금이라도 고려한 것인지 묻지 않을 수 없다.

핵연료시설 증설 관련해서 정부나 핵산업계에서 제공하는, '일방적으로 안전하다'는 자료를 믿는 시민은 더 이상 없다. 우리는 체르노빌 핵발전소 사고(1986년)와 후쿠시마 사고(2011년)를 통해 단 한 번의 방사능 누출사고로도 건강과 생명을 크게 위협받을 수 있다는 것을 확인했다.

지난 2011년 3월 후쿠시마 핵발전소 폭발사고 이후 지금까지 방사능 오염수가 매일 몇백톤씩 바다로 유출되고 있다는 사실이 알려지면서 전 세계가 불안해하고 있다. 밀양을 비롯한 전국이 송전탑으로 인한 갈등이 지속하고 있다. 더 이상 원전을 선택해선 안되는 이유가 너무도 많다. 핵발전소를 추가로 건설하는 것이 정말 타당한가에 대해 우리사회가 합의한 적이 없다. 이러한 합의도 없이 대전이라는 대도시 한복판에 핵연료시설을 증설한다는 것은 있을 수 없는 일이다.

대전 시민들은 핵 공단 수준으로 밀집되어있는 대전의 핵발전 시설들로 지금도 불안하다. 더불어, 핵연료시설 등 핵발전시설을 추가 증설하는 것을 더 이상 용납할 수 없다. 지난 6월부터 1인 시위와 촛불문화제를 통해 핵연료시설 증설 문제를 대응하고 있다. 문제는 아직도 많은 시민들이 핵연료시설이 대전에 있다는 사실조차 모르고 있다는 것이다. 느리지만 조금씩 대전 시민들이 이 문제를 알아가고 있다. 핵연료시설 증설 관련해 시민들에게 제대로 된 정보가 제공된다면, 시민의 저항은 더욱 커질 것이고, 그러한 힘들이 모여 핵연료생산시설을 꼭 막아낼 수 있을 것이라 믿는다. 위험한 핵을 선택하지 않는 지혜로운 시민들의 힘이 모여, 핵연료시설 증설을 꼭 막아낼 수 있길 기대한다.

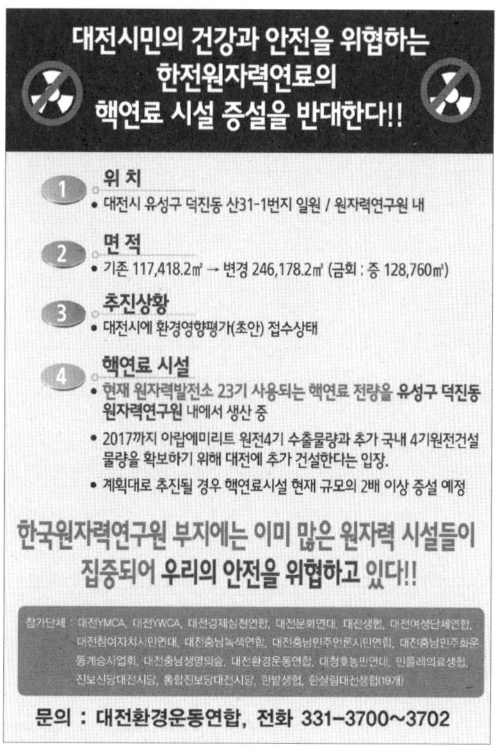

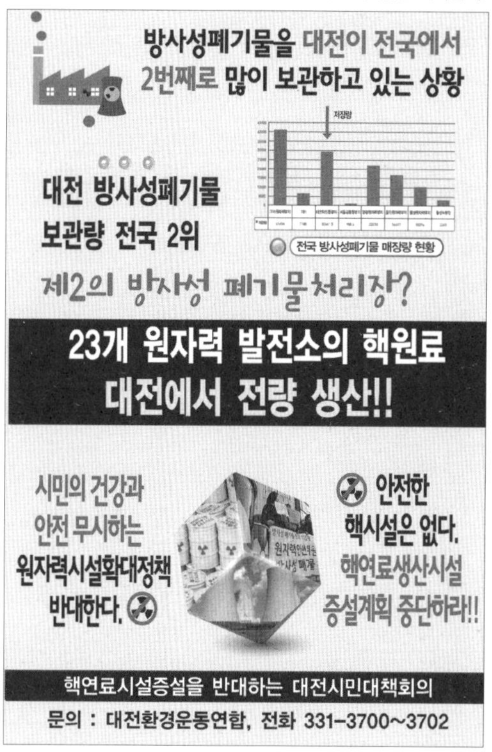

독일의 탈원전 정책은 성공을 거둘 수 있을까?

박근혜 정부는 국정과제로 올초 '사용후핵연료 공론화위원회' 발족과 임기 내 사용후핵연료 중간저장시설 부지 선정과 착공을 추진하겠다고 밝힌 바 있다.
이러한 정부계획에 어떻게 대응할 것인가, 탈핵운동 내에서 다양한 의견들이 개진된 바 있다. 탈핵신문은 사용후핵연료 공론화 문제를 다른 나라들은 어떻게 접근하고 풀어갔는 지 3차례에 걸쳐 소개하고자 한다.
1회는 영국 사례, 2회는 캐나다 사례, 이번 호는 독일 사례이다.

강윤재
에너지전환 대표

2011년 5월 30일, 후쿠시마 핵발전소 재앙이 있고나서 3개월이 채 지나지 않아 독일 정부는 전격적으로 17기의 핵발전소를 모두 폐쇄한다고 공식발표했다. 핵발전소 지속정책을 선언한 우리의 경우와는 정반대의 결과였다. 오래된 핵발전소 8기는 즉시 폐쇄하고, 나머지 9기도 2022년까지 완전히 폐쇄한다는 내용이었다. 독일의 이 결정은 세계의 주목을 받았다.

독일이 이런 과감한 결정을 내릴 수 있었던 데는 '안전한 에너지 공급을 위한 윤리위원회(이하 윤리위원회)'의 역할이 결정적이었다. 여기서는 윤리위원회의 활동을 살펴보고, 그로부터 고준위 핵폐기물처분장 공론화와 관련하여 우리가 얻을 수 있는 교훈이 무엇인지 간략하게 정리해보고자 한다.

참고로, 영국과 달리 독일은 고준위 핵폐기물처분장의 공론화 작업이 이제 시작 단계로 접어들었다. 작센 주의 아세 중·저준위 핵폐기물처분장 방사능 누출에 따른 이전 결정이 사회적 쟁점으로 부각된 가운데, 핵발전소 폐쇄 결정과 함께 고준위 핵폐기물처분장에 대한 관심이 크게 높아졌다. 이런 조건에서, 자국이 생산한 핵폐기물은 자국에서 처리한다는 원칙을 세우고 핵폐기물처분장의 공론화 작업에 돌입하고 있다.

후쿠시마 핵발전소사고가 일어나자 많은 독일 국민들이 거리로 뛰쳐나와 '원전 폐쇄!'를 외쳤다. 독일은 이미 1986년 체르노빌 핵발전소사고에서 낙진 피해를 심하게 입었던 트라우마(상처)가 있었다. 독일에서 핵발전소반대에 진보와 보수가 따로 없는데, 그것은 체르노빌의 경험을 공유하고 있기 때문이다. 이런 사회적 조건에서, 독일은 2000년 사회당-녹색당 연정(소위 적녹연정) 하에서 에너지기업들과의 '원자력 합의'를 통해 2021년까지 핵발전소 폐쇄를 결정한 바 있다.

그러나 기민련-자민련 연정이 집권하면서 핵발전 찬성주의자 메르켈 총리는 기존의 합의를 뒤집고 핵발전소의 평균 수명을 12년 연장하려고 시도했다. 후쿠시마 핵발전소사고는 이런 시도에 경종을 울렸고, 강력한 행동을 통해 총리의 잘못된 정책을 바로 잡아야 한다는 시민의식에 불을 붙였다. 시민들의 의지는 기민련의 텃밭인 비덴-뷔르템베르크 주 지방선거에서 최초로 녹색당 주지사가 당선되는 이변을 낳았고, 이는 메르켈 총리에게 커다란 정치적 부담으로 작용했다. 이를 타개하고자 메르켈 총리는 '안전한 에너지 공급을 위한 윤리위원회'를 통해 사회적 타협을 시도했다.

핵발전 정책을 결정하는데 '윤리'라는 이름이 붙어 좀 이상해 보이는 이 위원회에 대한 독일 사회의 기대는 사실 그리 높지 않았다. 녹색당과 반핵단체들은 정부의 들러리에 불과할 것으로 평가절하했고, 정부로서도 다분히 정치적으로 접근했다. 그렇지만, 윤리위원회는 예상을 깨고 세계를 깜짝 놀라게 할 정책 결과를 도출해냈다. 약 3개월이라는 짧은 기간 동안 활동한 윤리위원회는 TV 토론이나 다양한 방식의 국민의견수렴 과정을 거치기도 했지만, 무엇보다도 치열한 내부 토론을 거쳐 서로의 의견을 모두 반영해낼 수 있는 결론을 도출해냈다. 여기에는 토론문화에 익숙한 독일의 사정이 크게 작용했지만, 그로부터 우리가 배울 점도 적지 않다.

보고서와 참여자들의 인터뷰를 통해 살펴봤을 때, 윤리위원회의 성공요인은 크게 두 가지로 압축할 수 있다-위원회의 인적 구성 및 방식, 토론의 주제와 접근방식. 윤리위원회의 경험은 고준위 핵폐기물처분장 공론화를 진행하고 있는 우리에게 적지 않은 교훈을 던져줄 수 있다고 본다.

첫째, 위원회의 인적 구성 및 방식이다. 위원은 모두 17명(그래서, '17인 위원회'로 불리기도 한다)으로, 에너지(핵발전) 정책과 관련이 깊은 각 분야의 전문가들로 이루어져 있었다. 그런데 특이한 점은 총리가 일정 수의 위원을 선임했지만, 반핵발전 측의 퇴퍼(전 환경부장관)와 친핵발전 측의 클레이너(M. Kleiner, 독일연구재단 이사장)를 공동위원장으로 선정한 후에 두 사람에게 나머지 위원을 선임할 수 있는 권한을 부여했다는 사실이다. 일종의 '더블 포스트 체제'이다.

윤리위원회의 사무총장 바우만(G. Bachmann)에 따르면, 최소한 8명은 반핵발전 입장으로 분류할 수 있을 정도로 찬반 양진영의 균형이 이루어졌다. 어찌보면, 이런 인적구성은 우리의 실정과는 너무나 동떨어진 것이지만, 너무도 당연한 것이다. 이런 조건이 갖춰졌기 때문에 치열한 내부토론과 외부 TV 토론 등을 통해 서로의 의견을 활발하게 개진하고 심도 있게 조정할 수 있는 토대가 마련될 수 있었다.

둘째, 토론의 주제와 내용(접근방식)이다. 윤리위원회의 보고서를 분석해보면, 위원회의 주된 관심은 핵발전의 안전 여부가 결코 아니었다. 전문가들은 핵발전이 매우 안전하다고 계속해서 주장하고 있지만, 절대적 안전이란 보장될 수 없다. 이미 3차례에 걸친 심각한 핵발전소 재앙이 이를 잘 말해준다. 논리적으로, 핵발전을 대체할 수 있는 더 안전한 에너지가 있다면 굳이 핵발전을 고집할 필요가 없다. 이런 이유로 위원회는 새로운 에너지원(구체적으로, 재생가능에너지)이 핵발전을 충분히 대체할 수 있는가를 토론 주제로 삼았다.

위원회는 각종 자료를 분석한 결과, 독일의 현재 조건에서 에너지 효율성을 높여 나가면 태양력과 풍력 등 재생가능에너지를 통해서도 충분한 에너지 공급이 가능하며, 이는 지속가능성, 경제성, 안전성이라는 목적에 부합한다고 결론 내렸다. 여기에는 재생가능에너지 기술이 일자리와 국제경쟁력을 보장해주는 측면과 함께, 핵폐기물 처분에 천문학적 비용이 들어간다는 점도 중요하게 고려되었다.

윤리위원회의 경험은 왜 에너지정책을 왜 윤리적 관점에서 접근해야 하는지를 잘 보여준다. 에너지정책의 연장선상에 있는 핵폐기물 처분문제도 단순히 기술적 차원에서 접근할 것이 아니라 윤리적(사회적) 차원에서의 접근도 함께 고려되어야 한다. 절대적으로 안전하니까 괜찮다는 논리는 공학적으로 가능하지 않을 뿐더러 맹신(불신)에 빠져 문제를 악화시킬 수 있기 때문이다.

따라서 다양한 사회구성원들의 개진된 의견들을 수렴하고, 생산적 대안을 모색할 수 있는 새로운 접근방식(일종의 '제3의 논리')에 대한 모색과 개발이 중요하다. 이를 위해서는 인적 구성의 균형이 필수적이다. 물론, 관련 주제에 대한 학자들의 연구 작업도 적극 뒷받침될 필요가 있다. 마지막으로 한 가지 덧붙이자면, 윤리위원회는 시간 제약 속에서 활동했지만, 고준위핵폐기물공론화위원회(가칭)는 그럴 필요가 전혀 없기 때문에 다양한 방식으로 시민들과 소통할 수 있는 프로그램을 마련할 필요가 있다.

시간만 허비한 이명박 정부의 사용후핵연료 관리정책

》그리고 박근혜 정부《

사용후핵연료④

한국 반핵운동 역사 중 70% 이상은 핵폐기장 반대운동 역사일 정도로 핵폐기장 건설을 둘러싼 우리 사회 갈등은 컸다. 더구나 2004년 12월, 중·저준위 핵폐기장과 고준위 핵폐기장 건설 계획이 분리되기 전까지 한국의 핵폐기장은 중·저준위뿐만 아니라, 고준위핵폐기물(사용후핵연료)까지 처분하는 시설을 의미했다. 그간 진행됐던 핵폐기장 반대운동을 통해 실패를 연속했던 정부의 사용후핵연료 관리 정책을 지난 11호(2013년 8월호)에 이어 살펴본다.

이헌석 편집위원

2007년 국가에너지위원회 출범과 사용후핵연료 공론화TF

2004년 12월 제253차 원자력위원회 결정이 있기 전까지 우리나라의 방사성폐기물 정책은 고준위와 중·저준위가 구분되어 있지 않았다. 단지 방사성폐기물 전체를 묶은 계획만 존재했을 뿐이다. 그러나 2004년 제253차 원자력위원회는 중·저준위와 고준위 방폐물 정책을 구분하였고, 그 결과 중·저준위 방폐장 계획을 먼저 진행하기로 결정한다. 고준위 폐기물에 대해서는 '중·장기적 논의를 거쳐 국민적 공감대하에 추진한다'는 원칙적인 설명만 있을 뿐이었다.

고준위 핵폐기물(사용후핵연료) 정책이 본격적으로 논의되기 시작한 것은 경주 방폐장 주민투표가 끝난 이후인 2007년이었다. 2007년 국가에너지위원회는 사용후핵연료 관리정책을 논의하기 위한 TF(이하 공론화 TF)를 만들었다. 공론화 TF는 원자력학계, 비원자력학계, 한수원, 시민사회단체, 지역주민들이 참여하는 형태를 띠었다.

2007년 4월부터 약 1년간 활동했던 공론화 TF는 권고보고서를 통해 공론화 방식을 통한 사용후핵연료 관리방안 마련의 필요성과 공론화의 기본 원칙 등을 제시한다.

한편 이와 별도로 2007년 6월, 산업자원부는 방사성폐기물관리법 입법예고를 통해 사용후핵연료를 비롯 중·저준위핵폐기물을 관리하기 위한 법적 근거를 준비한다. 처음 제출된 정부의 방사성폐기물 관리법은 ▲국가에너지위원회와 별도 산자부 소속 '방사성폐기물관리위원회'를 구성하여 부지선정과 공론화를 진행하고 ▲방폐물 처리의 정의에 저장, 처분이외에 재활용을 포함시킴으로써 사용후핵연료 재처리를 포함할 수 있게 하는가 하면 ▲한수원의 방폐물관리기금 납부를 10년 유예하고, 정부의 기금출자도 가능하게해서 오염자 부담원칙을 훼손하는 내용을 포함하고 있어 시민사회단체의 반발에 직면하게 된다.

2008년 방사성폐기물관리법이 국회를 통과하면서 재활용 규정이 빠지는 등 일부 수정이 있기는 했으나, 큰 틀은 변하지 않은 채 현재에 이르게 된다. 방사성폐기물관리법은 공론화위원회의 위상, 성격, 역할 등 세부적인 쟁점에 대해서는 일부 한계를 갖고 있지만, 처음으로 사용후핵연료 공론화의 법적 근거를 마련했다는 점에서 큰 의미를 지닌다.

공전의 공전을 거듭한 공론화 위원회

공론화위원회 구성 등에 대한 논점은 남아 있었지만 사회적 공론화에 대한 기대감을 완전히 꺾을 만한 것은 아니었다. 정부는 하나씩 공론화위원회 출범을 위한 준비를 진행했지만, 2008년 새로 출범한 이명박 정부는 사용후핵연료 문제를 공론에 붙일 의지를 갖고 있지 않았다.

그 대표적인 증거가 2009년 8월 6일로 예정되어 있던 사용후핵연료 공론화위원회 출범 연기사건이다. 2008년 8월 국가에너지위원회 보고를 통해 공론화 추진을 결정한 상태였으며, 2009년 5월에는 공론화 추진의 상세프로그램에 대한 용역 보고서까지 나온 상황이었다. 누가보더라도 사용후핵연료 공론화는 정상적으로 추진될 상황이었다. 같은 해 7월 김명자 전 환경부장관을 위원장으로 하는 공론화위원회 구성이 완료되고, 양재동에 사무실까지 확보하면서 공론화 위원회는 출범을 코앞에 두고 있었다.

당시 이러한 흐름에 시민사회단체는 철저히 배제되고 있었다. 노무현 정부에서의 국가에너지위원회는 이미 녹색성장위원회 출범을 통해 지식경제부 산하 위원회로 격하되었고, 4대강문제와 미국산 소고기 사태를 거치면서 정부와 시민사회진영의 거버넌스는 완전히 두절된 상태였다. 이는 사용후핵연료 공론화위원회도 마찬가지여서 위원장을 비롯 15명 규모의 위원 중 시민사회진영과 교감이 있는 이는 거의 찾을 수 없는 상황이었다. 따라서 이명박 정부의 사용후핵연료 공론화 프로그램은 시작부터 비판에 직면해 있었다. 그러나 결국 공론화위원회 출범 연기로 그나마 진행되지 않는 아이러니한 일이 벌어진다.

이후 정부는 '연구가 부족하다'며 몇 차례 연구용역을 발주한다. 비슷비슷한 연구용역 발주를 통해 시간만 허비하는 일들이 벌어진 것이다. 더 이상 연구용역조차 할 것이 없어진 2011년 11월, 지식경제부는 다시 '원자력정책포럼'(추후 사용후핵연료 정책포럼으로 이름이 바뀜)을 시민사회진영에 제안한다. 그러나 시민사회진영은 ▲정책포럼이 법률로 지정된 공론화위원회가 아닌 임의단체이며 ▲정책포럼의 성격이 단순한 '의견수렴기구'이고 ▲목적이 기존 진행된 연구용역에 대한 의견수렴 및 원자력위원회 안건초안 도출이며 ▲사용후핵연료 재처리 등의 계획이 추진되고 있는 상황에서 적절치 않다는 의견에 따라 참여하지 않았다.

아직 출발선에 서있는 박근혜 정부의 공론화 계획

이명박 정부의 사용후핵연료 공론화 정책은 아무것도 추진한 것이 없었기에 '5년'이라는 시간을 그대로 허비한 것으로 끝나버렸다. 이를 반성이라도 하듯, 박근혜 정부는 대통령직 인수위 140대 국정과제에 사용후핵연료 공론화 프로그램을 포함시키며, '이번에는 시작한다'는 의욕을 밝히고 있다.

이러한 의욕에도 불구하고 2008년 방사성폐기물관리법 제정 당시, 공론화위원회가 갖고 있었던 법적 한계는 아직 그대로 남아있는 상황이다. 법적 한계를 운영의 묘를 통해 극복할 수 있을 것인지, 아니면 또다시 보여주기식 공론화프로그램 진행으로 사용후핵연료 문제 또한 깊은 수렁속으로 빠지게 될 것인지는 아직 판단하기 이르다.

분명한 것은 공론화라는 원래의 뜻대로 우리 국민 모두가 납득할 만한 결론에 이를 수 있도록 충분히 '숙의(熟議)'하는 과정이 되지 않는다면, 공론화 프로그램은 시간과 돈, 그리고 명분마저 버리는 최악의 프로그램이 될 것이라는 점이다.

> *"이명박 정부는 '연구가 부족하다'며 몇 차례 연구용역을 발주한다. 비슷비슷한 연구용역 발주를 통해 시간만 허비하는 일들이 벌어진 것이다.*

<국가에너지위원회 사용후핵연료 공론화 TF(2008)의 공론화 원칙>

공론화 원칙	내용
민주성(Participation)	이해관계자, 전문가, 시민이 의사결정 과정에 대해 공평하게 참여하며, 공론화 결과는 최종 결정에 반드시 일정 수준 영향력을 미칠 수 있어야 한다.
책임성(Responsibility)	참여자들은 각각의 역할에 대해 그 범위와 한계를 확인하고, 공론화를 통해 결정된 사항에 대해 도덕적, 규범적, 실질적 책임을 질 수 있어야 한다.
도덕성(Ethic)	참여자들은 공론화 과정에 자발적 의사로 참여해야 하며, 의견 개진에 있어 이해 가능한 근거를 제시해야 한다.
진정성(Sincerity)	공론화가 형식에 그치는 것을 막기 위해 참여자들은 충분히 자신의 의견을 개진하고, 이해관계 조정을 통한 합의적 공론을 이끌어 내고자 하는 의지를 갖고 실천해야 한다.
독립성(Independence)	공론화는 정치적, 재정적으로 이해관계자로부터 독립된 전담기구 혹은 위원회에 의해 이루어져야 하며, 해당 기구 혹은 위원회에는 공론화에 관한 권한과 책임이 국가 차원에서 위임되어야 한다.
숙의성(Deliberation)	공론화의 목적이 다수의 의견 수렴이 아니라 논쟁과 의견 조정을 거쳐 최선의 정책을 생산하는 데 있음을 인지하고, 정부는 물론 모든 참여자들은 충분한 학습과 진지한 토론에 적극적으로 임해야 한다.
회귀성(Non-linearness)	공론화를 거쳐 결정된 사항이라 할지라도 치명적 문제점이 확인되었을 경우 논의를 원점으로 돌릴 수 있어야 한다.
투명성(Transparency)	공론화 진행 사항 및 관련 자료에 대해서는 충분한 공개와 장벽 없는 정보 접근이 이루어져야 한다.

> *"박근혜 정부는 법적 한계를 운영의 묘를 통해 극복할 수 있을 것인지, 아니면 또다시 보여주기식 공론화프로그램 진행으로 사용후핵연료 문제 또한 깊은 수렁속으로 빠지게 될 것인지…*

한계에 이른 오염수 처리와 계

고노 다이스케 편집위원

후쿠시마제1핵발전소 1~4호기 원자로와 사용후핵연료 저장조는 외부에서 물을 주입하는 냉각작업이 계속되고 있다(4호기 원자로 안에는 핵연료는 없지만, 엄청난 양의 사용후핵연료가 있다). 이 물이 핵연료에 접촉하여 오염수가 된다. 원자로 압력용기, 격납용기, 핵연료 저장조는 파손되어 있기 때문에 오염수가 새 나오고 있고, 원자로 건물과 그에 연결된 갱도, 터빈건물에 고여 있다. 그 양은 각각 1만수천톤에서 2만수천톤에 이른다.

게다가 그곳 외부에서 지하수가 흘러들어오기 때문에 오염수는 날마다 증가하고 있다. 지하수는 상류로부터 후쿠시마 핵발전시설에 매일 1000톤이 흘러들어오며 1~4호기 건물 등에 매일 400톤이 유입되고 있다. 도쿄전력은 계속 증가하는 오염수를 저장통에 저장하고 있다.

지난 7월 22일, 도쿄전력은 건물 지하 등에 괸 오염수가 새서 바다로 유출되고 있을 가능성을 처음으로 인정했다. 그 양은 300~400톤(1일 기준). 또 8월 19일에는 오염수 저장통에서 누수가 발견됐다. 그 양은 저장통의 누수로는 역대 최대인 300톤이었다.

■ 도쿄전력, 이제 와서 "새고 있었다"며 누수 인정

7월 22일, 도쿄전력은 관측용 우물 지하수에서 방사성물질이 검출됐다는 보고를 받아 조사한 결과, 방사성물질이 바다로 유출되고 있을 가능성이 있음을 처음으로 인정했다. 그 양은 2011년 5월부터 최대 30조베크렐(Bq)이라고 한다.

그러나 고이데 히로아키 조교(교토대학 원자로실험소)는 라디오 프로에 출연해, "사고 발생 당시부터 물(방사능 오염수)은 새고 있었다. 2011년 3월경 이미 발전소 부지 안에 오염수가 10만톤이나 있었다. 오염수가 괴어 있는 원자로건물 등은 모두 콘크리트로 방수 구조가 아니었다. 더구나 지진으로 곳곳에 금이 갔을 것이다. 유출량은 발표(30조베크렐)의 1000배에 이르렀을 수도 있다고 생각한다"라고 지적했다.

■ 땅 속에 벽을 만들어 물을 막는다?!

도쿄전력은 해안 바로 앞에 지하 벽(화학약품을 써서 흙을 굳히는 '차수벽遮水壁')을 만들어 오염수가 바다로 흘러들어오는 것을 막음과 동시에 1~4호기 주변에도 차수벽(흙을 얼려서 만듦)을 구축해 지하수 유입을 막을 계획이다. 그런데 물은 막으면 당연히 넘치며 지하수가 우회해서 바다로 들어올 수도 있다. 사실 완공된 해안 앞 차수벽은 지하수 수위가 이미 넘어버렸다.

도쿄전력은 8월 10일부터 해안 앞 차수벽 내륙 쪽에 있는 우물에서 2호기 건물에 연결된 갱도로 물을 흘리기 시작했다. 잘되면 수위 관계 때문에 2호기 건물로 들어갈 것이라고 한다. 하지만, 건물에 지하수가 들어오는 것을 벽으로 막았다 해도, 지금은 지하수 수위가 건물 내 수위보다 높아서 안으로 들어오지, 지하수 수위가 낮아지면 반대로 건물 안 고농도 오염수가 밖으로 나와 버린다. 즉 건물로의 지하수 유입과 건물에서의 오염수 유출을 동시에 막기 위해서는 건물의 오염수 수위와 지하수 수위를 맞출 필요가 있는데, 이것은 기술적 어려움이 수반된다.

■ 사고 발생 초기부터 지적된 오염수 누출… 도쿄전력의 무책임한 임시처방

고이데 히로아키 조교의 지적대로 오염수 누출로 인한 해

최근 논란을 빚고 있는, 접합 부위에서(동그라미 부분) 오염수 대규모 누수가 발생한 지상 탱크.

출처 도쿄전력

양오염의 가능성에 대해서는 사고발생 초기부터 언급되고 있었으며, 도쿄전력도 이에 대해 검토하고 있었다. 그런데 도쿄전력은 약간의 관측지점을 설정하고 거기서 방사능이 검출되지 않았으니 바다로는 새나가지 않았다는 입장이었다. 그리고 어느새 이 문제는 흐지부지되고 말았다.

본래 사고발생 초기부터 오염수가 당연히 새고 있다고 판단하고, 파손된 건물 지점을 파악한 후 건물 주변, 해안, 그 중간지점 등 가능한 많은 지점에서 지하수의 물길과 수위, 방사성물질 농도 등 상세한 데이터를 수집해서 전체상황을 파악해야 했다.

하지만, 도쿄전력의 사고처리는 늦었을 뿐만 아니라 그마저도 임시처방이었다. 예로, 사고발생 직후에는 계속해서 오염수가 고이게 되면 저장통이 부족하니 저준위 오염수를 바다로 버리겠다고 했다. 준비기간을 제법 들여 메가플로트(Mega-Float)라는 부유식 대형구조물을 가져와 한시적으로 거기에 저장하려 했으나, 제대로 쓰지도 않았고 결국 바다로 흘려 보내버렸다.

그럼 근본적 대책은 있는가? 과거에 도시바에서 격납용기를 설계했고 현재는 핵발전을 비판하고 있는 고토 마사시 씨는 자신이 운영하는 인터넷 방송을 통해, "그렇게 단순하지 않다. 차수벽도 이렇게 대규모로 사용하는 건 처음일 것이다. 흙을 얼려 만드는 차수벽도 유지비가 엄청 든다. 저장통과 차수벽을 아무리 만들어도 완벽하지 못할 것이고 또 대책이 필요하다. 그런 반복이 오염수 문제다"라고 지적했다.

■ 오염수 정화시스템 구축과 이를 위한 독립 프로젝트팀 구성이 필요하다!

고토 마사시 씨는 오염수를 정화하는 시스템 구축을 호소한다. 기술적으로도 그것이 가능하다. 또 그것을 추진하는 것은 기술자들로 구성된, 정치계를 비롯해 여러 이해관계로부터 독립된 프로젝트팀이어야 한다고 주장한다. 거기에는 원자로 전문가, 방사성물질 전문가는 물론, 건물 설계자, 토목·전기·기계 전문가, 저장통 전문가, 물의 운반이 필요하다면 유조선 전문가, 지하수 전문가도 필요하다.

고토 마사시 씨는 "산업계에서는 이런 방식이 당연한데, 도쿄전력이나 정부, 일본원자력규제위원회도 이런 생각이 전혀 없다. 이런 상황에서 일본이 기술력이 있다고 말할 수도 없을 뿐더러 핵발전소를 수출한다는 말이 어떻게 나오는가? 환경에 대한 영향, 오염 확산 등 갖가지 주제별로 큰 프로젝트를 많이 세워야 하는데 그것을 다 실천하는 게 해결방법이다. 일본에선 실행할 수 있는 사람도, 조직도 있는데 그것들을 동원하지 않고 있는 게 잘못된 것이다"라고 말하고 있다.

도쿄전력은 매뉴얼대로 발전과 송전을 하는 것이 업무다. 사고처리라는 불규칙한 사태에 대응하는 일은 잘하지 못한다. 도쿄전력은 8월 26일 오염수 누출에 관한 대책본부를 설치한다고 발표했는데, 고토 마사시 씨는 "도쿄전력에게는 무리"라고 단언한다. 게다가 수소폭발이 어떻게 일어났는지는 전문가 사이에서는 상식이었음에도 불구하고 도쿄전력은 폭발원인을 바로 파악하지 못했고, 3·11 이후 5월초까지 노심용융 사실을 인정하지 않았으며, 격납용기 압력을 낮추기 위한 배기작업 등 중대사고 대책도 제대로 준비하지 않았다. 그러한 전과들을 봐도 "도쿄전력에게는 무리"라는 평가는 타당하다. 한편, 엄청난 돈이 드는 오염수 처리를 정부에 떠맡기기 위해 일부러 방치한 것이 아니냐는 의혹도 제기되고 있다.

사실 일본정부는 이 문제를 도쿄전력에 맡길 수 없다며 직접 나설 자세를 보이고 있다. 그러나 정부 또한 책임이 크다. 오염수 누출은 일본정부의 수습선언(2011년 12월)이 새빨간 거짓말이었음을 또다시 증명한다. 수습선언은 '방사성물질 방출이 관리되고 있고, 방사선량이 크게 줄어든 상태를 이룩했다'는 의미였다. 고토 마사시 씨가 제안하는 프로젝트팀도 종래와 같은 정부 내 조직이 된다면 또다시 무책임 체제가 배할 것이다. 고토 마사시 씨는 "그 조직에 전권을 위임하고 정부는 개입하면 안 된다"라고 주장하고 있다.

사태는 긴급을 요한다. 기준 이하의 물은 바다로 흘려 내자고 일본원자력규제위원회 위원장조차 말하기 시작했기 때문이다(7월 24일). 희석하면 바다에 다 흘려보내도 된다는 말인가?

■ 저장통에서도 고농도 오염수가 다량 누수되

한편, 8월 19일에는 오염수 저장통에서 누수가 발견됐다. 그 양은 저장통 누수로는 역대 최대인 300톤이다. 저장통 누수는 이번이 5번째다. 이에 도쿄전력이 8월 22일, 300개 저장통을 총 점검 한 결과, 발전소 부지 내 다른 구역의 저장통 주변 두 곳에서도 매우 높은 방사선량이 검측됐다. 방사선량은 저장통 바닥 부분에서 시간당 100밀리시버트(mSv/h)와 70밀리시버트였다. 이것은 1분도 안 되는 사이 일반인 연간 피폭허용량 1밀리시버트를 넘어 버리는 양이다.

도쿄전력은 앞으로도 80만톤 분량까지 같은 저장통을 만들 계획이다. 빨리 만들 수 있기 때문이다. 이 저장통 하나의 용량이 1000m3이다. 접속부분이 고무로 만들어져 있고 볼트로 조였을 뿐 용접도 하지 않았다. 사용가능 햇수는 5년이지만 2년여 만에 누수가 된 셈이다. 저장조 밑에 봇둑(보를 둘러싼 둑)이 설치되어 저장조에서 누수됐을 경우엔 그곳에 물이 괴게 되어 있었다. 그런데 거기에는 빗물을 배출하기 위한 밸브가 달려 있고, 그 밸브가 열려 있는 상태였다. 저장통에는 수위계도 없었다.

저장통의 오염수는 리터당 8000만베크렐의 수치를 나타내고 있다. 예컨대 이것이 주로 스트론튬이라고 가정하면 환경기준은 리터당 30베크렐이기에 이 물은 기준치에 비해 300만배나 오염돼 있다는 것이다. 스트론튬의 방사선은 베타선이기 때문에 저장통 속에 있는 한 큰 위험은 없지만, 누출된 오염수의 방사선량은 24조베크렐이다. 이것은 히로시마 핵폭탄이 흩

속되는 대규모 누수

린 방사능과 같은 규모다. 후쿠시마제1핵발전소 부지 안에는 이러한 오염수가 43만톤이나 누적되어 있다.

지난 4월 지하저수지 누수(본지 2013년 5월호(제8호) 참조)에 이어 저장통 저장체제도 파탄이 났다. 건설에 시간이 걸리지만 용접으로 대형 저장통을 설치할 수밖에 없을 것이다.

■ 물에 의한 냉각은, 이제 한계에 도달해

이에 대해 고이데 히로아키 조교는 "오염되기 전에 지하수를 퍼올려 바다에 버리는 계획이 있다. 전면적으로는 지지할 수 없지만 오염수를 조금이라도 줄이기 위해서는 해야 한다. 한편, 이제 물로 냉각시키는 것은 한계에 도달한 것 아닌가 하는 생각도 든다. 납이나 비스무트 등 금속으로 냉각시키는 방법으로 바꾸는 것이다. 이것은 녹아떨어진 노심의 위치를 확인하여 그곳에 금속 냉각재를 넣어 열전동 작용으로 냉각시키는 방법이다. 다만 이 방법이 실제로 잘 될지 어떨지는 미지수이고 실시된 적도 없다. 공기 중에 방출된 방사성물질은 히로시마형 핵폭탄의 168발분인데 오염수는 그 10배나 있다. 도쿄전력은 2011년 5월부터 누출되고 있었다며, 총량을 최대 30조베크렐로 계산했지만, 증명할 수 있는 데이터는 없으나 그 1000배는 나오지 않았나 싶다"고 말했다.

■ 해양오염, 그 영향은?…이제 스트론튬이 문제다!

염려되는 해양오염에 대해 수산학의 전문인 미즈그치 겡야 도쿄해양대학 명예교수는 라디오 프로에서 다음과 같이 말했다.

"가장 걱정되는 것은 스트론튬이다. 지금까지 세슘이 문제였지만 스트론튬에 대해선 실태가 잘 밝혀지지 않았다. 도쿄전력은 30조베크렐 중 10조베크렐이 스트론튬이라고 말한다. 스트론튬은 멀리 가지 않는다. 물고기 뼈에 누적되니 위험하다 등 말하지만, 인류가 지금까지 경험하지 못했던 사태이기에 정말로 어떤 영향이 있을지 알 수 없다. 해양조사와 물고기에 대한 조사도 아직 거의 없다. 스트론튬은 측정하기 어렵다는 이유도 있어 단편적 조사만 있을 뿐이다. 하지만 갖가지의 국제적 조사가 진행 중이기 때문에 조만간 실태가 밝혀질 것이다."

바로 잡습니다

지난 8월호(11호) "일본 핵발전소 재가동 될까?" 기사, 〈일본 핵발전소 재가동 신청 현황〉 그림 내용 중 '7월 8일 신청'을 '이미 신청'으로, 큐슈전력 겐카이 '조만간 신청'을 '이미 신청'으로 바로 잡습니다.

후쿠시마 청소년과 함께한 한·일 청소년 탈핵캠프

오하라 츠나키(광주환경운동연합 회원조직국 팀장)

광주환경운동연합은 지난 8월 5일부터 9일까지 한·일 청소년 에너지 캠프 '태양과 바람으로 함께 꿈꾸는 지속가능한 미래'를 개최했다. 후쿠시마 핵발전소사고 영향으로 정상적인 생활을 할 수 없게 된 후쿠시마 청소년 8명을 한국에 초대해 한국청소년 20명과 함께 4박 5일 동안 광주와 영광 일대에서 에너지를 주제로 학습하고 생각을 공유하는 프로그램이었다.

"저는 핵발전소사고 이후 후쿠시마는 물론 동(東)일본에서 생산된 모든 농산물을 안 먹어요. 수돗물도 물론 안 먹어요. 야외 활동을 피하고 밖에 나가더라도 아무거나 함부로 만지지 않도록 조심하고 있어요."

"18세 미만 아이들을 대상으로 갑상선 초음파 검사나 내부피폭 가능성을 알아보는 검사가 실시되었는데, 저도 그 검사를 받았습니다. 5년 후에 또 검사를 받아야 합니다. 두렵고 불안합니다. 앞으로도 별 이상이 없으면 정말 좋겠어요."

"후쿠시마 주민들은 정말 많은 고통을 받고 있어요. 방사능 피해를 피하기 위해 피난을 가고 싶어도 못 가는 사람들이 아주 많습니다. 정부나 도쿄전력이 충분한 보상이나 지원 정책을 마련하지 않기 때문이죠. 피난을 가도 후쿠시마 출신이라는 이유로 왕따와 같은 차별을 받습니다. 그리고 후쿠시마 내에서도 주민들 간 마찰과 대립이 심각해졌습니다. 정부가 사고에 대한 정확한 정보를 공개하지 않기 때문에 문제의 심각성을 인식하는데 사람마다 큰 차이가 있기 때문이죠."

한국 학생들에게는 정말 생생한 한마디, 한마디다. 후쿠시마 핵발전소사고에 대해 TV 등을 통해 알고는 있었지만, 후쿠시마 친구들의 입에서 직접 심각한 증언들이 나올 때마다 충격을 감추지 못했다.

"핵발전소의 위험성에 대해 자세히 몰랐는데, 일본 친구들의 경험담을 듣고 깜짝 놀랐습니다. 그리고 한국에도 23개의 핵발전소가 있다는 것도 이번 캠프를 통해 알았는데, 후쿠시마와 같은 사고가 나면 어떻게 될까 상상만 해도 끔찍하네요."

이 캠프의 목적은, 한·일 청소년들이 핵발전소의 위험성을 인식하고, 재생가능에너지 확대와 에너지절약을 통한 지속가능한 미래의 모습을 함께 모색하는 데 있었다. 자연 속에서 미래를 상상하고, 에너지 문제를 비롯한 환경문제를 극복하기 위해 국경을 넘어 '지구인'으로서 사고하는 마음을 함께 모색했으면 하는 바람이었다.

처음으로 시도한 행사이다 보니 미흡하고 아쉬운 점도 많았지만, 캠프를 통해 양국 학생들이 많이 친해지고, 정을 쌓아가는 과정을 지켜볼 수 있었다. 사실, 청소년들은 딱딱한 세미나나 토론회 시간보다 밤을 새어가며 이야기하고 노는 시간, 광주 시내에서 쇼핑하고 당구치며 이리저리 돌아다니는 자유시간을 더 좋아했다. 국적은 달라도 청소년들이 좋아하는 대목은 거의 똑같다. 서로 친해짐으로써, 한국 학생들은 후쿠시마 청소년들이 겪은 핵발전소 피해에 대해 더욱 생각하게 되었고, 그들의 현실과 아픔을 저절로 이해하게 되었다. 말 그대로 함께 웃고 함께 우는 4박 5일이었다.

캠프 마지막 날, 청소년들은 광주환경운동연합에서 동시에 진행한 '세계 피폭자 사진전'에 들렀다. 일본 사진작가 6명이 찍어낸 작품으로, 히로시마, 나가사키 원폭 피해자를 비롯해, 핵실험, 우라늄 채굴현장, 열화우라늄탄 피해자, 그리고 체르노빌 핵발전소사고 피해지역을 담은 사진을 전시한 것이다. 작품 중에는 후쿠시마 사진도 포함되어 있었다. 후쿠시마 학생들 눈에는 눈물이 가득해졌다. 익숙한 풍경이 피폭지가 되어버린 현실을 여기 한국에서까지 와서 다시 한 번 적나라하게 확인하는 것은 고통스러운 시간이었을 테다.

그런 그들에게 말을 걸어준 사람은 일본 NPO 법인 '세계피폭자전' 모리시나 미호(森下美歩) 대표였다. "후쿠시마 출신이라는 사실에 앞으로도 자부심을 가지고 살았으면 좋겠어요. 후쿠시마는 한자로 쓰면, '福島', 'happy island'이잖아요. 핵을 없애기 위해 함께 노력하자. 행복을 함께 만들어가요!"

캠프에 참여한 한·일 청소년들은 작지만 소중한 첫 걸음을 떼었다.

두레생협과 함께한 '후쿠시마 리프레시 투어'

오승현 (바른두레생협 상무이사)

핵발전소 업체에서 이야기하듯 삶이 편리해지고, 일자리가 늘고, 전력생산비가 낮다는 말을 그대로 믿는다 해도 한번 폭발하면 돌이킬 수 없는 무서운 것이지요. "방사능 때문에 병에 걸리고 싶지 않습니다. 방사능 때문에 죽고 싶지 않습니다. 저는 몇 살까지 살 수 있을까요? 제가 결혼할 수 있을까요? 제가 건강한 아이를 낳을 수 있을까요?" 2012년 3월 9일, 후쿠시마 2주년 서울시청 광장 행사장에서 후쿠시마에서 온 아베 유리카 어린이가 한 이야기가 아직도 맴돕니다.

출처 바른두레생협

»우리가 기억하는 2011년 3월 11일

영화속에서나 볼 수 있었던 그 어마어마한 사태가 TV화면에서 연속해서 방영될 때, 우리 모두는 원자력으로 포장된 핵발전소의 폐해들이 하나 둘 머릿속에 각인되어 갔습니다. 그후 후쿠시마 사고는 한국에서도 탈핵운동이 생협을 비롯한 시민단체들을 중심으로 확산되어 나가게 되는 계기가 되었습니다. '핵발전소 1기 줄이기'를 위한 활동, 밀양 송전탑 반대 운동, 이런저런 탈핵을 위한 활동 등….

그렇게 2년이 지나갈 즈음 일본에서 활동하는 생활클럽연합회로부터 두레생협으로 제안이 왔습니다. 후쿠시마 사태 이후 많은 어려움을 겪고 있는 일본생활클럽 생협조합원들을 '후쿠시마 리프레시 투어'라는 행사를 통해, 일본 32개 생활클럽 생협이 있는 지역에서 잠시 휴식을 갖고 삶을 충전하는 기회를 진행하여 너무 좋은 반응이 있었는데, 이번 기회에 한국에서 진행했으면 좋겠다는 제안이었지요.

2011년 3월11일, 아픔을 함께 나누기 위해 한국에서 조합원들과 모금활동도 하고, 격려의 메시지를 보냈던 그 마음으로 흔쾌히 동의하며 6개월간 준비를 했습니다. 장소의 문제, 언어의 문제, 프로그램의 문제…. 여러 문제가 있었지만 하나하나 준비하며 쉴 수 있고, 한국을 느낄 수 있고, 마음을 나눌 수 있는 프로그램을 준비해갔습니다.

»6개월간의 준비를 거쳐, 한·일 가족들이 함께한 4일

드디어 7월 25일, 연일 계속 내리던 비가 멈추고 햇살이 눈부신 날, 인천공항으로 센다이에서 하루에 한번 오는 비행기를 마중 나갔습니다. 새벽부터 준비하고 비행기 타고 오느라 다소 피곤한 듯 하지만, 모두 밝은 얼굴로 인사를 나누고 공항에서 가까운 참좋은두레생협 청라점 견학을 갔습니다. 생활클럽 후쿠시마생협은 점포 없이 운영되는 곳이라 다소 신기해하며 생협매장에서 필요한 생활재들을 구입하고는, 바로 행사장인 파주에 있는 유일레져타운으로 이동했습니다. 먼 길 오느라 시장할까봐 준비한 두레방아협동조합의 떡을 받아들고는 모두 감동했지요. 그 멋과 맛에 말입니다.

이어 도착한 파주에서는 한국 측에서 참가한 10가족들이 기다리고 있었고 함께 환영식을 가졌습니다. 한국 측에서 일본 동요를 부르고, 일본 측에선 한국 동요를 부르고, 경기두레생협의 오카리나 공연, 은평두레생협 어린이들의 노래공연…, 그렇게 흥겨움 속에서 첫날을 보냈습니다.

둘째 날, 우거지갈비탕으로 아침 식사 후 두드림 드럼공동체 프로그램을 진행했습니다. 언어가 제대로 전달되지 않아 처음에는 힘들었지만, 함께 리듬을 타며 신명난 타악기의 즐거움에 흠뻑 취하여 음악으로 모두가 하나됨을 만끽한 시간이었습니다. 오후에 아이들은 수영장에서 신나는 물놀이를 하는 동안 어른들은 후쿠시마의 상황과 한국에서의 탈핵운동에 대해 공유하며 그 생생한 현장의 이야기를 전해들을 수 있었습니다.

이어 진행한 프로그램은 떡 만들기였지요. 미리 방앗간에서 쪄온 찹쌀을 떡메로 치고, 콩가루를 묻혀 먹는 인절미 만들기. 어린이들부터 돌아가며 떡메를 치고 곧바로 고소한 콩가루에 묻혀 먹는 그 맛에 다들 손들이 바빴지요. 저녁 식사 후에는 봉숭아 물들이기를 했는데, 예전에는 일본에서도 더러 했지만 요즘은 거의 않는다고 하더군요. 그래도 추억을 남기고픈 마음에 다들 손톱과 발톱에 하나씩 물들이며 둘째 날을 보냈습니다.

셋째날, 아침식사 후 숙소 뒤에 있는 박달산을 산책하듯 천천히 걸었습니다. 새소리, 바람소리, 물소리, 그리고 도란도란 나누는 이야기들…. 후쿠시마에서는 현재 마음껏 걸을 수 없기에 발길에 느껴지는 그 촉감까지도 너무 좋았다고 하시더군요. 그냥 걷는 것 그 자체만으로도 마음에 평화를 얻을 수 있었던가 봅니다. 이어지는 프로그램은 장명루 만들기. 서로 실을 잡아주며 색색의 실을 엮어가며 만드는 장명루에는 무병장수의 의미가 담겨졌다고 하지요. 생각보다 어린이를 포함한 모두가 열심히 하나씩 만들어 손목에도 차고, 발목에도 차보며 웃음가득했지요.

점심 식사 후 간단한 쇼핑을 위해 근처 마트를 다녀와서는 춤테라피를 통해 마음을 치유하는 시간을 가졌습니다. 음악속에 나를 맡기고 몸을 흔들며 영혼의 자유로움을 만나는 시간. 역시 언어 때문에 쉽지 않았지만 나름 의미 있는 시간이었답니다. 바비큐 파티로 저녁식사를 하고는 바로 이어지는 게임 및 캠프파이어. 이제는 정도 많이 들어 삼삼오오 이야기를 나누며 게임도 하고 흥겨워하며 타들어가는 모닥불을 아쉬워했습니다. 못내 헤어짐이 아쉬워, 눈물 속에 헹가래도 치고 각자 준비한 선물도 나누고 다시 만나기를 기약하며 숙소로 발길을 돌렸지요.

다음날 새벽, 다시 센다이로 돌아가는 비행기가 오전 일찍 있는 관계로 새벽부터 서둘러 다시 공항으로 향하며 그렇게 아쉬운 작별을 했습니다. 또 만나자는 약속을 하며 말이지요.

»행사 후, 일본 가족이 보내온 편지

며칠 뒤 다음과 같은 감사의 짧은 글이 도착했습니다.

'리프레시 투어 in 한국'에 아들 린(14세)과 참가했습니다. 해외에 가는 것은 처음이 아니었습니다만, 한국은 처음이고 기대하고 있었습니다. 날씨도 좋고, 많은 한국가족들과 교류해서 의미 있는 시간을 보낼 수 있었습니다. 떡만들기, 장명루만들기, 댄스 등 한국문화를 체험할 수 있었고, 한일 양쪽의 가족이 함께 활동할 수 있는 프로그램은 아주 좋았다고 생각합니다.

처음에는 일본가족, 한국가족이 각각 하나의 테이블이나 방에 모여 식사를 하고 있었지만, 2일째, 3일째가 되면서 서로 섞여서 식사를 하거나 활동을 할 수 있었습니다. 언어의 벽은 있었지만 한국 분들이 다 일본어를 조금씩 공부해주시고, 열심히 말을 걸어주셔서 정말 감격했습니다. 다음에 갈 때는 이쪽도 조금 더 한국어를 공부해갈 생각입니다. 아들 린도 같은 중학교 3년생 남자아이나 연상의 남자아이와 친구가 되고, 영어로 조금은 소통이 된 것 같아 기뻐했습니다.

한국 분들의 따뜻한 대접에 정말 감사합니다. 또 생활클럽 생협의 스탭 여러분에게도 신세를 졌습니다. 정말 감사합니다.

일본에서 무라카미 아키코

한달여 시간이 지난 지금, 손톱에 물든 봉숭아물을 보며 그리고 손목에 있는 장명루를 보며 추억에 잠기기도 하겠지요. 핵발전소 없는 평화의 땅을 그리면서 말이지요….

출처 바른두레생협

출처 바른두레생협

출처 바른두레생협

탈핵을 외친 당신이라면, 지금 이 순간 《에너지기본계획》을 알아야 한다

국가에너지기본계획은 매5년 주기로, 20년 이상 장기적인 국가에너지정책을 수립하는 에너지분야 최상위 계획이다. 올해는 제2차 국가에너지기본계획(2013~2035)이 확정되는 해로, 정부는 각계 전문가들로 구성된 4개의 실무그룹(원전, 전력, 수요관리, 신재생)과 1개의 총괄그룹으로 워킹그룹을 구성해 초안 마련 작업을 진행하고 있다. 주요 논점으로 핵발전 비중 등이 거론되고 있다는 얘기도 들린다.

본지는 지난 9호(6월호)에서 '국가에너지기본계획 무엇이 담겨야 하나' 이진우 에너지기후정책연구소 부소장의 원고를 게재한 데 이어, 제2차 국가에너지기본계획 초안 발표를 앞둔 현 시점에서 '제2차 국가에너지기본계획'에 담겨야 할 내용을 확인하고 그 방향을 점검하는 기획을 마련했다. 전체적인 방향은 이보아 위원장(녹색당 탈핵특위), 원전분야는 이헌석 대표(에너지정의행동), 전력분야는 권승문 팀장(녹색연합 에너지기후국), 수요관리는 이정필 상임연구원(에너지기후정책연구소)이 각각 맡았다. 편집자 주

이보아 (녹색당 탈핵특별위원회 위원장)

제2차 국가에너지기본계획

과연 이 이름을 알거나 들어본 사람이 대한민국을 통틀어 얼마나 될까? 그리고 이 계획을 통해 실제로 무엇이 결정되는지 아는 사람은 또 얼마나 될까? 아마도 극히 일부의 전문가와 활동가만이 들어보고, 이해하는 내용일 것이다.

그러나 이 이름 모를 계획을 우리는 반드시 알아야만 한다. 특히 당신이 탈핵을 외쳐 왔다면! 제2차 국가에너지기본계획(이하, 에너지기본계획)은 바로 그 탈핵의 로드맵이 될 수도 있고, 거꾸로 탈핵과 반대로 가는 로드맵이 될 수도 있는 계획일 테니 말이다. 총선과 대선이 몰려있던 정치의 해 2012년에 쏟아져 나온 수많은 탈핵 시나리오와 공약들이 그저 얇은 실 한 오라기만큼의 신뢰도를 가진 정치인들의 약속이었다면, 올해 12월 수립될 에너지기본계획은 실제로 탈핵의 길을 밟게 되느냐 마느냐 구속력을 가지는 계획이다.

2035년까지 20년 이상의 장기적인 에너지정책 방향을 제시하고, 5년마다 수립하는 에너지 분야의 최상위 계획. 그래서 한 번 수립되면 되돌리기 너무 어려운 계획. 바로 이 에너지기본계획에서 핵발전 비중이 결정된다. 노후 핵발전소를 폐쇄할 것인지 말 것인지, 신규 핵발전소를 더 지을 것인지 말 것인지, 그래서 밀양·청도에 고통을 안겨 준 초고압 송전선로가 계속 추진될 것인지 아닌지를 결정하게 된다. 따라서 우리는 이 계획에 주목해야 하고, 이 계획을 운동의 주요과제로 삼아야 한다.

시민들이 학습·토론하는 시간을 가지는 것이 중요하다!

그런데 우리는 2차 에너지기본계획의 논의 과정에 대해 아는 바가 없다. 정부에 따르면 지금 이 논의는 정부·학계·산업계 그리고 일부 엔지오(NGO, 시민단체) 전문가만이 참여하고 있는 '워킹그룹'에서 이루어지고 있고, 그 내용은 비공개이기 때문이다.

이 논의 결과는 아마도 빠르면 9월 말 또는 국정감사가 끝나고 10월 중순 이후에나 공개되어, 아마도 '짧고 형식적인' 국민의견 수렴 기간을 거치고 산업통상자원부 산하 에너지위원회·녹색성장위원회·국무회의 심의를 거쳐 연말에 최종 확정될 것이다.

이것은 누가 보아도 국민의 결정에 따른 계획이 아니다. 우선 순서가 틀렸다. 향후 20년간 에너지정책의 원칙과 방향은 몇몇 전문가들이 아닌 다수의 시민들이 결정해야 한다. 사회적 공론화와 그에 따른 합의가 먼저라는 것이다. 여기에서 전문가들이 해야 할 일은 첫째, 사회적 합의를 위해 시민들이 던지는 질문에 구체적이고 다양한 정보를 제공해 결정을 돕는 일이다. 둘째, 이렇게 결정된 큰 방향에 맞춰 세부적인 방안을 마련하는 것이다.

그런데 지금은 거꾸로 가고 있다. 지난 수십 년을 그래왔듯이 말이다. 이제는 바꿔야 한다. 이미 시민들은 그 어느 때보다 에너지 문제를 피부로 느끼고 있고, 에너지 정책이 어떻게 가야 할 것인가에 대한 각자의 생각도 가지고 있다. 이제 여기에 충분한 학습과 토론의 시간만 추가하면 된다. 그게 숙의(熟議) 민주주의다. '워킹그룹'에 속해 있는 전문가들도 모든 분야의 전문가는 아니다. 듣기로는 전문가라는 그들도 새로운 정보를 숙지하고 수차례의 질의응답과 학습·토론을 통해 방향을 조금씩 잡아가고 있다고 한다.

왜 이 과정을 전문가들만 밟아야 하는가. 그냥 시민이 '안'을 마련하는 과정부터 참여하면 안되는가. 우리는 모든 정보를 똑같이 누릴 권리가 있다. 따라서 우리는 하루라도 빨리 현재 과정에 대한 공개부터 요구해야 한다.

제1차 국가에너지 기본계획 2030년 에너지 수요전망(목표안) 및 에너지 믹스(안)

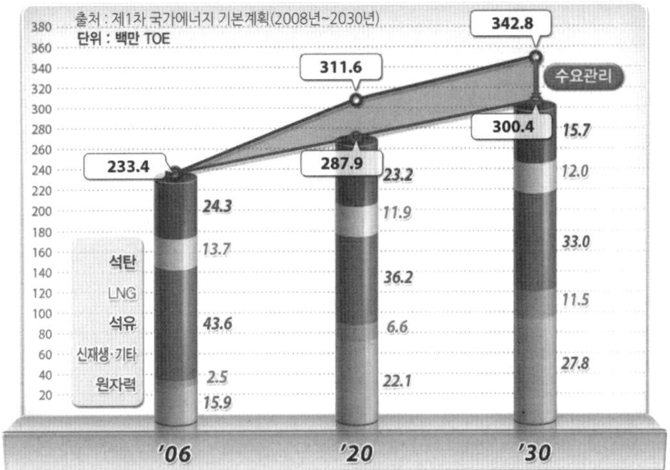

정부보다 쉽고, 넓게 만나야 한다

그리고 동시에 우리는 시민을 만나야 한다. 에너지기본계획이 반드시 담아야 할 것이 무엇인가? 후쿠시마 사고 이후 달라진 상식, 달라진 사회적 합의이다. 밀양과 청도의 할매들이 송전탑 투쟁에서 매일같이 전해주는 생생한 교훈이다. 시민을 만나 이 점을 환기시켜야 한다. 이를 위해 필요한 지식을 우리는 상당히 가지고 있다. 정부가 에너지기본계획의 논의를 공개하지 않는다면, 학습과 토론의 장은 우리가 만들면 된다.

우선 2011년 3월의 사고에 이어, 최근에는 심각한 방사능 오염수 유출로 세계를 충격에 빠뜨리고 있는 후쿠시마가 우리 눈앞에 있다. 그리고 이 때문에 오늘도 내 밥상 위에 오를지 모를 일본산 방사능 수산물은, 이제 일상의 불안과 공포이다. 핵마피아라는 말이 낯설게 들리지 않을 만큼, 자고 나면 불어나는 핵발전소 비리를 목도하고 있다. 그렇게 비리로 납품된 허술한 부품 때문에 몇 번이고 핵발전소가 멈춰, 놀란 가슴을 쓸어내렸다. 이뿐만인가. 일을 저지른 건 핵마피아인데, 그 때문에 절전을 한 건 나머지 다수의 시민이었다. 이미 시민들은 화가 날만큼 나 있다.

탈핵을 지향하는 사람들이 더 알게 된 것도 있다. 땅 끝 핵발전소에서 전기를 생산해 저 멀리 대도시의 공장과 가정에서 쓰는 잘못된 공급 시스템 때문에, 전기 없이도 사는 밀양과 청도의 할매들이 눈물을 흘리고 있었다. 그뿐인가. 세계 최저가 수준의 값싼 산업계 전기요금으로 철을 녹일 때도, '전기'를 쓰는 이 잘못된 시스템이 저 위험천만하고 부정의(不正義)한 핵발전소를 더 짓게 만든다는 것도 알게 됐다.

탈핵을 이야기하는데 얼마나 더 많은 근거가 필요한가. 얼마나 더 전문적 지식이 필요한가. 이렇게 풍부하고 일상에 침투해 있는 탈핵 이슈를 가지고 이제 시민을 만나면 된다. 에너지기본계획에서 무엇이 결정되는지, 무엇이 결정되어야 하는지를, 시민들이 아는 사안으로, 아는 이야기로 재해석해 들려주어야 한다.

정부가 짜 놓은 일정, 쥐어주는 권한에서 자유로워지면 의제도 확장할 수 있다. 지금 사용후핵연료의 공론화나 한·미원자력협정은 에너지기본계획과 완전히 동떨어져 진행되고 있다. 그러나 후쿠시마 사고 이전의 낡은 틀에 갇혀 만들어진 사용후핵연료 공론화위원회의 의제는, 핵폐기물을 만들지 않는 데서부터 출발하도록 완전히 새로 설계해야 한다. 한·미원자력협정에서 박근혜 정부가 목매고 있는 핵연료의 재처리는 장기적으로 핵발전소를 폐쇄한다면 명분 자체가 사라진다.

정부보다 빨리, 시끄럽게 만나야 한다

그리고 빨리 움직여야 한다. 워킹그룹의 초안이 나온 후에는 한참 늦다. 우리가 나서야 할 것은 바로 당장의 9월부터다. 모든 정보와 논의 과정의 공개를 요구하고, 노후 핵발전소의 폐쇄가, 건설 중인 핵발전소가, 계획 중인 핵발전소가, 밀양의 송전탑이 지금 에너지기본계획에서 어떻게 논의되고 있는지를 따져묻기 시작해야 한다.

또한 분명한 것은 우리의 움직임이 결코 조용해서는 안 된다는 점이다. 떠들어야 한다. 그것도 아주 시끄럽게 떠들어야 한다. 탈핵을 외치는 집회는 후쿠시마 사고 몇 주기에만 필요한 것이 아니다. 바로 지금이 탈핵 집회가 필요한 시점이다. 우리는 탈핵 대통령을 외치던 그 열정을 가지고 2013년 하반기, 정부보다 빨리, 쉽게, 넓게, 그리고 시끄럽게 시민을 만나야 한다. 그러지 않으면 탈핵은 점점 더 멀어질 뿐이다.

《에너지기본계획》과 탈핵한국

이헌석 편집위원

핵발전 비중 28년만에 처음으로 25% 이하로

지난 6월, 우리나라 전체 전력 중 핵발전 비중이 1985년 이후 처음으로 25% 이하로 떨어졌다. 전체 전력 중 핵발전 비중은 1987년 49.0%를 정점으로 조금씩 떨어져 그간 30%대를 유지하고 있다가 2011년 처음으로 29.9%를 기록하는 등 30% 이하로 떨어졌으나, 올해 한수원 납품 비리 사건 등으로 핵발전소 가동 중단이 이어지면서 지난 6월 24.2%를 기록한 것이다.

올 여름은 유래를 찾아보기 힘든 핵발전소 가동 중단이 계속 이어졌다. 5월말 한수원 비리사건으로 신고리 1,2호기, 신월성 1호기가 갑자기 멈춘 것에 이어 수명만료로 지난 연말부터 멈춰있는 월성1호기, 증기발생기 결함으로 1년 넘게 멈춰있던 울진 4호기 등 전체 23기의 핵발전소 중 최대 10기에서 6기가 멈춘 상태로 여름을 지났다.

이에 따라 핵발전 비중은 곤두박질쳤고, 정부는 연일 '전력대란'이라며 절전을 당부했다. 재미있는 것은 '전력대란'을 극복하기 위해 관공서 에어컨 사용금지와 같은 극단적인 선택을 취했지만 6월~7월 전력소비량은 작년에 비해 늘었다는 점이다. 한낮 피크 시간대에 전력소비를 줄여서 대규모 정전을 막는 데는 성공했지만, 우리 사회의 고질적인 문제인 산업용 전력소비를 줄이는 데는 실패했고, 결국 고생은 고생대로 하고 전력소비 감축은 실패한 아이러니가 발생했다.

이유야 어찌했든 올해 계속 이어진 핵발전소 가동중지 사태는 우리에게 그간 '절대적 존재'였던 핵발전의 존재에 대해 다시 한 번 살펴볼 기회를 제공했다는 점이다. 무엇보다 '안정적인 전력공급원'으로서 핵발전소의 위상이 한수원 비리사건과 연일 이어지는 발전소 가동정지로 무너졌다는 사실이다. 날씨와 일몰 여부 등 전력 공급의 변화가 큰 재생에너지에 비해 핵발전은 '안정적인 전원공급원'이 자랑해 온 강점이었다. 그러나 한수원 비리와 계속되는 발전소 고장사건은 그동안 정부가 자랑해 온 핵발전의 장점을 무색하게 만들었다.

또한 핵발전이 없으면 대한민국이 두쪽날 것처럼 핵발전의 필요성을 강조해온 정부의 입장에서 핵발전 비중 24.2%는 그간 강조해오던 중요도를 무색하게 만들었다. 이명박 정부가 2030년까지 핵발전 비중을 59%로 늘리겠다는 계획을 발표한 것을 제대로 실현하기 위해서는 현재의 2배 이상의 핵발전소를 지어야 한다는 것인데, 과연 그만큼의 핵발전소가 정말로 10여년뒤에 반드시 필요할 것인지에 대한 근본적인 물음이 생긴 것이다.

탈핵을 위해 필요한 것은 상상력과 전력소비 감축!

핵발전이 24.2%의 전력을 공급하고 있는 나라—대한민국에서 전력정책을 다시 만들기 위한 에너지기본계획 논의가 현재 진행 중에 있다. 후쿠시마 핵사고 이후 탈핵정책에 대한 관심이 높아진 상황에서 탈핵정책을 에너지기본계획에 담을 수 있는 방법은 무엇이 있을까?

후쿠시마 핵사고 이후 일본의 비의도적인 탈핵흐름을 보면서 진정으로 탈핵정책 수립을 위해 필요한 것은 상상력이 아닐까 생각해본다(탈핵정책을 반기지 않는 일본정부이지만 새로운 규제기준을 각 핵발전소가 맞추는데 시간이 걸리기 때문에 핵발전 비중이 떨어지고 있으므로 비의도적인 탈핵흐름이라 할 수 있을 것이다).

일본은 후쿠시마 핵사고 이전 27.5%나 되던 핵발전 비중을 단 2년만에 1.7%로 줄였다. 일본이 이처럼 단기간에 핵발전 비중을 줄일 것이라고 아무도 상상하지 못했다. 핵발전이 없어도 전력공급이 가능하다고 주장했던 일부 반핵운동가들의 주장이 없었던 것은 아니지만, 이를 실제 적용해보자고 했던 이는 아무도 없었다. 하지만 후쿠시마 핵사고와 높아진 규제기준이라는 어쩔 수 없는 상황이 현재 핵발전에 '거의' 의존하지 않는 일본을 만들었다.

일본이 이처럼 가능할 수 있었던 것은 무엇보다 전력소비가 지속적으로 줄고 있었던 상황에 기인한다. 전력소비가 늘지 않은 상황에서 후쿠시마 핵사고 이후 전국민적으로 벌어진 절전운동은 54기의 핵발전소 중 단 2기가 가동되는 상황에서도 전력공급이 가능하게 만들었다.

우리나라의 에너지기본계획 논의도 마찬가지이다. 기존의 틀과 방식으로 아무리 계산을 해도 우리나라는 '결코' 탈핵정책을 채택할 수 없다. 지속적으로 늘어나는 전력수요, 아직 수명이 많이 남아있는 핵발전소들, 에너지소비 증가가 없으면 늘지 않는 경제성장 지표 등 기존의 틀이 그대로 있는 상태에서는 탈핵정책은 '몽상가들의 꿈'에 불과할 것이다.

올해 하반기 에너지기본계획을 통해 진정으로 탈핵한국을 만들고 싶다면, 이 모든 것을 버려야 한다. 말그대로 백지에서부터 다시 에너지정책을 세우는 작업이 필요할 것이다. '탈핵'이라는 후쿠시마 핵사고 이후 최대의 화두를 현실 정책으로 만들기 위한 보다 거대한 작업을 기대해 본다.

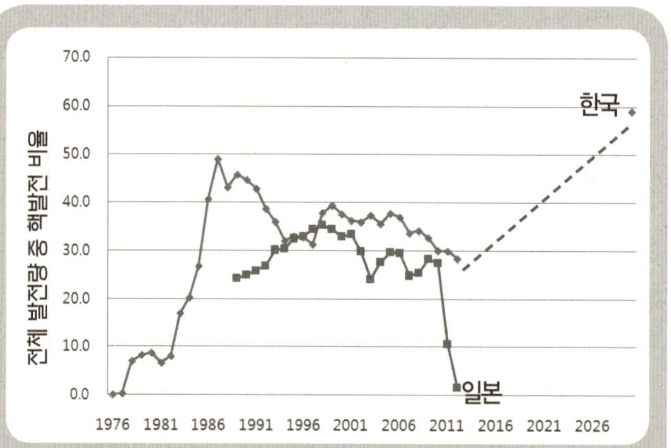

※통계 출처 : (한국) 전력거래소, 전력통계정보시스템, (일본) 전기사업연합회, 전력통계정보

'밀양'의 교훈, 분산형 전원체계를 구축하라!

권승문 (녹색연합 에너지기후국)

밀양 송전탑 사건은 우리나라 에너지체계의 문제점을 압축적으로 보여주고 있다. 국내 전력수요의 약 40%를 차지하는 수도권으로 전력을 장거리 송전하기 위해 건설되고 있는 765kV 초고압송전선로 문제는 국내 전력수급체계의 아킬레스건으로 작용하고 있다. 이제는 국내 전력수급에서 '발전'보다 '송전'이 더 문제인 시대가 되었다. 지난 제6차 전력수급기본계획에서는 송·변전 설비계획조차 마련하지 못한 채 장기과제로 미뤄둔 상태다.

연내에 수립 예정인 2차 에너지기본계획은 해결방안을 내놓을 수 있을까. 이번 2차 에너지기본계획 전력분과의 핵심 논의 주제는 '분산전원의 확대 방안'이다. 분산전원은 대규모 발전소와 초고압송전선로가 필요한 전원체계와 달리 전기의 최종소비지 인근에 위치하는 전력배전시스템의 독립형 발전시설을 의미한다. 전력소비가 집중돼 있는 수도권 등 대도시 인근과 대규모 공단 인근에 전력과 냉·난방을 공급하는 분산형 전원을 건설한다는 것이다.

국제에너지기구(IEA)는 기후변화와 온실가스 대응의 중요 수단으로 분산전원인 열병합발전에 주목하고, 각국에 보급 확대를 권고하고 있다. 영국, 독일, 미국 등 주요 선진국들은 열병합발전을 대폭 확대 공급하는 계획을 수립해 시행 중이다. 에너지기본계획 전력분과에서 분산전원에 대한 논의가 진행 중인 것은 늦은 감이 있지만 고무적이다.

하지만 국내의 사정은 외국과 달리 녹록치 않다. 이전까지 에너지기본계획에서 분산전원에 대한 고려가 없었던 만큼 이에 대한 지원책은 미비한 상황이다. 또한 열병합발전의 연료인 가스요금이 전기요금에 비해 급격히 증가하고 있는 문제점은 여전히 숙제로 남아있다. 주요 국가들은 열병합발전의 확대를 위해 열병합발전을 통해 생산된 전력의 의무 구매, 비용 보조, 세금 면제 등 정책을 시행하고 있다.

이번 에너지기본계획에서는 분산전원의 필요성에 대한 당위를 넘어 분산전원 확대를 위한 제도적인 장치들을 마련하는 시발점이 되어야 한다. 구체적인 목표와 정책이 필요한 시점이다. 권역별로 전력 수급계획을 세우고 지자체가 수요관리와 생산을 통해 지역별 전력자립도를 높여나가는 방안을 고려해야 한다. 대규모 산업체에 대해서는 상용자가발전 설치 비중을 일정비율 의무화해 자체 생산토록 하는 것도 필요하다.

제2의 밀양 사건과 일상화된 전력 위기를 막기 위해서는 분산전원 체계를 구축하는 것이 시급하다. 하지만 분산전원을 공급하는 것만으로 모든 문제를 해결할 수는 없다. 전력을 포함한 에너지수요가 급격히 증가하는 문제점과 이에 따른 공급설비의 증가 추세를 꺾지 않는 한 핵발전과 석탄화력과 같은 대규모 발전 시설의 유혹을 떨쳐내기란 쉽지 않을 것이다. 에너지기본계획 수요분과에서의 수요관리 정책 마련과 원전분과에서의 탈핵 정책 방향이 선결과제인 이유다.

탈핵운동, 탈성장과 전력수요의 관계에 주목하자

이정필(에너지기후정책연구소 상임연구원)

최근 탈성장을 예고하는 책들이 많이 소개됐다. 올 초에 리처드 하인버그의 《제로 성장의 시대가 온다(부키, 2013)》를 읽으면서 당시 논란 중이던 제6차 전력수급기본계획에 대해 근본적인 고민을 하게 됐다. 정부의 '원전사랑'과 온실가스 감축에 대한 의지박약, 전력시스템의 공공성 포기, 의사결정 구조의 폐쇄성도 문제였지만, 경제성장을 신봉하는 불치병에 특히 주목할 수밖에 없었다. 정부의 경제성장 제일주의는 차지하더라도, 운동진영의 소극적, 단기적 대응 태도에는 심대한 문제가 있었다.

전력계획이든 에너지계획이든, 모든 국가계획은 경제성장률을 전제한다. 대부분의 환경운동과 탈핵진영은 심정적으로는 이런 기준이 타당하지 않다고 생각할 것이다. 그러나 탈성장의 논리를 실천적으로 주장하고 그에 걸맞게 활동하는지는 의문이다. 물론 독일처럼 경제성장 추세를 유지하면서도 탈핵을 선언하고 실행에 옮기는 국가도 있다. 그만큼 경제성장과 에너지 사용이 정비례하지 않도록 하는 조정국면을 거쳤기 때문에 가능한 일이다. 이를 뒷받침했던 것은 다름 아닌 30년 넘게 승리와 패배를 경험하면서 가열차게 전개된 탈핵운동 등의 사회운동의 역사적 성과 덕분이었다.

우리도 열심히 투쟁하면 독일처럼 탈핵의 길에 접어들 수 있을까? 대답은 두 가지다. 첫 번째 대답은 '그렇다'이다. 운동권의 도덕률이 그러하기 때문이다. 두 번째 대답은 '글쎄올시다'이다. 무엇보다도 시대가 바뀌고 있기 때문이다. 아직도 지속되고 있는 만성적인 금융위기는 경제성장의 출구전략의 한계를 극단적으로 보여주고 있다. 이는 경제적 측면에서 봉합될 수 없는 생태—사회적 한계의 전조이다. 이에 대한 대표적인 담론이 탈성장이다. 탈성장은 단지 고용 없는 성장이나 경기 순환의 주기를 의미하지 않는다. 현 체제의 근본적 재편을 예고하는 분석이자 동시에 체제의 근본 모순을 극복하기 위한 지침인 것이다.

이런 관점에서 탈성장과 전력수요는 불가분의 관계를 맺는다. 영국 NGO인 '코너 하우스'가 펴낸 《에너지 안보》에서 밝힌 것처럼, 지난 150년 동안의 에너지 수요예측은 에너지 사용의 다양성과 전환, 특정 에너지원의 특수성과 물질성, 혁신의 예측 불가능성과 정치적 경제적 변화 등을 고려하지 않아서, 거의 항상, 그것도 크게 틀렸다. 이렇게 경제성장을 근본적으로 문제 삼지 않은 채 에너지원과 에너지 효율만 따진다면, 우리는 결국 쳇바퀴 도는 다람쥐 신세를 면하기 어려울 것이다. 아무리 다른 수리적 모델을 이용해 합당한 전력 수요를 계산하려 해도 현재와 같은 방식의 수요예측과 경제성장 프레임을 인정하는 순간 그 시도는 더 이상 급진성을 상실하게 된다.

《프롤레타리아여 안녕》(생각의나무, 2011)에서 앙드레 고르가 명쾌하게 설명한 부분을 바꾸면 이렇다. 전력예측의 연구는 언제나 다음과 같은 가정에 기초하여 수행된다. 사회나 생산·소비·생활방식은 크게 달라지지 않을 것이라는 가정. 가난한 사람과 부자들, 복종하는 사람과 명령하는 사람들은 항상 있을 것이고, 전력 네트워크의 단말기에서 소비자들이 전기코드를 꽂고 전기제품의 전원을 켜는 일이 계속될 것이다.

현재 진행중인 제2차 국가에너지기본계획 논의 과정에서 몇몇 탈핵 인사들이 2035년까지 '핵발전 비중'을 조정하려 노력하고, 계획 합리적이든 시장 합리적이든 합리적 전력구조를 지향하더라도, 우리는 멈추지 않고 달리는 〈설국열차〉의 운명을 겪을 가능성이 크다. 2035년까지의 적정 핵발전 비중에 대한 워킹그룹의 검토의견으로 전력설비용량 기준 7%를 제시했다는 것이 아무리 상징적인 의미를 갖는다고 하더라도, 우리는 〈매트릭스〉의 가상과 현실 간의 일시적 정전상태를 벗어날 수 없다.

그렇다면 전력수요관리는 어떻게 해야 할까? 전기요금의 대대적인 개편 등 가격 정책의 변화도 필요하다. 그러나 그 이상의 것을 준비해야 한다. 녹색사회의 준거점인, 사회적 필요를 기반으로 생산과 소비를 결정하는 전복적 기획이 필요하기 때문이다. 바로 전력을 더 많이 생산하고 소비하지 않더라도, 우리 사회가 더 행복하게 살 수 있다는 상상력과 운동력이 절실하다.

이런 차원에서 탈핵 에너지 전환을 실천하는 지역적 공간에 주목해야 한다. 이를 위해 '지역 에너지 총량제'와 '지역 재생에너지 자립' 프레임을 제시하고, 구체적인 정책 방안을 고려해봄직하다. 에너지기후정책연구소(이슈 페이퍼 2호, 2012. 3. 27)는 지역 에너지 자립도를 최소한 2030년에 30%, 2050년에 60% 달성을 규범적 목표로 제시하였다. 지역에너지공사, 에너지협동조합을 비롯한 녹색 사회적 경제 등 이를 뒷받침하는 여러 조직적 형태도 구상할 수 있다.

언제부터 '에너지 위기'라는 말을 흔하게 듣는다. 그런데 위기의 진짜 위기는 위기의 원인을 잘못 진단하기 때문이 아닐까? 어쩌면 우리에게 필요한 것은 더 '큰' 실패가 아니라 더 '나은' 실패가 아닐까? 민주적 참여계획과 같은 새로운 접근은 더 큰 노력을 요하지만, 그 이상의 창조적 성과로 연결될 수 있다. '밀양 전투'가 민주주의의 외피를 쓴 '제2의 경주'가 되어서는 안 된다. 생태민주주의의 승리로 살아있는 '부안 항쟁'을 계승하는 것도 이러한 전복적인 에너지 정치로 가능할 것이다. 이대로라면 '밀양 사태' 역시 국가 부의 성장으로, 즉 파괴가 부의 원천으로 간주되는 국민총생산의 함정에 빠질 수밖에 없다.

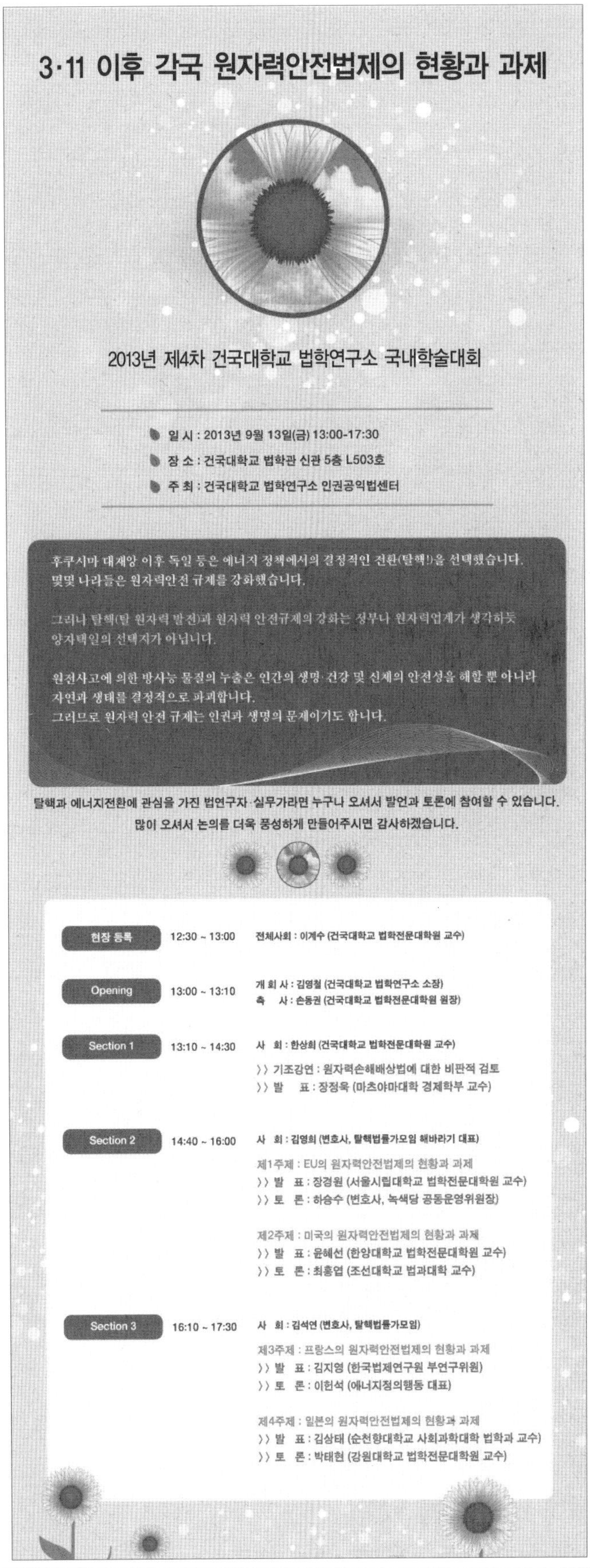

학교급식조례 제정, 방사능 기준치 강화로 이어질까

'서울시 방사능 안전 식재료 조례안' 발의, 경기도 이어 두 번째

사진제공=한국YWCA 생명평화센터

8월 26일 서울시의회 앞에서 방사능으로부터 안전한 학교급식 조례 제정을 촉구하는 시민사회단체 기자회견이 열렸다.

이지언 편집위원

후쿠시마 사고 이후, 확산되는 방사능 오염 식재료에 대한 불안과 공포

일본 후쿠시마에서 고농도 방사능 오염수의 해양 유입 사실이 공식 확인된 가운데, 학교급식에 서나마 방사능 오염 식재료를 차단하기 위한 조례 제정 움직임이 본격화됐다. 서울시의회에 따르면 김형태 교육의원 등 10명은 지난 8월 29일(목) '서울시교육청 방사능으로부터 안전한 식재료 공급에 관한 조례안'을 발의했다.

조례안은 교육감에게 학교급식에 방사능 오염 식재료를 사용하지 않도록 검사를 하고, 방사성물질(세슘·요오드·스트론튬·플루토늄)이 검출될 경우 해당 식재료의 사용을 제한할 것을 의무화하고 있다. 학교별 연 2회 이상 사전검사가 실시되도록 검사체계를 구축하고 검사 인력과 장비를 갖춰야 한다는 내용도 포함됐다.

또 조례안은 방사성 검사와 관련한 내용을 심의하기 위해 '서울 학교급식 방사성물질 감시위원회' 설치·운영하도록 규정했다. 위원장 포함 25명 이내로 구성되는 위원에 대해서 교육감이 위촉하되, 학부모(공모)와 시의회 추천 인사를 각각 3분의 1씩 포함시켜야 한다. 위원회는 ▲연간 방사성물질 검사계획 ▲방사성물질 검출 가능성이 높은 식재료 지정 ▲급식관계자 교육계획 ▲안전한 급식관리 체계 구축을 위한 조사와 연구 방안 등을 심의·의결하게 된다.

녹색당·시민사회 등, "최후의 보루로 학교급식에서라도 안전망을 갖춰야"

앞서 8월 26일(월) 녹색당과 시민방사능감시센터를 비롯한 시민사회는 서울시의회 앞에서 기자회견을 열어 방사능으로부터 안전한 학교급식 조례 제정을 촉구하고 나섰다. 이들은 "수입과 유통 단계에서 중앙정부의 대책이 없다면, 최후의 보루로 급식 단계에서라도 안전망이 갖춰져야 한다"며, "정부가 '무대책·무능력 상태'에 빠진 가운데 유아와 어린이들을 최대 피해자로 만들고 있다"고 비난했다.

지난 7월 제정된 경기도교육청 방사능 식재료 사용제한 조례에 대해선 오랜 '시민의 열망'에 비해 실망스럽다는 평가다. 경기도는 '경기도교육청 학교급식 방사능오염 식재료 사용제한에 관한 조례'를 통과시켜 지난달부터 시행에 들어갔다. 조례에 따라 경기도교육청은 도내 2,225개 급식학교에 공급되는 식재료에 대해 방사능 오염 검사를 실시해 고지하고 영양교사에게 방사능 관련 교육을 의무화하게 된다.

일부 지자체·교육기관 등의 노력을 넘어, 국가 방사능 기준치 강화로까지 나아가야

하지만 경기도 조례는 '방사능오염 식재료'를 '국가기준 허용치를 초과한 식품'으로 규정하고 있어 실질적으로 오염 식재료를 차단하는 데 한계가 따른다는 지적이다. 현재 국내 식품 방사능 기준은 방사성 세슘의 경우 킬로그램당 370베크렐로 정하고 있다. 일본산 식품에 대해선 일본 국내 기준에 따라 지난해 4월부터 100베크렐의 방사성 세슘 기준을 적용하고 있다. 식약처에 따르면, 2011년 3월부터 올해 7월까지 일본에서 수입한 수산물 1만2815건 중에서 방사능이 검출된 130건의 평균 농도는 5베크렐로 기준치에 비해 크게 낮다는 해석이다. 하지만 이 정도 수치는 국내 생협들의 영유아 방사능 취급기준을 웃도는 수준이다(행복중심생협 3.7베크렐, 한살림연합 4베크렐).

이와 관련해, 경기도교육청은 조례 제정에 앞서 현행 법령에서는 식재료의 방사능 기준을 조례로 위임하지 않는다는 법제처의 법령해석을 받았다. 학부모 등 시민들이 의사결정에 참여할 수 있는 방사능 감시위원회에 대한 규정이 없다는 점도 한계로 꼽힌다.

지금까지 자발적 방사능 측정과 검사의뢰에 의존해왔던 학부모들은 조례 제정을 통해 학교 급식에서부터 방사능 오염 식재료를 방지할 것으로 기대하고 있다. 학부모들의 노력과 열망에 힘입어 일부 지자체와 교육기관에서 방사능으로부터 아이들의 건강권을 지키기 위한 제도적 장치 마련에 나서기 시작했다. 지방정부의 변화를 이끌어냈듯, 시민들은 자구책 마련을 넘어 정부에게 국가 방사능 기준치 강화에 나서도록 촉구하고 있다.

탈핵신문

공동대표 김준한(발행인) 박혜령
운영위원 이대수 이헌석
편집위원 고노 다이스케 윤종호
이헌석 이지언
사무간사 황정화 010-2881-6822
운영지원 에너지정의행동

(110-876) 서울특별시 종로구 숭인동
76번지 롯데캐슬천지인 지동 205호
문의전화 02-702-4979
팩 스 02-704-4979
이 메 일 hjhlucia@hanmail.net
등록번호 종로라 00386
구 독 료 1년 2만원 / 가판 1천원

2013년 10월호 (제13호) www.nonukesnews.kr 농협 352-0491-9279-43 예금주 김준한

후쿠시마 사고 후 일본산 수산물 4,327kg 학교 급식 사용

최근 정부가 일본산 수산물 수입금지 대상을 확대하겠다고 나섰지만, 방사능 오염 식품을 둘러싼 우려가 잦아들 것 같지 않다. 후쿠시마 핵발전소 사고 이후 대량의 일본산 수산물이 수입돼, 학교 급식에 사용됐다는 사실이 재차 확인됐기 때문이다.

방사능 수산물을 차단하기 위한 정부의 수입 조치나 검역 체계가 제대로 작동하지 않는다는 불안이 여전한 가운데, 발 빠르게 움직이는 쪽은 학부모들이었다. 이들은 방사능 오염 수산물을 차단하기 위해 아이들이 다니는 학교나 어린이집에 직접 건의하거나 조례를 통해 지자체와 교육청이 나서도록 촉구해왔다.

최근의 언론 보도에 따르면, 지난 9월 29일 교육부가 국회 농림축산식품해양수산위원회 김춘진 의원실에 제출한 국정감사 자료에서, 2011년 3월부터 올해 8월까지 전국 초·중·고교에서 급식으로 사용된 일본산 수산물이 4,327kg에 이르는 것으로 집계됐다(**2면 표 참조**).

시·도별로는 서울시내 학교에서 2011년 이후 806kg을 사용했고, 대전 542kg, 경남 519kg, 부산 430kg, 광주 416kg, 강원 402kg, 전남 304kg 등으로 나타났다. 품목별로는 가다랑어포가 1,610kg으로 가장 많이 사용됐으며 꽁치 1,051kg, 명태 430kg, 연어살 270kg, 갈치 175kg, 임연수어 138kg, 코다리 112kg 등이 급식 재료로 쓰였다. 하지만, 후쿠시마 오염수가 해류를 타고 광범위하게 확산되고 있을 뿐만 아니라, 일본 수산물에 대한 거부감으로 일부 수산물은 원산지를 러시아산 등으로 속이는 현실까지 고려한다면 기타 수입산과 원양산 역시 마냥 안심할 수 있는 상황은 아니다.

앞서 정부는 후쿠시마 주변 8개현의 모든 수산물 수입금지와 국내산 식품 방사능 세슘기준치 100베크렐(Bq/kg, 기존 370베크렐) 적용 등을 담은 '일본산 수산물 방사성물질 검출 우려에 대한 특별조치'를 지난 9월 6일 발표했다. 이번 조치를 두고 환경단체는 방사능 기준과 수입금지 범위를 더 강화해야 한다는 주장을 펼쳤지만, 일본 정부는 세계무역기구(WTO)에 제소하는 방안을 검토하겠다고 항의했다.

'서울시 방사능 안전 식재료 조례안' 진통끝가결

일본산 수산물의 수입 차단 조치를 둘러싼 안팎의 논란이 한창인 가운데, 일부 지역들은 학교 급식에서부터 방사능 오염 식품을 방지하려는 자구책 마련에 나섰다.

정부가 용인한 방사능 수산물, 학부모들이 손 본다!

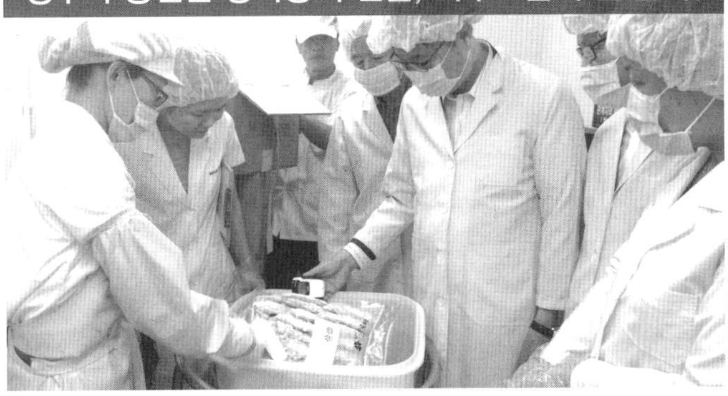

출처 대구광역시교육청

9월23일 대구 남부교육지원청 교육장과 담당 공무원들이 학교급식 현장에서 휴대용 방사능 측정기를 가지고 검사를 하고 있다.

서울시의회는 지난 9월 13일 열린 본회의에서 '서울특별시교육청 방사능으로부터 안전한 식재료 공급에 관한 조례안'을 가결했다. 통과된 조례안은 원안의 수정안으로서, 학교별로 연2회 이상 사전검사를 하도록 하는 내용을 연1회 이상 전수검사하는 내용으로 변경됐다. 당초 원안에 명시했던 방사성물질 감시위원회 설치 의무도 삭제했다. 별도의 감시위원회를 신설하기보다는 기존 학교 급식위원회를 통해 '방사능 등 유해물질 관련 전문가 1인 이상을 위촉'하게 했다.

가까스로 수정 조례안이 통과됐지만, 본회의 이틀 전에 열렸던 서울시의회 교육위원회에서는 서울시의원들과 서울시교육청 관계자 사이에 의견차를 좁히느라 '진통'을 겪었던 것으로 알려졌다. 이와 관련한 보도를 보면, 토론에 참석한 서울시교육청 관계자는 "아직 방사능이 위험 기준치 이상으로 검출된 바 없는데, 반드시 정밀검사를 할 필요가 있느냐"는 등 조례안의 취지에 의구심을 나타냈다.

식재료 방사능 검사를 전문기관에 의뢰하거나, 장비 구입을 통해 자체 검사에 시간이 오래 걸려 "방사능 검사가 이미 (식재료가) 소비된 후에 방사성물질의 검출을 확인하는 사후적 조치가 될 수 있다"는 '딜레마'를, 서울시의회 교육위원회 전문위원은 '검토보고서'에서 내놓기도 했다. 고가의 방사능 검사 장비를 추가 확보하더라도 제한된 장비로 모든 학교의 식재료를 검사하기에는 턱 없이 부족하다는 설명이다.

'검토보고서'에 따르면, 교육청이 제시한 내로 5대의 장비를 보유할 경우를 기준으로 계산하면, 하루에 1개 학교를 검사할 경우 1년에 950개(급식일 190일 기준) 학교를 할 수 있게 된다. 현재 유치원을 포함한 초·중·고등학교의 숫자가 약 2,200개인 현실을 고려하면, 2년간 검사를 한다하여도 약 300개 학교는 누락될 수밖에 없는 것이다. 조례안의 내용이 학교별로 검사 횟수가 연2회에서 연1회 이상으로 수정된 배경이다. 서울시교육청은 감마핵종분석기 5기 설치비용을 포함한 연간 방사능 검사시스템 소요예산액을 8억2천765만원으로 추산하고 있다.

간이 측정기로 식재료를 검사하고 '안전?'

시·도교육청 자체적으로 학교 급식에 들어가는 수산물 방사능 검사를 실시하고, 이를 공개하는 지자체도 늘고 있다. 광주광역시교육청은 9월 3일부터 이틀간 10개교 학교 급식의 수산물을 채취하여 조선대 산학협력단에 방사능 검사를 의뢰한 결과, 전체 수산물에 대하여 '불검출' 통보를 받았다고 밝혔다. 이번 검사는 코다리, 다시마, 꽃게, 고등어, 삼치, 조기, 국멸치, 장어, 북어채, 오징어 등 급식 식재료 수산물 10개에 해당했다.

광주광역시교육청에서는 지난 7월 1일 '안전한 학교급식 운영에 관한 조례'를 제정해 방사능을 비롯한 유해물질을 포괄적으로 감시할 수 있게 했다. 광주광역시교육청 관계자는 방사능 검사를 전문기관에 의뢰한 것과 관련해 "휴대용 측정기 방식으로는 한계가 있다는 평가를 고려해, 최적의 방식을 선택했다"고 말했다. 시료 10개 검사에 총 132만원의 자체 예산을 집행한 교육청은, 검사 결과를 학교 급식정보센터에 공개했다.

▶2면으로 이어짐

이지언 편집위원

월성1호기, 스트레스 테스트에 숨겨진 함정

이상홍 통신원(경주환경운동연합 사무국장)

> '수명연장심사'와 '스트레스 테스트'는 전혀 다른 개념의 안전성 평가이다. 그러므로 스트레스 테스트로 수명연장심사를 '퉁' 치는 사태를 막아야 한다.

지난 9월호(탈핵신문 12호)에서 월성1호기 스트레스 테스트 실시 '시기'를 가장 중요한 문제로 지적한 바 있다. 지금은 스트레스 테스트를 할 때가 아니라 '수명연장심사'를 빨리 끝마칠 때라고 제기한 것이다. 그런데 정부는 수명연장심사를 사실상 중단시켜 놓은 채 스트레스 테스트를 매우 빠른 속도로 전개하고 있다. 이는 스트레스 테스트가 그 명성과 다르게 사실은 매우 쉬운 평가이며 이를 징검다리 삼아 수명연장심사까지 '퉁' 치겠다는 의도로 보인다.

»스트레스 테스트는 쉬운 평가, 이를 빌미로 수명연장심사까지 '퉁'치겠다?

스트레스 테스트의 본질은 설계기준을 '초과'하는 평가라는데 있다. 설계기준이란 월성1호기의 수명을 30년으로 설정하면서 30년간 고장, 사고 없이 가동할 수 있도록 하는 기준이다. 예를 들어 교체가 불가능한 원자로와 이를 둘러싼 핵심 안전부품은 최소 30년간 고장 없이 작동을 해야만 한다. 30년간 방출되는 방사선의 양, 온도, 압력 등을 계산해서 여기에 사용되는 전선, 볼트, 너트 등은 특수한 재질, 두께, 강도를 지니도록 만들어야 한다. 이뿐만이 아니라 핵발전소 부지의 지진 가능성을 계산하여 내진설계를 하고, 쓰나미의 가능성을 계산하여 핵발전소 부지의 높이를 결정한다. 이런 모든 것이 설계기준이다.

수명연장심사는 바로 이러한 설계기준을 바탕으로 안전성을 평가한다. 핵발전소를 가동한 지 30년이 지났으므로 부품이 노화되어 설계기준을 만족하지 못할 수 있다. 그리고 30년의 세월이 흐르면서, 변경된 설계기준을 만족하지 못할 수도 있다. 설계기준이 변경되는 이유는 핵발전 안전기준이 계속 강화되기 때문이다. 예를 들어 월성1호기는 캐나다에서 설계한 캔두(CANDU) 타입인데 캔두는 비상시(전원 상실)에 원자로 냉각이 취약하다는 사실이 뒤늦게 밝혀져 비상냉각설비를 1대에서 2대 설치하도록 설계기준이 변경됐다. 이 외에도 원자로 용접 재질이 변경되는 경우도 있다. 수명연장심사는 바로 이러한 설계기준을 바탕으로 안전성을 평가하는 시스템이다. 심사 결과가 설계기준을 만족하지 못하는 것으로 나오면 정상가동이 불가능한 핵발전으로 판명되어 폐쇄 및 폐로 절차를 밟게 된다.

그러나 스트레스 테스트는 설계기준 '만족' 여부를 따지지 않고 설계기준을 '초과'하는 안전성을 평가한다. 그래서 '스트레스' 테스트라고 부른다. 언뜻 듣기에 설계기준을 초과하기 때문에 매우 엄격한 검사처럼 들릴 수 있다. 그러나 바로 여기에 함정이 숨어 있다. 만일 설계기준을 초과하는 지진, 쓰나미, 전력상실 등이 핵발전소를 덮치면 어떻게 될까? 당연히 핵발전소는 고장이 나고 정상가동이 불가능하다. 스트레스 테스트는 월성1호기의 고장, 정상가동 불가능을 전제로 실시하는 평가다. 이것이 바로 함정이다. 우리에게 필요한 것은 월성1호기의 100퍼센트 무고장, 무사고, 정상가동이지 고장과 비정상가동을 전제로 하는 '안전'이 아니다.

»지금 필요한 것은, 월성1호기 수명연장심사 결과!

그렇다면 설계기준을 초과하는 스트레스 테스트를 실시하는 목적은 무엇인가? 그것은 정부의 스트레스 테스트 '가이드라인'에 잘 나와 있다. "설계기준을 초과하는 대형 자연재해에 대한 핵발전소의 '대응능력 평가'"라고 기술되어 있다. 핵발전소가 고장, 사고로 정상작동이 불가능할 때의 대응능력을 평가한다는 것이다. 이는 물리적인 안전성을 평가하는 것이 아니기 때문에 주관적인 평가로 흐를 수밖에 없다. 이것이 바로 스트레스 테스트의 숨겨진 본질이다.

이처럼 '수명연장심사'와 '스트레스 테스트'는 전혀 다른 개념의 안전성 평가이다. 그러므로 스트레스 테스트로 수명연장심사를 '퉁' 치는 사태를 막아야 한다. 지금 필요한 것은 월성1호기의 100퍼센트 정상가동(설계기준 만족) 여부를 평가하는 수명연장심사이다.

일부 시·도 교육청과 시민단체의 노력으로 만들어지는 긍정적 변화

▶1면에서 이어짐

실제로 일부 교육청은 식재료의 방사능 오염여부를 측정하는 것이 불가능한 '간이 방사능 측정기'로 급식 식재료를 검사하고 나서 '안전하다'고 밝히는 사례가 여전한 것으로 나타났다. 추석 연휴가 끝난 9월 23일 김기식 대구남부교육지원청 교육장을 비롯한 담당 공무원들은 관내 급식학교 현장을 방문해 수산물 식재료를 직접 방사능 측정했다. 대구교육청이 내놓은 보도자료와 사진을 보면, 교육청 담당자들이 사용했던 장비는 휴대용 방사능 측정기였다〈1면 사진 참조〉.

교육청은 휴대용 방사능 측정기를 통해 "수산물에 대해 직접 방사능 오염 여부를 측정하여 학교급식 식재료의 안전성을 확보하겠다"고 밝혔다. 한 대당 약 1억3천만 원에 달하는 '고순도게르마늄 감마핵종분석기' 5대 설치와 전문인력 운영안을 놓고 고심에 빠진 서울시교육청과는 상당한 거리를 보인다.

전라북도, 강원도, 경상남도, 부산시 등에서도 방사능으로부터 안전한 학교 급식에 관한 조례 제정을 검토하거나 추진 중에 있다. 국내로 수입되는 수산물의 80%가 들어오는 부산시에서 '방사능으로부터 안전한 학교급식추진위원회'가 구성됐고, 대전 등 다른 주요 도시들에서 시민사회를 중심으로 비슷한 흐름이 이어지고 있다. 광주교육청의 사례처럼, 급식 식재료의 방사능 검사가 실제적으로 효과를 발휘할 수 있는 방안이 함께 모색돼야 한다. 무엇보다 제도의 취지에 맞게 검사 결과를 투명하고 보기 쉽게 공개해 아이들과 부모들을 안심시킬 수 있어야 한다.

지역별 일본산 수산물 사용량

	사용량	학교수
서 울	806	221
부 산	430	26
대 구	36	2
인 천	40	41
광 주	417	31
대 전	542	13
울 산	191	16
경 기	124	48
강 원	402	36
충 북	106	1
충 남	270	16
전 북	108	15
전 남	304	43
경 북	26	5
경 남	519	99
제 주	6	3
합 계	4,327	616

※단위 kg. 소수점 수치를 반올림하여 총 무게는 다소 차이가 있음. ※출처 김춘진 의원실.

> 전라북도, 강원도, 경상남도, 부산시 등에서도 방사능으로부터 안전한 학교 급식에 관한 조례 제정을 검토하거나 추진 중에 있다. (…) 조례 제정과 별도로 학부모들의 자발적 노력이 학교별로 긍정적인 변화를 만들어내고 있다.

조례 제정과 별도로 학부모들의 자발적 노력이 학교별로 긍정적인 변화를 만들어내고 있다. '방사능으로부터 아이들을 지키려는 모임(차일드세이브)' 온라인 모임(http://cafe.naver.com/save119)에서는 최근 자신의 아이가 다니는 학교나 어린이집 식단에서 생선이 줄거나 아예 빠지기 시작했다는 소식을 알리는 글이 늘었다.

이들은 교장과의 면담이나 간혹 심지어 영양사들과 '싸우다시피' 해서 급식 식단에서 해산물을 줄이도록 했다. 차일드세이브의 한 회원은 "기쁜 소식입니다. 다음달부터 어린이집 식단에 생선 안 쓴대요"라는 제목의 글에서 "(방사능 관련 자료를 전달한 뒤) 담임선생님이 읽어보시고 심각한 것 같아 원장선생님께 드렸다고 했고, 드디어 오늘 효과가 나타났다"고 전했다. **이지언 편집위원**

국내 핵발전소 현황(9월 30일 현재)

본부	호기	시설용량(만kW)	비고
고리	1호기	58.7	정비 중
	2호기	65	
	3호기	95	
	4호기	95	
신고리	1호기	100	시험성적서 위조
	2호기	100	시험성적서 위조
	3호기	140	건설 중
	4호기	140	건설 중
월성	1호기	68	수명연장 심사 중
	2호기	70	
	3호기	70	
	4호기	70	
신월성	1호기	100	시험성적서 위조
	2호기	100	운영허가 단계
영광(한빛)	1호기	95	정비 중
	2호기	95	
	3호기	100	
	4호기	100	
	5호기	100	
	6호기	100	
울진(한울)	1호기	95	정비 중
	2호기	95	
	3호기	100	
	4호기	100	
	5호기	100	
	6호기	100	
신울진	1호기	140	건설 중
	2호기	140	건설 중

23기 운행 중(7기 가동 중지)
1기 운영허가 단계
4기 건설 중

한수원 비리 중간발표, 정말 이게 전부일까?

이헌석 편집위원

수사착수 100일만에 97명 기소

올해 5월 28일, 원자력안전위원회는 긴급 기자회견을 갖고 신고리1~2호기, 신월성1~2호기의 원자로 케이블 시험성적서 위조 사실을 발표한다. 곧바로 이들 핵발전소는 가동을 정지하고 관련 내용은 검찰에 고소되고, ㈜한국수력원자력(이하 한수원) 비리 수사가 시작된다.

이렇게 시작된 한수원 납품 비리 수사는 이번이 처음이 아니다. 2012년에도 소위 짝퉁부품, 중고부품 납품을 둘러싼 한수원 부품납품 비리가 적발되어 검찰이 수사를 진행한 바 있으며, 감사원에서도 한수원 전반에 대한 감사를 진행하여 작년 연말 그 결과를 발표한 바 있다. 올해 초까지 이와 관련하여 30여명이 구속되고 10여명이 불구속 입건되는 등 다양한 비리 사건이 이미 알려진 상황이었다.

그러나 올해 5월부터 진행된 100여일 동안의 수사에서 검찰은 구속 43명, 불구속 54명 등 모두 97명을 기소했고, 이 중에는 김종신 한수원 전 사장과 한전 부사장 등 최고위층 간부와 이명박 정부시절 '왕차관'으로 불렸던 박영준 전 지식경제부 차관을 비롯해 소위 '영포라인'의 실세에 이르기까지 정권에 밀착된 인사들이 함께 포함되어 있다.

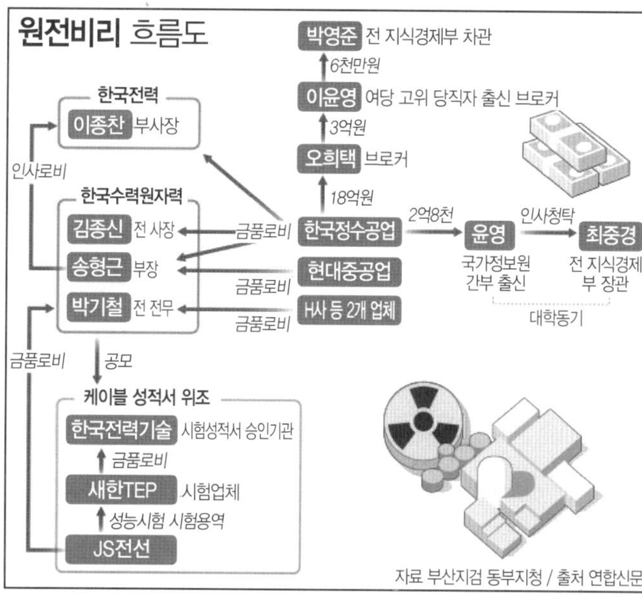

자료 부산지검 동부지청 / 출처 연합신문

다양한 비리 유형과 청탁

다른 비리사건과 마찬가지로 제보에 의해 진행된 이번 사건은 크게 3가지 종류의 유형을 가진다. ▲시험성적서 등 부품의 품질보증서류를 위조하여 납품한 경우(22명 구속, 35명 불구속) ▲부품납품과 설비공사 계약 등의 금품수수 사건(17명 구속, 18명 불구속) ▲인사청탁 등 기타 비리(4명 구속, 1명 불구속) 등이다.

각 유형별로 보았을 때 과거 있었던 한수원 비리와 유형은 매우 유사하지만, 비리 규모가 크고 한수원 최고위층까지 연계되었다는 점에서 기존 사건보다 확대된 사건이다. 이는 그간 한수원 내부적으로 이와 유사한 비리 사건이 상당히 많았으나, 그간 적발해내지 못했다는 방증이기도 하다.

이번 수사의 첫 시작이었던 원자로 제어케이블 시험성적서 위조 사건의 경우, 케이블 제조업체(JS전선), 검증업체(새한TEP), 승인기관(한전기술), 발주처(한수원) 등 모두 16명의 관계자가 기소된 사건이다. 이미 언론을 통해 일부 드러난 것처럼 검찰은 이들 기관끼리 관련자들이 서로 공모한 혐의를 기소했으며, 한전기술 인력들이 퇴사하여 새한TEP 등 관련 검증업체를 설립하는 등 인적 연계도 이미 있었던 것으로 알려져 있다.

또한 검증업체 새한TEP에 대한 인증업체 선정을 하는 기관은 대한전기협회로, 이는 한전, 한수원, JS전선의 모기업인 LS전선, 한전기술 등이 임원진으로 활동하고 있는 산업계 기관으로, 핵발전소 안전을 담당할 원자력안전위원회를 비롯한 규제기관의 규제범위에 포함되어 있지 않은 사각지대에 놓여 있었던 사실도 이번 검찰 수사를 통해 드러났다.

이와 같은 비리는 원자로 케이블에 국한되지 않고, 핵발전소 수처리업체 H사의 수주문제, 발전소 바닥재, 보온재, 터빈밸브작동기, 비상디젤발전기, 변압기 등 다양한 부품 납품 문제에 걸쳐 있었고, 업체도 관련 중소기업과 LS전선과 현대중공업 임직원 등 대기업에 광범위하게 나타났다.

이중 가장 많은 관심이 부분이 박영준 전 지식경제부 차관에 대한 청탁인데, 사업가 오모씨, 전 서울시의원 이모씨, 전 국정원 비서실장 윤모씨 등이 수처리 업체 H사 수주와 관련해서 박영준 전 차관에 대한 청탁을 했다는 혐의이다. 또한 김종신 한수원 사장은 2010년 10월~2011년 4월경, 정책수립과정에서 한수원의 입장을 잘 반영해 달라며 역시 박영준 차관에게 2회에 걸쳐 700만원의 뇌물을 전달한 혐의를 받고 있다.

H사는 그간 핵발전소 수처리 분야를 거의 독점적으로 수주해왔으며, 2010년 말~2011년초는 삼척, 영덕 등 신규 핵발전소 부지선정과 후쿠시마 핵사고가 일어나던 때로 그 청탁의 내용과 실제 어떤 변화들이 있었는지가 향후 재판 과정에서 관건이 될 것이다. 이는 그간 소문으로만 돌던 핵산업계—정부 관료간의 결탁을 보여주는 예로 향후 검찰 수사와 재판과정에 귀추가 주목된다.

일단 종료되는 비리 수사… 그러나 수사는 지속돼야 한다

100여일 동안의 검찰 수사에 대한 중간 발표로 일단 한수원 비리 수사는 대략 마무리되는 분위기이다. 물론 아직 수사 선상에 오르지 않은 일부 부품 비리건이 있기는 하지만, 박영준 차관을 끝으로 이명박 정권의 핵심을 향해 수사 과정이 확대될 기미는 보이지 않는다.

2009년 UAE 핵발전소 수출에 성공했을 당시, 많은 이들은 4대강 사업과 함께 UAE 핵발전소 수출이 이명박 정부의 치부를 보이는 사건이 될 것이라 예측하곤 했다. 하지만 아직 UAE 핵발전소 수주를 둘러싼 의혹들은 말끔히 해소되지 못했다. 또한 이번 검찰 수사 결과를 볼 때, 2012년 검찰 수사 당시 있었던 사건 유형과 상당히 유사함에도 당시에는 문제를 잡아내지 못했던 점을 비춰볼 때, 추가 제보를 통한 재수사 가능성도 상당히 높다.

이러한 측면에서 한수원에 대한 비리 수사는 멈춰서는 안 될 것이다. 국민들의 불안감을 해소하는 것은 물론이고, 공기업 한수원의 투명성이 충분하지 못했다는 측면에서 한수원 수사는 한 치의 의혹도 없이 진행되어야 할 것이다. 그리고 이번에 혐의를 받은 이들이 적절한 죄값을 받을 수 있도록 국민적 관심과 감시의 눈길도 멈추지 말아야 할 것이다. 이것이 부실덩어리, 비리덩어리라는 오명을 뒤집어쓰고 있는 우리나라 핵발전소 안전을 지키는 첫 걸음일 것이다.

도쿄 올림픽 개최를 계기로, 제대로 된 핵

고노 다이스케 편집위원

지난 9월 7일, 2020년 하계올림픽 개최도시로 도쿄가 결정됐다.

이번 올림픽유치 운동은 '꿈'과 같은 추상적인 말과 '경제효과' 등의 노골적인 의도를 전면에 내세웠다. 그것을 상징하는 것이 작년 여름에 발표된 유치위원회 메시지다. "올림픽과 파랄림픽(장애인올림픽)은 꿈을 준다. 그리고 힘을 준다. 경제에 힘을 준다. 일을 준다"라는 말로 시작된 이 메시지는, 마치 '돈 다오! 일 다오!'라고 하는 것 같다.

'일본부활', '동일본에 경제효과를 미치는 올림픽과 파랄림픽으로 하고 싶다' 등의 말은, 개최를 통해 동일본대지진과 핵사고로의 복구를 이루겠다고 말하고 싶어하는 듯하다. 그러나 유치운동이 시작된 것은 3·11 이전인 2007년이다.

여기서는 올림픽이 스포츠대회라는 사실이 거의 잊혀져있고, 전 세계에서 오는 사람들을 맞이하자는 의식도 보이지 않는다.

■올림픽? 그 전에 해야 하는 일이 있는 거 아냐!

2020년 도쿄올림픽 경기장 정비에 약 4500억엔이 투입될 계획인데, 그 만큼의 돈이 있다면 피해지 복구와 이재민 지원, 그리고 핵사고 수습에 직접 투입하면 어떨까?

유치위원회는 올림픽의 경제효과를 3조엔으로 예상하고 있지만, 그것이 피해지에 얼마나 떨어질지는 미지수며 실제로 올림픽 관련 경제활동은 지진과 쓰나미 피해를 입은 동북지방 연안이 아닌 도쿄 주변의 도시기반 정비를 명목으로 한 토목·건설 사업이 중심이 될 것이다.

■후쿠시마는 괜찮은가?…총리 "완전히 제어되고 있다"라고 하지만…

무엇보다도 2020년 도쿄가 올림픽을 개최할 수 있을 정도로 안전할까?

개최도시 결정 직전 국제올림픽위원회(IOC) 총회에서, 일본 아베 총리는 후쿠시마제1핵발전소에 대해 "상황은 제어되고 있다. 도쿄에는 결코 피해를 입게 하지 않겠다"라고 연설했으며, 이어진 질의응답에서 오염수 문제에 대해 "전혀 문제없다. 오염수의 영향은 후쿠시마제1핵발전소의 항만 내 0.3㎢ 범위 안에 완전히 봉쇄되고 있다.…(중략)…건강은 지금까지도 앞으로도 전혀 문제없다고 약속한다"라고 밝혔다.

그런데 9월 13일, 한 도쿄전력 간부가 "지금 상태는 제어되고 있다고 생각하지 않는다"며 그것을 전면적으로 부정했다. 9월 23일에는 일본을 방문 중이던 미국 원자력규제위원회(NRC) 그레고리 야스코(Gregory B. Jaczko) 전 위원장(3·11 당시 위원장)이 기자회견 자리에서 "오염수를 함유한 지하수를 완전히 제어하는 것은 불가능하다"라고 비판했다.

실제로 후쿠시마제1핵발전소 앞 항만과 외양(外洋)은, 실트펜스(silt fence)라는 물속 커튼으로 막고 있을 뿐이고 하루에 항만 내 물의 절반이 외양의 물과 바뀐다고 한다.

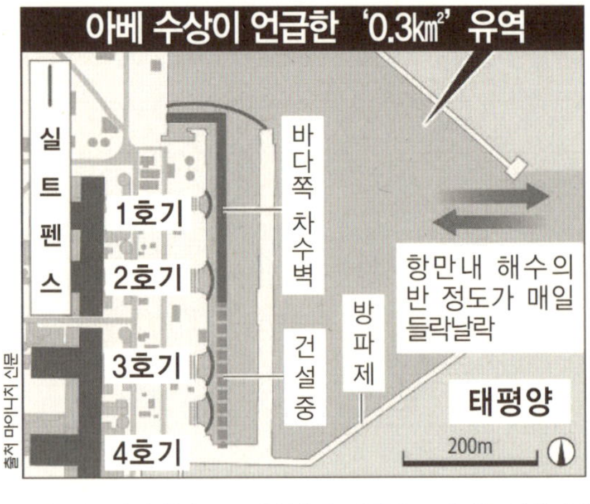

또한 내륙에서 항만으로 오염수가 하루에 300~400톤이나 유입되고 있으므로(탈핵신문 12호(9월호) 참조), 그만큼 외양으로 유출될 터이다.

후쿠시마제1핵발전소 1~4호기를 둘러싸겠다는 지하 차수벽(遮水壁) 계획도 완공은 2년 후로 적어도 그 때까지는 오염수가 그대로 바다로 샐 수밖에 없다. 게다가 둘러싸면 1~4호기에서 새나오는 오염수가 지하에 괴어 지반은 불안정하게 한다. 지진이 일어나면 액상화(지진 때 매립지에서 자주 보이는 현상으로, 흙이 물과 섞여 지반이 액체처럼 거동하는 일)되어, 1~4호기가 무너져 건물 내 저장조에 보관 중인 엄청난 양의 사용후핵연료가 노출될 위험성이 있다는 지적도 제기되고 있다. 그렇게 되면 높은 방사선량 때문에 사람이 접근할 수가 없어 수습작업은 불가능하고, 그럴 경우 도쿄도 역시 무시 될 것이다.

■저장통에서 수 누출 ·· 어된다고 할

오염수 저 는 물이 샜 해 30cm 높 설치되어 있 에는 빗물을 한 밸브가 그것이 항상 월에 무려 3 는 고농도 오 됐다는 사실이 밝혀졌다(**탈핵신문 호) 참조**).

이에 일본원자력규제위원회 잠가두기로 결정했다. 그런데 풍 시 호우로 빗물이 불옷을 려되자, 도쿄전력은 밸브를 바다로 흘려보내버렸다. 그 총 이었다.

도쿄전력은 "이 물에는 베타 방사성물질이 1리터 당 24베크 데, 이는 스트론튬 배출허용기준 이하이기에 문제없다"라고 주장 1리터=1㎏으로 계산하면 2712 다로 흘러간 셈이다. 가령 이 구(排水溝)로 흘러갔다면 어땠 구 출구는 아베 총리가 말하는 있다.

반핵운동의 선구자, 김원식 별세

윤종호 편집위원

한국 반핵운동의 선구자이자 반핵아시아포럼(No Nukes Asia Forum)의 제창자인 김원식(金源植) 씨가 향년 91세로 별세했다. 위암 등으로 1년 이상 투병생활 끝에, 지난 9월 12일(목) 오후 3시 30분경 서울 은평구 자택에서 영면했다.

김원식의 영결식은 미국에서 살고 있는 아들의 귀국이 늦어져, 지난 9월 20일(금) 보라매병원 장례식장에서, 유족들과 가까운 지인들 30여명이 참석한 가운데 1시간 가량 조용히 치러졌다.

당일 영결식에 참석한 사토우 다이스케 씨(반핵아시아포럼 일본 사무국장)는 "'핵발전소 시대'는 최종단계를 맞이하고 있습니다. 가까운 미래에 핵무기도 핵발전소도 없는 세계는 이루어질 수 있다고 생각합니다. 과거에서 미래로 운동은 이어집니다. 일본에서는 다카기 진자부로 선생을 비롯한 많은 사람들의 싸움이, 한국에서는 김원식 선생님을 비롯한 많은 사람들의 싸움이 현재와 미래에 계승되고 있습니다. 20년 전 김원식 선생님이 제창하신 반핵아시아포럼도 계속되고 있습니다. 김원식 선생님과 함께 할 수 있었다는 것을 자랑스럽게 생각합니다"라고 조사(弔詞)에서 밝혔다.

김원식 씨는 90년대 초반 반핵자료정보실 대표를 역임하며, 〈죽음을 몰고오는 핵쓰레기〉〈핵과 인간(다카기 진자부로, 1993)〉 등의 소책자를 펴냈고, 또 일본의 주요 반핵운동가들과 폭넓게 교류하며 한국에 히로세 다카시(〈위험한 이야기(푸른산, 1990) 등), 다카기 진자부로(〈원자력신화로부터의 해방(녹색평론사, 2001) 등), 고이데 히로아키(〈은폐된 원자력 핵의 진실(녹색평론사, 2011)〉 등을 소개하며, 일천했던 한국 반핵운동에 이론적 근거를 제공하며, 한국 반핵운동 현장 깊숙이 관계해왔다. 그리고, 김원식 씨가 1992년 핵 문제는 일국만의 문제가 아니라 아시아 민중 스스로가 배우고 교류·연대하는 자리로써, 제창한 반핵아시아포럼이 1993년 제1회 일본 대회를 시작으로 작년 15회 한국대회까지 이어져오고 있다.

한편, 김원식 씨는 생전에 시신을 카톨릭병원에 기증하겠다는 의사를 밝혀, 영결식 당일 카톨릭 병원 쪽에서 시신을 운구해 갔고, 향후 2년 후 유골을 돌려받을 예정이라고 하며, 유족으로는 이영구(처), 김성재(아들) 등이 있다.

김원식 선생님을 떠나보내

이헌석 편집위원

1990년대 후반 어느 회의 자리에서 단체 활동가들끼리 회의를 하다가 국제핵사고등급(INES) 이야기가 나온 적이 있다. 1등급과 7등급 중 어느 것이 더 위험한 사고인가 하는 논쟁 아닌 논쟁이 붙었다. 지금이라면 논쟁이랄 것도 없는 상식에 가까운 것이었지만, 당시엔 아니었다. 분명 책을 통해 체르노빌 핵사고가 7등급이라는 것을 알았고, 이를 말했지만 결국 활동경력이 앞선 다른 활동가의 한마디에 1등급이 더 높은 것으로 그냥 정리되었다.

반핵운동에 대한 제대로 된 책도 없었고, 영어 책을 읽을 수 있는 활동가는 한정된 상황, 인터넷은 아직 활성화되지 않아 소수의 도구였고, 해외 소식엔 모두가 어두웠다. 누군가 말한 '소문'에 근거해 정부와 맞서다 '망신 아닌 망신'을 당하는 일들이 생기기도 했지만, '핵은 죽음이다'라는 선명한 구호 앞에 많은 것들이 설명되었고, 그 이상을 설명하는 것은 '불필요한 것'으로까지 여겨지곤 했다.

김원식 선생님을 처음 만난 건 이런 상황이 답답해지기 시작했던 1999년 즈음이었다. 수

생전의 김원식 선생의 모습

없이 핵운 고 과 의 의 로 다. 문제 의와 계, 의 역사 등등 여든에 가까운 연 정정한 모습으로 김원식 선생 후배 반핵운동가였던 나에게 기를 이어갔다.

언제나 찢어진 신문을 보고 답답함에 빠져있던 나에게 김 보다 넓은 반핵운동의 신세계 려주었다. 특히 2000년 김원 께 참석한 일본의 대표적 반핵 진자부로 박사 추모회는 전공 부정적 인식만 가득하던 일본 시 볼 수 있는 계기를 제공해주 1천여명이 도쿄 히비야 공

사고 수습을!

수가 없게

또 오염
래도 제
수 있나?

등 주변에
패를 대비
의 뚝둑이
는데, 뚝둑
보내기 위
져 있었고
려 있어 8
톤이나 되
수가 누출
12호(9월

밸브를 늘
16일 태
 것이 우
그 물을
1130톤

을 내놓는
함유됐는
30베크렐
. 하지만,
크렐이 바
수가 배수
까? 배수
만' 밖에

또 도쿄전력은 뚝둑에 괸 물에 포함된 방사성물질이 모두 스트론튬으로만 가정하고, 감마선을 내는 세슘 등에 대해서는 검사조차 하지 않았다. 과연 이런 상황을 놓고 볼 때, 제어되고 있다고 할 수 있을까.

과거 도시바 격납용기 설계자였던 고토 마사시 씨는 "뚝둑을 설치한다 하더라도, 어떻게 설계를 했는가? 높이를 30㎝로 한 근거는 무엇인가? 비가 오면 어떻게 할 것인가? 이런 것들을 생각했다는 흔적조차 보이지 않는다. 단지 저장통 누수만 놓고 봐도 제어하지 못하는데, 바다로 흘러가는 물과 지하수 유입을 제어할 수 있을 리가 없다"라고 지적하고 있다.

■도쿄올림픽 유치로, 후쿠시마 오염수 문제 국제적 감시 아래로…

가시와자키가리와핵발전소가 있는 니가타현 이즈미다 히로시코 지사는 9월 7일 트위터를 통해 "올림픽 유치 성공은 오염수 문제를 비롯한 도쿄전력 핵사고 대응이 국제 감시 아래에 들어갔다는 뜻으로 이해합니다. 어설픈 대응이 불가능해졌다는 점에서도 매우 잘됐다고 생각합니다"라고 말해 화제가 됐다.

국제올림픽위원회(IOC)에는 핵발전소를 감시할 권한이 없어 '국제 감시 아래'라는 말이 적절할지 모르겠지만, 아베 총리가 공식적인 자리에서 후쿠시마 사고 제어를 국제 공약으로 했다는 것은 틀림없는 사실이다. 이번 개최 결정이 사고 수습에 도움이 되기를 바란다.

…

은 일본 반
서적, 그리
공산당운동
키즘운동
앞에 50년
차이는 별
하지 않았
에너지가
? 자본주
발전의 관
반핵운동
도 언제나
까마득한
없는 이야

는 것 같은
선생님은
임없이 알
생님과 함
가 다카기
평해산 등
운동을 다

 모여 진

행된 다카기 진자부로 박사 추모회는 단지 한사람의 죽음을 기리는 자리가 아니라, 일본 전국에서 모인 반핵운동가들이 결의를 모으는 집회였다. 막연한 반핵이 아니라 과학적 근거를 갖는 반핵운동, 애향심을 넘어 대중적 기반을 갖는 반핵운동은 여전히 생소했고, 다양한 책과 자료가 쏟아져 나오는 항상 공부하는 반핵운동의 분위기는 부럽기 그지없었다.

이후 10여년 동안 김원식 선생님과의 만남은 이어졌다. 그 때마다 나는 그의 책과 글, 말을 통해 보다 넓은 세상을 볼 수 있었고, 반핵운동의 내용과 근거, 끈기를 배울 수 있었다. 그는 70~80대의 노인이었지만, 언제나 젊은이들과 함께 하고자 했고, 젊은이들을 통해 세상을 바꾸고자 했다. 그리고 나는 그의 수혜를 받은 많은 이들 중 하나였다.

이제는 굳이 안 그래도 되지 않으시겠냐는 질문에 그는 젊은 시절 공산주의 운동을 통해 운동가는 단편적 존재가 아니라 '세포'가 되어야 함을 배웠다고 했다. 혼자 동떨어지더라도 스스로 살아가고 증식까지 할 수 있는 세포. 그리고 그는 그 역할을 훌륭히 잘 해내었다. 이제 그의 세포는 운명을 다했지만 그로부터 영향 받고 커 온 많은 세포들이 그 빈자리를 대신할 것이다. 온통 회색빛인 이 세상에서도 저 소나무만큼은 영원히 푸른 것처럼 말이다.

일본 다시 핵발전 '제로'

하지만, 도쿄전력 등 재가동 신청

니가타현에 소재한 가시와자키가리와핵발전소 전경

출처 도쿄전력

고노 다이스케 편집위원

지난 9월 16일, 일본에서 유일하게 가동 중이었던 오오이 핵발전소 4호기가 정기검사 때문에 가동을 멈췄다. 3호기는 그 이전인 9월 2일에 정지된 바 있다. 이것으로 일본은 1년 2개월만에 다시 핵발전 '제로' 상태가 됐다.

하지만, 지난 7월 이후 각 전력회사는 원자력규제위원회에 잇달아 재가동을 위한 안전심사를 신청했고, 9월 27일에는 후쿠시마제1핵발전소에서 사고를 일으킨 도쿄전력이 사고 후 처음으로 가시와자키가리와핵발전소(니가타현) 6~7호기에 대한 안전심사를 신청했다. 도쿄전력은 2년 연속 적자로 금융기관으로부터 융자가 끊길 위기 상황이라 재가동을 서둘렀다고 한다.

한편, 가시와자키가리와핵발전소는 7개 원자로 발전 총출력이 821만2천㎾로 세계 최대의 핵발전소다. 2007년 니가타현 주에쓰 오키 지진 때에 화재가 발생한 적도 있다.

여전히 위험한, 가시와자키가리와 6~7호기

도쿄전력 히로세 사장(사진 왼쪽)과 이즈미다 니가타현지사와의 회담 장면

출처 이즈미다 지사 트위터

6~7호기는 개량 비등수형 원자로(ABWR)이다. 후쿠시마사고 이후 도쿄전력에 의한 재가동과 비등수형 원자로 재가동은 이번이 모두 처음이다. 개량형이라고 하면 뭔가 나아진 것 같지만, 격납용기는 발전량에 비해 오히려 작아졌다. 즉 그 만큼 사고 때에 압력이 높아지기 쉽다. 요컨대 안전성을 깎아내리고 경제성을 올린 것이다.

1호기와 5~7호기에서는 필터가 달린 배기설비 설치공사가 진행되고 있는데(니가타현은 안전협정에서 규정한 이 공사에 대한 사전 양해를 하지 않았음), 이 설비는 원자로 건물과 다른 기초 위에 지어져 있으며, 배관으로 격납용기와 연결하는 구조다. 이것은 지진 때 배관이 깨지거나 부러질 위험성이 높다.

또한 9월 25일에는 도쿄전력 사장이 이 장치를 사용해도 발전소 부지 경계에서 주민에게 수백밀리시버트(mSv) 피폭시킬 가능성이 있음을 밝힌 바 있다.

이해하기 힘든 니가타현 지사의 재가동 용인…검찰을 통한 정부 압력인가?

도쿄전력의 9월 27일 안전심사 신청은 재가동에 반대해 왔던 이즈미다 히로히코 지사(니가타현)가 전날 26일에 조건부로 용인했기 때문에 이루어졌다. 그는 과거에 후쿠시마사고의 원인도 규명되지 않은 단계에서 재가동에 대한 불신감을 표명하는 "안전보다 돈을 우선하는가?", "(사전 양해 없이 신청을 결정한 도쿄전력은) 믿을 수 없다" 등의 발언으로 주목을 받았었다.

그는 핵발전을 추진하는 경제산업성 관료 출신이다. 최근에는 경제산업성 안에서 "그는 원래 이상한 사람이었다"라는 소문이 유포되고 있고, 원자력규제위원회 다나카 위원장도 "다른 지자체장들은 다 이해해 주는 가운데 이즈미다 지사는 제법 개성적인 발언을 하고 있다"라고 언급한 바 있다. 더군다나 최근에는 검찰이 그의 신변을 조사하고 있었다.

과거에는 후쿠시마제1핵발전소 플루서멀 실시에 반대했던 후쿠시마현 사토 에이사쿠 지사가 수뢰죄로 체포된 적이 있다. 수뢰 금액이 '0엔'이라는 노골적인 정치수사였다.

이즈미다 지사도 최근 "제2의 사토 에이사쿠가 될 수 있다는 생각이 든 적이 있는가?"라는 기자의 질문에, "있다. 자동차가 뒤를 쫓아왔을 때엔 공포스러웠다"라고 밝힌 바 있다. 이번 재가동 용인은 이러한 정치적 압력이 영향을 미친 것으로 보인다.

한편, 니가타현은 필터가 달린 배기설비와 발전소 주변 주민의 피폭을 피하기 위한 운영방법 등에 대해 도쿄전력이 니가타현과 지역 기초 지자체와 협의하는 것을 조건으로 붙였다.

발전차액지원금제도 재도입 시급하다!

독일의 **에너지 자립마을**을 다녀와서

김영태(강과 습지를 사랑하는 상주사람들)

지난 여름 농림축산식품부가 주최하고 환경농업연합회가 주관한 농업인 해외연수단 일행은 독일 중부 니더작센주 괴팅엔 남쪽 15km 지점에 위치한 인구 750명의 작은 마을인 '윤데마을'에 들어섰다. 이 마을은 옥수수 등을 잘라 만든 우드칩을 이용하는 바이오매스와 가축분뇨를 이용한 바이오가스에 기반한 열과 전력 공급체계로 마을에 필요한 에너지를 자체적으로 생산하는 곳이다. 이른바 독일 최초의 에너지 자립마을로 알려진 곳이다. 우리가 도착한 그 날은 시설확장을 위해 정비차량들로 매우 분주한 날이었다.

지난 2000년 괴팅엔 대학 연구그룹의 제안으로 시작된 에너지 자립마을 건설 계획은 주민투표 결과 60%의 찬성으로 2001년 바이오에너지마을 윤데 발기인 모임이 출범했으며, 2001년 독일정부로부터 자립마을로 선정돼 가속화되기 시작했다. 2005년 9월 처음으로 난방열을 공급하기 시작했고 그 해 12월부터는 전기판매를 시작했다. 지금은 마을에서 필요한 에너지보다 두 배 많은 전기를 생산해서 한 해에 100만유로 이상의 수익을 올리고 있다.

독일에는 이처럼 시민들이 직접 재생가능에너지 사업에 뛰어든 경우가 많다. 독일 남서부 징엔의 한 작은 마을 '졸라 콤플렉스(Solar Complex)'는 시민들이 주도해서 에너지 자립마을 실현을 이끈 대표적 사례로 꼽힌다. 졸라 콤플렉스는 지난 2000년 시민 70여명이 의기투합해 협동조합 형태인 시민기업으로 출발했으며, 2030년까지 인구 20만명인 징엔 지역의 에너지를 100% 재생가능 에너지로 공급한다는 목표를 갖고 있다. 현재는 700여명이 시민기업의 주주로 참여하고 있는데 이들은 액면가 2500유로(375만원)인 주식을 1주 이상씩 갖고 있다. 졸라 콤플렉스는 태양광발전, 소수력발전, 바이오가스플랜트 등 세부사업에 대한 자회사까지 두고 이들 회사의 관리와 컨설팅을 한다.

지난 2011년 방문한 적이 있는 포츠담의 태양광 시민발전소를 이끌고 있는 소피아 헤벨은 포츠담대학에서 10년간을 화학자로 일해오면서 '석유 고갈에 대비해 어떻게 하면 시민 차원에서 재생가능에너지를 사용하는 에너지 전환을 할 수 있을까?'를 고민하다가, 2006년 직접 회사를 차렸다. 그는 포츠담시를 설득해 학교 건물을 30년 동안 사용할 권리를 허락받아 이곳 지붕에 60kW짜리 태양광 패널을 설치했다. 그의 회사는 협동조합 방식으로 운영되며 인터넷 홈페이지를 통해 태양광 지붕공사에 투자할 주주를 모집했다. 60명의 주주가 1인당 500유로 이상씩 투자했으며 연 3~4% 이상씩 수익을 올려 주주들에게 배당을 하고 있다.

헤벨 씨는 자신의 재생가능에너지 분야 투자가 가능했던 것은 2000년 4월부터 시작된 독일의 '재생가능에너지법(Renewable Energy Sources Act. EEG)' 때문이라고 설명했다. 이 법에 의하면 전력망 운영자(송·배선사업자)는 태양광이나 풍력 등 재생가능 에너지를 이용해서 만든 전기를 반드시 법이 정한 고정가격에 사 주도록 돼있다. 헤벨 씨는 "이 법이 없었다면 전력을 생산해 팔아 수익을 남길 수 있는 생태적인 투자는 상상도 할 수 없었다"며, "독일에서는 이 법이 10년 이상 한 번도 변하지 않고 장기적으로 시행되면서 시민들의 재생가능

윤데마을의 바이오가스 생산 및 저장시설. 거대한 돔 형태로 만들어졌다.

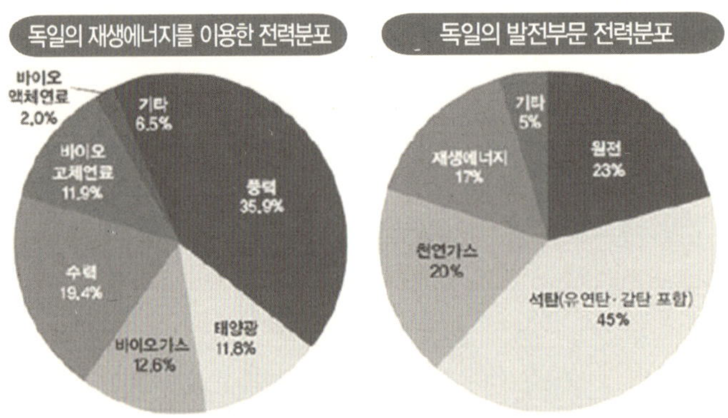

독일 재생에너지를 이용한 전력분포 및 독일 발전 부문 전력분포. 자료: 독일 연방 환경부(2010)

에너지 분야 투자가 기하급수적으로 증가했다"고 했다.

이렇게 해서 독일에서는 1998년 4.8%에 불과했던 재생가능에너지 비중이 2010년 17%까지 늘어났으며(그 덕택에 원전 의존율은 23%로 줄어들었다), 이에 자신감을 얻은 독일정부는 마침내 2011년 "2022년까지 모든 원자력발전소 가동을 중단하겠다"는 이른바 탈핵선언을 하기에 이르렀다.

이와같이 독일의 재생가능에너지 보급을 활성화 시킨 주역인 재생가능에너지법의 핵심 내용은 바로 '발전차액지원제도(FIT, Feed In Tariff)'라고 할 수 있다.

발전차액지원제도란 전력생산단가와 지식경제부장관이 고시하는 전력매입 기준단가가 차이가 나는 경우 발전사업자에게 그 차액을 정부에서 지원해주는 제도로, 우리나라에서도 지난 2011년까지 시행되다가 2012년부터 공급의무화제도(RPS, Renewable Portfolio Standard)가 시행되면서 폐지된 제도다.

발전차액지원제도 방식에 의하면 누구든지 재생가능에너지를 이용해 전기를 만들면 전력망 운영자는 법이 정한 가격에 반드시 사 줘야 하고, 그 차액은 정부가 지원해 준다. 현재 독일, 스페인, 프랑스 등 34개국이 이 제도를 채택하고 있으며, 이들 나라의 공통점은 한결같이 발전차액지원제도 시행 후 재생가능에너지 분야 비중이 가파르게 높아졌다는 것이다.

그러면 우리나라에서 지난해부터 실시하고 있는 공급의무화제도()와는 어떻게 다를까? 공급의무화제도는 발전사업자에게 전력 총공급량 중 일부를 재생가능에너지로 공급하도록 의무적으로 할당하는 제도이다. 우리나라에서는 한국수력원자력, 한국동서발전, 포스코 등 13개 사업자가 의무할당제 대상이다. 올해 이들 13개 사업자에게 할당된 재생가능에너지 공급량은 총 공급량의 2.5%인 552GWh이다.

그럼 의무할당을 받은 이들 전력사업자들이 이 할당량을 어떻게 맞추려할지는 자명하다. 우선 가장 손쉬운 방법인 조력발전이나 기업형 태양광발전 등 대규모 발전시설에 먼저 눈을 돌리고, 모자라는 부분만 민간사업자에게서 사들이려 하기 때문에 소규모 사업자의 재생가능에너지 분야 투자는 위축될 수밖에 없다.

실제로 발전용량 100kW 이하의 소규모 재생가능에너지 발전시설을 운영하는 발전사업자의 경우 발전차액지원금이 폐지됨에 따라 수익성이 심각하게 악화돼 많은 어려움을 겪고 있다.

또한 시민들이 자발적으로 운영하는 '시민발전소', '마을에너지사업', '시민출자형 태양광협동조합' 등의 친환경적인 재생가능에너지를 이용한 발전사업이 위축돼 정부에서 추진하는 신재생에너지 활성화 정책에도 역행하는 결과를 초래할 우려가 있다.

하지만 다행스러운 것은 '탈핵에너지전환 국회의원 모임(대표의원 유인태, 책임연구의원 우원식)'이 지난해 말 '탈핵사회를 위한 10대 법안'을 통해 발전차액지원제도의 재도입을 위한 '신에너지 및 재생에너지 개발 이용 보급 촉진법' 개정안을 발의하고 나섰다는 점이다. 이 법은 공급의무화제도와 발전차액지원제도를 적절히 병행·시행하는 내용을 담고 있다.

지난해 발의한 개정안은 이전에 시행했던 발전차액지원제도와는 약간의 차이점이 있다. 종전의 발전차액지원제도는 대규모 발전소도 포함돼 정부의 재정압박을 초래했지만, 재도입하려하는 발전차액지원제도는 100kW 이하 규모의 소규모 발전소로 한정해 재정부담을 줄일 수 있다. 뿐만아니라 과도한 의무공급량 등으로 공급의무화제도에 불만이 많던 발전사업자들도 이 법의 개정을 환영하고 있다고 한다.

화석연료는 언젠가는 고갈될 유한에너지원이며, 또 화석연료에너지와 핵에너지는 중앙집중식 공급체제로서 자본투입형 에너지경제다. 즉, 자본이 이익을 독점하는 구조다. 중앙집중식 공급체제는 송전설비가 불가피하고 제2, 제3의 밀양 송전탑 같은 사태를 불러올 수밖에 없다. 반면 재생가능에너지 공급은 지역단위에서 분산형으로 활성화될 수 있으며, 고용창출효과가 뛰어나다. 독일은 최근 12년간 이 부문에서만 6만명에서 36만명으로 6배나 고용증대를 이루어 냈다. 재생가능에너지는 온실가스 배출도 줄이고 지구자원도 살리는 순환형 경제의 요체이다. 독일 뿐 아니라 덴마크 등 북유럽은 빠르게 에너지 전환을 하고 있다. 여기에 미래경제의 명운을 걸다시피 하고 있는 것이다.

우리도 재생가능에너지 비중을 늘리고 원전 의존율을 줄이기 위해서는, 그래서 궁극적으로는 핵발전소 의존율을 제로로 만들기 위해서는 현재 국회에 계류중인 이 법이 하루빨리 통과돼야 한다.

농업인 해외연수단 일행은 지난 6월, 7박 9일 일정으로 독일과 스위스의 유기농업 현장과 유기가공시설, 에너지자립마을 등을 둘러보고 왔다.

핵발전소 노동자들은 어떤 생각을 갖고 있을까?

'원전의 안전한 운영을 위한 개혁 및 규제 강화' 국회 토론회(9월 24일) 및 관련 연구보고서에 기반하여

이헌석 편집위원

첨단기술을 자랑한다고 하는 핵발전소이지만, 이 역시 거대한 기계 덩어리이다. 그리고 이 기계는 사람에 의해 만들어지고, 운영되며, 유지·보수된다. 이러한 의미에서 핵발전소의 안전은 애초 핵에너지를 이용하기 위한 기술적 안전성 이외에도 인적 요인에 의해서 크게 좌우된다. 최근 검찰 수사를 통해 밝혀진 한수원 납품 비리사건 등을 볼 때에도 시스템을 운영하는 사람의 중요성은 다시 한번 강조될 수밖에 없다.

이러한 측면에서 최근 한수원, 한국전력기술, 한전KPS, 한전원자력연료 노동조합이 사회공공연구소에 의뢰해 진행한 연구용역 – '원자력발전, 안전한 운영을 위한 교훈·비판 그리고 과제'는 그간 무엇보다 핵발전소 안전이 우선시 되어야 함에도 불구하고 공기업 선진화·경영평가·경쟁력 강화라는 이름으로 밀려나 있었던, 핵발전소 노동자들과 핵발전소 운영에 주안점을 두고 진행한 것이다.

이명박 정부 5년간 증가한, 핵발전소 노동자 수행업무와 각종봉사활동

이 연구용역은 한수원 등 핵발전 관련 4개 사업장 1,771명에 대한 설문조사를 통해 핵발전 노동자들의 의식조사 및 작업장 안전문화 평가를 했는데 가장 중요한 특징은 이명박 정부 5년 동안의 변화이다.

설문조사 결과 응답자의 72%가 지난 5년간 수행업무의 종류가 '증가했다'고 답하고 있다. 이를 '매우 증가'부터 '매우 감소'까지를 1점에서 5점까지 매긴 5점 척도에서도 평균값이 '2.0'으로 전체적으로 업무 종류가 상당히 늘어난 것을 알 수 있다. 또한 일일 수행업무 증가의 경우에도 80%(평균값 '1.9')가 업무가 '늘어났다'고 답했으며, 이는 담당해야 할 시설과 설비의 양이 늘어난 것과 밀접한 연관을 갖고 있었다. (70%가 증가 답변) 특히 2000년대 중반 이후 팀별 경쟁, 개인별 경쟁체제 도입이 공공부문에 광범위하게 이뤄졌는데, 이에 대해서도 67%의 노동자들이 이로 인한 피로도가 '증가했다'고 밝히고 있다.

더구나 비리 사건들이 발생하자, 한수원은 전 직원에게 10만 시간 봉사활동을 부과하는가하면, 각종 봉사활동을 인사고과에 반영하고 있다. 이와 관련해서도 70%의 노동자들이 지난 5년간 본 업무와 상관없는 업무량이 '증가했다'고 밝히고 있어, 직무효율이라는 이름으로 노동강도는 높아지고 경쟁이 치열해지고 있음을 알 수 있다.

안전에 대한 문제제기를 하기 어려운, 한국 핵발전소 노동자들

한편 핵발전소 안전과 관련해서는 안전에 관한 자유로운 의사개진과 의견 수렴이 중요한데, 정작 이 부분에 대해서는 부족한 부분이 많은 것으로 드러났다. '자신이 속한 부서 내 팀원들이 안전문제를 솔직하게 이야기할 수 있는가'라는 질문에 대해 평균값 '3.3'으로 '보통'이라고 답한 중간값 '3'보다 약간 높은 결과가 나왔다. 이는 보통 정도라고 볼 수도 있지만, 미국 Hanford 핵발전소 노동자의 평균값 '4.4'에 비해 '1.1' 정도의 격차를 보인다. 다시 말해 미국 Hanford 핵발전소의 노동자들은 한국에 비해 안전문제에 대해 더욱 솔직하게 말할 수 있다는 이야기이다.

'업무 수행 중 위험상황이 발생했을 때 독자적으로 작업을 중지할 수 있는가'라는 질문에 대해서도 우리나라 노동자들은 평균값 '3.3'으로 답을 했지만, 미국 Hanford 핵발전소는 '매우 그렇다'에 가까운 '4.5'의 평균값을 보이고 있다. 작업 중 안전이 위협받는 상황이면 작업을 멈추는 것은 당연한 일이지만, 우리의 안전 문화는 그렇지 못하다는 뜻이다.

후쿠시마 핵사고 이후 위축된, 한국 핵발전소 노동자들

또한 '후쿠시마 핵사고 이후 핵발전소 노동자로서 피해당사자가 될 수 있다는 점이 걱정되었는가'라는 질문에 대해 74%가 '그렇다'고 답을 했다. 이는 4개 핵발전 공기업 중 한수원과 한전KPS 노동자들이 더욱 높은 수치를 보였는데, 실제 핵발전소를 운영, 유지·보수하는 업무를 담당하는 이들이다 보니 그 부담감이 더욱 큰 것으로 예상된다.

또한 '최근 핵발전에 대해 차가워진 사회의 시선을 느끼고 위축되는가'라는 물음에 79%의 노동자들이 '그렇다'고 답하였고, 65%의 노동자는 '내 탓이 아닌데 사회적 시선이 달라진 것'에 대해 불만을 갖고 있었다. 후쿠시마 핵사고 이전까지 수출을 선도하는 성장동력이었던 핵산업이 위험물, 비리의 온상으로 취급받고 있는 것에 대해 광범위한 저항감과 방어의식이 작동하고 있는 것으로 보인다.

지금처럼하면 핵발전소는 과연 더 안전해질까? 그간 우리 사회에서 공기업은 소위 '철밥통' 논란을 낳으며, 방만한 운영에 대해 비난받아왔고, 그 결과로 인력 감축과 경쟁시스템 도입이 이어져왔다. 또한 각종 은폐사고와 부품 납품 비리를 겪으면서 안전을 강화한다는 명분으로 핵발전소 현장에는 많은 문서와 회의가 도입되었고, 지역주민들과의 유대감을 강화한다는 이유로 사실상 업무의 연장인 봉사활동이 진행되고 있다.

이렇게 하면 정말로 핵발전소는 더 안전해질까? 이번 연구용역은 이렇게 흘러왔던 규제와 안전 문화개선사업에 '물음표'를 던지고 있다. 핵발전소 안전 강화 대책은 누군가의 '분풀이'나 '벌주기' 방법이 되어서는 안 될 것이다. 말 그대로 핵발전소 안전성을 높이는 방향으로 제도가 마련되어야 한다.

이런 측면에서 이번 연구용역은 잘 만들어진 결론을 제시하기 보다는 그간 우리사회–특히 탈핵운동진영이 놓치고 있었던 문제에 대해 질문을 던지고 있다. 결국 탈핵사회로 나아가야 하겠지만, 지금 당장 가동 중인 핵발전소를 안전하게 운영하는 방안은 어떻게 만들어야 할 것인가? 그리고 그것을 실현하기 위해서 우리는 누구와 손잡아야 할 것인가? 이 질문에 대한 답을 만들 수 있다면, 우리는 탈핵사회를 향한 또 한걸음을 내딛일 수 있을 것이다.

※본 연구보고서 전문은
http://energyjustice.kr/zbxe/139094 참조.

밀양 송전탑 뒤에 숨은 고리핵발전소 수명연장

이헌석 편집위원

한전은 왜 굳이 밀양 송전탑을 강행하려하나?

밀양 송전탑 건설 문제가 별다른 해법 없이 건설 강행 초읽기에 들어갔다. 처음 문제되어 온 것부터 시작하면 8년, 2012년 1월 이치우 어르신 분신으로부터 2년여가 지났지만, 그간 제출되었던 많은 대안에 대한 심도깊은 검토보다는 '공사강행' 쪽으로 기울고 말았다.

밀양 송전탑 문제를 알고 있는 사람이라면, 그렇게 많은 사회적 갈등이 있었음에도 '한전은 왜 굳이 송전탑을 건설을 강행하려할까?' 라는 근본적인 물음을 갖곤 한다. 처음엔 신고리 1호기 개통시점에 맞춰 반드시 필요한 시설이라고 했으나, 지금은 신고리 3~4호기 건설에 필수시설이라고 이름을 바꾸었다. 하지만, 이후 신고리 3~4호기가 완공되더라도 송전엔 문제가 없다는 자료들이 제출되었다. 그러나 정부와 한전은 '지금 당장' 밀양 송전탑 건설을 밀어붙이고 있다.

밀양 송전탑 건설의 주요 근거이던 신고리 3호기는 한수원 부품 비리로 인한 부품 교체 계획으로, 빨라야 내년 하반기가 되어야 완공이 가능하다. 신고리 4호기가 내년 연말부터 가동된다 할지라도, 기존 송전선의 증설을 통해 신고리 3~4호기 발전량을 외부로 반출하는 것은 기술적으로 문제없다.

한전은 고리 1~4호기, 신고리 1~4호기가 모두 가동 중이면서, 여름철처럼 피크부하(전력 최대 사용치)가 발생할 때 문제가 발생한다고 밝히고 있으나, 이 역시 8기가 모두 가동되는 경우는 1년에 30% 정도 밖에 되지 않으며, 여름 피크시에 이런 일이 생길 가능성은 더욱 낮고, 설사 그런 일이 생기더라도 고장파급 방지장치나 발전소 출력조정으로 문제 확산을 막을 수 있다는 가능성에 대해 논쟁들이 오고갔으나 이에 대한 속 시원한 답을 얻지 못하고 있는 상황이다.

〈노후 핵발전소 폐쇄에 따른 고리·신고리 지역 총발전용량 변화〉

발전소 명	수명만료 연도	용 량	발전소 폐쇄시 고리·신고리 지역 총 발전용량	
			신고리 3,4호기만 완공 (7,937MW)	신고리 5,6호기까지 완공 (10,937MW)
고리 1호기	2017년(1차 수명연장)	587MW	7,350MW	10,350MW
고리 2호기	2023년 4월 8일	650MW	6,700MW	9,700MW
고리 3호기	2024년 9월 28일	950MW	5,750MW	8,750MW
고리 4호기	2025년 8월 6일	950MW	4,800MW	7,810MW

박진영 제공

10월 초 밀양 송전탑 공사 강행을 앞두고, 밀양송전탑 투쟁에 지속적으로 연대하고 있는 탈핵울산시민공동행동은 지난 9월 28일(토) 오전 10시부터 오후 5시까지 밀양 영남루 앞에서 '핵발전소와 송전탑 반대 76.5배 릴레이' 행사를 진행하고 있다. 이 행사 참가자들이 '밀양 765kV 송전탑 건설 철회'라는 절실한 마음을 담아, 각각 76.5배를 올리고 있는 모습.

그럼에도 불구하고 왜 정부와 한전은 밀양 송전탑을 강행하려는 것일까?

그 해답은 향후 고리·신고리 지역 발전소 폐쇄·건설 현황을 보면 잘 드러난다. 이미 알려진 것처럼 고리에는 우리나라에서 가장 오래된 핵발전소들이 있다. 설계수명 30년인 고리 1호기는 이미 수명이 만료되었으나 10년간 수명연장 중이고, 설계수명 40년인 고리 2~4호기가 2023~25년 사이 수명이 만료된다.

더 이상 수명연장을 하지 않을 경우, 2025년까지 고리지역의 모든 핵발전소가 폐쇄 절차에 들어가는 것이다. 이 경우 폐쇄되는 핵발전소의 용량은 모두 3,137MW 이다. 신고리 5,6호기의 용량 합계 2,800MW 보다 많은 양이다. 최근 발표를 앞두고 있는 에너지기본계획 논의 상황에 따라, 신고리 5~6호기 건설계획이 폐기될 경우 이 지역은 점차 발전용량이 줄어들기 때문에 굳이 새로운 송전탑이 필요 없는 것이다.

신규 핵발전소 건설이 없으면, 필요없는 밀양송전탑

그럼에도 불구하고 밀양 송전탑 건설 공사를 통해 765kV 송전탑 건설계획을 완성하려는 이유는 무엇일까? 이미 추측했겠지만, 고리 1호기 2차 수명연장(10년)을 비롯, 고리2~4호기 수명연장 및 신고리 5~6호기 건설을(향후 7,8호기까지) 모두 추진하여 고리·신고리 지역을 세계 최대의 핵발전 단지로 만들고자 하는 계획이 추진되기 때문에 추가 송전탑이 필요한 것이다.

이런 계획을 반영한 듯, 지난 8월 발표된 제6차 장기송·배전설비계획에서는 한수원이 변경을 희망했던 신고리 7~8호기 건설계획이 슬그머니 추가되어 있다. 만약 이러한 계획들이 추진된다면, 이 지역엔 최대 12기의 핵발전소가 가동되는 말 그대로 핵발전 단지가 되는 것이다.

반경 30km에 320만명이라는 거대한 인구가 있을뿐더러, 중대사고 시 피해예상 범위인 30km에 인구 1인당 핵발전소 숫자가 세계 최대가 되는, 말 그대로 시한폭탄 지역이 만들어지는 것이다. 그리고 이러한 계획이 추진되기 위해서 밀양 송전탑은 반드시 필요한 시설인 것이다.

핵발전 단지가 건설될수록 송전탑으로 인한 눈물도 깊어진다

러시아, 미국 등 765kV 초고압송전탑을 갖고 있는 나라들의 765kV 송전탑은 1,000km 이상 장거리 송전을 위한 시설이다. 하지만, 국토 끝에서 끝까지가 1,000km가 안되는 우리나라에서 765kV 송전탑은 장거리 수송보다는 대용량 수송을 위한 송전시설로 운영되고 있다.

모두 10기가 운전될 울진 핵발전소 단지, 10기 이상 운전될 예정인 당진 화력발전소 단지 등 발전소 밀집지역의 전력을 대도시로 수송하기 위한 방안으로 도입된 765kV 송전탑은 밀양송전탑 문제가 알려지기 전부터 전국적으로 많은 갈등을 빚어왔다.

발전소 밀집 문제는 해당지역의 환경적 문제로만 국한되지 않는다. 밀양송전탑 문제처럼 송전탑 경로에 해당하는 더 넓은 지역으로 문제가 확산되면서, 우리 사회의 고질적인 문제로 바뀌어가고 있다. 과연 밀양에 송전탑을 짓는 것이 올바른 일인가? 이 물음은 이제 고리·신고리 지역에 노후핵발전소를 수명연장하고, 신규 핵발전소를 짓는 것이 올바른 일인가라는 확대된 물음으로 옮겨져야 할 것이다. 그리고 그 근본적인 물음에 대해 답을 만들어가는 것이 밀양 송전탑의 근본적인 문제해결 방안이라는 것을 정부와 한전은 알아야 한다.

탈핵신문

공동대표 김준한(발행인) 박혜령
운영위원 이대수 이헌석
편집위원 고노 다이스케 윤종호 이헌석 이지언
사무간사 황정화 010-2881-6822
배송·운영지원 에너지정의행동

(110-876) 서울특별시 종로구 숭인동 76번지 롯데캐슬천지인 지동 205호
문의전화 02-702-4979
팩 스 02-704-4979
이 메 일 hjhlucia@hanmail.net
등록번호 종로라 00386
구 독 료 1년 2만원 / 가판 1천원

2013년 11월호 (제14호) www.nonukesnews.kr 농협 352-0491-9279-43 예금주 김준한

"우리는 보상을 바라지 않습니다. 우리는 예전처럼 살고 싶을 뿐입니다."

밀양 단장면 동화전마을의 765kV 송전탑반대 마을대책위원장을 맡고 있는 김정회 씨를 10월 29일(화) 밀양에서 만났다. 그는 지난 10월 2일부터 서울에서 보름간 송전탑반대를 위한 단식을 강행하기도 했던 이다. 수척해진 몸을 추스르며 추수를 서두르고 있는 그를 만나 단식을 결심했던 이야기와 그 이후 현재 마을의 상황을 들어보았다.

박혜령 통신원

싸우고 싶지 않습니다. 농부로 살고 싶습니다.

인터뷰 | 김정회 (밀양 765kV 송전탑반대 단장면 동화전마을 대책위원장)
박혜령 제공

늘어선 농사일을 미루고, 부인 박은숙 씨와 단식이라는 극단적인 방법을 통해 그는 무슨 이야기를 사람들에게 하고 싶었을까.

"송전탑으로 우리는 삶의 터전을 잃습니다. 일생을 바친 노력의 결과가 하루아침에 무용지물이 되는데 참을 수가 없습니다. 송전탑이 들어서면 땅을 팔 수도 없습니다. 누가 거대한 송전탑 옆에서 살려고 하겠습니까. 그런데 한전과 정부는 국가를 위해 양보하고 희생하라고 합니다. 이건 상식적이지 않습니다. 우리에게 한전의 처사는 어이없고 황당하고 억울한 일입니다"라고 말한다.

단식을 결심하자 부인은 처음에 반대했다고 한다. 이전까지도 엄청난 고통을 받아왔는데, 추가적으로 가족과 남편이 받을 피해가 두려웠고, 닥친 농사일을 감당해야 할 가장이 단식으로 건강을 해칠 수도 있다는 걱정이었다. 꼭 해야 한다면 오히려 자신이 대표로 하겠다고 했다. 그러나 마을의 대책위원장인 김정회 씨는 이런 부인의 걱정을 다독이며 '내가 하지 않으면 누가 하겠냐'며 부인을 설득했고, 부인은 단식이라는 고난을 결국 함께 짊어졌다.

지난 8월 경찰·검찰이 송전탑 공사를 방해한다며, 김정회 씨를 업무집행방해 혐의로 구속영장을 신청한 적이 있다. 지금도 부인은 힘들 때면 송전탑 반대활동을 그만두자고 푸념을 내놓는다고 한다. 아이 넷을 키우며 단란하게 살던 이들의 일상이 송전탑공사로 길 위로 내몰리고 경찰서를 들락거리는 일이 생겼기 때문이다. 본인과 가족에게는 감당하기 힘든 억울한 상황이 벌어지고 있는 것이다.

41세의 젊은 농사꾼 김정회 씨는 10년 전 밀양으로 귀농했다. 건강한 먹거리를 생산하는 농군이 되기 위해 도시의 삶을 정리하고 아름다운 밀양을 선택했다. 땅을 임대해 친환경배추를 생산하고, 판로가 없어 직접 도시의 아파트로 팔러 다니기도 했다. 현재 16개 품목의 농산물을 생산해 친환경 매장 등에 판매하며 일년, 열두 달이 모자라게 바쁜 농부의 일상을 살아가고 있다.

박혜령 제공

평범한 농사꾼이 765kV 송전탑반대 마을대책위원장이 되어 단식이라는 생소하고 극단적인 방법까지 선택한 것은, 송전탑 공사가 자신들의 평화로운 일상을 파괴하고 있다는 것을 알리기 위해서였다. 평생을 일군 삶터가 송전탑으로 인해 파괴될 것에 온 몸으로 항의하는 밀양 어르신들의 고통을 호소하기 위해서였다. 당장 집 앞 산능선에 3기의 철탑공사가 진행되고 있고, 그의 농장에서도 온 들에 꽂힌 철탑을 바라보며 살아야 한다. 철탑을 반대하는 것은 그들의 일상을 지키기 위한 너무도 당연한 요구인 것이다.

▶3면으로 이어짐

정수희 통신원

신고리 3·4호기 제어용케이블, 성능시험 실패로 전면 교체 결정

정수희 제공

신고리 3·4호기에 납품된 JS전선의 제어용 케이블이 결국 성능시험을 만족하지 못하고 전면 교체 결정이 내려졌다. 검찰조사가 시작된 지 약 5개월 만이다.

이번에 문제가 된 케이블은 원자력안전위원회 신문고 제보를 통해 조사가 시작되었다. JS전선이 신고리·신월성 핵발전소에 제어용 케이블을 납품하였는데, 이것의 시험성적서가 위조되었다는 제보가 사건의 발단이었다. 이 제보로 가동 중인 핵발전소 전체에 납품된 품질서류에 대한 재조사가 시작되었고, 한수원 납품 비리와 금품 수수 전반으로 수사가 확대되었고, 지난 7월에는 김종신 한수원 전사장에 대한 구속이 결정되기도 하였다.

핵발전소의 케이블은 핵발전소의 여러 부품 중에서도 가장 핵심적인 부품이다. 특히 이 케이블은 핵발전소 중대사고 시에도 작동할 수 있어야하기 때문에 화염시험을 비롯하여, 고방사선환경시험, 내(耐) 부식시험 등을 통과해야 한다. 발전소 내부에서 발생한 화재나 방사능 누출사고, 냉각수 누출사고 등에서도 제어케이블이 제대로 작동할 수 있어야하기 때문이다.

시험성적서 위조로 이미 설치된 신고리·신월성 1·2호기 케이블에 대해서는 JS전선의 모기업인 LS전선의 케이블로 교체 결정이 내려졌다.

신고리 3·4호기에 대해서는 이미 설치가 된 JS전선의 케이블을 교체하지 않고 재성능 시험으로 교체할 필요가 있으면 교체를 한다는 결정이 내려졌다. 그리고 그 결과가 지난 10월 16일 신고리 3·4호기 케이블 전면 교체 결정으로 나타난 것이다.

후쿠시마 사고 없었다면, 발각되지 않았을 또 하나의 위험

신고리 핵발전소의 제어케이블 문제는 제보로 발각되었다. 후쿠시마 사고 이후 핵발전소에 대한 관심이 높아지지 않았다면 드러나지 않았을 문제였다. 이에 대해 반핵부산시민대책위는 이미 두 차례의 기자회견을 하였다.

첫 번째 기자회견은 지난 9월 5일, 신고리 1·2호기 제어케이블 교체가 성능시험도 완료되지 못한 채 JS전선의 모 기업인 LS전선의 케이블로 이루어지고 있다는 사실 때문이었다. LS전선 역시 JS전선의 시험성적서 위조로 시작된 검찰 수사에서 다른 납품비리 건으로 수사를 받고 있을 뿐만 아니라, LS전선이 보유한 시험성적서도 1995년도에 발급받은 것이라 신고리 1·2호기 케이블을 납품하는 데는 상당한 무리가 있다는 것이다.

신고리 3·4호기 건설 및 가동 전면 재검토해야 한다

정수희 제공

신고리·신월성 불량 케이블 사건 경과 (2013년)	
4월 말, 원자력안전위원회 신문고에 제어용케이블 검증서류 위조 제보	
신고리·신월성 1, 2호기	신고리 3, 4호기
5월28일, 케이블 교체 결정	6월28일, 케이블 재시험 또는 교체 결정
11월 중, 케이블 성능시험 결과 발표 예정	10월16일, 성능 실패 발표, 케이블 전면 교체 결정

두 번째 기자회견은 지난 10월 10일, 신고리 3·4호기의 케이블 재검증이 일명 '셀프검증'으로 한수원 자체조사로 진행되고 있다는 사실 때문이었다. 한수원은 신고리 3,4호기 제어케이블의 재검증을 한수원중앙연구원에 의뢰하였는데, 각종 비리와 금품수수로 한수원에 대한 신뢰가 바닥을 친 상황에서 제어케이블 안전성 재검증을 한수원이 다시 한다는 것은 도저히 납득할 수 없는 일이었다. 신고리 3·4호기의 수명이 60년임을 감안할 때 안전성이 확보되지 않고, 그 과정 역시 신뢰할 수 없다면 신고리 3·4호기의 가동은 너무나 위험한 모험이라고 판단했기 때문이었다.

안전성도 확보하지 않은 채, 신고리 3·4호기 무리하게 공사강행

신고리 1·2호기와 마찬가지로 신고리 3·4호기 케이블이 재검증받아야 하는 항목은 냉각재 상실사고에 따른 LOCA 시험이었다. 신고리 1·2호기 냉각재 상실사고 시험(이하, LOCA시험) 결과는 11월 중에 발표될 예정이고, 신고리 3·4호기에 대한 한수원의 '셀프검증' 결과는 지난 10월 16일에 발표되었다.

하지만 정작 신고리 3·4호기의 LOCA시험은 시행되지도 않았다. 방재시험연구원에서 LOCA시험에 앞서 화염시험을 실시했는데, 시험 총괄기관인 한국기계연구원으로부터 화염시험에서 '불만족 사실'을 통보받았기 때문이다. LOCA시험의 예비고사라 할 수 있는 화염시험에 불합격함에 따라, 본 고사라 할 수 있는 LOCA시험은 치르지도 못하고 교체 결정이 난 것이다.

이로 인해 총 900Km에 달하는 신고리 3·4호기 케이블을 교체해야 한다. 교체비용만 총 360억원(2013년 10월16일 연합신문)이 소요되고, 전력량 보충에 따른 비용 발생을 예상하면 연평균 3조원의 추가 비용이 발생(2013년 10월 17일 MBC)할 것이라고 분석하고 있다.

신고리 3·4호기 공사 연기… 밀양 송전탑 공사강행, 명분 없다!

지난 5월에 중단되었던 밀양 송전탑 공사가 10월 1일부터 재개되었다. 8개의 송전탑 공사 현장에서는 이를 막으려는 주민들의 저항이, 경찰의 무력진압 아래에서 현재까지 41명이 응급실에 호송될 정도로 맹렬히 진행되고 있다.

이미 밀양 송전탑의 공사가 UAE(아랍에미리트) 핵발전소 수출계약(신고리 3호기는 UAE 핵발전소 참조모델로서 2015년까지 가동치 않을 경우 패널티를 물게되어 있다)으로 무리하게 강행되고 있다는 사실(2013년 5월 24일 경향신문)이 밝혀진 바 있다. 신고리 3·4호기 제어 케이블을 안전성도 확인하지 않은 채 설치하고, 교체작업 역시 미뤄왔던 것도 UAE 수출계약에 따른 것이라 추측할 수 있다.

이번 신고리 3·4호기 케이블 성능 불합격으로 신고리 3·4호기의 건설이 당초 예상보다 최소 1년 이상 지연될 것으로 전문가들은 예상하고 있다. 그러나 산업통상자원부는 내년 말에 신고리 3호기의 건설을 완료하겠다며 건설강행 의지를 굽히지 않고 있다. 안전하게 건설하겠다는 신념보다 UAE와 계약한 공기를 맞추는 것에 더욱 의지가 있어 보인다.

그간 한수원은 신고리 3호기 건설의 시급성을 호소하며 밀양 송전탑 공사를 강행해 왔는데, 신고리 3·4호기의 건설은 한수원의 비리로 더욱 늦춰지게 되었다. 정부와 한수원은 지금이라도 늦지 않았으니 신고리 3·4호기 건설 및 가동을 전면적으로 재검토해야 할 것이다. 신고리 3·4호기의 건설은 단지 수출만의 문제가 아니라, 전 국민의 생명과 밀양 어르신들의 삶이 달려있는 문제이기 때문이다.

(본 기사는 인터넷언론 '민중의 소리'에 함께 공유된 기사입니다.)

내가 밀양이다. 밀양의 '외부세력'이 응답한다!

이보아(밀양송전탑 서울대책회의 상황실)

밀양의 '외부세력'이라 불렸던 그러나 이제 대부분의 언론에서도 '연대세력'이라는 호칭을 얻은 이들에 대해 지면관계상 아주 짧고, 상당히 많이 누락된, 보고를 전한다.

시작이 언제일까. 멀게는 2012년 3월의 '1차 탈핵희망버스'까지 거슬러 올라갈 수 있지만, 본격적으로는 9월 2일이었다. 밀양에서 곧 공사가 재개될지 모른다는 소식에 발만 동동 구르던 사람들이, 비슷한 생각을 가진 사람들을 모아보기로 했다. 그래서 9월 2일 소위 번개를 쳤다. 당일까지도 과연 누가 올지, 몇 명이나 올지, 아무도 짐작할 수 없었다. 결과는 놀라웠다. 100명이 넘는 사람이 모인 것이다. 그렇게 자발적으로 번개에 참여한 그들은 그날로 '밀양의친구들'이 되어 광화문에서 릴레이 1인 시위를 시작하고, 한전 서울본부 앞에서 문화제를 시작했다.

그리고 또 다른 연대팀이 있다. 바로 인권침해감시단이다. 농성을 하고 있는 주민들 숫자에 비해 그야말로 1당 100으로 몰려든 3천여 명 경찰의 위압 속에서 이들 인권활동가들이 없었다면 어땠을까? 상상도 하기 싫다. 경찰의 불법도, 주민들의 부상과 연행도 몇 배는 늘어났으리라.

정부와 한전의 무리수는 이렇게 밀양 송전탑의 문제를 개발 이슈, 환경 이슈를 넘어 인권과 민주주의의 문제로까지 확대시켰다. 결국 시민사회 전체가 들고 일어났다. 공사가 재개된 지 1주일, 200개가 넘는 시민사회 단체가 밀양 송전탑 공사를 중단하고 사회적 합의에 나서라는 시국선언을 하고, 서울에 밀양송전탑 대책회의와 '상황실'을 설치한다. 상황실은 밀양 주민들의 1주일 상경 투쟁 시 매일매일의 기자회견, 릴레이 765배와 문화제, 마지막은 24시간 농성으로 마무리했다. 이 기간 동안 향린교회의 교인들은 밀양 주민들이 편안하게 주무시고 이동할 수 있도록 비서가 되어주기도 했다.

2주전에는 '밀양의친구들' 청년모임과 지부도 생겼다. 이들은 부산에서, 홍대 거리 등에서 캠페인을 펼쳤다. 서울에서는 구별로 촛불 문화제와 기자회견을 개최하는 경우도 많아졌다. 심지어 유럽에서도 성명서와 촛불 문화제를 준비 중이다. 정당들은 자신의 장점을 살려 연속

송한새 제공

밀양송전탑 공사 강행 규탄 시민문화제 '모이자! 밀양의 친구들', 10월 5일 서울 대한문 앞에서.

정당 연설회를 펼치기도 했다. 1인 시위, 동네 현수막 걸기는 이제 열거할 수 없을 정도이다. 또 가장 오랜 동안 밀양을 제 집 드나들 듯 함께 지켜온 부산·울산·경남의 시민들도 빠트릴 수 없다.

그리고 더욱 중요한 사실은, 이 모든 응원과 연대활동들이 100% 자발적으로 일어났다는 것이다.

정부는 공권력을 철수하고, 한전은 마을을 갈라놓는 짓을 멈춰라!

지난 10월 27일 동화전마을이 한전과 합의했다는 소식이 언론에 보도된 후라 마을의 안부를 물었다.

"단식 후 내려오니 집 앞 95번 송전탑 건설 현장에서 24시간 밤이고 낮이고 공사를 해댑니다. 가슴이 무너지지요. 경찰은 지난 5월 공사강행을 항의하는 것을 채증해 주민들을 위협하고, 격렬하게 반대했던 이웃을 구속할 수도 있다며 주민들의 반대활동을 단념시키고 있습니다. 싸우러 나간 마을사람은 10명인데 마주한 경찰은 수백명이니, 경찰과 싸우는 게 너무 힘듭니다."

동화전마을은 100여 가구가 사는 시골에서는 비교적 큰 마을이다. 마을에 찬성과 반대 입장이 나뉘어 오랜 갈등의 골이 있기도 했지만, 반대대책위를 만들어 마을의 뜻을 어렵게 모아간 곳이다.

밀양으로 수차례 탈핵희망버스가 다녀가면서, 동화전마을에도 전국의 지원단과 마을주민이 함께 반대의 뜻을 다지기도 했다. 지금도 동화전마을회관 입구에 들어서면 '밀양 할매, 할배 힘내이소! 765kV 반대', '공사 대신 삶을! 765kV NO!'라고 쓰인 현수막이 걸려있다.

"마을사람들은 한전의 제안이 합당하다고 절대 생각하지 않습니다. 일부는 정부가 하는 것을 국민이 무슨 수로 막겠냐며, 계속 반대하다가 그나마 푼돈도 못 받을지 모른다는 자포자기의 심정으로 합의를 생각하기도 합니다. 얼마 전 이장이 주민들에게 제대로 알리지도 않고 합의서에 서명을 받아서 주민들 민심이 좋지 않아요. 한전과의 합의서인지 모르거나 다른 건 줄 알고 서명한 사람도 있지요. 동네 전체 회의를 하지도 않고 몰래 집집마다 돌며 서명을 받았는데, 이게 정부와 한전이 할 짓입니까. 다시 마을 사람들을 추스려서 싸울 준비를 해야겠지요."

정부가 밀어붙이는 공사로 갈등을 겪는 지역은 공동체가 파괴되는 진통을 앓는다. 서로에 대한 불신과 원망이 고스란히 남아, 마을주민들의 화합과 공공의 가치를 무너뜨리기 때문이다. 찬성하는 주민들을 만들고, 찬반으로 나눠 주민들 간의 갈등을 조장하는 한전과 정부의 처사는 이들에게 송전탑보다 더 깊은 상처를 입히고 있다.

송전탑보다 더 무서운 게 핵발전소!

"나라가 하는 일이 이렇게 막무가내인지 몰랐습니다. 원칙을 지키고 순리를 따라야 합니다. 일본 핵발전소사고로 선진국들은 탈핵한다고들 합니다. 그런데 우리나라는 수명이 다한 위험한 핵발전소를 수명연장하고 있고, 거기다 계속 전기가 모자란다고 하면서 핵발전소를 더 지을 계획입니다. 위험한 핵발전소를 왜 자꾸 지으려고 하는지 이해가 안됩니다. 그리 좋으면 전기 싸게 많이 쓰는 대기업 앞마당에 세우던가. 왜 영덕, 삼척 아름다운 바다에 그 위험한 걸 세우는지 모르겠습니다." 핵발전소가 없어져야 송전탑도 더 이상 짓지 않을 거라며, 우리나라 에너지 정책의 변화가 더 중요하더라고 말했다.

"서울 가니 보름동안 하루 빼고 14일을 축제가 열리더라구요. 그 많은 장비들 전기 쓰고, 도시 사람들 문화, 산업을 위해서 전기를 아끼지 않는다는 생각이 들었어요. 밀양의 문제가 왜 밀양 할매, 할배들만 고통받고 희생해야 하는 문제입니까. 기업에서 산업용으로, 고층빌딩에서 매일 쓰는 전기가 어떻게 오는 겁니까. 촌 할매들 재산, 생명 빼앗으면서 오는 거 아닙니까."

우리는 보상을 바라지 않습니다!

10월 1일 공사재개 이후 5개의 공사현장이 11개로 늘어났다. 현장으로 레미콘차가 매일 수십대씩 들어서며 주민들과의 대치도 더 극렬해지고 있다. 앞으로 한전의 공사에 어떻게 할 것인지 물었다.

"동화전마을만 해도 100여 가구가 있습니다. 이 마을 사람들 모두 하나로 뭉치면 이길 수 있습니다. 우리의 주장이 틀린 게 없기 때문입니다. 밀양에서도 송전탑에 대해 잘 모르거나 오해하시던 분들도 송전탑 반대로 여론이 많이 바뀌었다고 합니다. 우리는 보상을 바라는 게 아닙니다. 송전탑이 세워지면 더 이상 여기서 살 수가 없기 때문입니다. 우리는 여기서 예전처럼 살고 싶을 뿐입니다. 힘들더라도 계속 싸울 수밖에 없고, 밀양의 진실을 주변의 한명에게라도 더 알려야 합니다."

지난 8월 경찰에 잡혀갔을 때 주민들이 몰려가 항의했던 피켓에는 '착하디 착한 우리 정회를 돌려 달라'였다고 한다. 단식 전 '내가 무엇을 잘못했고, 힘없는 할매, 할배들이 대체 무엇을 잘못했기에, 손톱이 닳도록 흙을 파서 만든 삶을, 전 재산과 건강을 빼앗아 가려고 하는가.'라는 간곡한 글에서처럼, 아무 잘못 없는 착하디 착한 김정회 씨와 밀양의 주민들이 다시 일상의 삶을 온전히 회복할 수 있어야 한다. 그것이 김정회 씨가 말하는 상식과 원칙이 통하는 사회이다.

자신들만의 이기심을 위해 송전탑을 반대하는 것이 아니라, 모두가 행복하고 존중받는 것이 당연하다는 최소한의 사회정의를 세우는 일이다. 더불어 함께 사는 것이 무엇인지 알고, 땀과 함께 정직한 땀을 흘릴 줄 아는 그의 마음이 전해져 밀양에 평화가 되돌려지기를 간절히 희망한다.

박혜령 통신원

경찰이 점령한 **밀양**, 인권은 사라졌다

유성 활동가(밀양 765kV 송전탑 인권침해감시단)

10월 1일, 경남지방경찰청(청장 김종양)은 약 3000여명의 경찰 병력을 밀양의 각 공사현장에 투입했다. 한전이 송전탑 공사를 재개하기도 전이다. 이 병력의 대부분이 경찰기동대이고, 각 공사 현장들의 주민들 수가 추산 방법에 따라 200~600명 정도인 것을 감안하면, 압도적인 규모의 무력이다. 대다수가 고령의 농민들인 주민 한 명 마다 약 6~15명의 무장 경찰이 투입된 셈이다. 통상적으로 집회 시위에 투입하는 경찰 병력의 규모를 집회 참가자 규모의 2~3배가 되도록 하는 것이 경찰의 내부 방침인 것을 감안해도, 이례적인 수준이다.

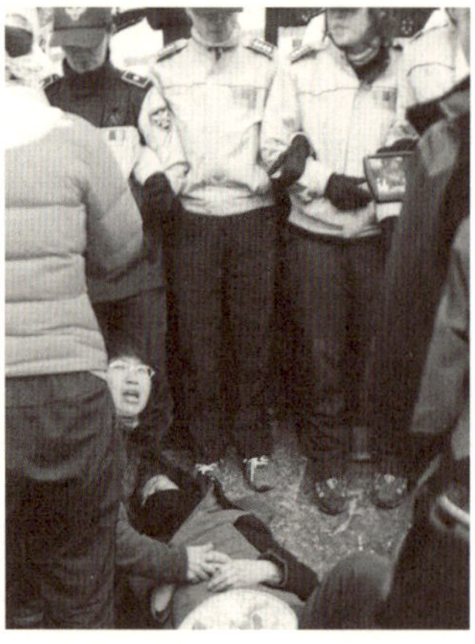

ⓒ이치영

각 공사 현장 및 주민들의 마을에 배치된 경찰 병력은, 가장 먼저 공사 현장 근처로 주민들이 접근하는 것을 막고, 이미 형성된 주민들의 농성장은 그곳으로의 접근과 생필품 반입을 차단함으로써 고사시키는 작전을 펼쳤다. 주민들의 마을에는 바리케이트가 설치되고, 무장한 경찰기동대와 사복형사들이 상주하며 주민들의 움직임을 밀착하여 감시, 통제하고 있다. 그러나 주민들의 농성장은 공사 현장이 아니다. 공사 현장들로부터 최소한 1~2km, 많게는 5~6km씩 떨어져 있는 주민 마을들 역시 공사현장이 아니다. 경찰력이 비례의 원칙에 맞게 필요 최소한도로 행사되는 것이 아니라, 직권 남용이라는 말이 빈약하게 느껴질 만큼 위험할 정도로 확대되어 행사되고 있다.

주민들은 공통적으로 '사람 대접 받지 못하는' 분노를 증언하고 있었다. 이는 기본적인 생리적 필요조차 통제받는 처지나, 대놓고 주민들을 찍어가는 채증 카메라, 자기들 편리한대로 주민들을 짐짝처럼 들어 옮겨, 가축처럼 가둬두면서도 어떤 법적 근거에 의한 것인지 설명 하나 없는 고압적인 경찰력의 행사, 고령의 농민들을 우습게 여기는 듯 대하면서도 도시에서 온 기자들이나 지지방문 온 사람들 앞에서는 달라지는 경찰들의 태도와 같은 것들로부터 받은 주민들의 모멸감에 국한된 것은 아닐 것이다.

가장 가난한 지역들에 세워지는, 걸핏하면 고장나는 핵발전소들과 쏟아지는 비리를 배경으로, 가진 자들의 땅은 피해서 그어지는 고압 송전선로, 하다못해 주민들의 지중화 요구조차 거부하는 고압적인 태도 등 한전의 공사 강행은 민주적 정당성이 훼손될대로 훼손되었다.

그런 한전의 업무가 차질없이 진행되도록 무력으로 보호하는 것이 설령 경찰의 현행법상 정당한 업무라 가정하더라도, 고령의 주민들이 산 위의 농성장에서 천막이나 이불도 없이 추위에 떨며 밤을 지새고, 제대로 먹지도 못하는 악조건을 사실상 의도적으로 강요하는 비인도적 학대 행위가 정당화되지는 않는다.

기껏해야 열명 남짓의 주민들이 도로에 연좌하며 한전 직원들이나 공사 차량에 항의한다고, 마을마다 몇 백 명씩의 경찰 병력을 상주시키며 강압적인 공포 분위기를 조성하는 건, 오히려 국가 권력이 이렇게까지 하면서까지 강행하려드는 이 공사들은 과연 누구를 위한 것인가, 누구의 이해관계에 잇닿아있는가 다시 생각해보게 만든다.

그 이해관계가 삶터를 지키겠다는 주민들의 의지를 무력으로 제압하려 드는 한, 우리는 인권이 존중되는 민주적인 사회에서 살고 있다고 할 수 있을까.

'우리 마을 이야기'와 **밀양**

이계수(건국대 법학전문대학원 교수)

대학원 시절, 지금은 작고한 교수님으로부터 나리타공항을 건설할 때 주민들이 땅굴을 파서 저항했다는 얘기를 들은 적이 있다. 땅굴을 팠다기에 나는 깊이 1미터 폭 1미터 정도의 개인 참호를 생각했다. 그런데 그런 게 아니었다. 오제 아키라가 그린 '산리즈카' 투쟁은 참으로 대단한 저항의 역사를 보여준다.

전부 7권의《우리 마을 이야기》두 질을 주문하여 내가 근무하는 대학 도서관에 입고시켜두고 학생들에게 꼭 읽어보라고 한 것이 2012년 6월이었다. 그러나 정작 내가 이 만화를 대출해서 읽기 시작한 것은 그로부터 꼭 1년 뒤인 2013년 6월이었다. 그때는 밀양의 어르신들이 한국전력의 송전탑 공사 강행을 10일에 걸친 저항 끝에 일시 중단시켜 놓은 때였다. 이후 구성된 '전문가협의체' 활동을 미덥지 않게 지켜보면서 책을 펴들었다.

《우리 마을 이야기》는 1966년에 시작하여 지금도 끝나지 않은 산리즈카(三里塚) 투쟁, 즉 나리타공항 반대 투쟁을 소재로 한 만화이다. 만화는 일본 정부의 일방적인 공항 부지 선정, 공단의 무리한 진행, 공익을 앞세운 강제수용, 주민들의 대화 요구를 묵살하고 기동대를 동원하는 집행 등 매우 '낯익은' 장면들을 파노라마처럼 펼쳐 보이고 있다.

누구든지 이 작품을 읽는다면 밀양을 떠올릴 것이다. 40여 년이 흘러도 '미결(未決)' 상태인 '우리 마을' 주민의 주름진 얼굴은 밀양 할머니, 할아버지의 모습과 오버랩 된다. 배경과 등장인물을 밀양과 할머니, 할아버지로 바꾸면 이 이야기는 그대로 '우리 밀양 이야기'가 되어버린다. 40여 년 전 몸을 쇠사슬로 묶고 땅굴을 파고 똥바가지를 퍼부으면서 기동대와 공항공단 경비대에 저항했던 산리즈카의 어머니들은 이제 늙어 밀양의 할머니들이 되었다. 경찰과 한국전력 직원들 앞에서 무덤을 파놓고 옷까지 벗어가며 저항하는 할머니들은 산리즈카의 어머니들이며, 부당한 공권력과 공익의 논리에 저항하는 세상의 모든 어머니들이다.

한국과 일본에서 벌어지고 있는 두 개의 사건은 진행 과정이나 추진논리가 빼어 닮았다. 그뿐이랴. 이 싸움을 바라보는 사람들의 시선도 놀랄 만큼 유사하다. 주민들이 조금만 양보해 주면 많은 국민들이 '이득'을 볼 수 있는데 왜 반대를 하느냐, 지역이기주의 아니냐는 시선들…. 하지만 그 안으로 조금만 더 들어가 보면, 과연 그 이득이란 게 도대체 무엇인가 하는 질문과 맞닥뜨리게 된다. 애당초 나에게 돌아올 일도 없을 그 이득은 주민의 희생을 덮어버리기 위한 명분에 불과하다는 것. 《우리 마을 이야기》는 조목조목 하나도 빠뜨리지 않고 이런 이야기를 하고 있다. 작가가 성실히 자료를 수집하고 증언들을 건져올렸기 때문에 서사(敍事)는 탄탄해졌지만, 사실 이 만화를 읽지 않아도 다 아는 이야기이다.

이 작품은 길고 긴 산리즈카 투쟁의 역사 중에서 초기의 일부만을 다루고 있다. 그 이후의 이야기들은 뒤에 수록된 연보를 통해 어느 정도 짐작할 수 있다. 산리즈카 투쟁은 아직 끝나지 않았다. 이 작품이 고단사의《모닝》지에 연재될 무렵 정부와 주민 간 대화가 간신히 성사되는 분위기가 마련되었고, 주민의 요구는 일부 수용되어 예정되었던 활주로 건설 계획 중 하나는 결국 중단된다. 수많은 비행기들이 뜨고 내리는 그 밑에서 삶은 아직도 지속되고 있는 셈이다.

이 만화를 읽고 누군가는 김포와 인천과 부산과 광주, 그리고 수많은 한국의 공항들 뒤에 감추어진 역사를 생각할 것이다. 그들이 '날아다닐' 수 있게 된 것은 우리들이 '기어다니며' 땅을 일구어왔기에 가능했다는 것, 그런 우리들을 국가와 공단·공사는 일방적으로 강제 퇴거시켜버렸다는 것, 그것을 기억해야 한다. 그러나 기억만 하고 만다면 세상 어디서건 '우리 마을의 이야기'는 되풀이 될 수밖에 없다.

이 작품의 결말과 달리 '밀양 마을의 이야기'는 보상(돈)이 아니라 보장(거주 그 자체 혹은 살 집)으로 막을 내려야 한다. 마을을 지키고 살 집과 장소를 지키기 위한 주민들의 인정(認定)투쟁에 대한 법적 보장이 돈으로만 환산될 수는 없다. 국가와 자치단체도 "지역주민 스스로 위험성을 평가할 수 있게 하고, 공공이익에 가장 부합하는 장소를 결정하는 과정에 시민들이 참여할 수 있게 하고, 필요하다면 위험시설을 폐쇄할 수 있는 권리를 해당지역사회에 부여하는 것이 돈으로 사는 것보다 더욱 확실하게 대중의 지지를 이끌어낼 수 있는 방법"(마이클 샌델,《돈으로 살 수 없는 것들》)이라는 사실을 명확히 인식해야 한다. 그러나 제18대에 이어 제19대에서도 발의된 '강제퇴거금지법'은 긴 잠을 자고 있고 국회는 그저 밀양 송전탑 지원법(송·변전설비 주변지역의 보상 및 지원에 관한 법률)을 만지작거리며 통과시켰다. 밀양에 언제 따뜻한 햇볕이 내릴 것인가? 기도하는 마음으로 지켜보고 있다.

(이 서평의 작성과정에서 서울대학교 법과대학원 석사과정의 김학진 씨로부터 도움을 받았음을 밝혀둡니다.)

고리1호기 수명연장, 있을 수 없다

김광모 (부산시 해운대구의원)

"고리1호기 폐쇄하라!" "방사능비상 계획구역 30km로 확대하라!"

김광모 의원

10월 22일(화) 해운대구의회 입구에서 정의당, 노동당, 통합진보당, 민주당, 새누리당 의원들이 모여 탈핵에 관한 결의문 낭독과 과격한(?) 구호를 외치는 진풍경이 펼쳐졌다. 정부의 정책과 관련하여 보수와 진보, 여야를 막론하고 다양한 정당 소속의 구의원들이 한목소리를 낼 것이라는 것은 후쿠시마 핵발전소사고가 발생한 불과 2년 전만 해도 상상도 할 수 없었던 일이었다.

해운대구의회 원전특위 구성과 대정부 정책제언

고리핵발전소 16km 반경에 위치한 해운대구는 핵발전소 문제에 대하여 민감한 지역이기는 하지만, 2년 전만 해도 핵발전소는 반드시 필요하다는 여론도 만만찮았다. 하지만, 노후화된 고리1호기의 잦은 사고와 더불어 연이어 터지는 파렴치한 핵발전소 납품비리 의혹 등으로 인해 핵발전 중심의 에너지 정책에 대한 근본적인 재검토가 필요하다는 여론이 형성되면서, 지난 4월 23일에 해운대구의회는 원자력안전특별위원회(이하 원전특위)를 구성하게 되었다.

해운대구 원전특위는 6개월 동안의 활동을 통해 9개의 대정부 정책 제언과 5개의 부산시 정책 제언, 4개의 해운대구 정책 제언을 하였는데, 그 내용은 다음과 같고, 이 중에서도 첫 번째가 '고리1호기 수명연장을 포기하고, 폐쇄와 더불어 폐로계획을 마련하라'는 것이었다.

9개 대정부 정책제언으로 ▲고리1호기 수명연장을 포기하고, 폐쇄와 더불어 폐로계획을 마련하라. ▲일방적인 원전 증설을 중단하라. ▲방사선 비상계획구역을 30km로 확대하라. ▲원전 폐로에 대한 계획을 마련하라. ▲지역별 전기요금 차별화와 분산형 전원시스템을 도입하라. ▲사용후 핵연료 폐기물 처리에 대한 대책을 마련하라. ▲원전지역에 원전폐로산업을 유치하고 에너지 교육특구로 육성하라. ▲원전지원금 제도를 개선하라. ▲탈핵에너지전환을 위한 에너지기본계획을 수립하라.

5개 부산시 정책 제언으로 ▲탈핵에너지 전환을 위한 도시선언에 동참하고 에너지 자립도시를 위한 기반을 마련하라. ▲부산의 방사선 비상계획구역을 30km로 설정하는 것에 동참하라. ▲탈핵에너지 전환을 위한 에너지기본계획을 수립하라. ▲공공기관에서부터 신재생에너지를 비롯한 대체에너지 확보를 위한 예산을 마련하라. ▲지역 민방위 훈련 및 주민교육에 있어서 방사능사고 안전교육을 실시하라.

4개 해운대구 정책 제언으로 ▲방사능사고 대비 대응 메뉴얼을 마련하기 위한 기본계획 용역을 마련하라. ▲지역 민방위 훈련 및 주민교육에 있어서 방사능사고 안전교육을 실시하라. ▲탈핵에너지전환을 위한 도시선언에 동참하고 에너지 자립도시를 위한 기반을 마련하라. ▲해운대구 공공기반 사업에 있어서 신재생에너지를 비롯한 대체에너지 확보를 위한 예산을 마련하라.

고리1호기 재수명연장 공작…부산시장을 비롯해, 지역 주민여론은 냉혹하다

고리1호기는 2010년 기준으로 127회 사고발생으로 국내 총 핵발전소 사고의 약 23%를 차지하고 있다. 전 세계적으로 폐쇄된 핵발전소 138개의 평균수명이 22년임을 감안한다면 35년이나 상업운전되고 있는 고리1호기는 이제 당연히 폐쇄돼야 한다. 전력생산량이 국내 총전력의 1% 미만으로 전력수급에 미치는 영향이 거의 없다는 것을 감안한다면, 고리1호기는 국가에너지정책에 있어서도 수명연장할 이유가 없는 핵발전소이다. 허남식 부산시장조차도 이제 고리1호기는 폐쇄돼야 한다고 주장하는 것을 목도하면서, 여야를 막론하고 고리1호기 폐쇄에 대한 여론형성은 시대적 대세로 형성되었다고 볼 수 있다.

그럼에도 불구하고, 핵마피아들의 고리1호기 재수명연장을 위한 지속적인 공작은 여전히 현재진행형이다.

원자력안전위원회의 원자로 압력용기 가압열충격 허용기준 온도를 155.6도로 상향조정하려는 행정예고로, 152.1도의 측정값을 보이는 고리1호기 수명을 20년 연장하려는 의혹(대다수 우리나라 원자로의 가압열충격 측정값이 섭씨 -30에서 -60도인 반면, 고리1호기의 경우 1990년대에 140도를 넘어섰고, 2005년에는 152.1도의 측정값을 보임. 지금까지 원자력안전위원회의 가압열충격 허용기준 온도는 섭씨 149도였음), 고리1호기 안전성 평가보고서에서 선배율을 조작하여 수명가능연수를 높이려했다는 한국수력원자력의 선배율 조작의혹(한국수력원자력의 2005년 안정성 평가보고서에 1.67인 감시시편의 선배율이, 1.67에서 교과부에 2009년 제출한 고리1호기 운영변경 허가서류에는 1.98로 변경됨) 등 그동안 고리1호기 수명연장을 위한 온갖 편법과 꼼수가 자행되어 왔다.

특히 고리1호기의 추가수명을 4년 남기고, 최근 1300억대에 이르는 부품교체를 추진한 것은 2차 수명연장을 위한 사전 작업이라는 것은 누가 보아도 자명한 사실이다. 2013년 4월 고리1호기 계획예방정비 때 고리1호기 수명연장 당시에 투입된 비용보다도 3.5배나 많은 부품교체가 이뤄졌다는 것은 결국 이들이 수명연장에 혈안이 되어있다는 것을 반증하는 것 아니고 무엇이겠는가.

하지만, 예전과는 달리 고리1호기 재수명연장에 대한 지역여론은 싸늘한 것을 넘어 냉혹하다. 더 이상 국민의 안전을 위협하는 고리1호기를 연장해서 재가동한다는 것은 있을 수 없는 일이며, 시대의 대세이며 요구이다.

이제 정부는 더 이상 민의를 역행하려는 마음을 버리고, 고리1호기 폐쇄와 더불어 구체적인 폐로계획을 입안해야 할 것이다. 무엇보다도 정부는 근본적으로 핵발전 중심의 에너지 정책에서 하루빨리 벗어나, 탈핵에너지 전환을 위한 에너지 기본계획을 재정립해야 할 것이다.

제2차 에너지기본계획

■제2차 에너지기본계획 발표…핵발전소 비중 축소?

지난 10월 13일 제2차 에너지기본계획 초안이 민·관워킹그룹의 이름으로 발표되었다. 정부는 발표와 동시에 언론플레이를 했다. 대부분의 언론들은 정부의 얘기를 받아 '핵발전 비중 축소' 라고 보도했다.

그러나 이것은 진실이 아니다. 정부는 많은 것을 감추었고, 자신들이 얘기한 절차도 지키지 않았다.

우선 '핵발전 비중 축소' 라는 말 자체에 함정이 있다. 축소냐 확대냐를 얘기할 때에는 기준점이 필요하다. 그런데 그 기준점이 이상하게 잡혔다. 지금 우리나라 발전설비용량에서 핵발전이 차지하는 비중은 24~26%정도 된다. 이것을 기준으로 보면, 이번에 정부가 발표한 22~29%는 핵발전 비중이 줄어든 것이 아니다. 오히려 늘어날 가능성이 높은 것이다.

■80% 부풀려진 전력수요와 늘어나는 핵발전소

정부가 '핵발전 비중 축소' 라고 얘기하는 것은 제1차 에너지기본계획에서 설정했던 '핵발전 비중 41%' 를 기준점으로 잡은 것이다. 그러나 제1차 에너지기본계획은 비현실적인 계획이었다고 비판받고 있다. 그리고 중간에 후쿠시마 핵발전소 사고라는 대재앙이 있었다. 그렇다면 지금의 핵발전소 비중을 기준점으로 잡고 얘기를 해야 한다. 그런데 기준점을 잘못 잡다보니, '착시현상' 이 생기는 것이다.

그 다음으로 지적할 문제점은 초안에 따르면, 핵발전소 개수가 오히려 늘어난다는 것이다. 정부가 말하는 '핵발전 비중 축소' 는 숫자장난을 친 것에 불과하다. 정부가 장난을 친 방법은 간단하다.

쉽게 생각해서 '전체 전력 수요 × 핵발전 비중' 을 해서 필요한 핵발전 설비 용량(필요한 핵발전소 개수)이 나온다고 할 때에, 앞부분의 '전체 전력 수요' 를 부풀려 버리면 핵발전 비중을 낮춰도 핵발전소를 더 지어야 한다는 결론이 나오는 것이다.그런데 정부는 2035년의 전력 수요 예측치를 2011년에 비해 80%나 높게 잡아 놓았다. 이렇게 전체 전기소비량이 늘어나는 것으로 가정하면, 핵발전 비중(비율)을 22~29%로 잡더라도 핵발전소 개수는 지금보다 훨씬 더 늘어난다는 결론이 나올 수 있다. 최종안에서는 수요전망을 조금 낮출 것이라고 하지만, 이미 크게 뻥 튀겨놓은 상태이므로 큰 의미가 없는 얘기이다. 따라서 그래서 2차 에너지기본계획은 '핵발전 축소' 가 아니라 '핵발전 확대' 계획이다.

■핵심쟁점인 전력수요전망은 논의조차 되지 않았다!

또한 절차적으로도 정당성이 없다. 이번 제2차 에너지기본계획의 수립과정에서 정부는 1차 계획과는 달리 폭넓게 의견을 수렴하겠다고 얘기했다. 그리고 이를 위해 정부는 민·관워킹그룹을 만들어서 초안을 만들겠다고 약속했다. 그러나 정작 핵심쟁점인 전력수요전망에 대해서는 민·관워킹그룹 내부에서도 논의가 제대로 안 됐다는 것이다. 민·관워킹그룹을 막바지에 허수아비로 만들어버린 것이다.

따라서 제2차 에너지기본계획은 내용적으로나 절차적으로나 정당성이 없다. 제2차 에너지기본계획의 핵심쟁점에 대해서는 다시 논의가 필요하다. 특히 전력수요전망은 정부가 하듯이 할 일이 아니다. 전력수요가 얼마나 늘어날 것인지를 예측할 일이 아니라, 전력수요를 어느 수준에서 묶을 것인지에 대해 목표치를 설정하는 것이 필요하다. 정부의 정책에 따라서 전력수요는 달라질 수밖에 없기 때문이다. 예를 들어 산업용전기요금을 현실화하면 전력수요는 달라질 것이다. 그런데 정부는 지금처럼 전력수요가 마냥 늘어날 것이라고 예측하고 있다. 이것은 핵발전소나 석탄화력발전소 같은 대규모 발전소를 더 지을 수 있는 명분을 찾는 것에 불과하다.

또한 핵발전이 전체 전기생산에서 차지하는 비중이 몇 %냐 하는 것은 의미가 없다. 중요한 것은 노후한 핵발전소를 어떻게 할 것인지, 새로운 핵발전소를 추가로 지을 것인지의 문제이다.

■두루뭉술한 숫자놀음, 국민을 기만한다!

사실 핵발전소 문제는 두리뭉실한 숫자로 얘기할 수
는 성질의 것이 아니다. 하나하나 따져봐야 한다. 수명이
미 끝난 고리1호기, 월성1호기를 폐쇄할 것인지 말 것인
를 따져야 한다. 아직 착공도 하지 않은 신고리5~6호기
어떻게 할 것인지, 새로운 핵발전소 부지로 삼척·영덕을
정한 것을 어떻게 할 것인지, 하나하나 따져봐야 한다. 이
게 따져야만 핵발전소가 몇 개나 존재할 것인지도 확인

제2차 에너지기본계획 권고안의 의미와 ㅎ

양이원영(환경운동연합 에너지기후팀 사무처장)

지난 대선 당시 박근혜 정부를 예상할 때 시민사회단체들은 이명박 정부와 크게 다르지 않을 것이라고 본 것에는 큰 이견이 없었다. 하지만 에너지기본계획 수립과정에서 최초로 시도된 민·관 거버넌스는 전혀 예상치 못했던 사건이다. 그만큼 현재 우리나라의 에너지수급 상황이 위기 상태이고, 후쿠시마 핵발전소 사고로 핵발전소에 대한 사회적인 저항이 크다는 방증일 것이다.

이번 제2차 에너지기본계획 5개(총괄, 수요, 전력, 신재생, 원전분과) 워킹그룹은 5월부터 격주로 모여 반나절 이상을 집중 투자하며 논쟁했다. 총괄분과는 각 분과의 논의내용을 보고받고 에너지정책의 방향과 권고문 초안을 만드는 역할이었는데, 최근 에너지수급의 위기상황과 밀양 송전탑 문제 등을 반영한 에너지정책 방향에 대한 합의는 큰 이견이 없었다.

핵심쟁점, 에너지 및 전력수요전망과 핵발전 비중

하지만 핵심 쟁점은 에너지 및 전력수요전망과 핵발전 비중이었다. 원전분과에서는 핵발전 비중을 정하는 기준으로 기존의 경제성 중심에서 경제성, 안전성, 수용성으로 전환되어야 한다는데 쉽게 합의했다. 하지만 각 주제에 대해서는 큰 이견이 있을 수밖에 없었다. 경제성에서는 사고 대비 비용을 어떻게 반영할 것이냐, 수용성에서는 원전비중에 대한 여론조사를 실시할 것이냐, 그리고 안전성에서는 설계기준 이상의 중대사고가 발생할 가능성이 있느냐에 대해각각의 이견들이 있었다.

마지막으로 이런 내용을 반영한 핵발전 비중에 대한 논의가 있었는데, 기존의 방식으로 진행하지 않았다. 비중을 정할 때 에너지경제연구원은 계량화된 수치를 프로그램에 넣어 나온 값을 이용한다. 그런데 이번에는 탑다운 방식으로 서로 핵발전 비중을 제시한 것이다. 시민단체 측에서는 수명연장 포기를 전제로, '건설 중인 핵발전소' 와 '계획 중인 핵발전소', '삼척·영덕의 신규 부지' 를 포기하는 시나리오인 7%, 12%, 18%를 각각 제안했다. 그리고 에너지경제연구원 측은 20~35%를 제안했다. 논의과정에서 0%와 41%도 제안되었지만, 총괄분과에서는 7~35%를 올렸다. 거의 완공 단계에 있는 '건설 중인 핵발전소' 포기를 검토하는 시나리오에 대해 일부 위원들의 거센 항의가 있었던 것은 당연하다. 일부 위원들은 직접적인 이해관계자들이기 때문이다.

핵발전 비중 22~29% 결정과정과 그 의미

그리고 핵발전 비중은 총괄분과에서 22~29%로 좁혀졌다. 총괄분과에서 시민단체들은 에너지수요와 전력수요전망을 먼저 해야한다고 주장했지만, 정부는 핵발전 비중을 먼저 정하자는 쪽으로 몰고 갔다. 산업부와 환경부가 온실가스 로드맵 작성을 위해 수요전망에 대해 논의하고 있는 공동작업반의 합의가 이루어지지 않았다는 것이 이유였다. 애초 올 8월말까지 끝내기로 되어 있던 이 작업은, 서로간의 이견이 커 지금도 논의 중이다.

수요분과에서 당연히 에너지수요 급증의 원인을 분석하면서 전기와 1차 에너지원과의 가격 문제가 제기되었고, '에너지소비 역진현상을 제거하기 위해 최소한 전기요금 50~80%를 올려야 한다' 는 석광훈 위원(에너지시민연대 정책위원)의 주장에 대해 모두 공감했지만, 이것은 채택되지 못했다. 에너지요금은 산업부가 책임질 수 있는 게 아니라는 이유에서였다.

수요전망 없이 핵발전 비중을 논의할 수 없다고 하자, 슬며시 가지고 온 것이 산업부의 수요전망안이다. 동시에 환경부는 전혀 다른 회의에서 산업부와 논쟁하고 있는 에너지와 전력수요전망을 비공개 문서라며 들고 나왔다. 산업부와 환경부 모두 제1차 에너지기본계획에 비해 2020년 1차 에너지수요전망을 높게 예측했다. 각각 3.6%와 6%인데 최근 에너지소비 급증 현상을 반영한 것이다.

눈에 띄는 것으로, 2020년 전력수요를 환경부는 제1차 에너지기본계획에 비해 6.8% 증가한 정도로 전망했지만, 산업부는 20%까지 증가하는 것으로 잡았다. 그 결과 2035년의 전력비중은 최종에너지에서 28%까지 증가한다. 제1차 에너지기본계획 당시 전력비중은 2030년까지 21.3%였다. 이 수치는 현재 세계 평균 17%보다 높은 값이다.

이런 전제에서 핵발전 비중을 얘기하는 게 쉽지 않았다. 수요전망에 대해서는 결국 합의할 수 없었지만, 수요목표를 기준수요에 비해 15%로 깎는 정도에 만족해야 했다. 애초 산업부 주장은 5.2% 감축이었다. 전기요금을 20% 인상한다는 전제였는데, 비슷한 시기에 에너지경제연구원은 전기요금 인상률을 15~20%로 제시하는 보고서 중간결과를 발표했다.

15% 절감을 전제로 하면 2035년 목표전력수요는 제6차 전력수급기본계획의 2027년 기준수요보다 발전설비량이 낮다. 원전분과에서 시민사회측과 에너지경제연구원에서 예상한 발전설비량 보다 낮아진 것이다. 이 전제로 핵발전 비중 22~29%는 핵발전 설비 기준으로 약 28,700~38,700MW가 된다. 현재 핵발전 설비가 20,716MW이고 핵발전 비중이 25~26%가량이니, 현재보다 핵발전 비중이 낮아도 핵발전 설비는 많은 상황이 된 셈이다.

반핵운동을 하는 사람으로서 이 수치를 받아들 수밖에 없는 현실적 한계가 서글펐다. 만약 문재인 후보가 대통령이 되었다면, 그의 공약대로 수명연장 포기에 계획 중인 핵발전소 포기가 되었을 거다. 그러면 2035년 핵발전 비중은 12%이다. 대선 기간에 좀 더 적극적인 활동을 했다면 하는 아쉬움은 또 반복되지 않을까. 당시에는 문재인 후보가 건설 중인 원전을 포기하지 않아서 그 시나리오대로 가면 2050년에야 원전 제로가 될 것이라는 원칙적인 얘기로, 박근혜—문재인 후보구도에서 반핵운동의 활동은 제한적일 수밖에 없었다. 5년 후에도 이런 운동의 원칙이라는 입

장에서 같은 ㅅ
지금과 같은
줄여놓은 핵빌
할까가 당장ㅇ
실적인 한계 ㅅ
총괄분과에서
대한 것은 논으
원회 관할이ㄹ
제3차 에너
명이 끝나는
그렇다면 우선
어디까지 가능
중 22%는 '7
획 중인 신고ㄹ
비중 29%는
척·영덕 신규
이다. 즉, 22%
'신규부지 포ㅈ

신고리 5, 6.
리고 전기요금

제2차 에너
수는 제시되ㅈ
비 비중일 뿐
에 있을 제7ㅊ
재의 밀양 송ㅈ
기본계획 작성
시키는 운동으
올해 예정되어
뤄진 상태다.
로는 밀양송전
양 송전탑과 ㅈ
소 운동, 제2ㅊ
중 요구 운동ㅇ
그런데 이는
을 때의 얘기ㄷ
핵발전 설비는
언론들이 들고
는 수밖에 없ㄷ
핵발전 비중
업들의 생존의
기 때문이다.
영업이익이 2C
목숨줄이다. ㅇ
을 하며 전기요
90% 이상이 ㄷ
서, 싼 전기요금
이익이다. 싼 ㅈ
비중을 유지해
에게 더 절실ㅎ
핵발전 비중 4
논리를 깰 만큼

떻게 볼 것인가?

하승수(변호사, 녹색당 공동운영위원장)

있다.

밀양 송전선문제도 연결되어 있다. 만약 수명이 끝난 고 1호기를 폐쇄한다면 밀양 송전선은 필요 없을 수 있다. 만큼 송전해야 하는 발전소 개수가 줄어들기 때문이다.

그런데 이런 문제에 대해서는 언급하지 않고, '핵발전 비 축소'를 얘기하는 것은 숫자놀음으로 국민들을 기만하 결과를 초래할 수 있다. 만약 제2차 에너지기본계획에서 떻게 구체적인 문제를 다루기 어렵다면, 최소한 향후 핵 전소 개수를 어떻게 가져갈 것인지를 공개적인 논쟁에 붙여야 한다. 그것을 피하면서, 2035년까지 에너지정책의 밑그림을 그린다는 것이 무슨 의미가 있겠는가?

■공개적이며 투명한 논의절차를 거쳐야한다!

이런 계획을 만드는 절차가 어떠해야 하는지에 대해서도 생각을 해 볼 필요가 있다. 제1차 에너지기본계획보다는 상대적으로 나아졌다고 하지만, 에너지기본계획을 이런 식으로 작성해서는 안 된다. 이런 식으로 몇몇 전문가들이 작업하고, 정부 관료들이 최종적으로 안을 만드는 것은 민주적인 방식이라고 할 수 없다. 에너지기본계획 같은 문제는 초안 작성 단계부터 공개적이고 투명한 토론과 논의과정을 거쳐야 한다.

이런 상상을 해 본다. 우리나라 국민들 중에서 무작위 추첨을 통해서 100~200명 정도의 시민회의체를 구성하는 것이다. 성별, 연령별, 지역별 할당을 통해 참여할 시민들을 뽑아내는 것이다. 그리고 이 분들에게 에너지·전력정책에 관한 설명과 정보제공을 충실하게 하는 것이다. 공부가 필요하면, 다양한 입장에 있는 전문가들을 불러 얘기도 듣고, 토론을 할 기회를 충분히 제공하는 것이다. 이런 과정을 거쳐서 우리나라의 전력소비규모를 늘릴 것인지, 아니면 강력한 정책을 통해서 줄일 것인지를 정하는 것이다. 핵발전과 석탄화력, 가스발전, 재생가능에너지 등은 어떻게 조합을 할 것인지에 관해 초안을 작성해 보는 것이다. 이것이 지금의 방식보다 훨씬 민주적일 뿐만 아니라, 좋은 결과를 낳을 것이라고 믿는다. 그러나 대한민국의 현실은 이런 민주주의와는 거리가 멀다.

■안전과 미래를 위한 시민의 목소리가 지금 필요하다!

어쨌든 제2차 에너지기본계획은 진행형이다. 정부는 11월까지 정부의 초안을 작성해서 공청회를 할 것이라고 한다. 한마디로 형식적으로 마무리하겠다는 것이다. 그래서 그 어느 때보다 시민들의 목소리가 필요하다. 더 이상 우리의 안전을, 그리고 우리의 미래를 그들의 손에 맡겨둘 수는 없다.

과제

력될지 모르겠다.

사이로 비집고 들어가 겨우 22~29%를 어떻게 활용해야 제이다. 원칙적인 입장과 현 리는 어떤 운동을 해야 할까. 비중을 논할 때 수명연장에 명연장 여부는 원자력안전위 다.

획을 수립하는 5년 후까지 수 1호기와 월성 1호기뿐이다. 연장을 포함해서 신규원전이 지 타진해보았다. 핵발전 비 전소', '건설 중인 5기', '계 가 약간 걸쳐져 있다. 핵발전 인 핵발전소 6기'에 더해 '삼 기' 정도만 걸쳐져 있는 수준 중인 원전 포기'로, 29%는 로 읽힐 수 있는 것이다.

및 최저 핵발전 비중 요구, 그

획에서 구체적인 핵발전소 개 1차 에너지의 비중과 발전설 체적인 핵발전소 개수는 내년 급기본계획이다. 그렇다면 현 와 연계해, 내년의 전력수급 신고리 5, 6호기부터 취소 가야한다. 신고리 5, 6호기는 설비기기 계약이 내년으로 미 소되면 신고리 3, 4호기만으 요없게 된다. 에너지정책과 밀 이 만나는 신고리 5, 6호기 취 기본계획에서 핵발전 최저 비 때다.

의 전력수요전망을 전제로 했 환경부의 전력수요전망이면 들 수 있는데, 이는 결국 보수 기요금 프레임을 정면 돌파하

논리는 결국 에너지다소비 기 전기요금과 밀접한 관련이 있 이상을 전기요금으로 내는데, 안팎인 기업에게 전기요금은 민들을 볼모로 물가인상 협박 상을 저지해왔다. 일반 가정의 이하밖에 쓰지 않는 현실에 다소비 업체와 건물들에게만 을 유지하기 위해 높은 핵발전 는 그들의 논리는 그래서 그들 분과에서도 경제계는 끝까지 장했다. 우리 반핵운동측에 그 이 있는가 자문해 볼 일이다.

제2차 에너지기본계획 성과와 한계 그리고 함정

이헌석(에너지정의행동 대표)

제1차 에너지기본계획 논의보다 한발 나아간, 민·관합동워킹그룹 구성과 운영

얼마 전 한 토론회 자리에서 어느 환경단체 출신 어느 전문가가 제2차 에너지기본계획 민·관합동워킹그룹의 의미를 "이제 에너지문제가 복잡해져서 소수의 엘리트들이 작성해서 추진할 수 없는 상황"에서 발생한 그룹이라는 분석을 하는 것을 보았다. 매우 공감가는 분석이다. 사회가 복잡해지고 이해당사자들이 많아짐에 따라 소수의 전문가들과 관료 집단만 갖고는 국가운영이 힘들어지는 상황, 그 상황에 맞는 해법 중 하나가 거버넌스(협치) 아니던가?

사실 이러한 전조는 제1차 에너지기본계획에서도 미흡하나마 있었다. 당시 에너지수요전망과 온실가스 감축 목표를 둘러싸고 정부안을 발표하기에 앞서 환경단체, 노동조합 등을 초청하여 의견을 듣는 자리를 몇 차례 가진 바 있다. 매우 단편적인 행사였고, 이후 내용을 갖고 서로 토론을 하자는 제안이 있었지만 결국 성사되지 못했다. 하지만, 이번 민·관합동워킹그룹은 달랐다. 지난 5월부터 약 5개월 동안 시기도 길었고, 단편적인 이벤트 성격이 아니라 서로 자료를 논의할 수 있는 최소한의 자리가 마련되었다. 그런 면에서 제2차 에너지기본계획은 분명 2008년 1차 에너지기본계획에 비해 논의구조가 한발 나아간 형태였다.

하지만 한계 또한 분명했다. 국가에너지정책 전체를 다루기에 5개월은 너무나 짧았고, 민·관합동워킹그룹에 참여하지 않은 일반국민과 심지어 국회에서조차 내용을 알 수 없었고, 이를 보완할 만한 법적, 제도적 장치는 마련되어 있지 않은 '임시 가건물' 같은 구조를 갖고 있었다. 결국 이러한 한계는 민·관합동워킹그룹 권고안 발표 1개월을 앞두고 여당과 정부의 압력으로 산업부의 입장이 상당부문 관철되는 파행으로 끝나고 말았다.

문제의 핵심은 핵발전 비중이 아니라 총량과 신규건설문제!

제2차 에너지기본계획 민·관합동워킹그룹의 한계는 내용적인 측면에서도 마찬가지이다. 제2차 에너지기본계획의 가장 큰 성과로 일컬어지는 ▲핵발전비중 감소 ▲분산형 전원 ▲에너지수요관리 방안 마련 등이 모두 성과와 한계, 그리고 함정을 갖고 있었다.

핵산업계나 전력업계 인사들도 부정적으로 보았던 제1차 에너지기본계획에서의 핵발전 비중 41%는 자연스럽게 낮춰질 수밖에 없는 상황이었다. 심지어 새누리당 에너지특위 조차 당·정 협의를 통해 향후 핵발전 비중을 33%로 하겠다고 발표하지 않았는가?

하지만 함정은 여기에 있다. 이유야 어찌했든 제1차 에너지기본계획의 41%보다 낮아지는 것이기에 비율을 강조했던 것이다. 제2차 에너지기본계획 초안이 발표되는 날 어느 기자가 칼럼을 통해 밝힌 것처럼 '에너지기본계획 마술쇼'에 국민모두가 빠져서 '정말 박근혜 정부가 탈핵을 하는 거야?'라고 반문하게 만든 것이다.

프랑스처럼 전력소비가 거의 증가하지 않는 나라에서 핵발전 비중이 70%에서 50%로 낮아지는 것은 분명히 탈핵의 전조로서 의미가 있다. 하지만, 앞으로 20여년동안 전력수요가 80%나 증가할 것으로 예상되는 나라에서 핵발전 비중 감소는 말그대로 '착시효과'에 불과하다.

이런 측면에서 보다 분명한 탈핵시나리오 요구는 총량과 신규건설 문제를 통해 나타나야 한다. 이는 이미 2012년 대선 국면에서 녹색당 등 많은 정당들이 2030년에서 2060년까지 완전히 탈핵을 이루기 위한 시나리오를 발표했던 것과 일맥상통한다. 얼마의 총량을 언제까지 어떻게 줄일 것인가라는 점은 앞으로도 탈핵진영이 주요하게 내걸 목표일 수밖에 없는 것이다.

분산형 전원과 수요관리 정책의 이면

한편 분산형 전원과 에너지수요관리 방안에 대해서도 이들 목표가 갖고 있는 원칙적 긍정성과는 별도로 제2차 에너지기본계획에서 담고 있는 이들 목표의 정의를 놓고 보면 많은 쟁점이 숨어 있다.

그간 시민단체들이 주장하던 분산형 전원은 대규모 수요처 인근에 발전소를 건설하여 송·배전망 건설을 줄이고, 지역별로 에너지자립도를 높이는 것을 의미한다. 여기까지 동의하지 못할 이는 없을 것이다. 문제는 제2차 에너지기본계획 초안에는 그 예로 포항제철에 소비 전력을 공급하고 있는 포스코 에너지를 예로 들고 있다. 전력산업구조개편 논의를 조금이라도 심도깊게 들여다 본 사람이라면, 대규모로 전력을 소비하는 대기업이 자신의 자회사를 만들어 전력시장과 가스시장 더 크게는 이미 민영화되어 있는 석유시장을 엮어 종합에너지그룹으로 탈바꿈하려고 한다는 사실을 알 것이다. 그리고 그 첫번째 명목은 '자가발전'이었다. 최근 이들 기업이 석탄화력발전소 건설 경쟁에 뛰어들고 있고, 일부 발전공기업은 이들 발전소에 지분까지 투자하면서 민간발전사 키우기에 나서고 있다는 점을 이해한다면 이 분산형 전원이 애초 생각했던 것과 다른 방향이라는 점을 눈치챌 수 있을 것이다.

한편 수요관리방안 역시 효율향상과 자발적 감축 등 1990년대 시민단체가 말하던 수요관리 방안과 상당히 동떨어진 논의들도 있다. 작년과 올해 전력대란이 발생하면서 한쪽에선 '대기업 특혜' 논란이 있었다. 전기 다소비 업체들의 수요관리를 명목으로 엄청난 금액의 '절전보조금'을 받아간다는 것이 바로 그것이다.

이미 전력당국의 수요관리는 비용을 들이면 언제라도 줄일 수 있는 것이 되었다. 거기서 한발 더 나아가 이런 보조금형식이 아니라, 주식거래처럼 전력수요감축을 전력거래시장에서 사고 팔 수 있는 수요거래시장을 만들기 위한 계획도 추진 중에 있다. 이렇게 되면 지금처럼 일시적인 보조금형식이 아니라, 전력피크시 전력소비를 하지 않겠다는 것이 새로운 돈벌이 수단이 되는 것이다. 물론 이 수요관리시장에 참여하는 곳들은 전력소비가 많은 대기업이거나 이를 바탕으로 새로운 수요시장을 창출하려는 업체들이다.

지속가능하고 정의로운 에너지기본계획 수립을 위하여

이제 중요한 건 민·관합동워킹그룹 권고안이 아니다. 이를 바탕으로 정부가 어떤 안을 만들 것인가라는 점이다. 그리고 그 안에는 미처 민·관합동워킹그룹 권고안에서 다루지 못했던 많은 쟁점과 새로운 프레임이 담겨야 할 것이다. 그리고 그 방안은 지속가능하고 정의로운 방향으로 나아가야 한다. 앞으로 남은 2달, 이 복잡하고 어려운 이야기를 국민들과 함께 나눠야 하는 이유도 역시 거기에 있다.

후쿠시마 4호기 핵연료 반출…
실패하면 인류멸망 위기

고노 다이스케 편집위원

후쿠시마 제1핵발전소가 사고를 일으켰을 때, 나는 지금 인류의 멸망을 목격하고 있을지도 모른다는 생각이 들었다. 지금 이 문제를 접하면서 나는 다시 그 생각을 굳혔다.

도쿄전력은 11월 중순부터 후쿠시마 제1핵발전소 4호기 5층에 있는 사용후핵연료 저장조에서 핵연료 반출을 시작한다. 4호기는 사고발생 당시, 정기점검 중이어서 원자로에는 핵연료가 없었으나 사용후핵연료 저장조에는 사용후핵연료집합체(핵연료집합체, 핵연료를 여러 개 묶은 것) 1331개와 미사용 핵연료집합체 204개, 합쳐 1535개가 있었다(미사용 핵연료는 작년 7월에 시험적으로 2개가 반출됐음). 그것을 이번에 발전소 부지 내 공용저장조로 옮긴다. 도쿄전력은 이 작업을 약 1년 안에 끝낸다고 하는데, 실제로는 몇 년 걸릴지 몇 십 년이 될지 아무도 모른다.

무엇보다도 공포스러운 것은 핵연료 반출에 실패하면 인류가 멸망할 수도 있다는 사실이다.

후쿠시마 4호기의 현황

4호기 사용후핵연료 저장조에는 현재 사용후핵연료집합체 1331개, 미사용 핵연료집합체 202개, 총 1533개가 있다. 4호기는 수소폭발을 일으켜 건물이 파괴돼 5층의 핵연료 저장조가 밖으로 노출된 데다 핵연료 저장조는 언제 무너져도 이상하지 않은 상태였다. 지금은 핵연료 저장조 바닥 밑에 보강공사를 해 놓은 상태지만, 무너질 위험성이 사라진 것은 아니다.

이번 핵연료 반출을 위해 작년 6월에 건물의 저장조 윗부분을 해체했고, 올해 5월에는 4호기에 인접한 지반 위에 핵연료 반출용 덮개 철골이 완공됐다(그림 참조). 이 철골은 윗부분이 4호기 쪽으로 튀어나와 있고 그 부분에 연료를 꺼내기 위한 크레인이 설치됐다.

후쿠시마 제1핵발전소에 있는 핵연료 집합체 수

	원자로	사용후핵연료	미사용연료	합계
1호기	(400)용융	292	100	392
2호기	(548)용융	587	28	615
3호기	(548)용융	514	52	566
4호기	0	1,331	202	1,533
합계	–	2,724	382	3,106

	원자로	사용후핵연료	미사용연료	합계	보관용량
5호기	548	946	48	1,542	2,308
6호기	764	876	64	1,704	2,764
캐스크 보관건물	–	0	0	0	408
캐스크 가설 보관시설	–	6,375	2	6,377	6,840
공용저장조	–	408	0	408	2,930
합계	1,312	8,605	114	10,031	15,250

※합계에 용융된 연료는 포함되지 않았음. 2013년 5월 23일 기준. 출처: 후쿠시마현 HP

어려운 핵연료 반출 … 실패하면 인류 멸망 위기

사용후핵연료는 평소 물속에 보관되어 있는데 공기 중에서는 사람이 접근하면 즉사할 정도로 극심한 방사선을 쏜다. 그만큼 다룰 때에는 세심한 주의가 필요하다.

일찍부터 지적됐듯이 만약 4호기가 무너져 저장조에서 사용후핵연료가 쏟아져 나오면 극심한 방사선 때문에 사람이 접근할 수 없어 냉각시킬 수 없고, 사용후핵연료가 스스로의 붕괴열로 녹아버린다. 후쿠시마에선 또 대지진이 일어날 가능성이 반복해서 지적되어왔다. 실제로 2004년 인도양지진에선 그 이후에도 주변 지역에서 대규모 지진이 여러 번 일어난 적이 있어, 4호기 붕괴 가능성은 충분하다는 것이다.

저장조에는 수소폭발로 인해 크고 작은 쓰레기와 건물 부스러기가 떨어져 있다. 큰 것은 길이 10m, 무게 200kg의 금속판, 마찬가지로 무게 200kg의 계단 등, 작은 것은 모래 같은 콘크리트 부스러기까지다. 이들 쓰레기 철거작업은 이미 시작됐고 앞으로도 연료 반출작업과 병행하여 계속된다. 쓰레기가 연료를 손상시켰을 가능성은 높고 앞으로의 작업으로 연료가 손상될 수도 있다.

사용후핵연료는 저장조 안에서 캐스크(cask, 높은 방사능 물질의 수송·저장에 사용되는 차폐기능을 가진 용기)에 넣어 물 위로 끌어올린다. 이번에 사용되는 캐스크는 핵연료집합체 최대 수용량이 22개, 길이 5.5m, 지름 2.1m, 무게는 무려 91톤이나 된다. 이것을 새로 설치한 크레인으로 끌어올리고, 지상에 있는 트레일러에 싣고(고도 차이는 최대 32m), 수 십m 떨어진 곳에 있는 공용 저장조에 옮긴다.

4호기를 둘러싼 위험은 예를 들어 다음과 같은 경우를 생각해 볼 수 있다. ①지진으로 저장조가 무너져 연료가 쏟아져 나온다. ②반출 과정에 크레인에서 캐스크가 지상으로 떨어진다. ③캐스크나 크레인 자체가 저장조에 떨어진다. ④연료봉을 둘러싼 피복관의 부식, 또는 쓰레기나 다른 연료와의 접촉 등으로 연료봉 안의 연료펠릿이 쏟아져 나온다.

②캐스크가 땅으로 떨어질 경우를 생각해 보자. 이 경우, 캐스크 안의 연료봉이 파손돼 연료펠릿이 피복관에서 쏟아져 캐스크 바닥에 쌓여 재임계를 불러일으킬 가능성이 지적되고 있다(거짓말쟁이 도쿄전력은 그런 경우는 '없다'고 하지만). 또 캐스크에서 연료가 쏟아져 나오면 극심한 방사선 때문에 접근이 어려워 방치할 수밖에 없다. 핵연료의 붕괴열 때문에 불이 나고, 공기 중에 방사성물질이 대량 방출된다. 그렇게되면 이제 4호기에는 아예 접근할 수도 없게 되고, 아마도 1~3호기 가까이에도 갈 수 없게 될 것이다.

핵연료를 옮길 공용 저장조도 4호기 바로 옆이다. 사고를 일으키지 않은 5, 6호기에도 핵연료가 있다. 사고수습작업은 여기서 중단돼 냉각이 불가능해져서 그 뒤엔 후쿠시마 제1핵발전소에 남은 핵연료가 연달아 화재를 일으켜 전 세계에 대량의 방사능이 퍼질 것이다. 4호기의 사용후핵연료만으로도 히로시마 핵폭탄의 15,000배나 되는 방사능이 꽉 차 있다. 일본열도는 광대한 무인지대를 가운데 두고 둘로 쪼개질 것이다. 아니 건더슨 씨(Arnie Gundersen, 미국의 핵기술자이자 핵발전 폐기론자로 1990년에 핵산업 내부를 고발했음)는 북반구가 끝장날 것이라고 지적하고 있다. 또 일본의 전 외교관이자 핵 반대론자인 무라타 미쓰헤이 씨는 "(핵연료 방출이) 지구환경과 우리 문명 그 자체를 파괴할 것이다. 인류가 생존할 수 있을까의 문제이다"라고 말하고 있다.

과거에는 고속증식로 '몬주' 원자로 내 중계장치 낙하사고, 그리고 올해 9월 5일에는 후쿠시마 제1핵발전소 3호기 건물 쓰레기 제거작업 중이던 크레인이 부러지는 사고가 있기도 했다.

현재 1~4호기에 남은 사용후핵연료는 〈표〉와 같다. 이렇게 어려운 작업을 다음 대지진으로 저장조가 무너지기 이전에 1~4호기 모두 실시해야 한다. 더군다나 1~3호기는 멜트다운 됐기 때문에, 건물 내 방사선량이 높아 반출에는 더 큰 어려움이 따른다.

도쿄전력은 내년 말에 4호기에서의 반출을 끝내고, 내년 12월부터 3호기 저장조에서의 반출을 시작하겠다고 공언하지만, 이것은 단지 그들의 기대 또는 이 문제에서 여론의 시선을 돌리기 위한 속임수에 지나지 않는다.

▼4호기 핵연료저장조의 핵연료 위에 떨어진 계단. 무게 200kg.

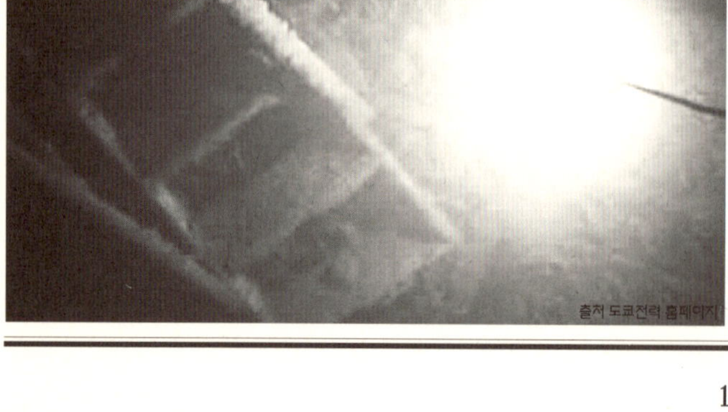

출처 도쿄전력 홈페이지

▼4호기 바로 옆에 설치된 덮개 철골. 4호기 쪽으로 튀어나온 부분에는 저장조에서 핵연료를 끌어올리기 위한 크레인이 설치되어 있다.

출처 도쿄전력 홈페이지

탈핵을 향한 한·일 시민연대는 계속된다!

탈핵아시아평화를 위한 한·일시민 일본서부 핵발전소지역 투어 참관기

이대수 목사(아시아평화시민네트워크 운영위원장)

9월29일(일)~10월5일(토) 일본서부 핵발전소지역을 한·일시민들이 함께 돌아보았다. 그리고 일부 인원은 2박 3일간 센다이와 후쿠시마지역을 방문하였다. 이번 행사는 지난 6월 일본 참가자 21명이 영광, 밀양, 부산고리, 경주월성, 영덕, 울진, 삼척 등 핵발전소 가동 혹은 건설예정지역을 방문하고, 수도권에서 탈핵운동 단체를 만나 한·일 나아가 아시아 탈핵운동을 공동추진하기 위한 후속활동이라고 할 수 있다.

지난 8월 한·일 공동으로 타이완을 방문해 타이페이에서 20km 반경의 핵발전소 1,2호기와 신규 핵발전소를 방문하고, 타이완 장로교회(PCT)와 타이완환경보호연합(TEPU)과 함께 탈핵운동을 추진하기로 했다. 또, 아시아태평양녹색당네트워크(APGN) 담당자도 만나 탈핵을 위한 공동행동을 추진할 필요가 있음을 확인했다. 타이완에서 교세가 가장 큰 대만 장로교회는 1992년부터 핵발전소 반대를 선언했고, 오는 10월 30일(수)~11월 8일(금) 부산에서 개최되는 세계교회협의회(WCC) 10차 총회에서 탈핵이슈 부각을 위해 공조하기로 한 바 있다.

6박 7일간의 일본 핵발전소 지역 투어

9월 29일(일) 오후 서울과 부산을 출발해 후쿠오카에 도착한 한국의 참가자는 11명으로, 장영진 사무국장(영광 농민회), 김승홍 간사(부산녹색연합), 정현걸 원전·방폐장 특위위원장(경주환경운동연합) 전양규 씨와 장시원 군의원(울진), 이광우 시의원(삼척시), 김남규 사무국장(대구KYC) 오하라 츠나키 팀장(광주환경운동연합), 양재성 목사(기독교환경연대) 등이 참여했다.

이날 양측 참가자들은 후쿠오카 시내의 국제그리스도교 교회에서의 교류회와 다음날 규슈전력 앞 농성텐트를 방문했다. 3년째 거리농성을 하고 있는 아오야기 선생의 열의에 박수를 보냈다. 이어 방문한 겐카이 핵발전소 지역의 산업회관에서 플루서멀(통상적인 우라늄 원료에 플루토늄을 혼합해 만든 더욱 위험한 핵원료) 소송을 하고 있는 주민들과 교류회를 가졌다. 한글로 직접 손으로 쓴 '방문 환영' 현수막의 정성도 와 닿았고, 지역 언론의 관심도 적극적이어서 저녁 TV뉴스에 자세히 보도될 정도였다.

겐카이 핵발전소 홍보관을 돌아보고 이동한 고쿠라교회에서 정성어린 식사와 교류회는 즐거운 시간이었다. 고쿠라항에서 야간여객선훼리를 타고 여유롭게 선상의 교류시간을 가질 수 있었고, 세토나이해역(일본의 혼슈, 큐슈, 시코쿠에 둘러싸인 내해)을 지나 오전 5시 마츠야마항에 도착해 마중나온 버스를 타고 1백년 전통의 도고온천에서 잠시 휴식을 취할 수 있었다. 작은 화강석 욕조에 잠시 드나드는 수준인데 2층 다다미마루에서 여유로운 시간을 잠시 가졌다.

이대수 제공

다시 버스를 타고 마츠야마를 거쳐 도착한 이카다 핵발전소에서는 전력회사측이 반대활동을 하는 주민의 출입을 불허하고 있었다. 다시 배를 타고 도착한, 세토나이 내해에 추진되고 있는 가미노세키 핵발전소 건설을 저지하고 있는, 이와이시마는 인구 5백명이 거주하고 있는 작은 섬인데 핵발전소 부지를 마주보고 있어 90% 주민들이 반대하며 겨울에 9시간동안 물속에서 저지시위를 할 정도로 치열했다.

다시 배와 버스를 갈아타며 도착한 히로시마 공원과 자료관, 그리고 한국인추모비를 돌아보고 후쿠이로 이동했다. 후쿠이는 핵발전소가 13개나 몰려있고, 건설중인 몬주의 핵재처리 시설까지 위치하고 있는 최대 밀집지역이다. 오래된 사찰에서 교류집회를 가졌는데 주지스님께서 적극적으로 탈핵운동에 참여하고 있다는 얘기를 듣고, 풀뿌리 탈핵운동을 만나는 기회라고 실감이 들었다. 일부 핵발전소지역은 주민들 중 핵발전소 근무자를 둔 가족의 경우 이해관계가 충돌하고 있어 어려움이 있다고 한다. 마약같은 핵발전소 중독을 벗어나 지역경제를 어떻게 재건할 수 있을지를 고심해야 하는 이유도 더욱 분명하게 느낄 수 있었다.

고베청년센터에서의 교류회는 70여명이 참석해 탈핵을 위한 한·일 시민간의 열기와 친교로 이어졌다. 진행 사회를 맡아준 반핵아시아포럼(NNAF)의 사토 다이스케 사무국장은 20년간 반핵운동을 주도해 오면서 아시아 네트워크 활동을 해 왔기에 탈핵아시아행동(NNAA)의 투어에 함께 참여하는 것이 더욱 반갑고 의미있는 일로 여겨졌다. 특히 부부가 함께 참여하는 것이 반가웠다.

2박3일간의 후쿠시마 현장 방문

고베에서의 마지막 일정을 마치고 핵그련(핵없는 세상을 위한 한국 그리스도인 연대)의 양재성 목사와 이광우 시의원(삼척시의회), 유혜준 기자(오마이뉴스), 최승구 사무국장(탈핵아시아행동 일본, NNAA-Japan), 야기누마 오오쿠보 선생 등과 함께 비행기로 센다이로 이동해 후쿠시마 현장을 찾아갔다. 도호쿠헬프에 미리 부탁해 둔 덕분에 1백년의 역사를 가진 하북신문 기자가 5회에 걸쳐 작성한 기획기사를 통해, 핵발전소 건설을 반대했던 하타바지역 주민운동의 역사를 알 수 있었고 핵발전이 아닌 대안을 모색하고 실천했던 지역 사례도 소개받았다. 대부분의 신문이 핵발전소 관련 광고에 의존하면서 진실을 전하지 못하는 것과 대조적으로 보였다.

둘째날에는 가와카미 목사와 이정임 선생의 안내로 후쿠시마 핵발전소 주변의 미나미소마시를 방문했다. 토양오염을 줄이기 위해 표토를 쌓아둔 모습도 보였다. 방사능측정기를 켠 채로 다녔는데, 지역에 따라 0.01~20.6밀리시버트(mSv)까지 편차가 심했다. 현재 미나미소마시는 낮 시간에 집안 물건을 가져가기 위한 방문만 허용되는 정도라, 해가 진 다음에는 거의 불빛이 보이지 않는 유령도시처럼 여겨졌다. 피난주민을 위한 가설주택단지도 방문했다. 인터넷도 되지 않는 채 2년 반이 지나도록 가설주택에 살고 있는 분들이 무척이도 힘들어 보였다. 도쿄 올림픽을 유치한 것에 대해서도 관심이 있었지만, 과연 안전상 가능한지에 대한 의문이 많이 제기되고 있었다.

전체적으로 15번의 교류회를 진행하면서 강행한 8박 9일간의 일정을 통해, 핵발전소 관련 지역 한·일 시민간의 대화와 친교가 이어졌는데, 서로에게 신선한 자극과 상호이해를 돈독히 하는 기회가 된 것은 분명해 보였다. 특히 유혜준 기자(오마이뉴스)가 연속 기사를 올려 줘, 한국 참가자들 뿐만 아니라, 일본 탈핵아시아행동(NNAA) 참가자들의 활동소식도 전하는 데 많은 도움이 되었다. 한·일간의 국경을 넘어 아시아로 확대되어가는 탈핵평화운동의 발전을 기원하며 아쉬운 작별을 했다.

도쿄전력에 맡기면 안된다… 전 세계의 예지를 결집해야

이 작업에 바로 인류의 존망이 달려있다는 말은 과언이 아니다. 최악인 것은 작업의 주체가 거짓과 정보 은폐를 거듭하고 임시변통의 사고처리로 일관하고 있는 도쿄전력이라는 점이다.

그리고 크레인이 캐스크를 끌어올리는 순간에는 크레인 조종자인 개인에게 우리 인류의 운명이 달려 있다. 이런 스트레스 속에서 잘못이 일어날 가능성은 더욱 크다. 물론 이것은 대량 피폭을 당하면서 이루어지는 작업이다. 크레인 조종 시의 피폭량은 시간 당 0.2~0.5 밀리시버트('4호기 사용후핵연료 저장조 등에서 사용후핵연료 반출 안전성에 관한 비평의 답변')이다. 이것은 일반인의 피폭허용량을 2~5시간 만에 쐬어버리는 양이다.

일본 원자력규제위원회도 이 문제에 대한 위기감이 없어 보인다. 다 나카 슌이치 위원장은 4호기의 핵연료 반출을 보통의 핵연료 반출과 다름없다고 말했다. 사고수습보다 경영을 우선시하는 도쿄전력을 유지시키고 감싸주는 일본정부도 이 문제를 맡기기에는 믿음이 가지 않는다. 무라타 미쓰헤이 씨는 "전력회사와 한 국가만으로는 이 문제를 해결할 수 없다"며 국제적인 대책조직을 만들 것을 제안하고 있다.

그런데 사고수습을 도쿄전력 이외의 누군가가 맡는 것은 쉽지 않다. 실패했을 때 배상책임도 지기 때문이다(일본정부가 도쿄전력을 유지시킨 진정한 이유는 이것일지도 모른다). 하지만 실패했을 때 인류가 멸망한다면? 이 문제는 핵문제가 근대시민사회의 개념 범주에선 해결할 수 없다는 것을 상징하고 있다.

지금까지 실패를 거듭해 온 도쿄전력에 우리 운명을 맡길 것인가. 전 세계에서 최고의 전문가들을 모은 국제대책조직에 맡길 것인가. 어느 쪽이 더 믿을 만한가. 우리에게 남은 시간은 한 달도 없다. 탈핵신문 독자 여러분들에게 호소한다. 도쿄전력, 일본정부, 자국정부, 유엔 등 생각나는 모든 조직과 기구들에게 이 문제를 국제적으로 해결할 것을 촉구해 달라.

예를 들어 미국 시민사회에서는 세계적인 과학자와 기술자를 후쿠시마의 사용후핵연료 반출에 동원할 것을 유엔 반기문 사무총장과 오바마 대통령에게 촉구하는 서명이 제기됐다. 인터넷이 가능하면 전 세계 누구라도 다음의 사이트에서 서명할 수 있다. The World Community Must Take Charge at Fukushima (http://petitions.moveon.org/sign/the-world-community-must).

고노 다이스케 편집위원

왜 《방사능 급식 조례》였을까

이보아·전선경(녹색당 탈핵특별위원회)

2년의 노력

이 조례제정 운동은 사실 2년 전 '엄마'들에 의해 시작되었다. 이 엄마들은 방사능 아스팔트를 밝혀내고, 방사능 벽지를 발견했으며, 시민 방사능 지도의 가장 큰 원동력이기도 했다.

세포분열이 활발한 태아부터 청소년까지가 방사능에 가장 취약하다는 사실이 알려지면서, 현실적으로나 사회적으로나 이들의 건강에 가장 민감할 수밖에 없는 '엄마'들로부터의 강력한 자발성이 발동한 것이다.

특히 이 시기 대부분은 단체급식을 통해 음식을 섭취하는데, 집에서 방사능 고등어나 방사능 대구를 피할 수는 있어도 급식에서는 피할 수도 없다는 게 문제였다. 그렇게 학교급식에서 방사능 오염 식재료를 추방하는 것이 최우선 과제가 되었다. 그러나 이 최우선 과제는 2년 동안 큰 진전을 보지 못하고, 그저 너무 예민한 학생과 학부모의 문제인 양 취급되었다.

그리고 올 여름, 다시 후쿠시마로부터 비보가 전해졌다. 우리 몰래 엄청난 양의 방사능 오염수가 바다로 유입되고 있음이 밝혀진 것이다. 사람들은 술렁였고, 수산물 시장과 코너는 눈에 띄게 손님이 줄어들었다. 이제 일본산 수산물을 걱정하는 사람이 걱정하지 않는 사람보다 많아졌다. 그리고 드디어 정치권에서도 이 '문제'를 '의제'로 받아들이기 시작했다. 경기도에서 의욕적으로 첫 조례안이 발의된 것이다.

달라진 상식, 그리고 방사능안전급식조례의 확산

그러나 호기롭게 출발한 경기도교육청 조례는, '기준치 이하는 안전하다'는 정부의 거짓 프레임에 반박 논리를 미처 갖추지 못해 결국 껍데기만 남은 채 통과되었다. 서울시 조례가 더욱 중요해졌다. 녹색당이 모범 조례안을 제출하고, 시민사회단체들은 기자회견을 하고 의견서를 전달하며 조례 제정에 힘을 실었지만, 녹록치 않았다.

서울시의원들 다수가 조례 제정의 긴급함을 인식하지 못했고, 서울시교육청은 강하게 반발했다. 그래도 마지막까지 학부모와 시민사회단체들은 희망의 끈을 놓지 않고 의원들을 압박했다. 그 결과 '서울특별시교육청 방사능 등 유해물질로부터 안전한 식재료 공급에 관한 조례'라는 새로운 이름의 조례안이 9월 13일 가결됐다.

이 조례는 국가 기준치 이하의 방사성 물질이 검출되더라도 그 식재료를 제한할 수 있도록 한 점에서 경기도 조례보다 진전을 이루었다. 그러나 절반의 실패도 있었다. 바로 급식에 대한 방사능 검사와 제한 조치 전반을 실질적으로 책임질 감시위원회 조항이 통으로 삭제된 것이다.

서울 조례는 감시위원회 대신 1년에 1~2번이나 열리는 유명무실한 학교급식위원회에 그 권한을 주었다. 내용 면에서 원안보다 후퇴했음에도 불구하고, 서울 조례는 전국적으로 방사능안전급식 조례를 확산하는 계기가 되었다는 점에서 큰 의미가 있다. 조례가 부결되지 않음으로써 '방사능안전급식조례는 필요하다'는 방향을 굳혔고, 전국 곳곳에서 조례 제정을 준비하는 연대가 줄을 잇고 있다. 또한 다른 지자체와 지방교육청, 무엇보다 민심에 민감한 의원들을 자극했다. 전국의 방사능안전급식 조례 추진 현황(**표 참조**)은 그 분명한 영향을 보여준다.

최소의 조치이자, 장기적으로 최후의 방어막이 될 '방사능 안전급식 조례'

방사능 안전급식 조례는 초유의 후쿠시마 방사능 오염수 유출 사태 속에서, 일본산 수산물에 대한 전 국민의 우려가 확산되며 비로소 본궤도에 올랐다. 중앙정부가 일본산 수산물에 대해 보여준 미온적 태도나 유통 단계의 원산지 속이기에 대한 불신도 크게 작용했다.

'일본산 수산물'과 중앙정부의 식품안전관리에 대한 불신이 확산됐고, 중앙정부가 안 한다면 지방정부라도 최소한의 안전을 보장하라는 목소리가 힘을 얻은 것이다. 여론이 악화되자 정부는 사고 후 2년 반 만이 지난 9월초, 후쿠시마 인근 8개현 수산물에 대한 수입금지 조치를 취했다. 이번에는 지자체와 교육청이, 수입이 금지되었으니 조례가 필요없다는 논리를 전개했다.

그러나 문제는 일본산 수산물만이 아니다. 방사능 오염수는 늦어도 5년 이내에 우리 바다로 유입될 것이고, 후쿠시마에서 끊이지 않고 방출되는 방사성 물질은 공기와 비를 통해 축적될 것이다. 사실 후쿠시마 사고 이전에도 이 땅과 바다는 방사능에 오염되어 왔다. 강대국들이 자행한 핵실험, 체르노빌 핵발전소 사고 등에서 나온 방사성 물질이 다 어디로 갔겠는가?

2012년 일부 국내산 버섯류에서 낮은 수치지만 세슘이 검출된 것만 보아도 대한민국은 안전지대가 아니다. 후쿠시마 사고 이전에는 그저 몰랐을 뿐이다. 결론적으로 이 땅에는 이미 핵실험과 체르노빌로 축적된 방사능에, 이제 후쿠시마 발 방사능까지 더해질 것이다.

디스토피아를 이야기하려는 것이 아니다. 5년 후 또는 10년 후 방사성 물질 '제로'를 외치기 힘든 시기, 수입금지 조치만으로 방사능 오염을 막기 힘든 시기가 올 것이다. 그래서 지금 생활협동조합들이 하듯이 방사성 물질이 검출되면 수치를 투명하게 공개하고, 소비자들에게 선택을 맡기는 '현실화'의 시기가 올 것이다. 지금 말하려는 것은 그런 날이 오더라도 방사능안전급식 조례는 필요하고 마지막까지 엄격한 기준을 유지해야 한다는 것이다. 즉, 방사능안전급식 조례는 국가가 제 역할을 다하지 못하는 지금 시기 '최소의 긴급 조치'이자, 동시에 장기적으로도 피폭의 위험에 취약한 유아와 어린이, 청소년들을 보호할 '최후의 방어막'이기 때문이다.

그래서 우리는 아주 열심히 국가 기준치를 강화하고, 유통단계의 문제를 해결해야 한다. 그리고 동시에 방사능으로부터 안전한 급식을 지키기 위해 경기와 서울의 조례를 보완하고, 다른 지역들까지 강화된 조례를 제정토록 해야 할 것이다. 나아가 장비와 인력을 갖추고, 시민들의 참여·감시를 보장토록 하며, 유아와 청소년을 위한 더 강화된 독자 기준치가 제정될 수 있도록 꾸준히 실천해야 한다. 그렇게 당면한 방사능 위험 시대를 장기적으로 대비해야 한다.

전국 방사능안전급식조례 추진 현황 (10월 30일 기준)

구분	내용	문제점
경기	조례안 첫 시작 – 경기도 녹색당, 방사능급식 안전 1인 시위 중 – 조례안 발의 조평호 의원, 학부모와 시민사회의 의견을 수렴해 문제점을 보완하는 조례 개정 추진하겠다고 밝힘 – 부천교육청(한혜경 의원, 정의당), 방사능정밀측정기 1대, 간이측정기1대, 12월말까지 15개 학교 수산물재료 방사능검사 실시할 계획	– 국가기준치명시 – 인력·장비·예산 확보의 미비
서울	– 서울시 방사능으로부터 안전한 식재료 공급에 관한 조례안 발의(8월 29일), '서울특별시교육청 방사능 등 유해물질로부터 안전한 식재료 공급에 관한 조례'라는 새로운 이름으로 본회의 가결(9월 13일) – 관악구의회(이동영 구의원), 어린이집 일본산 수산물 금지 결의안 발의 – 강동구청장, "교육지원청과 협조, 방사능측정기를 보급하는 등 학교급식 질 향상에 관심과 지원을 아끼지 않을 것" – 서대문구청장, "서대문구 급식에 일본산수산물이 오르지 않도록 영양사 교육 등에 힘쓰겠다" (서대문구 방사능급식 토론회 발언 4월 30일)	– 유해물질과 병합 – 감시위원회 구성 실패
부산	– 방사능으로부터 안전한 학교급식추진위원회결성(17단체), 10월 조례안 발의	– 유해물질과 병합 – 공표6개월 후 시행
울산	– 울산시의회, 방사능오염 식자재 제한 조례 제정 추진 중	
대구·경북	– 시민사회단체, 방사능 안전 학교급식 조례 제정 촉구(36개 단체 연합, 9월 10일) – 방사능으로부터 안전한 학교급식을 위한 대구·경북모임 발족(10월 9일)	
경남	– 도교육청이 학교 급식소에서 국내산 수산물 취급 장려와 원산지 확인 절차 강화, 태평양 연근해산 수산물 취급 자제 등을 담은 공문 학교 발송 – 진주시의회 10월 21일 '방사능 오염 일본산 수산물 등 식재료의 진주시 공공급식 사용 금지를 위한 결의안' 채택	
충청·대전	– 대전충남녹색연합 "대전도 방사능 안전 급식 조례 제정해야" – 대전서부교육지원청, 급식 수산물 안정성 확보 교육 – 충북교육연대, 방사능오염식품 학교급식대책마련 촉구 기자회견(4월 16일), 청주 방사능급식반대 거리캠페인 중	
강원	– 춘천녹색당에서 시작 – 민병희 교육감, 학교급식방사능에 안전한 식재료공급 선언. 강원도교육청 시민사회와 함께 TF팀 구성	
전라·광주	– 김승환 교육감, 안전검증 안 된 급식용 식재료 차단 선언 – 광주 방사능급식 조례안 추진, 학벌없는사회를위한광주시민모임이 학교급식의 방사능물질을 체계적으로 검사하는 것을 골자로 하는 '학교급식 식재료 방사성물질 검사 및 사용제한에 관한 조례(안)' 제정을 광주시교육감과 광주시의회에 요청	– 광주교육청 조례제정 거절
제주	– 친환경급식연대, 제주녹색당, 전교조, 환경운동연합, 참여환경연대 등이 방사능 급식 대책마련 중	

A L A R A 원칙

김익중(동국의대 교수)

방사능 기준치 논란…기준치 이하라서 안전?

일본산 수산물, 학교 방사능 급식 조례 등의 사안들이 불거지면서, 방사능 기준치 논란이 한참 진행중이다. 정부와 원자력계는 그동안 "기준치 이하라서 안전하다"라고 말해왔지만 안전기준치가 과연 존재할까? 그렇지 않다. 방사능에 안전기준치는 없다.

사실 공무원이건 원자력계 인사건 간에 어느 누구도 '안전기준치'라는 단어를 사용하지 않는다. 필자가 기억하기로는 아직 누구도 이 단어를 사용하지 않았다. 그럼에도 국민들은 마치 안전기준치가 존재하는 것처럼 느낀다. 무슨 조화일까? 왜 국민들은 정부의 기준치를 안전기준치로 착각하고 있는 것일까? 바로 "기준치 이하라서 안전하다"라는 문장이 주는 느낌 때문일 것이다.

의학 교과서에는 기준치라는 말은 없고, '최대허용량'이라는 단어를 사용하고 있다. 최대허용량은 "그 이하에서는 안전하다"는 뜻이 아니고, "더 이상은 허용할 수 없다"는 의미로 해석된다. 그렇지만 같은 뜻이라도 "기준치 이하라서 안전하다"라고 말하면 마치 안전기준치가 존재하는 것으로 느껴진다. 여기에 비밀이 있는 것이다.

방사능 피폭에 정비례하여 나타나는 암과 유전병

방사능에 피폭되면 여러 가지 건강영향이 나타난다. 암, 유전병, 사망, 백내장, 소화기 질환, 중추신경계질환, 신장질환 등이 흔히 나타나는 질환들이다. 그러나 이중에서 암과 유전병을 제외한 다른 질병들은 어느 정도 이상의 방사능에 피폭될 때에만 증상이 나타나는 것으로 되어있다. 이때 사용되는 '어느 정도 이상의 방사능'을 문턱값(역치)이라고 부른다. 그래서 이러한 역치값을 갖는 건강영향을 결정론적 영향이라고 부른다. 그러나 암과 유전병의 경우에는 이러한 역치값이 없다. 피폭량과 질병의 발생확률이 비례해서 증가하게 되는 것이다. 그래프로 표현하면 원점을 지나는 직선이 된다. 이러한 건강영향을 확률론적 영향이라고 부른다. 확률론적 영향은 피폭량에 정비례하여 나타나므로 우리는 최선을 다해서 피폭량을 줄여야 하는 것이다.

그러나 현실적으로 방사능 피폭을 '제로'로 관리할 수는 없다. 우리는 자연방사능에도 피폭되고 있고, 병원에서 X선 촬영도 해야하기 때문이다. 또한 핵발전을 하는 한 조금이나마 인공방사능에도 노출되게 마련이다. 그래서 필요한 것이 바로 허용기준치(관리기준치)인 것이다.

> "일본 정부의 자료에 의하면 후쿠시마 핵발전소 바로 앞에 있는 항구내의 바닷물에서 세슘137의 오염도는 모두 100베크렐 이하였다. 이는 우리의 음식 기준치가 후쿠시마 핵발전소 바로 앞바다보다 더 높게 설정되어있는 것이다.

고속도로 속도제한이 시속 1,000km?… 방사능 허용기준치가 너무 높다!

이 허용기준치는 나라마다 10배 이상 차이가 난다. 그 나라의 사정에 따라서 독자적으로 결정하기 때문이다. 그런데 이 허용기준치를 설정할 때는 ALARA 원칙이라는 것이 적용되어야한다. 이 원칙은 'As Low As Reasonably Achievable'을 의미하는데, 한글로 번역하면 '무리하지 않고 달성할 수 있는 최소한의 기준'이라고 볼 수 있다. 크게 힘들이지 않고 달성할 수 있는 가장 낮은 값으로 정해야한다는 것이다. 그런데 이상하게도 각국의 방사능 허용기준치를 살펴보면 이 원칙이 제대로 적용되지 않는 듯하다.

예를 들어보자. 음식에서의 방사성 세슘(세슘137)의 허용기준치는 미국의 경우 1,200베크렐로 되어있다. 한국과 일본은 세계에서 가장 낮은 100베크렐로 되어있다. 그런데 이 가장 낮은 수치인 100베크렐도 도대체 위반할 수 없을 정도로 높은 숫자이다. 마치 고속도로 속도제한이 시속 1,000 킬로미터로 정해져있는 것과 비슷한 상황이다. 한국에서 측정한 지난 2년 반 동안, 그 위험하다는 일본산 수산물 중에서 이 기준치 이상 오염되었던 적이 없기 때문이다. 단 한번도 기준치 이상의 수산물이 발견된 적이 없었다. 또한 131회의 오염된 수산물 중 124건은 기준치의 1/10인 10베크렐 이하였다. 단 7번 만 10베크렐 이상으로 오염되어 있었다. 흥미로운 다른 예를 들어보자. 일본 정부의 자료에 의하면 후쿠시마 핵발전소 바로 앞에 있는 항구내의 바닷물에서 세슘137의 오염도는 모두 100베크렐 이하였다. 이는 우리의 음식 기준치가 후쿠시마 핵발전소 바로 앞바다보다 더 높게 설정되어있는 것이다.

이런 사실은 세계의 방사능 물질 기준치가 너무나 높게 설정되어 있어서 ALARA 원칙을 위배하고 있다는 것을 보여준다. 만일 이 원칙을 적용하여 우리나라 기준치를 정한다면 어느 정도가 적당할까? 일본산 수산물의 오염도를 고려하여 독자들이 한 번 씩 정해 보시기 바란다.

국내 핵발전소 현황(11월 1일 현재)

본부	호기	시설용량(만kW)	비고
고리	1호기	58.7	
	2호기	65	
	3호기	95	
	4호기	95	
신고리	1호기	100	시험성적서 위조
	2호기	100	시험성적서 위조
	3호기	140	건설 중
	4호기	140	건설 중
월성	1호기	68	수명연장 심사 중
	2호기	70	
	3호기	70	
	4호기	70	
신월성	1호기	100	시험성적서 위조
	2호기	100	운영허가 단계
영광(한빛)	1호기	95	정비 중
	2호기	95	증기발생기 용접 부실
	3호기	100	
	4호기	100	
	5호기	100	
	6호기	100	
울진(한울)	1호기	95	정비 중
	2호기	95	
	3호기	100	
	4호기	100	
	5호기	100	
	6호기	100	
신울진	1호기	140	건설 중
	2호기	140	건설 중

23기 운행 중(7기 가동 중지)
1기 운영허가 단계
4기 건설 중

사용후핵연료 공론화위원회 일그러진 출범식

이헌석(에너지정의행동 대표)

지난 10월 30일 사용후핵연료 공론화위원회가 출범식을 갖고 본격적인 활동에 들어갔다.

2004년 제253차 원자력위원회에서 중·저준위 폐기장과 고준위 핵폐기장 계획을 분리하고, 고준위 핵폐기물(사용후핵연료) 관리 방안을 국민적 공감대하에 결정하겠다고 밝힌 지 10여년 만이다.

사회적 공론화를 통한 사용후핵연료 관리방안은 애초 시민사회단체가 제안한 방안이다. 하지만 지난 30일 출범식에선 시민사회단체 추천인사들이 위원 구성에 대해 문제제기를 하며 사퇴하는 일까지 발생하면서, 말 그대로 '반쪽짜리' 사용후핵연료 공론화위원회란 비판을 받고 있다. 이에 대해 일부 보수언론들은 환경단체가 국민을 '핵폐기물 재앙'으로 밀어넣으려고 하느냐며 맹비난에 나섰고, 일각에서 처음부터 판을 깨려고 했던 것 아니냐는 소설같은 음모론까지 나오고 있다.

총리실 산하가 아닌, 산업부 산하의 자문기구라는 제한된 위상 문제

왜 이런 일이 발생한 것인가? 먼저 현재 구성된 사용후핵연료 공론화위원회는 올해 2월 처음 제안될 때부터 논란의 한가운데 있었다. 먼저 공론화위원회 위상이 산업통상자원부의 자문기구 성격이어서 범부처적 성격을 갖고 있는 사용후핵연료 문제를 포괄적으로 다루기 힘들기 때문이다.

이헌석 제공

이미 미래부에서는 파이로프로세싱 등 사용후핵연료 재처리 관련 연구를 진행하고 있으며, 외교부에선 이를 지원하기 위해 한·미원자력협정 논의를 추진하고 있다. 매번 사용후핵연료 관리책임을 맡고 있는 산업부와 연구개발을 맡고 있는 미래부는 각자의 입장이 달라 서로의 발표를 인정하지 않고 있었던 것을 이해한다면, 산업부 산하의 자문기구라는 위상은 심각한 문제 중 하나이다.

상황이 이렇다보니, 2012년 당시 지경부 주도로 이뤄진 원자력정책포럼에서 조차 공론화위원회를 총리실 산하로 격상시켜야 한다는 권고안이 나왔으나, 총리실의 반대로 결국 이러한 내용은 반영조차 되지 않았다. 결국 현재 상황에선 공론화위원회 권고안을 핵산업 진흥이 주된 목적인 원자력진흥위원회 심의를 거쳐 최종 확정하는 모순적인 순서를 밟게 생겼다.

산업부 스스로 밝힌 원칙조차 무너뜨린, 공론화위원 추천과 구성

둘째, 공론화위원 추천과정에서 시민사회와의 최소한의 신뢰마저 무너져 버렸다. 산업부는 2월부터 수차례 간담회를 거쳐, 지난 7월 공론화위원 선정을 위해 인력풀을 만든다며 전국의 시민사회단체에 공문을 발송한 바 있다. 이 과정을 전후로 해서 공론화위원회 참여의사를 밝힌 시민사회단체들은 정부와의 대화를 통해 기존 공론화위원회의 한계를 극복하기 위해 열심히 대화에 임하고 있었다.

그러나 이러한 대화가 채 끝나기도 전에 일방적인 토론회 진행, 추천위원회 선임과 추천위원 비공개 등 대화에 필요한 최소한의 신뢰마저 무너뜨려버리는 일들이 계속 이어졌다. 결국 당시 시민사회단체는 토론회 불참 선언과 항의 성명 발표 등을 통해 정부의 일방적인 독주에 강력 항의한 바 있다.

그런데 이번에 공론화 위원 최종 추천과정에서 그나마 남아 있었던 신뢰마저 무너져버리고 말았다. 7월 당시 정부가 스스로 밝힌 공론화위원 구성 인문사회 6명, 기술공학 2명, 지자체 추천 2명, 환경·시민단체·경제단체 4명 등 위원장을 제외한 14명의 구성을 지자체의 반발로 바꿔버린 것이다.

지난 7월 이후 핵발전소 인근 지역 지자체에서는 2명의 배정인원이 턱없이 부족하다며, 5개 지역이 모두 공론화위원으로 참여할 수 있도록 할 것을 요구했다. 애초 산업부는 특정분야의 과다대표성을 방지하기 위해 참여비중을 적절히 조절한다고 밝힌 바 있다. 하지만 지자체의 요구에 떠밀려 전체 위원 구성 중 1/3이 지역주민으로 구성되는 일이 발생한 것이다.

각 지역의 특성을 고려할 때 5개 지역의 의견을 2명의 위원이 반영하기 어려울 수 있다. 이 경우 전체 위원의 숫자를 늘려 지자체 추천위원의 비중을 줄이거나, 특별위원회를 별도로 구성하여 부족한 부분을 보완할 수 있을 것이다. 하지만, '안 그래도 늦은 공론화위원회 출범을 더 이상 늦출 수 없다'는 조급함이 결국 자신들이 만든 원칙조차 무너뜨리는 결과를 낳고 말았다.

사용후핵연료 공론화 논의에서 지역주민의 참여는 필수적이다. 하지만 현재 공론화위원회의 주요 역할이 지자체에 대한 보상이나 지역선정 방식이 되어서는 곤란하다. 논란이 많은 사용후핵연료 재처리 문제, 중간저장의 필요성 문제에 대한 논란 등 국가정책적 결정이 앞서 진행돼야 하는 것이 무엇보다 중요한 상황에서, 정책적 논의보다 보상 중심의 논의를 선호하는 지자체의 입김에 좌우될 우려까지도 떠안고 말았다.

공론화위원회에 대한 모니터링과 시민적 개입이 필요하다!

이렇게 구성된 공론화위원회가 앞으로 어떤 결과물을 내 놓을지 아직 알 수 없다. 특히 일부 비판적인 목소리를 담고 있는 인사들마저 빠지면서, 더욱 편향된 결정을 내릴 가능성도 농후해지고 말았다. 따라서 공론화위원회에 직접 참여를 하지는 않지만, 그 결정이 갖고 있는 중요성을 고려할 때 지속적인 모니터링과 개입이 필요한 이유는 바로 여기에 있다.

그동안 많은 반대에도 불구하고 핵발전소 중심의 전력정책으로 인해 만들어진 사용후핵연료 문제는, 다음세대가 아닌 우리 세대가 풀어야 할 해묵은 과제 중 하나이다. 사용후핵연료의 발생을 멈추고, 이미 만들어진 사용후핵연료에 대한 사회적 합의를 만드는 것은 핵발전의 찬·반을 떠나 우리 사회가 풀어야할 과제이다.

이 과제를 풀어가기 위해 공론화위원회가 지금 제기되는 비판에 대해 되돌아보고, 그 한계를 뛰어넘기 위해 무엇을 어떻게 해야 할지 진지한 고민이 필요한 시점이다.

탈핵신문

공동대표 김준한(발행인) 박혜령
운영위원 이대수 이헌석
편집위원 고노 다이스케 윤종호 이헌석 이지언
사무간사 황정화 010-2881-6822
배송·운영지원 에너지정의행동

(110-876) 서울특별시 종로구 숭인동 76번지 롯데캐슬천지인 지동 205호
문의전화 02-702-4979
팩 스 02-704-4979
이 메 일 hjhlucia@hanmail.net
등록번호 종로라 00386
구 독 료 1년 2만원 / 가판 1천원

2013년 12월호 (제15호) www.nonukesnews.kr 농협 352-0491-9279-43 예금주 김준한

우리 모두가 밀양임을 확인!

송전탑 대신 희망을 약속한, 1박2일 밀양 희망버스의 기록

이보아(녹색당 탈핵특위 위원장)

전국 방방곳곳, 2천여명이 밀양희망버스 탑승

11월 30일(토) 아침, 이 땅 곳곳에서는 밀양 희망버스를 타기 위한 준비의 손길이 바빴다. 침낭과 손전등, 밀양에 드릴 선물까지 각종 준비물을 손에 든 탑승객들이 하나 둘 모여들었다. 자발적으로 이루어지는 참가였기에, 누가 얼마나 올지도 정확히 예측하기 힘들었다. 어떤 곳은 버스를 1대만 준비했다가 2대가 되기도 하고 승합차를 섭외하기도 하는 등 기분 좋은 비명이 여기저기에서 들려왔다.

그렇게 밀양 송전탑과 운명을 같이 하는 경북, 밀양의 이웃이자 핵발전소가 밀집된 부산, 울산, 경남, 전남·북은 물론이고, 강원과 당진 등 기존 초고압 송전탑 피해지역, 대표적 전력 소비지인 서울과 경기, 그리고 심지어 바다 건너 제주도에서까지, 전국의 26곳에서 2천여 명의 탑승객이 출발했다.

버스만이 아니었다. 울산에서 칼바람을 맞으며 태화강을 따라 76.5km를 걸어 밀양에 도착한 울산희망도보팀도 있었고, 창원에서는 10여 명의 희망자전거팀이 출격했다. 올 겨울 마음만 아니라 몸도 따뜻하게 보내시라고 직접 제작한 적정기술 난로를 밀양에 가져온 '난로원정대' 도 있었다. 또 하루 먼저 도착한 파견미술팀은 밀양 희망버스를 환영하며 보라마을 102번 철탑 예정지에 '밀양의 얼굴들' 을 설치하기도 했다.

밀양 희망버스는 가는 길에도 희망을 나누었다. 심야노동을 철폐하기로 한 노조와의 합의를 뒤엎고 용역을 투입해 조합원들을 폭행한 유성기업에 맞서 50일이 넘게 옥천IC 근처에서 고공농성 중인 노동자들에게는 희망의 인증샷을 찍어 보냈고, 대구 건설노조의 고공농성 현장을 지지 방문하기도 했다. 밀양 희망버스가 출발한 어디에서도, 누구에게서도 희망과 설렘을 볼 수 있었다. 희망버스는 희망버스니까.

경찰의 봉쇄 풀고, 공사 재개 후 첫 현장 발길

공사가 재개된 지 61일 만에 처음이었다. 96번, 110번, 122번 송전탑 공사 현장을 처음 눈으로 확인한 밀양 주민들은 끝내 눈물을 보였다. 그동안 주민들은 공사현장은커녕 현장으로부터 수 km 떨어진 곳에서부터 경찰에게 막혀 한 치도 앞으로 나갈 수 없던 상황이었다. 밀양 희망버스가 도착한 11월 30일도 4천명이 넘는 경찰이 동원된 상태였다. 하지만 반드시 공사 현장을 밟고 오겠다는 주민과 밀양 희망버스 참가단의 의지가 경찰의 방해보다 좀 더 강했다.

현장마다 수백 명의 밀양 희망버스 참가자와 주민들이 본래 사람이 다니지 않는 산길을 중간 중간 경찰의 저지선을 뚫으며 끝까지 올랐다. 주민들은 전국에서 이렇게나 많은 사람들이 함께 하고 있다는 사실에 놀라워했고, 또 그 힘으로 영원히 열릴 것 같지 않던 경찰의 장벽을 뚫었다는 데 고마움으로 연신 눈시울을 붉혔다.

물론 가는 길이 평탄치는 않았다. 경찰은 가파른 비탈길임에도 불구하고 무리한 진압작전을 펼쳤고, 이 때문에 주민과 참가자들은 여러 번 위태로운 상황을 맞기도 하고 허리를 다치는 부상자 등도 발생했다. 또 해가 저문 뒤에도 하산하려는 참가자들을 가로막거나, 경찰을 폭행했다며 3~4명의 참가자들을 고착시켰다가 스스로 마땅히 증거를 대지못하며 풀어주기도 했다. 게다가 이런 과정들에서 법 위반 사실 고지 없이 시민을 억류하는 데 항의하자, 경찰 지휘관이 '법을 말할 필요 없다' 고 발언하는 등 그동안 무법천지였던 밀양의 상황을 짐작케 했다.

그렇게 처음 찾은 3개의 공사 현장에는 대부분 공사 업체 직원과 포크레인이 올라와 있었고, 땅은 처참히 파헤쳐진 상태였다. 이를 바라보는 희망버스 참가자 그리고 주민들의 마음이 복잡해지는 순간이었다.

그래도 내려오는 길, 사람들에게 남은 것은 걱정보단 희망이었다. 밀양 송전탑 건설을 막고 서로를 지킬 수 있다는 희망이 확고해졌기 때문이다.

"이길 때까지 싸울 것이니, 이길 수 밖에 없다!"

공사 현장을 방문한 이들을 비롯해 밀양 주민과 희망버스 참가자들이 하나 둘 밀양역에 모이기 시작했다. 앞서 밀양 희망버스를 타고 온 탑승객들뿐만 아니라 개별 차량과 대중교통을 이용해 뒤늦게 도착하는 사람이 늘고, 일을 마치고 온 밀양 시민들까지 가세하면서 밀양역에는 3천여 명의 인파가 운집했고, '우리 모두가 밀양이다' 문화제가 시작됐다. 함께 목표를 이루고 돌아온 사람들의 얼굴은 그야말로 기쁨으로 빛났고, 이어지는 공연과 발언은 희망으로 가득 찼다.

공연을 위해 무대에 오른 위양리의 할배(권영길, 76)는 "이길 때까지 싸울 것이니, 이길 수밖에 없다!" 고 했고, 평밭마을의 할매(손희경, 79)는 "우리는 목적지가 같은 한배를 탔다. 여러분이 주민과 함께 한다면 송전탑 건설을 끝내 저지할 수 있을 것" 이라고 들뜬 목소리를 감추지 않았다. 문화제의 뜨거운 열기는 밤늦도록 식지 않아 11개의 마을로 흩어진 주민과 참가자들은 마을마다 돼지를 잡거나, 소머리를 고아 나누고, 전과 호박죽 등으로 새벽까지 잔치를 이어갔다.

우리 모두가 '밀양의 친구들', '밀양의 얼굴들'

첫째 날의 거의 빈틈없는 일정에도 불구하고 밀양 희망버스의 둘째 날 일정 역시 새벽부터 시작되었다. 마을별로 30일에 가지 못한 공사 현장에 추가 진입을 시도하기도 하고, 참가자들이 준비해 온 선물과 공연을 나누기도 했다. 마지막 집회에서 쓸 현수막을 함께 꾸미기도 하는 등 분주한 일정을 마무리하고, 단체 사진을 찍으며 떠날 시간이 다가옴을 아쉬워했다.

그렇게 마을별 일정을 마친 주민과 참가자들은 다시 하나 둘 보라마을로 모이기 시작했다. 보라마을의 송전탑 예정지와 미리 도착한 파견미술팀이 설치한 '밀양의 얼굴들' 을 둘러 본 사람들은 어떤 상징적인 장소에 모였다. 어쩌면 8년의 싸움을 가능케 했던, 밀양의 문제를 처음으로 바깥 세상에 알렸던, 고 이치우 어르신의 분신이 있던 바로 그 장소에서 마무리 집회가 열렸다.

모두가 한 마음이고, 모두가 알았다. 명분 없는 공사 강행이 중단되지 않는 한, 지역의 희생을 강요하고 국민을 위험에 빠트릴 잘못된 에너지 정책이 전환되지 않는 한, 우리가 다시 모일 것임을. 밀양의 친구들은 다시 이곳을 찾을 것임을 함께 확신할 수 있었다.

"우리 동네에서 송전탑이 보이지 않는 땅은 한 뼘도 없어예."

밀양을 향하는 희망버스가 도착하는 상동면 여수마을을 찾았다. 12시가 넘은 한 밤에 김영자 총무님을 만났다. 목이 쉬어 말을 잇기도 힘든 상태였다. 동네를 둘러싸고 지어질 송전탑 공사 현장을 수백명의 희망버스 참가자들과 함께 오르며, 감기가 더해져 링거를 맞고 집으로 돌아오는 길이었다. 시골에서는 젊은 나이인 57세의 여자 총무님. 시골에선 흔치 않은 여자 총무를 맡으며, 송전탑 반대활동에 온종일 시간을 내놓고 있는 그 분의 속내를 들으며 밤을 지새웠다.

박혜령(영덕핵발전소유치백지화투쟁위원회 집행위원장)

인터뷰 | 김영자 (밀양 상동면 송전탑반대 대책위원회 총무)

나는 '한전이 돈으로 주민들을 회유하는 걸 막아야겠다' 고 생각했어예!

"여수동은 2005년 12월 5일 765kV 송전탑을 처음으로 반대한 동네입니더. 여수동은 넓지 않은 들을 끼고 있어예. 산과 산 사이에 동네가 있는데, 주위 산에 송전탑이 5기가 세워져예. 어디서도 철탑을 보며 살 생각을 하면 잠도 안오는기라."

2005년 반대 이후 공사 강행과 중지가 수차례 반복되어 왔다. 2005년 당시 반대는 상동면 소재지 한가운데 세워질 철탑 때문이었다. 121번 송전탑 주변은 학교, 역, 은행 등이 위치한 면소재지 중심이다. 공사가 진행되려다가 공사용 대형 차량의 진입이 여의치 않고 반대가 극심해 지자, 주민들의 접근이 어려운 산꼭대기 공사가 먼저 진행되고 있다.

"처음에는 반대 대책위가 생기고 대책위원장 5명으로 구성되어 있었어예. 현재는 대책위원장 없이 5명의 위원으로 구성해 반대활동을 하고 있어예. 그 이유는 대책위원장이 세워질 때마다 우리 의사와는 상관없이 한전과 합의가 진행되었기 때문이라예."

상동도 위원장의 교체가 모두 5차례 있었다. 마지막 5번째 위원장이 활동할 당시에도 합의했다는 소문이 돌았고, 회의에서 주민들의 의사를 무시한 합의를 막기 위해 총무를 선출하자고 제안했고, 본인이 그 역할을 하겠노라 자청했다. 한번은 주민들 몰래 대책위원장들이 시의회에서 한전과 합의서를 놓고 서명 직전인 현장을 목격하고 막은 일도 있었다.

한전은 반복해서 반대하는 주민들의 대표를 숱한 회유책으로 주민 동의 없이 합의를 종용해왔다고 한다.

돈 더 받으려고 반대한다는 얘기가 제일 속상해예!

"지금도 밀양의 일부 사람들은 돈 더 받으려고 반대한다는 이야기를 하곤 해예. 속마음을 몰라주는 사람들이 야속하고 서운해예."

보라마을의 고 이치우 어르신이 한전의 공사강행에 울분을 참지 못하고 분신자결하신 후, 한전은 여수마을에 수십억의 합의안을 가지고 들어왔다. 주민들은 이전과 비교해 두 배가 넘는 합의금에 술렁였다. 울분을 터뜨리며 합의를 받아들이려는 이웃들을 향해 말했다. "시장에 가니 시장통 사람들이 돈 더 받으려고 반대한다고 수군거리더라. 이제 보니 맞는 말이네. 우리가 그 돈 더 받을라꼬, 지금까지 이 고생하며 반대했나" 억장이 무너지는 심정이었다고 한다. 결국 그 날 한전과의 합의는 무산됐다. 그 후 2011년 11월 1일 여수동에도 공사가 진행되었다. 마을 옆으로 산 능선을 따라 5개의 철탑이 세워질 것이다.

얼마 전 기자란 사람이 와서 땅이, 농사가 나에게 무엇이냐고 물었다. 주저 없이 "땅은 내게 생명이고 목숨이다가" 라고 대답했다. "송전탑을 반대하는 우리의 마음은 농사를 짓는 마음이고 땅을 지키는 마음이에예. 지금 우리는 우리 목숨을 지키려는 거라예" 인터뷰를 하는 동안 그 분의 눈가는 계속 젖어 있었다.

아름다운 이 곳 여수마을은 제 인생 전부라예!

시집온 지 34년. 고정리 골짝에서 차로 5분 거리인 상동 여수마을로 시집왔다. 현재 92세의 시어머니가 옆집에 살고 계신다. 34년 전 10남매 중 8형제의 5번째 며느리로 시집와서 손톱이 으스러져라 땅을 파 시동생들과 시부모님 그리고 아이들을 건사했다. 당시 김영자 총무님의 가족이 가진 땅은 논 두마지기(400평)와 밭 300평이 전부였다.

"12년을 논을 빌려 하우스 농사를 지었어예. 많은 식구들이 손바닥만한 땅으로는 먹고 살기 힘들었지예. 그리고 조금이라도 돈이 생기면 땅을 샀어예. 돈이 있다고 하면 시댁 식구들이 빌려 달라고 할까봐 빚을 내, 보태서라도 샀어예. 그렇게 장만한 논 1000여 평에 하우스 4동을 지어서 15년을 넘게 하우스 고추 농사를 이어오고 있어예. 2003년 전국을 휩쓴 태풍 매미에 하우스가 모두 부서졌어예. 내 손으로 직접 더 튼튼한 골조를 박아 하우스를 복구했어예. 어느 곳 하나 내 손이 미치지 않은 곳이 없어예. 보기만 해도 부자같십니더."

평생을 일복도 한 벌 사 입지 않으며 절약했고, 작은 논과 밭을 장만하며 집도 지었다. 매일 새벽 4시면 집을 나서 하우스로 향한다. 어느 날 문득 새벽하늘을 보니, 새삼 '동네가 이렇게 예뻤나' 싶은 생각에 마음이 훤히 비워지더라며 환하게 웃는다. 그녀는 지금도 하우스 4동을 혼자 관리하며 농사를 짓고 있다.

"새벽에 노래를 부르며 일을 하는데, 나 자신이 이런 인생, 이런 순간이 무척 행복하다는 생각이 들었어예. 전 여수마을이 참 좋아예. 겨울이 되면 오리들이 찾는 강도 예쁘고예. 빙 둘러싼 산들도 그리 예쁠 수가 없어예. 타지 사람들도 밀양이 참 좋다안캅니꺼."

촌에 사는 노인들이, 국가를 상대로 힘들게 싸워야 하는 이유를 살펴봐주이소!

"송전탑이 보이는 곳의 땅은 농협에서 담보대출을 해주지 않고 팔리지도 않아예. 우리 동네에서 송전탑이 보이지 않는 땅은 한 뼘도 없어예."

함께 송전탑 반대를 하고 있는 칠십이 넘은 할매들은 더 숱한 고생을 견디며, 평생 땅을 일군 사람들이다. 허리가 휘고, 손은 거칠고, 다리도 절룩거린다. 좀 긴 거리를 걸어가려면 지팡이에 의지해야 갈 수 있다. 그런 어른들이 날마다 송전탑 짓는 걸 반대하다며 새벽길에 나와 불을 지피며 추위를 견디고 서로에게 힘을 내라 말을 건넨다. 이런 분들이 평생 고생하며 일군 소중한 땅을, 휴지조각으로 만들 송전탑을 막겠다는 기막힌 심정은 생사를 걸 만큼 절박하고 절절하다.

송전탑을 막자고 산을 오를 때면 매번 이렇게 스스로에게 되뇌인다. 불의는 진실을 이길 수 없다. 진실은 반드시 이긴다. 매번 이렇게 마음을 먹어도 힘든 순간은 늘 이들을 흔들어 왔다.

"가장 힘들 때는 처음에 피해가 얼마나 심각한지 동네 사람들이 몰라줄 때였어예. 어느 날 주민 한 분이 농협에 가니 담보대출이 되지 않자, 그 때부터 주민들이 조금씩 송전탑이 우리에게 얼마나 심각한 재산상, 건강상 피해를 주는지 알게 되었지예. 그 때부터 하나로 뜻을 뭉치기 시작했어예. 어떤 사람들은 우리를 보고 참 별나다고 말을 해예. 그런데 입장을 바꿔서

한 번만 생각해 보라고 하고 싶어예. 그러면 그런 말 못할 거라고 생각해예. 평생 일군 땅과 집과 재산이, 아무 것도 아닌 것이 된다는데 억장이 무너지지 않는 사람이 누가 있는교."

이보다 더 힘든 것은 밀양시청과 한전이 주민들에게 계속해서 내놓는 합의안이다. 이제는 동네 보상이 아니라 개별보상을 하겠다고 회유한다. 그런데 송전탑에서 멀리 떨어져 피해가 아주 적은 주민들 일부가 합의를 하기도 한다. 사람들의 약한 마음을 이용해 합의를 하고 주민들간에 원수가 되게 하는 한전의 이런 처사가 가장 힘들다고 토로한다.

"또 어떤 사람들은 '너희는 전기 안쓰나' 며 다 같이 살자고 양보를 하라고 해예. 나는 이런 분들께 촌에 사는 노인들이 국가를 상대로 힘들게 싸우는 이유를 살펴달라고 말하고 싶어예. 우리만 피해를 감수하라는 것은 불공평하고 가혹하다고 생각해예. 시골에 사는 노인에게도 인간의 존엄성이라는 게 있어예. 우리도 국민이잖십니꺼."

국민의 생명과 재산을 보호는 못할망정, 국가가 강탈해서는 안된다…이들의 절규를 들어라!

지금 한전이 하는 송전탑 공사는 자신들의 존엄성을 짓밟는 것이라고 말하고 있다. '힘없는 국민도, 국민이다' 고 소리치고 있다. 국민의 생명과 재산을 보호는 못할망정, 국가가 강탈해서는 안된다고 절규하고 있다.

이들 모두의 바람은 더는 짓밟히지 않고 인간으로서 존엄성을 되찾는 것이라고 한다. 그리고 힘내라며 찾아오는 분들에게서 많은 힘과 용기를 얻는다고, 오늘이 더 없이 행복하다며 함박웃음을 짓는다. 자연에 순종하고 주어진 삶을 묵묵히 감내한 이들의 삶이 국책사업이라는 폭력적인 방법으로, 다수의 편리를 위해서라는 궁색한 이유로 더는 유린되어서는 안 될 것이다.

‘방사능으로부터 안전한 학교급식을 위한 대구경북시민모임’ 발족
‘방사능 학교급식 제한 조례’ 부산시·인천시의회는 이미 발의

윤종호 편집위원

대구·경북지역 36개 시민사회단체 및 정당으로 구성된 ‘방사능으로부터 안전한 학교급식을 위한 대구경북시민모임’(이하 ‘방사능안전 학교급식 대·경모임’)이 지난 11월 13일 오전, 대구시민센터에서 발족했다.

지난 여름 일본산 수산물 방사능 물질 검출 논란이 전국적인 뉴스가 되면서, 서울시·경기도 등에서 ‘방사능 안전 학교급식조례 제정’을 계기로, 대구·경북 지역 시민사회단체, 정당, 개인학부모 등도 대구·경북지역 학생들의 안전한 학교급식에 대해 고민을 함께 시작했다.

이상용 제공

방사능안전 학교급식 대·경모임은 지난 9월 10일 경북도청과 대구시청에서 각각 방사능 안전 학교급식조례 제정을 촉구하는 기자회견을 시작으로 ▲9월 26일 대구시의회에서, ‘방사능으로부터 안전한 학교급식을 위한 대구경북 토론회’ ▲10월 9일 김익중 원자력안전위원회 위원 초청 ‘방사능과 건강에 대한 시민강연회’ ▲10월 20일 KBS대구의 일요진단, “(대구) 방사능 안전급식 조례제정 가능한가?”에 출연, 조례제정의 필요성을 제기하는 등 약 2달간의 준비과정을 거쳐 지난 11월 13일 출범한 것이다.

방사능안전 학교급식 대·경모임은 이날 출범식에서 ▲경북도와 대구시는 ‘방사능으로부터 안전한 학교급식을 위한 조례’ 제정 ▲일본산 식료품의 학교급식 사용 배제 ▲시민 학부모로 구성된 안전한 급식을 위한 ‘시민감시위원회’ 구성 ▲학교급식의 방사능 기준치 최고수준으로 강화 ▲식료품 방사능 함량 측정을 위한 인력, 장비, 시스템 마련 등을 요구했다.

김남규 집행위원장(방사능안전 학교급식 대·경모임, 대구KYC)은 향후 활동방향으로 “시민캠페인, 각급 시의회 면담, 학교운영위원회 간담회 등을 통해 빠른 시일 안에 ‘대구·경북지역 방사능 안전 학교급식 조례’가 제정될 수 있도록 노력할 것이다. 더불어 이 조례가 잘 이행되고 방사능 오염 식품이 교육현장에서 사라질 수 있도록 지속적인 감시활동을 펼쳐나갈 계획이다”라고 밝혔다.

한편, 부산시의회는 지난 10월 18일 이일권 의원의 대표발의로, 학교급식에 사용되는 식재료를 방사능 오염으로부터 지켜내기 위해 ‘부산광역시교육청 방사능으로부터 안전한 식재료 사용에 관한 조례안’을 통과시킨 바 있다. 하지만, 부산교육포럼, 급식운동본부, 시민사회단체, 생협 등이 연대한 ‘방사능으로부터 안전한 학교급식추진위원회’와 이성숙 의원(부산광역시)이 10월 23일(수), 부산시의회 대회의실에서 공동주최한 ‘학교급식, 방사능 재앙으로부터 안전한가?’ 부산시민토론회에서는 당시 발의된 조례의 실효성에 의문을 제기하는 등 다양한 측면에서의 보안의 필요성을 지적했다.

또 인천시의회는 노현경 의원이 대표발의한 ‘인천광역시교육청 학교급식 방사능 등 유해물질 식재료 사용제한에 관한 조례안’이 본회의를 통과하며, 11월 13일 입법예고 후, 11월말까지 의견수렴에 들어갔다.

방사능으로부터 안전한 학교급식을 위한 대구경북시민모임을 출범하며

함원신 공동대표(방사능으로부터 안전한 학교급식을 위한 대구경북시민모임)

단체 이름이 너무 길지요? 아무리 줄이려고 해도 더 이상 줄일 수가 없었습니다. 후쿠시마 핵사고가 발생한지 32개월이 지났습니다. 녹아내린 핵연료는 손도 대지 못하고 매일 수백톤의 고농도 방사능 오염수가 태평양으로 흘러들어가는 소식을 접하고 있습니다.

이런 상황이 앞으로 10년이 될지 30년이 될지 장담할 수도 없다고 합니다. 방사능에 오염된 수산물이 일본으로부터 수입되어 아이들의 학교급식에 섞여들어 갔다는 소식을 들으며, 이대로 방치해서는 안된다는 공감대가 전국에서 형성되고 있습니다.

방사능 피폭의 80~90%는 음식을 통한 내부피폭

핵사고를 먼저 겪었던 체르노빌의 상황을 살펴보면, 음식물을 통한 내부피폭이 아이들의 건강에 얼마나 큰 악영향을 미치는 지를 알 수 있습니다. 체르노빌이 위치한 우크라이나는 체르노빌 사고가 있은 지 27년이 지난 지금 전 국민의 평균수명이 10년 이상 줄었다고 합니다. 아이들의 80%가 만성질환을 앓고 있으며, 80%~90%가 음식물을 통한 내부피폭이 원인이랍니다.

얼마 전 일본의 한 시민단체가 우크라이나의 1mSv정도 오염지대에서 만성질환을 앓고 있는 아이들에게, 방사능에 오염되지 않은 신선 식품을 제공하는 실험을 하였는데 5개월 만에 주목할 만한 성과를 거뒀다는 기사가 발표되었습니다. 방사능에 오염되지 않은 신선식품으로 먹거리를 바꾼 것만 가지고도, 거의 매일 코피를 흘리던 아이가 코피를 더 이상 흘리지 않았고 두통이 멈추고 절름거리며 걷던 아이가 정상적으로 걷게 되었다는 것입니다.

미량이라도 방사능에 오염된 먹거리가 우리 아이들에게 얼마나 큰 피해를 줄 수 있는지 이 사건 하나만 보더라도 증명이 된다고 생각합니다. 국가에서 정한 기준치를 못 믿고, 호들갑을 떤다고 하시는 분들도 있는 모양입니다.

방사는 피폭 영향, 내부피폭이 외부피폭의 600~1000배, 아이들은 성인남자의 10~20배, 여자는 남자보다 2~3배 높아

내부피폭을 연구하는 학자들의 의견은 내부피폭은 외부피폭보다 600백배~1000배 정도 더 위험하다고 합니다. 더구나 아이들은 성인 남자에 비해 10배~20배정도 더 방사능에 취약하고, 여자는 남자보다 2~3배 더 크게 방사능의 영향을 받는다고 알려져 있습니다.

일본 후쿠시마에서 매일 방출되는 고농도 오염수가 언제 우리 바다로 흘러들어와 연안의 우리 수산물을 오염시킬지 알 수 없습니다. 하지만 후쿠시마의 현 상황을 볼 때 결코 남의 일이 아니라는 것을 명심해야 합니다. 지금부터 준비해서 우리 아이들을 방사능에 오염된 먹거리에서 지켜내지 않는다면, 체르노빌과 후쿠시마에서 방사능에 오염된 먹거리로 아이들이 겪은 고통과 희생을 헛되게 만들 것입니다.

이미 자본권력에 포섭된 학자집단과 핵산업계는 수단과 방법을 가리지 않고 방사능 오염의 위험성을 애써 눈감고 있습니다. 일본의 시민단체가 우크라이나 어린이들에게 신선 식품을 제공해서 얻은 결론은 너무나 큰 교훈을 우리에게 줍니다. 이제는 시민사회단체들이 적극적으로 나서야 할 때가 된 것 같습니다.

월성 1호기, 낡은 것의 운명은 폐쇄!

이상홍 통신원(경주환경운동연합 사무국장)

국내 두 번째 노후 핵발전소 월성1호기, 수명완료 넘긴 지 1년째!

고리 1호기가 11월 28일 고장을 일으켜 가동을 멈췄다. 약 6개월의 정비를 거치고 재가동에 들어간 지 50일 만에 사고를 일으킨 것이다. 이에 대해 환경단체는 고장의 원인을 '노후 핵발전소'에서 찾았다. 설계수명 30년을 훌쩍 넘겨 36살이 된 고리 1호기가 고장을 일으키는 것은 어쩌면 당연했다. 아마 낡은 것의 운명일 것이다.

이 땅에 두 번째로 건설된 월성 1호기도 설계수명 30년을 넘긴지 꼬박 1년이 됐다(11월 20일). 언론들은 월성 1호기가 1년 째 가동을 멈춘 상태로 수명연장(재가동) 심사를 받고 있다고 보도했다.

월성1호기, 55번의 사고 경력과 4년째 수명연장 심사 중!

그러나 정확히 말하면 월성 1호기는 가동을 멈춘 지 이미 1년이 넘어섰다. 임종(설계수명)을 22일 앞둔 2012년 10월 29일 밤 9시 39분에 고장을 일으켜 가동을 멈춘 이후로, 계속 가동을 못하고 있기 때문이다. 월성 1호기는 이렇듯 30년 역사의 마지막을 불명예스럽게도 고장으로 마감했다. 그의 인생에서 55번째 맞이하는 사고였다. 그리고 마지막 사고를 맞이하기 43일 전에 54번째 사고를 맞이한 화려한 전력을 소유하고 있다. 이 또한 낡은 것의 운명이었을 것이다.

정확히 해 둘 것이 하나 더 있다. 월성 1호기의 수명이 끝난 지 1년 됐으니 수명연장 심사도 1년 정도 진행된 것으로 착각할 수 있다. 그러나 이 녀석의 수명연장 심사는 4년 전부터 시작됐다(2009년 12월). 심사를 일찍 시작하는 이유는 우리가 고등학교를 졸업하기 전에 수능시험을 치는 것과 같은 이치다. 학업의 공백기를 없애기 위해 미리 시험을 치고 졸업과 함께 곧바로 대학에 진학한다. 그러나 이 녀석은 4년 전부터 시험을 쳤으나 1년째 낙제를 하고 있다. 4년간 시험을 치르며 컨닝 등 성적을 올릴 기회를 여러 번 주었다. 그럼에도 불구하고 낡은 것의 가혹한 운명을 극복하지 못하고 있다. 이 녀석의 뒤를 봐주고 있는 강력한 힘, 원자력마피아는 시험이 아닌 정치적 결단을 강요하고 있다.

2000년 이후 국내 핵발전소 주변 지진 43건, 그 중 경주 월성에서 24건 발생!

올해 2월 7일 밤 10시 7분에 경주시 남서쪽 12km 지점에서 리히터 규모 2.2의 지진이 발생했다. 한국수력원자력은 곧바로 '월성 원전은 정상가동하고 있다'고 발표함으로써 혹시 모를 국민의 불안감을 잠재워야 했다.

동일본대지진과 그로 인한 후쿠시마 핵발전소의 폭발사고는 규모 2.2의 지진에도 핵발전소 안전을 걱정하게 만들었다. 그러나 지진에 대한 불안감은 더 이상 일본만의 이야기가 아닐 수도 있다. 올해 국정감사에서 원자력안전위원회가 민주당 유승희 의원에게 제출한 자료를 보면 2000년 이후 우리나라 고리, 영광(한빛), 울진(한울), 월성 등 4개 핵발전소 주변(30km 이내)에서 발생한 지진은 총 43건이다. 놀랍게도 이중 월성핵발전소에서 발생한 지진이 24건으로 전체 발생량의 56%를 차지하고 있다. 그리고 규모 3.0 이상의 지진 발생을 비교하면 전체 12건으로 월성이 9건으로 75%를 차지하고, 규모 4.0 이상의 지진은 월성이 1건으로 유일하다.

이처럼 월성핵발전소는 매년 2건의 지진이 발생하고, 규모도 타 핵발전소 지역보다 월등히 높게 나타나고 있다. 월성핵발전소 주변은 양산단층을 중심으로 많은 단층이 관측되고 있으며, 이들 단층은 앞의 통계가 말해주듯 활동을 하는 단층 즉, 활성단층으로 볼 수 있다. 우리 선조가 남긴 역사기록에는 규모 6~7의 대지진이 여러 번 있었다. 불국사의 석가탑도 지진으로 붕괴된 기록이 남아있다.

수명 다하고 낡은 퇴물핵발전소 월성 1호기…폐쇄가 정답!

이제 지진은 먼 얘기가 아니다. 우리나라의 핵발전소도 지진에 적극적으로 대비해야 한다. 그런데 30년이 넘은 낡은 월성 1호기를 뭘 보고 믿어야 할까? 정부에서 늘 얘기하는 우리나라 핵발전소는 규모 6.5의 강진에 견디도록 설계됐다는 말을 곧이곧대로 믿으면 되는 것인가? 30년 전에는 월성핵발전소 주변이 활성단층인 것도 몰랐던 정부를 어떻게 믿을 수 있을까? 그냥 수명이 다하고 낡은 핵발전소는 문을 닫는 것이 가장 안전한 길이라고 생각한다. 그것이 후쿠시마가 주는 가장 명쾌한 교훈이다.

올해 국정감사에서 월성핵발전소 주변의 지진이 도마에 올랐기에 이 문제를 거론해 보았지만, 월성 1호기는 지진과 같은 외부적 요인 외에도 내부적으로 많은 문제를 안고 있는 퇴물 핵발전소다. 낡은 것의 운명은 그냥 폐쇄가 정답이다.

작년 초 월성1호기가 압력관 교체 6개월여 만에 정지사고를 일으키자, 양남면 주민 200여명이 발전소 앞에서 '월성1호기 수명연장 중단'을 요구하는 항의집회 모습.

이상홍 제공

신월성·신고리 1·2호기 제어케이블 성능시험 결과 '정말 만족'스럽나?

국민불안 해소 위해, 꼭 공인된 해외 검증기관 재평가받아야…

이상홍 통신원(경주환경운동연합 사무국장)

시험성적서 위조로 논란 빚은 제어케이블…원자력안전위원회 '성능 만족' 발표?

원자력안전위원회(이하 '원안위')는 지난 11월 18일 "신고리·신월성 1·2호기의 신규 제어케이블 냉각재상실사고(LOCA) 환경시험 결과, '성능이 만족'한 것을 확인했다"고 발표했다. 이제 핵반응로(원자로)를 다시 가동하는 일만 남았다.

필자는 신월성 1·2호기 제어케이블 교체를 감시하는 민간검증단으로 활동했다. 이번에 새로 설치된 LS전선(주)에서 생산한 제어케이블의 성능시험을 일부 지켜보았고, 한국수력원자력(이하 '한수원')으로부터 설명도 들을 수 있었다.

특히, 핵발전소 내부로 들어가 제어케이블이 설치된 실제 모습과 작동원리를 살펴본 후, 제어케이블의 중요성을 새삼 깨달았다. 제어케이블은 단순하게 보면 그냥 전선다발이다. 핵반응로 주변에 복잡하게 깔려있는 전선다발이다. 그런데 그 역할은 매우 중요하다. 제어케이블이라 불리는 이 전선다발들은 사고발생시 자칫하면 핵폭탄이 될 수도 있는 핵반응로를 안전하게 작동하도록 도와주는 각종 안전설비들과 연결되어 이를 조종하는 신경세포였다. 만일 지난 5월에 신월성과 신고리에 설치된 제어케이블이 불량품이란 제보가 없었다면 우리는 끔찍한 사태를 맞이했거나 언제가 맞이했을 것이다.

그런데 11월 18일의 원안위 발표와 함께 필자의 걱정은 다시 시작됐다. 이대로 핵반응로를 다시 가동해도 되는가? 원안위의 발표에 우리의 생명과 재산, 대한민국의 미래를 맡겨도 되는지? 의문은 계속 되돌이표가 되었다.

민간검증단 4가지 문제제기…시험 및 인증기관 모두 한수원 유관기관(셀프 검증?), 성능시험 경험 부재 등 여러 문제 노정

원안위는 신월성·신고리 1·2호기에 새로 설치된 제어케이블이 성능을 만족했다고 발표했지만 민간검증단이 보기에는 만족스럽지 못하기 때문이다. 이번 성능 시험은 핵발전 사업자인 한수원에서 운영하는 한수원 중앙연구원에서 실시했다. 원안위는 한수원 중앙연구원에서 작성한 보고서를 검토했을 뿐이다.

그런데 한수원 중앙연구원의 성능 시험 결과를 받아들이기에는 미심쩍은 부분이 많다.

무엇보다 한수원 중앙연구원은 객관적인 시험기관이 될 수 없다. 한수원과 이해관계를 같이하는 곳이기 때문이다.

다음으로 한수원 중앙연구원은 성능시험 경험이 전혀 없는 곳으로 이번 냉각재상실사고(LOCA) 환경시험이 처음이라고 스스로 밝히고 있다. 뇌수술과 같은 생명의 위급을 다투는 일을 경험 없는 의사에게 맡길 수는 없는 일이다.

세 번째로 한수원 중앙연구원을 시험기관으로 인증해준 곳은 다름 아닌 대한전기협회였다. 대한전기협회는 국가기관이 아닌 민간단체로, 올해 우리 사회를 떠들썩하게 만든 원전비리에서 자유롭지 못한 곳이다.

네 번째로 냉각재상실사고(LOCA) 환경시험 과정에서 제어케이블의 피복이 벗겨지고 전선을 싸고 있는 절연체가 찢어지는 등의 문제가 여러 차례 나타났다. 그러나 한수원 중앙연구원과 원안위는 제어케이블의 문제가 아니라 시험을 진행하는 연구자의 실수로 가볍게 처리하고 말았다.

국민불안 해소를 위해 제어케이블 성능시험, 공인된 해외기관에 재평가받아라!

이에 민간검증단은 앞서 밝힌 네 가지 사유를 근거로 LS전선(주)에서 생산한 제어케이블을 공인된 해외기관에서 다시 평가받을 것을 정부에 공식 요청했다. 민간검증단이 제기한 해외기관 재평가 실시는 매우 합리적인 제안이라고 생각한다.

한수원 중앙연구원은 스스로 냉각재상실사고(LOCA) 환경시험 경험이 없다고 밝혔으며, 시험 과정에서 제어케이블의 절연체가 손상되는 등의 문제를 노출했다. 공인된 해외기관에서 재평가를 받아야 한수원 중앙연구원의 기술력도 인정받을 수 있고, 또한 국민적 불안도 해소할 수 있다고 보여진다.

※**냉각재상실사고(LOCA, Loss of Coolant Accident) 환경시험** : 핵반응로 안을 가득 채우고 있는 냉각수가 다양한 원인으로 없어지는 것을 냉각재상실사고(LOCA)라고 한다. 냉각수가 없어지면 핵반응로 안과 주변은 고온, 고압, 고방사능 상태가 된다. 원자로 주변에 설치된 제어케이블은 이런 악조건에서도 작동을 해야 하며 이를 검증하는 것이 냉각재상실사고(LOCA) 환경시험이다.

원자력 마피아가 실제상황을 만났을 때

"모두들 학교를 다닐 때는 수재였죠. 학교에서는 선생님이 시험을 낸다고 하면 예고한 범위 안에서 필사적으로 공부하면 100점을 땄겠지요. 하지만 조금이라도 범위를 벗어나면 0점이 되는 겁니다. 예상을 넘는 상황이 닥치면 전혀 대처할 수 없어요. 마다라메 위원장도, 보안원도, 도쿄전력도." (104쪽)

김현우(에너지기후정책연구소 상임연구원)

2011년 3월 11일, 동일본 대지진과 함께 일어난 후쿠시마 핵발전소 사고 당시 정말 무슨 일이 있었는지, 그리고 그 이후의 일이 어떻게 전개되어 왔는지를 알고 싶다면 이 《멜트다운》만한 책이 없겠다. 지은이 오스카 야스아키는 정부의 공식 발표 자료와 언론 보도 이면의 진실들에 접근하기 위해 많은 사람들을 만나서 이야기를 듣고 기록했다. 특히 그들이 감추고 싶어하는 이야기들 속에서 우리는 하나 둘 드러나는 핵발전의 본질을 본다.

후쿠시마 제1원전에 닥친 가장 큰 문제는 다름 아닌 전원 상실이었다. 몇십만 메가와트의 전력을 생산하는 핵발전소임에도, 비상 디젤발전기와 같이 자신을 식힐 수 있는 '외부' 전원이 없으면 스스로 계속 타오르는 불을 어쩌지 못하고 녹아내리는 것이 핵발전소다. 지진과 쓰나미로 발전기는 물론 전력선마저 망가져버린 상황이 며칠이나 계속되었다. 이 첨단의 기술로 만들어진 핵발전소를 무너지지 않게 할 수 있는 것은 거의 원시적인 사람의 수작업 밖에 남아있지 않았다.

예를 들어 창고에 있는 기다란 고압 케이블을 200미터 정도 길이로 잘랐는데 직경이 10센티미터가 넘는 케이블은 무게가 1톤이 넘었다. 보통은 기계를 써서 며칠씩 하는 작업이었지만 기계를 돌릴 동력이 없었다. 당장 기댈 곳이라고는 오로지 40명 남짓한 원전 직원들의 힘밖에 없었다. 직원들은 주차장에 가서 차량의 배터리를 떼어 모아왔고 전국 각지에서 소방차와 전원차가 수배되었다.

이런 상황은 후쿠시마 원전을 운영하는 도쿄전력도, 관할 부처인 경제산업성도, 그리고 당시의 총리인 간 나오토도 처음 겪는 일이었다. 그러니 핵연료가 과연 녹아내리고 있는 것인지, 사용후핵연료가 안전한지, 수소폭발이 일어난 것인지, 모든 것을 제대로 파악하지 못하고 TV만 쳐다보며 허둥댈 수밖에 없었다. 발전소 근처의 주민들이 언제 어떻게 피난해야 하는지도 주먹구구로 한 박자 늦게 정해지고 통보되었다.

그 동안 만들어 놓았던 사고대처 매뉴얼은 아무 소용이 없었고, 그 잘난 원자력 전문가들도 도움이 되지 못했다. 모든 게 '예상에 없던' 상황이었기 때문이다. 그러나 지진과 핵발전소는 시험문제 출제 범위를 지켜주지 않았다. 심지어 도쿄전력 시미즈 사장조차도 당시 도쿄가 아닌 나라현에 개인 여행중이었을뿐 아니라 실로 아무 것도 할 줄 몰랐다. 후쿠시마 원전의 현장을 책임진 요시다 소장만이 거의 본능적인 감각과 고집으로 해수를 주입하고 방사능 증기를 빼는 '벤트'를 실시하며 임기응변으로 상황에 대처해나갔다.

일차적인 수습을 책임져야 했던 간 총리는 사고 후 매일같이 '원자력 마피아'의 실체를 깨닫게 된다. 일본어로 원자력촌'이라 쓰는 원자력 마피아는 핵발전의 성장과 이해관계를 같이 하는 도쿄전력 등 전력회사와 게이다렌 같은 기업 조직, 경제산업성 같은 정부 부처, 그리고 전력회사 노동조합과 이들이 배출한 국회의원 등 정치인과 언론인들까지 조밀한 네트워크로 구성되어 있다.

간 나오토 총리는 원자력 마피아의 인의 장막에 막혀서는 후쿠시마 핵발전소 사태에 제대로 대응할 수 없다고 생각하고, 따로 조언자를 물색하고 도쿄전력을 기습 방문해서 도쿄전력이 도망치지 말 것과 공동대책상황실을 만들 것을 지시한다. 이 때부터 간 총리는 원자력 마피아 세력들에게 눈에 가시 같은 '괘씸한' 존재가 되었고, 본격적인 힘겨루기가 시작된다.

후쿠시마 핵발전소의 수습 지휘 권한을 둘러싼 과정이 첫 번째 힘겨루기였다면, 두 번째 힘겨루기는 사고의 보상 책임에 관한 것이었다. 도쿄전력 구제계획은 도쿄전력의 배상액 상한을 정해서 관련 기관과 회사들의 손해를 막아주도록 짜여졌고, 대다수 국민들은 이해관계자로 초청받지 못했다. 그럼에도 돈줄은 '국채'라는 국민의 지갑이었고 그 계산서를 받은 사람들은 원전의 방사능 오염에 노출된 사람들, 특히 차세대를 담당할 젊은 이들과 어린이들이었다. 그럼에도 간 총리는 사고 수습이 우선이라는 생각에 더 이상 도쿄전력을 추궁하기 어려웠다.

세 번째 힘겨루기는 핵발전을 포함하는 일본 에너지 정책의 미래에 관한 것이었다. 간 총리는 이 기회에 재생에너지 확충과 에너지 절약 등으로 국가에너지 계획의 틀거리를 완전히 바꿀 결단을 내리고자 했지만 곳곳에서 방해에 가로막혔다. 원자력 마피아들은 지진 위험이 높은 하마오카 원전만을 중단시키는 것으로 원자력 업계에 대한 피해를 최소화하려 했고, 언론을 동원해서 짜고치기 홍보전을 펼쳤다. 경제산업성은 플루서멀 같은 기술과 원자력 기술 혁신의 근원인 핵연료 사이클을 단념할 수 없었기 때문에, 간 총리가 외국 회의에 나가 있는 동안 간 총리를 마구 흔들어댔다. 결과는 원자력 마피아의 승리였다. 간 총리 내각은 후쿠시마 사고의 초기 수습과 재생에너지 지원 법안을 만드는 것까지를 임무로 확인하고, 8월 30일 총 사직하는 것으로 끝나고 만다.

후쿠시마 사고는 아직 끝난 것이 아니다. 위험하게 허물어져있는 구조물 사이에서 핵연료를 꺼내는 일이 얼마나 걸릴지 모르고, 그 사이에 큰 지진이라도 나면 다시 막대한 방사능 누출과 재임계 상태가 일어날 수도 있다. 그리고, 지금 일본 내각을 이끌고 있는 것은 간 총리를 흔들어 끌어내렸던 장본인 중 한 사람인 아베 신조 총리다.

오시카 야스아키의 생생한 기록들을 읽으면서 절실하게 든 생각 중 하나는 한국도 하나도 다르지 않다는 것이다. 업계와 정부 부처들에 포진한 소위 자칭 원자력 전문가들의 폐쇄된 공동체는 한국 전력정책의 고삐를 놓을 생각이 없다. 막대한 자금줄을 동원하며 정치인과 언론인들을 구워삶고 있는 것도 마찬가지다. 그리고 예기치 않은 사고가 닥쳤을 때, 이들이 실제로 어떤 수습의 기술도 발휘할 수 없으리라는 암울한 예상마저 그렇다. 고리, 월성의 노후 핵발전소와 물이 펑펑 쏟아지는 경주 중·저준위 방폐장에 대한 수습 방안을 내놓지도 못하고, 밀양과 청도의 송전탑 건설을 위해 막무가내 폭력을 멈출 줄도 모르고, 제어케이블 위조 검증 같은 각종 비리 앞에서 스스로의 앞가림도 못하는 것이 한국의 원자력 마피아다.

일본처럼 침몰하지 않으려면, 언젠가 일어날 핵 사고 이전에 한국 원자력 마피아의 권력부터 해체시켜야 할 것이다.

오시카 야스아키, 《멜트다운》, 양철북, 2013

오염수보다 심각한 사용후핵연

지난 10월 13일 제2차 에너지기본계획 초안이 민·관워킹 도쿄전력 후쿠시마제1핵발전소사고 수습작업 현장에서 일하는 구사노 미쓰오 씨(가명 50대, 이와키시)에게 이야기를 들었다. 구사노 씨는 사고 이전부터 후쿠시마제1핵발전소를 비롯해 일본 각지의 핵발전소에서 오랫동안 일을 해 왔다.

그는 오염수문제 등에 관한 정부와 도쿄전력의 공식발표가 현장에서 작업하는 이들의 의식에서 동떨어져 있음을 지적한다. 특히 후쿠시마 4호기 핵연료저장조에서 11월 중순부터 시작된 사용후핵연료 반출작업에 대해 그 위험성을 호소하고 "크레인 제어에 일본의 운명이 달려 있다"고 말한다**(인터뷰는 9월 중순, 이와키시 시내에서)**.

■컨트롤되는 것은 '정보'

후쿠시마제1핵발전소 현황에 대해서 묻고 싶다

구사노 미쓰오(이하 '구사노') : 거기의 위험성에 대해서는 작업하는 이들에게조차 아무것도 알려주지 않는다. 그래서 언뜻 보기엔 평온무사하다. 현장까지 버스 타고 가는데, 그 버스 안에 1호기에서 4호기까지 각각 어떤 상황인지 적은 것이 붙어 있다. 거기엔 '모두 괜찮다', '4호기 저장조는 콘크리트로 굳혔으니 걱정할 것 없다'라고 적혀있다.

그것은 일종의 안전신화인가?

구사노 : 맞다. '컨트롤되어 있다'고 아베 총리가 말했는데, 그것은 이런 정보가 컨트롤되어 있다는 의미였을 것이다.

■제네콘(종합건설기업)들에겐 절호의 기회

지금 어떤 작업을 하는가?

구사노 : 내 일은 지진과 쓰나미로 피해를 입은 기기의 점검과 수리다. 큰 정기점검은 정상적으로 가동돼 있는 걸 정지시켜서 하는 것인데, 그런 것이 아니라 (난 사고 이전부터) 각 기기의 점검을 상시적으로 하고 있었고, 사고 이후에도 마찬가지다. 선량은 그다지 높지 않지만, 제염(방사능 제거작업)을 안 한 곳이라 먼지로 내부피폭되기 때문에 전면마스크를 착용하게 돼 있다.

오염수 대책과 건물 내 작업은?

구사노 : 우리는 그 쪽은 전혀 안 한다. 솔직히 말해 지금 주역은 제네콘(종합건설기업)들이다. 사고 이후 말이다. 우리처럼 사고 이전부터 작업을 해서 어느 정도 핵발전에 대한 지식이 있는 사람을 가급적 투입하고 싶지 않은 모양이다. 그래서 그런지 우리도 중요한 부서엔 안 간다. 그래서 대부분 제네콘들이 작업하고 있는 상황이다. 발전소 안에 빌딩이 들어섰고, 거기에 제네콘 간판들이 크게 걸려 있다. '우리가 애쓰고 있다'라는 느낌으로 말이다.

발전소가 가동했을 당시엔 제네콘들은 관계가 없었을 것인데

구사노 : 맞다. 사고가 일어나서 제네콘들에겐 지금이 절호의 기회다. 지금은 제네콘들의 지위가 더 높다. 우리는 제네콘 주변에서 남은 소소한 일들을 얻고 있다는 느낌이다. 예전부터 핵발전에서 일해 왔던 이들은 핵심부서에서 동떨어져 있다. 일본 각지의 핵발전소에서 일해서 노하우를 갖고 있는 회사도 입·퇴장 관리라든가 그런 사소한 일밖에 맡지 못하고 있다. 말하자면 잡역이다. 원래는 독자적으로 전신방사선측정기까지 갖출 정도로 기술력이 있는 회사인데 말이다. 그런 회사들은 지금 할 일이 없어 하청업체까지 일을 줄 수 없는 상태다. 이전에 내가 일했던 회사 직원들도 일하러 하마오카핵발전소, 가시와자키카리와핵발전소 같은 다른 핵발전소들을 다니고 있다.

왜 그런가?

구사노 : 이유 중 하나는 방금 말했듯이 핵발전을 잘 아는 사람을 들이고 싶지 않다는 것이다. 그리고 오래 일해왔던 핵발전 관련회사들보다 제네콘이 청부 단가가 싸다는 사정도 있을 것이다. 제네콘들 입장에서 보면 좋은 일이기도 하다. 받은 돈을 자기 하청들에게 슬그머니 돌리기만 하면 되니까. 요컨대 공공사업이다. 이름은 수습작업이지만 그들은 단지 공공사업이라 생각할 뿐일 거다. 나도 이전에 제네콘 밑에서 일해 봐서 그들의 방식은 안다. 슈퍼 제네콘이라며 이름은 대단하지만 사실 주먹구구식 회사다. 우리 주변의 하찮은 시골 회사와 마찬가지다. 덧붙이자면 사고발생 초에 대부분 작업하던 이들이 방사선량이 꽉 차 버렸기 때문에 현장에 들어갈 수 없다는 이유도 클 것이다. 우리 회사에서도 팀장 정도의 직원들은 방사선량을 제한 가까이까지 채웠기 때문에[※] 아무도 선량이 높은 현장에 들어갈 수 없다. 그래서 다른 일을 할 수밖에 없다.

※ 일본 전리방사선장애방지규칙에서는 연간 50밀리시버트(mSv) 이하 및 5년 간 100밀리시버트 이하로 규정하고 있다. 또한 도쿄전력 관리기준은 연간 20밀리시버트 이하이고 하청 회사의 경우 도쿄전력 기준을 토대로 다양하다.

고노 다이스케 제공

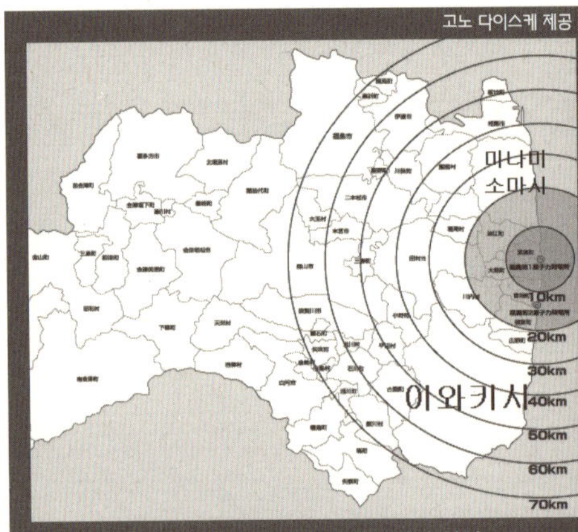

발전소와 미나미소마시, 그리고 이와키시의 위치.

출처: 도쿄전력 11월 26

후쿠시마 4호기 저장조 위에서 반출작업 직전의 모습.

그런 상황은 수습작업 현장에서 보자면 제법 심각하지 않은가?

구사노 : 맞다. 일반 건설현장에서 일하던 회사와 사람들이 들어와서 어쨌든 한다는 거니까.

■도쿄전력은 단지 관리회사일 뿐

제네콘이 주역이라 했는데 그렇다면 도쿄전력은 무엇을 하고 있는가? 기자회견을 하는 것은 항상 도쿄전력인데…

구사노 : 도쿄전력은 처음부터 아무런 기술도 없다. 그들은 단지 관리회사일 뿐이다. 서류를 보고 도장을 찍는 식의 말이다. 관리와 감독은 아무나 할 수 있는 일이다. 도쿄전력의 작업복만 입었다면. 어쨌든 여태까지 현장을 유지해 온 것은 각 원자로 제조회사의 기술자와 하청업체들이다. 이런 상황이라 도쿄전력에게 무엇을 물어봐도 "어, 글쎄 말이다…" 이런 식이다. 처음부터 현장을 모르는 이들이니 아무런 발상도 나오지 않는다. 그런 이들에게는 어떻게 하라고 해도 못하는 법이다.

■도쿄전력의 태도, 이전의 거만한 태도로 '복구'됐다

사고 전후에 도쿄전력의 태도에 변화가 있는가?

구사노 : 아무것도 변하지 않았다. 사고가 일어났다는 점만 다르지 나머지는 똑같다. 굳이 말하자면 사고 직후 3~ 개월 정도였을까, 도쿄전력이 약간 굽신굽신했던 것은. 그런데 그런 태도는 곧 '수습'돼 이미 이전의 거만한 태도로 '복구'됐다.

모두 그런가?

구사노 : 도쿄전력에도 양심적인 사람은 있다. 하지만 그런 사람들은 다 좌천되고 만다. 내가 아는 어떤 직원도 작업하는 이들에게 친절했고 열심히 일했는데, 지금은 잡일을 하고 있다.

■방사선을 많이 맞으면 권태감 느껴

봉급과 대우는 어떤가?

구사노 : 일당이 1만 1천엔(약 11만원)이다. 우리 회사는 그래도 좋은 편이고 더 아래로 가면 7차, 8차 하청까지 있기 때문에, 그런 데는 5~6천엔(약 5~6만원)이다.

그것은 후쿠시마의 최저임금이다. 위험수당은?

구사노 : 내가 아는 한, 받는 사람은 없다. 수습선언(2011년 12월) 이전부터 위험수당이라는 항목은 없었다.

전면마스크를 써야 하는 현장에 갈 때에도 말인가?

구사노 : 상관없다. 그래서 다른 일을 하는 게 낫겠다는 생각을 하기도 했다. 제염작업이라든가, 만약에 1만 5천엔(약 15만원) 받을 수 있다면 말이다. 전면마스크 쓰고도 1만 1천엔이면 보람이 없다. 그런데 왜 제염으로 가지 않았냐하면 제염은 방사선관리가 엉터리니까. 그래서 나중에 몹시 손해를 보게 된다. 가령 1만 5천엔이었다 해도 제법 내부피폭 당하게 되니까, 제염했던 이들은 언젠가 탁탁 쓰러질 것이다. 외 용 마스크를 사용해도 그 효과는 뻔하다. 무엇보다도 더워서 마스크 따윈 쓰고 있을 수가 없다. 결국 제염 현장은 관리하고 있지 않기 때문에 증거가 남지 않는다. 나는 병이 들었을 때를 대비해서 증거를 남기려고 핵발전소에 남아 있는 거 마찬가지다.

전신방사선측정기로 측정했을 때, 수치가 얼마나 나오는가

구사노 : 매달 전신방사선측정기로 측정하는데 최대치 약 6,000cpm[※]이다. 사고 이전에 6,000이라는 수치가 왔으면 난리가 났을 거다. 보통 800cpm 정도였으니까. 그런데 지금은 6,000이라는 숫자가 나와도 전혀 문제가 되지 않는다. 도쿄전력이 하고 있는 것은 '우리는 제대로 하고 있

료 반출 사고 수습 현장에서

오쿠무라 다케시(프리랜서 기자)

후쿠시마현 미나미소마시(후쿠시마제1핵발전소에서 20~30㎞)에 사는 프리랜서 기자인 오쿠무라 다케시 씨는 후쿠시마제1핵발전소 사고를 취재하고 기사를 자신의 블로그에 올리고 있다. 이 글은 그가 9월에 사고 수습작업을 하는 노동자를 인터뷰해서 지난 11월 3일에 올린 기사다. 사고 현장의 생생한 모습, 그리고 어쩌면 핵발전소에서 일하는 노동자에게 공통되는 문제를 엿볼 수 있다. — 고노 다이스케 편집위원 옮김

니다' 라는 말하자면 퍼포먼스다. 작업하는 이들의 건강을 지키기 위해서가 아니라 회사를 지키기 위해. 그냥 그것뿐이다. 현장노동자는 '일회용' 이니까.

※ cpm = counts per minute. 1분 당 방사선 계측 횟수

본인의 건강상태는 어떤가?

구사노 : 개인적인 느낌이지만 어느 정도 방사선을 맞은 날은 힘들다. 뻐근하고 권태감을 느낀다. 그리고 그 동안 내장병을 앓았다. 의사는 술이 원인이라고 하지만, 인과관계를 증명할 순 없으니까.

■산재는 자기책임

피폭문제 외에 현장에서 산재가 있는가?

구사노 : 현장에서 다쳐도 옛날부터 '당신 집에서 다쳤다는 걸로 해 달라' 는 식이었다. 산재라는 건 절대 외부로 들키지 않는다. 구급차를 불렀다든가 하지 않는 이상은.

작은 사고는 수없이 있지만 다 덮어 버린다는 뜻인가?

저장조 물속에서 핵연료집합체를 기계가 잡으려 하고 있다.

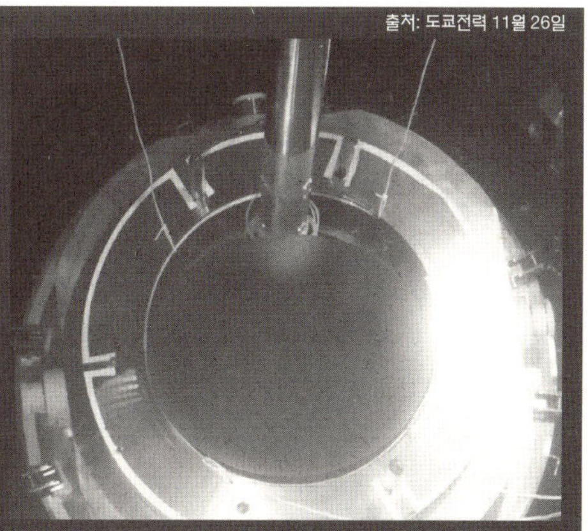

물속에서 핵연료집합체를 캐스크 속으로 옮기고 있다.

구사노 : 덮어 버린다기보다 들키면 힘들어지니까, 회사든 본인이든 스스로 집에서 넘어졌다는 식으로 뒤집어쓴다는 것이다. 자기규제, 자기책임이다. 왜냐면 산재가 돼 버리면 노동기준감독서가 들어오니까. 일주일, 심지어는 한 달 동안 현장이 멈춰 버린다. 그렇게 되면 폐를 끼치니까 집에서 넘어졌다는 걸로 알아서 하는 것이다. 안타까운 일이지만.

■수습작업은 아직 시작되지도 않은 것이나 마찬가지

수습작업의 전체 상황에 대해 묻겠다. 오염수대책은 앞으로 나간다기보다 후퇴를 강요당하는 사태가 아닌가?

구사노 : 맞다. 후퇴전이다.

그럼 현장은 필사적인 분위기인가?

구사노 : 아니, 의외로 그렇지 않다. 제대로 생각하면 차마 볼(맨정신으로 있을) 수 없으니까. 날마다 담담히 보낼 수밖에 없다.

녹아버린 핵연료를 꺼내는 작업을 애초에 발표했던 것보다 일찍 시작하겠다는 공정표가 발표(올해 6월)됐는데…

구사노 : 그것은 공정표가 아닌 완전한 희망사항이다. 공정표라 할 만한 것이 아니다. 수습작업은 실질적으로 '아직 시작도 되지 않았다' 는 상황이 맞을 것이다. 연료가 또 녹고 다시 임계에 이르지 않도록 냉각시킬 수밖에 없으니까. 그 외엔 아무것도 못하는 상태다. 그래서 주변을 치우고 환경을 정비하는 작업을 할 수밖에 없는 것이다. 그러다가 오염수 관리를 못하니 물로 식힌다는 방식 자체가 한계에 이르렀다. 결국 녹아버린 핵연료를 꺼내는 것은 거의 못하지 않을까. 납으로 굳히는 것이 더 낫지 않을까 싶다.

전망이 보이는 상태가 아니라는 말인가?

구사노 : 어렵다. 하지만 현실을 제대로 보면 미쳐버릴 것 같으니, 닥친 일을 해치울 수밖에 없다.

노동자의 피폭이 문제?

구사노 : 맞다. 예를 들어 오염수 저장통 하나를 해체하는데 아무리 빨리 해도 일주일 걸리고 있다. 조립할 때보다 시간이 훨씬 걸린다. 왜냐면 통이 몹시 오염돼 있기 때문이다. 작업 자체가 어려운 것이 아니라 방사선량의 문제다. 외부 사람들은 "오염수 용서할 수 없다" , "빨리 처리해라" 하지만 실제로 작업하는 이는 도쿄전력이 아닌 노동자들이다. 그것이 핵발전소다. 예전부터 이랬다. 멋있어 보이는 것은 중앙제어실 뿐이다. 자료영상 등에서 '핵발전소는 이렇게 최첨단이고 깨끗하다' 며 자주 중앙제어실을 보여주기도 하는데, 그 뒤에선 배선 한 가닥 한 가닥, 배관 하나하나를 열심히 연결시키는 노동자가 있다. 그야말로 궁극적인 아날로그이고 육체노동이다.

■4호기 크레인 조종에 일본의 운명이 달려 있다

4호기 핵연료저장조에 있는 사용후핵연료를 11월 중순부터 반출하겠다고 하던데… (11월 18일 시작, 본지 11월호 참조)

구사노 : 위험한 작업이다. 오염수와는 비교가 안 된다. 오염수는 그나마 흘러나올 뿐이니까. 그 자체가 곧 무엇을 일으키지는 않고 바다에 누적돼 갈 뿐이다. 물론 그것은 그것대로 나중에 심각한 문제가 되지만. 그런데 4호기 저장조의 사용후핵연료는 애초 사고가 일어났을 때, 미국을 비롯해 전 세계를 뒤흔들었던 문제고, 후쿠시마뿐만 아니라 정말로 도쿄가 날아가 버릴 수도 있다고 우려한 문제다. 그래서 절대 실패해서는 안 된다.

오염수 저장통문제가 밝혀지기 전까지는 역시 안전신화가 있어서, 그러한 기본적인 차원의 것들이 파탄나거나 실패하지 않을 거라고 생각됐는데…

구사노 : 4호기 작업에서 오염수 저장통 때와 같은 인위적 잘못이나 기술상의 문제가 일어난다면, 오염수처럼 "새고 있었다"는 식으로는 끝낼 수 없다. 그 때 일어날 일은 비교가 안 되니까. 물속에서 캐스크(핵연료를 옮길 때 사용하는 용기)에 넣어 밀봉한 다음에 매달고 끌어올린다는데 과연 잘 될지 모르겠다. 저장조는 쓰레기 투성이고 연료집합체가 깨져 있을 수도 있다. 물속에 있을 때엔 그나마 괜찮다. 물이 방사선을 막아 주니까. 끌어올려서 물 밖으로 꺼냈을 때가 위험하다. 예를 들어 얼마 전처럼 크레인이 넘어지기도 하니까(9월 5일에 3호기 건물 쓰레기 제거작업 중이던 크레인이 부러졌음). 그런 일이 일어나서 핵연료가 노출된다면? 주변에 있는 사람은 즉사할 정도로 강한 선량인데.

또 지진과 쓰나미가 올 수도 있고 회오리가 덮칠 수도 있을텐데…

구사노 : 맞다. 지진 같은 것으로 냉각시스템이 고장날 수도 있고 핵연료 저장조에 금이 가서 물이 없어질 수도 있다. 만약에 물이 없어지면 핵연료가 노출돼서 온도가 높아져 극심한 양의 방사성물질이 흩어져 버린다. 그렇게 되면 작업하는 이들도 이제 현장에서 대피할 수밖에 없다. 아니면 죽음을 각오하고 남든가. 그것이 체르노빌에서 일어났던 일이 아닌가. 도쿄 주민들도 피난 가야 한다.

사용후핵연료 반출작업이 1~4호기 모두 합쳐서 10년 정도 계속된다는데…

구사노 : 정신이 아득해지는 작업이다. 작업기간 동안 단 한 번의 실수도 없어야 하는데, 그 동안 일어났던 일들을 보면 어렵다는 건 뻔히 알 수 있다. 또 10년 동안 지진과 쓰나미, 회오리가 없을 거라는 보장도 없다.

노동자 확보 문제도 있다!

구사노 : 그렇다. 개인적으로는 이러한 크레인 작업을 맡을 수 있는 기술자를 모을 수 있을지 걱정이다. 원격조종은 불가능할 것이다. 그 동안 저장조 쓰레기 철거작업에서 피폭량이 하루에 2밀리시버트란다. 극심한 피폭이다. 그렇게 방사선량이 높은 곳에 크레인 타고 가야 한다. 작업시간도 제한된다. 따라서 굉장한 인원수가 필요하다. 기술도 있어야 하고, 기술자 확보라는 점에서 한계에 부딪칠 수 있다고 나는 본다.

심각한 위기와 함께 간다는…

구사노 : 맞다. 그래서 올림픽이 온다고 들떠 있을 상황이 아니다. 4호기에서 끌어올리다 하나라도 망가지면 이제 끝장이다. 크레인 조종에 일본의 운명이 달려 있다고 말해도 과언이 아니다. 그 사이에 지진이 오지 않기를 신에게 빌 수밖에 없다. 비과학적이지만. 그러나 아무도 빌지 않는다. 아베노믹스로 경기가 좋아지는가 어떤가하는 것밖에 화제에 올리지 않는다.

무엇이 필요한가?

구사노 : 불발탄을 처리할 때, 반경 몇 미터 안의 주민들을 다 피난시키지 않느냐. 적어도 아이들을 피난시키든가. 거기서 생각을 시작하면 모든 답이 나올 것이다. 그런 말 아무도 하지 않지만. 어쨌든 간에 아이들은 일단 피난하기를 바란다. 난 끝까지 남을 생각이다. 어디까지 지켜볼 수 있을지 모르지만.

(전체 인터뷰 내용 중 도쿄 올림픽 개최에 대한 소감, 지역 주민 간의 갈등에 대한 것은 생략—옮긴이)

지난 10월 제2차 에너지기본계획 민관합동워킹그룹은 권고안을 통해 핵발전 비중(전력설비 기준)을 22~29% 범위(2012년 기준, 26%)에서 정부가 의견을 수렴하여 결정할 것을 건의한 바 있다. 11월 7일 국회 산업통상자원위원회가 진행한 "제2차 에너지기본계획에 대한 공청회"에 배석한 김준동 에너지자원실장(산업통상자원부)은 "가급적 높은 수치에서 결정하겠다"고 밝혔고, 주류 언론들은 앞장서 "29%"를 기정사실화하며 보도했다.

조만간 제2차 에너지기본계획에 대한 정부안이 발표될 예정이며, 2차 공청회 등을 거쳐 확정될 것이다. 본지는 제2차 에너지기본계획과 밀접한 관련이 있는 해당 지역민의 시각(8면, 박혜령 인터뷰)과 민·관합동워킹그룹 참여위원의 최근 흐름에 대한 의견(9면 이상훈), 2.5% 과도한 수요전망(10면, 이진우), 전기화 및 전기요금(10면, 이헌석) 문제, 탈핵운동의 대응 방안(11면, 이헌석) 등의 꼭지를 8~11면에 걸쳐 기획했다. — 편집자

"국가의 결정을 반대하는 것이 엄두가 나지 않지만, 영덕군민들의 걱정은 매우 심각하다."

윤종호 편집위원

삼척시와 영덕군 등은 제2차 에너지기본계획 핵발전 비중이 어떤 '수치'로 결정되냐에 따라, 해당 지역 신규핵발전소 건설여부가 확정된다. 이번 정부 발표 결과로 지역의 미래가 좌우됨에 따라, 찬핵·반핵 모든 세력들이 촉각을 곤두세우며, 정부발표를 기다리고 있다.

영덕은 영덕군수를 비롯해 지자체가 핵발전소 유치에 앞장서며, 반핵대책위 등의 활동을 억누르고 지역분위기를 휘어잡고 있는 곳이다. 영덕핵발전소유치백지화투쟁위원회 박혜령 집행위원장을 12월 1일(월) 인터뷰했다.

인터뷰 | **박혜령**
(영덕핵발전소유치백지화투쟁위원회 집행위원장)

영덕 입장에서는, 핵발전 비중 22%와 29%는 어떤 차이가 있나?

현재로서는 핵발전 비중이 22%가 될 가능성은 매우 희박해 보인다. 그리고 비중에 따른 정확한 기수를 공식적으로 언급하지 않아 예상치에 불과하다. 22%일 때 총 35기 정도로 예상하며, 현재 가동중인 23기에 건설 중이거나, 계획 중인 11기를 더하면 총 34기이다. 신규부지에 1기가 추가된다는 계산이다. 이럴 경우, 예정된 신규부지는 철회될 가능성이 매우 높다.

그러나 지난 국회공청회에서 산업부의 의견은 핵발전 비중을 28~29% 정도로 설정할 뜻을 내비쳤다. 총 약 41기 정도로 추측된다. 신규부지에 7기를 추가 건설한다는 계산이다. 삼척과 영덕 모두 신규부지로 지정된다는 계산이다.

영덕의 문제는 하나 더 있다. 지난 2012년 한수원 이사회에서 신고리 7~8호기를 대신해, 영덕에 조기착공하겠다는 계획을 통과시켰다는 얘기이다. 굳이 신규부지가 아니더라도 영덕에는 신규핵발전소가 건설될 것이라는 예측이다. 그리고 현재 영덕의 건설 예정지 물건조사가 거의 끝나, 매입절차만 남은 것으로 알려져 있다. 게다가 주변지역의 반대 여론을 막기 위해 핵발전소 예정 부지 인근에 화력발전단지를 유치하려 한다. 이미 3개 업체가 사업설명회를 마쳤고, 주민동의를 받고 있다. 내년도에 있을 제7차 전력수급기본계획에 반영될 수 있도록 신청할 것으로 보인다.

이번 제2차 에너지기본계획 발표를 앞두고, 현재 지역주민들의 반응은 어떠한가?

반대하는 지역주민들을 비롯해 지역 전체에는 핵발전소 건설이 무산된 것으로 알려져 있다. 그리고 핵발전소 건설 대신, 화력발전소를 유치한다고 알려져, 최악을 피한 차악의 선택을 생각하고 있다.

찬핵의 실체는 실제 존재하지 않는다. 유치 신청을 한 군수와 동의한 의회 이외에 드러내놓고 찬성하는 주민들은 없다. 그러나 예정부지에 투자한 사람들이 핵발전소 건설이 무산될 것을 염려해 문의를 많이 한다는 소문이다. 최근 핵발전 비중을 29%에 가깝게 정할 것이라는 내용과 그에 따른 핵발전소 건설 갯수가 언론에 보도되자, 대부분의 주민들은 건설은 변동없다는 것으로 조용히 받아들이고 있는 것으로 보인다.

이번 제2차 에너지기본계획과 같은 국가의 에너지정책이, 결국 이해관계가 밀접한 해당 지역주민들의 의사보다 정부의 판단과 결정으로 이루어지는데, 해당 지역 주민 입장에서 어떻게 생각하나?

일부의 주민들은 고령인구라, 이곳은 죽으면 당대에서 끝나고 자손들이 이 땅에서 살 일은 없다고 생각한다. 나이든 사람들에게 그 정도의 피해는 감수할 수 있는 정도이며, 일본과 같은 대형 사고는 당장에는 일어나지 않을 것이라고 믿는다. 또 다른 일부는 환경피해가 있고 재산상 그리고 생명과 재산에 피해가 있지만, 반대급부로 주어지는 부가가치가 매우 클 것이라고 기대한다.

그러나 다수의 주민들은 핵발전소 건설의 문제를 경제적 가치나 눈앞의 이득을 넘어, 지역의 미래를 결정하는 매우 중요한 판단이라고 생각하고 있다. 발전소 자체가 매우 위험하고 인간을 포함한 환경에 심각한 악영향을 미치는 것이기 때문에, 필요하다면 다른 에너지원을 선택해야 한다고 얘기한다. 당대를 비롯해 후대에 까지 영향을 미치고 사고가 나면 돌이킬 수 없는 상태로 지역과 주변환경이 깡그리 망가지기 때문이다.

국가의 결정을 일개 국민이 반대하는 것이 엄두가 나지 않아 나서지 않고 있지만, 영덕군민들의 걱정은 사실 매우 심각하다.

조만간 제2차 에너지기본계획 정부안이 발표될 예정인데, 향후 어떻게 대응할 것인가? 또 정부, 제정당, 시민사회단체 등에 요청하고 싶은 의견은?

나를 비롯한 많은 사람들이 공통적으로 판단하는 것은 정부의 에너지계획에서 핵발전 '비중'의 논리이다. 다른 변수에 의해서 비중이 현실화된 모습은 다양한 가능성이 있다. 비중의 논리에 매몰되면 정확한 판단이 흐려진다는 말이다.

우리가 생각할 것은 정확한 핵발전소의 개수이며, 늘어날 핵발전소와 신규부지의 확정이다. 일단 핵발전소 부지로 확정되면 최소 10여기의 발전소를 건설하려 한다. 추가 신규부지의 확정은 곧 핵발전의 확대를 말한다. 정부가 핵발전 비중 축소의 진정성을 보이려면 최소한 신규부지를 철회해야 한다.

방사능은 국경이 없다는 것을 일본의 사례를 통해 절감하고 있지 않은가. 신분을 가리지 않고, 지역도 가리지 않는다. 무차별적이다. 여·야 구분없이 핵발전의 축소와 종국적인 핵발전소 폐기를 진지하게 고민해야 한다. 신규부지를 막는 것은 핵발전의 확대를 막는 매우 중요한 문제이다. 수십기의 핵발전소를 더 지을 것인가, 아니면 그 만큼의 대체 에너지원을 찾을 것인가의 문제이다.

마지막으로, 하고 싶은 말이 있다면?

에너지에 관한 정책은 일반인에게는 어렵고 낯설다. 전문가들의 영역으로 비쳐 일반인의 접근이 쉽지 않지만, 우리의 삶 전반을 지탱하는 부분이다. 매우 중요한 문제인데 정작 자신들의 삶을 가능케하는 이 에너지가 우리의 삶을 도리어 위협하는 에너지라면 과감히 바꾸어야 한다.

국민의 인식전환이 정책에 반영되도록, 행정과 정책결정과정에 문을 개방하고, 문턱을 더 낮춰 여론이 반영되도록 해야 한다. 핵발전 폐기와 대안에너지원의 확보, 에너지의 지역화 등 이 모든 것들을 시도하고 온전히 실현하는 과정을 통해 새로운 미래의 가능성을 볼 수 있다고 생각한다.

민관워킹그룹 참여 이후......
최근 에너지기본계획 논의를 지켜보며

이상훈(녹색에너지전략연구소 소장)

2008년, 2013년 국가에너지정책의 차이점

박근혜 정부 에너지 정책의 뼈대가 될 제2차 에너지기본계획이 곧 확정된다. 관련부처 협의와 녹색성장위원회 심의를 거친다고 하지만 예전처럼 산업통상자원부 안이 거의 수정없이 에너지기본계획이 될 전망이다. 산업부는 지난 10월 11일 제2차 에너지기본계획 민관워킹그룹의 권고안 형식으로 에너지기본계획 초안을 공개했고 여론을 살피고 이해관계를 조율하여 11월 7일에는 국회 산업통상자원위가 개최한 제2차 에너지기본계획 공청회에서 원전 설비 비중을 29% 정도로 유지하겠다는 산업부의 입장을 조금 더 구체적으로 밝혔다.

이번 제2차 에너지기본계획안은 절차와 주요 과제에서 2008년 제1차 에너지기본계획과는 차이가 있다. 우선 산업부와 국책연구기관이 에너지기본계획의 초안을 만든 후 관련분야 전문가들의 자문을 참고했던 관행에서 탈피하여 처음부터 산업부, 시민사회, 산업계, 학계 등 다양한 입장과 이해관계를 반영하는 60여명의 전문가들로 구성된 에너지기본계획 민관워킹그룹을 조직하여 초안을 만들고 이를 기본으로 산업부가 산업부 안을 만드는 절차를 거쳤다.

이런 거버넌스는 후쿠시마 원전 사고 이후 원전 수용성 악화, 9.15 순환 정전 발생, 반복적인 전력수급 불안, 밀양 송전탑 갈등 심화, 수도권 계통망 불안 등으로 정책당국에 대한 불신이 커진 반면 에너지 정책에 대한 사회적 관심과 참여 의지가 높아진 상황이 고려된 결과이다. 비록 여건에 떠밀린 수동적 선택이었지만 이는 에너지기본계획이라는 정부의 핵심적 정책 결정에서 정부 주도의 통제와 관리를 벗어나 다양한 이해관계자가 주체적인 참여자로 협의와 합의과정을 통해서 정책을 만들어가는 새로운 거버넌스를 추구했다는 점에서 진일보한 측면이 있다.

민관워킹그룹 권고안에서 에너지 가격체계 개편이 강조되고 발전용 유연탄에는 세금을 부과하는 한편 LNG와 등유에 부과된 세금은 완화하는 세제개편안이 명시되었으며 중앙집중식 전력시스템을 분산형 전원시스템으로 개편하겠다는 방향이 제시되었다. 무엇보다도 원전의 설비 비중을 기존 계획의 41%에서 22~29%로 낮추겠다는 안이 엄청난 화제가 되기도 하였다.

MB정부의 원자력, 재생에너지 동시 확대 정책을, 박근혜 정부에서는 원자력 확대로 정리

하지만 포장을 벗기고 장식을 떼어내면 새로운 에너지기본계획안은 실제로 달라진 게 별로 없다. 필자가 참여했던 전력분과 워킹그룹 막바지 모임에서 대부분의 참가자들은 이번 계획이 제6차 전력수급기본계획의 계획 기간인 2027년까지는 이전 계획에 비해 다른 점이 거의 없다고 입을 모았다.

에너지 소비 조장과 왜곡을 초래해온 에너지 가격체계를 개편하는 중차대한 과제도 전기요금 소폭 인상 수준에서 그칠 가능성이 크다. 에너지 상대가격 조정안이 나왔지만 비효율적인 에너지 소비 패턴에 충격과 변화를 주기에는 역부족이고 유류 및 천연가스와 전기 간의 상대가격 해소라는 본래의 목적보다는 세수 증대의 수단에 그칠 수도 있다. 비록 원전 설비 비중을 기존 계획보다 낮추었다고 하지만 산업부 의도대로 원전 설비 비중을 현재 26%에서 29%로 높인다면 기존의 원전 확대 계획은 순항할 것이고 과도한 전기화의 추세는 꺾이지 않을 것이다.

전력수요가 제1차 에너지기본계획 전망보다 더 많이 늘어날 것이라는 전망은, 그래서 2035년 연간 1인당 전력수요가 세계 최대 수준인 2035년 15,732kWh까지 증가한다는 예측은 원전을 기반으로 에너지다소비업종을 위주로 한 산업계에 값싸게 전력을 공급하는 정책을 지속하겠다는 것으로 해석된다.

온실가스 감축을 고려하여 CCS 등 석탄화력발전소에 최신 온실가스 감축기술을 의무화한다고 하지만 발전자회사들도 감축기술 적용에 따른 온실가스 감축의 현실성이 거의 없다고 지적한다. 온실가스 감축을 위해 석탄화력 대신 가스화력의 비중을 대폭 높일 수도 있겠지만 발전업계와 산업계는 전기요금을 인상시키는 연료 전환보다는 차라리 달성 불가능한 발전부문 온실가스 감축 목표를 현실화해야 한다며 반발할 것이다.

분산형 전원 확대를 말하지만 수요지 근처에 들어갈 가스복합 열병합시스템은 에너지 세제개편안이 실현되더라도 대용량 원거리 석탄화력에 비해 경쟁력을 갖추기 힘들다. 이대로 간다면 분산형 전원 확대는 그럴듯한 표현일 뿐 결국 재생에너지 발전의 비중이 약간 증가하는 수준에서 그칠 것이다.

재생에너지는 보급 정책은 이전보다 크게 후퇴할 전망이다. 2035년 1차 에너지의 11%라는 재생에너지 중기 보급 목표 자체도 후퇴했지만 재생에너지 산업 육성을 우선시하면서 재생에너지 보급에서 정부의 지원을 줄이겠다는 의도가 보이고 이것은 관련 예산의 감소로 이어질 것이다. 시장 경쟁력이 있는 분야를 중점 보급하겠다는 것은 그럴듯하게 들리지만 시장 창출을 위한 정부 개입이 필요한 분야에서 손을 떼겠다는 얘기이기도 하다.

전반적으로 재생에너지는 창조경제를 실현할 유력한 성장동력임이 분명함에도 MB정부의 녹색 성장 이미지가 강하다는 이유로 홀대받는 분위기이다. 사실 재생에너지와 원자력은 상충되는 성격이 강해서 동시에 드라이브를 걸기 어렵다. 그래서 원자력과 재생에너지를 동시에 확대했던 MB정부의 모순된 정책을 박근혜 정부는 원자력 확대로 바로잡는(?) 것으로 보인다.

국가에너지 정책에 대한 시민단체 등의 강한 반발, 그러나 시민들은 무관심하고…

결국 제6차 전력수급기본계획과 맥락을 같이 하는 제2차 에너지기본계획 안에 따르면 온실가스 감축은 흐지부지되고 권고안의 강조점과는 달리 원전과 석탄화력을 기반으로 하는 중앙집중식 전력시스템은 20년이 지나도 건재할 가능성이 높다. 그런데 이런 안에 대해서 환경단체와 진보정당은 강하게 반발하고 있지만 시민들은 크게 관심을 보이지 않고 대중적 저항은 찾아보기 어렵다. 지속가능한 에너지 정책에 대한 요구가, 원전 축소에 대한 열망이 아직까지 폭넓게 시민 속으로 뿌리내리지 못하고 있음을 보여주고 있다.

우리나라 에너지 정책은 후쿠시마 이후 원전 수용성의 감소, 전기화에 따른 전력수요 급증,원격지 설비집중과 수도권 부하밀집에 따른 계통 불안, 송전망 증설을 둘러싼 갈등 심화, 발전부문 온실가스 감축 등 심각한 도전과 난제에 직면해 있다. 이번 제2차 에너지기본계획은 이런 도전과 과제에 슬기롭게 대응하여 지속가능한 에너지 정책을 구축하는 것이 시대적 과제였고 그래서 민관워킹그룹이라는 거버넌스도 등장하였다. 하지만 결과는 계획 기간 동안 원전 비중 확대, 전기화 추세 지속, 발전부문 온실가스 증가, 발전단지 대규모화와 장거리 송전 구조 고착 등 상황을 악화시키는 방향으로 정리되고 있다.

에너지정책, 산업계의 이해 과잉 반영…에너지행정, 산업통상부에서 분리·독립시켜야

결론적으로 이번 에너지기본계획안은 에너지 정책이 여전히 산업 진흥과 수출 확대, 물가 안정 논리에 밀리고 있음을 보여준다. 산업통상자원부의 에너지 정책은 여전히 에너지다소비업계와 기존 에너지업계가 주축이 된 산업계의 이해가 과잉으로 반영되고 있다.

산업 진흥과 수출 확대가 국가 전체의 이익과 동일시되어 에너지 정책의 지속가능성은 사실상 무시되고 있다. 산업 진흥과 수출 확대에 떠밀려 독자성을 유지하지 못하는 에너지 행정을 산업통상자원부로부터 분리하여 독립시키지 않는다면, 앞으로도 지속가능한 에너지 정책의 수립을 원천적으로 가로막는 구조와 관행을 극복하기 어려울 것이다. 국민 여론 다수가 원전 축소를 요구하고 지속가능한 에너지 정책에 투표권을 행사하지 않는 한 지속가능한 에너지 정책이 공익 혹은 국익의 관점에서 현실화되는 상황에 도달할 수 없을 것이다.

국내 핵발전소 현황(12월 2일 현재)

본부	호기	시설용량(만kW)	비고
고리	1호기	58.7	고장으로 정지
	2호기	65	
	3호기	95	
	4호기	95	
신고리	1호기	100	시험성적서 위조
	2호기	100	시험성적서 위조
	3호기	140	건설 중
	4호기	140	건설 중
월성	1호기	68	수명연장 심사 중
	2호기	70	
	3호기	70	
	4호기	70	
신월성	1호기	100	시험성적서 위조
	2호기	100	운영허가 단계
영광(한빛)	1호기	95	
	2호기	95	
	3호기	100	
	4호기	100	정비 중(원자로헤드 균열)
	5호기	100	
	6호기	100	
울진(한울)	1호기	95	
	2호기	95	
	3호기	100	
	4호기	100	
	5호기	100	
	6호기	100	
신울진	1호기	140	건설 중
	2호기	140	건설 중

23기 운행 중(6기 가동 중지)
1기 운영허가 단계
4기 건설 중

비전과 목표가 없는 장기 에너지 계획?

이진우 (에너지기후정책연구소 부소장)

비전과 목표 없는 제2차 에너지기본계획, 잘못된 에너지 수요전망이 그 출발점

정책은 비전을 가지고 있어야 한다. 비전이 없다면 정책은 방향을 잃을 수밖에 없고, 목표가 사라진다. 따라서 정책이란 목표를 달성하기 위한 수단이기 이전에 의지의 산물이다. 그런데 의지와 목표는 없고 수단만 가득한 정책이 있다면? 12월 발표를 앞둔 제2차 에너지기본계획이 바로 이 해괴한 정책을 표방하고 있다.

에너지기본계획은 국가 에너지정책의 최상위 정책으로, 에너지기본계획에 맞춰 에너지 수급에 관한 세부 정책과 예산이 확정된다. 에너지가 환경·산업·고용 등 우리 사회 전반에 미치는 영향을 감안하면 에너지기본계획이 미래 사회상의 결정적인 키잡이 역할을 한다고 해도 과언이 아니다. 그런데 에너지기본계획에는 비전은커녕 목표도 없는 것으로 평가받고 있다. 이런 비상식적인 정책의 시발점은 에너지수요전망 때문이다.

추세분석의 상향식 수요전망보다, 수요를 조절할 정책 목표가 중요

에너지기본계획에서 에너지 수요전망은 전적으로 상향식(bottom-up) 모델에 의존하고 있다. 국책연구기관인 에너지경제연구원이 수요부문별, 용도별로 추세 분석을 해 향후 수요치를 전망하는 식이다. 현재 경향을 투영하여 미래의 결과를 예측하는 것이다. 하지만 상향식 모델은 구체적인 원인 분석을 통해 결과를 도출하기 때문에 구체적인 데이터 값은 가질 수 있지만, 그 자체로 정책이 되지는 않는다. 따라서 수요 전망안보다는 수요를 얼마나 조절할 것인가 하는 정책 목표 지점이 중요하다. 정부도 이런 이유로 수요 전망안과 수요 목표안을 별도로 수립하여 발표한다.

2035년까지 전력소비증가율 2.5% 예측…출발선 자체가 왜곡되었다!

지난 10월 '민·관합동워킹그룹'의 이름으로 발표된 에너지기본계획 권고안은 2035년까지 전력소비 증가율이 연평균 2.5% 수준이 될 것이라고 예측하면서, 수요 관리를 통해 전력수요의 15%를 줄여야 한다고 권고했다. 하지만 기준수요는 원인에 따른 결과를 예상하는 추계 프레임(forecasting)에서 벗어나지 않았다.

정부는 지금까지의 전력 수요 추세에 비추어 수요 전망을 도출하고 있다. 하지만 현재의 전력 수요 증가율은 정책의 실패에서 파생된 결과로 보는 게 합리적이다. 매년 3~5%에 이르는 물가상승률과는 달리 전력 요금은 거의 인상되지 않았고, 반대로 경쟁 연료인 가스나 석유 가격은 천정부지로 치솟았다. 때문에 전력수요는 급증할 수밖에 없었다. 인구나 GDP 등 주요 전망과 경제 활동 변수를 고려했다고 하지만, 출발선 자체가 왜곡되어 있는 것을 감안하지 않은 것이다. 거기에다가 전력 수요 전망안 자체가 몇몇 전문가 사이에서만 다뤄지다 보니 이러한 문제제기는 이미 사후적인 것이 되는 양상을 보이고 있다.

핵발전소의 사회적 위험과 지구온난화 위기를 넘어설, 정책목표와 정부의 의지가 중요하다!

2.5% 전력 수요 증가율을 감안하면 2011년 현재 39백만 toe(석유환산톤) 정도인 전력 소비량은 2035년경 70백만 toe를 넘어설 것으로 추산된다. 민·관합동워킹그룹 권고안대로 전력수요를 15% 정도 줄인다고 하더라도 60백만 toe에 이른다. 재생가능에너지가 기하급수적으로 늘어나지 않는 이상 핵발전소나 대형 화력발전소 신규 건설이 불가피하다. 심각한 상황에 이른 지구온난화나 핵발전소로 인한 사회적 리스크를 감안하면 받아들이기 어려운 수치다. 에너지기본계획과 같은 최상위 정책은 에너지 수급 전망은 물론이고, 이에 따른 사회적 피해를 줄이기 위한 포괄적 지표를 제시할 필요가 있다. 이는 전력 수요를 관리하는 방안이 최우선적으로 전제되어야 한다는 것을 의미한다. 그런 점에서 에너지기본정책의 핵심은 미래의 경향성을 예측하는 것이 아니라 사회의 규범적 목표를 제시하여 문제를 해결하려는 정책적 의지가 전면에 나와야 한다.

그런 관점에서 에너지기본계획은 추계 프레임이 아니라 정책 목표 프레임(backcasting)이 중시되어야 한다. 에너지기본계획이 20년이라는 장기 목표를 다루고 있다는 점에서 더욱 그렇다. 정책목표가 우선시된다고 해서 경향을 예측하는 모델이 불필요해지는 건 아니지만, 에너지 위기가 가시화되었으므로 우리에게 필요한 에너지계획이란 미래의 모습을 보여주는 게 아니라 도달해야 하는 목표와 이를 달성하기 위한 수단을 제시하는 것이다. 우리 사회는 에너지·기후변화 위기를 해결할 수 있는 경제적·기술적 수단들을 이미 가지고 있다. 우리에게 없는 건 정부의 의지뿐이다. 경향을 읽어내는 것만으로는 탈핵도, 미래도 불가능하다.

비정상적인 전기화…가격체계 조정 등 적극적 규제 필요

이헌석 (에너지정의행동 대표)

에너지 중 25.3% 전환손실, 이중 95%가 발전부문에서 발생

자연 상태, 즉 가공되지 않은 상태의 에너지를 1차 에너지라고 한다. 이 1차 에너지는 에너지 소비단계에서 2차, 3차 등 다양한 형태로 변환하게 된다. 예를 들어 유전에서 생성된 원유는 정유과정을 통해 중유(2차 에너지)로 바뀌고, 중유는 발전기를 통해 전기(3차 에너지)를 생산하는 등 다른 에너지로 변환하게 된다. 문제는 이 과정에서 에너지의 손실이 발생하는데, 이를 전환손실이라고 한다.

현재 국내 1차 에너지 전환손실은 25.3%로, 전체 에너지의 1/4이 전환과정에서 버려진다. 이 용량을 환산해보면 7,028만TOE(석유환산톤)로, 대략 1000MW급 핵발전소 103.7기가 1년 동안 생산하는 전력에 맞먹을 정도로 엄청난 양이다. 전환손실을 현재의 기술로는 완전히 없앨 수 없기 때문에, 이 모든 전환손실을 에너지원으로 사용할 수는 없다. 문제는 이 전환손실 중 95%가 발전부문, 즉 전력을 생산하면서 나온다는 사실이다. 이는 다른 에너지 전환보다 전기생산 과정에서의 손실이 더욱 크기 때문인데, 현재 국내 화력발전소 효율은 40% 정도로 전력생산과정에서 60% 정도의 에너지가 버려지고 있다. 여기에 3~4%대에 이르는 송배전 손실을 합할 경우, 전기로 인한 전환손실은 더욱 커진다.

OECD 국가들의 에너지 전기화

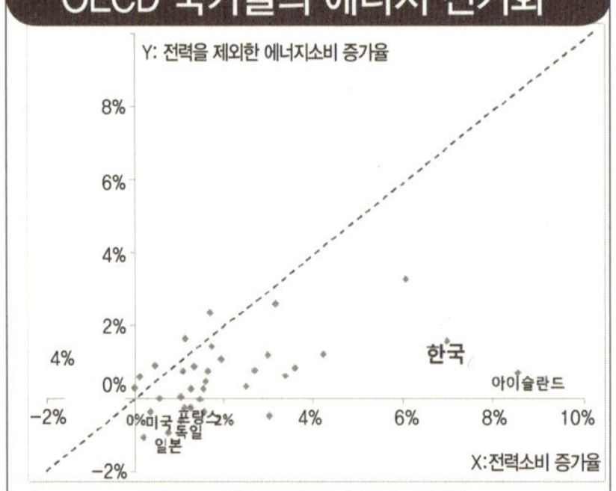

자료 : OECD(2010년 기준)
주 : 2000~2010년의 연평균 증가율 기준

비정상적인 전기화 경향

전기로 인한 에너지 전환손실은 국내뿐만 아니라, 세계적으로 비슷하게 추세이다. 특히 국내의 경우, 상대적으로 최신 설비를 갖고 있는 발전, 송변전설비로 미국 등 다른 나라에 비해 오히려 전기로 인한 전환손실이 작은 편이다. 그럼에도 불구하고 국내에서 이것이 문제가 되는 것은, 기존에 석탄, 가스 등 화석연료를 사용하던 에너지원들이 전기로 바뀌고 있기 때문이다.

최근 현대경제연구원이 발표한 자료에 따르면, 국내의 전기화 경향은 OECD 국가 중 아이슬란드를 제외하고는 가장 빠른 속도이며, 대표적인 선진국인 미국, 일본, 독일, 프랑스 등은 전력을 제외한 에너지소비 증가율이 마이너스를 기록하고 있고, 전기소비증가율도 2% 미만을 기록하고 있으나, 우리나라는 전력을 제외한 에너지소비증가율은 1.6%에 불과한데, 전기소비증가율은 7.0%에 달하는 비정상적인 전기화 경향을 보이고 있다. 다시 말해 다른 에너지 소비는 크게 늘지 않는데, 전기소비만 급증하고 있는 것이다.

가격체계 조정과 적극적인 규제 없이, 전기화 경향 막을 수 없다!

왜 이런 일이 발생할까? 많은 이들은 이 이유로 물가 억제정책의 일환으로 적자를 보면서까지 올리지 못한 전기요금, 이에 따라 산업계를 비롯 우리 사회 전체가 전기로 난방을 비롯한 열에너지원으로 사용하고 있는데서 찾고 있다. 생활주위에선 석유난로가 전기난로로 바뀌었고, 석탄이나 중유를 사용하던 용광로와 건조기는 전기용광로와 전기건조기로 바뀌었다. 상가에선 문을 열고 에어컨을 켜는 일이 자연스럽고, 심지어 가스 냉방기를 철거하고 전기 냉방기로 바꾸는 일들까지 생기고 있다.

또 다른 한편 전기화경향을 막지 못하는 우리나라 산업정책의 문제이기도 하다. 일정규모 이상의 건축과 개발 과정에선 에너지사용계획서를 의무적으로 제출하도록 하고 있으나, 이는 자발적인 계획제출일 뿐 실질적인 에너지 규제로 이어지지 못하고 있다. 다시 말해 에너지 소비를 정부가 직접 규제하지 못한 채, 에너지수요에 맞춰 정부가 공급계획만 세우는 공급위주의 에너지정책이 낳은 폐해라는 지적이다. 국가에너지정책을 고려할 때, 저효율—에너지다소비 업종에 대한 규제와 유도가 필요한데 지금까지 이것을 진행하지 못했다는 비판이 바로 그것이다.

이렇게 만들어진 전국적 전기화 경향은 전국을 발전소와 송전탑 분쟁지로 만들어버렸다. 필요하다고 해서 자꾸 발전소와 송전탑을 지을 수 없는 상황에까지 이른 지금, 이제 전기화 경향은 전기업계에게는 좋은 꿈일지 몰라도 국민 모두에게는 악몽이 되고 있다.

제2차 에너지기본계획과 박근혜 정부 핵발전정책 탈핵운동의 대응

이헌석 (에너지정의행동 대표)

후쿠시마 핵사고 이후 세계 곳곳에서 탈핵유턴?

얼마 전 한 경제신문은 "원자력발전소 1기면 풍력발전기 6000개를 대체합니다. 그래도 원전을 포기하란 말입니까?"라는 데이비드 캐머런 영국총리의 발언을 언급하며, 후쿠시마 핵사고 이후 주춤하던 탈핵정책이 속속 무너지고 있다며, '원전 유턴', '원전 회귀' 같은 표현을 사용하며, 영국과 미국의 사례를 설명하고 있다.

영국과 미국에서 그간 핵발전을 둘러싼 논쟁이 어떻게 전개되었는지 모르는 이들이 보면, 이러한 설명은 그럴듯해 보인다. 벌써 후쿠시마 핵사고 이후 3년이란 긴 시간이 흘러가고 있지 않은가? 기억에서 조금씩 지워지듯 탈핵정책도 현실론에 부딪혀 흐릿해지고 있는 것처럼 보이기 때문이다.

하지만 이는 명백히 사실과 다르다. 미국의 경우 2005년 부시 행정부 시절, 핵발전에 대한 보증확대, 세제혜택을 늘리는 에너지 법안이 통과되고, 오바마 행정부에서도 이 정책기조가 유지되면서 신규 핵발전소 건설이 후쿠시마 이전부터 추진되고 있었던 것은 많이 알려져 있다.

영국의 경우에도 2008년 영국 노동당의 고든 브라운 총리가 '녹색 혁명(Green Revolution)' 계획을 수립하면서 2050년까지 영국을 '탄소배출 제로'로 만들겠다는 의욕적인 발표와 맞물려 핵발전이 탄력을 받는 중이었다. 영국정부는 탄소배출 제로를 위해 기후변화법을 제정하고, 기후변화위원회를 발족시키는 등 온실가스 감축을 위해 의욕적인 활동을 했지만, 온실가스 저감 방안에 핵발전이 포함되어 있었기 때문이다. 당시 영국정부는 2020년까지 최소 10GW(약 10기)의 신규 핵발전소가 필요하다는 결론에 도달하고 신규부지 11곳을 선정, 부지선정 작업을 계속 진행 중이었다.

미국과 영국은 후쿠시마 핵사고가 생기자, 기존 계획을 일시 중지하는 정치적 제스쳐를 취하기는 했지만, 단 한번도 '탈핵' 같은 것을 선언해본 적이 없는 국가이다. 단지 계획이 여론에 밀려 지연되었을 뿐.

서서히 드러나고 있는 박근혜정부의 핵발전에 대한 입장

이런 시각에서 본다면, 한국 역시 '원전 유턴', '원전 회귀' 국가이다.

이미 잘 알려진 것처럼 이명박 정부는 역대 어떤 정부보다 핵발전소 건설과 수출에 적극적이었다. 심지어 후쿠시마 핵발전소가 폭발하는 그날도 UAE 핵발전소 기공식에 참여했을 정도였다. 후쿠시마 핵사고와 함께 핵발전에 대한 국민여론은 악화되었고, 이어 발생한 한수원 비리 사건은 위험성뿐만 아니라, 핵산업의 도덕성마저 뒤흔들어 놓는 하나의 사건이었다.

이에 따라 핵발전소를 둘러싼 계획은 지연되었다. 대표적으로 올해 2월 발표된 6차 전력수급기본계획에서 삼척, 영덕 등에 예정되었던 신규 핵발전소 건설계획은 '유보' 되었다. 하지만 이는 말뿐인 유보였다. 유보 발표 이후에도 이들 지역에서 토지와 건물에 대한 물건조사 등은 유보 발표와 상관없이 그대로 진행되었다.

표면적으로는 '유보' 이지만, 실제로는 '추진 중' 인 상황. 이는 지금도 진행 중이다. 이명박 정부 당시 제1차 에너지기본계획의 핵발전 비중 목표인 41%를 이번 제2차 에너지기본계획에서 22~29%로 낮추겠다는 발표가 있자, 핵산업 관련 주가가 폭락하는 등 일대 소동이 있었다. 그럼에도 불구하고 신규 핵발전소를 지어야 한다는 정부의 해명, 현재 26% 수준의 핵발전 비중을 28~29% 늘리는 수준에서 핵발전 비중 목표를 정하겠다는 정부 발언이 이어지면서 말 그대로 겉과 속이 다른 표리부동(表裏不同) 상태가 계속 이어지고 있다.

제2차 에너지기본계획, 과연 한국사회는 탈핵으로 전환하고 있는가?

안타까운 일이지만, 2008년 이명박 대통령이 처음 '저탄소 녹색성장' 을 들고 나왔을 때도 이와 비슷한 혼란이 있었다. 저탄소와 녹색은 전통적으로 환경단체가 사용하던 개념이었고, 설사 그것에 문제가 많더라도 정부가 이런 표현을 쓰는 상황에서 직접 반대구호를 외치는 것은 적절치 않다는 의견이 바로 그것이었다. 하지만 이어 나온 '4대강 사업' 계획과 핵발전을 중심으로 한 에너지기본계획 발표를 통해 '저탄소 녹색성장' 이 말그대로 녹색분칠(green washing)에 불과하다는 것이 밝혀지는 데는 많은 시간이 걸리지 않았다.

이번 제2차 에너지기본계획에서 보듯이, 자신의 속내를 그대로 내 놓는 '순진한' 정부는 없다. 자신이 갖고 있는 단점과 문제점을 보다 적극적으로 숨기기 위해 보다 적극적인 '포장지' 로 자신을 감싸는 것은 이제 상식이다. 또한 이러한 포장지에는 단지 껍데기만 있는 것이 아니라, 약간의 개선점을 포함시켜 사람들을 더욱 혼란스럽게 만들뿐이다.

하지만 '핵없는 세상' 을 꿈꾸는 탈핵운동 진영에게 문제의 본질은 한국사회가 탈핵으로 바뀌고 있는가하는 점이다. 후쿠시마 핵사고 직후 한국의 탈핵운동가들은 독일 메르켈 총리가 2022년 핵발전소 제로를 선언했다는 사실에 기뻐했지만, 정작 독일의 운동가들은 '지금 당장 핵발전소 제로를 선언하라' 며 반대 성명과 집회를 했다는 사실을 잊어서는 안 될 것이다. 더 많은 지역에 더 많은 핵발전소가 지어지는 현실은 누가 보더라도 탈핵과 거리가 먼 우리의 현실이다. 보다 직접적인 행동과 저항을 통해 후쿠시마 핵사고가 인류에게 전해준 교훈을 실천하는 일. 이 일은 계속 이어져야 할 것이다.

출처: 노동당

◀지난 11월23일 '제2차에너지기본계획 대응을 위한 탈핵집회'를 마치며, 참가자들이 '탈핵은 가능하다'를 외치고 있다.

사용후핵연료 공론화와 탈핵진영의 대응

윤기돈(녹색연합 사무처장)

우리 세대가 책임지고, 사용후핵연료에 대한 공론을 모아가야 한다!

사용후핵연료 공론화(이후 공론화)에 대한 탈핵운동진영의 시각차가 존재하는지는 여전히 잘 모르겠다. 다만, 공론화위원회 참여를 두고는 입장의 차이가 명확히 갈려, '핵없는 사회를 위한 공동행동'의 경우 그 이름을 걸고 참여하지 않기로 결정했다.

전통적인 반핵운동진영은 사용후핵연료 처분장 부지선정 문제를 반핵운동을 실현할 핵심 열쇠라는 전술을 선택해왔다. 이는 기존 부지에 신규핵발전소가 들어서면서, 사실상 신규핵발전소를 저지할 동력을 찾지 못하는 속에서 나온 어쩔 수 없는 선택이었다. 그러나 부안싸움을 거치고, 후쿠시마사고 이후 변화된 상황 속에서도 여전히 이 전술이 유효하다는 판단은 잘못된 것이라 생각한다. 오히려 공론화를 통해 미래세대에게 해결책을 전가하는 것이 아니라 우리 세대가 책임지고 이 난제의 해결방법에 대한 공론을 모아가는 것이 올바른 자세라는 생각이다. 이 관점에서 공론화위원회를 꾸리는 과정에 탈핵운동진영이 소극적인 자세로 일관한 것은 아쉬움으로 남는다.

누군가는 공론화위원회에 들어가서 역할을 해야 한다!

탈핵운동을 어렵게 하는 빌미만을 제공하고, 들러리의 위험이 높다는 비판에도, 처음에 공론화위원회에 참여를 결정한 것은 몇 가지 이유가 있다.

첫째, 제대로 된 공론을 형성하기 위해서였다. 누구나 인정하듯 공론화위원회가 만들어지는 과정이 공론의 과정이었다고 판단하는데 한계가 많았다. 따라서 핵발전소가 있는 지역의 주민, 탈핵 운동을 하고 있는 시민사회, 핵산업계, 정부/지자체 관계자, 그리고 갈등해결을 위해 노력해왔던 학계 등으로부터, 공론화위원회를 바라보는 시각에 대해 허심탄회하게 이야기를 듣는 자리를 만드는 것부터 시작하는 것이 필요하며, 이를 관철함으로써 공론의 토대를 만들고 싶다는 욕심이 있었다. 각 이해당사자와 관심있는 사람들이 갖는 우려가 무엇인지, 혹시 바라는 것이 있다면 무엇인지를 충분히 듣는 자리부터 시작해야한다는 생각이 있었고, 이를 관철하고 싶었다.

둘째, 사용후핵연료 관리를 위해 지금까지 만들어진 조직체계, 관리기금, 법령과 제도가 적합한 것인지, 국민이 이해하고 받아들일 수 있는지 여부를 검증하는 과정을 꼭 다루고 싶었다. 방사성폐기물관리공단에서 원자력환경공단으로 바뀐 관리 조직은 국민의 눈높이에 맞게 구성되어 있는지, 혹시 보강해야 할 사안이 있다면 무엇인지를 논의하는 자리로, 또 현재 100년까지로 제한되어 있는 관리연도의 규정이 적합한 것인지도 국민의 시각에서 재평가해야 한다고 생각했다. 이외에도 사용후핵연료 관리와 연관되어 지금까지 만들어진 법과 제도를 그대로 받아들이는 것이 아니라, 그 자체부터 국민의 눈높이에서 공론화하여 보다 올바른 대답을 이끌어내는 것이 필요하다는 생각이었고, 이것이 탈핵운동에도 도움이 될 것이라는 판단이었다.

마지막으로 사용후핵연료를 안전하게 관리하기 위해서 지금까지 선행된 과학기술분야의 선행연구결과는 충분한 것인지, 만약 고려하지 못한 시나리오가 있다면 무엇인지도 검증하는 절차가 필요하다고 생각했다. 해외사례도 이들 시나리오를 토대로 세대간 형평성, 위험과 편익의 공간적 형평성 등을 고려하며, 시나리오를 지워나가는 형식으로 공론화가 진행된 것으로 알고 있다. 다양한 시나리오를 토대로 사용후핵연료를 처분/관리하기 위해 우리나라 기준에 가장 적합한 시나리오가 무엇인지를 찾아가는 과정이 공론화의 과정이어야 한다. 따라서 시나리오가 충분히 세워졌는지를 검토하고, 어떤 기준을 가지고 시나리오를 압축해 갈 것인지에 대한 논의가 또한 우선되어야 한다고 생각했다. 그 후에야 지금 산업부가 계획하는 사용후핵연료 중간저장을 집중형으로 할지, 분산형으로 할지를 판단하는 논의가 진행되어야 올바른 공론을 모아갈 수 있다고 생각했다. 그런데 그냥 두면, 산업부의 시나리오대로 진행될 가능성이 높기에 누군가는 들어가서 역할을 해야 한다는 판단이었다.

그러나 공론화위원회 구성의 비밀주의…결국 출범 당일 들어가지 않기로!

그러나 공론화위원회 구성부터가 비밀주의에 가려져, 공론화위원회 구성원을 출범 하루 전날 인지하였고, 구성원의 의문에 대해 다른 구성원들이 해명을 들을 통로가 없었다. 출범 당일 회의는 과연 이런 분위기와 방법으로 공론을 모아갈 수 있을지조차 의문이 들 정도였다. 그래서 들어가지 않기로 결정했다. 그 후 공론화위원회에 대한 소식을 직접 확인할 길은 없다. 들려오는 이야기는 해외시찰을 내년 초 간다는 것이다. 어디 무엇을 보러가는지 모르겠다. 부지를 보러가는 것이라면 부지선정을 위한 공론화 과정이 아니기에 잘못된 결정임에 틀림없다. 공론을 모아가는 방법을 보러 간다면, 위원들이 나갈 것이 아니라 그들을 불러들여 시민들과 함께 이야기하는 자리가 더 필요하다는 생각이다.

참여하지 않는다면, 무엇을 할 것인가…자체적 공론 절차를 밟아 가는 것도 방안!

어쨌든 공론화위원회는 출범했고, 시민사회와의 소통 통로는 줄어들었다. 그러나 공론화위원회는 국민들의 공론을 잘 모아서 성공해야 한다. 그러기 위해서 탈핵운동진영이 무엇을 할 것인지를 고민해야 한다. 공론화위원회 참여가 무의미하다면, 탈핵운동진영 자체적으로 공론을 모으기 위한 절차를 밟아나가며, 선의의 경쟁을 벌이는 것도 하나의 방안이 될 수 있다. 어떤 방법이든, 시대의 숙제를 풀어가야 할 책임이 우리에게도 있다는 것에서 출발했으면 하는 바람을 갖는다.

탈핵신문

공동대표 김준한(발행인)·박혜령
운영위원 이대수·이헌석
편집위원 고노 다이스케·윤종호·이헌석
이지언·오하라 츠나키
사무간사 황정화 010-2881-6822
배송·운영지원 에너지정의행동

(110-876) 서울특별시 종로구 숭인동
76번지 롯데캐슬천지인 지동 205호
문의전화 02-702-4979
팩 스 02-704-4979
이 메 일 hjhlucia@hanmail.net
등록번호 종로라 00386
구 독 료 1년 2만원 / 가판 1천원

2014년 1월호 (제16호) www.nonukesnews.kr 농협 352-0491-9279-43 예금주 김준한

“어르신의 원혼이 이 땅을 떠나지 못하고 있어예. 국가가 죄없고 힘없는 국민한테 이라면 안됩니다.”

박혜령 통신원

박혜령 제공

인터뷰 | **구미현**
(상동면 용회마을)

박혜령 제공

돌아가신 이치우 어르신과 유한숙 어르신의 원혼이 아직 떠나지 못하고 있는 밀양을 다시 찾았다. 30여 가구 남짓의 아담한 마을에 40년 넘는 교직생활을 마치고 귀촌하신 부부 고준길·구미현 씨를 만나 아담한 귀촌 생활을 뒤로하고, 송전탑 반대 싸움의 제 일선에 서게 된 이야기를 들으러 상동면 용회마을을 찾았다.

우리는 한전에 속았어예!

올해로 64세인 구미현 씨는 고준길 씨와 함께 2007년 상동면 용회마을에 정착했다. 어릴 적부터 잔병치레를 했고 오십이 넘으면서는 일상생활이 불가능할 정도로 병약해졌다. 남편은 이런 구미현 씨를 위해 주말마다 땅을 보러 다녔다. 1999년 어느 주말 우연히 남편을 따라 오게 된 곳이 이 곳 용회마을이다. 봄날 햇빛이 더 할 수 없이 따뜻했다고 회고한다. “마을 여기저기 핀 개불알꽃을 지금도 잊을 수 없습니다. 이곳의 풀 한포기 꽃 한 송이 예쁘지 않은 것이 없었어예. 밀양은 지명(地名)처럼 양지발라 햇빛이 따스하고 바람도 적은 산세가 아름다운 곳입니다. 누구나 한 번 오면 그저 좋다는 말을 저도 모르게 하게 되는 곳이지예…”

남편이 정년퇴직 하자마자 2007년 당시 38kg의 허약한 상태로 이곳으로 왔다. 농사를 업으로 하지 않는 이들에게 이곳은 치료의 공간이고 영혼의 휴식처였다. 그림 그리기를 좋아하고 돌 하나도 직접 나르며 마당을 가꾸었다. 여유 있는 시간을 보내면서, 수십 년 고질이었던 병약한 몸도 거짓말처럼 건강을 찾았다.

“우리 동네는 마을 뒷산의 왼쪽과 오른쪽에 송전탑이 세워지고 송전선아래 마을이 놓여예. 머리위에 초고압 송전선을 이고 살아야 하는 꼴이지예. 2007년 당시 동네 분들이 말하기를 한전은 송전탑이 동네에서 거의 안보이게 뒷산으로 멀찍이 물리겠다며, 전혀 영향이 없다고 동네 사람 모두 한전에 속아서 처음엔 합의서에 서명도 했어예.”

2005년 주민설명회가 있고 나서, 용회마을 주민들은 한전이 피해가 없도록 하겠다는 말을 믿고 합의서에 서명했다.

“송전탑이 우리를 이리 괴롭힐 줄은 정말 몰랐습니다. 그런데 2011년 헬기가 동네 인근을 날기 시작했어예. 남편이 산을 올라가서 보니 동네랑 너무 가까운 기라예. 그래서 속았다는 걸 알았지예.”

30여 가구의 작은 부락인 용회마을엔 마을회관도 없다. 마을 사람들이 모여 무언가를 해본 경험이 없다며, 피해 사실을 알고도 모두 체념하고 모른 체 했다. 처음에 다른 동네 사람들은 엄청난 피해에도 쉽사리 나서지 못하는 용회마을을 비난했다. 하지만 이치우 어르신이 돌아가시고 마을사람들이 모이기 시작했다. 영상자료를 보며 송전탑의 진실을 자세히 알게 되었고, 한전에 이전의 합의는 무효라고 공식입장을 전달했다. 이후 용회마을은 송전탑반대대책위가 만들어져 한전과 공권력에 맞서 송전탑 반대활동을 하고 있다.

자신의 생명과 재산을 지키는 국민을, 권력에 대든다며 괴씸하게 보고 본을 보이려는 게 국가인기라예!

구미현 씨는 지난 10월에 재개된 공사는 이전과는 다른 양상이었다고 말한다.

“5월에는 500명의 공권력이 투입됐어요. 그런데 10월 1일에는 3,000명의 공권력이 투입되었어예. 까맣게 깔린 경찰을 보면서 이런 생각이 들었십니다. 밀양 주민들이 권력에 대든다는 생각을 하고 본을 보일라고 하는갑다. 우리를 괴씸하게 생각하는 갑다. 그래서 경찰이 한전을 적극적으로 편드는 갑다.”

3000명이 넘는 공권력이 연로한 주민들을 거칠게 다루며 폭동 진압하듯이 하는 모습을 보며, 국민을 적대시하는 정부의 뜻을 알게 되었다고 말한다. ↗

2014년의 출발, 1월 25일(토)~26일(일) 2차 밀양희망버스로 함께 해요!

1월 16일 故 이치우 어르신 2주기
1월 23일 故 유한숙 어르신 49재

경찰은 여전히 주민을 막습니다.
한전은 숨어서 공사를 합니다.
정부는 조용히 모른 척합니다.
그리고 밀양의 할매 · 할배들은 아픕니다.

하지만 우리는 희망을 만듭니다.
우리는 생명의 나무를 심어 희망을 키웠습니다.
우리는 맞잡은 손으로 희망을 피웠습니다.
우리는 사람으로, 사랑으로, 희망을 만듭니다.

2차 밀양희망버스를 알려 주세요.
2차 밀양희망버스의 탑승을 신청해 주세요.
지역에서도 2차 밀양희망버스를 준비해 주세요.
그리고 밀양으로 향하는 희망버스의 기름통을 채워주세요.

계좌 **국민 754801-01-669117 문규현(밀양희망버스)** | 문의 **010-5696-2550**

"국회 청문회에서 한전사장이 말했지예. 모 국회의원이 국민들이 자신의 재산과 생명을 지키는 것은 정당한 것이 아니냐고 질문하자 '정당하다' 고 답을 하데예. 저는 한전과 밀양주민들 중 누가 정당한가가 중요하다고 생각하는데예. 국가가 국민의 생명과 재산을 보호해 주지 않으니 우리 스스로 지키는 거라예. 우리가 정당하다 그 말입니더."

지난 5월 한전이 공사를 합의도 없이 재개하자, 용회마을 주민 한 분이 트랙터로 공사 진입로를 막았다. 이 과정에서 경찰이 다쳤다면서 특수공무집행방해죄로 45일 동안 구속했다.

"그 때 심정은 말로 다 못합니더. 차라리 내가 들어가는 게 마음이 편했을 겁니더. 한참 농사일이 밀린 사람을, 정당한 요구를 하는 국민을 한 달 보름을 구속한 거라예. 이런 억울할 데가 어데 있습니꺼. 주민들을 겁주는 거라예. 하루 아침에 논밭이랑 집이 휴지조각이 될 참변이라예. 근데 정당하게 항의하는 할매들을 번쩍 들어서 쫓아내고 꼼짝 못하게 잡아놓습니더."

밀양에 합의가 있다면, 총칼을 들이대고 한 합의나 다름 없어예!

지난 12월 30일(월) 국회 법제사법위원회는 송전탑 건설 예정지역의 재산보상 범위 확대 등의 내용이 담긴 '송·변전설비주변지역의보상및지원에관한법률(약칭, 송주법, 일명 '밀양송전탑지원법')' 개정안이 통과됐다. 한전은 밀양 송전선로 경과지 세대별 주민 10명 중 8명이 개별지원금 신청을 해왔다고 밝히고 있다. 이면(裏面)에는 주민간의 첨예한 이해관계를 중심으로 한전이 찬·반 양측의 갈등을 부추기는 합의도출의 과정이 있었다. 그러나 합의나 개별지원금을 받아들이는 주민들의 의견이, 진정 송전탑 건설에 찬성한 합의일까.

한전은 주민들이 어떤 문제로 힘든 지를 누구보다 잘 안다. 이치우 어르신이 돌아가신 후 5월과 10월 공사를 강행했다. 농사일이 가장 바쁜 봄철과 수확철이다. 마을 사람들은 한전이 때에 맞춰 일하는 것이 중요한 농사에 피해 받지 않으려는 시골사람들의 마음을 이용하고 있다.

공사가 다시 시작된 어느 날, 부당함에 항의하던 남편 고준길 씨를 경찰은 무작위로 연행했다. '선생님이 항의를 주도한 사람이냐' 며 주민들을 윽박질렀다. 미란다 고지(경찰·검찰이 용의자를 연행할 때 그 이유 등을 미리 알려 주어야 한다는 원칙, 편집자 주)도 없이 연행해 하루 종일 조사를 받고 나왔다. 거대한 권력 앞에서 힘없고 가진 것 없는 국민이 얼마나 약하고 초라한 존재인지를 확인시켜 준다. 그리고 함부로 대드는 짓을 하지 못하게 단념시킨다. 그 이유가 아무리 정당하고 정의롭고 타당하다 해도.

"우리 나라는 민주국가라고 알고 있었어예. 밀양 송전탑 공사는 사업 시작부터 비민주적이었습니더. 주민이 그래 반대하는데 공사를 하는겁니더. 그리고 일본 후쿠시마사고로 핵발전소 더 짓지 말자고 하는데 더 지으려고 이 공사 하는겁니더. 국가가 힘없는 사람은 안중에 없는기라예. 기업이의 이익이 최우선이고 소수의 희생은 당연하다고 생각하는 기라예. 지금까지 합의금에 대해서 한 번이라도 얘기했다면 지금까지 못왔을 겁니더. 주민들이 반대하면 시작 전에 합의를 보고, 안되면 포기하는게 맞습니더. 근데 일방적으로 공사하고 중간에 합의 본다는 거는 말이 안되예."

얼마나 더 죽어야 공사가 중단될까예, 이래 사느니 죽는 게 낫다고 합니더.

이보다 더 끔찍하고 처참한 일이 있을까. 날마다 꺾인 허리를 지팡이로 지탱하며 가파른 산을 오른다. 70대 노파가 손자뻘 20대 경찰을 상대로 몸싸움을 벌인다. 공권력은 노인들을 향해 거침없는 폭언과 무력을 행사한다. 한전은 집집이 찾아다니며, 보상이라도 받으라고 종용한다. 이 억울함을 풀지 못해 분신을 하고 농약을 먹는다. 공권력이 국민을 죽음으로 내몰고 있다며 울분을 토해내는 곳이 밀양이다.

2012년 1월 공사를 강행한다며 용역을 앞세워 들어온 한전에 항의하다가 분신하신 이치우 어르신이 가신 자리에 맺힌 억울한 눈물이 아직 마르지 않았다. 그리고 지난 12월 밀양 송전탑 건설을 반대하며 음독자살을 시도했던 주민 유한숙 씨가 또 세상을 떠났다.

"사람이 죽었어예. 그런데 정부나 한전은 아무렇지 않은 가봐예. 사람 목숨이 이래 하찮은지 몰랐습니더. 밀양루 옆에는 유한숙 어르신의 분향소가 있고 매일 전국에서 방문하는 조문객이 끊이지 않고 있어예. 어르신의 원혼이 이 땅을 떠나지 못하고 있어예. 공사를 중단해주세요. 국가가 죄없고 힘없는 국민한테 이라면 안됩니더."

구미현 씨는 병약한 몸에도 매일 공권력과 한전에 맞서 싸우는 것을 그치지 않는다. 그리고 한전이 승리의 전리품인양 송전탑을 세우고 있지만, 밀양 주민들은 세워진 송전탑을 보면서 왜 송전탑 건설을 반대해야 하는지, 더 뚜렷하게 확인하고 있다고 말한다. 그리고 이런 부당한 방법으로 송전탑이 건설된다면 절대 전기를 보낼 수 없을 것이라고 말하고 있다.

저녁에 유한숙 어르신의 분향소를 들렀다. 밀양을 자주 들르는 분들과 송년회를 열었다. 가족 장례식처럼 구석구석 밀양 주민들의 손길과 정성으로 지키고 있는 유한숙 어르신의 분향소가, 송전탑 공사 중단으로 아름답게 정리되는 날이 오기를 간절히 희망한다. 그리고 잇따른 참담한 주검에도, 정부와 한전의 22개 공사현장 확대를 여전히 전쟁 같은 몸싸움으로 저항하고 있는 밀양주민들의 투쟁에, 시민들의 관심과 배려가 끊이지 않기를 간곡히 바란다.

탈핵신문 다음호(17호)는 자체 평가 및 계획 등의 이유로, 2월 초가 아니라 3월 초에 발행될 예정입니다. 독자여러분의 이해를 구합니다.

탈핵신문이 선정한 2013년 탈핵 5대 뉴스

탈핵신문에서는 2013년 한 해 동안 있었던 탈핵 관련 주요 뉴스 중 중요하다고 생각되는 5대 뉴스를 꼽아봤습니다. 탈핵신문 편집위원회가 18개의 주요 뉴스를 선정한 후, 탈핵신문 운영위원과 편집위원 각각 30% 씩 비중의 점수를 부여하고, 인터넷 설문조사를 40% 반영한 결과입니다. 단 3일 동안의 짧은 설문조사였음에도, 40여명의 독자들이 설문에 참여해주셨는데, 3분을 별도로 추첨하여 탈핵신문 1년 정기구독권을 보내드릴 예정입니다. 괄호안의 점수는 해당 뉴스에 대한 선호도를 종합한 것으로, 참고할 수 있도록 제시합니다.

1위 밀양 송전탑 건설 강행(50.5점)

10월부터 강행된 밀양송전탑 건설 공사 소식이 1위를 차지했습니다. 5월에도 송전탑 공사 강행이 있었지만, 국회 산업위 중재로 전문가협의체가 구성되면서 일시적으로 공사가 중단되었습니다. 하지만 7월 전문가협의체 파행 이후 송전탑 공사 강행은 초읽기에 들어갔고, 결국 10월부터 건설공사가 강행되었습니다.

밀양주민들의 격렬한 항의, 부상과 연행, 환경활동가의 구속사태 등이 이어졌고, 급기야 고 유한숙 어르신의 음독까지 2013년 한 해 동안 밀양송전탑 건설 문제는 우리사회와 탈핵운동의 뜨거운 이슈였습니다.

에너지정의행동 제공

지난 12월 7일 밀양영남병원 앞에서 밀양대책위가 고 유한숙 어르신 죽음과 관련된 기자회견을 진행하고 있다.

2위 한수원 비리와 국민들의 불안(48.4점)

밀양 송전탑 문제와 거의 비슷한 점수를 받은 2위는 한수원비리 문제였습니다. 2012년에도 한수원 비리문제가 불거졌지만, 2013년 5월, 신고리 1~2호기, 신월성 1호기에 대한 케이블 납품비리는 핵발전소 가동 중단사태를 만들면서 일파만파 퍼져갔습니다. 이후 수사는 전방위로 확대되어 전 한수원 김종신 사장과 이명박 정부 당시 실세로 '왕차관'으로 불리던 박영준 전 차관 기소로까지 이어졌습니다.

이 사건으로 모두 100여명이 기소되었고, 관련 재판은 아직도 진행 중에 있습니다. 지난 1월 2일, 원자력안전위원회가 이들 핵발전소에 대한 재가동을 승인하였지만, 재가동 적절성에 대한 논란은 계속되고 있습니다.

시험성적서 위조 제어케이블이 설치되어 논란이 된 신월성 1~2호기 전경.

출처 한국수력원자력

3위 제2차 에너지기본계획(44.3점)

3위는 제2차 에너지기본계획 소식으로, 5년마다 한번씩 발표하는 에너지기본계획은 국가에너지계획의 최상위 계획입니다. 대선 당시부터 핵발전 비중이 주요한 관심사였기에 제2차 에너지기본계획에서 핵발전 비중은 뜨거운 감자였습니다. 핵발전 비중에 대해 민관합동 워킹그룹은 22~29%를 권고했으나 정부는 29%를 채택합니다. 이에 따라 1월 중순 에너지기본계획이 최종 확정되면, 2014년 삼척, 영덕 등 신규핵발전소 지역의 반대운동이 더욱 폭넓게 벌어질 것으로 예상됩니다.

에너지정의행동 제공

지난 12월 11일 제2차 에너지기본계획 공청회 장에서 반대하는 시민들의 목소리를, 박근혜 정부는 경찰병력을 동원해 짓눌렀다.

4위 지금도 계속되는 후쿠시마 위기(43.7점)

후쿠시마 핵사고 이후 인터넷 상에 떠돌던 수산물에 대한 방사능 오염 우려가 상반기 급격히 확산되자, 정부는 국무총리까지 나서 '방사능 괴담'에 대한 추적, 처벌을 언급하면서 방사능괴담 문제가 사회적인 쟁점으로 부각되었습니다. 하지만 도쿄전력과 일본정부가 방사능 오염수 해양 누출을 인정하면서, 우려는 괴담이 아닌 사실로 확인되었고, 국내 수산물 매출이 급감하는 사태로 이어졌습니다.

뒤늦게 후쿠시마 등 일부 지역에 대한 식품 수입이 금지되면서 일단 방사능 수산물 공포는 잠재워지는 듯하지만, 방사능 오염수는 계속 누출되고 있고, 후쿠시마 4호기 사용후핵연료 반출까지 이어지면서 후쿠시마 핵사고에 대한 우려는 계속되고 있습니다.

계속되는 방사능오염수 누출로 논란이 된 후쿠시마 핵발전소 탱크를 확인하는 노동자들.

출처 도쿄전력

5위 방사능 식품괴담과 전국적인 방사능 학교급식 조례 제정운동(10.9점)

큰 점수 차이지만, 5위 역시 식품 문제가 차지했습니다. 방사능 식품에 대한 우려는 구체적으로 아이들을 지키자는 운동으로 이어졌고, 서울, 경기, 전북 등 광역 교육청과 울산 북구, 서울 동대문 등 기초지자체에서 방사능 급식 조례가 통과되었습니다.

전국적인 방사능 학교급식 조례 제정 운동은 후쿠시마 핵사고 이후 폭넓어진 탈핵운동의 새로운 단면을 보여주는 좋은 사례일 것입니다. 하지만 부족한 예산과 담당부처의 안일한 대응으로 방사능 식품 검사기가 아닌, 공간선량계를 이용한 식품 방사능 조사가 이뤄지는 등 아직 보완해야 할 과제가 첩첩산중입니다. ▶관련기사 12면

이지언 제공

지난 8월 서울시의회 앞에서, 시민사회단체 등이 방사능 안전 학교급식 조례 제정을 촉구하는 기자회견을 진행하고 있다.

이외에도 2기 원자력안전위원회 출범과 탈핵운동가출신 위원 첫 선임(총점 8점), 방사능오염에도 아베정권의 올림픽유치(총점 5.9점), 사용후핵연료 공론화위원회 출범과 파행(총점 5.6점) 등의 뉴스가 뒤를 이었습니다.

핵 없는 세상을 만들기 위한, 각 지역별 또 각계각층의 노력은 2014년에도 계속 이어질 것입니다. 2014년에는 나쁘고, 우울한 소식보다 밝고 희망찬 탈핵 뉴스를 많이 만들어갈 수 있기를 기대합니다.

이헌석 편집위원

탈핵·에너지전환 어떻게 할 것인가
〈2014년 지방선거〉

정리=박슬비·이혜복·하승수(녹색당)

2014년 1월 3일 오후 2시 서울 참여연대 강당에서 녹색당과 탈핵신문이 공동주최한 '2014년 지방선거, 탈핵·에너지전환 어떻게 할 것인가'라는 주제로 간담회가 열렸다. 삼척, 영덕, 부산, 영광 등 핵발전소 현안 지역을 비롯해, 탈핵운동, 방사능안전급식 조례 제정 운동을 펼치고 있는 여러 단체 활동가들이 간담회에 참석했다.

첫 번째 발제를 맡은 이유진 공동정책위원장(녹색당)은 2014년 탈핵운동 이슈를 6가지로 정리했다. 첫째, 후쿠시마 이후 계속되고 있는 방사능 오염수 유출, 둘째, 제2차 에너지기본계획과 제7차 전력수급기본계획 수립에 따른 신규핵발전소와 수명만료 핵발전소 문제, 셋째, 전국적으로 전개되는 방사능 안전급식 조례 제정운동, 넷째, 잦은 핵발전소고장과 전력난, 다섯째, 송전탑 반대운동, 여섯째, 사용후핵연료 공론화위원회 출범과 파행이었다.

녹색당 제공

> "후보를 내고 선거를 준비하는 것은 지역운동의 몫이지만, 2014년 지방선거 전체 판에서 '탈핵과 에너지전환'을 의제로 만들고, 방사능 안전급식 조례 제정을 확산시키는 여론은 공동으로 추진해야 할 과제이다."

이유진 위원장은 "후보를 내고 선거를 준비하는 것은 지역운동의 몫이지만, 2014년 지방선거 전체 판에서 '탈핵과 에너지전환'을 의제로 만들고, 방사능안전급식 조례 제정을 확산시키는 여론은 공동으로 추진해야 할 과제"라고 제안했다. 또, "현재 46개의 지방자치단체가 참여하고 있는 '탈핵·에너지전환' 선언에 더 많은 지방자치단체의 참여를 유도하고, 서울시, 수원시, 노원구처럼 지방자치단체 차원에서 종합적인 에너지정책을 수립하는 움직임이 확산될 필요가 있다"고 지적했다.

두 번째 발제를 맡은 김익중 교수(동국대 의대)는 "정부와 핵산업계가 여전히 '기준치 이하라서 안전하다'는 얘기를 하고 있고, 자연방사능, 의료방사능 얘기를 하면서 방사능 문제를 '물타기' 하고 있다"고 지적했다. 이런 상황에서 중앙정부가 해야 할 일로 "첫째 일본산 수산물 수입 전면금지, 둘째 국가기준치를 kg당 4베크렐 이하로 강화할 것, 셋째 원산지표시를 믿을 수 있게 관리할 것, 넷째 방사능물질의 생물학적 농축과정을 연구할 것"을 제안했다. 그러나 중앙정부가 이 4가지 일을 제대로 할 것을 기대하기는 어렵기 때문에 "각 지방자치단체는 조례를 만들고, 자체적인 식품오염도 측정을 해야 한다"고 덧붙였다.

이어진 토론에서 토론자들은 핵발전소 현안지역에서 지방선거 대응방안, 2014년 지방선거에서 탈핵·에너지전환을 관철시킬 수 있는 운동방안, 방사능 안전급식 조례 제정운동의 방향 등에 대해 활발한 의견을 개진했다.

핵발전소 현안지역의 지방선거 대응

신규 핵발전소 현안지역인 강원도 삼척시의 경우, 반핵후보 출마를 준비하고 있었다. 지난 대선과 함께 치러진 보궐선거에서 반핵후보로 당선된 이광우 삼척시의원은 1월 중에 반핵시민후보 추천위원회가 구성될 예정이라고 밝혔다. 현재 논의중인 계획은 시의원 선거구별로 2명씩 총 4명의 시의원 후보가 출마하고, 시장후보로도 반핵후보를 추천하는 것이다. 현재 삼척은 반핵여론이 확산되는 분위기라고 한다. 최근 지역 언론사의 여론조사 결과를 보면, '삼척 핵발전소 유치에 반대한다'가 58%에 달한다는 것이다. 그리고 핵발전소유치 여부에 대해 주민투표를 요구하고 있는데, '주민투표에 동의한다'는 비율이 73.3%에 달했다고 전했다.

또 다른 신규핵발전소 현안 지역인 경북 영덕의 박혜령 집행위원장(영덕핵발전소유치백지화투쟁위원회)은 영덕의 경우, "아직 지방선거와 관련해 직접적인 후보출마 움직임은 없지만, 수면 밑에 있던 반대여론들이 표출되고 있는 상황"이라고 전했다. 또한 "대구·경북 전체 차원에서도 지방선거와 관련한 대책과 계획을 마련하는 것이 필요하다"고 제안했다. 현재 대구·경북 지역에서도 진행중인 방사능 안전급식 조례 제정 운동과도 연계할 필요성이 있다는 점을 지적했다.

고리1호기 폐쇄 문제와 신고리 3~4호기 등 새로운 핵발전소가 건설중인 부산 해운대구에서도 김광모 구의원이 참석해, 부산지역에서는 탈핵기초의원모임이 결성되어 활동 중이라고 전했다. 그리고 지방선거와 관련해 "고리핵발전소와 가까운 부산 기장군에서 탈핵후보가 출마하면 상징성이 있을 것 같다"는 의견을 밝혔다. 그리고 "부산 같은 경우에는 부산시장 조차 '고리1호기는 폐쇄해야 한다'고 주장하고 있는 상황이므로, 보수적인 기초단체장들로부터도 약속을 받아내는 활동이 필요하다"고 말했다.

이태옥 사무처장(원불교 환경연대)은 "영광지역의 경우에는 생명평화 탈핵순례를 계속 진행하고 있고, 영광핵발전소에 대한 민관합동검증단 활동을 진행하고 있다"는 소식을 전했다.

그리고 "선거공간에서는 지역주민들과 함께 정책을 만들어 나가는 것이 필요하다"는 의견을 밝혔다. 특히 선거공간에서 핵발전소 폐쇄(폐로) 방안에 대한 공론화가 필요하다는 것을 강조했다.

전반적으로 핵발전소 현안지역에서는 지방선거와 관련한 고민이 깊었다. 다만 가시적인 움직임이 드러난 곳은 현재로서는 강원도 삼척이었다. 삼척시장 주민소환운동을 진행하고, 이광우 시의원을 반핵후보로 당선시켰던 경험을 바탕으로 2014년 지방선거에서 반핵후보를 당선시켜 신규핵발전소를 백지화시키겠다는 강한 의지를 드러내고 있다.

탈핵에너지전환을 지역에서 관철시키는 운동방향

핵발전소 현안지역이 아닌 지역들의 경우, 지역차원에서 할 수 있는 전력 수요관리, 재생가능에너지 확대 정책을 구체적으로 제시할 필요가 있다는 의견들이 제기되었다. 특히 46개 지방자치단체가 참여한 탈핵·에너지전환 선언에 대한 평가도 자연스럽게 이뤄졌다.

양이원영 사무처장(환경운동연합)은 "환경운동연합에서 지방자치단체의 전력소비량 추세, 재생가능에너지 발전 실태를 조사한 결과, 서울시가 가장 좋은 평가를 받았다"며, "서울시의 성공사례들을 모아서 공유하고 확산할 필요가 있다"는 의견을 제시했다. 또한 "46개 지방자치단체가 탈핵·에너지전환 선언에 참여했지만, 2012년까지의 평가결과를 보면 대부분의 지방자치단체에서 탈핵·에너지전환은 선언에 그치고 있다"고 지적했다. "제주, 광주 같은 경우에도 태양광발전 관련 조례가 제정되어 있지만, 태양광 발전실적은 미진하다"는 점도 지적했다.

서형원 과천시의원은 "밀양 송전탑 문제를 보더라도, 서울이나 수도권 도시에서 탈핵에너지전환도시, 에너지자립 도시를 만드는 것이 중요하다"는 의견을 밝혔다. 그러나 실제로 지역에서 움직이려면, 이를 도울 수 있는 강력한 지원팀이 필요하다면서, 100개 정도의 지방자치단체가 회비를 모아 '탈핵에너지전환 지방자치연대 사무국'을 꾸리고 구체적인 사례들을 확산시키는 방안을 제안했다. 그리고 과천시의 경우에도 3개 개발사업이 추진되고 있는데, 이런 사업이 추진되면 에너지소비가 80퍼센트, 전력소비는 130%가 증가한다면서, 이런 개발사업을 막는 것이 중요하다는 의견도 밝혔다. 온실가스 감축과 관련해서도 총량목표를 가지고 감축을 해 나가는 방안, 가정과 사무실의 에너지효율을 점검하는 에너지관리사를 두는 방안 등도 제안했다.

이필구 국장(한국ymca전국연맹)은 "지방선거, 총선, 대선 때

수십 번의 정책 협약을 이미 해 왔는데 '왜 잘 안 될까' 에 대해 고민이 필요하다"고 지적했다. "문제는 협약 이후 어떻게 압력을 가하고 정책화하느냐, 그리고 시민들이 관심을 가지고 참여하도록 하느냐인데, 그 부분이 잘 안 된다"는 것이다. 그래서 이필구 국장은 서형원 의원의 제안처럼 지원팀 사무국 같은 역할을 하는 곳이 필요하다는데 의견을 같이 했다. 교육하고 연구하는 씽크탱크의 역할이 필요하다는 것이다. 탈핵을 중심으로 후보를 내는 지역이 있다면, 한 군데라도 당선이 되어 사례를 만드는 것이 필요하다는 의견도 제시했다.

양재성 대표(기독교 환경연대)는 "세계교회협의회(WCC) 선언에 탈핵이 포함되었다면서, 탈핵을 어떻게 대중화하느냐가 중요하다"는 판단을 말했다. "밀양 송전탑문제도 중앙집중식 에너지시스템의 문제인 만큼, 그런 점을 대중적으로 알려내는 것이 중요하다"는 것이다. 또한 우리가 전기를 과소비하고 있다는 것을 알리고 절전운동을 하는 것도 대중적으로는 중요할 것이라고 말했다. 지역사례로는, 에너지자립마을을 만들고 있는 경남 거창군의 사례에 주목해 볼 필요가 있다는 의견을 제시했다.

지정토론과 자유토론을 통해 다양한 아이디어들이 제시되었다. 이필구 국장과 양이원영 사무처장은 "탈핵과 지방자치를 연계시키는 방안의 하나로 주택문제를 고민해 볼 필요가 있다"는 의견을 제시했다. 에너지손실을 줄일 수 있도록 낡은 주택을 리모델링하는 협동조합을 활성화시키는 아이디어도 제안되었다.

안명균 운영위원장(경기녹색당)은 "경기도의 8개 지방자치단체장이 탈핵·에너지전환선언에 동참했지만, 제대로 하고 있는 것은 없다"면서, "그동안 탈핵·에너지전환운동을 해 온 시민단체가 쟁점을 만들고 구체적인 정책을 제안하는 역할을 해야 한다"고 주장했다. 무상급식이 지방선거의 쟁점으로 되었던 사례를 참고하여, 시민단체가 탈핵·에너지전환을 보다 적극적으로 쟁점화해야 한다는 것이다.

> "2014년 삼척에서 반핵후보 당선을 통해 정부의 신규핵발전소 추진에 제동을 걸 수 있을까? 수도권을 포함한 도시 지역에서 탈핵·지역에너지 전환을 지방선거의 의제로 만들 수 있을까? 방사능 안전급식을 매개로 더 많은 시민들이 탈핵에 관심을 가지고 탈핵운동에 참여할 수 있을까? 이 모든 것들은 결국 지금부터 어떻게 하느냐에 달려 있다."

방사능안전급식조례제정운동의 방향

간담회의 또 다른 주제인 방사능안전급식 조례와 관련해서도 활발한 토론이 이루어졌다.

김광모 의원은 부산시의회에서 만들어진 방사능 안전급식 조례는 많은 비판을 받고 있다는 점을 지적했다. 또한 서울, 경기의 조례에도 문제가 많다고 봤다. 일부 지역의 경우에는 조례가 만들어졌지만 국가기준치를 따르는 등 실질적인 의미가 별로 없다는 것이다. 그리고 먹거리 방사능 측정에 필요한 정밀분석장비 예산이 확보되지 않는 등 조례가 제대로 시행되기 위한 준비가 갖춰져 있지 않다는 것이다. 또한 조례를 제정할 때에, 방사능 전문가들이 다수 참여하는 '방사능물질감시위원회' 구성을 강제할 필요가 있다는 것도 덧붙였다. 김광모 의원은 "선거를 앞두고 조례가 졸속으로 처리되는 것보다는 실효성이 있는 조례가 제정되도록 해야 한다"는 것을 강조했다.

한편 후쿠시마 사고 이후 먹거리 방사능 문제를 계속 추적해 온 전선경 대표(방사능시대 우리가 그린 내일)는 후쿠시마 사고 이후에도 방사능에 대한 경각심이 너무 없는 우리나라의 현실에 대해 문제를 제기했다. 그리고 "늦었지만 방사능 안전급식 조례 제정운동이 시작되고, 불충분하지만 서울에서 김형태 교육의원과 환경단체, 생협, 녹색당이 함께 조례 제정을 위해 노력하고 실제로 조례가 제정된 것은 성과"라고 평가했다. 그렇지만 앞으로 조례의 미진한 부분을 개선하고, 실제로 조례가 제대로 집행되도록 하는 것은 풀어야 할 숙제라는 점을 지적했다. 최근 서울교육청 급식담당자를 만나 태스크포스팀 구성을 요청했으나, 거절당한 사례가 있는 등 행정당국은 여전히 방사능 안전 불감증에서 벗어나지 못하고 있다는 것이다.

또한 "서울교육청은 8베크렐 이하는 아예 검출이 안되는 측정기를 사서 나눠주는 등 예산을 낭비하면서 시늉만 내고 있다"며 답답함을 토로했다. 전선경 대표는 정밀 방사능 분석기를 구입해서 운용하고, 학교급식 뿐만 아니라 유치원과 어린이집 급식 등도 방사능에 관한 대책을 세울 필요가 있다고 강조했다.

올해 사업계획에서 탈핵과 방사능 문제를 핵심적인 의제로 삼고 있는 YWCA 전국연맹의 이윤숙 부장은 YWCA의 활동계획을 소개하며, 다양한 제안을 했다. "YWCA의 경우에는 자체 시설에서부터 태양광 발전, 에너지 효율성이 높은 LED전등 설치 등을 시도하고 있다"면서, 장기적인 호흡으로 활동을 해 나갈 것을 제안했다. 또한 상대적으로 밀양 송전탑 문제, 방사능 식품 안전 운동에 시민의 호응이 높았다는 점을 감안해서, 탈핵을 생활적인 것으로 받아들이게 해야 할 필요성이 있다고 의견을 제시했다. 그리고 "2014년 지방선거에서 시민들의 피부에 와 닿는 방사능 안전 급식조례 제정운동을 시작"할 것을 제안했다.

용미숙 위원장(서울한살림 식생활위원회)은 "시민들은 방사능에 민감하다"면서, "정확한 정보공개가 중요하다"는 점을 지적했다. 특히 "국가기준치를 강화하고 지방선거에서도 후보들을 평가할 때에 먹거리 방사능에 대한 입장을 고려해야 한다"는 점을 강조했다.

정설경 이사장(서울 아이쿱 생협)은 "방사능과 관련해서는 정보공개가 중요하다"는 것을 강조했다. "생협에서 하고 있는 정보공개가 생협을 넘어 사회적 제도로 정착되어야 한다"는 것이다. 그리고 "수산물뿐만 아니라 가공식품, 조미료, 스프 등을 규제하는 내용이 조례에 포함되면 좋겠다"는 의견도 제시했다.

함원신 대표(방사능으로부터 안전한 학교급식조례 제정을 위한 대구·경북시민모임)는 "엄마들이 방사능 급식 문제를 통해 탈핵에 관심을 가질 수 있는 가능성을 발견했다"고 말했다. 생협 조합원들을 대상으로 한 강의를 통해 "'엄마의 마음에 호소'하는 방식으로 접근하면 방사능 안전급식 운동이 대중적으로 확산될 가능성을 보았다"는 것이다. 다만 "대구·경북의 경우에는 각 학교가 학교급식 식재료를 개별입찰하는 방식이기 때문에 조례를 만들어도 실행하기가 어렵다"는 점을 토로했다. "이러한 부분에 대해 고민할 필요가 있고, 영양사나 급식 관계자들에 대한 교육도 매우 중요하다"는 것을 강조했다. 그리고 "녹색당과 환경단체 등이 강사진을 만들어 운영하고 시민들과 보다 많은 접촉면을 만들어 가야 한다"고 지적했다.

2014년 탈핵운동, 지금 어떻게 하느냐에 달려있다!

이후에 이어진 자유토론을 통해서도 2014년 한해동안 탈핵운동이 해야 할 일들에 대한 다양한 제안들이 쏟아졌다.

2014년 지방선거는 이제 5개월도 남지 않았다. 선거 한번이 탈핵운동의 성과를 좌우하는 것은 아니지만, 지금 주어진 계기에 최선을 다하는 것이 필요하다는 것이 간담회에 참석한 사람들의 공통된 인식이었다.

2014년 삼척에서 반핵후보 당선을 통해 정부의 신규핵발전소 추진에 제동을 걸 수 있을까? 수도권을 포함한 도시 지역에서 탈핵·지역에너지 전환을 지방선거의 의제로 만들 수 있을까? 방사능 안전급식을 매개로 더 많은 시민들이 탈핵에 관심을 가지고 탈핵운동에 참여할 수 있을까? 이 모든 것들은 결국 지금부터 어떻게 하느냐에 달려 있다.

처음부터 보이는 길은 없고, 결국 길은 사람들이 다니며 개척하기 나름이다. 2014년에 지역에서부터 탈핵의 기운을 불러일으킬 수 있기를 기대해 본다.

2014년 각 지역별 탈핵운동의

삼척 삼척시민은 핵발전소를 결코 받아들일 수 없다

삼척이 제2의 밀양이 될 수 있다!

또 한해가 시작된다. 삼척에서 반핵운동의 한 역사가 쌓여간다. 지난 20년간의 반핵투쟁이 21년째를 맞이한다. 세 번째 반핵투쟁에서 만 3년을 지나 4년째를 맞이한다. 이렇게 오랜 세월을 핵과 싸워야 하는 삼척시민들의 고단함이 참으로 안타깝기 그지없다.

지난해에 삼척시민들은 3보1배와 두 번의 대규모 집회를 통해 시민들의 분노를 모아내고 정부에 핵발전소 반대의지를 분명히 전달했으나, 정부의 대답은 공허한 메아리로 돌아왔다. 제2차 국가에너지기본계획은 오히려 삼척시민들의 의사를 무시하고 짓밟았다. 제2의 밀양이 이미 예견되고 있다.

올해 주민투표를 관철해야 한다!

2014년 청마의 해에 다시 전열을 가다듬고 싸워 나가야 한다. 삼척핵발전소반대투쟁위원회는 새해 첫날 삼척우체국 앞에서 71차 촛불집회를 열고 또다시 투쟁의 포문을 열었다. 작년 10월 16일부터 시작된 삼척우체국 앞에서의 1인 시위(사실상, 여럿시위)는 지금도 계속되고 있다.

올해 삼척반핵운동의 과제는 주민투표를 관철하는 것이다. 올해 말에 있을 제7차 전력수급기본계획이 완성되기 전에 삼척시민들의 의견이 고스란히 반영되어야 한다. 2013년 12월 20일 삼척시의회에서는 엄청난 변화가 있었다. 주민투표청구안이 비록 8명의 시의원 중에 1표가 부족하여 부결되었지만, 5명의 의원이 동의하였다는 것은 시민들의 요구가 그들로 하여금 받아들일 수밖에 없는 것으로 만든 것이다. 시민들의 힘이 그들을 누르고 있는 것이다.

6·4 지방선거 찬핵이냐, 반핵이냐…정치지형을 바꿔야 한다!

올 6월 4일에 있는 지방선거는 반핵이냐, 찬핵이냐의 구도로 만드는 것이 삼척 반핵운동진영의 큰 과제이다.

삼척시민들은 지금 핵발전소를 막아내기 위해서는 삼척의 정치지형이 바뀌어야 한다는 당위성에 절대적으로 동의하고 있다. 즉 삼척시장과 삼척시의회를 바꿔야, 주민투표뿐만 아니라 핵발전소를 유치하고자 하는 민심까지도 변화시킬 수 있다고 확신하고 있다.

그래서 삼척시민들의 요구를 반핵운동진영이 어떻게 슬기롭게 만들어내느냐가 관건이고, 그 고민이 깊다.

그리고 반드시 올 지방선거에서 승리하여 핵발전소를 뛰어넘어 예정부지 고시해제를 요구하는 주민투표의 장을 만들어내야 한다. 금년 한해 수고스럽고, 어렵더라도 시민들의 힘을 모아 투쟁을 계획하고 집행해 나갈 것을 결의하고 있다.

이광우(삼척핵발전소반대투쟁위원회 기획실장, 삼척시의원)

울산 신고리 5~6호기를 막아야 한다!

2012년 12월 19일 탈핵후보의 대선 참패 후, 이 정권하에서 과연 탈핵운동은 어찌할 것인지를 함께 고민한 끝에, 시작한 것이 탈핵학교였다. 다른 지역들도 많이 시작했고, 탈핵학교를 통해 다시한번 탈핵운동의 작은 싹들을 만들어가자는 것이었다.

탈핵교육을 숨고르기로 시작한 두번의 탈핵학교와 간담회를 거친 후, 마주한 밀양 765kV송전탑 반대싸움은 단순히 밀양만의 싸움이라 볼 수 없었다. 작년 5월과 10월부터 시작된 정부와 한전의 공사강행에 울산지역 시민들은 긴밀하게 연대했고, 그 의미는 남달랐다. 밀양 송전탑 건설과 직접적으로 연관된 신고리 3~6호기는 울주군, 즉 울산에 건설되는 것으로, 밀양송전탑 싸움은 이 투쟁의 의미를 도시사람들에게 고민하게 해주었다. 그리고, 그 뿌리가 신고리 3~6호기 미진한 반대운동에 있었다는 것 또한 반성의 시작이었을 것이다.

울산지역은 밀양송전탑 투쟁에 많이들 연대하며, 힘을 실어주고 있다. 그렇지만, 정작 2013년 8월 신고리5~6호기 건설동의안이 울주군의회를 조용히 통과할 때도, 신고리 3호기 제어케이블 시험성적서가 위조되었을 때도, 울산시민들은 그게 어떤 의미인지 조차 몰랐다. 향후, 강력한 캠페인과 설득 과정이 있어야 하며, 진실로 울산을 사랑하는 애향심도 함께 가야만 한다.

2014년은 신고리5~6호기를 짓지 못하도록 막아야한다. 반갑게도 지방선거가 있다. 신고리5~6호기 반대 서명 숫자가, 시장 혹은 구청장 당락을 좌우할 인원 만큼 된다면 한번 해 볼 만하지 않을까 싶다.

비록, 뻔한 서명운동, 뻔한 캠페인이겠지만, 또 지역 언론이 돕지 않는 상황이겠지만, 맨땅에서 다시 시작하는 마음으로 시민들과 함께해 가야 할 것이다.

박진영 통신원

광주·전남 영광핵발전소는 안녕하십니까?

2013년 영광은 오랜 숙원을 두 가지나 풀어낸 경사스러운(?) 한해였다.

'영광' 핵발전소가 '한빛' 원전(핵발전소)로 이름을 바꾸고, 법성포~홍농간 4차선 도로확장 요구가 받아들여졌다.

한꺼번에 두 가지 숙제를 풀고도 입맛이 쓴 것은 왜 일까?

그것은 정부와 한수원이 그 과정에서 보여준 영광핵발전소의 안전에 대한 입장과 태도 때문일 것이다.

2013년 연이어 터진 시험성적서 위조 부품 비리, 핵반응로(원자로) 제어봉 안내관 균열사고 등 영광핵발전소는 그 어느 때보다 여론의 뭇매를 많이 맞았다. 정부와 한수원은 '영광핵발전소 구하기용' 협상카드로 두 가지 요구안을 수용했으며, 영광핵발전소와 주민의 안전에는 별반 관심이 없음을 보여줬기 때문이다.

또한 이 과정에서 정부와 한수원이 얼마나 영광핵발전소 안전문제를 정치적이며, 경제적으로만 바라보고 있는가를 확인하기에 충분했다. 한빛핵발전소라 이름을 바꿨음에도, 도로확장을 약속했음에도 2013년도 한해 핵반응로(원자로)는 수시로 정지했고, 비리사건과 사고·고장은 끊이지 않았고, 안녕하지 못했다.

영광핵발전소는 안녕하십니까?

제발 안녕하길 바랄뿐이다.

3호기 핵반응로 제어봉 안내관 균열사고, 2호기 증기발생기 부실정비와 서류조작 사건 등은 영광핵발전소가 '안전 불감증' 이라는 증세를 넘어 '안전 무시병' 이라는 병에 걸렸음을 확진하게 했다. 균열을 확인하고도 8년이나 '관리' 라는 이름으로 '관찰만' 했다는 것은 그저 보다 많은 이익을 위한 것이 아니라, 주민들의 안전을 무시하고 국내최초로 발생한 핵반응로 헤드의 균열이 어떻게, 얼마나 자라나 실험했다는 것이다.

무책임하고 허술한 관리체계는 또 어떠한가. 2호기 부실정비와 서류조작사건은 계획대로 용접할 기술력도 부족한 업체를 선정해 용역업체가 마음대로 정비방식을 바꾸고, 그것도 모자라 원래 계약했던 대로 정비한 것처럼 서류를 조작해 보고했음에도 한수원과 원자력안전위원회는 확인조차 하지 않고 서류로만 승인해줘, 수개월 동안 핵발전소를 가동하는 위험천만한 일이 발생했다.

여기서 꼭 짚고 넘어가야 할 문제 중 하나는 용접에 쓰인 부품이 품질검증 절차를 거치지 않고, 핵발전소 측 몰래 반입되었다는 것이다. 영광핵발전소는 스스로를 '국가보안 1등급 시설' 이라고 말해왔다. 정보공개 요구에도 보안을 이유로 거절되기 일쑤였다. 그런데 핵발전소의 안전과 직결된 부품이 어떻게 품질검증 절차도 없이 반입되었는지 묻지 않을 수 없다. 이와 관련하여 책임소재를 명확히 하고 재발방지를 위한 대책을 강구해야 할 것이다.

영광핵발전소에서 안전을 확신할 단 하나의 근거라도 찾을 수 있길 바라는 것이, 욕심이 되어버렸다.

40km보다 1,300km를 가깝게 만드는 행정경계

관심과 활동이 많았던 만큼 아쉬움도 크다.

첫째는 행정구역이라는 선을 넘지 못하고 있다. 핵발전소에 대한 불안과 공포의 근원이 과연 40km내 영광핵발전소인지, 아니면 1,300km밖 후쿠시마핵발전소인지에 대해 확신이 서지 않는다. 행정구역이라는 눈에 보이지 않는 경계선은 영광핵발전소를 영광만의 문제로 치부하게 만들었다. 주변 시·군은 무심했으며, 영광군은 주변 시·군과 함께 영광핵발전소의 문제를 함께 고민하지 못했다. 행정구역의 경계는 너무나 두텁고, 높았다. 후쿠시마보다 영광에 보다 관심을 갖고 영광과 주변 시·군이 함께 풀어갈 수 있는 체계를 만드는 것이 우리가 풀어야 할 시급한 과제다.

두 번째 아쉬움은 영광핵발전소의 안전성에만 집중되고 있다. 안전성 논리에 빠지는 것은 경계해야 한다. 기술적인 안전성만 확인되고, 안전하게 관리만 되면 된다는 식으로 와전되는 것을 우려해야 한다. 우리의 목표는 '핵없는 광주·전남' 이다. '핵으로부터 안전한 광주·전남' 이라는 과정상의 목표에 매몰되는 오류에 빠지지 않아야 한다.

요구가 시스템을 바꾸고 있다.

2013년 뚜렷한 변화 중 하나는 시민들이 방사능에 대한 불안과 핵발전소에 대해 불신으로부터, 안전을 위한 행동에 직접 나서기 시작했다는 것이다. 다양한 분야, 다양한 방식이 있었다.

영광에서는 매주 월요일 영광군청에서 영광핵발전소까지 20여km를 '생명평화 탈핵순례단' 이 최근까지 만 1년을 넘어 58번째 도보순례를 진행했고, 광주·전남 시민들은 탈핵학교, 탈핵영화상영회, 사진전시회를 개최하고, 광주·전남·전북시도의회 의원들은 '영광원전안전성 확보를 위한 의원협의회' 모임을 갖는 등 광범위하게 요구를 분출하고 있다.

관심과 요구는 원전의 안전성 확보를 위한 시스템을 구축하게 하고 있다. 영광에서는 영광핵발전소 6기 전체에 대한 안전성 검증을 주민참여로 진행하고 있으며, 광주에서는 '방사능으로부터 안전한 학교급식을 위한 조례' 제정을 추진하고 있으며, 광주시는 부족하나마 관할구역이 아님에도 '광주 방사능 방재계획' 을 수립했다.

2014년은 '비상계획구역 확대' '사용후핵연료 공론화' '월성 1호기 수명연장' 등 핵발전소 관련 현안들이 선거 국면과 맞물려 첨예하게 표출될 것으로 보인다. 영광핵발전소 또한 '3호기 핵반응로 헤드교체' '증기발생기 세관 관막음률' '출력증강' '안전성 검증' 등의 사안들이 즐비하다.

지역적 대응은 진행되고 있으나, 지역간 연대 대응은 아쉬운 것이 현 상황이다. 영광핵발전소를 비롯한 핵발전소의 안전을 확보함과 동시에 핵 없는 광주·전남, 핵 없는 한반도를 위한 중장기적 로드맵을 시민과 함께 만들어가기 위한 체계를 구성해야 할 것이다.

박상은 통신원(광주환경운동연합 기후에너지팀장)

대구·경북 신
핵

먼저 어둠의 시기에
해 애쓰시는 많은 분
지난 한 해 대구·경
사능 먹거리와 송전탑
정부에서 핵발전 계획
1호기 수명연장에 대
구체적이고 직접적인
지역은 조금 조용한
각 지역에서 활동가
히 수수방관하는 주민
해를 입는 게 없기 때
경우는 방송에도 많이
많은 이들 특히 학부모
니다. 마치 부정선거
제에 적극 나서는 국민
다. 저희 대·경탈핵연
끌어내지 못한 것도 한
국회 통과 절차가
에너지기본계획에 계
단지 건설을 어떻게
기물 최종처분장과 직
제가 아닌 전국 나아

전북 2014

2014년이 밝았다. 올하
거라는 정치일정이 자리
핵발전소와 관련해서도
의 에너지기본계획이 확
로 보인다. 또한, 방사능
역과 관련하여 구역의
가 확정될 것이고, 사용후
론화가 본격화될 것이다.
2014년은 향후 핵발전소
결정되고, 구체적인 관리
에 이미 진행되고 있는 밀
제가 탈핵운동단체와 국민

21개 시민사회단체·생협·
전북지역은 2013년 1
'탈핵전북연대)' 를 출범
중단체, 진보정당 등 21
출범시켰다. 2014년 활동
교' 를 정기적으로 실시하
핵부교재도 제작할 계획
체 선언과 에너지수요관리
한 중앙정부에서 진행하고
추진에 대해서도 전국의
반핵운동 뿐만이 아니라
운동 등도 병행한다는 계획
동계획은 이미 수립했다. 그
할 것인가에 대해서는 좀더
우선, 코앞으로 다가온
국적인 연대활동에 동참
론 제2차 에너지기본계획
끝나는 것은 아니기 때문
만, 국가 에너지정책의 방
미가 있다고 여겨진다. 만
획이 수립되지 않더라도
도와 정책을 폭로할 수 있
다. 전북지역 차원에서 할
만, 그럼에도 불구하고 지

현황과 과제

핵발전소, 경북 핵단지 건설…
기물 최종처분장과 직결되는 문제

잃지 않고, 탈핵·평화를 위
의 인사를 드립니다.
세서는 핵발전 자체보다는 방
많은 대응을 했습니다. 실제
발표를 미뤄왔던 터라, 월성
외에는 앞의 문제들이 좀 더
었습니다. 덕분이랄까요, 영덕
냈네요.
열심히 싸우고 있지만 여전
은데요, 당장에 직접적인 피
요. 하지만 방사능 먹거리의
직접적인 관계가 있다 보니,
관심을 가지고 대응하고 있습
소극적이나, KTX 민영화 문
것과 비슷하지 않나 싶습니
더 많은 시민사회의 참여를
생각합니다.
만 앞으로의 과제는, 제2차
핵발전소와 더불어 경북 핵
냐 하는 것입니다. 이는 핵폐
문제이며, 대·경 지역만의 문
시아의 문제라고 생각합니다.

그래서 2014년은 이런 문제들로 인해 훨씬 다사다난한 해가 되지 않을까 예상합니다.

세계적으로 성공한 적이 없는 최종처분장에 대한 계획도 없이 추진하는 핵발전 확대 정책은 저들의 생각만큼 쉽게 성공할 수 없을 것입니다. 제2차 에너지기본계획이 그대로 확정된다면 다음 경북도지사가 누가 되든 핵단지는 계획대로 추진할 텐데, 이는 지난달 제2차 에너지기본계획 공청회 이후에서 보듯 많은 언론과 국민의 뭇매를 맞을 것입니다. 우리의 활동 방향은 이런 문제점을 여론화 하는 데에 있다고 봅니다.

영덕 지역에서도 지난해에 신규 핵발전 건설은 없을 거라는 루머가 돌아 주민들이 은근 기대하기도 했지만, 정부는 그런 기대를 짓밟아버렸습니다. 그래서 분노를 속으로 삭이던 주민들이 서서히 반대 의견을 드러내기 시작했고, 앞으로 계속 커져갈 것입니다. 포항 방송에서는 제2차 에너지기본계획의 문제에 관한 TV 토론회를 열기도 했고요.

어둠의 힘이 가장 센 동지가 지나고, 빛이 승리하는 시간이 다가오고 있습니다. 과거처럼 은밀한 곳에서 저들만의 잔치를 벌이기는 이미 불가능한 시대에 와 있습니다. 탈핵에 대한 국민의 요구도 거세지는 만큼 반드시 우리의 꿈을 실현시킬 수 있을 것입니다. 모두 힘내십시오.

손성문(신부, 대구·경북탈핵연대 집행위원장)

경남 밀양송전탑과 고리1호기 수명 재연장을 막아야!

2013년을 돌아보며…

2013년은 탈핵 운동에 있어 역사적인 사건이 많았던 한 해였다.

작년 5월, 핵심 안전 부품인 제어케이블 시험성적서 위조 사건은 핵발전소 비리의 막장이었다. 국무총리까지 국무회의에서 천인공노할 범죄라고 단정지은 엄청난 비리 사건이었다. 이로 인해 핵발전소가 무려 11기나 가동이 중단되어 지난 여름철 모든 언론이 전력 대란의 위기를 크게 보도하였다.

그러나 여름철 전력 피크가 지난 후 알고 보니 전력 예비율은 넉넉했다. 작년 7~8월 중 가장 낮았던 예비전력은 8월 9일 오후 5시 20분, 326만kW였다. 400만kW 이하는 단 8일에 불과했다. 괜히 애먼 공무원들만 에어컨도 못 켜고 고생시킨 셈이다. 8월 중 전력 소비는 재작년 보다 오히려 1.9% 늘었다. 주택은 1.3% 소비가 줄었고, 산업체 전력소비는 2% 증가하였다. 전력이 부족하지 않았음에도 전력 위기를 과대 홍보한 저의는 무엇인가. 핵발전소 확대만이 전력위기를 극복할 수 있다는 인식을 주기 위함일 것이다.

일본의 방사능 오염수 바다 유출 사건으로 방사능 괴담이 돌았고 국무총리는 괴담 유포자를 처벌하겠다는 '황당한' 발언이 있었지만, 결국 대부분의 괴담이 사실로 확인되자 정부는 일본 수산물 수입 금지 지역을 8개현으로 확대하였다. 그러나 국민들의 불신을 씻지는 못하였고 결국 국내수산시장까지 어렵게 만들었다.

무엇보다도 밀양 송전탑 건설 강행으로 다시 불붙은 밀양송전탑 건설 반대 투쟁은 전국적인 탈핵 운동으로 확대되었다. 경남지역의 탈핵 운동 역시 밀양에 집중되었다. 마창진환경운동연합은 곽빛나 간사를 1년 동안 밀양으로 파견하여 상황실 운영을 지원하도록 하였고, 매주 월요일은 경남환경운동연합이 현장 지킴이 활동의 날로 정해 활동하였다.

경남 지역의 수많은 시민단체들이 밀양을 찾았다. 경주환경운동연합 이상홍 사무국장을 비롯해 지역 주민들의 체포가 잦아지고, 마창진 지역 경찰서로 이송됨으로써 마창진 활동가들이 경찰서 면회, 변호사 선임, 석방운동 등을 전담하다시피 했다.

이치우 어르신 분신 이후 첫 희생자이신 유한숙 어르신의 사망 사건은 밀양 싸움의 새로운 시작이 되었고, 밀양 어르신들의 끈질긴 투쟁으로 지역 분산형 발전소를 15% 이상 되도록 하겠다는 에너지기본계획이 세워진 것은 그나마 큰 성과로 여겨진다.

2014년 전망과 과제

밀양송전탑 건설반대운동은 계속될 것이고 탈핵운동의 주요한 싸움이 될 것이다. 특히 고리1호기 수명 재연장을 막는데 주력해야 할 것이다. 고리1호기 폐쇄는 탈핵운동의 시발점이 될 수 있기 때문에 어떠한 일이 있어도 성공해야 한다. 막연한 불안감을 가지고 있는 해운대 주민들에게 끊임없이 위험성을 홍보하는 여론전이 필요하다. 또 경남지역은 핵발전소 위험지역이라는 사실을 홍보해야 한다.

내년은 '사용후핵연료 공론화위원회' 활동이 활발해질 것이다. 탈핵으로 가기 위해 우리는 이 위원회 활동을 주목해야 한다. 이를 위해 탈핵 운동단체는 토론회와 위원회 활동내용에 대한 모니터링, 언론 홍보 활동을 꾸준히 전개해야 할 것이다. 사용후핵연료의 진실만 제대로 국민들에게 알려도 핵발전소의 신규건설을 저지할 수 있다.

산업체 전기요금의 현실화는 전기절약과 재생에너지 확대를 촉진시킬 것이다. 산업체 전기요금 현실화에 대한 국민들의 요구는 높은 편이다. 내년에도 중점사업으로 삼아 강력하게 요구해야 한다. 산업체 전기요금을 어느 정도 인상해야 에너지 절약기술을 도입하고 전기절약 노력을 시작하는지, 선진국의 사례를 수집·분석하는 일도 필요하다. 동시에 독일의 사례처럼 전기요금에 재생에너지기금을 부과하는 방안도 연구가 필요하다.

학교급식에서 방사능 피해를 줄이기 위한, 방사능 학교급식조례 제정활동이 활발하게 전개될 것이며, 방사능 학교급식조례를 제정하는 것에서 핵발전소에 대한 이해를 높여 탈핵 차원으로 발전시켜야 한다.

박종권(마산창원진해환경운동연합 공동의장)

'핵없는 세상'을 향해 다함께 나아가자!

선
고,
부
으
구
제
공
래
큰 틀의 국가정책의 방향이
립되는 해가 될 것이다. 여기
문제와 핵발전소 확대건설문
다리고 있는 상황이다.

당이 연대한 '탈핵전북연대' 출범!

핵에너지전환전북연대(약칭,
환경단체와 생협, 종교계, 민
함께하는 탈핵연대기구를
수립했다. 시민대상 '탈핵학
북도교육청과 연계하여 탈
방선거와 관련하여 탈핵지자
전환도 추진할 계획이다. 또
각종 핵발전소와 관련된 정책
와 연대하기로 했다. 더불어,
환을 위한 소형태양광 보급
핵전북연대는 큰 틀에서의 활
14년에 어디에 집중해서 활동
고민이 필요한 상황이다.
에너지기본계획' 에 대해 전
이 필요하다고 생각된다. 물
된다고 하더라도 모든 것이
적인 활동계획이 필요하겠지
우한다는 점에서 중요한 의
의 뜻에 맞게 에너지기본계
정부의 핵발전소에 대한 태
에서 중요한 활동이 될 것이
는 일이 많지는 않아 보이지
할 수 있는 효과적인 활동을

고민해 봐야한다고 생각된다.

밀양송전탑 문제도 에너지기본계획과 관련이 깊다. 만약, 핵발전소 확대정책을 추진하지 않는다면, 밀양송전탑은 불필요하기 때문이다. '국가에너지기본계획' 과 '밀양송전탑' 관련된 시민운동은 중앙정부에 대항한 투쟁임과 동시에 핵발전소에 대한 국민의 인식과 태도를 변화시킬 수 있는 중요한 계기가 될 것이다.

올 6월 지방선거에서, '탈핵지자체 선언' 등 정책제안운동 추진!

이러한, 즉각적인 현안에 대한 연대활동과 더불어 지방선거에서 지역 탈핵운동의 과제를 실천하기 위한 활동으로 '탈핵지자체 선언' 또는 '핵발전소 1기 줄이기' 정책제안운동도 추진해야할 활동이다. 비록 전북에 핵발전소가 소재하지 않지만, 전남과 전북의 경계에 영광–고창핵발전소가 위치하고 있으니 사실상 전북 역시 당사자일 수밖에 없고, 또 전국적인 탈핵운동과 연대한다는 측면에서 의미 있는 활동이 될 수 있다.

중앙정부와 지방정부에 대항한 반핵운동과 더불어 '핵 없는 세상' 으로 가기 위한 여건을 만드는 시민들의 직접적인 실천활동도 매우 중요하다. 그런 차원에서 에너지수요관리 정책운동과 캠페인, 에너지전환운동도 큰 의미를 지닌다. 특히, 2014년은 수요관리에 있어 산업용과 상업용 전력의 소비를 줄일 수 있는 보다 공격적인 활동이 필요할 것이다. 잘못된 가격정책과 지원정책을 폐지시키는 활동과 더불어 전력낭비 기업에 대한 직접적인 압박운동이 필요할 것이다. 공공용전기와 가정용전기도 더욱 세심한 수요관리 캠페인이 필요하다. 불필요한 경관조명의 자제나, 녹색제품 구매, 에너지 저소비형 주택건축 등 전국적인 전력소비를 줄여나가는 활동을 통해 핵발전소 확대의 명분을 사전에 차단하는 활동도 매우 중요하다.

탈핵전북연대는 2012년 '탈핵전북모임' 을 시발점으로 장기적이고 내실있는 탈핵운동을 진행하자는 내부 공감대가 형성되어 있고, 차분히 활동을 전개하고 있다. 더불어 전북지역과 직접적으로 연결된 영광–고창핵발전소의 안전한 운영과 조속한 폐쇄를 위한 활동을 전개하고자 한다.

한승우(전북녹색연합 사무국장, 탈핵전북연대 공동집행위원장)

부산 2014년, 박대통령의 탈핵 결단을 촉구한다

2013년 한해 가장 기억에 남는 일을 꼽으라면 주저없이 '핵발전' 이다.

지난 18대 대선을 기점으로 우리 사회는 핵에너지 의존을 벗어나는 '탈핵 에너지전환' 이라는 새로운 화두를 어느 때보다 친숙하게(?) 경험했다. 유력한 대통령 후보가 TV토론회에서 노후핵발전소인 고리1호기의 폐쇄와 핵에너지 의존을 벗어나는 탈핵을 주제로 공방을 벌였을 정도다. 고리1호기 폐쇄와 2050년 핵발전소 제로를 공약했던 후보의 낙선으로 탈핵에너지전환의 실현이 지체되었지만, 우리사회가 지향해야 할 에너지체제에 관한 담론으로 의미가 충분하다.

연이은 핵산업계의 부패와 비리, 박근혜정권의 걸림돌

이런 사회적 분위기에서 박근혜 정권은 국민 안전을 국정 기조로 채택하며 출범했다. 그러나 수십년간 사회적 감시나 견제를 배척하며 키워온 한수원의 폐쇄적 조직문화는 박근혜 정권의 출범에서 개혁의 견인차는 커녕 걸림돌이 됐다.

끝을 모르는 비리와 부정은 급기야 핵발전소 핵심부품인 제어케이블 시험성적서를 위조하는 범죄까지 이어졌다. 제어케이블 성적서 위조 사건으로 신고리1~2호기와 신월성1~2호기의 가동이 중단됐고, 추가로 시험성적서 위조가 드러난 신고리3~4호기도 준공 시점이 최소 2년 이상 지연됐다.

제어케이블 성적서 위조사건은 사업자인 한수원과 감리기관, 검증기관, 납품업체가 사전에 공모한 것으로 드러났다. 더군다나 성적서 위조사건을 주도한 곳은 한수원으로 밝혀졌다. 핵발전소의 안전한 운영 및 관리의 당사자인 한수원이 성적서 위조를 주도해서 불량 부품을 설치하고, 버젓이 가동했던 것이다. 국민의 생명과 안전을 헌신짝으로 여기는 한수원의 부도덕한 행태가 다시한번 드러났다.

이처럼 2013년 핵발전소 비리는 단순 위조나 납품비리를 넘어 한수원의 주도적 역할이 확인되었고, 전직 한수원 사장의 뇌물수수와 전 정권의 실세까지 개입한 정황이 드러나면서 권력형 비리로 확대되었다. 출범 첫해를 맞는 박근혜 정권에게 득이 아니라 독이 된 핵산업계의 구조적 비리와 부정은 급기야 대통령이 원전비리 척결을 세 차례나 언급할 정도였다.

대통령의 반복된 언급으로 사법기관은 원전비리수사단으로, 원자력안전위원회는 전수조사를 통해 핵발전소 비리를 척결하고, 안전규제를 강화하겠다고 했다. 그러나 고리1호기는 약 6개월간 예방정비에 기술운영지침을 위반했고, 재가동한 지 50일만에 다시 멈췄다. 월성1호기는 수명종료로 가동이 멈춘 지 1년이 넘었다.

이미 비리와 부패의 총본산이 된 한수원을 비롯 핵산업계에 대한 국민의 신뢰를 회복하는 것은 불가능한 상황이다. 박근혜 정권이 핵발전소의 안전 및 규제를 강화하는 대책을 발표했지만, 국민들은 기존 대책을 재탕하는 것으로 인식한다.

게다가 2035년을 목표연도로 하는 제2차 에너지기본계획은 공급위주 정책에 핵발전비중이 대폭 늘어라는 것으로 밀어붙이고 있다. 핵발전소 안전에 대한 국민의 불신과 불안이 사상 최고인데도, 핵발전소를 대폭 늘리는 에너지계획은 국민의 안전보다 핵산업계를 비호하겠다는 독선의 전조로 보인다.

고리1호기, 월성1호기가 스트레스테스터를 통과한다면, 소가 웃을 일!

박근혜대통령의 공약이었던 노후핵발전소에 대한 스트레스테스트가 월성1호기와 고리1호기를 대상으로 진행중이다. 하지만 한수원은 지난해 정전사고를 조직적으로 공모해서 은폐한 사업자이다. 핵발전소의 위기나 비상사태에 대한 관리나 운영능력을 평가하는 것이 스트레스테스트인데 사고를 은폐하는 기관이 테스트를 통과한다면, 소가 웃을 일이다.

집권 1년차인 박근혜대통령은 2013년 한해 핵발전소비리와 국정원 대선개입 부정선거 논란으로 국민 통합보다는 갈등이 컸던 한해였다. 더이상 핵산업계의 이익을 옹호하고, 핵발전소의 비중을 높이는 정책으로 국민통합은 어렵다. 진정 박근혜대통령이 핵발전소로 인한 사회적 갈등을 해소하고 국민을 통합하는 국정 운영을 원한다면, 밀양송전탑 공사 강행을 중단하고, 노후핵발전소인 고리1호기와 월성1호기를 폐쇄하는 결단부터 시작하기를 촉구한다.

최수영(반핵부산시민대책위 공동집행위원장)

연재 | 우노다 요코의 후쿠시마 소식 ①

끝나지 않은 후쿠시마 사고, 그 곳에서 눈을 돌리지 않기 위해

오하라 츠나키 편집위원 옮김

동일본 대지진과 그에 이은 핵발전소 사고가 일어난 지 곧 3년이 지나고 있습니다. 재해 발생 직후부터 많은 한국 분들이 지원을 보내주셔서 진심으로 감사드립니다.

전 세계에서 많은 관심과 지원을 주었음에도 불구하고 파국적인 사고를 일으킨 도쿄전력 후쿠시마 제1핵발전소는 지금도 방사성 물질을 방출시켜 바다와 하늘을 오염시키고 있습니다. 이웃나라 한국을 비롯해 전 세계 사람들에게 방사능 오염에 대한 공포와 불안감을 주게 되어서 정말 죄송합니다.

폭발한 4기의 핵발전소 문제를 제 자신의 문제로 생각하기 위해, 저는 후쿠시마에 정기적으로 다니기로 결정했습니다. 2011년 5월 이후 저는 미나미소마시(南相馬市, 후쿠시마 핵발전소에서 반경 약 25km에 위치, 역자 주)를 중심으로 후쿠시마 현을 한 달에 한 번씩 방문하고 있습니다.

현지에서 어떤 일이 일어나고 있는지 알고 싶다는 마음 하나로 다니기 시작했습니다. 처음에는 다니면 다닐수록 현지 사정에 대해 조금씩 이해해가고 있다고 생각했습니다. 그러나 지금은 새로운 상황을 알면 알수록 '나는 아무것도 이해를 못하고 있다' 고 통감합니다.

그 이유는 제가 핵발전소 사고라고 하는 '프레임' 을 통해서 직접적인 방사능 오염 피해에만 눈을 돌리고 있었기 때문일 겁니다. 그러나 그 '프레임' 을 접고 사람들의 일상생활에 더욱 가까이 다가갔을 때, 전혀 다른 것들이 보이기 시작했습니다.

우노다 요코 제공

후쿠시마 핵발전소 근처에 외롭게 서 있는 소나무.많은 주민들이 쓰나미로 사망한 지역이어서 항상 꽃이 헌화되고 있다.

교토대학 원자로실험소 조교인 이마나카 테츠지(今中哲二) 씨는 체르노빌 핵발전소 사고에서 배운 교훈 중 하나로 "핵발전소 사고가 나면, 그 주변 마을이 사라지고 지역 사회가 소멸한다"는 점을 지적하고 있습니다. 이것이 지금 후쿠시마에서 일어나고 있는 사실입니다.

핵발전소에서 20킬로미터 권내 구(舊) 경계구역(2013년 5월 모두 해제. 귀환곤란구역, 거주제한구역, 피난지시 해제 준비구역으로 나눠졌음) 안으로 들어가면, 쓰나미가 덮친 해안이 지금도 당시 모습 그대로 남아 있습니다. 논밭에 표류한 배와 재해물의 대부분은 지금도 그대로 방치되고 있습니다. 해일이 도달하지 않았던 마을 중심부는 마치 인적 없는 호젓한 영화 세트장 같습니다. 허가를 받은 공사 차량이 통행하니까 신호등은 작동하지만, 길을 걷는 사람은 없습니다. 삶의 흔적은 분명히 그대로 남아있는데 움직이는 것은 아무것도 없습니다.

2013년 10월, 오사카에서 온 방문단을 안내하기 위해 구 경계구역에 들어갔습니다. 그 방문단 속에, 거주하기 어려운 구역이 되어 버린 도미오카마치(富岡町) 출신의 젊은이도 있었습니다. 고등학생 때 재해를 입고 피난생활을 하기 위해 전국을 전전하다 지금은 오사카에서 살고 있는 대학생 남자입니다.

차량으로 이동할 때는 즐겁게 여러 가지 추억이나 지역에 대해 설명을 해 주던 그가, 20킬로 권내에 들어간 순간 갑자기 조용해져 버렸습니다. 우리와 눈도 마주치지 않았습니다. 다른 참가자들이 차에서 내려 주위를 둘러볼 때도, 그는 일단 차에서 내렸지만 잠시 후에 차에 돌아가서 혼자 가만히 웅크리듯 주저앉아 버렸습니다.

훗날 그는 "그렇게 되어버린 줄은 몰랐어요. 그 때 혼자서 갔었어야 했어요. 오사카 사람들하고 함께 있었으니 어떻게 표현해야 할지 몰라서 더욱 슬펐어요." 그때 느꼈던 아픈 마음을 이렇게 말했습니다. 그는 핵발전소에서 몇 킬로밖에 떨어지지 않은 곳에 살고 있었는데 사고 직후 긴급히 피난을 해야 했고, 이후 줄곧 고향에서 멀리 떨어져 살 수밖에 없었습니다. 바로 돌아올 수 있을 줄 알았던 그는, 갈아입을 옷도 핸드폰 충전기도 못 챙기고 나왔다고 합니다. 그가 핵발전소에서 7km 밖에 안 떨어진 집에 돌아갈 날은 아마 오지 않을 겁니다. 그는 핵발전소 사고가 일어난 현실에 대해 본인이 지금까지 그리 심각하게 자각하고 있지 않았던 것에 대해 자신을 깊이 탓하고 있었습니다. 그런 그를 보고 저 또한 생각이 짧았다고 후회했습니다.

제가 구 경계구역 북쪽에 있는 미나미소마시립종합병원에서 의료지원 직원으로 일하게 되면서, 거기서 만난 나이 드신 환자분들께 여러 가지 이야기를 들었습니다. 그 대부분이 강제 대피명령을 받아 미나미소마시에 있는 가설 주택으로 이주한 분들이었습니다. "계속 자치 회장을 맡아 사람들 상담을 받거나 했지만, 지금은 가설주택이니까 누구와도 말을 나누지 않아요.", "내 논밭에서 다시 농사를 짓고 싶지만, 생전에 돌아가는 것은 아마 힘들거야."

정성으로 가꾼 논과 밭, 반세기를 넘어 이어온 공동체를 순식간에 잃어버린 분들의 목소리는 조용하면서도 핵발전소의 부조리를 강렬히 고발하고 있었습니다. 국책으로 진행되어온 핵발전소로 인해 정든 고향을 떠나야만 했던 그들의 부당함. 우리는 지식으로 소화해 아는 척해서는 안 된다는 생각이 강하게 들었습니다.

한 번 사고가 나면 반경 20km 내 구역이 수십년에 걸쳐 거주 불가능 지역이 되고, 훨씬 광범위한 지역이 방사능으로 오염돼 수많은 사람들이 그 토지와의 연결이 끊깁니다. 전승 문화가 소멸되고 수많은 사람들이 고통을 받게 됩니다. 후쿠시마를 중심으로 방사능 피해를 본 지역에서 일어난 일들을 자세히 살펴보면, 핵발전소가 존재해서는 안 되는 이유를 얼마든지 들 수 있 습니다. 핵발전소에 대한 어려운 공학적인 지식을 배우지 않더라도 그 이유는 분명합니다.

예를 들어, 미나미소마시의 미유키 씨. 본인도 신체장애가 있는데다가 자폐증 자식까지 키우고 있어서 피난가기 힘들었던 그녀는, 핵발전소에서 24km 떨어진 곳에 있는 자택에 남을 수밖에 없었습니다. 사고 직후에는 30킬로 권내의 물류유입이 멈추었고, 행정 서비스도 기능하지 않아 아사(餓死) 직전까지 몰리게 되었습니다. 민간 장애인지원단체가 와서 먹을거리 지원을 해주어서 겨우 생명을 이었습니다. 하지만 피폭에 대한 불안은 머리에서 떠나지 않습니다. 제가 그녀의 집을 방문했을 때 "내가 건강한 몸이라면 아이를 대피시켜 줄 수 있을 텐데…"라고 했던 그녀의 말에, 눈물이 멈추지 않았습니다.

후쿠시마에 다니기 시작한 지 2년 반. 후쿠시마에서 살아갈 수밖에 없으니 각오를 다지고, 그 속에서 최선을 다하며 살고 있는 많은 사람들을 만났습니다. 정부 발표를 그대로 믿고, 태연히 살고 있는 사람은 없습니다. 그 사람들이 고통을 받고 있다면 그곳에서 영위하고 있는 그들의 삶에 동행하고 싶다는 마음으로 저는 앞으로도 후쿠시마를 계속 다닐 각오입니다.

우노다 요코(宇野田 陽子) 오사카 거주. 1996년부터 반핵아시아포럼(No Nukes Asia Forum) 멤버로 핵없는 미래를 지향하는 활동에 참여하고 있다. 동일본 대지진과 후쿠시마핵발전소 사고 이후에는 관서(關西) 지역으로 피난해온 사람들의 지원과 동북(東北)지역 현지 지원 활동에 주력. 동일본에서 오사카로 옮겨온 피난민에 대한 이주지원과 상담지원, 특히 어린이들의 피난 생활보조 활동을 하고 있다. 현지 지원 활동으로써는 후쿠시마현을 중심으로 매월 동북지역을 방문해 어린이들의 놀이터 활동지원과 동시에 언어청각사로 의료 지원을 하고 있다.

후쿠시마의 교훈을 살리지 못하는 일본

과거로 되돌아가는 일본에너지정책

오하라 츠나키 편집위원

한국처럼, 일본에서도 논쟁중인 에너지기본계획

중·장기적인 국가 에너지정책의 뼈대가 되는 제2차 에너지기본계획 수립을 넣고 뜨거운 공방이 오가고 있다. 옆 나라 일본에서도 똑같은 이름인 에너지기본계획이 곧 확정된다. 지난 해 12월 13일 일본 경제산업성 산하 종합자원에너지조사회 기본정책분과회를 거쳐 초안이 공식 발표되었다. 그 내용을 살펴보면, 핵발전소를 안정된 전기 공급원으로 삼아 코스트(비용) 삭감, 지구온난화 대응 등의 관점에서 앞으로도 계속해서 활용해 나가야 할 중요한 기초적 전력으로 명기하고 있다. 심지어 '안전성이 확인된 핵발전소는 재가동을 추진' 할 것도 명기하고 있어, 후쿠시마 핵발전소 사고 이후 전 민주당정권이 내걸었던 '핵발전소 제로 목표' 등 탈핵으로 나아가고자 했던 움직임이 완전히 부정된 셈이다.

일본 정부의 에너지 정책 변화

시기	정권	계획	내용
2010년 6월	민주당 정권	제3차 에너지 기본계획	- 2030년까지 핵발전소 비율을 50%로 확대 - 핵발전소를 14기 이상 새롭게 증설 - 재생가능에너지 비율은 약 20%
후쿠시마 핵발전소 사고 발생 (2011년 3월11일)			
2012년 9월	민주당 정권	혁신적 에너지 환경전략	- 2030년까지 핵발전소 가동 제로 - 가동 40년 지난 노후 핵발전소 수명연장 없음 - 신규 증설 없음
2012년 12월 중의원 선거에서 자민당 압승 → 아베정권			
2014년 1월 예정	자민당 정권	제4차 에너지 기본계획 (안)	- 핵발전소는 중요한 기저 전원 - 안전성을 확인한 핵발전소는 재가동 - 고준위 방사성폐기물의 최종처분장 정부 제시 - 핵발전소 수출 추진

일본의 에너지기본계획은 핵발전소 증설, 핵연료 사이클 추진 등을 목표로 2002년 제정한 에너지정책기본법에서 정해진 것으로, 2003년에 책정된 후 3년 주기로 개정되어 왔다. 태생이 그렇듯, 후쿠시마 사고가 일어나기 전 2010년 6월에 발표된 제3차 에너지기본계획을 보더라도 2030년까지 핵발전소 비율 50%로 확대, 신규 핵발전소를 14기 이상 증설하기로 하는 등 명확한 핵발전소 확대정책을 명시해 왔다.

후쿠시마 사고 후 민주당, 2030년 핵발전소 '제로' 선언…그러나 현 자민당 정부는 100% 역행

그러나 2011년 3월 후쿠시마 사고가 발생하자, 그 다음 해인 2012년 9월 민주당정권은 제3차 에너지기본계획 내용을 전면적으로 수정하는 '혁신적 에너지환경전략' 을 발표했다. 2030년대에 핵발전소 가동 '제로' 를 선언하고, 그러기 위해 '가동 40년을 넘은 핵발전소는 정지하고 신규 건설은 하지 않겠다' 는 내용을 명기했다. 탈핵운동진영에서 볼 때는 '즉각 탈핵' 을 선언한 것은 아니어서 '미온적' 이라는 비판도 받을 수밖에 없었지만, 집권당인 민주당으로써는 여러 이해관계를 고려한 속에서 '최대한의 탈핵 정책을 펼치기 위한 노력은 기울였다' 고 해도 과언이 아닐 것이다.

그러나 정권이 자민당으로 바뀌면서 상황은 크게 다시 반전되었다. 특히 이번 제4차 에너지기본계획은 100% 역행이다. 후쿠시마 사고를 겪고 나서 탈핵으로 향하는 시대적 흐름을 완전히 부정한 것이다.

이번 제4차 에너지기본계획 초안의 골자를 좀 더 자세히 살펴보자. 먼저, '핵발전소 의존도는 가능한 한 줄이겠다' 는 말을 마치 장식처럼 붙여놓고서는, '핵발전소는 앞으로도 중요한 기저전원(기초적 전력)' 이라고 명시하고 있다. 둘째로 '원자력규제위원회가 안전성을 확인한 핵발전소는 재가동한다' 며, 후쿠시마 사고 이후 멈춰있는 핵발전소를 적극적으로 재가동하겠다는 의지를 보여주는 문구를 내놓았다. 세 번째로 이미 파탄난 '핵연료 사이클 정책' 을 앞으로도 착실히 추진한다는 것도 명시되었다. 네 번째로 고준위 방사성폐기물의 최종처분장 입지 선정은 정부가 과학적으로 적합성이 높은 지역을 제시해서 추진한다.

이렇듯 핵발전소 비율, 신규 핵발전소 증설에 대한 전망은 구체적으로 언급하지 않았으나, 그 외에도 핵발전소 수출 추진을 언급하는 등 핵발전소 확대 정책을 전면적으로 앞세우는 내용으로 구성되어 있다.

그것도 모자라 자민당 전력안정공급추진의원연맹은 지난 12월17일 에너지기본계획 초안에 대해 핵발전소 활용 확대에 대해 더욱더 적극적으로 명기할 것을 요구하는 제언을 발표했다. '가동 40년을 초과한 핵발전소 활용과 신규 증설 등에 대해 검토해야 한다' 는 내용을 담는 등 자민당의 구태의연한 모습을 고스란히 보여준다.

59% 국민이 반대…국민의 목소리를 외면한 채, 아베 정권은 핵발전 확대정책

이번 제4차 에너지기본계획 수립에 있어 현 정권이 국민의 목소리를 충분히 반영하고 있지 않는 것도 주목할 만하다. 지난 2012년 '혁신적 에너지환경전략' 이 책정될 당시 민주당 정권은 '퍼블릭코멘트(의견공모)' 와 함께 '의견 청취회' , '토론형 여론조사' 등 다양한 방식을 도입해 국민의 과반수가 '핵발전소 제로' 를 요구하고 있다는 결과를 내고, 정책에 반영했다. 특히 '퍼블릭코멘트' 에 약 8만 9000명의 국민이 참여하여, 그 중 90%가 핵발전소 제로를 선택한 것이 민주당이 핵발전소 제로 정책을 각의(국무회의)에서 결정하는데 큰 힘이 된 바 있다.

그러나 현 아베 정권은 불과 1년 전 여론을 완전히 무시하고, 이번 제4차 에너지기본계획을 수립하려고 하고 있다. 국민의 목소리를 반영하는 다양한 방법을 활용하지 않고, 형식적으로 '퍼블릭코멘트' 공모를 이번 1월 6일까지 약 한 달 동안 실시할 뿐이다. 지난 6월 아사히신문 여론조사에서도 '경제발전을 위해 핵발전을 적극적으로 이용하는 방침의 여부' 에 대해 국민의 59%가 여전히 반대를 표명하고 있지만, 아베 정권은 그러한 여론에 귀를 기울일 생각은 눈곱만큼도 없어 보인다.

애당초 이번 제4차 에너지기본계획을 논의하는 경제산업성 산하 종합자원에너지조사회 기본정책분과회 구성원들의 면면을 보면 이것은 당연한 결과이다. 구성원 중 명백히 탈핵을 주장하는 자는 15명 중 단 2명이다. 민주당 정권 하에서는 약 1/3의 탈핵파가 차지하고 있었던 것을, 자민당 아베 정권으로 바뀌면서 구성원을 핵발전소 추진파로 대폭 교체했다는 것이다.

이렇듯 후쿠시마와 같은 세계 최대 핵발전소 사고를 겪고나서도 당사국인 일본에서 에너지에 대한 국가정책에서 구태의연한 모습을 보여주고 있다는 것은 안타깝다. 현재, NPO법인 환경에너지정책연구소와 공익재단법인 자연에너지재단 등 각계에서 핵발전을 기저전원으로 삼는 이번 에너지기본계획에 대한 반론 제언이 발표되고 있다. 시민사회단체 또한 시민들이 탈핵 목소리를 낼 수 있게 퍼블릭코멘트 참여를 홍보하는 등 대응활동을 펼치고 있다. 탈핵으로 나아가야 할 세계 흐름에 한국도 일본도 역행하고 있다는 것에 대해, 무엇보다 우리 스스로가 보다 더 심각하게 인식해야 할 것이다.

국내 핵발전소 현황(1월 6일 현재)

본부	호기	시설용량 (만kW)	비고
고리	1호기	58.7	
	2호기	65	
	3호기	95	
	4호기	95	
신고리	1호기	100	
	2호기	100	시험성적서 위조
	3호기	140	건설 중
	4호기	140	건설 중
월성	1호기	68	수명연장 심사 중
	2호기	70	
	3호기	70	
	4호기	70	
신월성	1호기	100	
	2호기	100	운영허가 단계
영광 (한빛)	1호기	95	
	2호기	95	
	3호기	100	
	4호기	100	정비 중(원자로헤드 균열)
	5호기	100	정비 중
	6호기	100	
울진 (한울)	1호기	95	
	2호기	95	
	3호기	100	
	4호기	100	
	5호기	100	
	6호기	100	
신울진	1호기	140	건설 중
	2호기	140	건설 중

23기 운행 중(4기 가동 중지)
1기 운영허가 단계
4기 건설 중

일본원자력자료정보실
전화 : 03-3357-3800 팩스 : 03-3357-3801 홈페이지 : http://cnic.jp
전자우편 : cnic@nifty.com 트위터ID : CNICJapan 페이스북 : facebook.com/CNICJapan

후쿠시마 핵발전소 사고 이후, 일본은 일상적으로 방사능 영향과 피해를 의식하며 살아갈 수밖에 없는 세상을 맞이했다. 이런 상황에서 일본 원자력자료정보실은 2012년 가을부터 분기별로, 시민들이 핵발전과 방사능 등과 관련해 이해하고 대처해야 할 기본적인 정보 등을, 앞뒤 2페이지 분량의 《별책 TWO SCENE》을 제작해 무료로 배포하고 있다. 탈핵신문은 원자력자료정보실의 허락을 구해, '다른 장면'이라는 이름으로 매호 내용과 분량 등을 고려해 순차적으로 연재할 계획이다. 이번 호는 2012년 가을호, 첫 페이지를 소개한다. — 편집자 주

다른 장면

방사능 측정 放射能測定 RADIOACTIVE MEASUREMENT

무엇을 측정하는가?

식품의 방사능검사는 **'방사성 요오드'**와 **'방사성 세슘'**이라는 방사성 원소가 식품 속에 얼마나 함유됐는가를 측정한다.

핵발전소에서 우라늄이 타서(핵분열해서) 생기는 방사능은 종류가 많은데, 후쿠시마 핵발전소 사고의 영향으로는 그 중에서도 방사능의 강도가 크고 환경 속으로 많이 흩어져 버린 **요오드**와 **세슘**이 주목된다.※

참고로 사고발생 당시에 방출된 방사성 요오드는 지금은 거의 없어졌기 때문에, 식품이 방사성 요오드로 오염될 걱정은 이제 없다. 다만 의료에서 방사성 요오드를 이용하고 치료 후에 환자의 소변으로 배출되기 때문에 가끔씩 하수(下水)에서 검출되기도 한다.

※플루토늄과 스트론튬도 걱정되지만 현실적으로 이것들을 측정하기는 매우 어렵다. 플루토늄은 알파선, 스트론튬은 베타선을 측정해야 하는데 이것은 대학이나 연구소 등에 있는 전용 실험 설비가 있어야만 측정이 가능하다. 후쿠시마핵발전소 사고로 대기 속으로 방출된 스트론튬90의 양은 세슘137의 약 1/100 정도라 한다.

식품의 베크렐을 측정하는 원리

식품 방사성검사는 **'감마선측정'**으로 이루어진다.

요오드나 세슘이 붕괴※1할 때에 베타선과 감마선이라는 방사선을 낸다. 감마선 에너지의 강도는 그 물질이 물에 녹아 있건 모래에 섞여 있건 바뀌지 않는다. 요오드나 세슘의 양이 늘면 그만큼 감마선의 양이 늘어난다.

식품의 방사능검사는 측정하기 쉽기 때문에 감마선을 이용한다. 감마선은 멀리까지 날아가고 강도도 일정하여 포착하기 쉽다. 그러나 알파선과 베타선은 측정하기 어렵다.

예를 들면 채소나 생선에 함유된 **세슘-137**을 측정할 경우, 에너지가 662keV(자외선에 비해 무려 20만 배!!)의 강도를 가진 감마선이 검출되면 세슘-137이 존재함을 의미한다.※2 그런데 채소나 생선에는 보통 여러 종류의 방사능이 함유됐기 때문에, 나오는 감마선 에너지의 강도 또한 여러 가지다. 그래서 강도가 갖가지인 감마선 에너지를 검출기로 포착하여 그 중에서 세슘-137(662keV)의 감마선 개수를 센다.

1베크렐(Bq)은 1초 간격으로 방사선이 평균 1번 나온다는 뜻이다. 따라서 검출된 세슘-137(662keV)의 감마선 개수를 측정시간으로 나누면 '베크렐'이 나온다. 또 채소나 생선의 무게(㎏)로 나누면 '베크렐/㎏'을 얻을 수 있다.

※1 방사성 물질이 방사선을 방출하면서 다른 물질로 변하는 일을 붕괴라고 말한다. 방출되는 방사선 종류에 따라 알파붕괴, 베타붕괴 등으로 부른다. 한 번의 붕괴로 두 개 이상의 방사선이 나오는 것도 있다.

※2 세슘-137은 베타선을 방출하여 불안정한 바륨-137m이 되고 나서, 662keV의 감마선을 방출하여 안정된 바륨-137로 변한다.

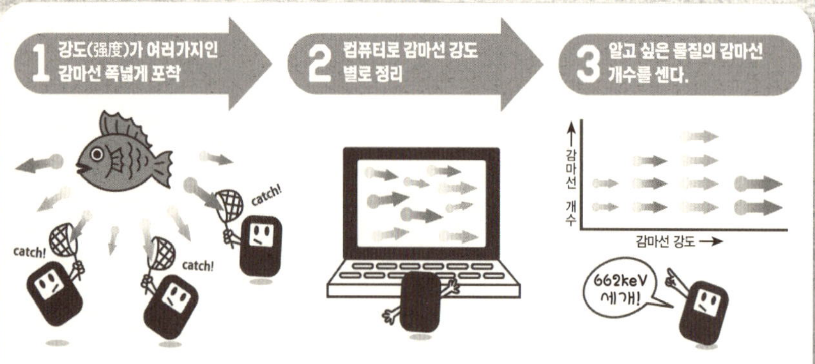

채소나 생선에는 보통 여러 종류의 방사능이 함유됐기 때문에 나오는 감마선 에너지의 강도 또한 여러 가지다. 그래서 강도가 갖가지인 감마선 에너지를 검출기로 포착하여 그 중에서 세슘-137(662keV)의 감마선 개수를 센다.

TWO SCENE 탄생

2011년 3월 11일 도쿄전력 후쿠시마제1핵발전소 사고로 인해, 주변 환경이 방사성물질로 오염되고 말았습니다. 그 이후 TV, 신문, 잡지 등을 통해 매일 같이 '공간방사선량' '먹을거리 방사능오염' '핫스팟' '베크렐' '시버트' 등과 같은 지금까지 들어본 적이 없던 단어를 듣게 되었습니다.

방사능오염이 우리 생활 속의 가까운 문제가 되면서, 우리들의 삶은 이전과는 다른 장면(scene)을 맞이하게 되었습니다. 조금이라도 불필요한 피폭을 피하기 위해 신경쓰며 생활해야 합니다. 제일 중요한 싸움상대는 '방사성 세슘'입니다. 숙적 '세슘 137'과는 이후 수십년에 걸친 긴 싸움을 각오해야 합니다.

세슘은 강한 감마선과 베타선을 방출하고 인체를 피폭시킵니다. 감마선은 높은 에너지를 보유한 에너지빔으로, 그 위력은 자외선의 수십만배가 됩니다.

몸 밖에서 받는 피폭(외부 피폭) 뿐만 아니라, 체내에서 받는 피폭(내부피폭)을 특히 주의하지 않으면 안됩니다. 내부에서 받는 에너지빔이 더 나쁜 영향을 주기 때문입니다. 외부피폭은 공간방사선량(μSv/h)에서 계산할 수 있지만, 내부피폭은 자신이 먹은 것들에 얼마만큼 방사능이 포함되어 있는지를 알 수 있어야 합니다.

내부피폭이 몸에 더 해로운 것이 알려지면서, 정부는 먹을거리에 포함된 방사선량에 관한 규정을 만들었습니다. 그 규정에 따라 기준치 이하의 식품만 유통시켜야 하지만, 그렇다고 기준치 이하면 무조건 괜찮을까요? 식품 회사, 슈퍼마켓, 생협 등은 식품의 방사능 수치를 측정해서 그 결과를 홈페이지나 매장에서 공개하고 있습니다. 정부가 정하는 방사능 기준치보다 낮은 자체적인 기준치를 정하고 있는 곳도 있습니다.

그러나 도대체 무엇을 어떻게 측정하고 있는지, 그 결과를 보고 어떻게 판단해야 하는지, 수치만 봐도 그것이 무엇인지 너무 어려워서 쉽게 이해할 수 없습니다. 그렇다고 한숨 쉬며 그대로 있을 수만은 없습니다. 불필요한 피폭을 피하기 위해 긴 싸움의 시작 선에 선 지금, 우리에게 필요한 것은 무엇보다 정확한 지식과 스스로 판단할 수 있는 힘입니다.

이 TWO SCENE(원자력자료정보실에서 분기별로 발행하는 이 자료는 매번 두 페이지로 구성되어 있다. 편집자 주)의 한 장면 한 장면을 넘길 때마다, 여러분의 힘이 나아질 수 있도록, 이번은 식품 방사능 측정에 관한 한 장면을 알아봅시다.

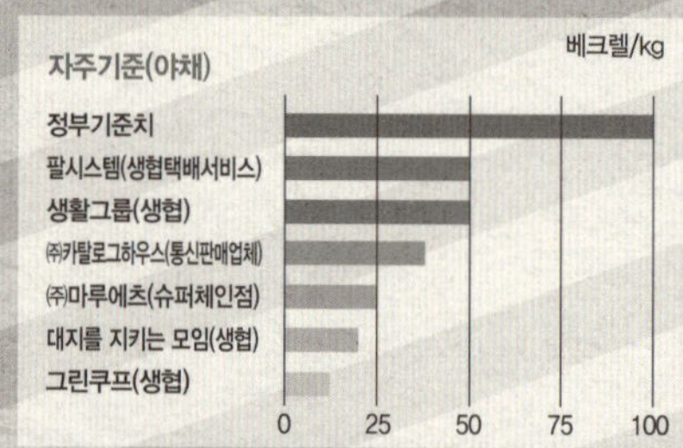

2012년 10월 원자력자료정보실 조사

오해하지 마세요! 불검출의 진짜 의미

식품 검사결과를 보면 **'불검출'** 또는 'N.D.(not detected)'라는 표기를 볼 때가 있다. 방사능측정에서는 그 수치 이하의 방사능은 측정할 수 없다는 **'검출한계'**라는 것이 있다. 체중계로 쌀 한 알의 무게를 달 수 없는 것이나 마찬가지다. 체중계 눈금이 움직이지 않더라도 쌀 한 알에는 나름의 무게가 있다는 것은 사실이다. 즉 방사능이 검출되지 않았다는 것은 그 식품에 방사능이 함유되지 않았다는 것을 의미하는 것이 아니다. 그 측정에서는 검출할 수 없었을 뿐이다. 검출한계가 20베크렐/㎏으로 결과가 '불검출'이었을 경우, 그 식품의 방사능은 1베크렐/㎏일 수도 10베크렐/㎏일 수도 있다.

검출한계는 방사능측정 조건에 따라 변하는 수치이다. 식품을 넣는 용기의 크기, 측정시간의 길이, 주변의 방사선 강도, 가림 정도 등에 따라 결정된다.

방사선은 임의로 튀어나온다. 그림처럼 1베크렐은 규칙적으로 1초에 한 개의 방사선이 나오는 것이 아니기에 충분한 시간을 들여 측정하는 것이 더 정확한 결과를 얻을 수 있다. 참고로 방사능의 종류에 따라서는 한 번의 붕괴에 두 개 이상의 방사선이 나오는 것도 있다.

검출한계가 측정조건에 따라 달라진다는 것을 한 예를 들어 설명해 보자. 멸망 위기에 선 희귀한 들새의 소리를 들으러 숲으로 갔을 때, 그 들새가 많이 있으면(식품을 넣는 측정용기가 크면) 짧은 시간 안에 소리를 들을 수 있을 것이고, 오랜 시간 참을성 있게 기다리면(장시간 측정하면) 들을 수 있을 가능성이 높아질 것이며, 주변이 조용하면(주변의 잡음이 적으면) 작은 소리도 알아들을 수 있다.

즉 검출한계를 낮게 하기 위해서는 측정용기의 크기와 측정시간, 그리고 주변 노이즈(잡음)를 주의하며 측정해야 한다.

샘플에 함유된 방사능이 많으면 작은 측정용기로 짧은 시간만 측정해도 방사능이 있는지 없는지 판단할 수 있지만, 방사능오염이 적은 식재료를 샘플로 검사할 때에는 큰 용기로 오랜 시간을 들여 측정해야 한다.

불검출이라는 표시를 보면 어떻게 측정했는지, 검출한계가 얼마였는지를 확인하시기 바란다.

임의로 방사선이 나오기에, 얼마 동안 측정했는지에 따라 얻을 수 있는 방사선량에 차이가 난다.

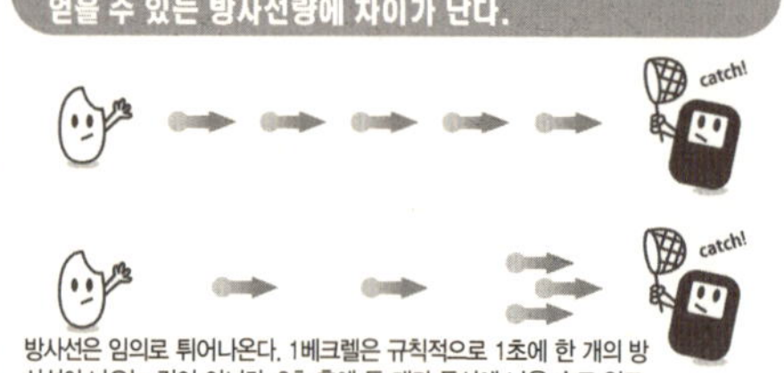

방사선은 임의로 튀어나온다. 1베크렐은 규칙적으로 1초에 한 개의 방사선이 나오는 것이 아니라, 2초 후에 두 개가 동시에 나올 수도 있고, 10초 후에 열개가 동시에 나올 수도 있다. 1베크렐은 평균 1초에 방사선이 한 개 나온다는 의미다.

연재 | 김현우의 탈핵도서 순례

방사능 앞에서 살아남을 자 누구인가?

김현우(에너지기후정책연구소 상임연구원)

이 거친 필체의 만화는 요즘 보기 어려운 스타일이다. 그럼에도 기발하고 참으로 풍자적이다. 내력을 말하자면, 자그마치 사반세기도 더 된 1985년에 〈시대정신〉이라는 문예지 2호에 신종봉이라는 작가의 'AF100년 후의 핵충 엑소더스'가 실렸고, 이후의 연작들까지 모아 1989년에 친구 출판사에서 《핵충이 나타났다》라는 단행본이 출판되었다. 그리고 2011년에 〈SYNC(싱크)〉라는 만화잡지에 다시 연재되었다가, 2013년 3월 후쿠시마 핵발전소 사고 2주기를 맞아 다시 단행본으로 선을 보이게 되었다. 그만큼 시대를 살아남은, 지금도 충분히 읽힐 가치가 있는 만화라 하겠다.

신기활은 신종봉님의 작가명인데, 중학교 미술교사를 하면서 그렸던 작품들이라 한다. 당시의 국제정세를 바라보는 안목과 이를 '핵충'이라는 우의적 주인공들로 소화해내는 스토리 구성력이 대단하다. 만화는 핵발전 자체에 대한 비판 보다는 퍼싱-2와 SS-20 미사일로 첨예하게 대치하던 동서진영 냉전 체제에 대한 고발이 주를 이룬다. 그도 그럴 것이, 그 때까지 한국은 이렇다 할 반핵운동이라는 것이 형성되기 전이었고, 또 한반도가 실제로 미국과 구 소련의 대립 사이에서 핵전쟁의 마당이 될 위기감이 팽배했던 즈음이었기 때문이다. 그래서 당시 많이 불리던 '반전반핵가'는 '민족의 생존이 핵폭풍 전야에 섰다, 이 땅의 양심들아 어깨 걸고 나가자'라고 노래했던 것이다.

탈핵운동은 고사하고 한국의 반핵운동조차 자리잡기 전이었다는 말은, 핵발전소도 고압송전선로도 거의 아무런 저항없이 지어지던 시절이었다는 뜻이다. 이러한 상황이 바뀌기 시작한 것은 '안면도 사태'라 불렸던 1990년 11월의 핵폐기물처리장 반대 투쟁이 계기였던 것 같다.

《핵충이 나타났다》(신기활, 길찾기, 2013)

그 때 이후 핵발전소 종사자의 피폭문제, 방폐장문제가 연달아 사회 이슈가 되며 반핵운동이 성장했지만, 그 전까지는 반핵은 핵무기에 관련한 것에 국한되었다.

핵충은 어쨌든 고도의 지적 능력을 가진 존재다. 인류가 일으킨 핵전쟁 이후(After Fire)라는 뜻의 연대기인 AF100년을 무대로 하여, 방사능 물질을 섭취하며 생활하는 '핵충'이 지구에서 살아남아 그들 나름의 생존투쟁을 펼친다. 이들에게는 중성자탄 사우나가 약이고, 단백질과 포도당 같은 물질은 독극물이다. 핵충의 인구(?)가 늘어나면서 핵무기와 중금속 같은 식량은 고갈 위기에 처하고, 남은 핵물질을 찾아 바다를 건너 목숨을 건 표류 항해를 떠나기도 한다.

다섯 편의 에피소드 곳곳에는 이 핵충 세계를 만들어낸 인간의 흔적이 곳곳에 드러난다. 핵충들은 원자폭탄의 개발자와 트루만 대통령에게 감사하고, 이를 저지하려한 반핵주의자들을 저주한다. 핵충이 찾아낸 핵미사일 기지에는 미국과 소련의 상호보복 공격의 마지막 기록이 고스란히 남아있고, 1945년 7월 16일 원자탄 실험이 벌어졌던 알라모고도 사막에서는 핵물질을 엄청나게 먹어치우는 핵공룡이 자란다.

방사능풍의 진원지를 찾아나선 핵충들이 마지막에 발견하는 핵토피아는 결국 폐허가 된 한반도 부산의 풍경으로 그려진다. 천만 다행이게도, 신기활 선생님이 우려하던 세계적 핵전쟁은 일어나지 않았다. 그러나 지금도 핵무기의 위협은 사라진 게 아니며, 전 세계에 400개가 넘게 가동되고 있는 핵발전소와 관련 시설의 위험성은 더욱 우리 곁으로 다가왔다.

핵충은 존재 가능할까? 공상과학에는 방사선에 피폭된 후 커다란 괴수가 되거나 초능력을 얻게 된 영웅들이 등장하곤 하지만, 방사능은 세포와 조직을 파괴하고 교란시키므로 죽지 않으면 더 열악한 생체를 만들어낼 뿐이다. 《피라미드에서 살아남기》, 《공룡세계에서 살아남기》 같은 아동만화 시리즈 중에 《방사능에서 살아남기》라는 책까지 있는 것을 본 적이 있다. 하지만 핵충은 유기물과 애초 다른 원리의 존재다. 우리도, 우리 자손도 핵충과 같이 살아남을 수는 없다는 얘기다.

서울시교육청 방사능 급식 안전대책

'예산 낭비' 논란에 휩싸이다

학부모들 **불통** 비난

이지언 편집위원

서울시와 서울시교육청의 엇갈린, 학교급식 방사능 안전대책

학교 급식에서 방사능을 차단하기 위한 대책을 놓고 서울시와 서울시교육청이 서로 엇갈린 사업과 예산 편성을 추진해 논란이 불가피해 보인다.

서울시와 서울시교육청은 지난해 10월과 11월 각각 '수입 농·수산물 식품안전관리 종합대책'과 '학교급식 식재료 안전강화 대책'을 마련했다. 이번 대책에는 '서울시교육청 방사능 등 유해물질로부터 안전한 식재료 공급에 관한 조례' 시행에 따라 급식 식재료에 대한 방사능 검사 방안을 주요 내용으로 담았다는 점에서 일치한다. 그런데 구체적인 내용을 들여다보면 서울시와 교육청이 자체적으로 설치해 운용하겠다고 밝힌 방사능 측정기의 검사 성능에서 차이를 보였다.

휴대용 방사능 측정기로는 식품에 대한 정밀한 방사능 측정이 어렵다는 사실은 잘 알려져 있다. 일부 교육청이 휴대용 방사능 측정기를 사용해 급식학교 현장에서 식재료를 검사한 뒤 '안전성을 확보'했다고 발표한 경우도 있었지만, 상대적으로 저렴한 휴대용 측정기로는 방사성 핵종이나 미량의 방사성물질 농도를 파악하기 불가능하다. 식품 검사를 위해선 전문 장비를 갖춘 방사능 분석 인증기관에 측정을 의뢰하는 방법이 일반적인 이유다.

방사능 검출은 측정 시간과 검사장비의 성능에 따라 달라진다. 식품의약품안전처를 비롯한 대부분의 방사능 검사기관이 운용하는 '고순도 게르마늄 감마핵종분석기' 측정기는 3시간(1만초) 검사로 방사성 세슘의 경우 1킬로그램당 0.5베크렐(Bq)까지 검출할 수 있는 성능을 갖췄다. 검사 시간을 24시간(8만초)까지 늘리면 0.1베크렐까지도 측정이 가능하지만, 시간이 너무 오래 걸려서 식품 검사에서는 거의 쓰이지 않는 것으로 알려졌다. 이 측정기를 사용해 정부가 일본산 수입 식품에 대해 방사능을 검사해왔던 결과는 기준치 이하의 '미량'이었다. 식약처가 지난해 12월 20일 내놓은 '일본산 농산물·가공식품 방사능검사 미량검출 현황'을 보면 2011년 5월부터 현재까지 159건에서 방사능이 검출됐는데, 방사성 세슘 농도는 평균 4~5베크렐 수준이었다.

서울시교육청의 550만원짜리 방사능 측정기로는, 50베크렐 미만 오염 식재료 유통을 막지 못한다!

문제는 5베크렐 정도의 방사능에 대해서 우리가 얼마나 안심할 수 있느냐에 달렸다. 이는 세슘의 식품 방사능 기준인 100베크렐보다 훨씬 낮은 수준이다. 서울시교육청이 올해 설치할 계획인 방사능 측정기도 정부의 방사능 기준에 맞춰졌다. '신틸레이터(방사선이 부딪치면 섬광을 내는 물질, 방사선 검출에 사용, 편집자 주)' 방식의 해당 장비는 개당 550만원 상당의 식품 전용 방사능 측정기로 방사성 요오드와 세슘을 비롯한 감마핵종을 검출할 수 있다. 휴대용 측정기와 달리 핵종 분석이 가능하고 30분 측정으로 1킬로그램당 세슘 100베크렐 그리고 70분(4000초) 측정으로 50베크렐까지 검출 가능하다. 서울시의회는 지난해 12월 30일 교육청이 제출한 2014년 예산안을 의결해 '식재료 안전성 검사' 사업에 식품 방사능 측정기 12대를 11개 지역교육청과 학교보건진흥원에 각각 설치하기 위해 6천 6백만원을 편성했다.

교육청이 도입하려는 해당 방사능 측정기로는 검출 한계인 50베크렐 미만의 방사능 오염 식재료에 대해선 '적합' 판정을 내릴 수밖에 없을 것으로 보인다. 방사능 오염 식품 섭취에 의한 아이들의 건강영향을 우려하는 학부모들은 해당 측정기의 검사 성능이 교육청 조례의 취지를 충족시키기는 부적합다고 지적하고 나섰다.

'방사능안전급식 실현을 위한 서울연대회의 준비위원회'는 교육청의 방사능 측정기 설치 예산과 관련한 논평을 발표해 "검출한계치가 높은 측정기로는 방사능으로 오염된 식품이 급식에 오를 위험을 방지할 수 없다"면서, "(교육청의 예산 계획은) 아이들의 건강을 책임지겠다는 의지가 아니라 구색이나 맞추자는 안일한 태도이며 시민들의 혈세를 낭비하게 될 뿐"이라고 비판했다.

효율적인 방사능 검사방안을 서울시·서울시교육청 공동으로 모색해야 한다!

서울시교육청으로선 정밀 방사능 측정기를 도입하기엔 한계가 많아 현실적인 대안을 마련했다는 입장이다. 정밀 방사능 측정기 도입은 전문인력 채용과 고가의 장비 설치와 유지관리비 발생으로 부담이 크고 방사능 전문 분석기관에 대한 검사 의뢰도 접수 물량이 포화 상태라서 별도로 분석을 요청하기도 어렵다는 설명이다.

하지만 서울시교육청의 방사능 측정기 관련 예산 낭비에 대한 비판은, 안전한 급식조례의 시행 이후 시민사회와의 소통을 거부한 채 독선적인 계획을 추진한 과정에서 예견됐다. 학부모들의 요청에 의해 마련된 교육청과의 면담에서 방사능 측정기에 관한 우려와 조언이 전달됐지만 이는 무시됐다. 학부모들의 의견을 소통할 수 있는 협의팀 구성도 제안했지만, 교육청 관계자는 식약처에 자문을 구할 뿐이었다.

2천여 개에 이르는 초·중·고 급식 학교 전체에 대해 개별적으로 방사능 전수검사를 하는 무리한 방식의 계획보다는, 식재료 유통 체계에서 효율적인 방사능 검사 방안을 교육청과 서울시가 공동으로 모색해야 할 것으로 보인다.

교육청 계획에 따르면 12대의 식품 방사능 측정기를 자체 도입해 운용하더라도 검사 횟수는 전체 급식학교의 30% 수준인 630회에 불과할 것으로 보인다.

서울시 학교급식에 공급되는 수산물의 대부분(89%)은 일반수산물 유통 과정과 동일하게 소비지 도매시장으로부터 수산물을 구입해 납품한다. 이와 관련해 서울시는 가락·강서·노량진 수산시장을 비롯한 대형유통시장 중심으로 수산물을 채취해 검사해왔고, 이를 더 확대하겠다는 계획이다.

서울시 산하 보건환경연구원은 2011년부터 방사능 정밀검사 장비 1기를 운용해 일본산 수산물을 비롯한 서울시내 유통 식품에 대해 검사해왔다. 서울시는 보건환경연구원에 고순도 게르마늄 감마핵종 분석기를 1기 더 추가하기로 하고, 이를 위해 올해 1억5천만 원의 예산을 편성했다. 당장 전체 급식학교에 공급되는 식재료를 검사하긴 어렵겠지만, 서울시와 교육청이 시민사회와 함께 협력 방안을 만들고 예산을 장기적으로 편성해 분석·인증기관에서 정밀검사 장비를 확충해나가는 방법도 가능하다.

탈핵신문사

발행인 : 김준한
공동대표 : 김준한 · 박혜령
운영위원회 : 김준한(위원장), 박혜령, 윤종호, 이헌석, 이대수
편집위원회 : 고노 다이스케, 오하라 츠나키, 윤종호(위원장), 이지언, 이헌석,
사무간사 : 황정화
배송·운영지원 : 에너지정의행동

자문위원 : 유정민, 진상현

지역별 통신원 : 김준한(밀양), 곽빛나(마창진), 박상은(광주), 박진영(울산), 송호민(영덕), 오경미(영광), 윤종호(고창), 이광우(삼척), 이동원(대구), 이상홍(경주), 이성홍(부산), 정수희(부산), 정침귀(포항), 천현진(부산), 한혁준(정읍·전주)

110-876 서울특별시 종로구 숭인동 76번지 롯데캐슬천지인 지동 205호
전화 : 02-702-4979(에너지정의행동), 010-2881-6822(황정화), 010-8279-7849(윤종호)
전자우편 : hjhlucia@hanmail.net(황정화), bebelow@hanmail.net(윤종호)
홈페이지 : www.nonukesnews.kr
구독 및 후원 계좌번호 : 농협 352-0491-9279-43 김준한
등록번호 : 종로라 00386

탈핵신문 축쇄판

창간준비호(2012년 1월)~16호(2014년 1월)

발행일 : 2014년 3월 11일
발간 : 탈핵신문사

편집 : 무명인 출판사
인쇄 : ㈜상지사P&B
ISBN : 978-89-98277-03-1 03330
정가 : 20,000원